Wiedza Powszechna
Compact
POLISH
and
ENGLISH
Dictionary

English-Polish
Polish-English

Janina Jaślan
Jan Stanisławski

D1113428

McGraw·Hill

New York   Chicago   San Francisco   Lisbon   London   Madrid   Mexico City
Milan   New Delhi   San Juan   Seoul   Singapore   Sydney   Toronto

Library of Congress Cataloging-in-Publication Data

Jaślan, Janina.
    Wiedza Powszechna compact Polist and English dictionary : English-
Polish, Polish-English / Janina Jaślan, Jan Stanisławski.
        p.   cm.
    Includes index.
    ISBN 0-8442-8366-5 (hardcover) — ISBN 0-8442-8367-3 (paperback)
      1. English language—Dictionaries—Polish.   22. Polish language—
Dictionaries—English.   I. Stanisławski, Jan.   II. Title.
    PG6640.J346   1998
    491.8'5321—dc21
                            98-8067
                            CIP

10 11 12 13 14 15 16 17 18 19 BKM BKM   09876

ISBN 978-0-8442-8366-1 (hardcover)
MHID 0-8442-8366-5   (hardcover)
ISBN 978-0-8442-8367-8 (paperback)
MHID 0-8442-8367-3   (paperback)

Editors:
Ezabella Jastrzębska-okoń
Katarzyna Billip

Technical editor:
Irena Szwedler

Proofreaders:
Jerzy Lass
Maria Molska
Czesława Tomaszewska

SPIS TREŚCI
CONTENTS

PRZEDMOWA

Słownik, który kierujemy do rąk Państwa został przygotowany z myślą wprowadzenia użytkownika anglo-języcznego w całe bogactwo i witalność współczesnego języka polskiego, w chwili, kiedy Polska wkracza w nowy i obiecujący etap swojej historii. Wydawnictwo jest zwięzłe, ale obejmuje podstawowy zasób słownictwa - podobnie jak w stosunku do użytkownika polskiego oferuje również miarodajne wprowadzenie do języka, który używany jest dziś najpowszechniej na świecie.

Zwięzły słownik polsko-angielski zawiera około 30.000 haseł-słów, fraz i wyrażeń stosowanych najpowszechniej, zarówno we współczesnym języku polskim, jak i angielskim. Zamierzeniem wydawcy było oddanie pracy przejrzystej zarówno dla użytkownika polsko - jak i anglojęzycznego, przede wszystkim dla turystów, tłumaczy czy studentów. Z równą troską i uwagą potraktowano oba języki, kładąc szczególny nacisk na transkrypcję fonetyczną opartą na międzynarodowym systemie zapisu. Materiał wyjaśniający przedstawiony jest w obu językach.

W obecnym wydaniu zastosowano duże i wyraźne liternictwo celem zwrócenia uwagi użytkownika angielskiego na wszytkie znaki diakrytyczne stosowane w polskiej ortografii. Oddzielnie zestawiono nazwy geograficzne i powszechnie stosowane skróty. Części mowy i najtrudniejsze przypadki nieregularnej odmiany ujęte zostały również w obu częściach.

Mamy nadzieję, że ten tom pozwoli przybliżyć angielskim czytelnikom Polskę i Polaków, podobnie jak ich kulturę. Jesteśmy przekonani, że zarówno mówiący po polsku jak i angielsku uznają nasz słownik za użyteczny środek w nawiązywaniu nowych kontaktów i pomocny w lepszym rozumieniu się nawzajem - w obliczu nadchodzącej, ekscytującej przyszłości, która stanie się naszym wspólnym dobrem.

Edward J. Moskal

Edward J. Moskal,
Prezes Związku Narodowego Polskiego
Prezes Kongresu Polonii Amerykańskiej

Preface

This volume has been designed to provide speakers of English with a compact but thorough guide to the richness and vitality of the Polish language as Poland enters into a new and exciting period of her history. At the same time, the dictionary provides speakers of Polish a compact and authoritative guide to the most widely spoken language in the world.

The *Wiedza Powszechna Compact Polish and English Dictionary* contains about 30,000 definitions for the words, phrases, and expressions commonly used in the modern Polish and English languages. The editors' goal has been to produce a work of great clarity, of equal value to both Polish and English speakers, whether they are travelers, translators, or students. Equal importance has been assigned to each language, with an International Phonetic Alphabet transcription for the entires in both Polish and English. All explanatory material is presented in both languages.

The typography is large and clear, making it easy for English readers to see the diacritics used in standard Polish orthography. Geographical names and commonly used abbreviations have been listed separately. Parts of speech and troublesome irregularities are shown in the entries for both languages.

Our hope is that this single volume will serve to familiarize English speakers with the people of Poland and their culture. We are sure that both Polish speakers and English speakers will find this dictionary useful in opening new lines of communication and fostering greater understanding in the exciting future that we share.

Edward J. Moskal,

President, Polish National Alliance
President, Polish-American Congress

WSKAZÓWKI DLA KORZYSTAJĄCYCH ZE SŁOWNIKA

Wyrazy hasłowe, zarówno pojedyncze jak i złożenia (zaznaczone łącznikiem), podano drukiem półgrubym w porządku alfabetycznym stosując w części angielskiej słownika pisownię brytyjską.

Przy każdym haśle podano w nawiasach kwadratowych jego transkrypcję fonetyczną stosując ogólnie przyjęte zasady transkrypcji międzynarodowej. Wymowa haseł angielskich została opracowana na podstawie słownika A. S. Hornby'ego *Oxford Advanced Learner's Dictionary of Current English.* Homonimy oznaczono kolejnymi cyframi arabskimi.

Angielskie rzeczowniki podano w liczbie pojedynczej; nieregularne formy liczby mnogiej zamieszczono w nawiasach okrągłych, np.

foot [fut] **s** *(pl* **feet** [fit])...

Polskie rzeczowniki zostały zaopatrzone w skróty oznaczające ich rodzaj: *m, f, n,* z wyjątkiem tych, które występują w połączeniu z przymiotnikiem określającym ich rodzaj.

Przymiotniki i przysłówki stopniowane nieregularnie są podane w stopniu wyższym i najwyższym w porządku alfabetycznym. Polskie przymiotniki uwzględniono tylko w formie męskiej.

Polskie zaimki, ze względu na ich trudną dla cudzoziemca odmianę, podano we wszystkich przypadkach (w nawiasach okrągłych), np.:

ty [ti] *pron* you; *(w przypadkach zależnych:* **ciebie, cię; tobie, ci; tobą)**

Angielskie czasowniki regularne zostały podane tylko w formie bezokolicznikowej, natomiast uwzględniono wszystkie formy czasowników nieregularnych podając je w bezokoliczniku, w formie czasu przeszłego *(past tense)* oraz imiesłowu czasu przeszłego *(past participle)* łącznie z transkrypcją fonetyczną. Ponadto na końcu części angielsko-polskiej słownika podano listę czasowników nieregularnych.

Polskie odpowiedniki czasowników podano w formie dokonanej lub niedokonanej w zależności od częstości ich użycia.

Polskie czasowniki uwzględniono w obu postaciach: dokonanej i niedokonanej: perfect oraz imperfect (skróty *perf* oraz *imperf*) umieszczając je w jednym haśle. Tylda zastępuje wspólną dla obu postaci czasownika część wyrazu. Niekiedy we frazeologii tylda zastępuje oba czasowniki.

Odpowiedniki angielskie hasła czasownikowego nie są zaopatrzone, ze względu na oszczędność miejsca, w partykułę to, natomiast we frazeologii zwroty angielskie podane są w pełnym brzmieniu.

W wypadku różnicy składni czasowników angielskich i polskich podano je obie w nawiasie okrągłym, np.

grudge [grʌdʒ] *v* żałować ⟨zazdrościć⟩ (sb sth komuś czegoś)

częstować [tʃē'stɔvatɕ] I *vt* treat (kogoś czymś sb to sth) II *vr* ⁓ się treat oneself (czymś to sth)

Każde hasło objaśniono odpowiednimi skrótami (kwalifikatorami gramatycznymi) sygnalizującymi ich przynależność do poszczególnych kategorii gramatycznych, np. *s, adj, adv, v* itp. i oddzielono cyframi rzymskimi.

Słowa należące do poszczególnych dziedzin nauki i techniki zaopatrzono w skróty objaśniające, np. *med., wojsk., elektr.* itp.

DIRECTIONS FOR THE USE OF THE DICTIONARY

The entries, single words and compounds (written with a hyphen) are written in bold-face type in alphabetical order; the spelling of the English entries is that of the leading British dictionaries.

The phonetic transcription in square brackets follows each entry. The symbols used are those of the International Phonetic Association. The pronunciation is based on A S Hornby's *Oxford Advanced Learner's Dictionary of Current English.*

Homonyms are marked by succesive Arabic ciphers.

English nouns are in the singular; irregular plurals are given in round brackets, e.g.

> **foot** [fʊt] *s* (*pl* **feet** [fit])...

The Polish nouns are qualified by abbreviations indicating their gender: *m, f, n.*

Adjectives and adverbs irregularly compared are given in their comparative and superlative degrees.

The Polish adjectives are given in the masculine gender.

Polish pronouns which present a serious difficulty to foreigners are given in all their cases (in round brackets), e.g.

> **ty** [tɨ] *pron* you; (*w przypadkach zależnych:* **ciebie, cię; tobie, ci; tobą**)

All the English weak verbs are given only in their infinitive forms but the strong verbs are in the infinitive, past tense and past participle, together with their phonetic transcription. Besides, at the end of the English-Polish part of the dictionary there is a list of the main irregular verbs.

The Polish renderings of the English verbs are given in their perfective or imperfective aspects according to which of them is more frequently used.

The verbs are given in their perfective and imperfective aspects (abbreviations: *perf, imperf*) in one entry. The tilde stands for the part of the word common to both the perfective and imperfective aspects of the entry. Sometimes the tilde stands for both forms of the verb.

The English renderings of the Polish verbs are not given with the particle to (in order to save space) but in the citations the English expressions contain that particle. The syntactic differences of English and Polish verbs are shown by giving both forms in round brackets, e.g.

grudge [grʌdʒ] *v* żałować ⟨zazdrościć⟩ (sb sth komuś czegoś)

częstować [ʧ̑ɛ́stɔvaʨ̑] I *vt* treat (kogoś czymś sb to sth) II *vr* ~ się treat oneself (czymś to sth)

Each entry is qualified by an abbreviation indicating the grammatical category to which it belongs, e.g. *adj, adv, s, v* etc. They are separated by Roman ciphers.

Words belonging to different branches of science and technics are accompanied by proper abbreviations, e.g. *med., wojsk., elektr.* etc.

SKRÓTY I ZNAKI OBJAŚNIAJĄCE
ABBREVIATIONS AND EXPLANATORY SIGNS

adj	adiectivus	przymiotnik
admin.	administration	administracja
adv	adverbium	przysłówek
am.	American	amerykański
anat.	anatomy	anatomia
arch.	architecture	architektura
astr.	astronomy	astronomia
atom.	atomic physics	atomistyka
attr.	attributivum	forma atrybutywna
bank.	banking	bankowość
biol.	biology	biologia
boks.	boxing	boks
bot.	botany	botanika
bud.	house-building	budownictwo
chem.	chemistry	chemia
chir.	surgery	chirurgia
comp	(gradus) comparativus	stopień wyższy
conj	coniunctio	spójnik
dent.	dentistry	dentystyka
dosł.	literally	dosłownie
druk.	printing	drukarstwo
dypl.	diplomacy	dyplomacja
dzien.	journalism	dziennikarstwo
ekon.	economy	ekonomia
elektr.	electricity	elektryczność
etc.	and so on	et caetera, i tak dalej, itd.
f	(genus) femininum	rodzaj żeński
farm.	pharmacy	farmaceutyka
filat.	philately	filatelistyka
film.	film	film
filoz.	philosophy	filozofia
fin.	finances	finanse
fiz.	physics	fizyka
fizj.	physiology	fizjologia

fonet.	phonetics	fonetyka
fot.	photography	fotografia
geogr.	geography	geografia
geol.	geology	geologia
geom.	geometry	geometria
giełd.	Stock Exchange	giełda
gimn.	gymnastics	gimnastyka
górn.	mining	górnictwo
gram.	grammar	gramatyka
handl.	commerce, trade	handel
hist.	history	historia
hut.	metallurgy	hutnictwo
imp	impersonale	forma nieosobowa
imper	imperativus	tryb rozkazujący
imperf	imperfectum	niedokonany
indecl	indeclinable	wyraz nieodmienny
inf	infinitivus	bezokolicznik
int	interiectio	wykrzyknik
introl.	bookbinding	introligatorstwo
itd.	and so forth	i tak dalej
itp.	and the like	i temu podobne
jęz.	linguistics	językoznawstwo
karc.	cards	karciane
kin.	cinematography	kinematografia
kolej.	railways	kolejnictwo
kosmet.	cosmetics	kosmetyka
kość.	ecclesiastical	kościelny
kraw.	tailoring	krawiectwo
księgow.	bookkeeping	księgowość
kulin.	cooking	kulinarny
lit.	literary use	wyrażenie literackie, termin literacki
leśn.	forestry	leśnictwo
lotn.	aviation	lotnictwo
m	(genus) masculinum	rodzaj męski
mal.	painting	malarstwo
mat.	mathematics	matematyka
mebl.	furniture	meblarstwo
mech.	mechanics	mechanika
med.	medicine	medycyna

meteor.	meteorology	meteorologia
miner.	mineralogy	mineralogia
mor.	nautical	morski
mot.	motoring	motoryzacja
muz.	music	muzyka
myśl.	hunting	myślistwo
n	(genus) neutrum	rodzaj nijaki
np.	for example	na przykład
num	numerale	liczebnik
ogr.	gardening	ogrodnictwo
opt.	optics	optyka
parl.	parliamentary	parlamentaryzm
part	particle	partykuła
perf	perfectivum	dokonany
pers	person	osoba
pieszcz.	term of endearment	pieszczotliwy
pl	(numerus) pluralis	liczba mnoga
plast.	fine arts	plastyka
plt	plurale tantum	tylko w liczbie mnogiej
poet.	poetical	poetycki
pog.	contemptuous	pogardliwy
polit.	politics	polityka
pot.	colloquial	potoczny
pp	participium perfecti	imiesłów bierny
ppraes	participium praesentis	imiesłów czynny
praed	praedicativum	forma orzecznikowa
praef	praefix	przedrostek
praep	praepositio	przyimek
praes	praesens	czas teraźniejszy
prawn.	law	termin prawniczy
pron	pronomen	zaimek
przen.	figuratively	przenośnie
przysł.	proverb	przysłowie
psych.	psychology	psychologia
rad.	radio	radio
rel.	religion	religia
roln.	agriculture	rolnictwo
rzem.	handicrafts	rzemiosło
rzeźb.	sculpture	rzeźbiarstwo
s	substantivum	rzeczownik

sąd.	jurisprudence	sądownictwo
sb	somebody	ktoś, kogoś, komuś itd.
sb's	somebody's	kogoś, czyjś
sing	(numerus) singularis	liczba pojedyncza
skr.	abbreviation	skrót
sl.	slang	slang (wyrażenie żargonowe)
sport.	sports	sport
sth	something	coś, czegoś, czemuś itd.
sup	(gradus) superlativus	stopień najwyższy
szach.	chess	szachy
szerm.	fencing	szermierka
szew.	shoemaking	szewstwo
szk.	school word	(wyraz) szkolny
teatr.	theatre	teatr
techn.	technology	technika
tekst.	textile	tekstylny
telef.	telephone	telefon
telegr.	telegraph	telegraf
tv	television	telewizja
uniw.	university	uniwersytet
v	verbum	czasownik
v aux.	verbum auxiliarum	czasownik posiłkowy
vi	verbum intransitivum	czasownik nieprzechodni
v imp	verbum impersonale	czasownik nieosobowy
vr	verbum reflexivum	czasownik zwrotny
vt	verbum transitivum	czasownik przechodni
wg	according to	według
wojsk.	military	wojskowy
zbior.	collective noun	rzeczownik zbiorowy
zob.	see	zobacz
zool.	zoology	zoologia
zw.	usually	zwykle

~ Tylda zastępuje cały wyraz hasłowy lub jego część odciętą kreską pionową.

[ ] Nawiasy kwadratowe zawierają transkrypcję fonetyczną hasła.

The tilde replaces the entry word or the part of it cut off by a vertical line.

Square brackets enclose the phonetic transcription of the entry.

( ) Nawiasy okrągłe zawierają objaśnienia, nieregularne formy hasła, wyrazy i litery, które mogą być opuszczone.

⟨ ⟩ Nawiasy trójkątne obejmują wymienne człony lub zwroty frazeologiczne.

1,2 Kolejne cyfry arabskie oznaczają homonimy.

I, II Cyframi rzymskimi oddzielono różne kategorie gramatyczne.

1., 2. Kolejnymi półgrubymi cyframi arabskimi oddzielono odpowiedniki o całkowicie różnym znaczeniu.

; Średnik oddziela frazeologię oraz odpowiedniki niesynonimiczne.

, Przecinek oddziela odpowiedniki bliskie pod względem znaczeniowym.

| Kreska pionowa oddziela niezmienną część wyrazu hasłowego, zastąpioną w obrębie hasła tyldą.

‖ Dwie kreski pionowe oddzielają frazeologię nie związaną bezpośrednio z żadnym uwzględnionym znaczeniem.

= Znak równania po haśle oznacza, że odpowiedniki hasła są w obu wypadkach identyczne.

' W transkrypcji fonetycznej znak akcentu głównego u-

Round brackets enclose the explanatory information, irregular forms of the entry, words and letters which can be omitted.

Angular brackets enclose words and expressions which are interchangeable.

Successive Arabic ciphers mark homonyms.

Roman ciphers divide the grammatical sections of an entry.

Successive bold-faced Arabic ciphers separate renderings with entirely different meanings.

The semicolon separates the phraseology and not strictly synonymous renderings.

A comma separates renderings related in meaning.

The vertical line separates the unchanged part of the entry which is replaced within the entry article by the tilde.

The double vertical bar separates phraseology which is not connected with any of the given meanings.

The sign of equality used after the entry denotes that the renderings are in both cases the same.

In the phonetic transcription this mark is the main

mieszczony przed sylabą akcentowaną hasła angielskiego.

Znak akcentu pobocznego umieszczony przed słabiej akcentowaną sylabą hasła angielskiego.

Znak akcentu umieszczony przed akcentowaną sylabą hasła polskiego.

stress accent placed before the stressed syllable of an English entry.

This mark is the secondary stress accent placed before the secondarily stressed syllable of an English entry.

This mark is the stress accent placed before the stressed syllable of a Polish entry.

ANGIELSKO-POLSKI
ENGLISH-POLISH

PRZEGLĄD DŹWIĘKÓW W JĘZYKU ANGIELSKIM
THE SOUNDS IN ENGLISH

znak fonety- czny phone- tic symbol	pisownia orthography	transkrypcja fonetyczna phonetic transcription	znaczenie polskie Polish rendering

samogłoski — vowels

i	people	ˈpipl	ludzie
ı	ship	ʃıp	okręt
e	pen	pen	pióro
æ	man	mæn	człowiek
ɑ	dark	dɑk	ciemny
o	not	not	nie
ɔ	small	smɔl	mały
ʊ	book	bʊk	książka
u	noon	nun	południe
ʌ	cup	kʌp	filiżanka
ə	under	ʌndə(r)	pod
3	her	h3(r)	jej

dwugłoski — diphthongs

eı	baby	beıbı	dziecko
əʊ	smoke	sməʊk	dym, palić
ɑı	nine	nɑın	dziewięć
ɑʊ	how	hɑʊ	jak
ɔı	boy	bɔı	chłopiec
ıə	beer	bıə(r)	piwo
eə	hair	heə(r)	włosy
ʊə	poor	pʊə(r)	biedny

spółgłoski — consonants

b	bed	bed	łóżko
d	desk	desk	biurko; pulpit
g	girl	gɜl	dziewczyna
h	help	help	pomoc; pomagać
j	yellow	ˈjeləu	żółty
l	last	lɑst	ostatni; trwać
˙m	make	meɪk	robić, produkować
n	near	nɪə(r)	blisko; bliski
r	rich	rɪtʃ	bogaty, zamożny
v	very	ˈverɪ	bardzo; prawdziwy
w	window	ˈwɪndəu	okno
ź	noise	nɔɪz	hałas, zgiełk
ð	that	ðæt	tamten, ów, to
ʒ	measure	ˈmeʒə(r)	miara; mierzyć
dʒ	judge	dʒʌdʒ	sędzia; sądzić
p	pay	peɪ	płacić; opłacać się
t	tree	tri	drzewo
k	class	klɑs	klasa; lekcja
f	far	fɑ(r)	daleko; daleki
s	sit	sɪt	siedzieć, siadać
Θ	thick	Θɪk	gruby, gęsty
ʃ	fish	fɪʃ	ryba; łowić ryby
tʃ	much	mʌtʃ	dużo, wiele; znacznie
ŋ	sing	sɪŋ	śpiewać

ALFABET ANGIELSKI
ENGLISH ALPHABET

A	a	[eɪ]	N	n	[en]
B	b	[bi]	O	o	[əʊ]
C	c	[si]	P	p	[pi]
D	d	[di]	Q	q	[kju]
E	e	[i]	R	r	[ɑ(r)]
F	f	[ef]	S	s	[es]
G	g	[dʒi]	T	t	[ti]
H	h	[eɪtʃ]	U	u	[ju]
I	i	[ɑɪ]	V	v	[vi]
J	j	[dʒeɪ]	W	w	[`dʌbḷju]
K	k	[keɪ]	X	x	[eks]
L	l	[el]	Y	y	[wɑɪ]
M	m	[em]	Z	z	[zed, *am.* zi]

A

a [eɪ, ə], an [ən, æn] 1. *przed-imek* ⟨*rodzajnik*⟩ *nieokreś-lony, bez odpowiednika pol-skiego*; (*a certain*) jakiś, pe-wien 2. (*each*) za; od; na; two pounds a yard (po) dwa funty za jard ⟨od jarda⟩; sixty miles an hour sześćdziesiąt mil na godzi-nę

aback [ə'bæk] *adv* w tył, wstecz; *przen.* to be taken ~ być zaskoczonym

abandon [ə'bændən] *v* opuścić, porzucić; zaniechać (sth czegoś)

abate [ə'beɪt] *v* zmniejszyć; obniżyć (cenę itd.)

abbey ['æbɪ] *s* opactwo *n*

abbreviate [ə'briːvɪeɪt] *v* skró-cić

abbreviation [ə'briːvɪ'eɪʃn] *s* skrót *m*

abdicate ['æbdɪkeɪt] *v* abdy-kować

abdomen ['æbdəmən] *s anat.* brzuch *m*

abhor [əb'hɔ(r)] *v* czuć odra-zę ⟨wstręt⟩ (sb, sth do ko-goś, czegoś)

abide [ə'baɪd] *v* (abode, abode [ə'bəud]) 1. przebywać, mieszkać 2. (*remain faith-ful to*) dotrzymywać (by sth czegoś) 3. (*stick to*) obsta-wać (by sth przy czymś)

abiding [ə'baɪdɪŋ] *adj* stały, trwały

ability [ə'bɪlətɪ] *s* zdolność *f*; *prawn.* kompetencja *f*; *pl* abilities zdolności (*umysło-we*)

able ['eɪbl] *adj* zdolny; to be ~ potrafić ⟨być w stanie⟩ (coś zrobić)

abnormal ['æb'nɔml] *adj* nie-normalny, nieprawidłowy

aboard [ə'bɔd] *adv* na statku; to go ~ wsiąść na statek; all ~! wszyscy na pokład!; *am. kolej.* proszę wsiadać!

abode *zob.* abide *v*

abolish [ə'bɒlɪʃ] *v* znieść; oba-lić (ustawę itd.)

abortion [ə'bɔʃn] *s* poronienie *n*; przerwanie *n* ciąży

abound [ə'baund] *v* obfitować (with ⟨in⟩ sth w coś)

about [ə'baut] I *adv* 1. (*around*) wokoło 2. (*nearly*) mniej więcej II *praep* 1. (*of, con-cerning*) o (kimś, czymś); what ~ it? co ty na to? 2. (*near*) przy; I have no mon-ey ~ me nie mam przy so-bie pieniędzy ∥ to be ~ to do sth mieć (właśnie) coś zro-bić; what ~ your plans? a co z twymi planami?; what ~ having a drink może byś-my się czegoś napili?

above [ə'bʌv] I *adv* powyżej, w górze; ~ crossing skrzy-żowanie wielopoziomowe II *praep* (po)nad, powyżej; ~ all nade wszystko III *adj* powyższy, wspomniany

abreast [ə'brest] *adv* ramię w ramię; *przen.* to be ~ of ⟨with⟩ the times iść z du-chem czasu

abridge [ə'brɪdʒ] *v* skrócić, streścić; ~d edition skróco-ne wydanie

abroad [ə'brɔd] *adv* za gra-nicą; za granicę; from ~ z zagranicy; to go ~ wyje-chać za granicę

abrupt [ə'brʌpt] *adj* 1. nagły 2. (*steep*) stromy 3. (*rough*) szorstki

abscess ['æbses] s czyrak *m*,
ropień *m*, wrzód *m*
absence ['æbsns] s 1. nieobecność *f*; in sb's absence pod
czyjąś nieobecność 2. (*lack*)
brak *m*; in the ~ of... z
braku...
absent ['æbsnt] *adj* nieobecny
absent-minded ['æbsnt'maın-
dıd] *adj* roztargniony
absolute ['æbsəlut] *adj* 1. absolutny 2. (*of alcohol*) czysty 3. (*of a fact*) stwierdzo-
ny
absorb [əb'sɔb] *v* absorbować,
pochłaniać
absorber [əb'sɔbə(r)] s amortyzator *m*, tłumik *m*
abstain [əb'steın] *v* powstrzymywać się (from sth od czegoś)
abstainer [əb'steınə(r)] s abstynent *m*
abstinence ['æbstınəns] s abstynencja *f*, wstrzemięźliwość *f*
abstinent ['æbstınənt] s abstynent *m*
abstract ['æbstrækt] *adj* abstrakcyjny; oderwany
absurd [əb'sɜd] *adj* niedorzeczny; it's ~! to nonsens!
abundance [ə'bʌndəns] s obfitość *f*; in ~ obficie, pod
dostatkiem
abundant [ə'bʌndənt] *adj* obfity, zasobny (in sth w coś)
abuse [ə'bjuz] I *v* 1. (*misuse*)
nadużywać (sth czegoś) 2.
(*revile*) wymyślać (sb komuś) II s [ə'bjus] 1. (*misuse*)
nadużycie *n* 2. (*insult*) zniewaga *f*
abusive [ə'bjusıv] *adj* obelży-
wy, znieważający
abyss [ə'bıs] s otchłań *f*; przepaść *f*
acacia [ə'keıʃə] s akacja *f*
academic ['ækə'demık] *adj* 1.
akademicki; ~ degree sto-
pień naukowy; ~ year rok
akademicki 2. (*of a discussion*) jałowy

academy [ə'kædəmı] s akade
mia *f*, uczelnia *f*
accelerate [æk'seləreıt] *v* przyśpieszać
accelerator [æk'seləreıtə(r)] s
mot. akcelerator *m*, przy-
spiesznik *m*
accent ['æk'sent] I *v* akcentować; podkreślać II s ['æk-
snt] nacisk *m*; akcent *m*; to
speak with foreign ~ mó-
wić z obcym akcentem
accept [ək'sept] *v* przyjąć;
zgodzić się (sth na coś)
acceptance [ək'septəns] s przyjęcie *n* (sth czegoś); zgoda *f*
access ['ækses] s 1. dojście *n*,
dojazd *m*; ~ road droga dojazdowa 2. dostęp *m*; easy
of ~ łatwo dostępny
accessory [ək'sesərı] I *adj* dodatkowy II *pl* accessories
dodatki *pl*; akcesoria *pl*,
przybory *pl*; osprzęt *m*;
angling accessories przybory wędkarskie; motor-car
accessories akcesoria samochodowe
accident ['æksıdnt] s traf *m*;
(nieszczęśliwy) wypadek *m*;
road ~ wypadek drogowy;
car ~ wypadek samochodo-
wy; railway ~ wypadek ko-
lejowy; ~ at work wypa-
dek przy pracy; tragic ~
tragiczny wypadek; fatal ~
śmiertelny wypadek; ~ in-
surance ubezpieczenie *n* od
wypadków; ~ victim ofia-
ra *f* wypadku; to cause an
~ spowodować wypadek;
by ~ przypadkowo
acclaim [ə'kleım] *v* oklaskiwać
acclimatization [ə'klaımətaı-
'zeıʃn] s aklimatyzacja *f*
acclimatize [ə'klaımətaız] *v* a-
klimatyzować; to get ⟨be-
come⟩ ~d zaaklimatyzować
się
accommodate [ə'komədeıt] *v*
1. (*lodge*) ulokować, przenocować (sb kogoś) 2. (*con-

fer favour) wyświadczyć przysługę (sb komuś)

accommodation [ə'komə'deıʃn] *s* pomieszczenie *n*, mieszkanie *n*, nocleg *m*; ~ **capacity** pojemność *f* bazy noclegowej; ~ **bureau** biuro *n* zakwaterowań; **to find** ~ znaleźć lokum

accompaniment [ə'kʌmpnımənt] *s* akompaniament *m*

accompany [ə'kʌmpnı] *v* towarzyszyć (**sb, sth** komuś, czemuś); odprowadzić; **accompanied by...** w towarzystwie...

accomplice [ə'kʌmplıs] *s* współsprawca *m*, wspólnik *m*

accomplished [ə'kʌmplıʃt] *adj* znakomity; utalentowany

accord [ə'kɔd] **I** *v* udzielić, przyznać (**sb sth** komuś coś) **II** ˙*s* zgoda *f*; **of one's own** ~ dobrowolnie

accordance [ə'kɔdns] *s* zgoda *f*; zgodność *f*; **in** ~ **with...** zgodnie z...

according [ə'kɔdıŋ] *praep* ~ **to...** stosownie do..., według...

accordion [ə'kɔdıən] *s* akordeon *m*

accost [ə'kost] *v* zaczepić, zagadnąć (**sb** kogoś)

account [ə'kaʋnt] **I** *v* 1. (*regard as*) oceniać 2. (*reckon*) obliczyć, wyliczyć się (**for money** z pieniędzy) 3. (*answer for*) odpowiadać (**for sth za coś**) **II** *s* rachunek *m*; **to pay on** ~ zadatkować; **to settle** ~**s with sb** rozliczyć się z kimś, *przen.* porachować się z kimś || *przen.* **to take into** ~ wziąć pod uwagę; **of no** ~ bez znaczenia; **on** ~ **of sb, sth** z powodu kogoś, czegoś; **on no** ~ pod żadnym warunkiem; **on one's own** ~ na własną rękę

accountant [ə'kaʋntənt] *s* księgowy *m*, księgowa *f*

accumulate [ə'kjumjʋleıt] *v* gromadzić (się)

accumulator [ə'kjumjʋleıtə(r)] *s* akumulator *m*; **to charge an** ~ naładować akumulator; **to replace an** ~ wymienić akumulator

accuracy ['ækjərəsı] *s* dokładność *f*; ścisłość *f*

accurate ['ækjərət] *adj* dokładny; ścisły

accusation ['ækjʋ'zeıʃn] *s* oskarżenie *n*; **to bring an** ~ **against sb** oskarżyć kogoś

accusative [ə'kjuzətıv] *s gram.* biernik *m*

accuse [ə'kjuz] *v* oskarżać (**sb of sth** kogoś o coś), zarzucać (**sb of sth** komuś coś); **the** ~**d** oskarżony *m*

accustom [ə'kʌstəm] *v* przyzwyczaić; **to be** ~**ed to...** być przyzwyczajonym do...; **to get** ~**ed to sth** przyzwyczaić się ⟨przywyknąć⟩ do czegoś

ace [eıs] *s* **as** *m*

ache [eık] **I** *v* boleć; **my teeth** ~ zęby mnie bolą; *przen.* **my heart** ~**s** serce mi się kraje **II** *s* ból *m*

achieve [ə'tʃiv] *v* dokonać (**sth czegoś**); (*gain*) osiągnąć

achievement [ə'tʃivmənt] *s* osiągnięcie *n*, zdobycz *f*

aching ['eıkıŋ] *adj* bolesny; *przen.* zbolały

acid ['æsıd] **I** *s* kwas *m* **II** *adj* kwaśny; ~ **drops** landrynki *pl*; ~ **test** probierz *m*

acknowledge [ək'nolıdʒ] *v* 1. przyznać, uznać (**sb as...** kogoś za...) 2. (*confirm receipt*) potwierdzić (odbiór)

acknowledg(e)ment [ək'nolıdʒmənt] *s* 1. potwierdzenie *n* (odbioru) 2. **in** ~ **of** w dowód uznania

acorn ['eıkɔn] *s* żołądź *f*

acoustic(al) [ə'kustıkl] *adj* akustyczny

acoustics [ə'kustıks] *s* akustyka *f*

acquaint [ə'kweint] *v* zaznajomić (sb with sb kogoś z kimś); zapoznać (sb with sth kogoś z czymś); to be ⁓ed with sb, sth znać kogoś, coś

acquaintance [ə'kweintəns] *s* 1. znajomość *f*; to make sb's ⁓ poznać kogoś 2. (*person*) znajomy *m*, znajoma *f*

acquire [ə'kwɑiə(r)] *v* nabyć, zdobyć (wiedzę itd.)

acquisition ['ækwi'ziʃn] *s* 1. nabycie *n* 2. (*thing*) nabytek *m*

acquit [ə'kwit] *v prawn.* uniewinnić; *przen.* to ⁓ oneself of sth wywiązać się z czegoś

acre ['eikə(r)] *s* akr *m*

acrobat ['ækrəbæt] *s* akrobata *m*

across [ə'kros] I *adv* 1. (*crosswise*) na krzyż, w poprzek 2. (*from side to side*) w poprzek; wszerz II *praep* przez; na ⟨po⟩ drugiej stronie

act [ækt] I *v* 1. działać, spełniać funkcję (as a chairman etc. przewodniczącego itd.) 2. grać (w teatrze) II *s* 1. akt *m* 2. uczynek *m* 3. (*decree*) ustawa *f* 4. (*document*) dokument *m* || in the ⁓ of ... w trakcie ...; ⁓ of God siła *f* wyższa

acting ['æktiŋ] I *s* 1. działanie *n* 2. gra *f* (artysty) II *adj* pełniący obowiązki; ⁓ manager zastępca *m* kierownika

action ['ækʃn] *s* 1. działanie *n*; joint ⁓ współdziałanie *n*; to take ⁓ podjąć kroki; *prawn.* to take ⁓ against sb wytoczyć komuś proces 2. (*deed*) czyn *m* 3. (*motion*) ruch *m*; to put in ⁓ wprawić w ruch; out of ⁓ uszkodzony; nieczynny

active ['æktiv] *adj* czynny; aktywny; ⁓ tourism turystyka czynna; *gram.* ⁓ voice strona czynna

activity [æk'tivəti] *s* działalność *f*

actor ['æktə(r)] *s* aktor *m*

actress ['æktrəs] *s* aktorka *f*

actual ['æktʃuəl] *adj* 1. (*real*) rzeczywisty, faktyczny; an ⁓ fact fakt niezaprzeczalny; in ⁓ fact w rzeczywistości, faktycznie 2. (*present*) obecny, bieżący

actuality ['æktʃu'æləti] *s* rzeczywistość *f*

acute [ə'kjut] *adj* 1. ostry 2. (*of pain etc.*) dotkliwy 3. (*of hearing*) czuły 4. (*of mind*) bystry

adapt [ə'dæpt] *v* przystosować; *lit.* ⁓ed from ... przeróbka z ⟨według⟩ ...

add [æd] *v* dodać, dołączyć; to ⁓ up zsumować

adder ['ædə(r)] *s* żmija *f*

addict [ə'dikt] I *v* ⁓ oneself oddawać się (to sth czemuś); to be ⁓ed to drink pić nałogowo II *s* ['ædikt] nałogowiec *m*; drug ⁓ narkoman *m*

addition [ə'diʃn] *s* 1. dodatek *m* (to sth do czegoś); in ⁓ na dodatek, ponadto 2. (*adding*) dodawanie *n*

additional [ə'diʃnl] *adj* dodatkowy; dalszy

address [ə'dres] I *v* 1. adresować; to ⁓ an envelope zaadresować kopertę 2. (*make a request*) zwracać się (sb do kogoś) II *s* 1. adres *m*; ⁓ office biuro adresowe; accommodation ⁓ adres grzecznościowy; code ⁓ adres kodowy; exact ⟨full⟩ ⁓ dokładny adres; home ⁓ adres domowy; permanent ⁓ adres stały; sender's ⁓ adres nadawcy; telegraphic ⁓ adres telegraficzny; temporary ⁓ adres tymczasowy; wrong ⁓ niewłaściwy adres; to change one's ⁓ zmienić adres 2. (*speech*) przemówienie *n*

addressee ['ædre'si] s adresat m, adresatka f

adept ['ædept] adj biegły (in sth w czymś)

adequate ['ædıkwət] adj odpowiedni; (sufficient) wystarczający

adhere [əd'hıə(r)] v 1. lgnąć, przywierać (to sth do czegoś) 2. (belong) należeć (to a party do partii)

adherent [əd'hıərnt] I adj należący (to sth do czegoś) II s stronnik m

adhesive [əd'hisıv] adj lepki, przylegający; ∼ tape przylepiec m, plaster m

adjacent [ə'dʒeısnt] adj przyległy, sąsiadujący (to sth z czymś)

adjective ['ædʒıktıv] s gram. przymiotnik m

adjourn [ə'dʒɜn] v odroczyć; (suspend proceedings) zawiesić ⟨przerwać⟩ (obrady)

adjust [ə'dʒʌst] v uporządkować; uregulować; (make suitable) dostosować (sth to sth coś do czegoś)

administer [əd'mınıstə(r)] v 1. zarządzać (sth czymś) 2. zastosować, zaaplikować; to ∼ a medicine podawać lekarstwo

administration [əd'mını'streıʃn] s 1. zarząd m; (managing) kierowanie n (of sth czymś) 2. am. rząd m

admirable ['ædmrəbl] adj wspaniały; zachwycający

admiral ['ædmərəl] s admirał m

admire [əd'maıə(r)] v podziwiać, zachwycać się (sb, sth kimś, czymś)

admirer [əd'maıərə(r)] s wielbiciel m, wielbicielka f

admissible [əd'mısəbl] adj dopuszczalny

admission [əd'mıʃn] s 1. wstęp m, dostęp m; ∼ fee opłata f za wstęp; ∼ free wstęp wolny 2. (being admitted) przyjęcie n (na uczelnię itd.) 3. (acknowledgement) przyznanie się n (of one's guilt do winy)

admit [əd'mıt] v 1. przyjąć, dopuścić 2. (acknowledge) przyznać się (sth do czegoś)

admittance [əd'mıtns] s dopuszczenie n; dostęp m; no ∼ wstęp wzbroniony

admonish [əd'monıʃ] v upominać, strofować; (warn) przestrzegać (sb of sth kogoś przed czymś)

ado [ə'du] s zamieszanie n

adolescent ['ædə'lesnt] I s młodzieniec m, dziewczyna f II adj młodociany

adopt [ə'dopt] v 1. adoptować; ∼ed country przybrana ojczyzna 2. (choose) przyjąć (zwyczaj itd.); obrać (linię postępowania)

adoptive [ə'doptıv] adj przybrany, adoptowany; ∼ child adoptowane dziecko; ∼ father przybrany ojciec m; ∼ mother przybrana matka; ∼ parents przybrani rodzice

adore [ə'dɔ(r)] v czcić; uwielbiać

adorn [ə'dɔn] v ozdabiać, przystrajać

adult ['ædʌlt] adj s dorosły m

advance [əd'vɑns] I v 1. posuwać (się) naprzód 2. (promote) promować 3. (accelerate) przyśpieszać II s 1. postęp m 2. (promotion) awans m 3. (payment beforehand) zaliczka f; in ∼ zawczasu, z góry

advanced [əd'vɑnst] adj 1. wysunięty naprzód 2. (of work etc.) zaawansowany; ∼ in years posunięty w latach 3. (civilized) cywilizowany

advantage [əd'vɑntıdʒ] s 1. przewaga f (of ⟨over⟩ sb, sth nad kimś, czymś); to have the ∼ of sb, sth górować nad kimś, czymś; to take ∼ of sb oszukać kogoś

2. (*benefit*) korzyść *f*; **to take ~ of** sth skorzystać z czegoś; **to the best ~** jak najkorzystniej
advantageous [ˈædvənˈteɪdʒəs] *adj* korzystny
adventure [ədˈventʃə(r)] *s* przygoda *f*; **a life of ~** życie *n* pełne przygód
adventurer [ədˈventʃərə(r)] *s* awanturnik *m*, poszukiwacz *m* przygód
adverb [ˈædvɜb] *s gram.* przysłówek *m*
adversary [ˈædvəsərɪ] *s* przeciwnik *m*
advertise [ˈædvətaɪz] *v* reklamować ⟨ogłaszać⟩ (się)
advertisement [ədˈvɜtɪsmənt] *s* reklama *f*, ogłoszenie *n*
advice [ədˈvaɪs] *s* 1. (po)rada *f*; **to take ⟨to seek⟩ ~** zasięgnąć rady, poradzić się; **at ⟨by, on, under⟩ sb's ~** za czyjąś poradą 2. **~ note** awizo *n*, zawiadomienie *n* o wysyłce
advisable [ədˈvaɪzəbl] *adj* wskazany, celowy
advise [ədˈvaɪz] *v* poradzić, doradzić; **to ~ sb against** sth odradzić komuś coś
adviser [ədˈvaɪzə(r)] *s* doradca *m*; **legal ~** doradca prawny
advisory [ədˈvaɪzərɪ] *adj* doradczy; **~ service** poradnictwo *n*; **to act in an ~** capacity działać w charakterze doradczym
advocate [ˈædvəkət] **I** *s* rzecznik *m*, adwokat *m* **II** *v* [ˈædvəkeɪt] zalecać; popierać
aerial [ˈeərɪəl] **I** *s* antena *f*; **frame ~** antena pokojowa **II** *adj* (na)powietrzny
aerodrome [ˈeərədrəum] *s* lotnisko *n*; **alternate ~** lotnisko zapasowe
aeroplane [ˈeərəpleɪn] *s* samolot *m*
aerosol [ˈeərəsol] *s* aerozol
aesthete [ˈisθit] *s* esteta *m*
afar [əˈfɑ(r)] *adv* **~ off** w oddali; **from ~** z daleka

affair [əˈfeə(r)] *s* 1. sprawa *f*, interes *m* 2. afera *f*; **a love ~** romans *m*
affect [1] [əˈfekt] *v* przybrać postać (sth czegoś); udawać (kogoś, coś)
affect [2] [əˈfekt] *v* 1. oddziaływać (sb, sth na kogoś, coś); (*touch*) wzruszać 2. *med.* (*of a disease*) atakować
affection [əˈfekʃn] *s* uczucie *n*; sentyment *m*; przywiązanie *n* (**for** sb do kogoś)
affectionate [əˈfekʃnət] *adj* kochający; czuły
affiliate [əˈfɪlɪeɪt] *v* przyjmować jako członka (sb kogoś); **~d society** filia *f*
affirmative [əˈfɜmətɪv] *adj* twierdzący
afflict [əˈflɪkt] *v* obarczyć; dotknąć (nieszczęściem)
affliction [əˈflɪkʃn] *s* zmartwienie *n*; (*calamity*) nieszczęście *n*
afford [əˈfɔd] *v* 1. pozwolić sobie (sth na coś); **I can't ~ it** nie stać mnie na to 2. (*supply*) dostarczać (przyjemności itd.)
affront [əˈfrʌnt] **I** *v* znieważyć (sb kogoś); zrobić afront (sb komuś) **II** *s* afront *m*, zniewaga *f*
afloat [əˈfləut] *adv* na wodzie
afraid [əˈfreɪd] *adj* przestraszony; **to be ~** bać się (**of** sth czegoś); **I am ~ so ⟨not⟩** obawiam się, że tak ⟨że nie⟩
afresh [əˈfreʃ] *adv* na nowo
African [ˈæfrɪkən] **I** *adj* afrykański **II** *s* Afrykanin *m*, Afrykanka *f*
after [ˈɑftə(r)] **I** *praep* po (sth, sb czymś, kimś); za; **~ hours** po godzinach urzędowych; **~ all** ostatecznie; **time ~ time** raz za razem **II** *adv* potem, później; **the week ~** następnego tygodnia **III** *adj* późniejszy **IV** *conj* gdy
aftermath [ˈɑftəmæθ] *s roln.* potraw *m*; *przen.* wynik *m*,

następstwa pl; **the** ~ **of war** pokłosie n wojny

afternoon ['ɑftə'nun] s popołudnie n; **in the** ~ po południu; **this** ~ dziś po południu; **good** ~! dzień dobry!

afterward(s) ['ɑftəwəd(z)] adv potem; następnie; później

again [ə'gen] adv znowu, jeszcze raz; ~ **and** ~ raz za razem; **now and** ~ od czasu do czasu; **as much** ~ drugie tyle; **never** ~ nigdy więcej

against [ə'genst] praep przeciw (**sb, sth** komuś, czemuś); ~ **a background of** ... na tle ... (czegoś); **to lean** ~ **sth** opierać się o coś

age [eɪdʒ] s 1. wiek m; **five years of** ~ pięcioletni; **of** ~ pełnoletni; **under** ~ niepełnoletni; **what is your** ~? ile masz lat?; **at your** ~ w twoim wieku 2. (period) epoka f; **for** ~s od wieków

aged ['eɪdʒd] adj w podeszłym wieku; sędziwy

agency ['eɪdʒənsɪ] s agencja f; filia f; agentura f; **advertisement** ~ agencja ogłoszeniowa; **insurance** ~ agencja ubezpieczeniowa; **news** ⟨**press**⟩ ~ agencja prasowa; **tourist** ⟨**travel, travelling**⟩ ~ agencja turystyczna; **through the** ~ **of** ... za pośrednictwem ...

agenda [ə'dʒendə] s porządek dzienny (zebrania)

agent ['eɪdʒənt] s 1. pośrednik m; agent m 2. chem. czynnik m

aggravate ['ægrəveɪt] v pogorszyć; (annoy) rozdrażnić

aggression [ə'greʃn] s agresja f

agility [ə'dʒɪlɪtɪ] s zwinność f, zręczność f

ago [ə'gəu] adv ... temu; przed ...; **a week** ~ tydzień temu; przed tygodniem; **long** ~ dawno temu

agonize ['ægənaɪz] v dręczyć, męczyć

agony ['ægənɪ] s 1. agonia f 2. (suffering) udręka f, męczarnia f; **an** ~ **of pain** potworny ból

agrarian [ə'greərɪən] adj agrarny, rolny

agree [ə'gri] v 1. zgodzić się (**to sth** na coś); **to** ~ **with sb's opinion** podzielać czyjeś zdanie 2. (come to an agreement) uzgodnić;. porozumieć się (**upon** ⟨**as to**⟩ **sth** co do czegoś) 3. (be good for) służyć (**with sb** komuś)

agreeable [ə'griəbl] adj przyjemny; (ready ,to agree) zgodny

agreement [ə'grimənt] s porozumienie n; układ m; umowa f; **international** ~ umowa międzynarodowa; **in** ~ **with** ... zgodnie z ...

agriculture ['ægrɪ'kʌltʃə(r)] s rolnictwo n

agronomy [ə'grɒnəmɪ] s agronomia f

ahead [ə'hed] adv 1. na przodzie, na czele 2. (forward) dalej; naprzód; ~ **of schedule** przed terminem; **to get** ~ **of sb** wyprzedzić kogoś; **to look** ~ patrzeć przed siebie

aid [eɪd] I v pomagać II s pomoc f; **with** ⟨**by**⟩ **the** ~ **of sth** za pomocą czegoś

aim [eɪm] I v 1. celować; skierować (**sth at sb, sth** coś do kogoś, czegoś) 2. (intend) dążyć (**at sth** do czegoś); mieć na celu (**at sth** coś) II s cel m; **to miss one's** ~ chybić

aimless ['eɪmləs] adj bezcelowy

air [eə(r)] I v przewietrzyć II s powietrze n; ~ **force** lotnictwo n; ~ **terminal** dworzec lotniczy; **by** ~ drogą powietrzną; **on the** ~ przez radio; przen. **to clear the** ~ oczyścić atmosferę air² [eə(r)] s *muz.* aria *f*; melodia *f*

air³ [eə(r)] s mina *f*; wygląd *m*; **to put on ⟨to give oneself⟩** ⁓s zadzierać nosa

air-cooling [ˈeəkulɪŋ] s chłodzenie powietrzne

air-conditioning [ˈeəkənˈdɪʃnɪŋ] s klimatyzacja *f*

aircraft [ˈeəkrɑft] s (*pl* aircraft) samolot *m*; ⁓ carrier lotniskowiec *m*

air-hostess [ˈeəhəʊstɪs] s stewardesa *f*

airily [ˈeərɪlɪ] *adv* nonszalancko, niedbale

airing [ˈeərɪŋ] s wietrzenie *n*; **to take an** ⁓ przewietrzyć się

airline [ˈeəlɑɪn] s linia lotnicza

airmail [ˈeəmeɪl] s poczta lotnicza

airman [ˈeəmən] s (*pl* airmen) lotnik *m*

airport [ˈeəpɔt] s lotnisko *n*

air-raid [ˈeəreɪd] s nalot *m*; ⁓ shelter schron *m*; ⁓ warning alarm przeciwlotniczy

air-sickness [ˈeəsɪknəs] s chorobą powietrzna

airtight [ˈeətɑɪt] *adj* hermetyczny

airy [ˈeərɪ] *adj* 1. przewiewny, lekki 2. (*light-hearted*) beztroski, niedbały

ajar [əˈdʒɑ(r)] *adj* the door was ⁓ drzwi były uchylone

alarm [əˈlɑm] I *v* alarmować; **to be** ⁓ed at sth zaniepokoić się czymś II s alarm *m*; trwoga *f*; **fire** ⁓ alarm pożarowy; **trial ⟨test⟩** ⁓ alarm próbny; **to give the** ⁓ zaalarmować; **to sound ⟨to ring⟩ the** ⁓ uderzać na alarm III *adj* alarmowy; ⁓ device urządzenie alarmowe; ⁓ signal sygnał alarmowy

alarm-clock [əˈlɑmklok] s budzik *m*; **to set the** ⁓ nastawić budzik

alas [əˈlæs] *int* niestety!

album [ˈælbəm] s album *m*; **postage ⟨stamp⟩** ⁓ album na znaczki pocztowe ⟨filatelistyczny⟩; **photographic** ⁓ album fotograficzny

alcohol [ˈælkəhol] s alkohol *m*

ale [eɪl] s piwo angielskie (**pale** jasne, **brown** ciemne)

alert [əˈlɜt] I *adj* 1. żwawy 2. (*watchful*) czujny II s alarm *m*, pogotowie *n*; **flood** ⁓ alarm przeciwpowodziowy; **on the** ⁓ w pogotowiu

Algerian [ælˈdʒɪərɪən] I *adj* algierski II s Algierczyk *m*, Algierka *f*

alibi [ˈælɪbɑɪ] s alibi *n*

alien [ˈeɪlɪən] *adj* cudzoziemski; obcy

alight¹ [əˈlɑɪt] *v* wysiadać (z pociągu); lądować (z powietrza)

alight² [əˈlɑɪt] *adj* zapalony; **to be** ⁓ palić się (w piecu); świecić (się)

alike [əˈlɑɪk] I *adj* podobny; **they are very much** ⁓ oni są do siebie bardzo podobni II *adv* podobnie; (*as well*) zarówno

alive [əˈlɑɪv] *adj* żywy; żwawy, pełen życia; **to be** ⁓ żyć; **the best man** ⁓ najlepszy człowiek pod słońcem

all. [ɔl] I *adj* 1. wszystek, wszystko, wszyscy; **after** ⁓ mimo wszystko, ostatecznie; **most of** ⁓ najbardziej ze wszystkiego 2. (*whole*) cały; ⁓ **the way** całą drogę; **at** ⁓ wcale, w ogóle 3. (*every*) każdy; **at** ⁓ **hours** o każdej porze ‖ **All Fools' Day** prima aprilis; **not at** ⁓ bynajmniej II *adv* całkiem, zupełnie; ⁓ **alone** sam jeden; ⁓ **at once** nagle; ⁓ **right** dobrze; w porządku; **I am** ⁓ **right** nic mi nie jest; ⁓ **the better** tym lepiej; ⁓ **the same** wszystko jedno; niemniej jednak; ⁓

the time cały czas, wciąż;
to be ~ for sth gorąco coś
popierać; to be ~ smiles
uśmiechać się od ucha do
ucha
allay [ə`leɪ] *v* (*make less*)
uśmierzać (ból); (*calm*) u-
spokajać (sb, sth kogoś,
coś)
allege [ə`ledʒ] *v* twierdzić
(że ...)
alleged [ə`ledʒd] *adj* rzekomy,
domniemany
allegory [`ælɪgərɪ] *s* alegoria *f*
allergy [`ælədʒɪ] *s* alergia *f*,
uczulenie *n* (to sth na coś)
alley [`ælɪ] *s* aleja *f*; *am.* uli-
czka *f*; zaułek *m*; blind ~
ślepa ulica
alliance [ə`laɪəns] *s* przymierze
n, sojusz *m*
allied [`ælaɪd] *adj* sprzymie-
rzony; (*related*) pokrewny
all-important [ɔlɪm`pɔtnt] *adj*
wielkiej wagi, doniosły
allot [ə`lot] *v* przydzielać;
asygnować (pieniądze)
allotment [ə`lotmənt] *s* 1. przy-
dział *m* 2. (*of land*) działka
f; ~s *pl* ogródki *pl* dział-
kowe
allow [ə`laʊ] *v* 1. pozwolić (sb
sth komuś na coś); dopusz-
czać (sth do czegoś); no dogs
~ed psów wprowadzać nie
wolno 2. to ~ for sth
uwzględniać ⟨przewidywać⟩
coś 3. (*admit*) przyznać 4.
(*give*) przeznaczać; dawać
allowance [ə`laʊəns] *s* 1. wy-
asygnowane fundusze; kie-
szonkowe *n*; currency ~
przydział *m* dewiz; travelling ~s diety *pl* 2. (*reduction*) bonifikata *f*
all-purpose [`ɔl`pɜpəs] *adj* uniwersalny
allude [ə`lud] *v* napomknąć
(to sb, sth o kimś, czymś)
allure [ə`ljʊə(r)] *v* wabić, nęcić
allusion [ə`luʒn] *s* aluzja *f*
ally [ə`laɪ] I *v* połączyć, sprzy-
mierzyć II *s* [`ælaɪ] sprzy-
mierzeniec *m*, sojusznik *m*

almighty [`ɔl`maɪtɪ] *adj*
wszechmocny
almond [`amənd] *s* migdał *m*
almost [`ɔlməʊst] *adv* prawie
(że); niemal; omal nie
alone [ə`ləʊn] I *adj* sam, w
pojedynkę, jedyny; to leave
⟨to let⟩ sb, sth ~ dać komuś, czemuś spokój II *adv*
tylko, jedynie
along [ə`lɔŋ] I *adv* naprzód,
dalej II *praep* wzdłuż; ~ the
road wzdłuż całej drogi ||
~ with ... wraz z ... (kimś,
czymś); all ~ od samego
początku
alongside [ə`lɔŋ`saɪd] *adv* o-
bok (sb, sth kogoś, czegoś);
wzdłuż
aloof [ə`luf] *adv* z dala; na
boku; to hold oneself ~ stać
na uboczu
aloud [ə`laʊd] *adv* 1. na głos
2. (*loudly*) głośno
alphabet [`ælfəbet] *s* alfabet
m; finger ~ alfabet głuchoniemych; Latin ~ alfabet
łaciński; Morse ~ alfabet
Morse'a; Russian ~ cyryli-
ca *f*
alphabetic(al) [ælfə`betɪk(l)]
adj alfabetyczny; in ~ order w porządku alfabetycznym
already [ɔl`redɪ] *adv* już
also [`ɔlsəʊ] *adv* także, rów-
nież, też
altar [`ɔltə(r)] *s* ołtarz *m*
alter [`ɔltə(r)] *v* zmienić (się);
that ~s everything to zmie-
nia postać rzeczy
alteration [ɔltə`reɪʃn] *s* zmia-
na *f*; odmiana *f*
alternate [`ɔltɜneɪt] I *v* zmie-
niać II *adj* [ɔl`tɜnət] zmien-
ny; kolejny; występujący na
przemian
alternating [`ɔltɜneɪtɪŋ] *adj* =
alternate *adj*; *elektr.* ~ current prąd zmienny
alternative [ɔl`tɜnətɪv] I *s* al-
ternatywa *f* II *adj* alterna-
tywny
alternator [`ɔltɜneɪtə(r)] *m*

elektr. prądnica *f* prądu zmiennego, alternator *m*

although [ɔl'ðəu] *conj* chociaż; mimo że...

altitude ['æltɪtjud] *s* wysokość *f* (nad poziomem morza); **at high ~s** na dużych wysokościach

alto ['æltəu] *s muz.* alt *m*; *(instrument)* altówka *f*

altogether ['ɔltə'geðə(r)] *adv* zupełnie; *(on the whole)* razem; ogółem

always ['ɔlwɪz] *adv* zawsze, stale

am *zob.* **be** *v*

amateur ['æmətə(r)] *s* amator *m*

amaze [ə'meɪz] *v* zdumieć; **to be ~d at sth** być zdumionym czymś

amazement [ə'meɪzmənt] *s* zdumienie *n*

amazing [ə'meɪzɪŋ] *adj* zdumiewający, zadziwiający

ambassador [æm'bæsədə(r)] *s* ambasador *m*; poseł *m* (**to** ⟨**in**⟩ **a country** w kraju)

amber ['æmbə(r)] *s* bursztyn *m*

ambiguity ['æmbɪ'gjuətɪ] *s* dwuznaczność *f*; niejasność *f*

ambiguous [æm'bɪgjuəs] *adj* dwuznaczny; niejasny

ambition [æm'bɪʃn] *s* ambicja *f*; *pl* **~s** aspiracje *pl*

ambitious [æm'bɪʃəs] *adj* ambitny

ambulance ['æmbjələns] *s* ambulans *m*; karetka *f* pogotowia ratunkowego, sanitarka *f*; **~ plane** samolot sanitarny; **to call (in) an ~** wezwać karetkę pogotowia

ambush ['æmbuʃ] I *v* wciągnąć w zasadzkę II *s* zasadzka *f*; **to lie in ~** czatować; **in ~** na czatach

amendment [ə'mendmənt] *s* poprawa *f*; naprawa *f* (błędu)

American [ə'merɪkən] I *adj* amerykański II *s* Amerykanin *m*, Amerykanka *f*

amiable ['eɪmɪəbl] *adj* uprzejmy, miły

amicable ['æmɪkəbl] *adj* przyjacielski, przyjazny

amiss [ə'mɪs] *adv* źle, błędnie; **to take sth ~** wziąć coś za złe

ammonia [ə'məunɪə] *s chem.* amoniak *m*

ammunition ['æmju'nɪʃn] *s* amunicja *f*

amnesty ['æmnəstɪ] *s* amnestia *f*

among(st) [ə'mʌŋ(st)] *praep* pośród, (po)między

amount [ə'maunt] I *v* (*of sums*) wynosić; **the bill ~s to 15 dollars** rachunek wynosi 15 dolarów II *s* suma *f*; ilość *f*; **a large ~ of...** dużo...; **to the ~ of...** do wysokości...

amphitheatre ['æmfɪθɪətə(r)] *s* amfiteatr *m*

ample ['æmpl] *adj* obszerny; *(abundant)* dostatni

ampoule ['æmpul] *s* ampułka *f*

amputate ['æmpjuteɪt] *v* amputować, odciąć

amulet ['æmjulɪt] *s* amulet *m*

amuse [ə'mjuz] *v* zabawiać; **to be ~d at sth** ubawić się czymś

amusement [ə'mjuzmənt] *s* zabawa *f*; rozrywka *f*; *pl* **~s** przyjemności *pl*; **~ park** wesołe miasteczko

an [ən, æn] *zob.* **a**

anaemia [ə'nimɪə] *s* anemia *f*

anaesthetic ['ænɪs'θetɪk] I. *adj* znieczulający II *s* środek znieczulający; narkoza *f*

analogy [ə'nælədʒɪ] *s* analogia *f*

analyse ['ænəlaɪz] *v* analizować, robić analizę (sth czegoś)

analysis [ə'næləsɪs] *s* (*pl* **analyses** [ə'næləsiz]) analiza *f*

anatomic ['ænə'tomɪk] *adj* anatomiczny

anatomy [ə'nætəmɪ] s anatomia f
ancestor ['ænsɪstə(r)] s przodek m, antenat m
anchor ['æŋkə(r)] I v mor. zakotwiczyć II s kotwica f; at ~ na kotwicy; to drop the ~ zarzucić kotwicę; to hoist the ~ podnieść kotwicę
ancient ['eɪnʃnt] adj 1. starożytny; ~ history historia starożytna 2. (very old) starodawny; ~ monument zabytek m
and [ən, ænd] conj i; a
anecdote ['ænɪkdəʊt] s anegdota f
anemone [ə'nemənɪ] s bot. anemon m, zawilec m
anew [ə'nju] adv na nowo, jeszcze raz
angel ['eɪndʒl] s anioł m
anger ['æŋgə(r)] I v (roz)gniewać II s gniew m, złość f
angina [æn'dʒaɪnə] s angina f
angle¹ ['æŋgl] s 1. geom. kąt m; at an ~ pod kątem, pochylony 2. przen. punkt m widzenia; from all ~s ze wszystkich stron
angle² ['æŋgl] I v łowić ryby II s haczyk m (u wędki)
angler ['æŋglə(r)] s wędkarz m
Anglican ['æŋglɪkən] adj anglikański
angling ['æŋglɪŋ] s wędkarstwo n
Anglo-Saxon ['æŋgləʊ'sæksn] adj anglosaski
angry ['æŋgrɪ] adj zły, gniewny; to be ~ with sb ⟨at sth⟩ gniewać się na kogoś ⟨o coś⟩; to get ~ rozzłościć się; to make sb ~ rozgniewać kogoś
angular ['æŋgjʊlə(r)] adj kanciasty; (placed at angle) narożny
animal ['ænəml] s zwierzę n
animate ['ænɪmeɪt] v ożywiać; pobudzać (sb to sth kogoś do czegoś)

ankle ['æŋkl] s anat. kostka f; ~ deep po kostki
annex [ə'neks] v przyłączyć; zaanektować
annexation [ənek'seɪʃn] s przyłączenie n; aneksja f
annihilate [ə'naɪəleɪt] v zniszczyć, unicestwić
anniversary ['ænɪ'vɜsrɪ] s rocznica f
announce [ə'naʊns] v oznajmić, ogłosić
announcement [ə'naʊnsmənt] s zawiadomienie n; ogłoszenie n
announcer [ə'naʊnsə(r)] s spiker m, spikerka f; konferansjer m
annoy [ə'nɔɪ] v drażnić, dokuczać (sb komuś)
annoyance [ə'nɔɪəns] s kłopot m; strapienie n; (irritation) irytacja f
annoyed [ə'nɔɪd] adj zirytowany; to get ~ at sth zirytować się czymś; to be ~ with sb być złym na kogoś
annoying [ə'nɔɪŋ] adj przykry, nieznośny
annual ['ænjʊəl] adj roczny; coroczny, doroczny
annul [ə'nʌl] v anulować, unieważniać
anonymous [ə'nonɪməs] adj anonimowy; ~ author autor anonimowy; ~ letter list anonimowy, anonim m
another [ə'nʌðə(r)] adj pron inny; ~ glass jeszcze jeden kieliszek ⟨jedna szklanka⟩; ~ thing coś innego; in ~ way inaczej
answer ['ɑnsə(r)] I v 1. odpowiadać (a question, a letter na pytanie, na list) 2. (be responsible) ręczyć (for sb, sth za kogoś, coś) 3. odpowiadać (for one's actions za swoje czyny) II s odpowiedź f; prawn. replika f
ant [ænt] s mrówka f
antarctic [æn'tɑktɪk] adj antarktyczny

3 Słownik

antedate ['æntɪ'deɪt] v anty-
datować
antediluvian ['æntɪdɪ'luvɪən]
adj przedpotopowy
antelope ['æntɪləʊp] s antylo-
pa f
antenna [æn'tenə] s antena f;
car ~ antena samochodowa;
outside ~ zewnętrzna antena; television ~ antena telewizyjna; drag ⟨collapsi-
ble⟩ ~ antena wysuwana
anthem ['ænθəm] s hymn m
(narodowy)
ant-hill ['ænt hɪl] s mrowisko
n
anthology [æn'θɒlədʒɪ] s anto-
logia f
anthropology ['ænθrə'pɒlədʒɪ]
s antropologia f
antibiotic ['æntɪbaɪ'ɒtɪk] s
antybiotyk m
anticipate [æn'tɪsəpeɪt] v 1. u-
przedzać; wyprzedzać 2.
(expect) oczekiwać; przewidywać
anticipation [æntɪsə'peɪʃn] s
oczekiwanie n; przewidywanie n; in ~ z góry
antidote ['æntɪdəʊt] s odtru-
tka f; antidotum n
antifreeze ['æntɪfriz] s płyn
nie zamarzający; odmra-
żacz m
antiquated ['æntɪkweɪtɪd] adj
przestarzały, staroświecki
antique [æn'tik] I adj starożytny, antyczny II s zabytek m; antyk m; ~ shop
sklep m z antykami, anty-
kwariat m; ~ dealer anty-
kwariusz m
antiquity [æn'tɪkwətɪ] s sta-
rożytność f; pl antiquities
zabytki pl, antyki pl
antiseptic ['æntɪ'septɪk] adj
antyseptyczny
anxiety [æŋ'zaɪətɪ] s niepokój
m, lęk m
anxious ['æŋkʃəs] adj 1. niespokojny (about ⟨for⟩ sb,
sth o kogoś, coś) 2. (stron-
gly wishing) chętny; to

be ~ to do sth chcieć
⟨mieć ochotę⟩ coś zrobić
any ['enɪ] I pron 1. jaki, jakiś 2. (every) każdy, jakikolwiek; ~ day każdego
dnia; at ~ time o każdej
porze 3. (with negation) żaden II adv 1. nieco, trochę
2. (with negation) wcale;
ani trochę
anybody ['enɪbɒdɪ] pron 1.
ktoś, ktokolwiek 2. (no matter who) każdy; ~ will tell
you każdy ci powie
anyhow ['enɪhaʊ] I adv byle
jak II conj w każdym ra-
zie, tak czy owak
anyone ['enɪwʌn] pron = anybody
anything ['enɪθɪŋ] pron 1.
coś; cokolwiek 2. (all) wszystko 3. (with negation) nic
anyway ['enɪweɪ] adv = anyhow
anywhere ['enɪweə(r)] adv 1.
gdziekolwiek; byle gdzie 2.
(with negation) nigdzie
apart [ə'pat] adv na boku; na
osobności; to set ~ ·odło-
żyć; wide ~ daleko od siebie; ~ from ... niezależnie
⟨abstrahując⟩ od ..., poza ...
apartment [ə'patmənt] s 1. pokój m; apartament m (ho-
telowy) 2. am. mieszkanie
n; ~ house kamienica
czynszowa
apathy ['æpəθɪ] s apatia f
ape [eɪp] I v małpować, naśladować II s zool. małpa
f (bezogonowa)
aperitive [ə'perətɪv] s aperitif m
apologetic [ə'pɒlə'dʒetɪk] adj
skruszony, pokorny
apologize [ə'pɒlədʒaɪz] v przeprosić (to sb for sth kogoś
za coś); usprawiedliwiać się
apology [ə'pɒlədʒɪ] s przeproszenie n
apostle [ə'pɒsl] s apostoł m,
orędownik m
apostrophe [ə'pɒstrəfɪ] s apo-
strof m

35 apprentice

appal [ə'pɔl] v przerazić, za-
trwożyć
apparatus ['æpə'reɪtəs] s (pl
~, ~es ['æpə'reɪtəsɪz]) aparat m, przyrząd m; breathing ~ aparat tlenowy (do
oddychania)
apparent [ə'pærnt] adj 1. o-
czywisty, widoczny 2.
(seeming) pozorny
appeal [ə'piːl] I v 1. uciekać
się (to sth do czegoś); odwoływać się (to sb do ko-
goś); prawn. apelować 2.
(attract) pociągać, podobać
się II s 1. apel m, wezwanie n; Court of Appeal sąd
apelacyjny 2. (attraction)
urok m; sex ~ urok m,
powab m
appear [ə'pɪə(r)] v 1. ukazywać ⟨zjawiać⟩ się 2. (seem)
wydawać się
appearance [ə'pɪərns] s 1. u-
kazanie się n 2. (looks) wygląd m; powierzchowność f
3. pl ~s pozory pl; by all
~s sądząc po pozorach; to
keep up ~s podtrzymywać
pozory
appendicitis [ə'pendɪ'saɪtɪs] s
zapalenie n wyrostka ro-
baczkowego
appendix [ə'pendɪks] s (pl ~es,
appendices [ə'pendɪsiz]) 1.
anat. wyrostek robaczkowy,
pot. ślepa kiszka 2. (supplement) dodatek m (do książki)
appetite ['æpətaɪt] s apetyt
m
applaud [ə'plɔd] v oklaskiwać;
to be ~ed zbierać oklaski
applause [ə'plɔz] s oklaski pl;
aprobata f
apple ['æpl] s jabłko n; the ~
of the eye źrenica f; przen.
oczko n w głowie
apple-pie ['æpl paɪ] s szarlotka f
appliance [ə'plaɪəns] s przyrząd m; urządzenie n; pl
~s przybory pl, akcesoria
pl

applicable ['æplɪkəbl] adj odpowiedni, dający się zastosować
applicant ['æplɪkənt] s reflektant m; kandydat m (for sth
na coś)
application ['æplɪ'keɪʃn] s 1.
zastosowanie n 2. (putting
on) smarowanie n (maścią)
3. (request) prośba f; podanie n (for a post o pracę);
~ form formularz zgłosze-
niowy, druk m; on ~ na
życzenie
apply [ə'plaɪ] v 1. zastosować
2. (put on) posmarować
(iodine etc. jodyną itd.) 3.
(of a rule etc.) mieć zastosowanie 4. (request) zwracać się (to sb for sth do
kogoś o coś); ~ within tu
udziela się informacji; to
~ for a post ubiegać się o
posadę
appoint [ə'pɔɪnt] v 1. obierać,
mianować (sb to be ... kogoś na stanowisko ...) 2. wyznaczyć (sb to do sth kogoś
do zrobienia czegoś) 3. (fix)
oznaczyć (termin)
appointment [ə'pɔɪntmənt] s
umówiony termin; spotka-
nie n; to make ⟨to fix⟩ an
~ umówić się; by ~ po
uprzednim uzgodnieniu; to
have an ~ być umówio-
nym
appreciate [ə'priːʃɪeɪt] v oce-
nić, oszacować (wartość);
uznać (doniosłość); (wysoko)
cenić (czyjąś grzeczność
itd.)
appreciation [ə'priːʃɪ'eɪʃn] s o-
cena f; wyrazy pl uznania
apprehend ['æprɪ'hend] v 1.
zrozumieć, uchwycić sens
(sth czegoś) 2. (fear) obawiać się (sth czegoś)
apprehension ['æprɪ'henʃn] s
1. zrozumienie n; quick of
~ bystry 2. (fear) obawa f,
lęk m
apprentice [ə'prentɪs] s uczeń
m, terminator m

approach [ə'prəutʃ] I v 1. przybliżyć; zbliżać się (sb, sth
do kogoś, czegoś); to ~ a
problem podejść do zagad-
nienia; (of a person) easy
to ~ przystępny 2. (speak
to) zwrócić się (sb do kogoś) II s 1. przybliżenie n,
zbliżanie się n 2. (passage)
dojście n, dojazd m
appropriate [ə'prəuprieit] I v
przywłaszczyć sobie II
adj [ə'prəupriət] odpowiedni
⟨właściwy⟩ (to ⟨for⟩ sb, sth
dla kogoś, czegoś)
approval [ə'pruvl] s aprobata f; pochwała f
approve [ə'pruv] v zatwier-
dzać; (praise) pochwalać
⟨aprobować⟩ (of sth coś)
approvingly [ə'pruviŋli] adv
z aprobatą
approximate [ə'prɔksimət] adj
zbliżony
apricot ['eiprikot] s morela f
(owoc)
April ['eiprl] s kwiecień m
apron ['eiprən] s fartuch m
apt [æpt] adj trafny; odpowiedni; (disposed) skłonny;
(clever) zdolny
aptitude ['æptitjud] s uzdolnienie n, zdolność f
aquarium [ə'kweəriəm] s akwarium m
aquatic {ə'kwætik] adj wodny; pl ~s sporty wodne
aqueduct ['ækwidʌkt] s akwe-
dukt m
Arab ['ærəb] s 1. Arab m,
Arabka f 2. (horse) arab m
arabesque ['ærə'besk] s ara-
beska f
Arabic ['ærəbik] I adj arabski II s język arabski
arbitration ['abi'treiʃn] s arbitraż m; ~ court sąd roz-
jemczy
arc [ak] s łuk m
arch¹ [atʃ] I v wyginać (się),
tworzyć łuk II s łuk m;
arch. sklepienie łukowe
arch² [atʃ] adj figlarny, łobu-
zerski

archaeology ['aki'olədʒi] s ar-
cheologia f
archaism [a'keuzm] s ar-
chaizm m
archer ['atʃə(r)] s łucznik m,
łuczniczka f
archery ['atʃəri] s łucznictwo
n
architect [akitekt] s architekt
m; budowniczy m; twórca
m
architecture ['aki'tektʃə(r)] s
architektura f
archives ['akaivz] pl archiwum n, archiwa pl
arctic ['aktik] adj arktyczny
ardent ['adnt] adj płonący;
przen. gorliwy
ardour ['adə(r)] s żar m; przen.
zapał m; gorliwość f
are zob. be
area ['eəriə] s obszar m; (region) rejon m; okręg m
arena [ə'rinə] s arena f; on
the international ~ na are-
nie międzynarodowej
aren't [ant] = are not
argue ['agju] v 1. argumento-
wać, udowadniać; to ~ with
sb spierać się z kimś (about
sth o coś) 2. (persuade) perswadować; przekonywać
argument ['agjumənt] s 1. argument m 2. (dispute) dyskusja f; spór m; a matter
of ~ kwestia sporna; to be
beyond ~ nie podlegać dyskusji
arise [ə'raiz] v (arose [ə'rəuz,
arisen [ə'rizn]) 1. powstawać
2. (result) wyniknąć; if the
occasion ~s jeśli nadarzy
się okazja
aristocracy ['æri'stɔkrəsi] s
arystokracja f
aristocrat ['æristəkræt] s ary-
stokrata m, arystokratka f
arithmetic [ə'riθmətik] s ary-
tmetyka f
arm¹ [am] s 1. ręka f; ramię
n; przen. to keep sb at ~'s
length trzymać kogoś na
dystans; ~ in ~ ręka w

rękę; pod rękę (z kimś) 2.
(*of a chair*) poręcz *f*
arm² [ɑm] I *v* uzbroić (się)
II *s* (*zw. pl*) broń *f*; **to take
up** ~**s** chwycić za broń;
under ~**s** pod bronią
armament ['ɑməmənt] *s* uzbrojenie *n*; ~**s race** wyścig *m*
zbrojeń
arm-band ['ɑmbænd] *s* opaska *f*
armchair ['ɑmtʃeə(r)] *s* fotel
m
armistice ['ɑmɪstɪs] *s* zawieszenie *n* broni; rozejm *m*
armour ['ɑmə(r)] *s* zbroja *f*;
pancerz *m*
armoury ['ɑmərɪ] *s* zbrojow-
nia *f*; *am.* fabryka *f* broni
army ['ɑmɪ] *s* armia *f*; **to go
into** ⟨**to enter, to join**⟩ **the**
~ iść do wojska; **Salvation
Army** Armia Zbawienia (organizacja religijna)
arose *zob.* **arise**
around [ə'raʊnd] I *praep* do-
(o)koła II *adv* wokoło, do-
(o)koła
arouse [ə'raʊz] *v* obudzić (ze
snu); (*incite*) pobudzać (**sb
to sth** kogoś do czegoś)
arrange [ə'reɪndʒ] *v* 1. rozmieszczać, układać 2. (*plan
beforehand*) planować 3.
(*settle*) załatwiać (**sth with
sb** coś z kimś)
arrangement [ə'reɪndʒmənt] *s*
1. ułożenie *n* 2. układ *m*;
porozumienie *n* 3. (*order*)
porządek *m*, uporządkowa-
nie *n* 4. *pl* ~**s** przygotowania *pl*; **to make** ~**s to** ...
poczynić kroki, aby ...
arras ['ærəs] *s* arras *m*, go-
belin *m*
arrest [ə'rest] I *v* 1. aresztować 2. (*fix*) przykuwać
(wzrok) II *s* areszt *m*; aresz-
towanie *n*; **under** ~ aresz-
towany
arrival [ə'raɪvl] *s* przybycie
n, przyjazd *m*
arrive [ə'raɪv] *v* przybywać;

przyjeżdżać; *przen.* **to** ~ **at
a conclusion** dojść do wniosku
arrogance ['ærəgəns] *s* arogan-
cja *f*
arrogant ['ærəgənt] *adj* arogancki
arrow ['ærəʊ] *s* strzała *f*
art [ɑt] *s* 1. sztuka *f*; **fine** ~**s**
sztuki piękne; **the liberal**
~**s** nauki ⟨sztuki⟩ wyzwolo-
ne; **faculty of** ~**s** wydział
humanistyczny 2. umieję-
tność *f*
arterial [ɑ'tɪərɪəl] *adj anat.*
tętniczy; *przen.* ~ **road** magistrala *f*; droga przeloto-
wa; ~ **line** magistrala kolejowa
artery ['ɑtərɪ] *s* 1. *anat.* arteria *f*, tętnica *f* 2. arteria
f (ruchu); ~ **of traffic** ciąg
komunikacyjny
artful ['ɑtfl] *adj* zręczny;
(*cunning*) przebiegły
arthritis [ɑ'Θraɪtɪs] *s* artre-
tyzm *m*
article ['ɑtɪkl] *s* 1. przedmiot
m; *handl.* towar *m*, artykuł *m*; *pl* ~**s** artykuły *pl*,
towary *pl*; ~**s of common**
⟨**general**⟩ **use** artykuły *pl*
powszechnego użytku; ~**s
of first** ⟨**prime**⟩ **necessity**
artykuły *pl* pierwszej potrzeby; ~**s of daily use** artykuły *pl* codziennego u-
żytku 2. *prawn.* paragraf *m*,
punkt *m* (umowy) 3. *dzien.*
artykuł *m*; **editorial** ⟨lead-
ing⟩ ~ artykuł wstępny 4.
gram. przedimek *m*, rodzajnik *m*
articulate [ɑ'tɪkjʊleɪt] I *v* arty-
kułować, wyraźnie wyma-
wiać II *adj* [ɑ'tɪkjʊlət] wyraźny; artykułowany
articulation [ɑ'tɪkjʊ'leɪʃn] *s*
jęz. artykulacja *f*
artificial ['ɑtɪ'fɪʃl] *adj* sztuczny; ~ **limb** proteza *f*
kończyny
artillery [ɑ'tɪlərɪ] *s* artyleria *f*

artisan ['ɑtı'zæn] s rzemieślnik m
artist ['ɑtıst] s artysta m, ar-
tystka f
artistic [ɑ'tıstık] adj artystyczny
artless ['ɑtləs] adj naturalny;
szczery
as [əz] I adv 1. równie; tak
samo jak; (tak) jak; as
usual jak' zwykle; as yet
(jak) na razie; dotychczas
2. (in the character of) jako,
w charakterze; as for, as to,
as regards co do; co dotyczy; not so as nie tak jak
II conj ponieważ, jako że;
as if, as though jak gdyby;
as it is i tak, w rzeczywistości
asbestos [æs'bestəs] s azbest
m
ascend [ə'send] v iść w górę,
wspinać się (sth po czymś);
przen. to ~ the throne
wstąpić na tron
ascertain ['æsə'teın] v stwierdzać; (make sure) upewniać
się (sth co do czegoś)
ascetic [ə'setık] I s asceta m
II adj ascetyczny
ascribe [ə'skraıb] v przypisywać (sth to sb coś ko-
muś)
aseptic [ə'septık] adj asepty-
czny
ash¹ [æʃ] s bot. jesion m
ash² [æʃ] s popiół m; Ash
Wednesday Popielec m
ashamed [ə'ʃeımd] adj zawsty-
dzony; to be ~ of sb, sth
wstydzić się kogoś, cze-
goś
ash-bin ['æʃbın], ash-can
['æʃkæn] s skrzynia f na
śmieci
ashore [ə'ʃɔ(r)] adv na ląd; na
brzeg; to go ~ zejść na ląd
⟨brzeg⟩; to set passengers
~ wysadzić pasażerów na
ląd ⟨brzeg⟩
ash-tray ['æʃtreı] s popielniczka f
Asiatic ['eıʃı'ætık] I adj azja-

tycki II s Azjata m, Azja-
tka f
aside [ə'saıd] adv na bok; na
uboczu; to put sth ~ od-
łożyć coś na bok
ask [ɑsk] v 1. pytać; to ~ sb
a question zadać komuś pytanie; to ~ about sth do-
wiadywać się o coś 2. (beg)
poprosić (sb to do sth kogoś, aby coś zrobił); to ~
sb's pardon przeprosić kogoś 3. (invite) zaprosić (sb
to dinner etc. kogoś na
obiad itd.)
askance [ə'skæns] adv ukośnie; przen. to look ~ at sb
patrzeć na kogoś spode łba
asleep [ə'slip] adv adj we śnie,
śpiąc; to be ~ spać; to fall
~ zasnąć
asp [æsp] s bot. osika f
asparagus [əs'pærəgəs] s (pl
asparagus) bot. szparag m
aspect ['æspekt] s 1. mina f;
wygląd m 2. (view) aspekt
m
asphalt ['æsfælt] I v asfalto-
wać II s asfalt m
aspirant ['æspırənt] s aspirant
m; kandydat m
aspiration ['æspə'reıʃn] s 1.
wdychanie n (powietrza) 2.
(ambition) aspiracja f; dążenie n (after ⟨for⟩ sth do
czegoś) 3. fonet. przydech
m
aspire [ə'spaıə(r)] v mieć aspiracje ⟨dążyć⟩ (to ⟨after, at⟩
sth do czegoś)
aspirin ['æsprın] s farm. as-
piryna f; to take an ~ zażyć aspirynę
ass [æs] s osioł m; przen. a
perfect ~ skończony osioł;
to make an ~ of oneself
zbłaźnić się
assail [ə'seıl] v atakować, napadać (sb, sth na kogoś,
coś)
assailant [ə'seılənt] s napastnik
m
assassin [ə'sæsın] s morderca
m; zamachowiec m

assassinate [ə'sæsıneıt] v zamordować; dokonać zama-
chu
assault [ə'sɔlt] I v napadać
(sb na kogoś); przypuszczać
szturm (sth do czegoś); (beat
up) pobić, poturbować (sb
kogoś) II s napaść f
assemble [ə'sembl] v 1. zbierać ⟨gromadzić⟩ (się) 2.
techn. zmontować (maszy-
nę itp.)
assembly [ə'semblı] v 1. zebranie n; zgromadzenie n 2.
techn. zmontowanie n (ma-
szyny)
assent [ə'sent] I v wyrazić zgo-
dę (to sth na coś) II s zatwierdzenie n; zgoda f
assert [ə'sɜt] v zapewniać (sth
o czymś); dowodzić (sth czegoś)
assertion [ə'sɜʃn] s twierdzenie n, zapewnienie n (of sth
o czymś)
assess [ə'ses] v szacować; (fix
the amount) wymierzać (podatek)
assets ['æsets] pl aktywa pl;
mienie n
assign [ə'saın] v wyznaczać;
przydzielać; przeznaczać
(sth to a purpose coś na jakiś cel)
assignation ['æsıg'neıʃn] s wy-
znaczenie n; przydział m;
(fixing) oznaczenie n ⟨usta-
lenie n⟩ (czasu, miejsca
itp.); (appointment) wyzna-
czone spotkanie
assist [ə'sıst] v 1. pomagać (sb
in sth komuś w czymś);
wspierać (sb, sth kogoś, coś)
2. (attend) być obecnym (at
a ceremony na uroczysto-
ści); brać udział
assistance [ə'sıstəns] s pomoc
f; wsparcie n; medical ∼
pomoc lekarska; of ∼ po-
mocny; to come to sb's ∼
przyjść komuś z pomocą
assistant [ə'sıstənt] I adj pomocniczy II s asystent m,
pomocnik m; ∼ professor

docent m; ∼ manager wi-
cedyrektor m; laboratory ∼
laborant m, laborantka f;
shop ∼ ekspedient m, eks-
pedientka f
associate [ə'səuʃıeıt] I v (po)-
łączyć (się), zrzeszyć (się)
II adj [ə'səuʃıət] towarzyszący; ∼ member członek ko-
respondent m III s [ə'səuʃıət]
współpracownik m; kolega
m
association [ə'səuʃı'eıʃn] s 1.
połączenie n, skojarzenie n;
2. (society) stowarzyszenie
n, związek m
assortment [ə'sɔtmənt] s asortyment m, dobór m
assume [ə'sjum] v przyjmować, przybierać (pozę);
(suppose) zakładać; przy-
puszczać (że ...)
assumption [ə'sʌmpʃn] s przypuszczenie n; założenie n
assurance [ə'ʃuərns] s 1. zapewnienie n (of sth o
czymś) 2. (self-confidence)
pewność f siebie 3. (insurance) ubezpieczenie n
assure [ə'ʃuə(r)] v zapewniać
(sth to sb komuś coś; sb
of sth kogoś o czymś); you
may rest ∼d that ... możesz
być pewny, że ...
aster ['æstə(r)] s bot. aster m
asterisk ['æstərısk] s gwiazd-
ka f, odsyłacz m
asthma ['æsmə] s astma f
astonish [ə'stonıʃ] v zadziwiać;
to be ∼ed at sb, sth dziwić
się komuś, czemuś
astrakhan ['æstrə'kæn] s ka-
rakuł m
astray [ə'streı] I adj zabłąkany II adv to go ∼ zabłą-
dzić; to lead sb ∼ sprowa-
dzić kogoś na manowce
astrology [ə'strolədʒı] s astro-
logia f
astronaut ['æstrənɔt] s astronauta m
astronomy [ə'stronomı] s as-
tronomia f

asylum [ə'saıləm] s azyl m; schronienie n

at [ət, æt] praep 1. przy; **at table** przy stole; **at work** przy pracy 2. w; **at home** w domu; **at war** w stanie wojny; **at best** w najlepszym razie 3. u (sb, sth kogoś, czegoś); **at the Browns'** u Brownów ‖ **at last** wreszcie; **at least** przynajmniej; **at once** od razu; **at 9 a.m.** o 9 rano

ate zob. **eat** v

atheist ['eıθı-ıst] s ateista m

athlete ['æθlit] s atleta m, sportowiec m

athletic [æθ'letık] I adj atletyczny; sportowy II s (pl) ~s (lekka) atletyka f; sporty pl

Atlantic [ət'læntık] adj atlantycki

atlas ['ætləs] s atlas m; **geographical** ~ atlas geograficzny; **road** ~ atlas drogowy; **world** ~ atlas świata

atmosphere ['ætməsfıə(r)] s atmosfera f; przen. nastrój m

atmospheric(al) ['ætməs'ferık(l)] I adj atmosferyczny II s (pl) **atmospherics** zakłócenia atmosferyczne

atom ['ætəm] s chem. fiz. atom m; ~ **age** era atomowa; ~ **bomb** bomba atomowa; przen. **smashed to** ~s rozbity na drobne kawałki

atomic [ə'tomık] adj atomowy; ~ **pile** reaktor atomowy

atomizer ['ætəmaızə(r)] s rozpylacz m

atrocity [ə'trosətı] s okrucieństwo n; okropność f

attach [ə'tætʃ] v przywiązywać (sth to sth coś do czegoś); dołączyć (do listu) ‖ **to** ~ **importance to sth** przywiązywać wagę do czegoś; **to** ~ **oneself to sb** przywiązać się do kogoś

attachment [ə'tætʃmənt] s przywiązanie n (for sb do kogoś); (bond) więź f

attack [ə'tæk] I v atakować, napadać (sb na kogoś) II s natarcie n, atak m

attain [ə'teın] v osiągnąć (cel), zdobyć (sth coś)

attainment [ə'teınmənt] s osiągnięcie n, zdobycie n (of sth czegoś)

attempt [ə'tempt] I v usiłować, próbować II s próba f; **to make an** ~ **at sth** usiłować coś zrobić

attend [ə'tend] v 1. uczęszczać (sth na coś) 2. (accompany) towarzyszyć (sb, sth komuś, czemuś) 3. (wait upon) obsługiwać (sb ⟨to sb⟩ kogoś) 4. (take care of) zająć się (to sth czymś); uważać

attendance [ə'tendəns] s 1. obsługa f; **medical** ~ pomoc lekarska 2. (presence) obecność f; frekwencja f (at a lecture na wykładzie)

attendant [ə'tendənt] I adj obsługujący; (accompanying) towarzyszący II s: a museum ~ przewodnik m po muzeum

attention [ə'tenʃn] s 1. uwaga f; **to pay** ~ **to sth** uważać na coś; wojsk. ~! baczność! 2. (care) opieka f; troska f 3. pl ~s grzeczności pl, uprzejmości pl 4. (courting) zalecanie się n, zaloty pl

attentive [ə'tentıv] adj uważny; pilny; dbały (of sb, sth o kogoś, coś)

attic ['ætık] s strych m; poddasze n

attitude ['ætıtjud] s poza f; postawa f; (także ~ of mind) nastawienie n; ustosunkowanie się n (to sth do czegoś)

attorney [ə'tɜnı] s 1. pełnomocnik m; **power of** ~ pełnomocnictwo n 2. am. (lawyer) adwokat m 3. **Attorney General** prokurator królewski

attract [ə'trækt] *v* przyciągać; **to ~ sb's attention** skierować na siebie czyjąś uwagę
attractive [ə'træktɪv] *adj* pociągający; atrakcyjny
attribute [ə'trɪbjut] I *v* przypisywać **(sth to sb, sth coś komuś, czemuś)** II *s* ['ætrɪbjut] atrybut *m*; cecha *f*; *gram.* przydawka *f*
auburn ['ɔbən] *adj* ciemnobrązowy; kasztanowaty
auction ['ɔkʃn] I *v* z/licytować II *s* licytacja *f*
auctioneer ['ɔkʃə'nɪə(r)] *s* licytator *m*
audacious [ɔ'deɪʃəs] *adj* śmiały, zuchwały
audacity [ɔ'dæsətɪ] *s* śmiałość *f*, zuchwałość *f*
audible ['ɔdəbl] *adj* słyszalny, uchwytny dla ucha
audience ['ɔdɪəns] *s* 1. audiencja *f*; **to give sb an ~** udzielić komuś audiencji 2. *(listeners)* audytorium *n*; widownia *f*
august[1] [ɔ'gʌst] *adj* czcigodny, dostojny
August[2] ['ɔgəst] *s* sierpień *m*
aunt [ant] *s* ciotka *f*
auspices ['ɔspɪsɪz] *plt* auspicje *pl*; **under the ~ of sb** pod czyimś patronatem
austere [ɔ'stɪə(r)] *adj* surowy, srogi
Australian [ɔ'streɪlɪən] I *adj* australijski II *s* Australijczyk *m*, Australijka *f*
Austrian ['ɔstrɪən] I *adj* austriacki II *s* Austriak *m*, Austriaczka *f*
authentic [ɔ'θentɪk] *adj* autentyczny
author ['ɔθə(r)] *s* autor *m*
authoress ['ɔθərəs] *s* autorka *f*
authoritative [ɔ'θɔrətətɪv] *adj* autorytatywny, miarodajny
authorit|y [ɔ'θɔrətɪ] *s* 1. autorytet *m*; **on the ~y of ...** opierając się na ... 2. *(power)* władza *f*; *pl* **~ies** władze *pl*; **customs ~ies** władze

celne; **local ~y** władze miejscowe; **state ⟨governmental⟩ ~y** władze państwowe
authorization ['ɔθəraɪ'zeɪʃn] *s* autoryzacja *f*; upoważnienie *n*
authorize ['ɔθəraɪz] *v* upoważniać **(sb to do sth kogoś do zrobienia czegoś)**
authorship ['ɔθəʃɪp] *s* autorstwo *n*
autobiography ['ɔtəbaɪ'ogrəfɪ] *s* autobiografia *f*
autograph ['ɔtəgraf] *s* autograf *m*; *(author's manuscript)* rękopis autorski
automatic ['ɔtə'mætɪk] *adj* automatyczny; *am.* **~ baggage locker** boks *m* do przechowywania bagażu; **~ left luggage locker** przechowywalnia *f* bagażu
automation ['ɔtə'meɪʃn] *s* automatyzacja *f*
automobile ['ɔtəmə'bil] *s* *am.* samochód *m*, auto *n*; **~ club** klub automobilowy; **Automobile Association** Automobilklub *m*
autonomous [ɔ'tonəməs] *adj* autonomiczny
autonomy [ɔ'tonəmɪ] *s* autonomia *f*; samorząd *m*
autumn ['ɔtəm] *s* jesień *f*
auxiliary [ɔg'zɪlɪərɪ] *adj* pomocniczy; *gram.* **~ verb** czasownik posiłkowy
avail [ə'veɪl] I *v* pomagać; przynosić pożytek **(sb, sth komuś, czemuś)**; **to ~ oneself of sth** korzystać z czegoś II *s* pożytek *m*; korzyść *f*; **it is of no ~** to na nic; **to ... is of no ~** to jest bezcelowe
available [ə'veɪləbl] *adj* dostępny; do nabycia
avalanche ['ævəlanʃ] *s* lawina *f*
avenge [ə'vendʒ] *v* pomścić, wziąć odwet **(sth za coś)**; **to ~ oneself on sb** zemścić się na kimś

avenue [ˈævənju] s ulica f; aleja f
average [ˈævrɪdʒ] I s przeciętna f, średnia f; on an ~ przeciętnie II adj przeciętny, średni
averse [əˈvɜs] adj przeciwny; niechętny (to sth czemuś)
aversion [əˈvɜʃn] s niechęć f; wstręt m (to ⟨for⟩ sb, sth do kogoś, czegoś)
avert [əˈvɜt] v 1. odwrócić (oczy itd.) 2. (prevent) zapobiec (sth czemuś)
aviation [ˈeɪvɪˈeɪʃn] s lotnictwo n
aviator [ˈeɪvɪˈeɪtə(r)] s lotnik m
avoid [əˈvɔɪd] v unikać (sth czegoś); stronić (sb, sth od kogoś, czegoś)
await [əˈweɪt] v czekać (sb, sth na kogoś, coś); oczekiwać (sb, sth kogoś, czegoś)
awake [əˈweɪk] I v (awoke, awoke [əˈwəʊk] także awaked [əˈweɪkt]) zbudzić ⟨obudzić⟩ (się) II adj przebudzony; to keep sb ~ nie dawać komuś spać; wide ~ całkowicie przytomny; przen. bystry
award [əˈwɔd] I v przyznawać II s (przyznana) nagro-

da f; list of ~s lista f nagrodzonych
aware [əˈweə(r)] adj świadomy (of sth czegoś); to be ~ of sth zdawać sobie sprawę z czegoś
awareness [əˈweənəs] s świadomość f (of sth czegoś)
away [əˈweɪ] adv daleko; far ~ (bardzo) daleko; right ~ zaraz, natychmiast; to take sth ~ odłożyć coś
awe [ɔ] I v napawać trwogą II s groza f; strach m
awful [ˈɔfl] adj straszny, straszliwy
awkward [ˈɔkwəd] adj (of a person) niezgrabny, niezręczny; (of a thing) niewygodny
awning [ˈɔnɪŋ] s markiza f; zasłona f
awoke zob. awake v
axe [æks] s siekiera f; topór m
axis [ˈæksɪs] s (pl axes [ˈæksiz]) mat. oś f
axle [ˈæksl] s oś f (koła); ~ base rozstaw m osi (pojazdu)
azalea [əˈzeɪlɪə] s azalia f
azure [ˈæʒə(r)] I s lazur m, błękit m II adj lazurowy, błękitny

B

babble [ˈbæbl] v paplać
babe [beɪb], **baby** [ˈbeɪbɪ] s niemowlę n; dziecko n
babyhood [ˈbeɪbɪhʊd] s niemowlęctwo n
baby-sitter [ˈbeɪbɪ sɪtə(r)] s osoba pilnująca dziecka
bachelor [ˈbætʃələ(r)] s kawaler m
bacillus [bəˈsɪləs] s (pl bacilli [bəˈsɪlaɪ]) bakcyl m, zarazek m
back [bæk] I v 1. popierać; przen. to ~ the wrong

horse postawić na niewłaściwego konia; pomylić się w rachubach 2. (go back) cofać (się); to ~ out of sth wycofać się z czegoś II s 1. plecy pl; krzyż m; grzbiet m (of an animal, a book etc. zwierzęcia, książki itd.) 2. (reverse) odwrotna strona 3. (rear) tył m; at the very ~ na samym końcu 4. (of a chair) oparcie n 5. sport. (także pl ~s) obrona f III adj tylny IV adv w

43   **ball**

tył; (*of time*) wstecz; ~ **and
forth** tam i z powrotem
backbone ['bækbəun] s kręgosłup *m*, stos pacierzowy;
British to the ~ Brytyjczyk
m z krwi i kości
background ['bækgraund] s tło
n; dalszy plan (obrazu);
against a ~ **of** ... na tle ...;
przen. **to keep in the** ~ pozostawać w cieniu
backhand ['bækhænd] s *tenis.*
bekhend *m*
backing ['bækıŋ] s poparcie *n*
back-stage ['bæksteıdʒ] I *adj*
zakulisowy II *adv* za kuli-
sami
backstairs ['bæksteəz] *pl* tylne schody
backward ['bækwəd] *adj* 1.
wsteczny 2. (*late*) spóźniony
(w czasie, nauce) 3. (*of a
child*) opóźniony w rozwoju,
niedorozwinięty
backwards ['bækwədz] *adv*
wstecz; w tył; ~ **and forwards** tam i z powrotem,
w jedną i drugą stronę
bacon ['beıkən] s boczek wie-
przowy, bekon *m*; ~ **and
eggs** jajka (smażone) na
boczku
bacterium [bæk'tıərıəm] s (*pl*
bacteria [bæk'tıərıə]) bakteria *f*, zarazek *m*
bad [bæd] I *adj* (**worse** [wɜs],
worst [wɜst]) 1. zły, kiepski,
niedobry; ~ **fortune** ⟨**luck**⟩
pech *m*; ~ **weather** niepogoda *f*; **to be on** ~ **terms
with sb** żyć z kimś w niezgodzie; **to call sb** ~ **names**
przezywać kogoś; **to feel** ~
źle się czuć; **to have a** ~
cold być silnie przeziębio-
nym; **to look** ~ źle się zapowiadać; **it's too** ~! wielka szkoda! 2. (*of food*) zepsuty; **to go** ⟨**to turn**⟩ ~
zepsuć się II s zło *n*, złe *n*
bade *zob.* **bid** *v*
badge [bædʒ] s odznaka *f*;
numer *m* (bagażowego itd.)

badly ['bædlı] *adv* źle; mar-
nie; ~ **wounded** poważnie
ranny; **he is doing** ~, **he is**
~ **off** źle mu się powodzi;
she took it rather ~ ona
się bardzo tym przejęła; **we
need it** ~ bardzo tego po-
trzebujemy
badminton ['bædmıntən] s kometka *f*
bad-tempered ['bæd'tempəd]
adj przykry; skory do gniewu
bag [bæg] s worek *m*; torba
f; torebka *f*; **shopping** ~
torba na zakupy
baggage ['bægıdʒ] s bagaż *m*;
~ **room** przechowalnia *f* bagażu; ~ **insurance** ubezpieczenie *n* bagażu
bail [beıl] s kaucja *f*; gwarancja *f*; **to go** ⟨**to stand**⟩
~ **for** ... ręczyć za ...; **on** ~
za kaucją
bait [beıt] I *v* założyć przy-
nętę (**a hook** na haczyk) II
s przynęta *f*; pokusa *f*
bake [beık] *v* piec, wypiekać;
(*harden by heat*) wypalać;
(*sun-bathe*) prażyć się (w
słońcu)
baker ['beıkə(r)] s piekarz *m*;
~**'s dozen** trzynaście; ~**'s
shop** piekarnia *f*
bakery ['beıkərı] s piekarnia *f*
balance ['bæləns] I s 1. waga
f 2. (*equilibrium*) równowaga *f*; ~ **of power** równowaga sił 3. *fin.* saldo *n*; bilans
m; ~ **in hand** saldo kasowe;
~ **of trade** bilans handlowy II *v* 1. zachować równowagę 2 (*make up for*) równoważyć 3. *fin.* wyprowadzać saldo (**an account** rachunku)
balcony ['bælkənı] s balkon *m*
bald [bɔld] *adj* łysy; *przen.*
(*of facts*) nagi
baldly ['bɔldlı] *adv* bez ogródek
ball [bɔl] s piłka *f*; (*sphere*)

kula *f*; (*of wool etc.*) kłębek *m*
ball² [bɔl] *s* bal *m*; zabawa taneczna; **New Year's Eve** ~ bal sylwestrowy
ballad [`bæləd] *s* ballada *f*
ball-bearing [`bɔl`beəriŋ] *s* łożysko kulkowe
ballerina [`bælə`rinə] *s* balerina *f*
ballet [`bælei] *s* balet *m*
balloon [bə`lun] *s* balon *m*
ballot [`bælət] **I** *s* tajne głosowanie **II** *v* tajnie głosować (**for sb, sth** za kimś, czymś; **against sb, sth** przeciw komuś, czemuś)
ballot-box [`bælət boks] *s* urna wyborcza
ball-point [`bɔlpɔint] *attr* ~ **pen** długopis *m*
balm [bɑm] *s* balsam *m*; środek łagodzący
balmy [`bɑmi] *adj* balsamiczny; kojący
balustrade [`bælə`streid] *s* balustrada *f*
bamboo [bæm`bu] *s* bambus *m*
ban [bæn] **I** *v* zakazać, zabronić **II** *s* 1. wyjęcie *n* spod prawa; **the** ~ **of public opinion** pręgierz *m* opinii publicznej 2. (*banishment*) banicja *f* 3. (*prohibition*) zakaz *m*
banal [bə`nɑl] *adj* banalny
banana [bə`nɑnə] *s* banan *m*
band¹ [bænd] **I** *v* obwiązywać **II** *s* wstążka *f*, opaska *f*; (*strip*) taśma *f*
band² [bænd] *s* 1. banda *f*, (*group*) gromada *f* 2. (*society*) towarzystwo *n* 3. *muz.* orkiestra *f*; **brass** ~ orkiestra dęta; **string** ~ orkiestra smyczkowa
bandage [`bændidʒ] **I** *v* bandażować **II** *s* bandaż *m*; **elastic** ~ bandaż elastyczny
bandbox [`bændboks] *s* pudło *n* (na kapelusze)
bandit [`bændit] *s* bandyta *m*

bandmaster [`bændmɑstə(r)] *s* kapelmistrz *m*
bandsman [`bændzmən] *s* muzykant *m*
bandstand [`bændstænd] *s* estrada *f* (dla orkiestry)
bandy [`bændi] *adj* (*of legs*) krzywy, pałąkowaty
bang [bæŋ] **I** *v* trzasnąć; walić (**at** ⟨**on**⟩ **the door** w drzwi) **II** *s* huk *m*; trzask *m* **III** *int* buch!, bęc!
banish [`bæniʃ] *v* wypędzać; skazywać na banicję
banjo [bæn`dʒəu] *s muz.* banjo *n*
bank¹ [bæŋk] *s* nasyp *m*; wał *m*; (*water edge*) brzeg *m* (rzeki)
bank² [bæŋk] **I** *v* składać w banku **II** *s* 1. bank *m*; ~ **holiday** święto zwyczajowe 2. (*in gaming*) pula *f* **III** *adj* bankowy; ~ **account** konto *n* w banku
banker [`bæŋkə(r)] *s* bankier *m*
bank-note [`bæŋknəut] *s* banknot *m*
bankrupt [`bæŋkrʌpt] *s* bankrut *m*; **to go** ~ zbankrutować
bankruptcy [`bæŋkrʌptsi] *s* bankructwo *n*; upadłość *f*
banner [`bænə(r)] *s* chorągiew *f*; sztandar *m*
banns [bænz] *plt* zapowiedzi ślubne; **to forbid the** ~ zgłosić przeszkodę do zawarcia małżeństwa
banquet [`bæŋkwit] *s* bankiet *m*; uczta *f*
baptism [`bæptizm] *s* chrzest *m*; chrzciny *pl*
baptize [bæp`taiz] *v* (o)chrzcić
bar¹ [bɑ(r)] **I** *s* 1. sztaba *f* 2. (*stick*) laska *f* 3. (*of chocolate*) baton *m* 4. (*barrier*) przegroda *f*; bariera *f*; **the colour** ~ segregacja rasowa 5. *pl* ~s kraty *pl*; **behind the** ~s za kratami, w więzieniu 6. *mot.* **coupling** ~

cięgło *n* II *v* zagradzać, tarasować (drogę itd.)
bar² [ba(r)] *s* 1. *sąd.* ława oskarżonych; **the prisoner at the ~** oskarżony *m* 2. *prawn.* adwokatura *f*
bar³ [ba(r)] *s* bar *m*; (*buffet*) bufet *m*; **milk ~** bar mleczny; **coffee ~** bar kawowy; **hotel ~** bar hotelowy; **night ~** bar nocny; **refreshment ~** bar hotelowy; **self--service ~** bar samoobsługowy ⟨szybkiej obsługi⟩; **snack ~** bar *m* (z zakąskami)
barbarian [ba'beərɪən] *s* barbarzyńca *m*
barbarous ['babərəs] *adj* barbarzyński
barbecue ['babɪkju] *s* rożen *m*
barbed [babd] *adj* (*of wire*) kolczasty
barber ['babə(r)] *s* fryzjer *m*
barbican ['babɪkn] *s* barbakan *m*
bare [beə(r)] *adj* goły, obnażony; (*of legs*) bosy; (*of a head*) odkryty; *przen.* **to lay ~** wyjawić (tajemnicę)
barefoot ['beəfut] I *adj* bosy II *adv* boso
bare-headed ['beə'hedɪd] *adj* z gołą ⟨odkrytą⟩ głową
barely ['beəlɪ] *adv* ledwo, zaledwie
bargain ['bagɪn] I *v* targować się II *s* interes *m*; **to make a ~** zrobić korzystny interes; **a ~ okazja** *f*; **~ prices** ceny okazyjne; **into the ~** na dodatek
barge [badʒ] *s* barka *f*, łódź rzeczna
bark [bak] I *v* szczekać II *s* szczekanie *n*
barley ['balɪ] *s* jęczmień *m*; **hulled ~** pęczak *m*; **pearl ~** kasza perłowa
barmaid ['bameɪd] *s* bufetowa *f*; barmanka *f*
barman ['bamən] *s* (*pl* barmen) barman *m*; bufetowy *m*

barn [ban] *s* stodoła *f*
barometer [bə'romɪtə(r)] *s* barometr *m*
baroque [bə'rok] I *s* barok *m* II *adj* 1. barokowy; **~ architecture** architektura barokowa; **~ style** styl barokowy 2. *przen.* dziwaczny
barracks ['bærəks] *pl* koszary *pl*; baraki *pl*
barrel ['bærl] *s* beczka *f*; beczułka *f*; **a gun ~** lufa *f*
barren ['bærən] *adj* jałowy; nieurodzajny
barricade ['bærəkeɪd] I *s* barykada *f* II *v* zabarykadować
barrier ['bærɪə(r)] *s* bariera *f*; *przen.* przeszkoda *f*
barrister ['bærɪstə(r)] *s* adwokat *m*; obrońca *m*
bartender ['batendə(r)] *s* barman *m*
barter ['batə(r)] *v* wymieniać (towary), prowadzić handel wymienny
base¹ [beɪs] I *s* 1. baza *f*, podstawa *f*; **~ of supply** baza zaopatrzeniowa 2. *chem.* zasada *f* 3. *wojsk.* baza *f*; **air ~** baza lotnicza; **naval ~** baza *f* marynarki wojennej II *v* opierać; gruntować
base² [beɪs] *adj* podły, nikczemny
baseless ['beɪsləs] *adj* bezpodstawny
basement ['beɪsmənt] *s* suterena *f*
bashful ['bæʃfl] *adj* nieśmiały; lękliwy
basic ['beɪsɪk] *adj* podstawowy, zasadniczy; **Basic English** uproszczony język angielski do użytku międzynarodowego
basilica [bə'sɪlɪkə] *s* bazylika *f*
basin ['beɪsn] *s* 1. miednica *f* 2. *geogr.* basen *m*; (*tract of country*) dorzecze *n* 3. *geol.* zagłębie (węglowe) ‖ **harbour ~** basen portowy
basis ['beɪsɪs] *s* (*pl* bases ['beɪsiz]) podstawa *f*; baza *f*;

accommodation ~ baza noclegowa; **tourist** ~ baza turystyczna
basket [`baskıt] s koszyk *m*; **waste** ~ kosz *m* na śmieci
basket-ball [`baskıt bɔl] s koszykówka *f*
basket-work [`baskıt wɜk] s wyroby koszykarskie
bass [beıs] s *muz.* bas *m*; (*in a band*) basista *m*
bas(s)-relief [`bæsrı`lif] s płaskorzeźba *f*
bat ¹ [bæt] s nietoperz *m*, gacek *m*
bat ² [bæt] s palant *m*, kij *m* (do gry w krykieta itp.)
bath [baθ] s kąpiel *f* (w wannie); **to have a** ~ wykąpać się
bathe [beıð] I *v* (wy)kąpać (się); przemywać II s kąpiel (morska)
bathroom [`baθrum] s łazienka *f*
bath-tub [`baθtʌb] s wanna *f*
batiste [bæ`tist] s batyst *m*
baton [`bætõ] s batuta *f*; pałeczka *f* (dyrygenta); *wojsk.* buława *f*
battalion [bə`tælıən] s batalion *m*
battery [`bætrı] s bateria *f*; **dry** ~ bateryjka *f*; **flash-light** ~ bateryjka do latarki; **long-life** ~ (*for transistors*) bateryjka do tranzystorów; **storage** ~ akumulator *m*; **to charge a** ~ naładować akumulator; **to replace a** ~ wymienić akumulator
battle [`bætl] s bitwa *f*; walka *f*; bój *m*; ~ **dress** mundur polowy
battle-field [`bætl fild] s pole n bitwy
bay ¹ [beı] I *v* ujadać II s ujadanie *n*; *przen.* to be at ~ być osaczonym
bay ² [beı] s zatoka *f*
bayonet [`beıənıt] s bagnet *m*

bazaar [bə`za(r)] s wschodni jarmark, bazar *m*
be [bi] *v* (was [woz], been [bin]; *1 pers sing* am, *3 pers sing* is, *2 pers sing i 1, 2, 3 pers pl* are) 1. być; *bezosobowo*: it is not far from here to niedaleko stąd; how is it that ... jak to jest ⟨dzieje się⟩, że ...; it is cold jest zimno; it is five o'clock jest piąta; *rozkazująco*: be quiet! uspokój(cie) się!; don't be silly! nie bądź śmieszny! 2. *przyzwalająco*: be it so! niech tak będzie!; it may be może być 3. *przed bezokolicznikiem oznacza powinność*: I am to do it mam to zrobić; what was he to say? co on miał powiedzieć? 4. *przed bezokolicznikiem w stronie biernej*: what is to be done? co należy zrobić? 5. *z przysłówkiem „there" oznacza*: znajdować się, być; there is a cup on the table na stole jest ⟨znajduje się⟩ filiżanka 6. *jako słowo posiłkowe przy formie ciągłej i stronie biernej*: he is writing a letter on pisze list; he was wounded during the battle został ranny podczas bitwy 7. *połączone z przymiotnikami lub przysłówkami tłumaczy się jako czasownik*: be afraid bać się; be ashamed wstydzić się; be late spóźnić się; be quick spieszyć się; be off odjeżdżać, odchodzić; be over minąć; be about to ... właśnie mieć ... (coś zrobić) ‖ I have been to Paris zwiedziłem Paryż; how much is it? ile to kosztuje?; it is he who must decide to właśnie on ma decydować; is it here that you live? czy to tutaj mieszkasz?
beach [bitʃ] s plaża *f*
bead [bid] s paciorek *m*; ko-

ralik *m*; *pl* ~s różaniec *m*
beak [bik] *s* dziób *m*
beam [bim] I *s* 1. belka *f*;
(*pole*) dyszel *m* 2. (*ray*) promień *m* (światła) II *v* promieniować; świecić; (*bright-
en*) rozpromieniać się
bean [bin] *s* ziarnko *n* (gro-
chu, kawy itd.); broad ~s
bób *m*; French ~s fasola *f*
bear¹ [beə(r)] *s* niedźwiedź *m*;
astr. the Great ⟨Little⟩ Bear
Wielka ⟨Mała⟩ Niedźwiedzi-
ca
bear² [beə(r)] *v* (bore [bɔ(r)],
borne [bɔn]) nosić; (*endure*)
znosić, cierpieć; (*pp* born)
(*bring forth*) rodzić; to ~
witness świadczyć
bearable [ˈbeərəbl] *adj* (możliwy) do zniesienia; znośny
beard [biəd] *s* zarost *m*; bro-
da *f*; with a week's ~ nie
golony od tygodnia; to
shave off a ~ zgolić brodę;
to sport ⟨wear⟩ a ~ nosić
brodę
bearer [ˈbeərə(r)] *s* okaziciel
m (czeku)
bearing [ˈbeəriŋ] I *s* 1. zachowanie *n*; postawa *f*; it's
beyond ~ to przechodzi
ludzką wytrzymałość 2. *pl*
~s (*position*) położenie geograficzne 3. *techn.* łożysko
n II *adj* dźwigający; *techn.*
nośny
bearskin [ˈbeəskın] *s* skóra *f*
niedźwiedzia; (*cap*) futrzana
czapka żołnierzy gwardii
królewskiej
beast [bist] *s* bydlę *n*; bestia
f
beastly [ˈbistlı] *adj* zwierzęcy,
nieludzki; (*awful*) wstrętny
beat [bit] I *v* (beat [bit],
beaten [ˈbitn]) 1. bić; to ~ sb
black and blue zbić kogoś
na kwaśne jabłko 2. (*conquer*) pobić (wroga, rekord
itp.) 3. (*knock*) walić; *przen.*
to ~ about the bush owijać
(słowa) w bawełnę; that ~s
everything to szczyt wszy-

stkiego ‖ to ~ back ode-
pchnąć; opanować (płomie-
nie itd.); to ~ down obniżyć (cenę); to ~ up ubić
(pianę, żółtko) II *s* uderzenie *n*, bicie *n* (serca); *muz.*
wybijanie *n* taktu
beaten [ˈbitn] *zob.* beat *v*;
adj 1. wydeptany; the ~
track utarty szlak 2. (*weary*) znużony
beautiful [ˈbjutəfl] *adj* piękny,
śliczny
beautify [ˈbjutəfaı] *v* upięk-
szać
beauty [ˈbjutı] *s* 1. piękno *n*;
uroda *f*; ~ parlour salon
kosmetyczny 2. (*woman*)
piękność *f*
beaver [ˈbivə(r)] *s* bóbr *m*
became *zob.* become
because [bəˈkoz] *conj* ponieważ, dlatego że, gdyż; bowiem; ~ of sth z powodu
czegoś; ~ of you przez ciebie
beck [bek] *s* skinienie *n*; to
be at sb's ~ and call być
do czyichś usług ⟨na każde
zawołanie⟩
beckon [ˈbekən] *v* skinąć (to
sb na kogoś); przywołać gestem (to sb kogoś)
become [bıˈkʌm] *v* (became
[bıˈkeım], become [bıˈkʌm])
1. zostać (czymś), stać się;
what's ~ of him? co się z
nim stało?; to ~ thin schudnąć 2. (*suit*) być odpowied-
nim (sb dla kogoś); this
dress ~s you do twarzy ci
w tej sukni 3. (*befit*) wypadać; it doesn't ~ you to
do this nie wypada ci tego
robić
becoming [bıˈkʌmiŋ] *adj* stosowny; (*of a dress*) twa-
rzowy
bed [bed] *s* łóżko *n*; to make
the ~ pościelić łóżko; ~ and
breakfast nocleg *m* i śniadanie *n*
bed-bug [ˈbedbʌg] *s* pluskwa
f

bed-clothes [ˋbedkləʊ𝜭z] *plt* pościel *f*
bed-linen [ˋbedlının] *s* bielizna pościelowa
bed-pan [ˋbedpæn] *s* basen *m* (dla chorego)
bed-ridden [ˋbedrıdn] *adj* złożony chorobą
bedroom [ˋbedrʊm] *s* sypialnia *f*
bedtime [ˋbedtaım] *s* pora *f* snu
bee [bi] *s* pszczoła *f*; *pot.* he has ~s in his bonnet on ma bzika
beech [biʧ] *s* buk *m*
beef [bif] *s* wołowina *f*; ~ tea bulion *m*; **roast** ~ rostbef *m*; **boiled** ~ sztuka *f* mięsa
beefsteak [ˋbifsteık] *s* befsztyk *m*
beefy [ˋbifı] *adj* silny; muskularny
bee-hive [ˋbihaıv] *s* ul *m*
been *zob.* be *v*
beer [bıə(r)] *s* piwo *n*
beer-house [ˋbıəhaʊs] *s* piwiarnia *f*
beeswax [ˋbizwæks] *s* wosk *m*
beet [bit] *s* burak *m*; **red** ~ burak ćwikłowy; **white** ~ burak cukrowy
beetle [ˋbitl] *s* chrząszcz *m*; żuk *m*; **black** ~ karaluch *m*
befall [bıˋfɔl] *v* (**befell** [bıˋfel], **befallen** [bıˋfɔlən]) zdarzyć ⟨wydarzyć⟩ się (**sb** komuś)
befit [bıˋfıt] *v* wypadać; być stosownym (**sb** dla kogoś)
before [bıˋfɔ(r)] I *praep* przed; ~ my eyes na moich oczach; ~ now już przedtem; dawniej II *conj* zanim, nim III *adv* 1. na przedzie 2. (*earlier*) przedtem, poprzednio; **the day** ~ poprzedniego dnia
beforehand [bıˋfɔhænd] *adv* przedtem, uprzednio
beg [beg] *v* prosić; błagać; (*ask alms*) żebrać (**for sth** o coś) ‖ I ~ your pardon? słucham?; **we** ~ **to inform**

you ... mamy zaszczyt poinformować panów ...
began *zob.* begin
beget [bıˋget] *v* (**begot** [bıˋgot], **begotten** [bıˋgotn]) płodzić; (*cause*) tworzyć
beggar [ˋbegŝ(r)] *s* 1. żebrak *m*, żebraczka *f* 2. *pot.* gość *m*, facet *m*; **a lucky** ~ szczęściarz *m*; **poor** ~ biedaczek *m*
begin [bıˋgın] *v* (**began** [bıˋgæn], **begun** [bıˋgʌn]) zaczynać (się); mieć początek; **to** ~ **with** najpierw; przede wszystkim
beginner [bıˋgınə(r)] *s* początkujący *m*
beginning [bıˋgının] *s* początek *m*
begot, begotten *zob.* beget
begun *zob.* begin
behalf [bıˋhaf] *s* **on** ~ **of sb** z czyjegoś ramienia; w czyimś imieniu
behave [bıˋheıv] *v* zachowywać się (**towards sb** wobec kogoś); postępować; ~ **yourself!** bądź grzeczny!; zachowuj się przyzwoicie!
behaviour [bıˋheıvıə(r)] *s* zachowanie *n*; postępowanie *n*
behind [bıˋhaınd] I *praep* z tyłu; za (czymś); ~ **one's back** za czyimiś plecami; ~ **time** opóźniony; ~ **the times** zacofany II *adv* z tyłu; w tyle
being [ˋbiın] I *s* istota *f*; **a human** ~ ludzka istota; **to come into** ~ zaistnieć, powstać II *adj* trwający; **for the time** ~ na razie; chwilowo
belated [bıˋleıtıd] *adj* spóźniony
belfry [ˋbelfrı] *s* dzwonnica *f*
Belgian [ˋbeldʒən] I *adj* belgijski II *s* Belg *m*, Belgijka *f*
belief [bıˋlif] *s* wiara *f* (**in sb, sth** w kogoś, coś); przekonanie *n*

believe [bɪ'liv] *v* 1. wierzyć (**sb, sth** komuś, czemuś); **to make** ~ udawać; pozorować 2. (*suppose*) przypuszczać
belittle [bɪ'lɪtl] *v* umniejszać
bell [bel] *s* dzwon(ek) *m*; **to ring the** ~ zadzwonić
bell-boy ['belbɔɪ] *s* goniec hotelowy
belly ['belɪ] *s* brzuch *m*
belong [bɪ'lɔŋ] *v* należeć (**to sb, sth** do kogoś, czegoś)
belongings [bɪ'lɔŋɪŋz] *plt* rzeczy *pl*; mienie *n*
beloved [bɪ'lʌvɪd] *adj* (u)kochany
below [bɪ'ləʊ] I *praep* pod, poniżej II *adv* poniżej, pod spodem
belt [belt] *s* 1. pas(ek) *m*; **seat** ~ **pas** *m* bezpieczeństwa 2. (*zone*) strefa *f*
bench [bentʃ] *s* 1. ław(k)a *f* 2. *zbior.* **the** ~ sąd *m*
bend [bend] I *v* (**bent** [bent], **bent**) zgiąć (się); ugiąć się II *s* zakręt *m*; wygięcie *n*
beneath [bɪ'niθ] I *adv* poniżej, pod spodem II *praep* pod (**sth** czymś)
benediction ['benɪ'dɪkʃn] *s* błogosławieństwo *n*
benefactor ['benɪfæktə(r)] *s* dobroczyńca *m*
benefit ['benɪfɪt] I *s* korzyść *f*; pożytek *m* II *v* przynosić korzyść (**sb** komuś); odnieść korzyść (**by sth** z czegoś)
bent [bent] *zob.* **bend** *v* I *s* skłonność *f* (**for sth**) do czegoś) II *adj* zgięty; wykrzywiony
benzine ['benzin] *s* benzyna *f* (czysta)
bequeath [bɪ'kwɪð] *v* zapisać w testamencie (**sth to sb** komuś coś)
bequest [bɪ'kwest] *s* legat *m*; zapis *m*
bereave [bɪ'riv] *v* (**bereft** [bɪ'reft], **bereft** *albo* **bereaved** [bɪ'rivd]) pozbawić (**sb**

of sth kogoś, czegoś); osierocić (**sb** kogoś)
berry ['berɪ] *s* jagoda *f*
berth [bɜθ] *s* łóżko *n* (w kabinie, w wagonie sypialnym); *mor.* koja *f*
beside [bɪ'saɪd] *praep* obok, przy; (*moreover*) oprócz; **he was** ~ **himself with joy** nie posiadał się z radości
besides [bɪ'saɪdz] I *adv* prócz tego, poza tym; w dodatku II *praep* oprócz (**sth** czegoś); poza
besiege [bɪ'sidʒ] *v* oblegać
best [best] *zob.* **good** I *adj* najlepszy; ~ **man** drużba *m* II *s* to, co najlepsze; coś najlepszego; **to make the** ~ **of sth** zrobić najlepszy użytek z czegoś; **she looks her** ~ ona wygląda bardzo dobrze; **I'll do my** ~ dołożę wszelkich starań; zrobię, co tylko będę mógł III *adv* najlepiej; **at** ~ w najlepszym wypadku
bestow [bɪ'stəʊ] *v* nadawać (**sth on** ⟨**upon**⟩ **sb** coś komuś); obdarzyć
best-seller ['best'selə(r)] *s* bestseller *m*
bet [bet] I *s* zakład *m*; **to make a** ~ założyć się; **to take up a** ~ przyjąć zakład II *v* zakładać się; **I** ~ **you sth** założę się z tobą o coś
betray [bɪ'treɪ] *v* zdradzać (**sb, sth** kogoś, coś); oszukiwać
betrayal [bɪ'treɪəl] *s* zdrada *f*
better ['betə(r)] *zob.* **good** I *adj* lepszy; **to get** ⟨**to be, to grow**⟩ ~ poprawić się II *adv* lepiej; ~ **and** ~ coraz lepiej III *s* lepsze *n*; coś lepszego; **for** ~ **for worse** na dolę i niedolę IV *v* poprawić; **to** ~ **oneself** poprawić swoją sytuację materialną
betting ['betɪŋ] *s* zakładanie się *n* (**on sth** o coś); zakłady *pl*
between [bɪ'twin] I *praep* (po)-

4 Słownik

między II *adv* pośrodku; ~ ourselves w zaufaniu

beverage [`bevrɪdʒ] *s* napój *m*

beware [bɪ`weə(r)] *v* strzec się (**of sb, sth** kogoś, czegoś); ~ **of the dog!** uwaga, zły pies!

bewilder [bɪ`wɪldə(r)] *v* oszałamiać

bewitch [bɪ`wɪtʃ] *v* (za)czarować; oczarować

beyond [bɪ`jond] I *praep* poza; ponad; ~ **belief** nie do uwierzenia II *adv* dalej; **the world** ~ życie pozagrobowe

bias [`baɪəs] I *s* skłonność *f*; uprzedzenie *n* II *v* uprzedzić, źle usposobić (**towards sb, sth** do kogoś, czegoś)

Bible [`baɪbl] *s* Biblia *f*

bicycle [`baɪsəkl] *s* rower *m*; **folding** ~ rower składany; **tourist** ~ rower turystyczny

bid [bɪd] I *v* (**bade** [beɪd], **bidden** [`bɪdn] *albo* **bid**) 1. kazać (**sb do ⟨to do⟩ sth** komuś coś zrobić) 2. *karc.* licytować 3. (*offer*) (za)ofiarować (cenę); **to** ~ **sb farewell** pożegnać kogoś II *s* 1. oferta *f*; cena ofiarowana (na licytacji) 2. *karc.* licytacja *f*; **no** ~ pas; **whose** ~ **is it?** kto licytuje?

bidder [`bɪdə(r)] *s* licytujący *m*; **the highest** ~ osoba oferująca najwyższą stawkę (na licytacji)

big [bɪg] *adj* wielki; duży; (*thick*) gruby; (*important*) ważny; *polit.* **The Big Four** Wielka Czwórka

bigamist [`bɪgəmɪst] *s* bigamista *m*

bike [baɪk] *s pot.* rower *m*

bikini [bɪ`kinɪ] *s* bikini *n*, damski kostium kąpielowy (dwuczęściowy)

bilateral [baɪ`lætrl] *adj* obustronny

bile [baɪl] *s* żółć *f*

bilingual [`baɪ`lɪŋgwl] *adj* dwujęzyczny

bill [bɪl] *s* dziób *m* (ptaka)

bill [bɪl] I *s* 1. rachunek *m* 2. *fin.* weksel *m* 3. *parl.* projekt *m* ustawy 4. *am.* banknot *m* 5. *mor.* **a** ~ **of lading** konosament *m* || **the** ~ **of fare** jadłospis *m*; **a** ~ **of health** świadectwo sanitarne II *v* 1. naklejać afisze (**a wall etc.** na murze itd.) 2. (*announce*) ogłaszać

bill-board [`bɪl bɔd] *s* tablica *f* ogłoszeń

billet [`bɪlɪt] I *s* nakaz kwaterunkowy; *wojsk.* kwatera *f* II *v* zakwaterować

billiards [`bɪlɪədz] *plt* bilard *m*; **to play** ~ grać w bilard

billion [`bɪlɪən] *s* (*in Britain*) bilion *m*; *am.* miliard *m*

billow [`bɪləu] *s* fala *f*; bałwan *m*

bin [bɪn] *s* skrzynia *f* (na odpadki, węgiel)

bind [baɪnd] *v* (**bound** [baund], **bound**) 1. wiązać; ~ **down** przymocować; ~ **up** zawiązać (ranę, snop) 2. *introl.* oprawiać (książki) 3. (*oblige*) zobowiązywać; **to** ~ **sb over to appear** nakazać komuś stawiennictwo

binding [`baɪndɪŋ] I *s* oprawa *f* (książki); wiązanie *n* (do nart) II *adj* wiążący, obowiązujący

binoculars [bɪ`nokjuləz] *plt* lornetka *f*

biochemistry [`baɪəu`kemɪstrɪ] *s* biochemia *f*

biography [baɪ`ogrəfɪ] *s* biografia *f*

biology [baɪ`olədʒɪ] *s* biologia *f*

birch [bɜtʃ] *s* brzoza *f*

bird [bɜd] *s* ptak *m*; ~**'s eye view** widok *m* z lotu ptaka; *pot.* **an old** ~ stary wyga

birth [bɜθ] *s* 1. urodzenie *n*; **to give** ~ **to a child** urodzić dziecko 2. (*descent*) ród *m*; **by** ~ z pochodzenia

birth-certificate [ˈbɜθsəˈtɪfɪkət] s metryka f urodzenia

birth-control [ˈbɜθkənˈtrəul] s regulacja f urodzeń; świadome macierzyństwo

birthday [ˈbɜθdeɪ] s urodziny pl

birth-mark [ˈbɜθmɑk] s znamię n (przyrodzone)

birth-rate [ˈbɜθreɪt] s przyrost naturalny •

biscuit [ˈbɪskɪt] s suchar m; herbatnik m

bishop [ˈbɪʃəp] s biskup m; szach. goniec m, laufer m

bistro [ˈbɪstrə] s bistro n

bit ¹ [bɪt] s kąsek m, kawałek m; (a little) odrobina f; a ~ of luck szczęście n; ~ by ~ po trochu, stopniowo; every ~ of it całkowicie

bit ² [bɪt] zob. bite v

bitch [bɪtʃ] s suka f

bite [baɪt] I v (bit [bɪt], bitten [ˈbɪtn]) gryźć; kąsać; (of frost) szczypać II s ukąszenie n; (mouthful) kęs m

biting [ˈbaɪtɪŋ] adj gryzący, szczypiący; przen. ostry, cięty

bitter [ˈbɪtə(r)] adj gorzki; przen. przykry

bivouac [ˈbɪvuæk] I v biwakować II s biwak m

biweekly [baɪˈwiklɪ] I s dwutygodnik m II adj dwutygodniowy

bizarre [bɪˈzɑ(r)] adj dziwaczny

black [blæk] I adj czarny; (gloomy) ponury; a ~ eye podbite oko II s 1. czerń f 2. (Negro) Murzyn m, Murzynka f III v to ~ out zaciemniać (dla obrony przeciwlotniczej)

blackboard [ˈblækbɔd] s tablica f (szkolna)

blacken [ˈblækən] v pomalować na czarno; przen. oczerniać (sb kogoś)

blackguard [ˈblægɑd] s szubrawiec m; łajdak m

blackleg [ˈblækleg] s szuler

m; (strike-breaker) łamistrajk m

blackmail [ˈblækmeɪl] I s szantaż m II v szantażować

blackmailer [ˈblækmeɪlə(r)] s szantażysta m

blacksmith [ˈblæksmɪθ] s kowal m

blackthorn [ˈblækθɔn] s bot. tarnina f

bladder [ˈblædə(r)] s pęcherz m

blade [bleɪd] s 1. ostrze n (noża, brzytwy itd.); klinga f (szpady) 2. (of grass) źdźbło n

blame [bleɪm] I v winić, ganić, potępiać (sb for sth kogoś za coś) II s zarzut m; potępienie n; to lay ⟨to put, to cast⟩ the ~ for sth on sb winić kogoś za coś; to bear the ~ for ... ponosić winę za ...

blameless [ˈbleɪmləs] adj nienaganny, nieskazitelny

blank [blæŋk] I s puste miejsce, luka f; am. blankiet m, formularz m II adj czysty, nie zapisany (papier)

blanket [ˈblæŋkɪt] s koc m

blast [blɑst] I s podmuch m powietrza; (explosion) wybuch m II v wysadzić w powietrze

blast-furnace [ˈblɑst ˈfɜnɪs] s hut. wielki piec

blaze [bleɪz] I s ogień m; płomień m; (glare) blask m II v płonąć

blazer [ˈbleɪzə(r)] s blezer m

bleach [blitʃ] v wybielić; rozjaśnić (włosy)

bleed [blid] v (bled [bled], bled) krwawić

blend [blend] I v połączyć; zmieszać II s mieszanka f

bless [bles] v błogosławić

blessed [ˈblesɪd] adj błogosławiony; the whole ~ day cały boży dzień

blessing [ˈblesɪŋ] s błogosławieństwo n

blew *zob.* blow ²

blind [blaind] I *adj* ślepy, niewidomy; the ~ niewidomi
pl; ~ alley ślepa uliczka II
v oślepić III *s* stora *f*

blindfold ['blaindfəuld] I *v*
zawiązywać oczy II *adj* z
zawiązanymi oczami; po o-
macku

blizzard ['blizəd] *s* zamieć *f*,
zadymka *f*

bloater ['bləutə(r)] *s* śledź wędzony

block [blok] I *s* 1. kloc *m*,
pniak *m*, pień *m* 2. (*of hous-
es*) blok *m* (domów) || ~ of
stamps blok filatelistyczny;
writing ~ blok listowy; ~
letters litery drukowane II
v zablokować; zataraso-
wać

blockade [blo'keid] I *s* bloka-
da *f* II *v* zablokować

blockhead ['blokhed] *s* tuman
m; dureń *m*

blond [blond] I *s* blondyn *m*
II *adj* jasny, blond

blonde [blond] *s* blondynka
f

blood [blʌd] *s* krew *f*; ~ group
grupa *f* krwi; ~ test badanie *n* ⟨analiza *f*⟩ krwi;
~ clot skrzep *m* krwi;
przen. in cold ~ z zimną
krwią

bloodcurdling ['blʌdkɜdliŋ] *adj*
mrożący krew w żyłach

blood-donor ['blʌd dəunə(r)] *s*
krwiodawca *m*

bloodhound ['blʌdhaund] *s*
bloodhound *m*, pies *m* św.
Huberta

bloodshed ['blʌdʃed] *s* rozlew
m krwi

bloodshot ['blʌdʃot] *adj* (*of
eyes*) nabiegły krwią

bloodthirsty ['blʌdθɜsti] *adj*
krwiożerczy

bloody ['blʌdi] *adj* krwawy;
wulg. cholerny

bloom [blum] I *s* kwiat *m* II
v kwitnąć

blossom ['blosəm] I *s* kwiecie
n II *v* kwitnąć

blot [blot] I *s* plama *f*; kleks
m II *v* plamić; to ~ out
zamazywać

blotch [blotʃ] *s* krosta *f*;
(*stain*) plama *f*

blotter ['blotə(r)] *s* suszka *f*

blotting-paper ['blotiŋ peipə(r)]
s bibuła *f*

blouse [blauz] *s* bluzka *f*

blow ¹ [bləu] *s* uderzenie *n*;
cios *m*; to strike ⟨to deal⟩
a ~ zadać cios

blow ² [bləu] *v* (blew [blu],
blown [bləun]) dmuchać; dąć;
to ~ down ⟨out⟩ zdmuch-
nąć; to ~ up wysadzić w
powietrze

blue [blu] I *adj* niebieski; błękitny; *przen.* once in a ~
moon od wielkiego święta;
to feel ~ czuć się przygnębionym II *s* błękit *m*; kolor niebieski; navy ~ kolor
granatowy

blue-jacket [blu'dʒækit] *s*
marynarz *m*

blueprint ['bluprint] *s* odbitka *f* na papierze światło-
czułym; światłodruk *m*

bluff [blʌf] I *s* blaga *f*; bluff
m II *v* blagować; bluffować

blunder ['blʌndə(r)] I *v* popełnić gafę II *s* (poważny) błąd
m; (gruba) pomyłka *f*

blunt [blʌnt] I *adj* tępy;
przen. przytępiony II *v* stę-
pić

blush [blʌʃ] I *v* rumienić się;
wstydzić się (at sth czegoś)
II *s* rumieniec *m*

boar [bɔ(r)] *s* knur *m*; wild
~ dzik *m*, odyniec *m*

board [bɔd] I *v* 1. stołować
(się) 2. *mor.* wchodzić (a ship
na statek) II *s* 1. deska *f*;
mincing ⟨chopping⟩ ~ des-
ka *f* do krajania; (*także
notice~*) tablica *f* ogłoszeń 2. (*food*) wikt *m*, wyżywienie *n*; full ~ całko-
wite utrzymanie; ~ and
lodging mieszkanie *n* z u-
trzymaniem || on ~ na po-
kładzie (statku); the Board

of **Education** Ministerstwo Oświaty

boarder ['bɔdə(r)] s stołownik *m*; pensjonariusz *m*

boarding card ['bɔdɪŋ kɑd] s karta *f* wstępu na pokład

boarding-house ['bɔdɪŋ haʊs] s pensjonat *m*

boarding-school ['bɔdɪŋ skul] s internat *m*

boast [bəʊst] *v* chwalić ⟨chełpić⟩ się (of sth czymś)

boat [bəʊt] s łódź *f*; (ship) statek *m*; **to go by ~** popłynąć statkiem; *przen.* **to be in the same ~** być w jednakowej sytuacji; **to burn one's ~s** spalić za sobą mosty

boatman ['bəʊtmən] s przewoźnik *m* łodzią

boat-race ['bəʊtreɪs] s regaty *pl*

boatswain ['bəʊsn] s bosman *m*

boat-train ['bəʊttreɪn] s pociąg mający połączenie ze statkiem

bob [bob] *v* krótko o/strzyc

bobby ['bobɪ] s *pot.* policjant angielski

bobsleigh ['bobsleɪ] s bobslej *m*

bodice ['bodɪs] s stanik *m*

bodily ['bodəlɪ] *adj* cielesny

body ['bodɪ] s 1. ciało *n*; *przen.* **to keep . ~ and soul together** związać koniec z końcem; ledwo wyżyć 2. (group) grono *n*; grupa *f*; **in a ~** gremialnie, gromadą 3. *mot.* karoseria *f*

bogus ['bəʊgəs] *adj* zmyślony; fałszywy

boil [bɔɪl] *v* gotować (się); wrzeć; **to ~water** ⟨milk⟩ gotować wodę ⟨mleko⟩; **to bring to the ~** zagotować

boiler ['bɔɪlə(r)] s kocioł *m*; boiler *m*

bold [bəʊld] *adj* śmiały; zuchwały

bolt [bəʊlt] **I** *v* zamykać na zasuwę **II** s rygiel *m*; zasuwa *f*; sworzeń *m*

bolt [bəʊlt] **I** *v* czmychnąć, uciec **II** s ucieczka *f*

bomb [bom] **I** *v* bombardować **II** s bomba *f*

bombard [bom'bɑd] *v* bombardować

bomber ['bomə(r)] s bombowiec *m*

bomb-shelter ['bomˌʃeltə(r)] s schron *m*

bond [bond] s 1. więź *f* 2. (obligation) zobowiązanie *n*; *fin.* obligacja *f* 3. *pl* **~s** okowy *pl*; kajdany *pl*

bone [bəʊn] s kość *f*; *przen.* **a ~ of contention** kość niezgody

bone-shaker ['bəʊnˌʃeɪkə(r)] s *sl. mot.* gruchot *m*

bonnet ['bonɪt] s 1. czepek *m* 2. *mot.* maska *f* (samochodu)

bonus ['bəʊnəs] s premia *f*

bony ['bəʊnɪ] *adj* kościsty

book [buk] **I** s książka *f*; **a ~ of needles** kartonik *m* igieł; **the ~s** księgi rachunkowe; **to keep the ~s** prowadzić księgowość **II** *v* księgować; zapisywać; **to ~ a seat** zarezerwować miejsce

bookbinder ['bukbaɪndə(r)] s introligator *m*

bookbinding ['bukbaɪndɪŋ] s introligatorstwo *n*

bookcase ['bukkeɪs] s szafa *f* na książki, biblioteczka *f*

booking ['bukɪŋ] s rezerwacja *f*, zarezerwowanie *n*; przedsprzedaż *f*; *kolej.* **~ office** kasa biletowa

book-keeper ['buk kipə(r)] s księgowy *m*

book-keeping ['buk kipɪŋ] s księgowość *f*

booklet ['buklət] s broszura *f*

book-maker ['bukmeɪkə(r)] s bukmacher *m*

bookmark ['bukmɑk] s zakładka *f*

bookplate ['bukpleɪt] s ekslibris *m*

bookseller [ˈbukselə(r)] s księgarz m; a ~'s shop księgarnia f; second-hand ~ antykwariusz m
book-shop [ˈbukʃop] s księgarnia f
bookstall [ˈbukstol] s kiosk księgarski
boom [bum] I v 1. prosperować 2. (of prices etc.) nagle zwyżkować II s 1. grzmot m, huk m 2. (price rise) nagła zwyżka cen 3. handl. ożywienie n, koniunktura f
boot [but] s 1. (wysoki) but m; bucik m 2. mot. bagażnik m
bootblack [ˈbutblæk] s czyścibut m
booth [buθ] s stragan m; telephone ~ kabina telefoniczna
bootlace [ˈbutleɪs] s sznurowadło n
bootlegger [ˈbutlegə(r)] s przemytnik m alkoholu
boot-polish [ˈbutpolɪʃ] s pasta f do obuwia
border [ˈbɔdə(r)] I s brzeg m; skraj m; (of a country etc.) granica f II v graniczyć (on ... z ...)
bore ¹ [bɔ(r)] v wiercić; drążyć
bore ² [bɔ(r)] I v nudzić; to be ~d to death być śmiertelnie znudzonym II s (person) nudziarz m; (thing) nudziarstwo n
bore ³ zob. bear v
boredom [ˈbɔdəm] s nuda f, nudy pl
boring [ˈbɔrɪŋ] adj nudny
born [bɔn] adj urodzony; where were you ~? gdzie się urodziłeś?
borne zob. bear v
borrow [ˈborəʊ] v pożyczać (coś od kogoś)
borrower [ˈborəʊə(r)] s pożyczający m; dłużnik m
bosom [ˈbuzəm] s pierś f, łono n; ~ friend serdeczny przyjaciel

boss [bos] I v rządzić ⟨kierować⟩ (sth czymś) II s pot. szef m, kierownik m
botany [ˈbotənɪ] s botanika f
botch [botʃ] v sfuszerować, spartaczyć
both [bəʊθ] I pron obaj, obie, oboje II adv conj zarówno ... (and ... jak (i) ...)
bother [ˈboðə(r)] I v niepokoić (się); kłopotać (się); (be a nuisance) naprzykrzać się (sb komuś) II s kłopot m
bottle [ˈbotl] s butelka f
bottom [ˈbotəm] s dno n; spód m; dolna część (przedmiotu); to go to the ~ pójść na dno; to sink to the ~ opaść na dno
bottomless [ˈbotəmləs] adj bezdenny; niezgłębiony
bough [baʊ] s konar m; gałąź f
bought zob. buy
bound ¹ [baʊnd] I v ograniczyć II s granica f
bound ² [baʊnd] adj skierowany ⟨dążący, płynący⟩ (for a place dokąś)
bound ³ zob. bind; to be ~ to do sth być zobowiązanym ⟨zmuszonym⟩ do zrobienia czegoś; we are ~ to win na pewno wygramy
boundary [ˈbaʊndrɪ] s granica f
bouquet [buˈkeɪ] s bukiet m
bourgeois [ˈbʊəʒwa] adj burżuazyjny
bow ¹ [baʊ] I v zginać się; (greet) kłaniać się II s ukłon m
bow ² [bəʊ] s łuk m; muz. smyczek m
bowel [ˈbaʊl] s kiszka f; jelito n; pl ~s wnętrzności pl
bowl [bəʊl] s puchar m; czara f; miska f
bowler [ˈbəʊlə(r)] s melonik m
box ¹ [boks] s 1. pudło n, pudełko n; skrzynka f; ~ of chocolates bombonierka f 2. (w teatrze) loża f

box² [boks] *v* uderzać ⟨boksować⟩ (się)
boxer [`boksə(r)] *s* bokser *m*, pięściarz *m*
boxing [`boksɪŋ] *s* boks *m*, pięściarstwo *n*
Boxing Day [`boksɪŋ deɪ] ˙*s* drugi dzień świąt Bożego Narodzenia
boxing-match [`boksɪŋ mætʃ] *s* mecz bokserski
box-office [`boks ofɪs] *s* kasa teatralna
boy [bɔɪ] *s* chłopiec *m*
boycott [`bɔɪkot] **I** *v* bojkotować **II** *s* bojkot *m*
boyhood [`bɔɪhʊd] *s* wiek chłopięcy
boyish [`bɔɪʃ] *adj* chłopięcy
brace [breɪs] **I** *s* klamra *f*; *pl* ~s szelki *pl* **II** *v* spiąć; (z)wiązać; **to** ~ **up** wzmacniać (się)
bracelet [`breɪslət] *s* bransolet(k)a *f*
bracket [`brækɪt] *s* klamra *f*; *pl* ~s nawiasy *pl*
brain [breɪn] *s* **1.** mózg *m*; umysł *m*; **it turned his** ~ to mu przewróciło w głowie **2.** *pl* ~s rozum *m* **3.** *pl* ~s *kulin.* móżdżek *m*
brainy [`breɪnɪ] *adj* rozgarnięty, mądry
brake [breɪk] **I** *s* hamulec *m*; **fluid** ~ hamulec hydrauliczny; **disk** ~ hamulec tarczowy; ~ **drum** bęben hamulcowy; **automatic** ~ hamulec automatyczny; **foot** ~ hamulec nożny; **emergency** ~ hamulec bezpieczeństwa; **to apply ʋhe** ~ nacisnąć hamulec; **to release the** ~ zwolnić hamulec **II** *v* hamować
branch [bræntʃ] **I** *s* **1.** gałąź *f* **2.** (*subdivision of bank etc.*) oddział *m*, filia *f*; ~ **office** agentura *f* **II** *v* rozwidlać ⟨rozgałęziać⟩ (się)
brand-new [`brænd`nju] *adj* nowiuteńki, jak z igły
brandy [`brændɪ] *s* wódka *f*

brass. [brɑs] *s* mosiądz *m*
bravado [brə`vɑdəʊ] *s* brawura *f*
brave [breɪv] *adj* odważny, śmiały
bravery [`breɪvərɪ] *s* dzielność *f*; odwaga *f*; śmiałość *f*
Brazilian [brə`zɪlɪən] **I** *s* Brazylijczyk *m*, Brazylijka *f*; **II** *adj* brazylijski
breach [britʃ] *s* naruszenie *n*, pogwałcenie *n* (przepisów itd.); zerwanie *n* (umowy itd.)
bread [bred] *s* chleb *m*; ~ **and butter** chleb *m* z masłem; **loaf of** ~ bochenek *m* chleba; **slice of** ~ kromka *f* chleba
breadth [bredθ] *s* szerokość *f*; **in** ~ na szerokość
break [breɪk] **I** *v* (**broke** [brəʊk], **broken** [`brəʊkn]) **1.** złamać ⟨rozbić⟩ (się); **to** ~ **a record** pobić rekord; **to** ~ **free** ⟨**loose**⟩ uwolnić się; **to** ~ **the peace** zakłócić pokój; **to** ~ **the news** oznajmić nowinę; **to** ~ **an appointment** nie dotrzymać terminu; **to** ~ **away** wyrwać się, uciec; **to** ~ **down** załamać się; **to** ~ **in** wtrącić się; **to** ~ **into** włamać się; **to** ~ **off** zerwać (stosunki, znajomość); (*o wojnie*) **to** ~ **out** wybuchnąć; **to** ~ **through** przedrzeć się; **to** ~ **up** rozebrać (coś) **2.** (*scatter*) rozproszyć **3.** *przen.* naruszyć (prawo, przepisy) **II** *s* **1.** złamanie *n*; rozbicie *n*; stłuczenie *n* **2.** *szk. teatr.* przerwa *f* **3. the** ~ **of day** świt *m*; brzask *m*
breakdown [`breɪkdɑʊn] *s* **1.** niepowodzenie *n* **2.** (*collapse*) upadek *m*; załamanie się *n* **3.** awaria *f*; **major** ⟨**minor**⟩ ~ poważna ⟨drobna⟩ awaria; (**motor-car**) **engine** ~ awaria *f* silnika (samochodu)
breakfast [`brekfəst] **I** *s* śnia-

danie *n* II *v* z/jeść śniadanie
breast [brest] *s* pierś *f*; *przen.*
to make a clean ~ of sth przyznać się do czegoś
breast-stroke [`brest strəuk] *s sport.* styl klasyczny (pływania), *pot.* żabka *f*
breath [breθ] *s* oddech *m*; out of ~ bez tchu; *przen.* to waste one's ~ mówić na próżno
breathe [brið] *v* odetchnąć; oddychać (air powietrzem)
breathless [`breθləs] *adj* bez tchu; zdyszany
bred *zob.* breed
breeches [`britʃiz] *plt* spodnie *pl*, bryczesy *pl*
breed [brid] *v* (bred [bred], bred) płodzić; (*raise*) hodować
breeze [briz] *s* wietrzyk *m*
brew [bru] *v* war-yć (piwo itd.); *przen.* there is sth brewing coś się święci
brewery [`bruəri] *s* browar *m*
bribe [braib] *s* łapówka *f*
bribery [`braibəri] *s* łapownictwo *n*; przekupstwo *n*; open to ~ przekupny
brick [brik] *s* cegła *f*
bricklayer [`brikleiə(r)] *s* murarz *m*
bride [braid] *s* panna młoda
bridegroom [`braidgrum] *s* pan młody
bridesmaid [`braidzmeid] *s* druhna *f*
bridesman [`braidzmən] *s* (*pl* bridesmen) drużba *m*
bridge[1] [bridʒ] *s* most *m*
bridge[2] [bridʒ] *s* brydż *m*; to play ~ grać w brydża
brief [brif] *adj* krótki, zwięzły; to be ~ streszczać się
brigade [bri`geid] *s* brygada *f*
bright [brait] *adj* 1. jasny; pogodny 2. (*clever*) bystry; inteligentny
brighten [`braitn] *v* rozjaśnić (się); (*enliven*) ożywić (się)
brilliant [`briliənt] I *adj* 1. błyszczący, lśniący 2. (*clever*) genialny II *s* brylant *m*
brim [brim] *s* krawędź *f*; brzeg *m*; rondo *n* (kapelusza)
brine [brain] *s* słona woda; solanka *f*
bring [briŋ] *v* (brought [brɔt], brought) przynosić; sprowadzać; to ~ back odnieść, zwrócić; to ~ oneself to do sth zmusić się do zrobienia czegoś; to ~ sth home to sb przekonać kogoś; to ~ about spowodować; to ~ down opuszczać ⟨powalić⟩ (sb, sth kogoś, coś); (*of price etc.*) obniżyć; *przen.* upokorzyć; to ~ forth urodzić; (*cause*) spowodować; to ~ in wprowadzić, zaprowadzić (modę itd.); to ~ out wykryć, wydobyć; to ~ through uratować (pacjenta); to ~ up wychowywać
brisk [brisk] *adj* rześki; energiczny
brisol [`brizl] *s kulin.* bryzol *m*
British [`britiʃ] *adj* brytyjski; *pl* the ~ Anglicy *pl*, Brytyjczycy *pl*
Britisher [`britiʃə(r)] *s am.* Anglik *m*, Brytyjczyk *m*
broad [brɔd] *adj* szeroki, obszerny
broadcast [`brɔdkɑst] I *v* nadawać, transmitować II *s* transmisja radiowa
broadcasting [`brɔdkɑstiŋ] *s* nadawanie *n* przez radio; ~ station stacja nadawcza
broaden [`brɔdn] *v* rozszerzać (się)
broad-minded [`brɔd`mɑindid] *adj* (*of a person*) o szerokich poglądach; tolerancyjny
broil[1] [brɔil] *v* przypiekać (mięso na rożnie); smażyć (się)
broil[2] [brɔil] *s* kłótnia *f*; awantura *f*

broke zob. **break** v; adj pot.
bez grosza; zrujnowany
broken zob. **break** v
brokenly [`brəukənlı] adv nie-
równo; **to speak** ~ mówić
załamującym się głosem
broker [`brəukə(r)] s makler
m; handl. pośrednik m
bronchitis [broŋ`kaıtıs] s bron-
chit m
bronze [bronz] s brąz m
brooch [brəutʃ] s broszka f
brook [bruk] s potok m, stru-
myk m
broom [brum] s miotła f
broth [broΘ] s rosół m; bulion m
brother [`brʌðə(r)] s brat m
brotherhood [`brʌðəhud] s bra-
terstwo n
brother-in-law [`brʌðrınlɔ] s
szwagier m
brotherly [`brʌðəlı] adj brater-
ski
brought zob. **bring**
brow [brau] s brew f; anat.
czoło n
brown [braun] adj brązowy,
brunatny
brownie [`braunı] s krasnolu-
dek m; (Girl Guide) har-
cerka f
bruise [bruz] I v potłuc; po-
siniaczyć II s stłuczenie n;
siniak m
brunette [bru`net] s brunetka
f
brush [brʌʃ] I s szczotka f;
pędzel m II v oczyścić;
szczotkować; **to** ~ **one's
clothes** wyczyścić ubranie;
to ~ **sth up** odświeżyć (wiadomości itd.)
brusque [brusk] adj obceso-
wy; szorstki
Brussels [brʌslz] attr ~
sprouts brukselka f (jarzy-
na)
brute [brut] I s bydlę n; (of
a person) brutal m II adj
brutalny
buck [bʌk] s 1. kozioł m; jeleń m 2. am. sl. dolar m

bucket [`bʌkıt] s wiadro n;
kubeł m
buckle [`bʌkl] I s sprzączka f;
klamerka f II v spinać ⟨za-
pinać⟩ (się)
buckwheat [`bʌkwit] s gryka
f, hreczka f
bud [bʌd] I s pąk m, pączek
m II v puszczać pączki
budget [`bʌdʒıt] I s budżet m
II v preliminować; wyasygnować fundusze
buffer [`bʌfə(r)] s bufor m,
zderzak m
buffet [`bufeı] s bufet m; da-
nia barowe
bug [bʌg] s pluskwa f; am.
robak m; przen. **a big** ~
gruba ryba
bugle [`bjugl] s trąbka f
build [bıld] I v (**built** [bılt],
built) budować II s konstrukcja f; budowa f
builder [`bıldə(r)] s budowni-
czy m
building [`bıldıŋ] s budynek
m; gmach m; ~ **society**
spółdzielnia budowlano-mie-
szkaniowa
built zob. **build** v
bulb [bʌlb] s 1. cebul(k)a f
(kwiatu, włosa) 2. elektr.
żarówka f
Bulgarian [bʌl`geərıən] I adj
bułgarski II s Bułgar m;
Bułgarka f
bulge [bʌldʒ] I s wybrzusze-
nie n; **demographic** ~ wyż
demograficzny II v wydy-
mać ⟨nadymać⟩ (się)
bulk [bʌlk] s wielkość f; masa f; **to sell in** ~ sprzedawać hurtem
bull [bul] s byk m; samiec m
bullet [`bulıt] s kula f; pocisk
m
bulletin [`bulətın] s biuletyn
m; komunikat m
bully [`bulı] I s tyran m; bru-
tal m II v terroryzować;
znęcać się (**sb nad kimś**)
bumper [`bʌmpə(r)] s mot. zde-
rzak m
bun [bʌn] s słodka bułka

bunch [bʌntʃ] s wiązanka f; pęk m; bukiet m

bundle [`bʌndl] s tobołek m; zawiniątko n; przen. a ~ of nerves kłębek m nerwów

bungalow [`bʌŋgələu] s domek parterowy, domek wypoczynkowy

buoy [bɔi] s boja f

burden [`b3dn] I s ciężar m; a beast of ~ zwierzę pociągowe II v obciążyć, obładować

bureau [`bjuərəu] s (pl bureaux) 1. biuro n; tourist information ~ biuro informacji turystycznej; translation ~ biuro tłumaczeń 2. (piece of furniture) biurko n, sekretarzyk m

bureaucracy [bjuə`rokrəsi] s biurokracja f

burglar [`b3glə(r)] s włamywacz m

burglary [`b3gləri] s włamanie n

burial [`beriəl] s pogrzeb m

burn [b3n] v (burnt [b3nt], burnt) palić; płonąć

burner [`b3nə(r)] s palnik m; gas ~ palnik gazowy; spirit ~ palnik spirytusowy

burst [b3st] I v (burst, burst) pęknąć; wybuchnąć; rozerwać (się); rozlecieć się; przen. to ~ into laughter wybuchnąć śmiechem; to ~ into the room wpaść do pokoju II s pęknięcie n; wybuch m

bury [`beri] v pogrzebać, pochować

bus [bʌs] s autobus m; articulated ~ przegubowiec m; double-deck ~ autobus piętrowy; to go by ~ jechać autobusem

bush [buʃ] s krzak m

bushel [`buʃl] s buszel m (miara pojemności)

bushy [`buʃi] adj krzaczasty; gęsty

business [`biznəs] s 1. sprawa f; it's no ~ of yours to nie twoja sprawa 2. interes m; big ~ wielki kapitał; ~ hours godziny urzędowe; show ~ przemysł rozrywkowy; to mean ~ traktować coś serio; on ~ urzędowo 3. (occupation) zajęcie n

businesslike [`biznəslaik] adj praktyczny; rzeczowy

businessman [`biznəsmən] s (pl businessmen) kupiec m; przemysłowiec m; człowiek m interesu

busy [`bizi] adj zajęty; czynny; to be ~ at sth ⟨doing sth⟩ być zajętym czymś; to keep oneself ~ nie tracić czasu

but [bʌt] I praep oprócz, poza; all ~ he wszyscy oprócz niego; anything ~ that wszystko, tylko nie to II conj ale, lecz, jednak(że); I can't ~ admire nie mogę nie podziwiać; ~ for ... gdyby nie ... III adv tylko, zaledwie; ~ now dopiero teraz; ~ once tylko (jeden) raz

butcher [`butʃə(r)] I s rzeźnik m; ~'s shop wędliniarnia f; sklep mięsny II v mordować; wyrzynać

butchery [`butʃəri] s rzeź f; masakra f

butter [`bʌtə(r)] I s masło n II v smarować masłem

butter-dish [`bʌtədiʃ] s maselniczka f

butterfly [`bʌtəflai] s motyl m

button [`bʌtn] I s guzik m II v zapinać (się)

buttress [`bʌtrəs] s skarpa f

buy [bai] v (bought [bɔt], bought) kupować; to ~ over przekupić (sb kogoś); to ~ up skupywać (towar itp.)

buyer [`baiə(r)] s kupujący m, klient m

buzz [bʌz] v brzęczeć

by [bai] I praep przy; u; obok; przez; by bus ⟨air etc.⟩ autobusem ⟨samolotem itp.⟩; **by chance** przypadkiem; **by letter** listownie; **by night** nocą; **by profession** z zawodu; **by sight** z widzenia; **by tomorrow** do jutra; **by and by** niebawem; **all by myself** bez pomocy; **sam jeden**; **little by little** po trochu II *adv* obok, w pobliżu **bye bye** ['baɪ'baɪ] *int.* do widzenia!; pa!

bygone ['baɪgon] *adj* miniony, przeszły; **let ⁓s, be ⁓s** co było, to było

by-pass ['baɪpɑs] I *s* szosa omijająca miasto; objazd *m* miasta II *v* objeżdżać, omijać
by-path ['baɪpɑϴ] *s* boczna ścieżka
by-product ['baɪprodʌkt] *s* produkt uboczny
by-stander ['baɪstændə(r)] *s* widz *m*; naoczny świadek
by-street ['baɪstrit] *s* boczna ulica
byword ['baɪwɜd] *s* powiedzenie *n*; przysłowie *n*

C

cab [kæb] *s* dorożka *f*; (*taxi*) taksówka *f*
cabbage ['kæbɪdʒ] *s* kapusta *f*
cabin ['kæbɪn] *s* kabina *f*; (*hut*) chata *f*
cabinet ['kæbɪnət] *s* 1. gabinet *m*; pokoik *m*; *polit.* ⁓ **council** posiedzenie *n* rady ministrów; ⁓ **reshuffle** zmiana *f* gabinetu 2. sekretarzyk *m*
cable ['keɪbl] I *s* 1. lina *f*; kabel *m*; ⁓ **car** kolejka linowa 2. (*message*) depesza *f* II *v* depeszować
cablegram ['keɪblgræm] *s* kablogram *m*; depesza *f*
cable-lift ['keɪblɪft] *s* wyciąg *m*
cactus ['kæktəs] *s* (*pl* ⁓es, cacti ['kæktaɪ]) kaktus *m*
café ['kæfeɪ] *s* kawiarnia *f*
cafeteria ['kæfə'tɪərɪə] *am.* bar samoobsługowy
caffeine ['kæfin] *s* kofeina *f*
cage [keɪdʒ] I *s* klatka *f* II *v* wsadzić do klatki
cake [keɪk] *s* placek *m*; ciastko *n*; tort *m*
calcium ['kælsɪəm] *s* *chem.* wapń *m*
calculate ['kælkjəleɪt] *v* obliczać; kalkulować

calculation ['kælkjə'leɪʃn] *s* obliczenie *n*; kalkulacja *f*
calendar ['kælɪndə(r)] *s* kalendarz *m*
calf ¹ [kɑf] *s* (*pl* calves [kɑvz]) cielę *n*
calf ² [kɑf] *s* (*pl* calves [kɑvz]) łydka *f*
calf's-teeth [kɑfs'tiϴ] *pl* zęby mleczne
calico ['kælɪkəʊ] *s* (*pl* ⁓es) perkal *m*
call [kɔl] I *v* 1. wołać, nazywać; **to ⁓ back** odwołać; **to ⁓ out** wywołać; **to ⁓ over** odczytywać (nazwiska z listy); **to ⁓ sb names** przezywać kogoś, wymyślać komuś; **to ⁓ sb up** zatelefonować do kogoś; **to ⁓ to mind** przypominać sobie 2. (*visit*) odwiedzać (**on sb** kogoś) II *s* 1. wołanie *n*; krzyk *m* 2. (*visit*) odwiedziny *pl*, wizyta *f* 3. (*talk*) rozmowa telefoniczna; **advised ⁓** rozmowa telefoniczna z przywołaniem; **to book a ⁓** zamówić rozmowę telefoniczną
caller ['kɔlə(r)] *s* odwiedzający *m*, gość *m*
calm [kɑm] I *v* uspokoić, uci-

szyć II *adj* cichy, spokojny;
to keep ~ panować nad so-
bą
calorie, calory [`kælərı] *s* ka-
loria *f*
calves *zob.* calf[1,2]
came *zob.* come
camel [`kæml] *s* wielbłąd *m*
camellia [kə`miliə] *s* kamelia
f
cameo [`kæmıəu] *s* kamea *f*
camera [`kæmrə] *s* aparat fo-
tograficzny; film ~ aparat
filmowy; miniature ~ apa-
rat małoobrazkowy; reflex
~ aparat lustrzany
camouflage [`kæməflaʒ] I *s*
maskowanie *n* II *v* maskować
camp [kæmp] I *s* obóz *m*; to
pitch a ~ rozbić obóz II *v*
obozować
campaign [kæm`peın] *s* kam-
pania *f*
camphor [`kæmfə(r)] *s* kam-
fora *f*
camping [`kæmpıŋ] *s* obozo-
wanie *n*, kemping *m*; ~ site
teren biwakowy ⟨kempingo-
wy⟩
can [1] [kæn] I *s* puszka ⟨bań-
ka⟩ blaszana; petrol ~ kanister *m* II *v* robić konserwy
can [2] [kən] *v* (could [kəd, kud])
móc, potrafić, zdołać; it
can't be done tego się nie
da zrobić
Canadian [kə`neıdıən] I *adj*
kanadyjski II *s* Kanadyjczyk *m*; Kanadyjka *f*
canal [kə`næl] *s* kanał *m*;
anat. przewód *m*
canary [kə`neərı] *s* kanarek *m*
canary-seed [kə`neərı sid] *s*
siemię *n*
cancel [`kænsl] *v* skasować,
skreślić; odwołać, anulo-
wać; to ~ an appointment
odwołać umówione spotka-
nie; *mot.* to ~ the indicator
wyłączyć kierunkowskaz
cancellation [`kænsə`leıʃn] *s*

odwołanie *n*; anulowanie *n*;
unieważnienie *n*
cancer [`kænsə(r)] *s med.* rak
m; *astr.* Cancer Rak *m*
candid [`kændıd] *adj* szczery,
otwarty; to be perfectly ~
mówiąc szczerze
candidacy [`kændıdəsı], candi-
dature [`kændıdeıtʃə(r)] *s*
kandydatura *f*
candidate [`kændıdət] *s* kan-
dydat *m*
candidature *zob.* candidacy
candle [`kændl] *s* świeczka *f*;
świeca *f*
candlestick [`kændlstık] *s*
lichtarz *m*
candle-wick [`kændlwık] *s*
knot *m*
candy [`kændı] I *s am.* cukie-
rek *m* II *v* kandyzować
cane [keın] *s* trzcina *f*; (*stick*)
laska *f*
canned [kænd] *adj* ~ meat
konserwa mięsna
cannon [`kænən] *s* działo *n*;
armata *f*
cannot [`kænot] *forma prze-
cząca od* can
canoe [kə`nu] *s* kajak *m*; czół-
no *n*; folding ⟨collapsible⟩ ~
składak *m*
canon [1] [`kænən] *s* kanon *m*;
reguła *f*
canon [2] [`kænən] *s* kanonik *m*
can't [kant] = cannot
canteen [kæn`tin] *s* kantyna
f; stołówka *f*; bufet *m*
canvas [`kænvəs] *s* płótno *n*
(materiał, obraz); brezent
m; ~ shoes tenisówki *pl*,
trampki *pl*
cap [kæp] *s* czapka *f*
capable [`keıpəbl] *adj* zdolny
(of sth do czegoś); (*clever*)
uzdolniony
capacitor [kə`pæsıtə(r)] *s* kon-
densator *m*
capacity [kə`pæsətı] *s* 1. po-
jemność *f*, kubatura *f*; filled
to ~ szczelnie wypełniony
2. (*mental ability*) zdolność
f; pojętność *f* 3. charakter

m; in the ~ of ... w charakterze ...
cape ¹ [keip] *s* peleryna *f*
cape ² [keip] *s geogr.* przylądek *m*
capital [ˈkæpitl] I *adj* 1. kapitalny; znakomity 2. (*main*) główny; ~ letter duża litera; ~ punishment kara *f* śmierci II *s* 1. kapitał *m* 2. (*town*) stolica *f* 3. *arch.* głowica *f* kolumny, kapitel *m*
capitalism [ˈkæpitlizm] *s* kapitalizm *m*
capitalist [ˈkæpitlist] *s* kapitalista *m*
capitulate [kəˈpitʃuleit] *v* s/kapitulować
capricious [kəˈpriʃəs] *adj* kapryśny
Capricorn [ˈkæprikɔn] *s astr.* Koziorożec *m*
capsule [ˈkæpsjul] *s* kapsułka *f*
captain [ˈkæptin] *s* kapitan *m*
caption [ˈkæpʃn] *s* podpis *m* (pod obrazkiem); napis *m*; nagłówek *m*
captivate [ˈkæptiveit] *v* ująć (sobie), urzec
captive [ˈkæptiv] I *s* jeniec *m* II *adj* pojmany; uwięziony
captivity [kæpˈtivəti] *s* niewola *f*
capture [ˈkæptʃə(r)] I *v* pojmać; zawładnąć; to ~ a market opanować rynek (zbytu) II *s* zdobycz *f*, łup *m*
car [kɑ(r)] *s* samochód *m*, auto *n*; ~ park parking *m*; private ~ auto osobowe; racing ~ auto wyścigowe; sports ~ auto sportowe; to drive a ~ prowadzić auto; to buy ⟨sell⟩ a ~ kupić ⟨sprzedać⟩ auto; to hire a ~ wynająć auto; to crash a ~ rozbić auto
caravan [ˈkærəvæn] *s* przyczepa mieszkalna (do samochodu)
carbon [ˈkɑbən] *s* węgiel *m*; ~ páper kalka *f* (maszyno-

wa); ~ copy kopia *f* przez kalkę
carbuncle [ˈkʌbʌŋkl] *s* wrzód *m*
carburetter, carburettor [ˈkɑbjuˈretə(r)] *s* gaźnik *m*
card [kɑd] *s* karta *f*; bilet *m*; admission ~ karta wstępu; registration ~ karta rejestracyjna; identity ~ karta tożsamości; guarantee ~ karta gwarancyjna; swimming ~ karta pływacka; visiting ~ bilet wizytowy; to leave one's ~ on sb zostawić komuś swoją wizytówkę
cardboard [ˈkɑdbɔd] *s* tektura *f*; karton *m*
cardiac [ˈkɑdiæk] *adj* sercowy
cardigan [ˈkɑdigən] *s* wełniana kamizelka, sweter zapinany
cardinal ¹ [ˈkɑdnl] *s* kardynał *m*
cardinal ² [ˈkɑdnl] *adj* kardynalny, zasadniczy; ~ numbers liczebniki główne; ~ points cztery strony świata
care [keə(r)] I *v* troszczyć się, dbać (for ⟨about⟩ sb, sth o kogoś, coś); to be well ~d for mieć dobrą opiekę; I don't ~! wszystko mi jedno!; who ~s? kogo to wzrusza? II *s* 1. troska *f*; opieka *f*; ~ of Mr X z listami pana X; to take ~ of sb, sth opiekować się kimś, czymś 2. (*caution*) ostrożność *f*; take ~! uważaj!
career [kəˈriə(r)] *s* kariera *f*; (*profession*) zawód *m*
careful [ˈkeəfl] *adj* troskliwy, dbały; (*exact*) skrupulatny; to be ~ of (sth) dbać o (coś); be ~! uważaj!
careless [ˈkeələs] *adj* niedbały; (*imprudent*) nieostrożny
caress [kəˈres] I *v* pieścić II *s* pieszczota *f*
caretaker [ˈkeəteikə(r)] *s* dozorca *m*, stróż *m*

cargo [ˈkɑgəu] s (pl cargoes [ˈkɑgəuz]) ładunek m (statku)

caricature [ˈkærɪkəˈtʃuə(r)] I v karykaturować II s karykatura f

caricaturist [ˈkærɪkəˈtʃuərɪst] s karykaturzysta m

caries [ˈkeəriz] s dent. próchnica f

carnation [kɑˈneɪʃn] s bot. goździk m

carnival [ˈkɑnəvl] s karnawał m

carol [ˈkærl] I v kolędować, śpiewać kolędy II s kolęda f

car-park [ˈkɑ pɑk] s parking m

carpenter [ˈkɑpɪntə(r)] s cieśla m; stolarz m

carpet [ˈkɑpɪt] s dywan m

carriage [ˈkærɪdʒ] s wóz m; powóz m, kareta f; kolej. wagon m; (transport) transport m

carrier [ˈkærɪə(r)] s roznosiciel m (ogłoszeń itd.); przewoźnik m; (for luggage) bagażnik m (przy rowerze itd.)

carrot [ˈkærət] s marchew(ka) f

carry [ˈkærɪ] v nosić; wozić; to ~ away zabrać, uprowadzić; to ~ down znieść (na ⟨w⟩ dół); to ~ off zabrać; zdobyć; to ~ on prowadzić dalej; kontynuować; to ~ through ⟨out⟩ przeprowadzić (plan itd.)

cartel [kɑˈtel] s ekon. kartel m

carton [kɑˈtun] s karykatura f; rysunek m

cartoon-film [kɑˈtun fɪlm] s film rysunkowy

cartoonist [kɑˈtunɪst] s rysownik m; karykaturzysta m

cartridge [ˈkɑ-trɪdʒ] s nabój m; blank ~ ślepy nabój; ball ~ ostry nabój

carve [kɑv] v 1. rzeźbić 2. kulin. krajać (mięso itp.)

case [1] [keɪs] s 1. wypadek m; in any ~ w każdym wypadku ⟨razie⟩; in no ~ w żadnym wypadku ⟨razie⟩; just in ~ na wszelki wypadek; that is not the ~ tak nie jest; as in my ~ jak to było ⟨jest⟩ ze mną 2. med. przypadek (chorobowy) 3. sąd. sprawa f

case [2] [keɪs] s skrzynia f; paka f; pudło n; futerał m, kasetka f; dressing ~ neseser m

cash [kæʃ] I s gotówka f; pieniądze pl; to be out of ~ nie mieć pieniędzy; ~ on delivery za pobraniem pocztowym II v spieniężyć ⟨zrealizować⟩ (czek)

cash-book [ˈkæʃ buk] s księga kasowa

cash-box [ˈkæʃ boks], cash-desk [ˈkæʃ desk] s kasa f (w sklepie itd.)

cashier [kəˈʃɪə(r)] s kasjer m

cask [kɑsk] s beczka f, beczułka f

casket [ˈkɑskɪt] s szkatułka f; kasetka f

cast [kɑst] I v (cast, cast) 1. rzucać; to ~ sb into prison wtrącić kogoś do więzienia; to ~ aside ⟨away⟩ odrzucić 2. hutn. odlewać II s 1. rzut m 2. hutn. odlew m 3. teatr. film. obsada f

castaway [ˈkɑstəweɪ] I s rozbitek m; wyrzutek m II adj wyrzucony

caste [kɑst] s kasta f

cast-iron [ˈkɑst aɪən] s lane żelazo, żeliwo n

castle [ˈkɑsl] s zamek m

castor-oil [ˈkɑstər ˈɔɪl] s olej rycynowy

casual [ˈkæʒuəl] adj przypadkowy; doraźny; (of a remark etc.) zdawkowy

casualty [ˈkæʒuəltɪ] s 1. katastrofa f 2. (person) ofiara f (wypadku itd.); pl casualties straty pl w ludziach

cat [kæt] s kot m; przen. it rains ~s and dogs leje jak z cebra

catamaran ['kætəmə'ræn] s katamaran m

catarrh [kə'ta(r)] s katar m

catastrophe [kə'tæstrəfı] s katastrofa f

catch [kætʃ] (caught [kɔt], caught) I v 1. chwytać, łapać; to ~ at sth chwytać się czegoś; to ~ cold zaziębić się; to ~ hold of sth chwycić coś; to ~ sb out złapać kogoś na czymś; to ~ up dogonić 2. med. zarazić się (a disease chorobą) II s połów m

catchword ['kætʃwɜd] s hasło n; slogan m; frazes m

category ['kætəgrı] s kategoria f

cater ['keıtə(r)] v dostarczać żywności (for sb komuś)

caterer ['keıtərə(r)] s dostawca m artykułów żywnościowych

cathedral [kə'θidrl] s katedra f

catholic ['kæθlık] I adj 1. katolicki 2. powszechny II s Catholic katolik m

cattle ['kætl] (pl cattle) s bydło n

caught zob. catch v

cauliflower ['kolıflauə(r)] s kalafior m

cause [kɔz] I v spowodować II s powód m, przyczyna f; sąd. sprawa f; proces m

caution ['kɔʃn] I s ostrożność f; (warning) ostrzeżenie n; ~ sign znak ostrzegawczy II v ostrzegać

cavalry ['kævlrı] s kawaleria f

cave [keıv] s jaskinia f; grota f

cavern ['kævən] s pieczara f, grota f

caviar(e) ['kævıa(r)] s kawior m

cease [sis] v przestawać, ustawać

cease-fire ['sis'faıə(r)] s zawieszenie n broni

ceaseless ['sisləs] adj nieustanny, ciągły

ceiling ['silıŋ] s sufit m, strop m; pułap m; cloud ~ pułap chmur

celebrate ['seləbreıt] v obchodzić, świętować

celebrity [sə'lebrətı] s sława f, znakomitość f

celery ['selərı] s seler m

cell [sel] s 1. biol. komórka f 2. (in prison) cela f

cellar ['selə(r)] s piwnica f

cello ['tʃeləu] s wiolonczela f

cement [sı'ment] I s cement m II v cementować, spajać

cemetery ['semətrı] s cmentarz m

censorship ['sensəʃıp] s cenzura f

census ['sensəs] s spis m ludności

cent [sent] s cent m (1/100 dolara); per ~ od sta; at 3 per ~ na 3 procent

centenary ['sen'tinərı] s stulecie n; setna rocznica

centigrade ['sentıgreıd] adj stustopniowy; x degrees ~ x stopni Celsjusza

centimetre ['sentımitə(r)] s centymetr m

central ['sentrl] adj środkowy, centralny

centre ['sentə(r)] I s środek m, centrum n; cultural ~ centrum kulturalne, ośrodek kulturalny; information ~ ośrodek informacyjny; shopping ~ centrum handlowe II v ześrodkowywać (się), skupiać

centrifugal [sen'trıfjugl] adj odśrodkowy

centripetal [sen'trıpıtl] adj dośrodkowy

century ['sentʃərı] s stulecie n

ceramics [sə'ræmıks] s ceramika f

cereal ['sıərıəl] s zboże n; pl ~s kasze pl; wyroby mączne

ceremonial ['serə'məuniəl] I *adj* ceremonialny, uroczysty II *s* ceremoniał *m*
ceremony ['serəmənı] *s* ceremonia *f*, uroczystość *f*; marriage ⟨wedding⟩ ~ ceremonia ślubna
certain ['sɜtn] *adj* 1. pewny; to make ~ of sth upewnić się o czymś; for ~ na pewno 2. pewien, niejaki, jakiś
certainly ['sɜtnlı] *adv* na pewno
certainty ['sɜtntı] *s* pewność *f*; *pot.* on a ~ na pewniaka, bez ryzyka
certificate [sə'tıfıkət] *s* świadectwo *n*; zaświadczenie *n*; dyplom *m*; akt *m* (zgonu); metryka *f*; birth ~ metryka urodzenia; death ~ akt zgonu; marriage ~ akt małżeństwa
certify ['sɜtıfaı] *v* poświadczać, zaświadczać; this is to ~ that ... niniejszym poświadcza się, że ...
certitude ['sɜtıtjud] *s* pewność *f*
cessation [se'seıʃn] *s* zaprzestanie *n*; przerwa *f*
chafe [tʃeıf] *v* trzeć; wycierać (się); *przen.* drażnić; irytować (się)
chain [tʃeın] I *s* łańcuch *m*; *pl* ~s kajdany *pl* II *v* to ~ down zakuć (kogoś); przymocować (coś) łańcuchem
chair [tʃeə(r)] *s* krzesło *n*; an easy ~ fotel klubowy; ~ lift wyciąg krzesełkowy; *przen.* to be in the ~ przewodniczyć
chairman ['tʃeəmən] (*pl* chairmen) *s* przewodniczący *m*, prezes *m*
chalk [tʃɔk] *s* kreda *f*
challenge ['tʃæləndʒ] I *v* rzucić wyzwanie (sb komuś) II *s* wyzwanie *n*
chamber ['tʃeımbə(r)] *s* izba *f* (of Commerce etc. Handlowa itd.); sala *f*; pokój *m*

chamber-maid ['tʃeımbə meıd] *s* pokojówka *f*
chamber-pot ['tʃeımbə pot] *s* nocnik *m*
champagne [ʃæm'peın] *s* szampan *m*
champignon [tʃæm'pınjən] *s* pieczarka *f*
champion ['tʃæmpıən] *s* mistrz *m*; rekordzista *m*
chance [tʃɑns] I *s* 1. traf *m*, przypadek *m*; by ~ przypadkiem 2. (*opportunity*) okazja *f*; szansa *f*; ~ of a life-time szansa życiowa; to lose ⟨miss⟩ a ~ stracić szansę II *v* próbować, ryzykować; (*find*) natrafić (upon sth na coś)
chancellor ['tʃɑnslə(r)] *s* kanclerz *m*
chandelier [ʃændə'lıə(r)] *s* świecznik *m*, żyrandol *m*
change [tʃeındʒ] I *v* 1. zmieniać (się); to ~ for the worse pogorszyć się; to ~ one's address zmienić adres; to ~ one's mind zmienić zdanie; to ~ trains przesiadać się; to ~ one's clothes przebierać się 2. (*exchange*) wymienić (walutę) II *s* 1. zmiana *f*, odmiana *f* 2. *kolej.* przesiadka *f* 3. (*money*) drobne *pl* (pieniądze)
changeable ['tʃeındʒəbl] *adj* zmienny
channel ['tʃænl] *s* kanał *m* (naturalny)
chaos ['keıɔs] *s* chaos *m*
chaotic [keı'ɔtık] *adj* chaotyczny, bezładny
chap [tʃæp] *s* *pot.* człowiek *m*; facet *m*
chapel ['tʃæpl] *s* kaplica *f*
chaplain ['tʃæplın] *s* kapelan *m*
chapter ['tʃæptə(r)] *s* rozdział *m* (książki)
character ['kærıktə(r)] *s* 1. (*nature*) charakter *m* 2. (*quality*) rodzaj *m* 3. (*of writing*) charakter *m* pisma; (*letter*) litera *f*
characteristic ['kærıktə'rıstık]

I *s* cecha charakterystyczna, właściwość *f* **II** *adj* charakterystyczny
characterize [`kærıktəraız] *v* charakteryzować, cechować
charcoal [`tʃakəʊl] *s* węgiel drzewny
charge [`tʃadʒ] **I** *v* 1. naładować (akumulator itd.) 2. (*entrust*) powierzać (sb with sth komuś coś) 3. (*accuse*) obwiniać (sb with sth kogoś o coś) 4. *handl.* policzyć; hòw much should he ~ me for that? ile mi powinien policzyć za to? **II** *s* 1. koszt *m* 2. (*cargo*) ładunek *m* 3. *handl.* opłata *f*; at a ~ of za opłatą; free of ~ bezpłatnie; no ~ for admittance wstęp wolny 4. (*care*) obowiązek *m*; opieka *f*; to take ~ of sth zaopiekować się czymś; the person in ~ kierownik *m*; szef *m*; referent *m* 5. *prawn.* oskarżenie *n*, zarzut *m*; to lay a ~ against sb oskarżyć kogoś; on ~ of ... pod zarzutem ... 6. *wojsk.* szarża *f*
charitable [`tʃærıtəbl] *adj* dobroczynny, miłosierny
charity [`tʃærətı] *s* 1. miłosierdzie *n*, miłość *f* bliźniego; out of ~ z dobrego serca, z litości 2. (*beneficence*) dobroczynność *f*; to live on ~ żyć z dobroczynności
charm [tʃam] **I** *s* urok *m*, wdzięk *m*, czar *m*; (*amulet*) maskotka *f*, talizman *m* **II** *v* czarować, zachwycać
charming [`tʃamıŋ] *adj* uroczy, rozkoszny
chart [tʃat] **I** *v* sporządzać mapę ⟨wykres⟩ (sth czegoś) **II** *s* mapa morska; (*diagram*) wykres *m*
charter [`tʃatə(r)] **I** *s* przywilej *m*; karta *f*; *mor.* czarter *m* **II** *v* nadawać przywilej ⟨patent⟩ (instytucji); *mor.* zafrachtować statek

charwoman [`tʃawʊmən] *s* (*pl* **charwomen** [`tʃawımın]) sprzątaczka *f*
chase [tʃeıs] **I** *v* gonić, ścigać; *myśl.* polować **II** *s* pogoń *f*, pościg *m*; *myśl.* polowanie *n*
chasm [`kæzm] *s* otchłań *f*; próżnia *f*
chassis [`ʃæsı] *s* (*pl* ~) *mot.* podwozie *n*
chaste [tʃeıst] *adj* cnotliwy
chastity [`tʃæstətı] *s* czystość *f*; niewinność *f*
chat [tʃæt] **I** *v* pogadać **II** *s* rozmowa *f*; pogawędka *f*; to have a ~ pogawędzić
chatter [`tʃætə(r)] *v* szczebiotać; (*of a bird*) ćwierkać; *przen.* our teeth were ~ing szczękaliśmy zębami
chatterbox [`tʃætəboks] *s* gaduła *m f*
chatty [`tʃætı] *adj* gadatliwy; gawędziarski
chauvinism [`ʃəʊvınızm] *s* szowinizm *m*
chauvinist [`ʃəʊvınıst] *s* szowinista *m*
cheap [tʃip] *adj* 1. tani; dirt ~ za bezcen 2. (*poor in quality*) bezwartościowy
cheapen [`tʃipən] *v* potanieć; obniżyć cenę (sth czegoś)
cheat [tʃit] **I** *v* oszukiwać (at sth w czymś); to ~ at cards oszukiwać w kartach **II** *s* oszustwo *n*; (*person*) oszust *m*
check¹ [tʃek] **I** *v* 1. (*stop*) wstrzymywać 2. (*examine*) kontrolować; sprawdzać **II** *s* 1. (*in chess*) szach *m* (królowi) 2. (*stoppage*) zatrzymanie *n* 3. (*examine*) sprawdzanie *n* (on sth czegoś) 4. (*ticket*) bilet *m*, odcinek kontrolny; numerek *m* (w szatni); żeton *m*
check² [tʃek] *s* kratka *f* (deseń materiału)
checker-board [`tʃekə bɔd] *s* szachownica *f*

5 Słownik

checkers [`tʃekəz] plt warcaby pl
checkmate [`tʃekmeit] I v dać mata (sb komuś) II int szach i mat!
cheek [tʃik] s 1. policzek m 2. (impudence) czelność f; tupet m
cheekbone [`tʃikbəun] s kość policzkowa
cheer [tʃiə(r)] I v 1. dodawać otuchy; to ~ up rozchmurzyć się; ~ up! głowa do góry! 2. (applaud) wiwatować II s okrzyk m radości, aplauz m; pl ~s okrzyki pl; loud ~s burzliwe oklaski
cheerful `[`tʃiəfl] adj radosny, pogodny
cheerio [`tʃiərɪ`əu] int sl. cześć!; czołem!; (in toasts) sto lat!
cheese [tʃiz] s ser m
chemical [`kemɪkl] I adj chemiczny; ~ agent odczynnik m II s (pl) ~s chemikalia pl; leki pl
chemise` [ʃə`miz] s koszula damska`
chemist [`kemɪst] s aptekarz m; ~'s shop apteka f; at the ~'s w aptece
chemistry [`kemɪstrɪ] s chemia f
cheque [tʃek] s czek m; traveller's ~ czek podróżny; to cash a ~ zrealizować czek; to pay by ~ płacić czekiem
cheque-book [`tʃek buk] s książeczka czekowa
chequered [`tʃekəd] adj pokratkowany, w kratkę
cherish [`tʃerɪʃ] v miłować; przen. żywić (nadzieję itd.); to ~ illusions łudzić się
cherry [`tʃerɪ] s wiśnia f; czereśnia f
cherry-brandy [`tʃerɪ`brændɪ] s wiśniak m, wiśniówka f
chess [tʃes] s szachy pl
chessboard [`tʃesbɔd] s szachownica f
chessman [`tʃesmən] s (pl chessmen) figura szachowa
chest [tʃest] s 1. skrzynia f;
kufer m; ~ of drawers komoda f 2. anat. klatka piersiowa
chestnut [`tʃesnʌt] I s kasztan m II adj kasztanowaty, kasztanowy
chew [tʃu] v żuć, przeżuwać
chewing-gum [`tʃuɪŋ gʌm] s guma f do żucia
chic [ʃɪk] I s szyk m; elegancja f II adj elegancki, szykowny
chicken [`tʃɪkɪn] s kurczę n
chicken-pox [`tʃɪkɪn poks] s med. ospa wietrzna
chicory [`tʃɪkərɪ] s cykoria f
chide [tʃaɪd] v (chid [tʃɪd], chidden [`tʃɪdn]) karcić
chief [tʃif] I s szef m, dyrektor m; wódz m (plemienia) II adj główny, naczelny
chiefly [`tʃiflɪ] adv głównie, zwłaszcza
chieftain [`tʃiftən] s wódz m
chilblain [`tʃɪlblein] s odmrożenie n
child [tʃaɪld] s (pl children [`tʃɪldrən]) dziecko n
childbirth [`tʃaɪldbɜθ] s poród m
childhood [`tʃaɪldhud] s dzieciństwo n
childish [`tʃaɪldɪʃ] adj dziecinny
childless [`tʃaɪldləs] adj bezdzietny
children zob. child
chill [tʃɪl] I s ziąb m, chłód m; to catch a ~ przeziębić się II adj chłodny III v oziębić, zamrażać
chimney [`tʃɪmnɪ] s komin m
chimney-sweeper [`tʃɪmnɪswipə(r)] s kominiarz m
chin [tʃɪn] s podbródek m
china [`tʃaɪnə] s porcelana f; zbior. naczynia porcelanowe
Chinaman [`tʃaɪnəmən] s (pl Chinamen) Chińczyk m
Chinese [`tʃaɪ`niz] I s Chińczyk m, Chinka f II adj chiński
chip [tʃɪp] I v strugać; łupać

⟨kruszyć⟩ (się) **II** s wiór *m*; drzazga *f*; odłamek *m*
chisel [ˈʧɪzl] **I** s dłuto *n* **II** *v* rzeźbić; cyzelować
chivalrous [ˈʃɪvlrəs] *adj* rycerski
chivalry [ˈʃɪvlrɪ] s rycerskość *f*; (*knights*) rycerstwo *n*
chives [ˈʧaɪvz] *plt* szczypiorek *m*
chocolate [ˈʧoklət] **I** s czekolada *f*; a ～ czekoladka *f*; ～ cream czekoladka nadziewana; krem czekoladowy; ～ box bombonierka *f* **II** *adj* czekoladowy
choice [ʧɔɪs] **I** s wybór *m*; to make one's ～ wybrać **II** *adj* wyborowy; w najlepszym gatunku
choir [ˈkwaɪə(r)] s chór *m*
choke [ʧəʊk] *v* dusić ⟨dławić⟩ (się); (*put down*) tłumić
cholera [ˈkolərə] s *med.* cholera *f*; ～ epidemic epidemia *f* cholery
choose [ʧuz] *v* (chose [ʧəʊz], chosen [ˈʧəʊzn]) wybierać; you can ～ masz wybór; when you ～ kiedy zechcesz; if I ～ jeśli będę chciał ⟨miał ochotę⟩
chop [ʧop] **I** *v* rąbać, siekać **II** s cios *m*; *kulin.* kotlet *m* (bity); zraz *m*
chord¹ [kɔd] s struna *f*
chord² [kɔd] s *muz.* akord *m*
chorus [ˈkɔrəs] s (*pl* choruses [ˈkɔrəsɪz]) 1. chór *m*; in ～ chórem 2. (*refrain*) refren *m*
chorus-singer [ˈkɔrəs sɪŋgə(r)] s chórzysta *m*, chórzystka *f*
chose *zob.* choose
chosen *zob.* choose; the ～ wybrani *pl*; a ～ few garstka *f* wybranych
Christ [kraɪst] s Chrystus *m*
christen [ˈkrɪsn] *v* ochrzcić
Christian [ˈkrɪsʧən] **I** s chrześcijanin *m* **II** *adj* chrześcijański
Christianity [ˈkrɪstɪˈænətɪ] s chrześcijaństwo *n*

Christmas [ˈkrɪsməs] s Boże Narodzenie; ～ eve wigilia *f* Bożego Narodzenia; a merry ～ wesołych świąt (Bożego Narodzenia)
Christmas-tree [ˈkrɪsməs tri] s choinka *f*
chronic [ˈkronɪk] *adj* chroniczny
chronicle [ˈkronɪkl] s kronika *f*
chronological [ˈkronəˈlodʒɪkl] *adj* chronologiczny
chronology [krəˈnolədʒɪ] s chronologia *f*
chrysanthemum [krɪˈsænθəməm] s chryzantema *f*
chubby [ˈʧʌbɪ] *adj* pucołowaty, pyzaty
chuck [ʧʌk] *v* ciskać, rzucać
chuckle [ˈʧʌkl] *v* chichotać
chum [ʧʌm] s towarzysz *m*; kolega *m*; *pot.* kumpel *m*
church [ʧɜʧ] s kościół *m*
churchyard [ˈʧɜʧjad] s dziedziniec kościelny; (*cemetery*) cmentarz *m*
cigar [sɪˈga(r)] s cygaro *n*
cigarette [ˈsɪgəˈret] s papieros *m*
cigarette-case [ˈsɪgəret keɪs] s papierośnica *f*
cigarette-holder [ˈsɪgəret həʊldə(r)] s cygarniczka *f*
cinder [ˈsɪndə(r)] s żużel *m*
cinecamera [ˈsɪnɪkæmrə] s kamera filmowa, aparat filmowy
cinema [ˈsɪnəmə] s kino *n*; ～ programmes program kinowy
cine-projector [ˈsɪnɪprəˈdʒektə(r)] s projektor *m* filmowy
cipher [ˈsaɪfə(r)] s cyfra *f*; (*secret writing*) szyfr *m*
circle [ˈsɜkl] s 1. krąg *m*, obwód *m*; a vicious ～ błędne koło; the family ～ kółko rodzinne; *teatr.* the upper ～ drugi balkon 2. *pl* ～s koła *pl*; sfery *pl* (naukowe itd.)
circuit [ˈsɜkɪt] s 1. obwód *m*; *elektr.* a short ～ spięcie *n*;

zwarcie *n* 2. (*roundabout journey*) objazd *m*, okrążenie *n*; to make a ~ okrążać

circulate [`sɜkjəleɪt] *v* puszczać w obieg; krążyć

circumference [sɜ`kʌmfrəns] *s* obwód *m*

circumstance [`sɜkəmstəns] *s* 1. wypadek *m* 2. *pl* ~s okoliczności *pl*, warunki *pl*; **in no ~s** pod żadnym warunkiem; **under the ~s** w tych warunkach

circus [`sɜkəs] *s* 1. cyrk *m*; **travelling** ~ cyrk objazdowy 2. (*in town*) (okrągły) plac *m*

citadel [`sɪtədl] *s* cytadela *f*; twierdza *f*

cite [saɪt] *v* cytować

citizen [`sɪtɪzn] *s* obywatel *m*; obywatelka *f*; ~ **of the world** kosmopolita *m*

citizenship [`sɪtɪznʃɪp] *s* obywatelstwo *n*

city [`sɪtɪ] *s* miasto *n*; **the City** centrum finansowe i handlowe Londynu

civic [`sɪvɪk] *adj* obywatelski; (*of authorities etc.*) miejski; ~ **centre** centrum administracyjne miasta

civil [`sɪvl] *adj* 1. obywatelski; ~ **servant** urzędnik państwowy; ~ **war** wojna domowa; **the ~ service** służba państwowa, administracja *f* 2. (*civilian*) cywilny (kodeks itd.); ~ **engineer** inżynier *m* budownictwa lądowego i wodnego 3. (*polite*) grzeczny

civilian [sə`vɪlɪən] **I** *s* cywil *m*; obywatel *m* **II** *adj* cywilny

civilization [ˌsɪvlaɪ`zeɪʃn] *s* cywilizacja *f*

civilize [`sɪvlaɪz] *v* ucywilizować

claim [kleɪm] **I** *v* domagać się (**sth** czegoś); rościć sobie prawo ⟨pretensje⟩ (**sth do** czegoś) **II** *s* żądanie *n*; pretensja *f*

claimant [`kleɪmənt] *s* pretendent *m*, roszczący pretensje (**do** czegoś)

clammy [`klæmɪ] *adj* wilgotny; lepki

clamour [`klæmə(r)] **I** *s* krzyk *m*, wrzask *m* **II** *v* podnieść wrzask

clang [klæŋ] **I** *v* brzęczeć; dzwonić **II** *s* brzęk *m*

clap [klæp] *v* 1. trzepotać (**wings** skrzydłami) 2. **to ~ one's hands** klaskać, oklaskiwać

claret [`klærət] *s* wino *n* (czerwone)

clarify [`klærəfaɪ] *v* oczyszczać (się); wyklarować (się); *przen.* wyjaśniać (się)

clarinet [ˌklærɪ`net] *s* klarnet *m*

clarity [`klærətɪ] *s* klarowność *f*; czystość *f*; przejrzystość *f*

clary [`klærɪ] *s bot.* szałwia *f*

clash [klæʃ] **I** *s* 1. brzęk *m* 2. (*collision*) zderzenie *n* 3. (*divergence*) rozbieżność *f*; kolizja *f* 4. (*disturbance*) starcie *n* **II** *v* zderzyć się

clasp [klɑsp] **I** *s* 1. klamra *f*, zapinka *f*; zameczek *m* (naszyjnika itd.) 2. (*embrace*) uścisk *m*; objęcie *n* **II** *v* 1. spinać 2. (*embrace*) objąć, uścisnąć; **to ~ one's hands** załamywać ręce

class [klɑs] *s* 1. klasa *f*; **the middle** ~ burżuazja *f*; **working** ~ klasa robotnicza 2. (*lesson*) lekcja *f*; kurs *m*

classic [`klæsɪk] **I** *s* klasyk *m* **II** *adj* klasyczny

classify [`klæsɪfaɪ] *v* sklasyfikować; posegregować

classmate [`klɑsmeɪt] *s* kolega szkolny

classroom [`klɑsrum] *s* klasa *f*

classy [`klɑsɪ] *adj sl.* wysokiej klasy, szykowny

clatter [`klætə(r)] **I** *s* stukot

m; łoskot *m*; brzęk *m* II *v* stukotać

clause [klɔz] *s* warunek *m*; klauzula *f*; *gram.* zdanie *n*

claw [klɔ] I *s* pazur *m*; szpon *m* II *v* chwycić w szpony

clay [kleɪ] *s* glina *f*

clean [klin] I *adj* czysty II *v* oczyścić; **to ~ up** ⟨out⟩ **one's shoes** czyścić buty

cleaner [ˈklinə(r)] *s* 1. sprzątaczka *f* 2. (*duster*) odkurzacz *m* 3. **dry ~** pralnia chemiczna

cleanliness [ˈklenlɪnəs] *s* czystość *f*

cleanse [klenz] *v* oczyścić, zmyć

clean-shaven [ˈklinˈʃeɪvn] *adj* gładko wygolony

clear [klɪə(r)] I *adj* jasny; wyraźny; czysty; **as ~ as day** jasne jak słońce II *v* 1. oczyścić, uprzątnąć; **to ~ one's throat** odchrząknąć; **~ the way!** z drogi!; **to ~ the table** sprzątnąć ze stołu; **to ~ away** usunąć (przeszkodę itd.); **to ~ up** wyświetlać (sprawę itd.) 2. *handl.* pozbywać się (towaru); wyprzedawać 3. *fin.* spłacać (dług); wyrównać (dług, saldo) 4. *meteor.* przejaśnić ⟨rozchmurzyć⟩ się III *adv* 1. jasno, wyraźnie 2. z daleka; **stand ~ of the door!** proszę odsunąć się od drzwi!

clearance [ˈklɪərns] *s* oczyszczenie *n*; *customs* ~ oclenie *n*; **~ sale** wyprzedaż *f*

clearing [ˈklɪərɪŋ] *s* 1. rozrachunek *m*; *ekon.* kliring *m* 2. (*in a forest*) polana *f*

cleft [kleft] *s* rozpadlina *f*, szczelina *f*

clemency [ˈklemənsɪ] *s* łaska *f*; łagodność *f*

clement [ˈklemənt] *adj* łagodny; łaskawy

clench [klenʃ] *v* ściskać; zaciskać (zęby)

clergy [ˈklɜdʒɪ] *s* kler *m*; duchowieństwo *n*

clergyman [ˈklɜdʒɪmən] *s* (*pl* **clergymen**) duchowny *m*; ksiądz *m*; pastor *m*

clerical [ˈklerɪkl] *adj* 1. klerykalny, duchowny 2. (*office*) biurowy; **a ~ error** błąd maszynowy

clerk [klɑk] *s* urzędnik *m*; **chief ~** szef *m* biura; **junior ~** młodszy urzędnik; *am.* ekspedient sklepowy

clever [ˈklevə(r)] *adj* zdolny, inteligentny; **to be ~ at sth** mieć zdolności do czegoś

cliché [ˈkliʃeɪ] *s* komunał *m*; *druk.* klisza *f*

click [klɪk] *v* szczękać; trzaskać

client [ˈklaɪənt] *s* klient *m*

cliff [klɪf] *s* urwisko *n*

climate [ˈklaɪmɪt] *s* klimat *m*

climax [ˈklaɪməks] *s* szczyt *m*; punkt kulminacyjny (w powieści)

climb [klaɪm] *v* wspinać ⟨piąć⟩ się

cling [klɪŋ] *v* (**clung** [klʌŋ], **clung**) lgnąć ⟨przylgnąć, przyczepiać się⟩ (**to sb, sth** do kogoś, czegoś); **to ~ together** trzymać się razem

clinic [ˈklɪnɪk] *s* klinika *f*

clip ¹ [klɪp] *s* spinacz *m*; *med.* klamerka *f*

clip ² [klɪp] *v* ostrzyc, obciąć

clipers [ˈklɪpəz] *plt* nożyce *pl*; maszynka *f* do strzyżenia

clique [klik] *s* klika *f*

cloak [kləʊk] *s* płaszcz *m*

cloak-room [ˈkləʊk rʊm] *s* garderoba *f* (w teatrze), szatnia *f*

clock [klok] *s* zegar *m*; **by the ~** z zegarkiem w ręce; **by my ~** na moim zegarze

clockwise [ˈklokwaɪz] *adv* w kierunku wskazówek zegara

clockwork [ˈklokwɜk] *s* mechanizm zegarowy; like ~ jak w zegarku

cloister ['klɔɪstə(r)] s klasztor m

close [1] [kləus] I adj zamknięty; (near) bliski II adv blisko, obok; ~ by tuż obok; ~ at hand pod ręką

close [2] [kləuz] I v zamykać (się); (end) kończyć (się) II s zamknięcie n; (end) koniec m

close-season ['kləus'sizn] s myśl. czas ochronny

closet ['klozɪt] s 1. gabinet m 2. (water-closet) ustęp m 3. (cupboard) kredens m; szaf(k)a f

closing ['kləuzɪŋ] s zamknięcie n, zamykanie n; ~ time godzina f zamykania (sklepu, biura itp.)

clot [klot] s grudka f; med. skrzep m

cloth [klɔθ] s materiał m; sukno n

clothe [kləuð] v ubrać; (cover) okryć

clothes [kləuðz] plt ubranie n; strój m; best ~ odświętne ubranie; in plain ~ po cywilnemu

clothing ['kləuðɪŋ] s odzież f; articles of ~ garderoba f

cloud [klaud] s chmura f

cloudy ['klaudɪ] adj pochmurny

clove [kləuv] s goździk m (korzenny)

clover ['kləuvə(r)] s koniczyna f

clown [klaun] s pajac m, klown m

club [klʌb] s 1. klub m 2. (in golf) kij m 3. pl ~s karc. trefle pl

club-room ['klʌb rum] s sala klubowa, świetlica f

clue [klu] s trop m, ślad m

clumsy ['klʌmzɪ] adj niezgrabny, niezręczny

clung zob. cling

clutch [klʌtʃ] I v ściskać kurczowo; chwytać (sth coś) II s 1. chwyt m 2. mot. sprzęgło n; ~ plate tarcza sprzęgła

coach [kəutʃ] I s 1. (carriage) powóz m 2. (bus) autokar m; **excursion** ~ autokar wycieczkowy; **funeral** ~ autokar pogrzebowy; **tourist** ~ autokar turystyczny 3. kolej. wagon m 4. szk. korepetytor m 5. sport. trener m II v 1. szk. udzielać korepetycji 2. sport. trenować

coal [kəul] s węgiel m

coalition ['kəuə'lɪʃn] s koalicja f; przymierze n

coal-mine ['kəul maɪn] s kopalnia f węgla

coarse [kɔs] adj ordynarny, prostacki; (rough) szorstki

coast [kəust] I s brzeg m morza; wybrzeże n II v płynąć wzdłuż wybrzeża

coastal ['kəustl] adj przybrzeżny; ~ **navigation** żegluga przybrzeżna

coat [kəut] I s 1. (for men) marynarka f; (for women) żakiet m 2. (layer) warstwa f II v pokrywać, powlekać

coated ['kəutɪd] adj pokryty; med. obłożony (język)

coating ['kəutɪŋ] s warstwa f (farby); powłoka f

cobble ['kobl] I s brukowiec m; pot. koci łeb II v wybrukować kamieniami

cobbler ['koblə(r)] s szewc m; łatacz m obuwia

cobblestone ['koblstəun] s = = **cobble** s

cobra ['kəubrə] s zool. kobra f

cobweb ['kobweb] s pajęczyna f

coca-cola ['kəukə'kəulə] s coca--cola f

cocaine [kəu'keɪn] s kokaina f

cock [kok] I s kogut m; (tap) kurek m II v podnosić; podciągać ku górze

cockney ['koknɪ] s rodowity londyńczyk; (dialect) gwara londyńska

cockpit [`kokpɪt] s 1. arena f
do walki kogutów 2. po-
mieszczenie n dla pilota w
samolocie 3. (na jachcie)
kokpit
cocktail [`kokteɪl] s koktail m
coco(a) [`kəukəu] s kokos m
cocoa [`kəukəu] s kakao n
coco(a)nut [`kəukənʌt] s o-
rzech kokosowy
cod [kod] s dorsz m; dried ~
sztokfisz m
code [kəud] I s 1. kodeks m;
przepisy pl 2. (cipher) szyfr
m; ~ address adres kodo-
wy II v szyfrować
codeine [`kəudiɪn] s farm. ko-
deina f
cod-liver-oil [`kod lɪvər`ɔɪl] s
tran (leczniczy)
coexist [`kəuɪg`zɪst] v współ-
istnieć
coexistence [`kəuɪg`zɪstəns] s
współistnienie n; koegzy-
stencja f
coffee [`kofɪ] s kawa f
coffee-bean [`kofɪ bin] s ziarn-
ko n kawy
coffee-grounds [`kofɪ grɑundz]
plt fusy pl
coffin [`kofɪn] s trumna f
cognac [`konjæk] s koniak m
cognizance [`kognɪzns] s wie-
dza f; znajomość f; pozna-
nie n
coherence [kəu`hɪərns] s łącz-
ność f; zwartość f; (consi-
stency) konsekwencja f
coil [kɔɪl] I v zwijać, skręcać II s zwój m (liny itp.);
krąg m
coin [kɔɪn] s moneta f
coincide [`kəuɪn`saɪd] v (of
circumstances) zbiegać sie;
(of facts) zgadzać się
coincidence [kəu`ɪnsɪdəns] s
zbieg m okoliczności
coke [kəuk] s koks m
cold [kəuld] I adj zimny; med.
~ spots ⟨sores⟩ opryszczki
wargowe; I am ⟨feel⟩ ~
zimno mi; in ~ storage za-
mrożony II s zimno n; a ~

katar m; zaziębienie n; to
catch a ~ zaziębić się
cold-blooded [`kəuld`blʌdɪd]
adj zimnokrwisty; przen.
bezlitosny
collaborate [kə`læbəreɪt] v
współpracować
collapse [kə`læps] I s upadek
m; przen. nerwowe załama-
nie; med. zapaść f II v runąć, zawalić się; przen. doznać załamania nerwowego
collar [`kolə(r)] s kołnierz(yk)
m; (dog's) obroża f
collar-bone [`koləbəun] s anat.
obojczyk m
colleague [`kolig] s kolega m,
koleżanka f
collect [kə`lekt] v gromadzić,
kolekcjonować; (get money)
inkasować (pieniądze)
collection [kə`lekʃn] s zbiór
m; kolekcja f; (of money)
odbiór m (długu); inkaso n
collective [kə`lektɪv] I adj
kolektywny, zbiorowy; ~
farm spółdzielnia produk-
cyjna; ~ passport paszport
zbiorowy II s kolektyw m
collector [kə`lektə(r)] s 1. ko-
lekcjoner m; stamp ~ fila-
telista m 2. (one who collects
money) inkasent m; ticket ~
kontroler m biletów
college [`kolɪdʒ] s kolegium
n; (university) szkoła wyższa; (school) szkoła średnia
collide [kə`laɪd] v zderzyć się;
przen. kolidować
collier [`koliə(r)] s górnik m;
med. ~'s lung pylica wę-
glowa
colliery [`koljərɪ] s kopalnia
f węgla
collision [kə`lɪʒn] s zderzenie
n; przen. kolizja f; to come
into ~ zderzyć się
colloquial [kə`ləukwɪəl] adj
potoczny
colon [`kəulən] s dwukropek
m
colonel [`kɜnl] s pułkownik m
colonial [kə`ləuniəl] I adj ko-

lonialny **II** s mieszkaniec *m* kolonii
colonialism [kə'ləuniəlızm] s kolonializm *m*
colonist ['kolənıst] s kolonista *m*, osadnik *m*
colonize ['kolə'naız] v kolonizować
colony ['kolənı] s kolonia *f*
Colorado-beetle ['kolə'radəu bitl] s stonka ziemniaczana
colossal [kə'losl] *adj* kolosalny, olbrzymi
colour ['kʌlə(r)] **I** v barwić (się) **II** s 1. kolor *m*, barwa *f*; **what ~ is it?** jaki to kolor?; **the ~ bar** ⟨line⟩ dyskryminacja rasowa 2. (*dye*) farba *f*; **oil ~** farba olejna; **water ~** akwarela *f* 3. *pl* **~s** rumieńce *pl* 4. *pl* **~s** (*flaga*) sztandary *pl* 5. (*army*) wojsko *n*
colour-blindness ['kʌlə blaındnəs] s daltonizm *m*
coloured ['kʌləd] *adj* barwny, kolorowy
colourful ['kʌləfl] *adj* barwny, pstry
colourless ['kʌlələs] *adj* bezbarwny, blady
colt [kəult] s źrębię *n*, źrebak *m*
column ['koləm] s kolumna *f*; filar *m*; (*in a newspaper*) szpalta *f*, rubryka *f*
columnist ['koləmnıst] s felietonista *m*
comb [kəum] **I** s grzebień *m* **II** v czesać
combination ['kombı'neıʃn] s kombinacja *f*; połączenie *n*; **in ~ with ...** w połączeniu z ...
combine [kəm'baın] v połączyć; *chem.* związać
combustion [kəm'bʌstʃən] s spalanie *n*; **~ engine** silnik spalinowy; **~ gases** spaliny *pl*
come [kʌm] v (came [keım], come [kʌm]) przyjść, przybyć; **to ~ about** zdarzyć się; **to ~ across** natknąć

się (**sb, sth** na kogoś, coś); **to ~ forth** wystąpić; **to ~ in** wejść; **to ~ off** odpaść, odlecieć; **to ~ on** posuwać się naprzód, zbliżać się; **to ~ out** wychodzić (*of a secret*) wyjść na jaw, (*of a book etc.*) ukazać się (w druku); **to ~ true** sprawdzić się; **to ~ up to sb** podejść do kogoś; **to ~ up to the mark** stanąć na wysokości zadania
comedian [kə'midiən] s komediant *m*; (*actor*) komik *m*
comedy ['komədı] s komedia *f*
comely ['kʌmlı] *adj* przystojny; miły
comet ['komıt] s kometa *f*
comfort ['kʌmfət] **I** v pocieszać, przynosić ulgę **II** s pociecha *f*; (*convenience*) wygoda *f*; komfort *m*
comfortable ['kʌmftəbl] *adj* wygodny, komfortowy
comic ['komık] *adj* komiczny. humorystyczny
comical ['komıkl] *adj* komiczny, zabawny
comma ['komə] s przecinek *m*; **inverted ~s** cudzysłów *m*
command [kə'mand] **I** v rozkazywać; (*have authority*) dowodzić; panować (**sth** nad czymś); rozporządzać (**sb, sth** kimś, czymś) **II** s nakaz *m*, rozkaz *m*; *wojsk.* dowództwo *n*
commandant ['komən'dænt] s dowódca *m*, komendant *m*
commander [kə'mandə(r)] s dowódca *m*
commander-in-chief [kə'mandərın'tʃif] s naczelny wódz, głównodowodzący *m*
commandment [kə'mandmənt] s przykazanie *n*; rozkaz *m*
commemorate [kə'meməreıt] v uczcić (pamięć), obchodzić (rocznicę)
commence [kə'mens] v zaczynać (się)

commend [kə'mend] v polecać, powierzać

comment ['koment] I s komentarz m, uwaga f II v komentować (on sth coś)

commentary ['komǝntrı] s komentarz m

commentator ['komǝnteıtǝ(r)] s komentator m, sprawozdawca radiowy

commerce ['komɜs] s handel m

commercial [kǝ'mɜʃl] adj handlowy; ~ traveller podróżujący ajent

commissar ['komısɑ(r)] s komisarz m

commission [kǝ'mıʃn] I v zlecić; mianować II s 1. komisja f 2. wojsk. patent oficerski; to get one's ~ otrzymać rangę oficerską 3. (of an officer) to resign one's ~ wystąpić z wojska 4. (order) polecenie n 5. fin. prowizja f 6. handl. komis m; goods on ~ towar m w komisie

commit [kǝ'mıt] v powierzyć; (perpetrate) popełnić (czyn); to ~ oneself zobowiązać się

committee [kǝ'mıti] s komitet m; zarząd m; to be on the ~ zasiadać w komitecie; należeć do zarządu

commodity [kǝ'modǝtı] s towar m

commodore ['komǝdɔ(r)] s wojsk. komodor m; dowódca m eskadry

common ['komǝn] adj 1. zwykły, pospolity 2. (belonging to all) wspólny, ogólny, powszechny; by ~ consent jednomyślnie; ~ law prawo zwyczajowe; ~ sense zdrowy rozsądek

commonplace ['komǝnpleıs] I s komunał m; frazes m II adj banalny, oklepany

commons ['komǝnz] plt lud m; the House of Commons Izba f Gmin

commonwealth ['komǝnwelθ] s wspólnota f

commotion [kǝ'mǝuʃn] s poruszenie n, wzburzenie n; in a state of ~ wzburzony, wstrząśnięty

communicate [kǝ'mjunıkeıt] v zakomunikować; (of people etc.) komunikować się ze sobą

communication [kǝ'mjunı-'keıʃn] s 1. zakomunikowanie n 2. (information) wiadomość f 3. (connexion) łączność f; komunikacja f; air ~ komunikacja powietrzna; bus ~ komunikacja autobusowa; telephone ~ komunikacja ⟨łączność⟩ telefoniczna; means of ~ środki transportu; ~ cord hamulec m (w wagonie kolejowym)

communicative [kǝ'mjunıkǝtıv] adj rozmowny, towarzyski

communiqué [kǝ'mjunıkeı] s komunikat m, oświadczenie n

communism ['komjʊnızm] s komunizm m

communist ['komjʊnıst] s komunista m

community [kǝ'mjunǝtı] s społeczeństwo n; rel. gmina f

compact¹ [kǝm'pækt] adj gęsty, zwarty

compact² ['kompækt] s puderniczka f

companion [kǝm'pænıǝn] s towarzysz m

companionship [kǝm'pænıǝn-ʃıp] s towarzystwo n

company ['kʌmpǝnı] s 1. towarzystwo n; to keep sb ~ dotrzymywać komuś towarzystwa 2. wojsk. kompania f 3. handl. spółka akcyjna

comparative [kǝm'pærǝtıv] I adj porównawczy; (relative) względny II s gram. stopień wyższy (przymiotnika)

compare [kǝm'peǝ(r)] v porównywać

comparison [kǝm'pærısn] s porównanie *n*; in ~ with ... w porównaniu

compartment [kəm'pɑtmənt] *s* przedział *m* (w wagonie); **reserved** ~ przedział zarezerwowany; **luggage** ~ przedział bagażowy; **non-smoking** ~ przedział dla niepalących; **smoking** ~ przedział dla palących; **water--tight** ~ komora wodoszczelna

compass ['kʌmpəs] *s* busola *f*, kompas *m*; *pl* ~es *(także* **a pair of** ~es) cyrkiel *m*

compassion [kəm'pæʃn] *s* współczucie *n*; litość *f*; **to have** ~ **on sb** zlitować się nad kimś

compassionate [kəm'pæʃnət] *adj* litościwy; współczujący

compatriot [kəm'pætrɪət] *s* rodak *m*, ziomek *m*

compel [kəm'pel] *v* zmuszać, wymuszać

compensate ['kompənseɪt] *v* kompensować, wyrównywać

compete [kəm'pit] *v* współzawodniczyć, konkurować **(for sth** o coś); **non competing** poza konkursem

competence ['kompətəns], **competency** ['kompətənsɪ] *s* znajomość *f* rzeczy, fachowość *f*; kompetencja *f*

competent ['kompətənt] *adj* fachowy, kompetentny

competition [kompə'tɪʃn] *s* współzawodnictwo *n* **(for sth** w czymś); zawody *pl; handl.* konkurencja *f*; **to throw sth open to** ~ ogłosić konkurs ⟨przetarg⟩ na coś; **by open** ~ drogą konkursową

competitive [kəm'petətɪv] *adj* konkursowy; *handl.* konkurencyjny

competitor [kəm'petɪtə(r)] *s* współzawodnik *m*, konkurent *m*

complain [kəm'pleɪn] *v* skarżyć ⟨żalić⟩ się, narzekać **(of sth** na coś); *prawn.* wnieść skargę **(against sb of**

⟨**about**⟩ **sth** na kogoś o coś); *handl.* złożyć reklamację

complaint [kəm'pleɪnt] *s* skarga *f*; narzekanie *n*; zażalenie *n*; *handl.* reklamacja *f*; **to lodge a** ~ złożyć reklamację; **to adjust a** ~ załatwić reklamację

complement ['komplɪmənt] *s* uzupełnienie *n*; *gram.* dopełnienie *n*

complementary ['komplɪ'mentrɪ] *adj* dopełniający, uzupełniający

complete [kəm'plit] **I** *v* uzupełniać; kończyć; **to** ~ **one's education** ukończyć szkołę **II** *adj* zupełny; całkowity

complex ['kompleks] *adj* złożony; skomplikowany

complexion [kəm'plekʃn] *s* cera *f*; karnacja *f*

compliance [kəm'plaɪəns] *s* spełnienie *n*; zastosowanie się *n* **(with a request** ⟨**wish**⟩ do prośby ⟨życzenia⟩); **in** ~ **with** ... stosownie do ..., zgodnie z ...

complicate ['komplɪkeɪt] *v* komplikować

compliment ['komplɪmənt] **I** *s* 1. komplement *m*; **to pay** ⟨**to make**⟩ **sb a** ~ powiedzieć komuś komplement 2. *pl* ~s gratulacje *pl*; pozdrowienia *pl*; życzenia *pl*; **with** ~s z pozdrowieniami; *(in a letter)* z wyrazami szacunku **II** *v* prawić komplementy (sb komuś); gratulować **(sb on sth** komuś czegoś)

comply [kəm'plaɪ] *v* stosować się **(with sth** do czegoś); spełnić **(with a request** prośbę)

compose [kəm'pəuz] *v* 1. *(także druk.)* składać 2. *(constitute)* stanowić (całość); **to be** ~d **of sth** składać się z czegoś; **to** ~ **oneself** uspokoić się

composed [kəm'pəuzd] *adj* spokojny, opanowany

composer [kəm'pəuzə(r)] s kompozytor m
composition ['kompə'zıʃn] s skład m; (arrangement) u- kład m; muz. kompozycja f; utwór m; szk. wypraco- wanie n
compositor [kəm'pozıtə(r)] s zecer m
composure [kəm'pəuʒə(r)] s opanowanie n; zimna krew
compote ['kompəut] s kompot m
compound [kəm'paund] I v składać; mieszać; łączyć II adj ['kompaund] złożony III s ['kompaund] rzecz złożo- na; chem. związek m; gram. wyraz złożony
comprehend ['komprı'hend] v 1. rozumieć; pojmować 2. (include) zawierać
comprehensible ['komprı'hen- səbl] adj zrozumiały
comprehension ['komprı'hen- ʃn] s zrozumienie n; poję- cie n; it is beyond my ~ to przechodzi moje pojęcie
comprehensive ['komprı'hen- sıv] adj 1. rozumowy; the ~ faculty zdolność f pojmowa- nia 2. (broad) rozległy, ob- szerny
compress 1 ['kompres] s kom- pres m; okład m; cold ~ zimny kompres; hot ~ go- rący kompres; wet ~ wil- gotny kompres
compress 2 [kəm'pres] v ścis- kać; (condense) skondenso- wać
comprise [kəm'praız] v zawie- rać, obejmować
compromise ['komprəmaız] I v załatwić polubownie II s kompromis m
compulsory [kəm'pʌlsŗı] adj przymusowy, obowiązkowy
computer [kəm'pjutə(r)] s komputer m
comrade ['komreıd] s towa- rzysz m
conceal [kən'sil] v ukrywać, zataić

concealment [kən'silmənt] s ukrywanie n, przemilczanie n; a place of ~ kryjów- ka f
concede [kən'sid] v ustąpić
conceit [kən'sit] s zarozumia- łość f
conceited [kən'sitıd] adj zaro- zumiały, próżny
conceivable [kən'sivəbl] adj (możliwy) do pomyślenia
conceive [kən'siv] v 1. pojmo- wać, wyobrażać sobie; to ~ an idea powziąć myśl 2. biol. począć (dziecko)
concentrate ['konsntreıt] I v koncentrować ⟨skupiać⟩ (się) (on sth na czymś) II s kon- centrat m
conception [kən'sepʃn] s 1. po- częcie n; ~ control zapobie- ganie n ciąży 2. (idea) po- jęcie n
concern [kən'sɜn] I v doty- czyć (sb, sth kogoś, czegoś), odnosić się (sb, sth do ko- goś, czegoś); as ~s ... co się tyczy ...; to be ~ed in ⟨with⟩ sth zajmować się czymś; as far as I am ~ed ... o ile chodzi o mnie... II s 1. niepokój m, troska f 2. (matter) sprawa f 3. (firm) koncern m
concert ['konsət] s 1. koncert m 2. (agreement) zgoda f
concession [kən'seʃn] s 1. kon- cesja f 2. ustępstwo n; to make ~s iść na ustępstwa
conciliation [kən'sılı'eıʃn] s pojednanie n; court of ~ sąd polubowny
concise [kən'saıs] adj zwięzły; treściwy
conclude [kən'klud] v 1. za- wierać (umowę) 2. (put an end) zakończyć 3. (deduce) wywnioskować
conclusion [kən'kluʒn] s 1. za- warcie n (umowy) 2. (end- ing) zakończenie n; in ~ na zakończenie 3. (motion) wniosek m; to come to a ~ dojść do wniosku

concrete [kən'krit] I v beto-
nować II adj ['koŋkrit] konkretny; bud. betonowy III
s beton m; reinforced ~
żelazobeton m
concussion [kən'kʌʃn] s
wstrząs m; cerebral ~
wstrząs mózgu
condemn [kən'dem] potępiać;
skazywać
condemnation ['kondem'neiʃn]
s potępienie n; ostra kry-
tyka; (conviction) skazanie
n
condensation ['konden'seiʃn] s
zgęszczenie n
condense [kən'dens] v zgęsz-
czać (się)
condiment ['kondimənt] s
przyprawa f
condition [kən'diʃn] I s 1. warunek m; zastrzeżenie n; on
~ that ... pod warunkiem,
że ... 2. (state) stan m; sanitary ~ stan sanitarny;
subfebrile ~ stan podgo-
rączkowy; technical ~ stan
techniczny; weather ~ stan
m pogody, warunki atmos-
feryczne; in ~ w dobrym
stanie; out of ~ w złym
stanie, uszkodzony II v warunkować; zastrzegać
condolence [kən'dəuləns] s
współczucie n; wyrazy pl
współczucia
conduct [kən'dʌkt] v 1. prowadzić, kierować; ~ed tour
wycieczka f z przewodni-
kiem 2. muz. dyrygować;
~ed by ... pod batutą ...
conductor [kən'dʌktə(r)] s konduktor m; muz. dyrygent m
conductress [kən'dʌktrəs] s
konduktorka f
cone [kəun] s geom. stożek m;
bot. szyszka f
confectioner [kən'fekʃnə(r)] s
cukiernik m
confectionery [kən'fekʃnri] s
cukiernia f; wyroby cukier-
nicze
confederacy [kən'fedrəsi] s

konfederacja f; liga f;
sprzymierzenie n
confederate [kən'fedrət] I adj
sprzymierzony II s sprzy-
mierzeniec m
confer [kən'fɜ(r)] v 1. nadawać, przyznawać (tytuł) (on
sb komuś) 2. (discuss) kon-
ferować, dyskutować
conference ['konfrns] s narada f, konferencja f, zebranie n; to hold a ~ od-
bywać konferencję ⟨naradę⟩
confess [kən'fes] v 1. przyznawać (się) (sth do czegoś); to
~ oneself guilty przyzna-
wać się do winy 2. (tell
sins) wyspowiadać się
confession [kən'feʃn] s przyznanie się n (do czegoś);
wyznanie n; rel. spowiedź
f
confide [kən'faid] v zwierzać
się ⟨zaufać⟩ (in sb komuś);
powierzyć (sth to sb coś
komuś)
confidence ['konfidəns] s zaufanie n; ufność f; in strict
~ w najgłębszej tajemnicy
confident ['konfidənt] I s zaufany człowiek, powiernik m
II adj ufny
confidential ['konfi'denʃl] adj
poufny, zaufany
confine [kən'fain] v ograniczyć; (shut) więzić
confinement [kən'fainmənt] s
uwięzienie n; (childbirth)
poród m
confines ['konfainz] plt granice pl
confirm [kən'fɜm] v potwierdzić; zatwierdzić
confirmation ['konfə'meiʃn] s
umocnienie n; (ratification)
zatwierdzenie n; rel. bierz-
mowanie n
confirmed [kən'fɜmd] adj nałogowy, niepoprawny; ~ bachelor zaprzysiężony kawaler
conflagration ['konflə'greiʃn] s
pożar m; pożoga f

conflict ['konflıkt] s konflikt m; starcie n

conformity [kən'fɔmətı] s zgodność f (to ⟨with⟩ sth z czymś); in ~ with ... zgodnie z ...; podług ...

confront [kən'frʌnt] v konfrontować; (face) stanąć wobec czegoś

confuse [kən'fjuz] v pomieszać, pogmatwać; przen. to get ~d zmieszać ⟨speszyć⟩ się

confusion [kən'fjuʒn] s zamieszanie n; nieporządek m; bałagan m

congenial [kən'dʒınıəl] adj pokrewny, zbliżony, podobny (with sb, sth do kogoś, czegoś)

congratulate [kən'grætʃuleıt] v pogratulować (sb on sth komuś czegoś)

congratulations [kən'grætʃu-'leıʃnz] pl gratulacje pl

congregate ['koŋgrıgeıt] v zbierać ⟨gromadzić⟩ się

congress ['koŋgres] s kongres m, zjazd m

conic(al) ['konık(l)] adj stożkowaty

coniferous [kə'nıfərəs] adj szpilkowy, iglasty

conjecture [kən'dʒektʃə(r)] I v przypuszczać, mniemać II s przypuszczenie n, domniemanie n

conjugal ['kondʒugl] adj małżeński

conjugate ['kondʒugeıt] v gram. odmieniać (czasownik)

conjunction [kən'dʒʌŋkʃn] s 1. połączenie n; in ~ with ... łącznie z ... 2. gram. spójnik m

conjunctive [kən'dʒʌŋktıv] I adj łączący II s gram. tryb łączący

conjuncture [kən'dʒʌŋktʃə(r)] s zbieg m okoliczności

conjurer ['kʌndʒərə(r)] s magik m, kuglarz m

connect [kə'nekt] v połączyć

⟨związać⟩ (się); ~ed with ... związany z ...

connection, connexion [kə-'nekʃn] s połączenie n (np. kolejowe); związek m; kontakt m; in ~ with ... w związku ...

connoisseur ['konə'sɜ(r)] s znawca m, koneser m

conquer ['koŋkə(r)] v zdobyć; zwyciężyć; podbić

conqueror ['koŋkərə(r)] s zdobywca m; zwycięzca m

conquest ['koŋkwest] s zdobycie n, podbój m; to make a ~ of sb zdobyć czyjeś serce

conscience ['konʃns] s sumienie n; a clear ~ czyste sumienie

conscientious ['konʃı'enʃəs] adj sumienny; skrupulatny

conscious ['konʃəs] adj świadomy (of sth czegoś); to be ~ of sth zdawać sobie sprawę z czegoś

consciousness ['konʃəsnəs] s 1. świadomość f 2. przytomność f; to regain ~ odzyskać przytomność

conscript ['konskrıpt] s poborowy m, rekrut m

conscription [kən'skrıpʃn] s pobór m do wojska

consent [kən'sent] I v zgadzać się II s zgoda f

consequence ['konsıkwəns] s skutek m; wynik m; rezultat m; to take the ~s ponosić konsekwencje; a person of ~ ważna osobistość; of no ~ nieważny

consequent ['konsıkwənt] adj wynikający, będący następstwem (on ⟨upon⟩ sth czegoś); konsekwentny

conservation ['konsə'veıʃn] s ochrona f, konserwacja f; wildlife ~ ochrona przyrody

conservative [kən'sɜvətıv] I adj konserwatywny II s konserwatysta m

conservatory [kən'sɜvətrı] s

1. cieplarnia *f* 2. *muz.* konserwatorium *n*
conserve [kən`sɜv] I *v* przechowywać; konserwować II *pl* ~s konserwy owocowe; przetwory owocowe
consider [kən`sɪdə(r)] *v* rozważać; brać pod uwagę; **all things** ~ed zważywszy wszystko
considerable [kən`sɪdrəbl] *adj* znaczny, poważny, spory
consideration [kən`sɪdə`reɪʃn] *s* rozwaga *f*; wzgląd *m*; **to take sth into** ~ brać coś pod uwagę
consign [kən`saɪn] *v* przekazywać; wysyłać
consignment [kən`saɪnmənt] *s* wysyłka *f* (towaru), ekspedycja *f*
consist [kən`sɪst] *s* składać się (**of sth** z czegoś); (*have as the chief element*) polegać (**in sth** na czymś)
consolation [`kɒnsə`leɪʃn] *s* pocieszenie *n*, pociecha *f*; ~ **prize** nagroda *f* pocieszenia
console [kən`səʊl] *v* pocieszać
consolidate [kən`sɒlɪdeɪt] *v* wzmocnić
consommé [kən`sɒmeɪ] *s* rosół *m*
consonant [`kɒnsənənt] I *adj* zgodny; harmonijny II *s gram.* spółgłoska *f*
conspicuous [kən`spɪkjuəs] *adj* widoczny, wyraźny; **to be** ~ rzucać się w oczy
conspiracy [kən`spɪrəsɪ] *s* spisek *m*; konspiracja *f*
conspire [kən`spaɪə(r)] *v* spiskować, konspirować
constable [`kʌnstəbl] *s* policjant *m*
constant [`kɒnstənt] *adj* stały, trwały; (*faithful*) wierny
consternation [`kɒnstə`neɪʃn] *s* przerażenie *n*; osłupienie *n*
constipation [`kɒnstɪ`peɪʃn] *s med.* zaparcie *n*, obstrukcja *f*

constitute [`kɒnstɪtjut] *v* (u)stanowić; mianować
constitution [`kɒnstɪ`tjuʃn] *s* konstytucja *f*; (*formation*) ustanowienie *n*; (*of health*) kondycja *f*
constitutional [`kɒnstɪ`tjuʃnl] I *adj* konstytucyjny, ustrojowy II *s* spacer *m* dla zdrowia; **to take one's** ~ przejść się dla zdrowia
construct [kən`strʌkt] *v* zbudować; skonstruować
construction [kən`strʌkʃn] *s* 1. budowa *f*; **under** ~ w budowie 2. (*building*) budynek *m*
constructive [kən`strʌktɪv] *adj* konstruktywny, twórczy
consul [`kɒnsl] *s* konsul *m*
consular [`kɒnsjulə(r)] *adj* konsularny; ~ **service** służba konsularna
consulate [`kɒnsjulət] *s* konsulat *m*
consult [kən`sʌlt] *v* radzić się, zasięgać rady; **to** ~ **a doctor** poradzić się lekarza
consume [kən`sjum] *v* 1. (*use up*) zużywać ⟨niszczyć⟩ (się) 2. (*eat, drink*) spożywać
consumer [kən`sjumə(r)] *s* konsument *m*, odbiorca *m*; ~ **goods** towary konsumpcyjne
consummate [`kɒnsəmeɪt] *v* dokonywać; dopełniać
consumption [kən`sʌmpʃn] *s* 1. konsumpcja *f*; spożycie *n*; (*using up*) zużycie *n* 2. *med.* gruźlica *f*
consumptive [kən`sʌmptɪv] I *adj* gruźliczy II *s* gruźlik *m*
contact [`kɒntækt] I *s* 1. kontakt *m*; *elektr.* połączenie *n*; styczność *f*; ~ **lens** szkło kontaktowe (na gałkę oczną) 2. *pl* ~s stosunki *pl* (z ludźmi) II *v* zetknąć ⟨skontaktować⟩ się
contagion [kən`teɪdʒən] *s* zakażenie *n*; *dosł. i przen.* zaraza *f*

contagious [kən'teidʒəs] *adj* zaraźliwy, zakaźny

contain [kən'tein] *v* zawierać; obejmować

container [kən'teinə(r)] *s* zbiornik *m*, bak *m*; kanister *m*

contaminate [kən'tæmineit] *v* zanieczyszczać; zakazić

contemporary [kən'temprɪ] *adj* współczesny

contempt [kən'tempt] *s* pogarda *f*; **beneath** ~ poniżej wszelkiej krytyki

contemptuous [kən'temptʃuəs] *adj* pogardliwy

content [¹ 'kontent] *s* **1.** zawartość *f* **2.** (*capacity*) objętość *f*; pojemność *f* **3.** *pl* ~s treść *f* (książki); **table of** ~s spis *m* rzeczy ⟨treści⟩

content ² [kən'tent] *adj* zadowolony; **to be** ~ **with sth** zadowolić się czymś

contest [kən'test] **I** *v* ubiegać się; (*dispute*) spierać się **II** *s* ['kontest] konkurs *m*; zawody *pl*; (*dispute*) spór *m*

context ['kontekst] *s* kontekst *m*; **in this** ~ w związku z tym

continent ['kontinənt] *s* kontynent *m*; ląd *m*

continual [kən'tinjuəl] *adj* ciągły; stały

continuation [kən'tinju'eiʃn] *s* dalszy ciąg, kontynuacja *f*

continue [kən'tinju] *v* kontynuować; trwać; **to** ~ **to do sth** dalej coś robić; **to be** ~**d** ciąg dalszy nastąpi

continuous [kən'tinjuəs] *adj* ciągły, nieprzerwany

contort [kən'tɔt] *v* wykrzywić, skrzywić

contraband ['kontrəbænd] *s* kontrabanda *f*; przemyt *m*

contrabandist ['kontrəbændist] *s* przemytnik *m*

contract [kən'trækt] **I** *v* **1.** zakontraktować, zawrzeć umowę **2.** (*draw together*) ściągnąć; skurczyć **3.** *med.* nabawić się (choroby) **4.** (*in-*

cur) zaciągnąć (dług itd.) **II** *s* ['kontrækt] kontrakt *m*, umowa *f*

contractor [kən'træktə(r)] *s* kontrahent *m*; przedsiębiorca *m* (budowlany); dostawca *m*

contradict ['kontrə'dikt] *v* zaprzeczyć (**sb, sth** komuś, czemuś)

contradictory ['kontrə'diktərɪ] *adj* sprzeczny

contralto [kən'træltəu] *s* *muz.* kontralt *m*

contrary ['kontrɪ] **I** *s* przeciwieństwo *n*; **on the** ~ przeciwnie; na odwrót **II** *adj* przeciwny; odwrotny **III** *adv* wbrew; w przeciwieństwie (**to sth** do czegoś)

contrast ['kontrɑst] **I** *s* kontrast *m*; przeciwieństwo *n* **II** *v* [kən'trɑst] kontrastować

contribute [kən'tribjut] *v* przyczynić się; wnieść udział

contribution ['kontri'bjuʃn] *s* **1.** udział *m*; wkład *m* **2.** *dzien.* współpraca *f* (z pismem) **3.** (*literary article*) artykuł *m* (w czasopiśmie) **4.** *wojsk.* kontrybucja *f*

control [kən'trəul] **I** *v* kontrolować; regulować **II** *s* **1.** kontrola *f* **2.** (*command*) kierownictwo *n* **3.** regulacja *f*; **ignition** ~ regulacja zapłonu; **carburettor** ~ regulacja gaźnika; **lights** ~ kontrolka *f* świateł

controller [kən'trəulə(r)] *s* regulator *m*

controversial ['kontrə'vɜʃl] *adj* sporny

controversy ['kontrəvɜsɪ] *s* spór *m*, dysputa *f*, polemika *f*

convalescence ['konvə'lesns] *s* rekonwalescencja *f*

convalescent ['konvə'lesnt] *s* rekonwalescent *m*; ozdrowieniec *m*

convenience [kən'viniəns] *s* wygoda *f*; **at your earliest**

~ w najdogodniejszym dla pana ⟨dla was⟩ czasie; **all modern** ~s pełny komfort; **a public** ~ ustęp publiczny; **mariage of** ~ małżeństwo z rozsądku

convenient [kən'viniənt] *adj* wygodny, dogodny; **to be** ~ **to sb** odpowiadać ⟨dogadzać⟩ komuś

convent ['kɔnvənt] *s* klasztor *m*

convention [kən'venʃn] *s* umowa *f*; konwencja *f*; *pl* ~s formy towarzyskie, konwenanse *pl*

conventional [kən'venʃnl] *adj* konwencjonalny, typowy

conversation ['kɔnvə'seıʃn] *s* rozmowa *f*, konwersacja *f*; **to fall into** ~ nawiązać rozmowę

conversational ['kɔnvə seıʃnl] *adj* konwersacyjny

convert[1] ['kɔnvɜt] *s* neofita *m*

convert[2] [kən'vɜt] *v* zmieniać; *rel.* nawracać

convertible [kən'vɜtəbl] **I** *adj* zamienny; odwracalny **II** *s* samochód *m* ze składanym dachem

convey [kən'veı] *v* przewozić; przesyłać; przekazywać

conveyance [kən'veıəns] *s* przewóz *m*; **public means of** ~ środki *pl* lokomocji

convict[1] ['kɔnvıkt] *s* skazany *m*; więzień *m*

convict[2] [kən'vıkt] *v* udowodnić **(sb of sth** komuś coś); *sąd.* skazać

conviction [kən'vıkʃn] *s* przekonanie *n*; *sad.* skazanie *n*

convince [kən'vıns] *v* przekonywać

convoke [kən'vəuk] *v* zwoływać

convoy ['kɔnvɔı] **I** *v* konwojować **II** *s* konwój *m*

convulsion [kən'vʌlʃn] *s* konwulsja *f*; spazm *m*

cook [kuk] **I** *v* gotować (się) **II** *s* kucharz *m*, kucharka *f*

cooker ['kukə(r)] *s* kuchenka *f*; piecyk *m*

cookery ['kukərı] *s* sztuka kulinarna

cool [kul] **I** *adj* chłodny **II** *v* ochłodzić, ostudzić **III** *s* chłód *m*

cooler ['kulə(r)] *s* naczynie *n* do chłodzenia

cooling ['kulıŋ] *s* chłodzenie *n*, oziębianie *n*; **air** ~ chłodzenie powietrzem

coolness ['kulnəs] *s* chłód *m*; *przen.* opanowanie *n*

co-operate [kəu'opəreıt] *v* współpracować; współdziałać

co-operation [kəu'opə'reıʃn] *s* współpraca *f*; współdziałanie *n*

co-operative [kəu'oprətıv] **I** *s* spółdzielnia *f* **II** *adj* spółdzielczy

co-ordinate ['kəu'ɔdəneıt] **I** *v* koordynować **II** *adj* ['kəu'ɔdnət] równorzędny, skoordynowany

cope [kəup] *v* borykać się; zwalczać **(with difficulties** trudności)

copper ['kɔpə(r)] *s* miedź *f*; *(coin)* miedziak *m*

copy ['kɔpı] **I** *s* 1. kopia *f*; **rough** ~ brudnopis *m*; **fair** ~ czystopis *m* 2. *(book etc.)* egzemplarz *m* **II** *v* przepisywać; kopiować; *przen.* naśladować

copyright ['kɔpıraıt] **I** *v* zastrzec sobie prawa autorskie **II** *s* prawo autorskie

coral ['kɔrl] *s* koral *m*

coral-reef ['kɔrl rif] *s* rafa koralowa

cord [kɔd] *s* powróz *m*, sznur(ek) *m*; **vocal** ~s struny głosowe

cordial ['kɔdıəl] *adj* serdeczny

corduroy ['kɔdərɔı] *s* sztruks *m*

core [kɔ(r)] *s* rdzeń *m*; jądro *n*; **to the** ~ do szpiku kości cork [kɔk] I s korek m II v zakorkować

cork-screw ['kɔk skru] s kor kociąg m

corn¹ [kɔn] s 1. zboże n; ziarno n; Indian ~ kukurydza f; winter ~ ozimina f 2. am. kukurydza f

corn² [kɔn] s odcisk m, nagniotek m

corned-beef ['kɔnd 'bif] s peklowana wołowina

corner ['kɔnə(r)] I s kąt m; róg m; round the ~ tuż za rogiem; przen. a tight ~ impas m II v przyprzeć do muru

corner-stone ['kɔnə stəun] s kamień węgielny

corn-flower ['kɔn flauə(r)] s bot. bławatek m, chaber m

corn-plaster ['kɔn plastə(r)] s plaster m na odciski

coronation ['kɔrə'neiʃn] s koronacja f

coroner ['kɔrənə(r)] s koroner m (urzędnik dokonujący oględzin zwłok w wypadku nagłej śmierci)

corporal¹ ['kɔprl] s kapral m

corporal² ['kɔprl] adj cielesny

corporation ['kɔpə'reiʃn] s korporacja f; handl. spółka f

corps [kɔ(r)] s (pl corps [kɔz]) wojsk. dypl. korpus m

corpse [kɔps] s trup m; zwłoki pl

corpulent ['kɔpjulənt] adj otyły, tęgi

correct [kə'rekt] I v poprawiać; (punish) karać II adj poprawny, prawidłowy

correction [kə'rekʃn] s poprawka f; poprawa f; a house of ~ dom poprawczy

correspond ['kɔri'spɔnd] v 1. odpowiadać (to sth czemuś); zgadzać się (to ⟨with⟩ sth z czymś) 2. (communicate) korespondować (with sb z kimś)

correspondence ['kɔri'spɔn-

dəns] s 1. zgodność f 2. (communication) korespondencja f; ~ courses kursy korespondencyjne

corridor ['kɔridɔ(r)] s korytarz m

corroborate [kə'rɔbəreit] v potwierdzić

corrupt [kə'rʌpt] I v skorumpować; zepsuć (się) II adj zepsuty; skorumpowany; ~ practices nadużycia pl

corruption [kə'rʌpʃn] s zepsucie n; korupcja f

corset ['kɔsit] s gorset m

cosmetic [koz'metik] I adj kosmetyczny II s kosmetyk m

cosmic ['kozmik] adj kosmiczny

cosmonaut ['kozmənɔt] s kosmonauta m

cosmopolitan ['kozmə'politən] I adj kosmopolityczny II s kosmopolita m

cost [kost] I v (cost, cost) kosztować II s koszt m; ~ of living koszt utrzymania; prime ~ koszt własny; at all ~s za wszelką cenę; to spare no ~s nie szczędzić kosztów

costly ['kostli] adj kosztowny, cenny

costume ['kostjum] s strój m, ubiór m; kostium (damski)

cosy ['kəuzi] adj przytulny, wygodny; ~ nouk przytulny kącik

cot [kot] s łóżko dziecięce; mor. koja f

cottage ['kotidʒ] s domek m; chata f

cotton ['kotn] s bawełna f

cotton-mill ['kotn mil] s przędzalnia f

cotton-wool ['kotn'wul] s surowa bawełna; wata f

couch [kautʃ] s tapczan m; kanapa f

couchette [ku'ʃet] s kuszetka f

cough [kof] I v kaszleć II s kaszel m

could [kəd, kud] *zob.* **can**
council ['kaunsl] *s* rada *f*; narada *f*
councillor ['kaunslə(r)] *s* radny *m*
counsel ['kaunsl] *s* (po)rada *f*; sąd. adwokat *m*; obrońca prawny
counsellor ['kaunslə(r)] *s* doradca *m*
count ¹ [kaunt] *s* hrabia *m*
count ² [kaunt] *v* 1. liczyć; to ~ **on** ⟨**upon**⟩ sb, sth liczyć na kogoś, coś 2. *przen.* zaliczać, uważać za (kogoś, coś) 3. (*mean*) znaczyć (for sth coś); it ~s **for much** to dużo znaczy
countenance ['kauntɪnəns] **I** *s* oblicze *n*; postawa *f*; mina *f* **II** *v* popierać, zachęcać (sb in sth kogoś do czegoś)
counter ¹ ['kauntə(r)] *s* lada *f*; kasa *f*; **payable over the** ~ płatny przy kasie
counter ² ['kauntə(r)] **I** *adj* przeciwny **II** *adv* przeciwnie
counteract ['kauntə'rækt] *v* przeciwdziałać
counter-attack ['kauntər ətæk] *s* przeciwuderzenie *n*, kontratak *m*
counter-espionage ['kauntər espɪənaʒ] *s* kontrwywiad *m*
counterfeit ['kauntəfɪt] **I** *v* podrabiać, fałszować **II** *s* fałszowanie *n* **III** *adj* podrobiony, fałszywy
countermand ['kauntə'mand] **I** *v* odwołać; wycofać **II** *s* odwołanie *n* (nakazu)
counterpart ['kauntəpat] *s* duplikat *m*, kopia *f*; (*match*) odpowiednik *m*
counter-revolution ['kauntə'revə'luʃn] *s* kontrrewolucja *f*
counterweight ['kauntəweɪt] *s* przeciwwaga *f*
countess ['kauntəs] *s* hrabina *f*

countless ['kauntləs] *adj* niezliczony
country ['kʌntrɪ] *s* 1. kraj *m* 2. (*rural district*) wieś *f*; **in the** ~ na wsi
countryman ['kʌntrɪmən] *s* (*pl* countrymen) 1. rodak *m* 2. (*villager*) wieśniak *m*
countryside ['kʌntrɪsaɪd] *s* okolica *f*
county ['kauntɪ] *s* hrabstwo *n*
coup [ku] *s* śmiałe posunięcie; ~ **d'état** zamach *m* stanu
couple ['kʌpl] **I** *s* para *f*; **the newly married** ~ nowożeńcy *pl* **II** *v* łączyć (się); skojarzyć
coupling ['kʌplɪŋ] *s* sprzęgło *n*; ~ **bar** cięgło *n*
coupon ['kupon] *s* kupon *m*; talon *m*; bon *m*; **dollar** ~ bon dolarowy; **gas** ⟨**petrol**⟩ ~ bon benzynowy
courage ['kʌrɪdʒ] *s* odwaga *f*, męstwo *n*
courageous [kə'reɪdʒəs] *adj* odważny
course [kɔs] *s* 1. bieg *m*, kurs *m*; **in** ~ **of time** z biegiem czasu; **in due** ~ we właściwym czasie; **in the** ~ **of ...** w trakcie ...; **to go through a** ~ **of ...** przejść kurs ...; **of** ~ oczywiście; **a matter of** ~ rzecz naturalna 2. (*meal*) danie *n*; **first** ⟨**second**⟩ ~ pierwsze ⟨drugie⟩ danie; **a two** ~ **meal** posiłek dwudaniowy
court [kɔt] **I** *s* 1. dwór *m*; pałac *m* 2. (*yard*) plac *m* 3. (*tribunal*) sąd *m*; **in open** ~ na jawnej rozprawie **II** *v* zalecać ⟨umizgać⟩ się (sb do kogoś)
courtesy ['kɜtəsɪ] *s* grzeczność *f*; **by** ~ przez grzeczność
courtship ['kɔtʃɪp] *s* zaloty *pl*
courtyard ['kɔt jad] *s* dziedziniec *m*, podwórze *n*
cousin ['kʌzn] *s* kuzyn *m*, kuzynka *f*
cover ['kʌvə(r)] **I** *v* 1. okry-

wać, pokrywać; powlekać (farbą) 2. *(protect)* osłaniać 3. celować **(sb with a pistol do kogoś z rewolweru) II** s okrycie *n*; pokrycie *n*; *(binding)* okładka *f*; *(envelope)* koperta *f*
covet ['kʌvɪt] *v* pożądać
covetous ['kʌvɪtəs] *adj* chciwy, pożądliwy
cow¹ [kaʊ] s krowa *f*
cow² [kaʊ] *v* zastraszyć
coward ['kaʊəd] s tchórz *m*
cowardice ['kaʊədɪs] s tchórzliwość *f*
cowardly ['kaʊədlɪ] *adj* tchórzliwy
cowboy ['kaʊbɔɪ] s kowboj *m*, pastuch *m*
coxwain ['kɔksn] s sternik *m*
coy [kɔɪ] *adj* nieśmiały, skromny
crab [kræb] s krab *m*; *techn.* dźwig *m*
crack [kræk] **I** *v* trzaskać, pękać; łupać (orzechy itd.) **II** s trzask *m*; *(fissure)* pęknięcie *n*; szczelina *f* **III** *adj pot.* świetny, kapitalny
crack-brained ['kræk'breɪnd] *adj* zwariowany
cracker ['krækə(r)] s 1. dziadek *m* do orzechów 2. *am.* suchar *m*; herbatnik *m*
crackle ['krækl] **I** *v* trzeszczeć; trzaskać **II** s trzaskanie *n*
cradle ['kreɪdl] **I** *v* kołysać **II** s kołyska *f*
craft [krɑft] s 1. zręczność *f*; kunszt *m*; *(trade)* rzemiosło *n* 2. *mor.* statek *m* 3. *lotn.* samolot *m*
craftsman ['krɑftsmən] s *(pl* **craftsmen)** rzemieślnik *m*
cram [kræm] *v* napychać, natłoczyć
crane [kreɪn] s 1. *zool.* żuraw *m* 2. *techn.* dźwig *m*
crank¹ [kræŋk] **I** *v* nakręcać korbą **II** s korba *f*
crank² [kræŋk] s dziwactwo *n*; *(person)* dziwak *m*

crankshaft ['kræŋkʃɑft] s wał korbowy
crash [kræʃ] **I** s trzask *m*, huk *m* **II** *v* trzasnąć; roztrzaskać (się); *handl. fin.* zbankrutować
crave [kreɪv] *v* pragnąć ⟨pożądać⟩ **(for sth** czegoś); *(beg)* prosić ⟨błagać⟩ **(sth o coś)**
crawl [krɔl] **I** *v* pełzać, czołgać się **II** s czołganie się *n*; *sport.* pływanie *n* kraulem
crayfish ['kreɪfɪʃ] s *zool.* rak *m*
crayon ['kreɪən] s pastel *m*, kredka *f*
craze [kreɪz] **I** *v* doprowadzić do szału; oszaleć **II** s szał *m*; mania *f* **(for sth na** punkcie czegoś)
crazy ['kreɪzɪ] *adj* zwariowany, szalony; **to go** ~ zwariować
creak [krik] **I** *v* skrzypieć, trzeszczeć **II** s skrzypienie *n*
cream [krim] s 1. śmietan(k)a *f*; *przen.* elita *f* (młodzieży itp.) 2. krem *m* (jadalny i kosmetyczny); ~ **for dry skin** krem tłusty; **moisturizing** ~ krem nawilżający; **nourishing** ~ krem odżywczy; **suntan** ~ krem do opalania; **shaving** ~ krem do golenia
creamy ['krimɪ] *adj* śmietankowy
crease [kris] **I** *v* marszczyć ⟨miąć⟩ (się); *(iron)* odprasować na kant **II** s fałda *f*; plisa *f*; kant *m* (u spodni)
create [krɪ'eɪt] *v* tworzyć, powołać do życia
creation [krɪ'eɪʃn] s stworzenie *n*; utworzenie *n*
creative [krɪ'eɪtɪv] *adj* twórczy
creator [krɪ'eɪtə(r)] s twórca *m*
creature ['kritʃə(r)] s stworzenie *n*, istota *f*; **poor** ~! biedactwo!
créche [kreɪʃ] s żłobek *m*

credentials [kri'denʃlz] pl listy uwierzytelniające
credible ['kredəbl] adj wiarygodny
credit ['kredɪt] s 1. wiara f;
zaufanie n 2. (honour) zaszczyt m; zasługa f; to be
a ~ to sth przynosić za-
szczyt czemuś; we must say
to nis ~ ... musimy mu
przyznać, że... 3. fin. kredyt m
creditable ['kredɪtəbl] adj zaszczytny, chlubny
creditor [kredɪtə(r)] s wierzyciel m
credulity [krə'djulətɪ] s łatwo-
wierność f
credulous [kredjuləs] adj łatwowierny, naiwny
creed [krid] s kredo n, wiara
f
creep [krip] I v (crept [krept],
crept) pełzać, czołgać się;
przen. wkradać się II s 1.
pełzanie n 2. (unpleasant
feeling) it gives me the ~s
dostaję gęsiej skórki (na
sam widok)
creeper ['kripə(r)] s pnącze n
cremation [krɪ'meɪʃn] s spa-
lenie n zwłok
crept zob. creep
crescent ['kresnt] s półksię-
życ m
crest [krest] s 1. grzebień m
(koguta) 2. (top) czubek m
3. (mane) grzywa f
crew [kru] s załoga f; ekipa
f; zespół m
cricket [1] ['krɪkɪt] s świerszcz
m
cricket [2] ['krɪkɪt] s sport. kry-
kiet m
crime [kraɪm] s zbrodnia f;
przestępstwo n
criminal ['krɪmənl] I adj
zbrodniczy, przestępczy II s
przestępca m
crimson ['krɪmzn] I s szkarłat
m; purpura f II adj szkarłatny; purpurowy
cripple [krɪpl] I s kaleka m
II v przyprawić o kalectwo

crisis ['kraɪsɪs] s (pl crises
['kraɪsiz]) kryzys m
crisp [krɪsp] adj 1. kruchy,
chrupiący 2. (of air) świeży 3. (of hair) kędzierzawy
criterion [kraɪ'tɪərɪən] s (pl
criteria [kraɪ'tɪərɪə]) kryterium n; sprawdzian m
critic ['krɪtɪk] s krytyk m,
recenzent m
critical ['krɪtɪkl] adj krytycz-
ny
criticism ['krɪtɪsɪzm] s kryty-
ka f; ocena f
criticize ['krɪtɪsaɪz] v krytykować, ganić
critique [krɪ'tik] s recenzja f
crochet ['krəʊʃeɪ] I s robota
szydełkowa II v szydełko-
wać
crockery ['krokərɪ] s naczynia
gliniane; porcelana (stołowa
i kuchenna)
crocodile ['krokədaɪl] s krokodyl m
crony ['krəʊnɪ] s serdeczny
przyjaciel
crook [kruk] I s 1. hak m, haczyk m 2. (bend) zagięcie n
3. sl. oszust m, kanciarz m;
by hook or by ~ nie prze-
bierając w środkach II v
zakrzywić, zgiąć
crooked ['krukɪd] adj krzywy,
zakrzywiony; przen. oszu-
kańczy
crop [krop] I v ściąć; ostrzyc
(włosy) II s plon m, zbiór
m; (hair) krótko ostrzyżone
włosy
cross [kros] I s krzyż m; bot.
zool. krzyżówka f II v 1.
krzyżować (się); to ~ oneself robić znak krzyża; to ~
off ⟨out⟩ wykreślić, prze-
kreślić 2. (go across) przechodzić (a street przez ulicę)
cross-examine ['kros ɪg'zæ-
mɪn] v wziąć w ogień krzy-
żowych pytań
crossing ['krosɪŋ] s 1. przejście n przez ulicę; pede-

strian ~ przejście dla pieszych; **zebra** ~ przejście na
pasach 2. przejazd *m*; **bor-**
der ~ przejście graniczne;
guarded ~ przejazd strzeżony; **unguarded** ~ przejazd
nie strzeżony
cross-roads [`kros rəudz] *pl*
rozdroże *n*; rozstajne drogi
cross-section ['kros `sekʃn] *s*
przekrój *m*
crossword ['krosw3d] *s* (*także*
~ **puzzle**) krzyżówka *f*
crow ¹ [krəu] *s* wrona *f*
crow ² [krəu] *v* (**crew** [kru],
crowed [krəud]) piać
crowd [kraud] I *s* tłum *m* II
v tłoczyć ⟨pchać⟩ (się)
crown [kraun] I *s* korona *f* II
v koronować
crucial ['kruʃl] *adj* rozstrzygający, decydujący
crucifix ['krusɪfɪks] *s* krucy-
fiks *m*
crucify ['krusɪfaɪ] *v* ukrzyżo-
wać
crude [krud] *adj* surowy;
(*rude*) szorstki, brutalny
cruel [kruḷ] *adj* okrutny, srogi
cruelty ['kruḷtɪ] *s* okrucieństwo *n*
cruise [kruz] I *v* krążyć (po
morzu) II *s* rejs *m*; wycieczka morska
cruiser ['kruzə(r)] *s* 1. krążow-
nik *m* 2. bokser *m* wagi
półciężkiej
cruiser-weight ['kruzə weɪt] *s*
waga półciężka (w boksie)
crumb [krʌm] I *s* okruszyna
f; *pl* ~s bułka tarta II *v*
kruszyć
crumple ['krʌmpl] *v* miąć
⟨gnieść, marszczyć⟩ (się)
crunch [krʌntʃ] I *v* s/chrupać
II *s* chrupanie *n*
crusade [kru`seɪd] *s* wyprawa
krzyżowa, krucjata *f*
crush [krʌʃ] I *v* zgnieść; zniszczyć II *s* tłok *m*, ścisk *m*
crust [krʌst] *s* skorupka *f*;
skórka *f* (chleba)

crutch [krʌtʃ] *s* kula *f* (dla ku-
lawego)
cry [kraɪ] I *v* krzyczeć, płakać; *przen.* **to** ~ **for the**
moon żądać gwiazdki z nieba II *s* krzyk *m*, wrzask *m*
crystal ['krɪstl] *s* kryształ *m*
crystallize ['krɪstəlaɪz] *v* kry-
stalizować (się)
cub [kʌb] *s* szczenię *n*, młode
n (zwierząt)
cube [kjub] *s* sześcian *m*;
(*block*) kostka *f*
cubic(al) ['kjubɪk(l)] *adj* sześcienny
cuckoo ['kuku] *s* kukułka *f*
cucumber ['kjukʌmbə(r)] *s*
ogórek *m*
cue [kju] *s* 1. kij bilardowy
2. (*hint*) wskazówka *f*
cuff [kʌf] *s* mankiet *m*
cuff-links ['kʌf lɪŋks] *pl* spin-
ki *pl* do mankietów
culminate ['kʌlmɪneɪt] *v* osiągnąć szczyt
culprit ['kʌlprɪt] *s* oskarżony
m; winowajca *m*
cult [kʌlt] *s* kult *m*
cultivate ['kʌltɪveɪt] *v* uprawiać; hodować
cultural ['kʌltʃərl] *adj* kulturalny
culture ['kʌltʃə(r)] *s* 1. uprawa
f (roli) 2. (*intellectual*) kul-
tura *f* (duchowa)
cunning ['kʌnɪŋ] I *adj* chytry,
przebiegły II *s* chytrość *f*;
spryt *m*
cup [kʌp] *s* filiżanka *f*; gar-
nuszek *m*
cupboard ['kʌbəd] *s* kredens
m; szafka *f*
cup-final ['kʌp `faɪnl] *s* *sport.*
finał *m* mistrzostw (ligi)
cupola ['kjupələ] *s* kopuła *f*
cur [k3(r)] *s* kundel *m*; (*of a*
person) nikczemnik *m*
curable ['kjuərəbl] *adj* uleczalny
curate ['kjuərət] *s* wikary *m*
curator [kjuə`reɪtə(r)] *s* kura-
tor *m*, opiekun *m*; (*in a*
museum) kustosz *m*
curdle ['k3dl] *v* ścinać (się);

(*of blood*) krzepnąć; (*of milk*) zsiadać się

cure [kjuə(r)] I s leczenie *n*; kuracja *f*; to take a ~ poddać się kuracji II *v* leczyć; wyleczyć (sb of sth kogoś z czegoś)

curfew [`kɜfju] s godzina policyjna

curiosity [`kjuərı`osətı] s 1. ciekawość *f* 2. (*rare object*) rzadkość *f*; unikat *m*; ~ shop skład *m* starożytności

curious [`kjuərıəs] adj ciekawy, osobliwy

curl [kɜl] I *v* zwijać (się), układać w loki II s lok *m*, pukiel *m*

curler [`kɜlə(r)] s lokówka *f*

curly [`kɜlı] adj kędzierzawy, falisty

currant [`kʌrənt] s 1. porzeczka *f* 2. (*dried grape*) rodzynek *m*

currency [`kʌrənsı] s 1. obieg *m*; ruch *m* 2. (*money*) waluta *f*; foreign ~ dewizy *pl*; ~ allowance przydział *m* dewiz; ~ offence przestępstwo walutowe

current [¹ `kʌrənt] adj rozpowszechniony; (*present*) aktualny, bieżący

current [² `kʌrənt] s prąd *m*; nurt *m*; elektr. direct ⟨alternating⟩ ~ prąd stały ⟨zmienny⟩

curry-powder [`kʌrı pɑudə(r)] s curry, ostra przyprawa korzenna

curse [kɜs] I *v* przeklinać; ~ it! niech to diabli wezmą! II s przekleństwo *n*

cursory [`kɜsərı] adj pobieżny, powierzchowny

curt [kɜt] adj zwięzły; oschły

curtail [kɜ`teıl] *v* skracać, obcinać

curtain [`kɜtn] s zasłona *f*; firanka *f*; teatr. kurtyna *f*

curtsy [`kɜtsı] s dyg *m*, głęboki ukłon

curve [kɜv] I s krzywa *f*;

(*bend*) zagięcie *n* II *v* krzywić; zginać

cushion [`kuʃn] s poduszka *f* (na kanapę)

custody [`kʌstədı] s opieka *f*; (*imprisonment*) areszt *m*

custom [`kʌstəm] s 1. zwyczaj *m*, obyczaj *m* 2. *pl* ~s cło *n*, urząd celny; ~s duty opłata celna; ~s examination kontrola celna; ~s officer celnik *m*

customary [`kʌstəmərı] adj zwyczajny; zwyczajowy; it is ~ ... jest w zwyczaju, jest przyjęte ...

customer [`kʌstəmə(r)] s klient *m*

custom-house [`kʌstəm hɑus] s komora celna; urząd celny

cut [kʌt] I *v* (cut, cut) krajać, ciąć, siekać; to ~ one's finger skaleczyć się w palec; to ~ across iść na przełaj; to ~ into a conversation wtrącić się do rozmowy; to ~ sth short ukrócić coś; to ~ sb dead zignorować kogoś II s cięcie *n*; (*reduction*) redukcja *f* (in wages płac); a short ~ skrót *m* drogi

cute [kjut] adj bystry; sprytny; *am.* śliczny

cuticle [`kjutıkl] s naskórek *m*, skórka *f*

cutlery [`kʌtlərı] s sztućce *pl*, srebro stołowe

cutlet [`kʌtlət] s kotlet *m*

cut-out [`kʌtɑut] s wyłącznik *m*; zawór *m*

cut-throat [`kʌt Θrəut] s zbój *m*, bandyta *m*

cyanide [`saıənaıd] s *chem.* cyjanek *m*

cycle [`saıkl] I s cykl *m*; (*bicycle*) rower *m* II *v* jeździć na rowerze

cycling [`saıklıŋ] s kolarstwo *n*; ~ race wyścig kolarski

cyclist [`saıklıst] s rowerzysta *m*; kolarz *m*

cyclone ['saɪkləʊn] *s* cyklon *m*

cyclopaedia ['saɪkləʊ'pidɪə] *s* encyklopedia *f*

cylinder ['sɪlɪndə(r)] *s* walec *m*; wałek *m*; *techn.* cylinder *m*, butla *f*;**gas** ~ butla gazowa; **oxygen** ~ butla tlenowa; **spare** ~ butla zapa-

sowa; **to (re)fill the** ~ **with gas** napełnić butlę gazem

cynic ['sɪnɪk] *s* cynik *m*

cynical ['sɪnɪkl] *adj* cyniczny

cynicism ['sɪnɪsɪzm] *s* cynizm *m*

cypress ['saɪprəs] *s* cyprys *m*

Czech [tʃek] **I** *s* Czech *m* **II** *adj* czeski

D

dab |dæb] **I** *v* lekko uderzać, dotykać **II** *s* lekkie uderzenie

dad(dy) ['dæd(ɪ)] *s* tatuś *m*, ojciec *m*

daffodil ['dæfədɪl] *s* żonkil *m*, żółty narcyz

dagger ['dægə(r)] *s* sztylet *m*

daily ['deɪlɪ] **I** *adj* dzienny; *(everyday)* codzienny; powszedni **II** *s* dziennik *m*

dainty ['deɪntɪ] **I** *adj* delikatny; zgrabny; *(tasteful)* wykwintny; gustowny **II** *s* przysmak *m*

dairy ['deərɪ] *s* mleczarnia *f*

daisy ['deɪzɪ] *s* stokrotka *f*

dale [deɪl] *s* dolina górska

dam [dæm] *s* tama *f*, grobla *f*

damage ['dæmɪdʒ] **I** *s* szkoda *f*, uszkodzenie *n*; awaria *f*; ~s odszkodowanie *n* **II** *v* uszkodzić, zniszczyć

damn [dæm] **I** *v* potępiać; *(curse)* przeklinać; ~ **it!** psiakrew!; ~ **you!** niech cię diabli wezmą! **II** *s* przekleństwo *n*; **I don't care a** ~ gwiżdżę na to

damnation [dæm'neɪʃn] *s* potępienie *n*

damned [dæmd] **I** *adj* przeklęty, cholerny **II** *adv* diabelsko, cholernie

damp [dæmp] **I** *s* wilgoć *f* **II** *v* zwilżyć **III** *adj* wilgotny

dance |dɑns] **I** *v* tańczyć **II** *s* taniec *m*

dancer ['dɑnsə(r)] *s* tancerz *m*, tancerka *f*

dancing ['dɑnsɪŋ] *s* taniec *m*; zabawa taneczna; dansing *m*; ~ **party** przyjęcie *n* z tańcami

dancing-hall ['dɑnsɪŋhɔl] *s* dansing *m* (lokal)

dandruff ['dændrʌf] *s* łupież *m*

dandy ['dændɪ] *s* dandys *m*, elegant *m*

Dane [deɪn] *s* Duńczyk *m*, Dunka *f*

danger ['deɪndʒə(r)] *s* niebezpieczeństwo *n*

dangerous ['deɪndʒərəs] *adj* niebezpieczny

dangle ['dæŋgl] *v* zwisać, dyndać

Danish ['deɪnɪʃ] **I** *s* język duński **II** *adj* duński

dapper ['dæpə(r)] *adj* elegancki, wytworny

dare [deə(r)] *v* ośmielić (odważyć) się; **I** ~ **say** przypuszczam; zapewne

daring ['deərɪŋ] *adj* śmiały

dark [dɑk] **I** *adj* ciemny; **it is** ~ jest ciemno; **it's getting** ~ robi się ciemno; *przen.* **to keep sth in the** ~ trzymać coś w tajemnicy **II** *s* ciemność *f*

darken [dɑkən] *v* ciemnieć; zaciemniać (się)

darling ['dɑlɪŋ] **I** *s* ukochana osoba; *(favourite)* ulubie-

niec *m* II *adj* drogi, kochany
darn [dɑn] *v* cerować; *pot.*
~ it! do licha z tym!
dart [dɑt] I *v* ciskać, rzucać; rzucić się (at ⟨upon⟩ sth na coś) II *s* nagły ruch
dash [dæʃ] I *v* ciskać; rzucać; (*splash*) obryzgać II *s* 1. cios *m*, uderzenie *n* 2. (*także druk.*) kreska *f*
dashing [`dæʃɪŋ] *adj* dziarski, pełen werwy
data [`deɪtə] *pl* dane *pl* (liczbowe itd.)
date¹ [deɪt] I *s* 1. data *f*; ~ of return, home-coming ~ data powrotu; up to ~ nowoczesny, modny; out of ~ staromodny, nieaktualny 2. (*appointment*) spotkanie *n*; to have a ~ with sb być umówionym z kimś II *v* datować się
date² [deɪt] *s* daktyl *m*
dative [`deɪtɪv] *s* gram. celownik *m*
daughter [`dɔtə(r)] *s* córka *f*
daughter-in-law [`dɔtr ɪn lɔ] *s* (*pl* **daughters-in-law** [`dɔtəz ɪn lɔ]) synowa *f*
dawn [dɔn] I *v* świtać; *przen.* it ~ed upon me przyszło mi na myśl II *s* brzask *m*, świt *m*
day [deɪ] *s* 1. dzień *m*; doba *f*; all ~ long cały dzień; ~ off dzień wolny od pracy; the ~ after następnego dnia; nazajutrz; the ~ before poprzedniego dnia; the other ~ parę dni temu 2. *pl* ~s czasy *pl*; in those ~s w owych czasach, wówczas
daybreak [`deɪbreɪk] *s* świt *m*, brzask *m*
daylight [`deɪlɑɪt] *s* światło dzienne *n*
day-nursery [`deɪ nɜsrɪ] *s* żłobek *m*
daytime [`deɪtɑɪm] *s* dzień *m*; in the ~ za dnia
dazzle [`dæzl] *v* oślepiać, olśnić

dead [ded] I *adj* zmarły, martwy; to stop ~ stanąć jak wryty II *adv* całkowicie, zupełnie; ~ drunk pijany jak bela; ~ sure całkiem pewny III *s* the ~ umarli *pl*
deadlock [`dedlok] *s* martwy punkt; impas *m*; to come to a ~ stanąć na martwym punkcie
deadly [`dedlɪ] I *adj* śmiertelny II *adv* śmiertelnie
deaf [def] *adj* głuchy; ~ and dumb głuchoniemy
deafen [`defn] *v* ogłuszyć
deaf-mute [`def mjut] *s* głuchoniemy *m*
deafness [`defnəs] *s* głuchota *f*
deal¹ [dil] I *s* 1. rozdanie *n* kart; whose ~ is it? kto rozdaje? 2. *handl.* transakcja *f*; to give sb a square ~ uczciwie postąpić z kimś; *pot.* it's a ~! zgoda!; załatwione! II *v* (dealt [delt], dealt) 1. dzielić; obdzielić 2. (*cards*) rozdawać karty 3. (*strike*) zadawać (cios) 4. (*occupy oneself*) zajmować się (with sth czymś); to ~ in sth handlować czymś; to ~ with sth dotyczyć czegoś; zajmować się czymś
deal² [dil] *s* ilość *f*; a great ⟨good⟩ ~ sporo
dealer [`dilə(r)] *s* 1. kupiec *m* 2. *karc.* rozdający karty
dealt *zob.* deal *v*
dean [din] *s* dziekan *m*
dear [dɪə(r)] I *adj* 1. drogi, kochany; (*in letters*) ~ Sir Szanowny Panie 2. (*expensive*) drogi, kosztowny; to get ~ podrożeć II *adv* drogo III *int* ~ me! Boże mój!
death [deθ] *s* śmierć *f*; zgon *m*; violent ~ gwałtowna śmierć; ~ notice nekrolog *m*; ~ duties podatek spadkowy; to put sb to ~ uśmiercić ⟨zabić⟩ kogoś
death-rate [`deθ reɪt] *s* śmiertelność *f*
debark [dɪ`bɑk] *v* wysadzać

pasażerów na ląd; wylądować
debate [dɪ'beɪt] I s debata f II v debatować (sth nad czymś)
debris ['debrɪ] s gruzy pl, rumowisko n
debt [det] s dług m; to be in ~ być zadłużonym; to contract ⟨incur⟩ a ~ zaciągnąć dług; to pay off a ~ spłacić dług; to render a ~ oddać dług
debtor ['detə(r)] s dłużnik m
debut ['deɪbju] s debiut m (na scenie)
decade ['dekeɪd] s dziesięciolecie n
decadence ['dekədəns] s upadek m; schyłek m
decagramme ['dekəgræm] s dekagram m
decanter [dɪ'kæntə(r)] s karafka f
decay [dɪ'keɪ] I v podupadać, niszczeć; (rot) gnić II s upadek m, ruina f; (rot) gnicie n
deceased [dɪ'sist] I adj zmarły II s nieboszczyk m
deceit [dɪ'sit] s oszustwo n; fałsz m
deceitful [dɪ'sitfl] adj zakłamany; (misleading) oszukańczy
deceive [dɪ'siv] v zwodzić, oszukiwać
December [dɪ'sembə(r)] s grudzień m
decency ['disnsɪ] s przyzwoitość f
decent ['disnt] adj przyzwoity
decide [dɪ'saɪd] v decydować, rozstrzygać
decided [dɪ'saɪdɪd] adj zdecydowany, stanowczy
decimal ['desɪml] adj dziesiętny (system)
decipher [dɪ'saɪfə(r)] v odcyfrować
decision [dɪ'sɪʒn] s decyzja f; a man of ~ człowiek zdecydowany

decisive [dɪ'saɪsɪv] adj decydujący, rozstrzygający
deck [dek] s pokład m; (in a bus) piętro n (autobusu)
deck-chair ['dektʃeə(r)] s leżak m
declamation ['deklə'meɪʃn] s deklamacja f
declaration ['deklə'reɪʃn] s deklaracja f; oświadczenie n; to fill in ⟨out⟩ a ~ wypełnić deklarację
declare [dɪ'kleə(r)] v 1. deklarować (się); to ~ money deklarować pieniądze; (have you) anything to ~? czy ma pan coś do zadeklarowania ⟨oclenia⟩? 2. (announce) oświadczać; twierdzić 3. karc. licytować kolor
declension [dɪ'klenʃn] s gram. deklinacja f
decline [dɪ'klaɪn] I v 1. pochylać się 2. (decrease) zanikać 3. (go to ruin) upadać 4. (refuse) odmówić 5. gram. deklinować II s upadek m
décolleté(e) [deɪ'kolteɪ] adj wydekoltowany, wycięty
decorate ['dekəreɪt] v dekorować, ozdabiać
decoration ['dekə'reɪʃn] s ozdoba f, dekoracja f; (medal) order m; odznaczenie n
decorative ['dekərətɪv] adj dekoracyjny, ozdobny
decrease [dɪ'kris] I v zmniejszać (się); obniżać (się) II s ['dɪkris] obniżenie n; spadek m
decree [dɪ'kri] s dekret m, rozporządzenie n
dedicate ['dedɪkeɪt] v poświęcić; zadedykować
dedication ['dedɪ'keɪʃn] s dedykacja f
deduce [dɪ'djus] v wyprowadzić; wywnioskować
deduct [dɪ'dʌkt] v potrącać, odliczać
deduction [dɪ'dʌkʃn] s dedukcja f; wniosek m; (deducting) potrącenie n

deed |did| s 1. czyn m, uczynek m 2. (document) dokument m; akt m; ~ of donation akt darowizny; ~ of sale akt sprzedaży; authenticated ~ akt notarialny
deem [dim] v mniemać, sądzić
deep [dip] I adj głęboki II adv w głąb
deepen ['dipən] v pogłębiać (się)
deer [dɪə(r)] s (pl deer) jeleń m; sarna f; łania f
defamation ['defə'meɪʃn] s zniesławienie n, oszczerstwo n
default [dɪ'fɔlt] I s brak m; nieobecność f; in ~ of z braku (czegoś) II v nie wypełnić (czegoś); nie wywiązywać się (z czegoś)
defeat [dɪ'fit] I v pokonać; pobić II s porażka f; klęska f
defect ['difekt] s brak m; wada f; defekt m
defective [dɪ'fektɪv] adj wadliwy; gram. ułomny
defence [dɪ'fens] s obrona f
defenceless [dɪ'fensləs] adj bezbronny
defend [dɪ'fend] v bronić (from ⟨against⟩ sb, sth przed kimś, czymś)
defendant [dɪ'fendənt] s obrońca m; prawn. pozwany m
defensive [dɪ'fensɪv] I adj obronny II s defensywa f; on the ~ w defensywie
defiance [dɪ'faɪəns] s wyzwanie n; in ~ of ... wbrew ⟨na przekór⟩ ... (komuś, czemuś)
deficiency [dɪ'fɪʃnsɪ] s brak m, niedostatek m
deficient [dɪ'fɪʃnt] adj wadliwy; to be ~ in sth wykazywać brak czegoś; mentally ~ umysłowo niedorozwinięty
define [dɪ'faɪn] v określać; definiować; oznaczać (granice itp.)

definite ['defənɪt] adj określony; wyraźny
definition ['defə'nɪʃn] s definicja f; określenie n
definitive [dɪ'fɪnətɪv] adj ostateczny; rozstrzygający
deflation [dɪ'fleɪʃn] s wypuszczenie n powietrza; ekon. deflacja f
deform |dɪ'fɔm] v zniekształcić; okaleczyć
deformity [dɪ'fɔmətɪ] s kalectwo n; deformacja f
defraud [dɪ'frɔd] v oszukiwać; okradać (sb of sth kogoś z czegoś)
defy [dɪ'faɪ] v przeciwstawiać ⟨opierać⟩ się (sb, sth komuś, czemuś)
degenerate [dɪ'dʒenərət] I adj zdegenerowany II s zwyrodnialec m; degenerat m III v [dɪ'dʒenəreɪt] zwyrodnieć, z/degenerować się
degradation ['degrə'deɪʃn] s degradacja f; poniżenie n
degrade [dɪ'greɪd] v degradować
degree [dɪ'gri] s 1. stopień m; to some ~ do pewnego stopnia; to what ~? jak dalece?; by ~s stopniowo 2. uniw. stopień naukowy; to take one's ~ otrzymać stopień naukowy
deity ['deɪətɪ] s bóstwo n
deject [dɪ'dʒekt] v przygnębiać, zniechęcać
dejection [dɪ'dʒekʃn] s przygnębienie n, zniechęcenie n
delay [dɪ'leɪ] I v zwlekać, opóźniać II s zwłoka f; opóźnienie n; without ~ bezzwłocznie
delegate ['deləgeɪt] I v delegować II s ['delɪgət] delegat m, delegatka f
delegation ['delə'geɪʃn] s wydelegowanie n; (a group) delegacja f
deliberate [dɪ'lɪbəreɪt] I v zastanawiać się (over ⟨on⟩ sth nad czymś), naradzać się

II *adj* [dı'lıbṛət] umyślny,
rozmyślny
delicacy ['delıkəsı] *s* delika-
tność *f*, subtelność *f*; (*dainty*) przysmak *m*; delikates
m
delicate ['delıkət] *adj* delikatny, wątły; (*sensitive*) wrażliwy
delicatessen ['delıkə'tesn] *s* delikatesy *pl*
delicious [dı'lıʃəs] *adj* zachwycający, wyborny
delight [dı'laıt] I *v* radować
⟨rozkoszować⟩ się; **to be
~ed with ⟨at⟩ sth** zachwycać się czymś II *s* rozkosz
f; radość *f*
delightful [dı'laıtfl] *adj* zachwycający, rozkoszny
delinquency [dı'lıŋkwənsı] *s*
przewinienie *n*, przestępstwo *n*; **juvenile ~** prze-
stępczość *f* młodocianych
delinquent [dı'lıŋkwənt] *s*
przestępca *m*, winowajca *m*
delirium [dı'lırıəm] *s* bredze-
nie *n*; *przen.* szał *m*
deliver [dı'lıvə(r)] *v* 1. dostar-
czyć, wręczyć 2. (*recite*) wygłosić (przemówienie itp.) 3.
to ~ from sth uratować
⟨wyzwolić⟩ od czegoś
delivery [dı'lıvrı] *s* 1. dostawa
f (towaru); roznoszenie *n*
(poczty); **special ~ (letter)**
przesyłka ekspresowa; *am.*
the General Delivery poste
restante 2. (*childbirth*) poród *m*
delude [dı'lud] *v* łudzić, zwodzić
deluge ['deljudʒ] *s* potop *m*;
przen. zalew *m*
delusion [dı'luʒn] *s* złudzenie
n, iluzja *f*; **to be under a ~**
ulegać złudzeniom
delusive [dı'lusıv] *adj* zwodniczy, oszukańczy
demand [dı'mɑnd] I *v* żądać,
domagać się (**sth of ⟨from⟩
sb** czegoś od kogoś) II *s* żądanie *n*, pretensja *f*; *handl.*

popyt *m*; (*of commodity*)
in ~ poszukiwany
demeanour [dı'minə(r)] *s* zachowanie (się) *n*, postępowanie *n*
demobilize [dı'məublaız] *v* demobilizować
democracy [dı'mokrəsı] *s* demokracja *f*; **People's Democracy** Demokracja Ludowa
demolish [dı'molıʃ] *v* z/bu-
rzyć, rozwalić
demonstrate ['demənstreıt] *v*
demonstrować
demonstrative [dı'monstrətıv]
adj dowodzący; wykazują-
cy (**of sth** coś); *gram.* wskazujący
demoralize [dı'morlaız] *v* zde-
moralizować, zdeprawować
den [den] *s* jaskinia *f*; *przen.*
spelunka *f*
denial [dı'naıl] *s* zaprzeczenie
n, wyrzeczenie się *n* (czegoś, kogoś); (*refusal*) odmowa *f*
denomination [dı'nomı'neıʃn]
s 1. nazwa *f*; określenie *n*
2. (*class*) klasa *f*, kategoria *f* 3. (*unit*) jednostka *f*
(miary, wagi itd.); **of small
~** w drobnych monetach
⟨banknotach⟩
denote [dı'nəut] *v* oznaczać
denounce [dı'naʊns] *v* wydać
(zbrodniarza), zadenuncjo-
wać; *handl.* wypowiedzieć
(umowę)
dense [dens] *adj* gęsty, zwarty
density ['densətı] *s* gęstość *f*
dentifrice ['dentıfris] *s* pasta
f ⟨proszek *m*⟩ (do zębów)
dentist ['dentıst] *s* dentysta
m, dentystka *f*
denture ['dentʃə(r)] *s* sztuczna
szczęka *f*
deny [dı'naı] *v* zaprzeczyć
(**sth** czemuś); (*refuse*) odmówić
deodorant ['di'əudərənt] *s* środek odwaniający, dezodo-
rant

depart [dı'pɑt] v wyruszać, odjeżdżać

department [dı'pɑtmənt] s dział m, sekcja f; departament m; uniw. katedra f; am. ministerstwo n; ~ store dom towarowy

departure [dı'pɑtʃə(r)] s odjazd m, odejście n

depend [dı'pend] v 1. zależeć (on ⟨upon⟩ sb, sth od kogoś, czegoś) 2. (rely) liczyć (on ⟨upon⟩ sb, sth na kogoś, coś); polegać (na kimś, czymś)

dependence [dı'pendəns] s zależność f

deplorable [dı'plɔrəbl] adj opłakany, żałosny

deplore [dı'plɔ(r)] v opłakiwać; ubolewać (sth nad czymś)

deport [dı'pɔt] v deportować, zesłać

deposit [dı'pozıt] I v deponować; złożyć depozyt; to ~ the luggage oddać bagaż do przechowalni ⟨na przechowanie⟩ II s zastaw m, kaucja f

depot ['depəu] s skład m (towarów); am. dworzec kolejowy

deprecate ['deprəkeıt] v ganić, potępiać; odżegnywać się (sth od czegoś)

depreciate [dı'priʃıeıt] v obniżać wartość, deprecjonować (się)

depress [dı'pres] v gnębić, zmartwić; (lower) obniżyć

depression [dı'preʃn] s depresja f; przygnębienie n; handl. zastój m

deprive [dı'prɑıv] v pozbawiać (of sth czegoś)

depth [depθ] s głębokość f; głębia f

deputize ['depjutaız] v zastępować (for sb kogoś)

deputy ['depjutı] s zastępca m; (delegate) delegat m

derail [dı'reıl] v wykoleić (się)

derange [dı'reındʒ] v dezorganizować, psuć

derivation ['derı'veıʃn] s pochodzenie n

derive [dı'rɑıv] v wyprowadzać, wywodzić (ród itd.); (obtain) czerpać (zyski itd.); (come from) pochodzić

dermatology ['dʒmə'tolədʒı] s dermatologia f

descend [dı'send] v schodzić na dół; (fall) spadać; (come from) pochodzić

descendant [dı'sendənt] s potomek m

descent [dı'sent] s zejście n; lotn. lądowanie n; (slope) spadek m (terenu); (origin) pochodzenie n

describe [dı'skrɑıb] v opisywać

description [dı'skrıpʃn] s opis m; (kind) rodzaj m

descriptive [dı'skrıptıv] adj opisowy

desert ¹ ['dezət] s pustynia f

desert ² [dı'zɜt] v opuszczać; dezerterować

deserve [dı'zɜv] v zasługiwać (sth na coś)

design [dı'zɑın] I v przeznaczać (sth, sb for sth coś, kogoś do czegoś); projektować; (intend) zamierzać II s zamiar m; (plan) plan m; projekt m; (model) wzór m, model m

designer [dı'zɑınə(r)] s projektant m, kreślarz m

desirable [dı'zɑıərəbl] adj pożadany

desire [dı'zɑıə(r)] I v pragnąć, życzyć sobie (sth czegoś) II s 1. życzenie n; chęć f; a strong ~ gorące pragnienie; to one's heart's ~ do syta 2. (lust) pożądanie n

desk [desk] s pulpit m, biurko n; (zw. pay ~) kasa f

desolation ['desə'leıʃn] s spustoszenie n, zniszczenie n; pustka f, pustkowie n

despair [dı'speə(r)] I v rozpaczać II s rozpacz f

despatch [dɪ'spætʃ] *s v* = dispatch

desperate ['desprət] *adj* rozpaczliwy, beznadziejny; (*of a fight*) zaciekły

despise [dɪ'spaɪz] *v* gardzić ⟨pogardzać⟩ (**sb, sth** kimś, czymś)

despite [dɪ'spaɪt] *praep* wbrew, mimo

dessert [dɪ'zɜt] *s* deser *m; am.* legumina *f*

destination ['destɪ'neɪʃn] *s* cel *m* (podróży); miejsce *n* przeznaczenia

destine ['destɪn] *v* przeznaczać (**for sth, to sth** do czegoś, na coś)

destiny ['destɪnɪ] *s* przeznaczenie *n*; los *m*

destitute ['destɪtjut] *adj* pozbawiony (**of sth** czegoś); w nędzy

destitution ['destɪ'tjuʃn] *s* ubóstwo *n*, nędza *f*

destroy [dɪ'strɔɪ] *v* zniszczyć, zburzyć

destroyer [dɪ'strɔɪə(r)] *s* niszczyciel *m; mor.* kontrtorpedowiec *m*

destruction [dɪ'strʌkʃn] *s* zniszczenie *n*, zagłada *f*

destructive [dɪ'strʌktɪv] *adj* niszczycielski, zgubny

desultory ['desltrɪ] *adj* bezładny; chaotyczny; przypadkowy

detach [dɪ'tætʃ] *v* odłączać, oddzielać, odrywać

detail ['diteɪl] *s* szczegół *m*; **in ~** szczegółowo

detailed ['diteɪld] *adj* szczegółowy, drobiazgowy

detain [dɪ'teɪn] *v* zatrzymywać; (*arrest*) aresztować

detective [dɪ'tektɪv] **I** *adj* detektywistyczny **II** *s* detektyw *m*

detergent [dɪ'tɜdʒənt] **I** *adj* czyszczący **II** *s* środek *m* do czyszczenia; detergent *m*

determination [dɪ'tɜmɪ'neɪʃn] *s* określenie *n*, oznaczenie *n*; (*decidedness*) determinacja *f*

determine [dɪ'tɜmɪn] *v* (*decide*) decydować się (na coś); powziąć decyzję; (*define*) określać, ustalać

detest [dɪ'test] *v* nie cierpieć ⟨nie znosić⟩ (**sth** czegoś)

detestable [dɪ'testəbl] *adj* wstrętny, obrzydliwy

dethrone [di'θrəun] *v* zdetronizować

devaluate ['di'væljueɪt] *v* dewaluować

devaluation ['di'vælju'eɪʃn] *s* dewaluacja *f*, zdewaluowanie *n*

devalue ['di'vælju] *v* dewaluować

devastate ['devəsteɪt] *v* pustoszyć, dewastować

develop [dɪ'veləp] *v* 1. rozwijać (się) 2. (*get*) nabawić się (**an illness** choroby); **to ~ a habit** popaść w nałóg 3. *fot.* wywoływać

developer [dɪ'veləpə(r)] *s fot.* wywoływacz *m*

development [dɪ'veləpmənt] *s* rozwój *m*, postęp *m*

deviate ['divieɪt] *v* zboczyć, odchylać się (od czegoś)

device [dɪ'vaɪs] *s* 1. pomysł *m* 2. (*instrument*) przyrząd *m*; urządzenie *n*

devil ['devl] *s* diabeł *m*, szatan *m*; **the ~!** do diabła!

devilish ['devlɪʃ] *adj* diabelski, szatański

devise [dɪ'vaɪz] *v* wymyślić, wynaleźć

devoid [dɪ'vɔɪd] *adj* pozbawiony (**of sth** czegoś)

devote [dɪ'vəut] *s* poświęcać, przeznaczać (**sth to sth** coś na coś)

devoted [dɪ'vəutɪd] *adj* oddany; poświęcający się

devotion [dɪ'vəuʃn] *s* poświęcenie *n*; oddanie *n*; przywiązanie *n* (**to sb** do kogoś)

devour [dɪ'vauə(r)] *v* pożerać, pochłaniać

dew [dju] *s* rosa *f*

dexterous ['dekstrəs] *adj* zręczny, sprawny (w ruchach)

diabetes ['daɪə'biː tiz] s med. cukrzyca f

diagnosis ['daɪəg'nəʊsɪs] s diagnoza f

diagnostics ['daɪəg'nostɪks] s diagnostyka f

diagram ['daɪəgræm] s wykres m

dial ['daɪəl] I s tarcza f (telefonu, zegara) II v nakręcać numer (telefonu)

dialect ['daɪəlekt] s dialekt m, narzecze n

dialectical ['daɪə'lektɪkl] adj filoz. dialektyczny

dialectics ['daɪə'lektɪks] s filoz. dialektyka f

dialogue ['daɪəlog] s dialog m

diameter [daɪ'æmɪtə(r)] s średnica f

diamond ['daɪəmənd] s 1. diament m; brylant m 2. pl ~s (cards) kara pl

diaphragm ['daɪəfræm] s fot. przysłona f

diarrh(o)ea ['daɪə'rɪə] s med. biegunka f

diary ['daɪərɪ] s pamiętnik m, dziennik m

dice zob. **die** [1] s

dictate ['dɪkteɪt] I v dyktować; rozkazywać II s nakaz m

dictation [dɪk'teɪʃn] s dyktando n

dictator [dɪk'teɪtə(r)] s dyktator m

dictatorship [dɪk'teɪtəʃɪp] s dyktatura f

dictionary ['dɪkʃnrɪ] s słownik m

did zob. **do** v

die [1] [daɪ] s (pl **dice** [daɪs] kostka f do gry

die [2] [daɪ] v (**died** [daɪd], **died**) umierać (**of an illness** na daną chorobę, **from a wound** od rany); **to ~ away** wymierać, zanikać; **to ~ out** (of fire) wygasnąć; (of a custom) wymrzeć

diet [1] ['daɪət] s sejm m

diet [2] ['daɪət] s 1. dieta f; **fat free ~** dieta beztłuszczowa;

meatless ~ dieta bezmięsna; **reduction ⟨slimming⟩ ~** dieta odchudzająca; **saltfree ~** dieta bezsolna; **strict ~** ścisła dieta 2. (food) wyżywienie n

dietetic ['daɪə'tetɪk] adj dietetyczny

differ ['dɪfə(r)] v różnić się (**from sb, sth** od kogoś, czegoś); nie zgadzać się (**with ⟨from⟩ sb z** kimś); mieć odmienne zdanie

difference ['dɪfrns] s różnica f; **~ of opinions** różnica f zdań; **to make a ~** stanowić różnicę

different ['dɪfrnt] adj różny, odmienny (**from** od); (various) rozmaity

differentiate ['dɪfə'renʃɪeɪt] v rozróżniać; różnić się

difficult ['dɪfɪklt] adj trudny

difficulty ['dɪfɪkltɪ] s trudność f; kłopot m

dig [dɪg] v (**dug** [dʌg], **dug**) kopać (ziemię)

digest [1] ['daɪdʒest] s zbiór m; wybór m; (summary) streszczenie n

digest [2] [daɪ'dʒest] v trawić, przetrawiać; przen. przemyśleć

digestion [daɪ'dʒestʃən] s fizj. trawienie n

dignified ['dɪgnɪfaɪd] adj godny, dostojny

dignity ['dɪgnətɪ] s godność f, powaga f

digression [daɪ'greʃn] s dygresja f

dilemma [dɪ'lemə] s dylemat m

diligence ['dɪlɪdʒəns] s pilność f, pracowitość f

diligent ['dɪlɪdʒənt] adj pracowity, pilny

dill [dɪl] s bot. koper m

dim [dɪm] adj przyćmiony; zamglony; przytłumiony

dime [daɪm] s am. moneta dziesięciocentowa; **it costs a ~** to kosztuje dziesięć centów

dimension [dɪˈmenʃn] s rozmiar *m*, wielkość *f*
diminish [dɪˈmɪnɪʃ] *v* zmniejszać (się), maleć
diminution [ˈdɪmɪˈnjuʃn] s redukcja *f*, zmniejszenie *n*
diminutive [dɪˈmɪnjətɪv] I *adj*
zdrobniały II s forma zdrob-
niała
dimple [ˈdɪmpl] s dołek *m* (na
twarzy)
din [dɪn] s zgiełk *m*, wrzask
m
dine [daɪn] *v* jeść obiad; to ~
out ⟨in⟩ zjeść obiad na mieście ⟨w domu⟩
dingey, dinghy [ˈdɪndʒɪ] s łódka *f*
dining-room [ˈdaɪnɪŋ rum] s
jadalnia *f*
dinner [ˈdɪnə(r)] s obiad *m*
dinner-jacket [ˈdɪnə dʒækɪt] s
smoking *m*
dinner-party [ˈdɪnə pɑtɪ] s
obiad proszony
dinner-time [ˈdɪnə taɪm] s pora obiadowa
dinner-wagon [ˈdɪnə wægən] s
stolik *m* na kółkach
dip [dɪp] *v* 1. zanurzyć, zamo-
czyć; to have a ~ wykąpać
się w morzu 2. (*lower*) obniżyć
diphtheria [dɪfˈθɪərɪə] s *med.*
dyfteryt *m*, błonica *f*
diploma [dɪˈpləumə] s dyplom
m
diplomacy [dɪˈpləuməsɪ] s dyplomacja *f*
diplomat [ˈdɪpləmæt], **diplo-
matist** [dɪˈpləumətɪst] s dyplomata *m*
direct [dɪˈrekt] I *adj* bezpośredni, szczery II *adv* bezpośrednio, wprost III *v* kierować, zarządzać
direction [dɪˈrekʃn] s kierunek
m; (*management*) zarząd *m*;
pl ~s instrukcje *pl*
director [dɪˈrektə(r)] s 1. kierownik *m*; dyrektor *m* 2.
film. teatr. reżyser *m*
directory [dɪˈrektrɪ] s książka
adresowa ⟨telefoniczna⟩

dirt [dɜt] s brud *m*; błoto *n*;
pot. as cheap as ~ za bezcen
dirty [ˈdɜtɪ] *adj* brudny; ~
trick brzydki kawał
disable [dɪsˈeɪbl] *v* uczynić
niezdolnym (**for sth** do czegoś); unieszkodliwić; ~d
soldier inwalida wojenny
disadvantage [ˈdɪsədˈvɑntɪdʒ] s
wada *f*; niekorzyść *f*
disagree [ˈdɪsəˈgri] *v* nie zgadzać się (z kimś); być inne-
go zdania (**with sb** niż ktoś);
(*of a climate, food*) nie służyć (**with sb** komuś)
disagreeable [ˈdɪsəˈgrɪəbl] *adj*
nieprzyjemny, przykry
disagreement [ˈdɪsəˈgrimənt] s
niezgodność *f*; (*quarrel*)
sprzeczka *f*, nieporozumienie *n*
disappear [ˈdɪsəˈpɪə(r)] *v* znikać
disappearance [ˈdɪsəˈpɪərns] s
zniknięcie *n*
disappoint [ˈdɪsəˈpɔɪnt] *v* rozczarować ⟨zawieść⟩ (**sb** kogoś); **to be** ~**ed in sb, sth**
zawieść się na kimś, czymś
disappointment [ˈdɪsəˈpɔɪnt-
mənt] s rozczarowanie *n*;
zawód *m*
disapprove [ˈdɪsəˈpruv] *v* nie
pochwalać (**of sth** czegoś)
disarm [dɪsˈɑm] *v* rozbroić
(się)
disarmament [dɪsˈɑməmənt] s
rozbrojenie *n*
disarrange [ˈdɪsəˈreɪndʒ] *v*
z/dezorganizować
disaster [dɪˈzɑstə(r)] s nieszczęście *n*, katastrofa *f*,
klęska *f*
disastrous [dɪˈzɑstrəs] *adj* nieszczęsny, zgubny
disc [dɪsk] s = disk
discard [dɪˈskɑd] *v* odrzucić,
zaniechać (**sth** czegoś)
discerning [dɪˈsɜnɪŋ] *adj* bystry, wnikliwy
discharge [dɪsˈtʃɑdʒ] *v* 1. wy-
ładowywać 2. (*dismiss*)

zwalniać **3.** (*of duty etc.*)
spełniać (np. obowiązek)
discipline ['dɪsəplɪn] s dyscyplina *f*, karność *f*
disclose [dɪ'skləuz] v odsłaniać, ujawniać
disclosure [dɪ'skləuʒə(r)] s ujawnienie. *n*, odkrycie *n* (czegoś)
discolour [dɪ'skʌlə(r)] v odbarwić (się); wypłowieć
discomfort [dɪ'skʌmfət] s niewygoda *f*, skrępowanie *n*; *med.* dolegliwość *f*
disconnect ['dɪskə'nekt] v rozłączać, odłączać
discord ['dɪskɔd] s niezgoda *f*
discotheque ['dɪskə'tek] s dyskoteka *f*
discount ['dɪskaunt] I s *bank.* dyskonto *n*; *handl.* rabat *m* II v [dɪ'skaunt] dyskontować, potrącać
discourage [dɪ'skʌrɪdʒ] v zniechęcać
discover [dɪ'skʌvə(r)] v odkrywać, spostrzegać
discovery [dɪ'skʌvrɪ] s odkrycie *n*
discredit [dɪ'skredɪt] I s powątpiewanie *n*; nieufność *f* II v dyskredytować; nie dowierzać (sb, sth komuś, czemuś)
discreditable [dɪ'skredɪtəbl] *adj* podły; niegodny
discreet [dɪ'skriːt] *adj* dyskretny; rozsądny
discrepancy [dɪ'skrepənsɪ] s niezgodność *f*, rozbieżność *f*
discretion [dɪ'skreʃn] s dyskrecja *f*; roztropność *f*
discrimination [dɪ'skrɪmɪ'neɪʃn] s odróżnienie *n*; dyskryminacja *f*; **racial** ~ dyskryminacja rasowa
discus ['dɪskəs] s *sport.* dysk *m*
discuss [dɪ'skʌs] v dyskutować (sth o ⟨nad⟩ czymś)
discussion [dɪ'skʌʃn] s dyskusja *f*
disdain [dɪs'deɪn] I v pogar-

dzać (sb, sth kimś, czymś) II s pogarda *f*
disdainful [dɪs'deɪnfl] *adj* pogardliwy, lekceważący
disease [dɪ'ziz] s choroba *f*; **infectious** ~ choroba zakaźna; **tropical** ~ choroba tropikalna
disembark ['dɪsɪm'bɑk] v wysadzić na ląd; wyładować
disenchant ['dɪsɪn'tʃɑnt] v rozczarować
disengage ['dɪsɪn'geɪdʒ] v uwolnić; odłączyć
disengagement ['dɪsɪn'geɪdʒmənt] s uwolnienie *n*; odłączenie *n*
disfigure [dɪs'fɪgə(r)] v zniekształcać
disgrace [dɪs'greɪs] I s niełaska *f*; (*shame*) hańba *f* II v okryć hańbą
disguise [dɪs'gaɪz] I v przebierać (się); zamaskować II s przebranie *n*; **in** ~ w przebraniu; **under the** ~ **of ...** pod płaszczykiem ...
disgust [dɪs'gʌst] s wstręt *m*, odraza *f* (at ⟨for, towards, against⟩ sb, sth do kogoś, czegoś)
disgusting [dɪs'gʌstɪŋ] *adj* obrzydliwy, wstrętny
dish [dɪʃ] s półmisek *m*; naczynie *n*; *kulin.* potrawa *f*; danie *n*; **cold** ~es zimne dania; **dietetic** ~es dania dietetyczne; **hot** ~es gorące dania; **national** ~es dania narodowe
dishful ['dɪʃfl] s (pełny) półmisek *n* (czegoś)
dishonest [dɪs'ɒnɪst] *adj* nieuczciwy
dishonour [dɪs'ɒnə(r)] I v hańbić, zniesławiać II s hańba *f*; **to bring** ~ **on sb** okryć kogoś hańbą
dishonourable [dɪs'ɒnərəbl] *adj* haniebny, niecny
disillusion ['dɪsɪ'luʒn] I v rozczarować; otworzyć (sb komuś) oczy II s rozczarowanie *n*

disinfect ['dısın'fekt] *v* zdezynfekować, odkazić
disinfectant ['dısın'fektənt] *s adj* (środek) dezynfekujący
disinherit ['dısın'herıt] *v* wydziedziczyć
disintegrate [dıs'ıntıgreıt] *v* rozdrabniać; rozkruszać (się)
disinterested [dıs'ıntrəstıd] *adj* bezinteresowny, obiektywny
disjoin [dıs'dʒɔın] *v* rozłączać ⟨rozdzielać⟩ (się)
disjointed [dıs'dʒɔıntəd] *adj* chaotyczny; ~ facts niepowiązane ⟨luźne⟩ fakty
disk [dısk] *s* krążek *m*; (*of sun etc.*) tarcza *f*; (*record*) płyta *f* (gramofonowa)
disk-jockey ['dısk dʒokeı] *s* prezenter *m*, dysk-dżokej *m*
dislike [dıs'laık] I *v* nie lubić, czuć niechęć (**sb, sth** do kogoś, czegoś) II *s* niechęć *f*
dislocate ['dısləkeıt] *v* przesunąć; *med.* zwichnąć
dislocation ['dıslə'keıʃn] *s med.* przemieszczenie *n*
disloyal [dıs'lɔıl] *adj* nielojalny; wiarołomny
dismal ['dızml] *adj* straszny, ponury
dismantle [dıs'mæntl] *v* rozebrać, zdemontować (maszynę)
dismay [dıs'meı] I *s* przerażenie *n*, konsternacja *f* II *v* przerazić, skonsternować
dismiss [dıs'mıs] *v* odprawiać, zwalniać; **to ~ a meeting** rozwiązać zebranie
dismissal [dıs'mısl] *s* odprawa *f*, zwolnienie *n*
disobedient ['dısə'bidıənt] *adj* nieposłuszny
disobey ['dısə'beı] *v* nie słuchać (się); być nieposłusznym
disorder [dıs'ɔdə(r)] *s* nieporządek *m*
dispatch [dı'spætʃ] I *v* wysyłać, ekspediować II *s* wysyłka *f*, ekspedycja *f*

dispel [dı'spel] *v* rozpraszać; rozpędzać
dispensary [dı'spensərı] *s* apteka *f*; (*in a hospital, factory*) ambulatorium *n*
dispense [dı'spens] *v* wydawać, rozdzielać
dispenser [dı'spensə(r)] *s* aptekarz *m*
dispensing [dı'spensıŋ] *adj* ~ **chemist** aptekarz *m*
disperse [dı'spɜs] *v* rozsypywać ⟨rozpraszać⟩ się
displace [dı'spleıs] *v* przesuwać; przemieszczać; ~**d persons** wysiedleńcy *pl*, uchodźcy *pl*
displacement [dı'spleısmənt] *s med.* przemieszczenie *n*
display [dı'spleı] I *v* manifestować, okazywać II *s* pokaz *m*; *przen.* manifestacja *f* (uczuć)
displease [dı'spliz] *v* nie podobać się; **to be ~d at** ⟨**with**⟩ **sb, sth** być niezadowolonym z kogoś, czegoś
disposal [dı'spəuzl] *s* 1. rozmieszczenie *n* 2. (*getting rid*) pozbycie się *n* 3. **at sb's** ~ do czyjejś dyspozycji; **the means at my** ~ środki *pl*, którymi dysponuję
dispose [dı'spəuz] *v* 1. rozmieszczać 2. (*get rid*) pozbywać się 3. (*command*) dysponować (**of sth** czymś)
disposed [dı'spəuzd] *adj* skłonny (**to sth** do czegoś)
dispossess ['dıspə'zes] *v* wywłaszczać
disputable [dı'spjutəbl] *adj* sporny
dispute [dı'spjut] I *v* dyskutować (**sth nad** ⟨**o**⟩ czymś); spierać się II *s* spór *m*; dysputa *f*
disqualify [dı'skwolıfaı] *v* dyskwalifikować
disregard ['dısrı'gad] I *v* lekceważyć; pomijać II *s* lekceważenie *n*
disrespect ['dısrı'spekt] *s* brak *m* szacunku

disrupt [dis'rʌpt] *v* rozrywać; niszczyć

dissatisfaction ['di'sætis'fækʃn] *s* niezadowolenie *n*

dissatisfy [di'sætisfai] *v* budzić niezadowolenie, rozgniewać

dissociate [di'səuʃieit] *v* rozłączać ⟨rozdzielać⟩ się

dissolve [di'zolv] *v* rozpuszczać ⟨rozkładać, rozwiązać⟩ (się)

distance ['distəns] *s* odległość *f*; **at a ~** w pewnej odległości

distant ['distənt] *adj* odległy

distaste [dis'teist] *s* niechęć *f*, awersja *f*

distinct [di'stiŋkt] *adj* różny; (*clear*) wyraźny; (*separate*) oddzielny

distinction [di'stiŋkʃn] *s* różnica *f*; odróżnienie *n*; (*honour*) odznaczenie *n*

distinguish [di'stiŋgwiʃ] *v* odróżniać; wyróżniać

distinguished [di'stiŋgwiʃt] *adj* znakomity; wybitny; (*elegant*) dystyngowany

distort [di'stɔt] *v* wykrzywić, zniekształcić

distortion [di'stɔʃn] *s* wypaczenie *n*; zniekształcenie *n* (faktów)

distract [di'strækt] *v* oderwać; **to ~ one's mind** odwrócić czyjąś uwagę

distraction [di'strækʃn] *s* 1. rozrywka *f* 2. (*absence of mind*) roztargnienie *n*

distress [di'stres] **I** *s* strapienie *n*; nieszczęście *n* **II** *v* martwić

distribute [di'stribjut] *v* rozdzielać

distribution ['distri'bjuʃn] *s* podział *m*; dystrybucja *f*

district ['distrikt] *s* okręg *m*, dzielnica *f*

distrust [di'strʌst] **I** *v* nie dowierzać (**sb** komuś) **II** *s* nieufność *f*

disturb [di'stɜb] *v* przeszkadzać; niepokoić

disturbance [di'stɜbəns] *s* zaburzenie *n*; zakłócenie *n* spokoju publicznego

disuse [dis'jus] *s* zarzucenie *n* (czegoś); **to fall into ~** wyjść z użycia

ditch [ditʃ] *s* rów *m*

dive [daiv] **I** *v* nurkować; *lotn.* pikować **II** *s* skok *m* do wody; nurkowanie *n*

diver ['daivə(r)] *s* nurek *m*

divergence [dai'vɜdʒəns] *s* rozbieżność *f*; odchylenie *n*

diversify [dai'vɜsifai] *v* urozmaicać

diversity [dai'vɜsəti] *s* rozmaitość *f*, urozmaicenie *n*

divert [dai'vɜt] *v* zmieniać kierunek; (*draw off attention*) odwracać (uwagę)

divide [di'vaid] *v* dzielić (się)

divine [di'vain] **I** *adj* boski **II** *s* duchowny *m*

diving-board ['daiviŋ bɔd] *s* trampolina *f*, skocznia *f*

divinity [di'vinəti] *s* bóstwo *n*; (*theology*) teologia *f*

division [di'viʒn] *s* podział *m*; (*section*) oddział *m*; *wojsk.* dywizja *f*

divorce [di'vɔs] **I** *s* rozwód *m*; **to get** ⟨**be given**⟩ **~** otrzymać rozwód **II** *v* rozwieść się (**one's husband** ⟨**wife**⟩ z mężem ⟨żoną⟩)

dizzy ['dizi] *adj* zawrotny, oszołamiający; **I am ~** kręci mi się w głowie

do [du] *v* (**did** [did], **done** [dʌn]) 1. *czasownik pomocniczy używany przy tworzeniu czasu teraźniejszego i przeszłego w formie pytajnej i przeczącej; 3-cia osoba czasu teraźniejszego* **does** [dʌz] 2. czynić, robić, sprawiać, wywoływać; **to do one's best** ⟨**everything in one's power**⟩ zrobić wszystko, co można; **to do one's hair** uczesać się; **it will do** to wystarczy 3. (*feel*) mieć się, czuć się; **how do you do?** jak się miewasz?; **he**

is doing well dobrze się miewa ⟨mu się wiedzie⟩ 4. (*put in order*) porządkować; sprzątać; **to do away with sth** pozbyć się czegoś; usunąć coś; **to do without sth** obchodzić się bez czegoś 5. *w zdaniu twierdzącym* do *wyraża* nacisk; **I do understand it** ależ ja to (naprawdę) rozumiem

dock [dok] *s* basen portowy; dok *m*

docker [ˈdokə(r)] *s* doker *m*, robotnik portowy

dockyard [ˈdokjɑd] *s* stocznia *f*

doctor [ˈdoktə(r)] *s* doktor *m*; **to go to the ∼** iść do lekarza; **to consult the ∼** poradzić się lekarza; **to call in the ∼** wezwać lekarza; **to send for the ∼** posłać po lekarza

document [ˈdokjumənt] *s* dokument *m*; **checking the ∼s** kontrola *f* dokumentów; **necessary ∼s** potrzebne ⟨niezbędne⟩ dokumenty

doer [ˈduə(r)] *s* sprawca *m*

dog [dog] *s* pies *m*; *przen*. **to go to the ∼s** zejść na psy; **every ∼ has his day** fortuna kołem się toczy; **let sleeping ∼s lie** nie wywołuj wilka z lasu

dogma [ˈdogmə] *s* dogmat *m*

dole [dəul] *s* zasiłek *m* dla bezrobotnych; **to be on the ∼** pobierać zasiłek; **to go on the ∼** przejść na zasiłek

doll [dol] *s* lalka *f*

dollar [ˈdolə(r)] *s* dolar *m*

dome [dəum] *s* kopuła *f*

domestic [dəˈmestɪk] **I** *adj* domowy; wewnętrzny **II** *s* służący *m*, służąca *f*

domicile [ˈdomɪsaɪl] *s* miejsce *n* (stałego) zamieszkania

dominate [ˈdomɪneɪt] *v* panować ⟨górować⟩ (**sth** nad czymś)

dominion [dəˈmɪnɪən] *s* zwierz-

chnictwo *n*; (*territory*) dominium *n*

domino [ˈdomɪnəu] *s* domino *n*

done *zob*. **do**; **∼!** zrobione!; zgoda!

donkey [ˈdoŋkɪ] *s* osioł *m*; **∼'s years** kawał *m* czasu

donor [ˈdəunə(r)] *s* dawca *m*; **∼ of blood** krwiodawca *m*

doom [dum] **I** *s* los *m*, przeznaczenie *n* **II** *v* skazywać

door [dɔ(r)] *s* drzwi *pl*; **next ∼** tuż obok; **out of ∼s** na powietrzu, na dworze

door-keeper [ˈdɔ ˌkipə(r)] *s* dozorca *m*; portier *m*; **∼'s lodge** portiernia *f*

doorway [ˈdɔweɪ] *s* wejście *n*

dope [dəup] **I** *s* narkotyk *m*; *sl.* poufna wiadomość **II** *v* narkotyzować (się)

dormitory [ˈdɔmɪtrɪ] *s* wspólna sypialnia (w internacie itp.); *am.* dom akademicki, dom studencki

dose [dəus] **I** *s* dawka *f* **II** *v* dawkować

dot [dot] **I** *s* kropka *f* **II** *v* kropkować; **to ∼ the „i"** postawić kropkę nad „i"

dote [dəut] *v* **to ∼ on** ⟨**upon**⟩ **sb** kochać kogoś do szaleństwa, być zaślepionym w kimś

double [ˈdʌbl] **I** *v* podwajać; *teatr*. dublować; (*in cards*) kontrować **II** *adj* podwójny; zdwojony **III** *s* sobowtór *m*; *teatr*. dubler *m*

double-breasted [ˈdʌbl ˈbrestɪd] *adj* (*of a coat*) dwurzędowy

doubt [daut] **I** *v* wątpić (**of sth** o czymś); nie dowierzać (**komuś, czemuś**) **II** *s* wątpliwość *f*; niepewność *f*; **to be in ∼** mieć wątpliwość

doubtful [ˈdautfl] *adj* wątpliwy, niepewny

dough [dəu] *s* 1. ciasto *n* 2. *sl.* forsa *f*, pieniądze *pl*

doughnut [ˈdəunʌt] *s* pączek *m*

dove [dʌv] *s* gołąb *m*

dove-cot(e) [ˈdʌv kəut] s go-
łębnik m
dowdy [ˈdaudı] adj bez gustu;
zaniedbany
down [¹] [daun] s puch m, puszek m
down [²] [daun] I adv w dół;
niżej; w dole II adj dolny
III s spadek m (terenu); the
ups and ~s falistość f (terenu); przen. zmienne ko-
leje (losu itd.)
downpour [ˈdaunpɔ(r)] s ulewa f
downstairs [ˈdaunˈsteəz] adv
w dół po schodach, na dół
downward(s) [ˈdaunwəd(z)] adv
ku dołowi, na ⟨w⟩ dół
dowry [ˈdauərı] s posag m,
wiano m
doze [dəuz] I s drzemka f; to
have a ~ zdrzemnąć się II
v drzemać
dozen [ˈdʌzn] s tuzin m; over
a ~ kilkanaście; several ~
kilkadziesiąt
drab [dræb] adj szary, bezbarwny; przen. monotonny,
nudny
draft [draft] I s 1. szkic m;
projekt m 2. wojsk. pobór
m 3. fin. weksel m II v 1.
szkicować 2. wojsk. odko-
menderować
draftsman [ˈdraftsmən] s (pl
draftsmen) kreślarz m, rysownik m
drag [dræg] v ciągnąć ⟨wlec⟩
(się)
dragon [ˈdrægən] s smok m
dragon-fly [ˈdrægənflaı] s
ważka f
drain [dreın] I v odwadniać;
drenować II s dren m; ściek
m; pl ~s kanały pl; kana-
lizacja f
drama [ˈdramə] s dramat m;
the ~ sztuka dramatyczna
dramatist [ˈdræmətıst] s dra-
maturg m
dramatize [ˈdræmətaız] v dra-
matyzować
drank zob. drink v

drastic [ˈdræstık] adj dras-
tyczny
draught [draft] s 1. przeciąg
m; there is a ~ wieje (od
okna itd.) 2. (gulp) haust
m, łyk m 3. pl ~s war-
caby pl
draw [drɔ] v (drew [dru],
drawn [drɔn]) 1. ciągnąć:
wyciągać; przen. przyciągać
(uwagę); to ~ aside odciągnąć (kogoś) na stronę; to
~ back cofnąć; to ~ forth
wywołać (śmiech); to ~ on
na(d)ciągać; to ~ round
zbierać się dokoła; to ~ up
wyciągnąć w górę; to ~ lots
for sth ciągnąć losy o coś;
to ~ a cheque wystawić
czek 2. (make pictures) rysować
drawback [ˈdrɔbæk] s wada
f; ujemna strona
draw-bridge [ˈdrɔbrıdʒ] s most
zwodzony
drawer [drɔ(r)] s 1. szuflada
f; chest of ~s komoda f 2.
(person) rysownik m 3. pl
~s kalesony pl; reformy pl
drawing [ˈdrɔ-ıŋ] s rysunek m
drawing-room [ˈdrɔ-ıŋ rum] s
salon m
drawl [drɔl] v przeciągać ⟨ce-
dzić⟩ słowa
drawn zob. draw
dread [dred] I s strach m,
lęk m II v bać się (sth
czegoś)
dreadful [ˈdredfl] adj straszny, okropny
dream [drim] I s sen m, marzenie n II v (dreamed
[drimd], dreamt [dremt])
śnić, marzyć
dreary [ˈdrıərı] adj ponury;
posępny
dregs [dregz] plt męty pl; fusy pl, osad m
drench [drentʃ] v przemoczyć
dress [dres] I v 1. ubierać
(się); przystroić; to ~ up
wystroić (się); to ~ for
dinner wkładać smoking do
kolacji 2. med. opatrzyć (ra-

nę) **II** s 1. strój *m*; szata *f*; ubranie *n*; **full** ~ strój wieczorowy; **evening** ~ *(man's)* smoking *m*; *(woman's)* suknia wieczorowa 2. *teatr.* ~ **circle** pierwszy balkon

dressing [`dresıŋ] s 1. ubieranie się *n*, toaleta *f*; **hair** ~ uczesanie *n* 2. *(in a shop-window)* dekoracja sklepowa 3. *med.* bandażowanie *n* rany; ~ **materials** środki opatrunkowe 4. *kulin.* sos *m* (np. do sałaty)

dressing-case [`dresıŋ keıs] s neseser *m*

dressing-gown [`dresıŋ gaun] s szlafrok *m*

dressmaker [`dresmeıkə(r)] s krawcowa *f*

drew *zob.* draw

drift [drıft] **I** s unoszenie się *n* z prądem; *mor.* dryf *m*; *(tendency)* dążność *f* **II** *v* unosić się na wodzie; płynąć z prądem; sunąć; *mor.* dryfować; *(carry)* nieść

drill[1] [drıl] **I** *v* musztrować, ćwiczyć **II** s musztra *f*

drill[2] [drıl] **I** *v* świdrować **II** s świder *m*

driller [`drılə(r)] s wiertarka *f*

drink [drıŋk] **I** *v* (drank [dræŋk], **drunk** [drʌŋk]) pić **II** s napój *m*; **soft** ~s bezalkoholowe napoje chłodzące; **strong** ~s trunki *pl*; **to have a** ~ napić się; **to take to** ~ rozpić się

drinkable [`drıŋkəbl] adj nadający się do picia; pitny; ~ **water** woda *f* do picia

drinking [`drıŋkıŋ] **I** s picie *n*, pijaństwo *n* **II** adj: ~ **water** woda *f* do picia

drip [drıp] *v* kapać; ściekać

drip-dry [`drıp`draı] adj (materiał) nie wymagający prasowania

drive [draıv] **I** *v* (drove [drəuv], **driven** [`drıvn]) jechać, pędzić; *mot.* kierować samochodem; *przen.* to ~ **at sth** zmierzać do cze-

goś; **to** ~ **sb to despair** doprowadzać kogoś do rozpaczy **II** s przejażdżka *f*; jazda *f*; *(tendency)* pęd *m*; *techn.* napęd *m*; *(road)* aleja *f*; podjazd *m*

drive-in [`draıv ın] adj zajezdny; ~ **cinema** kino parkingowe

driver [`draıvə(r)] s woźnica *m*; szofer *m*

driving [`draıvıŋ] s jazda *f*, przejażdżka *f*, prowadzenie *n* samochodu; **left ⟨right⟩** ~ ruch lewostronny ⟨prawostronny⟩; **drunken** ~ prowadzenie *n* samochodu po pijanemu; ~ **licence** prawo *n* jazdy

drizzle [`drızl] **I** *v* mżyć **II** s mżawka *f*

drop [drop] **I** s 1. kropla *f* 2. *(slope)* spadek *m*; **pressure** ~ spadek ciśnienia; **temperature** ~ spadek temperatury 3. *pl* ~s cukierki *pl* **II** *v* 1. kapać 2. *(fall down)* spadać; ~ **in** wpaść do kogoś; odwiedzić kogoś

dropper [`dropə(r)] s kroplomierz *m*, zakraplacz *m*

drought [draut] s susza *f*, posucha *f*

drove *zob.* drive *v*

drown [draun] *v* topić (się) tonąć; **to be** ~ed utopić się

drowse [drauz] **I** *v* drzemać **II** s drzemka *f*

drowsy [`drauzı] adj senny; ospały

drudge [drʌdʒ] *v* harować

drug [drʌg] s lekarstwo *n*, lek *m*; *(narcotic)* narkotyk *m*

druggist [`drʌgıst] s aptekarz *m*

drug-store [`drʌg stɔ(r)] s *am.* drogeria *f* (z działem napojów chłodzących)

drum [drʌm] **I** s 1. bęben *m*; **brake** ~ bęben hamulcowy 2. *anat.* bębenek *m* **II** *v* bębnić

drunk *zob.* drink *v*

drunkard [ˈdrʌŋkəd] s pijak
m
dry [draɪ] I *adj* suchy; ~
wine wytrawne wino II *v*
suszyć; schnąć
dry-clean [ˈdraɪˈkliːn] *v* czyścić chemicznie ⟨na sucho⟩
dryer [ˈdraɪə(r)] s suszarka *f*;
suszarnia *f*
dual [ˈdjuːl] *adj* podwójny,
dwoisty
dub [dʌb] *v* dubbingować
(film)
dubious [ˈdjuːbɪəs] *adj* wątpliwy, niepewny
duchess [ˈdʌtʃɪs] s księżna *f*
duchy [ˈdʌtʃɪ] s księstwo *n*
duck [dʌk] s kaczka *f*
duct [dʌkt] s kanał *m*; *anat.*
przewód *m*
due [djuː] I *adj* 1. płatny;
when ~ w terminie płatności 2. (*owing*) należny; **what
is** ~ **to**, co się należy 3.
(*proper*) odpowiedni, stosowny ‖ **the train is** ~ **to
arrive at** ... pociąg planowo
przyjeżdża o ...; **the train
is** ~ **out** at 8.15 pociąg od-
jedzie (wg planu) o godz. 8¹⁵;
in ~ **time** w porę II s na-
leżność *f*; opłata *f*; *pl* ~s·
składki członkowskie
dug *zob.* **dig** *v*
duke [djuːk] s książę *m*
dull [dʌl] I *adj* nudny; (*not
clever*) tępy; (*not bright*)
matowy; mętny II *v* przy-
tępiać; (*lose clearness*) ma-
towieć
duly [ˈdjuːlɪ] *adv* należycie,
słusznie
dumb [dʌm] *adj* niemy;
~ **show** pantomima *f*
dumbfound [dʌmˈfaʊnd] *v* odebrać komuś mowę; wpra-
wić w osłupienie
dummy [ˈdʌmɪ] s manekin *m*;
marionetka *f*; (*imitation*)
imitacja *f*; *teatr.* statysta *m*;
(*in cards*) dziadek *m*; **baby's**
~ smoczek *m*
dumpling [ˈdʌmplɪŋ] s knedel

m, kluska *f*; **apple** ~ jabłko
n w cieście
dune [djuːn] s wydma piasz-
czysta
dupe [djuːp] I *v* oszukać II s
ofiara *f* oszustwa
duplicate [ˈdjuːplɪkət] I *adj*
podwójny II s kopia *f*, duplikat *m*; **made in** ~ spo-
rządzony w dwóch egzem-
plarzach III *v* [ˈdjuːplɪkeɪt]
kopiować
duplicity [djuːˈplɪsətɪ] s fałsz
m, obłuda *f*
durable [ˈdjuːərəbl] *adj* trwały
duration [djuːˈreɪʃn] s trwanie
n; **of short** ~ krótkotrwały
during [ˈdjuːərɪŋ] *praep* podczas, w ciągu (czegoś)
dusk [dʌsk] s zmierzch *m*,
półmrok *m*
dusky [ˈdʌskɪ] *adj* ciemny
dust [dʌst] I s kurz *m*, proch
m, pył *m* II *v* za/kurzyć;
(*clean*) wycierać ⟨ścierać⟩
kurz
dust-coat [ˈdʌst kəʊt] s prochowiec *m*
dustbin [ˈdʌstbɪn] s pojemnik
m na śmieci
dustman [ˈdʌstmən] s (*pl*
dustmen) śmieciarz *m*
dusty [ˈdʌstɪ] *adj* zakurzony
Dutch [dʌtʃ] I *adj* holenderski II s język holenderski;
the ~ Holendrzy *pl*
Dutchman [ˈdʌtʃmən] s (*pl*
Dutchmen) Holender *m*
dutiable [ˈdjuːtɪəbl] *adj* podle-
gający ocleniu
dutiful [ˈdjuːtɪfl] *adj* obowiązkowy, sumienny
duty [ˈdjuːtɪ] s 1. obowiązek
m; **to do one's** ~ spełniać
obowiązek; **on** ~ na służbie;
na dyżurze; **off** ~ po służbie 2. (*custom*) cło *n*; opłata
celna; **entrance** ⟨import⟩ ~
opłata celna przywozowa;
export ~ cło wywozowe;
transit ~ cło tranzytowe;
to pay the ~ (**on sth**) płacić
cło (za coś)

duty-free [`djutıfri] *adj* wolny od opłaty celnej; ~ zone strefa wolnocłowa
dwarf [dwɔf] **I** *s* karzeł *m* **II** *adj* karłowaty
dwell [dwel] *v* (dwelt [dwelt], dwelt) mieszkać, przebywać
dweller [`dwelə(r)] *s* mieszkaniec *m*
dwelling [`dwelıŋ] *s* mieszkanie *n*; siedziba *f*
dwelt *zob.* dwell
dwindle [`dwındl] *v* zmniejszać ⟨kurczyć⟩ się

dye [daı] **I** *v* farbować (się) **II** *s* farba *f*
dyer [`daıə(r)] *s* farbiarz *m*
dye-stuff [`daıstʌf] *s* barwnik *m*
dye-works [`daıwɜks] *s* farbiarnia *f*
dynamic [daı`næmık] *adj* dynamiczny
dynamite [`daınəmaıt] *s* dynamit *m*
dynasty [`dınəstı] *s* dynastia *f*
dysentery [`dısntrı] *s med.* biegunka *f*, czerwonka *f*

E

each [itʃ] *adj pron* każdy; ~ other nawzajem
eager [`igə(r)] *adj* gorliwy, zapalony; żądny (for ⟨after⟩ sth czegoś); to be ~ to ... bardzo pragnąć ...
eagle [`ıgl] *s* orzeł *m*
ear [¹ıə(r)] *s* kłos *m* (zboża)
ear [² ıə(r)] *s* ucho *n*; to play by ~ grać ze słuchu; *przen.* to be all ~s zamienić się w słuch
ear-ache [`ıəreık] *s* ból *m* ucha
early [`ɜlı] **I** *adj* wczesny; to keep ~ hours wcześnie kłaść się spać i wcześnie wstawać **II** *adv* wcześnie
earn [ɜn] *v* zarabiać; to ~ one's living by sth zarabiać czymś na życie; utrzymywać się z czegoś
earnest [`ɜnıst] **I** *adj* poważny; gorliwy **II** *s* 1. powaga *f*; in ~ poważnie, na serio 2. (*advance*) zadatek *m*; to give an ~ zadatkować, dać zadatek
earnings [`ɜnıŋz] *plt* zarobki *pl*, dochody *pl*
ear-ring [`ıərıŋ] *s* kolczyk *m*
earth [ɜθ] *s* ziemia *f*; świat *m*; *pot.* why on ~? dlaczego u licha?
earthen [`ɜθn] *adj* gliniany

earthenware [`ɜθnweə(r)] *s* wyroby garncarskie
earthly [`ɜθlı] *adj* ziemski
earthquake [`ɜθkweık] *s* trzęsienie *n* ziemi
ease [iz] **I** *s* wygoda *f*; swoboda *f*; beztroska *f*; to be at ~ być spokojnym; nie martwić się; to set sb at ~ stworzyć komuś swobodną atmosferę; rozwiać czyjeś obawy; to be ill at ~ czuć się nieswojo ⟨skrępowanym⟩ **II** *v* łagodzić, uspokajać
easel [`ızl] *s* sztaluga *f*
east [ist] **I** *s* wschód *m* **II** *adj* wschodni **III** *adv* na wschód
Easter [`ıstə(r)] *s* Wielkanoc *f*; ~ egg pisanka *f*
eastern [`ıstən] *adj* wschodni
eastward [`ıstwəd] **I** *adv* ~s ku wschodowi **II** *adj* wschodni
easy [`ızı] **I** *adj* łatwy; (*light--hearted*) spokojny; beztroski; swobodny **II** *adv* łatwo; to take life ~ nie przejmować się
easy-chair [`ızı tʃeə(r)] *s* fotel klubowy
eat [it] *v* (ate [et, *am.* eıt], eaten [`ıtn]) jeść; to ~ sth raw jeść coś na surowo
eatable [`ıtəbl] **I** *adj* jadalny

II s (pl) ~s artykuły spożywcze; żywność f
eaten zob. eat
eavesdrop ['ivdrop] v podsłuchiwać
ebb [eb] **I** s odpływ m (morza); (decline) upadek m (sił itd.) **II** v odpływać; (decline) słabnąć
ebony ['ebənɪ] s heban m
eccentric [ɪk'sentrɪk] **I** adj ekscentryczny, dziwaczny **II** s dziwak m
echo ['ekəʊ] **I** s (pl ~es) echo n **II** v odbijać się echem
éclair [ɪ'kleə(r)] s ekler m; ptyś m
economic ['ikə'nomɪk] adj ekonomiczny, gospodarczy
economics ['ikə'nomɪks] s ekonomika f; gospodarka f
economist [i'konəmɪst] s ekonomista m
economize [i'konəmaɪz] v oszczędzać; robić oszczędności
economy [i'konəmɪ] s ekonomia f; gospodarka f; **to practise** ~ wprowadzać oszczędności
ecstasy ['ekstəsɪ] s ekstaza f
eczema ['eksɪmə] s med. egzema f
Eden ['idn] s raj m
edge [edʒ] **I** s ostrze n; (border) krawędź f **II** v ostrzyć; (sew) obszyć
edible ['edəbl] **I** adj jadalny **II** s (pl) ~s artykuły spożywcze
edifice ['edɪfɪs] s gmach m, budynek m
edify ['edɪfaɪ] v pouczać, wpływać budująco
edit ['edɪt] v redagować; (publish) wydawać
edition [ɪ'dɪʃn] s wydanie n; **cheap** ~ tanie wydanie; **pocket** ~ wydanie kieszonkowe; **popular** ~ wydanie popularne; **revised and enlarged** ~ wydanie poprawione i uzupełnione

editor ['edɪtə(r)] s redaktor m; (publisher) wydawca m
editorial ['edɪ'tɔːrɪəl] **I** adj redaktorski; (publisher's) wydawniczy; ~ **office** ⟨staff⟩ redakcja f **II** s artykuł wstępny
educate ['edʒʊkeɪt] v wychowywać, kształcić
education ['edʒʊ'keɪʃn] s wykształcenie n; nauka f; wychowanie n; **university** ~ wykształcenie wyższe ⟨uniwersyteckie⟩; **to complete one's** ~ ukończyć szkołę ⟨naukę⟩
eel [il] s węgorz m
effect [ɪ'fekt] **I** s 1. skutek m, rezultat m, wynik m; **of no** ~ bezskuteczny; **in** ~ w istocie; ściśle mówiąc 2. (of a bill) **to have** ⟨to take⟩ ~ wejść w' życie obowiązywać; **to bring** ⟨to carry⟩ **into** ~ wprowadzić w życie 3. (impression) wrażenie n 4. pl ~s ruchomości pl, dobytek m **II** v wykonywać, spełniać; **to** ~ **an insurance** ⟨a policy of insurance⟩ ubezpieczyć się
effective [ɪ'fektɪv] adj skuteczny; (attractive) efektowny
efficiency [ɪ'fɪʃnsɪ] s skuteczność f; sprawność f; wydajność f; ~ **test** próba f sprawności
efficient [ɪ'fɪʃnt] adj skuteczny; sprawny; zdolny
effort ['efət] s wysiłek m, próba f; **to make** ~s dokładać starań; **to make an** ~ spróbować
effusion [ɪ'fjuʒn] s med. wylew m
effusive [ɪ'fjusɪv] adj wylewny
egg [eg] s jajko n; **fried** ~s jajka smażone; **scrambled** ~s jajecznica f; **hard boiled** ~ jajko na twardo; **soft boiled** ~ jajko na miękko
egg-shell ['eg ʃel] s skorupka f od jajka

egoism [ˈegəʊɪzm] s egoizm *m*
egoist [ˈegəʊɪst] s egoista *m*
Egyptian [ɪˈdʒɪpʃn] I s Egip-
cjanin *m*, Egipcjanka *f* II
adj egipski
eiderdown [ˈaɪdədaʊn] s puch
m; *(covering)* kołdra pucho-
wa; pierzyna *f*
eight [eɪt] *adj* osiem
eighteen [eɪˈtin] *adj* osiemnaście
eighteenth [eɪˈtinθ] *adj* osiem-
nasty
eightfold [ˈeɪtfəʊld] I *adj* oś-
miokrotny II *adv* ośmio-
krotnie
eighth [eɪtθ] *adj* ósmy
eightieth [ˈeɪtɪəθ] *adj* osiem-
dziesiąty
eighty [ˈeɪtɪ] *adj* osiemdziesiąt
either [ˈaɪðə(r)] I *adj* *pron*
obaj, obie, oboje; *(one or
other)* ten albo tamten; jeden z dwóch II *conj* ~ ...
or albo ... albo
elaborate [ɪˈlæbəreɪt] I *v* opra-
cowywać; badać szczegóło-
wo II *adj* [ɪˈlæbrət] wypra-
cowany
elapse [ɪˈlæps] *v* *(of time)* mijać, upływać
elastic [ɪˈlæstɪk] I *adj* elastyczny; ~ bandage bandaż
elastyczny; ~ stockings
pończochy elastyczne II s
guma *f*
elbow [ˈelbəʊ] I s łokieć *m*;
at one's ~ pod ręką II *v*
szturchać; popychać (się)
elder [ˈeldə(r)] s *adj* starszy
m (z dwóch)
elderly [ˈeldəlɪ] *adj* starszy;
podstarzały
eldest [ˈeldɪst] *adj* najstarszy
(w rodzinie)
elect [ɪˈlekt] I *v* wybierać II
adj wybrany
election [ɪˈlekʃn] s wybór *m*
(przez głosowanie); general
~ wybory powszechne
elector [ɪˈlektə(r)] s wyborca
m
electric(al) [ɪˈlektrɪk(l)] *adj*

elektryczny; ~ discharge
wyładowanie elektryczne
electrician [ɪlekˈtrɪʃn] s elek-
trotechnik *m*; elektryk *m*
electricity [ɪlekˈtrɪsətɪ] s elektryczność *f*; ~ works elektrownia *f*
electrify [ɪˈlektrɪfaɪ] *v* elek-
tryfikować
electron [ɪˈlektrɒn] s elektron
m
elegance [ˈelɪgəns] s elegancja
f, wytworność *f*, szyk *m*
elegant [ˈelɪgənt] I *adj* elegancki, wytworny, szykow-
ny II s elegant *m*
element [ˈeləmənt] s element
m; składnik *m*; *chem.* pierwiastek *m*; *pl* ~s podstawy
pl (nauki)
elementary [ˈeləˈmentrɪ] *adj*
elementarny, podstawowy;
chem. niepodzielny
elephant [ˈeləfnt] s słoń *m*
elevator [ˈeləveɪtə(r)] s elewa-
tor *m*; dźwig *m*; winda *f*
eleven [ɪˈlevn] *adj* jedenaście
eleventh [ɪˈlevnθ] *adj* jedenasty
eliminate [ɪˈlɪmɪneɪt] *v* eliminować, usuwać, wykluczać
elk [elk] s *zool.* łoś *m*
elm [elm] s *bot.* wiąz *m*
eloquence [ˈeləkwəns] s elo-
kwencja *f*
else [els] *adv* 1. inaczej (bowiem); w przeciwnym ra-
zie 2. *(besides)* prócz tego,
ponadto; someone ~ ktoś
inny; what ~? co jeszcze?
elsewhere [elsˈweə(r)]   *adv*
gdzie indziej
embankment [ɪmˈbæŋkmənt] s
nabrzeże *n*; grobla *f*; wał *m*
embark [ɪmˈbɑk] *v* ładować na
statek; *(board)* wsiadać na
statek
embarrass [ɪmˈbærəs] *v* zakłopotać; zażenować
embassy [ˈembəsɪ] s ambasada *f*
embezzle [ɪmˈbezl] *v* sprzenie-
wierzyć, zdefraudować

embitter [ɪm'bɪtə(r)] *v* rozgoryczać, rozjątrzać
emblem ['embləm] *s* emblemat *m*; godło *n*; symbol *m*
embody [ɪm'bodɪ] *v* wcielać, ucieleśniać
embrace [ɪm'breɪs] I *v* obejmować (się); zawierać II *s* uścisk *m*
embroider [ɪm'brɔɪdə(r)] *v* haftować, wyszywać
embryo ['embrɪəʊ] *s* (*pl* ~s) embrion *m*; zarodek *m*
emend [ɪ'mend] *v* poprawiać (tekst); wnosić poprawki
emerald ['emərld] *s* szmaragd *m*
emerge [ɪ'mɜdʒ] *v* wynurzać się; pojawiać ⟨wyłaniać⟩ się
emergency [ɪ'mɜdʒənsɪ] *s* nagły wypadek; nagła potrzeba; a state of ~ stan wyjątkowy; ~ brake hamulec bezpieczeństwa; ~ exit wyjście zapasowe; ~ repairs naprawa *f* na poczekaniu; in case of ~ w nagłym wypadku
emigrate ['emɪgreɪt] *v* emigrować
emigré ['emɪgreɪ] *s* emigrant polityczny; *pl* ~s emigranci *pl*
eminence ['emɪnəns] *s* wzniesienie *n*; (*of a person*) znakomitość *f*; *kośc.* eminencja *f*
eminent ['emɪnənt] *adj* znakomity, wybitny
emit [ɪ'mɪt] *v* wydzielać, wydawać; (*of bank notes*) puszczać w obieg (pieniądze)
emotion [ɪ'məʊʃn] *s* wzruszenie *n*; (*feeling*) uczucie *n*
emotional [ɪ'məʊʃnl] *adj* emocjonalny, uczuciowy
emphasize ['emfəsaɪz] *v* podkreślać; kłaść nacisk (sth na coś)
empire ['empaɪə(r)] *s* imperium *n*; cesarstwo *n*
employ [ɪm'plɔɪ] *v* stosować, używać; (*keep busy*) zatrudniać

employee ['emplɔɪ'i] *s* pracownik *m*
employer [ɪm'plɔɪə(r)] *s* pracodawca *m*
employment [ɪm'plɔɪmənt] *s* zajęcie *n*; praca *f*; ~ agency biuro *n* zatrudnienia; out of ~ bezrobotny *m*
empty ['emptɪ] I *adj* pusty, próżny II *v* opróżniać
enable [ɪ'neɪbl] *v* umożliwiać; *prawn.* upoważniać
enamel [ɪ'næml] I *s* emalia *f*; szkliwo *n* II *v* emaliować
enchant [ɪn'tʃɑnt] *v* oczarować, zachwycić
enclose [ɪn'kləʊz] *v* ogrodzić, otoczyć; (*attach*) załączyć (w liście)
enclosure [ɪn'kləʊʒə(r)] *s* ogrodzenie *n*; (*place*) miejsce ogrodzone; (*thing enclosed*) załącznik *m* (w liście)
encore ['oŋkɔ(r)] *s int* bis
encourage [ɪn'kʌrɪdʒ] *v* dodawać odwagi (sb komuś); zachęcać; popierać
encyclopaedia [ɪn'saɪklə'pidɪə] *s* encyklopedia *f*
end [end] I *s* koniec *m*; (*result*) cel *m*; to draw to an ~ dobiegać końca; to make an ~ of, to put an ~ to położyć (czemuś) kres; *przen.* to make both ~s meet związać koniec z końcem; three hours on ~ 3 godziny z rzędu ⟨bez przerwy⟩; from ~ to ~ od początku do końca; in the ~ wreszcie, w końcu; no ~ of bez liku; to no ~ na próżno; to this ~ w tym celu II *v* kończyć (się)
endanger [ɪn'deɪndʒə(r)] *v* narażać na niebezpieczeństwo
endeavour [ɪn'devə(r)] I *v* usiłować; starać się; dążyć II *s* dążenie *n*; staranie *n*
ending ['endɪŋ] *s* zakończenie *n*; *gram.* końcówka *f*
endorse [ɪn'dɔs] *v* żyrować (weksel); indosować
endurance [ɪn'djʊərəns] *s* wy-

trzymałość *f*; **beyond** ~ nie do wytrzymania
endure [ɪn'djʊə(r)] *v* znosić, wytrzymywać
enemy ['enəmɪ] *s* nieprzyjaciel *m*, wróg *m*
energetic ['enə'dʒetɪk] *adj* energiczny
energy ['enədʒɪ] *s* energia *f*
engage [ɪn'geɪdʒ] *v* 1. angażować; (*of a telephone, taxi etc.*) ~d zajęty 2. (*book*) rezerwować (miejsce itd.) 3. **to become** ~d **to sb** zaręczyć się z kimś
engagement [ɪn'geɪdʒmənt] *s* zobowiązanie *n*; umowa *f*; (*employing*) zaangażowanie *n*; (*agreement to marry*) zaręczyny *pl*
engine ['endʒɪn] *s* 1. maszyna *f*; motor *m* 2. *mot.* silnik *m*; ~ **repair** remont *m* silnika; **jet** ~ silnik odrzutowy; **oil** ~ silnik wysokoprężny; **to start ⟨stop⟩ the** ~ włączyć ⟨wyłączyć⟩ silnik 3. lokomotywa *f*
engineer ['endʒɪ'nɪə(r)] **I** *s* inżynier *m*; **civil** ~ inżynier lądowy **II** *v* budować; zaprojektować
engineering ['endʒɪ'nɪərɪŋ] *s* mechanika *f*; technika *f*; inżynieria *f*; ~ **college** politechnika *f*
engine-room ['endʒɪn rʊm] *s* maszynownia *f*; hala *f* maszyn
English ['ɪŋglɪʃ] **I** *adj* angielski **II** *s* język angielski; *pl* **the** ~ Anglicy *pl*; **the King's ⟨Queen's⟩** ~ poprawna angielszczyzna; **in** ~ po angielsku; **into** ~ na język angielski
Englishman ['ɪŋglɪʃmən] *s* (*pl* Englishmen) Anglik *m*
engrave [ɪn'greɪv] *v* wyryć
engraving [ɪn'greɪvɪŋ] *s* rytownictwo *n*; (*picture*) sztych *m*; ~ **on copper** miedzioryt *m*; **wood** ~ drzeworyt *m*
enigma [ɪ'nɪgmə] *s* zagadka *f*

enigmatic ['enɪg'mætɪk] *adj* zagadkowy
enjoy [ɪn'dʒɔɪ] *v* cieszyć się (**sth, doing sth** czymś); znajdować upodobanie (w czymś); **to** ~ **life** używać życia; **to** ~ **oneself** dobrze się bawić
enjoyment [ɪn'dʒɔɪmənt] *s* przyjemność *f*; uciecha *f*
enlarge [ɪn'lɑdʒ] *v* powiększać (się)
enlighten [ɪn'laɪtn] *v* oświecać; **to** ~ **sb on sth** objaśniać coś komuś
enlist [ɪn'lɪst] *v* zaciągnąć (się) do wojska
enliven [ɪn'laɪvn] *v* ożywiać
enmity ['enmətɪ] *s* wrogość *f*; nienawiść *f*
enormous [ɪ'nɔməs] *adj* olbrzymi, ogromny
enough [ɪ'nʌf] **I** *adj* wystarczający **II** *adv* dosyć; wystarczająco; pod dostatkiem; **to be** ~ wystarczyć
enquire [ɪn'kwaɪə(r)] *v* = inquire
enquiry [ɪn'kwaɪərɪ] *s* = inquiry
enrage [ɪn'reɪdʒ] *v* rozwścieczać
enrich [ɪn'rɪtʃ] *v* wzbogacać; *roln.* użyźniać (glebę)
enroll [ɪn'rəʊl] *v* rejestrować, wciągać (na listę, itd.); werbować; **to** ~ **oneself** zapisać się
ensue [ɪn'sju] *v* następować (**on ⟨from⟩ sth** po czymś)
ensure [ɪn'ʃʊə(r)] *v* zapewniać, gwarantować; (*secure*) zabezpieczać (**sb, sth against ⟨from⟩ sth** kogoś, coś przed czymś)
enter ['entə(r)] *v* 1. wchodzić, wkraczać, wstępować; **to** ~ **into business relations** wejść w stosunki handlowe 2. wpisać (**sb on the list** kogoś na listę)
enteric [en'terɪk] *adj* jelitowy; *med.* ~ **fever** dur brzuszny

enterprise ['entəpraiz] s przedsięwzięcie n; (*initiative*) przedsiębiorczość f; inicjatywa f; handl. przedsiębiorstwo n; firma f
entertain ['entə'tein] v zabawiać; (*receive*) podejmować (gości)
entertainer ['entə'teinə(r)] s artysta estradowy; konferansjer m
entertainment ['entə'teinmənt] s zabawa f, rozrywka f
enthusiasm [in'θjuziæzm] s entuzjazm m (**for** ⟨**about**⟩ **sb, sth** dla kogoś, do czegoś); zapał m
entice [in'tais] s nęcić, wabić
entire [in'taiə(r)] adj cały, zupełny
entitle [in'taitl] v zatytułować (książkę itp.); (*authorize*) upoważniać
entrance ['entrns] s wejście n; wjazd m; dostęp m
entreat [in'trit] v błagać
entresol ['ötrəsol] s półpiętro n; antresola f
entrust [in'trʌst] v powierzać (**sth to sb, sb with sth** coś komuś)
entry ['entri] s 1. wejście n; "**no** ⟨**item**⟩" wjazd ⟨wstęp⟩ wzbroniony 2. (*item*) pozycja f (w księgach); zapis m
enumerate [i'njumə:reit] v wyliczać
envelop [in'veləp] v owijać ⟨okrywać⟩ (**in sth** czymś)
envelope ['envələup] s koperta f (na list)
enviable ['enviəbl] adj godny pozazdroszczenia
envious ['enviəs] adj zawistny, zazdrosny (**of sb, sth** o kogoś, coś)
environment [in'vaiərənmənt] s otoczenie n; środowisko n
environs [in'vaiərən(z)] plt okolica f; sąsiedztwo n
envoy ['envɔi] s wysłannik m; dypl. poseł m
envy ['envi] I s zawiść f, zazdrość f (**of sb** o kogoś; **of** ⟨**at**⟩ **sth** z powodu czegoś, o coś) II v zazdrościć
epidemic ['epi'demik] I adj epidemiczny II s epidemia f; **cholera** ~ epidemia cholery; **flu** ~ epidemia grypy
epilepsy ['epilepsi] s med. padaczka f
episcopal [i'piskəpl] adj biskupi, episkopalny
episode ['episəud] s epizod m
epoch ['ipok] s epoka f
equal ['ikwl] I adj równy (**with sb, sth** komuś, czemuś); **to get** ~ **with sb** odpłacić się komuś II v równać się, dorównywać
equality [i'kwoləti] s równość f
equalize ['ikwəlaiz] v wyrównywać
equation [i'kweiʒn] s wyrównywanie n; mat. równanie n
equator [i'kweitə(r)] s równik m
equatorial ['ekwə'to:riəl] adj równikowy; tropikalny
equilibrium ['ikwi'libriəm] s równowaga f
equip [i'kwip] v zaopatrywać, wyposażać (**with sth** w coś)
equipment [i'kwipmənt] s wyposażenie n, sprzęt m; **tourist** ~ sprzęt turystyczny
equivalent [i'kwivlənt] I adj równoważny, równoznaczny II s równowartość f; ekwiwalent m
equivocal [i'kwivəkl] adj dwuznaczny, wymijający
era ['iərə] s era f
erase [i'reiz] v wycierać, wymazywać
eraser [i'reizə(r)] s guma f do wycierania
erect [i'rekt] I adj prosty, wyprostowany; stojący II v wznosić, budować
erotic [i'rotik] adj erotyczny
err [3:(r)] v błądzić; mylić się
errand ['erənd] s zlecenie n; sprawa f; sprawunek m

errand-boy [ˈerənd bɔɪ] s chłopiec *m* na posyłki; goniec *m*
error [ˈerə(r)] s błąd *m*; pomyłka *f*; **clerical** ~ błąd w przepisywaniu; (*of goods etc.*) **sent in** ~ mylnie skierowany
escalator [ˈeskəleɪtə(r)] s ruchome schody
escape [ɪˈskeɪp] I *v* uniknąć; (*run away*) uciec II s ucieczka *f*; **to have a narrow** ~ o włos uniknąć nieszczęścia
escort [ˈeskɔt] I s eskorta *f*; konwój *m*; (*person*) osoba towarzysząca II *v* [ɪˈskɔt] eskortować, konwojować; *przen.* towarzyszyć
especial [ɪˈspeʃl] *adj* specjalny, osobliwy
espionage [ˈespɪənɑʒ] s szpiegostwo *n*
esplanade [ˈespləneɪd] s esplanada *f*
esprit [ˈespri] s dowcip *m*
essay [ˈeseɪ] s próba *f* (at sth czegoś); *lit.* esej *m*
essence [ˈesns] s istota *f*; treść *f*; **the** ~ **of the matter** sedno *n* sprawy
essential [ɪˈsenʃl] *adj* istotny, zasadniczy, podstawowy; **it is** ~ **that ...** jest rzeczą zasadniczą ⟨niezbędną⟩, aby ...
establish [ɪˈstæblɪʃ] *v* zakładać; ustalać
establishment [ɪˈstæblɪʃmənt] s założenie *n* (firmy itd.); (*institution*) przedsiębiorstwo *n*; zakład *m*
estate [ɪˈsteɪt] s 1. majątek *m* (ziemski), posiadłość *f*; *pl* **housing** ~s kolonie ⟨osiedla⟩ mieszkaniowe 2. (*property*) mienie *n*; **real** ~ nieruchomość *f* 3. ~ **car** kombi *n*
esteem [ɪˈstim] I *v* szanować, cenić II s szacunek *m*
estimate [ˈestɪmeɪt] I *v* oceniać, szacować II s [ˈestɪmət] ocena *f*; oszacowanie *n*; **rough** ~ obliczenie przybliżone

Estonian [eˈstəʊnɪən] I *adj* estoński II s Estończyk *m*; Estonka *f*
estuary [ˈestʃʊərɪ] s ujście *n* (rzeki)
etching [ˈetʃɪŋ] s rytowanie *n*; (*picture*) akwaforta *f*
eternal [ɪˈtɜnl] *adj* wieczny; nieśmiertelny
eternity [ɪˈtɜnətɪ] s wieczność *f*
ether [ˈiθə(r)] s eter *m*
ethics [ˈeθɪks] s etyka *f*
ethnographic(al) [ˌeθnəˈgræfɪkl] *adj* etnograficzny
ethnology [eθˈnɒlədʒɪ] s etnologia *f*
etymology [ˌetɪˈmɒlədʒɪ] s etymologia *f*
European [ˌjʊərəˈpɪən] I *adj* europejski II s Europejczyk *m*; Europejka *f*
evacuate [ɪˈvækjʊeɪt] *v* ewakuować; opróżniać
evade [ɪˈveɪd] *v* unikać; obchodzić (prawo itd.)
evaluate [ɪˈvæljʊeɪt] *v* oceniać, szacować
evasive [ɪˈveɪsɪv] *adj* wymijający, wykrętny
eve [iv] s wigilia *f*; **Christmas** ~ wigilia Bożego Narodzenia; **on the** ~ **of sth** w przededniu czegoś
even [ˈivn] I *v* wyrównać II *adj* równy; gładki; ~ **number** liczba parzysta; **to get** ~ **with sb** odpłacić się komuś (za coś) III *adv* równo; (*still*) nawet; właśnie
evening [ˈivnɪŋ] s wieczór *m*; ~ **dress** ubranie wieczorowe; **in the** ~ wieczorem; **tnis** ~ dziś wieczorem
event [ɪˈvent] s wypadek *m*; wydarzenie *n*; **current** ~s wydarzenia bieżące; **at all** ~s w każdym razie; **in the** ~ **of ...** w wypadku ⟨w razie⟩ ... (czegoś)
eventful [ɪˈventfl] *adj* (*of life etc.*) burzliwy; (*of a day etc.*) pamiętny
eventual [ɪˈventʃʊəl] *adj* moż-

liwy; ewentualny; (final) ostateczny

ever ['evə(r)] adv 1. kiedykolwiek; hardly ~ rzadko kiedy 2. (in questions) kiedyś; have you ~ seen it? czy widziałeś to kiedyś? 3. (always) zawsze; for ~ na zawsze; ~ after od tego czasu; as ~ you can jak tylko możesz; thanks ~ so much bardzo dziękuję

everlasting ['evə'lastɪŋ] adj wieczny; nieśmiertelny

every ['evrɪ] adj każdy; wszelki; ~ five minutes co 5 minut; ~ now and then co jakiś czas; ~ other day co drugi dzień

everybody ['evrɪbodɪ] pron każdy; wszyscy

everyday ['evrɪ'deɪ] adj codzienny; powszedni

everyone ['evrɪwʌn] pron = = everybody

everything ['evrɪθɪŋ] pron wszystko

everywhere ['evrɪweə(r)] adv wszędzie; ~ you go gdziekolwiek pójdziesz

evidence ['evɪdəns] s oczywistość f; (proof) dowód m; prawn. zeznanie n; to bear ⟨to give⟩ ~ (of sth) składać zeznania (o czymś); to call sb in ~ wezwać kogoś na świadka

evident ['evɪdənt] adj oczywisty; jawny; widoczny

evil ['ivl] I adj zły II s zło n

evoke [ɪ'vəuk] v wywoływać

evolution ['ivə'luʃn] s ewolucja f

ewe [ju] s owca f

exact [ɪg'zækt] adj ścisły; dokładny

exaggerate [ɪg'zædʒəreɪt] v przesadzać; wyolbrzymiać

exaggeration [ɪg'zædʒə'reɪʃn] s przesada f

exam [ɪg'zæm] s pot. = examination

examination [ɪg'zæmɪ'neɪʃn] s

1. egzamin m; to sit for ⟨to take⟩ an ~ przystąpić do egzaminu; to pass an ~ zdać egzamin 2. (checking) badanie n, dociekanie n; medical ~ badanie lekarskie; under ~ badany, rozpatrywany; sąd. to undergo ~ być przesłuchiwanym

examine [ɪg'zæmɪn] v egzaminować, badać

examiner [ɪg'zæmɪnə(r)] s egzaminator m

example [ɪg'zampl] s przykład m, wzór m; for ~ na przykład; without ~ bez precedensu

excavate ['ekskəveɪt] v wykopywać

excavation ['ekskə'veɪʃn] s wykopywanie n; pl ~s prace wykopaliskowe

exceed [ɪk'sid] v przewyższać, przekraczać; to ~ speed limit przekraczać dozwoloną szybkość

exceeding [ɪk'sidɪŋ] adj niezmierzony; nadzwyczajny

excel [ɪk'sel] v przewyższać; celować (in ⟨at⟩ sth w czymś)

excellent ['eksələnt] adj doskonały; znakomity

except [ɪk'sept] I v wykluczyć, wyłączyć II praep poza; wyjąwszy; z wyjątkiem; ~ for ... poza ... (czymś); pomijając ... (coś) III conj chyba, że ...

exception [ɪk'sepʃn] s wyjątek m (to a rule od reguły); (objection) zastrzeżenie n

excess [ɪk'ses] s nadmiar m; przekroczenie n; ~ fare dopłata f (do biletu); ~ luggage nadwyżka f bagażu; in ~ of powyżej

excessive [ɪk'sesɪv] adj nadmierny

exchange [ɪks'tʃeɪndʒ] I v wymieniać; to ~ greetings pozdrawiać się wzajemnie II s 1. zamiana f, wymiana f; employment ~ biuro n po-

średnictwa pracy; ~ vou-
cher bon turystyczny; bill
of ~ weksel *m* 2. foreign ~
dewizy *pl*; rate of ~ kurs
m (waluty); stock ~ giełda
f 3. *telef.* centrala *f*; local ~
centrala miejska; trunk
service ~ centrala międzymiastowa

exchequer [ɪks'tʃekə(r)] *s* skarb
m państwa; ministerstwo *n*
skarbu; the Chancellor of
the Exchequer minister *m*
finansów (w Anglii)

excite [ɪk'saɪt] *v* pobudzać,
podniecać; to get ~d de-
nerwować się

excitement [ɪk'saɪtmənt] *s*
podniecenie *n*, zdenerwowa-
nie *n*

exclaim [ɪk'skleɪm] *v* zawołać,
wykrzyknąć

exclamation ['eksklə'meɪʃn] *s*
okrzyk *m*; ~. mark ⟨point⟩
wykrzyknik *m*

exclude [ɪks'klud] *v* wykluczać; wyłączać

excursion [ɪk'skɜʃn] *s* wycieczka *f*; ~ cruise rejs wycieczkowy; ~ by car wycieczka
samochodowa (organizowa-
na); group ~ wycieczka
zbiorowa; to go for an ~
iść ⟨udać się⟩ na wycieczkę

excuse [ɪk'skjuz] I *v* usprawiedliwiać (się); wybaczać;
~ me przepraszam II *s*
[ɪk'skjus] wytłumaczenie *n*;
usprawiedliwienie *n*; wymówka *f*; give them my ~s
przeproś ich ode mnie; to
make ~s przepraszać

execute ['eksɪkjut] *v* wykonywać; przeprowadzać (coś);
(*put to death*) stracić (ska-
zańca)

execution ['eksɪ'kjuʃn] *s* wykonanie *n*; przeprowadzenie *n*; *prawn.* egzekucja *f*

executive [ɪg'zekjutɪv] I *s*
egzekutywa *f*; władza wy-
konawcza; (*high official*)
pracownik *m* na kierowni-

czym stanowisku I' *adj* wy-
konawczy

exemplary [ɪg'zemplərɪ] *adj*
wzorowy; przykładny

exercise ['eksəsaɪz] I *v* wykonywać, ćwiczyć (się); to ~
authority sprawować władzę
II *s* 1. ćwiczenie *n*; to take
~ gimnastykować się 2.
(*practice*) wykonywanie *n*
(obowiązków) 3. *szk.* zadanie *n*

exercise-book ['eksəsaɪzbʊk] *s*
zeszyt (szkolny)

exhaust [ɪg'zɔst] I *v* wyczerpywać; zużywać (of sth coś)
II *s* wydech *m*; ~ gases spaliny *pl*; ~ pipe rura wydechowa

exhaustion [ɪg'zɔstʃən] *s* wyczerpanie *n*

exhibit [ɪg'zɪbɪt] I *v* wystawiać (na pokaz); (*manifest*)
okazywać; dawać dowody
(sth czegoś) II *s* eksponat *m*;
(*proof*) dowód rzeczowy

exhibition ['eksɪ'bɪʃn] *s* wystawa *f*; pokaz *m*

exist [ɪg'zɪst] *v* istnieć

existence [ɪg'zɪstəns] *s* istnienie *n*; byt *m*; egzystencja *f*

exit ['eksɪt] *s* wyjście *n*;
emergency ~ wyjście awa-
ryjne; to make one's ~
wyjść

exorbitant [ɪg'zɔbɪtənt] *adj*
nadmierny; przesadny; wy-
górowany

exotic [ɪg'zotɪk] *adj* egzotyczny

expand [ɪk'spænd] *v* rozszerzać ⟨rozprzestrzeniać⟩ (się)

expect [ɪk'spekt] *v* oczekiwać;
spodziewać się (sth, sb czegoś, kogoś); to ~ a baby
oczekiwać dziecka

expectation ['ekspek'teɪʃn] *s*
oczekiwanie *n*; nadzieja *f*;
beyond ~ nadspodziewanie

expectorant [ɪk'spektərənt] *s*
adj (środek) wykrztuśny

expedition ['ekspɪ'dɪʃn] *s* wyprawa *f*; ekspedycja *f*

expel [ɪk'spel] *v* wyganiać;
wydalać

expend [ik'spend] *v* wydawać; (*use up*) zużywać

expenditure [ik'spenditʃə(r)] *s* wydatek *m*

expense [ik'spens] *s* wydatek *m*; koszt *m*; **at the ⁓ of ...** kosztem ...

expensive [ik'spensiv] *adj* kosztowny; drogi

experience [ik'spiəriəns] **I** *s* przeżycie *n*; (*knowledge*) doświadczenie *n*; praktyka *f* (zawodowa) **II** *v* doznawać; doświadczać; przeżywać

experiment [ik'sperimənt] **I** *s* eksperyment *m*; próba *f* **II** *v* [ik'speriment] eksperymentować (**on ⟨with⟩ sth** na czymś)

expert ['ekspɜt] **I** *adj* biegły (**in ⟨at⟩ sth** w czymś) **II** *s* znawca *m*, ekspert *m*

expiate ['ekspiəit] *v* odpokutować

expiration ['ekspi'reiʃn] *s* upływ *m*; końcowy termin; wygaśniecie *n* (umowy)

expire [ik'spaiə(r)] *v* wydychać; (*of a term etc.*) upływać

explain [ik'splein] *v* wyjaśniać

explanation ['eksplə'neiʃn] *s* objaśnienie *n*; wytłumaczenie *n*

explanatory [ik'splænətri] *adj* objaśniający

explicit [ik'splisit] *adj* jasny; wyraźny; **to be ⁓** jasno się wypowiedzieć

explode [ik'spləud] *v* wybuchać; eksplodować

exploit[1] ['eksplɔit] *s* czyn bohaterski; wyczyn *m*

exploit[2] [ik'splɔit] *v* eksploatować; wyzyskiwać

exploration ['eksplə'reiʃn] *s* badanie *n* (kraju); odkrywanie *n*, poszukiwanie *n*

explore [ik'splɔ(r)] *v* badać

explorer [ik'splɔrə(r)] *s* badacz *m*; odkrywca *m*

explosion [ik'spləuʒn] *s* wybuch *m*; eksplozja *f*

export [ik'spɔt] **I** *v* eksportować **II** *s* ['ekspɔt] eksport *m*

expose [ik'spəuz] *v* wystawiać; narażać (**to danger** na niebezpieczeństwo); *fot.* naświetlać

exposition ['ekspə'ziʃn] *s* przedstawienie *n* (czegoś); (*exhibition*) wystawa *f*; *fot.* naświetlenie *n*

express [ik'spres] **I** *v* wyrażać; **to ⁓ one's wishes** składać życzenia; **to ⁓ one's gratitude** składać wyrazy wdzięczności **II** *adj* wyraźny; *kolej.* pośpieszny **III** *s* ekspres *m*

expression [ik'spreʃn] *s* wyrażenie *n*; wysłowienie się *n*; **to give ⁓ to sth** dać czemuś wyraz

expressive [ik'spresiv] *adj* pełen wyrazu

express-way [ik'spres wei] *s* trasa szybkiego ruchu

expropriate [eks'prəuprieit] *v* wywłaszczać

expulsion [ik'spʌlʃn] *s* wydalenie *n*; wygnanie *n*

exquisite [ik'skwizit] *adj* znakomity, wyborny

extend [ik'stend] *v* rozciągać ⟨rozszerzać⟩ (się); przedłużać

extension [ik'stenʃn] *s* **1.** rozciągnięcie *n*; rozszerzenie *n*; przedłużenie *n*; **⁓ ladder** drabina wysuwana; **⁓ rod** przedłużacz *m* **2.** *telef.* telefon ⟨numer⟩ wewnętrzny

extensive [ik'stensiv] *adj* obszerny; rozległy

extent [ik'stent] *s* rozmiar *m*; rozciągłość *f*; zasięg *m*; **to some ⁓** w pewnej mierze; **to what ⁓?** do jakiego stopnia?

extenuate [ik'stenjueit] *v* zmniejszać; łagodzić

exterior [ik'stiəriə(r)] **I** *adj* zewnętrzny **II** *s* zewnętrzna

strona; **on the** ~ na zewnątrz
exterminate [ık'stɜmıneıt] *v*
(wy)tępić; (wy)niszczyć
extermination [ık'stɜmı'neıʃn]
s wytępienie *n*; zagłada *f*
external [ek'stɜnl] *adj* zewnętrzny
extinct [ık'stıŋkt] *adj* wyga-
sły; wymarły
extinguish [ık'stıŋgwıʃ] *v* gasić; tłumić; (*destroy*) zniszczyć
extinguisher [ık'stıŋgwıʃə(r)] *s*
gaśnica *f*
extra ['ekstrə] **I** *adj* dodatkowy; nadzwyczajny; (*of su-
perior quality*) luksusowy **II**
adv oddzielnie; dodatkowo
III *s* dodatek *m* (do programu); nadzwyczajne wyda-
nie (gazety)
extract [ık'strækt] **I** *v* wyciągać; wydobywać; **to** ~ **a
tooth** wyrwać ząb **II** *s*
['ekstrækt] wyciąg *m*; ekstrakt *m*; (*of a book etc.*)
wyjątek *m*
extraction [ık'strækʃn] *s* wydobycie *n*; wyjęcie *n*; *dent.*
wyrwanie *n* (zęba)
extramural ['ekstrə'mjʊərl] *adj*
(*of a lecturer*) spoza uniwersytetu; (*of teaching*)
pozauniwersytecki, zaoczny;
~ **studies** studia zaoczne
extraordinary [ık'strɔdnrı] *adj*
nadzwyczajny; niezwykły
extravagant [ık'strævəgənt]

adj nadmierny; przesadny;
(*wasteful*) rozrzutny; lekkomyślny
extreme [ık'strim] **I** *s* kraniec
m; ostateczność *f* **II** *adj*
krańcowy, ostateczny
extremely [ık'strimlı] *adv*
nadzwyczajnie; niezwykle;
pot. szalenie
extremity [ık'stremətı] *s* koniec *m*; (*situation*) krytycz-
na sytuacja; ostateczność *f*
extricate ['ekstrıkeıt] *v* wy-
plątać, wywikłać; **to** ~ one-
self from difficulties wybrnąć z kłopotów
eye [aı] *s* **1.** oko *n*; *przen.* **to
have an** ~ **for sth** znać się
na czymś; **I can see it with
half an** ~ to jest dla mnie
oczywiste **2.** (*of a needle*)
ucho *n*
eyeball ['aıbɔl] *s* gałka oczna
eyebrow ['aıbraʊ] *s* brew *f*
eye-glass ['aıglɑs] *s* monokl
m; *pl* ~**es** binokle *pl*
eyelash ['aılæʃ] *s* rzęsa *f*
eyelid ['aılıd] *s* powieka *f*
eye-shade ['aı ʃeıd] *s* cień *m*
do powiek
eye-shield ['aıʃıld] *s* daszek
m, osłona *f* oczu
eyeshot ['aıʃot] *s* pole *n* widzenia; **out of** ~ niewidoczny
eyewash ['aıwoʃ] *s* płyn *m* do
przemywania oczu
eye-witness ['aıwıtnəs] *s* naoczny świadek

F

fable ['feıbl] *s* bajka *f*
fabric ['fæbrık] *s* tkanina *f*;
materiał *m*; *pl* ~s tekstylia
pl; **synthetic** ~s tkaniny
syntetyczne
fabulous ['fæbjʊləs] *adj* legendarny; bajeczny
facade [fə'sɑd] *s* fasada *f*
face [feıs] **I** *v* stawić czoło

(sth czemuś); stanąć wobec
(sb, sth kogoś, czegoś); **to**
~ **the facts** liczyć się z fak-
tami **II** *s* twarz *f*; oblicze *n*;
a long ~ smutna mina; ~
to ~ twarzą w twarz; **to
make** ⟨**to pull**⟩ ~s stroić
miny; **to have the** ~ **to ...**
być na tyle zuchwałym,

by ...; **to save one's ~** uratować pozory; **to show one's ~** pokazać się (we właściwym świetle); **in the ~ of ...** wobec ... (czegoś); **on the ~ of it** na pozór

facilitate [fə'sılıteıt] *v* ułatwiać, udostępniać

facility [fə'sılətı] *s* łatwość *f*; *pl* **facilities** udogodnienia *pl*

fact [fækt] *s* fakt *m*; okoliczność *f*; **a matter of ~** fakt niezbity; **as a matter of ~** prawdę powiedziawszy; w rzeczy samej; **in ~** faktycznie; **in the ~** na gorącym uczynku; **the fact that ...** to, że ...

factor ['fæktə(r)] *s* czynnik *m*; (*agent*) pośrednik *m*; agent *m*

factory ['fæktrı] *s* fabryka *f*

faculty ['fækltı] *s* 1. zdolność *f*; dar *m* 2. *uniw.* wydział *m*

fade [feıd] *v* zwiędnąć; (*lose colour*) zblaknąć; (*disappear*) zaniknąć

fail [feıl] *v* 1. zabraknąć 2. (*not succeed*) zawieść; nie udać się; *pot.* ściąć się (przy egzaminie); **don't ~ to ...** nie omieszkaj ...; **I ~ to understand** nie rozumiem

failure ['feıljə(r)] *s* 1. brak *m* 2. (*not succeeding*) niepowodzenie *n*; fiasko *n*; **to be ⟨to prove⟩ a ~** nie udać się; zawieść nadzieje 3. uszkodzenie *n*; awaria *f*; **electric network ~** uszkodzenie *n* sieci elektrycznej 4. (*bankruptcy*) bankructwo *n*

faint [feınt] I *adj* nieśmiały; (*feeble*) słaby II *v* zemdleć III *s* omdlenie *n*

fair[1] [feə(r)] *s* jarmark *m*; targ *m*; (*exhibition*) targi *pl* (międzynarodowe)

fair[2] [feə(r)] I *adj* 1. piękny 2. (*bright*) jasny 3. (*just*) prawy; słuszny; **~ play** uczciwa gra; **by ~ means or foul** nie przebierając w

środkach II *adv* grzecznie; (*justly*) uczciwie

fairy ['feərı] I *s* wróżka *f*, czarodziejka *f* II *adj* czarodziejski

fairy-tale ['feərı teıl] *s* bajka *f*

faith [feıΘ] *s* 1. wiara *f* (in sb, sth w kogoś, coś); zaufanie *n*; **political ~** credo polityczne; **to keep ~ with sb** dotrzymać komuś słowa; **in all good ~** w najlepszej wierze 2. (*religious*) wyznanie *n*

faithful ['feıΘfl] *adj* wierny; (*accurate*) dokładny

faithfully ['feıΘflı] *adv* wiernie; (*in letters*) **yours ~** z poważaniem

faithless ['feıΘləs] *adj* niewierny, zdradziecki

fake [feık] I *v pot.* sfałszować; podrobić II *s* fałszerstwo *n*; kant *m*

falcon ['fɔlkən] *s* sokół *m*

fall [fɔl] I *v* (**fell** [fel], **fallen** ['fɔlən]) spadać; opadać; zawalić (się); **to ~ into pieces** rozpaść się; **to ~ asleep** zasnąć; **to ~ ill** zachorować; **to ~ in love** zakochać się; **to ~ for sb** ulegać czyimuś urokowi II *s* 1. upadek *m*; (*end*) schyłek *m* (dnia itd.); (*of prices etc.*) obniżką *f* 2. (*zw. pl*) wodospad *m* 3. *am.* jesień *f*

fallen ['fɔlən] *adj* opadły; upadły; (*dead*) poległy

false [fɔls] *adj* fałszywy; obłudny; **~ bottom** podwójne dno; **~ mirror** krzywe zwierciadło; **to be ~ to sb** zdradzić kogoś

falsehood ['fɔlshud] *s* fałsz *m*; kłamstwo *n*

falsify ['fɔlsıfaı] *v* sfałszować

fame [feım] *s* sława *f*; rozgłos *m*

famed [feımd] *adj* sławny; głośny

familiar [fə'mılıə(r)] *adj* 1. poufny; familiarny; rodzinny 2. (*well-known*) znajo-

my; **to be** ~ **with sth** być
obeznanym z czymś; znać
coś
family [`fæmlı] s rodzina f;
~ **man** człowiek żonaty;
(*domestic person*) domator
m
famine [`fæmın] s głód m
famish [`fæmıʃ] v morzyć
głodem; głodować
famous [`feıməs] adj sławny
(**for sth** z czegoś); znakomity
fan[1] [fæn] s pot. entuzjasta
m; sport. kibic m
fan[2] [fæn] **I** s wachlarz m;
(*for hair*) fen m, suszarka
f; **electric** ~ wentylator m
II v wachlować; owiewać
fanatic(al) [fə`nætıkl] adj fa-
natyczny
fanciful [`fænsıfl] adj kapryś-
ny; dziwaczny
fancy [`fænsı] **I** s 1. wyobraź-
nia f; fantazja f; polot m
2. (*liking*) upodobanie n; **to
take a** ~ **to sb, sth** upodobać sobie kogoś, coś **II** adj
fantazyjny; ozdobny; ~ **articles** galanteria f; ~ **cake**
tort m; ~ **dress** kostium
maskaradowy **III** v 1. wyobrażać sobie; wymyślić;
just ~**!** popatrzcie! 2. (*like*)
upodobać sobie (kogoś, coś);
I don't ~ **it** nie podoba mi
się to
fancy-ball [`fænsı bɔl], **fancy-
-dress ball** [`fænsı dres bɔl]
s bal maskowy
fang [fæŋ] s kieł m (psa itp.);
żądło n węża
fantastic [fæn`tæstık] adj dzi-
waczny; fantastyczny
fantasy [`fæntəsı] s fantazja f;
wyobraźnia f; (*whim*) kaprys m
far [fɑ(r)] (**farther** [`fɑðə(r)],
further [`fɜðə(r)]; **farthest**
[`fɑðıst], **furthest** [`fɜðıst]) **I**
adj daleki, odległy **II** adv
daleko; **as** ~ **as** aż do; o ile;
by ~ o wiele; **so** ~ jak dotąd; dotychczas; ~ **off**

〈**away**〉 daleko stąd; ~ **from
it!** bynajmniej!; pot. broń
Boże!
fare [feə(r)] **I** v mieć się; czuć
się **II** s 1. opłata f za przejazd; **your** ~**s, please!** proszę płacić za przejazd! 2.
(*food*) jedzenie n; wikt m;
bill of ~ jadłospis m
farewell [feə`wel] **I** s pożegna-
nie n; **to bid** ~ **to sb** pożegnać się z kimś **II** int że-
gnajcie!
farm [fɑm] **I** s ferma f; gospodarstwo rolne **II** v gospodarować na roli; upra-
wiać ziemię
farmer [`fɑmə(r)] s rolnik m,
gospodarz m, farmer m
farm-hand [`fɑm hænd] s pa-
robek m; robotnik rolny
far-sighted [`fɑ saıtıd] adj da-
lekowzroczny; przen. przewidujący
farther, farthest zob. **far** adj
farthing [`fɑðıŋ] s ćwierć f
pensa; przen. grosz m
fascinate [`fæsıneıt] v fascy-
nować; oczarować
fascist [`fæsıst] **I** s faszysta m
II adj faszystowski
fashion [`fæʃn] **I** s 1. fason m;
styl m; wzór m; **as is his** ~
swoim zwyczajem 2. (*mode*)
moda f; ~ **show** pokaz m
mody; **in the** ~ modny; **out
of** ~ niemodny **II** v fasono-
wać; kształtować
fashionable [`fæʃnəbl] adj
modny, elegancki, wytwor-
ny
fast[1] [fɑst] **I** adj 1. mocny,
silny; **to have a** ~ **hold of
sth** mocno coś trzymać; **to
make** ~ umocować 2. (*rapid*)
szybki; **my watch is** ~ mój
zegarek się śpieszy **II** adv
1. mocno; **to be** ~ **asleep**
spać głębokim snem; ~ **dyed**
trwale farbowany 2. (*rapid-
ly*) szybko; **to live** ~ hulać
fast[2] [fɑst] **I** v pościć **II** s
post m
fasten [`fɑsn] v przymoco-

wać; (*shut*) zamknąć; zapiąć; to ~ the belt zapiąć pas
fastener ['fɑsnə(r)] s zamknięcie *n*; spinacz *m*; **zip** ~ zamek błyskawiczny
fat [fæt] I *adj* tłusty; gruby; **to grow** ~ tyć II s tłuszcz *m*; sadło *n*
fatal ['feɪtl] *adj* nieuchronny; fatalny; (*of accident*) śmiertelny
fate [feɪt] s los *m*; przeznaczenie *n*
fateful ['feɪtfl] *adj* proroczy; (*fatal*) fatalny
father ['fɑðə(r)] s ojciec *m*
father-in-law ['fɑðr ɪn lɔ] s (*pl* **fathers-in-law** ['fɑðəz ɪn lɔ]) teść *m*
fatherland ['fɑðəlænd] s ojczyzna *f*
fathom ['fæðəm] I s sążeń *m* (miara głębokości) II *v* gruntować; sondować; *przen.* pojąć, zrozumieć
fatten ['fætn] *v* 1. tuczyć 2. (*become fat*) utyć
fault [fɔlt] s brak *m*; wada *f*; defekt *m*; (*misdeed*) błąd *m*, wina *f*
faultless ['fɔltləs] *adj* bezbłędny; nienaganny
faulty ['fɔltɪ] *adj* wadliwy; błędny
faun [fɔn] s faun *m*
favour ['feɪvə(r)] I s łaska *f*; przychylność *f*; względy *pl*; **to ask a** ~ **of sb** prosić kogoś o przysługę; (*in letters*) **by** ~ przez grzeczność; **in** ~ **of sb** na czyjąś korzyść II *v* faworyzować; sprzyjać; woleć
favourable ['feɪvrəbl] *adj* (*of a person*) życzliwy; (*of a situation etc*). pomyślny; korzystny (**to sb, sth** dla kogoś, czegoś)
favourite ['feɪvrɪt] I s ulubieniec *m* (**with** sb czyjś); *sport*. faworyt *m* II *adj* ulubiony
fear [fɪə(r)] I s strach *m*; oba-

wa *f*; **for** ~ **of ...** z obawy przed ...; **in** ~ **of sb, sth** w strachu przed kimś, czymś II *v* bać się (**sb, sth** kogoś, czegoś)
fearful ['fɪəfl] *adj* straszny; (*timid*) bojaźliwy
fearless ['fɪələs] *adj* nieustraszony
feasible ['fizəbl] *adj* wykonalny; prawdopodobny
feast [fist] I *v* ucztować; obchodzić uroczyście; (*treat*) podejmować (gości); *przen.* **to** ~ **one's eyes on sth** napawać oczy czymś II s święto *n*; (*meal*) biesiada *f*
feat [fit] s wyczyn *m*
feather ['feðə(r)] I s piór(k)o *n*; opierzenie *n*; *przen.* **birds of a** ~ ludzie *pl* jednego pokroju II *v* pokryć piórami
feather-weight ['feðə weɪt] s *sport*. waga piórkowa
feature ['fitʃə(r)] I s cecha *f*; *pl* ~s rysy *pl* twarzy; ~ **film** film fabularny II *v* cechować; stanowić osobliwość ⟨wyróżniającą cechę⟩; (*describe*) opisywać; *kin. teatr*. przedstawiać (kogoś); odegrać (rolę); (*of a newspaper*) uwypuklić, uwydatnić
February ['februərɪ] s luty *m*
fed *zob*. **feed** *v*
federal ['fedrl] *adj* federalny; związkowy
federation [fedə'reɪʃn] s federacja *f*; związek *m*
fee [fi] s honorarium *n*; opłata *f*
feeble ['fibl] *adj* słaby
feed [fid] I *v* (**fed** [fed], **fed**) 1. karmić; żywić (się); (*of cattle*) paść się; *przen.* **I am fed up with it** mam tego dosyć 2. *techn*. zasilać (maszynę) II s pasza *f*; pokarm *m*
feeder ['fidə(r)] s zasilacz *m*, podajnik *m*; urządzenie zasilające; ~ **cable** zasilacz elektryczny
feel [fil] I *v* (**felt** [felt], **felt**)

1. czuć (się); odczuwać; **do you** ~ **well?** czy jesteś zdrów?; **I** ~ **cold** jest mi zimno; **to** ~ **like doing sth** mieć ochotę coś zrobić 2. (*touch*) dotykać (palcami); **to** ~ **one's way iść po omacku; to** ~ **the pulse** mierzyć puls **II** *s* dotyk *m*; czucie *n* feeling [ˈfiːlɪŋ] *s* 1. czucie *n*; dotyk *m* 2. (*emotion*) wrażenie *n*; uczucie *n*; **to hurt sb's** ~**s** urazić kogoś; **the general** ~ ogólne nastawienie (zebranych)
feet *zob.* foot *s*
feign [feɪn] *v* udawać
fell ¹ *zob.* fall *v*
fell ² [fel] *v* ścinać (drzewo); powalić
fellow [ˈfeləu] *s* 1. towarzysz *m*; kolega *m* 2. (*member*) członek *m* (towarzystwa naukowego) 3. (*man*) człowiek *m, pot.* facet *m*; **a good** ~ porządny chłop; **lucky** ~ szczęściarz *m*; **poor** ~ biedaczysko *n*; **old** ~! bracie!
fellowship [ˈfeləuʃɪp] *s* wspólnota *f*; solidarność *f*; (*corporation*) towarzystwo *n*; związek *n*; (*membership*) członkostwo *n* (towarzystwa naukowego); (*position*) stanowisko *n* stypendysty ⟨wykładowcy, prowadzącego ćwiczenia⟩
felt ¹ [felt] *s* filc *m*; pilśń *f*; wojłok *m*
felt ² *zob.* feel *v*
female [ˈfiːmeɪl] **I** *s* *zool.* samica *f*; (*woman*) kobieta *f* **II** *adj* żeński, kobiecy
feminine [ˈfemənɪn] *adj* kobiecy; *gram.* rodzaju żeńskiego
fence [fens] **I** *s* płot *m*; ogrodzenie *n* **II** *v* (za)grodzić
fencing [ˈfensɪŋ] *s* szermierka *f*
fender [ˈfendə(r)] *s* *am. mot.* błotnik *m*
fennel [ˈfenl] *s* *bot.* koper *m*

fermentation [ˌfɜːmənˈteɪʃn] *s* fermentacja *f*; *przen.* wzburzenie *n* (umysłów)
fern [fɜːn] *s* *bot.* paproć *f*
ferocity [fəˈrosətɪ] *s* dzikość *f*; okrucieństwo *n*
ferry [ˈferɪ] **I** *v* przewozić; przejeżdżać promem ⟨statkiem⟩ **II** *s* prom *m*
ferry-boat [ˈferɪ bəut] *s* prom *m*
ferryman [ˈferɪmən] *s* (*pl* ferrymen) przewoźnik *m*
fertile [ˈfɜːtaɪl] *adj* urodzajny, żyzny; płodny; obfitujący (**in sth w coś**)
fertility [fəˈtɪlətɪ] *s* urodzajność *f*; płodność *f*
fertilize [ˈfɜːtɪlaɪz] *v* użyźniać; nawozić
fertilizer [ˈfɜːtɪlaɪzə(r)] *s* nawóz (sztuczny)
fervour [ˈfɜːvə(r)] *s* żarliwość *f*; zapał *m*; gorliwość *f*
fester [ˈfestə(r)] **I** *v* ropieć; jątrzyć się; gnić **II** *s* ropień *m*
festival [ˈfestɪvl] **I** *s* święto *n*; festiwal *m* **II** *adj* świąteczny; odświętny
festivity [feˈstɪvətɪ] *s* święto *n*; uroczystość *f*
fetch [fetʃ] *v* pójść (**sb, sth** po kogoś, coś); przynieść
fetter [ˈfetə(r)] **I** *s* (*pl*) ~**s** kajdany *pl*; okowy *pl* **II** *v* zakuć w kajdany; skrępować
feudal [ˈfjuːdl] *adj* feudalny
fever [ˈfiːvə(r)] *s* gorączka *f*; ~ **hospital** szpital zakaźny
feverish [ˈfiːvərɪʃ] *adj* gorączkowy; (*of a climate*) malaryczny
few [fjuː] *adj pron* mało, niewiele; kilka; **a** ~ kilka, kilku, kilkoro; **a man of** ~ **words** człowiek małomówny
fibre [ˈfaɪbə(r)] *s* włókno *n*
fiction [ˈfɪkʃn] *s* fikcja *f*; *lit.* beletrystyka *f*
fictitious [fɪkˈtɪʃəs] *adj* zmyślony; fikcyjny
fiddle [ˈfɪdl] **I** *s* skrzypce *pl*

II *v* grać na skrzypcach; rzępolic

fidelity [fɪ`delətɪ] *s* wierność *f*; *(accuracy)* ścisłość *f* (tłumaczenia)

fidget [`fɪdʒɪt] I *v* denerwować ⟨niecierpliwić, wiercić⟩ się II *s* *(of a person)* niespokojny duch

fidgety [`fɪdʒətɪ] *adj* niespokojny; nerwowy

field [fiːld] *s* pole *n*; teren *m*; *sport.* boisko *n*

fierce [fɪəs] *adj* dziki; gwałtowny; zagorzały

fiery [`faɪərɪ] *adj* ognisty; zapalczywy

fifteen [`fɪ`ftiːn] *adj* piętnaście

fifteenth [`fɪ`ftinθ] *adj* piętnasty

fifth [fɪfθ] *adj* piąty

fiftieth [`fɪftɪəθ] *adj* pięćdziesiąty

fifty [`fɪftɪ] *adj* pięćdziesiąt; **to go ~ - ~** płacić ⟨dzielić się⟩ po połowie

fig [fɪg] *s* figa *f*; **I don't care a ~!** nic mnie to nie obchodzi!

fight [faɪt] I *v* (**fought** [fɔt], **fought**) bić się, walczyć II *s* walka *f*, bój *m*

fighter [`faɪtə(r)] *s* bojownik *m*; szermierz *m* (sprawy); *lotn.* samolot myśliwski

figurative [`fɪgrətɪv] *adj* symboliczny; *(metaphorical)* przenośny

figure [`fɪgə(r)] I *s* figura *f*; sylwetka *f*, postać *f*; *mat.* cyfra *f*; liczba *f* II *v* przedstawiać; wyobrażać; figurować; **to ~ up** zliczać, sumować

file ¹ [faɪl] I *s* pilnik *m* II *v* piłować

file ² [faɪl] I *s* rejestr *m*; kartoteka *f*; akta *pl* II *v* wkładać do akt

file ³ [faɪl] I *s* rząd *m*; **in ~** rzędem; gęsiego II *v* przechodzić rzędem

fill [fɪl] *v* 1. napełniać (się); **to ~ in** ⟨**out**⟩ wypełniać (formularz); **to ~ up** napełnić, zapełnić; **to ~ up with petrol** ⟨**water**⟩ uzupełnić zapas benzyny ⟨**wody**⟩ 2. *(occupy)* zajmować (stanowisko) 3. *dent.* plombować (ząb)

filling [`fɪlɪŋ] *s* materiał wypełniający; *dent.* plomba *f*; *am. kulin.* farsz *m*

filling-station [`fɪlɪŋ steɪʃn] *s* stacja benzynowa

film [fɪlm] I *s* 1. film *m*; **advertising ~** film reklamowy; **cartoon ~** film animowany; **crime-story ~** film kryminalny ⟨sensacyjny⟩; **TV ~** film telewizyjny 2. *fot.* błona *f*; **black and white ~** błona czarno-biała; **colour ~** błona barwna ⟨kolorowa⟩; **diapositive ~** błona diapozytywowa; **reversal** ⟨**reversible**⟩ **~** błona odwracalna 3. *pl* **~s** kino *n*; kinematografia *f* II *v* 1. pokrywać (się) warstwą (**sth** czegoś) 2. *kin.* filmować

film-star [`fɪlm stɑ(r)] *s* gwiazda filmowa

filter [`fɪltə(r)] I *s* filtr *m*; **air ~** filtr powietrza; **oil ~** filtr olejowy; **petrol ~** filtr benzyny II *v* filtrować; sączyć się

filter-screen [`fɪltə skriːn] *s* *fot.* filtr *m*

filth [fɪlθ] *s* brud *m*; nieczystości *pl*

filthy [`fɪlθɪ] *adj* brudny; plugawy; *przen.* sprośny

final [`faɪnl] I *adj* końcowy; ostateczny II *s* *(także pl* **~s**) *sport.* finał *m*

finance [`faɪnæns] I *s* *(także pl* **~s**) finanse *pl* II *v* finansować

financial [faɪ`nænʃl] *adj* finansowy; **~ year** rok budżetowy

financier [faɪ`nænsɪə(r)] *s* finansista *m*

find [faɪnd] I *v* (**found** [faʊnd], **found**) 1. znajdować; **to ~**

one's way trafić; to ~ sb
in ⟨out⟩ zastać ⟨nie zastać⟩
kogoś w domu 2. (ascertain)
stwierdzać; to ~ sb guilty
uznać kogoś winnym; to ~
out przekonać się (sth o
czymś); to ~ sb out poznać
czyjś prawdziwy charakter
3. (discover) odkryć II s odkrycie n; coś znalezionego
finding [`faɪndɪŋ] s odkrycie
n
fine ¹ [faɪn] I adj czysty; (delicate) delikatny; (beautiful)
piękny; pot. świetny; that's
~! świetnie! II adv wspa-
niale
fine ² [faɪn] I s kara f; grzywna f; mandat m II v uka-
rać grzywną ⟨mandatem⟩
finger [`fɪŋgə(r)] I s palec m
(u ręki) II v dotykać
finish [`fɪnɪʃ] I v kończyć (się)
II s koniec m; sport. finisz
m
Finn [fɪn] s Fin m, Finka f
Finnish [`fɪnɪʃ] I adj fiński II
s język fiński
fir [fɜ(r)] s bot. jodła f
fire [`faɪə(r)] I v zapalić (się);
płonąć; (shoot) strzelać; pot.
wylać z posady (sb kogoś)
II s ogień m; (conflagra-
tion) pożar m; to make a ~
zapalić; to set ~ to sth pod-
palić coś; on ~ w płomie-
niach
fire-alarm [`faɪər əlam] s syg-
nał m pożarowy
fire-brigade [`faɪə brɪgeɪd] s
straż pożarna ⟨ogniowa⟩
fire-escape [`faɪər ɪskeɪp] s
wyjście zapasowe (na wy-
padek pożaru)
fireman [`faɪəmən] s (pl fire-
men) s strażak m; (stoker)
palacz m
fireplace [`faɪəpleɪs] s komi-
nek m; palenisko n
fireproof [`faɪə pruf] adj og-
niotrwały
fire-side [`faɪə saɪd] s komi-
nek m; przen. ognisko do-
mowe

fire-station [`faɪə steɪʃn] s re-
miza f straży pożarnej
firework [`faɪəwɜk] s fajer-
werk m; pl ~s ognie sztu-
czne
firm ¹ [fɜm] s firma f; przedsiębiorstwo n
firm ² [fɜm] I adj mocny;
twardy II adv mocno; sil-
nie; twardo
first [fɜst] I adj pierwszy;
~ aid pierwsza pomoc (le-
karska); ~ name imię n;
in the ~ place najpierw II
s początek m; at ~ naj-
pierw; z początku; from the
~ od samego początku III
adv najpierw; po pierwsze;
~ of all przede wszystkim
firstly [`fɜstlɪ] adv po pier-
wsze
first-night [`fɜst `naɪt] s teatr.
premiera f
first-rate [`fɜst `reɪt] adj znakomity; pierwszorzędny
fish [fɪʃ] I s ryba f; ~ and
chips (place) smażalnia f
ryb i frytek; boiled ⟨cooked⟩
~ ryba gotowana; fried ~
ryba smażona; jellied ~ ryba w galarecie; smoked ~
ryba wędzona; stuffed ~
ryba faszerowana II v ło-
wić ryby; przen. to ~ for
compliments szukać po-
chwał; pot. to ~ sth out (of
one's pocket) wyciągnąć coś
(z kieszeni)
fish-bone [`fɪʃ bəun] s ość f
fisher [`fɪʃə(r)], **fisherman** [`fɪ-
ʃəmən] s (pl fishermen) ry-
bak m
fishing [`fɪʃɪŋ] s rybołówstwo
n
fisny [`fɪʃɪ] adj rybny; (of a
person) podejrzany
fissure [`fɪʃə(r)] s szczelina f;
pęknięcie n
fist [fɪst] s pięść f
fit ¹ [fɪt] m atak m; napad m
(choroby itd.)
fit ² [fɪt] I adj nadający się;
odpowiedni II v 1. nadawać
się 2. (adjust) dopasować;

przystosować (**sb for sth** kogoś do czegoś); **to ~ in** zgadzać się; **to ~ on** przymierzać (ubranie) 3. (*supply*) zaopatrzyć (**sb with sth** kogoś w coś); **to ~ out ⟨up⟩** wyekwipować (**with sth** w coś)

fitting [`fıtıŋ] I *adj* stosowny; (*of clothes*) (dobrze ⟨źle⟩) leżący ⟨uszyty⟩ II *s* 1. (*at the tailor*) przymiarka *f*; ~ **room** przymierzalnia *f* 2. *pl* ~**s** przybory *pl*, przyrządy *pl*, akcesoria *pl* 3. (*installation*) instalacje *pl*, armatura *f*

five [faıv] *adj* pięć

fivefold [`faıffəuld] I *adj* pięciokrotny II *adv* pięciokrotnie

fix [fıks] *s* kłopot *m*; **to get into a ~** narobić sobie biedy

fix [fıks] *v* 1. przymocować 2. *fot.* utrwalić 3. (*settle*) ustalić; wyznaczyć (datę); *pot.* załatwić; **to ~ sb up** zająć się kimś; ulokować kogoś

flabby [`flæbı], **flaccid** [`flæksıd] *adj* zwiotczały, obwisły

flag [flæg] *s* flaga *f*

flag [flæg] *s* (*także* ~ **stone**) płyta chodnikowa; kamień brukowy

flair [fleə(r)] *s* spryt *m*; *pot.* **to have a ~ for sth** mieć dryg do czegoś

flake [fleık] *s* płatek *m*; łuska *f*

flame [fleım] I *s* płomień *m*; *przen.* ogień *m* II *v* płonąć

flank [flæŋk] *s* bok *m*; flanka *f*

flannel [`flænl] *s* flanela *f*; *pl* ~**s** ubranie flanelowe

flap [flæp] I *v* klaskać; (*flutter*) trzepotać (skrzydłami) II *s* 1. lekkie uderzenie; (*fluttering*) trzepotanie *n* 2. (*of a garment, table etc.*) klapa *f*

flash [flæʃ] I *s* błysk *m*; *przen.* **in a ~** w jednej chwili; błyskawicznie II *v* błysnąć

flask [flɑsk] *s* (płaska) flaszka *f*; butla *f*; manierka *f*

flat [flæt] *s* mieszkanie *n*

flat [flæt] I *adj* płaski; **to fall ~** upaść jak długi II *s* płaszczyzna *f*; (*lowland*) nizina *f*

flatter [`flætə(r)] *v* pochlebiać (**sb komuś**)

flattery [`flætrı] *s* pochlebstwo *n*

flavour [`fleıvə(r)] I *v* przyprawiać (potrawę) II *s* smak *m*; (*smell*) zapach *m*; *przen.* posmak *m*

flavouring [`fleıvərıŋ] *s* przyprawa *f*

flaw [flɔ] *s* skaza *f*; wada *f*

flax [flæks] *s* len *m*

flaxen [`flæksn] *adj* lniany; (*of a colour*) płowy

flea [fli] *s* pchła *f*

fled *zob.* **flee**

fledged [fledʒd] *adj* opierzony; *przen.* **newly ~** świeżo upieczony

flee [fli] *v* (**fled** [fled], **fled**) uciekać

fleece [flis] I *s* runo *n* II *v* strzyc (owcę)

fleet [flit] *s* flota *f*

flesh [fleʃ] *s* 1. ciało *n*; **to put on ~** przybrać na wadze; **to lose ~** schudnąć; **in the ~** we własnej osobie 2. (*meat*) mięso *n*

fleshy [`fleʃı] *adj* mięsisty

flew *zob.* **fly** *v*

flexible [`fleksəbl] *adj* giętki; elastyczny

flicker [`flıkə(r)] I *v* migotać; mrugać II *s* migotanie *n*

flight [flaıt] *s* 1. lot *m* 2. (*series of stairs*) kondygnacja *f* (schodów)

flight [flaıt] *s* ucieczka *f*

flimsy [`flımzı] *adj* słaby; kruchy; ~ **paper** papier przebitkowy, przebitka *f*

fling [flıŋ] I *v* (**flung** [flʌŋ],

flung) rzucać (się); ciskać **II**
s rzut *m*
flint [flɪnt] s kamień *m* do za-
palniczki
flirt [flɜt] **I** *v* flirtować **II** s
flirciarz *m*, flirciarka *f*
flirtation [flɜˋteɪʃn] s flirt *m*;
to carry on a ∼ poflirto-
wać
float [fləut] **I** *v* płynąć; unosić się (na wodzie); (*transport*) spławiać (drzewo);
(*launch*) uruchomić, wprowadzić w życie (plan) **II** s
pływak *m* (wędki); (*raft*)
tratwa *f*
flock [flok] **I** s stado *n*; gromada *f* **II** *v* gromadzić się;
to ∼ **in** ⟨**out**⟩ tłumnie wchodzić ⟨wychodzić⟩
floe [fleu] s kra *f*
flood [flʌd] **I** s powódź *f*; potop *m* **II** *v* zatopić; zalać
floor [flɔ(r)] s 1. podłoga *f*;
posadzka *f*; **marble** ∼ posadzka marmurowa; **parquet**
∼ posadzka z klepki, par-
kiet *m*; **tile** ∼ posadzka kamienna; **mezzanine** ∼ półpiętro *n*; ∼ **finish** wykładzina podłogowa 2. (*storey*)
piętro *n*; **ground** ∼ parter
m; **to take tne** ∼ zabrać
głos; przemówić
flop [flop] s upadek *m*; *pot.*
klapa *f*; fiasko *n*
florist [ˋflorɪst] s sprzedawca
m kwiatów; **a** ∼**'s shop**
kwiaciarnia *f*
flounce [flauns] s falbanka *f*
flour [ˋflauə(r)] s mąka *f*;
∼ **mill** młyn *m*
flourish [ˋflʌrɪʃ] **I** *v* 1. kwitnąć; rozwijać się 2. (*wave*)
wymachiwać (sth czymś) **II**
s 1. ozdoba *f* 2. (*waving*)
wymachiwanie *n*
flow [fləu] **I** *v* płynąć; prze-
pływać **II** s przepływ *m*;
wylew *m*; prąd *m*; ∼ **of
spirits** werwa *f*
flower [ˋflauə(r)] **I** s kwiat *m*;
przen. śmietanka_ *f* (towa-

rzystwa) **II** *v* kwitnąć;
przen. rozwijać się
flower-bed [ˋflauə bed] s kwietnik *m*; klomb *m*
flowery [ˋflauərɪ] *adj* kwiecisty
flown zob. **fly** *v*
flu [flu] s *pot.* grypa *f*;
having ⟨**suffering from**⟩ ∼
chory na grypę
fluctuation [ˋflʌktʃuˋeɪʃn] s wahanie się *n*; fluktuacja *f*
fluency [ˋfluənsɪ] s płynność
f; biegłość *f*; łatwość *f* wy-
sławiania się
fluent [ˋfluənt] *adj* płynny;
biegły
fluid [ˋfluɪd] **I** *adj* płynny **II**
s płyn *m*; ciecz *f*
flung zob. **fling** *v*
flurry [ˋflʌrɪ] **I** s poruszenie
n; podniecenie *n*; **in a** ∼
podniecony **II** *v* poruszyć,
zdenerwować
flush[1] [flʌʃ] **I** s strumień *m*
(wody); (*rush of emotion*)
przypływ *m* (uczucia);
(*blush*) zarumienienie się *n*;
wypieki *pl* **II** *adj* pełny; (*of
a river*) wezbrany **III** *v* tryskać; (*blush*) zarumienić
(się); (*clean with water*)
spłukiwać
flutter [ˋflʌtə(r)] **I** *v* trzepotać
skrzydłami; (*of a person*)
poruszać się nerwowo; niepokoić (się); (*of a heart*) kołatać **II** s trzepotanie *n*; bicie *n* (serca); (*emotion*) podniecenie *n*; **to be in a** ∼
być podnieconym
fly[1] [flaɪ] s mucha *f*
fly[2] [flaɪ] **I** *v* (flew [flu],
flown [fləun]) latać, fruwać;
(*flee*) uciekać; **to** ∼ **into a
passion** wpaść w pasję; **to**
∼ **into pieces** rozlecieć się
w kawałki **II** s lot *m*
fly-paper [ˋflaɪ peɪpə(r)] s lep
m na muchy
foal [fəul] s źrebię *n*
foam [fəum] **I** s piana *f* **II** *v*
pienić się

foamy [`fəumɪ] *adj* pienisty, spieniony

focus [`fəukəs] **I** *v* ogniskować (się) **II** *s* (*pl* **foci** [`fəusaɪ]) *fiz. opt.* ognisko *n*

fodder [`fodə(r)] *s* pasza *f*

foe [fəu] *s* wróg *m*, przeciwnik *m*

fog [fog] *s* mgła *f*; ~ **lights** światła przeciwmgielne

foggy [`fogɪ] *adj* mglisty; *przen.* niejasny

fold [fəuld] **I** *s* fałda *f*; zakładka *f* **II** *v* składać (się); zginać

folder [`fəuldə(r)] *s* teczka *f*; skoroszyt *m*; (*booklet*) broszurka *f*; prospekt *m*

folk [fəuk] *s* **1.** lud *m*; **country** ~ wieśniacy *pl* **2.** *pl* ~**s** ludzie *pl*; **my** ~**s** moi krewni

folklore [`fəuklɔ(r)] *s* folklor *m*

follow [`foləu] *v* **1.** następować po (**sb, sth** kimś, czymś); **to** ~ **sb's example, to** ~ **suit** pójść za czyimś przykładem **2.** (*pursue*) śledzić **3.** (*understand*) rozumieć **4.** (*be adherent*) być zwolennikiem (**sb** czyimś) **5.** (*result*) wynikać; **as** ~**s** jak następuje

follower [`f... oləuə(r)] *s* stronnik *m*; zwolennik *m*

folly [`folɪ] *s* szaleństwo *n*

fond [fond] *adj* czuły; delikatny; **to be** ~ **of sth** mieć do czegoś zamiłowanie; bardzo coś lubić

fondle [`fondl] *v* pieścić

food [fud] *s* żywność *f*; jedzenie *n*; **rich** ~ ciężko strawne potrawy ⟨jedzenie⟩

food-stuff [`fud stʌf] *s* artykuły żywnościowe

fool [ful] **I** *v* błaznować, wygłupiać się **II** *s* głupiec *m*; **to make a** ~ **of oneself** robić z siebie durnia; zbłaźnić się; **to make a** ~ **of sb** wystrychnąć kogoś na dudka

foolish [`fulɪʃ] *adj* głupi; nierozsądny

foot [fut] (*pl* **feet** [fit]) *s* **1.** stopa *f*; noga *f*; **on** ~ piechotą **2.** (*bottom*) spód *m*; dół *m*

football [`futbɔl] *s* piłka nożna

foot-bridge [`fut brɪdʒ] *s* kładka *f*

foot-note [`futnəut] *s* notatka *f* (u dołu stronicy)

footprint [`futprɪnt] *s* ślad *m* stopy

for [fə(r), fɔ(r)] **I** *praep* **1.** dla; na; ~ **ever** ⟨**good**⟩ na dobre; na zawsze; ~ **instance** na przykład; **as** ~ co do; **word** ~ **word** słowo w słowo; dosłownie; ~ **certain** na pewno **2.** (*instead of*) za; zamiast **3.** (*since*) od; przez; ~ **ages** od wieków **4.** (*because*) ponieważ **II** *conj* ponieważ, gdyż

forbid [fə`bɪd] *v* (**forbade** [fə`beɪd], **forbidden** [fə`bɪdn]) zakazywać; zabraniać (**sb sth** komuś czegoś)

force [fɔs] **I** *s* **1.** siła *f*; moc *f*; **by** ~ siłą, przemocą; **to be in** ~ obowiązywać; być w mocy; **to come into** ~ wchodzić w życie **2.** *pl* ~**s** siły zbrojne **II** *v* zmuszać; wymuszać; forsować; **to** ~ **sth upon sb** narzucać coś komuś

fore [fɔ(r)] **I** *s* przód *m*; **to come to the** ~ wysunąć się na czoło **II** *adj* przedni

forearm [`fɔram] *s* przedramię *n*

forecast [fə`kast] **I** *v* przewidywać; zapowiadać **II** *s* [`fɔkast] przewidywanie *n*; **weather** ~ prognoza *f* pogody

forefinger [`fɔfɪŋgə(r)] *s* palec wskazujący

forego [fɔ`gəu] *v* (**forewent** [fɔ`went], **foregone** [fɔ`gon]) poprzedzać

foreground ['fɔɡrɑund] s przedni plan (obrazu)
forehead ['fɔrɪd] s czoło n
foreign ['fɔrən] adj 1. obcy (to sb, sth komuś, czemuś) 2. (of another country) zagraniczny; cudzoziemski; Foreign Office ministerstwo n spraw zagranicznych
foreigner ['fɔrənə(r)] s cudzoziemiec m; obcokrajowiec m
foreman ['fɔmən] s (pl foremen) brygadzista m; majster m; górn. sztygar m
foremost ['fɔməust] I adj pierwszy; przedni; główny II adv first and ~ przede wszystkim
forename ['fɔneɪm] s imię n
foresee [fɔ'si] v (foresaw [fɔ'sɔ], foreseen [fɔ'sin]) przewidywać
foresight ['fɔsɑɪt] s przewidywanie n; przezorność f
forest ['fɔrɪst] s las m
forester ['fɔrɪstə(r)] s leśniczy m
foretell [fɔ'tel] v (foretold [fɔ'təuld], foretold) przepowiadać; wróżyć
forewent zob. forego
foreword ['fɔwɜd] s przedmowa f
forfeit ['fɔfɪt] I s grzywna f; strata f (drogą konfiskaty) II v stracić
forgave zob. forgive
forge [fɔdʒ] I s kuźnia f II v 1. kuć 2. (counterfeit) fałszować; podrabiać
forger ['fɔdʒə(r)] s fałszerz m
forgery ['fɔdʒərɪ] s fałszerstwo n; podrobienie n (dokumentu); (document) podrobiony dokument
forget [fə'get] v (forgot [fə'gɔt], forgotten [fə'gɔtn]) zapominać
forgetful [fə'getfl] adj zapominalski; nie zważający (of sth na coś)
forget-me-not [fə'get mɪ not] s niezapominajka f
forgive [fə'gɪv] v (forgave

[fə'geɪv], forgiven [fə'gɪvn]) przebaczać ⟨darować⟩ (sb for sth komuś coś)
forgot, forgotten zob. forget
fork [fɔk] I s widelec m II v rozwidlać sie
forlorn [fə'lɔn] adj beznadziejny; (forsaken) opuszczony; samotny
form [fɔm] I s 1. kształt m; postać f 2. (document) formularz m; printed ~ blankiet; telegraph ~ blankiet telegraficzny; to fill in ⟨up, out⟩ a ~ wypełnić blankiet 3. (mood) nastrój m 4. szk. klasa f II v formować ⟨kształtować, tworzyć⟩ (się)
formal ['fɔml] adj formalny; oficjalny; urzędowy
formality [fɔ'mælətɪ] s formalność f
former ['fɔmə(r)] adj poprzedni; dawny; były
formula ['fɔmjulə] s (pl formulae ['fɔmjuli], ~s) formułka f; przepis m; mat. chem. wzór m
forsake [fə'seɪk] v (forsook [fə'suk], forsaken [fə'seɪkən]) opuszczać; porzucać (sb kogoś); zaniechać (sth czegoś)
forth [fɔθ] adv naprzód; dalej; back and ~ tam i z powrotem; and so ~ i tak dalej
forthcoming [fɔθ'kʌmɪŋ] adj przyszły; nadchodzący
fortieth ['fɔtɪəθ] adj czterdziesty
fortnight ['fɔtnɑɪt] s dwa tygodnie; a ~'s rest dwutygodniowy odpoczynek
fortnightly ['fɔtnɑɪtlɪ] I adj dwutygodniowy II s dwutygodnik m
fortress ['fɔtrɪs] s forteca f; twierdza f
fortunate ['fɔtʃunət] adj szczęśliwy; pomyślny; to be ~ mieć szczęście
fortune ['fɔtʃun] s 1. traf m; szczęście n; by ~ przypadkiem; ill ⟨bad⟩ ~ pech m;

nieszczęście *n* 2. (*wealth*) majątek *m*; **a man of ~** człowiek majętny

fortune-teller [ˈfɔtʃun telə(r)] *s* wróżbita *m*

forty [ˈfɔtɪ] I *adj* czterdzieści II *s* czterdziestka *f*

forward [ˈfɔwəd(z)] I *adj* przedni; (*progressive*) postępowy II *v* przesyłać; wysyłać III *s* napastnik *m* (w piłce nożnej); **~ centre** środkowy napastnik IV *adv* (*także ~s*) naprzód; dalej; przed siebie; **from that day ~** od tego czasu

forwards *zob.* forward *adv*

fossil [ˈfɔsl] I *s* skamieniałość *f*, skamielina *f* II *adj* skamieniały; *przen.* archaiczny, przedpotopowy

fought *zob.* fight *v*

foul [faul] I *s sport.* faul *m* II *adj* plugawy; wstrętny; (*of a deed etc.*) nieuczciwy; *sport.* nieprzepisowy; niedozwolony

found [1] *zob.* find *v*

found [2] [faund] *v* ufundować: założyć; (*base*) opierać (coś na czymś)

found [3] [faund] *v* odlewać; robić odlew

foundation [faunˈdeiʃn] *s* założenie *n*; ufundowanie *n*; fundacja *f*; (*basis*) podstawa *f*

founder [1] [ˈfaundə(r)] *s* założyciel *m*; fundator *m*

founder [2] [ˈfaundə(r)] *s* odlewnik *m*; giser *m*

foundry [ˈfaundrɪ] *s* odlewnia *f*

fountain [ˈfauntɪn] *s* fontanna *f*; wodotrysk *m*

fountain-pen [ˈfauntɪn pen] *s* wieczne pióro

four [fɔ(r)] I *adj* cztery II *s* czwórka *f*; **on all ~s** na czworakach

fourfold [ˈfɔfəuld] I *adj* czterokrotny II *adv* czterokrotnie

four-seater [ˈfɔ sitə(r)] *s* samochód czteroosobowy

fourteen [fɔˈtin] *adj* czternaście

fourteenth [fɔˈtinθ] *adj* czternasty

fourth [fɔθ] *adj* czwarty

fowl [faul] *s* ptak *m*; *zbior.* drób *m*

fox [foks] *s* lis *m*

fox-hunting [ˈfoks hʌntɪŋ] *s* polowanie *n* na lisa

fraction [ˈfrækʃn] *s* ułamek *m*; część *f*; *polit.* frakcja *f*

fracture [ˈfræktʃə(r)] I *s* złamanie *n* II *v* złamać (sie)

fragile [ˈfrædʒail] *adj* kruchy; delikatny

fragment [ˈfrægmənt] *s* fragment *m*; urywek *m*

fragrance [ˈfreigrəns] *s* zapach *m*

frail [freil] *adj* kruchy; słaby

frame [freim] I *s* 1. budowa *f*; konstrukcja *f*; **~ of mind** nastrój *m* 2. (*of a picture*) oprawa *f*; rama *f* II *v* 1. oprawiać (w ramę) 2. (*shape*) kształtować; składać

framework [ˈfreimwɜk] *s* zrąb *m*; szkielet *m*; **within the ~ of ...** w ramach ...

frank [fræŋk] *adj* szczery; **to be quite ~** mówiąc szczerze

frantic [ˈfræntɪk] *adj* oszalały; *pot.* **to drive sb ~** doprowadzić kogoś do szału

fraud [frɔd] *s* oszustwo *n*; (*person*) oszust *m*

freckle [ˈfrekl] I *v* pokrywać (się) piegami II *s* plamka *f* (na skórze); pieg *m*

freckled [ˈfrekld] *adj* piegowaty; nakrapiany

free [fri] I *adj* wolny, swobodny; (*without fee*) bezpłatny; **to be ~ with one's money** nie żałować pieniedzy; **to set ~** uwolnić II *adv* wolno, swobodnie; (*without fee*) bezpłatnie

freedom [ˈfridəm] *s* 1. wolność

f 2. (*permission*) prawo *n*
(of sth do czegoś); ⁓ of a
city obywatelstwo *n* miasta
freeze [friz] *v* (**froze** [frəʊz],
frozen [ˈfrəʊznl] marznąć;
zamrażać
freezer [ˈfrizə(r)] *s* zamrażal-
nik *m*; zamrażarka *f*
freight [freit] I *s* fracht *m*;
przewóz *m* II *v* zafrachto-
wać (statek); ładować
freighter [ˈfreitə(r)] *s* frachtowiec *m*; *am.* wagon towa-
rowy
French [frentʃ] I *adj* francuski; **to take** ⁓ **leave**
wyjść po angielsku II *s* język francuski; **the** ⁓ Fran-
cuzi *pl*
Frenchman [ˈfrentʃmən] *s* (*pl*
Frenchmen) Francuz *m*
frequency [ˈfrikwənsɪ] *s* czę-
stość *f*; *fiz.* częstotliwość *f*
frequent¹ [ˈfrikwənt] *adj* częsty; rozpowszechniony
frequent² [friˈkwent] *v* uczęszczać (a place dokądś —
do teatru, na coś — na kurs
itp.); odwiedzać, bywać u
(sb kogoś)
fresh [freʃ] I *adj* 1. świeży;
⁓ **water** słodka woda; "⁓
paint" „świeżo malowane"
2. (*new*) nowy II *adv* świeżo; niedawno
friar [ˈfraɪə(r)] *s* mnich *m*
friction [ˈfrɪkʃn] *s* tarcie *n*
Friday [ˈfraɪdɪ] *s* piątek *m*;
Good ⁓ Wielki Piątek
fried zob. **fry** *v*; ⁓ **eggs** jajka
sadzone; ⁓ **potatoes** frytki
pl
friend [frend] *s* przyjaciel *m*,
przyjaciółka *f*; **to make** ⁓s
with sb zaprzyjaźnić się z
kimś
friendship [ˈfrendʃɪp] *s* przyjaźń *f*
fright [fraɪt] *s* strach *m*
frighten [ˈfraɪtn] *v* przestraszyć, nastraszyć
frightful [ˈfraɪtfl] *adj* straszny
frigid [ˈfrɪdʒɪd] *adj* zimny;
przen. oziębły

frill [frɪl] *s* falbanka *f*; *pl* ⁓s
fochy *pl*
fringe [frɪndʒ] I *s* frędzla *f*;
(*of hair*) grzywka *f*; (*border*) lamówka *f*; obrębek *m*
II *v* przybrać frędzlami;
(*border*) obrębiać
fro [frəʊ] *adv* **to and** ⁓ tam
i z powrotem; tu i tam
frock [frok] *s* sukienka *f*
frog [frog] *s* żaba *f*
from [frəm] *praep* 1. z; ⁓
here stąd; ⁓ **above** z góry
2. (*of a distance*) od; ⁓
school ze szkoły; ⁓ **five to
six** od 5-tej do 6-tej 3.
(*because*) z powodu; **he did
it** ⁓ **fright** zrobił to ze strachu 4. (*according to*) według; ⁓ **the original** według
oryginału
front [frʌnt] I *s* przód *m*;
czoło *n*; front *m*; **in** ⁓ na
przedzie; **in** ⁓ **of** przed II
adj przedni; frontowy; ⁓
wheels przednie koła; ⁓
page pierwsza stronica
frontier [ˈfrʌntɪə(r)] *s* granica
f; ⁓ **check** ⟨**control**⟩ kontrola graniczna
frost [frost] *s* mróz *m*
frost-bite [ˈfrost baɪt] *s* odmrożenie *n*
frost-bitten [ˈfrost bɪtn] *adj*
odmrożony
frosty [ˈfrostɪ] *adj* mroźny,
lodowaty
frown [fraʊn] I *v* marszczyć
brwi; krzywo patrzeć (at
⟨on, upon⟩ sb na kogoś) II
s zmarszczenie *n* brwi; mars
m na czole
froze, frozen zob. **freeze** *v*
fruit [frut] *s* owoc *m*, owoce
pl; **stewed** ⁓ kompot owocowy
fruit-cake [ˈfrut keɪk] *s* placek *m* z owocami
fruitful [ˈfrutfl] *adj* owocują-
cy; (*of soil*) żyzny; płodny
frustration [frʌˈstreɪʃn] *s* zawód *m*; (*counteraction*)
zniweczenie *n*, udaremnie-

nie *n* (zamiarów); (*of mood*)
frustracja *f*
fry [fraı] *v* (**fried** [fraıd], **fried**)
smażyć (się)
frying-pan [ˈfraııŋ pæn] *s* patelnia *f*
fuel [ˈfjuḷ] *s* opał *m*; paliwo
n; ~ **pomp** pompa paliwowa; ~ **tank** bak *m* na paliwo
fugitive [ˈfjudʒıtıv] I *adj* zbiegły; (*passing*) przelotny II *s*
zbieg *m*; dezerter *m*
fulfil [fulˈfıl] *v* spełnić; wykonać
full [ful] I *adj* 1. pełny; *teatr.*
a ~ **house** pełna widownia
2. (*complete*) całkowity;
kompletny; ~ **stop** kropka
f; at ~ **length** jak długi II
s pełnia *f* (sezonu, Księżyca
itd.); szczyt *m* (sławy itd.);
name in ~ pełne imię i nazwisko; **to the** ~ do syta
III *adv* w pełni; całkowicie
full-dress [ˈfulˈdres] *adj* wieczorowy; galowy
full-time [ˈfulˈtaım] *adj* pełnoetatowy; ~ **job** praca *f*
na pełnym etacie
fumble [ˈfʌmbl] *v* gmerać;
grzebać; szperać (**for** ⟨**after**⟩
sth za czymś)
fun [fʌn] *s* zabawa *f*; uciecha
f; **a bit of** ~ żart *m*; **to
make** ~ **of sb, sth** żartować ⟨kpić⟩ z kogoś, czegoś;
to have ~ bawić się; ~ **fair**
wesołe miasteczko
function [ˈfʌŋkʃn] I *s* funkcja *f*; działanie *n* II *v* funkcjonować
fund [fʌnd] *s* fundusz *m*; kasa
f (zapomogowa); *pl* ~s kapitał *m*, fundusze *pl*
fundamental [ˈfʌndəˈmentl] I
adj zasadniczy; podstawowy; istotny II *s* podstawowa zasada
funeral [ˈfjunrəl] I *adj* pogrzebowy II *s* pogrzeb *m*
funnel [ˈfʌnl] *s* komin *m* (ma-

szyny, na statku); (*diminishing tube*) lejek *m*
funny [ˈfʌnı] *adj* zabawny,
śmieszny
fur [fɜ(r)] *s* futro *n*; ~ **coat**
futro *n* (płaszcz futrzany)
furcation [fəˈkeıʃn] *s* rozwidlenie *n*, rozgałęzienie *n*
furious [ˈfjuərıəs] *adj* wściekły; **to be** ~ **with sb** wściekać się na kogoś
furnace [ˈfɜnıs] *s* piec *m*; **blast**
~ piec hutniczy
furnish [ˈfɜnıʃ] *v* zaopatrywać
(**with sth** w coś); dostarczać
(czegoś); (*fit up with furniture*) meblować
furnishings [ˈfɜnıʃıŋz] *plt* urządzenie *n*, umeblowanie *n*
furniture [ˈfɜnıtʃə(r)] *s* meble
pl; **a piece of** ~ mebel *m*;
a set ⟨**suite**⟩ **of** ~ komplet
m mebli
furrier [ˈfʌrıə(r)] *s* kuśnierz *m*
further [ˈfɜðə(r)] I *zob.* **far**
adj II *v* popierać; pomagać
furthermore [ˈfɜðəmɔ(r)] *adv*
ponadto; poza tym
furthest *zob.* **far** *adj*
furtive [ˈfɜtıv] *adj* ukradkowy
fury [ˈfjuərı] *s* furia *f*; pasja
f; szał *m*
fuse [fjuz] I *s* *elektr.* bezpiecznik topikowy, korek *m*
II *v* stapiać (się); spalać się;
elektr. zakładać bezpieczniki
fusion [ˈfjuʒn] *s* *techn.* stopienie (się) *n*; spawanie *n*;
ekon. fuzja *f*; zlanie się *n*
fuss [fʌs] I *s* zamieszanie *n*;
hałas *m*; krzątanina *f* II *v*
awanturować ⟨denerwować⟩
się
fussy [ˈfʌsı] *adj* kapryśny;
zrzędny
futile [ˈfjutaıl] *adj* daremny;
próżny; bezowocny
future [ˈfjutʃə(r)] I *adj* przyszły II *s* 1. przyszłość *f*;
for the ~ w przyszłości 2.
gram. czas przyszły

G

gaberdine ['gæbə`din] s gabardyna f

gable [`geɪbl] s bud. ściana szczytowa

gag [gæg] I v zakneblować usta (sb komuś) II s knebel m

gaiety [`geɪətɪ] s wesołość f

gaily [`geɪlɪ] adv wesoło; z radością

gain [geɪn] I v zyskiwać (by sth na czymś); zarobić; wygrywać; osiągać; to ~ time zyskiwać na czasie; to ~ one's cause wygrać sprawę II s zysk m; zarobek m; (benefit) korzyść f

gait [geɪt] s chód m

gale [geɪl] s burza f; sztorm m; podmuch m wiatru

gall [gɔl] I s otarcie n skóry; oparzelina f II v otrzeć ⟨odparzyć⟩ skórę

gallantry [`gæləntrɪ] s dzielność f; rycerskość f; galanteria f

gallery [`gælərɪ] s galeria f; art ~ galeria sztuki

gallop [`gæləp] I v galopować; jechać galopem II s galop m; cwał m

galoshes [gə`lɔʃɪz] pl śniegowce pl; kalosze pl

gamble [`gæmbl] I v uprawiać hazard; spekulować (na giełdzie) II s hazard m

gambler [`gæmblə(r)] s gracz m; kanciarz m; przen. ryzykant m

gambling-den [`gæmblɪŋ den], gambling-house [`gæmblɪŋ haʊs] s jaskinia f ⟨dom m⟩ gry

game [geɪm] s 1. gra f (sportowa, w karty itd.); to play a ~ of (cards) rozegrać partię (kart) 2. pl ~s zawody pl; Olympic Games Igrzyska Olimpijskie 3. pl ~s (tricks) sztuczki pl; none of

your ~s! tylko bez sztuczek!; the ~ is up podstęp się nie udał 4. myśl. zwierzyna f; big ~ shooting polowanie n na grubego zwierza 5. kulin. dziczyzna f

gang [gæŋ] s grupa f (ludzi); szajka f, banda f

gangrene [`gæŋgrin] I v gangrenować, ulec gangrenie II s med. gangrena f

gangster [`gæŋstə(r)] s gangster m, bandyta m

gangway [`gæŋweɪ] s przejście n między rzędami krzeseł; mor. trap m; ~ ladder schodki zaburtowe

gaol [dʒeɪl] I s więzienie n II v uwięzić

gap [gæp] s otwór m; luka f; odstęp m

gape [geɪp] v ziewać; (stare) gapić się (at sb, sth na kogoś, coś)

garage [`gærɑʒ] I s garaż m II v garażować

garbage [`gɑbɪdʒ] s odpadki pl; śmieci(e) pl

garden [`gɑdn] I s ogród m II v uprawiać ogród

gardener [`gɑdnə(r)] s ogrodnik m

garden-party [`gɑdn pɑtɪ] s przyjęcie n na świeżym powietrzu

gargle [`gɑgl] v płukać (one's throat gardło)

garlic [`gɑlɪk] s czosnek m; a clove of ~ ząbek m czosnku

garret [`gærət] s mansarda f; poddasze n

garrison [`gærɪsn] s garnizon m

garter [`gɑtə(r)] s podwiązka f

gas [gæs] I v zatruć gazem II s 1. gaz m 2. am. pot. benzyna f

gas-cooker [`gæs kʊkə(r)] s kuchenka gazowa

gas-fittings [ˈgæs fɪtɪŋz] *plt* instalacja gazowa .

gasket [ˈgæskɪt] *s* uszczelka *f*; **rubber** ~ gumowa uszczelka

gasolene, gasoline [ˈgæsəlin] *s am.* benzyna *f*; **ethyl** ~ benzyna etylizowana; **high-test** ~ benzyna wysokooktanowa; **low-octane** ~ benzyna niskooktanowa

gas-oven [ˈgæs ʌvn] *s* piekarnik gazowy

gasp [gɑsp] *v* ciężko oddychać; sapać **(with rage ze złości)**

gas-plant [ˈgæs plɑnt] *s* gazownia *f*

gas-ring [ˈgæs rɪŋ] *s* palnik gazowy (kuchenny)

gas-stove [ˈgæs stəuv] *s* kuchenka gazowa

gastric [ˈgæstrɪk] *adj* żołądkowy; gastryczny; *med.* ~ **fever** tyfus brzuszny; ~ **ulcer** wrzód *m* żołądka

gate [geɪt] *s* brama *f*; wrota *pl*; furtka *f*; **to open the** ~ otworzyć bramę

gateway [ˈgeɪtweɪ] *s* brama wjazdowa; przejście *n*

gather [ˈgæðə(r)] *v* 1. zbierać ⟨gromadzić⟩ (się) 2. *(infer)* wnioskować **(from sth that... z czegoś, że ...)**

gathering [ˈgæðrɪŋ] *s* zebranie *n*; zgromadzenie *n*

gauge [geɪdʒ] I *s* miara *f*; wskaźnik *m*; **fuel** ~ wskaźnik paliwa; **oil-pressure** ~ wskaźnik ciśnienia oleju II *v* mierzyć; *(estimate)* oceniać, szacować

gauze [gɔz] *s* gaza *f*

gave *zob.* **give** *v*

gay [geɪ] *adj* wesoły; *(of a colour)* żywy

gaze [geɪz] I *v* przyglądać ⟨przypatrywać⟩ się **(at sb, sth** komuś, czemuś) II *s* spojrzenie *n*

gazette [gəˈzet] *s* gazeta *f* (urzędowa)

gear [gɪə(r)] *s* 1. przybory *pl*; narzędzia *pl* 2. *techn.* mechanizm *m*; przekładnia *f*; **toothed** ~ przekładnia zębata; **worm** ~ przekładnia ślimakowa 3. *mot.* bieg *m*; ~ **lever,** *am.* ~ **shift** dźwignia *f* zmiany biegów; ~ **reduction** redukcja *f* biegu; **back** ⟨**reverse**⟩ ~ bieg wsteczny; **steering** ~ układ kierowniczy; **to change the** ~ zmienić bieg; **to throw into** ~ włączyć ⟨*pot.* wrzucić⟩ bieg

gear-box [ˈgɪəboks] *s mot.* skrzynka *f* biegów

geese *zob.* **goose**

gem [dʒem] *s* klejnot *m*

gender [ˈdʒendə(r)] *s gram.* rodzaj *m*

general [ˈdʒenrl] *adj* ogólny; powszechny; generalny; ~ **practitioner** lekarz ogólnie praktykujący; **in** ~ zwykle; zazwyczaj; w ogóle

generalize [ˈdʒenrəlaɪz] *v* uogólniać

generate [ˈdʒenəreɪt] *v* rodzić; wytwarzać; wywoływać

generation [ˌdʒenəˈreɪʃn] *s* pokolenie *n*; ród *m*

generosity [ˌdʒenəˈrosətɪ] *s* hojność *f*; wspaniałomyślność *f*

generous [ˈdʒenrəs] *adj* hojny; wspaniałomyślny

genitive [ˈdʒenɪtɪv] *s gram.* dopełniacz *m*

genius [ˈdʒiniəs] *s (pl* ~**es)** geniusz *m*; talent *m* **(for sth** do czegoś); **a man of** ~ człowiek genialny

gentle [ˈdʒentl] *adj* łagodny, delikatny; miły; **the** ~ **sex** piękna płeć

gentleman [ˈdʒentlmən] *s (pl* **gentlemen)** pan *m*; dżentelmen *m*; **a** ~**'s agreement** porozumienie oparte na zaufaniu; *(in letters)* **Gentlemen** Szanowni Panowie!

gents [dʒents] *pl (in an inscription)* dla panów

genuine [ˈdʒenjuin] *adj* praw-

dziwy; autentyczny; (of a person) szczery
geographer [dʒɪˈogrəfə(r)] s geograf m
geography [dʒɪˈogrəfɪ] s geografia f
geology [dʒɪˈolədʒɪ] s geologia f
geometry [dʒɪˈomɪtrɪ] s geometria f
geranium [dʒɪˈreɪnɪəm] s geranium n; pelargonia f
germ [gɜm] s zarodek m; (microbe) zarazek m
German [ˈdʒɜmən] I s 1. Niemiec m 2. (language) język niemiecki II adj niemiecki; med. ⁓ measles różyczka f
gesticulate [dʒɪˈstɪkjʊleɪt] v gestykulować
gesture [ˈdʒestʃə(r)] s ruch m ręką; gest m
get [get] v (got [got], got, gotten [ˈgotn]) 1. dostać; otrzymać; zdobyć; have you got it? czy masz to?; to ⁓ hold of sth chwycić coś; to ⁓ wind of sth dowiedzieć się o czymś 2. (become) stać się; I never got to know him nigdy nie doszło do tego, abym go poznał; it's getting late ⟨dark, cold⟩ robi się późno ⟨ciemno, zimno⟩; to ⁓ better wyzdrowieć; to ⁓ one's feet wet przemoczyć sobie nogi; to ⁓ ready przygotować; to ⁓ rich ⟨tired⟩ wzbogacić ⟨zmęczyć⟩ się; to ⁓ rid of sb, sth pozbyć się kogoś, czegoś 3. (induce) zmuszać; namawiać; wpływać; to ⁓ sb to do sth zmusić kogoś do zrobienia czegoś; ⁓ your hair cut każ sobie ostrzyc włosy; to have got to musieć ‖ to ⁓ across przejść na drugą stronę; przedostać się; to ⁓ along dawać sobie radę; to ⁓ at sth dostać się do czegoś, osiągnąć coś; what are you getting at? do czego zmierzasz?; to ⁓ back wracać;

to ⁓ down schodzić; to ⁓ in wejść ⟨dostać się⟩ (do tramwaju); to ⁓ into a habit nabrać przyzwyczajenia; to ⁓ off wychodzić ⟨wysiadać⟩ (z tramwaju); to ⁓ on posuwać się naprzód; how are you getting on? jak ci się wiedzie?; they don't get on well together oni nie żyją ze sobą dobrze; to ⁓ on sb's nerves działać komuś na nerwy; easy to ⁓ on with łatwy w pożyciu; to ⁓ out wychodzić; wysiadać; to ⁓ over sth przebboleć coś; to ⁓ through przedostać się; to ⁓ up wstawać; podnieść się
ghastly [ˈgɑstlɪ] I adj straszny, upiorny II adv strasznie
ghetto [ˈgetəʊ] s getto n
ghost [gəʊst] s duch m; upiór. m; widmo n
giant [ˈdʒaɪənt] I s olbrzym m II adj olbrzymi, gigantyczny
giddy [ˈgɪdɪ] adj 1. (of height) zawrotny; to feel ⟨to be⟩ ⁓ mieć zawrót głowy 2. (of a person) roztrzepany
gift [gɪft] s 1. dar m; prezent m, upominek m; to get sth as a ⁓ dostać coś w prezencie 2. (talent) talent m (for sth do czegoś)
gifted [ˈgɪftɪd] adj utalentowany
gigantic [dʒaɪˈgæntɪk] adj olbrzymi, gigantyczny
giggle [ˈgɪgl] I v chichotać II s chichot m
gild [gɪld] v złocić, pozłacać
gilt [gɪlt] I adj pozłacany II s pozłota f
gin [dʒɪn] s dżin m; jałowcówka f
ginger [ˈdʒɪndʒə(r)] s imbir m
gingerly [ˈdʒɪndʒəlɪ] adv ostrożnie; delikatnie
gipsy [ˈdʒɪpsɪ] s Cygan m
girl [gɜl] s dziewczyna f
give [gɪv] v (gave [geɪv], given [ˈgɪvn]) dawać; wy-

dawać (przyjęcie); to ~ the
news podawać wiadomości;
to ~ way ustąpić; to ~ sb's
compliments to sb pozdro-
wić kogoś od kogoś; ~ him
my love uściśnij ⟨pozdrów⟩
go ode mnie ‖ to ~ sb
away zdradzić kogoś; skompromitować; to ~ in poddać
się; ustąpić (komuś); to ~
out rozdawać; (*make known*)
ogłaszać; to ~ over przekazać; to ~ up zrezygnować;
zaniechać
given zob. give *v; adj* ustalony; wiadomy
giver [ˈgɪvə(r)] *s* dawca *m*
glacier [ˈglæsɪə(r)] *s* lodowiec
m
glad [glæd] *adj* zadowolony;
wesoły; I am ~ to hear it
cieszy mnie to; I shall be ~
to do it uczynię to z przyjemnością
glamour [ˈglæmə(r)] *s* urok *m*;
blask *m*; splendor *m*; scene
of ~ wspaniałe widowisko
glance [glɑns] I *v* spoglądać
(at sb, sth na kogoś, coś);
(*gleam*) błyszczeć II *s* spojrzenie *n*; rzut *m* oka; to
cast a ~ rzucić okiem
gland [glænd] *s* gruczoł *m*
glare [gleə(r)] I *s* blask *m* II
v świecić, jaśnieć
glass [glɑs] *s* 1. szkło *n*;
stained ~ witraż *m* 2. (*vessel*) szklanka *f*; (*for wine,
brandy*) kieliszek *m* 3. *pl*
~es okulary *pl*; szkła *pl*;
corrective ~es szkła korek-
cyjne; sun ~es szkła przeciwsłoneczne; smoked ⟨tin-
ted⟩ ~es szkła przydymione
glass-case [ˈglɑs keɪs] *s* ga-
blotka *f*, witryna *f*
glassware [ˈglɑsweə(r)] *s* wyroby szklane
glaze [gleɪz] I *v* szklić; (*pottery etc.*) glazurować II *s*
szkliwo *n*; glazura *f*
glazed [gleɪzd] *adj*: ~ frost
ślizgawica *f*

gleam [glim] I *v* połyskiwać
II *s* blask *m*; lśnienie *n*
glide [glaɪd] I *v* ślizgać się;
szybować II *s* ślizganie się
n; lotn. szybowanie *n*
glider [ˈglaɪdə(r)] *s* szybowiec
m
glimmer [ˈglɪmə(r)] I *v* migotać II *s* migotanie *n*
glimpse [glɪmps] I *s* przelotne
spojrzenie II *v* zobaczyć w
przelocie
glitter [ˈglɪtə(r)] I *v* błyszczeć;
lśnić II *s* blask *m*; połysk
m
globe [gləʊb] *s* kula ziemska;
globus *m*
globe-trotter [ˈgləʊb trotə(r)] *s*
obieżyświat *m*
gloom [glum] *s* ciemność *f*;
ponurość *f; przen.* przygnębienie *n*
gloomy [ˈglumɪ] *adj* ciemny;
ponury; *przen.* przygnębiony; to become ~ zasępić
się
glorify [ˈglɔrɪfaɪ] *v* chwalić;
gloryfikować
glorious [ˈglɔrɪəs] *adj* sławny,
świetny, wspaniały; *pot.* to
have a ~ time świetnie się
bawić
glory [ˈglɔrɪ] *s* sława *f*, chwała *f*; cześć *f*
glossy [ˈglosɪ] *adj* lśniący,
gładki
glove [glʌv] *s* rękawiczka *f*
glow [gləʊ] I *v* jarzyć się;
promieniować (with joy radością) II *s* żar *m*
glue [glu] I *v* kleić II *s* klej
m
glycerine [ˈglɪsəˈrin] *s* gliceryna *f*
gnaw [nɔ] *v* gryźć; *przen.*
dręczyć
go [gəʊ] *v* (went [went], gone
[gon]) 1. iść; pojechać;
(*disappear*) zniknąć; to set
sth going wprawić coś w
ruch; to keep sth going
utrzymywać coś w ruchu;
let it go at that poprzestań-
my na tym; that goes with-

out saying to nie ulega
kwestii; as times go jak na
obecne czasy; to go far wy-
bić się; to go white ⟨red⟩
zblednąć ⟨poczerwienieć⟩;
to go bad zepsuć się; to go
after sth gonić za czymś; tu
go astray zabłąkać się; zejść
na manowce ‖ to go down
zmniejszać się; opadać; to
go in for sth zajmować się
czymś; przystąpić do czegoś;
to go into a profession o-
brać zawód; to go into details wdać się w szczegóły
(sprawy); to go on kontynuować; to go over przejrzeć;
skontrolować; to go to
pieces rozbić się; to go
through sth zbadać coś; (get
through) przebyć coś; to go
without sth obejść się bez
czegoś 2. użyte w present
continuous oznacza zamie-
rzenie oraz bardzo bliską
przyszłość; he is going to
speak on zaraz będzie mó-
wić; we are going to do it
zrobimy to
goal [gəul] s cel m; sport. gol
m; bramka f; to shoot
⟨score⟩ a ~ strzelić gola
goal-keeper [ˈgəul kipə(r)] s
bramkarz m
goat [gəut] s koza f
goblet [ˈgoblət] s puchar m;
kielich m
God [god] s Bóg m; bóstwo n;
for ~'s sake! na miły Bóg!
godchild [ˈgodtʃaild] s (pl
godchildren [ˈgodtʃildrn])
chrześniak m, chrześniaczka
f
goddess [ˈgodis] s bogini f
godfather [ˈgodfaðə(r)] s ojciec
chrzestny
god-forsaken [ˈgod fəseikən]
adj opuszczony; zapadły
godmother [ˈgodmʌðə(r)] s
matka chrzestna
goggle [ˈgogl] I s wytrzeszczać oczy II s (pl) ~s okulary ochronne, gogle pl

gold [gəuld] I s z'oto n II adj
złoty
golden [ˈgəuldn] adj złoty, zło-
cisty
gold-field [ˈgəuld fild], gold-
-mine [ˈgəuld main] s kopalnia f złota
goldsmith [ˈgəuldsmiθ] s złot-
nik m
golf [golf] s golf m
golf-course [ˈgolf kɔs], golf-
-links [ˈgolf links] s teren
m do gry w golfa
gong [goŋ] s gong m
good [gud] I adj (better
[ˈbetə(r)], best [best]) 1. dobry; zdolny (at sth do czegoś); 2. (of a child etc.)
grzeczny; be a ~ boy! bądź
grzeczny! 3. (proper) właściwy; in ~ time we właściwym czasie II s dobro n;
for ~ na dobre; na stałe;
for sb's ~ dla czyjegoś dobra; to do ~ dobrze czynić;
what's the ~ of it? na co
się to przyda?
good-bye [ˈgudˈbai] I s pożegnanie n II int do widze-
nia!
good-looking [ˈgudˈlukiŋ] adj
przystojny
goodly [ˈgudli] adj spory; pokaźny
good-natured [ˈgudˈneitʃəd] adj
dobroduszny, życzliwy
goodness [ˈgudnəs] s dobroć f;
dobre serce; my ~! Boże
mój!; for ~'s sake! na litość boską!
goods [gudz] plt towary pl,
artykuły pl; ~ at reduced
prices towary z przeceny
⟨przecenione⟩; consumer ~
artykuły konsumpcyjne;
household ~ artykuły gos-
podarstwa domowego; ma-
nufactured ~ artykuły prze-
mysłowe; seasonal ~ arty-
kuły sezonowe
goodwill [ˈgudˈwil] s życzliwość f; dobra wola
goose [gus] s (pl geese [gis])
gęś f

gooseberry [ˈguzbrɪ] s agrest m

gorgeous [ˈgɔdʒəs] adj wspaniały; okazały

gospel [ˈgospl] s ewangelia f

gossip [ˈgosɪp] I s plotka f II v plotkować

got zob. **get**

Gothic [ˈgoθɪk] I adj gotycki II s gotyk m

gotten zob. **get**

goulash [ˈguːlæʃ] s gulasz m

gout [gaut] s med. podagra f

govern [ˈgʌvn] v rządzić ⟨kierować⟩ (sb, sth kimś, czymś)

government [ˈgʌvmənt] s rząd m; form of ~ ustrój m

governor [ˈgʌvnə(r)] s gubernator m

gown [gaun] s suknia f; (of a judge etc.) toga f

grab [græb] v porywać; chwytać

grace [greɪs] s wdzięk m; gracja f; (favour) łaska f

graceful [ˈgreɪsfl] adj pełen wdzięku

gracious [ˈgreɪʃəs] adj łaskawy; good ~! na Boga!

grade [greɪd] s stopień m; ranga f; handl. jakość f; gatunek m

gradual [ˈgrædʒuəl] adj stopniowy

graduate [ˈgrædʒueɪt] I v stopniować; uniw. otrzymać stopień akademicki II s [ˈgrædʒuət] absolwent m

graduation [ˌgrædʒuˈeɪʃn] s stopniowanie n; uniw. ukończenie n wyższych studiów

grain [greɪn] s ziarno n; zbior. zboże n

grammar [ˈgræmə(r)] s gramatyka f; to speak ⟨to write⟩ bad ~ mówić ⟨pisać⟩ niegramatycznie

grammar-school [ˈgræmə skul] s szkoła średnia ogólnokształcąca

gramophone [ˈgræməfəun] s gramofon m; patefon m

grand [grænd] adj wielki; (excellent) wspaniały; dostojny

grandchild [ˈgrændtʃaɪld] s (pl grandchildren [ˈgrændtʃɪldrən]) wnuk m, wnuczka f

granddaughter [ˈgrændɔtə(r)] s wnuczka f

grandeur [ˈgrændʒə(r)] s wielkość f; wspaniałość f

grandfather [ˈgrændfaðə(r)] s dziadek m

grandma [ˈgrænma] s babunia f

grandmother [ˈgrændmʌðə(r)] s babka f, babcia f

grandpa [ˈgrænpa] s dziadunio m

grandson [ˈgrændsʌn] s wnuk m

grant [grant] I v przyznawać (sb a prize komuś nagrodę); użyczać; nadawać; to take sth for ~ed przesądzać coś; uważać coś za rzecz niewątpliwą II s dar m; darowizna f; (money) subwencja f

granulate [ˈgrænjuleɪt] v granulować; rozdrabniać; ~d sugar miałki cukier

grape [greɪp] s winogrono n; bot. winorośl f, wino n

grape-fruit [ˈgreɪpfrut] s grejpfrut m

graphic [ˈgræfɪk] adj graficzny; ~ art grafika f

grasp [grasp] I v 1. uchwycić; porwać; (hold firmly) ścisnąć; mocno trzymać 2. (understand) zrozumieć; pojąć II s uchwyt m; uścisk m

grass [gras] s trawa f; keep off the ~! nie deptać trawników!

grasshopper [ˈgrashopə(r)] s konik polny

grate [1] [greɪt] s ruszt m (paleniska)

grate [2] [greɪt] v trzeć, ucierać; zgrzytać (the teeth zębami)

grateful [ˈgreɪtfl] adj wdzięczny; zobowiązany

gratify [ˈgrætɪfaɪ] v zadowolić; zaspokoić; (reward) wynagrodzić gratitude ['grætɪtjud] s wdzięczność f

gratuitous [grə'tjuɪtəs] adj bezpłatny; dobrowolny

gratuity [grə'tjuətɪ] s napiwek m; no gratuities uprasza się o niedawanie napiwków

grave¹ [greɪv] s grób m; mogiła f

grave² [greɪv] adj poważny; doniosły

gravel ['grævl] s żwir m

graveyard ['greɪvjɑd] s cmentarz m

gravitation ['grævɪ'teɪʃn] s fiz. ciążenie n; grawitacja f

gravity ['grævətɪ] s powaga f; fiz. ciężkość f

gravy ['greɪvɪ] s sos m (od pieczeni)

graze [greɪz] v paść (się)

grease [gris] I v smarować tłuszczem II s tłuszcz m; (lubricant) smar m

greasy ['grisɪ] adj tłusty, zatłuszczony

great [greɪt] adj wielki, duży

greatness ['greɪtnəs] s wielkość f; ogrom m

greed [grid] s chciwość f

greedy ['gridɪ] adj chciwy; żądny

Greek [grik] I adj grecki II s Grek m ‖ it's all ∼ to me to dla mnie chińszczyzna

green [grin] I s zieleń f; (grass) trawnik m; pl ∼s warzywa pl II adj zielony; to grow ∼ zazielenić się

greengrocer ['gringrəusə(r)] handlarz m jarzynami

greet [grit] v powitać; pozdrowić

greeting ['gritɪŋ] s powitanie n; pozdrowienie n; ∼s from Warsaw pozdrowienia pl z Warszawy

grenade [grɪ'neɪd] s granat m

grew zob. grow v

grey [greɪ] adj szary; popielaty; siwy

greyhound ['greɪhɑund] s chart m

grief [grif] s smutek m; zmartwienie n; nieszczęście n

grievance ['grivns] s krzywda f; skarga f; to have a ∼ against sb mieć powód do skargi na kogoś

grieve [griv] v krzywdzić; martwić się (at ⟨for, about, over⟩ sth czymś)

grievous ['grivəs] adj bolesny; ciężki

grill [grɪl] I v kulin. przypiekać na ruszcie; ∼ed z rusztu II s ruszt m

grill-room ['grɪl rum] s restauracja, której specjalnością jest mięso z rusztu

grim [grɪm] adj srogi; ponury

grimace [grɪ'meɪs] I s grymas m II v grymasić

grime [grɑɪm] I s brud m II v brudzić

grimy ['grɑɪmɪ] adj brudny

grin [grɪn] I v szczerzyć zęby; śmiać się szyderczo II s szyderczy uśmiech

grind [grɑɪnd] v (ground [grɑund], ground) mleć; (sharpen) ostrzyć; to ∼ one's teeth zgrzytać zębami

grip [grɪp] I s chwyt m; uścisk m II v mocno uchwycić; przen. opanować (sytuację itd.)

groan [grəun] I v jęczeć II s jęk m

groats [grəuts] plt kasza f, krupy pl

grocer ['grəusə(r)] s sprzedawca m w sklepie spożywczym

grocery ['grəusərɪ] s sklep spożywczy; pl groceries towary kolonialne; artykuły spożywcze

gross¹ [grəus] adj 1. tłusty 2. (vulgar) ordynarny; sprośny 3. (of weight) brutto

gross² [grəus] s (pl ∼) gros m (12 tuzinów); in ⟨by⟩ the ∼ hurtem

grotesque [grəu'tesk] I adj groteskowy II s groteska f

ground¹ [grɑund] I s 1. ziemia

f; grunt *m*; teren *m*; plac *m* 2. (*bottom*) dno *n* 3. (*motive*) podstawa *f*; przyczyna *f*; on the ~s of na podstawie (czegoś) II *v* opierać (coś na czymś); gruntować; *elektr.* uziemić

groundfloor [ˈgraʊndˈflɔ(r)] *s* parter *m*

groundless [ˈgraʊndləs] *adj* bezpodstawny; gołosłowny

group [grup] I *s* grupa *f* II *v* grupować (się)

grouse [graʊs] *s* (*pl* ~) pardwa szkocka; black ~ cietrzew *m*; hazel ~ jarząbek *m*; white ~ pardwa *f*; wood ~ głuszec *m*

grove [grəʊv] *s* gaj *m*; lasek *m*

grow [grəʊ] *v* (**grew** [gruː], **grown** [grəʊn]) 1. rosnąć; 2. (*cause to grow*) hodować, uprawiać 3. (*become*) stawać się; to ~ old ⟨angry etc.⟩ starzeć ⟨rozłościć itp.⟩ sie; to ~ up dorastać

grown I zob. **grow** *v* II *adj* dorosły III *s* ~ up dorosły *m* (człowiek)

growth [grəʊθ] *s* wzrost *m*: rozwój *m*; full ~ pełnia *f* rozwoju

grudge [grʌdʒ] I *v* żałować ⟨zazdrościć⟩ (**sb sth** komuś czegoś) II *s* uraza *f*; niechęć *f*; to bear ⟨to have⟩ a ~ against sb żywić do kogoś urazę

gruel [gruːl] *s* kleik *m*; kaszka *f*

grumble [ˈgrʌmbl] I *v* gderać; narzekać II *s* gderanie *n*; narzekanie *n*

grunt [grʌnt] I *v* chrząkać II *s* chrząkanie *n*

guarantee [ˌgærənˈtiː] I *s* gwarancja *f*; (*person*) poręczyciel *m* II *v* gwarantować

guaranty [ˈgærəntɪ] *s* *prawn.* gwarancja *f*; poręczenie *n*

guard [gɑːd] I *v* chronić; strzec; zabezpieczać (**against sth** przed czymś) II *s* 1.

straż *f*; warta *f*; to be on one's ~ mieć się na baczności 2. *kolej.* konduktor *m* 3. *pl* ~s *wojsk.* gwardia *f*

guardian [ˈgɑːdɪən] *s* opiekun *m*; obrońca *m*

guerilla [ɡəˈrɪlə] *s* partyzantka *f*; (*partisan*) partyzant *m*

guess [ges] I *v* zgadywać; domyślać się; przypuszczać II *s* przypuszczenie *n*; domysł *m*; at ⟨by⟩ a ~ przypuszczalnie; na oko

guesswork [ˈgeswɜːk] *s* zgadywanie *n*; domysły *pl*

guest [gest] *s* gość *m*; paying ~ pensjonariusz *m*

guidance [ˈgaɪdns] *s* kierowanie *n*; informacja *f*; for your ~ dla twojej informacji ⟨wiadomości⟩

guide [gaɪd] I *v* kierować; być przewodnikiem II *s* przewodnik *m*; Girl Guide harcerka *f*; railway ~ rozkład *m* jazdy

guide-book [ˈgaɪd bʊk] *s* przewodnik *m* (książka)

guide-post [ˈgaɪd pəʊst] *s* drogowskaz *m*

guilt [gɪlt] *s* wina *f*

guilty [ˈgɪltɪ] *adj* winny

gulf [gʌlf] *s* zatoka *f*; (*deep hollow*) przepaść *f*

gull [gʌl] *s* mewa *f*

gulp [gʌlp] I *v* łykać II *s* łyk *m*; at one ~ jednym haustem

gum¹ [gʌm] *s* dziąsło *n*

gum² [gʌm] I *s* guma *f* II *v* kleić

gun [gʌn] *s* armata *f*; działo *n*; (*rifle*) karabin *m*; (*revolver*) rewolwer *m*

gush [gʌʃ] I *v* tryskać; lać się II *s* tryśnięcie *n*; wytrysk *m*

gust [gʌst] *s* poryw *m* (wiatru); wybuch *m* (gniewu)

gut [gʌt] I *s* jelito *n*; *pl* ~s wnetrzności *pl* II *v* patroszyć

gutter [ˈgʌtə(r)] *s* rynna *f*;

(*sewer*) ściek *m*; rynsztok *m*

guttural [ˈgʌtərl] *adj* gardłowy

guy [gaɪ] *s am. pot.* facet *m*; gość *m*

gymnasium [dʒɪmˈneɪzɪəm] *s* (*pl* ~s, **gymnasia** [dʒɪm-

ˈneɪzɪə]) sala gimnastyczna

gymnastic [dʒɪmˈnæstɪk] I *adj* gimnastyczny II *plt* ~s gimnastyka *f*

gynaecologist [ˈgaɪnɪˈkolədʒɪst] *s* ginekolog *m*

gypsy [ˈdʒɪpsɪ] *s* = **gipsy**

H

haberdasher [ˈhæbədæʃə(r)] *s* właściciel *m* sklepu z pasmanterią; kupiec galanteryjny

habit [ˈhæbɪt] *s* zwyczaj *m*, przyzwyczajenie *n*; bad ~ nałóg *m*; to be in the ~ of doing sth mieć zwyczaj coś robić; to form ⟨to fall into, to get into⟩ the ~ of doing sth nabrać przyzwyczajenia robienia czegoś; to get ⟨fall⟩ out of a ~ odzwyczaić się

habitation [ˈhæbɪˈteɪʃn] *s* zamieszkiwanie *n*; (*place*) miejsce *n* pobytu

habitual [həˈbɪtʃʊəl] *adj* zwykły; powszedni; (*of a person*) nałogowy (pijak itd.)

hackneyed [ˈhæknɪd] *adj* oklepany; banalny; szablonowy

had zob. **have** *v*

haemorrhage [ˈhemərɪdʒ] *s* krwotok *m*; wylew *m*; cerebral ~ wylew do mózgu

haggard [ˈhægəd] *adj* (*of a face*) wymizerowany; (*of a look*) dziki

hail¹ [heɪl] I *s* grad *m* II *v* it ~s pada grad

hail² [heɪl] I *s* pozdrowienie *n*; powitanie *n* II *v* witać, pozdrawiać; to ~ a taxi przywołać taksówkę III *int* witajcie!

hailstorm [ˈheɪl stɔm] *s* burza gradowa

hair [heə(r)] *s* włos *m*; *zbior.* włosy *pl*; to do one's ~ czesać się; *przen.* not to

turn a ~ ani mrugnąć; nic po sobie nie pokazać

hair-cut [ˈheəkʌt] *s* ostrzyżenie *n*; to have a ~ dać się ostrzyc

hair-do [ˈheə du] *s* fryzura *f*, uczesanie *n*

hair-dresser [ˈheədresə(r)] *s* fryzjer *m*, fryzjerka *f*

hairpin [ˈheəpɪn] *s* szpilka *f* do włosów

hair-slide [ˈheəslaɪd] *s* wsuwka *f*; spinka *f* do włosów

half [haf] I *s* (*pl* **halves** [havz]) połowa *f*; by ~ o połowę (mniejszy itp.) II *adj* pół III *adv* na pół; do połowy; ~ as much o połowę więcej

half-back [ˈhaf bæk] *s sport.* obrońca *m* (w piłce nożnej); the ~s obrona *f*

half-brother [ˈhaf brʌðə(r)] *s* przyrodni brat

half-hearted [ˈhaf ˈhatɪd] *adj* niezdecydowany; bez przekonania

half-holiday [ˈhaf ˈholədɪ] *s* wolne popołudnie

halfpenny [ˈheɪpnɪ] *s* (*pl* **halfpence** [ˈheɪpəns]) pół *n* pensa

half-sister [ˈhaf sɪstə(r)] *s* przyrodnia siostra

half-way [ˈhaf ˈweɪ] *adv* w połowie drogi

hall [hɔl] *s* (*large room*) sala *f*; (*entrance passage*) hall *m*; (*building*) gmach *m*; (*residence*) dwór *m*

hallo [hə'ləʊ] *int* cześć !; dzień dobry!; halo!

hallucination [həˈlusɪ'neɪʃn] *s* halucynacja *f*

halt [hɔlt] I *v* zatrzymywać (się) II *s* postój *m*; **to come to a** ~ stanąć

halves *zob.* **half** *s*

ham [hæm] *s* szynka *f*; ~ **and eggs** jajka smażone na szynce

hamburger [ˈhæmbɜgə(r)] *s* siekany kotlet wołowy, hamburger *m*; (*sandwich*) bułka *f* z hamburgerem

hammer [ˈhæmə(r)] I *s* młot(ek) *m*; **to come under the** ~ iść pod młotek; pójść na licytację II *v* bić młot(ki)em

hammock [ˈhæmək] *s* hamak *m*; ~ **chair** leżak *m*

hamper [ˈhæmpə(r)] *v* przeszkadzać ⟨zawadzać⟩ (**sb** komuś)

hand [hænd] I *s* 1. ręka *f*; dłoń *f*; **made by** ~ ręcznie zrobiony; **at first** ~ z pierwszej ręki; ~**s off!** (**sth**) ręce precz! (**od** czegoś); ~**s up!** ręce do góry!; **to be at** ~ być pod ręką; **out of** ~ z miejsca; **stock in** ~ towar *m* na składzie; **to be** ~ **in glove with sb** być z kimś w dobrej komitywie 2. (*in a watch*) wskazówka *f* (zegara) 3. (*direction*) strona *f*; kierunek *m*; **on the one** ~ z jednej strony 4. *pl* ~**s** siła robocza; ~**s wanted** poszukuje się rąk do pracy; **he is a good** ⟨**bad**⟩ ~ **at tennis** on dobrze ⟨źle⟩ gra w tenisa 5. (*handwriting*) charakter *m* pisma 6. (*cards*) karty *pl* (jednego partnera); **a good** ~ dobre karty 7. (*player*) partner *m* (w kartach); **a game for three** ~**s** gra *f* w trzy osoby II *v* wręczać; podawać; **to** ~ **in** wręczyć; **to** ~ **over** przekazać

hand-bag [ˈhændbæg] *s* torebka damska

hand-bill [ˈhændbɪl] *s* ulotka *f*

hand-book [ˈhændbʊk] *s* podręcznik *m*; poradnik *m*

hand-brake [ˈhændbreɪk] *s* *mot.* hamulec ręczny

handcuffs [ˈhændkʌfs] *pl* kajdany *pl*

handful [ˈhændfl] *s* (pełna) garść *f* (czegoś); (*of people etc.*) garstka *f*

handicap [ˈhændɪkæp] I *v* wyrównywać szanse (**sb, sth** czyjeś, czegoś); *przen.* przeszkadzać (**sb, sth komuś, czemuś**); być przeszkodą II *s* przeszkoda *f*, zawada *f*; *sport.* handicap *m*

handicraftsman [ˈhændɪkrɑftsmən] *s* (*pl* **handicraftsmen** [ˈhændɪkrɑftsmən] rzemieślnik *m*; rękodzielnik *m*

handkerchief [ˈhæŋkətʃɪf] *s* chusteczka *f* do nosa

handle [ˈhændl] I *v* manipulować; obchodzić się (**sb, sth** z kimś, z czymś); (*treat*) traktować II *s* rączka *f*; trzonek *m*

handle-bar [ˈhændl bɑ(r)] *s* kierownica *f* (roweru)

hand-made [ˈhænd ˈmeɪd] *adj* ręcznie wykonany

hand-rail [ˈhænd reɪl] *s* poręcz *f*; bariera *f*

handshake [ˈhændʃeɪk] *s* uścisk *m* dłoni

handsome [ˈhænsəm] *adj* przystojny; (*considerable*) pokaźny; *pot.* ładny

handwriting [ˈhænd raɪtɪŋ] *s* pismo *n*; charakter *m* pisma

handy [ˈhændɪ] *adj* zręczny; (*convenient*) poręczny; dogodny; **that would come in** ~ to by się przydało

hang [hæŋ] *v* (**hung** [hʌŋ], **hung** *lub* (*o człowieku*) **hanged** [hæŋd], **hanged**) powiesić; wisieć; ~ **it all!** do licha z tym wszystkim!; ~ **you!** żeby cię licho wzięło! || **to** ~ **about** wałęsać się; to ~ back ociągać się; to ~ down zwisać; to ~ on kurczowo się trzymać (to sth czegoś); to ~ out wychylać się; to ~ together trzymać się razem; (of an information) pokrywać się; to ~ up the receiver zawiesić słuchawkę; przerwać połączenie telefoniczne

hangar ['hæŋə(r)] s lotn. hangar m

hanger ['hæŋə(r)] s wieszak m

hanging ['hæŋɪŋ] s 1. wieszanie n; powieszenie n (zbrodniarza); a ~ matter sprawa gardłowa 2. pl ~s obicia pl; portiery pl; firanki pl

hang-over ['hæŋəuvə(r)] s kac m

hank [hæŋk] s motek m (przędzy); kłębek m

hanker ['hæŋkə(r)] v wzdychać (after ⟨for⟩ sb, sth za kimś, czymś, do kogoś, czegoś); tęsknić

haphazard [hæp'hæzəd] I s przypadek m; at ⟨by⟩ ~ na chybił trafił II adj przypadkowy, dorywczy III adv przypadkowo; na los szczęścia

happen ['hæpn] v 1. zdarzyć ⟨wydarzyć, trafiać⟩ się; to ~ to do sth przypadkowo coś zrobić 2. (meet) natrafić (on ⟨upon⟩ sth na coś)

happening ['hæpnɪŋ] s wydarzenie n

happiness ['hæpɪnəs] s szczęście n

happy ['hæpɪ] adj szczęśliwy; radosny; I am ~ to see you miło mi cię ⟨pana⟩ zobaczyć; to make sb ~ uradować kogoś

happy-go-lucky ['hæpɪ gəu 'lʌkɪ] adj niefrasobliwy; beztroski

harbour ['hɑbə(r)] I s przystań f; port m; ~ basin basen portowy; ~ dock dok

portowy II v 1. (give shelter) udzielać schronienia 2. przen. żywić (uczucie)

hard [hɑd] I adj twardy; ~ cash gotówka f; ~ labour ciężkie roboty; as ~ as nails bezlitosny; ~ and fast surowy; nienaruszalny (przepis itd.); to be ~ on sb być surowym dla kogoś II adv mocno; (with difficulty) ciężko; z trudem; to be ~ up (for money) nie mieć pieniędzy; być w trudnej sytuacji finansowej ⟨bez grosza⟩

hard-boiled ['hɑd bɔɪld] adj 1. ugotowany na twardo 2. (of a person) uparty, bezwzględny

harden ['hɑdn] v wzmacniać; hartować; (become hard) twardnieć

hard-fisted ['hɑd fɪstɪd] adj skąpy

hard-fought ['hɑd fɔt] adj (of a fight) zawzięty; (of a victory) z trudem zdobyty

hardly ['hɑdlɪ] adv z trudem; zaledwie; I ~ know nie bardzo wiem; ~ ever rzadko kiedy

hardship ['hɑdʃɪp] s niewygoda f; trud m; (lack) niedostatek m

hardware ['hɑdweə(r)] s towary żelazne

hardy ['hɑdɪ] adj odważny; śmiały

hare [heə(r)] s zając m

harm [hɑm] s szkoda f; krzywda f; to do ~ zaszkodzić; no ~ was done nic złego się nie stało; there is no ~ in ... nie ma nic złego w ...

harmful ['hɑmfl] adj szkodliwy

harmonious [hɑ'məunɪəs] adj harmonijny; zgodny

harmony ['hɑmənɪ] s harmonia f; zgoda f

harp [hɑp] I s harfa f II v grać na harfie

harpoon ['hɑpun] s harpun m
harsh [hɑʃ] adj szorstki; chropowaty; przykry; (of taste) cierpki; (of a voice) chrapliwy
harvest ['hɑvɪst] I s żniwa pl; zbiory pl; ~ festival dożynki pl II v zbierać zboże
harvester ['hɑvɪstə(r)] s żniwiarz m
hash [hæʃ] I v siekać (mięso) II s siekane mięso
hasheesh, hashish ['hæʃɪʃ] s haszysz m
haste [heɪst] s pośpiech m; to make ~ spieszyć się
hasten ['heɪsn] v śpieszyć się; przynaglać (kogoś)
hasty ['heɪstɪ] adj pośpieszny; (rash) pochopny; (of a person) popędliwy
hat [hæt] s kapelusz m
hatchet ['hætʃɪt] s siekiera f; topór m
hate [heɪt] I v nienawidzić; nie znosić (sb, sth kogoś, czegoś) II s nienawiść f
hateful ['heɪtfl] adj nienawistny
hatred ['heɪtrɪd] s nienawiść f (of sb do kogoś)
hatter ['hætə(r)] s kapelusznik m; as mad as a ~ zupełnie zwariowany
haughty ['hɔtɪ] adj hardy; dumny; wyniosły
haul [hɔl] I v ciągnąć; holować; (transport) transportować II s ciągnienie n; holowanie n
hauler ['hɔlə(r)] s holownik m
haunch [hɔntʃ] s biodro n
haunt [hɔnt] I v odwiedzać; zwiedzać; (of ghosts) straszyć; this place is ~ed tutaj straszy II s miejsce często odwiedzane
have [həv] v (had [həd], had) (3 pers sing has) 1. czasownik pomocniczy używany przy tworzeniu czasów present perfect i past perfect oraz bezokolicznika czasu przeszłego 2. mieć, posiadać; to ~ a drink napić się (czegoś); to ~ dinner ⟨supper⟩ jeść obiad ⟨kolację⟩; ~ a cigarette poczęstuj się papierosem; have you had your tea? czy piłeś już herbatę?; to ~ a good time dobrze się bawić; to ~ flu przechodzić grypę; to ~ sb in mieć u siebie (gościa); to ~ sth on mieć coś na sobie; ~ your hair cut każ sobie ostrzyc włosy 3. (be obliged) musieć; I ~ to go now muszę już iść
haversack ['hævəsæk] s chlebak m
hawk [hɔk] s sokół m
hawthorn ['hɔθən] s głóg m
hay [heɪ] s siano n
hay-fever ['heɪ fivə(r)] s med. katar sienny
haystack ['heɪstæk] s stóg m siana
hazard ['hæzəd] I s hazard m II v za/ryzykować
hazardous ['hæzədəs] adj hazardowy; ryzykowny
haze [heɪz] s mgiełka f; lekka mgła
hazel ['heɪzl] s leszczyna f
hazel-nut ['heɪzl nʌt] s orzech laskowy
hazy ['heɪzɪ] adj mglisty; zamglony
he [hi] pron on
head [hed] I s 1. anat. głowa f; czoło n; from ~ to foot od stóp do głów; ~ over heels in love zakochany bez pamięci; to get sth into one's ~ wbić sobie coś do głowy; to keep one's ~ nie tracić głowy; he is off his ~ on zwariował; to make ~ against sth stawić czoło czemuś 2. (of cabbage, nail etc.) główka f 3. (top) góra f (stronicy, schodów itp.) 4. dzien. nagłówek m; rubryka f; under the same ~ pod tym samym tytułem 5. (front) czoło n (listy, pochodu itd.); at the ~ na czele;

~s or tails? orzeł czy reszka?; I can't make ~ or tail of it nie mogę się w tym połapać 6. (person) kierownik m; szef m; dyrektor m; głowa f (kościoła, rodziny itp.); ~ master ⟨mistress⟩ kierownik m ⟨kierowniczka f⟩ szkoły II v stać na czele; prowadzić; to ~ for ... wziąć kurs na ...; zdążać do ...

headache ['hedeɪk] s ból m głowy; sick ~ migrena f; I have a ~ boli mnie głowa

headlamp ['hedlæmp], headlight ['hed laɪt] s przednie światło (samochodu)

head-line ['hedlaɪn] s nagłówek m (w gazecie); pl ~s (radiowe) wiadomości w skrócie

headlong ['hedloŋ] adv głową naprzod; przen. na oślep

headphones ['hedfəʊnz] pl słuchawki pl

headquarters ['hed'kwɔtəz] s główne biuro (firmy itd.); wojsk. główna kwatera; sztab m

heal [hil] v wy/leczyć się

health [helθ] s zdrowie n; ~ centre ośrodek m zdrowia; ~ certificate świadectwo lekarskie; ~ insurance ubezpieczenie chorobowe; ~ officer lekarz urzędowy; inspektor sanitarny; ~ resort miejscowość kuracyjna; ~ service służba f zdrowia

healthy ['helθɪ] adj zdrowy

heap [hip] I s stos m; kupa f; wielka ilość II v gromadzić

hear [hɪə(r)] v (heard [hɜd], heard) 1. słyszeć, posłuchać; to ~ a record przesłuchać płytę 2. (get to know) dowiedzieć się (about sth o czymś)

hearer ['hɪərə(r)] s słuchający m; słuchacz m; pl ~s audytorium n

hearing ['hɪərɪŋ] s 1. słuch m; ~ aid aparat słuchowy; it came to my ~ ... doszło do mnie, że ...; in my ~ w mojej obecności 2. sąd. przesłuchanie n (świadka)

hearse [hɜs] s karawan m

heart [hɑt] s 1. serce n; my ~ sank serce we mnie zamarło; to be of good ~ być dobrej myśli; to take ~ nabrać otuchy; to one's ~'s content do syta; to set one's ~ on sth uprzeć się przy czymś; by ~ na pamięć 2. pl ~s karc. kiery pl

heart-breaking ['hɑt breɪkɪŋ] adj rozdzierający serce

heart-broken ['hɑt brəʊkən] adj ze złamanym sercem

heartburn ['hɑtbɜn] s zgaga f

heart-felt ['hɑtfelt] adj szczery

hearth [hɑθ] s palenisko n; przen. ognisko domowe

heartily ['hɑtɪlɪ] adv serdecznie; z ochotą; (with appetite) z apetytem

hearty ['hɑtɪ] adj serdeczny, szczery; (of food) obfity; to be a ~ eater cieszyć się dobrym apetytem

heat [hit] I s upał m; gorąco n II v grzać ⟨ogrzewać⟩ (się)

heated ['hitɪd] adj ożywiony; (of a discussion) gorący

heater ['hitə(r)] s ogrzewacz m; grzejnik m; grzałka f; piecyk m

heathen ['hiðn] I s poganin m II adj pogański

heather ['heðə(r)] s wrzos m

heaven ['hevn] s niebo n; niebiosa pl

heavenly ['hevnlɪ] adj niebiański; rajski

heavy ['hevɪ] adj ciężki; (of a blow) silny; (of loss) wielki; (of sleep) głęboki; (of a sea) burzliwy; (of sky) pochmurny; (of a dish) ciężko strawny

heavy-weight ['hevɪ weɪt] s

boks. waga ciężka; **light** ~ waga półciężka

Hebrew [`hibru] *adj* hebrajski

hectic [`hektık] *adj* gorączkowy

hedge [`hedʒ] I *s* żywopłot *m*; ogrodzenie *n* II *v* ogrodzić (żywopłotem)

hedgehog [`hedʒhog] *s* jeż *m*

heed [hid] I *v* uważać (**sb, sth** na kogoś, coś) II *s* uwaga *f*; **to pay** ~ **to sth** zwracać uwagę na coś; **to take no** ~ nie·zwracać uwagi; nie dbać

heedful [`hidfl] *adj* uważny; dbały

heedless [`hidləs] *adj* niedbały; nieuważny; **to be** ~ **of sth** nie zważać na coś

heel [hil] *s* obcas *m*; pięta *f*; (*of shoes*) **down at** ~s·zdarte; *przen.* **to take to one's** ~s wziąć nogi za pas

height [haıt] *s* wysokość *f*; (*top*) szczyt *m*; punkt kulminacyjny

heighten [`haıtn] *v* podnosić; podwyższać; powiększać

heir [eə(r)] *s* spadkobierca *m*; następca *m*; ~ **apparent** prawowity spadkobierca

held *zob.* **hold** *v*

helicopter [`helıkoptə(r)] *s* helikopter *m*; śmigłowiec *m*

hell [hel] *s* piekło *n*; *pot.* **a** ~ **of a mess** piekielny bałagan; **like** ~ piekielnie; **to give sb** ~ zrobić komuś piekło

he'll = he will

hellish [`helıʃ] *adj* diabelski; piekielny

helm [helm] *s* ster *m*

helmet [`helmıt] *s* hełm *m*; kask *m*

helmsman [`helmzmən] *s* (*pl* **helmsmen**) sternik *m*

help [help] I *v* pomagać (**sb** komuś); **can I** ~ **you?** czym mogę służyć?; **that won't** ~ to nie pomoże; **to** ~ **sb off** ⟨**on**⟩ **with his coat** pomóc komuś zdjąć ⟨włożyć⟩ płaszcz; **to** ~ **sb in** pomóc komuś wejść (do pojazdu); **to** ~ **sb to sth** podać komuś coś (przy stole); ~ **yourself!** proszę się poczęstować!; I **can't** ~ **it** nic na to nie poradzę; I **can't** ~ **thinking about it** nie mogę o tym nie myśleć; **it can't be** ~ed nie ma na to rady II *s* pomoc *f*; **to be of great** ~ bardzo pomóc; **bardzo się przydać**; **to come to sb's** ~ przyjść komuś z pomocą

helper [`helpə(r)] *s* pomocnik *m*

helpful [`helpfl] *adj* pomocny; użyteczny

helping [`helpıŋ] *s* porcja *f*; **three** ~s **of icecream** trzy porcje lodów; **may I have a second** ~? czy mogę dostać jeszcze jedną porcję?

helpless [`helpləs] *adj* bezradny; bezbronny

hemisphere [`hemısfıə(r)] *s* półkula *f*

hen [hen] *s* kura *f*

hence [hens] *adv* (*from here*) stąd; (*from now*) odtąd; od tego czasu

henceforth [`hens`fɔθ], **henceforward** [`hens`fɔwəd] *adv* odtąd; na przyszłość

henna [`henə] *s* henna *f*

her [3(r), h3(r)] *adj pron* od **she**; ją; jej

heraldry [`herldrı] *s* heraldyka *f*

herb [h3b] *s* zioło *n*

herbalist [`h3blıst] *s* zielarz *m*

herd [h3d] I *s* stado *n*; trzoda *f*; (*of people*) tłum *m* II *v* gromadzić ⟨tłoczyć⟩ się

herdsman [`h3dzmən] *s* (*pl* **herdsmen** [`h3dzmən]) pastuch *m*

here [hıə(r)] *adv* tutaj; tu; ~ I **am** oto jestem; ~ **it is** proszę bardzo; **my friend** ~ mój przyjaciel tu obecny; **up to** ~ potąd; ~! obecny!, jestem!; (*toast*) ~'s **to you!** twoje zdrowie!

heresy [`herəsı] *s* herezja *f*

heretic [ˈherətɪk] s heretyk m
heritage [ˈherɪtɪdʒ] s dziedzictwo n; spadek m
hermetic [hɜˈmetɪk] adj hermetyczny; szczelny
hermit [ˈhɜmɪt] ·s pustelnik m
hernia [ˈhɜnɪə] s med. przepuklina f
hero [ˈhɪərəu] s (pl ~es) bohater m
heroic [hɪˈrəuɪk] adj heroiczny, bohaterski
heroin [ˈherəuɪn] s farm. heroina f
heroine [ˈherəuɪn] s bohaterka f
heroism [ˈherəuɪzm] s bohaterstwo n
herring [ˈherɪŋ] s śledź m; red ~ śledź wędzony
hers [hɜz] adj pron od she; jej
herself [hɜˈself] pron się, sobie, siebie; (she in person) sama; osobiście; for ~ dla siebie (samej); to ~ samej sobie; by ~ sama, samodzielnie
he's = he is
hesitate [ˈhezɪteɪt] v wahać się
hesitation [ˌhezɪˈteɪʃn] s wahanie n; niepewność f
hew [hju] v (hewed [hjud], hewn [hjun]) rąbać; ciosać
hiccough, hiccup [ˈhɪkʌp] I s czkawka f II v mieć czkawkę
hide [haɪd] v (hid [hɪd], hidden [ˈhɪdn]) ukrywać (się)
hide [haɪd] s skóra f
hide-and-seek [ˈhaɪd n ˈsik] s zabawa f w chowanego
hideous [ˈhɪdɪəs] adj ohydny; straszny
high [haɪ] I adj 1. wysoki; in a ~ degree w znacznej mierze; ~ jump skok m wzwyż; ~ tide przypływ m; to be ~ in office mieć wysokie stanowisko; ~ life życie n wyższych sfer 2. (chief) główny; ~ street główna ulica 3. (of an opi-

nion etc.) pochlebny 4. (of a colour) jaskrawy 5. (full) zupełny; pełny; ~ day biały dzień; ~ noon samo południe; ~ summer lato n w pełni; it's ~ timĕ to do sth najwyższy czas, aby coś zrobić; in ~ spirits w doskonałym humorze; ~ tea podwieczorek m (i zarazem kolacja f) II adv wysoko; wzwyż
highball [ˈhaɪbɔl] s whisky f z wodą sodową
highly [ˈhaɪlɪ] adv wysoko; wysoce; wielce; w dużym stopniu
highness [ˈhaɪnəs] s wysokość f
highroad [ˈhaɪrəud] s gościniec m; szosa f
highway [ˈhaɪweɪ] s szosa f, droga f; ~ code kodeks drogowy
hijack [ˈhaɪdʒæk] v porwać ⟨uprowadzić⟩ samolot
hijacker [ˈhaɪdʒækə(r)] s porywacz m samolotu
hike [haɪk] I v wędrować pieszo; chodzić na wycieczki II s piesza wycieczka
hiker [ˈhaɪkə(r)] s wycieczkowicz´ m; turysta m
hill [hɪl] s pagórek m, wzgórze n
hilly [ˈhɪlɪ] adj pagórkowaty; górzysty
hilt [hɪlt] s rękojeść f (szpady itd.)
him [ɪm, hɪm] pron od zaimka he; jego, go; jemu, mu
himself [ɪmˈself, hɪmˈself] pron się; siebie; sobie; (he in person) sam; osobiście; by ~ sam, samodzielnie
hind [haɪnd] s łania f
hind [haɪnd] adj tylny
hinder [ˈhɪndə(r)] v przeszkadzać (sb komuś); powstrzymywać (sb from doing sth kogoś od czegoś)
hindrance [ˈhɪndrns] s przeszkoda f; zawada f

Hindu ['hɪn'du] **I** s Hindus m, Hinduska f **II** adj hinduski
hinge [hɪndʒ] **I** s zawias m **II** v zawiesić na zawiasach; (turn) obracać się
hint [hɪnt] **I** s aluzja f; przycinek m; to give ⟨drop, make⟩ a ~ napomknąć; dać do zrozumienia; to take a ~ zrozumieć w lot **II** v napomykać (sth o czymś); uczynić aluzję (sth do czegoś
hip [hɪp] s biodro n
hippopotamus ['hɪpə'potəməs] s (pl ~es, **hippopotami** ['hɪpə'potəmaɪ]) hipopotam m
hire ['haɪə(r)] **I** s najem m; dzierżawa f; (on a taxi) "for ~" „wolny" **II** v wynajmować
his [ɪz, hɪz] adj pron od zaimka **he**; jego
hiss [hɪs] **I** v syczeć **II** s syk m
historian [hɪ'stɔrɪən] s historyk m
historic(al) [hɪ'storɪk(l)] adj historyczny
history ['hɪstrɪ] s historia f; natural ~ przyroda f (nauka)
hit [hɪt] **I** v (hit, hit) uderzyć; trafić **II** s uderzenie n; cios m; trafienie n; to make a ~ odnieść sukces; wywołać sensację; to ~ the mark trafić w sedno; to ~ sb's fancy zainteresować kogoś
hitch [hɪtʃ] **I** v szarpnąć; pociągnąć; (fasten) przyczepić **II** s szarpnięcie n; pociągnięcie n; (obstacle) przeszkoda f; without a ~ całkiem gładko
hitch-hike ['hɪtʃ haɪk] v wędrować po kraju autostopem
hitch-hiker ['hɪtʃ haɪkə(r)] s autostopowicz m; ~'s book książeczka f autostopu
hitch-hiking ['hɪtʃ haɪkɪŋ] s

autostop; to go ~ jechać ⟨podróżować, wędrowac⟩ autostopem
hitherto ['hɪðətʊ] adv dotychczas
hive [haɪv] **I** s ul m **II** v gromadzić ⟨zbierać⟩ się; roić się
hoard [hɔd] **I** s zapas m; skarb m **II** v gromadzić; zbierać
hoar-frost ['hɔ frost] s szron m
hoarse [hɔs] adj zachrypły; ochrypły
hobby ['hobɪ] s ulubiona rozrywka; pasja f; „konik" m
hockey ['hokɪ] s hokej m; field ~ hokej na trawie; ice ~ hokej na lodzie
hoe [həʊ] **I** s motyka f **II** v kopać motyką
hog [hog] s wieprz m; świnia f; road ~ pirat drogowy
hoist [hɔɪst] v podnieść; wywiesić (flagę)
hold[1] [həʊld] **I** v (**held** [held], **held**) 1. trzymać (się); to ~ together trzymać (się) razem; to ~ up podtrzymywać; wstrzymywać; to ~ up the traffic zrobić zator; to ~ a meeting odbywać . zebranie; to ~ a wager iść o zakład; to ~ one's tongue milczeć; to ~ sb responsible czynić kogoś odpowiedzialnym (za coś); to ~ sth to be ... uważać coś za ...; to ~ that ... być zdania, że ...; to ~ to sth obstawać przy czymś; to ~ down sth przytrzymać coś; dociskać coś 2. (contain) zawierać; pomieścić w sobie **II** s uchwyt m; to have ~ of sth trzymać coś; to have a ~ over sb mieć władzę nad kimś; to get ~ of sth chwycić ⟨złapać⟩ coś
hold[2] [həʊld] s mor. ładownia f (statku)
holder ['həʊldə(r)] s **1.** posia-

dacz *m*; właściciel *m*; okaziciel *m* 2. (*handle*) rączka
f; oprawka *f*
holdfast [ˈhəuldfɑst] *s* docisk
m, urządzenie przytrzymu-
jące
hole [həul] *s* dziura *f*
holiday [ˈholədɪ] *s* święto *n*;
pl ~s wakacje *pl*; **to be on**
~ być na urlopie
holiday-maker [ˈholədɪ meɪ-
kə(r)] *s* wczasowicz *m*; turysta *m*
hollow [ˈholəu] **I** *s* wydrąże-
nie *n*; dziura *f*; dół *m* **II**
adj pusty; wydrążony **III** *v*
wydrążyć **IV** *adv* komple-
tnie; całkowicie
holly [ˈholɪ] *s* ostrokrzew *m*
holy [ˈhəulɪ] *adj* święty
homage [ˈhomɪdʒ] *s* hołd *m*;
to pay ⟨to do⟩ ~ składać
hołd
home [həum] **I** *s* ognisko domowe; dom rodzinny; **at** ~
w domu; to feel at ~ czuć
się jak u siebie w domu;
to be at ~ **on ⟨in, with⟩** sth
być obeznanym z czymś;
at ~ **and abroad** w kraju
i za granicą **II** *adj* domowy; rodzinny; krajowy; ~
address adres domowy; ~
news wiadomości z kraju;
Home Office Ministerstwo
n Spraw Wewnętrznych;
Home Secretary Minister *m*
Spraw Wewnętrznych **III**
adv do domu; do kraju;
przen. **to bring sth** ~ **to sb**
przekonać kogoś o czymś
home-baked [ˈhəum beɪkt] *adj*
domowego wypieku
homeless [ˈhəumləs] *adj* bezdomny
homelike [ˈhəumlaɪk] *adj* miły; przytulny
home-made [ˈhəumˈmeɪd] *adj*
domowego wyrobu
homesick [ˈhəumsɪk] *adj* stęs-
kniony za domem ⟨za
ojczyzną⟩; **to be** ~ tęsknić;
mieć nostalgię
homestead [ˈhəumsted] *s* za-

budowania gospodarskie;
(*farm*) gospodarstwo rolne
homeward(s) [ˈhəumwəd(z)] *adv*
ku domowi
honest [ˈonɪst] *adj* uczciwy;
prawy; **to be quite** ~ mówiąc szczerą prawdę
honesty [ˈonɪstɪ] *s* uczciwość
f
honey [ˈhʌnɪ] *s* miód *m*; ~!
kochanie!
honeymoon [ˈhʌnɪmun] *s* miodowy miesiąc; ~ **trip** podróż poślubna
honorary [ˈonrɪ] *adj* honorowy; (*unpaid*) bezpłatny
honour [ˈonə(r)] **I** *s* 1. honor
m; cześć *f*; **in** ~ **of** ... na
cześć ...; **upon my** ~ daję
słowo honoru 2. *pl* ~s ho-
nory *pl*, zaszczyty *pl*; **to
pay the last** ~s **to sb** oddać komuś ostatnią posługę
II *v* zaszczycać; (*respect*)
poważać; szanować
honourable [ˈonrbl] *adj* honorowy; prawy; (*bringing honour*) zaszczytny; poważny
hood [hud] *s* kaptur *m*
hook [huk] **I** *s* hak *m*, haczyk
m **II** *v* zaczepić hakiem; za-
haczyć
hooked [hukt] *adj* haczykowa-
ty; zawieszony na hakach
hooligan [ˈhulɪgən] *s* chuligan
m
hoop [hup] *s* obręcz *f*
hooping-cough [ˈhupɪŋ kʌf] *s*
med. koklusz *m*
hoot [hut] *v* gwizdać; (*of a
siren*) wyć; *mot.* dawać sygnał klaksonem
hooter [ˈhutə(r)] *s* syrena *f*;
gwizdek *m*
hooves *zob.* **hoof**
hop¹ [hop] *s* chmiel *m*
hop² [hop] **I** *v* skakać; podskakiwać ~I *s* (pod)skok *m*
hope [həup] **I** *v* spodziewać
się; mieć nadzieję (**for** sth
na coś); to ~ **for the best**
być dobrej myśli **II** *s* nadzieja *f*

hopeless ['həupləs] *adj* beznadziejny

horizon [hə'rɑızn] *s* horyzont *m*

horizontal ['horɪ'zontl] *adj* poziomy; horyzontalny

horn [hɔn] *s* róg *m*; *pl* ~s różki *pl*; czułki *pl*; *mot.* klakson *m*

hornet ['hɔnɪt] *s* szerszeń *m*

horn-rimmed ['hɔn'rɪmd] *adj* w rogowej oprawie

horny ['hɔnɪ] *adj* rogowy; (*hard as horn*) zrogowaciały

horrible ['horəbl] *adj* straszny; okropny

horrid ['horɪd] *adj* straszny; odrażający

horrific [ho'rɪfɪk] *adj* straszliwy; przerażający

horrify ['horɪfɑı] *v* przerażać

horror ['horə(r)] *s* przerażenie *n*; zgroza *f*; okropność *f*; ~ film makabryczny film

hors-d'oeuvre ['ɔ'dɜvr] *s kulin.* przystawka *f*, zakąska *f*

horse [hɔs] *s* koń *m*; **to ride a** ~ jeździć na koniu

horseback ['hɔsbæk] *s* grzbiet koński; **on** ~ konno

horsemanship ['hɔsmənʃɪp] *s* jazda konna

horse-power ['hɔs pɑuə(r)] *s* koń mechaniczny (jednostka mocy)

horse-race ['hɔs reɪs] *s* wyścigi konne

horse-radish ['hɔs rædɪʃ] *s* chrzan *m*

horse-shoe ['hɔʃ ʃu] *s* podkowa *f*

horticulture ['hɔtɪkʌltʃə(r)] *s* ogrodnictwo *n*

hose [həuz] *s* wąż *m* (gumowy)

hosiery ['həuzɪərɪ] *s* trykotaże *pl*; artykuły trykotarskie

hospitable [hə'spɪtəbl] *adj* gościnny

hospital ['hospɪtl] *s* szpital *m*; ~ **orderly** sanitariusz *m*; **to send to** ~ skierować do szpitala; **to bring to** ~ zawieźć do szpitala

hospitality ['hospɪ'tælətɪ] *s*

gościnność *f*; **to extend** ~ udzielić gościny

host [1] [həust] *s* zastęp *m*; orszak *m*

host [2] [həust] *s* gospodarz *m*; pan *m* domu

hostage ['hostɪdʒ] *s* zakładnik *m*

hostel ['hostl] *s* dom studencki; **excursion** ~ dom wycieczkowy; **riverside** ~ stanica wodna; **youth** ~ młodzieżowe schronisko turystyczne

hostess ['həustɪs] *s* gospodyni *f*; pani *f* domu

hostile ['hostɑıl] *adj* wrogi

hostility [ho'stɪlətɪ] *s* wrogość *f*; *pl* **hostilities** działania wojenne

hot [hot] *adj* gorący; **it is** ~ jest gorąco; **I am** ~ gorąco mi; *przen.* ~ **news** ostatnie wiadomości; (*of goods*) **to sell like** ~ **cakes** mieć ogromny popyt

hotel [həu'tel] *s* hotel *m*; ~ **capacity** pojemność *f* bazy hotelowej; ~ **night** doba hotelowa; **to stay at a** ~ mieszkać w hotelu.

hothouse ['hothɑus] *s* cieplarnia *f*; oranżeria *f*

hound [hɑund] *s* pies gończy; ogar *m*

hour ['ɑuə(r)] *s* godzina *f*; **dead** ~s cisza nocna; **office** ~s godziny urzędowe; **after** ~s po godzinach urzędowych

hourly ['ɑuərlɪ] I *adj* cogodzinny; powtarzający się co godzina II *adv* co godzina

house [hɑus] I *s* 1. dom *m*; **detached** ~ dom jednorodzinny; **prefabricated wooden** ~ domek *m* z prefabrykatów ⟨fiński⟩; **semi-detached** ~ dom-bliźniak *m*; **summer** ~ domek letni; **to keep open** ~ prowadzić dom otwarty 2. *parl.* izba *f* (Gmin, Lordów) 3. *teatr.* widownia *f*; **a full** ~ zapeł-

niona widownia **II** *v* dawać mieszkanie; zapewnić dach nad głową
household ['hɑushəuld] *s* gospodarstwo domowe; (*persons*) domownicy *pl*
housekeeper ['hɑuskipə(r)] *s* gospodyni *f*
housemaid ['hɑusmeɪd] *s* pokojówka *f*
housewarming ['hɑuswɔmɪŋ] *s* (*także* ~ **party**) przyjęcie *n* w nowym mieszkaniu
housewife ['hɑuswɑɪf] *s* (*pl* **housewives** ['hɑuswɑɪvz]) gospodyni *f*
hover ['hovə(r)] *v* unosić się; wisieć w powietrzu; *przen.* wahać się
hovercraft ['hovəkrɑft] *s* poduszkowiec *m*
how [hɑu] *adv* jak; jakim sposobem; ~ **much** ⟨**many**⟩? ile?; ~ **kind of you!** jak to miło z twojej strony!; ~ **are you?**, ~ **do you do?** jak się masz?
however [hɑu'evə(r)] *adv* jakkolwiek; w jakikolwiek sposób; (*nevertheless*) jednak
howl [hɑul] **I** *v* wyć **II** *s* wycie *n*
huddle ['hʌdl] *v* nagromadzić, zwalić na kupę
hue [hju] *s* barwa *f*; odcień *m*
huge [hjudʒ] *adj* ogromny; potężny
hull [hʌl] **I** *s* łuska *f*; łupina *f*; skorupa *f* **II** *v* łuskać
hum [hʌm] **I** *v* brzęczeć; szumieć; (*sing*) nucić **II** *s* brzęczenie *n*; szum *m*
human ['hjumən] *adj* ludzki; ~ **being** człowiek *m*
humane [hju'meɪn] *adj* humanitarny; ludzki
humanity [hju'mænətɪ] *s* ludzkość *f*; *pl* **the humanities** humanistyka *f*; studia humanistyczne
humble ['hʌmbl] **I** *adj* pokorny; (*modest*) skromny **II** *v* upokorzyć, poniżyć

10 Słownik

humbug ['hʌmbʌg] **I** *s* oszustwo *n*; (*person*) oszust *m* **II** *v* oszukiwać
humidity [hju'mɪdətɪ] *s* wilgoć *f*; wilgotność *f*
humiliate [hju'mɪlɪeɪt] *v* upokorzyć, poniżyć
humiliation [hju'mɪlɪ'eɪʃn] *s* upokorzenie *n*
humorist ['hjumərɪst] *s* humorysta *m*
humorous ['hjumərəs] *adj* humorystyczny, zabawny
humour ['hjumə(r)] **I** *s* humor *m*; nastrój *m* (**for sth** do czegoś); **out of** ~ w złym humorze **II** *v* udobruchać (**sb** kogoś); dogadzać (**sb** komuś)
hump [hʌmp] **I** *s* garb *m* **II** *v* garbić
humpback ['hʌmp'bæk], **hunchback** ['hʌntʃbæk] *s* garbus *m*
hundred ['hʌndrəd] **I** *adj* sto **II** *s* setka *f*
hundredfold ['hʌndrədfəuld] **I** *adj* stokrotny **II** *adv* stokrotnie
hundredth ['hʌndrədθ] **I** *adj* *num* setny **II** *s* setna (część)
hung *zob.* **hang** *v*
Hungarian [hʌn'geərɪən] **I** *adj* węgierski **II** *s* 1. Węgier *m*, Węgierka *f* 2. (*language*) język węgierski
hunger ['hʌŋgə(r)] **I** *s* głód *m*; żądza *f* (**for sth** czegoś) **II** *v* 1. głodować 2. (*desire*) pożądać (**for sth** czegoś)
hungry ['hʌŋgrɪ] *adj* głodny; **to go** ~ głodować
hunt [hʌnt] **I** *v* polować; (*pursue*) ścigać (**for sb, sth** kogoś, coś) **II** *s* polowanie *n*; łowy *pl*
hunter ['hʌntə(r)] *s* myśliwy *m*
hunting ['hʌntɪŋ] *s* polowanie *n*; **to go** ~ pojechać na polowanie
hunting-grounds ['hʌntɪŋ grɑundz] *pl* tereny łowieckie

hurdle-race ['hɜdl reɪs] s *sport*. bieg *m* przez płotki
hurricane ['hʌrɪkən] s huragan *m*
hurry ['hʌrɪ] I *v* spieszyć (się); to ~ up pospieszać II s pośpiech *m*; in a ~ pośpiesznie, szybko; to be in a ~ spieszyć się; there is no ~ nie ma pośpiechu
hurt [hɜt] I *v* (hurt, hurt) 1. skaleczyć; zranić 2. *(pain sb's feelings)* urazić (sb kogoś), obrazić II s skaleczenie *n*; rana *f*
husband ['hʌzbənd] s mąż *m*, małżonek *m*
hush [hʌʃ] I s spokój *m*; cisza *f* II *v* uciszyć; *przen.* to ~ up zatuszować (skandal itd.) III *interj* cicho!
husk [hʌsk] I s 1. łuska *f*; łupina *f* 2. *pl* ~s plewy *pl* II *v* łuskać
hut [hʌt] s chata *f*; chałupa
hyacinth ['haɪəsɪnθ] s hiacynt *m*
hydraulic [haɪ'drɔlɪk] *adj* hydrauliczny

hydrogen ['haɪdrədʒən] s *chem.* wodór *m*; ~ bomb bomba wodorowa
hyena [haɪ'inə] s hiena *f*
hygiene ['haɪdʒɪn] s higiena *f*
hygienic [haɪ'dʒɪnɪk] *adj* higieniczny
hymn [hɪm] s hymn *m*
hypertension ['haɪpə'tenʃn] s *med.* nadciśnienie *n*
hyphen ['haɪfən] s łącznik *m* (znak pisarski)
hypnotize ['hɪpnətaɪz] *v* hipnotyzować
hypocrisy [hɪ'pokrəsɪ] s obłuda *f*; hipokryzja *f*
hypocrite ['hɪpəkrɪt] s hipokryta *m*
hypodermic ['haɪpə'dɜmɪk] *adj* podskórny
hypothesis [haɪ'poθəsɪs] s (*pl* hypotheses [haɪ'poθəsɪs)] hipoteza *f*
hysteria [hɪ'stɪərɪə] s histeria *f*
hysterical [hɪ'sterɪkl] *adj* histeryczny; to become ~ dostać ataku histerycznego

I

I [aɪ] *pron* ja
ice [aɪs] s lód *m*; lody *pl*; floating ~ kra *f*; *przen*. to break the ~ przełamać pierwsze lody
iceberg ['aɪsbɜg] s góra lodowa
ice-bound ['aɪs baund] *adj* ścięty lodami; w okowach lodu
ice-box ['aɪs boks] s lodówka *f*
ice-breaker ['aɪs breɪkə(r)] s łamacz *m* lodów
ice-cream ['aɪs'krim] s lody *pl*
Icelander [aɪsləndə(r)] s Islandczyk *m*

ice-rink ['aɪs rɪŋk] s lodowisko *n*
icicle ['aɪsɪkl] s sopel *m* lodu
icing ['aɪsɪŋ] s *kulin*. lukier *m*
icon ['aɪkon] s ikona *f*
icy ['aɪsɪ] *adj* lodowaty; ~ cold lodowato zimny
I'd = I had; I would; I should
idea [aɪ'dɪə] s idea *f*; myśl *f*; *(plan)* pomysł *m*; what a good ~! co za świetny pomysł!; I don't get the ~ nie rozumiem; I have the ~ that ... wydaje mi się, że ...
ideal [aɪ'dɪəl] I *adj* idealny; doskonały II s ideał *m*

idealize [aɪ'dɪəlaɪz] v idealizować

identic(al) [aɪ'dentɪkl] adj identyczny

identification [aɪ'dentɪfɪ'keɪʃn] s zidentyfikowanie n

identify [aɪ'dentɪfaɪ] v utożsamiać; identyfikować

identity [aɪ'dentətɪ] s identyczność f; tożsamość f; ~ card dowód osobisty; legitymacja f; wojsk. ~ disc znaczek m tożsamości; to establish sb's ~ ustalić czyjąś tożsamość

ideology ['aɪdɪ'olədʒɪ] s ideologia f

idiocy ['ɪdɪəsɪ] s idiotyzm m

idiom ['ɪdɪəm] s idiom m

idiomatic(al) ['ɪdɪə'mætɪk(l)] adj idiomatyczny

idiosyncrasy ['ɪdɪəʊ'sɪŋkrəsɪ] s uczulenie n; idiosynkrazja f

idiot ['ɪdɪət] s idiota m

idiotic ['ɪdɪ'otɪk] adj idiotyczny

idle ['aɪdl] I adj 1. bezczynny; (lazy) leniwy 2. (useless) daremny II v marnować (one's time czas); próżnować; leniuchować

idleness ['aɪdlnəs] s 1. bezczynność f; (laziness) lenistwo n 2. (uselessness) daremność f

idler ['aɪdlə(r)] s próżniak m; leń m; wałkoń m

idol ['aɪdl] s bożek m; przen. bożyszcze n

idolatry [aɪ'dolətrɪ] s bałwochwalstwo n

idolize ['aɪdlaɪz] v ubóstwiać; uwielbiać (sb kogoś)

idyllic [ɪ'dɪlɪk] adj idylliczny; sielankowy

if [ɪf] conj jeżeli, jeśli; c ile; as if jak gdyby; if at all jeśli w ogóle; if necessary w razie potrzeby; if not w przeciwnym razie; if only ... żeby ⟨gdyby⟩ tylko ...; if so w takim razie

ignition [ɪg'nɪʃn] s techn. zapłon m; ~ cable przewód zapłonowy; ~ coil cewka zapłonowa; ~ control regulacja f zapłonu; ~ distributor rozdzielacz m zapłonu; ~ key kluczyk m zapłonu; ~ switch wyłącznik m zapłonu, stacyjka f

ignominy ['ɪgnəmɪnɪ] s niegodziwość f; podłość f

ignorance ['ɪgnərəns] s nieznajomość f; ignorancja f

ignorant ['ɪgnərənt] adj nieświadomy (of sth czegoś); nie powiadomiony (of sth o czymś)

ignore [ɪg'nɔ(r)] v ignorować

ill [ɪl] I adj (worse [wɜs], worst [wɜst])1. zły; ~ health słabe zdrowie 2. (sick) chory; gravely ⟨seriously⟩ ~ ciężko chory; to be ~ chorować (with sth na coś); to fall ⟨to get⟩ ~ zachorować II adv (worse, worst) źle; niedostatecznie; we can ~ afford it nie możemy sobie na to pozwolić; to speak ~ of sb, sth źle się wyrażać o kimś, czymś III s zło n

ill-bred ['ɪl'bred] adj źle wychowany

illegal [ɪ'ligl] adj nielegalny; bezprawny

illegible [ɪ'ledʒəbl] adj nieczytelny

illegitimate ['ɪlɪ'dʒɪtɪmət] adj nieprawny; (of a child) nieślubny

ill-feeling ['ɪl'filɪŋ] s uraza f; żal m

illicit [ɪ'lɪsɪt] adj bezprawny; zakazany; niedozwolony

illiteracy [ɪ'lɪtrəsɪ] s analfabetyzm m; nieuctwo n

illiterate [ɪ'lɪtrət] I adj nie umiejący czytać ani pisać II s analfabeta m

ill-luck ['ɪl'lʌk] s nieszczęście n; pech m

ill-mannered ['ɪl'mænəd] adj źle wychowany; grubiański

illness ['ɪlnəs] s choroba f

illogical [ɪ'lodʒɪkl] adj nielogiczny

ill-tempered ['ɪl'tempəd] adj
zły; zirytowany; kłótliwy
ill-timed ['ɪl'taɪmd] adj nie w
porę; niefortunny
ill-treat ['ɪl'trit] v maltretować; źle się obchodzić (sb
z kimś)
illuminate [ɪ'lumɪneɪt] v
oświetlać, iluminować
illumination [ɪ'lumɪ'neɪʃn] s
oświetlenie n; iluminacja f
illusion [ɪ'luʒn] s złudzenie n;
iluzja f
illusionist [ɪ'luʒnɪst] s iluzjo-
nista m
illusive [ɪ'lusɪv], illusory [ɪ'lu-
sərɪ] adj złudny, iluzorycz-
ny
illustrate ['ɪləstreɪt] v ilustrować
illustration ['ɪlə'streɪʃn] s ilustracja f
illustrious [ɪ'lʌstrɪəs] adj sławny; znakomity
I'm = I am
image ['ɪmɪdʒ] s 1. wizerunek
m; podobizna f 2. (conception) wyobrażenie n
imaginary [ɪ'mædʒɪnrɪ] adj
urojony; wyimaginowany
imagination [ɪ'mædʒɪ'neɪʃn] s
wyobraźnia f
imagine [ɪ'mædʒɪn] v wyobrażać sobie; myśleć
imbue [ɪm'bju] v nasycać
(with sth czymś); przen.
przepoić (with sth czymś);
wpajać
imitate ['ɪmɪteɪt] v naśladować; wzorować się (sb, sth
na kimś, czymś)
imitation ['ɪmɪ'teɪʃn] s naśla-
downictwo n; imitacja f; in
~ of ... na wzór ...
immaculate [ɪ'mækjʊlət] adj
niepokalany; nieskazitelny
immaterial ['ɪmə'tɪərɪəl] adj 1.
niematerialny 2. (unimportant) nieistotny; błahy
immature ['ɪmə'tʃʊə(r)] adj niedojrzały
immeasurable [ɪ'meʒrəbl] adj
niezmierzony; bezgraniczny
immediate [ɪ'mɪdɪət] adj 1.

bezpośredni 2. (prompt) na-
tychmiastowy; bezzwłoczny;
(of need etc.) pilny
immemorial ['ɪmə'mɔrɪəl] adj
odwieczny; from time ~ od
niepamiętnych czasów
immense [ɪ'mens] adj ogromny; niezmierny
immigrant ['ɪmɪgrənt] I adj
imigrujący; (of an office
etc.) imigracyjny II s imi-
grant m
immigration ['ɪmɪ'greɪʃn] s
imigracja f; ~ officer kontroler m paszportów
imminent ['ɪmɪnənt] adj bliski;
groźny; to be ~ zagrażać,
grozic
immodest [ɪ'mɔdɪst] adj nie-
skromny; bezwstydny
immoral [ɪ'mɔrl] adj niemo-
ralny; rozpustny
immorality [ɪmə'rælətɪ] s nie-
moralność f; rozpusta f
immortal [ɪ'mɔtl] adj nieśmiertelny; wiekopomny
immortality ['ɪmɔ'tælətɪ] s
nieśmiertelność f
immortalize [ɪ'mɔtəlaɪz] v u-
nieśmiertelnić; uwiecznić
immovable [ɪ'muvəbl] adj nieruchomy; niewzruszony
immune [ɪ'mjun] adj 1. wolny (od czegoś) 2. (secure)
uodporniony (from ⟨against,
to⟩ sth na coś)
immunity [ɪ'mjunətɪ] s 1.
uwolnienie n (from sth, od
czegoś — podatku itp.) 2.
odporność f (from a disease
na chorobę); nietykalność f
imp [ɪmp] s diabełek m; du-
szek m; chochlik m
impact ['ɪmpækt] s uderzenie
n; (collission) zderzenie n
impart [ɪm'pat] v udzielać;
użyczać (sth to sb czegoś
komuś); (news etc.) przekazać
impartial [ɪm'paʃl] adj bezstronny
impartiality ['ɪm'paʃɪ'ælətɪ] s
bezstronność f
impasse ['æmpas] s impas m,

martwy punkt; sytuacja *f* bez wyjścia

impassible [ımˈpæsəbl] *adj* niewzruszony; nieczuły

impassive [ımˈpæsıv] *adj* niewzruszony; beznamiętny

impatient [ımˈpeıʃnt] *adj* niecierpliwy; **to get ⟨to grow⟩** zniecierpliwić się; **to be ~ of sth** zirytować się czymś

impede [ımˈpid] *v* przeszkadzać **(sb, sth** komuś, czemuś); utrudniać

impediment [ımˈpedımənt] *s* przeszkoda *f*; utrudnienie *n*; **an ~ of speech** wada *f* wymowy; jąkanie się *n*

impel [ımˈpell] *v* pobudzać; zmuszać

impend [ımˈpend] *v* (*of danger etc.*) zagrażać; wisieć **(over sb, sth** nad kimś, czymś)

imperative [ımˈperətıv] **I** *adj* 1. rozkazujący; władczy 2. (*urgent*) naglący; konieczny; **it is ~ that ...** trzeba koniecznie ... **II** *s gram.* tryb rozkazujący

imperceptible [ˈımpəˈseptəbl] *adj* niedostrzegalny; nieuchwytny

imperfect [ımˈpɜfıkt] *adj* 1. niedoskonały; wadliwy 2. *gram.* niedokonany

imperfection [ˈımpəˈfekʃn] *s* niedoskonałość *f*; wada *f*

imperial [ımˈpıərıəl] *adj* cesarski; (*majestic*) majestatyczny

imperialism [ımˈpıərıəlızm] *s* imperializm *m*

imperialist [ımˈpıərıəlıst] **I** *s* imperialista *m* **II** *adj* imperialistyczny

imperious [ımˈpıərıəs] *adj* 1. władczy; rozkazujący 2. (*urgent*) naglący

imperishable [ımˈperıʃəbl] *adj* niezniszczalny; nieprzemijający

impersonal [ımˈpɜsnl] *adj* bezosobowy

impersonate [ımˈpɜsneıt] *v* u

osabiać; być **personifikacją (sth** czegoś); (*play the part*) odgrywać rolę **(sb** kogoś)

impertinence [ımˈpɜtınəns] *s* zuchwalstwo *n*; impertynencja *f*

impertinent [ımˈpɜtınənt] *adj* zuchwały, bezczelny; impertynencki

impetuous [ımˈpetʃuəs] *adj* zapalczywy; porywczy; gwałtowny

impetus [ˈımpıtəs] *s* rozpęd *m*; impet *m*; *przen.* **to give an ~ to sth** nadać czemuś rozpęd; pobudzić do czegoś

impious [ˈımpıəs] *adj* bezbożny

impish [ˈımpıʃ] *adj* psotny; figlarny

implement¹ [ˈımplımənt] *s* 1. sprzęt *m*; narzędzie *n* 2. *pl* **~s** przybory *pl*

implement² [ˈımplıment] *v* wykonywać; wprowadzać w życie

implicate [ˈımplıkeıt] *v* 1. wplątywać **(sb in sth** kogoś w coś) 2. (*imply*) dawać do zrozumienia; nasuwać myśl **(sth** o czymś)

implicit [ımˈplısıt] *adj* 1. domniemany; ukryty 2. (*absolute*) absolutny; niezaprzeczalny

implore [ımˈplɔ(r)] *v* błagać

imply [ımˈplaı] *v* 1. zakładać 2. (*suggest*) nasuwać wniosek **(sth** o czymś); dawać do zrozumienia

impolite [ˈımpəˈlaıt] *adj* niegrzeczny; nieuprzejmy

import [ımˈpɔt] **I** *v* 1. importować; sprowadzać z zagranicy 2. (*mean*) znaczyć **II** *s* [ˈımpɔt] 1. znaczenie *n*; ważność *f*; **matters of ~** doniosłe sprawy 2. *handl.* import *m*

importance [ımˈpɔtns] *s* znaczenie *n*; ważność *f*; **to be of ~** mieć znaczenie; **of no ~** bez znaczenia; **to attach**

~ **to ...** przywiązywać wagę do ...
important [ɪm'pɔtnt] *adj* ważny; doniosły; **to look** ~ mieć ważną minę
importunate [ɪm'pɔtjʊnət] *adj* natrętny; dokuczliwy
impose [ɪm'pəʊz] *v* 1. nakazywać; narzucać; nakładać **(a tax on sb** podatek na kogoś) 2. *(humbug)* naciągać ⟨nabierać⟩ **(on ⟨upon⟩ sb** kogoś)
imposing [ɪm'pəʊzɪŋ] *adj* imponujący; okazały
impossible [ɪm'pɔsəbl] *adj* niemożliwy; niewykonalny
impostor [ɪm'pɔstə(r)] *s* oszust *m*
imposture [ɪm'pɔstʃə(r)] *s* oszustwo *n*
impotence, impotency ['ɪmpətəns, 'ɪmpətənsɪ] *s* 1. nieudolność *f* 2. *med.* impotencja *f*
impregnate [ɪm'pregneɪt] *v* impregnować
impresario [ˌɪmprɪ'zɑrɪəʊ] *s* impresario *m*
impress [ɪm'pres] *v* 1. wyciskać; odciskać 2. *(affect)* robić wrażenie; **to be** ~**ed by ...** być pod wrażeniem ...
impression [ɪm'preʃn] *s* 1. odbicie *n*; piętno *n* 2. *(effect)* wrażenie *n*; **to be under the** ~ **that ...** mieć wrażenie, że ...
impressive [ɪm'presɪv] *adj* wywierający wrażenie; imponujący; frapujący
imprison [ɪm'prɪzn] *v* uwięzić
imprisonment [ɪm'prɪznmənt] *s* uwięzienie *n*
improbable [ɪm'prɔbəbl] *adj* nieprawdopodobny
improper [ɪm'prɔpə(r)] *adj* niewłaściwy; nieodpowiedni
improve [ɪm'pruv] *v* poprawiać; robić postępy **(in sth** w czymś); ulepszać **(sth ⟨on, upon sth⟩** coś)
improvement [ɪm'pruvmənt] *s* ulepszenie *n*; udoskonalenie *n*; postęp *m*
improvise ['ɪmprəvaɪz] *v* improwizować
imprudent [ɪm'prudnt] *adj* nieostrożny; nieroztropny
impudence ['ɪmpjʊdəns] *s* zuchwalstwo *n*; bezczelność *f*; tupet *m*
impudent ['ɪmpjʊdənt] *adj* zuchwały; bezczelny; z tupetem
impulse ['ɪmpʌls] *s* impuls *m*; odruch *m*; **on the** ~ **of the moment** odruchowo; **to act on** ~ działać spontanicznie
impulsive [ɪm'pʌlsɪv] *adj* impulsywny; popędliwy
impunity [ɪm'pjunətɪ] *s* bezkarność *f*; **with** ~ bezkarnie
impure [ɪm'pjʊə(r)] *adj* nieczysty; zanieczyszczony
impute [ɪm'pjut] *v* przypisywać; zarzucać (komuś coś)
in [ɪn] **I** *praep* 1. w; na; **in a car** autem; **in writing** pisemnie 2. *(during)* w ciągu; **in the afternoon** po południu 3. *(after)* za; **in a week** za tydzień **II** *adv* w środku; w (domu itd.); **she is in** ona jest w domu **II** *s* **the ins and outs** szczegóły *pl* sprawy; tajniki *pl*
inability ['ɪnə'bɪlətɪ] *s* niezdolność *f* **(to do sth** do zrobienia czegoś)
inaccessible ['ɪnæk'sesəbl] *adj* niedostępny; *(of a person)* nieprzystępny
inaccurate [ɪn'ækjərət] *adj* nieścisły; niedokładny
inactive [ɪn'æktɪv] *adj* bezczynny; bierny
inadequate [ɪn'ædɪkwət] *adj* nieodpowiedni; niedostateczny
inasmuch ['ɪnəz'mʌtʃ] *adv* 1. o tyle **(as ...** że ⟨o ile⟩ ...) 2. *(because)* ponieważ; wobec tego, że ...
inattentive ['ɪnə'tentɪv] *adj* nieuważny; nie uważający

inaudible [ɪn'odəbl] *adj* nieuchwytny dla ucha; niesły-
szalny
inauguration ['ɪnɔgjʊ'reɪʃn] *s*
inauguracja *f*
inborn ['ɪn'bɔn] *adj* wrodzony
incalculable [ɪn'kælkjʊləbl]
adj nieobliczalny
incapable [ɪn'keɪpəbl] *adj* niezdolny (**of** sth do czegoś)
incapacity ['ɪnkə'pæsətɪ] *s* niezdolność *f*
incertitude [ɪn'sɜtɪtjud] *s* niepewność *f*
incessant [ɪn'sesnt] *adj* nieustający; nieprzerwany
inch [ɪntʃ] *s* cal *m*; *przen.* to
be every ~ a ... być w każ-
dym calu ... (damą itp.);
~ by ~ stopniowo
incident ['ɪnsɪdənt] *s* incydent
m; zajście *n*
incidental ['ɪnsɪ'dentl] *adj*
przypadkowy; przygodny;
uboczny; (*of a problem etc.*)
wynikający (**to** sth z czegoś)
incisor [ɪn'saɪzə(r)] *s* siekacz
m (ząb)
incite [ɪn'saɪt] *v* namówić;
podburzyć; zachęcić (**to** sth
do czegoś)
inclination ['ɪnklɪ'neɪʃn] *s* 1.
nachylenie *n* 2. (*liking*)
skłonność *f* (**to** ⟨**for**⟩ sth do
czegoś); pociąg *m* (**to** sth
do czegoś)
incline [ɪn'klaɪn] *v* 1. nachylić (się) 2. (*be disposed*)
mieć skłonność (**to** sth do
czegoś); być skłonnym (**to
do** sth do zrobienia czegoś)
include [ɪn'klud] *v* zawierać;
obejmować; włączyć; **packing** ~**d** łącznie z opakowaniem
inclusive [ɪn'klusɪv] *adj* obej-
mujący; zawierający; **to
be** ~ zawierać; obejmować;
~ **of** ... łącznie z ...
income ['ɪnkʌm] *s* dochód *m*
income-tax ['ɪnkəm tæks] *s*
podatek dochodowy
incomparable [ɪn'komprəbl]

adj niezrównany; nie do
porównania (**to** ⟨**with**⟩ sb,
sth z kimś, czymś)
incompetent [ɪn'kompətənt]
adj niekompetentny; niewłaściwy; nieudolny
incomplete ['ɪnkəm'plit] *adj*
niezupełny; nie dokończo-
ny
incomprehensible ['ɪn'kom-
prɪ'hensəbl] *adj* niezrozumiały; niepojęty
inconceivable ['ɪnkən'sivəbl]
adj niepojęty; niezrozumiały
inconsequent [ɪn'konsɪkwənt]
adj niekonsekwentny; nielogiczny
inconsiderate ['ɪnkən'sɪdrət]
adj bezmyślny; nierozważny; nieuprzejmy; nie uwa-
żający
inconsistent ['ɪnkən'sɪstənt] *adj*
niezgodny; sprzeczny
inconspicuous ['ɪnkən'spɪkjʊəs]
adj nie rzucający się w
oczy; niepozorny
inconstant [ɪn'konstənt] *adj*
niestały; zmienny
inconvenience ['ɪnkən'vinɪəns]
I *v* sprawić kłopot (**sb** komuś) II *s* niewygoda *f*; kłopot *m*
inconvenient ['ɪnkən'vinɪənt]
adj niewygodny; kłopotliwy
incorporate [ɪn'kɔpəreɪt] *v* 1.
włączać; przyłączać 2. *admin. handl.* zarejestrować;
zalegalizować
incorrect ['ɪnkə'rekt] *adj* niepoprawny; nieprawidłowy;
błędny
incorrigible ['ɪnko'rɪdʒəbl] *adj*
niepoprawny
increase [ɪn'kris] I *v* zwięk-
szać ⟨powiększać⟩ (się);
wzrastać II *s* ['ɪnkris] przyrost *m*; wzrost *m*; powiększenie *n*; **to get an** ~ dostać podwyżkę (płacy)
incredible [ɪn'kredəbl] *adj* nie-
wiarygodny; nieprawdopo-
dobny

incredulous [ɪnˈkredjʊləs] *adj*
nie dowierzający
incur [ɪnˈkɜ(r)] *v* 1. ponosić
(ryzyko itd.); narazić się
(sth na coś) 2. (*contract*)
zaciągać (długi itd.)
incurable [ɪnˈkjʊərəbl] *adj* nieuleczalny
indebted [ɪnˈdetɪd] *adj* zadłużony; *przen.* **to be ~ to sb
for sth** zawdzięczać komuś
coś
indecent [ɪnˈdisnt] *adj* nieprzyzwoity
indecision [ˌɪndɪˈsɪʒn] *s* nie-
zdecydowanie *n;* wahanie *n*
indeed [ɪnˈdid] *adv* naprawdę;
istotnie; faktycznie
indefinite [ɪnˈdefnɪt] *adj* nieokreślony; nieograniczony
indelible [ɪnˈdeləbl] *adj* nie
do starcia; nie dający się
zmazać; (*of a pencil*) chemiczny
indemnity [ɪnˈdemnətɪ] *s* odszkodowanie *n;* (*security*)
zabezpieczenie *n* (**for** ⟨a-
gainst⟩ sth przed czymś)
independence [ˌɪndɪˈpendəns] *s*
niezależność *f;* niepodległość *f*
independent [ˌɪndɪˈpendənt]
adj niezależny; niepodległy;
to become ~ uniezależnić
się
indescribable [ˌɪndɪˈskraɪbəbl]
adj nieopisany; nie do opi-
sania
index [ˈɪndeks] (*pl* ~es, indices [ˈɪndɪsiz]) wskaźnik *m;*
(*list*) wykaz *m;* rejestr *m;*
indeks *m;* spis alfabetyczny
Indian [ˈɪndɪən] **I** *adj* indyjski; hinduski; (*of America*)
indiański; ~ **corn** kukurydza *f;* ~ **ink** tusz *m;* ~
summer babie lato; **in ~ file**
gęsiego; rzędem **II** *s* (*native
of America*) Indianin *m;*
(*native of India*) Hindus *m*
india-rubber [ˈɪndɪəˈrʌbə(r)] *s*
guma *f*
indicate [ˈɪndɪkeɪt] *v* wskazywać; pokazywać; **to be ~ed**

być wskazanym ⟨pożąda-
nym⟩
indication [ˌɪndɪˈkeɪʃn] *s* wska-
zanie *n;* wskazówka *f;* znak
m
indicative [ɪnˈdɪkətɪv] *adj* *s*
gram. (tryb) oznajmujący
indicator [ˈɪndɪkeɪtə(r)] *s* informator *m;* tablica orien-
tacyjna; *mot.* wskaźnik *m;*
~ **light** lampka kontrolna
indices zob. **index** *s*
indictment [ɪnˈdaɪtmənt] *s* akt
m oskarżenia; oskarżenie *n*
indifference [ɪnˈdɪfrns] *s* obo-
jętność *f* (**to** ⟨towards⟩ sb,
sth na coś, wobec kogoś,
czegoś); **a matter of ~** rzecz
obojętna
indifferent [ɪnˈdɪfrnt] *adj* obojętny (**to sth, sb** na coś, dla
kogoś)
indigestion [ˌɪndɪˈdʒestʃn] *s*
niestrawność *f*
indignant [ɪnˈdɪgnənt] *adj*
oburzony (**with sb** na kogoś,
at sth na coś)
indignation [ˌɪndɪgˈneɪʃn] *s*
oburzenie *n* (**with sb** na kogoś, **at sth** na coś)
indirect [ˌɪndɪˈrekt] *adj* pośredni; *gram.* zależny; ~
object dopełnienie dalsze
indiscreet [ˌɪndɪˈskrit] *adj* nie-
dyskretny; (*injudicious*) nierozważny
indiscriminate [ˌɪndɪˈskrɪmɪ-
nət] *adj* 1. niewybredny;
nie wymagający 2. (*con-
fused*) bezładny; bez wy-
boru
indispensable [ˌɪndɪˈspensəbl]
adj niezbędny; nieodzowny;
konieczny
indisposed [ˌɪndɪˈspəʊzd] *adj*
1. niedysponowany; nie-
zdrów 2. (*averse*) niechętny;
bez zapału
indisposition [ˌɪnˈdɪspəˈzɪʃn] *s*
1. niedyspozycja *f;* dolegliwość *f* 2. (*aversion*) niechęć
f (**to** ⟨towards⟩ sb, sth do
kogoś, czegoś)
indisputable [ˌɪndɪˈspjutəbl]

adj bezsporny; niezaprzeczalny
indistinct ['ındı`stıŋkt] *adj*
niewyraźny; niejasny
individual [`ındı`vıdʒʊəl] I *adj*
indywidualny; pojedynczy;
osobowy II *s* jednostka *f*;
osobnik *m*
individuality ['ındı`vıdʒʊ`ælə-
tı] *s* indywidualność *f*
indolence [`ındələns] *s* leni-
stwo *n*; opieszałość *f*
indoor [ın`dɔ(r)] *adj* (*of life*)
domowy; (*of work*) chałup-
niczy; (*of games*) pokojowy
indoors [ın`dɔz] *adv* wewnątrz
domu; **to keep** ~ nie wychodzić z domu
indorse [ın`dɔs] *v* = **endorse**
induce [ın`djus] *v* skłonić, na-
kłonić; pobudzić ⟨sprowo-
kować⟩ (**to** sth do czegoś)
indulge [ın`dʌldʒ] *v* pobłażać
(**sb komuś**); psuć (**kogoś**);
ulegać ⟨dawać upust⟩ (**sth**
czemuś); **to** ~ **oneself** fol-
gować sobie
indulgence [ın`dʌldʒəns] *s* 1.
pobłażanie *n*; folgowanie *n*;
słabość *f* (**for sb** do kogoś)
2. *rel.* odpust *m*
indulgent [ın`dʌldʒənt] *adj*
pobłażliwy (**to sb** dla kogoś); ulegający (**to sb**, sth
komuś, czemuś)
industrial [ın`dʌstrıəl] *adj*
przemysłowy
industrialization [ın`dʌstrıə-
laı`zeıʃn] *s* industrializacja
f, uprzemysłowienie *n*
industrialize [ın`dʌstrıəlaız] *v*
uprzemysłowić
industrious [ın`dʌstrıəs] *adj*
pilny; pracowity
industry [`ındəstrı] *s* 1. prze-
mysł *m*; **motor-car** ~ przemysł motoryzacyjny; **tourist** ~ przemysł turystyczny 2. (*diligence*) pilność *f*;
pracowitość *f*
inedible [ın`edəbl] *adj* nieja-
dalny
inedited [ın`edıtıd] *adj* nie
opublikowany

ineffective ['ını`fektıv] *adj* 1.
bezskuteczny; daremny; **to
be** ~ nie działać 2. (*of a
person*) nieudolny
inefficient ['ını`fıʃnt] *adj* nie-
udolny; nieefektywny; nie-
sprawny
inept [ın`ept] *adj* 1. niestoso-
wny 2. (*silly*) niedorzeczny;
głupi
inequality ['ını`kwolətı] *s* nie-
równość *f*; niestałość *f*
inertia [ı`nɜʃə] *s* 1. bezwład-
ność *f*; inercja *f* 2. (*sloth*)
bezczynność *f*
inescapable ['ını`skeıpəbl] *adj*
nieunikniony; nieuchronny
inessential ['ını`senʃl] *adj* nie-
istotny; nieważny
inestimable [ın`estıməbl] *adj*
nieoceniony; bezcenny
inexact ['ınıg`zækt] *adj* nie-
ścisły, niedokładny
inexcusable ['ınık`skjuzəbl]
adj niewybaczalny
inexhaustible ['ınıg`zɔstəbl]
adj niewyczerpany; nie-
przebrany
inexpensive ['ınık`spensıv] *adj*
niedrogi; tani
inexperienced ['ınık`spıərıənst]
adj niedoświadczony
inexplicable ['ınık`splıkəbl] *adj*
niewytłumaczalny
inexpressible ['ınık`spresəbl]
adj niewypowiedziany; nie-
wysłowiony
infamous [`ınfəməs] *adj* nie-
sławny; haniebny; podły
infamy [`ınfəmı] *s* niesława *f*;
hańba *f*
infancy [`ınfənsı] *s* 1. niemo-
wlęctwo *n* 2. *prawn.* niepełnoletność *f*
infant [`ınfənt] *s* 1. noworo-
dek *m*; niemowlę *n* 2.
prawn. niepełnoletni *m*
infantile [`ınfəntaıl] *adj* 1.
niemowlęcy; dziecięcy;
med. ~ **paralysis** choroba
Heine-Medina 2. (*immature*)
infantylny
infantry [`ınfəntrı] *s* piecho-
ta *f*

infarct ['ɪnfɑkt], infarction [ɪn'fɑkʃn] s med. zawał m; cardiac ~ zawał serca

infatuate [ɪn'fætʃueɪt] v rozkochać (się); doprowadzić (kogoś) do szaleństwa; to become ~d with sb zakochać się w kimś; to be ~d with sb szaleć za kimś

infatuation [ɪn'fætʃu'eɪʃn] s zakochanie (się) n; zaślepienie n; szaleńcza miłość

infect [ɪn'fekt] v zarazić; zakazić

infection [ɪn'fekʃn] s zakażenie n; zarażenie n; infekcja f

infectious [ɪn'fekʃəs], infective [ɪn'fektɪv] adj zakaźny; zaraźliwy; infekcyjny

inferior [ɪn'fɪərɪə(r)] adj niższy; gorszy; to be ~ to ... ustępować ... (komuś, czemuś)

inferiority ['ɪn'fɪərɪ'orətɪ] s niższość f

infernal [ɪn'fɜnl] adj piekielny, diabelski

infest [ɪn'fest] v niepokoić; (of a disease) nawiedzać; trapić; to be ~ed with ... roić się od ... (robactwa itp.)

infidelity [ɪnfɪ'delətɪ] s rel. niewiara f; (disloyalty) niewierność f; zdrada (małżeńska)

infinite ['ɪnfənɪt] adj bezkresny; bezgraniczny; nieskończony

infinitive [ɪn'fɪnɪtɪv] gram. I. adj nieokreślony II s bezokolicznik m

infirm [ɪn'fɜm] adj słaby; niedołężny

infirmary [ɪn'fɜmərɪ] s izba f chorych; (hospital) szpital m; lecznica f

inflame [ɪn'fleɪm] v dosł. i przen. zapalić (się)

inflammation ['ɪnflə'meɪʃn] s zapalenie n

inflate [ɪn'fleɪt] v 1. nadymać 2. handl. podnosić (ceny)

inflation [ɪn'fleɪʃn] s 1. nadymanie n; napompowanie n 2. handl. zwyżka f (cen); ekon. inflacja f

inflexible [ɪn'fleksəbl] adj nieelastyczny; sztywny

inflict [ɪn'flɪkt] v 1. zadać (ból itp.) 2. (impose) narzucać (sth upon sb coś komuś); nałożyć (karę itp.); to ~ oneself upon sb narzucać się komuś

infliction [ɪn'flɪkʃn] s 1. zadawanie n (ciosu itp.) 2. nałożenie n (kary itp.) 3. (unpleasant experience) przykrość f

influence ['ɪnfluəns] I s wpływ m II v wywierać wpływ; działać (sb, sth na kogoś, coś)

influential ['ɪnflu'enʃl] adj wpływowy

influenza ['ɪnflu'enzə] s grypa f

inform [ɪn'fɔm] v zawiadomić; poinformować (of sth o czymś); to be ~ed of sth dowiedzieć się o czymś

informal [ɪn'fɔml] adj nieformalny; nieprzepisowy; nieoficjalny

informant [ɪn'fɔmənt] s informator m

information ['ɪnfə'meɪʃn] s 1. informacja f; ~ office informacja dworcowa; hotel ~ desk informacja hotelowa; railway ~ informacja kolejowa; telephone ~ informacja telefoniczna; tourist ~ informacja turystyczna; to get ~ poinformować się; to furnish sb with ~ udzielać informacji 2. (news) wiadomości pl; a piece of ~ wiadomość f

infrequent [ɪn'frikwənt] adj nieczęsty; rzadki

infringement [ɪn'frɪndʒmənt] s pogwałcenie n; naruszenie n

infuriate [ɪn'fjuərɪeɪt] v rozwścieczyć; rozjuszyć

infuse [ɪnˈfjuz] v 1. natchnąć
(sb with sth kogoś czymś)
2. (make tea etc.) zaparzyć,
naparzyć
infusion [ɪnˈfjuʒn] s 1. natchnienie n (of sth into sb
kogoś czymś) 2. (making tea
etc.) zaparzenie n 3. (liquid)
napar m
ingenious [ɪnˈdʒiniəs] adj pomysłowy; dowcipny
ingratiate [ɪnˈgreɪʃieɪt] v ∼
oneself wkradać się (with
sb w czyjeś łaski); przymi-
lać się (with sb komuś)
ingratiating [ɪnˈgreɪʃieɪtɪŋ] adj
przymilny; ujmujący
ingratitude [ɪnˈgrætɪtjud] s
niewdzięczność f
ingredient [ɪnˈgridiənt] s składnik m; ingrediencja f
inhabit [ɪnˈhæbɪt] v mieszkać
(a house w domu); zamieszkiwać
inhabitant [ɪnˈhæbɪtənt] s
mieszkaniec m
inhalation [ɪnhəˈleɪʃn] s wdychanie n; inhalacja f
inhale [ɪnˈheɪl] v wdychać
inherent [ɪnˈhɪərnt] adj wrodzony (in sb komuś); nie-
odłączny (in sb, sth od kogoś, czegoś); tkwiący (in sb,
sth w kimś, czymś)
inherit [ɪnˈherɪt] v odziedziczyć; otrzymać w spadku
inheritance [ɪnˈherɪtəns] s spadek m; dziedzictwo n; to
come into an ∼ otrzymać
spadek
inhospitable [ˈɪnhoˈspɪtəbl] adj
niegościnny
inhuman [ɪnˈhjumən] adj nieludzki
inimical [ɪˈnɪmɪkl] adj nie-
przyjazny; wrogi
initial [ɪˈnɪʃl] adj początkowy;
wstępny; ∼ letter inicjał m;
pl ∼s inicjały pl
initiate [ɪˈnɪʃieɪt] v zapoczą-
tkować; (introduce) wpro-
wadzić; wtajemniczyć (sb
into sth kogoś w coś)
initiation [ɪˈnɪʃieɪʃn] s zapo-

czątkowanie n; zainicjowa-
nie n; początek m
initiative [ɪˈnɪʃətɪv] I adj początkowy II s inicjatywa f;
przedsiębiorczość f; to do
sth on one's own ∼ robić
coś na własną rękę
inject [ɪnˈdʒekt] v wstrzy-
knąć; zrobić zastrzyk
injection [ɪnˈdʒekʃn] s zastrzyk m; iniekcja f
injudicious [ˈɪndʒuˈdɪʃəs] adj
nierozsądny; nieroztropny
injure [ˈɪndʒə(r)] v skrzywdzić; (damage) uszkodzić;
(wound) skaleczyć
injury [ˈɪndʒərɪ] s szkoda f;
krzywda f
injustice [ɪnˈdʒʌstɪs] s niesprawiedliwość f
ink [ɪŋk] s atrament m
inkling [ˈɪŋklɪŋ] s podejrzenie
n; domysł m; to have an
∼ of sth podejrzewać coś
inkstand [ˈɪŋkstænd] s kałamarz m
inlaid zob. inlay v
inland [ˈɪnlənd] I s wnętrze n
⟨głąb f⟩ kraju II adj położony wewnątrz kraju; we-
wnętrzny; krajowy
in-laws [ˈɪnlɔz] pl rodzina f
męża ⟨żony⟩
inlay [ˈɪnleɪ] I v (inlaid [ˈɪn-
leɪd], inlaid) inkrustować;
wykładać (czymś) II s in-
krustacja f; mozaika f
inlet [ˈɪnlet] s wlot m; otwór
wlotowy
inmate [ˈɪnmeɪt] s domownik
m; mieszkaniec m (domu
itp.); (of a hospital) pacjent
m; (at a hotel) gość m
inmost [ˈɪnməust] adj najgłęb-
szy; najskrytszy
inn [ɪn] s zajazd m; karczma
f; oberża f
inner [ˈɪnə(r)] adj wewnętrzny
innermost [ˈɪnəməust] adj = inmost
innkeeper [ˈɪnkipə(r)] s właściciel m gospody; oberży-
sta m

innocence [ˈɪnəsns] s niewinność f; (simplicity) prostoduszność f

innocent [ˈɪnəsnt] I adj 1. niewinny; to be ~ of sth nie być winnym czegoś 2. (simple) prostoduszny; naiwny II s niewiniątko n

innumerable [ɪˈnjumrəbl] adj niezliczony

inoculate [ɪˈnɒkjʊleɪt] v zaszczepić

inoculation [ɪˈnɒkjʊˈleɪʃn] s szczepienie m

inoffensive [ˈɪnəˈfensɪv] adj nieszkodliwy

inordinate [ɪˈnɔdɪnət] adj nadmierny; nieumiarkowany (unsystematic) niesystematyczny

in-patient [ˈɪn peɪʃnt] s pacjent (w szpitalu)

input [ˈɪnpʊt] s wkład m; wewnętrzna część przyrządu; techn. wejście n

inquest [ˈɪŋkwest] s śledztwo n

inquire [ɪnˈkwaɪə(r)] v dowiadywać się (about ⟨after, for⟩ sb, sth o kogoś, coś); zasięgać informacji

inquiry [ɪnˈkwaɪərɪ] s 1. zapytanie n; dowiadywanie się n; to make inquiries dowiadywać się; (in an office) Inquiries Informacja f 2. (investigation) badanie n; ankieta f; personal ~ ankieta personalna; to conduct an ~ rozpisać ankietę; to fill in ⟨up, out⟩ an ~ wypełnić ankietę

inquisition [ˈɪnkwɪˈzɪʃn] s badanie n; śledztwo n

inquisitive [ɪnˈkwɪzətɪv] adj ciekawy; wścibski

insane [ɪnˈseɪn] adj obłąkany, szalony; to become ~ postradać zmysły

insanitary [ɪnˈsænɪtrɪ] adj niehigieniczny

insanity [ɪnˈsænətɪ] s obłąkanie n; obłęd m; szaleństwo n

insatiable [ɪnˈseɪʃəbl] adj nienasycony

inscribe [ɪnˈskraɪb] v wpisać (na listę); napisać

inscription [ɪnˈskrɪpʃn] s napis m

insect [ˈɪnsekt] s owad m; insekt m

insecticide [ɪn sektɪsaɪd] s środek owadobójczy

insecure [ˈɪnsɪˈkjʊə(r)] adj niepewny; niezabezpieczony

insensible [ɪnˈsensəbl] adj niedostrzegalny; (unconscious) nieprzytomny; (insensitive) niewrażliwy (to sth na coś)

insensitive [ˈɪnˈsensətɪv] adj nieczuły ⟨niewrażliwy⟩ (to sth na coś)

inseparable [ɪnˈseprəbl] adj nierozłączny, nieodstępny

insert [ɪnˈsɜt] v wstawić; umieścić (sth in ⟨into⟩ sth coś w czymś)

insertion [ɪnˈsɜʃn] s 1. wstawka f; wkładka f; passport ~ wkładka paszportowa 2. (in a dress) wszywka f

inside [ɪnˈsaɪd] I s wnętrze n; on the ~ wewnątrz; ~ out podszewką na zewnątrz; na lewą stronę II adj wewnętrzny; (of an information) poufny III adv (within) wewnątrz; w domu; w pokoju; (to the inside) do środka; do wewnątrz IV praep w (czymś); wewnątrz (czegoś)

insight [ˈɪnsaɪt] s wnikliwość f; (intuition) intuicja f

insignificant [ˈɪnsɪgˈnɪfɪkənt] adj nieznaczny; znikomy; nieistotny

insincere [ˈɪnsɪnˈsɪə(r)] adj nieszczery

insinuate [ɪnˈsɪnjʊeɪt] v insynuować (sb komuś); napomknąć (złośliwie) (sth o czymś)

insinuation [ɪnˈsɪnjʊˈeɪʃn] s insynuacja f; aluzja f

insipid [ɪnˈsɪpɪd] adj 1. bez

smaku; mdły 2. (*dull*) nudny; ckliwy
insist [ɪnˈsɪst] *v* upierać się
⟨obstawać⟩ **(on sth przy
czymś)**; nalegać **(on sth na
coś)**
insistent [ɪnˈsɪstənt] *adj* uporczywy; (*urgent*) naglący
insolence [ˈɪnsələns] *s* bezczelność *f*; zuchwalstwo *n*; buta *f*
insolent [ˈɪnsələnt] *adj* bezczelny; zuchwały; butny
insoluble [ɪnˈsɒljʊbl] *adj* nie-
rozpuszczalny; *przen.* nie do
rozwiązania
insolvent [ɪnˈsɒlvənt] **I** *adj*
niewypłacalny **II** *s* bankrut
m
insomnia [ɪnˈsɒmnɪə] *s* bezsenność *f*
insomuch [ˈɪnsəʊˈmʌtʃ] *adv* o
tyle ⟨tak dalece⟩ **(that ...
że ...)**
inspect [ɪnˈspekt] *v* zbadać;
skontrolować; nadzorować;
przeprowadzać inspekcję
(sth czegoś)
inspection [ɪnˈspekʃn] *s* zba-
danie *n*; kontrola *f*; przegląd *m*; inspekcja *f*
inspector [ɪnˈspektə(r)] *s* inspektor *m*; kontroler *m*
inspiration [ˌɪnspəˈreɪʃn] *s* natchnienie *n*
inspire [ɪnˈspaɪə(r)] *v* 1. wdychać; wciągać do płuc 2.
przen. natchnąć **(sb with sth
kogoś czymś)**; inspirować
(coś); **to be ~d by ... czerpać natchnienie z ...** 3. (*incite*) wzbudzać (strach itp.);
nakazywać (szacunek)
inspiring [ɪnˈspaɪərɪŋ] *adj* budzący natchnienie; ożywczy;
podnoszący na duchu
install [ɪnˈstɔl] *v* zakładać;
instalować
installation [ˌɪnstəˈleɪʃn] *s* instalacja *f*; założenie *n*;
zamontowanie *n*
instalment [ɪnˈstɔlmənt] *s* 1.
rata *f*; **~ system** system ra-
talny; **to pay by ~s** płacić

ratami 2. (*part of a book
etc*) odcinek *m* (powieści w
gazecie)
instance [ˈɪnstəns] *s* przykład
m; **for ~** na przykład; **in
this ~** w tym przypadku
⟨wypadku⟩
instant [ˈɪnstənt] **I** *s* chwila *f*;
this ~ w tej chwili; natychmiast **II** *adj* 1. nagły;
naglący 2. *handl.* bieżący
(miesiąc)
instantaneous [ˌɪnstənˈteɪnɪəs]
adj momentalny; natych-
miastowy; *fot.* migawkowy
instantly [ˈɪnstəntlɪ] *adv* natychmiast
instead [ɪnˈsted] **I** *praep* zamiast **(of sth czegoś) II** *adv*
natomiast
instigation [ˌɪnstɪˈɡeɪʃn] *s* pod-
żeganie *n*; podjudzanie *n*;
at ⟨by⟩ sb's ~ z czyjejś na-
mowy
instinct [ˈɪnstɪŋkt] *s* instynkt
m; **by ~** instynktownie
institute [ˈɪnstɪtjut] **I** *v* założyć; ustanowić **II** *s* instytut
m; zakład *m* (naukowy)
institution [ˌɪnstɪˈtjuʃn] *s* 1. instytucja *f*; zakład *m* 2. (*es-
tablishing*) założenie *n*; ustanowienie *n*
instruct [ɪnˈstrʌkt] *v* uczyć;
instruować; poinformować
(sb of sth kogoś o czymś)
instruction [ɪnˈstrʌkʃn] *s* 1.
nauka *f*; szkolenie *n* 2. *pl*
~s instrukcje *pl*; dyrekty-
wy *pl*; przepisy *pl*; **book of
~s** regulamin *m*
instructive [ɪnˈstrʌktɪv] *adj*
pouczający; kształcący
instrument [ˈɪnstrumənt] *s* instrument *m*; przyrząd *m*
insufficient [ˌɪnsəˈfɪʃnt] *adj*
niedostateczny; (*inadequate*)
nieodpowiedni
insular [ˈɪnsjʊlə(r)] *adj* wys-
piarski
insulin [ˈɪnsjʊlɪn] *s* *farm.* in-
sulina *f*
insult [ɪnˈsʌlt] **I** *v* obrazić;

zniewaźyć II s ['ɪnsʌlt] obraza f; zniewaga f
insuperable [ɪn'sjuprəbl] *adj* nie do pokonania
insurance [ɪn'ʃuərns] s ubezpieczenie *n*; asekuracja f
insure [ɪn'ʃuə(r)] *v* ubezpieczyć; asekurować (towar); to ~ one's life ubezpieczyć się na wypadek śmierci
insurgent [ɪn'sɜdʒənt] s powstaniec m
insurrection ['ɪnsə'rekʃn] s insurekcja f; powstanie *n*
intact [ɪn'tækt] *adj* nietknięty; nienaruszony
integral ['ɪntɪgrəl] *adj* integralny; całkowity
integrity [ɪn'tegrətɪ] s 1. integralność f; całość f 2. (*honesty*) uczciwość f; a man of ~ człowiek prawy
intellect ['ɪntəlekt] s umysł m; intelekt m
intellectual ['ɪntə'lektʃuəl] I *adj* intelektualny; umysłowy II s intelektualista m; .pl the ~s inteligencja f (kraju itp.)
intelligence [ɪn'telɪdʒəns] s 1. rozum m; inteligencja f; mądrość f 2. (*information*) informacja f 3. *polit.* wywiad m; ~ service służba wywiadowcza
intelligent [ɪn'telɪdʒənt] *adj* rozumny; pojętny; inteligentny
intelligentsia [ɪn'telɪ'dʒentsɪə] s inteligencja f (kraju); warstwa wykształcona
intelligible [ɪn'telɪdʒəbl] *adj* zrozumiały
intend [ɪn'tend] *v* zamierzać (**sth, doing sth, to do sth** coś zrobić); mieć zamiar; this was ~ed for us to było wymierzone w nas ⟨przeznaczone dla nas⟩
intended [ɪn'tendɪd] *adj* zamierzony; planowany; umyślny
intense [ɪn'tens] *adj* intensywny; mocny; (*of a feel-*

ing) żywy; (*of pain*) dotkliwy; (*of heat*) wielki
intensify [ɪn'tensɪfaɪ] *v* wzmocnić ⟨wzmóc, pogłębić⟩ (się)
intensive [ɪn'tensɪv] *adj* intensywny; silny; wytężony
intent [ɪn'tent] *adj* pochłonięty (**on sth** czymś); przejęty; (*determined*) zdecydowany; (*attentive*) uważny
intention [ɪn'tenʃn] s zamiar m; cel m; intencja f; for the ~ of ... na intencję ... (czegoś, czyjąś)
intercom ['ɪntəkom] s interkom m (system łączności wewnętrznej)
intercourse ['ɪntəkɔs] s stosunek wzajemny; obcowanie *n*; to have ⟨to hold⟩ ~ with sb mieć ⟨utrzymywać⟩ z kimś stosunki (handlowe, przyjazne itp.)
interest ['ɪntrəst] I s 1. zainteresowanie *n*; to have ⟨to take⟩ an ~ in sth zainteresować się czymś; it is in your ~ to leży w twoim interesie; of ~ ciekawy 2. (*share*) udział m (w zyskach); *fin.* odsetki *pl*; procent m; rate of ~ stopa procentowa; to lend at ~ pożyczać na procent II *v* zainteresować (**sb in sth** kogoś czymś); to ~ oneself ⟨to be ~ed⟩ in sth zainteresować się czymś; I am ~ed to know if ... chciałbym wiedzieć, czy ...
interested ['ɪntrɪstɪd] *adj* zainteresowany; zaciekawiony
interesting ['ɪntrɪstɪŋ] *adj* interesujący; ciekawy
interfere [ɪntə'fɪə(r)] *v* 1. mieszać się (**with sth** do czegoś); ingerować (**in sth** w coś) 2. (*hamper*) przeszkadzać (**with sb, sth** komuś, czemuś)
interference ['ɪntə'fɪərns] s 1. mieszanie ⟨wtrącanie⟩ się *n*; ingerencja f 2. (*obstacle*) przeszkoda f

interim [ˈɪntərɪm] I s okres przejściowy II adj tymczasowy; przejściowy; (substitute) zastępczy
interior [ɪnˈtɪərɪə(r)] I adj wewnętrzny II s wnętrze n; środek m; geogr. głąb f kraju
interjection [ˈɪntəˈdʒekʃn] s wykrzyknik m
interlude [ˈɪntəlud] s interludium n; (interval) przerwa f
intermediary [ˈɪntəˈmɪdɪərɪ] I adj pośredniczący II s pośrednik m
intermediate [ˈɪntəˈmɪdɪət] I adj pośredni; przejściowy; (medium) środkowy; (of course etc.) dla średnio zaawansowanych II s pośrednik m
interminable [ɪnˈtɜmɪnəbl] adj nie kończący się
intermittent [ˈɪntəˈmɪtnt] adj przerywany; sporadyczny
internal [ɪnˈtɜnl] adj wewnętrzny; krajowy
international [ˈɪntəˈnæʃnl] I adj międzynarodowy II s the International Międzynarodówka f
Internationale [ˈɪntəˈnæʃnˈal] s Międzynarodówka f (hymn)
internment [ɪnˈtɜnmənt] s internowanie n
interpret [ɪnˈtɜprɪt] v interpretować; tłumaczyć; (translate) być tłumaczem (na konferencji itp.)
interpretation [ɪnˈtɜprɪˈteɪʃn] s interpretacja f; tłumaczenie n
interpreter [ɪnˈtɜprɪtə(r)] s tłumacz m
interrogation [ɪnˈterəˈgeɪʃn] s przesłuchanie n, badanie n
interrogative [ˈɪntəˈrogətɪv] adj (także gram.) pytający
interrupt [ˈɪntəˈrʌpt] v przerywać (sth coś, sb komuś)
interruption [ˈɪntəˈrʌpʃn] s przerwa f
interval [ˈɪntəvl] s odstęp m;

przerwa f; teatr. antrakt m; meteor. **bright** ~s przejaśnienia pl; at ~s z przerwami
intervene [ˌɪntə vin] v interweniować; mieszać się (do czegoś); ingerować
intervention [ˈɪntəˈvenʃn] s interwencja f
interview [ˈɪntəvju] v I widzieć się (sb z kimś); dzien. przeprowadzić wywiad (sb z kimś) II s widzenie się n; dzien. wywiad m
intestinal [ɪnˈtestɪnl] adj jelitowy
intestine [ɪnˈtestɪn] s jelito n; pl ~s trzewia pl; wnętrzności pl
intimacy [ˈɪntɪməsɪ] s zażyłość f; intymność f
intimate¹ [ˈɪntɪmət] adj intymny; zażyły; serdeczny
intimate² [ˈɪntɪmeɪt] v oznajmiać (sb komuś); zawiadamiać (sb kogoś); podawać do wiadomości
intimation [ˈɪntɪˈmeɪʃn] s zawiadomienie n; wiadomość f
intimidate [ɪnˈtɪmɪdeɪt] v onieśmielać; zastraszyć
into [ˈɪntə] praep (of motion) w; do; do środka
intolerable [ɪnˈtolrəbl] adj nieznośny
intolerant [ɪnˈtolərnt] adj nietolerancyjny
intonation [ˈɪntəˈneɪʃn] s intonacja f
intoxicate [ɪn toksɪkeɪt] v upijać (się); uderzyć do głowy (sb komuś); to get ~d upić się; to be ~d być w stanie nietrzeźwym
intoxicating [ɪnˈtoksɪˈkeɪtɪŋ] adj wyskokowy; alkoholowy; ~ liquor trunek m
intoxication [ɪnˈtoksɪˈkeɪʃn] s 1. odurzenie n alkoholem 2. (excitation) upojenie n (powodzeniem itd.)
intramuscular [ˈɪntrəˈmʌskjulə(r)] adj domięśniowy

intransitive [ɪn'trænsɪtɪv] *adj*
gram. (*of a verb*) nieprze-
chodni
intravenous ['ɪntrə'vinəs] *adj*
dożylny
intricate ['ɪntrɪkət] *adj* zawiły; powikłany
intrigue [ɪn'trig] *s* intrygować; zaciekawiać
introduce ['ɪntrə'djus] *v* wprowadzić (**sth into sth** coś do
czegoś); przedłożyć; przedstawić (**sb to sb** kogoś komuś); zapoznać (**sb with sth**
kogoś z czymś)
introduction ['ɪntrə'dʌkʃn] *s*
1. wprowadzenie *n*; **of recent ~** niedawno wprowa-
dzony 2. (*making known*)
przedstawienie *n* ⟨polecenie
n⟩ (**of sb to sb** kogoś komuś); zaznajomienie *n* (**of
sb with sth** kogoś z czymś);
a letter of ~ list polecający
3. (*preface*) wstęp *m* do
książki
intrude [ɪn'trud] *v* niepokoić
(**on** ⟨**upon**⟩ **sb** kogoś); być
intruzem; wtrącać się (**into
sth** w coś); **to ~ oneself** narzucać się (**on** ⟨**upon**⟩ **sb**
komuś)
intruder [ɪn'trudə(r)] *s* intruz
m; nieproszony gość
intuition ['ɪntju'ɪʃn] *s* intuicja
f; **by ~** intuicyjnie
invade [ɪn'veɪd] *v* najechać;
wtargnąć; okupować (**a
state** kraj)
invader [ɪn'veɪdə(r)] *s* najeź-
dźca *m*; okupant *m*
invalid [ɪn'vælɪd] **I** *adj* słaby;
chory; ułomny **II** *s* człowiek
chory; kaleka *m*
invaluable [ɪn'væljubl] *adj*
bezcenny; nieoceniony
invariable [ɪn'veərɪəbl] *adj*
niezmienny
invasion [ɪn'veɪʒn] *s* najazd
m; inwazja *f*
invent [ɪn'vent] *v* wynaleźć;
wymyślić
invention [ɪn'venʃn] *s* 1. wy-

nalazek *m* 2. (*false story*)
wymysł *m*
inventive [ɪn'ventɪv] *adj* pomysłowy; wynalazczy
inventor [ɪn'ventə(r)] *s* wynalazca *m*
inventory ['ɪnventrɪ] *s* inwentarz *m*
inversion [ɪn'vɜʒn] *s* odwróce-
nie *n*; inwersja *f*
invert [ɪn'vɜt] *v* odwrócić;
przewrócić; **~ed commas**
cudzysłów *m*
invest [ɪn'vest] *v handl. fin.*
zainwestować; ulokować
(pieniądze)
investigate [ɪn'vestɪgeɪt] *v*
zbadać; dociekać (**sth** czegoś); prowadzić śledztwo
investigation [ɪn'vestɪ'geɪʃn] *s*
badanie *n*; dochodzenie *n*;
śledztwo *n*; **the question
under ~** rozpatrywana sprawa; **on further ~** przy bliż-
szym zbadaniu
investment [ɪn'vestmənt] *s* lo-
kata *f* (kapitału); inwestycja *f*
investor [ɪn'vestə(r)] *s* akcjo-
nariusz *m*; inwestor *m*
invisible [ɪn'vɪzəbl] *adj* 1.
niewidzialny; niewidoczny;
~ mending cerowanie arty-
styczne 2. (*of ink*) sympatyczny
invitation ['ɪnvɪ'teɪʃn] *s* zaproszenie *n*; **~ card** zaproszenie (drukowane)
invite [ɪn'vaɪt] *v* zaprosić; zachęcić
invoice ['ɪnvɔɪs] *handl.* **I** *s*
faktura *f*; list przewozowy
II *v* zafakturować
involuntarily [ɪn'volən'tærɪlɪ]
adv mimowolnie; niechcący
involve [ɪn'volv] *v* uwikłać;
wplątać; pociągać za sobą
(koszty itp.)
involved [ɪn'volvd] *adj* zawiły; (*entangled*) wplątany;
~ in debt zadłużony
inward ['ɪnwəd] *adj* wewnętrzny; (*mental*) duchowy;

(*of a motion*) do wewnątrz; w głąb

inwardly [ˈɪnwədlɪ] *adv* wewnątrz; w duchu

iodine [ˈaɪədin] *s* jod *m*; *pot.* jodyna *f*

iota [aɪˈəʊtə] *s* jota *f*; odrobina *f*

Iranian [ɪˈrɑnɪən] I *adj* irański II *s* Irańczyk *m*

iris [ˈaɪərɪs] *s* 1. *anat.* tęczówka *f* 2. *bot.* irys *m*, kosaciec *m*

Irish [ˈaɪərɪʃ] I *adj* irlandzki II *s* język irlandzki; *pl* the ~ Irlandczycy *pl*

Irishman [ˈaɪərɪʃmən] *s* (*pl* **Irishmen**) Irlandczyk *m*

iron [ˈaɪən] I *s* 1. żelazo *n* 2. (*flat-iron*) żelazko *n* (do prasowania) 3. *pl* ~s kajdany *pl* II *adj* żelazny

ironic(al) [aɪˈronɪk(l)] *adj* ironiczny

ironing [ˈaɪənɪŋ] *s* prasowanie *n*; (*things to iron*) bielizna *f* do prasowania

ironmonger [ˈaɪənmʌŋgə(r)] *s* właściciel *m* sklepu z towarami żelaznymi

ironware [ˈaɪənweə(r)] *s* towary żelazne

ironworks [ˈaɪənwɜks] *s* huta *f*

irony [ˈaɪərənɪ] *s* ironia *f*

irregular [ɪˈregjʊlə(r)] *adj* nieregularny; nieprawidłowy; (*illegal*) nielegalny

irrelevant [ɪˈreləvənt] *adj* nieistotny; od rzeczy; niestosowny

irresistible [ˈɪrɪˈzɪstəbl] *adj* nieprzeparty; nieodparty

irresolute [ɪˈrezəlut] *adj* niezdecydowany; chwiejny

irrespective [ˈɪrɪˈspektɪv] I *adj* niezależny (**of sth** od czegoś) II *adv* niezależnie (**of ... od ...**); bez względu (**of ... na ...**)

irresponsible [ˈɪrɪˈsponsəbl] *adj* nieodpowiedzialny; lekkomyślny

irrigate [ˈɪrɪgeɪt] *v* *roln.* na-

wadniać; *med.* przepłukiwać

irritable [ˈɪrətəbl] *adj* drażliwy; popędliwy

irritate [ˈɪrɪteɪt] *v* irytować; gniewać

irritated [ˈɪrɪteɪtɪd] *adj* zirytowany; podenerwowany; **to be ~ at ⟨with, against⟩ sb, sth** zirytować się na kogoś, coś

is *zob.* **be**

ischiatic [ˈɪskɪˈætɪk] *adj* *med.* kulszowy

island [ˈaɪlənd] *s* wyspa *f*; **safety ⟨street⟩ ~** wysepka *f* (na ulicy)

islander [ˈaɪləndə(r)] *s* wyspiarz *m*

isle [aɪl] *s* wyspa *f*

isn't [ˈɪznt] = **is not**

isolate [ˈaɪsəleɪt] *v* odizolować; wydzielić

isolation [ˈaɪsəˈleɪʃn] *s* odosobnienie *n*; izolacja *f*; ~ **hospital** szpital *m* dla zakaźnie chorych

Israelite [ˈɪzrəlaɪt] *s* Izraelita *m*

issue [ˈɪʃu] I *s* 1. wyjście *n* 2. (*result*) wynik *m*; rezultat *m*; **in the ~ ...** w końcu ... 3. (*problem*) zagadnienie *n* 4. (*emission*) emisja *f* 5. (*number of copies*) nakład *m* (pisma); **in course of ~** w druku II *v* 1. wychodzić 2. (*result*) pochodzić (**from** sth od czegoś) 3. (*be published*) ukazywać się; (*publish*) wypuszczać w obieg; wydawać (pismo)

isthmus [ˈɪsməs] *s* przesmyk *m*

it [ɪt] *pron* ono

Italian [ɪˈtælɪən] I *adj* włoski II *s* 1. (*language*) język włoski 2. (*native*) Włoch *m*, Włoszka *f*

italics [ɪˈtælɪks] *pl* kursywa *f*; pismo pochyłe

itch [ɪtʃ] I *s* 1. swędzenie *n*; **to have an ~ for sth** palić się do czegoś 2. *med.* świerzb *m* II *v* świerzbić; swędzić

item ['aɪtəm] s pozycja f (w
spisie itp.); punkt m programu; paragraf m
itinerant [aɪ'tɪnərənt] adj wędrowny
itinerary [aɪ'tɪnərərɪ] s plan m
podróży, marszruta f; dziennik m podróży

its [ɪts] adj pron jego
it's [ɪts] = it is
itself [ɪt'self] pron się; siebie;
sobie; (in person) samo; o-
sobiście; we własnej osobie
I've [aɪv] = I have
ivory ['aɪvr̩ɪ] s kość słoniowa
ivy ['aɪvɪ] s bluszcz m

J

jack [dʒæk] s walet m (w kartach); przen. ~ of all trades
majster m do wszystkiego
jackal ['dʒækɔl] s szakal m
jacket ['dʒækɪt] s marynarka
f; kurtka f
jail [dʒeɪl] s = gaol
jam¹ [dʒæm] I v 1. ścisnąć 2.
(block) zablokować; to ~
the traffic zablokować ruch
3. (of a mechanism) zacinać
się 4. rad. zagłuszać II s 1.
ścisk m 2. (stoppage) zator
m 3. am. trudna sytuacja
jam² [dʒæm] s dżem m; kon-
fitura f
janitor ['dʒænɪtə(r)] s odźwier-
ny m; portier m; woźny m
January ['dʒænjuərɪ] s styczeń
m
Japanese ['dʒæpə'niz] I adj japoński II s 1. (native) Japończyk m, Japonka f 2.
(language) język japoński
jar [dʒɑ(r)] słój m, słoik m
jargon ['dʒɑgən] s żargon m;
gwara f
jasmine ['dʒæzmɪn] s jaśmin
m
jaundice ['dʒɔndɪs] s 1. med.
żółtaczka f 2. przen. zawiść
f
javelin ['dʒævlɪn] s oszczep m;
sport. ~ throw rzut m o-
szczepem
jaw [dʒɔ] s szczęka f
jazz [dʒæz] s jazz, muzyka
jazzowa
jealous ['dʒeləs] adj zazdrosny (of sb o kogoś)

jealousy ['dʒeləsɪ] s zazdrość f;
zawiść f
jean [dʒin] s drelich m; pl
~s spodnie drelichowe, dżinsy pl
jeep [dʒip] s łazik m, dżip
m
jeer [dʒɪə(r)] I v drwić ⟨szy-
dzić⟩ (at sb, sth z kogoś,
czegoś) II s drwina f; szyderstwo n
jelly ['dʒelɪ] s galareta f
jelly-fish ['dʒelɪ fɪʃ] s zool.
meduza f
jeopardize ['dʒepədaɪz] v narazić na niebezpieczeństwo
jeopardy ['dʒepədɪ] s niebezpieczeństwo n; ryzyko n
jerk [dʒɜk] I s szarpnięcie n
II v 1. szarpnąć (sb, sth
kogoś, coś) 2. (throw) cisnąć
(sth coś, czymś)
jersey ['dʒɜzɪ] s sweter m;
(kind of cloth) tkanina dzia-
na
jest [dʒest] I s żart m; dowcip
m; in ~ żartem II v żar-
tować
jester ['dʒestə(r)] s żartowniś
m
jet [dʒet] I s 1. strumień m;
wytrysk m 2. pot. odrzutowiec m II v tryskać
jet-black ['dʒet 'blæk] adj
czarny jak smoła
jet-plane ['dʒet 'pleɪn] s odrzutowiec m
jetty ['dʒetɪ] s molo n; nabrzeże n
Jew [dʒu] s Żyd m

jewel ['dʒuļ] I s klejnot m;
pl ~s kosztowności pl II v
ozdabiać klejnotami
jeweller ['dʒulə(r)] s jubiler m
jewellery ['dʒuļrɪ] s biżuteria
f; klejnoty pl; artificial
⟨imitation⟩ ~ sztuczna biżuteria
Jewish ['dʒuɪʃ] adj żydowski
jigsaw ['dʒɪgsɔ] s laubzega f;
pił(k)a f (do drewna); ~
puzzle układanka f
jingle ['dʒɪŋgl] I s dźwięcze-
nie n; brzęk m II v dzwo-
nić; brzęczeć
jingoism ['dʒɪŋgəuɪzm] s szo-
winizm m
job [dʒob] s 1. praca f; robota f; pot. posada f; zajęcie
n; an odd ~ dorywcza ro-
bota; a good ~! dobra ro-
bota!; to know one's ~ być
dobrym fachowcem; out of
a ~ bezrobotny 2. (business)
sprawa f; interes m
job-worker ['dʒob wɜːkə(r)] s
robotnik pracujący akordo-
wo
jockey ['dʒokɪ] I s dżokej m
II v oszukiwać
join [dʒɔɪn] v połączyć (się)
(sb, sth z kimś, z czymś);
przyłączyć (się); wstąpić
(the party do partii); to ~
sb's company przyłączyć
⟨przysiąść⟩ się do towarzystwa
joiner ['dʒɔɪnə(r)] s stolarz m;
a ~'s shop warsztat stolarski
joint¹ [dʒɔɪnt] s 1. połączenie
n 2. anat. staw m; przegub
m; out of ~ med. zwichnię-
ty; przen. popsuty 3. kulin.
pieczeń f; udziec m
joint² [dʒɔɪnt] adj wspólny;
~ authors współautorzy pl;
~ company towarzystwo ak-
cyjne; ~ stock kapitał ak-
cyjny; ~ tenants współlo-
katorzy pl
joint³ [dʒɔɪnt] v połączyć; po-
wiązać

joke [dʒəuk] I s żart m; dowcip m; in ~ żartem II v
żartować
joker ['dʒəukə(r)] s dowcipniś
m; karc. joker m
jolly ['dʒolɪ] I adj wesoły; pot.
byczy II adv pot. bardzo;
strasznie
jostle ['dʒosl] I v rozpychać
się; potrącić II s potrącenie n; popchnięcie n
journal ['dʒɜːnl] s dziennik m;
pamiętnik m; (magazine)
żurnal m
journalism ['dʒɜːnļɪzm] s dzien-
nikarstwo n
journalist ['dʒɜːnļɪst] s dziennikarz m, dziennikarka f
journey ['dʒɜːnɪ] I s podróż f;
a pleasant ~! szczęśliwej
podróży! II v podróżować
jovial ['dʒəuvɪəl] adj jowialny
joy [dʒɔɪ] s radość f; full of
~ uradowany; to give sb ~
sprawić komuś radość
joyful ['dʒɔɪfl] adj radosny;
szczęśliwy
jubilee ['dʒubɪli] s jubileusz
m
judge [dʒʌdʒ] I v uważać;
(także prawn.) sądzić II s
sędzia m; (expert) znawca
m
judgement ['dʒʌdʒmənt] s 1.
sąd m; the last ~ sąd ostateczny 2. (sentence) orzeczenie n; wyrok m 3. (opinion)
opinia f; in my ~ moim
zdaniem
judicial [dʒuˈdɪʃl] adj sędziow-
ski; sądowy; (just) sprawiedliwy; ~ fairness bezstronność f
judicious [dʒuˈdɪʃəs] adj rozsądny; rozumny
jug [dʒʌg] s dzbanek m; kubek m
juggle ['dʒʌgl] I v żonglować;
manipulować II s żonglowa-
nie n; przen. sztuczka f
juggler ['dʒʌglə(r)] s kuglarz
m
Jugoslav, Yugoslav ['jugəuslav]
I s Jugosłowianin m, Jugo-

słowianka f II adj jugosłowiański
juice [dʒus] s sok m
juicy ['dʒusɪ] adj soczysty
July [dʒuˈlaɪ] s lipiec m
jump [dʒʌmp] I v skakać; przen. (of prices etc.) podskoczyć; (pass over) przeskoczyć; przen. to ~ at ⟨to⟩ a conclusion pochopnie wyciągać wnioski II s skok m: sport. high ⟨long⟩ ~ skok wzwyż ⟨w dal⟩
jumper ¹ ['dʒʌmpə(r)] s skoczek m
jumper ² ['dʒʌmpə(r)] s bluza f; sweter m z rękawami
jumpy ['dʒʌmpɪ] adj nerwowy
junction ['dʒʌŋkʃn] s połączenie n; kolej. węzeł (kolejowy); stacja węzłowa
June [dʒun] s czerwiec m
jungle ['dʒʌŋgl] s dżungla f; med. ~ fever malaria f
junior ['dʒunɪə(r)] I adj młodszy (wiekiem, rangą itp.); ~ clerk niższy urzędnik II s junior m; (subordinate) podwładny m
junk [dʒʌŋk] s odpadki pl; rupiecie pl; graty pl
jurisdiction ['dʒuərɪsˈdɪkʃn] s jurysdykcja f; sądownictwo n

juror ['dʒuərə(r)] s członek m jury; juror m
jury ['dʒuərɪ] s 1. sąd m przysięgłych; member of the ~ przysięgły m 2. (in a competition) sąd konkursowy; jury n
just ¹ [dʒʌst] adj sprawiedliwy; słuszny
just ² [dʒʌst] adv właśnie; dokładnie; ~ now właśnie w tej chwili; ~ so! właśnie!; ~ then w tym samym czasie
justice ['dʒʌstɪs] s sprawiedliwość f; the Court of Justice sąd m; trybunał m; to administer ~ wymierzać sprawiedliwość; to do ~ to sb oddać komuś sprawiedliwość; Justice of the Peace sędzia m pokoju
justification ['dʒʌstɪfɪˈkeɪʃn] s usprawiedliwienie n
justify ['dʒʌstɪfaɪ] v usprawiedliwiać; tłumaczyć
jut [dʒʌt] v ~ out sterczeć; wystawać
jute [dʒut] s juta f
juvenile ['dʒuvənaɪl] I adj małoletni; nieletni; młodzieńczy; ~ court sąd m dla nieletnich II s wyrostek m; młodzieniec m

K

kaleidoscope [kəˈlaɪdəskəup] s kalejdoskop m
kangaroo ['kæŋgəˈru] s kangur m
keel [kil] s mor. kil m
keen [kin] adj 1. (eager) pragnący czegoś; gorliwy; żywy; to be ~ on sth być miłośnikiem ⟨amatorem⟩ czegoś; przepadać za czymś; to be ~ on sb kochać się w kimś 2. (of sight, mind) bystry 3. (of wit etc.) cięty

4. (of pain) ostry, dotkliwy
keep [kip] v (kept [kept], kept) przestrzegać; podporządkowywać się (sth czemuś); (stand by) spełniać, dotrzymywać (one's word danego słowa); (protect) uchronić (sb from sth kogoś od czegoś ⟨przed czymś⟩); (support) utrzymywać (kogoś, siebie); to ~ a good table prowadzić dobrą ku-

chnię; **to ～ sb waiting** kazać komuś czekać; **to ～ sth dry** ⟨cool etc.⟩ trzymać coś w suchym ⟨w chłodnym itp.⟩ miejscu; **to ～ talking** w dalszym ciągu mówić; mówić dalej; **to ～ to one's room** ⟨bed⟩ pozostawać w domu ⟨w łóżku⟩; **～ left** ⟨right⟩! jedź lewą ⟨prawą⟩ stroną!; trzymaj się lewej ⟨prawej⟩ strony!; **～ smiling!** zachowuj pogodę ducha! || **to ～ away** trzymać się z dala; **to ～ sb away from ...** odstraszać kogoś od ...; **～ back** powstrzymywać; zatajać **(sth** coś); **to ～ off** trzymać się na uboczu; **～ off!** nie zbliżać się!; **～ off the grass!** nie deptać trawy!; **to ～ on** podtrzymywać; dalej stosować, kontynuować; **to ～ out** nie wchodzić; nie wpuszczać; **to ～ together** trzymać się razem; jednoczyć się; **to ～ up** podtrzymywać **(appearances** etc. pozory itp.); utrzymywać (kogoś, personel, stosunki itp.); wytrwać **(sth** w czymś); dotrzymywać kroku **(with sb** komuś); nadążać **(with sb** za kimś)
keeper [ˈkipə(r)] s dozorca m; stróż m; opiekun m; (in a museum) kustosz m
keepsake [ˈkipseɪk] s pamiątka f; upominek m
keg [keg] s beczułka f
kept zob. **keep**
kerb [kɜb] s krawężnik m (chodnika ulicznego)
kerchief [ˈkɜtʃɪf] s chustka f (na głowę)
kermess [ˈkɜmes], **kermis** [ˈkɜmɪs] s kiermasz m
kernel [ˈkɜnl] s jądro n ⟨ziarno n⟩ (owocu)
kerosene [ˈkerəsin] s nafta f
kettle [ˈketl] s kocioł(ek) m; czajnik m, imbryk m; **to put the ～ on** nastawić wodę (na herbatę)

key [ki] s klucz m; muz. klawisz m; muz. (tone) tonacja f
keyboard [ˈkibɔd] s klawiatura f
keyhole [ˈkihəʊl] s dziurka f od klucza
key-ring [ˈki rɪŋ] s kółko n na klucze
khaki [ˈkɑkɪ] **I** adj (of a colour) khaki **II** s kolor khaki; przen. mundur wojskowy
kick [kɪk] **I** v kopać, kopnąć **II** s kopnięcie n; (in football) strzał m
kick-off [ˈkɪk of] s rozpoczęcie n meczu piłki nożnej
kid [kɪd] s 1. koźlę n; (leather) skóra koźla 2. pot. dziecko n; smyk m
kidnap [ˈkɪdnæp] v porwać (dziecko); uprowadzić **(sb** kogoś)
kidnapper [ˈkɪdnæpə(r)] s porywacz m (dziecka, osoby dorosłej itp.) ,
kidney [ˈkɪdnɪ] s nerka f
kill [kɪl] v zabijać
killer [ˈkɪlə(r)] s zabójca m, morderca m
kiln [kɪln] s piec m do wypalania (cegły, porcelany)
kilogram(me) [ˈkɪləgræm] s kilogram m
kilometre [ˈkɪləmitə(r)] s kilometr m
kilt [kɪlt] s (męska) spódniczka szkocka
kind [kaɪnd] s rodzaj m; gatunek m; **a ～ of ...** coś w rodzaju ...; **nothing of the ～** nic podobnego; **something of the ～** coś w tym rodzaju; **what ～ of ...?** jakiego rodzaju ...?
kind [kaɪnd] adj uprzejmy; miły; życzliwy; **be so ～ as to ...** bądź tak dobry i ...; **how ～ of you!** jak to miło z pana ⟨twojej⟩ strony!
kindergarten [ˈkɪndəgɑtn] s przedszkole n

kindliness ['kaɪndlɪnəs] s dobroć f; życzliwość f
kindly ['kaɪndlɪ] I adj dobrotliwy; życzliwy; łagodny II adv uprzejmie; życzliwie; will you ~ ... zechciej łaskawie ...
kindness ['kaɪndnəs] s dobroć f; uprzejmość f
kindred ['kɪndrəd] I s pokrewieństwo n; (relatives) rodzina f II adj pokrewny
king [kɪŋ] s król m
kingdom ['kɪŋdəm] s królestwo n; the United Kingdom Zjednoczone Królestwo; Wielka Brytania
kinsman ['kɪnzmən] s (pl kinsmen) krewny m; powinowaty m
kiosk ['kiosk] s kiosk m
kipper ['kɪpə(r)] s śledź wędzony
kiss [kɪs] I v całować (się); to ~ sb good-bye pocałować kogoś na pożegnanie II s pocałunek m; całus m
kit [kɪt] s 1. wojsk. tornister m 2. (equipment) wyposażenie n 3. (set) komplet m (narzędzi)
kitchen ['kɪtʃɪn] s kuchnia f; ~ garden ogród warzywny
kite [kaɪt] s latawiec m; to fly a ~ puszczać latawca
kitten ['kɪtn] s kocię n, kociak m
kittenish ['kɪtnɪʃ] adj zalotny; figlarny
kleptomania ['kleptə'meɪnɪə] s kleptomania f
knack [næk] s talent m; zręczność f; pot. dryg m; to have the ~ of doing sth umieć coś zrobić; mieć dar robienia czegoś
knapsack ['næpsæk] s tornister m (żołnierza); plecak m (turysty)
knave [neɪv] s 1. szelma m f; łotr m 2. karc. walet m
knead [nid] v miesić (ciasto); gnieść

kneading-trough ['nidɪŋ trof] s dzieża f
knee [ni] s kolano n; on one's ~s na klęczkach
knee-deep ['ni'dip] adj (głęboki) po kolana
kneel [nil] v (knelt [nelt], knelt) klękać
knee-socks ['ni soks] pl podkolanówki pl; skarpetki pl do kolan
knee-stockings ['ni stokɪŋz] pl podkolanówki
knew zob. know
knickerbockers ['nɪkəbokəz] plt krótkie spodnie
knickers ['nɪkəz] s 1. pot. = = knickerbockers 2. (woman's drawers) reformy pl (po kolana)
knick-knack ['nɪk næk] s ozdóbka f; figurynka f; drobiazg m
knife [naɪf] s (pl knives [naɪvz]) nóż m; przen. to go under the ~ iść na stół operacyjny
knight [naɪt] s 1. rycerz m 2. (member of an order) kawaler m orderu 3. (in chess) koń m
knit [nɪt] v (~ted ['nɪtɪd] albo knit [nɪt]) robić na drutach; dziać; przen. to ~ one's eyebrows zmarszczyć brwi
knives zob. knife
knob [nob] s wypukłość f; guz m; (handle) gałka f (u drzwi)
knock [nok] I v 1. stukać (at the door do drzwi) 2. uderzyć się (against sth o coś); przen. to ~ against sb natknąć się na kogoś przypadkiem 3. (strike) walnąć; uderzyć; zdzielić ‖ to ~ down powalić; przejechać (sb kogoś); to ~ off strącić; to ~ out one's pipe wytrząsać popiół z fajki; to ~ sb out znokautować kogoś; to ~ over przewrócić; to ~ up sklecić coś (naprędce) II s uderzenie n; stuknięcie n;

(*także w silniku*) stuk, stukanie
knocker [`nokǝ(r)] *s* kołatka *f* (u drzwi)
knocking [`nokıŋ] *s* stukanie *n* (silnika)
knock-kneed [`nok`nid] *adj* koślawy; z krzywymi nogami
knock-out [`nok aut] *s* boks. nokaut *m*
knot [not] **I** *s* węzeł *m*; pętla *f*; *przen.* trudność *f* **II** *v* robić węzły (**sth** na czymś)
know [nǝu] *v* (**knew** [nju], **known** [nǝun]) 1. znać; umieć; wiedzieć; **as far as I ~ o** ile mi wiadomo; **to let sb ~ sth** poinformować kogoś o czymś 2. (*recognize*) poznać; odróżnić (**one thing from another** jedno od drugiego)

know-how [`nǝu hau] *s* znajomość *f* rzeczy; umiejętność *f* postępowania; tajemnica *f* (produkcji itd.)
knowing [nǝuıŋ] *adj* chytry; wprawny; bystry
knowingly [`nǝuıŋlı] *adv* świadomie; ze znajomością rzeczy; zręcznie
knowledge [`nolıdʒ] *s* wiedza *f*; poznanie *n*; **it came to my ~ ...** doszło do mojej wiadomości ...; **to get ~ of sth** dowiedzieć się o czymś; **to have a ~ of sth** znać ⟨umieć⟩ coś
known [nǝun] **I** *zob.* **know II** *adj* znany; wiadomy; **to become ~** stać się sławnym; **to make ~** ujawnić; podać do wiadomości
knuckle [`nʌkl] *s* kłykieć *m*; kostka *f* (u palca)

L

label [`leıbl] **I** *s* etykieta *f*, nalepka *f*, naklejka *f* **II** *v* nalepić etykietkę
laboratory [lǝ`borǝtrı] *s* pracownia *f*; laboratorium *n*
laborious [lǝ`borıǝs] *adj* pracowity; żmudny
labour [`leıbǝ(r)] **I** *s* 1. praca *f*; trud *m*; **manual ~** praca ręczna ⟨fizyczna⟩ 2. (*class*) klasa pracująca 3. *med.* poród *m* **II** *v* pracować; trudzić się
labourer [`leıbrǝ(r)] *s* wyrobnik *m*; robotnik *m* (rolny)
labour-exchange [`leıbǝr ıkstʃeındʒ] *s* biuro *n* pośrednictwa pracy
labyrinth [`læbǝrınθ] *s* labirynt *m*
lace [leıs] **I** *s* 1. koronka *f* 2. (*shoe-lace*) sznurowadło *n* **II** *v* sznurować
lack [læk] **I** *s* brak *m*; niedostatek *m*; **for ~ of ... z**

braku ... (czegoś) **II** *v* brakować; cierpieć na brak; **we all ~ time** wszystkim nam brakuje czasu
lad [læd] *s* chłopiec *m*, chłopak *m*
ladder [`lædǝ(r)] **I** *s* 1. drabina *f* 2. (*in a stocking*) spuszczone oczko (w pończosze) **II** *v* (*of a stocking*) puszczać oczko
ladder-mending [`lædǝ mendıŋ] *s* repasacja *f*; podnoszenie *n* oczek
laden [`leıdn] *adj* obciążony; naładowany
ladies [`leıdız] *pl* panie *pl*; (*w napisach*) „~" „dla pań"
ladle [`leıdl] **I** *s* chochla *f*; łyżka wazowa; czerpak *m* **II** *v* czerpać; nalewać (zupę)
lady [`leıdı] *s* (*pl* **ladies** [`leıdız]) dama *f*, pani *f*

ladylike ['leɪdɪlɑɪk] *adj* dystyngowany; wytworny
lag [læg] *v* pozostawać w tyle; opóźniać się; to ~ behind nie nadążac; guzdrać się
laid *zob.* lay
lain *zob.* lie ²
lake [leɪk] *s* jezioro *n*
lamb [læm] *s* jagnię *n*
lame [leɪm] I *adj* kulawy; chromy; to be ~ kuleć II *v* okulawić; okaleczyć
lament [lə'ment] I *s* lament *m*; opłakiwanie *n* II *v* opłakiwać
lamentable ['læməntəbl] *adj* opłakany; godny pożałowania
lamp [læmp] *s* lampa *f*
lamp-shade ['læmpʃeɪd] *s* abażur *m*
land [lænd] I *s* ziemia *f*; ląd *m*; (*country*) kraj *m* II *v* lądować; wysadzić na ląd
landed ['lændɪd] *adj* ziemski; ~ aristocracy ziemiaństwo *n*; obszarnicy *pl*
landing ['lændɪŋ] *s* 1. zejście *n* (ze statku) na ląd; *lotn.* lądowanie *n*; ~ kulać, *am.* ~ card bilet kontrolny dla pasażerów statku lub samolotu; karta pokładowa 2. desant *m* 3. *arch.* podest *m*; on the ~ na schodach
landlady ['lændleɪdɪ] *s* 1. ziemianka *f* 2. (*owner of a hotel*) właścicielka *f* hotelu; (*woman who takes tenants*) gospodyni *f* (odnajmująca pokój)
landlord ['lændlɔd] *s* 1. ziemianin *m* 2. (*owner of a hotel*) właściciel *m* hotelu; (*man who takes tenants*) gospodarz *m* (odnajmujący pokój)
landmark ['lændmɑk] *s* słup graniczny; (*mark*) znak orientacyjny; (*important event etc.*) punkt zwrotny; wydarzenie przełomowe

landowner ['lændəʊnə(r)] *s* właściciel ziemski
landscape ['lændskeɪp] *s* krajobraz *m*
lane [leɪn] *s* uliczka *f*; dróżka *f*
language ['læŋgwɪdʒ] *s* język *m*; mowa *f*; (*style*) styl *m*
languid ['læŋgwɪd] *adj* omdlewający; (*of speech*) powolny; (*of a look*) tęskny
languish ['læŋgwɪʃ] *v* omdlewać; (*grow weak*) marnieć; (*long for*) tęsknić
lanky ['læŋkɪ] *adj* chudy; suchy
lanoline ['lænəlin] *s* *farm.* lanolina *f*
lantern ['læntən] *s* latarnia *f*
lap [læp] *s* 1. poła *f* (surduta itd.) 2. (*part of the body*) łono *n*; in ⟨on⟩ sb's ~ na kolanach u kogoś
lapel [lə'pel] *s* klapa *f* (marynarki)
lapse [læps] I *v* 1. opadać; odpadać 2. (*neglect*) zaniedbać (*from sth* czegoś) 3. (*of time*) minąć; upłynąć II *s* 1. błąd *m*; omyłka *f*; potknięcie *n* 2. (*elapsing*) upływ *m* (czasu)
larch [lɑtʃ] *s* modrzew *m*
lard [lɑd] I *s* słonina *f*; smalec *m* II *v* *kulin.* szpikować
larder ['lɑdə(r)] *s* spiżarnia *f*
large [lɑdʒ] *adj* duży; wielki; obszerny; at ~ na wolności; na swobodzie
largely ['lɑdʒlɪ] *adv* 1. w dużym stopniu; w wielkiej mierze 2. (*generously*) hojnie
lark [lɑk] *s* skowronek *m*
laryngitis ['lærɪn'dʒɑɪtɪs] *s* *med.* zapalenie *n* krtani
lash [læʃ] I *s* bicz *m*; bat *m* II *v* uderzać biczem; chłostać
lass [læs] *s* dziewczyna *f*, dziewczę *n*
last ¹ [lɑst] *adj* ostatni; ubiegły; ~ but not least rzecz nie mniej ważna; the ~

but two trzeci od końca; **to be on one's ⁓ legs** być bliskim wyczerpania; **at ⁓** wreszcie; na końcu
last ² [lɑst] *v* 1. trwać 2. (*be enough*) starczyć
lasting [ˈlɑstɪŋ] *adj* trwały
latch [lætʃ] *s* klamka *f*
latch-key [ˈlætʃ ki] *s* klucz *m* od zatrzasku
late [leɪt] **I** *adj* 1. późny; spóźniony; **to be ⁓** spóźniać się 2. (*dead*) zmarły 3. (*of news etc.*) ostatni; **of ⁓** ostatnio **II** *adv* późno
lately [ˈleɪtlɪ] *adv* ostatnio; w ostatnich czasach
latent [ˈleɪtnt] *adj* utajony; ukryty
later [ˈleɪtə(r)] (*od* late) **I** *adj* późniejszy **II** *adv* później; **⁓ on** potem; następnie
latest [ˈleɪtəst] *adj* (*od* late) 1. najpóźniejszy 2. (*recent*) najnowszy; najświeższy
lather [ˈlɑðə(r)] **I** *s* piana mydlana **II** *v* pienić ⟨mydlić⟩ się
Latin [ˈlætɪn] **I** *adj* łaciński **II** *s* łacina *f*
latitude [ˈlætɪtjud] *s* szerokość geograficzna
latter [ˈlætə(r)] *adj* ostatni (z dwóch); ten drugi
lattice [ˈlætɪs] *s* krata *f*; **⁓ window** okno weneckie
laugh [lɑf] *v* śmiać się; **to ⁓ at sb** wyśmiewać się z kogoś; *przen.* **to ⁓ in one's sleeve** śmiać się w kułak
laughter [ˈlɑftə(r)] *s* śmiech *m*; **to roar with ⁓** ryczeć ze śmiechu
launch [lɔntʃ] **I** *v* 1. spuścić (statek na wodę) 2. *wojsk.* rozpocząć (ofensywę) 3. (*engage*) zaangażować się (**into sth** w coś) **II** *s* spuszczenie *n* (statku na wodę)
laundress [ˈlɔndrəs] *s* praczka *f*
laundry [ˈlɔndrɪ] *s* pralnia *f*; (*linen*) bielizna *f* do prania
laureate [ˈlɔrɪət] *s* laureat *m*

laurel [ˈlɔrl] *s* laur *m*; wawrzyn *m*
lavatory [ˈlævətrɪ] *s* umywalnia *f*; (*w.c.*) ustęp *m*
lavender [ˈlævɪndə(r)] *s* lawenda *f*
lavish [ˈlævɪʃ] **I** *v* szafować ⟨obsypywać, obdarzać⟩ (**sth** czymś) **II** *adj* hojny; rozrzutny
law [lɔ] *s* 1. prawo *n*; **⁓ court** sąd *m*; **to go to ⁓** procesować się 2. (*decree*) ustawa *f*
law-abiding [ˈlɔ əbaɪdɪŋ] *adj* prawomyślny
lawful [ˈlɔfl] *adj* legalny; prawowity; (*righteous*) słuszny
lawless [ˈlɔləs] *adj* bezprawny; samowolny
lawn [lɔn] *s* trawnik *m*; **⁓ tennis** tenis *m* na trawie
lawn-mower [ˈlɔn məʊə(r)] *s* maszyna *f* do strzyżenia trawnika
lawsuit [ˈlɔsut] *s* proces *m*
lawyer [ˈlɔjə(r)] *s* prawnik *m*; adwokat *m*
lax [læks] *adj* luźny; swobodny; (*negligent*) niedbały
laxative [ˈlæksətɪv] **I** *adj* rozwalniający **II** *s* środek *m* na przeczyszczenie
lay ¹ *zob.* lie ²
lay ² [leɪ] *adj* świecki; laicki; (*amateur*) niefachowy
lay ³ [leɪ] *v* (**laid** [leɪd], **laid**) kłaść; położyć; (*of a hen*) znosić (jaja); **to ⁓ bare** obnażyć; odsłonić; **to ⁓ the table** nakryć do stołu ‖ **to ⁓ down** odłożyć (pieniądze); wyrzec się (**sth** czegoś); **to ⁓ in** robić zapas (**sth** czegoś); zmagazynować
layer [ˈleɪə(r)] *s* warstwa *f*; pokład *m*
layette [leɪˈet] *s* wyprawka *f* dla niemowlęcia
layman [ˈleɪmən] *s* (*pl* **laymen**) 1. człowiek świecki 2. (*not an expert*) laik *m*
lazy [ˈleɪzɪ] *adj* leniwy
lead ¹ [led] *s* ołów *m*

lead 170

lead² [lid] I *v* (led [led], led)
1. prowadzić; kierować; **to
~ astray** sprowadzać na złą
drogę 2. *karc.* zagrywać II
s 1. kierownictwo *n*; prym
m; **to take the ~** objąć prowadzenie; stanąć na czele
2. *karc.* zagranie *n*; **whose
~?** kto zagrywa?; **to return
the ~** odwrócić kolor 3.
teatr, główna rola
leaden ['ledn] *adj* ołowiany
leader ['lidə(r)] *s* prowadzący
m; przewodnik *m*; lider *m*;
dzien. artykuł wstępny
leadership ['lidəʃɪp] *s* prze-
wodnictwo *n*; kierownictwo
n
leading ['lidɪŋ] *adj* przewo-
dzący; kierowniczy; (*of a
fashion*) panujący
leaf [lif] *s* (*pl* **leaves** [livz]) 1.
bot. liść *m* 2. (*sheet of pa-
per*) kartka *f*
leaflet ['liflət] *s* 1. *bot.* listek
m 2. (*printed paper*) ulot-
ka *f*
league¹ [lig] *s* mila *f*
league² [lig] *s* liga *f*
leak [lik] I *s* 1. przeciekanie
n; upływ *m* 2. (*hole*) szczelina *f*; dziura *f* II *v* przeciekać; przepuszczać wodę;
przen. (*of news*) **to ~ out**
rozchodzić się; przedosta-
wać się do publicznej wiadomości
lean¹ [lin] *adj* chudy
lean² [lin] *v* (**leant** [lent],
leant) 1. opierać się (**against**
sth o coś) 2. (*bend*) pochylać
się; **to ~ out** wychylać się
3. (*tend*) skłaniać się (**towards ⟨to⟩ sth** ku czemuś)
leap [lip] I *v* (**leapt** [lept],
leapt) skakać; *przen.* **to ~
at a proposal** skwapliwie
przyjąć propozycję II *s* skok
m; podskok *m*; **by ~s and
bounds** szybko; wielkimi
krokami
leap-year ['lip jɜ(r)] *s* rok
przestępny
learn [lɜn] *v* (**learnt** [lɜnt],

learned [lɜnd]) uczyć się
(*find out*) dowiadywać się
learned ['lɜnɪd] *adj* uczony
learning ['lɜnɪŋ] *s* nauka *f*;
wiedza *f*
learnt *zob.* **learn**
lease [lis] I *s* dzierżawa *f*; **to
take on ~** wziąć w dzier-
żawę II *v* dzierżawić
leash [liʃ] *s* smycz *f*
least [list] (*od* **little**) I *adj*
najmniejszy II *adv* naj-
mniej III *s* najmniejsza
rzecz; **at ~** co najmniej;
przynajmniej; **not in the ~**
bynajmniej; wcale nie
leather ['leðə(r)] *s* skóra *f*
(wyprawiona)
leave¹ [liv] *s* 1. pozwolenie *n*;
to take ~ of sb pożegnać
się z kimś 2. (*holidays*) urlop
m; **~ with pay** płatny urlop;
~ without pay bezpłatny
urlop; **to be on ~** być na
urlopie
leave² [liv] *v* (**left** [left], **left**)
zostawiać; opuszczać; wy-
jeżdżać (**for London** do Londynu); **to ~ sb alone** zostawić kogoś w spokoju; **to ~
sth behind** zostawić coś za
sobą; zapomnieć czegoś
leaven ['levn] *s* drożdże *pl*;
zaczyn *m*
leaves *zob.* **leaf** *s*
lecture ['lektʃə(r)] I *s* wykład
m; **to deliver a ~** wygłosić
wykład; *przen.* **to read sb
a ~** robić komuś wymówki
II *v* 1. wykładać 2. (*admonish*) udzielać nagany
lecturer ['lektʃərə(r)] *s.* wykładowca *m*
led *zob.* **lead** *v*
leech [litʃ] *s* pijawka *f*
leek [lik] *s bot.* por *m*
left¹ *zob.* **leave**²
left² [left] I *adj* lewy; **on
(sb's) ~ hand** po lewej stronie II *s* lewa strona; *polit.*
lewica *f* III *adv* na lewo;
to turn ~ skręcić na ⟨w⟩
lewo
left-handed ['left 'hændɪd] *adj*

leworęki; **to be** ~ być mańkutem
leg [leg] s noga *f; przen.* **to be all** ~s być długim jak tyczka; **to pull sb's** ~ naciągać kogoś; żartować sobie z kogoś; **to take to one's** ~s wziąć nogi za pas
legacy ['legəsɪ] s zapis *m*; legat *m*; spadek *m*
legal ['ligl] *adj* prawny; prawniczy; ustawowy; legalny
legalize ['liglaɪz] *v* legalizować; uprawomocnić
legation [lɪ'geɪʃn] s poselstwo *n*
legend ['ledʒənd] s legenda *f*
legendary ['ledʒəndrɪ] *adj* legendarny
legible ['ledʒəbl] *adj* czytelny
legion ['lidʒən] s legia *f*; legion *m*
legislation ['ledʒɪs'leɪʃn] s ustawodawstwo *n*; prawodawstwo *n*
legitimate [lɪ'dʒɪtɪmət] *adj* ślubny; prawowity; **of** ~ **birth** z prawego łoża
leisure ['leʒə(r)] s wolny czas; **a man of** ~ człowiek nie pracujący; **to be at** ~ nie być zajętym, **at** ~ bez pośpiechu; **at one's** ~ w dogodnej chwili
lemon ['lemən] s cytryna *f*
lemonade ['lemə'neɪd] s lemoniada *f*
lend [lend] *v* (**lent** [lent], **lent**) pożyczać; użyczać; **to** ~ **a hand** udzielić pomocy
lending-library ['lendɪŋ laɪbrərɪ] s wypożyczalnia *f* książek
length [leŋθ] s długość *f*; dystans *m*; **at arm's** ~ na dystans; **at full** ~ w całej rozciągłości; **at** ~ na koniec, wreszcie; *(in detail)* szczegółowo
lengthen ['leŋθn] *v* przedłużyć ⟨wydłużyć⟩ (się)
lengthy ['leŋθɪ] *adj* rozwlekły; drobiazgowy

lenient ['linɪənt] *adj* wyrozumiały; łagodny
Leninism ['lenɪnɪzm] s leninizm *m*
lens [lenz] s 1. *anat. opt.* soczewka *f*; **contact** ~es szkła kontaktowe 2. *fot.* obiektyw *m*
Lent[1] [lent] s *rel.* Wielki Post
lent[2] *zob.* **lend**
lentil ['lentl] s soczewica *f*
leopard ['lepəd] s *zool.* lampart *m*
leper ['lepə(r)] s trędowaty *m*
leprosy ['leprəsɪ] s *med.* trąd *m*
less [les] I *adj (od little)* mniejszy II *adv* mniej; **none the** ~ niemniej jednak; mimo to
lessen ['lesn] *v* zmniejszyć; obniżyć
lesser ['lesə(r)] *adj* (po)mniejszy
lesson ['lesn] s lekcja *f*; **to do one's** ~s odrabiać lekcje
lest [lest] *conj* żeby ⟨aby⟩ nie
let [let] I *v* (**let**, **let**) 1. pozwolić; sprawić; dopuścić; **to** ~ **sb alone** zostawić kogoś w spokoju; **to** ~ **be** zostawić w spokoju; nie mieszać się (**sb, sth** do kogoś, czegoś); **to** ~ **fall** upuścić (na ziemię); **to** ~ **have** dawać; pożyczać; **to** ~ **know** poinformować; **to** ~ **sb down** opuścić kogoś; zostawić kogoś własnemu losowi; **to** ~ **in** wpuścić, wprowadzić; **to** ~ **off** wypuścić; **to** ~ **out** wypuścić (skądś) 2. *(rent)* wynajmować; **rooms to** ~ pokoje *pl* do wynajęcia 3. *kraw.* podłużyć ⟨poszerzyć⟩ (suknię) 4. *(of a secret)* wydać II *v aux* niech; ~ **him** ⟨**them** etc.⟩ **come** niech on ⟨oni itd.⟩ przyjdzie ⟨przyjdą⟩; ~ **me see!** niech się chwilkę zastanowię!; pozwól mi pomyśleć!

lethal ['liƟl] *adj* śmiertelny; zgubny

lethargy ['leƟədʒɪ] *s med.* ʃ letarg *m*; *przen.* ospałość ʃ

letter ['letə(r)] *s* 1. litera ʃ; **to the** ~ dosłownie; **co do joty** 2. (*written message*) list *m*; pismo *n*; ~ **of attorney** pełnomocnictwo *n*; ~ **of credit** akredytywa ʃ 3. *pl* ~**s** literatura ʃ; piśmiennictwo *n*; **a man of** ~**s** autor *m*; pisarz *m*

letter-box ['letə boks] *s* skrzynka ʃ na listy

lettered ['letəd] *adj* wykształcony; oczytany

lettuce ['letɪs] *s* sałata (zielona)

level ['levl] I *s* poziom *m*; płaszczyzna ʃ; ~ **crossing** przejazd kolejowy II *adj* 1. poziomy 2. (*equal*) równy III *v* wyrównywać; niwelować

level-headed ['levl'hedɪd] *adj* zrównoważony

lever ['levə(r)] *s* dźwignia ʃ; lewar *m*

levy ['levɪ] I *s* pobór *m* (podatku); werbunek *m*; zaciąg *m* II *v* ściągać podatki

liability ['laɪə'bɪlətɪ] *s* odpowiedzialność ʃ; ciężar (finansowy); obowiązek *m* (**to military service** służby wojskowej); *pl* **liabilities** obciążenia *pl*; zadłużenia *pl*

liable ['laɪbl] *adj* 1. odpowiedzialny 2. (*exposed to*) narażony; podatny (**to sth** na coś)

liaison [lɪ'eɪzn] *s* 1. stosunek *m*; romans *m* 2. *wojsk.* łączność ʃ; ~ **officer** oficer łącznikowy

liar ['laɪə(r)] *s* kłamca *m*

libel ['laɪbl] I *s* paszkwil *m*; zniesławienie *n*; oszczerstwo *n* II *v* zniesławić; napisać paszkwil (**sb** na kogoś)

liberal ['lɪbrl] I *adj* liberalny; o szerokich poglądach II *s* liberał *m*

liberalism ['lɪbrlɪzm] *s* liberalizm *m*

liberate ['lɪbəreɪt] *v* uwolnić; wyzwolić

liberation ['lɪbə'reɪʃn] *s* uwolnienie *n*; wyzwolenie *n*

liberty ['lɪbətɪ] *s* wolność ʃ; *pl* **liberties** przywileje *pl*; **at** ~ **na** wolności; **to take the** ~ **of doing sth** pozwolić sobie na zrobienie czegoś; **to set sb at** ~ uwolnić kogoś; *pot.* **to take liberties with sb** pozwalać sobie na nieodpowiednie zachowanie w stosunku do kogoś

librarian [laɪ'breərɪən] *s* bibliotekarz *m*, bibliotekarka ʃ

library ['laɪbrɪ] *s* biblioteka ʃ

lice *zob.* **louse**

licence ['laɪsns] I *s* zezwolenie *n*; licencja ʃ; koncesja ʃ; **driving** ~ prawo *n* jazdy; **export** ~ pozwolenie *n* wywozu; **import** ~ pozwolenie *n* przywozu; **to grant a** ~ udzielić zezwolenia II *v* udzielać zezwolenia; wydawać licencję ⟨patent, koncesję⟩; **to be** ~**d to do sth** mieć prawo robienia czegoś

lichen ['laɪkən] *s med.* liszaj *m*

lick [lɪk] I *v* 1. lizać 2. *pot.* sprawić lanie (**sb** komuś); pobić przeciwnika II *s* polizanie *n*; (*small quantity*) odrobina ʃ

lid [lɪd] *s* wieko *n*; pokrywka ʃ

lie [1] [laɪ] I *s* kłamstwo *n*; fałsz *m*; **a pack of** ~**s** stek *m* kłamstw; **to give sb the** ~ zarzucić kłamstwo komuś; **to tell** ~**s** kłamać II *v* kłamać

lie [2] [laɪ] *v* (**lay** [leɪ], **lain** [leɪn]) 1. leżeć; **to** ~ **down** położyć się 2. (*be situated*) znajdować się

lieutenant ['lef'tenənt] *s* po-

rucznik *m*; second ~ podporucznik *m*
lieutenant-colonel [lef'tenǝnt-
'kɜnl] *s* podpułkownik *m*
life [laɪf] *s* (*pl* lives [laɪvz])
życie *n*; ~ insurance ubezpieczenie *n* na życie; high
~ życie *n* wyższych sfer;
zamożne sfery; still ~ martwa natura; to bring to ~
przywrócić do przytomno-
ści; not on your ~! nigdy
w życiu!; for ~ dożywotnio;
na całe życie; true to ~ naturalny; prawdziwy
life-belt ['laɪf belt] *s* pas ra-
tunkowy
life-jacket ['laɪf dʒækɪt] *s* kamizelka ratownicza
lifelike ['laɪflaɪk] *adj* jak żywy
lifelong ['laɪflɒŋ] *adj* trwający całe życie
life-saving ['laɪf seɪvɪŋ] *s* ra-
townictwo *n*
life-size ['laɪf saɪz] *adj* natu-
ralnej wielkości
life-time ['laɪf taɪm] *s* życie
n (człowieka); the chance of
a ~ jedyna szansa w życiu;
in sb's ~ za czyjegoś życia
lift [lɪft] I *v* podnieść; dźwignąć II *s* 1. podniesienie *n*;
to give sb a ~ podwieźć
kogoś 2. (*elevator*) winda *f*;
~ attendant windziarz *m* 3.
podnośnik *m*
lift-boy ['lɪft bɔɪ], lift-man
['lɪft mæn] *s* windziarz *m*
light¹ [laɪt] I *s* 1. światło *n*;
brake ~s światła *pl* stop;
blinker ~ światło migowe;
dipped ⟨passing⟩ ~s świa-
tła *pl* mijania; parking ~s
światła postojowe; reflecting ~ światło odblaskowe;
tail ~s światła tylne; traffic
~s światła *pl* regulacji ruchu; *przen.* to come to ~
wyjść na jaw; to bring sth
to ~ wyjawić coś 2. (*flame*)
ogień *m*; to give sb a ~
dać komuś ognia II *v* (lit

[lit], lit) świecić; oświetlać;
zapalać
light² [laɪt] *adj* jasny; ~ blue
jasnoniebieski
light³ [laɪt] *adj* lekki; I am
a ~ sleeper mam lekki sen;
(*in a shop*) to give ~ weight
nie doważyć
lighten ['laɪtn] *v* oświecać;
rozjaśniać (się); *meteor.*
błyskać się
lighter ['laɪtǝ(r)] *s* 1. (*person*)
latarnik *m* 2. (*device*) zapalniczka *f*
light-hearted ['laɪt 'hɑtɪd] *adj*
niefrasobliwy; wesoły
lighthouse ['laɪt haʊs] *s* latarnia morska; ~ keeper la-
tarnik *m*
light-minded ['laɪt maɪndɪd]
adj lekkomyślny
lightning ['laɪtnɪŋ] *s* błyskawica *f*; ~ arrester ⟨pro-
tector⟩ odgromnik *m*
lightning-conductor ['laɪtnɪŋ
kǝn'dʌktǝ(r)] *s* piorunochron
m
light-weight ['laɪt weɪt] I *adj*
boks. lekkiej wagi II *s*
bokser *m* lekkiej wagi
light-year ['laɪt jɜ(r)] *s* rok
świetlny
likable ['laɪkǝbl] *adj* sympatyczny; miły
like¹ [laɪk] I *adj* podobny;
taki; what is he ~? jak on
wygląda? II *s* coś podobnego; and the ~ i tym po-
dobne (rzeczy); ~ for ~
piękne za nadobne III *adv*
podobnie (jak) IV *conj* jak;
tak jak
like² [laɪk] I *v* lubić; how do
you ~ it? jak ci się to podoba?; I ~ this to mi sma-
kuje; to ~ better woleć;
I'd ~ to have a smoke
chciałbym zapalić; just as
you ~ jak chcesz II *s* sb's
~s and dislikes to, co komuś miłe i to, co niemiłe
likelihood ['laɪklɪhʊd] *s* prawdopodobieństwo *n*
likely ['laɪklɪ] I *adj* prawdo-

podobny; możliwy; he is ~ to do it on prawdopodobnie to zrobi II *adv* prawdopodobnie; very ⟨most⟩ ~ najprawdopodobniej

likeness ['laɪknəs] *s* podobieństwo *n*

likewise ['laɪkwaɪz] *adv* podobnie; również; (*moreover*) także; ponadto

liking ['laɪkɪŋ] *s* gust *m*; sympatia *f*; pociąg *m*; to take a ~ to ⟨for⟩ sb poczuć do kogoś sympatię

lilac ['laɪlək] *s bot.* bez *m*

lily ['lɪlɪ] *s bot.* lilia *f*; ~ of the valley konwalia *f*

limb [lɪm] *s* kończyna *f*; artificial ~ proteza *f* kończyny

lime [laɪm] *s* wapno *n*

lime [laɪm] *s* gatunek *m* drzewa cytrusowego

lime [laɪm] *s bot.* lipa *f*

limelight ['laɪmlaɪt] *s przen.* in the ~ w świetle reflektorów

limit ['lɪmɪt] I *s* granica *f*; to exceed the speed ~ przekroczyć dozwoloną szybkość; to set a ~ to sth ograniczać coś; within ~s w pewnych granicach; that's the ~! to przechodzi wszelkie granice! II *v* ograniczać

limp [lɪmp] I *v* utykać; kuleć II *s* utykanie *n* na nogę

limpid ['lɪmpɪd] *adj* przezroczysty; czysty

linden ['lɪndən] *s bot.* lipa *f*

line [laɪn] I *s* 1. lina *f*; sznur *m*; *elektr. telef.* przewód *m*; *przen.* połączenie telefoniczne; hold the ~! proszę zaczekać ⟨nie przerywać połączenia⟩! 2. (*mark*) kreska *f* 3. (*boundary*) granica *f*; on the ~ na pograniczu; *przen.* to draw the ~ at sth nie pozwalać sobie na coś 4. (*a verse*) wiersz *m*; to read between the ~s czytać między wierszami 5.

(*short letter*) krótki list; to drop sb a ~ napisać do kogoś parę słów 6. (*row*) szereg *m*; kolejka *f* 7. (*sphere*) zakres *m*; dziedzina *f*; specjalność *f*; *handl.* branża *f* II *v* liniować; kreślić; (*form a line*) ustawić w szeregu; to ~ up uszeregować

line [laɪn] *v* podszyć· podbić podszewką

lineage ['lɪnɪɪdʒ] *s* ród *m*; pochodzenie *n*

linen ['lɪnɪn] I *s* płótno *n*; *zbior.* bielizna damska ⟨męska⟩; **baby** ~ bielizna niemowlęca; **clean** ⟨**dirty**⟩ ~ czysta ⟨brudna⟩ bielizna II *adj* lniany; płócienny

liner ['laɪnə(r)] *s mor.* statek ⟨*lotn.* samolot⟩ liniowy

linger ['lɪŋɡə(r)] *v* zwlekać; ociągać się; wlec się

lingerie ['lõʒəri] *s* bielizna damska

linguist ['lɪŋɡwɪst] *s* lingwista *m*; językoznawca *m*

lining ['laɪnɪŋ] *s* podszewka *f*; wykładzina *f*

link [lɪŋk] I *s* 1. ogniwo *n*; *przen.* więź *f* 2. (*fastener*) spinka *f* (do mankietu) II *v* łączyć ⟨wiązać⟩ się

links [lɪŋks] *pl* teren *m* do gry w golfa

linseed ['lɪnsid] *s* siemię lniane;. ~ oil olej lniany

lion ['laɪən] *s* lew *m*

lioness ['laɪənəs] *s* lwica *f*

lip [lɪp] *s* warga *f*

lipstick ['lɪpstɪk] *s* kredka *f* ⟨pomadka *f*⟩ do ust, szminka *f*

liqueur [lɪ'kjʊə(r)] *s* likier *m*

liquid ['lɪkwɪd] I *adj* płynny; ciekły II *s* płyn *m*

liquidate ['lɪkwɪdeɪt] *v* likwidować (się)

liquor ['lɪkə(r)] *s* napój alkoholowy; trunek *m*

lisp [lɪsp] I *v* seplenić II *s* seplenienie *n*

list [lɪst] I *s* wykaz *m*; lista

f; ~ **of streets** spis *m* ulic
II *v* spisywać; katalogować
listen [ˈlɪsn] *v* słuchać **(to sb**
kogoś); przysłuchiwać się
(to sth czemuś); ~ **to me!**
posłuchaj mnie!
listener [ˈlɪsnə(r)] *s* słuchacz
m; radiosłuchacz *m*
listless [ˈlɪstləs] *adj* apatyczny; bierny; obojętny
lit zob. **light** *v*
literacy [ˈlɪtrəsɪ] *s* umiejętność
f czytania i pisania
literal [ˈlɪtr̩l] *adj* 1. literowy;
~ **error** pomyłka *f* w druku 2. *(exact)* dosłowny
literary [ˈlɪtrɪ] *adj* literacki;
~ **property** prawa wydawnicze
literate [ˈlɪtərət] *adj* piśmienny, umiejący czytać i pisać
literature [ˈlɪtrətʃə(r)] *s* literatura *f*; piśmiennictwo *n*
lithe [laɪð] *adj* giętki; gibki
litre [ˈliːtə(r)] *s* litr *m*
litter [ˈlɪtə(r)] *s* śmieci(e) *pl*
little [ˈlɪtl] **I** *adj* **(less, least)**
mały; drobny; nieduży **II** *s*
mało; niewiele; **after a** ~
po chwili; **for a** ~ na
⟨przez⟩ chwilę; ~ **by** ~ po
trochu; stopniowo **III** *adv*
mało; niewiele; **a** ~ trochę
live [¹] [laɪv] *adj* 1. żywy; ~
fence żywopłot *m* 2. *(of a
cartridge)* ostry
live [²] [lɪv] *v* 1. żyć; **to** ~ **on**
sth żyć z czegoś; żywić się
czymś; **to** ~ **on sb** żyć
czyimś kosztem; **to** ~
through sth przeżyć coś
(wojnę itp.) 2. *(dwell)* mieszkać
livelihood [ˈlaɪvlɪhʊd] *s* środki *pl* egzystencji; utrzymanie *n*; **to earn a** ~ zarabiać na życie
lively [ˈlaɪvlɪ] *adj* ożywiony;
pełen życia; *muz.* skoczny;
(of a colour) żywy
liver [ˈlɪvə(r)] *s* wątroba *f*;
kulin. **calf's** ~ wątróbka

cielęca; **pig's** ~ wątróbka
wieprzowa
lives zob. **life**
live-stock [ˈlaɪvstɒk] *s* żywy
inwentarz
livid [ˈlɪvɪd] *adj* siny
living [ˈlɪvɪŋ] **I** *adj* żyjący;
żywy **II** *s* życie *n*; *(means)*
utrzymanie *n*; **to make** ⟨**to
earn**⟩ **one's** ~ zarabiać na
życie
lizard [ˈlɪzəd] *s* jaszczurka *f*
load [ləʊd] **I** *s* ładunek *m*;
ciężar *m*; obciążenie *n* **II** *v*
ładować; obciążać
loaf [ləʊf] *s* (*pl* **loaves** [ləʊvz])
(of bread) bochenek *m*; *(of
sugar etc.)* głowa *f*
loan [ləʊn] *s* pożyczka *f*; **to
apply for a** ~ ubiegać się
o pożyczkę; **to raise a** ~
zaciągnąć pożyczkę; **to pay
off a** ~ spłacić pożyczkę
loath [ləʊθ] *adj* niechętny
loathe [ləʊð] *v* czuć wstręt;
brzydzić się **(sb, sth** kimś,
czymś); nienawidzić **(sb, sth**
kogoś, czegoś)
loathsome [ˈləʊðsəm] *adj*
wstrętny; ohydny
loaves zob. **loaf**
lobby [ˈlɒbɪ] *s* hall *m*; kuluar
m sejmowy
lobster [ˈlɒbstə(r)] *s* homar *m*
local [ˈləʊkl] *adj* miejscowy;
lokalny; ~ **government** samorząd *m*
locality [ləʊˈkælətɪ] *s* miejscowość *f*; okolica *f*
locate [ləʊˈkeɪt] *v* umieścić;
zlokalizować; umiejscawiać
location [ləʊˈkeɪʃn] *s* rozmieszczenie *n*; ulokowanie *n*;
położenie *n*
lock [¹] [lɒk] *s* lok *m*; kędzior
m
lock [²] [lɒk] **I** *s* zamek *m*; zatrzask *m*; kłódka *f*; **under**
~ **and key** pod kluczem;
przen., ~, **stock and barrel**
cały kram **II** *v* zamykać na
klucz; *(fix)* zaciskać; zwierać; *(także* ~ **up)** uwięzić;
zamknąć (kogoś)

locket ['lokɪt] s medalionik *m*
locksmith ['loksmɪθ] s ślusarz
m
locomotion ['ləukə'məuʃn] s lokomocja *f*
locomotive ['ləukə'məutɪv] s lokomotywa *f*, parowóz *m*
locust ['ləukəst] s szarańcza *f*
lodge [lodʒ] **I** s **1.** portiernia
f; stróżówka *f* **2.** (*secret
society*) loża *f* (masońska) **II**
v **1.** udzielać **(sb** komuś)
mieszkania; przenocować **2.**
(*put for safety*) deponować
(coś u kogoś) **3.** *admin. sąd.*
wnieść (skargę itd.)
lodger ['lodʒə(r)] s lokator *m*;
lokatorka *f*; **to take (in)** ~s
przyjmować lokatorów; wynajmować pokoje
lodging ['lodʒɪŋ] s (wynajęte)
mieszkanie *n*
lofty ['loftɪ] *adj* wysoki;
(*haughty*) dumny; hardy;
(*sublime*) podniosły
log [log] s kloc *m*; kłoda *f*
log-book ['logbuk] s *mor.*
dziennik okrętowy; *lotn.*
dziennik pokładowy
logic ['lodʒɪk] s logika *f*
logical ['lodʒɪkl] *adj* logiczny
loiter ['lɔɪtə(r)] *v* wałęsać
⟨włóczyć⟩ się
loiterer ['lɔɪtərə(r)] s łazik *m*;
włóczęga *m*
lollipop ['lolɪpop] s lizak *m*
Londoner ['lʌndənə(r)] s Londyńczyk *m*
lonely ['ləunlɪ] *adj* samotny;
(*of a place*) odludny
long¹ [loŋ] **I** *adj* długi; rozwlekły **II** s długi czas; **for**
~ na długo; **it takes ~ to ...**
trzeba dużo czasu aby ...;
the ~ and the short of it
krótko mówiąc **III** *adv* długo; dawno; **before ~** niedługo; wkrótce; **~ since**
⟨ago⟩ dawno temu; **so ~!**
do widzenia!
long² [loŋ] *v* tęsknić **(for sb,
sth** za kimś, czymś); pragnąć mocno **(for sth** czegoś)
longing ['loŋɪŋ] **I** s tęsknota

f; pragnienie *n* **(for sth** czegoś) **II** *adj* pełen tęsknoty
longitude ['londʒɪtjud] s długość geograficzna
long-range ['loŋ reɪndʒ] *adj*
długofalowy; (*of a gun*) dalekosiężny
long-sighted ['loŋ'saɪtɪd] *adj*
1. dalekowzroczny; **to be** ~
być dalekowidzem **2.** *przen.*
przewidujący
long-term ['loŋ tɜm] *adj* długoterminowy; długofalowy
look [luk] **I** *v* patrzeć **(at sb,
sth** na kogoś, coś); spojrzeć;
(*have appearance*) wyglądać
(**young, pleased** etc. młodo,
na zadowolonego itd.); **it** ~s
like rain wygląda na to, że
będzie padać; **what does it**
~ **like?** jak to wygląda?;
to ~ **one's age** wyglądać na
swoje lata; ~ **here!** słuchaj
(no)!; ‖ **to** ~ **about** rozglądać się; **to** ~ **after sb, sth**
opiekować się kimś, czymś;
to ~ **for sb, sth** szukać kogoś, czegoś; **to** ~ **forward**
oczekiwać; **to** ~ **into sth**
zajrzeć do czegoś; wejrzeć
w jakąś sprawę; **to** ~ **out**
wyglądać (z okna); mieć się
na baczności; **to** ~ **over**
przeglądać; **to** ~ **round** rozglądać się; **to** ~ **to sth** przypilnować czegoś; uważać na
coś; **to** ~ **up** spojrzeć w
górę; **to** ~ **sb up and down**
zlustrować kogoś **II** s **1.**
spojrzenie *n*; **to have a** ~
at sth popatrzeć na coś; **to
have a good** ~ **at sth** dokładnie się przyjrzeć czemuś **2.** (*appearance*) wygląd
m; **good** ~s uroda *f*
looker-on ['lukəron] s widz *m*;
pot. kibic *m*
looking-glass ['lukɪŋ glɑs] s
lustro *n*, lusterko *n*
loop [lup] **I** s pętla *f*; węzeł
m **II** *v* zrobić pętlę
loose [lus] **I** *adj* luźny; wolny; rozwiązany; obwisły; **to
let** ~ puszczać wolno; **to**

break ~ urwać się; *przen.* (*of a person*) **at a** ~ **end** bez zajęcia **II** *adv* luźno; wolno **III** *v* rozluźnić; puścić

loosen [ˈlusn] *v* rozluźnić; zwolnić; rozwiązać

loot [lut] **I** *s* łup *m*; zdobycz *f* **II** *v* grabić; złupić

loquacious [ləuˈkweɪʃəs] *adj* gadatliwy

lord [lɔd] *s* pan *m*; władca *m*; (*title*) lord *m*

lordly [ˈlɔdlɪ] *adj* dostojny; wspaniały; wielkopański; dumny

lorry [ˈlorɪ] *s* 1. *mot.* samochód ciężarowy; **light** ~ półciężarówka *f*; ~ **with a trailer** ciężarówka *f* z przyczepą 2. *kolej.* platforma kolejowa

lose [luz] *v* (*lost* [lost], *lost*) 1. stracić; **to** ~ **a chance** stracić szansę; **to** ~ **consciousness** stracić przytomność; **to** ~ **control of one-self** ⟨*of sth*⟩ stracić panowanie nad sobą ⟨czymś⟩; **to** ~ **one's way** zabłądzić; **to** ~ **weight** schudnąć; **to** ~ **heart** upaść na duchu 2. (*suffer a loss*) zgubić 3. (*waste*) zmarnować 4. (*be defeated*) przegrać

loss [los] *s* strata *f*; zguba *f*; *przen.* **to be at a** ~ być w kłopocie; nie wiedzieć co zrobić

lost *zob.* **lose**

lot [lot] *s* 1. los *m*; **to draw** ⟨**to cast**⟩ ~**s for sth** ciągnąć losy o coś 2. (*plot of land*) parcela *f*; działka *f* 3. *handl.* partia *f* (towaru) 4. **a** ~ dużo; wiele; **such a** ~ aż tyle; **quite a** ~ sporo 5. *pl* ~**s** *pot.* dużo; wiele || **the whole** ~ **of us** cała nasza paczka; *pot.* **he is a bad** ~ to łobuz

lotion [ˈləuʃn] *s* płyn *m* (do zmywania twarzy itp.)

lottery [ˈlotərɪ] *s* loteria *f*

loud [laud] **I** *adj* głośny **II** *adv* głośno

loud-speaker [ˈlaudˈspikə(r)] *s* głośnik *m*; megafon *m*

louse [laus] *s* (*pl* **lice** [laɪs]) wesz *f*

lousy [ˈlauzɪ] *adj* wszawy; zawszony; *pot.* wstrętny; **a** ~ **trick** świństwo *n*

love [lʌv] **I** *s* miłość *f* (**of** ⟨**for, towards**⟩ **sb** do kogoś); **to be in** ~ **with sb** być w kimś zakochanym; **to fall in** ~ **with sb** zakochać się w kimś; **to make** ~ **to sb** zalecać się do kogoś; (*in letters*) **give my** ~ **to ...** pozdrów ode mnie ... **II** *v* kochać; lubić; **I should** ~ **to do it** bardzo chciałbym to zrobić; z przyjemnością bym to zrobił

love-affair [ˈlʌv əfeə(r)] *s* romans *m*

lovely [ˈlʌvlɪ] *adj* śliczny; uroczy

love-making [ˈlʌv meɪkɪŋ] *s* zaloty *pl*; umizgi *pl*

love-match [ˈlʌv mætʃ] *s* małżeństwo *n* z miłości

lover [ˈlʌvə(r)] *s* wielbiciel *m*; kochanek *m*; (*fond of art etc.*) amator *m*

loving [ˈlʌvɪŋ] *adj* kochany; oddany

low [ləu] *adj* 1. niski; ~ **opinion** niepochlebne zdanie; ~ **spirits** przygnębienie *n*; depresja *f* 2. (*of voice etc.*) cichy

lower [ˈləuə(r)] *v* zniżyć ⟨obniżyć⟩ się

low-grade [ˈləugreɪd] *adj* niskoprocentowy; *przen.* kiepski

loyal [ˈlɔɪl] *adj* lojalny; wierny

loyalty [ˈlɔɪltɪ] *s* lojalność *f*; wierność *f*

lubricant [ˈlubrɪkənt] *s* smar *m*

lubricate [ˈlubrɪkeɪt] *v* smarować; oliwić

lubricator ['lubrɪkeɪtə(r)] s
smarownica f; oliwiarka f
lucid ['lusɪd] adj 1. świecący
2. (clear) jasny; przezroczysty
luck [lʌk] s traf m; los m;
bad ~ nieszczęście n; pech
m; good ~! życzę szczęścia!
luckily ['lʌklɪ] adv na szczęście; szczęśliwie
lucky ['lʌkɪ] adj szczęśliwy;
pomyślny; it's ~! to szczęście!
luggage ['lʌgɪdʒ] s bagaż m;
~ compartment przedział
bagażowy; ~ insurance u-
bezpieczenie n bagażu; am.
~ rack bagażnik m na da-
chu; hand ~ bagaż ręczny
⟨podręczny⟩; personal ~ bagaż osobisty; ~ trolley wózek m do przewożenia ba-
gażu; to collect one's ~
odebrać bagaż; to have one's
~ registered nadać bagaż;
to deposit ⟨to leave⟩ one's
~ oddać ⟨złożyć⟩ bagaż do
przechowalni
luggage-carrier ['lʌgɪdʒ'kær-
ɪə(r)] s bagażnik m
luggage-van ['lʌgɪdʒ væn] s
wagon bagażowy
lukewarm ['luk'wɔm] adj letni; przen. (of a person)
obojętny
lull [lʌl] v uciszać; uspokajać; ukołysać
lullaby ['lʌləbaɪ] s kołysan-
ka f
lumbago [lʌm'beɪgəu] s med.
postrzał m, lumbago n
lumber-mill ['lʌmbəmɪl] s tartak m
luminous ['lumɪnəs] adj świecący; lśniący

lump [lʌmp] s bryła f; kostka
f (cukru); kawałek m
lunacy ['lunəsɪ] s obłąkanie
n; obłęd m
lunatic ['lunətɪk] I adj obłąkany; szalony II s człowiek
umysłowo chory ⟨obłąkany⟩
lunch [lʌntʃ] I s posiłek południowy, lunch m; ~ time
przerwa obiadowa ⟨na
lunch⟩ II v jeść lunch
luncheon ['lʌntʃən] s = lunch
s
lung [lʌŋ] s płuco n
lure [luə(r)] I s wabik m;
przynęta f; pokusa f II v
nęcić, wabić; kusić
lurk [lɜk] v czaić się; czyhać
(for sb na kogoś)
lust [lʌst] I s żądza f; pożądanie n; (sensuality) zmy-
słowość f II v pożądać (for
⟨after⟩ sth czegoś)
lustre ['lʌstə(r)] s blask m;
połysk m
lusty ['lʌstɪ] adj silny; krzepki
lute [lut] s muz. lutnia f
luxuriate [lʌg'ʒuərɪeɪt] v 1. obficie rosnąć ⟨wyrastać⟩ 2.
(enjoy) rozkoszować się (on
⟨in⟩ sth czymś)
luxurious [lʌg'ʒuərɪəs] adj luksusowy; zbytkowny
luxury ['lʌkʃərɪ] s luksus m;
przepych m; zbytek m
lying ['laɪɪŋ] I zob. lie v II
adj kłamliwy; fałszywy III
s kłamanie n
lynch [lɪntʃ] I v zlinczować II
s zlinczowanie n; lincz m
lynx [lɪŋks] s zool. ryś m
lyric ['lɪrɪk] I adj liryczny II
s utwór liryczny
lyrical ['lɪrɪkl] adj liryczny

M

ma'am [mæm] s = madam
macaroni ['mækə'rəunɪ] s makaron m (rurki)

machine [mə'ʃɪn] s maszyna f;
automat m; amusement ~
automat do gry; coin-oper-

ated ~ automat; **drink** ~
automat do sprzedaży napojów; *am.* **nickel-in the slot**
~ automat do gry; **slot** ~
automat; **stamp (selling)** ~
automat do sprzedaży znaczków pocztowych; **ticket-is-
suing** ~ automat do sprzedaży biletów; **vending** ~
automat do sprzedaży to-
warów (np. papierosów, sło-
dyczy itp.)
machine-gun [mə`ʃin gʌn] s
karabin maszynowy
machinery [mə`ʃinṛi] s maszy-
neria *f*; mechanizm *m*
mackerel [`mækrl] s makre-
la *f*
mackintosh [`mækintoʃ] s
płaszcz nieprzemakalny
mad [mæd] *adj* obłąkany; szalony; wściekły; **to go** ~
zwariować, oszaleć; **are you**
~? czyś ty oszalał?
madam [`mædəm] s pani *f* (w
zwrotach grzecznościowych)
madame [`mædəm] s pani *f*
(przy nazwiskach obcokra-
jowców)
madden [`mædn] *v* doprowa-
dzić do szału; zirytować
made *zob.* **make** *v*
madness [`mædnəs] s obłąka-
nie *n*; szał *m*
magazine [`mægə`zin] s 1. magazyn *m*; skład *m* 2. czasopismo *n*
magic [`mædʒik] I s magia *f*;
czary *pl* II *adj* magiczny,
zaczarowany
magician [mə`dʒiʃn] s magik
m, czarodziej *m*
magnanimous [mæg`næniməs]
adj wspaniałomyślny; wiel-
koduszny
magnet [`mægnit] s magnes
m
magnetic [mæg`netik] *adj* ma-
gnetyczny; ~ **tape** taśma
magnetofonowa; ~ **needle**
igła magnetyczna
magnificent [mæg`nifisnt] *adj*
wspaniały
magnify [`mægnifai] *v* po-

większać; ~**ing glass** szkło
powiększające
magnitude [`mægnitjud] s
wielkość *f*; ogrom *m*
magpie [`mægpai] s sroka *f*
mahogany [mə`hogəni] s ma-
hoń *m*
maid [meid] s 1. dziewczyna
f; panna *f*; **old** ~ stara
panna 2. (*maid-servant*) służąca *f*
maiden [`meidn] I s panna *f*;
dziewica *f* II *adj* panieński;
dziewiczy; ~ **name** nazwisko panieńskie
maid-servant [`meid sɜvənt] s
pokojówka *f*, służąca *f*
mail [meil] I s poczta *f* II *v*
wysyłać pocztą
maim.[meim] *v* okaleczyć
main [mein] *adj* główny; najważniejszy; ~ **road** ⟨high-
way⟩ szosa *f*; ~ **street** główna ulica (miasta)
mainland [`meinlænd] s ląd
(stały); kontynent *m*
mainstay [`mein-stei] s osto-
ja *f*; oparcie *n*
maintain [mein`tein] *v* 1.
utrzymywać; zachowywać
(stosunki, stanowisko itp.)
2. (*support*) mieć na utrzy-
maniu 3. (*assert*) twierdzić
maintenance [`meintinəns] s 1.
oparcie *n* 2. (*means of
support*) utrzymanie *n*; wyżywienie *n* 3. (*preserving*)
konserwacja *f*
maize [meiz] s kukurydza *f*
majestic [mə`dʒestik] *adj* ma-
jestatyczny; królewski
majesty [`mædʒisti] s maje-
stat *m*; **Your Majesty** Wa-
sza Królewska Mość
major [`meidʒə(r)] s *wojsk.*
major *m*
major [`meidʒə(r)] I *adj* 1.
większy; **the** ~ **part** większość *f* 2. (*more important*)
ważniejszy; ~ **road** droga
f z prawem pierwszeństwa
przejazdu 3. (*of age*) pełnoletni 4. (*senior*) starszy II
s człowiek pełnoletni

majority [mə'dʒorətı] s 1. większość f. 2. (*full age*) pełnoletność f
make [meık] I v (**made** [meıd], made) 1. robić; **what is it made of?** z czego to jest zrobione? 2. (*produce*) produkować; wytwarzać; *przen.* he will ~ a good doctor będzie z niego dobry lekarz 3. (*compel*) zmusić (**sb do sth** kogoś do zrobienia czegoś); kazać; **it made me think** to mi dało do myślenia || **to ~ away uciec; to ~ away with sth** zaprzepaścić coś; roztrwonić; **to ~ away with sb** zgładzić ⟨pozbyć się⟩ kogoś; **to ~ for** udać się (w jakimś kierunku); **to ~ off** oddalić się, uciec; **to ~ out** wypisać (czek); wywnioskować; domyślać się; **to ~ over** przerobić (ubranie); zapisać (majątek itd. komuś); **to ~ up** wypisać (receptę); uzupełnić ⟨odrobić⟩ coś; wymyślić; malować się, szminkować; **it's all a made up story** to wszystko jest zmyślone; **to ~ up for sth** naprawić ⟨nadgonić⟩ coś; zrekompensować; **to ~ up one's mind** zdecydować się II s wyrób m; fabrykat m; (*shape*) forma f; fason m; marka f (samochodu, radia itd.)
make-believe ['meık bıliv] I s udawanie n; pozory pl II adj pozorny
maker ['meıkə(r)] s producent m; fabrykant m; (*creator*) twórca m
makeshift ['meıkʃıft] s środek zastępczy; namiastka f
make-up ['meık ʌp] s kosmetyki upiększające; szminki pl; podkład m (pod puder); malowanie się n; makijaż m; *teatr.* charakteryzacja f; **she uses too much ~** ona się za bardzo maluje
making ['meıkıŋ] s zrobienie

n; tworzenie n; (*production*) produkcja f; wyrób m (**of sth** czegoś); pl ~s zadatki pl ⟨kwalifikacje pl⟩ (**of sth** na coś)
malaria [mə'leərıə] s malaria f
male [meıl] I adj płci męskiej; męski II s zool. samiec m
malice ['mælıs] s złośliwość f
malicious [mə'lıʃəs] adj złośliwy
malinger [mə'lıŋgə(r)] v symulować (chorobę)
malingerer [mə'lıŋgərə(r)] s symulant m
mallow ['mæləʊ] s bot. malwa f
malnutrition ['mælnju'trıʃn] s niedożywienie n
malt [mɔlt] s słód m
maltreat [mæl'trit] v maltretować
mammal ['mæml] s ssak m
mammoth ['mæməθ] I s mamut m II adj olbrzymi
mammy ['mæmı] s mamusia f
man [mæn] s (pl **men** [men]) człowiek m, mężczyzna m; **best ~** drużba m; **every ~** każdy; **the ~ in the street** szary ⟨przeciętny⟩ człowiek
manacle ['mænəkl] I s (zw. pl ~s) kajdany pl II v zakuć w kajdany
manage ['mænıdʒ] v 1. kierować ⟨zarządzać⟩ (**sth czymś**) 2. (*contrive*) poradzić sobie (**sth z czymś**); potrafić ⟨zdołać⟩ (**to do sth** zrobić coś)
management ['mænıdʒmənt] s kierownictwo n; dyrekcja f: zarząd m
manager ['mænıdʒə(r)] s dyrektor m; kierownik m; zarządzający m; impresario m
mandate ['mændeıt] s mandat m
mane [meın] s grzywa f
manhood ['mænhʊd] s męskość f; wiek męski

mania ['meɪnɪə] s mania f;
bzik m
maniac ['meɪnɪæk] I adj umysłowo chory II s maniak m
manicure ['mænɪkjuə(r)] s manicure m
manicurist ['mænɪkjuərɪst] s
manicurzystka f
manifest ['mænɪfest] I adj
oczywisty; jawny II v ma-
nifestować; ujawniać
manifesto ['mænɪ'festəu] s manifest m
manifold ['mænɪfəuld] I adj
wieloraki; różnorodny II v
powielać
manipulate [mə'nɪpjuleɪt] v
manipulować (sth czymś)
mankind [mæn'kaɪnd] s ro-
dzaj ludzki; ludzkość f
manlike ['mænlaɪk] adj męski
manly ['mænlɪ] adj mężny;
dzielny; męski
mannequin ['mænəkɪn] s manekin m (osoba); modelka
f
manner ['mænə(r)] s sposób
m; rodzaj m; (custom) zwyczaj m; pl ~s zwyczaje pl;
obyczaje pl, maniery pl;
bad ~s brak m wychowa-
nia; good ~s ogłada f
mansion ['mænʃn] s dwór m;
rezydencja f; pl ~s dom
czynszowy
manslaughter ['mæn-slɔtə(r)]
s zabójstwo n
mantlepiece ['mæntlpis] s
gzyms m kominka
manual ['mænjuəl] I adj ręczny II s podręcznik m
manufacturer ['mænju'fæktʃə-
rə(r)] s fabrykant m; wy-
twórca m
manure [mə'njuə(r)] I v nawozić II s nawóz m
manuscript ['mænjuskrɪpt] s
manuskrypt m; rękopis m
many ['menɪ] adj (more, most)
wielu; wiele; liczni; a great
~ bardzo wielu; bardzo
wiele; ~ a niejeden; ~ a
time nieraz

many-coloured ['menɪ'kʌləd]
(rożno)barwny
many-sided ['menɪ'saɪdɪd] adj
wszechstronny; wielostron-
ny
map [mæp] s mapa f; motoring ~ mapa samochodowa
maple ['meɪpl] s klon m
mar [mɑ(r)] v zepsuć; zniekształcić; zniszczyć
marble ['mɑbl] s marmur m
March 1 [mɑtʃ] s marzec m
march 2 [mɑtʃ] I s marsz m;
~ past defilada f II v ma-
. szerować
marchpane ['mɑtʃpeɪn] s mar-
cepan m
mare [meə(r)] s klacz f, kobyła f
margarine [mɑdʒə'rin] s margaryna f
margin ['mɑdʒɪn] s brzeg m;
krawędź f; (unprinted
space) margines m
marina [mə'rinə] s przystań f
dla jachtów i łodzi space-
rowych
marinade ['mærɪ'neɪd] s marynata f
marinate ['mærɪneɪt] vt marynować
marine [mə'rin] I adj morski
II s marynarka f (handlo-
wa)
mariner ['mærɪnə(r)] s marynarz m, żeglarz m
maritime ['mærɪtaɪm] adj
morski
marjoram ['mɑdʒərəm] s ma-
jeranek m
mark [mɑk] I s 1. cel m; to
hit the ~ trafić; to miss
the ~ spudłować 2. (sign)
znak m; krzyżyk m (za-
miast podpisu itp.); znak
fabryczny; book ~ zakład-
ka f do książki 3. stopień m
(w szkole); ocena f 4. (distinction) wyróżnienie n; a
man of ~ wybitny czło-
wiek; to be up to the ~ być
na poziomie II v oznaczać;
znakować; wypisywać (zdo-

byte punkty); wytyczać (trasę)

marked [mɑkt] *adj* 1. wyraźny 2. (*remarkable*) wybitny 3. (*signed*) znaczony

market [ˋmɑkɪt] *s* targ *m*; rynek *m*; jarmark *m*; *handl.* zbyt *m*; **in the ~** do nabycia; **to come into the ~** ukazać się w sprzedaży; **to put on the ~** wystawiać na sprzedaż

market-garden [ˋmɑkɪtˋgɑdn] *s* przedsiębiorstwo ogrodnicze

market-gardener [ˋmɑkɪtˋgɑdnə(r)] *s* badylarz *m*

market-gardening [ˋmɑkɪtˋgɑdnɪŋ] *s* badylarstwo *n*

market-hall [ˋmɑkɪt hɔl] *s* hala targowa

market-place [ˋmɑkɪt pleɪs] *s* rynek *m*; plac targowy

market-price [ˋmɑkɪt prɑɪs] *s* cena rynkowa

marmalade [ˋmɑməleɪd] *s* dżem *m* (pomarańczowy)

marriage [ˋmærɪdʒ] *s* małżeństwo *n*; **~ lines** metryka *f* ślubu; **to give in ~** wydać za mąż; **to take in ~** poślubić

married [ˋmærɪd] *adj* (*of a man*) żonaty; (*of a woman*) zamężna

marrow [ˋmærəʊ] *s* szpik kostny; *przen.* treść *f*; istota *f* (rzeczy)

marry [ˋmærɪ] *v* poślubić (sb kogoś); ożenić się; wyjść za mąż; (*give in marriage*) wydawać za mąż

marsh [mɑʃ] *s* bagno *n*; moczary *pl*

marshal [ˋmɑʃl] *s* 1. marszałek *m* 2. *am.* urzędnik *m* o uprawnieniach szeryfa

martial [ˋmɑʃl] *adj* wojenny; wojskowy; **court ~** sąd wojenny

martyr [ˋmɑtə(r)] *s* męczennik *m*

marvel [ˋmɑvl] **I** *s* cudo *n*; cud *m* **II** *v* podziwiać (**at sb,** sth kogoś, coś); (*be surprised*) zdumiewać się (**at sth** czymś)

marvellous [ˋmɑvl̦əs] *adj* cudowny; zdumiewający

Marxian [ˋmɑksɪən] *adj* marksistowski; *s* = **Marxist**

Marxism [ˋmɑksɪzm] *s* marksizm *m*

Marxist [ˋmɑksɪst] *s* marksista *m*

mascara [mæˋskɑrə] *s* tusz *m* do rzęs

mascot [ˋmæskot] *s* maskotka *f*

masculine [ˋmæskjʊlɪn] **I** *adj* męski; *gram.* rodzaju męskiego **II** *s* *gram.* rodzaj męski

mash [mæʃ] *v* mieszać; tłuc; **~ed potatoes** tłuczone ziemniaki; purée *n*

mask [mɑsk] **I** *s* maska *f*; *przen.* pozór *m* **II** *v* maskować się

mason [ˋmeɪsn] **I** *s* 1. mason *m* 2. (*worker*) kamieniarz *m* **II** *v* murować

masonry [ˋmeɪsnrɪ] *s* 1. masoneria *f* 2. (*work*) robota kamieniarska

masquerade [ˋmæskəˋreɪd] *s* maskarada *f*; bal maskowy

mass [1] [ˋmæs] *s* *rel.* msza *f*; **High Mass** suma *f*; **Low Mass** cicha msza

mass [2] [mæs] **I** *s* masa *f*; nagromadzenie *n* **II** *v* gromadzić (się) **III** *adj* masowy; **~ communications, ~ media** środki *pl* masowego przekazu; **~ production** produkcja masowa

massacre [ˋmæsəkə(r)] **I** *s* masakra *f*; rzeź *f* **II** *v* masakrować

massage [ˋmæsɑʒ] **I** *s* masaż *m* **II** *v* masować

masseur [mæˋsɜ(r)] *s* masażysta *m*

masseuse [mæ sɜz] *s* masażystka *f*

massive [ˋmæsɪv] *adj* masywny; ciężki

mast [mɑst] s maszt *m*
master [ˈmɑstə(r)] **I** *s* pan *m*
(domu); panicz *m*; gospodarz *m*; nauczyciel *m*; (*skilled artist*) mistrz *m* (w rzemiośle itd.) **II** *v* opanować
(język); owładnąć (sth
czymś); panować (sth nad
czymś)
masterful [ˈmɑsterfl] *adj*
władczy; rozkazujący
masterly [ˈmɑstəlɪ] *adj* mi-
strzowski
masterpiece [ˈmɑstəpis] *s* arcydzieło *n*
mastery [ˈmɑstərɪ] *s* 1. władza *f*; panowanie *n* 2. (*skill*)
opanowanie *n* (sth czegoś);
biegłość *f*
mastiff [ˈmæstɪf] *s* brytan *m*
mat [mæt] *s* mata *f*, słomian-
ka *f*
match¹ [mætʃ] *s* zapałka *f*
match² [mætʃ] *s* mecz *m*
match³ [mætʃ] **I** *v* 1. skojarzyć małżeństwo 2. (*be equal
to*) dorównywać (sb komuś)
3. (*fit*) dopasować **II** *s* 1.
rzecz dobrana; odpowiednik
m 2. (*marriage*) małżeństwo
n; to make a good ~ dobrze
się ożenić ⟨wyjść za mąż⟩
matchbox [ˈmætʃboks] *s* pudełko *n* od zapałek
matchless [ˈmætʃləs] *adj* niezrównany
mate [meɪt] *s* 1. towarzysz *m*,
kolega *m* 2. *mor.* drugi oficer (na okręcie)
material [məˈtɪərɪəl] **I** *adj* ma-
terialny; (*essential*) istotny;
ważny; ~ means ⟨resources⟩
środki materialne **II** *s* materiał *m*; tworzywo *n*; raw
~ surowiec *m*
materialism [məˈtɪərɪəlɪzm] *s*
materializm *m*
materialize [məˈtɪərɪəlaɪz] *v*
1. zmaterializować (się) 2.
(*become real*) urzeczywistniać
maternity [məˈtɜnətɪ] *s* macierzyństwo *n*; ~ hospital

szpital położniczy; ~ ward
porodówka *f*
mathematical [ˌmæθəˈmætɪkl]
adj matematyczny
mathematician [ˌmæθəməˈtɪʃn]
s matematyk *m*
mathematics [ˌmæθəˈmætɪks]
s matematyka *f*
matinée [ˈmætɪneɪ] *s* (*w kinie*)
poranek *m*; *teatr.* popołud-
niówka *f*
matriculate [məˈtrɪkjuleɪt] *v*
immatrykulować (się)
matrimonial [ˌmætrɪˈməʊnɪəl]
adj matrymonialny; małżeński
matrimony [ˈmætrɪmənɪ] *s*
małżeństwo *n*; stan małżeński
matron [ˈmeɪtrən] *s* 1. matro-
na *f* 2. (*in a hospital*) siostra przełożona
matter [ˈmætə(r)] **I** *s* 1. ma-
teria *f*; materiał *m* 2. (*object*) rzecz *f*; printed ~
druki *pl* 3. (*affair*) sprawa
f; kwestia *f*; a ~ of importance ważna sprawa; a ~ of
no importance drobna sprawa, sprawa bez znaczenia;
official ~ sprawa służbowa;
private ~ sprawa prywat-
na; money ~s sprawy pie-
niężne; a ~ of course rzecz
sama przez się zrozumiała;
for that ~ ... jeżeli o to
chodzi ...; what is the ~?
o co chodzi?; what is the
~ with you? co ci jest? **II**
v znaczyć, mieć znaczenie;
it doesn't ~ to nie ma znaczenia
matter-of-fact [ˈmætərəvˈfækt]
adj praktyczny; trzeźwy
mattress [ˈmætrəs] *s* materac
m
mature [məˈtʃʊə(r)] *adj* dojrzały
maturity [məˈtʃʊərətɪ] *s* dojrza-
łość *f*
mausoleum [ˌmɔsəˈlɪəm] *s* mauzoleum *n*
mauve [məʊv] **I** *adj* (koloru)
lila-róż **II** *s* lila-róż *m*

maxi ['mæksı] *s adj* maxi
maximum ['mæksıməm] I *adj*
maksymalny II *s* maksimum
n
maxi-skirt ['mæksı sk3t] *s*
spódnica *f* maxi
may¹ [meı] *v aux* (might
[maıt]) mogę; wolno mi; ~
I smoke? czy mogę zapalić?;
~ you be happy obyś był
szczęśliwy
May² [meı] *s* maj *m*
maybe ['meıbi] *adv* być może
May-Day ['meı deı] *s* 1 Maj *m*
mayonnaise ['meıə'neız] *s* majonez *m*
mayor [meə(r)] *s* burmistrz *m*;
mer *m*
maze [meız] *s* labirynt *m*
me [mi] *pron* 1. mnie; mi;
from me ode mnie; with
me ze mną; dear me! Boże
mój! 2. *pot.* ja; it's me to
ja
mead [mid] *s* miód *m* (pitny)
meadow ['medəʊ] *s* łąka *f*
meal [mil] *s* posiłek *m*; jedzenie *n*; hot ~ gorący posiłek; main ~ posiłek pod-
stawowy; ~ ticket bon *m*
na posiłek
meal-time ['mil taım] *s* pora
f posiłku
mean¹ [min] *adj* 1. podły 2.
(*ungenerous*) skąpy 3. (*poor*)
marny
mean² [min] I *adj* średni; pośredni II *s* 1. środek *m* 2.
pl ~s (traktowany czasem
jako *sing*) (*method*) środki
pl; by ~s of za pomocą; ~s
of communication środki *pl*
lokomocji; by all ~s ko-
niecznie; proszę bardzo; by
no ~s żadną miarą; bynaj-
mniej 3. *pl* ~s (*resources*)
środki *pl* (do życia); a man
of ~s człowiek zamożny;
people of moderate ~s lu-
dzie średnio zamożni; it is
beyond my ~s to przekra-
cza moje możliwości finan-

sowe; to live beyond one's
~s żyć ponad stan
mean³ [min] *v* (meant [ment],
meant) mieć na myśli; mieć
zamiar; chcieć powiedzieć;
znaczyć; what do you ~ by
it? co pan chce przez to
powiedzieć?
meaning ['minıŋ] I *s* znaczenie *n*; sens *m* II *adj* znaczący
meant *zob.* mean³
meantime ['min-taım], mean
while ['min'wail] *s adv* (in
the) ~ tymczasem
measles ['mizlz] *plt* odra *f*
measure ['meʒə(r)] I *v* mierzyć; mieć (dany) rozmiar
II *s* 1. miara *f*; wymiar *m*;
made to ~ zrobiony na
miarę; in a ~ do pewnego
stopnia 2. (*proceeding*) krok
m; środek zaradczy; legal
~s droga sądowa; to take
~s przedsięwziąć środki za-
radcze; poczynić kroki
measurement ['meʒəmənt] *s* 1.
mierzenie *n*; pomiar *m* 2.
(*dimension*) wymiar *m*
measuring-tape ['meʒərıŋ teıp]
s centymetr *m* (krawiecki)
meat [mit] *s* mięso *n*
mechanic [mı'kænık] *s* mechanik *m*
mechanical [mı'kænıkl] *adj*
maszynowy; mechaniczny;
~ engineer inżynier *m* mechanik *m*
mechanics [mı'kænıks] *s* mechanika *f*
mechanism ['mekənızm] *s* mechanizm *m*; maszyneria *f*
medal ['medl] *s* medal *m*
medallist ['medlıst] *s* medalista *m*; medalistka *f*
meddle ['medl] *v* mieszać się;
wścibiać nos (with ⟨in⟩ sth
w coś, do czegoś); wtrącać
się
meddlesome ['medlsm] *adj*
wścibski
mediaeval ['medı'ivl] = medieval

mediate ['midɪeɪt] v- pośredniczyć
mediation ['midɪeɪʃn] s pośrednictwo n
mediator ['midɪeɪtə(r)] s rozjemca m; mediator m
medical ['medɪkl] adj medyczny; lekarski; ~ assistance
pomoc lekarska
medicine ['medsn] s 1. medy-
cyna f; to practise ~ praktykować; leczyć 2. (sub-
stance) lekarstwo n; to administer ~ (po)dawać le-
karstwo; to take ~ zaży-
wać lekarstwo
medieval ['medɪ'ivl] adj średniowieczny
mediocre ['midɪ'əukə(r)] adj
średni; mierny, lichy
meditate ['medɪteɪt] v rozmy-
ślać; rozważać; medytować
meditation ['medɪ'teɪʃn] s rozmyślanie n; medytacja f
medium ['midɪəm] I s (pl media ['midɪə]) środek m;
(agency) pośrednictwo n;
through ⟨by⟩ the ~ of ... za
pośrednictwem ... II adj
średni
meek [mik] adj łagodny; po-
tulny
meet [mit] v (met [met], met)
1. spotykać (sb kogoś);
przen. to ~ with an acci-
dent mieć wypadek 2.
(gather) gromadzić się 3. (be
introduced to) zapoznać się
(sb z kimś); (when intro-
ducing) ~ my friend Mr
Brown mój przyjaciel p.
Brown; I am glad ⟨de-
lighted⟩ to ~ you miło mi
pana poznać 4. (satisfy) zaspokajać (the requirements
wymagania)
meeting ['mitɪŋ] s spotkanie
n; zebranie n; konferencja
f
megalomaniac ['megələ'mei-
nɪæk] s megaloman m
megaphone ['megəfəun] s megafon m
melancholy ['melənkolɪ] I s

melancholia f' II adj melan-
cholijny; smutny
mellow ['meləu] I adj 1. dojrzały; to grow ~ dojrze-
wać 2. (juicy) soczysty;
miękki II v dojrzewać
melodious [mə'ləudɪəs] adj melodyjny
melodrama ['melədramə] s me-
lodramat m
melodramatic ['melədrə'mætɪk]
adj melodramatyczny
melody ['melədɪ] s melodia f
melon ['melən] s melon m
melt [melt] v topić ⟨rozta-
piać, rozpuszczać⟩ (się); to
~ down przetopić
member ['membə(r)] s członek m
membership ['membəʃɪp] s
członkostwo n
membrane ['membreɪn] s błona f; membrana f
memorable ['memrəbl] adj pamiętny
memorial [mə'mɔrɪəl] I adj
pamiątkowy II s memoriał
m; (monument) pomnik m;
pl ~s pamiętnik m; kroni-
ka f
memorize ['meməraɪz] v nauczyć się na pamięć (sth
czegoś); zapamiętać
memory ['memərɪ] s 1. pa-
mięć f; in ~ of ... ku pamięci ... 2. (remembrance)
wspomnienie n
men zob. man
menace ['menəs] I s groźba f
II v zagrażać (sb komuś)
menagerie [mə'nædʒərɪ] s me-
nażeria f
mend [mend] v 1. naprawiać;
poprawiać (się); ~ your
ways! popraw się! 2. (stocking etc.) cerować
mendacious [men'deɪʃəs] adj
kłamliwy; fałszywy; zakłamany
meningitis ['menɪn'dʒaɪtɪs] s
med. zapalenie n opon móz-
gowych
menstruation ['menstru'eɪʃn] s
menstruacja f

mental [mentl] *adj* umysłowy; ~ **hospital** szpital psychiatryczny

mentality [men'tæləti] *s* umysłowość *f*; mentalność *f*

mention ['menʃn] **I** *s* wzmianka *f* **II** *v* wspominać, nadmieniać; **not to ~ ...** nie mówiąc już o ...; **don't ~ it!** nie ma o czym mówić; nie ma za co dziękować

menu ['menju] *s* jadłospis *m*; menu *n*; ~ **à la carte** dania *pl* z karty ⟨à la carte⟩

mercantile ['mɜkəntɑıl] *adj* handlowy; kupiecki

mercenary ['mɜsnrı] *adj* interesowny; chytry; chciwy

merchandise ['mɜtʃəndɑız] *s* towar *m*

merchant ['mɜtʃənt] **I** *s* kupiec *m*; ~ **service** marynarka handlowa **II** *adj* handlowy, kupiecki

merchantman ['mɜtʃəntmən] *s* statek handlowy

merciful ['mɜsıfl] *adj* miłosierny; litościwy

merciless ['mɜsıləs] *adj* bezlitosny

mercury ['mɜkjʊrı] *s* rtęć *f*

mercy ['mɜsı] *s* litość *f*; miłosierdzie *n*; łaska *f*; **at the ~ of ...** na łasce ...

mere [mıə(r)] *adj* zwykły; zwyczajny; ~ **words** puste słowa; **he is a ~ boy** to jeszcze chłopiec

merely ['mıəlı] *adv* po prostu; tylko; jedynie; zaledwie

meridian [mə'rıdıən] **I** *adj* południowy **II** *s* 1. południk *m* 2. *astr.* zenit *m*; *przen.* szczyt *m*

meringue [mə'ræŋ] *s* beza *f*

merit ['merıt] **I** *s* zasługa *f*; (*goodness*) zaleta *f* **II** *v* zasłużyć (się)

mermaid ['mɜmeıd] *s* syrena *f*; rusałka *f*

merriment ['merımənt] *s* uciecha *f*; zabawa *f*; radość *f*

merry ['merı] *adj* wesoły; **to make ~** weselić się; ~

Christmas! Wesołych Świąt (Bożego Narodzenia)!

merry-go-round ['merı gəu raund] *s* karuzela *f*

mesh [meʃ] *s* oczko *n* (sieci); ~ **stockings** pończochy siatkowe

mess [mes] **I** *s* 1. nieporządek *m*; bałagan *m*; nieład *m* 2. *wojsk.* kasyno *n*; *mor.* mesa *f* **II** *v* 1. robić zamieszanie; zabrudzić; zapaćkać 2. (*eat*) jadać w kasynie

message ['mesıdʒ] *s* wiadomość *f*; (*mission*) misja *f*; orędzie *n*

messenger ['mesındʒə(r)] *s* posłaniec *m*; kurier *m*; goniec *m*

met *zob.* **meet**

metabolism [mı'tæbəlızm] *s* przemiana *f* materii; metabolizm *m*

metal ['metl] *s* metal *m*

metallic [mə'tælık] *adj* metaliczny

metallurgy [mı'tælədʒı] *s* metalurgia *f*

metaphor ['metəfə(r)] *s* metafora *f*; przenośnia *f*

meteorological ['mitrə'lodʒıkl] *adj* meteorologiczny

meteorology ['mitıə'rolədʒı] *s* meteorologia *f*

meter ['mitə(r)] *s* licznik *m*; **gas** ⟨**electricity**⟩ ~ licznik gazowy ⟨elektryczny⟩; **parking** ~ licznik parkingowy; *fot.* **exposure** ~ światłomierz *m*

method ['meθəd] *s* metoda *f*

methodical [mə'θodıkl] *adj* metodyczny, systematyczny

methodist ['meθədıst] *s rel.* metodysta *m*

meticulous [mı'tıkjuləs] *adj* drobiazgowy; skrupulatny

metre ['mitə(r)] *s* metr *m*

metric ['metrık] *adj* metryczny

metropolis [mə'tropəlıs] *s* stolica *f*

metropolitan [metrə'polıtən] **I** *adj* stołeczny **II** *s* 1. miesz-

kaniec *m* stolicy 2. *kośc.*
metropolita *m*
mew [mju] *s* mewa *f*
Mexican [ˋmeksɪkən] I *adj*
meksykański II *s* Meksy-
kanin *m*, Meksykanka *f*
mice *zob.* **mouse**
microbe [ˋmaɪkrəʊb] *s* mikrob
m; bakteria *f*
microbiology [ˋmaɪkrəbaɪˋolə-
dʒɪ] *s* mikrobiologia *f*
microphone [ˋmaɪkrəfəʊn] *s*
mikrofon *m*
microscope [ˋmaɪkrəskəʊp] *s*
mikroskop *m*
midday [mɪdˋdeɪ] *s* południe *n*
middle [ˋmɪdl] I *adj* średni;
środkowy II *s* środek *m*; połowa *f*
middle-aged [ˋmɪdlˋeɪdʒd] *adj*
w średnim wieku
middleman [ˋmɪdlmæn] *s* (*pl*
middlemen) pośrednik *m*
middle-weight [ˋmɪdl weɪt] *s*
boks. waga średnia
midge [mɪdʒ] *s* (*gnat*) komar
m; (*fly*) muszka *f*; ~ car
samochód małolitrażowy,
mikrus *m*
midland [ˋmɪdlənd] I *adj* środkowy; centralny; śródlądo-
wy II *s* środkowa część kraju
midnight [ˋmɪdnaɪt] *s* północ
f; at ~ o północy; ~ mass
pasterka *f*
midshipman [ˋmɪdʃɪpmən] *s*
mor. asystent pokładowy;
mor. wojsk. podchorąży *m*
midst [mɪdst] *s* środek *m*; in
the ~ of ... w środku ⟨po-
śród⟩ ... (czegoś)
midsummer [ˋmɪdˋsʌmə(r)] *s*
środek *m* lata
midway [ˋmɪdˋweɪ] *adv* w połowie drogi
midwife [ˋmɪdwaɪf] *s* (*pl* **mid-
wives** [ˋmɪdwaɪvz]) akuszer-
ka *f*; położna *f*
midwinter [ˋmɪdˋwɪntə(r)] *s*
połowa *f* zimy
might¹ *zob.* **may**¹
might² [maɪt] *s* potęga *f*; siła *f*

mighty [ˋmaɪtɪ] *adj* potężny;
silny
migrant [ˋmaɪgrənt] I *s* wę-
drownik *m* II *adj* wędrowny, koczowniczy
migrate [maɪˋgreɪt] *v* wędrować; koczować
migration [maɪˋgreɪʃn] *s* wędrówka *f*
mild [maɪld] *adj* łagodny; delikatny
mildew [ˋmɪldju] *s* pleśń *f*
mile [maɪl] *s* mila *f* (=1609,31
m); mila morska (1853 m)
militarism [ˋmɪlɪtərɪzm] *s* militaryzm *m*
militarize [ˋmɪlɪtəraɪz] *v* z/mi-
litaryzować
military [ˋmɪlɪtrɪ] *adj* wojskowy; ~ age wiek poborowy;
~ man wojskowy *m*
militia [mɪˋlɪʃə] *s* milicja *f*
militiaman [mɪˋlɪʃəmən] *s* (*pl*
militiamen) milicjant *m*
milk [mɪlk] I *s* mleko *n*; ~
powder mleko *n* w proszku
II *v* doić
milk-bar [ˋmɪlk bɑ(r)] *s* bar
mleczny
milkman [ˋmɪlkmən] *s* (*pl*
milkmen) mleczarz *m*
milk-shake [ˋmɪlk ʃeɪk] *s* cocktail mleczny
milk-tooth [ˋmɪlk tuθ] *s* (*pl*
milk-teeth [ˋmɪlk tiθ]) ząb
mleczny
milky [ˋmɪlkɪ] *adj* mleczny
mill [mɪl] I *s* młyn *m*; (*factory*) fabryka *f* II *v* mleć
millennium [mɪˋlenɪəm] *s* tysiąclecie *n*; milenium *n*
miller [ˋmɪlə(r)] *s* młynarz *m*
millet [ˋmɪlɪt] *s* proso *n*
milliard [ˋmɪlɪɑd] *s* miliard *m*
milliner [ˋmɪlɪnə(r)] *s* mod-
niarka *f*, modystka *f*
millinery [ˋmɪlɪnərɪ] *s* wyroby
modniarskie; (*trade*) mod-
niarstwo *n*
million [ˋmɪlɪən] *s* milion *m*
millionaire [ˋmɪlɪəˋneə(r)] *s*
milioner *m*, milionerka *f*
millionth [ˋmɪlɪənθ] *adj* milio-
nowy

mimic [ˈmɪmɪk] I s mimik *m*; naśladowca *m* II *adj* mimiczny; naśladowczy III *v* naśladować
mimosa [mɪˈməʊzə] s mimoza *f*
minaret [ˈmɪnəˈret] s minaret *m*
mince [mɪns] I *v* zemleć (mięso); siekać II *s* siekane mięso
mincemeat [ˈmɪnsmit] s rodzaj *m* leguminy
mind [maɪnd] I *s* 1. pamięć *f*; to have ⟨to keep, to bear⟩ sb, sth in ~ pamiętać o kimś, czymś 2. (*opinion*) zdanie *n*; to speak one's ~ wyrazić swoje zdanie 3. (*decision*) zamierzenie *n*; dążenie *n*; życzenie *n*; decyzja *f*; to change one's ~ zmienić zdanie; rozmyślić się; to have a ~ to do sth mieć ochotę coś zrobić; to make up one's ~ postanowić; zdecydować się; to set one's ~ on doing sth być zdecydowanym coś zrobić 4. (*mental ability*) umysł *m*; rozum *m*; absence of ~ roztargnienie *n*; frame of ~ stan duchowy; nastawienie *n*; peace of ~ spokój *m* ducha; presence of ~ przytomność *f* umysłu; sound in ~ zdrowy na umyśle; to have sb, sth in ~ mieć kogoś, coś na myśli 5. (*soul*) dusza *f* II *v* zważać; baczyć (sb, sth na kogoś, coś); przejmować się; pilnować; przykładać się (sth do czegoś); I don't ~ sb, sth nie mam nic przeciwko komuś, czemuś; if you don't ~ I'll open that letter jeśli pozwolisz, otworzę ten list; would you ~ reading this? czy nie zechciałby pan przeczytać tego?; never ~ the expense mniejsza o koszty; never ~! nie martw się!; mniejsza o to!; ~ your business! pilnuj swego no-

sa!; nie wtrącaj się w cudze sprawy!; ~ the step! uwaga, stopień!; ~ the paint! uwaga, świeżo malowane!
mindful [ˈmaɪndfl] *adj* uważający (of sth na coś); troskliwy; dbały
mine[1] [maɪn] *pron* mój, moja, moje
mine[2] [maɪn] I *s* 1. kopalnia *f* 2. *wojsk.* mina *f* II *v* 1. kopać; wydobywać (węgiel itd.) 2. (*lay mines*) minować
miner [ˈmaɪnə(r)] s górnik *m*
mineral [ˈmɪnrl] I *s* minerał *m* II *adj* mineralny; ~ water woda mineralna
mingle [ˈmɪŋgl] *v* mieszać (się)
mini [ˈmɪnɪ] s *adj* mini
miniature [ˈmɪnɪtʃə(r)] s miniatura *f*
minicar [ˈmɪnɪkɑ(r)] s mikrobus *m*
minimal [ˈmɪnɪml] *adj* minimalny
minimize [ˈmɪnɪmaɪz] *v* zmniejszać do minimum
minimum [ˈmɪnɪməm] s (pl minima [ˈmɪnɪmə]) minimum *n*
mining [ˈmaɪnɪŋ] I *s* 1. górnictwo *n* 2. (*laying of mines*) minowanie *n* II *adj* górniczy
mini-skirt [ˈmɪnɪ skɜt] s spódniczka *f* mini
minister [ˈmɪnɪstə(r)] s 1. minister *m*; the Prime ~ premier *m* 2. *kośc.* pastor *m*
ministry [ˈmɪnɪstrɪ] s 1. ministerstwo *n* 2. *kośc.* duchowieństwo *n*
mink [mɪŋk] s *zool.* norka *f*; (*fur*) norki *pl*
minor [ˈmaɪnə(r)] I *adj* mniejszy II *s* (człowiek) niepełnoletni *m*; nieletni *m*
minority [mɪˈnorətɪ] s 1. mniejszość *f* 2. (*being under age*) niepełnoletność *f*
mint[1] [mɪnt] s mięta *f*

mint² [mɪnt] I s mennica f
II v bić (pieniądze)
minuet ['mɪnjuˈet] s menuet
m
minus ['maɪnəs] adv minus;
mniej
minute¹ ['mɪnɪt] s 1. minuta
f; przen. chwila f; just a ~!
chwileczkę!; on ⟨to⟩ the ~
punktualnie; co do minuty
2. (note) notatka f; pl ~s
protokół m (zebrania); to
make ⟨to take⟩ ~s proto-
kołować
minute² [maɪˈnjut] adj 1.
drobny; znikomy 2. (precise)
drobiazgowy
minute-hand ['mɪnɪt hænd] s
wskazówka minutowa (ze-
gara)
miracle ['mɪrəkl] s cud m; by
a ~ cudem
miraculous [mɪˈrækjuləs] adj
cudowny
mire ['maɪə(r)] I s błoto n;
bagno n II v ubłocić, zabłocić
mirror ['mɪrə(r)] s zwierciadło n, lustro n; driving ~
lusterko wsteczne
mirth [mɜθ] s wesołość f
mis- [mɪs] przedrostek wyra-
żający brak czegoś lub złe
przeprowadzenie czegoś np.:
misunderstanding nieporo-
zumienie
misadventure ['mɪsədˈventʃə(r)]
s zła przygoda; nieszczęśliwy wypadek
misapply ['mɪsəˈplaɪ] v źle zastosować
misapprehend ['mɪsˈæprɪˈhend]
v źle ⟨mylnie⟩ zrozumieć
misbehave ['mɪsbɪˈheɪv] v źle
się zachowywać; (of a child)
być niegrzecznym
miscalculation ['mɪsˈkælkju-
'leɪʃn] s złe obliczenie n;
przeliczenie się n
miscarriage [mɪsˈkærɪdʒ] s 1.
med. poronienie n 2. (loss)
zaginięcie n (listu itp.) ‖ ~
of justice pomyłka sądowa

miscarry [mɪsˈkærɪ] v 1. nie
udać się 2. med. poronić
miscellanea ['mɪsəˈleɪnɪə] plt
rozmaitości pl
miscellaneous ['mɪsəˈleɪnɪəs]
adj różny; rozmaity
mischief ['mɪstʃɪf] s 1. psota f;
figiel m; full of ~ psotny
2. (harm) szkoda f 3. (discord) niezgoda f; to make
~ siać niezgodę
mischief-maker ['mɪstʃɪf
meɪkə(r)] s intrygant m, in-
trygantka f
mischievous ['mɪstʃɪvəs] adj
szkodliwy; (of a person) złośliwy; (of a child) psotny
misconception ['mɪskənˈsepʃn]
s błędne mniemanie; nieporozumienie n
misconduct [mɪsˈkondʌkt] I s
1. złe prowadzenie się 2.
(bad management) złe kie-
rownictwo II v ['mɪskən-
'dʌkt] 1. źle się prowadzić
2. (manage badly) źle prowadzić (instytucję itd.)
miser ['maɪzə(r)] s skąpiec m;
sknera m f
miserable ['mɪzrəbl] adj nieszczęśliwy; nędzny
misfortune ['mɪsˈfɔtʃun] s nieszczęście n; pech m
misgive [mɪsˈgɪv] v (misgave
[mɪsˈgeɪv], misgiven [mɪs-
'gɪvn]) wzbudzać obawę; my
mind ~s me out mam oba-
wy ⟨złe przeczucia⟩
misgiving [mɪsˈgɪvɪŋ] s obawa
f; złe przeczucia
mishap ['mɪshæp] s nieszczęście n; niepowodzenie n
misinform ['mɪsɪnˈfɔm] v źle
poinformować
mislay [mɪsˈleɪ] v (mislaid
[mɪsˈleɪd], mislaid) zapo-
dziać; zagubić
mislead [mɪsˈlid] v (misled
[mɪsˈled], misled) wprowadzić w błąd
misleading [mɪsˈlidɪŋ] adj ba-
łamutny; zwodniczy
misplace [mɪsˈpleɪs] v poło-

żyć na niewłaściwym miejscu; źle ulokować (coś)
misprint [mɪs'prɪnt] **I** *v* błędnie wydrukować **II** *s* ['mɪsprɪnt] błąd drukarski
miss [1] [mɪs] *s* panna *f* (przed nazwiskiem lub imieniem)
miss [2] [mɪs] **I** *v* 1. chybić; nie trafić; **to ~ the train** spóźnić się na pociąg 2. (*lose the opportunity*) stracić sposobność (do zabawy itd.); **we've ~ed a lot!** dużo straciliśmy! 3. (*be absent*) opuścić (wykład itd.) 4. (*fail to hear etc.*) nie dosłyszeć (uwagi); nie zauważyć (czegoś) 5. (*lack*) odczuwać brak (sth czegoś); **we'll all ~ you very much** będzie nam ciebie bardzo brakowało **II** *s* chybienie *n*; spudłowanie *n*
missile ['mɪsaɪl] *s* pocisk *m*
missing ['mɪsɪŋ] *adj* brakujący; (*lost*) zaginiony
mission ['mɪʃn] *s* misja *f*; poselstwo *n*; posłannictwo *n*
missionary ['mɪʃɪnrɪ] *s* misjonarz *m*
mist [mɪst] *s* mgła *f*
mistake [mɪ'steɪk] **I** *v* (**mistook** [mɪ'stuk], **mistaken** [mɪ'steɪkən]) źle zrozumieć, pomylić się; **to ~ sb, sth for sb, sth else** wziąć kogoś, coś za kogoś, coś innego **II** *s* błąd *m*; pomyłka *f*; **by ~** przez pomyłkę; **to make a ~** popełnić błąd ⟨nietakt⟩
mistaken [mɪ'steɪkən] **I** *zob.* mistake *v* **II** *adj* mylny; błędny; **to be ~** mylić się
mister ['mɪstə(r)] *s zawsze w skrócie:* **Mr** pan *m* (przed nazwiskiem)
mistletoe ['mɪsltəu] *s* jemioła *f*
mistook *zob.* mistake *v*
mistress ['mɪstrəs] *s* 1. pani *f*; nauczycielka *f* 2. (*lover*) kochanka *f* 3. *przed nazwiskiem zawsze w skrócie:* **Mrs** pani *f*
mistrust ['mɪs'trʌst] **I** *s* nie-

dowierzanie *n*; nieufność *f* **II** *v* nie ufać (sb komuś)
misty ['mɪstɪ] *adj* mglisty; zamglony
misunderstand ['mɪsʌndə'stænd] *v* (**misunderstood** ['mɪsʌndə'stud], misunderstood) źle zrozumieć
misunderstanding ['mɪsʌndə'stændɪŋ] *s* nieporozumienie *n*
misuse [mɪs'jus] **I** *s* niewłaściwe użycie; złe obchodzenie się (**of sb, sth** z kimś, czymś) **II** *v* [mɪs'juz] niewłaściwie używać; źle się obchodzić (sth z czymś)
mitigate ['mɪtɪgeɪt] *v* łagodzić; uspokajać
mitre ['maɪtə(r)] *s* infuła *f*, mitra *f*
mitten ['mɪtn] *s* rękawica *f* z jednym palcem; mitenka *f*
mix [mɪks] *v* mieszać (się); *przen.* obcować (z kimś); **to be ~ed up in** ⟨with⟩ **sth** być wmieszanym w coś; **I got ~ed up** wszystko mi się pomieszało (w głowie)
mixer ['mɪksə(r)] *s* mikser *m*; *pot.* **a good ~** człowiek towarzyski ⟨łatwo zawierający znajomości⟩
mixture ['mɪkstʃə(r)] *s* mieszanina *f*; mieszanka *f*; mikstura *f*
moan [məun] **I** *s* jęk *m* **II** *v* jęczeć
moat [məut] *s* fosa *f*
mob [mob] *s* tłum *m*; *pej.* motłoch *m*; **~ law** samosąd *m*
mobile ['məubaɪl] *adj* ruchomy; **~ police** lotna brygada policji
mobilize ['məubḷaɪz] *v* mobilizować (się)
moccasins ['mokəsɪnz] *pl* mokasyny *pl*
mock [mok] **I** *v* szydzić (**at sb, sth** z kogoś. czegoś); kpić **II** *s* pośmiewisko *n* **III** *adj*

sztuczny; pozorny; udawany

mockery [ˋmokərɪ] s wyśmiewanie (się) n; kpiny pl; szyderstwo n

mode [məud] s tryb m; sposób m; zwyczaj m

model [ˋmodl] I s 1. wzór m; model m 2. (person) modelka f II v 1. modelować; kształtować 2. (practise as a model) pozować (malarzowi itd.); prezentować (suknie, kapelusze itd.)

moderate [ˋmodəreɪt] I v powściągać (się); hamować; uspokajać II adj [ˋmodrət] umiarkowany; wstrzemięźliwy; powściągliwy

moderation [ˌmodəˋreɪʃn] s umiarkowanie n; umiar m; powściągliwość f

modern [ˋmodn] adj nowoczesny; współczesny

modernize [ˋmodŋaɪz] v modernizować; unowocześniać

modest [ˋmodɪst] adj skromny

modesty [ˋmodɪstɪ] s skromność f

modify [ˋmodɪfaɪ] v zmieniać; przekształcać; modyfikować

modish [ˋməudɪʃ] adj modny

mohair [ˋməuheə(r)] I s moher m II adj moherowy

Mohammedan [məˋhomɪdən] I adj mahometański II s mahometanin m, mahometanka f

moist [moɪst] adj wilgotny

moisten [ˋmoɪsn] v zwilżać

moisture [ˋmoɪstʃə(r)] s wilgoć f

moisturing [ˋmoɪstʃərɪŋ] adj nawilżający

molar [ˋməulə(r)] I adj trzonowy II s ząb trzonowy

mole¹ [məul] s pieprzyk m (na twarzy itp.)

mole² [məul] s kret m

mole³ [məul] s molo n; grobla f

molecule [ˋmolɪkjul] s cząsteczka f; drobina f

mole-hill [ˋməul hɪl] s kretowisko n

molest [məˋlest] v molestować; naprzykrzać się

moment [ˋməumənt] s 1. chwila f; moment m; at any ~ lada chwila; for the ~ chwilowo; na razie; just a ~! chwileczkę!; this ~ w tej chwili 2. (importance) ważność f; of no ~ bez znaczenia

momentary [ˋməuməntrɪ] adj chwilowy

momentous [məuˋmentəs] adj ważny; doniosły

monarchy [ˋmonəkɪ] s monarchia f

monastery [ˋmonəstrɪ] s klasztor męski

monastic [məˋnæstɪk] adj klasztorny

Monday [ˋmʌndɪ] s poniedziałek m

monetary [ˋmʌnɪtrɪ] adj monetarny; walutowy

money [ˋmʌnɪ] s pieniądze pl; waluta f; a piece of ~ moneta f; ready ~ gotówka f; to make ~ dużo zarabiać; robić majątek; przen. he is rolling in ~ on nie wie co robić z pieniędzmi

money-box [ˋmʌnɪ boks] s skarbonka f

moneyed [ˋmʌnɪd] adj bogaty; the ~ classes klasy posiadające

money-order [ˋmʌnɪ ɔdə(r)] s przekaz pieniężny

mongrel [ˋmʌŋgrəl] s mieszaniec m; (dog) kundel m

monk [mʌŋk] s mnich m

monkey [ˋmʌŋkɪ] s małpa f

monkey-spanner [ˋmʌŋkɪ spænə(r)], monkey-wrench [ˋmʌŋkɪ rentʃ] s klucz francuski

monogram [ˋmonəgræm] s monogram m

monograph [ˋmonəgraf] s monografia f

monopolize [məˋnopəlaɪz] v monopolizować

monopoly [mə'nopəli] s monopol m

monotonous [mə'notənəs] *adj* monotonny; jednostajny

monoxide [mo'noksaɪd] s tlenek m

monster ['monstə(r)] s potwór m

monstrous ['monstrəs] *adj* potworny; ogromny; (*of a crime*) ohydny

month [mʌnθ] s miesiąc m

monthly ['mʌnθli] I *adj* miesięczny II s miesięcznik m III *adv* miesięcznie; co miesiąc

monument ['monjumənt] s pomnik m; **ancient** ~ zabytek m

monumental ['monju'mentl] *adj* monumentalny

mood [mud] s *gram.* tryb m

mood [mud] s nastrój m; (chwilowe) usposobienie n; **to have ~s** mieć humory

moody ['mudɪ] *adj* kapryśny; markotny; w złym humorze

moon [mun] s księżyc m; **full ~** pełnia f; **new ~** nów m; *przen.* **once in a blue ~** raz od wielkiego święta; **to cry for the ~** żądać gwiazdki z nieba

moonlight ['munlaɪt] s światło n księżyca

moonlit ['munlɪt] *adj* oświetlony światłem księżyca

moor [mʊə(r)] s wrzosowisko n; torfowisko n

moor [mʊə(r)] v *mor.* (przy)cumować

moorland ['mʊələnd] s wrzosowisko n; torfowisko n

mop [mop] I s zmywak m; ścierka f II v wycierać

mope [məʊp] v być przygnębionym; smucić się

moped ['məʊ-ped] s motorower m

moral ['morl] I *adj* moralny II s morał m; sens moralny; *pl* ~s moralność f

morale [mə'ral] s duch m (panujący w wojsku itp.)

moralist ['morlɪst] s moralista m

morality [mə'rælətɪ] s moralność f; etyka f

morass [mə'ræs] s bagno n; moczary *pl*

morbid ['mɔbɪd] *adj* chorobliwy

more [mɔ(r)] I *adj* (od **much, many**) liczniejszy II *adv* bardziej; więcej; ~ **and** ~ coraz więcej; **never** ~ nigdy więcej; **no** ~ już nie; **once** ~ jeszcze raz; **the** ~ **so as ...** tym bardziej, że ...; **the** ~ **the better** im więcej, tym lepiej; ~ **or less** mniej więcej

moreover [mɔ'rəʊvə(r)] *adv* (po)nadto; prócz tego

morgue [mɔg] s *am.* kostnica f

morning ['mɔnɪŋ] s rano n; poranek m; przedpołudnie n; **in the** ~ rano; **good** ~! dzień dobry!

morocco [mə'rokəʊ] s safian m

morphia ['mofɪə], **morphine** ['mofin] s morfina f; ~ **addict** morfinista m

morse [mɔs] s *zool.* mors m

morsel ['mɔsl] s kęs m, kęsek m

mortal ['mɔtl] I *adj* śmiertelny II s śmiertelnik m

mortality [mɔ'tælətɪ] s śmiertelność f

mortar ['mɔtə(r)] s moździerz m

mortgage ['mɔgɪdʒ] I s hipoteka f; zastaw m II v zastawić; obciążyć hipotecznie

mortify ['mɔtɪfaɪ] v 1. (*humiliate*) upokarzać 2. (*of flesh*) obumierać; martwieć

mortuary ['mɔtʃʊərɪ] s kostnica f

mosaic [məʊ'zeɪɪk] s mozaika f

Moslem ['mozləm] I *adj* muzułmański II s muzułmanin m

mosque [mosk] s meczet m

mosquito [mə'skitəu] s moskit
m; (*gnat*) komar *m*
mosquito-net [mə'skitəu net]
s moskitiera *f*
moss [mos] s mech *m*
most [məust] I *adj* (*od* much,
many) największy; in ~
cases w większości wypad-
ków; przeważnie; for the ~
part przeważnie; ~ of the
time najczęściej II *adv* naj-
więcej; najbardziej III *s*
maksimum *n*; największa
ilość; większość *f*; at ~, at
the (very) ~ najwyżej, w
najlepszym razie
mostly ['məustlı] *adv* przeważnie; najczęściej
motel [məu'tel] s motel *m*
moth [moϴ] s *zool.* 1. ćma *f*
2. (*także* cloth ~) mól *m*
moth-eaten ['moϴ itn] *adj*
zniszczony   przez   mole;
przen. przestarzały
mother ['mʌðə(r)] s matka *f*;
~ of pearl macica perłowa
motherhood ['mʌðəhud] s macierzyństwo *n*
mother-in-law ['mʌðr ın lɔ] s
teściowa *f*
motherly ['mʌðəlı] *adj* macierzyński
motif [məu'tif] s motyw *m*
motion ['məuʃn] I s 1. ruch
m; *techn.* bieg *m* (silnika);
in ~ w ruchu; uruchomio-
ny; to set ⟨to put⟩ in ~
uruchomić; ~ picture film
m 2. (*gesture*) gest *m* 3.
(*proposal*) wniosek *m* II *v*
skinąć; zrobić ruch ręką
motionless ['məuʃnləs] *adj* bez
ruchu; nieruchomy
motive ['məutıv] I *adj* poru-
szający; napędowy II s motyw *m*; bodziec *m*
motor ['məutə(r)] I s motor *m*;
silnik *m*; electric ~ silnik
elektryczny II *v* jechać
⟨wieźć⟩ samochodem
motor-bike ['məutəbaık] s *pot.*
motocykl *m*
motor-boat ['məutəbəut] s motorówka *f*

motor-car ['məutəka(r)] s samochód *m*
motor-coach ['məutəkəutʃ] s
autobus *m* (turystyczny,
międzymiastowy);   autokar
m
motor-cycle ['məutəsaıkl] s
motocykl *m*
motoring ['məutərıŋ] s jazda *f*
samochodem; automobilizm
m
motorist ['məutərıst] s auto-
mobilista *m*; (człowiek)
zmotoryzowany
motorize ['məutəraız] *v* zmo-
toryzować
motorman ['məutəmən] s motorniczy, motorowy *m*
motorway ['məutəweı] s autostrada *f*
mould [məuld] s czarnoziem
m
mould [məuld] I s forma od-
lewnicza; matryca *f*; model
m II *v* *hut.* odlewać; (*shape*)
modelować
mould [məuld] I s pleśń *f* II
v spleśnieć
moulder ['məuldə(r)] *v* s/pró-
chnieć; z/butwieć
mount [maunt] *v* 1. wznosić
się; podnosić; (*of blood*) na-
płynąć; to ~ a horse wsiadać na konia 2. (*fit*) montować
mount [maunt] s *geogr.* góra
f; szczyt *m*
mountain ['mauntın] I s *geogr.*
góra *f*; ~ chalet ⟨hut⟩
schronisko górskie; ~ lift
wyciąg *m*; ~ railway kolejka górska; to climb ~s chodzić w góry II *adj* górski;
~ chain ⟨range⟩ łańcuch
górski
mountaineer ['mauntı'nıə(r)] s
1. góral *m* 2. (*climber*) alpinista *m*; taternik *m*
mountaineering ['mauntı'nıə-
rıŋ] s turystyka wysoko-
górska; wspinaczka *f*
mountainous ['mauntınəs] *adj*
górzysty; (*huge*) olbrzymi;
zawrotny

13 Słownik

mourn [mɔn] v płakać (for
⟨over⟩ sb nad kimś); opłakiwać (sb kogoś); lamento-
wać
mournful ['mɔnfl] adj żałob-
ny; ponury
mourning ['mɔnɪŋ] s. opłakiwanie n; żałoba f; to go
into ~ włożyć żałobę; in ~
w żałobie
mourning-band ['mɔnɪŋ bænd]
s opaska żałobna
mouse [maus] s (pl mice
[maɪs]) mysz f
moustache [mə'stɑʃ] s wąsy
pl
mouth [mauθ] s 1. usta pl 2.
(opening) otwór m 3. (of a
river) ujście n
mouthful ['mauθfl] s kęs m;
at one ~ na raz
mouthpiece ['mauθpis] s 1.
ustnik m 2. (person) rzecznik m; wyraziciel m
movable ['muvəbl] I adj ruchomy; ~ feast ruchome
święto II pl ~s ruchomości
pl
move [muv] I v 1. ruszać (się);
posuwać (się); przeprowa-
dzać się; to ~ in wnieść;
wprowadzić się; to ~ out
wynieść; wyprowadzić się;
to ~ up dźwignąć; podnieść
2. (arouse feelings) wzruszać II s 1. ruch m; posunięcie n; (in games) it is
your ~ to twój ruch; to be
on the ~ być w ruchu 2.
(change of flat) przepro-
wadzka f
movement ['muvmənt] s ruch
m; przesunięcie n; (action
for social end) ruch społeczny; the Labour ~ ruch
robotniczy
movies ['muvɪz] pl pot. kino
n
moving ['muvɪŋ] adj 1. wzruszający 2. (mobile) ruchomy
mow [məu] v (mowed [məud],
mown [məun]) kosić
mower ['məuə(r)] s kosiarz m;
(machine) kosiarka f

mown zob. mow
much [mʌtʃ] adj adv (more,
most) 1. dużo; wiele; as ~
(aż) tyle; as ~ as ... tyle
samo co i ...; how ~? ile?;
~ the same mniej więcej
taki sam; bardzo podobny;
to make ~ of sth przywią-
zywać wielką wagę do cze-
goś 2. znacznie; ~ more
znacznie więcej; ~ less o
wiele mniej
muck [mʌk] s gnój m; (dirt)
brud m
mud [mʌd] I s błoto n; muł
m II adj błotny; ~ bath
kąpiel błotna
muddy ['mʌdɪ] adj błotnisty;
zabłocony
mud-guard ['mʌd gɑd] s mot.
błotnik m
muff [mʌf] s mufka f
muffle ['mʌfl] v otulić; owi-
nąć
muffler ['mʌflə(r)] s 1. szalik
m 2. techn. tłumik m
mug [mʌg] s kubek m; gar-
nuszek m; kufel m
muggy ['mʌgɪ] adj parny
mulberry ['mʌlbrɪ] s morwa f
mule [mjul] s muł m
multi- ['mʌltɪ] praef wielo-
multicoloured ['mʌltɪ'kʌləd]
adj wielobarwny
multiple ['mʌltɪpl] adj wieloraki; wielokrotny
multiplication ['mʌltɪplɪ'keɪʃn]
s mnożenie n; ~ table ta-
bliczka f mnożenia
multiply ['mʌltɪplaɪ] v mnożyć (się); two multiplied by
two is four dwa razy dwa
jest cztery
multipurpose ['mʌltɪpɜpəs] adj
wieloczynnościowy
multi-storey ['mʌltɪ'stɔrɪ] adj
wielopiętrowy
multitude ['mʌltɪtjud] s mnóstwo n; (crowd) tłum m
mumble ['mʌmbl] I v mamro-
tać; mruczeć II s mamro-
tanie n
mummy¹ ['mʌmɪ] s mumia f
mummy² ['mʌmɪ] s mamusia f

mumps [mʌmps] s med. świn-
ka f
munch [mʌntʃ] v chrupać
mundane ['mʌndeɪn] adj światowy; (earthly) ziemski
municipal [mjʊ'nɪsɪpl] adj
miejski; samorządowy; ko-
munalny
municipality [mjʊ'nɪsɪ'pælətɪ]
s zarząd m miasta
munition [mjʊ'nɪʃn] s amunicja f; uzbrojenie n
murder ['mɜdə(r)] I s morderstwo n II v mordować;
przen. kaleczyć (język itp.)
murderer ['mɜdərə(r)] s morderca m
murmur ['mɜmə(r)] I s mru-
czenie n; szept m II v mruczeć; szemrać; mówić pół-
głosem
muscle ['mʌsl] s mięsień m
muscle-man ['mʌsl mæn] s
kulturysta m
muscular ['mʌskjulə(r)] adj
muskularny; (concerning
muscles) mięśniowy
muse¹ [mjuz] v zadumać się;
dumać (on ⟨upon, about⟩ sth
nad czymś)
muse² [mjuz] s muza f
museum [mju'zɪəm] s muzeum
n
mushroom ['mʌʃrum] s grzyb
m
music ['mjuzɪk] s 1. muzyka
f; ~ theatre teatr muzyczny; chamber ~ muzyka ka-
meralna; pop(ular) ~ mu-
zyka popularna 2. (tunes)
nuty pl
musical ['mjuzɪkl] I adj muzyczny; (skilled in music)
muzykalny II s komedia
muzyczna; musical m
music-hall ['mjuzɪk hɔl] s
teatr rewiowy
musician [mju'zɪʃn] s muzyk
m
muslin ['mʌzlɪn] s muślin m
must [mʌst] v aux I ~ not
nie wolno mi

mustard ['mʌstəd] s musztarda f; bot. gorczyca f
musty ['mʌstɪ] adj stęchły;
śmierdzący stęchlizną
mute [mjut] I adj niemy II s
niemowa m f
mutilate ['mjutɪleɪt] v o/kale-
czyć; skaleczyć
mutinous ['mjutɪnəs] adj buntowniczy
mutiny ['mjutɪnɪ] I s bunt m
II v zbuntować się
mutter ['mʌtə(r)] I v mamro-
tać; szemrać II s mamrota-
nie n
mutton ['mʌtn] s baranina f
mutton-chop ['mʌtn'tʃop] s kotlet barani
mutual ['mjutʃʊəl] adj wzajemny; obustronny; on ~
terms na warunkach wza-
jemności
muzzle ['mʌzl] I s pysk m;
morda f; (gag) kaganiec m;
(of a gun) lufa f II v nałożyć kaganiec
my [maɪ] pron mój, moja,
moje
myope ['maɪəʊp] s krótko-
widz m
myopia [maɪ'əʊpɪə] s med.
krótkowzroczność f
myrtle ['mɜtl] s bot. mirt m
myself [maɪ'self] pron się, siebie, sobie; (I in person) (ja)
sam; osobiście; I did it ~
ja sam to zrobiłem
mysterious [mɪ'stɪərɪəs] adj tajemniczy; zagadkowy
mystery ['mɪstr̩ɪ] s tajemnica f
mystic ['mɪstɪk] I adj mistycz-
ny II s mistyk m
mystification ['mɪstɪfɪ'keɪʃn] s
mistyfikacja f
mystify ['mɪstɪfaɪ] v mistyfi-
kować; zadziwiać
myth [mɪθ] s mit m
mythical ['mɪθɪkl] adj mitycz-
ny
mythology [mɪ'θolədʒɪ] s mi-
tologia f

N

nag [næg] *v* gderać (at sb na
kogoś); nękać (kogoś); dokuczać (sb komuś)
nail [neɪl] I *s* paznokieć *m*;
(*spike of metal*) gwóźdź *m*
II *v* przybijać gwoździami
nail-file [ˋneɪlfɑɪl] *s* pilniczek
m do paznokci
nail-varnish [ˋneɪl-vɑnɪʃ] *s* lakier *m* do paznokci
naive [nɑɪˋiv] *adj* naiwny;
prostoduszny
naked [ˋneɪkɪd] *adj* goły, nagi; obnażony; stark ~ golusieńki
name [neɪm] I *s* 1. nazwisko
n; full ~ imię i nazwisko;
to mention sb by ~ wy-
mienić kogoś po nazwisku;
what is your ~? jak się na-
zywasz? 2. (*także* Christian
~) imię *n*; in the ~ of ...
w imię ... (czegoś); to call
sb ~s przezywać kogoś; to
have a bad ~ mieć złą opinię II *v* 1. nazywać; dawać
imię 2. (*specify*) wymieniać
(coś); wyznaczać (datę itp.)
name-day [ˋneɪm deɪ] *s* imieniny *pl*
nameless [ˋneɪmləs] *adj* bez-
imienny; nieznany; *pej.* niewypowiedziany; niesłycha-
ny
namely [ˋneɪmlɪ] *adv* mianowicie
name-plate [ˋneɪmpleɪt] *s* tabliczka *f* z nazwiskiem (na
drzwiach)
namesake [ˋneɪmseɪk] *s* imien-
nik *m*
nanny [ˋnænɪ] *s* niania *f*; pias-
tunka *f*
nap [næp] I *v* drzemać II *s*
drzemka *f*; to take ⟨to have⟩
a ~ zdrzemnąć się
nape [neɪp] *s* kark *m*
napkin [ˋnæpkɪn] *s* serwetka
f; pieluszka *f*
nappy [ˋnæpɪ] *s* pieluszka *f*

narcissus [nɑˋsɪsəs] *s* narcyz
m
narcotic [nɑˋkotɪk] I *adj* nar-
kotyczny II *s* narkotyk *m*
narrate [nəˋreɪt] *v* opowiadać
narration [nəˋreɪʃn] *s* opowiadanie *n*
narrative [ˋnærətɪv] I *adv* ga-
wędziarski II *s* opowiadanie *n*
narrator [næˋreɪtə(r)] *s* narrator *m*
narrow [ˋnærəʊ] I *adj* wąski;
przen. ograniczony; ~ circumstances ciężkie warunki
materialne; to have a ~
escape ledwo uniknąć nie-
szczęścia II *v* zwężać
⟨zmniejszać⟩ (się)
narrow-minded [ˋnærəʊˋmaɪn-
dɪd] *adj* (*of a person*) ograniczony; małostkowy
nasal [ˋneɪzl] *adj* nosowy
nasty [ˋnɑstɪ] *adj* przykry;
niemiły; wstrętny; (*of a*
person) złośliwy
natal [ˋneɪtl] *adj* rodzinny
nation [ˋneɪʃn] *s* naród *m*;
(*state*) państwo *n*
national [ˋnæʃnl] *adj* narodowy; (*of a state*) państwowy;
~ service obowiązkowa
służba wojskowa
nationalism [ˋnæʃnlɪzm] *s* na-
cjonalizm *m*
nationality [ˋnæʃnˋælətɪ] *s* na-
rodowość *f*; obywatelstwo
n; przynależność państwowa
nationalize [ˋnæʃnəlɑɪz] *v*
upaństwowić; (ż)nacjonali-
zować; (*naturalize*) naturalizować; nadać obywatel-
stwo (sb komuś)
nation-wide [ˋnæʃn waɪd] *adj*
ogólnokrajowy; ogólnopań-
stwowy
native [ˋneɪtɪv] I *adj* rodzimy;
ojczysty; tubylczy; a ~ of ...
rodowity ... (paryżanin itp.)

II s tubylec m; krajowiec m
natural ['nætʃərl] adj 1. naturalny; szk. ~ history przyroda f; ~ philosophy fizyka f; ~ science nauki przyrodnicze; ~ gas gaz ziemny 2. (inherited) wrodzony
naturalize ['nætʃrḷaɪz] v naturalizować (się)
naturally ['nætʃrḷɪ] adj naturalnie; oczywiście
nature ['neɪtʃə(r)] s 1. natura f; przyroda f; preservation ⟨protection⟩ am. conservation of ~ ochrona f przyrody; monument of ~ pomnik m przyrody 2. (temper) charakter m; usposobienie n; by ~ z natury ⟨usposobienia⟩ 3. (sort) rodzaj m; it's something of that ~ coś w tym rodzaju
naught [nɔt] s nic n; zero n; to come to ~ nie udać się; zawieść; to bring to ~ udaremnić
naughty ['nɔtɪ] adj niegrzeczny; nieposłuszny
nausea ['nɔsɪə] s nudności pl; mdłości pl
nauseate ['nɔsɪeɪt] v czuć wstręt; (cause nausea) przyprawiać o mdłości; (cause aversion) budzić wstręt
naval ['neɪvl] adj morski
navigable ['nævɪgəbl] adj żeglowny; spławny
navigate ['nævɪgeɪt] v żeglować; pływać (po morzu); sterować (a ship statkiem)
navigation ['nævɪ'geɪʃn] s żegluga f; nawigacja f
navy ['neɪvɪ] s marynarka wojenna; flota f; ~ blue (kolor) granatowy; granat m
Nazi ['nɑtsɪ] I s hitlerowiec m II adj hitlerowski; nazistowski
near [nɪə(r)] I adv blisko; niedaleko; obok; ~ at hand tuż pod ręką; ~ by w pobliżu; ~ to sb, sth blisko

kogoś, czegoś II adj bliski; spokrewniony; (of a friend) serdeczny III v zbliżać się (sth do czegoś)
nearly ['nɪəlɪ] adv blisko; (almost) prawie (że); o mało nie
near-sighted ['nɪə'saɪtɪd] adj krótkowzroczny; to be ~ być krótkowidzem
neat [nit] adj czysty; schludny; (in good taste) gustowny
necessary ['nesəsrɪ] I adj potrzebny; konieczny; if ~ jeśli zajdzie potrzeba; it is ~ that ... trzeba, żeby ...; it is ~ to ... trzeba ... II s potrzeba (życiowa); pl the necessaries of life artykuły pl pierwszej potrzeby
necessitate [nɪ'sesɪteɪt] v wymagać (sth czegoś); narzucać potrzebę ⟨konieczność⟩ (sth czegoś)
necessity [nɪ'sesətɪ] s 1. potrzeba f; konieczność f; of ~ z konieczności; to be under the ~ of doing sth być zmuszonym coś zrobić 2. (food etc.) artykuł m pierwszej potrzeby
neck [nek] I s szyja f; kark m II v am. pot. pieścić się
necklace ['nekləs] s naszyjnik m
neck-tie ['nektaɪ] s krawat m
necrology [nɪ'krolədʒɪ] s nekrolog m
née [neɪ] adj (of a married woman) z domu ...
need [nid] I s potrzeba f; if ~ be w razie potrzeby; (poverty) bieda f; ubóstwo n II v potrzebować (sb, sth kogoś, czegoś); wymagać; ~ he go? czy on musi iść? you ~ not ... nie ma potrzeby ⟨nie musisz⟩ ...; you only ~ to ... trzeba tylko aby ...
needed ['nidɪd] adj potrzebny

needful ['nidfl] *adj* potrzebny; konieczny

needle [nidl] *s* igła *f*; (*of a tree*) szpilka *f* (drzew szpilkowych)

needless ['nidləs] *adj* niepotrzebny, zbyteczny; ~ **to say that** ... nie trzeba dodawać, że ...

neddlework ['nidlwɜk] *s* robótka *f*

needy ['nidı] *adj* potrzebujący; będący w biedzie

negation [nı'geıʃn] *s* zaprzeczenie *n* (**of sth** czegoś); negacja *f*; odmowa *f*

negative ['negətıv] **I** *adj* przeczący; odmowny; negatywny; ujemny **II** *s* 1. przeczenie *n* 2. *gram.* forma przecząca; **in the** ~ przecząco, odmownie 3. *fot.* negatyw *m*

neglect [nı'glekt] **I** *v* zaniedbywać; lekceważyć **II** *s* zaniedbanie *n*; lekceważenie *n*

neglectful [nı'glektfl] *adj* niedbały; opieszały; **to be** ~ **of sb, sth** zaniedbywać kogoś, coś

négligé ['neglıʒeı] *s* negliż *m*; (*dressing-gown*) szlafrok *m*

negligence ['neglıdʒəns] *s* zaniedbanie *n*; zlekceważenie *n*

negligent ['neglıdʒənt] *adj* niedbały; opieszały; **to be** ~ **of sth** zaniedbywać coś ⟨czegoś⟩

negligible [nə'glıdʒəbl] *adj* mało znaczący; nieistotny

negotiate [nı'gəʊʃıeıt] *v* 1. pertraktować; prowadzić rokowania handlowe 2. (*sell*) sprzedawać ⟨spieniężać⟩ (papiery wartościowe) 3. (*overcome*) pokonywać (trudności)

negotiation [nı'gəʊʃı'eıʃn] *s* 1. pertraktacje *pl*; **to be in** ~ **with sb** prowadzić pertraktacje z kimś 2. (*selling*) sprzedaż *f* 3. (*overcoming*) przezwyciężanie *n* (trudności)

Negress ['nigrəs] *s* Murzynka *f*

Negro ['nigrəʊ] **I** *s* (*pl* **Negroes**) Murzyn *m* **II** *adj* murzyński

neighbour ['neıbə(r)] *s* sąsiad *m*

neighbourhood ['neıbəhʊd] *s* sąsiedztwo *n*; okolica *f*

neither ['naıðə(r)] **I** *pron* żaden z dwóch; ani jeden, ani drugi **II** *adv* też nie; **I didn't do it,** ~ **did my friend** ja tego nie zrobiłem, a mój przyjaciel też nie; ~ ... **nor** ... ani ... ani ...

neon ['nion] *s* neon *m*; ~ **sign** reklama neonowa

nephew ['nevju] *s* siostrzeniec *m*; bratanek *m*

nerve [nɜv] *s* 1. nerw *m*; **a fit of** ~**s** atak nerwowy; **to get on sb's** ~ działać komuś na nerwy 2. (*energy*) energia *f* 3. (*courage*) odwaga *f* 4. (*impudence*) tupet *m*; **what** ~! co za tupet!

nervous ['nɜvəs] *adj* nerwowy; zdenerwowany; niespokojny; **to be** ⟨**to feel, to get, to grow, to become**⟩ ~ zdenerwować się; ~ **breakdown** załamanie nerwowe

nervy ['nɜvı] *adj* *sl.* zdenerwowany, niespokojny

nest [nest] **I** *s* gniazd(k)o *n*; *przen.* siedlisko *n* **II** *v* budować gniazdo; gnieździć się

nestle ['nesl] *v* tulić się; gnieździć się; wygodnie się usadowić

net [net] *s* siatka *f*; sieć *f*

net² [net] *adj* czysty; netto; ~ **cash** (płatny) w gotówce

nettle ['netl] *s* pokrzywa *f*

nettle-rash ['netl ræʃ] *s* *med.* pokrzywka *f*

network ['netwɜk] *s* sieć (kolejowa itp.)

neuralgia [njʊə'rældʒə] *s* newralgia *f*

neuralgic [njuə'rældʒɪk] *adj* newralgiczny
neurology [njuə'rolədʒɪ] *s* neurologia *f*
neurosis [njuə'rəusɪs] *s* nerwica *f*
neuter ['njutə(r)] *adj* gram. (*of a noun*) rodzaju nijakiego
neutral ['njutrl] *adj* neutralny; bezstronny
neutrality [nju'trælətɪ] *s* neutralność *f*
neutralize ['njutrəlaɪz] *v* zneutralizować
never ['nevə(r)] *adv* nigdy; ~ **before** nigdy przedtem; ~ **more** ⟨**since, after**⟩ nigdy więcej
nevertheless ['nevəðə'les] *adv* niemniej (jednak); tym niemniej
new [nju] *adj* 1. nowy; **new moon** nów *m*; księżyc *m* w nowiu; **New Year's Eve** Sylwester *m* 2. (*fresh*) świeży
new- w złożeniach: świeżo-, nowo-
new-born ['nju bɔn] *adj* nowo narodzony; ~ **baby** noworodek *m*
new-coined ['nju kɔɪnd] *adj* świeżo wprowadzony; ~ **word** neologizm *m*
newcomer ['njukʌmə(r)] *m* przybysz *m*
new-fangled ['nju'fæŋgld] *adj* świeżo wprowadzony; nowomodny
newly ['njulɪ] *adv* świeżo; niedawno; ostatnio; ~ **married couple** nowożeńcy *pl*
news [njuz] *s* nowiny *pl*; wiadomości *pl*; *dzien. kin.* kronika *f*; aktualności *pl*
news-dealer ['njuz dilə(r)], **news-agent** ['njuz eɪdʒənt] *s* sprzedawca *m* gazet i czasopism
newspaper ['njuspeɪpə(r)] *s* gazeta *f*; dziennik *m*
newsreel ['njuzril] *s* kronika filmowa

news-room ['njuzrʊm] *s* czytelnia *f* czasopism
news-stand ['njuz stænd] *s* kiosk *m* z gazetami, stoisko *n* z gazetami
next [nekst] **I** *adj* najbliższy; następny; ~ **day** nazajutrz; ~ **door** sąsiedni; w (najbliższym) sąsiedztwie; ~ **time** następnym razem; ~ **to nothing** prawie nic **II** *adv* następnie; obok, tuż przy
nib [nɪb] *s* stalówka *f*
nice [naɪs] *adj* przyjemny; miły; grzeczny; **it is** ~ **of you** to miło z twojej ⟨pana⟩ strony
nice-looking ['naɪs lʊkɪŋ] *adj* przystojny; ładny
nicety ['naɪsətɪ] *s* 1. wybredność *f* 2. (*subtlety*) subtelność *f* 3. (*precision*) dokładność *f*; **it's done to a** ~ to jest zrobione po mistrzowsku
niche [nɪtʃ] *s* nisza *f*; wnęka *f*
nickel ['nɪklʃ] **I** *s* nikiel *m*; niklowa moneta **II** *adj* niklowy
nickname ['nɪkneɪm] **I** *s* przezwisko *n*; przydomek *m* **II** *v* przezywać
nicotine ['nɪkətin] *s* nikotyna *f*
niece [nis] *s* siostrzenica *f*; bratanica *f*
niggard ['nɪgəd] *s* skąpiec *m*; kutwa *m*
nigger ['nɪgə(r)] *s* *pej.* Murzyn *m*, Murzynka *f*
night [naɪt] *s* 1. noc *f*; **all** ~ przez całą noc; **at** ⟨**by**⟩ ~ w nocy; **good** ~! dobranoc! 2. (*evening*) wieczór *m*; **last** ~ wczoraj wieczorem; ubiegłej nocy; **tomorrow** ~ jutro wieczorem; *teatr.* **first** ~ premiera *f*
night-blindness ['naɪt blaɪndnəs] *s* kurza ślepota
night-club ['naɪt klʌb] *s* nocny lokal

night-dress

200

night-dress [ˈnaɪt dres] s nocna koszula
nightfall [ˈnaɪtfɔl] s zmrok m; at ~ o zmroku
nightgown [ˈnaɪtgaʊn] s = = night-dress
nightingale [ˈnaɪtɪŋgeɪl] s słowik m
nightly [ˈnaɪtlɪ] I adj nocny; (of evening) wieczorny; (of every night) conocny II adv co wieczór; co noc
nightmare [ˈnaɪtmeə(r)] s koszmar m
night-school [ˈnaɪt skul] s szkoła wieczorowa
night-watchman [ˈnaɪtˈwotʃmən] s stróż nocny
nimble [ˈnɪmbl] adj zwinny
nine [naɪn] adj dziewięć
ninefold [ˈnaɪnfəʊld] I adj dziewięciokrotny II adv dziewięciokrotnie
ninepins [ˈnaɪnpɪnz] plt kręgle pl
nineteen [ˈnaɪnˈtin] adj dziewiętnaście
nineteenth [ˈnaɪnˈtinθ] adj dziewiętnasty
ninetieth [ˈnaɪntɪəθ] adj dziewięćdziesiąty
ninety [ˈnaɪntɪ] adj dziewięćdziesiąt
ninth [naɪnθ] adj dziewiąty
nip [nɪp] I v uszczypnąć; ścisnąć; przen. to ~ sth in the bud stłumić ⟨zdusić⟩ coś w zarodku II s uszczypnięcie n
nitrogen [ˈnaɪtrədʒən] s azot m
no [nəʊ] I adj żaden; by no means w żaden sposób; no doubt niewątpliwie II adv nie; whether you like it or no czy ci się to podoba, czy nie; no less wcale nie mniej; no more (już) więcej nie; no sooner ... zaledwie ... III s odmowa f; sprzeciw m
nobility [nəˈbɪlətɪ] s szlachetność f; zbior. magnateria f; arystokracja f

noble [ˈnəʊbl] adj szlachetny; wzniosły
nobody [ˈnəʊbədɪ] pron nikt
nocturnal [nokˈtɜnl] adj nocny
nod [nod] I v skinąć ⟨kiwnąć⟩ głową II s kiwnięcie n ⟨skinienie n⟩ (głową)
noise [nɔɪz] s hałas m; zgiełk m; to make a ~ narobić hałasu
noiseless [ˈnɔɪsləs] adj cichy; rad. bez zakłóceń
noisy [ˈnɔɪzɪ] adj hałaśliwy; krzykliwy
nomad [ˈnəʊmæd] s koczownik m
nominal [ˈnomɪnl] adj nominalny; imienny; (of a payment) drobny
nominate [ˈnomɪneɪt] v mianować; (propose a candidate) wysunąć kandydaturę (sb czyjąś)
nomination [ˈnomɪˈneɪʃn] s nominacja f; (proposal) wysunięcie n kandydatury
nominative [ˈnomnətɪv] s gram. mianownik m
non- [non] praef nie-, beznonage [ˈnoneɪdʒ] s niepełnoletność f
nonchalant [ˈnonʃələnt] adj nonszalancki; niedbały
non-commissioned [ˈnonkəˈmɪʃnd] adj bez rangi oficerskiej; ~ officer podoficer m
none [nʌn] I pron żaden; nikt; ~ of us nikt ⟨żaden⟩ z nas; ~ but ... nikt prócz ... II adv bynajmniej; (wcale) nie; ~ the less niemniej (jednak); tym niemniej; ~ too easy niełatwy; ~ too soon w ostatniej chwili; to be ~ the better for sth nic nie zyskać na czymś
nonentity [nonˈentətɪ] s niebyt m; nicość f; (of a person) zero n
non-flammable [nonˈflæməbl] adj niepalny

non-party ['non`pɑtı] *adj* bez-
partyjny
nonplus [non`plʌs] **I** *s* zakło-
potanie *n*; **at a** ~ w kłopo-
tach **II** *v* zakłopotać; zażenować
nonsense ['nonsns] *s* nonsens
m; absurd *m*; niedorzecz-
ność *f*; **to talk** ~ mówić od
rzeczy; *pot.* pleść głupstwa
non-smoker ['non`sməukə(r)] *s*
człowiek nie palący; (*in a
train*) przedział *m* dla niepalących
non-stop ['non`stop] **I** *adj* bez-
pośredni; *lotn.* bez lądowa-
nia **II** *adv* bezpośrednio; bez
zatrzymywania się
noodle [¹ ['nudl] *s* głupiec *m*;
tuman *m*
noodle ² ['nudl] *s* makaron *m*;
kluska *f*
nook [nuk] *s* kącik *m*; zaką-
tek *m*; **a cosy** ~ przytulny
kącik
noon [nun] *s* południe *n*
noose [nus] *s* pętla *f*
nor [no(r)] *conj* ani; też nie
norm [nom] *s* norma *f*; standard *m*
normal ['noml] *adj* normalny;
prawidłowy; ~ **school** seminarium nauczycielskie; **a-
bove** ⟨**below**⟩ ~ powyżej
⟨poniżej⟩ normy
normalize ['noml̩aɪz] *v* znor-
malizować
north [noϴ] **I** *s* północ *f* **II**
adj północny **III** *adv* na
północ
northward(s) ['noϴwədz] *adv*
ku północy
Norwegian [nə`widʒən] **I** *adj*
norweski **II** *s* (*native*) Norweg *m*; Norweżka *f*; (*language*) język norweski
nose [nəuz] *s* 1. nos *m*; *przen.*
a long ~ kwaśna mina 2.
(*sense of smell*) węch *m*;
przen. **to have a** ~ **for sth**
mieć nosa do czegoś
nostalgia [no`stældʒə] *s* nostal-
gia *f*
nostril ['nostrıl] *s* nozdrze *n*

not [not] *adv* nie; ~ **a bit** ani
trochę; ~ **at all** wcale nie;
~ **a word** ani słowa; ~ **yet**
jeszcze nie
notable ['nəutəbl] **I** *adj* znakomity; wybitny **II** *s* dostoj-
nik *m*
notary ['nəutərı] *s* notariusz
m; rejent *m*
note [nəut] **I** *s* 1. nuta *f* 2.
(*mark*) znak *m*; ~ **of exclamation** wykrzyknik *m*; ~ **of
interrogation** pytajnik *m* 3.
(*written remark*) notatka *f*;
uwaga *f*; adnotacja *f*; **to
take** ~s notować 4. (*letter*)
list *m*; bilecik *m*; **drop me
a** ~ napisz mi parę słów 5.
handl. weksel *m*; rachunek
m 6. (*bank-note*) banknot *m*
7. (*fame*) sława *f*; **a person
of** ~ człowiek znany; **worthy of** ~ godny uwagi **II** *v*
notować; (*notice*) zauważać
note-book ['nəut buk] *s* notatnik *m*; notes *m*
noted ['nəutıd] *adj* znakomity;
wybitny; znany
note-paper ['nəut peɪpə(r)] *s*
papier listowy
nothing ['nʌϴıŋ] **I** *pron s* nic;
~ **but** ... nic (jak) tylko ...;
wyłącznie ...; ~ **of value**
nic wartościowego; **there is**
~ **to be done** nie ma na to
żadnej rady; **to have** ~ **to
do with** ... nie mieć nic
wspólnego z ...; **to make** ~
of lekceważyć; **for** ~ za
darmo; niepotrzebnie **II**
adv nic ⟨bynajmniej, wca-
le⟩ nie; ~ **less than** ... co
najmniej ...; skromnie li-
cząc ...; ~ **doing!** nic z tego!
notice ['nəutıs] **I** *s* 1. zawiadomienie *n*; ostrzeżenie *n*;
to give sb ~ **of sth** zawiadomić ⟨ostrzegać⟩ kogoś o
czymś; **without** ~ bez
uprzedzenia; nagle; **without
a moment's** ~ z miejsca 2.
(*announcement*) obwiesz-
czenie *n* 3. (*term*) termin *m*;

at short ~ w krótkim terminie 4. (*dismissal*) wypowiedzenie *n* (posady itd.) 5. (*observation*) uwaga *f*; to take ~ of sth zwrócić uwagę na coś II *v* zauważyć; spostrzec

noticeable [ˈnəutɪsəbl] *adj* godny uwagi; (*perceptible*) dostrzegalny

notice-board [ˈnəutɪs bɔd] *s* tablica *f* ogłoszeń

notify [ˈnəutɪfaɪ] *v* zawiadamiać (**sb of sth** kogoś o czymś); ogłaszać; meldować

notion [ˈnəuʃn] *s* pojęcie *n*; wyobrażenie *n*; **to have a ~ that ...** mieć wrażenie ⟨ubzdurać sobie⟩, że ...

notorious [nəuˈtɔrɪəs] *adj* głośny; znany

notwithstanding [ˈnotwɪðˈstændɪŋ] I *adv* jednakże; niemniej jednak; nie zważając na ... II *praep* pomimo (czegoś); nie zważając na ...

noun [naun] *s gram.* rzeczownik *m*

nourish [ˈnʌrɪʃ] *v* karmić, żywić

nourishing [ˈnʌrɪʃɪŋ] *adj* pożywny

nourishment [ˈnʌrɪʃmənt] *s* pożywienie *n*, pokarm *m*

novel ¹ [ˈnovl] *s* powieść *f*

novel ² [ˈnovl] *adj* nowy; oryginalny; nowatorski

novelette [ˈnovlˈet] *s* opowiadanie *n*; nowela *f*

novelist [ˈnovlɪst] *s* powieściopisarz *m*, powieściopisarka *f*

novelty [ˈnovltɪ] *s* nowość *f*; innowacja *f*

November [nəuˈvembə(r)] *s* listopad *m*

now [nau] I *adv* teraz; obecnie; ~ **and again** ⟨**and then**⟩ co jakiś czas; od czasu do czasu; *am.* **right ~** w tej chwili II *s* chwila obecna; **between ~ and then** w międzyczasie; **by ~ do** tego

czasu; **from ~ on** odtąd (na przyszłość); **till ~** dotychczas III *conj* teraz gdy; skoro

nowadays [ˈnauədeɪz] *adv* w dzisiejszych czasach; teraz; obecnie

nowhere [ˈnəuweə(r)] *adv* nigdzie

noxious [ˈnokʃəs] *adj* szkodliwy; niezdrowy

nuclear [ˈnjuklɪə(r)] *adj* jądrowy; nuklearny

nucleus [ˈnjuklɪəs] *s* jądro *n*; (*germ*) zawiązek *m*

nude [njud] I *adj* nagi; goły II *s* akt malarski

nudist [ˈnjudɪst] *s* nudysta *m*; ~ **camp** obóz *m* dla nudystów

nuisance [ˈnjusns] *s* rzecz przykra; **that's a ~!** to przykre!

numb [nʌm] *adj* zdrętwiały; ścierpnięty

number [ˈnʌmbə(r)] I *s* 1. liczba *f*; numer *m*; cyfra *f*; **a (large) ~** sporo; niemało; **without ~** bez liku 2. *gram.* liczba *f* II *v* policzyć; numerować

numbering [ˈnʌmbərɪŋ] *s* liczenie *n*; numeracja *f*

numberless [ˈnʌmbələs] *adj* niezliczony

number-plate [ˈnʌmbə pleɪt] *s* tabliczka rejestracyjna (samochodu); tabliczka *f* z numerem domu

numeral [ˈnjumərl] I *adj* liczbowy; cyfrowy II *s* 1. cyfra *f* 2. *gram.* liczebnik *m*

numerical [njuˈmerɪkl] *adj* liczbowy; cyfrowy

numerous [ˈnjumərəs] *adj* liczny

nun [nʌn] *s* zakonnica *f*, mniszka *f*

nurse [nɜs] I *s* niańka *f*; (*in a hospital*) pielęgniarka *f*, siostra *f* II *v* niańczyć; pielęgnować

nursery [ˈnɜsrɪ] *s* pokój dzie-

cinny; ~ **rhyme** wierszyk
dziecinny; ~ **school** przedszkole *n*; **day** ~ żłobek *m*;
sport. ~ **slope** ośla łączka
nut [nʌt] *s* 1. orzech *m* 2.
techn. nakrętka *f*
nut-brown ['nʌt'braʊn] *adj* o-
rzechowy (kolor)
nut-cracker ['nʌt'krækə(r)] *s*
dziadek *m* do orzechów
nutmeg ['nʌtmeg] *s* gałka
muszkatołowa

nutriment ['njutrɪmənt] *s* środek odżywczy; odżywka *f*
nutrition [nju'trɪʃn] *s* odży-
wianie *n,* żywienie *n*
nutritious [nju'trɪʃəs] *adj* odżywczy; pożywny
nutshell ['nʌtʃel] *s* łupin(k)a
f od orzecha; *przen.* **in a** ~
w paru słowach
nylon ['naɪlon] *s* nylon *m*; *pl*
~**s** pończochy nylonowe
nymph [nɪmf] *s* nimfa *f*

O

oak [əʊk] *s* dąb *m*
oar [ɔ(r)] **I** *s* wiosło *n*; **to pull
a good** ~ być dobrym wio-
ślarzem **II** *v* wiosłować
oarsman ['ɔzmən] *s* (*pl* **oars-
men**) wioślarz *m*
oasis [əʊ'eɪsɪs] *s* (*pl* **oases**
[əʊ'eɪsiz]) oaza *f*
oath [əʊθ] *s* przysięga *f*; **to
take** ⟨**to make, to swear**⟩
an ~ składać przysięgę; **on**
⟨**under**⟩ ~ związany przysięgą
oatmeal ['əʊtmil] *s* płatki ow-
siane (surowe)
oats [əʊts] *pl* owies *m*
obedience [ə'bidiəns] *s* posłu-
szeństwo *n*; **in** ~ **to ...** zgodnie **z ...**
obedient [ə'bidiənt] *adj* posłuszny
obelisk ['obəlɪsk] *s* obelisk *m*
obese [əʊ'bis] *adj* otyły; kor-
pulentny
obesity [əʊ'bisətɪ] *s* otyłość *f*
obey [ə'beɪ] *v* usłuchać; być
posłusznym (**sb** komuś)
obituary [ə'bɪtʃʊərɪ] *adj* po-
śmiertny; pogrzebowy; ~
column rubryka *f* zgonów;
~ **notice** klepsydra *f*; notatka pośmiertna
object [1] ['obdʒɪkt] *s* 1. przedmiot *m* 2. (*purpose*) cel *m*;
with the ~ **of ...** w celu 3.
gram. dopełnienie *n*

object [2] [əb'dʒəkt] *v* sprzeciwiać się; protestować; oponować; **to** ~ **to sb** mieć komuś coś do zarzucenia
objection [əb'dʒekʃn] *s* 1.
sprzeciw *m*; zarzut *m*; **there
is no** ~ nic nie stoi na
przeszkodzie; **to raise** ~**s**
sprzeciwiać się 2. (*defect*)
wada *f*
objectionable [əb'dʒekʃnəbl]
adj niewłaściwy; niepożądany
objective [əb'dʒektɪv] **I** *adj* o-
biektywny; bezstronny;
gram. ~ **case** biernik *m* **II**
s 1. cel *m* 2. *fot.* obiektyw
m
obligation ['oblɪ'geɪʃn] *s* zobowiązanie *n*; obowiązek *m*;
to undertake an ~ przyjąć
na siebie zobowiązanie; **to
be under an** ~ **to sb** być
zobowiązanym komuś
obligatory [ə'blɪgətrɪ] *adj* obowiązujący; obowiązkowy
oblige [ə'blaɪdʒ] *v* 1. obowiązywać 2. (*bind*) zobowiązywać (kogoś); **to be** ~**d to**
do sth być zmuszonym coś
zrobić 3. (*do a favour*) wyświadczyć komuś przysługę;
could you ~ **me with ...** czy
mógłbym pana prosić o **...**;
I am much ~**d** bardzo dziękuję

obliging [ə'blaɪdʒɪŋ] *adj* u-
przejmy; usłużny
oblique [ə'blik] *adj* skośny;
ukośny; pochyły
obliterate [ə'blɪtəreɪt] *v* wy-
mazać; zetrzeć
oblivion [ə'blɪvɪən] *s* zapom-
nienie *n*; niepamięć *f*;
prawn. Act of Oblivion amnestia *f*
oblivious [ə'blɪvɪəs] *adj* nie-
pomny (**of sth** czegoś); **to
be** ~ **of** ... nie pamiętać o ...
oblong ['obloŋ] *adj* podłużny;
~ **face** pociągła twarz
oboe ['əubəu] *s* obój *m*
obscene [əb'sin] *adj* sprośny;
nieprzyzwoity
obscenity [əb'senətɪ] *s* sproś-
ność *f*; nieprzyzwoitość *f*
obscure [əb'skjuə(r)] *adj* ciemny; mroczny; (*not clear*)
niezrozumiały
observation ['obzə'veɪʃn] *s* ob-
serwacja *f*; (*comment*) uwaga *f*; spostrzeżenie *n*
observatory [əb'zɜvətrɪ] *s* obserwatorium *n*
observe [əb'zɜv] *v* obserwować; spostrzegać; (*keep*)
przestrzegać (ustaw itp.);
obchodzić (święta)
observer [əb'zɜvə(r)] *s* obser-
wator *m*
obsess [əb'ses] *v* opętać; prześladować; **he is** ~**ed by**
⟨**with**⟩ **the idea of** ... on jest
opętany myślą o ...
obsession [əb'seʃn] *s* obsesja *f*;
opętanie *n*
obsolete ['obsəlit] *adj* przestarzały; **it is** ~ **to** wyszło z
użycia
obstacle ['obstəkl] *s* przeszkoda *f*; zawada *f*; *sport.* ~
race bieg *m* z przeszkodami
obstetric [ob'stetrɪk] *adj* położniczy
obstetrician ['obstɪ'trɪʃn] *s* po-
łożnik *m*
obstinacy ['obstɪnəsɪ] *s* upór
m

obstinate ['obstɪnət] *adj* uparty; zawzięty; uporczywy
obstruct [əb'strʌkt] *s* zawadzać, stać na przeszkodzie;
zatkać; **to** ~ **the view** zasłaniać widok
obtain [əb'teɪn] *v* uzyskać;
dostać; osiągnąć
obtainable [əb'teɪnəbl] *adj* do
nabycia; **it is** ~ można to
dostać ⟨nabyć⟩
obtrude [əb'trud] *v* narzucać
(**sth** coś; **oneself** się)
obvious ['obvɪəs] *adj* oczywisty; jasny
occasion [ə'keɪʒn] **I** *s* sposobność *f*; okazja *f*; **on** ~ od
czasu do czasu; **on many** ~**s**
w wielu wypadkach; **on this**
~ w tym wypadku; tym
razem **II** *v* spowodować;
wywołać
occasional [ə'keɪʒnl] *adj* **1.** o-
kolicznościowy; przypadko-
wy; ~ **showers** przelotne
opady **2.** (*of a worker*) se-
zonowy; dorywczy
occultism [o'kʌltɪzm] *s* okul-
tyzm *m*
occupant ['okjupənt] *s* mieszkaniec *m*; lokator *m*; człowiek zajmujący (dom, lo-
kal, miejsce itd.); *polit.* okupant *m*
occupation ['okju'peɪʃn] *s* **1.**
zajęcie *n*; zawód *m*; **by** ~
z zawodu **2.** *polit.* okupacja *f*
occupy ['okjupaɪ] *v* **1.** zajmować **2.** *polit.* okupować
occur [ə'kɜ(r)] *v* przytrafić
⟨zdarzyć⟩ się; **it** ~**s to me** ...
przychodzi mi na myśl ...
occurrence [ə'kʌrns] *s* wystę-
powanie *n* (zjawiska itd.);
(*event*) zdarzenie *n*; traf *m*
ocean ['əuʃn] *s* ocean *m*
o'clock [ə'klok] *przy oznacza-
niu czasu:* godzina; **one**
⟨**two etc.**⟩ ~ pierwsza ⟨dru-
ga itd.⟩ godzina
octane ['okteɪn] *s* oktan *m*;
high ~ wysokooktanowy

October [ok'təʊbə(r)] *s* październik *m*
octopus ['oktəpəs] *s* ośmiornica *f*
ocular ['okjʊlə(r)] *adj* oczny
oculist ['okjʊlɪst] *s* okulista *m*
odd [od] *adj* 1. (*of a number*) nieparzysty; **thirty** ~ trzydzieści kilka 2. (*of a shoe etc.*) nie do pary 3. (*strange*) dziwny; dziwaczny 4. (*remaining*) zbywający; pozostały; ~ **job** dorywcza praca
oddity ['odətɪ] *s* osobliwość *f*; niezwykłość *f*
oddly ['odlɪ] *adv* dziwnie; osobliwie; ~ **enough** ... rzecz zastanawiająca ⟨dziwna⟩ ...
oddments ['odmənts] *pl* resztki *pl*; drobiazgi *pl*; rupiecie *pl*
odds [odz] *plt* 1. nierówność *f*; różnica *f*; **to be at** ~ **with sb** być z kimś w niezgodzie; ~ **and ends** odpadki *pl*; resztki *pl* 2. (*advantage*) przewaga *f*; szanse *pl*
odious ['əʊdɪəs] *adj* wstrętny; ohydny
odometer [o'domɪtə(r)] *s* mot. hodometr (do mierzenia przebytej drogi)
odour ['əʊdə(r)] *s* zapach *m*; aromat *m*
of [əv, ov] *praep* 1. (*from*) od (czegoś) ; skądś; **a man of Warsaw** warszawianin *m* 2. (*made from*) z (czegoś); **made of wood** ⟨steel etc.⟩ zrobiony z drzewa ⟨ze stali itd.⟩ 3. (*from among*) spośród; **one of them** jeden z nich 4. (*about*) o (czymś) 5. *oznacza drugi przypadek:* **a cup of tea** szklanka *f* herbaty; **the works of Shaw** dzieła *pl* Shawa ‖ **it's very nice of you to** bardzo miło z twojej strony; **of late** ostatnio; **of old** dawniej
off [of] I *adv* 1. opodal; **some distance** ~ w pewnym oddaleniu 2. (*away*) precz; **far**

~ daleko; **I must be** ~ **now** muszę już iść; **hats** ~ zdjąć kapelusze; ~ **and on** z przerwami; sporadycznie; **well ⟨badly⟩** ~ dobrze ⟨źle⟩ sytuowany; **day** ~ dzień wolny od pracy II *adj* (*farther*) dalszy, odległy III *praep* (*from*) od; z (czegoś — stołu, talerza itd.); (*away from*) z dala; na boku
offence [ə'fens] *s* 1. obraza *f*; **no** ~ **was meant** nie chciałem nikogo urazić ⟨dotknąć⟩; **to commit an** ~ popełnić przestępstwo ⟨wykroczenie⟩; **to take** ~ obrazić się 2. *prawn.* przekroczenie *n*
offend [ə'fend] *v* 1. obrazić; dotknąć; **to be** ~ed **at** ⟨by⟩ sth obrazić się o coś; czuć się dotkniętym czymś 2. (*be guilty*) zawinić; popełnić wykroczenie
offender [ə'fendə(r)] *s* przestępca *m*; winowajca *m*; **first** ~ przestępca nie karany; **old** ~ recydywista *m*
offensive [ə'fensɪv] I *adj* (*of words etc.*) obraźliwy; (*attacking*) agresywny; (*of smell, sight etc.*) przykry II *s* ofensywa *f*
offer ['ofə(r)] I *v* ofiarowywać; oferować; przedstawić; poczęstować; **to** ~ **an apology** przeprosić II *s* oferta *f*; propozycja *f*; **to make an** ~ zaoferować; zaproponować
offering ['ofərɪŋ] *s* propozycja *f*; (*thing offered*) ofiara *f*
off-hand [of'hænd] I *adv* (zrobić coś) bez przygotowania ⟨na poczekaniu⟩ II *adj* nie przygotowany; zaimprowizowany
office ['ofɪs] *s* 1. biuro *n*; wydział *m*; kancelaria *f*; ~ **of vital statistics** biuro *n* ewidencji ludności; **booking** ~ kasa biletowa; **cash** ~ kasa

f; **consular** ~ biuro konsularne; **employment** ~ biuro pośrednictwa pracy; biuro zatrudnienia; **exchange** ~ kantor *m* wymiany; **money exchange** ~ biuro wymiany walut; **notary's** ~ biuro notarialne; **passport** ~ biuro paszportowe; **press** ~ biuro prasowe; **inquiry** ~ informacja *f* 2. (*government department*) ministerstwo *n* 3. (*service*) przysługa *f*; usługa *f*; **through the good** ~**s of ...** za uprzejmym pośrednictwem ... (czyimś); dzięki uprzejmości ... (czyjejś) 4. (*duty*) funkcja *f*; urząd *m*; stanowisko *n*; **to take ⟨to enter⟩ upon an** ~ objąć urząd ⟨stanowisko⟩; (*of a person*) **to hold** ~ mieć stanowisko; (*of a party etc.*) być u władzy 5. *kośc.* nabożeństwo *n*; obrządek *m*
office-boy ['ofɪs bɔɪ] *s* goniec *m*
officer ['ofɪsə(r)] *s* urzędnik *m*; funkcjonariusz *m*; oficer *m*
official [ə'fɪʃl] I *adj* urzędowy; formalny II *s* urzędnik *m*
officious [ə'fɪʃəs] *adj* narzucający się; (*of a newspaper*) nieoficjalny; półurzędowy
offish ['ofɪʃ] *adj pot.* (*of behaviour*) sztywny; (*of a person*) pełen rezerwy
off-print ['of prɪnt] *s* odbitka *f* (artykułu z czasopisma)
off-season ['of sizn] I *adj* pozasezonowy II *adv* poza sezonem
often ['ofn] *adv* często
oil [ɔɪl] I *v* smarować; oliwić II *s* 1. olej *m*; *mot.* ~ **level** poziom *m* oleju; **castor** ~ rycyna *f*; **cod-liver** ~ tran *m* (leczniczy); **crude** ~ ropa naftowa 2. (*from olives*) oliwa *f*
oilcloth ['ɔɪklɔθ] *s* cerata *f*

oil-colours ['ɔɪl kʌləz] *pl* farby olejne
oiler ['ɔɪlə(r)] *s* oliwiarka *f*
oil-painting ['ɔɪlpeɪntɪŋ] *s* malowanie *n* olejnymi farbami; (*picture*) obraz olejny
oilskin ['ɔɪlskɪn] *s* cerata *f*; *pl* ~**s** ubranie ⟨okrycie⟩ nieprzemakalne
oil-tanker ['ɔɪl tæŋkə(r)] *s* tankowiec *m*; samochód-cysterna *m*
ointment ['ɔɪntmənt] *s* maść *f*
OK, okay ['əu'keɪ] *pot.* I *adv* w porządku II *s* zgoda *f*
old [əuld] *adj* stary; dawny; ~ **age** starość *f*; **how** ~ **is he? ile** on ma lat?; **to be ... years** ~ mieć ... lat; **to grow ⟨to become, to get⟩** ~ starzeć się
old-fashioned ['əuld'fæʃnd] *adj* staromodny; (*of a person*) zacofany
oldish ['əuldɪʃ] *adj* starszawy; podstarzały
olive ['olɪv] I *s* oliwka *f* II *adj* oliwny; ~ **oil** oliwa *f* (jadalna)
Olympiad [əu'lɪmpɪæd] *s* olimpiada *f*
Olympic [ə'lɪmpɪk] *adj* olimpijski; ~ **Games** Olimpiada *f*; igrzyska olimpijskie
omen ['əumen] *s* omen *m*; znak *m*; wróżba *f*
omission [ə'mɪʃn] *s* opuszczenie *n* ⟨pominięcie *n*⟩ (czegoś)
omit [ə'mɪt] *v* pominąć; zaniedbać; przeoczyć
on [on] I *praep* 1. (*upon*) na (czymś, kimś) 2. (*at*) przy ⟨nad⟩ (czymś); **have you any change on you?** czy masz przy sobie drobne? 3. (*in*) w (czymś); w (dniu); **on Friday** w piątek; **on that day** tego dnia; **on the first of the month** pierwszego dnia w miesiącu 4. (*after*) po (czymś) 5. (*about*) o (czymś); na temat II *adv*

dalej; **on and off** z przerwami; **and so on** i tak dalej; **read on** czytaj dalej ‖ **what is on in this theatre?** co grają w tym teatrze?; **with nothing on** nie mając nic na sobie; nago

once [wʌns] **I** *adv* (jeden) raz; **more than ~** nieraz; **~ a day** raz na dzień; **~ for all** raz na zawsze; **~ more** jeszcze raz; **~ or twice** parę razy; **(all) at ~** nagle; (*in stories*) **~ upon a time** ongiś; pewnego razu **II** *conj* skoro tylko

oncoming [ˈɔnkʌmɪŋ] **I** *adj* nadchodzący; następny **II** *s* nadejście *n*; zbliżanie się *n*

one [wʌn] **I** *adj* **1.** jeden; **~ or two** parę; kilka **2.** (*certain*) pewien; niejaki; **~ day** pewnego dnia **II** *s* jeden *m*; jedynka *f* **III** *pron* ten; **the large ⟨red⟩ ~** ten duży ⟨czerwony⟩; **which ~?** który?; **how can ~ tell?** skąd można wiedzieć?; **~ never knows** nigdy się nie wie

oneself [wʌnˈself] *pron* się, siebie, sobie; (*he in person*) sam; osobiście; **one must do it ~** trzeba to zrobić samemu

one-sided [ˈwʌnˈsaɪdɪd] *adj* jednostronny; (*of a person*) stronniczy

one-time [ˈwʌn taɪm] *adj* były (dyrektor itp.)

one-way [ˈwʌn weɪ] *adj* (*of a street, traffic*) jednokierunkowy

onion [ˈʌnɪən] *s* cebula *f*

onlooker [ˈɔnlukə(r)] *s* widz *m*; *pl* **~s** gapie *pl*

only [ˈəunlɪ] **I** *adj* jedyny; **~ son** jedynak *m* **II** *adv* tylko, jedynie; **~ too ...** aż nadto ... (szczęśliwy itd.); **~ just** dopiero co; ledwo; **if ~** gdyby tylko

onward [ˈɔnwəd] **I** *adj* (*of a movement*) naprzód; ku

przodowi **II** *adv* naprzód; dalej

opaque [əuˈpeɪk] *adj* nieprzezroczysty

open [ˈəupən] **I** *adj* **1.** otwarty; (*of a parcel*) rozpakowany; (*of a letter*) rozpieczętowany; **~ country** szczera wieś; **~ sea** otwarte ⟨pełne⟩ morze; **to be ~ to ...** być podatnym na ... **2.** (*not secret*) jawny; **~ secret** tajemnica *f* poliszynela **3.** (*of post*) wolny **4.** (*of a question*) otwarty, nierozstrzygnięty; **~ to doubt** wątpliwy **II** *v* **1.** otwierać; rozpieczętować (list); odkorkować (butelkę); *przen.* **to ~ one's mind** wypowiedzieć się **2.** (*of a performance etc.*) zaczynać się **III** *s* **the ~** (wolne) powietrze *n*; **in the ~** na wolnym ⟨otwartym⟩ powietrzu

opener [ˈəupnə(r)] *s* przyrząd *m* do otwierania (puszek itp.); otwieracz *m*; **bottle ~** otwieracz do butelek; **tin ~** otwieracz do puszek

opening [ˈəupnɪŋ] **I** *s* otwarcie *n*; (*gap*) otwór *m*; wylot *m*; (*beginning*) początek *m*; (*post*) wolna posada **II** *adj* początkowy; wstępny

openly [ˈəupənlɪ] *adv* otwarcie; bez ogródek, szczerze

opera [ˈɔprə] *s* opera *f*

operate [ˈɔpəreɪt] *v* działać; pracować; (*of a medicine*) po/skutkować; (*on a patient*) operować (pacjenta); (*set in motion*) wprawiać w ruch; obsługiwać (maszynę)

operating-table [ˈɔpreɪtɪŋ teɪbl] *s* stół operacyjny

operating-theatre [ˈɔpreɪtɪŋ θɪətə(r)] *s* sala operacyjna

operation [ˌɔpəˈreɪʃn] *s* działanie *n*; (*working*) obsługiwanie *n* (maszyny); *chir. ekon. wojsk.* operacja *f*

operator [ˈɔpəreɪtə(r)] *s* *chir. kin.* operator *m*; telefonista *m*, telefonistka *f*

operetta ['opə'retə] s operetka
f
opinion [ə'pınıən] s zdanie n;
opinia f; pogląd m; a matter
of ~ kwestia f zapatrywa-
nia; I am of your ~ po-
dzielam twoje zdanie; in
my ~ moim zdaniem; to
have a high ~ of sb mieć
pochlebne zdanie o kimś
opium ['əupıəm] s opium n;
~ den palarnia f opium
opponent [ə'pəunənt] s przeciwnik m
opportune ['opətjun] adj właściwy, odpowiedni, sprzyjający; dogodny
opportunist ['opə'tjunıst] s
oportunista m
opportunity ['opə'tjunətı] s
(dogodna) sposobność <oka-
zja>; to take the ~ of ...
skorzystać ze sposobności ...
oppose [ə'pəuz] v przeciwsta-
wić (sth to sth coś czemuś);
zwalczać (sth coś); sprzeciwiać się (sth czemuś)
opposite ['opəzıt] I adj prze-
ciwległy; (contrary) przeciwny (to sb, sth komuś,
czemuś) II adv naprzeciw-
ko; po przeciwnej stronie
III s przeciwieństwo n
opposition ['opə'zıʃn] s opozycja f; opór m; przeciwsta-
wienie n; in ~ to ...
wbrew ... (czemuś); w przeciwieństwie do ... (czegoś)
oppress [ə'pres] v uciskać,
gnębić; przen. przygniatać;
męczyć
oppression [ə'preʃn] s ucisk m;
gnębienie n
oppressive [ə'presıv] adj uciąż-
liwy; przen. ciężki, przy-
gniatający
optic ['optık] adj wzrokowy;
optyczny
optician [op'tıʃn] s optyk m
optics ['optıks] s optyka f
optimist ['optımıst] s optymista m
optimistic ['optı'mıstık] adj
optymistyczny; to feel ~

być optymistycznie usposo-
bionym
option ['opʃn] s opcja f; (wolny) wybór m
optional ['opʃnl] adj dowolny; fakultatywny
or [o(r)] conj albo; lub; czy;
or else inaczej (bowiem);
w przeciwnym (bowiem) ra-
zie
oracle ['orəkl] s wyrocznia f
oral ['orəl] adj ustny (egzamin itp.); (of a medicine)
doustny
orange ['orındʒ] I s pomarańcza f II adj pomarańczowy;
~ juice, ~ squash sok po-
marańczowy
oratorio ['orə'torıəu] s orato-
rium n
orbit ['obıt] s orbita f
orchard ['otʃəd] s sad m
orchestra ['okıstrə] s orkiestra
f; teatr. parter m; ~ stalls
fotele parterowe
orchid ['okıd] s orchidea f
ordain [o'deın] v wyświęcić
(sb a priest kogoś na księ-
dza); (decide) zarządzać
ordeal [o'dil] s (ciężka) próba
f; doświadczenie n
order ['odə(r)] I s 1. klasa f;
rodzaj m 2. (religious frater-
nity) Zakon m 3. (tidiness)
porządek m; ład m; to put
<to set> sth in ~ uporząd-
kować coś; in ~ w porząd-
ku; out of ~ w nieładzie;
zepsuty; uszkodzony 4. (succession) kolejność f; (agenda) porządek m obrad 5.
wojsk. rozkaz m 6. (instruction) zarządzenie n; instruk-
cja f; by ~ of ... z nakazu
<nakazem> ... 7. handl. za-
mówienie n; zlecenie n;
money ~ przekaz pieniężny;
made to ~ wykonany na
zamówienie; to place an ~
for zamówić (coś); in order
to <that> ... aby <ażeby, w
celu> ... II v rozkazywać;
zarządzać; handl. zamawiać
orderly ['odəlı] I adj uporząd-

kowany; systematyczny II *s*
dyżurny *m*
ordinal [ˈɔdınl] I *adj* porząd-
kowy II *s* liczebnik porząd-
kowy
ordinarily [ˈɔdnrlı] *adv* zwykle; zazwyczaj
ordinary [ˈɔdnrı] *adj* zwykły;
normalny; codzienny; przeciętny
ore [ɔ(r)] *s* ruda *f*
organ [ˈɔgən] *s* 1. organy *pl*;
American ～ fisharmonia *f*;
mouth ～ harmonijka ustna;
street ～ katarynka *f* 2. *anat.*
narząd *m*
organic [ɔˈgænık] *adj* organi-
czny
organism [ˈɔgənızm] *s* organizm *m*
organization [ˈɔgənaıˈzeıʃn] *s*
organizacja *f*; zrzeszenie *n*;
(*structure*) struktura *f*
organize [ˈɔgənaız] *v* organizować
orgy [ˈɔdʒı] *s* orgia *f*
orient [ˈɔrıənt] *s* wschód *m*
oriental [ˈɔrıˈentl] *adj* orien-
talny; wschodni
origin [ˈɔrədʒın] *s* początek *m*;
geneza *f*; pochodzenie *n*
(człowieka itp.)
original [əˈrıdʒnl] I *adj* oryginalny; pierwotny II *s* oryginał *m* (obrazu itp.); (*of a
person*) dziwak *m*; oryginał
m
originate [əˈrıdʒıneıt] *v* dawać
początek (sth czemuś); za-
początkować; (*come*) pochodzić (from sth od czegoś)
ornament [ˈɔnəmənt] I *s* ozdoba *f*; ornament *m*: *pl* ～s
ornamentacja *f*; zdobnictwo
n: dekoracje *pl* II *v* ozdabiać; upiekszać; przystrajać
orphan [ˈɔfən] *s* sierota *f*
orthodox [ˈɔθədoks] *adj* orto-
doksyjny; *rel.* prawosławny
orthography [ɔˈθogrəfı] *s*
gram. pisownia *f*; ortografia *f*
oscillate [ˈɔsıleıt] *v* drgać;
przen. wahać się ;pomię-

dzy ...); *elektr.* **oscillating
current** prąd zmienny
osier [ˈəuzıə(r)] I *s* wiklina *f* II
adj wiklinowy
ostentatious [ˈostenˈteıʃəs] *adj*
wystawny; okazały; (*show-
ing off*) ostentacyjny
ostrich [ˈostrıtʃ] *s* struś *m*
other [ˈʌðə(r)] *adj pron* drugi; inny: every ～ day co
drugi dzień; the ～ day o-
negdaj; some ～ day kiedy
indziej; ～ than ... inny
niż ...; odmienny od ...
otherwise [ˈʌðəwaız] *adv* inaczej; w inny sposób; (*else*)
w przeciwnym razie; ina-
czej bowiem
otter [ˈotə(r)] *s* wydra *f*
ought [ɔt] *v* należy ⟨trzeba⟩
(coś zrobić); you ⟨we etc.⟩
～ to ... powinieneś ⟨powin-
niśmy itd.⟩ ... (coś zrobić)
ounce [auns] *s* uncja *f*
our [auə(r)] *adj* nasz
ours [auəz] *pron* nasz; a friend
of ～ pewien nasz przyjaciel
ourselves [aˈselvz] *pron* się;
siebie; sobie; (*unaccompa-
nied*) (my) sami
out [aut] I *adv* na zewnątrz;
poza domem; he is ～ nie
ma go w domu; a day ～
dzień wolny od pracy; be-
fore the day is ～ zanim
dzień się skończy; ～ and
about zdrów; na nogach;
～ and ～ całkowicie; zupełnie; ～ for sth w poszuki-
waniu czegoś; the book is ～
książka ukazała się; (*of
workers*) to be ～ strajkować II *praep* ～ of poza;
I am ～ of cigarettes skoń-
czyły mi się papierosy; ～ of
curiosity z ciekawości: ～ of
doubt bez wątpienia III *adj*
zewnętrzny
outbreak [ˈautbreık] *s* wybuch
m (gniewu itp.)
outcast [ˈautkast] I *adj* wyg-
nany; wyrzucony II *s* wyg-
naniec *m*; wyrzutek *m*

outcome ['autkʌm] s wynik m;
rezultat m
outdated [aut'deitid] adj przestarzały; przedawniony
outdistance [aut'distəns] v zdystansować; prześcignąć
outdoors [aut'dɔz] adv na wolnym powietrzu; pod gołym
niebem
outer ['autə(r)] adj zewnętrzny
outfit ['autfit] s sprzęt m;
ekwipunek m; wyposażenie
n
outfitting ['autfitiŋ] s konfekcja f; ~ department
dział m konfekcji
outing ['autiŋ] s wycieczka f;
to go for an ~ pojechać na
wycieczkę
outlast ['aut'last] v trwać dłu-
żej (sth niż coś); przetrwać
outlaw ['autlɔ] I s człowiek
wyjęty spod prawa II v wyjąć (człowieka) spod prawa;
(declare) ogłosić (coś) za
nielegalne
outline ['autlain] I s szkic m;
zarys m; in ~ w ogólnym
zarysie II v naszkicować;
nakreślić; przedstawić w o-
gólnym zarysie
outlive [aut'liv] v przeżyć (kogoś); przetrwać
outlook ['autluk] s widok m;
przen. perspektywa f ⟨wi-
doki pl⟩ (na przyszłość);
(viewpoint) pogląd m; zapa-
trywanie n; (observation
point) punkt obserwacyjny
outlying ['autlaiiŋ] adj odda-
lony; dalszy
outmoded [aut'məudid] adj niemodny
outmost ['autməust] adj naj-
dalszy; ostateczny
outnumber ['aut'nʌmbə(r)] v
przewyższać liczebnie
out-of-date ['autəv'deit] adj
przestarzały; niemodny
out-of-the-way ['aut əv ðə
'wei] adj odległy; zapadły
out-patient ['autpeiʃnt] s pacjent dochodzący ⟨ambula-

toryjny⟩; ~ department
ambulatorium n
output ['autput] s wytwór-
czość f; produkcja f; wy-
dajność f; dorobek m (ar-
tystyczny, naukowy itd.);
górn. wydobycie n
outrage ['aut-reidʒ] s obraza f;
zniewaga f; prawn. prze-
stępstwo n
outrageous [aut'reidʒəs] adj
oburzający; skandaliczny
outright ['aut-rait] I adj bezpośredni; szczery; otwarty;
uczciwy; (complete) całkowity II adv [aut'rait] zupełnie; całkowicie; (openly)
wprost (powiedzieć, odmó-
wić); otwarcie; bez ogródek
outside [aut'said] I s 1. zewnętrzna strona; (in football) ~ left lewoskrzydłowy
m; from the ~ od zewnątrz;
z zagranicy 2. (appearance)
powierzchowność f 3. (of a
building) fasada f II adj
zewnętrzny; (of an opinion)
postronny III adv zewnątrz;
na ulicy IV praep ~ of ...
na zewnątrz ... (czegoś);
przed ... (czymś); poza ...
(miastem itp.)
outsider [aut'saidə(r)] s człowiek m z innego środo-
wiska; sport. niegroźny konkurent
outsize [aut'saiz] adj ponad-
normalnej wielkości; ~
shop sklep dla nietypowych
outskirts ['autskɜts] plt krań-
ce pl ⟨peryferie pl⟩ (miasta itp.); skraj m (lasu)
outspoken [aut'spəukən] adj
otwarty; szczery
outstanding [aut'stændiŋ] adj
1. wybitny, znakomity 2.
(projecting) wystający 3. (of
a bill) zaległy
outstretched [aut'stretʃt] adj
rozpostarty; (of arms) o-
twarty
outvie [aut'vai] v prześcignąć
outvote [aut'vəut] v przegłosować

outward ['autwəd] I *adj* zewnętrzny; widoczny; powierzchowny II *adv* = outwards III *s* wygląd zewnętrzny
outwardly ['autwədlı] *adv* zewnętrznie; (*seemingly*) pozornie; na pozór
outwards ['autwədz] *adv* na zewnątrz
outweigh [aut'weı] *v* przeważyć
outwit [aut'wıt] *v* podejść (kogoś); przechytrzyć (kogoś)
oval ['əuvl] I *adj* owalny II *s* owal *m*
oven ['ʌvn] *s* piec *m* (piekarski); Dutch ～ piekarnik *m*
ovenware ['ʌvn weə(r)] *s* naczynia żaroodporne
over ['əuvə(r)] I *praep* 1. na (czymś); po (czymś); all ～ the world etc. po całym świecie itd. 2. (*above*) nad; ponad; powyżej 3. (*during*) w ciągu ⟨na przestrzeni⟩ (danego czasu); przez (niedzielę itp.) II *adv* 1. od początku do końca; (*more*) jeszcze raz; znowu; ～ again co jakiś czas; to be ～ minąć; skończyć się 2. (*across*) na drugą stronę
over- ['əuvə(r)] *praef* nad-, prze-
overact ['əuvər'ækt] *v* zgrywać się; szarżować
overall ['əuvərɔl] *s* kitel *m* (lekarza itp.); *pl* ～s kombinezon *m*
overate *zob.* overeat
overawe ['əuvər'ɔ] *v* onieśmielić; zastraszyć
overbalance ['əuvə'bæləns] I *v* przeważyć; (*lose balance*) tracić równowagę II *s* przewaga *f*
overbearing ['əuvə'beərıŋ] *adj* arogancki; wyniosły; apodyktyczny
overboard ['əuvəbɔd] *adv* (rzucić, spaść) za burtę; *przen.* to throw sth ～ pozbyć się czegoś; porzucić coś

overburden ['əuvə'bɜdn] *v* przeciążyć; przeładować
overcame *zob.* overcome
overcast ['əuvə'kast] I *v* (overcast, overcast) zaciemnić; zachmurzyć; *przen.* zasępić II *adj* pochmurny; zachmurzony; (*of a person*) posępny
overcharge ['əuvə'tʃadʒ] I *v* przeciążać; żądać zbyt wysokiej ceny; oszukiwać (na cenie) II *s* przeciążenie *n*; *pot.* zdzierstwo *n*; oszukiwanie *n* (na cenie itp.)
overcoat ['əuvəkəut] *s* płaszcz *m*
overcome ['əuvə'kʌm] *v* (overcame ['əuvə'keım], overcome) pokonywać; przemóc; zwalczyć (przeszkody); to be ～ with ⟨by⟩ sth być przejętym ⟨opanowanym⟩ czymś; nie posiadać się (z wściekłości itp.)
overcrossing ['əuvə'krosıŋ] *s* przejazd *m* górą
overcrowd ['əuvə'kraud] *v* przepełniać; zatłoczyć
overdo ['əuvə'du] *v* (overdid ['əuvə'dıd], overdone ['əuvə'dʌn) przesadzać; za daleko się posunąć (sth w czymś); przekraczać granice (przyzwoitości); *pot.* zagalopować się; *kulin.* przesmażyć; rozgotować
overdone ['əuvə'dʌn] I *zob.* overdo II *adj* przesadny
overdose ['əuvə'dəuz] I *v* przedawkować II *s* za duża dawka
overdraft ['əuvədraft] *s* bank. przekroczenie *n* konta; (*cheque*) czek *m* bez pokrycia
overdraw ['əuvə'drɔ] *v* (overdrew ['əuvə'dru], overdrawn ['əuvə'drɔn]) przekraczać (konto ⟨kredyt⟩); to ～ one's account przekroczyć rachunek ⟨konto⟩ w banku
overdue ['əuvə'dju] *adj* (*of a bill*) zaległy; (*of a train*)

spóźniony; *(of a baby)* przenoszony

over-estimate [ˈəuvəˈrestɪmeɪt] I *v* przeceniać wartość ⟨znaczenie⟩ (sth czegoś) II *s* [ˈəuvəˈrestɪmət] za wysoka ocena

over-expose [ˈəuvərɪksˈpəuz] *v* *fot.* prześwietlić (zdjęcia)

overflow [ˈəuvəˈfləu] I *v* przelać się; przepełniać; *(of a river)* wystąpić z brzegów II *s* [ˈəuvəfləu] zalew *m*, wylew *m*; *(surplus)* nadmiar *m*

overgrowth [ˈəuvəˈɡrəuθ] *s* wybujałość *f*; przerost *m*

overhaul [ˈəuvəˈhɔl] I *v* 1. gruntownie zbadać (pacjenta); to get ~ed dać się zbadać (lekarzowi) 2. *(repair)* przeprowadzić kapitalny remont (a machine maszyny itp.) II *s* [ˈəuvəhɔl] gruntowne badanie; gruntowny przegląd; *(repair)* remont *m* (generalny)

overhead [ˈəuvəˈhed] I *adv* w górze; nad głową; nad nami II *adj* napowietrzny; *(of light etc.)* górny

overhear [ˈəuvəˈhɪə(r)] *v* (overheard [ˈəuvəˈhɜd], overheard) przypadkowo usłyszeć; podsłuchać

overheat [ˈəuvəˈhit] *v* przegrzewać

overjoyed [ˈəuvəˈdʒɔɪd] *adj* rozradowany; to be ~ nie posiadać się z radości

overland [ˈəuvəlænd] I *adj* lądowy II *adv* [ˈəuvəˈlænd] lądem

overleaf [ˈəuvəˈlif] *adv* na odwrocie (stronicy)

overload [ˈəuvəˈləud] I *v* przeładować; przeciążyć II *s* [ˈəuvələud] przeciążenie *n*

overlook [ˈəuvəˈluk] *v* 1. *(of a window)* wychodzić na ... 2. *(take no notice)* przeoczyć; pomijać (milczeniem); nie zwrócić uwagi (sth na coś) 3. *(supervise)* nadzorować

overnight [ˈəuvəˈnaɪt] *adv* przez noc; w ciągu nocy

overpass [ˈəuvəpɑs] *s* wiadukt *m*; estakada *f*

overpay [ˈəuvəˈpeɪ] *v* (overpaid [ˈəuvəˈpeɪd], overpaid) przepłacić

over-peopled [ˈəuvəˈpipld] *adj* przeludniony

over-population [ˈəuvə popjuˈleɪʃn] *s* przeludnienie *n*

overpower [ˈəuvəˈpauə(r)] *v* przemóc; przezwyciężyć; wziąć górę (sb, sth nad kimś, czymś)

overpowering [ˈəuvəˈpauərɪŋ] *adj* przemożny; nieprzezwyciężony; przytłaczający

over-production [ˈəuvəprəˈdʌkʃn] *s* nadprodukcja *f*

overrate [ˈəuvəˈreɪt] *v* przeceniać, zbyt wysoko cenić

oversaw zob. oversee

oversea [ˈəuvəˈsi] I *adj (of trade etc.)* zamorski II *adv* = overseas

overseas [ˈəuvəˈsiz] *adv* za morze; do krajów zamorskich; *(beyond the sea)* za morzem; w krajach zamorskich; from ~ zza morza

oversee [ˈəuvəˈsi] *v* (oversaw [ˈəuvəˈsɔ], overseen [ˈəuvəˈsin]) nadzorować; doglądać (sth czegoś)

oversight [ˈəuvəsaɪt] *s* 1. przeoczenie *n*; niedopatrzenie *n* 2. *(supervision)* nadzór *m*

oversleep [ˈəuvəˈslip] *v* (overslept [ˈəuvəˈslept], overslept) zaspać

overstep [ˈəuvəˈstep] *v* przekraczać

overstrain [ˈəuvəˈstreɪn] *v* przeciążyć, *dost.* i *przen.* przeciągnąć (strunę itp.); ~ oneself przepracować ⟨sforsować⟩ się

overtake [ˈəuvəˈteɪk] *v* (overtook [ˈəuvəˈtuk], overtaken [ˈəuvəˈteɪkn]) 1. dopędzić; dogonić; *mot.* wyprzedzać; „No overtaking!" zakaz wy-

przedzania 2. (*surprise*) zaskoczyć
overthrow ['əuvə'θrəu] I *v*
(overthrew ['əuvə'θru], over-
thrown ['əuvə'θrəun]) powalić (przeciwnika); zadać
klęskę (sb komuś); (*cause
to fall*) obalić (rząd itp.) II
s upadek *m*; polit. przewrót
m
overtime ['əuvətaim] *s* nadgo-
dziny *pl*; to work ~ pracować poza godzinami urzę-
dowymi
overtook *zob.* overtake
overture ['əuvətʃə(r)] *s muz.*
uwertura *f*
overturn ['əuvə'tɜn] I *v* przewrócić ⟨wywrócić⟩ (się);
(*overthrow*) obalić II *s* ['əu-
vətɜn] obalenie *n*; przewrót
m
overweight ['əuvəweit] *s* nadwyżka *f* wagi; nadwaga *f*;
(*fatness*) otyłość *f*
overwhelm ['əuvə'welm] *v* zalać; (*crush*) zdruzgotać;
przemóc; to be ~ed (with
sth) uginać się pod cięża-
rem (czegoś); ~ed (*embarrassed*) onieśmielony; ~ed
with grief pogrążony w
smutku; ~ed with joy nie
posiadający się z radości
overwhelming ['əuvə'welmiŋ]
adj (*of power*) przytłaczający; (*of defeat*) druzgocą-
cy; (*of a feeling*) nieprzeparty
overwork ['əuvə'wɜk] I *v* prze-

męczyć (się); przeciążyć
pracą II *adj* ~ed przepracowany; *s* ['əuvəwɜk] przemęczenie *n*
overwrought ['əuvə'rɔt] *adj*
nerwowo wyczerpany; (*tired
out*) przemęczony
owe [əu] *v* być winnym ⟨dłuż-
nym⟩; *przen.* zawdzięczać
(sth to sb coś komuś)
owing ['əuiŋ] I *adj* należny II
praep ~ to ... dzięki ... (czemuś); z powodu ⟨wskutek⟩ ...
(czegoś)
owl [əul] *s* sowa *f*
own [əun] I *v* posiadać; mieć
(na własność); być właścicielem (sth czegoś); *pot.* to
~ up przyznawać się II *adj*
własny; with one's ~ eyes
własnymi oczami; to be on
one's ~ być samodzielnym;
~ brother rodzony brat; ~
sister rodzona siostra; *pot.*
on one's ~ na własną rękę
owner ['əunə(r)] *s* właściciel
m; posiadacz *m*; joint ~
współwłaściciel *m*
ownership ['əunəʃip] *s* posiadanie *n*; własność *f*
ox [ɔks] *s* (*pl* oxen ['ɔksən])
wół *m*
oxide ['ɔksaid] *s* tlenek *m*;
iron ~ tlenek żelaza
oxygen ['ɔksidʒən] *s* tlen *m*;
~ bottle ⟨cylinder⟩ butla
tlenowa; ~ mask maska tlenowa; ~ respirator aparat
tlenowy
oyster ['ɔistə(r)] *s* ostryga *f*

P

pace [peis] I *s* krok *m*; chód
m; (*speed*) tempo *n*; szybkość *f*; at a quick ⟨slow⟩
~ szybkim ⟨powolnym⟩ kro-
kiem; *dosł. i przen.* to keep
~ with sb dotrzymać komuś
kroku II *v* kroczyć; stąpać

pacific [pə'sifik] *adj* spokojny; pokojowy
pacifist ['pæsifist] *s* pacyfista
m
pacify ['pæsifai] *v* pacyfiko-
wać; (*calm*) uspokajać; u-
śmierzać

pack [pæk] I s 1. pakiet *m*; paczka *f*; *przen.* a ~ of lies stek *m* kłamstw 2. (*of dogs*) sfora *f* (psów) 3. (*group*) gromada *f*; banda *f* (złodziei) 4. (*cards*) talia *f* (kart do gry) II *v* pakować; zapakować; **to** ~ **in** zapakować; **to** ~ **out** wypakować; **to** ~ **up** spakować się; (*gather*) stłoczyć

package [`pækɪdʒ] s pakunek *m*; paczka *f*; opakowanie *n*; ~ **holiday** wczasy zorganizowane; ~ **tour** wycieczka zorganizowana przez biuro podróży

packed [pækt] *adj*; ~ **lunch** ⟨**meal**⟩ suchy prowiant (na wycieczkę)

packing [`pækɪŋ] s pakowanie *n*; (*material*) opakowanie *n*

pact [pækt] s pakt *m*

pad [pæd] I s 1. blok *m*; **drawing** ~ blok rysunkowy; **note-paper** ~ blok listowy 2. wyściółka *f*; podkładka *f*; *med.* tampon *m* II *v* wypychać; wyściełać; wywatować (płaszcz itd.)

paddle [`pædl] I s wiosło *n* II *v* wiosłować; brodzić; **paddling pool** brodzik *m*

paddock [`pædək] s wybieg *m* dla koni

padlock [`pædlok] s kłódka *f*

pagan [`peigən] I s poganin *m* II *adj* pogański

page [peidʒ] s stronica *f*; kartka *f*

pageant [`pædʒənt] s widowisko historyczne; pokaz *m*

pageantry [`pædʒəntrɪ] s pompa *f*; parada *f*

paid *zob.* **pay** *v*

pail [peil] s wiadro *n*

pain [pein] I s ból *m*; cierpienie *n*; **to be in** ~ cierpieć; **to give** ~ zadać ⟨sprawić⟩ ból II *v* zadawać ⟨sprawiać⟩ ból (sb komuś)

painful [`peinfl] *adj* bolesny; przykry

pain-killer [`pein kɪlə(r)] s środek przeciwbólowy

painless [`peinləs] *adj* bezbolesny

pains [peinz] *pl* trud(y); wysiłki; **to take** ~ **to do sth** dokładać starań, żeby coś zrobić

painstaking [`peinzteikiŋ] *adj* staranny; pracowity

paint [peint] I *v* malować; **to** ~ **one's face** umalować sobie twarz; **to** ~ **with iodine** zajodynować II s 1. farba *f*; **wet** ~! świeżo malowane! 2. szminka *f*

painter [`peintə(r)] s malarz *m*

painting [`peintiŋ] s malarstwo *n*; (*picture*) obraz *m*; płótno *n*

pair [peə(r)] I s para *f* (butów itd.); para małżeńska II *v* dobierać do pary; kojarzyć

pal [pæl] I s *sl.* przyjaciel *m*; kumpel *m* II *v* **to** ~ **up** zaprzyjaźnić się

palace [`pælis] s pałac *m*

palatable [`pælətəbl] *adj* smaczny; przyjemny (w smaku)

palate [`pælət] s podniebienie *n*; (*sense of taste*) smak *m*

pale [peil] I *adj* blady; ~ **blue** bladoniebieski; **to become** ⟨**to grow, to turn**⟩ ~ z/blednąć II *v* zblednąć

pallet [`pælit] s siennik *m*

palliative [`pæliətiv] I *adj* łagodzący; uśmierzający II s półśrodek *m*; środek łagodzący

palm[1] [pɑm] s dłoń *f*

palm[2] [pɑm] s palma *f*; **Palm Sunday** Niedziela *f* Palmowa

palm-house [`pɑm haus] s palmiarnia *f*

palpable [`pælpəbl] *adj* dotykalny; namacalny

palpitate [`pælpiteit] *v* pulsować; (*of heart*) bić

palsy [`pɔlzɪ] I s paraliż *m*; porażenie *n* II *v* paraliżować

paltry [ˈpɔːltrɪ] *adj* lichy; marny

pamphlet [ˈpæmflət] *s* broszura *f*; pamflet *m*

pan [pæn] *s* patelnia *f*; brytfanna *f*

pancake [ˈpænkeɪk] *s* naleśnik *m*

pancreas [ˈpænkrɪəs] *s* trzustka *f*

pane [peɪn] *s* szyba (okienna); *(in a design)* krata *f*

panel [ˈpænl] I *s* 1. kaseton *m* 2. *(list of doctors)* spis *m* (lekarzy ubezpieczalni itp.) 3. *prawn.* skład *m* sędziów przysięgłych 4. control ~ tablica rozdzielcza II *v* wykładać (ściany) boazerią

panelling [ˈpænlɪŋ] *s* boazeria *f*

pang [pæŋ] *s* (ostry) ból *m*; *przen.* ~s of conscience wyrzuty *pl* sumienia

panic [ˈpænɪk] I *s* panika *f*; popłoch *m* II *adj* paniczny III *v* siać ⟨szerzyć⟩ popłoch

panorama [ˌpænəˈrɑːmə] *s* panorama *f*

pansy [ˈpænsɪ] *s* bot. bratek *m*

pant [pænt] *v* sapać; dyszeć

panther [ˈpænθə(r)] *s* pantera *f*; lampart *m*

panties [ˈpæntɪz] *plt* *pot.* majtki *pl* (damskie); majteczki *pl* (dziecinne)

pantomime [ˈpæntəmaɪm] *s* pantomima *f*

pantry [ˈpæntrɪ] *s* spiżarnia *f*

pants [pænts] *pl* kalesony *pl*; *am.* spodnie *pl*

panty-hose [ˈpæntɪˈhəʊz] *s* rajstopy *pl*

papa [pəˈpɑ] *s* tatuś *m*; ojciec *m*

papacy [ˈpeɪpəsɪ] *s* papiestwo *n*

paper [ˈpeɪpə(r)] *s* papier *m*; *(newspaper)* gazeta *f*; *szk. uniw.* praca egzaminacyjna; *pl* ~s papiery ⟨dokumenty⟩ (osobiste)

paper-back [ˈpeɪpə bæk] *s* broszura *f*

paper-backed [ˈpeɪpə bækt] *adj* broszurowy

paprika [ˈpæprɪkə] *s* papryka *f* (słodka)

parachute [ˈpærəʃuːt] *s* spadochron *m*

parachutist [ˈpærəʃuːtɪst] *s* spadochroniarz *m*

parade [pəˈreɪd] I *s* parada *f*; popis *m*; pokaz *m*; rewia *f*; *wojsk.* inspekcja *f*; przegląd *m*; defilada *f* II *v* defilować; paradować

paradise [ˈpærədaɪs] *s* raj *m*; bird of ~ rajski ptak

paraffin [ˈpærəfɪn] *s* parafina *f*

paragon [ˈpærəgən] *s* wzór *m* (doskonałości)

paragraph [ˈpærəgrɑːf] *s* ustęp *m* *(w książce)*; *(przy dyktowaniu)* nowy wiersz

parallel [ˈpærəlel] I *adj* równoległy (with ⟨to⟩ ... do ⟨z⟩ ...); *(analogous)* analogiczny II *s* 1. *geogr.* ~ of latitude równoleżnik *m* 2. *geom.* (linia) równoległa *f*; *elektr.* in ~ (połączenie) równoległe 3. *(analogy)* analogia *f*; paralela *f*

paralyse [ˈpærəlaɪz] *v* sparaliżować; porazić; *przen.* ~ed with fear zdrętwiały ze strachu

paralysis [pəˈræləsɪs] *s* paraliż *m*; porażenie *n*

paramount [ˈpærəmaʊnt] *adj* główny; najważniejszy

parasite [ˈpærəsaɪt] *s* pasożyt *m*

paratroops [ˈpærətruːps] *pl* wojska spadochronowe

parcel [ˈpɑːsl] *s* 1. paczka *f*; pakunek *m*; przesyłka *f* (pocztowa itp.); air ~ przesyłka lotnicza; registered ~ przesyłka polecona 2. *(piece of land)* parcela *f*

parchment [ˈpɑːtʃmənt] *s* pergamin *m*

pardon [ˈpɑːdn] I *v* wybaczyć;

darować (sb komuś); ~ me przepraszam II s wybaczenie n; przeproszenie n; I beg your ~ przepraszam (bardzo); słucham?; proszę?
pardonable ['pɑdnəbl] adj wybaczalny; it's ~ można (mu itd.) to wybaczyć
parent ['peərnt] s ojciec m; matka f; pl ~s rodzice pl
parentage ['peərntɪdʒ] s pochodzenie n; ród m
parenthesis [pə'renθəsɪs] s (pl parentheses [pə'renθəsiz]) nawias m
parish ['pærɪʃ] s parafia f; ~ register księga metrykalna
parity ['pærətɪ] s równość f; (analogy) analogia f; handl. parytet m
park [pɑk] I s park m; (for cars) parking m II v zaparkować samochód
parking ['pɑkɪŋ] s parkowanie n; parking m; ~ meter licznik parkingowy; paid ~, am. metered ~ parking płatny; guarded ~ parking strzeżony; "No ~!" zakaz m postoju ⟨parkowania⟩
parliament ['pɑləmənt] s parlament
parliamentary ['pɑlə'mentrɪ] adj parlamentarny
parlour ['pɑlə(r)] s salon(ik) m; am. zakład m ⟨salon m⟩ (fryzjerski, kosmetyczny itp.)
parody ['pærədɪ] I s parodia f II v parodiować
parquet ['pɑkɪ] s parkiet m; ~ floor podłoga f z klepki
parrot ['pærət] s papuga f
parsley ['pɑslɪ] s pietruszka f
parson ['pɑsn] s pastor m; pleban m
part [pɑt] I s 1. część f; gram. a ~ of speech część mowy; the greater ~ przeważająca część; in ~ po części; częściowo; in the most ~ przeważnie 2. (share) udział m; to take ~ in ... brać udział w ... (czymś); on my ~ z

mojej strony, co do mnie 3. (duty) obowiązek m; I have done my ~ zrobiłem swoje 4. teatr. kin. rola f; to play a ~ grać rolę; to sing in ~s śpiewać na głosy 5. pl ~s okolica f; strony pl 6. (side) strona f; on the one ~ z jednej strony; on the other ~ z drugiej strony; on my ~ z mojej strony; co do mnie II v rozdzielić; dzielić; rozstawać się (from ⟨with⟩ sb, sth z kimś, z czymś); rozłączać się; (of roads) rozdzielać ⟨rozchodzić⟩ się
partake [pɑ'teɪk] v (partook [pɑ'tuk], partaken [pɑ'teɪkn]) podzielać (los); (take part) wziąć udział (in sth w czymś)
partial ['pɑʃl] adj 1. częściowy; niecałkowity 2. (biased) stronniczy; to be ~ to sb mieć słabość do kogoś; to be ~ to sth nie stronić od czegoś; lubić coś
partiality ['pɑʃɪ'ælətɪ] s stronniczość f; (liking) słabość f (for sb, sth do kogoś, czegoś); upodobanie n (for sth do czegoś)
participant [pɑ'tɪsɪpənt] s uczestnik m, uczestniczka f
participate [pɑ'tɪsɪpeɪt] v brać udział; uczestniczyć (in sth w czymś); podzielać (in sb's sorrow etc. czyjś smutek itd.)
participle ['pɑtəspl] s gram. imiesłów m
particle ['pɑtɪkl] s cząstka f; cząsteczka f; odrobina f
particular [pə'tɪkjulə(r)] adj 1. szczególny; osobliwy; specjalny; określony; in ~ w szczególności; zwłaszcza 2. (exact) szczegółowy 3. (of a person) wymagający (about sth pod względem czegoś); grymaśny II s szczegół m; detal m; pl ~s szczegółowe informacje; dokładne dane

particularity [pə'tıkju'lærətı] s
(*exactness*) dokładność f;
szczegółowość f
particularly [pə'tıkjulələ] adv
szczególnie; zwłaszcza; (*in
detail*) szczegółowo
parting ['pɑtıŋ] I s rozdział
m; (*departure*) rozstanie n;
odjazd m II adj dzielący
partisan ['pɑtı'zæn] s stronnik
m; (*fighter*) partyzant m
partition [pɑ'tıʃn] I s podział
m; rozdział m; parcelacja f;
(*wall etc.*) przepierzenie n;
przegroda f II v dzielić;
rozbierać (między siebie)
partly ['pɑtlı] adv częściowo;
poniekąd
partner ['pɑtnə(r)] s towarzysz
m; (*in business*) wspólnik
m; partner m
partnership ['pɑtnəʃıp] s
wspólnota f; handl. spółka
f; to give sb a ~ dopuścić
kogoś do spółki
partook zob. partake
partridge ['pɑ-trıdʒ] s kuropatwa f; am. przepiórka f
part-time ['pɑt taım] I adj (*of
a worker*) niepełnoetatowy
II adv w niepełnym wymia-
rze godzin
party ['pɑtı] s 1. partia f; ~
member członek m partii;
communist ~ partia komu-
nistyczna; conservative ~
partia konserwatywna; la-
bour ~ partia pracy; liberal
~ partia liberalna; political
~ partia polityczna; socialist ~ partia socjalistyczna;
to belong to a ~ należeć do
partii 2. (*company*) grupa f;
zespół m; ekipa f; towarzystwo n; rescue ~ ekipa ratownicza 3. (*social gathering*) zebranie towarzyskie;
przyjęcie n; dinner ~ pro-
szona kolacja; housewarm-
ing ~ pot. oblewanie n
mieszkania 4. prawn. strona f (w sporze itd.)
party-line ['pɑtı laın] adj ~

telephone telefon towarzyski ⟨wspólny⟩
pass [pɑs] I v 1. przechodzić;
przejeżdżać; mijać; (*of time
etc.*) przemijać; skończyć
się; to let ~ nie zwrócić
uwagi; pominąć milczeniem;
to ~ away umrzeć; to ~ for
uchodzić za (kogoś, coś) 2.
zdać (an exam egzamin) 3.
podać; ~ me the sugar,
please proszę mi podać cukier 4. (*take place*) dziać się
5. (*cards*) pasować 6. (*of a
bill*) przejść, być uchwalo-
nym II s 1. przejście n 2.
(*permission*) przepustka f 3.
zdanie n (egzaminu) 4. przełęcz f
passable ['pɑsəbl] adj (*of
roads*) przejezdny; (*of
knowledge etc.*) dostateczny
passage ['pæsıdʒ] s 1. przejście n; przejazd m; przelot
m; birds of ~ ptaki wę-
drowne 2. (*in a book*) ustęp
m (w książce); wyjątek m
(z dzieła)
passenger ['pæsndʒə(r)] s pasażer m, pasażerka f; ~ car
wagon osobowy; ~ train
pociąg osobowy
passer-by ['pɑsə'baı] s przechodzień m
passion ['pæʃn] s namiętność
f; pasja f (for sth do czegoś); to fly into a ~ unieść
się gniewem
passionate ['pæʃnət] adj namiętny; gwałtowny; żarli-
wy
passive ['pæsıv] adj bierny;
gram. ~ voice strona bier-
na
passport ['pɑspət] s paszport
m; ~ control ⟨examination⟩
kontrola paszportowa; ~
office biuro paszportowe;
to issue a ~ wydać pasz-
port; to get ⟨procure⟩ a ~
wyrobić sobie paszport
password ['pɑswɜd] s hasło n
past [pɑst] I adj przeszły; miniony; ubiegły II s prze-

szłość f III *praep* 1. obok
2. (*after*) po; a quarter ~
one kwadrans po pierwszej;
~ hope beznadziejny IV *adv*
mimo; obok
paste [peɪst] I *s* 1. ciasto *n*
2. (*for teeth etc.*) pasta *f*;
tomato ~ pasta pomidoro-
wa ⟨przecier pomidorowy⟩;
to rub sth into a ~ utrzeć
coś ma papkę II *v* kleić; lepić; (*cover with*) posmarować pastą ⟨klejem⟩
pasteboard [`peɪstbɔd] *s* tek-
tura f; karton *m*
pastel [`pæstl] *s* pastel *m*
(obraz)
pasteurize [`pæstʃəraɪz] *v* pa-
steryzować
pastime [`pɑs-taɪm] *s* rozryw-
ka f
pastry [`peɪstrɪ] *s* wyroby cu-
kiernicze; ciasta *pl*
pasture [`pɑstʃə(r)] *s* pasza f;
(*piece of land*) pastwisko *n*
pat [pæt] I *s* klepanie *n*; gła-
skanie *n* II *v* poklepać; po-
głaskać
patch [pætʃ] I *s* łata f; skrawek *m*; (*plot of ground*)
zagon *m* II *v* łatać; to ~ up
załatać; to ~ together ze-
sztukować; zeszyć; zlepić;
pot. sklecić
patched [pætʃt] *adj* w plamy;
popstrzony
patch-pocket [`pætʃ pokɪt] *s*
kraw. kieszeń naszywana
patchy [`pætʃɪ] *adj* połatany;
łaciaty
patent [`peɪtnt] I *adj* paten-
towy; opatentowany; (*open*)
otwarty; jawny; (*of a fact
etc.*) oczywisty II *s* patent
m; ~ agent rzecznik paten-
towy; ~ office biuro paten-
towe III *v* patentować
paternal [pə`tɜnl] *adj* ojcow-
ski
paternity [pə`tɜnɪtɪ] *s* ojco-
stwo *n*
path [pɑθ] *s* ścieżka f; *przen.*
droga f

pathetic [pə`θetɪk] *adj* patety-
czny; wzruszający
pathological [`pæθə`lodʒɪkl]
adj patologiczny
pathway [`pɑθweɪ] *s* ścieżka
f; droga f; chodnik *m*
patience [`peɪʃns] *s* 1. cierpli-
wość f; wytrwałość f; to be
out of ~ with sb (sth) nie
mieć do kogoś (czegoś) cier-
pliwości 2. (*cards*) pasjans
m; to play ~ stawiać pas-
jansa
patient [`peɪʃnt] I *adj* cierpli-
wy II *s* pacjent *m*, pacjent-
ka f
patina [`pætɪnə] *s* patyna f
patriot [`peɪtrɪət] *s* patriota
m, patriotka f
patriotic [`pætrɪ`otɪk] *adj* patriotyczny
patron [`peɪtrən] *s* opiekun
m; protektor *m*; *handl.* stały klient ⟨gość⟩
patronage [`pætrənɪdʒ] *s* pa-
tronat *m*
patronize [`pætrənaɪz] *v* po-
pierać; roztoczyć opiekę (sb,
sth nad kimś, czymś); *handl.*
popierać (przedsiębiorstwo);
być stałym klientem ⟨goś-
ciem⟩
pattern [`pætn] *s* 1. wzór *m*;
to take ~ by ... wzorować
się na ... 2. *kraw.* model *m*;
forma f; wykrój *m*; (*design*)
deseń *m*
pause [pɔz] I *s* pauza f; przerwa f II *v* zrobić przerwę;
zatrzymać się
pave [peɪv] *v* brukować (uli-
ce); *przen.* to ~ the way
for sth utorować drogę do
czegoś
pavement [`peɪvmənt] *s* bruk
m; nawierzchnia f (drogi
itp.); chodnik *m*
pavilion [pə`vɪlɪən] *s* pawilon
m
paving-stone [`peɪvɪŋ stəun] *s*
płyta f chodnika; brukowiec
m
paw [pɔ] *s* łapa f
pawn¹ [pɔn] *s* pionek *m*

pawn² [pɔn] I s zastaw m; in ~ oddany w zastaw II v oddać w zastaw; zastawić

pawnshop [ˈpɔnʃɔp] s lombard m

pay [peɪ] I v (paid [peɪd], paid) 1. płacić (sb for sth komuś za coś); to ~ by cheque płacić czekiem; to ~ in cash płacić gotówką; to ~ back sb zwrócić komuś pieniądze; to ~ off spłacić (dług itp.); to ~ out wypłacić 2. (give recompense) opłacać się || to ~ a visit złożyć wizytę; to ~ attention uważać (na lekcji itd.); to ~ compliments prawić komplementy II s płaca f; zapłata f; pobory pl

payable [ˈpeɪəbl] adj (of a sum) płatny; (of business) opłacalny

pay-box [ˈpeɪ bɔks] s kasa f (teatralna itp.)

pay-day [ˈpeɪ deɪ] s dzień m wypłaty

pay-desk [ˈpeɪ desk] s kasa f (w sklepie itp.)

payment [ˈpeɪmənt] s wpłata f; zapłata f; płatność f; ~ in advance przedpłata f; against ~ of ... za opłatą ...

pay-roll [ˈpeɪ rəul], pay-sheet [ˈpeɪ ʃɪt] s lista f płac

pea [pi] s groch m; green ~s groszek zielony; sweet ~ groszek pachnący

peace [pis] s 1. pokój m; at ~ na stopie pokojowej; to make ~ zawrzeć pokój 2. (quiet) spokój m (ducha): leave me in ~ dajcie mi spokój

peaceful [ˈpisfl] adj spokojny; pokojowy

peacemaker [ˈpismeɪkə(r)] s pojednawca m; rozjemca m

peach [pitʃ] s brzoskwinia f

peacock [ˈpikɔk] s paw m

peak [pik] s wierzchołek m; szczyt m (góry)

peal [pil] I v rozlegać się; rozbrzmiewać II s odgłos m; (loud noise) huk m; ~ of laughter wybuch m śmiechu

peanut [ˈpinʌt] s orzech ziemny

pear [peə(r)] s gruszka f

pearl [pɜl] s perła f

pearl-barley [ˈpɜlˈbɑlɪ] s kasza perłowa

pearl-diver [ˈpəl dɑɪvə(r)] s poławiacz m pereł

pearl-oyster [ˈpɜl ɔɪstə(r)] s perłopław m

peasant [ˈpeznt] s chłop m; wieśniak m

peasantry [ˈpezntrɪ] s zbior. chłopi pl; chłopstwo n

pea-soup [ˈpiˈsup] s grochówka f

peat-bog [ˈpit bɔg] s torfowisko n

pebble [ˈpebl] s kamyk m

peck [pek] I v dziobać II s dziobanie n

peculiar [pɪˈkjuliə(r)] adj specyficzny; szczególny; (odd) osobliwy; dziwny

peculiarity [pɪˈkjuliˈærətɪ] s właściwość f; cecha f; (oddity) osobliwość f

pedagogic(al) [ˌpedəˈgodʒɪk(l)] adj pedagogiczny

pedagogics [ˌpedəˈgodʒɪks] s pedagogika f

pedagogue [ˈpedəgog] s pedagog m

pedal [ˈpedl] s pedał m; brake ~ pedał hamulca; clutch ~ pedał sprzęgła; to press ⟨release⟩ the ~ nacisnąć ⟨zwolnić⟩ pedał

pedant [ˈpednt] s pedant m

pedantry [ˈpedntrɪ] s pedanteria f

pedestal [ˈpedɪstl] s piedestał m

pedestrian [pɪˈdestrɪən] I adj pieszy; przen. (of a style) nudny II s (człowiek) pieszy m; ~ crossing przejście n dla pieszych

pediatrics [ˈpidɪˈætrɪks] s pediatria f

pedigree ['pedɪgrɪ] s rodowód
m; genealogia f
pedlar ['pedlə(r)] s domo-
krążca m; handlarz m
peel [pil] I v obierać (kartofle, owoce); (get off) łuszczyć się II s skórka f (owocu)
peep [pip] I v zerkać; pod-
glądać II s zerknięcie n;
spojrzenie n
peep-hole ['pip həul] s judasz
m; okienko n w drzwiach
peep-show ['pip ʃəu] s foto-
plastikon m
peer ¹ [pɪə(r)] s par m; lord
m; sb's ~ człowiek równy
komuś (rangą itd.)
peer ² [pɪə(r)] v przyglądać się
(at sb, sth komuś, czemuś);
(appear) wyglądać; wyzie-
rać
peerage ['pɪərɪdʒ] s godność f
para; zbiór. parowie pl
peevish ['piviʃ] adj drażliwy;
skory do gniewu
peg [peg] I s kołek m; zatyczka f; śledź m (namiotowy);
clothes off the ~ gotowe
ubrania; konfekcja f II v
umocować kołkami; to ~ a
tent down umocować namiot
śledziami
pen [pen] s pióro n
penalty ['penltɪ] s 1. kara f;
grzywna f; under ~ of ...
pod karą ... 2. (in football)
rzut karny
pence [pens] zob. penny
pencil ['pensl] I s ołówek m
II v szkicować; (write) pisać ołówkiem
pendant ['pendənt] s wisiorek
m
pending ['pendɪŋ] I adj nierozstrzygnięty; to be ~ być
w toku II praep podczas;
w czasie (sth czegoś); do
czasu ⟨oczekując⟩ (instruc-
tions etc. instrukcji itp.)
pendulum ['pendjuləm] s wahadło n
penetrate ['penɪtreɪt] v prze-

nikać; przebijać ⟨wdzierać⟩
się
penetration ['penɪ'treɪʃn] s
przenikanie n; wdarcie się
n; (insight) przenikliwość f
penguin ['peŋgwɪn] s pingwin
m
pen-holder ['pen həuldə(r)] s
obsadka f
penicillin ['penɪ'sɪlɪn] s penicylina f
peninsula [pə'nɪnsjulə] s półwysep m
penitentiary ['penɪ'tenʃərɪ] I
adj poprawczy; (penal) karny II s dom poprawczy;
(prison) więzienie karne
penknife ['pennaɪf] (pl pen-
knives ['pennaɪvz]) s scyzoryk m
pen-name ['pen neɪm] s pseudonim literacki
pennant ['penənt] s proporzec
m
pennies ['penɪz] zob. penny
penniless ['penɪləs] adj (of a
person) bez grosza; w nę-
dzy
penny ['penɪ] s (pl pence
[pens]) 1. pens m, kwota
jednopensowa; a ~ for your
thoughts nad czym się za-
myśliłeś?; in for a ~ in for
a pound jak się powiedzia-
ło A trzeba powiedzieć B
2. (pl pennies ['penɪz]) moneta jednopensowa; przen.
grosz m
pension ['penʃn] I s emerytura f; renta f II v wyznaczać rentę ⟨emeryturę⟩; to
~ sb off przenieść kogoś na
emeryturę
pensioner ['penʃənə(r)] s emeryt m, emerytka f; renci-
sta m, rencistka f
peony ['pɪənɪ] s piwonia f
people ['pipl] s naród m; lud
m; ludzie pl; young ~ młodzież f; country ~ wieśniacy pl; ~'s rule władza ludowa
pepper ['pepə(r)] s pieprz m
pepper-and-salt   ['pepər ən

sɔlt] *adj* (*of cloth*) maren-
go; w biało-czarne kropki;
(*of hair*) szpakowaty
pepper-mill [`pepə mıl] s mły-
nek *m* do pieprzu
peppermint [`pepəmınt] I *s*
mięta pieprzowa; cukierek
miętowy II *adj* miętowy
per [pɜ(r)] *praep* 1. przez;
~ rail koleją 2. (*according
to*) według ⟨stosownie do⟩
(wzoru itp.); ~ annum rocz-
nie; ~ cent od sta; procent
m
perambulator [pə`ræmbjuleı-
tə(r)] *s* wózek dziecinny
perceive [pə`sіv] *v* spostrze-
gać; zauważać; uświadamiać
sobie
percentage [pə`sentıdʒ] *s* od-
setek *m*; procent *m*
perceptible [pə`septəbl] *adj*
dostrzegalny; zauważalny
perception [pə`sepʃn] *s* po-
strzeganie *n*; percepcja *f*
perch [pɜtʃ] *s* okoń *m*
percolate [`pɜkəleıt] *v* prze-
siąkać; to ~ coffee parzyć
kawę
percolator [`pɜkəleıtə(r)] *s* ma-
szynka *f* do parzenia kawy
percussion [pɜ`kʌʃn] I *s* per-
kusja *f* II *adj* perkusyjny
peremptory [pə`remptərı] *adj*
rozkazujący;   stanowczy;
nieodwołalny
perfect [`pɜfıkt] I *adj* 1. do-
skonały 2. (*learned*) wyuczo-
ny 3. (*complete*)~ zupełny;
a ~ stranger zupełnie obcy
człowiek; ~ nonsense czy-
sta bzdura 4. *gram.* dokonany II *v* [pə`fekt] doskona-
lić; (*finish*) wykańczać
perfection [pə`fekʃn] *s* dosko-
nałość *f*; perfekcja *f*; to ~
doskonale
perfectly [`pɜfıktlı] *adv* do-
skonale; (*quite*) zupełnie;
całkowicie; he is ~ right on
ma zupełną rację
perfidious [pə`fıdıəs] *adj* wia-
rołomny; perfidny
perforate [`pɜfəreıt] *v* dziura-

wić;   przebić;   dziurkować;
~d dziurkowany
perform [pə`fɔm] *v* dokony-
wać; spełniać; wywiązywać
się (one's duty z obowiązku); występować (na sce-
nie);   wykonywać   (utwór
muzyczny)
performance [pə`fɔməns] *s* 1.
spełnienie *n*; wykonanie *n*
2. odegranie *n* (roli); *teatr.*
przedstawienie *n*; *kin.* seans
m; no ~ „teatr zamknięty";
„kino nieczynne"
performer [pə`fɔmə(r)] *s* wy-
konawca *m*; artysta *m*
perfume [`pɜfjum] I *s* perfu-
my *pl*; (*smell*) zapach *m* II
v [pə`fjum] perfumować
perfumery [pə`fjumərı] *s* per-
fumeria *f*
perhaps [pə`hæps] *adv* być
może; możliwe; unless ~ ...
chyba, że ...
peril [`perıl] *s* niebezpieczeń-
stwo *n*
perilous [`perləs] *adj* niebez-
pieczny
period [`pıərıəd] *s* 1. okres *m*;
epoka *f* 2. (*full stop*) kropka *f*
periodical [`pıərı`odıkl] I *adj*
okresowy; periodyczny II *s*
czasopismo *n*; periodyk *m*
periscope [`perıskəup] *s* pery-
skop *m*
perish [`perıʃ] *v* ginąć; tracić
życie; przepadać
perjury [`pɜdʒərı] *s* krzywo-
przysięstwo *n*
perm [pɜm] *s* trwała ondulacja
permanence   [`pɜmənəns]   *s*
trwałość *f*; niezmienność *f*;
stałość *f*
permanent [`pɜmənənt] *adj*
trwały; ciągły; nieustanny;
~ wave trwała ondulacja
permanganate [pə`mæŋgəneıt]
s nadmanganian *m*; ~ of
potash nadmanganian po-
tasu
permeate [`pɜmıeıt] *v* przeni-

kać; przesiąkać (sth przez coś); przepajać

permissible [pə'mɪsəbl] *adj* dopuszczalny; dozwolony

permission [pə'mɪʃn] *s* pozwolenie *n*; zezwolenie *n*; to grant ⟨give⟩ a ~ udzielić zezwolenia

permit [pə'mɪt] I *v* pozwalać ⟨zezwalać⟩ (sth na coś); ~ me to say ... pozwólcie, że powiem ... II *s* ['pɜmɪt] pozwolenie *n*; przepustka *f*; ~ of export pozwolenie *n* wywozu; ~ of residence zezwolenie *n* na pobyt; *am.* entry ~ pozwolenie *n* przywozu; to issue ⟨grant⟩ a ~ wydać przepustkę

peroxide [pə'rɒksaɪd] *s* (*także* ~ of hydrogen) woda utleniona

perpendicular ['pɜpən'dɪkjʊ-lə(r)] I *adj* pionowy; prostopadły II *s* *geom.* linia prostopadła; (*position*) pion *m*

perpetual [pə'petʃʊəl] *adj* wieczny; nieustający

perplex [pə'pleks] *v* zakłopotać; (*puzzle*) zdumiewać

persecute ['pɜsɪkjut] *v* prześladować; napastować

persecution ['pɜsɪ'kjuʃn] *s* prześladowanie *n*

perseverance ['pɜsɪ'vɪərəns] *s* wytrwałość *f*

persevere ['pɜsɪ'vɪə(r)] *v* wytrwać (in sth w czymś); to ~ in doing sth dalej ⟨wciąż⟩ coś robić

persevering ['pɜsɪ'vɪərɪŋ] *adj* wytrwały

Persian ['pɜʃn] I *adj* perski II *s* (*native*) Pers *m*, Persjanka *f*

persist [pə'sɪst] *v* wytrwać; obstawać (in sth przy czymś); trwać

persistent [pə'sɪstənt] *adj* wytrwały; uporczywy; stały

person ['pɜsn] *s* osoba *f*; in ~ osobiście

personage ['pɜsnɪdʒ] *s* osobi-

stość *f*; wielka figura; *lit.* *teatr.* postać *f*

personal ['pɜsnl] *adj* prywatny; osobisty; ~ remark osobista przymówka; *gram.* ~ pronouns zaimki osobowe

personality ['pɜsə'næləti] *s* osobistość *f*; (*posture*) postawa *f*; (*person's character*) indywidualność *f*; osobowość *f*

personify [pə'sɒnɪfaɪ] *v* uosabiać; wcielać

personnel ['pɜsə'nel] *s* personel *m*; pracownicy *pl*; ~ officer ⟨manager⟩ personalny *m*, personalna *f*

perspective [pə'spektɪv] I *s* perspektywa *f* II *adj* perspektywiczny

perspiration ['pɜspə'reɪʃn] *s* pocenie się *n*; (*sweat*) pot *m*

perspire [pə'spaɪə(r)] *v* pocić się

persuade [pə'sweɪd] *v* przekonywać się (of sth o czymś); to ~ sb out of sth wyperswadować komuś coś; to ~ sb into doing sth namówić ⟨nakłonić⟩ kogoś do zrobienia czegoś

persuasion [pə'sweɪʒn] *s* przekonywanie *n*; namawianie *n*; perswazja *f*

pertinent ['pɜtɪnənt] *adj* stosowny; (*relating*) odnoszący się (to sth do czegoś)

pervade [pə'veɪd] *v* szerzyć się; napełniać; przenikać; przepajać

perverse [pə'vɜs] *adj* przewrotny; (*wicked*) perwersyjny; zepsuty; zboczony

pervert [pə'vɜt] I *v* deprawować; gorszyć II *s* ['pɜvɜt] zboczeniec *m*

pessimism ['pəsɪmɪzm] *s* pesymizm *m*

pessimist ['pesɪmɪst] *s* pesymista *m*, pesymistka *f*

pessimistic(al) ['pesɪ'mɪstɪk(l)] *adj* pesymistyczny

pest [pest] *s* plaga *f*; zaraza

f; szkodnik *m*; ~ **control**
walka *f* ze szkodnikami
pester [`pestə(r)] *v* dokuczać;
dręczyć
pesticide [`pestısaıd] *s* środek
owadobójczy; ~s środki *pl*
do walki ze szkodnikami
pestilence [`pestıləns] *s* zara-
za *f*; epidemia *f*
pet [pet] **I** *s* pieszczoch *m*;
ulubieniec *m*; ulubione
zwierzę; my ~! kochanie! **II**
adj ulubiony; wypieszczo-
ny; ~ **name** pieszczotli-
wa ⟨zdrobniała⟩ nazwa **III** *v*
pieścić; czulić się (sb do
kogoś)
pet² [pet] *s* obraza *f*; gniew
m; dąsy *pl*; **to get into a** ~
obrazić się
petition [pı`tıʃn] *s* petycja *f*;
prośba *f*
petitioner [pı`tıʃnə(r)] *s* petent
m
petrol [`petrl] *s* benzyna *f*;
paliwo *n*; ~ **card** bon benzynowy; **high-octane** ~ benzyna wysokooktanowa; **leader** ~ benzyna etylizowana;
low-octane ~ benzyna niskooktanowa; **regular** ~ benzyna zwykła; **synthetic** ~
benzyna syntetyczna; **super**
~ benzyna super; **to fill up
the tank with** ~ nabrać
benzyny; napełnić bak benzyną; **I've run out of** ~
zabrakło mi benzyny
petrol-can [`petrl kæn] *s* ka-
nister *m*
petroleum [pı`trəulıəm] *s* ro-
pa naftowa
petrol-tank [`petrl tæŋk] *s*
bak *m*; **empty** ~ pusty bak;
full ~ pełny bak
petticoat [`petıkəut] *s* halka *f*
petty [`petı] *adj* drobny; ma-
ło ważny; (*mean*) małostkowy
petulant [`petjulənt] *adj* roz-
drażniony
petunia [pı`tjunıə] *s* petunia *f*
pharmacy [`faməsı] *s* farma-
cja *f*; (*drug-store*) apteka *f*

phase [feız] *s* faza *f*; okres *m*
pheasant [`feznt] *s* bażant *m*
phenomenon [fı`nomınən] *s*
(*pl* **phenomena** [fı`nomınə])
fenomen *m*; zjawisko *n* (of
nature przyrody)
phial [`faıəl] *s* słoiczek *m*; fla-
konik *m*; fiolka *f*
philander [fı`lændə(r)] *v* flir-
tować; romansować
philanthropy [fı`lænθrəpı] *s*
filantropia *f*
philately [fı`lætəlı] *s* filatelis-
tyka *f*
philharmonic [`filə`monık] *adj*
filharmoniczny; (of an orchestra) filharmonii (danej
miejscowości); **Philharmonic
society** filharmonia *f*
philologist [fı`lolədʒıst] *s* filo-
log *m*; student *m* filologii
philology [fı`lolədʒı] *s* filolo-
gia *f*
philosopher [fı`losəfə(r)] *s* fi-
lozof *m*
philosophy [fı`losəfı] *s* filozo-
fia *f*; moral ~ etyka *f*
phlegm [flegm] *s* flegma *f*
phlegmatic [fleg`mætık] *adj*
flegmatyczny; spokojny
phone¹ [fəun] *s* głoska *f*
phone² [fəun] = *skr. pot.* telephone *s*; ~ **booth** budka
telefoniczna; **to be on the** ~
mieć (w domu) telefon; być
przy telefonie
phonetic [fə`netık] *adj* fone-
tyczny
phoney [`fəunı] *adj sl.* fałszy-
wy; sztuczny; nieprawdzi-
wy
photo [`fəutəu] = *skr. pot.* pho-
tograph *s*
photograph [`fəutəgraf] **I** *s* fo-
tografia *f*; zdjęcie *n* **II** *v*
fotografować; robić zdjęcia
photographer [fə`togrəfə(r)] *s*
fotograf *m*
photography [fə`togrəfı] *s* fo-
tografika *f*
photometer [fə`tomıtə(r)] *s*
światłomierz *m*
phrase [freız] *s* wyrażenie *n*;
zwrot *m*; *muz.* fraza *f*

physical ['fɪzɪkl] *adj* fizyczny; cielesny
physician [fɪ'zɪʃn] *s* lekarz *m*
physicist ['fɪzɪsɪst] *s* fizyk *m*
physics ['fɪzɪks] *s* fizyka *f*
physiology ['fɪzɪ'olədʒɪ] *s* fizjologia *f*
pianist ['pɪənɪst] *s* pianista *m*, pianistka *f*
piano [pɪ'ænəu] *s* fortepian *m*; cottage ~ pianino *n*
pick [pɪk] I *s* (*selection*) wybór *m*; elita *f* II *v* kopać; (*probe teeth etc.*) dłubać; (*of a bird*) dziobać; skubać; (*steal*) kraść; (*pluck*) wyrywać; zrywać; ·to ~ and choose grymasić; kręcić nosem; to ~ a lock otworzyć zamek wytrychem; to ~ out wybierać; to ~ up podnieść; zbierać (plotki itd.); (*of a taxi etc.*) zabierać pasażerów; *pot.* to ~ up a boy ⟨girl⟩ poderwać chłopaka ⟨dziewczynę⟩
pickle ['pɪkl] I *s* marynata *f*; *pl* ~s pikle *pl* II *v* marynować; konserwować (w occie)
pickpocket ['pɪkpokɪt] *s* złodziej kieszonkowy
picnic ['pɪknɪk] *s* piknik *m*; majówka *f*
picture ['pɪktʃə(r)] I *s* obraz(ek) *m*; (*drawing*) rycina *f*; (*portrait*) portret *m*; (*landscape*) widok *m*; ~ gallery galeria *f* obrazów; ~ postcard pocztówka *f*; widokówka *f*; the ~ of health okaz *m* zdrowia; to take ~s fotografować; the ~s kino *n* II *v* odmalować; przedstawić
picturesque ['pɪktʃə'resk] *adj* malowniczy
pie [paɪ] *s* pasztet *m*; pasztecik *m*; babeczka *f*; placek *m*
piece [pis] *s* 1. kawałek *m*; (*part*) część *f*; ~ by ~ po kawałku; to go to ~s rozlecieć się w kawałki; (*of*

a person) załamać się; to take to ~s rozebrać na części; a ~ of luck szczęście *n* 2. *lit. muz.* utwór *m*; *teatr.* sztuka *f*
pier [pɪə(r)] *s* molo *n*; przystań *f*
pierce [pɪəs] *v* przebijać; przeszywać; przedziurawiać; przenikać
piety ['paɪətɪ] *s* pobożność *f*
pig [pɪg] *s* wieprz *m*; świnia *f*
pigeon ['pɪdʒən] *s* gołąb *m*
piggish ['pɪgɪʃ] *adj* wstrętny; brudny
piggy ['pɪgɪ] *s* prosię *n*
pigskin ['pɪgskɪn] *s* świńska skóra
pigsty ['pɪgstaɪ] *s* chlew *m*
pike [paɪk] *s* szczupak *m*
pile [paɪl] I *s* stos *m*; sterta *f*; zwał *m* II *v* gromadzić
pilfer ['pɪlfə(r)] *v* ukraść; *pot.* zwędzić
pilgrim ['pɪlgrɪm] *s* pielgrzym *m*
pilgrimage ['pɪlgrɪmɪdʒ] *s* pielgrzymka *f*; wędrówka *f*
pill [pɪl] *s* pigułka *f*; to take a ~ zażyć pigułkę
pillar ['pɪlə(r)] *s* kolumna *f*; filar *m*
pillar-box ['pɪlə boks] *s* skrzynka pocztowa
pillow ['pɪləu] *s* poduszka *f*
pillow-case ['pɪləu keɪs], pillow-slip ['pɪləu slɪp] *s* poszewka *f* na poduszkę
pilot ['paɪlət] I *s* pilot *m*; *mor.* sternik *m*; (*guide*) przewodnik *m*, przewodniczka *f* II *v* pilotować; *mor.* sterować
pimple ['pɪmpl] *s* krosta *f*; pryszcz *m*
pin [pɪn] I *s* 1. szpilka *f*, szpileczka *f*; I don't care a ~! gwiżdżę na to! 2. (*peg of wood*) kołek *m*; (*peg of metal*) sztyft *m* II *v* przypinać, przymocować (kołkiem itp.)
pinafore ['pɪnəfɔ(r)] *s* fartuszek *m* (dziecinny)

pincers [ˈpɪnsəz] *plt* obcęgi *pl*; szczypce *pl*; kleszcze *pl*
pinch [pɪntʃ] **I** *v* szczypać; (*tease*) dokuczać (*sb* komuś); *pot.* buchnąć; ukraść **II** *s* uszczypnięcie *n*; (*small amount*) szczypta *f*
pine [1] [paɪn] *s* sosna *f*
pine [2] [paɪn] *v* marnieć; tęsknić; wzdychać (*for sb, sth* za kimś, czymś)
pineapple [ˈpaɪnæpl] *s* ananas *m*
ping-pong [ˈpɪŋpɒŋ] *s* ping-pong *m*
pink [pɪŋk] **I** *s bot.* g(w)oździk *m*; (*colour*) kolor różowy **II** *adj* różowy
pint [paɪnt] *s* miara pojemności (= 0,56 litra)
pioneer [ˌpaɪəˈnɪə(r)] **I** *s* pionier *m* **II** *v* być pionierem; torować drogę
pious [ˈpaɪəs] *adj* pobożny
pipe [paɪp] *s* 1. rura *f*; przewód *m*; rynna *f*; to lay the ~s założyć instalację wodociągową ⟨gazową itp.⟩ 2. *muz.* piszczałka *f*; fujarka *f* 3. (*smoker's*) fajka *f*
pipeline [ˈpaɪplaɪn] *s* rurociąg *m*
pirate [ˈpaɪərət] **I** *s* pirat *m*; korsarz *m* **II** *v* uprawiać korsarstwo
pistol [ˈpɪstl] *s* pistolet *m*; rewolwer *m*
piston [ˈpɪstən] *s* tłok *m* (w silniku)
pit [pɪt] *s* dół *m*; *górn.* kopalnia *f*; szyb *m*; *teatr.* parter *m*
pitcher [ˈpɪtʃə(r)] *s* dzban *m*
piteous [ˈpɪtɪəs] *adj* żałosny; nędzny
pitfall [ˈpɪtfɔl] *s* pułapka *f*
pitiless [ˈpɪtɪləs] *adj* bezlitosny
pity [ˈpɪtɪ] **I** *s* 1. litość *f*; współczucie *n* 2. (*cause for regret*) szkoda *f*; it is a ~ that ... szkoda, że ...; what a ~! jaka szkoda! **II** *v* li-

tować się; żałować; współczuć (*sb* komuś)
place [pleɪs] **I** *s* 1. miejsce *n*; in all ~s wszędzie; in ~ of ... zamiast ...; in the first ~ przede wszystkim; najpierw; out of ~ nie na miejscu; niestosowny 2. (*dwelling*) mieszkanie *n*; dom *m*; siedziba *f*; at my ~ u mnie 3. (*institution*) lokal *m* (rozrywkowy itp.); zakład *m* (kąpielowy itp.) 4. *sport.* miejsce *n* (zajęte w zawodach) 5. (*occupation*) zajęcie *n*; posada *f* 6. (*at a table*) nakrycie *n* (przy stole) **II** *v* 1. umieszczać; lokować; to be ~d znajdować się 2. sprzedawać (towar); lokować (pieniądze) 3. *sport.* to be ~d ... zająć ... miejsce
plague [pleɪg] *s* plaga *f*; zaraza *f*; dżuma *f*; *przen.* utrapienie *n*
plaice [pleɪs] *s* płastuga *f*
plain [pleɪn] **I** *adj* 1. jasny; zrozumiały; oczywisty; ~ dealing uczciwe postępowanie; in ~ words po prostu; *przen.* it's ~ sailing to jest całkiem proste 2. (*simple*) prosty; zwyczajny; nieskomplikowany; in ~ clothes po cywilnemu 3. (*of a person*) niewykształcony 4. (*of cloth*) gładki **II** *s* równina *f* **III** *adv* jasno; otwarcie
plaintive [ˈpleɪntɪv] *adj* żałosny; płaczliwy
plait [plæt] **I** *s* warkocz *m* **II** *v* spleść, zapleść
plan [plæn] **I** *s* plan *m*; projekt *m* **II** *v* planować; projektować; (*intend*) zamierzać
plane [1] [pleɪn] *s* samolot *m*
plane [2] [pleɪn] **I** *adj* płaski, równy **II** *s* płaszczyzna *f*
planet [ˈplænɪt] *s* planeta *f*
plank [plæŋk] *s* deska *f*
plant [plɑnt] **I** *s* 1. roślina *f* 2. (*implements*) instalacja

f **3.** (*factory*) fabryka *f* II
v sadzić; stać; (*fix*) wsa-
dzać; umieszczać
plantation [plæn`teɪʃn] *s* plan-
tacja *f*
plaster [`plɑstə(r)] I *s* 1. gips
m; tynk *m*; ~ of Paris gips
modelarski 2. *med.* plaster
m, przylepiec *m* II *v* tynkować
plastic [`plæstɪk] I *adj* pla-
styczny II *s* plastyk *m*
plate [pleɪt] I *s* 1. płyta *f*;
(*on the door*) tabliczka *f*
(na drzwiach) 2. *druk. fot.*
klisza *f* 3. (*cutlery*) srebro
stołowe; naczynia srebrne 4.
(*for food*) talerz *m* II *v* pla-
terować; posrebrzać
plateau [`plætəu] *s* płaskowyż
m
plateful [`pleɪtfl] *s* (pełny) ta-
lerz (czegoś)
platform [`plætfɔm] *s* 1. es-
trada *f*; mównica *f* 2. (*on
a station*) peron *m*; ~ ticket
bilet peronowy 3. (*in tramway etc.*) platforma *f*; pomost *m*
platinum [`plætnəm] *s* platy-
na *f*; ~ blonde platynowa
blondynka
platitude [`plætɪtjud] *s* banał
m; frazes *m*
play [pleɪ] I *v* bawić się; grać
(**cards, tennis** etc. w karty,
w tenisa itp.; the piano,
the violin etc. na fortepianie, na skrzypcach itd.); to
~ fair grać przepisowo
⟨uczciwie⟩; to ~ on words
bawić się w dwuznaczniki;
to ~ a joke ⟨trick⟩ on sb
spłatać komuś figla II *s* 1.
gra *f*; zabawa *f*; fair ~
czysta ⟨uczciwa⟩ gra; foul
~ nieczysta gra 2. sztuka *f*
(teatralna)
play-boy [`pleɪ bɔɪ] *s* play-
boy *m*
player [`pleɪə(r)] *s* gracz *m*;
zawodnik *m*; (*actor*) aktor
m

playful [`pleɪfl] *adj* figlarny;
wesoły
playground [`pleɪgraund] *s* bo-
isko *n*
plaything [`pleɪθɪŋ] *s* zabawka
f
plead [plid] *v* 1. błagać; to ~
with sb for sb wstawiać się
u kogoś za kimś 2. *sąd.* bronić sprawy 3. (*excuse oneself*) usprawiedliwiać się
pleasant [`pleznt] *adj* sympa-
tyczny; przyjemny; miły
please [pliz] *v* podobać się
⟨sprawiać przyjemność, do-
gadzać⟩ (**sb** komuś); you
can't ~ everybody wszyst-
kim nie dogodzisz; to be
anxious to ~ chcieć się
przypodobać; ~ sit down
proszę usiąść; another cup?
— yes, ~ nalać ci jeszcze? —
proszę bardzo
pleased [plizd] *adj* zadowolony; to be ~ with sth być
zadowolonym z czegoś; to
be ~d to do sth z przy-
jemnością ⟨z chęcią⟩ coś
zrobić; (I am) ~d to meet
you miło mi pana poznać
pleasure [`pleʒə(r)] *s* przyjem-
ność *f*; it's a ~ to ... to
prawdziwa przyjemność ...;
the ~ is mine cała przyjemność po mojej stronie; to
take ~ in doing sth znaj-
dować przyjemność w
czymś; z upodobaniem coś
robić; with ~ z przyjem-
nością
pleasure-steamer [`pleʒə sti-
mə(r)] *s* statek wycieczkowy
pleat [plit] I *s* *kraw.* fałda *f*
II *v* układać ⟨spódnicę itd.⟩
w fałdy
plebiscite [`plebɪsɪt] *s* plebis-
cyt *m*
pledge [pledʒ] I *s* zastaw *m*;
(*security*) poręka *f*; gwarancja *f* II *v* zastawiać;
(*commit oneself*) ślubować;
zobowiązywać się
plenary [`plinərɪ] *adj* 1. pełny;
~ power pełnomocnictwo *n*

2. (*fully attended*) plenarny
plentiful ['plentıfl] *adj* obfity; **to be ~** znajdować się
w obfitości
plenty ['plentı] *s* obfitość *f*;
~ of ... mnóstwo ⟨dużo⟩ ...
pleurisy ['pluərısı] *s* zapalenie
n opłucnej
pliable ['plaıəbl] *adj* giętki;
podatny
pliers ['plaıəz] *plt* kombinerki
pl
plot [plot] **I** *s* **1.** parcela *f*;
kawałek *m* gruntu **2.** *lit.*
intryga *f*; wątek *m*; (*conspiracy*) spisek *m* **II** *v* **1.**
sporządzać wykres ⟨plan⟩ **2.**
(*conspire*) spiskować; knuć;
robić intrygi
plough [plau] **I** *s* pług *m* **II** *v*
orać
plover ['plʌvə(r)] *s* przepiórka *f*
plucky ['plʌkı] *adj* odważny;
śmiały
plug [plʌg] **I** *s* zatyczka *f*;
szpunt *m*; kołek *m*; sztyft
m; *elektr.* wtyczka *f*; *techn.*
mot. świeca *f* (silnika spalinowego) **II** *v* zatykać
plum [plʌm] *s* śliwka *f*
plumber ['plʌmə(r)] *s* hydraulik *m*
plump [plʌmp] *adj* pulchny;
tłuściutki
plunder ['plʌndə(r)] **I** *v* plądrować; łupić **II** *s* grabież
f; rabunek *m*
plunge [plʌndʒ] *v* zanurzać;
wpychać; pogrążać; (*dive*)
nurkować; *przen.* zagłębiać
się
plunge-board ['plʌndʒ bɔd] *s*
trampolina *f*
plural ['pluərl] **I** *adj* *gram.*
mnogi **II** *s* liczba mnoga
plus [plʌs] **I** *praep* plus; i;
oraz **II** *adj* dodatni **III** *s*
plus *m*
plush [plʌʃ] *s* plusz *m*
plywood ['plaıwud] *s* dykta *f*;
sklejka *f*
pneumonia [nju'məunıə] *s* zapalenie *n* płuc

poacher ['pəutʃə(r)] *s* kłusownik *m*
pocket ['pokıt] **I** *s* kieszeń *f* **II**
v wkładać do kieszeni
pocket-book ['pokıt buk] *s*
notes *m*
pocket-money ['pokıt mʌnı] *s*
kieszonkowe *n*
poem ['pəuım] *s* poemat *m*;
wiersz *m*
poet ['pəuıt] *s* poeta *m*
poetic(al) [pəu'etık(l)] *adj* poetyczny
poetry ['pəuıtrı] *s* poezja *f*
point [pɔınt] **I** *s* **1.** punkt *m*;
kropka *f*; **full ~** kropka *f*
(w interpunkcji); **a ~ of**
honour punkt *m* honoru; **at**
all ~s w każdym szczególe;
to be on the ~ of doing sth
mieć właśnie coś zrobić **2.**
cardinal ~s strony *pl* świata **3.** (*characteristic*) cecha
charakterystyczna **4.** (*essential thing*) istota *f* rzeczy;
sens *m*; **that's the ~** w tym
cała rzecz; **o to właśnie chodzi**; **in ~ of fact** istotnie;
(*of a remark*) **to the ~** trafny; do rzeczy; **to make a ~**
of doing sth uważać za konieczne ⟨postawić sobie za
cel⟩ zrobienie czegoś; **I see**
your ~ rozumiem do czego
zmierzasz; **to carry one's**
~ osiągnąć cel; postawić
na swoim **II** *v* **1.** ostrzyć **2.**
(*show*) wskazywać (**to sth**
na coś); dowodzić (**to sth**
czegoś); **to ~ out** wykazywać; uwydatniać; **to ~ out**
that ... zauważyć, że ...
point-blank ['pɔınt'blæŋk] **I**
adj bezpośredni; (na)
wprost; *przen.* bez ogródek
II *adv* bezpośrednio; wprost
pointed ['pɔıntıd] *adj* spiczasty; ostry; zaostrzony; (*of*
a remark) uszczypliwy
pointless ['pɔıntləs] *adj* bezsensowny; bezcelowy
poise [pɔız] **I** *v* równoważyć;
utrzymywać równowagę **II**

s .równowaga f; (posture) postawa f; poza f

poison ['pɔɪzn] I s trucizna f II v (o)truć

poisonous ['pɔɪznəs] adj trujący; zool. jadowity

poker ['pəukə(r)] s karc. poker m

polar ['pəulə(r)] adj polarny; ~ lights zorza polarna

Pole¹ [pəul] s Polak m, Polka f

pole² [pəul] s słup m; tyczka f; sport. ~ jump skok m o tyczce

pole³ [pəul] s geogr. biegun m; negative ⟨positive⟩ ~ biegun ujemny ⟨dodatni⟩

police [pə'lis] s policja f; ~ constable policjant m; the military ~ żandarmeria f

police-force [pə'lisfɔs] s policja f

policeman [pə'lismən] s (pl policemen) policjant m

police-station [pə'lis steiʃn] s komisariat m

policy¹ ['poləsɪ] s polityka f; taktyka f; dyplomacja f; it's bad ~ to zła taktyka

policy² ['poləsɪ] s polisa f (ubezpieczeniowa); to take out a ~ ubezpieczyć się

polio ['pəulɪəu] s = polio-myelitis

polio-myelitis ['pəulɪəu'maɪə'laɪtɪs] s paraliż dziecięcy; choroba f Heine-Medina

Polish¹ ['pəulɪʃ] I adj polski II s język polski; to speak broken ⟨correct⟩ ~ mówić łamaną ⟨poprawną⟩ polszczyzną

polish² ['polɪʃ] I v polerować; czyścić II s 1. blask m; połysk m; przen. polor m; ogłada f 2. (paste) pasta f (do czyszczenia) 3. lakier m (do paznokci) 4. politura f

polite [pə'laɪt] adj grzeczny; uprzejmy

politeness [pə'laɪtnəs] s grze-

czność f; uprzejmość f; dobre wychowanie

political [pə'lɪtɪkl] adj polityczny

politician ['polə'tɪʃn] s polityk m

politics ['polətɪks] s polityka f

poll [pəul] I s głosowanie n; obliczenie n głosów w wyborach; (inquiry) am. ankieta f II v głosować; otrzymywać głosy

pollute [pə'lut] v zanieczyszczać

pollution [pə'luʃn] s zanieczyszczenie n (atmosfery, wód itd.)

polo-neck ['pəuləu nek] s kraw. golf m; ~ sweaters swetry pl z golfem

pomegranate ['pomɪgrænət] s bot. granat m

pompous ['pompəs] adj paradny; okazały; (bombastic) pompatyczny

pond [pond] s staw m

ponder ['pondə(r)] v rozważać; to ~ over sth dumać nad czymś

pontoon [pon'tun] I s ponton m II adj pontonowy

pony ['pəunɪ] s kucyk m

pony-tail ['pəunɪteɪl] s koński ogon (uczesanie)

poodle ['pudl] s pudel m

pool¹ [pul] s kałuża f; (for swimming) basen (pływacki itp.)

pool² [pul] s stawka f (w grze); pula f; football ~ totalizator piłkarski

poop [pup] s rufa f

poor [puə(r)] I adj biedny; ubogi; nędzny II s (pl) the ~ biedni pl

poorly ['puəlɪ] I adv ubogo; licho; nędznie II adj niezdrów; cierpiący

pop [pop] = popular adj; popularny; ~ art sztuka popularna ⟨dla mas⟩; ~ music muzyka popularna

pope [pəup] s papież m
poplar [ˋpoplə(r)] s topola f
poplin [ˋpoplın] s popelina f
poppy [ˋpopı] s mak m
poppy-seed [ˋpopı sid] s mak m (nasienie)
popular [ˋpopjulə(r)] adj ludowy; (for everybody) popularny; (of a phrase) potoczny; (liked) lubiany; to make oneself ~ zyskać popularność
popularity [ˌpopjuˋlærətı] s popularność f
population [ˌpopjuˋleıʃn] s ludność f
porcelain [ˋposlın] s porcelana f
porch [potʃ] s ganek m; am. weranda f; arch. portyk m
pore [po(r)] v zagłębiać się (over sth w coś, w czymś); ślęczeć (over sth nad czymś)
pork [pok] s wieprzowina f; mięso wieprzowe
porridge [ˋporıdʒ] s owsianka f; kasza owsiana
port [pot] s port m
portable [ˋpotəbl] adj przenośny
portal [ˋpotl] s arch. portal m
porter¹ [ˋpotə(r)] s portier m; woźny m; ~'s lodge portiernia f
porter² [ˋpotə(r)] s 1. bagażowy m; numerowy m 2. (beer) porter m
portion [ˋpoʃn] s część f; udział m; porcja f; a ~ of icecream porcja f lodów; additional ~ dodatkowa porcja; big ~ duża porcja; half a ~ pół porcji; small ~ mała porcja
portrait [ˋpotrıt] s portret m
portray [poˋtreı] v portretować; przen. odtwarzać; opisywać
Portuguese [ˌpotʃuˋgiz] I adj portugalski II s (native) Portugalczyk m, Portugalka f; (language) język portugalski

pose [pəuz] I s poza f II v pozować; przen. udawać
posh [poʃ] adj sl. szykowny; elegancki
position [pəˋzıʃn] s pozycja f; położenie n; stanowisko n; people of ~ ludzie wysoko postawieni; to be in a ~ to do sth być w stanie coś zrobić
positive [ˋpozətıv] I adj pozytywny; (sure) przekonany; pewny; (definite) określony; (unquestionable) stanowczy; niezaprzeczony; (także elektr. mat.) dodatni II s fot. pozytyw m
possess [pəˋzes] v posiadać; władać (sth czymś); to be ~ed with an idea być opętanym jakąś myślą
possession [pəˋzeʃn] s 1. posiadanie n; władanie n (of sth czymś); to be in ~ of sth posiadać ⟨mieć⟩ coś; być właścicielem czegoś; to take ~ of sth zabrać coś 2. pl ~s dobytek m; zdobycze pl
possessive [pəˋzesıv] adj własnościowy; gram. dzierżawczy; ~ case dopełniacz m
possessor [pəˋzesə(r)] s właściciel m; posiadacz m
possibility [ˌposəˋbılətı] s możność f; ewentualność f; możliwość f; prawdopodobieństwo n
possible [ˋposəbl] adj możliwy; ewentualny
possibly [ˋposəblı] adv możliwie; how can we ~ do that? jakim cudem my to zrobimy?
post¹ [pəust] I s poczta f; korespondencja f; to send by ~ wysłać pocztą; by registered ~ przesyłką poleconą; by return of ~ odwrotną pocztą; ~ office urząd pocztowy; ~ office box skrytka pocztowa II v posyłać; wrzucać do skrzynki pocztowej
post² [pəust] s posterunek m,

placówka *f*; (*office*) stanowisko *n*; posada *f*

postage [ˈpəustɪdʒ] *s* opłata pocztowa; porto *n*; ofrankowanie *n*; ~ **stamp** znaczek pocztowy

postal [ˈpəustl] *adj* pocztowy; ~ **order** przekaz pieniężny; ~ **packet** ⟨matter⟩ przesyłka *f* pocztowa

postcard [ˈpəustkɑd] *s* pocztówka *f*; **picture** ~ widokówka *f*

poster [ˈpəustə(r)] *s* afisz *m*, plakat *m*

poste restante [ˈpəustˈrestõt] *s* poste-restante; **to write to** ~ pisać na poste-restante

post-graduate [pəustˈgrædʒuət] *adj* odbywany po skończonych studiach; podyplomowy; a ~ **course** kurs podyplomowy; studium podyplomowe

postman [ˈpəustmən] *s* (*pl* **postmen**) listonosz *m*

postmark [ˈpəustmɑk] *s* stempel pocztowy

postpone [pəˈspəun] *v* odkładać; odraczać; odwlekać

postponement [pəˈspəunmənt] *s* odroczenie *n*

postscript [ˈpəusskrɪpt] *s* dopisek *m*; postscriptum *n*

posture [ˈpostʃə(r)] I *s* postawa *f*; poza *f* II *v* upozować; ustawiać

post-war [ˈpəustˈwɔ(r)] *adj* powojenny

pot [pot] *s* 1. garnek *m*; ~s **and pans** naczynia kuchenne 2. (*for liquids*) dzbanek *m*; (*for flowers*) doniczka *f*

potato [pəˈteɪtəu] *s* (*pl* ~es) ziemniak *m*, kartofel *m*; ~ **beetle** stonka ziemniaczana; **mashed** ~s kartofle tłuczone; **fried** ~s kartofle smażone

potential [pəˈtenʃl] I *adj* potencjalny; ukryty II *s* potencjał *m*

pot-hole [ˈpot həul] *s* wybój

m; (*in a rock*) grota *f*; **jaskinia** *f*

pot-holer [ˈpot həulə(r)] *s* grotołaz *m*

pottery [ˈpotərɪ] *s* wyroby garncarskie

pouch [pautʃ] *s* torba *f*; woreczek *m*

poultry [ˈpəultrɪ] *s* drób *m*

pound [paund] *s* funt *m*

pour [pɔ(r)] *v* nalewać; rozlewać; (*of rain*) lać; **to** ~ **in** masowo napływać; **to** ~ **out** rozlewać (zupę itd.)

poverty [ˈpovətɪ] *s* ubóstwo *n*; bieda *f*

powder [ˈpaudə(r)] I *s* proch *m*; proszek *m*; pył *m*; **face** ~ pudeł *m* do twarzy; ~ **compact** puderniczka *f* II *v* posypywać (**with sth** czymś); pudrować

powdered [ˈpaudəd] *adj* sproszkowany; w proszku

powder-puff [ˈpaudə pʌf] *s* puszek *m* do pudru

power [ˈpauə(r)] *s* 1. potęga *f*; siła *f*; moc *f*; **electric** ~ energia elektryczna 2. (*authority*) władza *f*; *polit.* mocarstwo *n*

powerful [ˈpauəfl] *adj* potężny; mocny; silny

power-plant [ˈpauə plɑnt], **power-station** [ˈpauə steɪʃn] *s* siłownia *f*; elektrownia *f*

power-point [ˈpauə pɔint] *s* kontakt elektryczny (w ścianie); gniazdko *n*

practical [ˈpræktɪkl] *adj* praktyczny; możliwy; realny; (*real*) faktyczny

practically [ˈpræktɪklɪ] *adv* praktycznie; (*really*) faktycznie; właściwie

practice [ˈpræktɪs] *s* praktyka *f*; wprawa *f*; **to put into** ~ zastosować w praktyce; **I am out of** ~ wyszedłem z wprawy; **in** ~ w rzeczywistości; **it is the common** ~ **to** się powszechnie praktykuje

practise [ˈpræktɪs] *v* stosować

w praktyce; praktykować;
(*exercise*) ćwiczyć; uprawiać (sport)
practitioner [præk`tɪʃnə(r)] *s*
praktyk *m*; praktykujący
lekarz; **general** ~ lekarz
ogólnie praktykujący
praise [preɪz] I *v* chwalić II
s pochwała *f*
pram [præm] *s* pot. wózek
dziecinny
pray [preɪ] *v* modlić się; (*beg*)
błagać
prayer-book [`preə buk] *s* ksią-
ż(ecz)ka *f* do nabożeństwa
preach [priːtʃ] *v* wygłaszać kazanie
precarious [prɪ`keərɪəs] *adj*
niepewny; (*dangerous*) niebezpieczny
precaution [prɪ`kɔːʃn] *s* ostroż-
ność *f*; środek *m* ostrożno-
ści
precede [prɪ`siːd] *v* poprzedzać
precedent [`presɪdənt] *s* pre-
cedens *m*
preceding [prɪ`siːdɪŋ] *adj* po-
przedzający; poprzedni
precious [`preʃəs] *adj* (drogo)-
cenny; wartościowy
precipice [`presəpɪs] *s* prze-
paść *f*
precise [prɪ`saɪs] *adj* 1. do-
kładny; ścisły; **to be** ~ dla
ścisłości 2. (*of a person*)
skrupulatny
precisely [prɪ`saɪslɪ] *adv* do-
kładnie; ściśle; ~! właśnie!
precision [prɪ`sɪʒn] *s* precy-
zja *f*; ścisłość *f*; dokładność *f*
predecessor [`priːdɪsesə(r)] *s*
poprzednik *m*; (*ancestor*)
przodek *m*
predicate [`predɪkeɪt] I *v* orze-
kać; twierdzić II *s* [`predɪkət]
gram. orzeczenie *n*
prediction [prɪ`dɪkʃn] *s* prze-
powiednia *f*
predominance [prɪ`domɪnəns] *s*
przewaga *f*; wyższość *f*; panowanie *n*
predominant [prɪ`domɪnənt]
adj dominujący; górujący;

to be ~ dominować; panować
prefab [`priːfæb] *s* dom *m* z
prefabrykatów
prefabricate [priː`fæbrɪkeɪt] *v*
prefabrykować
preface [`prefɪs] *s* przedmo-
wa *f*; wstęp *m*
prefer [prɪ`fɜ(r)] *v* woleć (sth
to ⟨rather than⟩ sth coś od
czegoś); przedkładać
preferably [`prefrəblɪ] *adv* ra-
czej; chętnie
preference [`prefrəns] *s* przed-
kładanie *n* (of one thing to
⟨over⟩ another jednej rzeczy nad inną); pierwszeń-
stwo *n*
pregnancy [`pregnənsɪ] *s* brze-
mienność *f*; ciąża *f*
pregnant [`pregnənt] *adj* brze-
mienna; w ciąży
prehistoric [`priːhɪ`storɪk] *adj*
prehistoryczny
prejudice [`predʒədɪs] I *s* u-
przedzenie *n* (aginst sb, sth
do kogoś, czegoś); przesąd
m II *v* uprzedzać (sb against
sb kogoś do kogoś)
preliminary [prɪ`lɪmɪnərɪ] *adj*
wstępny; przygotowawczy
prelude [`preljud] *s* wstęp *m*;
muz. preludium *n*
premature [`premətʃə(r)] *adj*
przedwczesny
premeditated [prɪ`medɪteɪtɪd]
adj obmyślony; dokonany z
premedytacją
premier [`premɪə(r)] I *adj*
pierwszy; najważniejszy II
s premier *m*
premise [`premɪs] *s* 1. prze-
słanka *f* 2. pl ~s (*building*)
lokal *m*; obręb *m* ⟨obszar
m⟩ posiadłości
premium [`priːmɪəm] *s* nagro-
da *f* (on sth za coś); (*bonus*)
premia *f*
premonition [`premə`nɪʃn] *s*
przeczucie *n*
preoccupy [prɪ`okjupaɪ] *v* ab-
sorbować; pochłaniać uwa-
gę

prepaid ['pri'peɪd] adj z góry opłacony; (of a letter) ofrankowany

preparation ['prepə'reɪʃn] s przygotowanie n; przyrządzanie n; (thing) preparat m

preparatory [prɪ'pærətrɪ] adj przygotowawczy; ~ school szkoła podstawowa

prepare [prɪ'peə(r)] v przygotować ⟨szykować⟩ (się)

preponderance [prɪ'pondrəns] s przewaga f; wyższość f

preposition ['prepə'zɪʃn] s gram. przyimek m

prescribe [prɪ'skraɪb] v przepisywać (lekarstwo); zalecać

prescription [prɪ'skrɪpʃn] s nakaz m; przepis m; med. recepta f; to make out a ~ wypisać receptę

presence ['prezns] s obecność f; your ~ is requested uprasza się o (łaskawe) przybycie; ~ of mind przytomność umysłu

present¹ ['preznt] I adj obecny; teraźniejszy; dzisiejszy; bieżący II s 1. the ~ teraźniejszość f; at ~ teraz; obecnie; for the ~ na razie 2. gram. czas teraźniejszy

present² ['preznt] s prezent m; dar m; upominek m

present³ [prɪ'zent] v przedstawiać; prezentować; (give) darować; (appear) ~ oneself stawić się

present-day ['preznt deɪ] adj dzisiejszy; współczesny

presentiment [prɪ'zentɪmənt] s przeczucie n; to have a ~ of ... przeczuwać ...

presently ['prezntlɪ] adv niebawem; wkrótce; zaraz

preservation ['prezə'veɪʃn] s ochrona f; ~ of nature ochrona f przyrody; ~ of environment ochrona f środowiska; ~ of ancient monuments ochrona f zabytków

preservative [prɪ'zɜvətɪv] s środek konserwujący

preserve [prɪ'zɜv] I v ochraniać (from sth od czegoś); zabezpieczać; przechowywać; konserwować II s konserwa f; (for game etc.) rezerwat m

preside [prɪ'zaɪd] v przewodniczyć (at ⟨over⟩ a meeting na zebraniu)

president ['prezɪdənt] s prezydent m; (chairman) przewodniczący m

press¹ [pres] v prasować (ubranie itp.); (squeeze) ściskać; (insist) wywierać nacisk; nalegać (sth na coś); (depress) przygniatać; gnębić; (demand) wymuszać (sth upon sb coś na kimś)

press² [pres] s 1. tłok m 2. (newspapers) the ~ prasa f; (published opinion) recenzje prasowe

press-agent ['pres eɪdʒənt] s agent prasowy

pressing ['presɪŋ] adj 1. pilny 2. (insistent) natarczywy; to be ~ nalegać

pressman ['presmən] s (pl pressmen) dziennikarz m

pressure ['preʃə(r)] s 1. napór m; ciśnienie n; ~ drop spadek m ciśnienia; atmospheric ⟨barometric⟩ ~ ciśnienie atmosferyczne; blood ~ ciśnienie krwi; high ⟨low⟩ ~ wysokie ⟨niskie⟩ ciśnienie; oil ~ ciśnienie oleju; to gauge the ~ zmierzyć ciśnienie 2. przen. presja f; przymus m; to act under ~ działać pod przymusem

pressure-gauge ['preʃə geɪdʒ] s manometr m, ciśnieniomierz m

prestige [pre'stiʒ] s prestiż m

presume [prɪ'zjum] v przypuszczać; sądzić; (venture) ośmielać się

presumption [prɪ'zʌmpʃn] s 1. przypuszczenie n; wniosek

m 2. (*arrogance*) zarozumia-
łość *f*
pretence [pri'tens] *s* udawanie *n*; false ~s pozory *pl*;
to make a ~ of ... udawać,
że ...
pretend [pri'tend] *v* udawać;
symulować; stwarzać pozo-
ry (sth czegoś); (*claim*) rościć sobie pretensje (do czegoś)
pretext ['pritekst] *s* pretekst
m; wymówka *f*
pretty ['priti] I *adj* ładny II
adv dość; dosyć
prevail [pri'veil] *v* zwyciężać;
(*predominate*) przeważać
prevailing [pri'veiliŋ] *adj*
przeważający; powszechny
prevent [pri'vent] *v* przeszkadzać (sth czemuś); nie do-
puszczać (sth do czegoś);
zapobiegać; ochraniać (sth
przed czymś); to ~ sb from
doing sth nie dopuścić, by
ktoś coś zrobił
prevention [pri'venʃn] *s* za-
pobieganie *n* (of sth czemuś); profilaktyka *f*
preventive [pri'ventiv] *adj* zapobiegawczy;   ochronny;
profilaktyczny
previous ['priviəs] *adj* poprzedni; dawniejszy
pre-war ['pri'wɔ(r)] *adj* przed-
wojenny
prey [prei] I *s* zdobycz *f*; łup
m; a bird ⟨an animal⟩ of ~
ptak   drapieżny   ⟨zwierzę
drapieżne⟩; to be a ~ to ...
być ofiarą ... (czegoś) II *v*
żerować (on sb, sth na kimś,
czymś)
price [prais] I *s* cena *f*; koszt
m; at any ~ za wszelką
cenę II *v* wycenić
priceless ['praisləs] *adj* bezcenny; nieoceniony
price-list ['prais list] *s* cennik
m
prick [prik] I *s* ukłucie *n*;
przen. ~s of conscience
wyrzuty *pl* sumienia II *v*

kłuć; (*make hole*) przekłu-
wać
pride [praid] I *s* duma *f*; py-
cha *f*; wyniosłość *f*; to take
~ in sth szczycić się czymś
II *v* to ~ oneself pysznić
się; szczycić się (on ⟨upon⟩
sth czymś)
priest [prist] *s* duchowny *m*;
ksiądz *m*
prig [prig] *s* zarozumialec *m*
prim [prim] *adj* afektowany;
sztuczny;   (*formal*)   pedantyczny
primarily ['praimrli] *adv* pier-
wotnie;   początkowo;   (*first
of all*) przede wszystkim
primary ['praimri] *adj* pierwszorzędny;   podstawowy;
główny
prime [praim] *adj* pierwszy;
najwyższy; główny; Prime
Minister premier *m*
primitive ['primitiv] *adj* pierwotny;   podstawowy;   (*simple*) prymitywny
primrose ['primrəuz] *s* pierwiosnek *m*
primus ['praiməs] *s* prymus *m*
(maszynka)
prince [prins] *s* książę *m*
princess [prin'ses] *s* księżna
f; księżniczka *f*
principal ['prinsəpl] I *adj*
główny II *s* szef *m*; dyrektor *m*
principle ['prinsəpl] *s* podstawa *f*; (*rule*) zasada *f*; reguła *f*; in ~ w zasadzie;
zasadniczo; on ~ ze wzglę-
dów zasadniczych
print [print] I *s* 1. druk *m*;
in ~ wydrukowany 2. (*of a
book*) będący w sprzedaży;
out of ~ wyczerpany 3.
(*mark*) odcisk *m*; odbicie *n*
4. (*picture*) sztych *m* II *v*
drukować; ~ed matter ⟨pa-
pers⟩ druk(i)
printer ['printə(r)] *s* drukarz
m
printing-ink ['printiŋ iŋk] *s*
farba drukarska
prior ['praiə(r)] I *adj* wcześ-

niejszy; uprzedni II *adv* ~ to sth przed czymś

priority [praɪ'orətɪ] *s* pierwszeństwo *n*; priorytet *m*

prison ['prɪzn] *s* więzienie *n*

prisoner ['prɪznə(r)] *s* więzień *m*; ~ at the bar oskarżony *m*; ~ of war jeniec wojenny

privacy ['prɪvəsɪ] *s* odosobnienie *n*; zacisze (domowe); to do sth in strict ~ zrobić coś bez rozgłosu

private ['praɪvɪt] I *adj* 1. prywatny; in ~ clothes po cywilnemu; (*in an inscription*) „Private" wstęp wzbroniony 2. (*personal*) osobisty; własny II *s* 1. szeregowiec *m* 2. in ~ prywatnie; w tajemnicy; (*mówić*) na osobności

privation [praɪ'veɪʃn] *s* pozbawienie *n*; (*lack*) brak *m*; niedostatek *m*

privilege ['prɪvlɪdʒ] I *s* przywilej *m*; zaszczyt *m* II *v* uprzywilejować

prize [praɪz] I *s* nagroda *f* II *v* cenić

prize-winner ['praɪz wɪnə(r)] *s* zdobywca *m* nagrody; laureat *m*

probability ['probə'bɪlətɪ] *s* prawdopodobieństwo *n*

probable ['probəbl] *adj* prawdopodobny

problem ['probləm] *s* zagadnienie *n*; problem *m*; kwestia *f*; *szk.* tekstowe zadanie matematyczne; to solve a ~ rozwiązać zadanie; a ~ child trudne dziecko

procedure [prə'sɪdʒə(r)] *s* postępowanie *n*; procedura *f*

proceed [prə'sɪd] *v* posuwać się naprzód; (*continue*) prowadzić dalej; (*start*) przystępować (do czegoś); (*in court*) wytoczyć proces (against sb komuś)

proceeding [prə'sɪdɪŋ] *s* 1. postępowanie *n*; postępek *m* 2. *pl* ~s debaty *pl*; obrady

pl; legal ~s proces *m*; sprawa sądowa

proceeds ['prəusɪdz] *plt* przychód *m*; utarg *m*; zysk *m*

process ['prəuses] *s* proces *m*; przebieg *m*; to be in ~ odbywać się; in ~ of time z biegiem czasu

procession [prə'seʃn] *s* procesja *f*; pochód *m*

proclaim [prə'kleɪm] *v* proklamować; ogłaszać

proclamation ['proklə'meɪʃn] *s* proklamacja *f*; obwieszczenie *n*; odezwa *f*

produce [prə'djus] I *v* okazywać; przedkładać; wyjmować (z kieszeni); (*stage*) wystawiać (sztukę); (*cause*) wywoływać (sensację itp.); (*manufacture*) produkować (towary) II *s* ['prodjus] produkcja *f*; wydajność *f*; (*product*) produkty *pl*; płody rolne

producer [prə'djusə(r)] *s* producent *m*; *kin.* kierownik *m* produkcji

product ['prodʌkt] *s* produkt *m*; wyrób *m*; (*result*) wynik *m* (pracy); wytwór *m*

production [prə'dʌkʃn] *s* 1. produkcja *f*; wytwarzanie *n*; wyrób *m*; mass ~ produkcja masowa 2. (*work of art*) praca *f* ⟨twórczość *f*⟩ (literacka itp.); (*staging*) zaprodukowanie *n* ⟨wystawienie *n*⟩ sztuki

productive [prə'dʌktɪv] *adj* produktywny; wydajny; (*of soil*) płodny; żyzny

profanation ['profə'neɪʃn] *s* zabezcześenie *n*; profanacja *f*

profession [prə'feʃn] *s* (*occupation*) zawód *m*; fach *m*; by ~ z zawodu

professional [prə'feʃnl] I *adj* zawodowy; fachowy II *s* fachowiec *m*; *sport.* zawodowiec *m*; to turn ~ przejść na zawodowstwo

professor [prə'fesə(r)] s profesor m

proficient [prə'fɪʃnt] adj biegły; sprawny; to be ~ in a language biegle władać językiem

profile ['prəufaɪl] s profil m; in ~ z profilu

profit ['profɪt] I s zysk m; korzyść f; dochód m; to make ~s mieć zyski II v korzystać; zyskiwać (by sth na czymś); (be profitable) być korzystnym

profitable ['profɪtəbl] adj pożyteczny; korzystny; zyskowny

profiteer ['profɪ'tɪə(r)] I s spekulant m, pot. paskarz m II v spekulować, pot. paskować

profound [prə'faund] adj głęboki; gruntowny

profuse [prə'fjus] adj hojny; (abundant) obfity

profusion [prə'fjuʒn] s hojność f; (abundance) obfitość f

prognosis [prog'nəusɪs] s (pl prognoses [prog'nəusɪz]) prognoza f; przepowiednia f

program(me) ['prəugræm] I s program m; plan m II v programować

progress ['prəugres] I s postęp m; rozwój m; to make ~ robić postępy; awansować (w pracy); to be in ~ być w toku II v [prə'gres] robić postępy; iść naprzód; posuwać się dalej; (of a discussion etc.) trwać

progressive [prə'gresɪv] adj postępowy; ~ movement ruch postępujący

prohibit [prə'hɪbɪt] v zakazywać ⟨zabraniać⟩ (sth czegoś)

prohibition ['prəuɪ'bɪʃn] s zakaz m; prohibicja f

project ['prodʒekt] I s projekt m; plan m II v [prə'dʒekt] projektować; planować; wyświetlać (na ekra-

nie); (stick out) sterczeć; wystawać

projection [prə'dʒekʃn] s projekcja f

projector [prə'dʒektə(r)] s aparat projekcyjny

proletarian ['prəulɪ'teərɪən] I adj proletariacki II s proletariusz m, proletariuszka f

proletariat ['prəulɪ'teərɪət] s proletariat m

prolific [prə'lɪfɪk] adj płodny

prologue ['prəulog] s prolog m

prolong [prə'loŋ] v przedłużać; prolongować (weksel)

promenade ['promə'nad] s przechadzka f; (public place) promenada f; miejsce n do spacerów; ~ deck pokład spacerowy

prominent ['promɪnənt] adj wystający; wydatny; (eminent) wybitny; głośny

promise ['promɪs] I s 1. obietnica f; przyrzeczenie n; to make a ~ obiecywać 2. promesa f; visa ~ promesa wizy II v obiecywać; przyrzekać; (give hope) zapowiadać się

promising ['promɪsɪŋ] adj obiecujący; rokujący nadzieje

promote [prə'məut] v 1. przesuwać na wyższe stanowisko; to be ~d awansować 2. (support) popierać; zachęcać

promotion [prə'məuʃn] s awans m; promowanie n; (support) popieranie n

prompt [prompt] I adj szybki; bystry II v nakłaniać; (suggest) podpowiadać

prompter ['promptə(r)] s teatr. sufler m

prone [prəun] adj skłonny (to sth do czegoś); podatny (to sth na coś)

pronoun ['prəunaun] s gram. zaimek m

pronounce [prə'nauns] v wymawiać; (deliver) orzekać; (declare) oświadczać pronounceable [prə'naunsəbl] adj możliwy do wymówienia

pronunciation [prə'nʌnsɪ'eɪʃn] s wymowa *f*

proof¹ [pruf] s dowód *m*; druk. korekta *f*; odbitka *f*

proof² [pruf] adj szczelny; odporny; nie przepuszczający

proof-reader ['pruf ridə(r)] s korektor *m*, korektorka *f*

prop [prop] s podpórka *f*, tyczka *f*, pal *m*; podpora *f*

propaganda ['propə'gændə] s propaganda *f*

propagate ['propəgeɪt] v propagować; szerzyć

proper ['propə(r)] adj właściwy; odpowiedni; należyty; *gram.* ~ name imię własne

properly ['propəlɪ] adv właściwie; odpowiednio; należycie; ~ speaking ściśle mówiąc

property ['propətɪ] s 1. własność *f*; a man of ~ posiadacz *m*; personal ~ mienie osobiste; stage properties rekwizyty teatralne 2. *(quality)* cecha *f*; właściwość *f*

prophesy ['profɪsaɪ] s przepowiednia *f*, proroctwo *n*

prophylactic ['profɪ'læktɪk] adj profilaktyczny; zapobiegawczy

proportion [prə'poʃn] s proporcja *f*; stosunek *m*; *(part)* część *f*; *fin.* odsetek *m*; pl ~s rozmiary *pl*, wymiary *pl*

proportional [prə'poʃnl] adj proporcjonalny

proposal [prə'pəuzl] s propozycja *f*; oferta *f*; *(offer of marriage)* oświadczyny *pl*

propose [prə'pəuz] v proponować; *(plan)* zamierzać; planować; *(offer marriage)* oświadczać się

proposition ['propə'zɪʃn] s twierdzenie *n*; zagadnienie *n*; propozycja *f*

proprietor [prə'praɪətə(r)] s właściciel *m*

propriety [prə'praɪətɪ] s właściwość *f*; odpowiedniość *f*; *(decency)* przyzwoitość *f*

propulsion [prə'pʌlʃn] s napęd *m*

prosaic [prə'zeɪɪk] adj prozaiczny; pospolity

prose [prəuz] s proza *f*

prosecute ['prosɪkjut] v ścigać (sądownie)

prosecution ['prosɪ'kjuʃn] s wykonywanie *n* (obowiązków); prowadzenie *n* (sprawy); sąd. oskarżenie *n*

prosecutor ['prosɪkjutə(r)] s oskarżający *m*, oskarżyciel *m*; public ~ prokurator *m*

prospect ['prospekt] s 1. widok *m*, perspektywa *f* 2. *(sth expected)* pl ~s nadzieje *pl*; możliwości *pl*; *pot.* widoki *pl*; to have sth in ~ mieć coś na widoku

prospective [prə'spektɪv] adj przyszły; spodziewany; oczekiwany; ewentualny

prosper ['prospə(r)] v prosperować; *(pomyślnie)* rozwijać się; he is ~ing dobrze mu się powodzi

prosperity [pro'sperətɪ] s pomyślność *f*; powodzenie *n*; *(wealth)* dobrobyt *m*

prosperous ['prospərəs] adj sprzyjający; pomyślny

protect [prə'tekt] v chronić; bronić (from ⟨against⟩ sb, sth przed kimś, czymś)

protection [prə'tekʃn] s ochrona *f*; obrona *f*; opieka *f*; poparcie *n*; protekcja *f*

protective [prə'tektɪv] adj ochronny; opiekuńczy

protector [prə'tektə(r)] s obrońca *m*; protektor *m*; *techn.* ochraniacz *m*; lightning ~ piorunochron *m*

protest [prə'test] I v protestować II s ['prəutest] protest *m*

Protestant ['protɪstənt] I s protestant *m*; ewangelik *m*;

anglikanin *m* II *adj* protestancki; ewangelicki; anglikański

prototype ['prəutətaip] *s* prototyp *m*

protrude [prə'trud] *v* wystawać; sterczeć

proud [praud] *adj* 1. dumny; to be ~ of sth być dumnym z czegoś 2. (*haughty*) wyniosły; hardy

prove [pruv] *v* dowodzić; udowadniać; (*także* ~ oneself) okazywać się; to ~ true sprawdzić się

proverb ['provɜb] *s* przysłowie *n*

provide [prə'vaid] *v* dostarczać (**sb with sth** komuś czegoś); zaopatrywać; wyposażać (**sth with sth** coś w coś); (*take precautions*) zabezpieczać się (**against sth** przed czymś); (*support*) zapewniać byt (**for sb** komuś)

provided [prə'vaidid] I *adj* dostarczony; ~ for zaopatrzony; wyposażony; zabezpieczony II *conj* pod warunkiem (**that ... że ...**); o ile

providence ['providns] *s* przezorność *f*; opatrzność *f*

providential [ˌprovi'denʃl] *adj* opatrznościowy

province ['provins] *s* prowincja *f*; (*sphere*) dziedzina *f*

provincial [prə'vinʃl] *adj* prowincjalny; zaściankowy

provision [prə'viʒn] *s* 1. zaopatrzenie *n*; to make ~s zabezpieczyć się; to make ~s for sb zabezpieczyć kogoś 2. *prawn.* zastrzeżenie *n*; warunek *m*

provisional [prə'viʒnl] *adj* prowizoryczny; tymczasowy

provocation [ˌprovə'keiʃn] *s* prowokacja *f*; (*irritation*) podrażnienie *n*

provoke [prə'vəuk] *v* 1. prowokować; podżegać; to ~ sb to ... doprowadzić kogoś do ... 2. (*irritate*) rozzłościć

proximity [prok'siməti] *s* bliskość *f*; sąsiedztwo *n*; in the ~ of ... w pobliżu

proxy ['proksi] *s* pośrednictwo *n*; zastępstwo *n*; (*person*) pełnomocnik *m*; zastępca *m*; by ~ przez zastępcę

prudent ['prudnt] *adj* ostrożny; roztropny

prune [prun] *s* suszona śliwka

pry [prai] *v* węszyć; wścibiać nos (**into other people's affairs** w cudze sprawy)

pseudo ['sjudəu] *adj* rzekomy; pozorny; fałszywy

pseudonym ['sjudənim] *s* pseudonim *m*

psychiatrist [sai'kaiətrist] *s* psychiatra *m*

psychic(al) ['saikikl] *adj* psychiczny

psychological ['saikə'lodʒikl] *adj* psychologiczny

psychologist [sai'kolədʒist] *s* psycholog *m*

psychology [sai'kolədʒi] *s* psychologia *f*

pub [pʌb] *s* pub *m*; piwiarnia *f*; bar *m*; *pot.* knajpa *f*

public ['pʌblik] I *adj* publiczny; ogólny; ~ house pub *m*; piwiarnia *f*; ~ prosecutor prokurator *m*; ~ school średnia szkoła (z internatem); ~ spirit duch obywatelski; ~ assistance pomoc społeczna; to make ~ opublikować II *s* publiczność *f*; ogół *m*; in ~ publicznie

publication ['pʌbli'keiʃn] *s* opublikowanie *n*; ogłoszenie *n*; (*book etc.*) wydanie *n*; publikacja *f*

publicity [pʌb'lisəti] *s* reklama *f*; rozgłos *m*; to give ~ to sth nadać czemuś rozgłos

publish ['pʌbliʃ] *v* ogłaszać; publikować; (*issue books*) wydawać drukiem

publisher ['pʌbliʃə(r)] *s* wydawca *m*

pudding [ˈpudɪŋ] *s* budyń *m*; **black ~** kaszanka *f*; **peas ~ purée** grochowe
puddle [ˈpʌdl] *s* kałuża *f*
pudgy [ˈpʌdʒɪ] *adj* niski i gruby
puff [pʌf] **I** *v* dyszeć; sapać; pykać (**at one's pipe** z fajki) **II** *s* podmuch *m*; puszek *m* do pudru
pull [pul] **I** *v* ciągnąć; szarpać; **to ~ sb's hair** ciągnąć kogoś za włosy; **to ~ a face** skrzywić się; **to ~ sb's leg** żartować ⟨pokpiwać⟩ sobie z kogoś ‖ **to ~ away** odciągnąć; **to ~ back** przyhamować; **to ~ down** ściągnąć (coś); zburzyć (budynek); **to ~ in** wciągnąć; (*of a train*) wjechać na stację; (*of a vehicle*) podjechać; **to ~ through** wyciągnąć (kogoś z kłopotu); postawić (chorego) na nogi; **to ~ oneself together** przyjść do siebie; opanować się; **to ~ up** wyciągnąć (do góry itd.); podnieść; (*halt*) zatrzymać (się); zahamować **II** *s* 1. pociągnięcie *n*; szarpnięcie *n*; **to give a ~** pociągnąć; szarpnąć 2. (*advantage*) przewaga *f* (**nad** kimś) 3. (*draught*) łyk *m* (piwa); **to have a ~ at the bottle** pociągnąć z butelki; *pot.* golnąć sobie
pull-over [ˈpul ˌəuvə(r)] *s* pulower *m*
pulse [pʌls] *s* tętno *n*; puls *m*; **to feel sb's ~** zbadać komuś puls
pump [pʌmp] **I** *s* pompa *f*; **fuel ~** pompa paliwowa; **oil ~** pompa olejowa; **suction ~** pompa ssąca; **water ~** pompa wodna **II** *v* pompować
pumpernickel [ˈpʌmpə-nɪkl] *s* pumpernikiel *m*
pumpkin [ˈpʌmpkɪn] *s* dynia *f*
punch [pʌntʃ] **I** *v* dziurkować; skasować (bilet itd.); (*hit*)

uderzyć pięścią; walnąć **II** *s* uderzenie *n* pięścią
punch² [pʌntʃ] *s* poncz *m*
punctual [ˈpʌŋktʃuəl] *adj* punktualny; dokładny
punctuation [ˌpʌŋktʃuˈeɪʃn] *s* interpunkcja *f*
puncture [ˈpʌŋktʃə(r)] **I** *s* przekłucie *n*; defekt *m* (w oponie); **to get a ~** przebić oponę; *pot.* złapać gumę **II** *v* przekłuć
pungent [ˈpʌndʒənt] *adj* ostry (smak, potrawa)
punish [ˈpʌnɪʃ] *v* karać; **to be ~ed for sth** być ukaranym za coś
punishment [ˈpʌnɪʃmənt] *s* kara *f*
pup [pʌp] *s* szczenię *n*, szczeniak *m*
pupil¹ [ˈpjupl] *s* uczeń *m*, uczennica *f*
pupil² [ˈpjupl] *s* źrenica *f*
puppet [ˈpʌpɪt] *s* marionetka *f*; kukiełka *f*
puppy [ˈpʌpɪ] *s* = pup
purchase [ˈpɜːtʃəs] **I** *v* nabywać; kupować **II** *s* kupno *n*; sprawunek *m*
purchaser [ˈpɜːtʃəsə(r)] *s* nabywca *m*
pure [pjuə(r)] *adj* czysty; (*simple*) zwykły (przypadek); (*of truth*) szczery
purgative [ˈpɜːɡətɪv] *s* środek przeczyszczający
purge [pɜːdʒ] *v* oczyścić; zrobić czystkę; *med.* przeczyścić
purify [ˈpjuərɪfaɪ] *v* czyścić; oczyszczać (się)
puritan [ˈpjuərɪtən] **I** *s* purytanin *m*, purytanka *f* **II** *adj* purytański
purple [ˈpɜːpl] **I** *s* purpura *f* **II** *adj* purpurowy
purpose [ˈpɜːpəs] **I** *s* cel *m*; zamiar *m*; **for all ~s** uniwersalny; **on ~** celowo; **with the ~ of ...** w zamiarze ⟨w celu⟩ ... **II** *v* zamierzać

purse [pɜs] s sakiewka *f*; portmonetka *f*
pursue [pə`sju] v ścigać; prze-
śladować; (*aim*) dążyć (**one's
purpose** do celu); (*follow*)
wykonywać (plan, zawód
itp.); (*continue*) kontynuować (studia, podróż itp.)
pursuit [pə`sjut] s gonitwa *f*
(**of sth za** czymś); pościg *m*;
pogoń *f*; dążenie *n* (**of sth
do czegoś**)
pus [pʌs] s ropa *f*
push [puʃ] I v pchnąć; pchać;
popychać; (*support*) popierać (kogoś); **to ~ one's way**
przepychać się; **to ~ aside**
zepchnąć na bok; **to ~ forward** wysunąć do przodu;
to ~ in wepchnąć; **to ~ on**
popychać naprzód; (*go*) jechać ⟨iść⟩ dalej; **to ~ over**
przewrócić; **to ~ through**
przepchać; doprowadzić do
końca; **to ~ up** popchnąć
do góry II s pchnięcie *n*;
to give a ~ pchnąć
push-chair [`puʃ tʃeə(r)] s wó-
zek spacerowy dla dziecka
pussy [`pusɪ] s kotek *m*, ki-
ciuś *m*
put [put] v (put, put) kłaść;
stawiać; (*present*) przedstawiać (sprawę); **I don't know
how to ~ it** nie wiem, jak
to wyrazić; **to ~ sth right**
naprawić coś; **to ~ sb at
his ease** ośmielić kogoś;
stworzyć komuś swobodną
atmosferę; **to ~ sb in his
place** nauczyć kogoś more-
su; **to ~ a text into** (English etc.) przełożyć tekst
na (angielski itp.); **to ~
money into sth** zainwestować pieniądze w coś; **to ~
into operation** wprowadzić
w życie; **to ~ sb on his
guard** ostrzegać kogoś; **to ~
sb through an exam** poddać

kogoś egzaminowi || **to ~
aside** odłożyć na bok; **to ~
away** schować; **to ~ down**
wysadzić (pasażerów); (*end*);
położyć kres (**sth czemuś**);
(*write*) zapisywać; przypisywać (**sth to sb**, **sth coś**
komuś, czemuś); **to ~ forward** wysunąć (wniosek
itd.); przedstawić (kogoś do
awansu); **to ~ in** wtrącić
się; wnieść (skargę itp.); **to
~ off** odłożyć; odroczyć; od-
wieść (**sb from sth** kogoś
od czegoś); **to ~ on** włożyć (na siebie); przybierać
(weight na wadze); wysta-
wiać (a play sztukę); nastawić (wodę, radio itp.); **to
~ out** wyeliminować; zgasić (światło itp.); **to ~
through** doprowadzić do
skutku; *telef.* połączyć; **to
~ together** zmontować; złożyć; zebrać; zliczyć; **to ~
up** podnieść; zawiesić (słuchawkę); wystawić (**for sale**
na sprzedaż); przenocować
(**at a hotel** w hotelu); zatrzymać się (u kogoś,
gdzieś); **to ~ sb up** przenocować kogoś; **to ~ up
with sth** pogodzić się z
czymś
putty [`pʌtɪ] s kit *m*
puzzle [`pʌzl] I v intrygować;
wprawiać w zakłopotanie;
to be ~ed być w kłopocie;
głowić się ⟨łamać sobie gło-
wę⟩ (**over** ⟨**about**⟩ **sth** nad
czymś) II s zagadka *f*; łamigłówka *f*; rebus *m*; **cross-
-word ~** krzyżówka *f*
pyjamas [pə`dʒɑməz] *plt* piża-
ma *f*
pyramid [`pɪrəmɪd] s pirami-
da *f*
pyrotechnics [`paɪərəu`teknɪks]
plt pirotechnika *f*

Q

quack [kwæk] s znachor m; szarlatan m
quadrangle ['kwo-dræŋgl] s czworokąt m; czworobok m
quadrangular [kwo'dræŋgjulǝ(r)] adj czworokątny
quadruple ['kwodrupl] adj czterokrotny; poczwórny
quadruplets ['kwodruplɪts] pl (pot. quads) czworaczki pl
quag [kwæg], quagmire ['kwægmaɪǝ(r)] s bagno n; trzęsawisko n
quail¹ [kweɪl] s przepiórka f
quail² [kweɪl] v wzdrygać ⟨zlęknąć, cofnąć⟩ się (before sth przed czymś)
quaint [kweɪnt] adj osobliwy; niezwykły; oryginalny
qualification ['kwolɪfɪ'keɪʃn] s zastrzeżenie n; (competence) kwalifikacja f
qualify ['kwolɪfaɪ] v określać; kwalifikować; upoważnić kogoś (do objęcia stanowiska itp.); (moderate) łagodzić; zmniejszać; ograniczać; (provide with conditions) warunkować
qualitative ['kwolɪtǝtɪv] adj jakościowy
quality ['kwolǝtɪ] s 1. jakość f; gatunek m 2. (merit) zaleta f; właściwość f; in the ~ of ... w charakterze ⟨jako⟩...
qualm [kwɑm] s skrupuły pl; wyrzuty pl (sumienia); (sickness) nudności
quantitative ['kwontɪtǝtɪv] adj ilościowy
quantity ['kwontǝtɪ] s ilość f; liczba f
quarantine ['kworǝntin] s kwarantanna f
quarrel ['kworl] I s kłótnia f: sprzeczka f II v kłócić ⟨sprzeczać⟩ się
quarrelsome ['kworlsǝm] adj kłótliwy

quarry ['kworɪ] s kamieniołom m; kopalnia odkrywkowa
quart [kwɔt] s kwarta f (1,14 litra)
quarter ['kwɔtǝ(r)] I v podzielić na cztery części; poćwiartować; wojsk. zakwaterować; stacjonować II s 1. ćwierć f, ćwiartka f; (measure) kwarta f; (three months) kwartał m; a ~ of a century ćwierćwiecze n; a ~ of an hour kwadrans m 2. (direction) strona f świata 3. (district) dzielnica f 4. pl ~s mieszkanie n; wojsk. kwatery pl
quarterly ['kwɔtǝlɪ] I adj kwartalny II adv kwartalnie III s kwartalnik m
quartet [kwɔ'tet] s muz. kwartet m
quay [ki] s keja f; nabrzeże n
queen [kwin] s królowa f; karc. dama f
queer [kwɪǝ(r)] adj dziwny; podejrzany; to feel ~ niedobrze się czuć
quench [kwentʃ] v ugasić; stłumić; (cool) ostudzić
querulous ['kwerjǝlǝs] adj narzekający; kłótliwy
query ['kwɪǝrɪ] I s pytanie n; wątpliwość f II v pytać; kwestionować
question ['kwestʃǝn] I s 1. pytanie n 2. (matter) kwestia f; sprawa f; zagadnienie n; it's a ~ of time to kwestia czasu; the ~ is whether ... chodzi o to, czy ...; to come into ~ wchodzić w rachubę; it's out of the ~ to nie wchodzi w rachubę; to wykluczone; the goods in ~ towary pl, o których mowa II v zadać pytanie; zadawać pytania; wypytywać; (examine) przesłuchiwać;

(raise objections) zakwestionować

questioning [ˈkwestʃənɪŋ] **I** *adj* *(of a look)* pytający; badawczy **II** *s* badanie *n*, wypytywanie *n*

question-mark [ˈkwestʃən mɑk] *s* pytajnik *m*; znak *m* zapytania

questionnaire [ˈkwestʃəˈneə(r)] *s* kwestionariusz *m*; ankieta *f*; **to fill up** ⟨out⟩ a ~ wypełnić kwestionariusz ⟨ankietę⟩

queue [kju] **I** *s* ogonek *m*; kolejka *f* **II** *v* ~ **up** stać w ogonku ⟨kolejce⟩ **(for the booking-office** do kasy)

quick [kwɪk] **I** *adj* **1.** szybki, prędki; **to be** ~ pośpie-zyć się; **in** ~ **succession** bezpośrednio jedno po drugim **2.** *(of character)* porywczy; krewki; *(lively)* żywy **II** *adv* szybko, prędko, żwawo

quicken [ˈkwɪkən] *v* ożywić; *(accelerate)* przyśpieszyć

quicklime [ˈkwɪklaɪm] *s* wapno nie gaszone

quicksand [ˈkwɪksænd] *s* lotne piaski

quicksilver [ˈkwɪksɪlvə(r)] *s* rtęć *f*

quick-tempered [ˈkwɪkˈtempəd] *adj* porywczy; zapalczywy

quick-witted [ˈkwɪkˈwɪtɪd] *adj* bystry; rozgarnięty

quid [kwɪd] *s sl.* funt szterling *m*

quiet [ˈkwaɪət] **I** *adj* **1.** spokojny; cichy; **to grow** ~ uciszyć się; **to keep** ~ cicho się zachowywać; milczeć **2.** *(of character)* łagodny, skromny **II** *s* spokój *m*; cisza *f*; **on the** ~ po cichu, w tajemnicy **III** *v* uspokoić (się); cichnąć

quilt [kwɪlt] **I** *s* (pikowana) kołdra **II** *v* pikować; watować

quince [kwɪns] *s* pigwa *f*

quinine [kwɪˈnin] *s* chinina *f*

quintuplets [ˈkwɪntjuplɪts] *pl* pięcioraczki *pl*

quit [kwɪt] **I** *v* opuścić; odejść (z posady); **a note to** ~ wypowiedzenie *n* (pracy, mieszkania itd.) **II** *adj* wolny; zwolniony; **to be** ⟨**to get**⟩ ~ **of sth** uwolnić się od czegoś

quite [kwaɪt] *adv* zupełnie; całkowicie; **I don't** ~ **understand** niezupełnie rozumiem; **it's** ~ **good** to jest całkiem dobre ⟨niezłe⟩; **this is** ~ **a surprise** to jest prawdziwa niespodzianka; ~ **well** doskonale; ~ **so!** właśnie!

quiver [ˈkwɪvə(r)] **I** *v* zadrżeć **II** *s* drżenie *n*

quiz [kwɪz] **I** *s* mistyfikacja *f*; *(riddle)* zagadka *f*; *rad. tv.* quiz *m* **II** *v* żartować (sb z kogoś); zadawać pytania (sb komuś); bawić się w zgaduj zgadulę

quizzical [ˈkwɪzɪkl] *adj* kpiarski; figlarny

quota [ˈkwəʊtə] *s* udział *m*; *(granted amount)* kontyngent *m*

quotation [kwəʊˈteɪʃn] *s* cytat *m*; *handl.* notowanie *n* kursu (na giełdzie)

quotation-marks [kwəʊˈteɪʃn mɑks] *pl* cudzysłów *m*

quote [kwəʊt] *v* cytować; wymieniać (kogoś, coś); podawać (datę itp.)

R

rabbit ['ræbɪt] s królik *m*;
Welsh ~ grzanki smażone
z serem
rabid ['ræbɪd] *adj med. i
przen.* wściekły
rabies ['reɪbiz] s wścieklizna
f
race ¹ [reɪs] s rasa *f*
race ² [reɪs] I s 1. bieg *m*;
cross-country ~ bieg na
przełaj 2. wyścig *m*; zawo-
dy、*pl*; *pl* ~s wyścigi *pl*;
canoeing ~ spływ *m* ⟨wy-
ścig *m*⟩ kajakowy II *v* ścigać; gonić się; pędzić; brać
udział w wyścigach
racecourse ['reɪskɔs] s tor
wyścigowy; bieżnia *f*
race-horse ['reɪs hɔs] s koń
wyścigowy
race-meeting ['reɪs mitɪŋ] s
wyścigi konne
racial ['reɪʃl] *adj* rasowy
racing ['reɪsɪŋ] s biegi *pl*;
wyścigi *pl* (konne itp.)
rack [ræk] s wieszak *m*; siatka *f* (na bagaż w wagonie);
roof ~ ⟨*am.* luggage ~⟩ bagażnik *m* na dachu
racket ¹ ['rækɪt] s rakieta *f*
racket ² ['rækɪt] s 1. hałas *m*;
awantura *f* 2. *sl.* machina-
cje *pl*; naciąganie *n*; kant
m
racketeer [ˌrækɪ'tɪə(r)] s kanciarz *m*; oszust *m*
radar ['reɪdɑ(r)] s radar *m*
radiant ['reɪdɪənt] *adj* promie-
niujący; *przen.* promienie-
jący, promienny
radiate ['reɪdɪeɪt] *v dosł.
i przen.* promieniować
radiator ['reɪdɪeɪtə(r)] s 1. kaloryfer *m*; grzejnik *m* 2.
mot. chłodnica *f*; to drain
the ~ opróżnić chłodnicę
radio ['reɪdɪəʊ] s radio *n*; odbiornik *m* (radiowy); ~ play
słuchowisko radiowe; to listen to the ~ słuchać radia
radio-active ['reɪdɪəʊ'æktɪv]

adj radioaktywny; promieniotwórczy
radiocar ['reɪdɪəʊkɑ(r)], radiocab ['reɪdɪəʊkæb] s radiowóz *m*
radio-controlled ['reɪdɪəʊkən-
'trəʊld] *adj* kierowany drogą
radiową
radiogram ['reɪdɪəʊgræm] s
depesza radiowa
radiograph ['reɪdɪəʊɡrɑf] s
zdjęcie rentgenowskie
radiotelephone ['reɪdɪəʊ'telə-
fəʊn] s radiotelefon *m*
radish ['rædɪʃ] s rzodkiewka
f
radium ['reɪdɪəm] s rad *m*;
~ treatment leczenie *n* ra-
dem
raffia ['ræfɪə] s rafia *f*
raft [rɑft] s tratwa *f*
rag [ræg] s 1. szmata *f*; łachman *m*; strzęp *m*; (*of a
person*) in ~s w łachma-
nach 2. *pl* ~s łachy *pl*; ciuchy *pl*; ~ fair ciuchy *pl*,
tandeta *f*
rage [reɪdʒ] I s wściekłość *f*;
furia *f*; to be in a ~ wściekać się; szaleć; all the ~
ostatni krzyk mody II *v*
szaleć; wściekać się (at sb
na kogoś)
ragged ['rægɪd] *adj* poszarpa-
ny; (*of a person*) obdarty
raglan ['ræglən] s raglan *m*
ragout ['rægu] s *kulin.* po-
trawka *f*; ragout *m*
raid [reɪd] I *v* dokonać nalo-
tu; (*of the police etc.*) przeprowadzić łapankę ⟨obławę⟩
II s najazd *m*; napad *m*; (*of
the police etc.*) obława *f*;
air ~ nalot *m*
rail [reɪl] s 1. balustrada *f*;
poręcz *f* 2. szyna *f*; by ~
koleja; to get off the ~s
wykoleić się
railing ['reɪlɪŋ] s sztachety
pl; ogrodzenie *n*; balustrada *f*

railroad ['reɪlrəud] s am. =
= railway
railway ['reɪlweɪ] s kolej f;
~ station stacja kolejowa
railwayman ['reɪlweɪmən] s
(pl railwaymen) kolejarz m
rain [reɪn] I s deszcz m; in
the ~ na deszczu; heavy ~
ulewny deszcz II v (of rain)
padać; it ~s deszcz pada
rainbow [reɪnbəu] s tęcza f
raincoat [reɪnkəut] s płaszcz
nieprzemakalny
rainfall [reɪnfɔl] s opad m
(deszczu)
rainproof ['reɪnpruf] adj nieprzemakalny; przeciwdesz-
czowy
rainwater ['reɪnwɔtə(r)] s
deszczówka f
rainy [reɪnɪ] adj deszczowy;
słotny; ~ weather słota f;
to keep sth for a ~ day
chować coś na czarną go-
dzinę
raise [reɪz] I v 1. podnosić;
przen. to ~ claim wnieść
reklamację; zgłaszać pretensję; to ~ sb's spirits podnieść kogoś na duchu 2.
(make bigger) podwyższać
3. (build) budować 4. (cause)
wywoływać (oklaski, burzę
itp.) 5. (collect) zbierać (fundusze itd.) 6. (breed) hodować II s podwyżka f (płac)
raisin ['reɪzn] s rodzynek m
rake [reɪk] I s grabie pl; (for
fire) pogrzebacz m II v grabić; zgarniać; przen. grzebać; szperać
rally ['rælɪ] I v zbierać; skupiać (stronników); groma-
dzić (się) II s zjazd m; zlot
m; zbiórka f; mot. rajd m;
motor-car ~ rajd samocho-
dowy
ram [ræm] I v wbijać; (crash)
zderzać się (a car z samochodem) II s baran m; astr.
Ram Baran m
ramble ['ræmbl] I v 1. wędrować; iść na wycieczkę 2.
(write, talk) przeskakiwać

z tematu na temat 3. (of
plants) piąć się II s wę-
drówka f; włóczęga f
rambler ['ræmblə(r)] s 1. wycieczkowicz m 2. (plant)
pnącze m; roślina pnąca
ramification ['ræmɪfɪ'keɪʃn] s
rozgałęzienie n, rozwidlenie
n
ramshackle ['ræmʃækl] adj
zrujnowany; w ruinie; wa-
lący się
ran zob. run
ranch ['rɑntʃ] s am. ranczo n;
farma f
rancid ['rænsɪd] adj zjełczały
rancour ['ræŋkə(r)] s uraza f;
żal m
random ['rændəm] I s at ~
na chybił-trafił; na ślepo II
adj pierwszy lepszy; przypadkowy
rang zob. ring² v
range [reɪndʒ] I v 1. ustawiać;
szeregować; dobierać; zaliczać (się) (do danej klasy)
2. (extend) ciągnąć się; sięgać (from ... to ... od ...
do ...) II s 1. rząd m; szereg m; pasmo n (gór itp.)
2. (extent) granice pl; skala
f; zakres m; zasięg m; strefa f; ~ of vision zasięg
wzroku; pole n widzenia
rank [ræŋk] I s 1. rząd m;
szereg m; wojsk. the ~ and
file szeregowi pl; żołnierze
pl 2. wojsk. ranga f 3. (social position) stanowisko n
4. (class) klasa f; of the
first ~ pierwszorzędny; ~
and fashion wyższe sfery II
v 1. ustawiać w szeregu 2.
(put in a class) zaszeregowa-
wać; zaklasyfikować 3. nadawać rangę (sb komuś) 4.
(be considered) liczyć się
(as ... jako ...); zajmować
pozycję społeczną
ransack ['rænsæk] v prze-
trząsać; przeszukiwać; plądrować
ransom ['rænsəm] I s okup m

II *v* zapłacić okup (sb za
kogoś)
rap [ræp] I *s* stuknięcie *n* II
v stukać; kołatać
rape [reip] I *s* rabunek *m*;
gwałt *m* II *v* z/rabować;
z/gwałcić
rapid [ˋræpɪd] *adj* szybki;
prędki; (*of a train*) pośpieszny
rare [reə(r)] I *adj* rzadki; niezwykły II *adv* rzadko; niezwykle
rarity [ˋreərətɪ] *s* rzadkość *f*;
niezwykłość *f*; rarytas *m*
rascal [ˋrɑskl] *s* łotr *m*; łajdak *m*
rash¹ [ræʃ] *s med.* pokrzywka *f*; wysypka *f*
rash² [ræʃ] *adj* lekkomyślny;
nierozważny; brawurowy
raspberry [ˋrɑzbrɪ] *s* malina *f*
rat [ræt] *s* szczur *m*; *przen.*
to smell a ~ podejrzewać
coś
rate [reɪt] I *s* 1. tempo *n*;
prędkość *f*; at the ~ of ...
w tempie ⟨z szybkością⟩ ...
2. (*standard*) norma *f*;
birth ~ przyrost naturalny;
death ~ śmiertelność *f* 3.
(*charge*) taryfa *f*; cena *f*;
kurs *m* (wymiany) 4. (*percentage*) stopa (podatkowa,
procentowa itp.) 5. (*class*)
kategoria *f*; gatunek *m*;
first ~ pierwszorzędny; at
any ~ w każdym razie;
przynajmniej II *v* szacować;
oceniać; (*consider*) zaliczać
(sb, sth among ... kogoś, coś
do ...)
rather [ˋrɑðə(r)] *adv* raczej;
(*more truly*) właściwie;
(*quite*) dość; (*somehow*) nieco
ratify [ˋrætɪfaɪ] *v* ratyfiko-
wać; zatwierdzić
ration [ˋræʃn] I *s* racja *f*
(żywnościowa itp.); przy-
dział *m*; porcja *f*; ~ card
karta żywnościowa II *v* ra-
cjonować; ograniczać; wy-
dzielać

rational [ˋræʃnl] *adj* rozumny; racjonalny
rationalism [ˋræʃnlɪzm] *s* ra-
cjonalizm *m*
rationalization [ˌræʃnəlaɪ-
ˋzeɪʃn] *s* racjonalizacja *f*;
usprawnienie *n*
rattle [ˋrætl] I *v* grzechotać;
turkotać; szczękać; trzeszczeć; (*talk quickly*) paplać
II *s* grzechot *m*; stukot *m*;
trzask *m*; turkot *m*; szczę-
kanie *n*; (*talking*) paplani-
na *f*
ravage [ˋrævɪdʒ] I *v* zniszczyć; zdewastować; ogołocić
(of sth z czegoś) II *s* dewa-
stacja *f*; zniszczenie *n*
rave [reɪv] *v* bredzić; majaczyć; (*of the sea, wind etc.*)
szaleć; (*talk enthusiasti-
cally*) unosić się ⟨rozpływać
się⟩ (about sb, sth nad
kimś, czymś)
raven [ˋreɪvn] I *s* kruk *m* II
adj kruczy
ravenous [ˋrævnəs] *adj* drapieżny; żarłoczny; zgłod-
niały
ravine [rəˋvin] *s* wąwóz *m*;
jar *m*
ravish [ˋrævɪʃ] *v* zachwycać;
oczarować
raw [rɔ] I *adj* 1. surowy; to
eat fruit ⟨vegetables⟩ ~ jeść
owoce ⟨warzywa⟩ na suro-
wo; ~ material surowiec *m*
2. (*inexperienced*) niedoświadczony II *s* żywe ciało;
pot. czułe miejsce; to touch
sb on the ~ dotknąć kogoś
do żywego
ray [reɪ] *s* promień *m*
rayon [ˋreɪon] *s* sztuczny jedwab
razor [ˋreɪzə(r)] *s* brzytwa *f*;
~ blade ostrze *n* brzytwy;
safety ~ maszynka *f* do golenia; electric ~ elektryczna maszynka do golenia
reach [ritʃ] I *v* 1. dosięgnąć
2. (*arrive*) dojeżdżać; dopływać; dolatywać; przybywać
(a place do miejscowości);

dotrzeć (a place dokądś); to
~ sb by phone połączyć się
z kimś telefonicznie 3.
(*attain*) osiągać (cel itp.);
dożywać (a **certain age** pewnego wieku); (*of a letter*)
dojść (sb do czyichś ~ rąk) II
s zasięg *m*; **within** ~ **of** ...
w zasięgu ...

react [ri ækt] *v* wywierać
wpływ; wpływać (**upon sb,
sth** na kogoś, coś); reagować (**to sth** na coś)
reaction [ri ækʃn] s reakcja *f*
reactionary [ri ækʃnri] I s re-
akcjonista *m* II *adj* prze-
ciwdziałający; ʽ(*także polit.*)
reakcyjny
read [rid] *v* (read [red], read)
1. (prze)czytać; *przen.* to ~
a lesson ⟨a **lecture**⟩ udzielić komuś nagany 2. (*study*)
studiować; ťo ~ **for an examination** przygotowywać
się do egzaminu 3. (*of a
text*) brzmieć
readable ᒷ ridəbl] *adj* możliwy do czytania; (*legible*)
czytelny
reader [ʽridə(r)] s 1. czytelnik
m; wykładowca *m* 2. (*in a
book*) czytanka *f*; lektura
szkolna
readily [ʽredɪlɪ] *adv* z goto-
wością; chętnie; (*easily*)
łatwo; bez trudu
readiness [ʽredɪnəs] s gotowość
f; chęć *f*; **in** ~ w pogotowiu
reading [ʽridɪŋ] s 1. czytanie
n; lektura *f*; ~ **list** spis *m*
lektury 2. (*literary knowledge*) oczytanie *n*; **person
of wide** ~ człowiek oczytany 3. (*interpretation*) interpretacja *f*
reading-room [ʽridɪŋ rum] s
czytelnia *f*
ready [ʽredɪ] *adj* 1. gotowy;
to get ⟨to **make**⟩ ~ przygotowywać (się); ~ **at hand**
pod ręką; ~ **money** gotówka 2. (*willing*) skłonny 3.
(*quick*) bystry; cięty

ready-made [ʽredɪ meɪd] *adj*
(*of clothes*) gotowy
reagent [ri eɪdʒənt] s *chem.*
odczynnik *m*
real [rɪəl] *adj* prawdziwy;
rzeczywisty; faktyczny; ~
property ⟨**estate**⟩ nieruchomość *f*
realism [ʽrɪəl-ɪzm] s realizm
m
reality [rɪ ælətɪ] s rzeczywistość *f*; **in** ~ w rzeczywistości; właściwie
realize [ʽrɪəlaɪz] *v* realizować;
urzeczywistniać;   (*apprehend*) zrozumieć; uświadamiać sobie; zdawać sobie
sprawę (**sth** z czegoś)
really [rɪəlɪ] *adv* naprawdę;
istotnie; rzeczywiście; (*interrogative*) czyżby?; **not**
~? czy to możliwe?
reappear [ʽrɪə pɪə(r)] *v* ponownie się ukazać ⟨pojawiać⟩
reanimate [ri ænɪmeɪt] *v* re-
animować
reanimation [ri ænɪ meɪʃn] I s
reanimacja *f* II *adj* reani-
macyjny
rear [1] [rɪə(r)] I s *wojsk.* tyły
pl; **in the** ~ na tyłach; w
tyle II *adj* tylny
rear [2] [rɪə(r)] *v* (*grow*) hodować; (*breed*) wychowywać
rear-light [ʽrɪə laɪt]ᵢ s tylne
światło (samochodu)
rearmament [ri aməmənt] s
remilitaryzacja *f*
rearrange [rɪə reɪndʒ] *v* prze-
grupować; przestawiać; (*adjust*) poprawiać (fryzurę
itp.)
rear-view mirror [ʽrɪə vju mɪ-
rə(r)] *v* *mot.* lusterko wsteczne
reason [ʽrizn] I s 1. powód *m*;
przyczyna *f*; motyw *m*; **by**
~ **of** ... z powodu ...; **for**
~s ... z przyczyn ...; **with** ~
nie bez powodu 2. (*common
sense*) rozum *m*; rozsądek
m II *v* rozumować; przemawiać do rozsądku (**with
sb** komuś)

reasonable [ˋriznəbl] *adj* rozsądny; (*of a price etc.*) umiarkowany
reassure [ˋrɪəˋʃuə(r)] *v* uspokajać; rozpraszać obawy
rebel [ˋrebl] **I** *s* buntownik *m*; powstaniec *m* **II** *v* [rɪˋbel] buntować się, powstawać (**against** ... przeciw ...) **III** *adj* buntowniczy; zbuntowany
rebellion [rɪˋbelɪən] *s* bunt *m*; rewolta *f*; powstanie *n*
rebellious [rɪˋbelɪəs] *adj* buntowniczy; zbuntowany
rebuild [ˋriˋbɪld] *v* (**rebuilt** [ˋriˋbɪlt], **rebuilt**) odbudować; przebudować; odnawiać
recall [rɪˋkɔl] **I** *v* przypominać sobie; (*withdraw*) odwoływać (pracownika); cofać (obietnicę itp.); (*annul*) anulować **II** *s* odwołanie *n*; **beyond** ⟨**past**⟩ ~ nieodwołalnie
recede [rɪˋsid] *v* cofnąć się; odstąpić; wycofać się; (*of prices*) spadać
receipt [rɪˋsit] **I** *s* **1.** przepis *m*; recepta *f* **2.** (*written acknowledgement*) pokwitowanie *n*; **bank** ~ bankowy dowód wpłaty; **postal** ~ dowód pocztowy (wpłaty) **II** *v* kwitować; potwierdzać odbiór
receipt-book [rɪˋsit buk] *s* kwitariusz *m*
receive [rɪˋsiv] *v* **1.** otrzymywać; **on receiving** po otrzymaniu **2.** (*accept*) przyjmować; **to** ~ (**guests**) przyjmować (gości)
receiver [rɪˋsivə(r)] *s* **1.** odbiorca *m*; adresat *m* **2.** *prawn.* poborca *m* **3.** odbiornik *m*; słuchawka telefoniczna; **to pick up the** ~ podnieść słuchawkę; **to put down the** ~ odłożyć słuchawkę; **to take up the** ~ wziąć ⟨podnieść⟩ słuchawkę
recent [ˋrisnt] *adj* świeży; niedawny; współczesny

recently [ˋrisntlɪ] *adv* świeżo; niedawno; ostatnio
reception [rɪˋsepʃn] *s* przyjęcie *n*; przyjmowanie *n*; *rad. tv.* odbiór *m*; (*at a hotel*) ~ **office** recepcja *f*
receptionist [rɪˋsepʃənɪst] *s* recepcjonista *m*
recession [rɪˋseʃn] *s* cofnięcie się *n*; recesja *f*; *handl.* zastój *m*; *ekon.* kryzys *m*
recipe [ˋresəpɪ] *s* przepis *m*; *med.* recepta *f*
recipient [rɪˋsɪpɪənt] **I** *s* odbiorca *m* **II** *adj* odbierający; przyjmujący
reciprocal [rɪˋsɪprəkl] *adj* wzajemny; obustronny
reciprocate [rɪˋsɪprəkeɪt] *v* odwzajemniać; rewanżować (się) (**sth czymś**)
recital [rɪˋsaɪtl] *s* opowiadanie *n*; recytowanie *n* (utworu); *muz.* recital *m*
recite [rɪˋsaɪt] *v* recytować; deklamować
reckless [ˋrekləs] *adj* niebaczny; lekkomyślny
reckon [ˋrekən] *v* rachować; liczyć; obliczyć; (*consider*) uważać; sądzić; przypuszczać
reckoning [ˋrekənɪŋ] *s* rachunek *m*; obliczenie *n*
recline [rɪˋklaɪn] *v* spoczywać w pozycji leżącej; opierać się (**on** ... na ...)
recognition [ˋrekəgˋnɪʃn] *s* **1.** uznanie *n*; **in** ~ **of** ... w dowód uznania ... **2.** (*identification*) rozpoznanie *n*
recognize [ˋrekəgnaɪz] *v* **1.** uznawać (**sb, sth kogoś za** ... **2.** (*identify*) rozpoznawać
recollect [ˋrekəˋlekt] *v* przypomnieć ⟨przypominać⟩ sobie
recollection [ˋrekəˋlekʃn] *s* pamięć *f*; (*remembrance*) wspominanie *n*; wspomnienie *n*
recommend [ˋrekəˋmend] *v* polecać; zalecać; zarekomendować

recommendation [ˈrekəmen-ˈdeɪʃn] s polecenie n; zalecenie n; rekomendacja f; **letter of** ~ list polecający; **on the** ~ **of** ... na polecenie ...

recompense [ˈrekəmpens] v wynagradzać (sb kogoś, sb for a loss komuś stratę); odwdzięczać się (sth to sb komuś za coś)

reconcile [ˈrekənsaɪl] v pogodzić; pojednać; ~ **oneself** pogodzić się (**to sth z** czymś); **to become** ~d **with** sb pogodzić się ⟨pojednać się⟩ z kimś

reconciliation [ˈrekənsɪlɪˈeɪʃn] s pojednanie n; zgoda f

recondition [ˈriːkənˈdɪʃn] v wyremontować

reconstruct [ˈriːkənˈstrʌkt] v odbudowywać; rekonstruować; odtwarzać (fakty itp.)

record [rɪˈkɔd] I v zanotować; zapisywać; rejestrować; nagrywać na taśmie, płycie gramofonowej II s [ˈrekɔd] 1. zanotowanie n; zapis m; (document) protokół m; (note) notatka f; wzmianka f; **to keep a** ~ **of sth** notować ⟨spisywać, rejestrować⟩ coś 2. (register) rejestr m; archiwum n; (personal register) akta personalne 3. sport. rekord m; **to set** ⟨**to break**⟩ **a** ~ ustanowić ⟨pobić⟩ rekord 4. (gramophone disc) płyta gramofonowa; **long-play** ~ płyta długogrająca; **mono-phone** ~ płyta monofoniczna; **stereophone** ~ płyta stereofoniczna

recording [rɪˈkɔdɪŋ] s nagranie n

record-player [ˈrekɔd pleɪə(r)] s adapter m

recover [rɪˈkʌvə(r)] v odzyskiwać; odnajdować; (get better) powracać do zdrowia; (come round) odzyskiwać

przytomność; przyjść do siebie

recovery [rɪˈkʌvrɪ] s 1. odzyskanie n; zwrot m (mienia itp.) 2. (getting better) powrót m do zdrowia; **past** ~ w beznadziejnym stanie

recreation [ˈrekrɪˈeɪʃn] s 1. rozrywka f; zabawa f; szk. przerwa f; ~ **ground** plac m zabaw 2. (relaxation) odpoczynek m

recruit [rɪˈkruːt] I s rekrut m II v rekrutować

rectangle [ˈrektæŋgl] s prostokąt m

rector [ˈrektə(r)] s rektor m; szk. dyrektor m; kość. proboszcz m

rectory [ˈrektərɪ] s probostwo n

recur [rɪˈkɜ(r)] v powracać; ponawiać się

recurrent [rɪˈkʌrnt] adj powracający; powrotny; powtarzający się; okresowy

red [red] I adj 1. czerwony; przen. krwawy; **to become** ⟨**to get, to go, to turn**⟩ ~ zaczerwienić się 2. (red-haired) rudy II s czerwony kolor; czerwień f; przen. **to see** ~ wpaść we wściekłość

redden [ˈredn] v poczerwienieć; (dye) ufarbować na czerwono

reddish [ˈredɪʃ] adj czerwonawy

redouble [rɪˈdʌbl] v podwajać; podwyższać dwukrotnie; (cards) rekontrować (w brydżu)

·red-tape [ˈred teɪp] s biurokratyzm m

reduce [rɪˈdjuːs] v redukować; zmniejszać; obniżać; (grow thinner) odchudzać się; (bring) doprowadzać (sb to ... kogoś do ...)

reduced [rɪˈdjuːst] adj zredukowany, obniżony; ~ **prices** przecena f; **goods at** ~ **pri-**

ces towary *pl* z przeceny ⟨przecenione⟩
reduction [rɪ'dʌkʃn] *s* 1. redukcja *f*; przecena *f* (towarów); zmniejszenie *n*; ~ **of prices** obniżka *f* cen 2. (*bringing to certain condition*) doprowadzenie *n* (do czegoś)
redundant [rɪ'dʌndənt] *adj* zbyteczny; niepotrzebny; zbędny
reed [rid] *s* trzcina *f*
reef [rif] *s* rafa *f*, skała podwodna
reek [rik] I *v* śmierdzieć; cuchnąć (**of sth** czymś) II *s* smród *m*; wyziewy *pl*; zaduch *m*
reel ¹ [ril] *s* szpulka *f*
reel ² [ril] *v* zataczać się; słaniać się
refer [rɪ'fɜ(r)] *v* odnosić się; dotyczyć; (*send*) odsyłać; (*of a person speaking etc.*) powoływać się (**to ... na ...**); czynić aluzje (**to sb, sth** do kogoś, czegoś)
referee ['refə'ri] *s sport.* sędzia *m*; *handl.* arbiter *m*
reference ['refrns] *s* 1. odwoływanie się *n* 2. (*relation*) związek *m*; **with** ⟨**in**⟩ ~ **to ...** w związku z ... 3. (*allusion*) aluzja *f*; wzmianka *f*; 4. (*note*) notatka *f*; adnotacja *f* 5. (*information*) informacja *f*; **a book of** ~ ksiażka informacyjna; informator *m* (kolejowy, telefoniczny, adresowy) 6. (*recommendation*) polecenie *n*; referencje *pl*; świadectwo *n* z pracy 7. (*person*) osoba polecająca (kogoś); **who are your** ~? kto pana poleca?
refill [ri'fɪl] I *v* ponownie napełnić; nabrać zapas (benzyny itp.) II *s* ['rifɪl] (zapasowy) wkład *m* (do ołówka, puderniczki, długopisu itp.); zapas *m*
refined [rɪ'faɪnd] *adj* (*of a person*) wytworny; dystyn-

gowany; (*of sugar*) rafinowany
refinement [rɪ'faɪnmənt] *s techn.* rafinowanie *n*; oczyszczenie *n*; (*subtlety*) wyrafinowanie *n*; (*elegance*) subtelność *f*; wytworność *f*
refinery [rɪ'faɪnrɪ] *s* rafineria *f*; **oil** ~ rafineria ropy naftowej; **sugar** ~ rafineria cukru
reflect [rɪ'flekt] *v* 1. odbijać; ~**ing lights** światła odblaskowe 2. (*reproduce*) być odbiciem (**sth** czegoś) 3. (*consider*) rozważać (**on sth** coś)
reflection [rɪ'flekʃn] *s* 1. odbicie *n* (światła, obrazu) 2. (*thought*) myśl *f*; refleksja *f*; zastanowienie *n*; **on** ~ po namyśle
reflexive [rɪ'fleksɪv] *adj gram.* (*of a pronoun*; zwrotny
reform [rɪ'fɔm] I *v* reformować; zmieniać; usprawniać II *s* reforma *f*; poprawa *f*
refresh [rɪ'freʃ] *v* odświeżać ⟨pokrzepiać, wzmacniać⟩ (się)
refreshment [rɪ'freʃmənt] *s* 1. odświeżenie *n*; wypoczynek *m* 2. orzeźwienie *n*; (*drink*) pokrzepiający trunek 3. (*food*) zakąska *f*; *pl* ~**s** bufet *m*; ~ **car** wagon restauracyjny; ~ **room** bufet *m* (kolejowy); **to have a** ~ pokrzepiać ⟨posilać⟩ się
refrigerator [rɪ'frɪdʒəreɪtə(r)] *s* lodówka *f*; (*room*) chłodnia *f*
refuge ['refjudʒ] *s* schronienie *n*; azyl *m*; **to take** ~ schronić się
refugee ['refju'dʒi] *s* uciekinier *m*; uchodźca *m*
refusal [rɪ'fjuzl] *s* odmowa *f*
refuse ¹ [rɪ'fjuz] *v* odmówić (**sth czegoś**); odrzucić
refuse ² ['refjus] *s* śmieci(e) *pl*; odpadki *pl*; ~ **dump** wysypisko *n* śmieci
regain [rɪ'geɪn] *v* odzyskać
regard [rɪ'gɑd] I *v* 1. uważać

(sb, sth as ... kogos, coś
za ...) 2. (*concern*) dotyczyć,
odnosić się (sb, sth do kogoś, czegoś); as ~s ... co się
tyczy ... II s 1. (*consideration*) wzgląd *m*; in this ~
pod tym względem; in ~ to
⟨of⟩ ... pod względem ... 2.
(*care*) troska *f* (to ⟨for⟩ sth
o coś); to have ⟨to pay⟩ ~
to ... mieć wzgląd ⟨uważać
na⟩ ...; without ~ to ⟨for⟩ ...
nie bacząc na ... 3. (*respect*)
względy *pl*; szacunek *m* 4.
pl ~s pozdrowienia *pl*, ukło-
ny *pl*
regarding [rɪ'gɑdɪŋ] *praep* co
do ...; odnośnie do ...; w
sprawie ...
regardless [rɪ'gɑdləs] *adj* nie-
staranny; niedbały; to be ~
of ... nie zważać na ...
regiment ['redʒɪmənt] *s* pułk
m
region ['ridʒən] *s* okolica *f*;
obszar *m*; strefa *f*
regional ['ridʒənl] *adj* regio-
nalny
register ['redʒɪstə(r)] I *s* rejestr *m*; spis *m*; lista *f*;
public ~s księgi metrykal-
ne II *v* 1. zapisywać; rejestrować; zgłaszać (się); ~ed
building budynek zabytkowy 2. nadawać (list, paczkę
itp.); ~ed letter list polecony
registrar ['redʒɪ'strɑ(r)] *s* u-
rzędnik *m* stanu cywilnego;
the ~'s office urząd *m* stanu cywilnego
registration ['redʒɪ'streɪʃn] *s*
rejestracja *f*; wpis *m*; ~
book dowód rejestracyjny;
~ **card** karta rejestracyjna;
~ **number** numer rejestracyjny; ~ **plate** tabliczka rejestracyjna (samochodu)
registry ['redʒɪstrɪ] *s* 1. rejestracja *f*; wpis *m* 2. (*office*)
urząd *m* stanu cywilnego;
~ **marriage** ślub cywilny
regret [rɪ'gret] I *v* żałować;
we ~ to inform you ... z

przykrością powiadamiamy
pana ... II *s* żal *m* (for sth
z powodu czegoś); to feel ~
żałować
regrettable [rɪ'gretəbl] *adj*
godny pożałowania
regular ['regjələ(r)] *adj* regularny; prawidłowy; rytmi-
czny; (*of a person*) punktualny; systematyczny; (*of a
cook*) zawodowy, fachowy
(*of an artist*) prawdziwy
regulate ['regjəleɪt] *v* regulować; porządkować; kiero-
wać (sth czymś)
regulation ['regjə'leɪʃn] *s* 1.
regulacja *f*; regulowanie *n*
2. (*rule*) przepis *m*; nakaz
m; *pl* ~s regulamin *m*;
przepisy *pl*; traffic ~s przepisy drogowe; against ⟨con-
trary to⟩ the ~s wbrew
przepisom; to infringe
⟨transgress⟩ the ~s łamać
⟨naruszać⟩ przepisy
regulator ['regjəleɪtə(r)] *s* regulator *m*
rehearsal [rɪ'hɜsl] *s* 1. (*repetition*) powtórka *f* (lekcji
itp.) 2. *teatr.* próba *f*; dress
~ próba generalna
rehearse [rɪ'hɜs] *v* powtarzać;
teatr. robić próbę
reign [reɪn] I *s* panowanie *n*;
rządy *pl*; in ⟨under⟩ the ~
of ... za panowania ... II *v*
panować; władać
reindeer ['reɪndɪə(r)] *s* (*pl*
reindeer) renifer *m*
reinforce ['riɪn'fɔs] *v* wzmacniać; podeprzeć; ~d con-
crete żelazobeton *m*
reject [rɪ'dʒekt] *v* odrzucić;
nie przyjmować
rejoice [rɪ'dʒɔɪs] *v* radować
⟨cieszyć⟩ (się); weselić się;
to be ~d at ⟨by⟩ sth ucieszyć się czymś; to ~ to do
st ι z radością coś zrobić
rejoin [rɪ'dʒɔɪn] *v* połączyć na
nowo; (*return*) wrócić (a
company do towarzystwa)
relapse [rɪ'læps] I *v* popaść
znowu (into vice etc. w na-

łóg itp.); to ~ into illness
ponownie zachorować II s
nawrót m (into sth do czegoś)
relate [rɪ'leɪt] v opowiadać;
zdawać sprawę; (be con-
nected) odnosić się (to sb,
sth do kogoś, czegoś)
related [rɪ'leɪtɪd] adj związany (to sb, sth z kimś, czymś);
bliski; (by birth, marriage)
spokrewniony (to sb z kimś)
relation [rɪ'leɪʃn] s 1. opowiadanie n; relacja f 2. (connection) związek m; in ~
to ... w stosunku ⟨odnośnie⟩
do ... 3. pl ~s stosunki pl;
kontakty pl 4. (relative)
krewny m, krewna f
relationship [rɪ'leɪʃnʃɪp] s
związek m; zależność f;
(kinship) pokrewieństwo n
relative ['relətɪv] I adj 1.
względny; stosunkowy 2.
(connected) dotyczący (to sb,
sth kogoś, czegoś); odnoszący się (to sb, sth do kogoś,
czegoś) II s krewny m
relatively ['relətɪvlɪ] adv
względnie; stosunkowo
relax [rɪ'læks] v odprężać
(się); osłabiać; zmniejszać
napięcie
relaxation ['rilæk'seɪʃn] s re-
laks m; odprężenie n; odpoczynek m
relay ['rileɪ] I s zmiana f (robotników); szychta f; ~ race
sztafeta f, bieg sztafetowy
II v [rɪ'leɪ] z/luzować
release [rɪ'lis] I v 1. zwolnić;
wypuścić na wolność 2.
(unfasten) otworzyć (spadochron); to ~ the brake
zwo'nić hamulec II s zwolnienie n; wyzwolenie n;
(issue) wypuszczenie n (nowego filmu itp.)
releaser [rɪ'lisə(r)] s wyzwalacz m; time ~ samowyzwa-
lacz m
relevant ['reləvənt] adj związany (to sth z czymś); (of

a remark etc.) stosowny;
trafny
reliable [rɪ'laɪəbl] adj pewny;
solidny; niezawodny; rze-
telny; godny zaufania
relief ¹ [rɪ'lif] s 1. ulga f; to
bring ~ sprawiać ulgę 2.
(help) pomoc f; odsiecz f 3.
~ driver zmiennik
relief ² [rɪ'lif] s płaskorzeźba f
relieve [rɪ'liv] v ulżyć; przynieść ulgę; (help) pomóc;
odciążyć; (replace) zluzo-
wać; zastąpić
religion [rɪ'lɪdʒən] s religia f;
wyznanie n
religious [rɪ'lɪdʒəs] adj reli-
gijny; pobożny
relish ['relɪʃ] I s smak m;
(appetizer) przyprawa f;
(tasty dish) smakołyk m; to
do sth with ~ robić coś z
upodobaniem ⟨z przyjemno-
ścią⟩ II v rozkoszować się
(sth czymś); znajdować
przyjemność (sth w czymś)
reluctance [rɪ'lʌktəns] s wstręt
m; niechęć f
reluctant [rɪ'lʌktənt] adj niechętny; to be ~ to do sth
robić coś niechętnie
rely [rɪ'laɪ] v polegać (on sb,
sth na kimś, czymś); mieć
zaufanie; liczyć (on sb, sth
na kogoś, coś)
remain [rɪ'meɪn] I v pozostawać; it ~s to be seen to
się okaże II s (pl) ~s resztki pl, szczątki pl
remainder [rɪ'meɪndə(r)] s pozostałość f; reszta f
remark [rɪ'mɑk] I v spostrzegać, zauważać; (comment)
robić uwagę (on ⟨upon⟩ sb,
sth o kimś, czymś) II s uwaga f; spostrzeżenie n
remarkable [rɪ'mɑkəbl] adj
znakomity; wybitny; godny
uwagi
remedy ['remədɪ] I s lekarstwo n; środek m (for sth
na coś); ~ with prescrip-
tion lek m na receptę; to

prescribe a ~ wypisać receptę, przepisać lek **II** *v* naprawić; zaradzić (sth czemuś)
remember [rı'membə(r)] *v* pamiętać; wspominać (**sb** kogoś); przypominać ⟨przypomnieć⟩ sobie; (*in a letter*) ~ **me to** ... kłaniaj się ⟨pozdrów⟩ ode mnie ...
remembrance [rı'membrns] *s* wspomnienie *n*; (*memory*) pamięć *f*; (*souvenir*) pamiątka *f*; **in** ~ na pamiątkę
remind [rı'maınd] *v* przypominać (**sb of sth** coś komuś)
reminder [rı'maındə(r)] *s* pamiatka *f*; *handl.* przypomnienie *n*; monit *m*
reminiscence ['remı'nısns] *s* wspomnienie *n*; reminiscencja *f*
remit [rı'mıt] *v* darować (karę itp.); umorzyć (dług itp.); *handl.* wpłacać; przekazać (pieniadze)
remittance [rı'mıtns] *s* wpłata *f*; przekaz *m*; przelew *m*
remnant ['remnənt] *s* pozostałość *f*; resztka *f*; ~ **sale** wyprzedaż *f* resztek
remorse [rı'mɔs] *s* wyrzut *m* sumienia
remote [rı'məut] *adj* odległy; daleki; ~ **control** zdalne sterowanie
removal [rı'muvll] *s* 1. usunięcie *n*; zniesienie *n* (zarządzenia) 2. (*moving*) przeprowadzka *f*; ~ **van** wóz meblowy
remove [rı'muv] *v* 1. usunąć 2. (*move*) przeprowadzać się
remover [rı muvə(r)] *s chem.* zmywacz *m*; **paint** ~ zmywacz do farb; **varnish** ~ zmywacz do lakieru
remunerate [rı'mjunəreıt] *v* wynagrodzić
renaissance [rı'neısns] *s* renesans *m*; odrodzenie *n*
rend [rend] *v* (**rent** [rent], **rent**) rozrywać; (po)drzeć

render ['rendə(r)] *v* 1. odpłacić się; **to** ~ **thanks** z'ożyć podziękowania 2. (*give*) zwrócić; oddać (usługę) 3. *muz. teatr.* odtwarzać; interpretować 4. (*translate*) przetłumaczyć (na inny język)
renew [rı'nju] *v* odnawiać; wznawiać; podejmować na nowo; (*make new*) odświeżać
renounce [rı'nauns] *v* wyrzec ⟨wyrzekać⟩ się (kogoś, czegoś)
renovation ['renə'veıʃn] *s* odnowienie *n*; renowacja *f*; naprawa *f*
renown [rı'naun] *s* sława *f*; rozgłos *m*
rent [rent] *s* rozdarcie *n*; *przen.* rozłam *m*
rent [rent] **I** *s* dzierżawa *f*; najem *m*; (*payment*) czynsz *m* **II** *v* wynajmować; dzierżawić
repaid *zob.* **repay**
repair [rı'peə(r)] **I** *v* naprawić; (z)reperować; remontować; łatać **II** *s* naprawa *f*; remont *m*; **beyond** ~ nie do naprawienia; **engine** ~ remont silnika; **major** ~ remont generalny; **out of** ~ w z'ym stanie; **under** ~ w remoncie
repatriate [ri'pætrieıt] *v* repatriować
repay [rı'peı] *v* (**repaid** [rı'peıd], **repaid**) spłacać; zwrócić ⟨oddać⟩ pieniądze; (*return*) odwzajemniać (się); odwdzieczać się
repeat [rı'pit] *v* powtarzać; ponawiać
repeated [rı'pitıd] *adj* powtarzajacy się; wielokrotny
repeatedly [rı'pitıdlı] *adv* wielokrotnie; wiele razy
repel [rı'pel] *v* odrzucać; odpychać; brzydzić; wzbudzać wstręt
repellent [rı'pelənt] *adj* odpychający; odstręczający

repent [rɪ'pent] *v* żałować
repertoire ['repətwɑ(r)] *s* repertuar *m*
repetition ['repə'tɪʃn] *s* powtórzenie *n*; powtórka *f*
replace [rɪ'pleɪs] *v* postawić z powrotem na miejscu; (*substitute*) zastępować
reply [rɪ'plaɪ] I *v* odpowiadać II *s* odpowiedź *f*; (*of a telegram*) ~ **paid** z zapłaconą odpowiedzią
report [rɪ'pɔt] I *v* donieść; informować; zdawać relację (st⁊ z czegoś); meldować; ~ **oneself** stawić się; zgłosić się (**to a place** gdzieś; **to sb** u kogoś; **for sth** po coś) II *s* sprawozdanie *n*; raport *m*; meldunek *m*; (*rumour*) pogłoska *f*; plotka *f*
reporter [rɪ'pɔtə(r)] *s* reporter *m*: sprawozdawca *m*; dziennikarz *m*; sąd. protokolant *m*
represent ['reprɪ'zent] *v* przedstawiać; opisywać; (*deputize*) reprezentować
representation ['reprɪzen'teɪʃn] *s* przedstawicielstwo *n*; reprezentacja *f*; (*depicting*) przedstawienie *n*; wyobrażenie *n*
representative ['reprɪ'zentətɪv] I *adj* przedstawiający; *handl.* (*of a specimen*) okazowy; typowy II *s* przedstawiciel *m*, reprezentant *m*
reprint [rɪ'prɪnt] I *v* przedrukowywać; wypuszczać nowe wydanie II *s* przedruk *m*; wznowienie *n*; odbitka *f*
reproach [rɪ'prəʊtʃ] I *v* robić wymówki (**sb about** ⟨**for**⟩ **sth** komuś z powodu czegoś) II *s* wyrzut *m*, zarzut *m*, wymówka *f*
reproduction ['riprə'dʌkʃn] *s* reprodukcja *f*; odtworzenie *n*; kopia *f*
reptile ['reptaɪl] *s* gad *m*
republic [rɪ'pʌblɪk] *s* republika *f*; **people's** ~ republika

ludowa; **socialist** ~ republika socjalistyczna
reputation ['repju'teɪʃn] *s* reputacja *f*; opinia *f*
repute [rɪ'pjut] I *v* uważać (kogoś za coś); **to be** ~**d to be ...** być uważanym ⟨uchodzić⟩ za ... II *s* reputacja *f*; sława *f*; **of** ~ sławny
request [rɪ'kwest] I *s* prośba *f*; życzenie *n*; ~ **stop** przystanek *m* na żądanie; **by** ~ na życzenie II *v* prosić; **as** ~**ed** stosownie do życzenia; **the public is** ~**ed ...** uprasza się publiczność o ...
require [rɪ'kwaɪə(r)] *v* żądać (**sth of sb** czegoś od kogoś); wymagać; potrzebować; **if** ~**d** w razie potrzeby; **when** ~**d** kiedy zajdzie potrzeba
requirement [rɪ'kwaɪəmənt] *s* żądanie *n*; potrzeba *f*; wymaganie *n*; **to meet the** ~**s** spełniać wymagania; zaspokajać potrzeby
requisite ['rekwɪzɪt] I *adj* wymagany; konieczny II *s* rzecz niezbędna; *pl* ~**s** przybory *pl* (toaletowe, podróżne itp.)
requisition ['rekwɪ'zɪʃn] *s* zapotrzebowanie *n*; użycie *n*
rescue ['reskju] I *v* wybawiać; ratować; ocalić (**from sth od** czegoś) II *s* ratunek *m*; ocalenie *n*
rescuer ['reskjuə(r)] *s* ratownik *m*
research [rɪ'sɜtʃ] I *s* badania *pl*; poszukiwania *pl*; ~ **work** praca badawcza; ~ **worker** pracownik naukowy; badacz *m* II *v* badać; poszukiwać
resemblance [rɪ'zembləns] *s* podobieństwo *n*
resemble [rɪ'zembl] *v* być podobnym (**sb do** kogoś)
resent [rɪ'zent] *v* czuć się dotkniętym ⟨urażonym⟩ (**sth** czymś); mieć za złe
resentment [rɪ'zentmənt] *s* uraza *f*: obraza *f*
reservation ['rezə'veɪʃn] *s* za-

strzeżenie *n*; rezerwacja *f*; *kolej.* miejscówka *f*; **to make** ~s zarezerwować miejsce ⟨pokój itp.⟩

reserve [rɪˈzɜːv] **I** *v* zachowywać; rezerwować; trzymać w zapasie ⟨w rezerwie⟩; zastrzegać **II** *s* zapas *m*; rezerwa *f*; *(limitation)* zastrzeżenie *n*; *(of manner)* powściągliwość *f*; *(of nature)* rezerwat *m*

reserved [rɪˈzɜːvd] *adj* zarezerwowany; *(of rights)* zastrzeżony; *(of a person)* powściągliwy; zachowujący się z rezerwą

reset [rɪˈset] *v* ustawić (na nowo); *(sharpen)* naostrzyć (narzędzie)

residence [ˈrezɪdəns] *s* miejsce *n* zamieszkania; *(house)* rezydencja *f*; dom *m*

residential [ˌrezɪˈdenʃl] *adj* *(of a quarter etc.)* mieszkaniowy; willowy

resign [rɪˈzaɪn] *v* rezygnować ⟨wycofywać się⟩ (**sth z czegoś**); ustępować; podawać się do dymisji

resignation [ˌrezɪɡˈneɪʃn] *s* **1.** dymisja *f*; rezygnacja *f*; **to give** ⟨**to send in**⟩ **one's** ~ podawać się do dymisji **2.** *(being resigned)* pogodzenie się *n* (z losem)

resin [ˈrezɪn] *s* żywica *f*

resist [rɪˈzɪst] *v* sprzeciwiać ⟨opierać, buntować⟩ się; *(be proof)* być wytrzymałym ⟨odpornym⟩ (**sth na coś**); *(abstain from)* powstrzymywać się (**sth od czegoś**)

resistance [rɪˈzɪstəns] *s* opór *m*; sprzeciw *m*; *polit.* ~ **movement** ruch *m* oporu; **to offer** ~ stawiać opór

resistant [rɪˈzɪstənt] *adj* odporny (**to sth na coś**)

resolute [ˈrezəluːt] *adj* zdecydowany; śmiały

resolution [ˌrezəˈluːʃn] *s* decyzja *f*; uchwała *f*; postanowienie *n*; *(determination)*

zdecydowanie *n*; stanowczość *f*

resolve [rɪˈzɒlv] *v* rozkładać ⟨rozpuszczać⟩ (się); *(solve)* rozwiązywać (zadanie, zagadkę); *(decide)* uchwalać; postanawiać; decydować się (**upon sth** na coś)

resolved [rɪˈzɒlvd] *adj* zdecydowany

resort [rɪˈzɔːt] **I** *v* zwracać się; uciekać się (**to tricks etc. to** forteli itp.); *(frequent)* często odwiedzać; uczęszczać **II** *s* **1.** uciekanie się *n*; ostateczny środek **2.** *(a place)* **health** ~ uzdrowisko *n*; **seaside** ~ kąpielisko nadmorskie; **summer** ~ letnisko *n*

resourceful [rɪˈsɔːsfl] *adj* pomysłowy; zaradny

resources [rɪˈsɔːsɪz] *pl* zasoby *pl*, bogactwa *pl* (naturalne itp.); środki *pl* (pieniężne itd.)

respect [rɪˈspekt] **I** *v* poważać; szanować; mieć szacunek (**sb dla kogoś**) **II** *s* **1.** poważanie *n*; szacunek *m* **2.** *pl* ~**s** pozdrowienia *pl*; **to pay one's** ~**s to sb** złożyć swoje uszanowanie komuś; **give my** ~**s to ...** kłaniaj się ode mnie ... **3.** *(regard)* wzgląd *m*; **without** ~ **to ...** bez względu na ...; **in** ~ **of ...** pod względem ...

respectable [rɪˈspektəbl] *adj* porządny; zacny; poważany; godny szacunku

respectful [rɪˈspektfl] *adj* pełen szacunku

respecting [rɪˈspektɪŋ] **I** *praep* co do; odnośnie do; w sprawie **II** *adj* dotyczący

respective [rɪˈspektɪv] *adj* poszczególny; indywidualny

respiration [ˌrespəˈreɪʃn] *s* oddychanie *n*; **artificial** ~ sztuczne oddychanie

respire [rɪˈspaɪə(r)] *v* oddychać

responsibility [rɪˌspɒnsəˈbɪlətɪ]

s odpowiedzialność *f*; **without** ~ bez zobowiązania
responsible [rı'sponsəbl] *adj* odpowiedzialny **(for sth za coś); to be** ~ odpowiadać **(for sth za coś)**
rest[1] [rest] **I** *v* odpoczywać; *(of sight)* spocząć; *(be supported)* opierać się **(on sth na czymś); dać wypocząć (sb, sth komuś, czemuś);** *przen.* polegać **II** *s* odpoczynek *m*; spoczynek *m*; **to take a** ~ odpocząć; wytchnać; **to have a good.** ~ dobrze wypoczywać; **at** ~ bez ruchu; w stanie spoczynku; **to set sb's mind at** ~ uspokoić kogoś
rest[2] [rest] *s* **1.** reszta *f*; pozostałość *f*; **for the** ~ poza tym **2.** *(the others)* pozostali *pl*
restaurant ['restrɔ̃] *s* restauracja *f*
restaurant-car ['restrɔ̃ ka(r)] *s* wagon reestauracyjny
rested ['restıd] *adj* wypoczęty
restful ['restfl] *adj* kojący; spokojny; uspokajający
rest-home ['rest həʊm] *s* dom wczasowy ⟨wypoczynkowy⟩
restless ['restləs] *adj* **1.** niespokojny; **to get** ~ niecierpliwić się **2.** *(of a night)* bezsenny
restoration ['restə'reıʃn] *s* odrestaurowanie *n*; restauracja *f*; odbudowa *f*; rekonstrukcja *f*
restore [rı'stɔ(r)] *v* przywracać; zwracać; *(build up)* odbudować; odnawiać; rekonstruować
restrain [rı'streın] *v* wstrzymywać; powściągać; panować **(one's feelings nad uczuciami)**
restraint [rı'streınt] *s* powściągliwość *f*; opanowanie *n*
restriction [rı'strıkʃn] *s* ograniczenie *n*
result [rı'zʌlt] **I** *v* wynikać

⟨wypływać, pochodzić⟩ **(from sth z czegoś); być rezultatem** ⟨wynikiem⟩ **(from sth czegoś); to** ~ **in ...** doprowadzać do ...; dawać w rezultacie ... **II** *s* rezultat *m*; wynik *m*; **as a** ~ **of ...** wskutek ...; **without** ~ bezskutecznie; bez rezultatu
resume [rı'zjum] *v* podjąć na nowo; powrócić **(one's work do swej pracy)**
resurrection ['rezə'rekʃn] *s* zmartwychwstanie *n*
resuscitate [rı'sʌsıteıt] *v* ocucić; doprowadzić do przytomności
retail ['riteıl] **I** *s* detal *m*; **to sell by** ~ sprzedawać detalicznie **II** *adj* detaliczny **III** *adv* detalicznie **IV** *v* [rı'teıl] sprzedawać detalicznie
retailer [rı'teılə(r)] *s* detalista *m*
retain [rı'teın] *v* wstrzymywać; zachowywać; zatrzymywać
retire [rı'taıə(r)] *v* **1.** odchodzić; cofać się **2.** *(go to bed)* udawać się na spoczynek **3.** *(leave office)* pójść na emeryturę; składać urząd; **to** ~ **from the army** przejść do cywila
retired [rı'taıəd] *adj* **1.** samotny; odludny; **in a** ~ **spot** na uboczu; na odludziu **2.** *(no longer working)* zdymisjonowany; emerytowany; *wojsk.* **on the** ~ **list** w stanie spoczynku
return [rı'tɜn] **I** *v* wracać; *(give back)* zwracać; *(repay)* odwzajemniać się **(sth czymś); oddawać II** *s* **1.** powrót *m*; **by** ~ **of post** odwrotną pocztą; *(birthday greeting)* **many happy** ~**s of the day** wszystkiego najlepszego **2.** *kolej.* ~ **ticket** bilet w obie strony ⟨powrotny⟩ **3.** *pl* ~**s** dochody *pl*; zyski *pl* **4.** *(giving*

back) zwrot *m* (czegoś komuś); **in ~ for** sth w zamian za coś
reveal [rɪ'vil] *v* wyjawiać; odkrywać
revel ['revl] I *v* zabawiać się; ucztować; (*take delight*) delektować się (**in** sth czymś) II *s* zabawa *f*; uczta *f*
revelation ['revə'leɪʃn] *s* objawienie *n*; rewelacja *f*
revenge [rɪ'vendʒ] I *s* pomścić; (*także* ~ oneself) zemścić się II *s* zemsta *f*; odwet *m*; **to have ⟨to take⟩ one's ~** (ze)mścić się; **in ~ for** sth w odwet za coś; **to give sb his ~** dać komuś możność rewanżu
revengeful [rɪ'vendʒfl] *adj* mściwy
revenue ['revənju] *s* dochód *m* (państwowy); (*department*) urząd skarbowy
reverse [rɪ'vɜs] I *v* odwracać (na drugą stronę) II *s* odwrotność *f*; przeciwieństwo *n*; druga ⟨odwrotna⟩ strona (płyty itd.); *mot.* wsteczny bieg III *adj* odwrotny; przeciwny
review [rɪ'vju] I *s* przegląd *m*; (*critique of a book etc.*) recenzja *f*; (*inspection*) rewia *f* (wojsk itd.) II *v* zrobić przegląd; poddać rewizji; (*write a critique*) napisać recenzję (a book etc. książki itp.)
reviewer [rɪ'vjuə(r)] *s* recenzent *m*
revise [rɪ'vaɪz] *v* rewidować; przejrzeć; skorygować; poprawić
revision [rɪ'vɪʒn] *s* rewizja *f*; przejrzenie *n*
revolt [rɪ'vəult] I *v* zbuntować się II *s* bunt *m*; powstanie *n*
revolution ['revə'luʃn] *s* rewolucja *f*; obrót *m* (koła itd.)
revolutionary ['revə'luʃnrɪ] I *adj* rewolucyjny II *s* rewolucjonista *m*

revolutionist ['revə'luʃnɪst] *s* rewolucjonista *m*, rewolucjonistka *f*
revolve [rɪ'volv] *v* obracać (sth czymś); kręcić ⟨obracać⟩ się; krążyć; **revolving stage** scena obrotowa; **'revolving door** drzwi obrotowe
revolver [rɪ'volvə(r)] *s* rewolwer *m*
revue [rɪ'vju] *s teatr.* rewia *f*
reward [rɪ'wɔd] I *s* nagroda *f* II *v* (wy)nagradzać
rheumatism ['rumətɪzm] *s* reumatyzm *m*
rhubarb ['rubɑb] *s* rabarbar *m*
rhyme, rime [raɪm] I *s* rym *m*; **nursery ~s** wierszyki *pl* dla dzieci II *v* rymować
rhythm ['rɪðm] *s* rytm *m*
rhythmic(al) [rɪðmɪk(l)] *'adj* rytmiczny
rib [rɪb] *s* żebro *n*
ribbon ['rɪbən] *s* wstążka *f*; tasiemka *f*; **typewriter ~** taśma *f* do maszyny ⟨maszynowa⟩
rice [raɪs] *s* ryż *m*
rich [rɪtʃ] I *adj* 1. bogaty; zamożny; **to grow ~** wzbogacić się; **~ in** sth obfitujący ⟨bogaty⟩ w coś 2. (*of soil*) żyzny 3. (*of food*) pożywny; odżywczy II *s* **the ~** bogaci *pl*
riches ['rɪtʃɪz] *plt* bogactwa *pl*
rick [rɪk] *s* sterta *f*; stóg *m*
rickets ['rɪkɪts] *plt* krzywica *f*
rickety ['rɪkɪtɪ] *adj* krzywiczny; (*shaky*) kiwający się; rozklekotany
rid [rɪd] *v* (**rid, rid**) uwalniać (**sb of** sth kogoś od czegoś); **to get ~ of** sb, sth pozbywać się ⟨uwalniać się od⟩ kogoś, czegoś
riddance ['rɪdns] *s* uwolnienie *n*; pozbycie się *n*
riddle ['rɪdl] *s* zagadka *f*
ride [raɪd] I *v* (**rode** [rəud],

rider

ridden ['rɪdn])jechać; odbywać podróż (pociągiem, autobusem itd.); siedzieć (w wozie, pociągu itp.) II s podróż f; przejazd m; jazda f; przejażdżka f; to go for a ~ przejechać się
rider ['raɪdə(r)] s jeździec m
ridge [rɪdʒ] s grzbiet m (górski); krawędź f; gran f
ridicule ['rɪdɪkjul] I s śmieszność f II v wyśmiewac; ośmieszać
ridiculous [rɪ'dɪkjələs] adj śmieszny; zabawny; to make oneself ~ narazić się na śmiech; ośmieszyć się
rifle ['raɪfl] s karabin m; pl ~s wojsk. strzelcy pl
right¹ [raɪt] I adj 1. słuszny; należyty; poprawny; dokładny; to be on the ~ way dobrze jechać ⟨iść⟩; are we ~ for London? czy dobrze jedziemy do Londynu?; to come ⟨to turn⟩ (out) ~ dobrze się skończyć; to put ⟨to set⟩ sth ~ naprawić ⟨poprawić⟩ coś; to be ~ mieć rację; all ~ dobrze; quite ~! całkiem słusznie! 2. (of a person) zdrów; are you quite ~? czy czujesz się całkiem dobrze? 3. ~ angle kąt prosty II adv (straight) (jechać, iść) prosto; (exactly) dokładnie; ściśle; (correctly) słusznie; poprawnie; it serves you ~! dobrze ci tak! III s prawo n; słuszność f; to be in the ~ mieć słuszność ⟨rację⟩
right² [raɪt] I adj prawy (o stronie) II adv w prawo III s prawa strona; polit. prawica f
righteous ['raɪtʃəs] adj prawy; słuszny
rigid ['rɪdʒɪd] adj sztywny; przen. surowy; nieugięty
rim [rɪm] s obwódka f; obręcz f; oprawa f (okularów)

rind [raɪnd] s skórka f; łupina f
ring¹ [rɪŋ] s 1. pierścionek m; wedding ~ obrączka ślubna 2. (circle) krąg m 3. (in a circus) arena f; sport. ring m; bull ~ arena f do walki byków
ring² [rɪŋ] I v (rang [ræŋ], rung [rʌŋ]) dzwonić; dźwięczeć; to ~ the bell (za)dzwonić; to ~ off odkładać słuchawkę; kończyć rozmowę telefoniczną; to ~ up telefonować (sb do kogoś) II s dzwonienie n; głos m dzwonka
ring-road ['rɪŋ rəʊd] s obwodnica f
rink [rɪŋk] s ślizgawka f
rinse [rɪns] I v płukać; spłukiwać II s wypłukanie n; płukanka f (do włosów)
riot ['raɪət] I s bunt m; (revelry) orgia f II v wszczynać rozruchy; (revel) hulać
rip [rɪp] I s rozprucie n; rozdarcie n II v rozedrzeć; rozpruwać
ripe [raɪp] adj dojrzały; gotowy (for sth do czegoś); to become ⟨to grow⟩ ~ dojrzewać
ripen ['raɪpn] v dojrzewać
rise [raɪz] I v (rose [rəʊz], risen ['rɪzn]) wschodzić; (ascend) podnosić się; (of a river) wzbierać; (of prices etc.) wzrastać; (stand up) wstawać; (revolt) powstawać; buntować się II s wschód m (słońca); (upward slope) wzniesienie n (terenu); (lifting) podniesienie n (kurtyny itp.); (increase) podwyżka f (płac); wzrost m; (promotion) awans m; ~ in status awans społeczny
risk [rɪsk] I v ryzykować; ponieść ryzyko II s ryzyko n; niebezpieczeństwo n; to run the ~ ryzykować; to take no ~s nie ryzyko-

wać; **at one's ~** na własne ryzyko; **at the ~ of one's life** z narażeniem życia
risky [`rıskı] *adj* ryzykowny
rival [`raıvl] **I** *s* rywal *m*; współzawodnik *m* **II** *v* rywalizować ⟨współzawodniczyć⟩ **(sb, sth z** kimś, czymś) **III** *adj* konkurencyjny
rivalry [`raıvlrı] *s* rywalizacja *f*; współzawodnictwo *n*
river [`rıvə(r)] *s* rzeka *f*
riverside [`rıvəsaıd] **I** *s* brzeg *m* rzeki; **at the ~** nad rzeką **II** *adj* nadrzeczny
road [rəud] *s* droga *f*; szosa *f*; jezdnia *f*; **access ~** droga dojazdowa; **by-pass ~** droga okrężna; **exit ~** droga wylotowa; **loop ~** droga objazdowa; **main** ⟨**arterial**⟩ **~** droga główna; **no through ~** ulica bez przejazdu; **primary ~** droga pierwszej klasy; **secondary ~** droga drugorzędna; **the rules of the ~** przepisy drogowe; **to take the ~** wyruszyć w drogę; **~ junction** skrzyżowanie *n* (dróg)
road-hog [`rəud hog] *s* pirat drogowy
roadside [`rəudsaıd] **I** *s* teren przydrożny; **by the ~** przy drodze **II** *adj* przydrożny
roadster [`rəudstə(r)] *s* samochód dwuosobowy (otwarty)
roadway [`rəudweı] *s* jezdnia *f*
roadworthy [`rəudwȝȏı] *adj (of a car)* sprawny; zdatny do jazdy; *pot.* na chodzie
roam [rəum] **I** *v* wędrować; włóczyć się **II** *s* wędrówka *f*; włóczęga *f*
roar [rɔ(r)] **I** *v* ryczeć; wydzierać się; **to ~ sb down** zagłuszać kogoś wrzaskiem **II** *s* ryk *m*; wrzask *m*; *(thunder)* huk *m*; łoskot *m*; **~s of laughter** huragany *pl* śmiechu

roast [rəust] **I** *v* upiec (mięso); piec się **II** *adj* pieczony; **~ beef** rostbef *m*; **~ meat** pieczeń *f*
rob [rob] *v* okradać; obrabowywać
robbery [`robərı] *s* rozbój *m*; rabunek *m*; **armed ~** rabunek z bronią w ręku
robe [rəub] *s* szata *f*; toga *f* (sędziowska)
rock [rok] *s* skała *f*; urwisko *n*; **on the ~s** *przen.* na mieliźnie; *sl.* spłukany z pieniędzy
rock² [rok] *v* kołysać (się)
rocket [`rokıt] *s* rakieta *f*
rocking-chair [`rokıŋ tʃeə(r)] *s* bujak *m*, fotel *m* na biegunach
rocky [`rokı] *adj* skalisty; *(shaky)* kiwający się
rod [rod] *s* pręt *m*; kij *m*; *pot.* wędka *f*; **brake pull ~** cięgło hamulcowe; drążek hamulcowy
rode *zob.* **ride** *v*
rogue [rəug] *s* łotr *m*; szelma *f*
role [rəul] *s* rola *f*
roll¹ [rəul] *s* **1.** zwój *m*; rulon *m*; plik *m*; rolka *f* (filmu itp.) **2. French ~** bułka *f* **3.** *(register)* rejestr *m*; lista *f* (płac, obecności itp.)
roll² [rəul] *v* toczyć ⟨obracać⟩ (się); **to ~ up** zwijać; zakasywać (rękawy)
roller [`rəulə(r)] *s* walec *m*; rolka *f*
roller-skates [`rəulə ˈskeıts] *pl* wrotki *pl*
Roman [`rəumən] *adj* rzymski; **~ Catholic** rzymskokatolicki
romance [rəˈmæns] *s* romans *m*; *lit.* romantyczność *f*
romantic [rəˈmæntık] **I** *adj* romantyczny **II** *s* romantyk *m*
roof [ruf] *s* dach *m*; pułap *m*; strop *m*; **the ~ is leaking** dach przecieka
room [rum] *s* **1.** *(apartment)*

pokój *m*; izba *f*; *pl* ~s mieszkanie *n*; pokoje umeblowane; ~s to let pokoje *pl* do wynajęcia; to rent a ~ wynajmować pokój 2. (*place*) miejsce *n* (na coś); wolna przestrzeń; there is little ~ here tu jest ciasno; to make ~ for sb zrobić miejsce dla kogoś; ustąpić komuś miejsca

root [rut] I *v* zasadzać (rośliny); *dosł. i przen.* zakorzeniać (się) II *s* korzeń *m*; (*basis*) podstawa *f*; źródło *n* (zła itp.)

rope [rəup] *s* sznur *m*; lina *f*

rosary [ˈrəuzərı] *s* różaniec *m*; (*rose garden*) rozarium *n*

rose¹ [rəuz] I *s* róża *f*; *arch.* rozeta *f* II *adj* różowy

rose² [rəuz] *zob* rise *v*

rot [rot] I *v* gnić; butwieć II *s* gnicie *n*; psucie się *n*; rozkład *m*; *pot.* bzdury *pl*, brednie *pl*

rotation [rəuˈteıʃn] *s* ruch obrotowy; by ~ na przemian, kolejno

rotten [ˈrotn] *adj* zgniły; zepsuty; *sl.* kiepski, marny; I feel ~ paskudnie ⟨fatalnie⟩ się czuję

rouge [ruʒ] I *s* róż *m*; szminka *f* II *v* malować ⟨szminkować⟩ (się)

rough [rʌf] I *adj* szorstki; chropowaty; (*of ground*) nierówny; górzysty; (*of a precious stone*) nie oszlifowany; (*of a person*) ordynarny; brutalny; (*of the sea*) wzburzony; (*of a climate*) ostry; (*approximate*) przybliżony; pobieżny; a ~ sketch szkic *m* II *adv* z grubsza; (*treat etc.*) szorstko; ordynarnie III *s* nierówny teren; (*of a building etc.*) in the ~ w stanie surowym

Roumanian [ruˈmeınıən] I *adj*

rumuński II *s* 1. (*native*) Rumun *m*, Rumunka *f* 2. (*language*) język rumuński

round [raund] I *adj* okrągły; kulisty; a ~ sum równa kwota; to make ~ zaokrąglać II *adv* w koło; kołem; to go ⟨to turn⟩ ~ obracać się; all the year ~ cały rok III *praep* dookoła; wokoło; ~ the corner za zakrętem IV *s* koło *n*; *sport.* runda *f*; obchód *m*; (*traffic circle*) rondo *n* V *v* zaokrąglać; *mot.* brać zakręt

roundabout [ˈraund əˈbaut] *s* karuzela *f*

round-the-clock [ˈraundðə ˈklok] *adj* całodobowy; dwudziestoczterogodzinny

rouse [rauz] *v* budzić (from sleep ze snu); *przen.* pobudzać; wstrząsać (sb kimś)

route [rut] *s* trasa *f*; droga *f* (lotnicza, lądowa itp.); szlak *m* (turystyczny)

routine [ruˈtin] *s* rutyna *f*; zaprowadzony porządek; a matter of ~ (zwykła) formalność; daily ~ codzienny tok zajęć

row¹ [rəu] *s* rząd *m*; szereg *m*; in a ~ w rzędzie; rzędem

row² [rəu] I *v* wiosłować II *s* przejażdżka *f* łodzią

row³ [rau] *s* wrzawa *f*; harmider *m*; awantura *f*; to have a ~ with sb pokłócić się z kimś

rowan [ˈrəuən] *s* jarzębina *f*

rowing [ˈrəuıŋ] *s* wiosłowanie *n*; wioślarstwo *n*; ~ club klub wioślarski

royal [ˈrɔıəl] *adj* królewski; (*splendid*) wspaniały

rub [rʌb] I *v* trzeć; pocierać; zacierać (one's hands ręce); (*polish*) czyścić; to ~ away zetrzeć (plamę itp.); to ~ in wetrzeć (maść itp.); to ~ off ścierać się; zetrzeć (one's skin sobie skórę); to ~ out wycierać (gumą itp.);

to ~ through poradzić sobie; to ~ up wypolerować; pot. wypucować; przen. odświeżyć w pamięci II s tarcie n; nacieranie n
rubber¹ [`rʌbə(r)] I s guma f; pl ~s gumiaki pl; kalosze pl II adj gumowy; kraw. ~ band guma, gumka f (do majtek itd.)
rubber² [`rʌbə(r)] s rober m (w brydżu)
rubbish [`rʌbɪʃ] I s śmiecie n; rupiecie pl; (thrash) tandeta f; (nonsense) głupstwa pl; bzdury pl II int nonsens!
ruby [`rubɪ] s rubin m
rucksack [`rʌksæk] s plecak m
rudder [`rʌdə(r)] s ster m
rude [rud] adj prosty; prymitywny; niegrzeczny; źle wychowany; to be ~ to sb być niegrzecznym wobec kogoś
ruffle [`rʌfl] v marszczyć (sie); (crumple) gnieść ⟨miać⟩ (się); (of hair) mierzwić ⟨rozczochrać⟩ (się)
rug [rʌg] s dywanik m; kilim m
rugged [`rʌgɪd] adj (of ground) nierówny; skalisty; (of features) gruby; (of a person) szorstki; prosty
ruin [ruɪn] I s ruina f; upadek m; zagłada f; (a place) pl ~s ruiny pl; to bring to ~ rujnować; in ~s zniszczony; spustoszony II v (z)niszczyć; (z)rujnować; (z)gubić
rule [rul] I s 1. reguła f; zasada f; regulamin m; przepis m; ~s of the road przepisy drogowe; as a ~ z reguły; by ~ przepisowo; to make it a ~ to do sth robić coś z zasady 2. (government) rządy pl; panowanie n II v rządzić ⟨władać⟩ (krajem): panować
ruler [`rulə(r)] s władca m; (for drawing) linijka f

rum¹ [rʌm] s rum m
rum² [rʌm] adj sl. dziwny
rumour [`rumə(r)] s wieść f; pogłoska f
run [rʌn] I v (ran [ræn], run [rʌn]) (of a person, animal) biegać; biec; (of a vehicle) jechać; (of a ship, river) płynąć; (of a train) kursować; (be operative) działać; funkcjonować; prowadzić (a shop, the house sklep, dom); (flee) uciekać (from sb, sth przed kimś, czymś); to ~ away uciec; to ~ down zbiegać w dół; wyczerpać się; to ~ into debt popaść w długi; to ~ off uciec; pot. zwiać; to ~ out wybiegać; (of a term) upływać; wygasać; I have ~ out of sugar etc. skończył mi się zapas cukru itp.; to ~ up natknąć się (against sb, sth na kogoś, coś) II s bieg m; bieganie n; in the long ~ na dalszą metę
runaway [`rʌnəweɪ] s zbieg m; dezerter m
rung zob. ring² v
runner [`rʌnə(r)] s biegacz m; (carpet) chodnik m
running [`rʌnɪŋ] adj bieżący
running-in [`rʌnɪn'ɪn] s docieranie n (silnika)
runway [`rʌnweɪ] s sport. bieżnia f; lotn. pas startowy
rural¹ [`ruərl] adj wiejski
rush¹ [rʌʃ] s sitowie n
rush² [rʌʃ] I v pędzić; gonić; naglić II s pęd m; handl. popyt m
rush-hour [rʌʃ auə(r)] s godziny pl natężenia ruchu (na ulicy, w tramwajach itp.)
Russian [`rʌʃn] I adj rosyjski II s 1. (native) Rosjanin m, Rosjanka f 2. (language) język rosyjski
rust [rʌst] I s rdza f II v rdzewieć

rustic ['rʌstɪk] *adj* wiejski;
przen. prostacki
rustle ['rʌsl] I *v* szeleścić;
szumieć II *s* szelest *m*
rustless ['rʌstləs], rustproof
['rʌstpruf] *adj* nierdzewny

rusty ['rʌstɪ] *adj* zardzewiały; to get ~ (za)rdzewieć
ruthless ['ruθləs] *adj* bezwzględny; bezlitosny; o-
krutny
rye [raɪ] *s* żyto *n*

S

sable ['seɪbl] *s* soból *m*; *pl*
~s (*fur*) sobole *pl* (futro)
sabotage ['sæbətɑʒ] I *s* sabotaż *m* II *v* sabotować, popełnić sabotaż
sabre ['seɪbə(r)] *s* szabla *f*
saccharin ['sækərɪn] *s* sacha-
ryna *f*
sack [sæk] I *v* (*dismiss*)
zwolnić ⟨*pot.* wylać⟩ z pracy II *s* worek *m*; (*dismissal*) zwolnienie *n* ⟨*pot.* wy-
lanie *n*⟩ z pracy
sacred ['seɪkrəd] *adj* poświę-
cony; (*of a place etc.*) święty; (*of music etc.*) religij-
ny
sacrifice ['sækrɪfaɪs] I *s* ofiara *f* (dla bóstwa); *przen.*
poświęcenie *n* II *v* poświęcać
sad [sæd] *adj* 1. smutny; żałosny; to become ~ zasmu-
cić się; to look ~ mieć
smutną minę 2. (*of a loss*)
bolesny 3. (*of an error*)
poważny
sadden ['sædn] *v* zasmucić
(się) (at sth czymś)
saddle ['sædl] I *s* siodło *n*;
siodełko *n*; to be in the ~
siedzieć w siodle; *przen.*
rządzić II *v* siodłać (konia);
(*burden*) obarczyć (sb with
sth kogoś czymś)
safari [sə'fɑrɪ] *s* safari *n*,
wyprawa myśliwska (w A-
fryce)
safe¹ [seɪf] *s* kasa ogniotrwa-
ła; sejf *m*
safe² [seɪf] *adj* 1. bezpiecz-

ny; pewny; ~ and sound
cało i zdrowo; to feel ~
czuć się bezpiecznym; at
a ~ distance w bezpiecznej
odległości; to be on the ~
side na wszelki wypadek;
dla wszelkiej pewności 2.
(*cautious*) ostrożny
safeguard ['seɪfgɑd] I *v* o-
chraniać; zabezpieczać II *s*
gwarancja *f*; (*protection*)
ochrona *f*; zabezpieczenie *n*
safely ['seɪflɪ] *adv* bez szwan-
ku; bezpiecznie; w bezpiecznym miejscu
safety ['seɪftɪ] *s* bezpieczeństwo *n*; ~ catch bezpiecznik *m*; ~ first bezpieczeństwo przede wszystkim
safety-belt ['seɪftɪ belt] *s*
= seat-belt
safety-pin ['seɪftɪ pɪn] *s* a-
grafka *f*
said [sed] I *zob.* say II *s* the ~
wyżej wymieniony
sail [seɪl] I *s* żagiel *m* II *v*
żeglować; płynąć
sailing ['seɪlɪŋ] I *s* żeglarstwo
n II *adj* żaglowy
sailing-boat ['seɪlɪŋ bəʊt] *s*
żaglówka *f*
sailing-ship ['seɪlɪŋ ʃɪp] *s* ża-
glowiec *m*
sailor ['seɪlə(r)] *s* marynarz
m; to be a bad ⟨a good⟩ ~
źle ⟨dobrze⟩ znosić podróż
morską
saint [seɪnt] *s* święty *m*
sake [seɪk] *s* for the ~ of sb,
sth dla kogoś, czegoś; przez
wzgląd na kogoś, coś; for

Heaven's ~! na miłość boską!
salad ['sæləd] s sałatka f; fish ~ sałatka rybna; tomato ~ sałatka z pomidorów; vegetable ~ sałatka jarzynowa
salad-dressing ['sæləd dresıŋ] s przyprawy pl do sałaty ⟨sałatek⟩
salary ['sælərı] s pobory pl; pensja f; płaca f
sale [seıl] s 1. sprzedaż f; on ⟨for⟩ ~ do sprzedania; na sprzedaż; ~ contract umowa f sprzedaży; deed of ~ akt m sprzedaży 2. (at reduced prices) wyprzedaż f; ~ price cena okazyjna; clearance ~ sprzedaż posezonowa
salesman ['seılzmən] s (pl salesmen) ekspedient m, sprzedawca m
saliva [sə'laıvə] s ślina f
salmon ['sæmən] s łosoś m
saloon [sə'lun] s 1. sala f; salon m (na statku, w hotelu); kolej. ~ car salonka f 2. am. szynk m
salt [sɔlt] I s sól f; przen. to take sth with a grain of ~ przyjąć coś z zastrzeżeniem II v solić III adj słony
salt-cellar ['sɔlt selə(r)] s solniczka f
salted ['sɔltıd] adj (po)solony
salt-free ['sɔlt fri] adj (of a diet) bez soli; bezsolny
salty ['sɔltı] adj słony
salute [sə'lut] I v pozdrawiać; witać; salutować II s pozdrowienie n; salutowanie n; (of guns) salut m; salwa f (powitalna)
salvation [sæl'veıʃn] s zbawienie n; ratunek m; ocalenie n
salve [sav] I s maść f; przen. balsam m II v smarować maścią
same [seım] I adj ten sam; the very ~ właśnie ten; at

the ~ time w tym samym czasie; równocześnie; it's all ⟨just⟩ the ~ to nie robi różnicy; much the ~ bardzo podobny ⟨podobnie⟩ II pron to samo; the ~ to you nawzajem III adv tak samo; podobnie; all the ~ mimo wszystko; wszystko jedno
sample ['sɑmpl] s próbka f; wzór m
sanatorium [‚sænə'tɔrıəm] s (pl sanatoria [‚sænə'tɔrıə] sanatorium n; ~ treatment leczenie sanatoryjne
sanction ['sæŋkʃn] s sankcja f; aprobata f
sanctuary ['sæŋktʃʊərı] s rel. sanktuarium n; świątynia f
sand [sænd] s piasek m
sandal ['sændl] s sandał m
sandwich ['sænwıdʒ] s kanapka f, sandwicz m
sandy ['sændı] adj piaszczysty
sane [seın] adj przy zdrowych zmysłach; rozsądny
sang zob. sing
sanitary ['sænıtrı] adj higieniczny; sanitarny; ~ towel opaska higieniczna
sanitation [‚sænı'teıʃn] s urządzenia sanitarne; kanalizacja f
sank zob. sink v
Santa Claus [‚sæntə 'klɔz] s święty Mikołaj
sapphire ['sæfaıə(r)] s szafir m
sarcophagus [sɑ'kofəgəs] s sarkofag m
sardine [sɑ'din] s sardynka f; ~ tin pudełko n sardynek
sat zob. sit
satchel ['sætʃl] s teczka f; (school-bag) tornister m
satellite ['sætəlaıt] s satelita m; active ⟨passive⟩ ~ aktywny ⟨pasywny⟩ satelita; manned ~ satelita załogowy
satin ['sætın] I s satyna f;

atłas *m* II *adj* atłasowy
satire [ˈsætaɪə(r)] *s* satyra *f*
satiric(al) [səˈtɪrɪk(l)] *adj* satyryczny
satisfaction [ˌsætɪsˈfækʃn] *s* satysfakcja *f*; zadowolenie *n*; zadośćuczynienie *n*; zaspokojenie *n* (pragnień itp.);
to give ~ zadowolić; to my ~ ku memu zadowoleniu
satisfactory [ˌsætɪsˈfæktrɪ] *adj* zadowalający; (*of a mark*) dostateczny
satisfy [ˈsætɪsfaɪ] *v* zadowolić; zaspokoić; spełnić (wymagania itp.)
Saturday [ˈsætədɪ] *s* sobota *f*
sauce [sɔs] *s* 1. sos *m*; przyprawa *f* 2. *pot.* impertynencja *f*; tupet *m*
sauce-boat [ˈsɔs bəut] *s* sosjerka *f*
saucepan [ˈsɔspən] *s* rondel *m*
saucer [ˈsɔsə(r)] *s* spodek *m*; podstawka *f*
saucy [ˈsɔsɪ] *adj* impertynencki; zuchwały; *sl.* szykowny
sauerkraut [ˈsauəkraut] *s* kiszona kapusta
saunter [ˈsɔntə(r)] I *v* przechadzać się II *s* przechadzka *f*
sausage [ˈsɔsɪdʒ] *s* kiełbas(k)a *f*
sauté [ˈsəuteɪ] *adj* smażony; przysmażany
savage [ˈsævɪdʒ] I *adj* dziki II *s* dzikus *m*
save [seɪv] *v* uratować; ochraniać; (*put aside*) oszczędzać
saving [ˈseɪvɪŋ] I *adj* zbawienny; (*economizing*) oszczędny II *s* oszczędność *f*; *pl* ~s oszczędności *pl*
savings-bank [ˈseɪvɪŋz bæŋk] *s* kasa *f* oszczędności
saviour [ˈseɪvɪə(r)] *s* zbawiciel *m*
savour [ˈseɪvə(r)] I *s* smak *m*; posmak *m* II *v* mieć smak (of sth czegoś); (*smell*) pachnieć (of sth czymś)

savourless [ˈseɪvələs] *adj* bez smaku
savoury [ˈseɪvərɪ] I *adj* smakowity; (*aromatic*) aromatyczny II *s* przystawka *f*
saw[1] [sɔ] I *v* (sawed [sɔd], sawn [sɔn]) piłować II *s* piła *f*
saw[2] *zob.* see
sawmill [ˈsɔmɪl] *s* tartak *m*
sawn *zob.* saw[1] *v*
say [seɪ] *v* (said [sed], said) powiedzieć; mówić; odmawiać (one's prayers modlitwy); ~ five dollars słownie: pięć dolarów; so to ~ że tak powiem; jak gdyby; that is to ~ ... to jest ⟨to znaczy⟩ ...; they ~ podobno ...; to ~ no odmówić; to ~ yes zgodzić się; to ~ nothing of ... pomijając już ...; that goes without ~ing to się samo przez się rozumie; you don't ~ so! nie może być!; I ~! słuchaj/cie!; wiesz, co? ...
saying [ˈseɪŋ] *s* powiedzenie *n*; *pot.* powiedzonko *n*
scaffold [ˈskæfəld] *s* bud. rusztowanie *n*; (*for an execution*) szafot *m*
scald [skɔld] I *v* oparzyć; sparzyć II *s* oparzenie *n*
scale[1] [skeɪl] I *s* łuska *f*; dent. kamień nazebny II *v* łuskać; łuszczyć (się)
scale[2] [skeɪl] I *s* szalka *f* (wagi); *pl* ~s waga *f* II *v* ważyć
scale[3] [skeɪl] *s* 1. skala *f*; podziałka *f*; a map in the ~ of ... mapa w skali ... 2. *muz.* gama *f*
scandal [ˈskændl] *s* skandal *m*; obmowa *f*
scandalize [ˈskændəlaɪz] *v* zgorszyć; (*slander*) obmawiać
scandalous [ˈskændələs] *adj* skandaliczny; gorszący
Scandinavian [ˌskændɪˈneɪvɪən] I *adj* skandynawski II *s*

(*native*) Skandynaw *m*, Skandynawka *f*
scant [skænt] I *adj* niedostateczny; niewystarczający; szczupły; skąpy II *v* skąpić (**sb sth** komuś czegoś)
scapegoat ['skeɪpgəut] *s przen.* kozioł ofiarny
scar [skɑ(r)] I *s* blizna *f*; szrama *f* II *v* zabliźnić się
scarce [skeəs] *adj* rzadki; niewystarczający; **money is ~** odczuwa się brak pieniędzy
scarcely ['skeəslɪ] *adv* ledwo; zaledwie; **I ~ know what to say** nie bardzo wiem co powiedzieć
scare [skeə(r)] *v* przestraszyć; **to be ~d** bać się
scarecrow ['skeəkrəu] *s* strach *m* na wróble; *przen.* straszydło *n*
scarf [skɑf] *s* szalik *m*; szal *m*; apaszka *f*
scarlet ['skɑlət] I *s* szkarłat *m*, purpura *f* II *adj* szkarłatny, purpurowy; *med.* **~ fever** szkarlatyna *f*
scatter ['skætə(r)] *v* rozrzucać; rozpryskiwać, rozpraszać (się)
scenario [sɪ'nɑrɪəu] *s* scenariusz *m*
scenarist ['sinərɪst] *s* scenarzysta *m*
scene [sin] *s* scena *f*; widownia *f*; (*incident*) awantura *f*; widowisko *n*; (*landscape*) widok *m*, krajobraz *m*; *teatr.* dekoracje *pl*
scenery ['sinərɪ] *s* sceneria *f*; *teatr.* dekoracje *pl*
scent [sent] I *v* zwietrzyć; *przen.* wyczuć instynktownie; (*emit smell*) rozsiewać zapach II *s* zapach *m*; (*sense of smell*) węch *m*; (*perfume*) perfumy *pl*
scented ['sentɪd] *adj* pachnący; naperfumowany
scent-spray ['sent spreɪ] *s* rozpylacz *m* do perfum

sceptic ['skeptɪk] I *adj* sceptyczny II *s* sceptyk *m*
scepticism ['skeptɪsɪzm] *s* sceptycyzm *m*
schedule ['ʃedjul] I *s* lista *f*; spis *m*; wykaz *m*; (*time-table*) plan *m*; rozkład *m* (zajęć, jazdy itp.); **on ~** planowo; według rozkładu II *v* spisać; sporządzić listę ⟨plan itp.⟩; zaplanować; sporządzić harmonogram; **~d flight** lot *m* według rozkładu ⟨planowy⟩; **~d departure** planowy odjazd
scheme [skim] I *v* spiskować; knuć II *s* (*design*) układ *m*; schemat *m*; plan *m*; projekt *m*; (*intrigue*) intryga *f*; knowanie *n*; spisek *m*
scholar ['skolə(r)] *s* stypendysta *m*; (*learned person*) uczony *m*
scholarship ['skoləʃɪp] *s* wiedza *f*; *uniw.* stypendium *n*
school [skul] I *s* szkoła *f*; (*lessons*) nauka szkolna II *v* uczyć; szkolić
schoolboy ['skulbɔɪ] *s* uczeń *m*
schoolgirl ['skulgɜl] *s* uczennica *f*
schoolmaster ['skulmɑstə(r)] *s* nauczyciel *m*
schoolmate ['skulmeɪt] *s* kolega szkolny
schoolmistress ['skulmɪstrəs] *s* nauczycielka *f*
school-teacher ['skul titʃə(r)] *s* nauczyciel *m*, nauczycielka *f*
schooner ['skunə(r)] *s mor.* szkuner *m*
sciatica [saɪ'ætɪkə] *s med.* rwa kulszowa, ischias *m*
science ['saɪəns] *s* nauka *f*; dyscyplina naukowa; **a man of ~** uczony *m*
science-fiction ['saɪəns'fɪkʃn] *s* literatura ⟨książka⟩ fantastycznonaukowa
scientific ['saɪən'tɪfɪk] *adj* naukowy; (*skilful*) umiejętny
scientist ['saɪəntɪst] *s* uczony

m, naukowiec *m*
scissors ['sizəz] *plt* nożyczki *pl*, nożyce *pl*
scold [skəuld] *v* (z)besztać; (s)karcić
scooter ['skutə(r)] *s* hulajnoga *f*; **(motor)** ~ skuter *m*
scope [skəup] *s* zakres *m*; dziedzina *f*; pole *n* (działania itp.)
score [skɔ(r)] **I** *s* 1. *sport.* wynik *m* (rozgrywki); ilość *f* zdobytych punktów ⟨strzelonych bramek⟩ 2. *(cards)* zapis *m*; **to keep** ~ notować wyniki 3. *(twenty)* dwadzieścia; **two** ⟨**three etc.**⟩ ~ czterdzieści ⟨sześćdziesiąt itd.⟩; ~**s of people** dziesiątki *pl* ludzi **II** *v sport.* zdobywać punkty (w grze); strzelić bramkę (w piłce nożnej); *(cards)* wziąć lewę
score-board ['skɔbɔd] *s* tablica *f* wyników (rozgrywek)
scorn [skɔn] **I** *s* pogarda *f*, lekceważenie *n* **II** *v* gardzić (**sb, sth** kimś, czymś)
scornful ['skɔnfl] *adj* pogardliwy
Scotch [skɔtʃ] **I** *adj* szkocki **II** *s (pl)* **the** ~ Szkoci *pl*
Scotchman ['skɔtʃmən] *s (pl* **Scotchmen)** Szkot *m*
scoundrel ['skaundrl] *s* łotr *m*; łajdak *m*
scourer ['skauərə(r)] *s* szczotka *f* ⟨druciak *m*⟩ do szorowania
scout [skaut] *s* skaut *m*; harcerz *m*; zwiadowca *m*
scramble ['skræmbl] *v* 1. gramolić się, wspinać się 2. *(struggle)* walczyć (**for a living** o byt) 3. ~**d eggs** jajecznica *f*
scrap [skræp] *s* kawałek *m*; urywek *m*; świstek *m*; skrawek *m*; wycinek *m* z czasopisma; *pl* ~**s** resztki *pl*; odpadki *pl*
scrape [skreip] *v* skrobać; zeskrobać (**sth off** ⟨**from**⟩ **sth** coś z czegoś); zadras-

nąć (**one's knee etc.** sobie kolano itp.)
scratch [skrætʃ] **I** *v* drapać; zadrasnąć; **to** ~ **sth out** wykreślić ⟨skreślić⟩ coś **II** *s* zadraśnięcie *n*; zadrapanie *n*; *sport.* start *m*
scrawl [skrɔl] **I** *v* bazgrać; gryzmolić **II** *s* gryzmoły *pl*
scream [skrim] **I** *v* krzyczeć **II** *s* krzyk *m*; wrzask *m*
screen [skrin] **I** *s* parawan *m*; zasłona *f*; *kin.* ekran *m* **II** *v* zasłaniać; *(show)* wyświetlać na ekranie
screw [skru] **I** *s* śruba *f* **II** *v* (przy)śrubować; **to** ~ **home** docisnąć (śrubę); **to** ~ **(sth) tight** dokręcić coś
screw-driver ['skru draivə(r)] *s* śrubokręt *m*
scribble ['skribl] *v* (na)gryzmolić; (na)bazgrać
script [skript] *s* rękopis *m*; *uniw.* skrypt *m*; scenariusz filmowy
Scripture ['skriptʃə(r)] *s* Pismo Święte; Biblia *f*
scrub [skrʌb] **I** *v* szorować; czyścić **II** *s* szorowanie *n*
scruple ['skrupl] **I** *s* skrupuł *m* **II** *v* mieć skrupuły
scrupulous ['skrupjələs] *adj* skrupulatny; sumienny
sculptor ['skʌlptə(r)] *s* rzeźbiarz *m*
sculpture ['skʌlptʃə(r)] **I** *s (art)* rzeźbiarstwo *n*; *(work)* rzeźba *f* **II** *v* rzeźbić
sea [si] *s* morze *n*; **at** ~ na morzu; **to go to** ~ wstąpić do marynarki
sea-gull ['si gʌl] *s* mewa *f*
seal[1] [sil] *s* foka *f*; *pl* ~**s** *(fur)* foki *pl*
seal[2] [sil] **I** *s* pieczątka *f*; pieczęć *f*; plomba *f* **II** *v* pieczętować
sealing-wax ['siliŋ wæks] *s* lak *m* (do pieczęci)
sealskin ['silskin] *s* selskiny *pl*; futro *n* z fok
seaman ['simən] *s (pl* **seamen)** marynarz *m*

seamless [ˈsimləs] *adj* (*of stockings*) bez szwu

seaport [ˈsipɔt] *s* port morski

search [sɜtʃ] **I** *v* rewidować; przeszukiwać; poszukiwać (**for sth** czegoś) **II** *s* poszukiwanie *n*; (*inspection by police etc.*) rewizja *f*; **in ~ of sth** w poszukiwaniu czegoś; **w pogoni za czymś**

searching [ˈsɜtʃɪŋ] *adj* badawczy; wnikliwy; drobiazgowy

searchlight [ˈsɜtʃlɑɪt] *s* reflektor *m*

search-warrant [ˈsɜtʃ wɔrənt] *s* nakaz *m* rewizji

seashore [ˈsiʃɔ(r)] *s* wybrzeże *n*

seasick [ˈsisɪk] *adj* chory na chorobę morską; **to be ~** chorować na chorobę morską

seasickness [ˈsisɪknəs] *s* choroba morska

seaside [ˈsisɑɪd] *s* wybrzeże *n*; **at the ~** nad morzem; **~ resort** uzdrowisko nadmorskie

season [ˈsizn] **I** *s* pora *f* (roku); okres *m*; sezon *m*; **~ ticket** bilet miesięczny ⟨okresowy⟩; **tourist ~** sezon turystyczny; **in ~** w porę; **out of ~** nie w sezonie; **strawberries are out of ~** (teraz) nie sezon na truskawki; **the holiday ~** okres świąteczny; **close ⟨open⟩ ~** okres zakazanego ⟨dozwolonego⟩ polowania ⟨łowienia ryb⟩ **II** *v kulin.* zaprawiać (potrawę)

seasoned [ˈsiznd] *adj* zaprawiony; przyprawiony; pikantny

seasoning [ˈsiznɪŋ] *s kulin.* przyprawa *f*

seat [sit] *s* **1.** siedzenie *n*; **folding ~** siedzenie rozkładane; **to take a ~** usiąść; siadać **2.** (*place*) siedziba *f* (uczelni itd.); miejsce *n* (czegoś)

seat-belt [ˈsit belt] *s* pas *m* bezpieczeństwa (w samochodzie, samolocie)

sea-voyage [si ˈvɔɪdʒ] *s* podróż morska

secluded [sɪˈkludɪd] *adj* odosobniony; zaciszny

seclusion [sɪˈkluʒn] *s* odosobnienie *n*; osamotnienie *n*

second [ˈsekənd] **I** *adj* **1.** drugi; **in the ~ place** po drugie **2.** (*repeated*) powtórny **3.** (*additional*) zapasowy; *sport.* **~ team** rezerwa *f* **II** *v* (*support*) popierać

second [ˈsekənd] *s* sekunda *f*

secondary [ˈsekəndrɪ] *adj* drugorzędny; dodatkowy; **~ education** wykształcenie średnie; **~ road** droga podporządkowana

second-class [ˈsekəndˈklɑs] *adj* (*of a ticket etc.*) drugiej klasy; (*of a restaurant etc.*) drugiej kategorii; drugorzędny

second-hand [ˈsekəndˈhænd] *adj* (*of goods*) używany; z drugiej ręki; **~ bookshop** antykwariat *m* (książkowy); **~ shop** sklep *m* z używanymi rzeczami

second-rate [ˈsekəndˈreɪt] *adj* drugorzędny; kiepski

secrecy [ˈsikrəsɪ] *s* dyskrecja *f*; **in ~** w tajemnicy

secret [ˈsikrət] **I** *adj* **1.** tajny; **~ service** wywiad *m* **2.** (*of a person*) dyskretny; tajemniczy **II** *s* tajemnica *f*; sekret *m*; **an open ~** tajemnica *f* poliszynela

secretary [ˈsekrətrɪ] *s* sekretarz *m*, sekretarka *f*; (*minister*) minister *m*

section [ˈsekʃn] *s* **1.** sekcja *f*; odcinek *m*; dział *m* **2.** (*group*) oddział *m* **3.** (*cut through*) przekrój *m*; **vertical ~** przekrój pionowy

sector [ˈsektɑ(r)] *s* sektor *m*; odcinek *m*

secular [ˈsekjʊlə(r)] *adj* świecki

secure [sı`kjuə(r)] **I** *adj* spokojny; pewny; bezpieczny **II** *v* zabezpieczać; zapewniać; (*obtain*) zdobywać; uzyskiwać

security [sı`kjuərətı] *s* **1.** bezpieczeństwo *n* **2.** (*trust*) pewność *f*; gwarancja *f* **3.** (*money etc.*) kaucja *f*; zastaw *m*; **to lend on ~** pożyczyć (komuś) pod zastaw **4.** *pl* **securities** papiery wartościowe

sedative [`sedətıv] *s adj* (środek) uspokajający

sediment [`sedımənt] *s* osad *m*

seduce [sı`djus] *v* uwieść

seducer [sı`djusə(r)] *s* uwodziciel *m*

see [si] *v* (**saw** [sɔ], **seen** [sın]) **1.** zobaczyć; widzieć **2.** (*take care*) dopilnować; **to ~ about** ⟨**after, to**⟩ **sth** zajmować się czymś; dopilnować czegoś; **I'll ~ to it!** dopilnuję tego!; **załatwię to!**; **to ~ sb home** odprowadzić kogoś do domu; **to ~ sb off** odprowadzić kogoś (na stację itp.); **to ~ sb out** odprowadzić kogoś do drzwi **3.** (*visit*) zwiedzać **4.** (*understand*) rozumieć; orientować się; *pot.* po¹apać się; **as far as I can ~** o ile się orientuję; **do you ~ what I mean?** rozumiesz?; **that remains to be seen** to się okaże; **let me ~!** niech się zastanowię!; chwileczkę!; **yes, I ~!** tak!, aha! **5.** (*call on*) odwiedzać; **come and ~ me!** wstąp ⟨przyjdź⟩ do mnie!; **~ you to-morrow!** do jutra!

seed [sid] *s* nasienie *n*; ziarnko *n*

seek [sik] *v* (**sought** [sɔt], **sought**) szukać (**sth** czegoś); (*endeavour*) starać się; usiłować; (*aim*) dążyć (**affer sth** do czegoś)

seem [sım] *v* zdawać ⟨wydawać⟩ się; (*have an impression*) odnosić wrażenie; **it ~s to me** wydaje mi się; **you ~ (to be) unwell** wyglądasz na chorego; **I ~ to have seen it before** mam wrażenie, że to kiedyś już widziałem

seemingly [`simıŋlı] *adv* pozornie; (*apparently*) widocznie

seen *zob.* **see**

seesaw [`si-sɔ] *s* huśtawka *f*

seize [siz] *v* chwycić; złapać; zawładnąć; (*of an engine*) zatrzeć się; **to ~ the opportunity** skorzystać ze sposobności; **I was ~d with fear** ogarnął mnie strach

seldom [`seldəm] *adv* rzadko; **not ~** nierzadko

select [sı`lekt] **I** *v* wybierać **II** *adj* doborowy; (*exclusive*) ekskluzywny

selection [sı`lekʃn] *s* wybór *m*; selekcja *f*; *sport.* **~ match** eliminacje *pl*

self ¹ [self] *s* (*pl* **selves** [selvz]) jaźń *f*; osobowość *f*; **my better ~** lepsza część mojej natury

self- ² (*in compounds*) samo-; automatycznie

self-acting [`self`æktıŋ] *adj* samoczynny; automatyczny

self-command [`self kə`mɑnd] *s* panowanie *n* nad sobą; opanowanie *n*

self-confidence [`self`konfıdəns] *s* pewność *f* siebie

self-control [`self kən`trəʊl] *s* opanowanie *n*; zimna krew; samokontrola *f*

self-defence [`self dı`fens] *s* obrona własna; samoobrona *f*

self-denial [`self dı`nɑɪəl] *s* samozaparcie *n*

self-help [`self`help] *s* samopomoc *f*; **~ manual** samouczek *m*

self-important [`self ım`pɔtənt] *adj* posiadający wysokie

mniemanie o sobie; zarozumiały
selfish [´selfɪʃ] *adj* egoistyczny
selfishness [´selfɪʃnəs] *s* egoizm *m*
self-made [´self meɪd] *adj* (*of a person*) zawdzięczający życiowe sukcesy sobie samemu
self-portrait [´self´pɔtrɪt] *s* autoportret *m*
self-possessed [´self pə´zest] *adj* spokojny; opanowany
self-recording [´self rɪ kɔdɪŋ] *adj* (*of an apparatus*) samopiszący
self-respect [´self rɪ´spekt] *s* ambicja *f*; poczucie *n* własnej godności
self-service [´self ´sɜvɪs] *s* samoobsługa *f*; ~ **shop** ⟨**store**⟩ sk.ep samoobsługowy; ~ **restaurant** restauracja samoobsługowa
self-supporting [´self sə´pɔtɪŋ] *adj* (*of a person*) samowystarczalny; niezależny materialnie
self-timer [´self ´taɪmə(r)] *s* samowyzwalacz *m*
self-will [´self ´wɪl] *s* samowola *f*
self-willed [´self ´wɪld] *adj* samowolny
sell [sel] *v* (**sold** [səʊld], **sold**) sprzedawać; **to** ~ **off** ⟨**out**⟩ wyprzedawać
seller [´selə(r)] *s* sprzedawca *m*; **a best** ~ książka rozchwytywana, bestseller *m*
selves *zob.* **self** [1]
semiannual [´semɪ´ænjʊəl] *adj* półroczny
semicircle [´semɪsɜkl] *s* półkole *n*
semicolon [´semɪ´kəʊlən] *s* średnik *m*
semi-darkness [´semɪ´dɑknəs] *s* półmrok *m*
semi-final [´semɪ´faɪnl] *s* *sport.* półfinał *m*
seminar [´semɪnɑ(r)] *s* *uniw.* seminarium *n*

senate [´senət] *s* senat *m*
send [send] *v* (**sent** [sent], **sent**) posyłać, ekspediować; **to** ~ **away** odsyłać
sender [´sendə(r)] *s* nadawca *m*; ~**'s address** adres *m* nadawcy
senior [´sinɪə(r)] **I** *adj* starszy **II** *s* człowiek *m* w starszym wieku ⟨wyższy rangą⟩
sensation [sen´seɪʃn] *s* **1.** uczucie *n* (czegoś) **2.** (*event*) sensacja *f*; ~ **novel** powieść sensacyjna
sensational [sen´seɪʃnl] *adj* sensacyjny
sense [sens] *s* **1.** zmysł *m* **2.** *pl* ~**s** rozum *m*; **in one's** ~**s** przytomny; **przy zdrowych zmysłach 3.** (*feeling*) uczucie *n* (czegoś); (*understanding*) poczucie *n* (humoru itp.) **4.** (*prudence*) rozsądek *m*; **common** ~ zdrowy rozsądek; **to talk** ~ mówić rozsądnie; **to make** ~ mieć sens; **it makes no** ~ **to** jest bezsensowne **5.** (*meaning*) znaczenie *n*; sens *m*; **figurative** ~ znaczenie przenośne; **in a** ~ w pewnym sensie; **in the strict** ~ w ścisłym (tego słowa) znaczeniu
senseless [´sensləs] *adj* nieprzytomny; (*foolish*) bezsensowny
sense-organ [´sensɔgən] *s* narząd *m* zmysłu
sensible [´sensəbl] *adj* dostrzegalny; wyczuwalny; (*aware*) świadomy (**of sth** czegoś); (*reasonable*) rozsądny; *pot.* sensowny
sensitive [´sensətɪv] *adj* zmysłowy; wrażliwy; czuły; uczulony (**to sth** na coś); drażliwy
sensual [´senʃʊəl] *adj* zmysłowy
sent *zob.* **send**
sentence [´sentəns] **I** *s* **1.** wyrok *m*; kara *f*; **to pass** ~ wydać wyrok (**on sb** na ko-

goś); **under** ~ **of** ... skazany na ... **2.** *gram.* zdanie *n*
II *v* skazywać
sentiment [ˈsentɪmənt] *s* uczucie *n*; sentyment *m*
sentimental [ˈsentɪˈmentl] *adj*
sentymentalny; uczuciowy
sentry [ˈsentrɪ] *s* warta *f*;
(*person*) wartownik *m*
separate [ˈsepəreɪt] **I** *v* oddzielać ⟨rozłączać⟩ (się);
prawn. wziąć separację **II**
adj [ˈseprət] oddzielny; osobny; (*individual*) indywidualny
separation [ˈsepəˈreɪʃn] *s* rozdzielenie *n*; rozłąka *f*; separacja *f*
sepsis [ˈsepsɪs] *s med.* zaka
żenie *n*
September [sepˈtembə(r)] *s*
wrzesień *m*
septic [ˈseptɪk] *adj med.* septyczny, zakaźny
sequel [ˈsikwl] *s* dalszy ciąg;
następstwo *n*
sequence [ˈsikwəns] *s* następstwo *n*; kolejność *f*; bieg
m (wydarzeń); (*cards*) sekwens *m*
Serb [sɜb], **Serbian** [ˈsɜbɪən] **I**
s Serb *m* **II** *adj* serbski
serenade [ˈserəˈneɪd] *s* serenada *f*
sergeant [ˈsɑdʒənt] *s* sierżant
m
serial [ˈsɪərɪəl] **I** *s* powieść *f*
w odcinkach; *tv.* serial *m*
II *adj* seryjny; kolejny; (*of
a publication*) wydawany
w odcinkach; ~ **writer** felietonista *m*
series [ˈsɪəriz] *s* (*pl* ~) seria
f; szereg *m*; ciąg *m*; **in** ~
seryjnie
serious [ˈsɪərɪəs] *adj* poważny;
are you ~? czy mówisz poważnie ⟨serio⟩?
sermon [ˈsɜmən] *s* kazanie *n*
serpent [ˈsɜpənt] *s zool.* wąż
m
serpentine [ˈsɜpəntaɪn] *s* serpentyna *f* (droga)

serum [ˈsɪərəm] *s biol.* surowica *f*; *med.* szczepionka *f*
servant [ˈsɜvənt] *s* **1.** służący
m, służąca *f*; *pl* ~s służba
domowa **2.** civil ~ urzędnik
państwowy; (*in a letter*)
Your obedient ~ proszę
przyjąć wyrazy głębokiego
poważania
servant-maid [ˈsɜvənt meɪd] *s*
pokojówka *f*
serve [sɜv] *v* **1.** służyć; oddawać usługi; **to** ~ **a sentence** odsiadywać karę **2.**
(*satisfy*) odpowiadać (**a purpose** celowi); nadawać się;
it ~s **him right** dobrze mu
tak! **3.** (*set food on table*)
podawać (do stołu) **4.** *sport.*
serwować
service [ˈsɜvɪs] *s* **1.** służba *f*;
usługi *pl*; **air** ~ komunikacja lotnicza; **broadcasting**
~ serwis radiowy; **active** ~
służba czynna; **consular** ~
służba konsularna; **customs**
~ służba celna; **enquiry** ~
biuro *n* numerów; **fault
clearing** ~ biuro *n* napraw
(telefonów); **information** ~
informacja *f*; **life-saving**
⟨**salvage**⟩ ~ służba ratownicza; **sanitation and public
health** ~ służba sanitarno-
-epidemiologiczna; **traffic
control** ~ służba ruchu **2.**
(*institution*) urząd *m*; **public** ~s instytucje *pl* użyteczności publicznej **3.** obsługa *f*; ~ **station** stacja *f*
obsługi samochodowej **4.**
(*favour*) przysługa *f*; usługa
f; **to do sb a** ~ wyświadczyć komuś przysługę; **can
I be of** ~? czy mogę w
czymś pomóc?; **I am at your**
~ jestem do pańskiej dyspozycji; **it will be of** ~ **to**
się przyda **5.** *rel.* nabożeństwo *n* **6.** (*set of dishes
etc.*) serwis *m* (stołowy)
session [ˈseʃn] *s* **1.** sesja *f*;
to be in ~ obradować **2.**
am. rok akademicki

set¹ [set] I v (set, set) 1.
umieszczać; stawiać; układać; to ~ fire to podpalać
(coś); to ~ one's hair ułożyć sobie włosy; to ~ the
table nakryć do stołu 2. (put
right) naregulować; nastawić (zegar, aparat itp.);
to ~ right naprawić; to ~
in order uporządkować; to
~ in motion uruchamiać;
to ~ free uwolnić; to ~ to
do sth zabrać się do czegoś 3. (appoint) oznaczać
(cenę, datę itp.); to ~ the
fashion dyktować ⟨lansować⟩ modę 4. (of the sun)
zachodzić || to ~ aside odłożyć na bok; to ~ back
cofnąć; to ~ forward popychać ⟨posuwać⟩ naprzód;
to ~ in (of weather) ustalić się; (of fashion) zapanować; to ~ out ⟨off⟩ wyruszyć; to ~ to zabrać się (do
czegoś); to ~ together zestawiać II s 1. zestaw m;
komplet m 2. (group) grupa
f; zespół m 3. rad. tv. odbiornik m (radiowy, telewizyjny) 4. tenis. set m 5.
(style) ułożenie n (włosów
itp.); postawa f
set² [set] adj ustawiony;
przygotowany; ustalony; ~
prices ceny stałe
settee [se'ti] s kanapa f; sofa
f
setting ['setɪŋ] s układ m;
(frame) oprawa f
settle ['setl] v 1. osiedlać;
instalować; to ~ oneself
usadawiać się; to ~ down
osiadać; ustatkować się 2.
(appoint) ustalać; załatwiać
(sprawę) 3. (pay) regulować
(rachunek); to ~ up regulować długi
settlement ['setlmənt] s osada
f; kolonia f; (agreement)
załatwianie n (spraw); (paying) rozrachunek m
settler ['setlə(r)] s osadnik m
seven ['sevn] adj siedem

seventeen ['sevn'tin] adj siedemnaście
seventeenth ['sevn'tinθ] adj
siedemnasty
seventh ['sevnθ] adj siódmy
seventieth ['sevntɪəθ] adj siedemdziesiąty
seventy ['sevntɪ] adj siedemdziesiąt
sever ['sevə(r)] v odrywać;
zrywać; oddzielać
several ['sevrl] I adj różny;
rozmaity; oddzielny II pron
kilka; kilkanaście
severe [sə'vɪə(r)] adj surowy;
srogi; (of pain etc.) ostry;
(of a disease etc.) poważny; (of fight etc.) uporczywy
sew [səu] v (sewed [səud],
sewn [səun]) szyć
sewage ['suɪdʒ] s kanalizacja
f; ścieki pl
sewer ['suə(r)] s kanał m
(ściekowy), ściek m; pl ~s
kanalizacja f
sewing ['səuɪŋ] s szycie n
sewing-machine ['səuɪŋ məʃin]
s maszyna f do szycia
sewn zob. sew
sex [seks] s płeć f
sexual ['sekʃuəl] adj płciowy;
seksualny
shabby ['ʃæbɪ] adj lichy; nędzny; zniszczony
shade [ʃeɪd] I s cień m; (degree) odcień m; (glass cover)
klosz m (lampy); (screen)
abażur m II v zasłaniać;
zacieniać
shadow ['ʃædəu] I s cień m;
(darkness) mrok m II v zaciemniać; (spy) szpiegować;
śledzić
shadowy ['ʃædəuɪ] adj cienisty
shaft [ʃaft] s techn. wał m;
transmission ⟨propeller⟩ ~
wał napędowy
shaggy ['ʃægɪ] adj kudłaty;
kosmaty
shake [ʃeɪk] I v (shook [ʃu],
shaken ['ʃeɪkn]) potrząsać;
trząść; drżeć; to ~ hands

with sb uścisnąć komuś rękę II s potrząsanie n

shaky [`ʃeɪkɪ] *adj* drżący; (*unsteady*) chwiejny; (*weak*) słaby

shall [ʃl, ʃæl] *v aux* służy do tworzenia czasu przyszłego; ~ we go to the pictures? czy pójdziemy do kina?; ~ I do it? czy mam to zrobić?

shallow [`ʃæləʊ] *adj* płytki; powierzchowny

sham [ʃæm] I *s* udawanie n; pozorowanie n; poza f II *adj* udawany; oszukańczy; fałszywy III *v* udawać; pozorować

shame [ʃeɪm] I *s* wstyd m; hańba f; it's a ~ to ... to wstyd, żeby ...; what a ~! co za skandal! II *v* zawstydzać; (*be ashamed*) wstydzić się

shameful [`ʃeɪmfl] *adj* haniebny; skandaliczny

shameless [`ʃeɪmləs] *adj* bezwstydny; bezczelny

shammy [`ʃæmɪ] I *s* zamsz m II *adj* zamszowy

shampoo [ʃæm`pu] I *v* umyć (one's hair włosy) szamponem II *s* szampon m; (*washing*) umycie n włosów (głowy) szamponem

shank [ʃæŋk] *s anat.* podudzie n

shan't [ʃɑnt] = shall not

shape [ʃeɪp] I *v* kształtować; formować; nadawać kształty II *s* 1. kształt m; forma f; to get into ⟨to take⟩ ~ przybrać kształt ⟨realną postać⟩ 2. (*pattern*) model m

shapely [`ʃeɪplɪ] *adj* kształtny; foremny

share [ʃeə(r)] I *s* część f (należna komuś); udział m; *handl.* akcja f II *v* rozdzielać; dzielić (sth with sb coś z kimś); wspólnie używać; partycypować (in sth w czymś); to ~ sb's secrets być czyimś powiernikiem

share-holder [`ʃeə həʊldə(r)] *s* akcjonariusz m

shark [ʃɑk] *s* rekin m; *przen.* oszust m

sharp [ʃɑp] I *adj* ostry; spiczasty; (*of a person*) chytry; (*of a remark etc.*) uszczypliwy; (*of voice*) piskliwy; (*of sight*) bystry II *adv* (*punctually*) punktualnie

sharpen [`ʃɑpən] *v* (na)ostrzyć

shatter [`ʃætə(r)] *v* roztrzaskiwać; (z)gruchotać

shave [ʃeɪv] I *v* golić II *s* golenie n; to have a ~ (o)golić się

shaven [`ʃeɪvn] *adj* ogolony

shaver [`ʃeɪvə(r)] *s* golarka f (elektryczna)

shaving [`ʃeɪvɪŋ] *s* golenie n

shaving-brush [`ʃeɪvɪŋ brʌʃ] *s* pędzel m do golenia

shaving-mirror [`ʃeɪv.ɪŋ mɪrə(r)] *s* lusterko n do golenia

shawl [ʃɔl] *s* szal m

she [ʃi] *pron* ona

she'd [ʃid] = she had, she would

shed¹ [ʃed] *v* (shed, shed) tracić (włosy, zęby); ronić (łzy); (*fight*) przelewać (krew itp.); (*spread*) szerzyć; rozsiewać; wydawać (zapach)

shed² [ʃed] *s* szopa f; buda f

sheep [ʃip] *s* (*pl* ~) owca f

sheepskin [`ʃipskɪn] *s* kożuch m

sheer [ʃɪə(r)] I *adj* zwykły; zwyczajny; by ~ force po prostu siłą II *adv* całkiem; zupełnie

sheet [ʃit] *s* 1. prześcieradło n; ~s and blankets pościel f 2. (*of a paper*) arkusz m (papieru)

shelf [ʃelf] *s* (*pl* shelves [ʃelvz]) półka f

shell [ʃel] *s* skorupka f (orzecha); muszelka f; *wojsk.* pocisk m

shelter [`ʃeltə(r)] I *s* schronienie *n*; schronisko *n* **II** *v* schronić; osłaniać

shepherd [`ʃepəd] *s* pastuch *m*

she's [ʃiz] = **she has, she is**

shield [ʃild] **I** *s* tarcza *f*; o- słona *f* **II** *v* osłaniać; ochraniać

shift [ʃift] **I** *v* przesuwać; przedstawiać; (*of decoration etc.*) zmieniać (się) **II** *s* przesunięcie *n*; (*change*) zmiana *f* (bielizny itd.); (*in a factory*) zmiana *f* ⟨szychta *f*⟩ (robotników)

shilling [`ʃiliŋ] *s* szyling *m*

shin [ʃin] *s* goleń *m*; podudzie *n*

shine [ʃain] **I** *v* (**shone** [ʃəun], **shone**) świecić (się); błyszczeć; jaśnieć **II** *s* blask *m*

shiny [`ʃaini] *adj* błyszczący

ship [ʃip] **I** *s* statek *m*; okręt *m* **II** *v* załadowywać (na statek); wysyłać (towary statkiem)

shipbuilding [`ʃipbildiŋ] *s* budownictwo okrętowe

shipment [`ʃipmənt] *s* (za)ładunek *m* (towarów na statek); wysyłka *f* (statkiem)

shipping [`ʃipŋ] **I** *s* załadunek *m*; (*transporting*) żegluga *f* **II** *adj* **1.** (*of a line etc.*) morski; okrętowy; **the ~ trade** żegluga *f* **2.** (*of an office etc.*) spedycyjny; ładunkowy

shipwrek [`ʃiprek] **I** *s* rozbicie *n* statku **II** *v* rozbić (statek); (*of a ship*) **to be ~ed** rozbić się

shipyard [`ʃipjɑd] *s* stocznia *f*

shirt [ʃ3t] *s* koszula męska

shiver [`ʃivə(r)] **I** *v* drżeć; trząść się **II** *s* dreszcz *m*; **to have the ~s** dygotać, trząść się

shoal¹ [ʃəul] *s* stado *n*; ławica *f* (ryb)

shoal² [ʃəul] *s* płycizna *f*; mielizna *f*

shock [ʃok] **I** *s* wstrząs *m*;

szok *m*; *wojsk.* uderzenie *n* **II** *v* **1.** wstrząsać (sb kimś) **2.** (*scandalize*) gorszyć; **to be ~ed at** ⟨by⟩ **sth** oburzyć się na coś; zgorszyć się czymś

shock-absorber [`ʃok əbsɔbə(r)] *s* amortyzator *m*

shocking [`ʃokiŋ] *adj* oburzający; skandaliczny; niestosowny

shoe [ʃu] *s* but *m*, bucik *m*; **canvas ~s** tenisówki *pl*; **fabric ~s** buty płócienne; **rubber ~s** buty gumowe; **sports ~s** buty sportowe ⟨turystyczne⟩

shoe-black [`ʃu blæk] *s* czyścibut *m*

shoe-horn [`ʃu hɔn] *s* łyżka *f* do butów

shoe-lace [`ʃu leis] *s* sznurowadło *n*

shoemaker [`ʃumeikə(r)] *s* szewc *m*

shone *zob.* **shine** *v*

shook *zob.* **shake** *v*

shoot [ʃut] **I** *v* (**shot** [ʃot], **shot**) **1.** strzelać; wystrzelić (a missile pocisk); **to ~ sb dead** zastrzelić kogoś **2.** *kin.* filmować **3.** (*in football*) strzelić (bramkę) **4.** (*of a plant*) kiełkować **II** *s* *bot.* pęd *m*; kiełek *m*

shooting [`ʃutiŋ] *s* strzelanie *n*

shop [ʃop] *s* **1.** sklep *m* **2.** (*place of manufacture*) warsztat *m*; pracownia *f*; **repair ~** warsztat naprawczy

shop-assistant [`ʃop əsistənt] *s* ekspedient *m*; ekspedientka *f*

shopkeeper [`ʃopkipə(r)] *s* kupiec *m*; sklepikarz *m*

shopper [`ʃopə(r)] *s* klient *m*

shopping [`ʃopiŋ] *s* sprawunki *pl*; zakupy *pl*; **~ centre** centrum handlowe; **~ bag** torba *f* ⟨siatka *f*⟩ na sprawunki; **to go ~** pójść ⟨iść⟩ po zakupy

shop-window [`ʃɔp wɪndəʊ] *s*
wystawa sklepowa
shore [ʃɔ(r)] *s* brzeg *m* (morza); **to go on ~** wvlado-
wać; **zejść na ląd; off ~**
z dala od wybrzeża
short [ʃɔt] **I** *adj* **1.** krótki;
a ~ cut skrót *m* (drogi
itp.); **~ story** nowela *f*; **to
get ⟨to become, to grow⟩
~** stawać się krótszym;
skracać się; **to make ~
wòrk of sth** szybko coś załatwiać; **a ~ time ago** niedawno temu; **for a ~ time**
na krótko; **in a ~ time**
wkrótce; **of ~ duration**
krótkotrwały; **to give ~
weight** niedoważać; **to be
~ of sth** odczuwać brak
czegoś **2.** (*of a person*) niski
3. (*of a remark etc.*) lako-
niczny; suchy **4.** (*of cake*)
kruchy **II** *adv* **1.** krótko
(ubrany itd.) **2.** (*abruptly*)
nagle; **to stop ~** urwać nagle (przemówienie); **~ of z**
wyjątkiem; oprócz **III** *s* **1.**
skrót *m*; **in ~** krótko mó-
wiac **2.** *pl* **~s** szorty *pl*
shortage [`ʃɔtɪdʒ] *s* brak *m*;
niedobór *m*; **cash ~** manko
kasowe
shortcake [`ʃɔtkeɪk] *s* kruche
·ciasto
short-circuit [`ʃɔt `sɜkɪt] *s*
elektr. zwarcie *n*; *pot.* krótkie spiecie
shortcoming [`ʃɔtkʌmɪŋ] *s* brak
m; wada *f*; niedociągnię-
cie *n*
shorten [`ʃɔtn] *v* skrócić
shorthand [`ʃɔthænd] *s* steno-
grafia *f*; **~ writing** steno-
grafowanie *n*
short-lived [`ʃɔt `lɪvd] *adj*
krótkotrwały
shortly [`ʃɔtlɪ] *adv* niebawem;
wkrótce; (*briefly*) w kilku
słowach
short-sighted [`ʃɔt `saɪtɪd] *adj*
krótkowzroczny
short-term [`ʃɔt tɜm] *adj* kró-
tkoterminowy

shot [1] *zob.* **shoot** *v*
shot [2] [ʃɔt] *s* **1.** pocisk *m* **2.**
(*act of firing*) strzał *m*; **to
make a good ⟨a bad⟩ ~**
trafić ⟨chybić⟩ **3.** *kin.* zdjęcie filmowe **4.** (*person*)
strzelec *m*; **to be a good
⟨a bad⟩ ~** dobrze ⟨źle⟩
strzelać
should [ʃʊd] *v aux* **1.** czas
przeszły od **shall** wyraża
warunek: **I ~ do it** zrobił-
bym to **2.** wyraża powinność; **you ~ go there** powinieneś tam pójść
shoulder [`ʃəʊldə(r)] *s* **1.** bark
m; *pot.* ramię *n* **2.** *pl* **~s**
plecy *pl*; *przen.* **to give the
cold ~ to sb** przyjąć kogoś
oziębie **3.** **hard ~** utwardzo-
ne pobocze drogi
shout [ʃaʊt] **I** *s* krzyk *m* **II**
v krzyczeć: wrzeszczeć; **to
~ at sb** krzyczeć na kogoś;
to ~ with laughter ryczeć
ze śmiechu
shove [ʃʌv] **I** *v* pchać; **to ~
one's way, to ~ by ⟨past,
through⟩** przepychać się **II**
s pchnięcie *n*
shovel [`ʃʌvl] **I** *s* szufla *f*; ło-
pata *f* **II** *v* ładować szuflą
show [ʃəʊ] **I** *v* (**showed** [ʃəʊd],
shown [ʃəʊn]) **1.** pokazvwać;
to ~ sb the door wypra-
szać kogoś za drzwi **2.** (*exhibit*) wystawiać (na wvsta-
wie); *kin.* wyświetlać (film);
(*demonstrate*) okazywać (bilet itp.) **3.** (*guide*)· zaprowadzić (**sb to ...** kogoś do ...);
wprowadzać (**sb into ...** kogoś do ...); oprowadzać (**sb
round a factory** kogoś po
fabryce) **4.** (*prove*) dowodzić: zademonstrować; wy-
chodzić na jaw; **it ~s how
little we know to** dowodzi
jak mało wiemy **5.** (*of a
map, a picture*) przedstawiać; **to ~ off** popisywać
się (**sth czymś**); impono-
wać; **to ~ up** zdemaskować
6. (*appear*) zjawić się **II** *s*

1. widok *m* 2. *teatr.* przedstawienie *n*; pokaz *m*; wystawa *f*; ~ business przemysł rozrywkowy
show-case [ˈʃəu keɪs] *s* gablot(k)a *f*
shower [ˈʃauə(r)] I *s* 1. przelotny deszcz; prysznic *m*; to take a ~ wziąć prysznic 2. *przen.* lawina *f* (listów itp.) II *v* (*of rain*) padać przelotnie; *przen.* zasypywać (darami)
shower-bath [ˈʃauə baθ] *s* tusz *m*, prysznic *m*
show-girl [ˈʃəu gɜl] *s* *teatr.* statystka *f*
showing [ˈʃəuɪŋ] *s* przedstawienie *n*; *kin.* seans *m*
shown *zob.* show *v*
show-window [ˈʃəu wɪndəu] *s* okno wystawowe
showy [ˈʃəuɪ] *adj* krzykliwy; pretensjonalny; wystawny
shrank *zob.* shrink
shred [ʃred] I *s* strzęp *m*; to tear to ~s rozerwać na strzępy II *v* wystrzępić; targać ⟨ciąć⟩ na strzępy
shrewd [ʃrud] *adj* (*of a person*) bystry; sprytny; (*of pain*) ostry; (*of a blow*) dotkliwy
shriek [ʃrik] I *v* krzyczeć; wrzeszczeć II *s* krzyk *m*; wrzask *m*
shrill [ʃrɪl] *adj* ostry; przenikliwy
shrimp [ʃrɪmp] *s* krewetka *f*
shrine [ʃraɪn] *s* świątynia *f*; a roadside ~ kapliczka *f*
shrink [ʃrɪŋk] *v* (**shrank** [ʃræŋk], **shrunk** [ʃrʌŋk]) kurczyć ⟨zbiegać⟩ się; (*flinch*) wzdragać ⟨cofać⟩ się (**from sth** przed czymś)
Shrovetide [ˈʃrəuvtaɪd] *s* ostatki *pl*
shrub [ʃrʌb] *s* krzak *m*, krzew *m*
shrunk *zob.* shrink
shrunken [ˈʃrʌŋkən] *adj* skurczony
shudder [ˈʃʌdə(r)] I *v* wzdry-

gać się; drżeć II *s* dreszcz *m*
shuffle [ˈʃʌfl] I *v* szurać (**one's feet** nogami); (*mix*) mieszać; (*cards*) tasować (karty) II *s* szuranie *n* (nogami); (*change of a position*) przemieszanie *n*; (*cards*) tasowanie *n* (kart)
shut [ʃʌt] *v* (**shut, shut**) zamykać (się); zatkać (**sb's mouth** komuś usta); **to ~ down** spuszczać zasłonę; **to ~ off** zamknąć dopływ (gazu itp.); odciąć; **to ~ out** wykluczyć; *pot.* ~ **up!** cicho bądź!; przestań gadać!
shutter [ˈʃʌtə(r)] *s* żaluzja *f*; okiennica *f*; *fot.* przesłona *f*
shuttle [ˈʃʌtl] *s* czółenko tkackie
shuttle-cock [ˈʃʌtl kok] *s* lotka *f* do gry w badmintona
shy [ʃaɪ] *adj* bojaźliwy; nieśmiały; **to be ~ of sb, sth** unikać kogoś, czegoś
shyness [ˈʃaɪnəs] *s* nieśmiałość *f*
Siberian [saɪˈbɪərɪən] *adj* syberyjski
sick [sɪk] *adj* chory; **to be ~** (z)wymiotować; **to feel ~** mieć nudności; **to make sb ~** przyprawić kogoś o mdłości; **to be ~ of sth** mieć czegoś powyżej uszu
sick-allowance [ˈsɪk əlauəns] *s* zasiłek chorobowy
sickening [ˈsɪknɪŋ] *adj* obrzydliwy; przyprawiający o mdłości
sick-leave [ˈsɪk liv] *s* urlop chorobowy
sickly [ˈsɪklɪ] *adj* chorowity; słaby
sickness [ˈsɪknəs] *s* choroba *f*; (*nausea*) nudności *pl*; wymioty *pl*
side [saɪd] *s* bok *m*; strona *f*; **by the ~ of ...** przy ... (kimś); **from ⟨on⟩ all ~s**

18 Słownik

ze wszystkich stron ⟨na
wszystkie strony⟩; **on the
~ of** ... po stronie ...; **by ~**
obok siebie; **this ~ up** tą
stroną do góry; **the far ~
of** ... przeciwna ⟨druga⟩ strona ... (czegoś)
sideboard ['sɑɪdbɔd] s kredens m
side-car ['sɑɪd kɑ(r)] s przyczepa motocyklowa
side-effect ['sɑɪd ɪ'fekt] s
działanie uboczne
side-line ['sɑɪd lɑɪn] s zajęcie uboczne
side-road ['sɑɪd rəud] s boczna droga
side-slip ['sɑɪd slɪp] s poślizg
m (samochodu)
side-track ['sɑɪd træk] s bocznica kolejowa
sidewalk ['sɑɪdwɔk] s am.
chodnik m
siding ['sɑɪdɪŋ] s bocznica f;
boczny tor
sigh [sɑɪ] I v westchnąć;
wzdychać **(for** ⟨**after**⟩ sth
do czegoś, za czymś) II s
westchnienie n
sight [sɑɪt] I s 1. wzrok m;
a good ⟨**a bad**⟩ ~ dobry
⟨słaby⟩ wzrok m; **to have
a long** ⟨**a short**⟩ ~ być
dalekowidzem ⟨krótkowi-
dzem⟩; **to catch** ~ **of** sth
spostrzec ⟨zobaczyć⟩ coś;
to lose ~ **of** stracić z oczu;
at first ~ na pierwszy rzut
oka; **love at first** ~ miłość
f od pierwszego wejrzenia;
by ~ z widzenia 2. (scene)
widok m; **a** ~ **to be seen**
widok godny zobaczenia;
to come into ~ ukazać się;
there was nobody in ~ nikogo nie było widać II v
zobaczyć; dojrzeć
sightseer ['sɑɪtsɪə(r)] s turysta m; zwiedzający m
sight-seeing ['sɑɪtsɪɪŋ] s zwie-
dzanie n
sign [sɑɪn] I s 1. znak m;
caution ~ znak ostrzegawczy; **road** ⟨**traffic**⟩ ~s zna-

ki drogowe; **as a** ~ **of** ...
na znak ... (czegoś) 2. (symptom) objaw m; oznaka f;
to give no ~ **of** ... nie zdradzać ... (czegoś) 3. (emblem)
godło n; szyld m; reklama
f (neonowa) II v 1. podpisywać 2. (gesture) skinąć
(to sb na kogoś); dać znak
(sb to ... komuś żeby ...)
signal ['sɪgnl] I s sygnał m;
distress ⟨**warning**⟩ ~ sygnał alarmowy ⟨ostrzegaw-
czy⟩; **to give** ~ dać sygnał
II v sygnalizować
signalling ['sɪgnlɪŋ] s sygnalizacja f; ~ **apparatus** u-
rządzenie sygnalizujące;
light ~ sygnalizacja świetlna
signature ['sɪgnətʃə(r)] s podpis m
sign-board ['sɑɪn bɔd] s szyld
m; wywieszka f
significance [sɪg'nɪfɪkəns] s
znaczenie n; **of no** ~ bez
znaczenia
significant [sɪg'nɪfɪkənt] adj
znaczący; ważny; doniosły
signpost ['sɑɪnpəust] I s drogowskaz m II v oznako-
wać; **the roads are well
~ed** drogi są dobrze ozna-
kowane
silence ['sɑɪləns] I v uciszać;
uspokajać; tłumić dźwięk
II s milczenie n; cisza f;
in ~ milcząco; **to keep** ~
zachować ciszę; **to pass
over in** ~ przemilczeć III
int proszę o ciszę!
silencer ['sɑɪlənsə(r)] s tłumik m
silent ['sɑɪlənt] adj milczący;
cichy; **a** ~ **film** niemy film;
to become ~ zamilknąć; **to
keep** ~ milczeć
silhouette ['sɪluˈet] s sylwet-
(k)a f
silk [sɪlk] I s jedwab m II
adj jedwabny
silken ['sɪlkən] adj jedwabi-
sty

silkworm ['sɪlkwɜm] s jed-
wabnik m
sill [sɪl] s (of a door) próg
m; (of a window) parapet
m
silly ['sɪlɪ] I adj niemądry;
głupi; a ~ thing głupstwo
n; pot. ~ ass idiota m II s
głuptas m
silver ['sɪlvə(r)] I s srebro n
II adj srebrny
silver-plate ['sɪlvə pleɪt], sil-
ver-ware ['sɪlvə weə(r)] s
zbior. srebro stołowe
similar ['sɪmļə(r)] adj podobny
similarity ['sɪmə'lærətɪ] s podobieństwo n
simmer ['sɪmə(r)] v gotować
⟨dusić⟩ (się) na wolnym
ogniu
simple ['sɪmpl] adj prosty;
(single) pojedynczy; nie-
skomplikowany; (ordinary)
zwykły; naturalny
simplicity [sɪm'plɪsətɪ] s prostota f; (easiness) łatwość
f; naturalność f
simplify ['sɪmplɪfaɪ] v upra-
szczać; ułatwiać
simply ['sɪmplɪ] adv prosto;
łatwo; (just) po prostu
simulate ['sɪmjʊleɪt] v udawać, symulować
simultaneous   ['sɪml'teɪnɪəs]
adj równoczesny
sin [sɪn] I s grzech m II v
grzeszyć
since [sɪns] I adv od tego
czasu; long ~ od dawna II
praep od; ~ Monday od,
poniedziałku; ~ when? od-
kąd?; ~ then, ever ~ od
tego czasu III conj odtąd;
(as) ponieważ
sincere [sɪn'sɪə(r)] adj szczery
sincerity [sɪn'serətɪ] s szczerość f
sinewy ['sɪnjuɪ] adj (of meat)
żylasty; (of a person) mocny; muskularny
sinful ['sɪnfl] adj grzeszny

sing [sɪŋ] v (sang [sæŋ], sung
[sʌŋ]) śpiewać
singer ['sɪŋə(r)] s śpiewak
m, śpiewaczka f
single ['sɪŋgl] adj 1. pojedynczy; jednoosobowy; not a ~
person ani żywej duszy 2.
(unmarried) samotny; to be
~ być nieżonatym ⟨nieza-
mężną⟩ 3. kolej. (of a ticket) w jedną stronę
single-breasted ['sɪŋgl brestɪd]
adj (of a jacket) jednorzę-
dowy
single-track ['sɪŋgl træk] adj
kolej. jednotorowy
singular ['sɪŋgjʊlə(r)] I adj
gram. (of number) poje-
dynczy; (individual) indywidualny; (odd) szczególny;
dziwny II s gram. liczba
pojedyncza
singularity ['sɪŋgjʊ'lærətɪ] s
osobliwość f; niezwykłość f
sinister ['sɪnɪstə(r)] adj ponury; groźny
sink [sɪŋk] I v (sank [sæŋk],
sunken ['sʌŋkən]) zatonąć;
pogrążać się; (send to the
bottom) zatapiać; (lower)
obniżać   ⟨zapadać⟩   się;
(weaken) słabnąć II s zlew
m; ściek m
sinking ['sɪŋkɪŋ] s wykopanie
n (studni, szybu); (amortization) amortyzacja f
sinner ['sɪnə(r)] s grzesznik
m, grzesznica f
sinuous ['sɪnjʊəs] adj kręty;
falisty
sip [sɪp] I v popijać (małymi
łykami) II s łyk m
siphon ['saɪfən] s syfon m
sir [sɜ(r)] s 1. pan m (bez
imienia i nazwiska); (in
letters) Dear ~ Szanowny
Panie 2. (title) tytuł szlachecki
siren ['saɪərən] s syrena f
sirloin ['sɜlɔɪn] s kulin. polędwica wołowa
sister ['sɪstə(r)] s siostra f
sister-in-law ['sɪstr ɪn lɔ] s
szwagierka f; bratowa f

sisterly ['sɪstəlɪ] *adj* siostrzany
sit [sɪt] *v* (sat [sæt], sat) 1. siedzieć; siadać; to ~ for an artist pozować artyście; to ~ down usiąść; to ~ for an examination przystąpić do egzaminu; to ~ up siedzieć prosto; (*stay late*) czuwać (do późna) 2. (*of clothes*) leżeć
sitting ['sɪtɪŋ] *s* posiedzenie *n*; sesja *f*; at one ~ za jednym zamachem
sitting-room ['sɪtɪŋ rʊm] *s* bawialnia *f*; salon *m*
situated ['sɪtʃʊeɪtɪd] *adj* umieszczony, położony; (*of a person*) sytuowany
situation [ˌsɪtʃʊ'eɪʃn] *s* położenie *n*; sytuacja *f*; (*post*) stanowisko *n*; posada *f*
six [sɪks] *adj* sześć
sixteen [sɪk'stin] *adj* szesnaście
sixteenth [sɪk'stinθ] *adj* szesnasty
sixth [sɪksθ] *adj* szósty
sixtieth ['sɪkstɪəθ] *adj* sześćdziesiąty
sixty ['sɪkstɪ] *adj* sześćdziesiąt
size [saɪz] *s* rozmiar *m*; wielkość *f*; format *m*; numer *m* (bucika itp.)
skate [skeɪt] I *s* łyżwa *f* II *v* jeździć na łyżwach
skater ['skeɪtə(r)] *s* łyżwiarz *m*, łyżwiarka *f*
skating-rink ['skeɪtɪŋ rɪŋk] *s* lodowisko *n*; tor łyżwiarski
skeleton ['skelɪtən] *s* szkielet *m*; ~ key wytrych *m*
sketch [sketʃ] I *s* szkic *m*; *teatr.* skecz *m* II *v* kreślić; szkicować
ski [ski] I *s* narta *f* II *v* jeździć na nartach
skid [skɪd] *s* poślizg *m* (samochodu); to go into a ~ wpaść w poślizg
skier ['skiə(r)] *s* narciarz *m*
skiing ['skiɪŋ] *s* narciarstwo *n*
skilful ['skɪlfl] *adj* zręczny

ski-lift ['ski lɪft] *s* wyciąg narciarski
skill [skɪl] *s* zręczność *f*; wprawa *f*; biegłość *f*
skilled [skɪld] *adj* (*of worker*) wykwalifikowany; biegły; wprawny
skin [skɪn] I *s* skóra *f*; (*complexion*) cera *f*; (*of an animal*) futerko *n* (królicze itd.); (*of a fruit*) skórka *f* (owocu) II *v* obdzierać ze skóry; (*peel*) obierać (owoc)
skin-diving ['skɪn daɪvɪŋ] *s* nurkowanie *n*
skip [skɪp] *v* skakać; *przen.* przeskakiwać (z tematu na temat); pomijać; opuszczać
skipper ['skɪpə(r)] *s* kapitan *m* statku handlowego
skipping-rope ['skɪpɪŋ rəʊp] *s* skakanka *f*
skirt [skɜt] *s* spódnica *f*
skull [skʌl] *s* czaszka *f*
skunk [skʌŋk] *s* *zool.* skunks *m*
sky [skaɪ] *s* niebo *n*; *pl* skies niebiosa *pl*; under tne open ~ pod gołym niebem
sky-blue ['skaɪ'blu] I *s* błękit *m* II *adj* błękitny
skylark ['skaɪlɑk] *s* skowronek *m*
skyscraper ['skaɪskreɪpə(r)] *s* drapacz *m* chmur; wieżowiec *m*; wysokościowiec *m*
slack [slæk] I *adj* opieszały; (*loose*) luźny; słaby; ~ hours godziny *pl* słabego ruchu; *handl.* the ~ season martwy sezon II *s* (*pl*) ~s spodnie *pl* (męskie lub damskie)
slacken ['slækən] *v* rozluźniać; zmniejszać (tempo); to ~ up zwolnić
slam [slæm] I *v* trzaskać (the door drzwiami); gwałtownie zamknąć; zatrzasnąć II *s* trzask *m*; (*cards*) szlem *m*
slander ['slɑndə(r)] I *s* zniesławienie *n*; oszczerstwo *n*; obmowa. *f* II *v* zniesławiać;

rzucać oszczerstwa (**sb** na kogoś); obmawiać
slang [slæŋ] **I** *s* gwara *f*; żargon *m* **II** *adj* gwarowy
slant [slɑnt] **I** *v* ukośnie padać; (*direct obliquely*) nadawać ukośne położenie **II** *s* skos *m*, ukos *m* **III** *adj* pochyły; ukośny, skośny
slap [slæp] **I** *s* klaps *m*; *przen.* ~ **in the face** policzek *m* **II** *v* klepać; dać klapsa (**sb** komuś); (*offend*) spoliczkować
slaughter [ˈslɔtə(r)] **I** *s* ubój *m*; *przen.* rzeź *f*; masowy mord **II** *v* zarzynać; *przen.* zrobić masakrę (**people** wśród ludzi); wymordować
Slav [slɑv] **I** *s* Słowianin *m*, Słowianka *f* **II** *adj* słowiański
slave [sleɪv] **I** *s* niewolnik *m*, niewolnica *f* **II** *v pot.* harować, tyrać
slavery [ˈsleɪvərɪ] *s* niewolnictwo *n*
Slavonic [sləˈvonɪk] **I** *adj* słowiański **II** *s* język słowiański
sled [sled], **sledge** [sledʒ] **I** *s* sanie *pl*; saneczki *pl* **II** *v* jechać sankami
sleek [slik] *adj* gładki; lśniący
sleep [slip] **I** *v* (**slept** [slept], **slept**) spać; **to** ~ **like a log** spać jak zabity **II** *s* sen *m*; **to get some** ~ przespać się; **to get ⟨to go⟩ to** ~ zasnąć; **I had my** ~ **out** wyspałem się
sleeper [ˈslipə(r)] *s* 1. człowiek pogrążony we śnie; **to be a light ⟨a heavy⟩** ~ mieć czujny ⟨mocny⟩ sen 2. *kolej.* (*berth*) miejsce sypialne 3. (*beam under the rails*) podkład *m* (kolejowy)
sleeping-bag [ˈslipɪŋ bæg] *s* śpiwór *m*
sleeping-car [ˈslipɪŋ kɑ(r)] *s* wagon sypialny
sleeping-draught, sleeping-

-pill [ˈslipɪŋ drɑft, ˈslipɪŋ pɪl] *s* środek nasenny
sleepless [ˈslipləs] *adj* bezsenny
sleep-walker [ˈslip wɔkə(r)] *s* lunatyk *m*, lunatyczka *f*
sleepy [ˈslipɪ] *adj* senny; śpiący
sleet [slit] **I** *s* deszcz *m* ze śniegiem **II** *v* **it** ~**s** pada deszcz ze śniegiem
sleeve [sliv] *s* 1. rękaw *m*; **to roll up one's** ~**s** zakasywać rękawy; *przen.* **to laugh in one's** ~ śmiać się w kułak 2. okładka *f* ⟨koszulka *f*⟩ (na płytę gramofonową)
sleigh [sleɪ] *s* = **sled, sledge**
slender [ˈslendə(r)] *adj* wysmukły; szczupły; (*slight*) nikły; skromny
slept *zob.* **sleep** *v*
slice [slaɪs] **I** *s* kromka *f* (chleba); plasterek *m* **II** *v* (po)krajać
slide [slaɪd] **I** *v* (**slid** [slɪd], **slid**) ślizgać się; poślizgnąć się **II** *s* ślizgawka *f*; (*sliding*) poślizgnięcie (się) *n*; poślizg *m*; (*picture*) przeźrocze *n*; slajd *m*
slight [slaɪt] **I** *adj* drobny; lekki; (*inconsiderable*) nieznaczny **II** *v* zlekceważyć; zrobić afront (**sb** komuś) **III** *s* lekceważenie *n*
slim [slɪm] **I** *adj* szczupły; smukły **II** *v* wyszczupleć; (*diet to reduce weight*) odchudzać się
slimming [ˈslɪmɪŋ] **I** *s* odchudzanie się *n* **II** *adj* odchudzający; ~ **diet** dieta odchudzająca
sling [slɪŋ] **I** *s med.* temblak *m* **II** *v* (**slung** [slʌŋ], **slung**) ciskać; rzucać
slip [slɪp] **I** *v* poślizgnąć się; **to** ~ **off sth** ześliznąć się z czegoś; **to** ~ **through one's fingers** wyśliznąć się komuś z rąk; **to** ~ **into sth** wśliznąć się do czegoś **II** *s*

1. pośliźnięcie się n; **a ~ of the tongue** lapsus m; przejęzyczenie się n; **to make a ~** powiedzieć głupstwo 2. (*petticoat*) halka f 3. *pl* ~**s** kąpielówki *pl*; slipy *pl*
slip-cover [`slıp kʌvə(r)] s pokrowiec m ⟨na meble⟩
slipper [`slıpə(r)] s pantofel(ek) m
slippery [`slıprı] adj śliski; *przen.* niepewny; ryzykowny; (*of topic etc.*) draźliwy
slogan [`sləʊgən] s hasło n; slogan m
slope [sləʊp] I s pochylenie n; pochyłość f; spadek m; zbocze n; stok m (góry) II v pochylać, nachylać
slot [slot] s szczelina f; otwór m na monetę (w automacie)
slot-machine [`slot mə`ʃin] s automat m (z czekoladą, papierosami itp.); **amusement ~** automat do gry; **drink ~** automat do sprzedaży napojów; **stamp (selling) ~** automat do sprzedaży znaczków pocztowych; **vending ~** automat do sprzedaży (towarów); **~ not working** automat nieczynny
slow [sləʊ] I adj 1. powolny; **~ train** pociąg osobowy; (*of watch*) **to be ~** spóźniać się 2. (*reluctant*) opieszały; leniwy; **to be ~ to do sth** zwlekać ze zrobieniem czegoś II adv powoli; wolno III v zwalniać; zahamowywać
slowly [`sləʊlı] adv powoli, wolno
sluggish [`slʌgıʃ] adj leniwy; ospały
sluice [slus] m śluza f
slum [slʌm] s (*także pl* ~**s**) dzielnica f ruder
slumber [`slʌmbə(r)] I v zdrzemnąć się II s drzemka f

slump [slʌmp] I v (*of prices*) gwałtownie spadać; *ekon.* załamywać się II s *ekon.* kryzys m; zastój m
slung *zob.* **sling** v
sly [slaı] adj chytry; przebiegły; **on the ~** w tajemnicy; po cichu
small [smɔl] adj 1. mały; drobny; **~ change** drobne *pl* (pieniądze); **~ hours** pierwsze godziny po północy; **~ talk** rozmowa towarzyska; **in a ~ way** na małą skalę 2. (*mean*) małostkowy; marny
small-pox [`smɔl poks] s *med.* ospa f
small-wares [`smɔl weəz] s *zbior.* pasmanteria f
smart [smɑt] adj zgrabny; elegancki; wytworny; (*clever*) bystry; dowcipny
smartness [`smɑtnəs] s szyk m; elegancja f; zgrabność f
smash [smæʃ] I v rozbijać (się); roztrzaskiwać (się); (*to go bankrupt*) bankrutować II s kolizja f; zderzenie n; (*bankruptcy*) bankructwo n
smashing [`smæʃıŋ] adj druzgocący; miażdżący; *przen. pot.* świetny; wspaniały; szałowy
smear [smıə(r)] I s plama f; zamazanie n II v (po)mazać; (po)smarować
smell [smel] I s węch m; (*aroma*) zapach m II v (**smelt** [smelt], **smelt**) 1. wąchać 2. (*feel an odour*) czuć zapach 3. (*have an odour*) pachnieć; **to ~ nice** przyjemnie pachnieć
smile [smaıl] I v uśmiechać się (**on** ⟨**upon, at**⟩ **sb** do kogoś); **keep smiling!** nie trać pogody ducha! II s uśmiech m
smock [smok] s bluza f; kitel m
smoke [sməʊk] I s dym m; **to have a ~** zapalić ⟨wy-

palić> papierosa itp. II *v* 1.
dymić (się); ~d bacon wędzonka *f* 2. (*be a smoker*)
palić
smoke-dried [`smǝuk drɑid] *adj*
wędzony
smokehouse [`smǝukhaus] *s*
wędzarnia *f*; fish ~ wędzarnia ryb
smoker [`smǝukǝ(r)] *s* 1. (człowiek) palący *m*; are you a
~? czy pan pali? 2. (*for
smokers*) przedział *m* dla
palących
smoke-room [`smǝuk rum] *s* =
smoking-room
smoking-compartment [`smǝu-
kɪŋ kǝmpɑtmǝnt] *s* przedział
m dla palących (w pociągu)
smoking-room [`smǝukɪŋ rum]
s palarnia *f*
smooth [smuð] I *adj* gładki;
(*of way*) równy; (*of sea*)
spokojny II *v* wygładzać;
przen. uspokajać
smuggle [`smʌgl] *v* przemycać
smuggler [`smʌglǝ(r)] *s* przemytnik *m*
snack [snæk] *s* zakąska *f*; ~
bar bufet *m*; to have a ~
przekąsić
snail [sneil] *s* ślimak *m*
snake [sneik] *s* wąż *m*
snap [snæp] I *v* chapnąć; ukąsić; (*make a noise*) trzasnąć; strzelać (**one's fingers**
palcami); *fot.* robić zdjęcie
migawkowe (**sb, sth** kogoś,
czegoś) II *s* trzask *m*;
trzaśnięcie *n*; (*fastening*) zameczek *m* (bransoletki itp.);
fot. zdjęcie *n* (migawkowe)
snappy [`snæpi] *adj* (*lively*)
żwawy; prędki; make it ~!
żywo!; prędko!
snapshot [`snæpʃot] I *s* zdjęcie migawkowe II *v* robić
zdjęcie migawkowe
snare [sneǝ(r)] *s* pułapka *f*,
sidła *pl*
snarl [snɑl] I *v* (*of a dog*)
warczeć; (*of a person*) mó-

wić opryskliwie II *s* warczenie *n*; (*remark*) opryskliwe odezwanie się
snatch [snætʃ] I *v* porywać;
wyrywać; chwytać; (*eat
quickly*) zjeść naprędce II
s chwytanie *n*; in <by> ~es
dorywczo; urywkami
sneer [snɪǝ(r)] I *v* szydzić (at
sb z kogoś) II *s* szyderczy
uśmiech
sneeze [sniz] I *v* kichać II *s*
kichnięcie *n*
sniff [snɪf] *v* wąchać; pociągać nosem; węszyć
sniper [`snɑipǝ(r)] *s* strzelec
wyborowy
snob [snob] *s* snob *m*
snobbery [`snobǝri] *s* snobizm
m
snobbish [`snobɪʃ] *adj* snobistyczny
snore [snɔ(r)] I *v* chrapać II
s chrapanie *n*
snorkel [`snɔkl], **schnorkel**
[`ʃnɔkl] *s* sport. fajka *f*
(płetwonurka)
snow [snǝu] I *s* śnieg *m* II *v*
(*of snow*) padać; sypać; it
~s pada śnieg
snowball [`snǝubɔl] *s* kula
śnieżna, śnieżka *f*
snow-bank [`snǝu-bæŋk] *s* zaspa śnieżna
snow-bound [`snǝu baund] *adj*
zasypany śniegiem
snow-drift [`snǝu drift] *s* zaspa
śnieżna
snow-fall [`snǝu fɔl] *s* opad *m*
śniegu
snow-flake [`snǝu fleik] *s* płatek *m* śniegu
snowman [`snǝu mǝn] *s* (*pl*
snowmen) bałwan śniegowy
snow-storm [`snǝu stɔm] *s* śnieżyca *f*; zamieć *f*
snow-white [`snǝu wɑit] *adj*
śnieżnobiały
snub [snʌb] I *v* traktować z
góry; zrobić afront (**sb** komuś); upokorzyć (**sb** kogoś)
II *s* afront *m*
snug [snʌg] *adj* przytulny;

snuggle

wygodny; przyjemny; **to
make oneself** ~ wygodnie
się usadowić
snuggle ['snʌgl] *v* przytulić
(się) (**up to sb** do kogoś)
so [səʊ] **I** *adv* **1.** tak; w ten
sposób; **and** ~ **forth** i tak
dalej; ~ **many** tyle; **or** ~
mniej więcej; **quite** ⟨just⟩
~**!** właśnie!; racja!; ~**! long!**
do zobaczenia!; na razie!
2. (*also*) także; też; również; **I like it and** ~ **does
he** mnie się to podoba i
jemu także **II** *conj* (a) więc
III *pron* **I think** ~ myślę,
że tak; **I don't think** ~
myślę, że nie
soak [səʊk] *v* namoczyć; zmoczyć; (*get wet*) przesiąknąć;
przemoknąć
soaked [səʊkt] *adj* przemo-
czony; zmoknięty
so-and-so ['səʊ n səʊ] *s* ten a
ten; taki a taki
soap [səʊp] **I** *s* mydło *n*; **soft**
~ płynne ⟨szare⟩ mydło **II**
v namydlać
soar [sɔ(r)] *v* wznieść ⟨wzbić⟩
się (w powietrze); unosić
się wysoko; szybować
soaring ['sɔrɪŋ] *adj* wysoki;
strzelisty
sob [sob] **I** *v* szlochać; **to** ~
one's heart out zanosić się
płaczem **II** *s* szloch *m*; *pl*
~**s** szlochanie *n*; łkanie *n*
sober ['səʊbə(r)] **I** *adj* **1.** trzeźwy **2.** (*thoughtful*) zrówno-
ważony; rzeczowy **II** *v* **1.**
wytrzeźwieć **2.** (*make
thoughtful*) otrzeźwić
sober-minded ['səʊbə maɪndɪd]
adj stateczny; rozważny;
trzeźwo myślący
so-called ['səʊ kɔld] *adj* tak
zwany
soccer ['sokə(r)] *s pot.* gra *f*
w piłkę nożną
sociable ['səʊʃəbl] *adj* towarzyski; przyjacielski
social ['səʊʃl] *adj* **1.** towarzyski **2.** (*of a movement etc.*)
socjalny; społeczny; ~

advancement awans społeczny
socialism ['səʊʃlɪzm] *s* socjalizm *m*
socialist ['səʊʃlɪst] **I** *s* socjalista *m* **II** *adj* socjalistyczny;
~ **countries** kraje socjalistyczne; ~ **republic** republika socjalistyczna; ~ **system** ustrój socjalistyczny
socialize ['səʊʃlaɪz] *v* uspo-
łecznić; upaństwowić
society [sə'saɪətɪ] *s* społeczeństwo *n*; społeczność *f*; (*także handl.*) towarzystwo *n*
sociology ['səʊsɪ'olədʒɪ] *s* so-
cjologia *f*
sock [sok] *s* skarpetka *f*; **cotton** ⟨**woollen**⟩ ~**s** bawełnia-
ne ⟨wełniane⟩ skarpetki
socker ['sokə(r)] *s* = **soccer**
socket ['sokɪt] *s* oprawka *f*
(żarówki)
soda ['səʊdə] *s* soda *f*
soda-fountain ['səʊdə faʊntɪn]
s zbiornik *m* na wodę sodową; (*cart etc.*) budka *f*
z wodą sodową
sofa ['səʊfə] *s* sofa *f*; ~ **bed**
amerykanka *f*
soft [soft] *adj* **1.** miękki; delikatny; ~ **goods** tekstylia
pl **2.** (*of a voice*) cichy **3.**
(*of a climate*) łagodny **4.**
(*of a drink*) bezalkoholowy
soft-boiled ['soft'bɔɪld] *adj*
(*of an egg*) ugotowany na
miękko
soften ['sofn] *v* zmiękczyć;
złagodzić
soil [sɔɪl] **I** *s* plama *f*; brud
m **II** *v* (za)brudzić; (po)pla-
mić
soil [sɔɪl] *s* gleba *f*; rola *f*
sold *zob.* **sell**
solder ['soldə(r)] **I** *v* lutować
II *s* lut *m*
soldering ['soldrɪŋ] *s* lutowa-
nie *s*; ~ **iron** lutownica *f*;
~ **tip** grot lutowniczy; ~
tool kolba lutownicza
soldier ['səʊldʒə(r)] *s* żołnierz
m; **private** ⟨**common**⟩ ~
szeregowiec *m*

sole¹ [səʊl] I s zelówka f II
v zelować
sole² [səʊl] adj jedyny; wy-
łączny
solemn [`soləm] adj uroczy-
sty; solenny; poważny
solemnity [sə`lemnətı] s (uro-
czysty) obrzęd m; uroczy-
stość f
solicit [sə`lısıt] v (usilnie) pro-
sić; domagać się; nagaby-
wać
solicitor [sə`lısıtə(r)] s dorad-
ca prawny
solid [`solıd] I adj stały;
twardy; solidny; mocny;
masywny II s ciało stałe
solidarity [ˌsolı`dærətı] s so-
lidarność f
solidity [sə`lıdətı] s solidność
f; trwałość f
solitary [`solıtrı] adj samot-
ny; odosobniony; (of a
place) ustronny; odludny
solitude [`solıtjud] s samot-
ność f
soloist [`səʊləʊıst] s solista m
solution [sə`luʃn] s chem. roz-
twór m; (way out) rozwią-
zanie n (problemu); (result)
wynik m (zadania rachun-
kowego)
solve [solv] v dosł. i przen.
rozwiązywać (węzeł, zagadkę, kwestię itp.)
solvent [`solvənt] I adj handl.
wypłacalny; chem. rozpusz-
czający II s chem. rozpuszczalnik m
some [səm, sʌm] I pron gdy
zastępuje rzeczownik w liczbie mnogiej: niektórzy;
~ don't like it niektórzy
tego nie lubią; ~ of the
audience left część audytorium wyszła II adj 1. jakiś;
pewien; niejaki; I need ~
money potrzebuję pienię-
dzy 2. (several) kilka; kilkoro; ~ years ago kilka lat
temu 3. (certain) któryś; jakiś; I read it in ~ paper
czytałem to w jakiejś ga-
zecie; ~ time kiedyś III

adv około; mniej więcej;
we went ~ twenty miles
przeszliśmy około ⟨jakieś⟩
20 mil
somebody [`sʌmbədı] pron
ktoś
somehow [`sʌmhaʊ] adv ja-
koś; w jakiś sposób; ~ or
other tak czy inaczej
someone [`sʌmwʌn] pron =
= somebody
something [`sʌmθıŋ] I s coś
n; ~ or other coś (tam);
~ else coś innego II adv
nieco; trochę; ~ like ... jak
gdyby ...; mniej więcej ...
sometime [`sʌmtaım] adv kie-
dyś
sometimes [`sʌmtaımz] adv
czasami; niekiedy; od czasu do czasu
somewhat [`sʌmwot] adv nie-
co; trochę; poniekąd
somewhere [`sʌmweə(r)] adv
gdzieś; ~ else gdzie indziej
son [sʌn] s syn m
song [soŋ] s pieśń f; (singing)
śpiew m
son-in-law [`sʌn ın lɔ] s (pl
sons-in-law) zięć m
soon [sun] adv niebawem;
wkrótce; zaraz; as ~ as
possible jak najwcześniej;
no ~er than ledwo, zaled-
wie; ~er or later prędzej
czy później; I would ~er ...
wolałbym ...; raczej bym ...
soothe [suð] v uspokoić; (of
a pain) uśmierzyć
sophisticated [sə`fıstıkeıtıd]
adj przemądrzały; (of a
style etc.) wyszukany;
sztuczny; pot. udziwniony
soporific [ˌsopə`rıfık] s adj
(środek) nasenny
soprano [sə`prɑnəʊ] s muz.
sopran m
sore [sɔ(r)] I s rana f; ból m;
otarcie n; przen. przykre
wspomnienie II adj bolący;
otarty; I had a ~ foot
otarłem sobie nogę; I have
a ~ throat boli mnie gard-

ło; *przen.* sb's ~ spot czyjeś czułe miejsce

sorrel [`sorl] s *bot.* szczaw *m*

sorrow [`sorəu] I s smutek *m*; żal *m* II *v* smucić się

sorrowful [`sorəufl] *adj* smutny; zasmucony; bolesny; żałosny

sorry [`sorı] *adj* zmartwiony; to be ~ about sth zmartwić się czymś; I am ~! przykro mi!; przepraszam; I am so ⟨awfully⟩ ~! bardzo przepraszam!; I am ~ to say that ... z przykrością muszę powiedzieć, że ...

sort [sɔt] s gatunek *m*; rodzaj *m*; of all ~s wszelkiego rodzaju; what ~ of ...? jakiego rodzaju ...?; a ~ of ... jakiś tam ... (człowiek itp.); *pot.* he's not a bad ~ to jest porządny facet

sort [sɔt] *v* sortować; porządkować

so-so [`səu səu] *adv* jako tako; znośnie

sought *zob.* seek

soul [səul] s dusza *f*; not a ~ ani żywej duszy; he is a good ~ to zacny człowiek; poor ~! biedaczysko!

sound [saund] I s dźwięk *m*; głos *m*; odgłos *m*; brzmienie *n* II *v* brzmieć; wydawać głos; rozlegać się III *adj* dźwiękowy; ~ film film dźwiękowy

sound [saund] I *adj* 1. zdrowy; *przysł.* a ~ mind in a ~ body w zdrowym ciele zdrowy duch 2. (*of a thing*) cały; nienaruszony 3. (*of sleep*) głęboki 4. (*solid*) solidny, tęgi II *adv* to be ~ asleep twardo spać

sound [saund] *v* sondować; mierzyć głębokość

sound [saund] s cieśnina *f*

sounding-line [`saundıŋ laın] s sonda *f*

sound-proof [`saund pruf] *adj* dźwiękoodporny; dźwiękoszczelny

soup [sup] s zupa *f*; onion ~ zupa cebulowa; potato ~ zupa kartoflana; tomato ~ zupa pomidorowa; vegetable ~ zupa jarzynowa; clear ~ rosół *m*; bulion *m*; ~ in cakes zupa *f* w kostkach

sour [`sauə(r)] I *adj* kwaśny; ~ milk kwaśne ⟨zsiadłe⟩ mleko; to turn ~ skwaśnieć II *v* kwasić; (*of milk*) zsiadać się

source [sɔs] s źródło *n*; (*origin*) początek *m*

south [sauΘ] I *adv* na południe II s *geogr.* południe *n* III *adj* południowy

south-east [`sauΘ ist] I *adj* południowo-wschodni II s południowy wschód

southern [`sʌðən] *adj* południowy

southerner [`sʌðənə(r)] s południowiec *m*

south-west [`sauΘ west] I *adj* południowo-zachodni II s południowy zachód

souvenir [`suvə`nıə(r)] s pamiątka *f*

sovereign [`sovrın] I s monarcha *m*; władca *m*; (*coin*) suweren *m*; funt szterling *m* II *adj* suwerenny; monarszy

soviet [`səuvıət] I s rada *f* II *adj* radziecki

sow [səu] *v* (sowed [səud], sown [səun]) siać; obsiać

space [speıs] I s przestrzeń *f*; (*place*) miejsce *n*; teren *m*; odstęp *m*; przestrzeń kosmiczna II *adj* kosmiczny

spaceman [`speısmən] s astronauta *m*

spacious [`speıʃəs] *adj* obszerny; przestronny

spade [speıd] s łopata *f*; to call a ~ a ~ nazywać rzeczy po imieniu

spades [speıdz] *pl* (*cards*) piki *pl*

span *zob.* spin

Spaniard [`spænıəd] s Hiszpan *m*, Hiszpanka *f*

Spanish ['spænɪʃ] I *adj* hiszpański II *s* język hiszpański
spanner ['spænə(r)] *s* klucz *m*
(maszynowy)
spare [speə(r)] I *v* oszczędzać;
robić oszczędności; (*go
without*) obywać się (**sb, sth**
bez kogoś, czegoś); mieć na
zbyciu; (*devote*) poświęcać
(**sb sth** komuś coś); (*save*)
oszczędzić (**sb** kogoś; **sb sth**
komuś czegoś) II *adj* 1. zapasowy; zbywający; wolny;
~ **parts** części zapasowe; ~
time wolny czas; ~ **wheel**
koło zapasowe 2. (*scanty*)
skąpy
spares [speəz] *pl pot.* części
zapasowe
sparing ['speərɪŋ] *adj* oszczędny; wstrzemięźliwy; **to be
~ of** ⟨**with**⟩ **sth** oszczędzać
czegoś; nie szafować czymś
spark [spɑk] *s* iskra *f*; *przen.*
iskierka *f*; odrobina *f*
sparkle ['spɑkl] I *s* iskierka
f; (*of wine*) musowanie *n*;
(*of wit etc.*) iskra *f* ⟨prze-
błysk *m*⟩ (dowcipu itp.) II
v iskrzyć (się); (*of a precious stone*) rzucać ognie;
(*of wine etc.*) musować
sparrow ['spærəʊ] *s* wróbel *m*
sparse [spɑs] *adj* rzadki
spasm ['spæzm] *s* spazm *m*;
kurcz *m*; (*fit*) atak *m*
spat *zob.* spit
speak [spik] *v* (spoke [spəʊk],
spoken ['spəʊkn]) 1. mówić
(**to sb do** kogoś; **with sb z**
kimś; **about** ⟨**of**⟩ **sth** o
czymś); odezwać się (**to sb
do** kogoś); **to ~ out** wypowiedzieć swe myśli; **to ~
for sb** przemawiać za kimś;
nothing to ~ of nic szcze-
gólnego ⟨godnego wzmian-
ki⟩ 2. (*deliver a speech*) wygłaszać przemówienie; przemawiać 3. (*have a command
of*) władać (**a language** językiem)

speaker ['spikə(r)] *s* mówca
m
speaking ['spikɪŋ] I *s* rozma-
wianie *n*; przemawianie *n*
II *adj* mówiący
spear [spɪə(r)] *s* włócznia *f*;
pika *f*; ~ **gun** harpun *m*
(do polowania podwodnego)
special ['speʃl] I *s* nadzwyczajne wydanie gazety II
adj 1. specjalny; szczególny;
wyjątkowy; ~ **delivery** ekspres *m* (*list*) 2. (*of the. edition of a newspaper*) nadzwyczajny 3. (*favourite*) ulubiony
specialist ['speʃlɪst] *s* specjalista *m*, specjalistka *f*
speciality ['speʃɪ'ælətɪ] *s* specjalność *f*; (*feature*) cecha
(szczególna)
specialize ['speʃlaɪz] *v* ograniczać; (*become a specialist*) specjalizować się
specially ['speʃlɪ] *adv* specjal-
nie; zwłaszcza
species ['spɪʃiz] *s* (*pl* ~) gatunek *m*; rodzaj *m*
specific [spə'sɪfɪk] I *s* farm.
specyfik *m* II *adj* wyraźny;
określony; *biol. fiz.* gatunkowy; (*characteristic*) charakterystyczny
specification ['spesɪfɪ'keɪʃn] *s*
specyfikacja *f*; wykaz *m*;
spis *m*
specify ['spesɪfaɪ] *v* wyszcze-
gólniać; (s)precyzować; spe-
cyfikować
specimen ['spesɪmən] *s* okaz
m; przykład *m*; wzór *m*;
unique ⟨**rare**⟩ ~ unikat *m*
speck [spek], speckle ['spekl]
I *s* plamka *f* II *v* (po)pla-
mić; pokryć plamkami
spectacle ['spektəkl] *s* widowisko *n*; spektakl *m*; *pl* ~**s**
(*glasses*) okulary *pl*
spectacle-case ['spektəkl keɪs]
s futerał *m* ⟨etui *n*⟩ na o-
kulary
spectacle-frame   ['spektəkl
freɪm] *s* oprawa *f* okularów

spectator [spek'teɪtə(r)] s widz m

speculate ['spekjuleɪt] v handl. spekulować; (meditate) rozważać (on ⟨upon, about⟩ sth coś)

sped zob. **speed** v

speech [spiʧ] s mowa f; **manner of** ⁓ sposób m mówienia; **slow of** ⁓ wolno mówiący; **parts of** ⁓ części pl mowy; **to deliver** ⟨**to make**⟩ a ⁓ wygłosić przemówienie

speechless ['spiʧləs] adj niemy; milczący

speed [spid] **I** s szybkość f; prędkość f; ⁓ **limit** szybkość maksymalna ⟨dozwolona⟩; **average** ⁓ szybkość przeciętna; **at full** ⁓ z maksymalną szybkością **II** v (**sped** [sped], **sped**) śpieszyć (się), pędzić

speedily ['spidɪlɪ] adv szybko; w wielkim pośpiechu

speed-limit ['spid lɪmɪt] s maksymalna szybkość

speedometer [spi'dɒmɪtə(r)] s techn. szybkościomierz m

speedway ['spidweɪ] s 1. tor żużlowy 2. am. autostrada f

speedy ['spidɪ] adj pośpieszny; szybki; bezzwłoczny

spell[1] [spel] s czary pl; urok m; **to cast a** ⁓ **over** ⟨**on**⟩ sb czarować ⟨urzekać⟩ kogoś; **under a** ⁓ oczarowany; pod urokiem

spell[2] [spel] v (**spelt** [spelt], **spelt**) 1. sylabizować; literować 2. (write correctly) pisać ortograficznie; **how do you** ⁓ **it?** jak się to pisze?

spell[3] [spel] s 1. okres m; przeciąg m czasu; a ⁓ **of rain** okres m deszczu 2. (period of duty) szychta f; zmiana f; **to take** ⁓s **at the wheel** prowadzić samochód na zmianę

spell-bound ['spel baʊnd] adj oczarowany; urzeczony

spelling ['spelɪŋ] s ortografia f; pisownia f

spelt zob. **spell**[2]

spend [spend] v (**spent** [spent], **spent**) spędzać (czas); (pay out money) wydawać pieniądze (on sth na coś); (waste) trwonić ⟨marnować⟩ (czas, pieniądze itp.)

spent zob. **spend**

sphere [sfɪə(r)] s kula f; (field) sfera f; dziedzina f; zakres m

spice [spaɪs] **I** s przyprawa f; korzenie pl **II** v kulin. przyprawiać; przen. dodawać pikantności

spiced [spaɪst] adj (of a dish) ostry; pikantny

spick [spɪk] adj ⁓ **and span** nowiutki; czyściutki; jak spod igły

spicy ['spaɪsɪ] adj (of a dish) ostry; aromatyczny; (of a story) pikantny

spider ['spaɪdə(r)] s pająk m

spider-web ['spaɪdə web] s pajęczyna f

spike [spaɪk] s kolec m; szpic m; ⁓ **heels** szpilki pl (obcasy)

spill [spɪl] v (**spilt** [spɪlt], **spilt**) rozlać ⟨rozsypać⟩ się

spin [spɪn] v (**span** [spæn], **spun** [spʌn]) prząść; (whirl) kręcić (się); wirować

spinach ['spɪnɪdʒ] s szpinak m

spinal ['spaɪnl] adj anat. rdzeniowy; pacierzowy; ⁓ **column** kręgosłup m

spindlle ['spɪndl] s wrzeciono n

spin-drier ['spɪn'draɪə(r)] s wyżymaczka wirówkowa

spine [spaɪn] s anat. kręgosłup m; (of a book etc.) grzbiet m

spinster ['spɪnstə(r)] s stara panna

spiral ['spaɪərl] **I** adj spiralny; kręty **II** s spirala f

spire ['spaɪə(r)] s arch. strzelisty szczyt wieży; iglica f

spirit ['spɪrɪt] s 1. duch m; dusza f 2. pl ⁓s duchy pl

3. (*mind*) umysł *m*; **public**
~ nastawienie obywatelskie
4. (*mood*) nastrój *m*, humor *m*; **in high** ~s w doskonałym humorze; **in low**
~s przygnębiony 5. *pl* ~s
napój alkoholowy; alkohol
m 6. (*alcohol*) spirytus *m*;
~ **lamp** maszynka spirytusowa; **denaturated** ⟨**methylated**⟩ ~ spirytus denaturowany; **neutral** ~ czysty spirytus; **rectified** ~ spirytus
rektyfikowany
spirited [`spɪrɪtɪd] *adj* pełen
werwy; ożywiony; porywa-
jący; natchniony
spiritual [`spɪrɪtʃuəl] I *adj* du-
chowy; nadprzyrodzony II *s*
(*także* **Negro** ~) pieśń na-
bożna Murzynów amerykań-
skich
spit ¹ [spɪt] *s* rożen *m*
spit ² [spɪt] *v* (**spat** [spæt],
spat) pluć; wypluć; *sl.* ~
it out! no, gadaj!
spite [spaɪt] I *s* niechęć *f*;
uraza *f*; złośliwość *f*; **in** ~
of ... pomimo ... (czegoś);
wbrew ... (czemuś) II *v* zrobić na złość; dokuczać (**sb**
komuś)
spiteful [`spaɪtfl] *adj* złośliwy;
dokuczliwy
splash [splæʃ] I *v* bryzgać;
chlapać; rozpryskiwać II *s*
plusk *m*; pluskanie *n*
spleen [splin] *s anat.* śledzio-
na *f*; (*ill temper*) chandra
f; zły nastrój
splendid [`splendɪd] *adj* wspa-
niały; świetny; doskonały
splendour [`splendə(r)] *s* wspa-
niałość *f*; świetność *f*
split [splɪt] I *v* (**split, split**)
rozszczepiać; rozłupać; rozdzielać; *przen.* **to** ~ **hairs**
dzielić włos na czworo II *s*
pęknięcie *n*; (*separation*)
rozłam *m*; podział *m*
splitting [`splɪtɪŋ] *adj* **a** ~
headache ostry ⟨rozsadzają-
cy⟩ ból głowy

spoil [spɔɪl] I *s* łup *m*; zdobycz *f* II *v* (**spoilt** [spɔɪlt],
spoilt) (ze)psuć; (z)marno-
wać
spoke *zob.* **speak**
spokesman [`spəuksmən] *s* (*pl*
spokesmen) orędownik *m*;
rzecznik *m*
sponge [spʌndʒ] *s* gąbka *f*
sponge-cake [`spʌndʒ-keɪk] *s*
biszkopt *m*
spoon [spun] *s* łyżka *f*; *przen.*
born with a silver ~ **in
one's mouth** w czepku urodzony
spoonful [`spunfl] *s* (pełna)
łyżka (czegoś)
sport [spɔt] I *v* bawić się;
igrać; (*exhibit*) wystawiać
na pokaz II *s* 1. sport *m*;
water ⟨**aquatic**⟩ ~s sporty
wodne; **winter** ~s sporty
zimowe 2. (*amusement*) zabawa *f*; rozrywka *f*; **in** ~
żartem; dla zabawy; **to
make** ~ **of sb** żartować z
kogoś III *adj* ~s sportowy;
~s **car** samochód sportowy;
~s **jacket** marynarka sportowa; ~s **timer** stoper *m*
sporting [`spɔtɪŋ] I *s* uprawia-
nie *n* sportu II *adj* 1. za-
miłowany w sportach; **a** ~
man sportowiec *m* 2. (*of an
offer etc.*) rzetelny
sportsman [`spɔtsmən] *s* (*pl*
sportsmen) sportowiec *m*
sportsmanlike [`spɔtsmənlaɪk]
adj (*of behaviour*) godny
prawdziwego sportowca
spot [spɔt] *s* 1. miejsce *n*; **on
the** ~ na miejscu; natych-
miast 2. (*stain*) plama *f*;
kropka *f*; *med.* krosta *f*
spotless [`spɔtləs] *adj* nieska-
zitelny
spotlight [`spɔtlaɪt] *s teatr.*
światło *n* reflektorów; *przen.*
to be in ⟨**to hold**⟩ **the** ~
być w centrum powszech-
nego zainteresowania
spotted [`spɔtɪd] *adj* cętko-
wany; nakrapiany; w krop-
ki; w groszki

sprain [sprein] I *v* zwichnąć
II *s* zwichnięcie *n*
sprang *zob.* spring *v*
sprat [spræt] *s* szprot *m*
sprawl [sprɔl] I *v* rozwalić
⟨wyciągnąć⟩ się; leżeć jak
długi II *s* rozwalanie się
n; in a ⁓ rozwalony
spray [sprei] *v* rozpylać (się);
pryskać
sprayer [`spreiə(r)] *s* rozpy-
lacz *m*; opryskiwacz *m*
spread [spred] I *v* (spread,
spread) rozciągać; rozpo-
ścierać (się); (*popularize*)
rozpowszechniać ⟨szerzyć⟩
(się); (*of bread*) smarować
(masłem) II *s* rozprzestrze-
nianie (się) *n*; szerzenie
(się) *n*; (*space*) przestrzeń *f*
spring [spriŋ] I *v* (sprang
[spræŋ], sprung [sprʌŋ]) skakać; (*arise*) powstać; pochodzić II *s* 1. skok *m* 2.
(*season*) wiosna *f*; early ⁓
przedwiośnie *n* 3. (*elastic
contrivance*) sprężyna *f*;
sprężystość *f*; resor *m* 4.
(*source*) źródło *n*; medicinal ⁓ źródło lecznicze;
mineral ⁓ źródło mineralne
5. (*origin*) początek *m*
spring-board [`spriŋ bɔd] *s*
trampolina *f*
springer [`spriŋgə(r)] *s* sko-
czek *m*
sprinkle [`spriŋkl] I *v* (*with
water etc.*) s/kropić, s/prys-
kać; (*with sand etc.*) rozsypywać; posypać (cukrem
itd.) II *s* (*of salt etc.*) posy-
panie *n*; (*of water*) skro-
pienie *n*
sprinkler [`spriŋklə(r)] *s* pole-
waczka *f* (uliczna)
sprout [`spraut] *s* bot. kiełek
m; nowy pęd (rośliny);
Brussels ⁓s brukselka *f*
spruce ¹ [sprus] *adj* wymus-
kany; schludny
spruce ² [sprus] *s* świerk *m*
sprung *zob.* spring *v*
spun *zob.* spin
spur [spɜ(r)] *s* ostroga *f*;

przen. bodziec *m*; podnieta *f*; to give a ⁓ to sb dodawać bodźca komuś
spurt [spɜt] I *v* tryskać; bu-
chać II *s* wytrysk *m*
spy [spai] I *s* szpieg *m* II *v*
szpiegować (upon sb kogoś)
spy-hole [`spai həul] *s* wzier-
nik *m*; judasz *m* (w
drzwiach)
squabble [`skwɔbl] I *v* sprze-
czać się II *s* sprzeczka *f*
squadron [`skwɔdrən] *s* wojsk.
szwadron *m*; lotn. mor. eskadra *f*
squalid [`skwɔlid] *adj* nędz-
ny; brudny; niechlujny
squall [skwɔl] *s* mor. szkwał
m; nawałnica *f*
squander [`skwɔndə(r)] *v*
trwonić; marnować
square [skweə(r)] I *s* kwadrat
m; (*in town*) plac *m* II *adj*
1. kwadratowy; prostokątny
2. (*in good order*) uporządkowany; to be ⁓ with sb
być skwitowanym z kimś
3. (*of a metal*) solidny 4.
(*fair*) uczciwy; sprawiedliwy; to give sb a ⁓ deal
postąpić z kimś uczciwie
III *v* nadać kształt kwadra-
tu; (*settle*) załatwiać (sprawy); (*pay*) wyrównywać
(rachunki); (*agree*) zgadzać
się (with sb, sth z kimś,
czymś) IV *adv* pod kątem
prostym; (*fairly*) uczciwie
square-built [`skweə bilt] *adj*
barczysty; krępy
square-cut [`skweə kʌt] *adj*
(*of a dress*) z prostokątnym
dekoltem ⟨wycięciem⟩
squash [skwɔʃ] I *v* zgniatać;
miażdżyć; wyciskać II *s*
wyciśnięta masa; lemon
⟨orange⟩ ⁓ napój *m* z soku
cytrynowego ⟨pomarańczo-
wego⟩
squeeze [skwiz] I *v* ściskać;
zgniatać; (*shake*) ściskać
⟨uściskać⟩ (sb's hand ko-
muś rękę); przecisnąć się
(through przez); wcisnąć się

(into a bus etc. do autobusu itd.) II *s* ściśnięcie *n*; uścisk *m*

squint [skwɪnt] I *adj* zezowaty II *v* patrzeć zezem; zezować III *s* zez *m*

squirrel [`skwɪrl] *s* wiewiórka *f*

stab [stæb] I *v* pchnąć nożem ⟨sztyletem⟩; zakłuć II *s* pchnięcie *n* nożem ⟨sztyletem⟩

stabilize [`steɪblʲaɪz] *v* (u)stabilizować

stabilizer [`steɪblʲaɪzə(r)] *s* stabilizator *m*

stable ¹ [`steɪbl] *s* stajnia *f*

stable ² [steɪbl] *adj* stały; stabilny

stack [stæk] *s* stóg *m* (siana itp.); stos *m*

stadium [`steɪdɪəm] *s* (*pl* stadia [`steɪdɪə]) *sport.* stadion *m*

staff [staf] *s* 1. kij *m*; pałka *f* 2. *wojsk.* sztab *m* 3. (*body of persons*) personel *m*; to be on the ~ of ... pracować w ...

stag [stæg] *s* jeleń *m*

stage [steɪdʒ] I *s* 1. estrada *f*; scena *f*; ~ fright trema *f*; ~ manager reżyser *m*; ~ properties akcesoria teatralne 2. (*period*) faza *f*; okres *m* II *v* wystawiać na scenie; (*arrange*) inscenizować

stagger [`stægə(r)] I *v* zataczać ⟨słaniać⟩ się; iść chwiejnym krokiem II *s* chwiejny chód

staging [`steɪdʒɪŋ] *s* inscenizacja *f*

stain [steɪn] I *v* (po)plamić; powalać; (*colour*) zabarwiać; (*of dye*) puszczać II *s* plama *f*; kleks *m*; ~ remover wywabiacz *m* plam

stained [steɪnd] *adj* zaplamiony; ~ glass witraż *m*

stainless [`steɪnləs] *adj* niesplamiony; nieskazitelny; (*of steel*) nierdzewny

stair [steə(r)] *s* schodek *m*; *pl* ~s schody *pl*

staircase [`steəkeɪs] *s* schody *pl*; klatka schodowa

stake [steɪk] I *v* stawiać pieniądze; ryzykować; zakładać się II *s* 1. słup *m*; pal *m* 2. *dosł. i przen.* stawka *f*; to be at ~ wchodzić w grę; my life was at ~ chodziło o moje życie 3. *pl* ~s (*in a game*) pula *f*

stale [steɪl] I *adj* nieświeży; zleżały; (*of bread*) czerstwy II *v* (s)tracić świeżość; starzeć się

stalk [stɔk] *s* łodyga *f*; badyl *m*; źdźbło *n*

stall [stɔl] *s* stragan *m*; kram *m*; stoisko *n*; kiosk *m*; *teatr.* fotel parterowy

stammer [`stæmə(r)] I *v* jąkać się II *s* jąkanie się *n*

stammerer [`stæmərə(r)] *s* jąkała *m f*

stamp [stæmp] *v* stemplować; pieczętować; ofrankować (*list itp.*); (*emboss*) wytłaczać II *s* pieczęć *f*; stempel *m*; (*postage*) znaczek pocztowy); (*mark*) oznaka *f*

stamp-album [`stæmp ælbəm] *s* klaser *m*

stamp-collecting [`stæmp kəlektɪŋ] *s* filatelistyka *f*; zbieranie *n* znaczków

stamp-collector [`stæmp kəlektə(r)] *s* filatelista *m*

stampede [stæm`pid] *s* popłoch *m*; panika *f*

stand [stænd] I *v* (**stood** [stʊd], **stood**) 1. stać; I must know where I ~ muszę wiedzieć na czym stoję; to ~ firm wytrzymywać; nie ustępować 2. (*be in force*) zostać w mocy; to ~ good obowiązywać 3. (*support*) popierać; być zwolennikiem (for sth czegoś) 4. (*bear*) znosić; tolerować 5. *pot.* zafundować; poczęstować; stawiać ⟨postawić⟩ (sb a dinner etc. komuś obiad

itd.) ·II s 1. unieruchomie-
nie n; to bring to a ~ zatrzymywać; to come to a ~
stanąć; to make a ~ against
sth stawiać czemuś opór; to
take a ~ zająć stanowisko
2. (hanger) wieszak m; stojak m 3. (stall in the market) stoisko n 4. (standing-
-place for vehicles) miejsce
n postoju taksówek (doro-
żek· itp.) 5. sport. trybuna
f (na stadionie itp.)
standard ['stændəd] I s 1.
(weight or measure) norma
f; miara f 2. (quality) standard m; ~ of living stopa
życiowa II adj wzorcowy;
standardowy;   znormalizo-
wany
standardize ['stændədaɪz] v
standaryzować;   normalizo-
wać
stander-by ['stændə baɪ] v
widz m; świadek m
standing ['stændɪŋ] I adj stojący; (of a customer etc.)
stały; (of rule etc.) obowiązujący II s miejsce n; (position) stanowisko n; (esti-
mation) powaga f; (repute)
reputacja f; (duration) czas
m trwania
standpoint ['stændpɔɪnt] s
punkt m widzenia
standstill ['stændstɪl] s 1. u-
nieruchomienie n; at a ~
w   martwym   punkcie   2.
handl. zastój m
star [stɑ(r)] s gwiazda f;
shooting ~ spadająca gwiazda
starch [stɑtʃ] I s krochmal m;
skrobia f II v krochma-
lić
stare [steə(r)] I v wpatrywać
się; wytrzeszczać oczy (at
sb, sth na kogoś, coś); bez-
czelnie patrzeć (at sb na
kogoś) II s utkwiony wzrok
stark [stɑk] I adj 1. sztywny
2. (complete) kompletny; ~
madness czyste szaleństwo

II adv całkowicie; ~ naked
zupełnie goły; golusieńki
start [stɑt] I v 1. wzdrygnąć
się; podskoczyć; zerwać się
(z miejsca) 2. (set) wyruszać (on a journey w dro-
gę) 3. (begin) zaczynać; roz-
poczynać; zaczynać się (with
sth czymś); to ~ with najpierw; przede wszystkim 4.
sport. startować 5. (found)
zakładać (firmę);   uruchamiać II s 1. drgnięcie n;
to give sb a ~ przestraszyć
kogoś; to wake up with a
~ zerwać się ze snu 2. (beginning) początek m; at the
~ na początku 3. sport.
start m
starter ['stɑtə(r)] s mot. rozrusznik m
starting-point ['stɑtɪŋ pɔɪnt] s
punkt m wyjścia
startle ['stɑtl] v przestraszyć;
zaskakiwać
starvation [stɑ'veɪʃn] I s głód
m; zagłodzenie n II adj gło-
dowy (wages płace etc.)
starve [stɑv] v 1. głodować;
morzyć głodem; to ~ to
death umrzeć z głodu; za-
głodzić (się) 2. (crave) być
spragnionym (for sth cze-
goś)
state [steɪt] I s 1. stan m; ~
of account stan konta; ~
of mind nastrój m; stan m
ducha 2. polit. państwo n
3. (rank) stanowisko n II
adj państwowy;   urzędowy
III v stwierdzać; oświad-
czać; zeznać, zeznawać; o-
głaszać;   (fix)   wyznaczać
(datę itp.); ustalać
statement ['steɪtmənt] s oznaj-
mienie n;   wypowiedź f;
komunikat m; oświadczenie
n; exposé n; zeznanie n;
to make a ~ złożyć oświadczenie ⟨zeznanie⟩;   ~ of
account wyciąg m z konta
state-room ['steɪt rum] s sala
recepcyjna; (on ship) luk-
susowa kabina

station [ˈsteɪʃn] **I** s 1. stanowisko n; pozycja f; punkt m (opatrunkowy itp.); stacja f; **border ⟨frontier⟩ ~** stacja graniczna; **service ~** stacja obsługi; **underground ~** stacja metra; **police ~** komisariat m; **broadcasting ~** radiostacja f; rozgłośnia f 2. (railway) dworzec kolejowy; przystanek m (kolejowy, autobusowy itp.) **II** v umieścić; wojsk. stacjonować

stationer [ˈsteɪʃnə(r)] s właściciel m sklepu z materiałami piśmiennymi; **at the ~'s** w sklepie papierniczym

stationery [ˈsteɪʃnrɪ] s materiały piśmienne; artykuły biurowe

station-master [ˈsteɪʃn ˈmɑstə(r)] s naczelnik m ⟨zawiadowca m⟩ stacji

station-wagon [ˈsteɪʃn ˈwægən] s samochód m typu kombi

statistic(al) [stəˈtɪstɪk(l)] adj statystyczny

statistics [stəˈtɪstɪks] s statystyka f

statue [ˈstætʃu] s posąg m; statua f

stature [ˈstætʃə(r)] s wzrost m; postawa f; **of short ~** niskiego wzrostu

status [ˈsteɪtəs] s stan m; położenie n; pozycja społeczna

statute [ˈstætʃut] s ustawa f; nakaz m; pl **~s** statut m; regulamin m

stay [steɪ] **I** s pobyt m **II** v zatrzymywać się; przebywać; mieszkać (**with sb u kogoś** w gościnie); **to ~ at home** siedzieć w domu; **to ~ in bed** leżeć w łóżku; **to ~ to dinner** zostać na obiedzie ‖ **to ~ away** być nieobecnym; **to ~ in** nie wychodzić z domu; **to ~ out** pozostawać poza domem; nie wracać; **to ~ up** czuwać; nie kłaść się spać

steadfast [ˈstedfɑst] adj mocny; solidny; wytrwały; niezmienny; wierny (zasadom itd.)

steady [ˈstedɪ] **I** adj mocny; silny; solidny; stały; trwały; zrównoważony **II** v ustalać ⟨umacniać⟩ (się)

steak [steɪk] s płat m mięsa; zraz m; stek m

steal [stɪl] v (**stole** [stəʊl], **stolen** [ˈstəʊlən]) 1. kraść (**sth from sb** coś komuś); porywać; **to ~ a glance** spojrzeć ukradkiem 2. (move secretly) skradać się; **to ~ away** wymykać się

stealthily [ˈstelθɪlɪ] adv ukradkiem; po kryjomu

stealthy [ˈstelθɪ] adj ukradkowy; potajemny

steam [stim] **I** s para f (wodna) **II** v (cook) gotować na parze; (give out steam) parować; dymić.

steam-bath [ˈstim bɑθ] s kąpiel parowa; parówka f

steamboat [ˈstimbəʊt] s, **steamer** [ˈstimə(r)], **steamship** [ˈstimʃɪp] s parowiec m, statek parowy

steel [stil] **I** s stal f **II** adj stalowy; **~ engraving** staloryt m

steelworks [ˈstilwɜks] s stalownia f

steep [stɪp] adj stromy; urwisty

steer [ˈstɪə(r)] v sterować

steering-wheel [ˈstɪərɪŋ wil] s mot. kierownica f; mor. koło sterowe

stem [stem] s bot. pień m; łodyga f; szypułka f

stenography [stəˈnogrəfɪ] s stenografia f

step [step] **I** s 1. krok m; **to keep ~ with sb** dotrzymywać kroku komuś; **~ by ~** stopniowo; **to take ~s to ...** przedsięwziąć kroki, aby ...; **mind ⟨watch⟩ your ~!** uważaj!; bądź ostrożny! 2. (in dancing) takt m; tempo n;

in ⟨out of⟩ ~ w takt ⟨nie
w takt⟩ muzyki 3. (*in a
staircase*) schodek *m*; stopień *m* II *v* kroczyć; stąpać; to ~ aside odsunąć się
na bok; to ~ back cofnąć
się; to ~ forward wystą-
pić naprzód; to ~ in wchodzić ⟨wstąpić⟩ (do sklepu
itd.); to ~ off zejść
step-daughter ['step dɔtə(r)]
s pasierbica *f*
step-brother ['step brʌðə(r)] s
brat przyrodni
step-father ['step faðə(r)] s
ojczym *m*
step-ladder ['step lædə(r)] s
składana drabinka
step-mother ['step mʌðə(r)] s
macocha *f*
step-sister ['step sıstə(r)] s
siostra *f* przyrodnia
step-son [step sʌn] s pasierb
m
stereo ['stıərıəu], **stereophonic**
['stıərıə'fonık] *adj* (*of an
equipment, radio etc.*) ste-
reofoniczny (zestaw, radio
itd.)
sterile ['sterail] *adj* bezpłod-
ny; jałowy; sterylny
sterilize ['sterḷaız] *v* sterylizować; wyjaławiać
stern [stɜn] *adj* surowy; srogi
stew [stju] I s *kulin.* rodzaj
m potrawki z mięsa lub jarzyn II *v* dusić (potrawę);
gotować
steward ['stjuəd] s zarządca
m; (*on a ship, a plane*)
steward *m*
stewardess ['stjuə'des] s stewardesa *f*
stick [stık] I *v* (**stuck** [stʌk],
stuck) wetknąć; wbić; wsadzić; przylepić (się); u/t-
kwić; trzymać się (to sth
przy czymś); ~ to it! bądź
wytrwały!; nie zrażaj się!;
to ~ out wystawać; ster-
czeć; to ~ together trzymać
się razem; to get stuck u-

grzęznąć; utkwić II s pał-
ka *f*; laska *f*; kij *m*; **walk-
ing** ~ laska *f*
sticking-plaster ['stıkıŋ plɑ-
stə(r)] s przylepiec *m*
sticky ['stıkı] *adj* lepki; klei-
sty
stiff [stıf] *adj* 1. sztywny;
twardy; **to get** ⟨**to grow, to
become**⟩ ~ zesztywnieć 2.
(*of behaviour*) oficjalny;
zimny 3. (*of a person*) u-
party
stiffen ['stıfn] *v* usztywniać;
zesztywnieć
stifle ['staıfl] *v* dusić; gasić;
tłumić
still [stıl] I *adj* 1. nieruchomy; **to be** ~ nie poruszać
się; **to stand** ~ stanąć;
~-**life** martwa natura 2.
(*silent*) cichy; milczący II
v uspokajać ⟨uciszać⟩ (się)
III *adv* jeszcze; wciąż; do
tej pory IV *conj* mimo to;
jednak(że); przecież
stimulant ['stımjulənt] I *adj*
pobudzający II s bodziec *m*;
podnieta *f*; środek pobudzający
stimulate ['stımjuleıt] *v* pobudzać; podniecać
sting [stıŋ] I s żądło *n*;
(*wound*) ukłucie *n*; *pot.*
ukąszenie *n* (owada) II *v*
(**stung** [stʌŋ], **stung**) (u)-
kłuć; (po)parzyć; (*of a person*) docinać (sb komuś)
stingy ['stıŋgı] *adj* skąpy
stink [stıŋk] *v* (**stunk** [stʌŋk],
stunk) cuchnąć; śmierdzieć
(of sth czymś)
stir [stɜ(r)] I *v* poruszać; za-
mieszać (herbatę itp.); (*excite*) podniecać II s podniecenie *n*; (*movement*) ruch
m; krzątanina *f*
stitch [stıtʃ] I s ścieg *m*; (*in
knitting*) oczko *n*; (*acute
pain*) ostry ból II *v* szyć
stoat [stəut] *v* (za)cerować
artystycznie
stock [stok] I s 1. pień *m* 2.
(*family*) ród *m* 3. (*store*)

zapas *m* (towaru); zasób *m* (wiadomości); żywy inwentarz; **to have in** ~ mieć na składzie; **out of** ~ wyprzedany; **to take** ~ spisywać ⟨robić⟩ inwentarz II *v* gromadzić; magazynować; robić zapasy

stock-breeder ['stok bridə(r)], **stock-farmer** ['stok fɑmə(r)] *s* hodowca *m* bydła

stock-cube ['stok kjub] *s kulin.* kostka rosołowa ⟨bulionowa⟩

stocking ['stokɪŋ] *s* pończocha *f*

stock-taking ['stok teɪkɪŋ] *s* sporządzenie *n* inwentarza; remanent *m*; ~ sale wyprzedaż poremanentowa

stole, stolen *zob.* **steal**

stomach ['stʌmək] I *s* żołądek *m* II *v przen.* znieść ⟨przełknąć⟩ (obrazę itp.)

stomach-ache ['stʌmək eɪk] *s* ból *m* brzucha

stone [stəun] *s* kamień *m*; *bot.* pestka *f* (owocu); (*measure*) kamień *m* (6.348 kg)

stone-deaf ['stəun'def] *adj* zupełnie głuchy, głuchy jak pień

stony ['stəunɪ] *adj* kamienisty; *przen.* kamienny

stood *zob.* **stand** *v*

stool [stul] *s* taboret *m*; stołek *m*

stoop [stup] *v* schylać się; garbić (się); *przen.* poniżać ⟨zniżać⟩ się (**to sth** do czegoś)

stop [stop] I *v* 1. zatykać; zagradzać; tamować; wstrzymywać; zatrzymać (sie); przestać (**doing sth** robić coś); „**road** ~**ped**" objazd *m*; **to** ~ **payment** zawieszać wypłaty; **to** ~ **dead** zatrzymać się w miejscu; ~ **a moment!** zaczekaj chwilkę!; „**No** ~**ping!**" zakaz *m* zatrzymywania się 2. *dent.* plombować 3. (*put an end*) kończyć (z czymś) II *s* 1.

zatrzymanie *n*; przerwa *f*; **to bring to a** ~ zatrzymać, położyć kres (**sth** czemuś); **to come to a** ~ stanąć 2. (*for buses etc.*) przystanek *m*; **full** ~ kropka *f* 3. (*in camera*) blenda *f*; przesłona *f*

stop-light ['stop laɪt] *s mot.* światło *n* hamowania

stop-over ['stop əuvə] *s* przerwa *f* w podróży

stopper ['stopə(r)] *s* zatyczka *f*; korek *m*

stopping ['stopɪŋ] *s* plomba *f*

stop-press ['stop'pres] *attr* ~ **news** wiadomości z ostatniej chwili

stop-watch ['stop wotʃ] *s* stoper *m* •

storage ['storɪdʒ] *s* 1. przechowywanie *n*; magazynowanie *n*; **cold** ~ trzymanie *n* w chłodni 2. (*cost*) składowe *n* (opłata)

store [sto(r)] I *s* 1. zapas *m*; **a good** ~ **of sth** wielki zapas czegoś; **in** ~ w zapasie; **to have sth in** ~ **for sb** mieć coś (przygotowane) dla kogoś 2. (*store-house*) skład *m*; magazyn *m* 3. *am.* sklep *m*; *pl* ~**s** dom towarowy; sklep wielobranżowy; **co-operative** ~**s** spółdzielnia *f* II *v* gromadzić; magazynować; przechowywać

store-house ['sto haus] *s* magazyn *m*; skład *m*

store-keeper ['sto kipə(r)] *s* magazynier *m*; *am.* kupiec *m*

storey, story ['storɪ] *s* piętro *n*

stork [stok] *s* bocian *m*

storm [stom] I *s* burza *f*; **a rain** ~ ulewa *f*; **a wind** ~ huragan *m*; *przen.* ~**s of applause** huraganowe oklaski II *v* (*of rain*) szaleć; (*of a person*) awanturować ⟨wściekać⟩ się

stormy ['stomɪ] *adj* burzowy; ~ **weather** słota *f*

story ¹ [`storɪ] s historia f;
opowiadanie n; **short ~** nowela f
story ² zob. **storey**
stout [staʊt] adj (robust) solidnie zbudowany; tęgi;
(brave) dzielny
stove [stəʊv] s piec m
stow [stəʊ] v ładować; pakować
stowaway [`stəʊəweɪ] s (on a
ship) pasażer m na gapę
straight [streɪt] I adj 1. prosty 2. (of hair) gładki 3.
(honest) uczciwy; szczery;
to put ~ uporządkować;
załagodzić (nieporozumienie); naprostować (coś) II
adv 1. prosto; **~ away** natychmiast; **~ off** z miejsca;
od razu; **to go ~ on** iść
⟨jechać⟩ prosto 2. (honestly) uczciwie; szczerze; **~
out** bez ogródek; prosto z
mostu
straighten [`streɪtn] v (wy)-
prostować (się); (także to ~
up) (u)porządkować
straightforward [streɪt`fɔwəd]
adj prosty; bezpośredni; (of
a person) prostolinijny;
uczciwy; szczery
strain [streɪn] I v naprężać;
napinać; natężać (one's eyes
wzrok); wysilać (się); (overtire) przemęczać (się); wytężać się; (endeavour) silnie dążyć (after sth do czegoś); (pass through) prze/cedzić; od/cedzić II s napięcie n; wysiłek m
strainer [`streɪnə(r)] s sitko
n; cedzak m
strait [streɪt] I adj wąski II s
(także pl ~s) cieśnina f
strange [streɪndʒ] adj obcy;
(queer) dziwny; osobliwy
stranger [`streɪndʒə(r)] s obcy
człowiek; nieznajomy m; a
perfect ~ człowiek zupełnie obcy
strangle [`stræŋgl] v u/dusić
strap [stræp] I s rzemień m;
rzemyk m; pasek m; ra-

miączko n II v przymocować rzemieniem ⟨rzemykiem⟩; przepasać
strategic [strə`tidʒɪk] adj strategiczny
strategy [`strætɪdʒɪ] s strategia f
straw [strɔ] s słoma f; słomka f (do picia); źdźbło n;
~ mattress siennik m;
przen. **I don't care a ~** nic
mnie to nie obchodzi; wszystko mi jedno
strawberry [`strɔbrɪ] s truskawka f; **wild ~** poziomka
f
stray [streɪ] I v błąkać się;
za/błądzić II adj zabłąkany;
oderwany
streak [strik] s pasek m; smuga f; pasmo n
stream [strim] I s 1. potok
m; strumień m; struga f
(wody); przen. **a ~ of people** potok ludzi; **in ~s** potokami 2. (current) prąd m;
nurt m II v płynąć; (of an
umbrella etc.) ociekać
streamline [`strimlaɪn] s linia
opływowa
street [strit] I s ulica f; **in
the ~** na ulicy; **the man in
the ~** szary człowiek II adj
uliczny
street-car [`strit kɑ(r)] s am.
tramwaj m
street-guide [`strit gaɪd] s
spis m ulic
strength [streŋθ] s siła f;
moc f; wytrzymałość f
strengthen [`streŋθən] v wzmacniać; dodawać sił (sb komuś
strenuous [`strenjʊəs] adj męczący; (of an effort) wytężony
stress [stres] I s 1. nacisk m;
siła f; **to lay ~ on sth** kłaść
nacisk na coś 2. fonet.
akcent m II v podkreślić;
akcentować; kłaść nacisk
stretch [stretʃ] I v napinać;
naprężać; (extend) rozciągać (się); rozprostować (no-

gi itp.) **II** s **1.** rozciągnięcie
n; (*spread*) rozpiętość f;
(*elasticity*) elastyczność f **2.**
(*lapse of time*) przeciąg m
(czasu); at a ~ bez przerwy; jednym ciągiem **3.**
(*extent of land*) obszar m;
odcinek m (drogi)
stretcher [`stretʃə(r)] s nosze
pl
stretcher-bearer [`stretʃə beə-
rə(r)] s sanitariusz m
strew [stru] v (**strewed**
[strud], **strewn** [strun]) rozrzucać; rozsypywać
strict [`strıkt] adj ścisły; dokładny; (*stern*) surowy; wymagający
strike [straık] **I** v (**struck**
[strʌk], **struck**) **1.** uderzać;
zadawać (a blow at sb, sth
cioś komuś, czemuś); bić;
walić; **to** ~ **down** powalić;
to ~ **sails** zwinąć żagle; **to**
~ **the tent** zwinąć namiot
2. (*of clock*) wybijać (godziny) **3.** (*a match*) zapalać
(zapałkę) **II** s strajk m; **to
be on** ~ strajkować
striking [`straıkıŋ] adj uderzający; zastanawiający;
imponujący
string [strıŋ] **I** s sznur(ek) m;
(*ribbon*) tasiemka f; żyłka
f; (*lace*) sznurowadło n;
muz. struna f **II** v (**strung**
[strʌŋ], **strung**) zawiązywać;
(*thread*) nawlekać **III** adj
smyczkowy (instrument)
string-bean [`strıŋ bin] s fasola szparagowa
stringy [`strıŋgı] adj włóknisty; żylasty
strip [strıp] v obnażać; rozbierać; (*deprive*) pozbawiać
(sb, sth of sth kogoś, coś
czegoś); *pot.* obdzierać; złupić
stripe [straıp] s pas m; pręga f
striped [straıpt] adj pasiasty;
w pasy
stripper [`strıpə(r)] s strip-
tizerka f

strip-tease [`strıp`tiz] s strip-
-tease m
strive [straıv] v (**strove**
[strəuv], **striven** [`strıvn]) usiłować; starać się; dążyć
(**for** ⟨**after**⟩ sth do czegoś)
stroke [strəuk] s **1.** uderzenie
n; **at one** ~ za jednym zamachem **2.** (*motion*) styl
pływacki **3.** (*flash*) przebłysk m (geniuszu); **a** ~ **of
luck** uśmiech m szczęścia **4.**
(*mark*) dotknięcie n ⟨pociągnięcie n⟩ (pędzlem) **5.**
(*sound*) uderzenie n (zegara); **on the** ~ punktualnie
6. *med.* atak m apopleksji
7. *mot.* suw m (tłoka)
stroll [strəul] **I** v przechadzać
się; spacerować **II** s przechadzka f; **to go for a** ~
przejść się
strong [strɒŋ] adj silny; mocny; (*of a person*) silnie zbudowany; (*of a drink*) alkoholowy; (*of words*) dosadny
strong-box [`strɒŋ boks] s sejf
m
strove zob. **strive**
struck zob. **strike** v
structure [`strʌktʃə(r)] s budowa f; struktura f; (*building*) budowla f
struggle [`strʌgl] **I** v walczyć;
borykać się; zmagać się;
usiłować (**to do sth** coś zrobić) **II** s walka f; zmaganie
n się
strung zob. **string** v
stubborn [`stʌbən] adj uparty; oporny; (*of a disease
etc.*) uporczywy
stuck zob. **stick** v
stud [stʌd] s spinka f; re-
flector ~s światełka odblaskowe wzdłuż pobocza drogi
stud [stʌd] s stadnina f
student [`stjudnt] s student
m, studentka f
studio [`stjudıəu] s studio n;
atelier n; pracownia f (artysty)

studious [ˈstjudɪəs] *adj* pilny; pracowity

study [ˈstʌdɪ] I *v* studiować; uczyć się; (*investigate*) badać II *s* nauka *f*; (*investigation*) badanie *n*; (*room*) gabinet *m* (do pracy); studium *n* (malarskie); (*for practice*) etiuda *f*; ćwiczenie *n*

stuff [stʌf] I *v* wypychać; faszerować; *pot.* nabijać głowę; zatykać (**one's ears, nose** sobie uszy, nos); **to ~ oneself** obżerać się II *s* materiał *m*; tworzywo *n*; towar *m*; **food ~s** artykuły żywnościowe; **green ~** warzywa *pl*; **~!** bzdury!

stuffing [ˈstʌfɪŋ] *s* wyściełanie *n* (mebli itp.); wypychanie *n* (zwierzęcia); *kulin.* nadzienie *n*; farsz *m*

stuffy [ˈstʌfɪ] *adj* nie wietrzony; duszny

stumble [ˈstʌmbl] I *v* potykać się; (*stammer*) jąkać się II *s* potknięcie *n*; błąd *m*

stung *zob.* **sting** *v*

stunk *zob.* **stink**

stupefy [ˈstjupɪfaɪ] *v* ogłupiać; oszałamiać; **to be stupefied** zgłupieć

stupendous [stjuˈpendəs] *adj* zdumiewający; niesłychany

stupid [ˈstjupɪd] *adj* (*of a person*) głupi; tępy; (*of a deed*) bezsensowny

stupidity [stjuˈpɪdɪtɪ] *s* głupota *f*; idiotyzm *m*; **it's sheer ~!** to jest kompletny nonsens!

sturdy [ˈstɜdɪ] *adj* silny, mocny; krzepki

sturgeon [ˈstɜdʒən] *s* jesiotr *m*

stutter [ˈstʌtə(r)] I *v* jąkać się II *s* jąkanie się *n*

sty [staɪ] *s* chlew *m*

style [staɪl] *s* 1. styl *m*; maniera *f*; fason *m* 2. (*good taste*) wytworność; elegancja *f*; **in great ~** w wielkim stylu; **something in**

that ~ coś w tym guście 3. (*pattern*) wzór *m*

stylish [ˈstaɪlɪʃ] *adj* szykowny; wytworny; modny

subconsciousness [ˈsʌbˈkɒnʃəsnəs] *s* podświadomość *f*

subcutaneous [ˈsʌbkjuˈteɪnɪəs] *adj* podskórny (zastrzyk itd.)

subdue [səbˈdju] *v* podbijać; (*fire etc.*) opanowywać (pożar itp.); (*mitigate*) osłabiać; przytłumiać

subject [ˈsʌbdʒɪkt] I *adj* podległy; **to be ~ to sth** podlegać czemuś; być skłonnym do czegoś ⟨podatnym na coś⟩ II *adv* **~ to ...** pod warunkiem ...; z zastrzeżeniem ... III *s* 1. podmiot *m* 2. (*person*) poddany *m* 3. (*thing*) przedmiot *m* 4. (*theme*) temat *m*; **on the ~ of ...** na temat ...

sublime [səˈblaɪm] *adj* wzniosły; podniosły

submarine [ˈsʌbməˈrin] I *adj* podwodny II *s* łódź podwodna

submerge [səbˈmɜdʒ] *v* zatapiać; zanurzać (się)

submissive [səbˈmɪsɪv] *adj* uległy; posłuszny

submit [səbˈmɪt] *v* przedłożyć; poddawać pod rozwagę; **to ~ oneself to sb, sth** poddać się komuś, czemuś

subordinate [səˈbɔdɪnət] I *s* podwładny *m* II *adj* podwładny; podległy; zależny; (*of minor importance*) podrzędny III *v* [səˈbɔdɪneɪt] podporządkowywać; uzależniać

subscribe [səbˈskraɪb] *v* 1. podpisywać (dokument) 2. (*contribute*) złożyć (**a sum to a charity** pewną sumę na cel dobroczynny) 3. (*take in*) zaprenumerować (**to a magazine** pismo); **~ for a book** subskrybować książkę

subscriber [səbˈskraɪbə(r)] *s* prenumerator *m*; abonent

m; telephone ~ abonent *m* telefonu
subscription [səb'skrıpʃn] s 1. podpis *m* 2. *(fee)* składka *f* 3. ~ to a newspaper prenumerata *f* gazety; ~ for a book subskrypcja *f* książki
subside [səb'saıd] *v (of water)* opaść; *(of land)* zapaść się; *(of wind, passion etc.)* osłabnąć; uciszyć się
subsidy ['sʌbsıdı] s subwencja *f*
subsist [səb'sıst] *v* istnieć; egzystować; żyć (on sth z czegoś)
substance ['sʌbstəns] s 1. istota *f*; treść *f*; in ~ w istocie 2. *(property)* majątek *m*; a man of ~ człowiek zamożny 3. *(material)* substancja *f*
substantial [səb'stænʃl] I *adj* konkretny; istotny; ważny; *(well-to-do)* zamożny; *(actually existing)* rzeczywisty; *(of meal)* obfity II s *(pl)* the ~s rzeczy istotne
substantive [səb'stæntıv] s *gram.* rzeczownik *m*
substitute ['sʌbstıtjut] I s 1. *(person)* zastępca *m*; as a ~ for sb w czyimś zastępstwie 2. *(thing)* środek zastępczy; namiastka *f* II *v* zastępować (sth for sth coś czymś); pełnić funkcje w zastępstwie
subtract [səb'trækt] *v* odejmować
suburb ['sʌbɜb] s przedmieście *n*; pl ~s peryferie *pl*
suburban [sə'bɜbən] *adj* podmiejski
subvention [sʌb'venʃn] s subwencja *f*
subway ['sʌbweı] s przejście podziemne; *am.* kolej podziemna, metro *n*
succeed [sək'sid] *v* następować (sb, sth po kimś, czymś); *(inherit)* odziedziczyć (to a title tytuł); *(be*

successful) doznać powodzenia ⟨odnieść sukces⟩ (in doing sth w czymś); *(of a plan etc.)* udać ⟨powieść⟩ się
succeeding [sək'sidıŋ] *adj* następujący; kolejny
success [sək'ses] s powodzenie *n*; dobry wynik; pomyślność *f*; szczęście *n*; without ~ bezskutecznie; to be a ~ mieć powodzenie; odnieść sukces
successful [sək'sesfl] *adj* pomyślny; szczęśliwy; uwieńczony powodzeniem
succession [sək'seʃn] s następstwo *n*; kolejność *f*; ciąg *m*; szereg *m*; in ~ z rzędu; po kolei; in quick ~ raz za razem
successive [sək'sesıv] *adj* kolejny
successor [sək'sesə(r)] s następca *m*; spadkobierca *m*
such [sʌtʃ] I *adj* taki; podobny II *pron* taki; ten; as ~ jako taki
suck [sʌk] *v* ssać; *(of a whirlpool)* wciągać
suction ['sʌkʃn] s *techn.* ssanie *n*
sudden ['sʌdn] I *adj* nagły; nieoczekiwany II s: all of a ~ nagle; wtem
suddenly ['sʌdnlı] *adj* nagle; niespodziewanie; naraz; wtem
suede [sweıd] I s zamsz *m* II *adj* zamszowy
suffer ['sʌfə(r)] *v* cierpieć; *(bear)* znosić; tolerować; *(be ill)* cierpieć (from sth na coś)
suffering ['sʌfrıŋ] s cierpienie *n*; ból *m*
sufficient [sə'fıʃnt] *adj* dostateczny; wystarczający
suffix ['sʌfıks] s *gram.* przyrostek *m*
suffocate ['sʌfəkeıt] *v* dusić; udusić (się)
sugar ['ʃugə(r)] I s cukier *m* II *v* pocukrzyć; (po)słodzić

sugar-bowl ['ʃugə bəul] s cu-
kierniczka f
suggest [sə'dʒest] v sugero-
wać; podsuwać myśl; (pro-
pose) proponować
suggestion [sə'dʒestʃən] s propozycja f; sugestia f
suicide ['suɪsaɪd] s samobójstwo n; samobójca m
suit [sut] I v dostosowywać;
(satisfy) odpowiadać (sb, sth
komuś, czemuś); nadewać
się; zadowalać; (of a climate etc.) służyć (sb ko-
muś); (match) być dobra-
nym; być do twarzy (sb komuś); pasować (sth do czegoś); być stosownym (sb dla
kogoś) II s ubranie męskie;
garnitur m; (for a lady)
kostium damski; (in sport)
kostium (kąpielowy, gim-
nastyczny itd.); karc. kolor
m
suitable ['sutəbl] adj odpowiedni; należyty; it is not
~ for me to ... nie wypada
mi ...
suitcase ['sutkeɪs] s walizka f
suite [swit] s 1. orszak m,
świta f 2. (apartment) szereg m (pokoi); ~ of rooms
apartament pl; amfilada f
pokoi ⟨sal⟩
suited ['sutɪd] adj odpowiedni; stosowny
suiting ['sutɪŋ] s materiał u-
braniowy
sullen ['sʌlən] adj ponury
sulphur ['sʌlfə(r)] s siarka f
sultry ['sʌltrɪ] adj parny;
duszny; it is ~ jest duszno
sum [sʌm] I s suma f;(amount
of money) kwota f II v dodawać; to ~ up sumować
summarize ['sʌmɾaɪz] v (z)re-
asumować; streszczać
summary ['sʌmɾɪ] I adj krótki; pobieżny II s streszczenie n; wyciąg m
summer ['sʌmə(r)] s lato n;
in ~ latem; Indian ~ ba-
bie lato; ~ school kurs wa-
kacyjny

summer-house ['sʌmə haus] s
altana f
summertime ['sʌmətaɪm] s pora letnia
summit ['sʌmɪt] s wierzchołek m; szczyt m; ~ talks
⟨meeting⟩ konferencja f na
szczycie ⟨szefów rządów⟩
summon ['sʌmən] v zawezwać;
zwoływać
summons ['sʌmənz] s wezwanie n; nakaz m stawien-
nictwa
sump [sʌmp] s mot. miska o-
lejowa
sumptuous ['sʌmptʃuəs] adj
wspaniały; okazały; urzą-
dzony z przepychem
sun [sʌn] s słońce n
sun-bath ['sʌn baθ] s kąpiel
słoneczna
sun-bathe ['sʌn beɪð] v zaży-
wać kąpieli słonecznej
sunblind ['sʌnblaɪnd] s roleta ⟨stora⟩ przeciwsłoneczna
sunburnt ['sʌnbɜnt] adj opalony
Sunday ['sʌndɪ] s niedziela f;
~ driver słaby kierowca;
~ best odświętne ubranie
sun-dial ['sʌn daɪl] s zegar
słoneczny
sunflower ['sʌnflauə(r)] s słonecznik m
sung zob. sing
sun-glasses ['sʌn glɑsɪz] pl
okulary słoneczne
sunk zob. sink v
sunken zob. sink v; adj za-
topiony; (of eyes etc.) za-
padnięty
sun-lamp ['sʌn læmp] s lampa kwarcowa
sunlight ['sʌnlaɪt] s blask m
słońca
sunlit ['sʌnlɪt] adj słoneczny;
nasłoneczniony
sun-lounge ['sʌn laundʒ] =sun-
-parlour ['sʌn pɑlə(r)] s weranda f (oszklona)
sunny ['sʌnɪ] adj słoneczny
sunrise ['sʌnraɪz] s wschód m
słońca; świt m; at ~ o świ-
cie

sun-roof ['sʌnruf] s odsuwany dach samochodu
sunset ['sʌnset] s zachód m słońca; at ~ o zachodzie słońca
sunshade ['sʌnʃeɪd] s parasolka f
sunshine ['sʌnʃaɪn] s światło słoneczne
sunstroke ['sʌnstrəʊk] s porażenie słoneczne
sun-tan ['sʌn tæn] s opalenizna f
superb [su'pɜb] adj wspaniały; doskonały
superficial ['supə'fɪʃl] adj powierzchowny; pobieżny
superfluous [su'pɜfluəs] adj zbyteczny; zbędny; (będący) w nadmiarze
superhighway ['supə'haɪweɪ] s autostrada f
superhuman ['supə'hjumən] adj nadludzki
superior [sə'pɪərɪə(r)] I adj wyższy; przewyższający; górujący; wojsk. starszy rangą; (better) lepszy; (of quality) pierwszorzędny II s zwierzchnik m; przełożony m
superiority [sə'pɪərɪ'orətɪ] s wyższość f; przewaga f; starszeństwo n
superlative [su'pɜlətɪv] I adj najwyższy; wspaniały II s gram. stopień najwyższy; (expression of esteem) wyraz najwyższego uznania
supermarket ['supəmɑkɪt] s samoobsługowy sklep z artykułami spożywczymi i gospodarstwa domowego
superstition ['supə'stɪʃn] s przesąd m; zabobon m
superstitious ['supə'stɪʃəs] adj przesądny; zabobonny
supervise ['supəvaɪz] v dozorować; doglądać; kierować (sth czymś)
supervision ['supə'vɪʒn] s dozorowanie n; kontrola f
supper ['sʌpə(r)] s kolacja f
supplement ['sʌplɪmənt] I s

dodatek m; uzupełnienie n II v ['sʌplɪment] uzupełniać
supplier [sə'plaɪə(r)] s dostawca m
supply [sə'plaɪ] I v dostarczać; zaopatrywać (with sth w coś); (supplement) uzupełniać II s dostawa f; zaopatrzenie n; (store) zapas m; pl supplies handl. artykuły pl
support [sə'pɔt] I v podtrzymywać; wspierać; (encourage) dodawać otuchy; popierać; (keep up) utrzymywać (rodzinę itp.) II s podpora f; (protection) poparcie n; pomoc f; wsparcie n
supporter [sə'pɔtə(r)] s stronnik m
suppose [sə'pəʊz] v przypuszczać; zakładać (that ... że ...); sądzić; he is ~d to be ... przypuszcza się, że on jest ...; who is ~d to do it? kto ma to zrobić?; you are ~d to know it powinieneś to wiedzieć; supposing he failed to come ... przypuśćmy, że on nie przyjdzie ...
supposed [sə'pəʊzd] adj rzekomy; domniemany
supposition ['sʌpə'zɪʃn] s przypuszczenie n; on the ~ that ... przypuszczając, że ...
suppository [sə'pozɪtrɪ] s farm. czopek m
surcharge ['sɜtʃɑdʒ] s dopłata f; elektr. przeciążenie n
sure [ʃʊə(r)] I adj 1. pewny; to be ~ of sth być pewnym czegoś; to make ~ of sth upewniać się o czymś; he is ~ to come on na pewno przyjdzie; to be ~ wprawdzie; co prawda; for ~ na pewno 2. (reliable) niezawodny 3. (safe) bezpieczny II adv pewnie; na pewno; ~ enough z pewnością
surely ['ʃʊəlɪ] adv pewnie; z pewnością; chyba
surf [sɜf] s fale przybrzeżne

surface ['sɜfɪs] s powierzchnia
f; on the ~ na zewnątrz;
pozornie
surfing ['sɜfɪŋ] s sport. surfing m
surgeon ['sɜdʒən] s chirurg m
surgeon-dentist ['sɜdʒən den-
tɪst] s lekarz dentysta m
surgery ['sɜdʒərɪ] s 1. chirurgia f 2. (a room) gabinet
lekarski ⟨dentystyczny⟩; ~
hours godziny pl przyjęć
(u lekarza, dentysty)
surgical ['sɜdʒɪkl] adj chirurgiczny
surly ['sɜlɪ] adj gburowaty;
zgryźliwy
surname ['sɜneɪm] s nazwisko
n; (nickname) przydomek
m
surpass [sə'pɑs] v przewyższać;
prześcigać
surplus ['sɜpləs] s nadwyżka f;
~ production nadproduk-
cja f
surprise [sə'praɪz] I v zaskoczyć; zdziwić: to be ~ed at
sb, sth dziwić się komuś,
czemuś II s niespodzianka
f; zaskoczenie n; by ~ niespodziewanie; to give sb a
~ sprawić komuś niespo-
dziankę; to take sb by ~
zaskoczyć kogoś
surprising [sə'praɪzɪŋ] adj zadziwiający; zaskakujący;
nieprawdopodobny
surrender [sə'rendə(r)] I v
poddać się; ustąpić II s
poddanie się n; ustąpienie
n
surround [sə'raʊnd] I v otaczać; opasywać II s obra-
mowanie n; oparkanienie n
surroundings [sə'raʊndɪŋz] plt
otoczenie n; okolica f; środowisko n
survey [sɜ'veɪ] I v obserwować; przeglądać; przepro-
wadzać inspekcję II s
['sɜveɪ] przegląd m; inspekcja f; mot. guarantee ~
przegląd gwarancyjny ⟨w

ramach gwarancji⟩; perio-
dical ~ przegląd okresowy;
technical ~ przegląd te-
chniczny
survive [sə'vaɪv] v przeżyć
(kogoś, coś); przetrwać; u-
trzymywać się przy życiu
susceptible [sə'septəbl] adj
wrażliwy; czuły (to sth na
coś)
suspect [sə'spekt] I v podejrzewać (kogoś, coś) II adj
['sʌspekt] podejrzany
suspend [sə'spend] v zawieszać; odraczać
suspender [sə'spendə(r)] s podwiązka f
suspension [sə'spenʃn] s zawieszenie n; odroczenie n;
~ bridge most wiszący; ~
of payment zawieszenie płatności; ~ of licence ode-
branie n prawa jazdy
suspicion [sə'spɪʃn] s podejrzenie n; without ~ nic nie
podejrzewając
suspicious [sə'spɪʃəs] adj podejrzany; (suspecting) po-
dejrzliwy; nieufny
suture ['suʧə(r)] s szew m
(chirurgiczny)
swallow¹ ['swoləʊ] s jaskółka
f
swallow² ['swoləʊ] I v połykać; pochłaniać II s łyk m;
haust m
swam zob. swim v
swamp [swomp] s bagno n;
moczary pl
swan [swon] s łabędź m
swarm [swom] I v roić się;
tłoczyć się II s rój m
swarthy ['swoðɪ] adj śniady;
smagły; ciemny
sway [sweɪ] I v chwiać się;
kołysać się; (exercise influence) wywierać wpływ II
s kołysanie n się; (rule)
władza f
swear [sweə(r)] v (swore
[swo(r)], sworn [swon]) przysięgać; (curse) kląć; przeklinać
swearing ['sweərɪŋ] s przysię-

ga *f*; (*curse*) przekleństwo
n
sweat [swet] **I** *v* pocić się **II**
s pot *m*; **wet with** ~ zlany
potem
sweater [ˈswetə(r)] *s* sweter
m
Swede [swid] *s* Szwed *m*;
Szwedka *f*
Swedish [ˈswidɪʃ] *adj* szwedzki
sweep [ˈswip] **I** *v* (swept
[swept], **swept**) zamiatać;
to ~ **aside** odsunąć **II** *s* 1.
zamaszysty ruch (**of the
hand** ręki) 2. (*cleaning*) za-
miatanie *n*; **to give a room
a** ~ zamieść pokój
sweeper [ˈswipə(r)] *s* zamia-
tacz *m*
sweeping [ˈswipɪŋ] *adj* (*of
view*) rozległy; (*of gesture*)
zamaszysty
sweet [swit] **I** *adj* 1. słodki;
(*of wine*) deserowy; **I like
my tea** ~ lubię słodką herbatę; **to have a** ~ **tooth** lubić słodycze; **to taste** ~ być
słodkim 2. (*of a smell*) won-
ny; przyjemny 3. (*of a
voice*) melodyjny; miły 4.
(*of temper*) łagodny; miły;
to be ~ **en sb** być zakochanym w kimś **II** *s* cukierek *m*; *pl* ~s słodycze *pl*;
desery pl
sweeten [ˈswitn] *v* słodzić;
~ed tea osłodzona herbata
sweetheart [ˈswithɑt] *s* ukochany *m*; ukochana *f*;
(*fiancé*) narzeczony *m*;
(*fiancée*) narzeczona *f*
sweetmeats [ˈswitmits] *pl* słodycze *pl*
sweet-shop [ˈswit ʃop] *s* sklep
m ze słodyczami
swell [swel] **I** *v* (**swelled**
[sweld], **swollen** [ˈswolən])
puchnąć;   nabrzmiewać;
wzbierać; pęcznieć; wzdy-
mać (się); wydymać (się) **II**
s obrzęk *m*; (*smartly dress-
ed*) *pot.* elegant *m* **III** *adj*
pot. szykowny; elegancki;

am. pierwszorzędny; kapitalny
swerve [swɜv] *v* gwałtownie
skręcić
swim [swɪm] **I** *v* (**swam**
[swæm], **swum** [swʌm]) pływać; (*have a dizzy effect*)
zakręcić się przed oczami;
my head ~s w głowie mi
się kręci **II** *s* pływanie *n*;
to have ⟨**to go for**⟩ **a** ~ popływać sobie
swimmer [ˈswɪmə(r)] *s* pływak
m
swimming-trunks   [ˈswɪmɪŋ
trʌŋks] *s* kąpielówki *pl*
swimming-pool [ˈswɪmɪŋ pul]
s basen pływacki
swimsuit [ˈswɪmsut] *s* kostium kąpielowy
swindle [ˈswɪndl] **I** *v* oszukiwać **II** *s* oszustwo *n*
swindler [ˈswɪndlə(r)] *s* oszust
m
swine [swaɪn] *s* (*pl* **swine**)
świnia *f*
swing [swɪŋ] **I** *v* (**swung**
[swʌŋ], **swung**) kołysać się;
huśtać (się) **II** *s* kołysanie
n; (*for children*) huśtawka
f; **in full** ~ w pełnym toku
swirl [swɜl] **I** *v* wirować;
obracać się **II** *s* wir *m*
Swiss [swɪs] **I** *adj* szwajcarski **II** *s* Szwajcar *m*, Szwaj-
carka *f*; *pl* **the** ~ Szwajca-
rzy *pl*
switch [swɪtʃ] **I** *v* (*direct*)
skierować (**a train to a line
pociąg** na jakiś **tor**; **the
conversation to a subject**
rozmowę na jakiś temat);
to ~ **off** wyłączyć (prąd,
radio itp.); **to** ~ **on** włączyć
(prąd); **to** ~ **over** przełączyć ⟨przerzucić⟩ na inną
falę (w radiu) **II** *s* elektr.
wyłącznik *m*; przełącznik
m; *mot.* **ignition** ~ wyłącznik *m* zapłonu, stacyjka *f*
switchboard [ˈswɪtʃbɔd] *s* tablica rozdzielcza; pulpit
kontrolny
swollen [ˈswəulən] *zob.* **swell**

v; *adj* obrzmiały; spuchnię-
ty
swoon [swun] **I** *v* mdleć **II** *s*
zemdlenie *n*; omdlenie *n*;
to fall into a ~ zemdleć
sword [sɔd] *s* miecz *m*; szabla
f
swordsman [ˈsɔdzmən] *s sport.*
szablista *m*
swore *zob.* **swear**
sworn [swɔn] *zob.* **swear**
adj zaprzysiężony; przysięgły
swum *zob.* **swim** *v*
swung *zob.* **swing** *v*
syllable [ˈsıləbl] *s* zgłoska *f*;
sylaba *f*
symbol [ˈsımbl] *s* symbol *m*;
godło *n*
symbolic(al) [sımˈbolık(l)] *adj*
symboliczny
symbolize [ˈsımblạız] *v* sym
bolizować
symmetry [ˈsımıtrı] *s* syme-
tria *f*
sympathetic [ˌsımpəˈθetık] *adj*
współczujący; pełny zrozumienia
sympathize [ˈsımpəθạız] *v*
współczuć **(with sb komuś)**;
(unite) solidaryzować się
sympathy [ˈsımpəθı] *s* **1.** wzajemne zrozumienie **2.** *(compassion)* współczucie *n*; a
**letter of ~ list kondolen-
cyjny 3.** *(good will)* sympatia *f* **(for sb do kogoś); my
sympathies are with you jestem po twojej stronie**

symphony [ˈsımfənı] *s* symfonia *f*
symptom [ˈsımptəm] *s* objaw
m; symptom *m*
syndicate [ˈsındıkət] *s* syndy-
kat *m*; *(consortium)* kon-
sorcjum *m*
synonim [ˈsınənım] *s* synonim *m*
syntax [ˈsıntæks] *s* składnia *f*
Syrian [ˈsırıən] **I** *s* Syryjczyk
m, Syryjka *f* **II** *adj* sy-
ryjski
syringe [sıˈrındʒ] *s* strzykawka *f*
syrup [ˈsırəp] *s* syrop *m*
system [ˈsıstəm] *s* **1.** system
m; **braking ~ system
⟨układ⟩ hamulcowy; deci-
mal ~ system dziesiętny;
monetary ~ system pie-
niężny; sanitary ⟨sewerage⟩
~ instalacja kanalizacyjna;
wiring ~ instalacja elek-
tryczna 2.** *(method)* metoda *f* **3.** *(the body as a func-
tional whole)* organizm *m*
(of a man człowieka) **4.**
polit. ustrój *m* **5.** sieć *f* (kolejowa etc.)
systematic [ˌsıstəˈmætık] *adj*
systematyczny
system-building [ˈsıstəm bıl-
dıŋ] *s* budowanie *n* domów
z prefabrykatów
system-built [ˈsıstəm bılt] *adj*
zbudowany z prefabryka-
tów

T

table [teıbl] *s* **1.** stół *m*; stolik *m*; **bed-side ~ nocny
stolik; to book a ~ zarezerwować stolik; to take a ~
zająć stolik; to keep a good
~ prowadzić dobrą kuch-
nię; at ~ przy stole 2.** *(list)*
tablica *f*; tabela *f*; wykaz
m; **information ~ tablica**

informacyjna; **tourist route
~ tablica szlaku (turystycznego); ~ of contents** spis
m rzeczy ⟨treści⟩ (w książce)
table-cloth [ˈteıbl kloθ] *s*
obrus *m*
table-linen [ˈteıbl lının] *s*
bielizna stołowa

tablespoon ['teɪblspun] s łyżka stołowa
tablet ['tæblət] s tabliczka f; *farm.* tabletka f; aspirin ~ tabletka aspiryny
table-tennis ['teɪbl tenɪs] s tenis stołowy, ping-pong m
table-ware ['teɪbl weə(r)] s zastawa f; nakrycie stołowe
taboo [tə'bu] I s tabu n; świętość f II *adj* zakazany; nietykalny
taciturn ['tæsɪtɜn] *adj* milczący; małomówny
tack [tæk] s pluskiewka f; pinezka f; *(loose stitch)* fastryga f
tackle ['tækl] I v obchodzić się (sth z czymś); *(set to)* zabrać się (sth do czegoś) II s sprzęt m; przybory pl
tact [tækt] s takt m; wyczucie n; **to use** ~ postępować taktownie
tactful ['tæktfl] *adj* taktowny
tactical ['tæktɪkl] *adj* taktyczny
tactless ['tæktləs] *adj* nietaktowny
tag [tæg] s etykietka f
tail [teɪl] s ogon m; poła f (of dress coat fraka); **heads or** ~s? orzeł m czy reszka f?
tailor ['teɪlə(r)] s krawiec m
tailor-made ['teɪlə meɪd] *adj* szyty na miarę; a ~ costume kostium m (damski)
taint [teɪnt] I v plamić; *(infect)* skazić II s plama f; skaza f; *(spoiling)* zepsucie n; skażenie n
take [teɪk] v (**took** [tʊk], **taken** ['teɪkn]) **1.** brać; zabierać; **to** ~ **lessons** brać lekcje; uczyć się; **to** ~ **a seat** usiąść; **to** ~ **a picture** robić zdjęcie; **to** ~ **notes** notować; **to** ~ **a bath** kąpać się; **to** ~ **a tan** opalać się; **to** ~ **lodgings** zamieszkać; **to** ~ **a fancy to sb, sth** polubić kogoś, coś; **to** ~ **interest in...** zainteresować

się ... (kimś, czymś); **to** ~ **notice** ⟨**heed**⟩ uważać ⟨zważać⟩ (**of sth** na coś); **to** ~ **offence** obrazić się; **to** ~ **pains** ⟨**trouble**⟩ zadawać sobie trud; **to** ~ **pleasure in sth** znajdować przyjemność w czymś; z przyjemnością coś robić; **to** ~ **advantage of sth** s/korzystać ⟨zrobić użytek⟩ z czegoś; **it** ~**s time** to wymaga czasu **2.** *(book)* zarezerwować miejsce (in the theatre, plane etc. w teatrze, samolocie itp.) **3.** *(get)* zasięgnąć (**information, advice** etc. informacji, rady itp.) **4.** *(fetch)* zabierać ze sobą; zanosić; przyprowadzać kogoś ze sobą **5.** *(ride)* pojechać (**a taxi, the tram** etc. taksówką, tramwajem itp.) || **to** ~ **after sb** być podobnym do kogoś; **to** ~ **to sports, writing** etc. zacząć uprawiać sporty, zacząć pisać itd.; **to** ~ **to drink** rozpić się; **to** ~ **it easy** nie przemęczać się; **to** ~ **to sb, sth** upodobać sobie kogoś, coś; **to** ~ **over** przejąć; **to** ~ **round** oprowadzać (kogoś po czymś)
taken ['teɪkn] *zob.* **take** v; *adj* wzięty; zdobyty; zajęty (np. stolik); **to be** ~ **ill** zachorować
take off ['teɪk of] s start (samolotu)
tale [teɪl] s opowiadanie n; opowieść f
talent ['tælənt] s talent m; dar m
talisman ['tælɪzmən] s amulet m, talizman m
talk [tɔk] I v mówić; rozmawiać (**to** ⟨**with**⟩ **sb** z kimś); **to** ~ **nonsense** pleść głupstwa; **to** ~ **over** omówić II s **1.** rozmowa f; **to have a** ~ **with sb** porozmawiać sobie z kimś **2.** *(lecture)* pogadanka f; prelekcja f

talkative ['tɔkətɪv] *adj* rozmowny; gadatliwy
tall [tɔl] *adj* wysoki
tame [teɪm] I *v* oswajać; obłaskawiać; (*subdue*) poskramiać II *adj* oswojony; obłaskawiony; uległy
tameless ['teɪmləs] *adj* dziki; nieposkromiony
tan [tæn] I *v* 1. garbować (**leather** skórę) 2. (*become* sunburnt) opalać się II *s* 1. garbnik *m* 2. (*sunburnt* skin) ,opalenizna *f*; **to take a ~** opalić się
tandem ['tændəm] *s* tandem *m*
tangerine ['tændʒə'rin] *s* mandarynka *f*
tangle ['tæŋgl] I *v* plątać; wikłać; gmatwać II *s* plątanina *f*; (*complication*) powikłanie *n*
tango ['tæŋgəʊ] I *v* tańczyć tango II *s* tango *n*
tank [tæŋk] I *v* tankować II *s* zbiornik *m*; bak *m* (samochodu); cysterna *f*; *wojsk.* czołg *m*
tankard ['tæŋkəd] *s* kufel *m*
tanker ['tæŋkə(r)] *s* tankowiec *m*; cysterna *f*
tap ¹ [tæp] I *v* stukać (**at the door** do drzwi) II *s* stukanie *n*
tap ² [tæp] *s* kran *m*; kurek *m*
tape [teɪp] *s* 1. taśma *f*; tasiemka *f*; **adhesive ~** przylepiec *m*; **insulating ~** taśma izolacyjna; **magnetic ~** taśma magnetofonowa; **red ~** biurokracja *f* 2. (*string*) sznurek *m*
tape-measure ['teɪp meʒə(r)] *s* centymetr *m* (krawiecki)
taper ['teɪpə(r)] *v* zwężać się ku końcowi; kończyć się spiczasto
tape-recorder ['teɪp rɪkɔdə(r)] *s* magnetofon *m*
tape-recording ['teɪp rɪkɔdɪŋ] *s* nagrywanie *n* na taśmę

tapering ['teɪprɪŋ] *adj* zwężający się; spiczasty
tapestry ['tæpɪstrɪ] *s* gobelin(y)
tapeworm ['teɪpwɜm] *s med.* tasiemiec *m*
tar [tɑ(r)] I *s* pokrywać smołą II *s* smoła *f*
target ['tɑgɪt] *s* tarcza *f* (strzelnicza); (*aim*) cel *m* (do strzelania, dążeń itp.); obiekt *m*
tariff ['tærɪf] *s* taryfa *f*; cennik *m*; (*customs dues*) taryfa celna
tarpaulin [tɑ'pɔlɪn] *s* brezent *m*; płótno nieprzemakalne; plandeka *f*
tart ¹ [tɑt] *s* placek *m*; ciastko *n*
tart ² [tɑt] *adj* (*of taste*) cierpki; (*of remark*) zgryźliwy
task [tɑsk] *s* zadanie *n*; *szk.* zadana praca ⟨lekcja⟩
task-work ['tɑsk wɜk] *s* praca akordowa
taste [teɪst] I *v* smakować; kosztować (sth czegoś); (*feel the flavour*) czuć smak II *s* 1. smak *m* 2. (*liking*) zamiłowanie *n*; pociąg *m* (**for** sth do czegoś) 3. (*judgement in questions of beauty and manners*) gust *m*; **to be in good** ⟨**bad**⟩ **~** być w dobrym ⟨złym⟩ guście
tasteful ['teɪstfl] *adj* gustowny; w dobrym guście
tasteless ['teɪstləs] *adj* bez smaku; (*lacking good taste*) bez gustu; niegustowny
tasty ['teɪstɪ] *adj* smakowity; smaczny
tattoo [tə'tu] I *v* tatuować II *s* tatuaż *m*
taught zob. teach
tax [tæks] I *v* obciążać podatkiem; (*estimate*) szacować; (*put to the test*) wystawiać na próbę II *s* podatek *m*
taxation [tæk'seɪʃn] *s* nałożenie *n* podatków; (*taxes*) podatki *pl*

tax-collector [ˈtæks kəlektə(r)] s poborca podatkowy; ~'s **office** urząd skarbowy

tax-free [ˈtæksˈfri] adj wolny od podatków

taxi [ˈtæksɪ] s taksówka f; ~ **rank** postój m taksówek; ~ **driver** taksówkarz m; **to hail a** ~ przywołać taksówkę

taximeter [ˈtæksɪmitə(r)] s taksometr m

tax-payer [ˈtæks peɪə(r)] s podatnik m

tea [ti] s 1. herbata f 2. (light afternoon meal) (także plain ~) podwieczorek m; herbatka f; **high** ~ podwieczorek m i zarazem kolacja f

teach [titʃ] v (taught [tɔt], taught) uczyć; nauczać; udzielać lekcji

teacher [ˈtitʃə(r)] s nauczyciel m; nauczycielka f

tea-cup [ˈti kʌp] s filiżanka f do herbaty

tea-drinker [ˈti drɪŋkə(r)] s amator m herbaty; przen. (abstainer) abstynent m

tea-kettle [ˈti ketl] s imbryk m

team [tim] s zespół m; sport. drużyna f; ~ **spirit** duch zespołowy

team-work [ˈtim wɜk] s praca zespołowa

tea-pot [ˈti pot] s czajniczek m

tear¹ [teə(r)] I v (tore [tɔ(r)], torn [tɔn]) rwać; rozrywać; rozdzierać; szarpać; **to** ~ **a hole in ...** wydrzeć dziurę w ...; **to** ~ **open an envelope** rozedrzeć kopertę II s rozdarcie n; dziura f (w materiale)

tear² [tɪə(r)] s łza f

tearful [ˈtɪəfl] adj płaczliwy; (sad) smutny; zalany łzami; załzawiony

tear-gas [ˈtɪə gæs] s gaz łzawiący

tease [tiz] I v dokuczać ⟨do-

cinać, robić na złość⟩ (sb komuś) II s człowiek dokuczliwy; **to be a** ~ dokuczać

tea-spoon [ˈti spun] s łyżeczka f do herbaty

tea-things [ˈti θɪŋz] pl zastawa f do podwieczorku

tea-time [ˈti taɪm] s pora f podwieczorku

technical [ˈteknɪkl] adj techniczny; (professional) fachowy

technician [tekˈnɪʃn] s rutynowany fachowiec; technik m

technique [tekˈnik] s technika f (of doing sth czegoś)

technology [tekˈnolədʒɪ] s technologia f

teddy-bear [ˈtedɪ beə(r)] s miś m (zabawka)

tedious [ˈtidɪəs] adj nudny

teenager [ˈtineɪdʒə(r)] s nastolatek m; wyrostek m; pl ~s młodzież dorastająca, nastolatki pl

tee-shirt [ˈti ʃɜt] s trykotowa koszulka z krótkimi rękawami

teeth zob. **tooth**

teetotaller [tiˈtəutlə(r)] s abstynent m

telegram [ˈtelɪgræm] s telegram m; **urgent** ~ pilny telegram

telegraph [ˈtelɪgrɑf] I v telegrafować II s telegraf m III adj telegraficzny

telegraphic [telɪˈgræfɪk] adj telegraficzny; ~ **address** adres telegraficzny (dla telegramów)

telephone [ˈteləfəun] I v telefonować II s telefon m; **to be on the** ~ mieć telefon w domu; (talk) rozmawiać przez telefon; **to answer the** ~ odebrać telefon; **by** ~ telefonicznie III adj telefoniczny; ~ **booth** ⟨directory, exchange⟩ budka ⟨książka, centrala⟩ telefoniczna

telephoto

telephoto ['telɪˈfəʊtəʊ] *adj*: ~ **lens** teleobiektyw *m*
teleprinter ['telɪprɪntə(r)] *s* dalekopis *m*
telescope ['telɪskəʊp] *s* teleskop *m*
television ['telɪvɪʒn] I *s* telewizja *f* II *adj* telewizyjny; ~ **set** telewizor *m*
tell [tel] *v* (**told** [təʊld], **told**) 1. mówić; powiedzieć; **I was told that ...** powiedziano mi, że ...; **to ~ the time** powiedzieć, która jest godzina; podać czas; **to tell sb the way to ...** wskazać komuś drogę do ...; **I can't ~ the difference** nie widzę różnicy 2. (*report*) opowiadać 3. (*order*) kazać (**sb to do sth** komuś coś zrobić) 4. (*distinguish*) odróżniać (**one person ⟨thing⟩ from another** jedną osobę ⟨rzecz⟩ od drugiej) 5. (*know*) wiedzieć; **for all I can ~** o ile mi wiadomo
teller ['telə(r)] *s* narrator *m*; (*in a bank*) kasjer *m*
temper ['tempə(r)] I *v* temperować; łagodzić; *metalurg.* hartować II *s* 1. usposobienie *n*; nastrój *m*; humor *m*; **to be out of ~** złościć się; **to control one's ~** panować nad sobą; **to lose one's ~** zdenerwować się; rozzłościć się 2. (*irritation*) złość *f*; **a fit of ~** wybuch *m* gniewu; **to be in a ~** gniewać się; **to get into a ~** zirytować się
temperament ['temprəmənt] *s* temperament *m*; (*disposition*) usposobienie *n*
temperance ['tempərəns] *s* wstrzemięźliwość *f*; umiar *m*; umiarkowanie *n*; powściągliwość *f*; abstynencja *f*; ~ **society** towarzystwo antyalkoholowe
temperate ['tempərət] *adj* umiarkowany; powściągliwy; wstrzemięźliwy

temperature ['temprətʃə(r)] *s* temperatura *f*; gorączka *f*; **to have a ~** mieć gorączkę
tempest ['tempɪst] *s* burza *f*; nawałnica *f*
temple[1] ['templ] *s* świątynia *f*
temple[2] ['templ] *s* skroń *f*
tempo ['tempəʊ] *s* tempo *n*
temporal ['tempərl] *adj* czasowy; (*of physical life*) doczesny
temporary ['temprɪ] *adj* tymczasowy; chwilowy; prowizoryczny; ~ **address** adres tymczasowy
tempt [tempt] *v* kusić; nęcić
temptation [temp'teɪʃn] *s* pokusa *f*
tempting ['temptɪŋ] *adj* kuszący; ponętny
ten [ten] *adj* dziesięć
tenacious [təˈneɪʃəs] *adj* wytrwały; uporczywy
tenancy ['tenənsɪ] *s* dzierżawa *f*
tenant ['tenənt] I *v* dzierżawić; najmować II *s* dzierżawca *m*; (*lodger*) lokator *m*
tend[1] [tend] *v* zmierzać ⟨dążyć⟩ (dokądś); (*be inclined*) skłaniać się (**to sth ku czemuś**)
tend[2] [tend] *v* opiekować się (**sb, sth** kimś, czymś); pilnować; dozorować; pielęgnować (**an invalid** chorego)
tendency ['tenənsɪ] *s* dążność *f*; tendencja *f*
tender ['tendə(r)] *adj* delikatny; wrażliwy; (*loving*) czuły; (*of meat*) miękki; kruchy
tendon ['tendən] *s* ścięgno *n*
tenfold ['tenfəʊld] I *adj* dziesięciokrotny II *adv* dziesięciokrotnie
tennis ['tenɪs] *s* tenis *m*
tennis-court ['tenɪs kɔːt] *s* kort tenisowy
tenor ['tenə(r)] I *s* *muz.* tenor

m **II** *adj* (*of instrument*) tenorowy

tense [tens] *s gram.* czas *m*

tense [tens] *adj* napięty; naprężony; pełen napięcia

tension [ˈtenʃn] *s* napięcie *n*; naprężenie *n*

tent [tent] *s* namiot *m*

tentative [ˈtentətɪv] *adj* próbny; nieobowiązujący

tent-bed [ˈtent bed] *s* łóżko obozowe

tent-peg [ˈtent peg] *s* kołek namiotowy; *pot.* śledź *m*

tenth [tenθ] **I** *num* **II** *adj* dziesiąty **III** *s* dziesiąta (część)

tepid [ˈtepɪd] *adj* letni

term [tɜm] *s* **1.** okres *m*; (*trimester*) trymestr *m*; kwartał *m*; przeciąg *m* czasu; czas *m* trwania; ~ of office kadencja *f* **2.** (*date*) termin *m* (*of payment* płatności) **3.** (*expression*) termin (techniczny itp.) **4.** (*definition*) określenie *n*; to think in ~s of ... myśleć kategoriami ... **5.** *pl* ~s warunki *pl* (umowy itd.); to come to ~s dojść do porozumienia **6.** (*fee*) honorarium *n*; his ~s are a guinea a visit on bierze gwineę za wizytę **7.** (*inter-relations*) wzajemne stosunki; to be on good 〈bad〉 ~s with sb dobrze 〈źle〉 żyć z kimś

terminal [ˈtɜmɪnl] **I** *s* zakończenie *n*; *gram.* końcówka *f*; kolej. stacja końcowa; air ~ dworzec lotniczy w mieście **II** *adj* końcowy; graniczny; (*ultimate*) ostateczny; (*of each term*) okresowy; kwartalny

terminus [ˈtɜmɪnəs] *s* końcowa stacja; końcowy przystanek

terrible [ˈterəbl] *adj* straszny; okropny

terrific [təˈrɪfɪk] *adj* straszliwy; przeraźliwy: okropny; (*splendid*) wspaniały

terrify [ˈterɪfaɪ] *v* przerażać; (*terrorize*) terroryzować; to be terrified of sth panicznie się czegoś bać

territorial [terɪˈtɔrɪəl] *adj* terytorialny; (*of a council etc.*) okręgowy

territory [ˈterɪtrɪ] *s* terytorium *n*; obszar *m*

terror [ˈterə(r)] *s* terror *m*; paniczny strach; postrach *m*; in ~ przerażony

terror-stricken [ˈterə strɪkən] *adj* przerażony

test [test] **I** *v* próbować; badać **II** *s* **1.** próba *f*; blood ~ analiza *f* krwi; routine ~ badanie okresowe; to put to the ~ poddać próbie; to stand the ~ wytrzymywać próbę **2.** (*experiment*) doświadczenie *n*; badanie *n*; driving ~ egzamin *m* na prawo jazdy; *szk.* class ~ klasówka **III** *adj* próbnv; kontrolny; ~ drive jazda próbna; ~ pilot oblatywacz *m*

testament [ˈtestəmənt] *s* testament *m*

testify [ˈtestɪfaɪ] *v* świadczyć (in favour of 〈against〉 sb na czyjąś korzyść 〈niekorzyść〉); (*give evidence*) dawać świadectwo (to sth czemuś)

testimonial [testɪˈməunɪəl] *s* świadectwo *n* (z pracy); zaświadczenie *n*; (*gift*) (okolicznościowy) dar *m*; upominek *m*

tetanus [ˈtetnəs] *m med.* tężec *m*

text [tekst] *s* tekst *m*

textbook [ˈtekstbuk] *s* podrecznik *m*

textile [ˈtekstaɪl] **I** *s* tkanina *f* **II** *adj* tekstylny

texture [ˈtekstʃə(r)] *s* budowa *f*; struktura *f*; (*of a textile fabric*) faktura *f*

than [ðən, ðæn] *conj* aniżeli; niż

thank [θæŋk] **I** *v* dziękować

(sb for sth komuś za coś);
~ **heaven** ⟨**goodness**⟩! dzięki Bogu!; ~ **you** (very
much) (bardzo) dziękuję II
s (pl) ~s dzięki pl; podziękowanie n; ~s to ... dzięki ... (komuś, czemuś); to
express one's ~s podziękować
thankful [ˈθæŋkfl] adj wdzięczny
thankfulness [ˈθæŋkflnəs] s
wdzięczność f
thanksgiving [θæŋksˈgɪvɪŋ] s
dziękczynienie⸱n
that [ðæt] I pron (pl **those**
[ðəuz]) 1. ów; tamten; to;
like ~ w ten sposób; tak
2. (relative) który; co II adv
1. tak; aż tak; do tego stopnia; ~ **much** (aż) tyle 2.
(such) taki III conj 1. że;
now ~ skoro 2. (in order
to) żeby; aby
thaw [θɔ] I v tajać; topić się;
rozpuszczać się II s odwilż
f
the [ðə] (przed samogłoską
[ði]) rodzajnik określony:
ten; ta; to; ci; te
theatre [ˈθɪətə(r)] s 1. teatr
m 2. (a room) sala f; po-
mieszczenie n; **operating** ~
sala operacyjna
theatre-goer [ˈθɪətə gəuə(r)] s
amator m teatru; teatroman
m
theatrical [θɪˈætrɪkl] adj teatralny; sceniczny
theft [θeft] s kradzież f; zło-
dziejstwo n
their [ðeə(r)] adj ich
theirs [ðeəz] pron ich
them [ðm, ðem] pron ich; je;
im
theme [θim] s temat m
themselves [ðmˈselvz] pron
oni sami; ich samych; so-
bie; siebie; się
then [ðen] I adv wtedy; wówczas; następnie; **before** ~
już przedtem; **by** ~ już;
uprzednio; **till** ~ do tego

czasu II conj w takim ra-
zie; a więc; zatem
theology [θiˈolədʒɪ] s teologia
f
theoretic(al) [θɪəˈretɪkl] adj
teoretyczny
theory [ˈθɪərɪ] s teoria f; **in** ~
teoretycznie
therapeutic [ˈθerəˈpjutɪk] adj
terapeutyczny; leczniczy
therapy [ˈθerəpɪ] s leczenie
n; lecznictwo n; terapia f
there [ðeə(r)] adv tam; w tym
miejscu; ~ **is** istnieje; znaj-
duje się; ~ **are** istnieją;
znajdują się; są
thereabouts [ˈðeərəbauts] adv
w tej okolicy; (more or
less) mniej więcej; coś koło
tego
thereby [ðeəˈbaɪ] adv przez
to; skutkiem tego; w ten
sposób
therefore [ˈðeəfɔ(r)] adv dlatego; więc; zatem
thermometer [θəˈmomɪtə(r)] s
termometr m
thermos [ˈθɜmos] s termos m
thermostat [ˈθɜməstæt] s termostat m
these zob. **this** pron; ci, te
thesis [ˈθisɪs] s teza f; (dissertation) praca dyplomowa
they [ðeɪ] pron oni; one
they'd = **they had**; **they
would** ⟨**should**⟩
they'll = **they will**
they're = **they are**
thick [θɪk] I adj gruby; (compact) gęsty; zbity; (of the
rain) rzęsisty; (of a liquid)
mętny; (dull) tępy II s
gąszcz m
thicken [ˈθɪkən] v zagęszczać;
(become dense) gęstnieć;
(become thick) grubieć
thicket [ˈθɪkɪt] s zarośla pl;
gąszcz m; gęstwina f
thickness [ˈθɪknəs] s grubość
f; gęstość f
thief [θif] s (pl **thieves** [θivz])
złodziej m
thieve [θiv] v kraść
thieves zob. **thief**

thigh [Θaɪ] s udo n

thin [Θɪn] I v przerzedzić (się); to become ⟨to grow⟩ ~ zeszczupleć; schudnąć II adj cienki; (slender) szczupły; wiotki; (diluted) rozrzedzony; rzadki

thing [Θɪŋ] s 1. rzecz f; przedmiot m; poor ~! biedactwo n 2. pl ~s odzież f; ubranie n; my ~s are all wet wszystko jest na mnie mokre 3. pl ~s (belongings) rzeczy pl; przybory pl; to pack one's ~s spakować się 4. (matters) sprawy pl; how are ~s going? co słychać?; as ~s are w obecnej sytuacji

think [Θɪŋk] v (thought [Θɔt], thought) 1. myśleć 2. (consider) zastanawiać się; rozmyślać; I can't ~ of a good word nie przychodzi mi na myśl żaden odpowiedni wyraz; you can't ~ how ⟨what, where etc.⟩ ... nie wyobrażasz sobie, jak ⟨co, gdzie itd.⟩ ...; to have many things to ~ of mieć wiele spraw na głowie; to ~ highly of sb mieć o kimś jak najlepsze zdanie; to ~ little ⟨much⟩ of sb mieć o kimś niepochlebne ⟨pochlebne⟩ zdanie; to ~ nothing of sth mieć kogoś za nic 3. (suppose) przypuszczać; sądzić; I ~ so ⟨not⟩ sądzę, że tak ⟨że nie⟩ 4. (regard) uważać (sb, sth to be ... że ktoś, coś jest ...); to ~ fit ⟨proper⟩ to do sth uważać za stosowne coś zrobić || to ~ out wymyślić; to ~ over przemyśleć; to ~ up wymyślić; pot. wykombinować

thinker [ˈΘɪŋkɜ(r)] s myśliciel m

thinking [ˈΘɪŋkɪŋ] I s rozmyślanie n II adj myślący; rozumny

third [Θɜd] I adj trzeci II s trzecia (część)

third-class [ˈΘɜd ˈklɑs] adj trzeciej klasy

thirdly [ˈΘɜdlɪ] adv po trzecie

third-rate [ˈΘɜd ˈreɪt] adj trzeciorzędny

thirst [Θɜst] I v pragnąć (for ⟨after⟩ sth czegoś) II s pragnienie n

thirsty [ˈΘɜstɪ] adj 1. spragniony; to be ⟨to feel⟩ ~ być spragnionym; I'm ~ chce mi się pić 2. (greedy) żądny (for sth czegoś)

thirteen [ˈΘɜˈtin] adj trzynaście

thirteenth [ˈΘɜˈtinΘ] adj trzynasty

thirtieth [ˈΘɜtɪəΘ] adj trzydziesty

thirty [ˈΘɜtɪ] adj trzydzieści

this [ðɪs] I pron (pl these [ðiz]) ten; ta; to; by ~ do tego czasu; ~ way, please proszę tędy; ~ morning ⟨evening, afternoon⟩ dziś rano ⟨wieczorem, po południu⟩; ~ week ⟨month, year⟩ w tym tygodniu ⟨miesiącu, roku⟩ II adv tak; ~ far tak daleko; ~ much tyle

thistle [ˈΘɪsəl] s oset m

tho' [ðəu] = though

thorn [Θɔn] s cierń m; kolec m

thorough [ˈΘʌrə] adj gruntowny; dokładny; (complete) całkowity

thoroughfare [ˈΘʌrəfeə(r)] s 1. ulica f; przejazd m; przejście n; no ~ przejazd wzbroniony 2. (artery) arteria f ruchu

thoroughly [ˈΘʌrəlɪ] adv gruntownie; (completely) zupełnie; całkowicie

those zob. that pron; tamci; tamte; owi; owe

though [ðəu] I conj chociaż; mimo że; jakkolwiek; as ~ jak gdyby; even ~ choćby nawet II adv bądź co bądź; tym niemniej

thought[1] [Θɔt] s 1. myśl f 2. (idea) pomysł m 2. (inten-

tion) zamiar *m*; **with the ~ of ...** w zamiarze ...

thougnt [^2] zob. **think** *v*

thougntful [ˈθɔtfl] *adj* zadumany; zamyślony; (*prudent*) rozważny; (*careful*) troskliwy

thougntless [ˈθɔtləs] *adj* bezmyslny; (*imprudent*) nierozważny

thousand [ˈθauznd] *adj* tysiąc; **one in a ~** jeden na tysiąc; **a ~ and one** bez liku; nieskończone mnóstwo

thousandfold [ˈθauzndfəuld] *adv* tysiąckrotnie

thousandth [ˈθauznθ] **I** *num* **II**·*adj* tysięczny

thrash [θræʃ] *v* (*beat*) chłostać; zbić

thrashing [ˈθræʃıŋ] *s* lanie *n*; **to give sb a ~** sprawić komus lanie

thread [θred] **I** *s* nitka *f*; nić *f*; **darning ~** przędza *f*; **to hang by a ~** wisieć na włosku; **~ gloves** niciane rękawiczki **II** *v* nawlekac nitkę ⟨paciorki itd. na nitkę⟩; przewlekać

threat [θret] *s* groźba *f*

threaten [ˈθretn] *v* grozić; zagrażać; **to ~ sb with sth** grozić komuś czymś

threatening [ˈθretnıŋ] *adj* groźny; złowróżbny; złowrogi

three [θri] *adj* trzy

three-dimensional [ˈθri daıˈmenʃnl] *adj* trójwymiarowy

three-figure [ˈθri fıgə(r)] *adj* trzycyfrowy

threefold [ˈθrifəuld] *adv* trzykrotnie

three-lane [ˈθri leın] *adj* (*of a road*) trzypasmowy

threepence [ˈθrepəns] *s* trzy pensy

three-seater [ˈθri sitə(r)] *s* (wóz) trzyosobowy

three-storey(ed) [ˈθri ˈstɔrıd] *adj* trzypiętrowy

thresh [θreʃ] *v* młócić (zboże)

threshing-machine [ˈθreʃıŋ məʃin] *s* młocarnia *f*

thresnoid [ˈθreʃhəuld] *s* próg *m*

threw zob. **throw** *v*

tnrift [ˈθrıft] *s* oszczędność *f*

thrifty [ˈθrıftı] *adj* oszczędny

thrill [θrıl] **I** *v* przejmować; wstrząsać **II** *s* dreszcz *m*; wzruszenie *n*

thriller [ˈθrılə(r)] *s* sensacyjny film; sensacyjna powieść ⟨sztuka⟩; *pot.* dreszczowiec *m*

thrilling [ˈθrılıŋ] *adj* porywający; wstrząsający

thrive [θraıv] *v* (**throve** [θrəuv], **thriven** [ˈθrıvən]) prosperować; kwitnąć; (*of a child, animal etc.*) dobrze się chować; rozwijać się

throat [θrəut] *s* gardło *n*; **a sore ~** ból *m* gardła; **to gargle one's ~** wypłukać gardło

throb [θrob] *v* pulsować; (*of heart*) bic; (*of a finger*) rwać

throne [θrəun] *s* tron *m*; **to come to the ~** wstąpić na tron

throttle [ˈθrotl] **I** *v* udusić; zdusić; zadławić **II** *s* *techn.* przepustnica *f*

through [θru] **I** *praep* przez; na wylot; **~ the door** przez drzwi; **to be ~ with sb, sth** skończyć z kimś, czymś; **to get ~** połączyć się telefonicznie **II** *adj* bezpośredni

through-train [ˈθru treın] *s* pociąg bezpośredni

throve zob. **thrive** *v*

throw [θrəu] **I** *v* (**threw** [θru], **thrown** [θrəun]) rzucać; **to ~ in** dorzucać; **to ~ off** zrzucać; **to ~ on** narzucać; **to ~ open** szeroko otworzyć; **to ~ over** porzucać; wyrzekać się (**sth** czegoś); **to ~ up** podrzucać; **to ~ sth up** z/wymiotować **II** *s* rzut *m*

thrust [Θrʌst] I *v* (thrust, thrust) 1. pchnąć; wepchnąć; to ~ one's way przepychać się; to ~ oneself narzucać się 2. *(hurl)* ciskać 3. *(pierce)* przebijać II *s* pchnięcie *n*

thruway ['Θruweı] *s am.* autostrada *f*

thud [Θʌd] *s* głuchy odgłos

thumb [Θʌm] I *s* kciuk *m* II *v* to ~ a lift dawać znaki przejeżdżającym samochodom, że się prosi o podwiezienie

thump [Θʌmp] I *v* uderzać; stukać II *s* uderzenie *n*

thunder ['Θʌndə(r)] I *v* grzmieć II *s* grzmot *m*; *(thunderbolt)* piorun *m*

thunderbolt ['Θʌndəbəült] *s* piorun *m*

thunderous ['Θʌndərəs] *adj* grzmiący

thunderstorm ['Θʌndəstɔm] *s* burza *f* z piorunami

Thursday ['Θɜzdı] *s* czwartek *m*; Maundy ~ Wielki Czwartek

thus [ðʌs] *adv* tak; w ten sposób; tak więc; ~ far aotąd

ticket ['tıkıt] *s* bilet *m*; karta *f* wstępu; *mot.* mandat *m*; *(tag)* etykietka *f*, metka *f*; kwit *m* (bagażowy itd.); znaczek ⟨numerek⟩ do garderoby; admission ~ bilet wstępu; air ~ bilet lotniczy; berth ~ bilet na miejsce sypialne (w pociągu, na statku); cinema ~ bilet do kina; collective ⟨*am.* party⟩ ~ bilet zbiorowy; complimentary ⟨free⟩ ~ bilet bezpłatny; family ~ bilet rodzinny; full-fare ~ bilet normalny; group ~ bilet grupowy ⟨zbiorowy⟩; half-price ~ bilet ulgowy; lottery ~ bilet loteryjny; platform ~ bilet peronowy; railway ~ bilet kolejowy; reduced-fare ~ bilet ulgowy ⟨ze zniżką⟩; reserved-seat ~ bilet z rezerwacją miejsca ⟨z miejscówką⟩; return ~ bilet powrotny; season ~ bilet miesięczny ⟨okresowy⟩; Sunday excursion ~ bilet niedzielny (wycieczkowy); weekend ~ bilet wycieczkowy; tourist ~ bilet turystyczny; to book a ~ zarezerwować ⟨kupić⟩ bilet; to buy a ~ kupić bilet; to extend (the validity of) the ~ przedłużyć ważność biletu; to produce ⟨show⟩ a ~ okazać bilet

ticket-inspector ['tıkıt ınspektə(r)] *s* kontroler *m* biletów

tickle ['tıkl] *v* łaskotać; *(amuse)* zabawiać

tide [taıd] *s* 1. pływ *m* (morski); high ~ przypływ *m*; low ~ odpływ *m* 2. *(current)* prąd *m*; to go with the ~ płynąć z prądem 3. *(course)* bieg *m* 4. *(time)* pora *f*

tidy ['taıdı] I *v* sprzątać; robić porządek II *adj* schludny; czysty

tie [taı] I *v* wiązać; *(join)* łączyć II *s* węzeł *m*; więź *f*; *(necktie)* krawat *m*

tiger ['taıgə(r)] *s* tygrys *m*

tight [taıt] I *adj* 1. obcisły; ciasny 2. *(proof)* nieprzepuszczalny 3. *(tense)* napięty; to be in a ~ corner być w trudnej sytuacji 4. *pot.* pijany II *adv* mocno; *(closely)* ciasno

tighten ['taıtn] *v* ściągać; ściskać

tight-fisted ['taıt'fıstıd] *adj* skąpy

tights ['taıts] *plt* trykoty *pl*; *(undergarment)* rajstopy *pl*

tigress ['taıgrəs] *s* tygrysica *f*

tile [taıl] I *v* kryć dachówką; II *s* dachówka *f*; kafelek *m*; płytka *f* (do wykładania ścian)

till [tıl] I *praep* do; aż do; dopóki II *conj* aż

tilt [tɪlt] I *v* nachylić; przechylić (się) II *s* nachylenie *n*; przechył *m*

time [taɪm] I *s* 1. czas *m*; high ~ czas najwyższy; ~ is up czas kończyć; **to gain** ~ zyskać na czasie; **to take one's** ~ nie śpieszyć się; **all the** ~ cały czas; **a long** ~ długo; **(at) any** ~ kiedykolwiek; **at the same** ~ równocześnie; **at** ~s czasem; niekiedy; **for the** ~ **being** na razie; chwilowo; **from** ~ **to** ~ od czasu do czasu; **in good** ~ w porę; **in my** ~ za moich czasów; **in no** ~ w mig; **in** ~ punktualnie; (*of a train*) **on** ~ punktualnie; **some** ~ **or otner** kiedyś (w przyszłości) 2. (*occasion*) okazja *f* 3. (*season*) pora *f*; **dinner** ~ pora kolacji; **lunch** ~ pora obiadowa; **to have a good** ~ dobrze się bawić 4. *pl* ~s czasy *pl*; **hard** ~s ciężkie czasy; **behind the** ~s zacofany 5. (*once*) raz *m*; **every** ~ za każdym razem; **many a** ~ niejednokrotnie; ~ **aiter** ~ raz *m* za razem; ~ **and again** wielokrotnie 6. (*hour*) godzina *f*; czas *m*; **what's the** ~? która godzina? 7. *muz.* takt *m*; **to beat** ~ wybijać takt; **in ⟨out of⟩** ~ w ⟨nie w⟩ takt II *v* odmierzać czas; (*regulate*) regulować (zegarek); (*choose the right moment*) wybierać odpowiednią chwilę

time-bomb [ˈtaɪm bom] *s* bomba zegarowa

timeless [ˈtaɪmləs] *adj* wieczny

time-limit [ˈtaɪm lɪmɪt] *s* termin *m*

timely [ˈtaɪmlɪ] *adj* (będący) w porę; aktualny

time-table [ˈtaɪm teɪbl] *s* rozkład *m* jazdy; *szk.* rozkład *m* zajęć

timid [ˈtɪmɪd] *adj* nieśmiały

tin [tɪn] I *v* pakować do puszek; konserwować (w puszkach) II *s* 1. cyna *f*; (*plate*) blacha *f* 2. (*container*) puszka *f*; puszka *f* konserw; **a** ~ **of beef** wołowina konserwowa; konserwa wołowa III *adj* cynowy; blaszany

tinge [tɪndʒ] I *v* zabarwiać; nadawać zabarwienie ⟨*przen.* posmak⟩ (sth · czemuś) II *s* zabarwienie *n*; odcień *m*; *przen.* posmak

tinkle [ˈtɪŋkl] I *v* dzwonić, brzęczeć II *s* dzwonienie *n*; brzęczenie *n*

tinned [ˈtɪnɑ] *adj* 1. cynowany 2. (*of food*) konserwowany; ~ **goods** konserwy *pl*

tinnery [ˈtɪnərɪ] *s* blacharstwo *n*; blacharka *f*

tin-opener [ˈtɪn əupnə(r)] *s* przyrząd *m* do otwierania puszek

tint [tɪnt] I *v* zabarwiać; ~ed **glasses** ciemne okulary II *s* odcień *m*; (*colour*) kolor *m*

tiny [ˈtaɪnɪ] *adj* drobny; maleńki

tip [tɪp] *s* koniec *m*; koniuszek *m*; szczyt *m*; **on the** ~ **of one's tongue** na końcu języka

tip [tɪp] I *v* wywracać; (*jostle*) trącać; (*give money*) dawać napiwek (sb komuś); (*give an advice*) udzielać poufnej informacji II *s* trącenie *n*; pchnięcie *n*; (*gratuity*) napiwek *m*; (*useful advice*) poufna informacja

tipsy [ˈtɪpsɪ] *adj* pijany; *pot.* na bańce

tiptoe [ˈtɪptəu] I *adv*: **on** ~ na paluszkach II *v* chodzić na palcach

tiptop [ˈtɪpˈtop] I *s* szczyt *m* (doskonałości itp.) II *adj* pierwszorzędny; doskonały

tire ¹ ['taɪə(r)] v męczyć (się);
nużyć (się)
tire ² ['taɪə(r)] s obręcz f (koła); opona f
tired ['taɪəd] adj zmęczony;
to get ~ zmęczyć się; ~ out
wyczerpany; znużony; to be
~ of sth mieć czegoś dosyć
⟨powyżej uszu⟩
tiresome ['taɪəsm] adj męczący; przen. nudny; nieznośny
tiring ['taɪərɪŋ] adj męczący
tissue ['tɪʃu] s tkanina f; biol.
tkanka f
tissue-paper ['tɪʃu peɪpə(r)] s
bibułka f
tit [tɪt] s sikorka f
titbit ['tɪtbɪt] s smakołyk m;
delikates m; przysmaczek
m
title ['taɪtl] s tytuł m; (heading) nagłówek m; (right)
prawo n (to sth do czegoś)
to ¹ [tə, tu] praep 1. do; ku;
na (miejsce itp.); z; to my
surprise etc. ku memu
zdziwieniu itd. 2. (up to)
do; to the end do końca;
to this day do dnia dzisiej-
szego; to perfection doskonale; to the minute co do
minuty 3. (by) przy; face
to face twarzą w twarz;
shoulder to shoulder ramię
przy ramieniu 4. (in pro-
portion) w stosunku do ...;
w porównaniu z ...; two to
one dwóch na jednego 5.
(according) według; stosownie do; to us ⟨you, them
etc.⟩ nam ⟨wam, im itp.⟩ 6.
(for) dla; wobec; to be kind
to sb być uprzejmym dla
kogoś 7. (in order to) aby,
żeby; I work to earn my
living pracuję, żeby zarobić
na życie 8. (of time) za;
ten to five za 10 minut
piąta
to ² [tu] adv: the door is to
drzwi są zamknięte; to and
fro tu i tam; tam i z po-
wrotem

toad [təud] s ropucha f
toast [təust] I v 1. przypiekać
bułkę na grzanki; opiekać
chleb 2. (drink sb's health)
wznosić toast na cześć (sb
czyjąś; sth czegoś) II s
1. grzanka f; chleb opieka-
ny, tost m 2. (drink to sb's
health) toast m
toaster ['təustə(r)] s opiekacz
m do chleba, toster m
tobacco [tə'bækəu] s tytoń m;
pipe ~ tytoń fajkowy
tobacconist [tə'bækənɪst] s
właściciel m sklepu tytonio-
wego; at the ~'s w sklepie
tytoniowym
today [tə'deɪ] I s dzień dzisiejszy II adv dzisiaj
toe [təu] s palec m u nogi
together [tə'geðə(r)] adj razem;
wspólnie
toil [tɔɪl] I v mozolić się; męczyć się; trudzić się; harować II s trud m; znój m
toilet ['tɔɪlət] s 1. toaleta f;
~ soap mydło toaletowe 2.
(w.c.) ustęp m
toilet-case ['tɔɪlət keɪs] s neseser m
toilet-paper ['tɔɪlət peɪpə(r)] s
papier toaletowy ⟨higienicz-
ny⟩
toilet-set ['tɔɪlət set] s komplet m przyborów toaleto-
wych
token ['təukən] s 1. znak m
(czegoś); dowód m (przy-
jaźni); in ~ of friendship
w dowód przyjaźni 2. (keepsake) pamiątka f; upominek
m 3. (chip) żeton m
told zob. tell v
tolerable ['tɔlrəbl] adj znośny
tolerance ['tɔlərəns] s tolerancja f; wyrozumiałość f
tolerate ['tɔləreɪt] v tolerować; znosić
tomato [tə'maːtəu] s (pl toma-
toes) pomidor m
tomb [tum] s grób m; grobowiec m
tombstone ['tumstəun] s nagrobek m

tomorrow [tə'morəu] I s dzień jutrzejszy II adv jutro; the day after ~ pojutrze; ~ morning jutro rano; ~ night jutro wieczór

ton [tʌn] s tona f

tone [təun] s dźwięk m; brzmienie n; ton m

tongs [toŋz] plt szczypce pl

tongue [tʌŋ] s 1. język m; (of an animal) ozór m; to hold one's ~ milczeć 2. (language) mowa f; mother ~ język ojczysty

tonic ['tonik] I s środek tonizujący II adj wzmacniający; muz. toniczny

tonight [tə'nait] I s dzisiejszy wieczór; dzisiejsza noc II adv dziś wieczorem; dzisiejszej nocy

tonnage ['tʌnidʒ] s tonaż m

tonsil ['tonsl] s anat. migdałek podniebienny

too [tu] adv 1. za; zbyt; zanadto; all ~ good aż nadto dobry; I am only ~ glad cała przyjemność po mojej stronie; you are really ~ kind to zbytek uprzejmości z pana strony; that's ~ bad! jaka szkoda! 2. (also) także; też 3. (moreover) ponadto

took zob. take

tool [tul] s narzędzie n; pl ~s (utensils) przybory pl; sprzęt m

toot [tut] v trąbić; huczeć; gwizdać

tooth [tuθ] s (pl teeth [tiθ]) ząb m; to extract a ~ wyrwać ząb; to have a sweet ~ lubić słodycze

toothache ['tuθeik] s ból zęba

toothbrush ['tuθbrʌʃ] s szczoteczka f do zębów

toothpaste ['tuθpeist] s pasta f do zębów

toothpick ['tuθpik] s wykałaczka f

top [top] I v przewyższać; wznosić się; górować; (fill up) dolać (wody do akumulatora, wina do szklanki itd.) II s szczyt m; wierzchołek m; góra f (przedmiotu); at the ~ u szczytu; na górze; u góry; on ~ (położyć) na wierzch III adj górny; szczytowy; (maximum) maksymalny; najwyższego rzędu

topic ['topik] s temat m; kwestia f; ~s of the day aktualności.pl

topography [tə'pogrəfi] s topografia f

topping ['topiŋ] adj pot. świetny; kapitalny; fajny

topsy-turvy ['topsi'tɜvi] I adj wywrócony do góry nogami II adv do góry nogami

torch [tɔtʃ] s pochodnia f; (electric lamp) latarka elektryczna

tore zob. tear¹ v

torment [tɔ'ment] I v męczyć; dręczyć II s ['tɔment] męka f; tortury pl; cierpienie n

torn zob. tear¹ v

torpedo [tɔ'pidəu] s torpeda f

torrent ['torənt] s potok m

tortoise ['tɔtəs] s żółw m

tortoise-shell ['tɔtə ʃel] s szylkret m

torture ['tɔtʃə(r)] I v torturować; zamęczać; zadręczać II s męczarnie pl; hist. tortury pl

toss [tos] I v 1. podrzucać; sport. to ~ for sides wylosować boisko 2. (shake) potrząsać 3. (swing) kołysać (się) 4. (move nervously) rzucać się II s rzucanie n; (shock) wstrząs m

total ['təutl] I v sumować; obliczać II s suma f; kwota ogólna III adj całkowity; cały; ogólny; polit. totalny

touch [tʌtʃ] I v 1. dotykać (sth czegoś); don't touch it! nie ruszaj tego!; przen. to ~ to the quick dotknąć do żywego 2. (move) wzruszać; rozrzewniać 3. (discuss) po-

ruszyć (on ⟨upon⟩ a subject
temat); wzmiankować (on
⟨upon⟩ sth o czymś) 4.
(concern) dotyczyć (sb, sth
kogoś, czegoś) II s 1. dotknięcie n; soft to the ~
miękki w dotknięciu 2.
(sense) zmysł m dotyku;
dotyk m 3. (contact) kon-
takt m; to keep in ~ po-
zostawać w kontakcie; to
get in touch with sb skon-
taktować się z kimś
touching ['tʌtʃɪŋ] adj wzruszający; rozrzewniający
tough [tʌf] adj twardy; łyko-
waty; (firm) mocny; (stubborn) uparty; oporny
tour [tuə(r)] I v objeżdżać;
zwiedzać II s objazd m;
sightseeing ~ wycieczka tu-
rystyczno-krajoznawcza; to
make a ~ of a country etc.
objeżdżać kraj itp.
touring ['tuərɪŋ] adj turystyczny; krajoznawczy
tourism ['tuərɪzm] s turystyka
f; krajoznawstwo n; ~
abroad turystyka zagraniczna; domestic ~ turystyka
krajowa
tourist ['tuərɪst] s turysta m;
~ agency biuro turystycz-
ne; ~ equipment wyposa-
żenie turystyczne; ~ ex-
change wymiana turystycz-
na; ~ information bureau
biuro n informacji turys-
tycznej; ~ map mapa tu-
rystyczna; motorized ~ turysta zmotoryzowany; ~
shelter schronisko turys-
tyczne; ~ visa wiza turystyczna; ~ ticket ulgowy
bilet wycieczkowy; ~ class
druga klasa (na statku, w
samolocie)
tournament ['tuənəmənt] s
turniej m; zawody pl; rozgrywki pl
tousle ['tauzl] v potargać;
rozczochrać
tow [təu] I v holować II s

holowanie; to give sb a ~
wziąć kogoś na hol
tow(ing)-rope ['təuɪŋ rəup] s lina holownicza
toward(s) [tu'wɔd(z)] praep 1.
ku (sb, sth komuś, czemuś);
w kierunku; ~ the end (of
the week etc.) pod koniec
(tygodnia itp.) 2. (concerning) w odniesieniu do; pod
adresem (sb czyimś)
towel ['tauəl] s ręcznik m
towel-horse ['tauəl hɔs] s wieszak m na ręczniki
tower ['tauə(r)] I v górować;
wznosić się II s wieża f;
baszta f
tower-block ['tauə blok] s wieżowiec m; punktowiec m
town [taun] s miasto n; ~ hall
ratusz m; in ~ w mieście;
out of ~ poza miastem; he
is out of ~ on wyjechał
townspeople ['taunzpipl] pl
ludność f miast ⟨miejska⟩
toxic ['toksɪk] adj toksyczny
toy [tɔɪ] s zabawka f
trace [treɪs] I v śledzić; (find)
odszukać; znaleźć ślady;
wy/tropić; (sketch) kreślić;
szkicować II s ślad m; trop
m; znak m; poszlaka f
trachea [trə'kɪə] s anat. tchawica f
trachoma [trə'kəumə] s med.
jaglica f
track [træk] I v śledzić; tro-
pić II s 1. ślad m; to follow
sb's ~ iść czyimś śladem 2.
(route) droga f; trasa f;
trakt m; szlak m; ~ suit
dres m; cycle ~ ścieżka rowerowa; tourist ~ szlak
turystyczny; the beaten ~
bity trakt; utarta droga; to
put sb on the right ~
wskazać komuś właściwą
drogę 3. (course) tor m 4.
(racing-path) bieżnia f
tracker ['trækə(r)] s tropiciel;
~ dog pies gończy
tractor ['træktə(r)] s ciągnik
m; traktor m
trade [treɪd] I v handlować

(in sth czymś); dokonywać transakcji; ~ union związek zawodowy; to be in ~ prowadzić ⟨mieć⟩ sklep II s handel *m*; (*line*) branża *f*; to be in the ~ należeć do branży
tradesman ['treɪdzmən] (*pl* tradesmen) kupiec *m*; (*craftsman*) rzemieślnik *m*
tradition [trə'dɪʃn] s tradycja *f*
traditional [trə'dɪʃnl] *adj* tradycyjny
traffic ['træfɪk] s ruch *m* (uliczny, kolejowy itp.); ~ circle *am*. rondo *n*; ~ island wysepka *f* bezpieczeństwa; ~ and road police policja drogowa; ~ (control) lights światła regulujące ruch uliczny; ~ regulations przepisy drogowe; ~ sign znak drogowy; one-way ~ ruch jednokierunkowy; pedestrian ~ ruch pieszy; railway ~ ruch kolejowy; two--way ~ ruch dwukierunkowy; vehicular ~ ruch kołowy; to jam the ~ zablokować ruch; to hold up the ~ wstrzymać ruch
trafficator ['træfɪkeɪtə(r)] s *mot.* kierunkowskaz *m*
traffic-jam ['træfɪk dʒæm] s korek *m* ⟨zator *m*⟩ (w ruchu)
tragedy ['trædʒədɪ] s tragedia *f*
tragic(al) ['trædʒɪk(l)] *adj* tragiczny
trail [treɪl] I s ślad *m*; trop *m* II *v* ciągnąć; wlec (się); (*of plants*) piąć się
trailer ['treɪlə(r)] s 1. przyczepa samochodowa 2. (*plant*) pnącze *n*
train [treɪn] I *v* szkolić; ćwiczyć; przygotowywać (sb for ... kogoś do ...); *sport.* trenować II s pociąg *m*; commuting ~ *am.* pociąg podmiejski; direct ⟨through⟩ ~ pociąg bezpośredni; ex-press ~ pociąg ekspresowy; fast ~ pociąg pośpieszny; interurban ⟨local⟩ ~ pociąg podmiejski ⟨lokalny⟩; passenger ~ pociąg osobowy; slow ⟨ordinary⟩ ~ pociąg zwykły; to change a ~ przesiąść się do innego pociągu; to catch one's ~ zdążyć na pociąg; to miss one's ~ spóźnić się na pociąg
trainer ['treɪnə(r)] s trener *m*; instruktor *m*
training ['treɪnɪŋ] s 1. *sport.* trening *m*; in ~ w (dobrej) formie ⟨kondycji⟩; out of ~ w złej formie; bez kondycji 2. (*physical exercises*) ćwiczenia *pl*
traitor ['treɪtə(r)] s zdrajca *m*
tram [træm] s tramwaj *m*
tramp [træmp] I *v* wędrować (the country po kraju); włóczyć się; wędrować pieszo II s wędrówka *f*; włóczęga *f*; (*wanderer*) wędrowiec *m*; włóczęga *m*
trample ['træmpl] *v* z/deptać
transaction [træn'zækʃn] s przeprowadzenie *n* sprawy; *handl.* transakcja *f*; operacja *f* (giełdowa itp.)
transatlantic ['trænzət'læntɪk] *adj* transatlantycki
transfer [træns'fɜ(r)] I *v* przenosić (się); przewozić; przekazywać II s ['trænsfɜ(r)] przeniesienie *n*; przewożenie *n*; przekazywanie *n*; (*postal order*) przekaz *m*; przelew *m*
transform [træns'fɔm] *v* przekształcać; zmieniać postać (sth czegoś); (*remodel*) przerabiać
transformation ['trænsfə-'meɪʃn] s przekształcenie *n*; przeobrażenie *n*; transformacja *f*; (*transmutation*) przemiana *f*
transgress [trænz'gres] *v* naruszyć; pogwałcić (prawo, przepis itd.)
transgression [trænz'greʃn] s

naruszenie *n*, przekroczenie
(of a law ustawy)
transistor [træn'zɪstə(r)] s
tranzystor *m*; ~ radio radio tranzystorowe
transit ['trænsɪt] I s przejazd
m; przelot *m*; (*transport*)
przewóz *m*; tranzyt *m* II
adj ~ visa wiza tranzytowa
transition [træn'zɪʃn] s przejście *n* (od czegoś do czegoś); zmiana *f*
translate [trænz'leɪt] *v* tłumaczyć; przekładać
translation [trænz'leɪʃn] s tłumaczenie *n*; przekład *m*
translator [trænz'leɪtə(r)] s
tłumacz *m*
transmit [trænz'mɪt] *v* przesyłać; przekazywać; poda-
wać dalej; transmitować
(przez radio)
transparent [træn'speərnt] *adj*
przeźroczysty; (*bright, clear*)
jasny; (*of secret*) zrozumiały
transpire [træn'spaɪə(r)] *v* pocić się; (*vaporize*) parować;
(*of secret*) wyjść na jaw
transplant [træns'plɑnt] *v*
przesadzać (roślinę); prze-
szczepiać (tkankę itd.)
transport [træn'spɔt] I *v* przewozić; transportować II s
['trænspɔt] przewóz *m*; transport *m*
transportation ['trænspɔ'teɪʃn]
s przewóz *m*; transport *m*
trap [træp] I s pułapka *f*;
podstęp *m* II *v* złapać w
pułapkę; zastawiać sidła
trash [træʃ] s odpadki *pl*;
śmiecie *pl*; (*of commodity*)
tandeta *f*; (*rubbish*) bzdury
pl; (*of people*) hołota *f*; (*of
book*) szmira *f*
travel ['trævl] I *v* podróżować II s podróż *f*; books
of ~ książki podróżnicze;
~ office biuro *n* podróży;
~ requisites artykuły po-
dróżne
traveller ['trævlə(r)] s podróżny *m*; ~'s cheque czek po-
dróżniczy

travelling ['trævlɪŋ] I s po-
dróże *pl* II *adj* podróżujący; wędrowny; ~ expenses
wydatki *pl* na podróż
tray [treɪ] s taca *f*
treacherous ['tretʃərəs] *adj*
zdradliwy; perfidny
treachery ['tretʃərɪ] s zdrada *f*
tread [tred] I *v* (**trod** [trod],
trodden ['trodn]) stąpać;
kroczyć II s chód *m*; krok
m; *mot.* bieżnik *m*; protektor *m*
treasure ['treʒə(r)] I *v* cenić;
przywiązywać najwyższą
wagę (**sth** do czegoś); (*keep
in heart*) zachowywać w
sercu ⟨pamięci⟩ II s skarb
m
treasurer ['treʒərə(r)] s skarbnik *m*
treasury ['treʒərɪ] s skarbni-
ca *f*; **the Treasury** Skarb
m Państwa; Ministerstwo
n Skarbu
treat [trit] I *v* traktować;
(*cure*) leczyć (**sb for ...** kogoś na ...); (*give to eat*)
częstować (**sb to sth** kogoś
czymś); (*discuss*) rozprawiać
(**of sth** o czymś); omawiać
II s uczta *f* (duchowa itp);
(*great pleasure*) wielka przyjemność ⟨rozkosz⟩; (*fun*)
zabawa *f*
treatment ['tritmənt] s 1. trak-
towanie *n*; sposób *m* po-
traktowania (człowieka, tematu itp.); obchodzenie się
n (**of sb, sth** z kimś, czymś)
2. (*medication*) leczenie *n*;
under ~ w trakcie lecze-
nia; ~ **room** gabinet zabiegowy (w szpitalu itd.)
treaty ['tritɪ] s *polit.* traktat
m; umowa *f*
tree [tri] s drzewo *n*; **at the
top of the** ~ u szczytu ka-
riery
tremble ['trembl] I *v* drżeć;
trząść się (**with cold etc.**
z zimna itp). II s drżenie

n; *pot.* **all of a** ~ rozdygotany
tremendous [trɪ'mendəs] *adj* straszliwy; przerażający; (*huge*) ogromny
tremor ['tremə(r)] *s* drżenie *n*; **earth** ~ wstrząs *m* ziemi
tremulous ['tremjʋləs] *adj* drżący
trench [trentʃ] *s* rów *m*; *wojsk.* okop *m*; ~ **coat** trencz *m* (płaszcz)
trend [trend] **I** *v* dążyć (do czegoś) **II** *s* dążność *f*; kierunek *m*; tendencja *f*; orientacja *f*
trespass ['trespəs] **I** *v* wkraczać; przekraczać; przejeżdżać **(on sb's land przez czyjś grunt)**; (*infringe*) naruszać **(on sb's rights czyjeś prawa) II** *s* naruszenie *n* (ustawy itp.); (*offence*) wykroczenie *n*; przejeżdżanie *n* (on sb's land przez czyjś grunt)
trespasser ['trespəsə(r)] *s* człowiek naruszający cudze prawa ⟨przechodzący przez cudzy grunt⟩; "**trespassers will be prosecuted**" „przejście wzbronione pod karą"
tress [tres] *s* warkocz *m*
trial ['traɪl] *s* 1. próba *f*; wypróbowanie *n*; **to give sth a** ~ wypróbować coś; **to put to** ~ poddać próbie; **on** ~ na próbę 2. *pl* ~**s** egzamin konkursowy 3. *sport.* ~ **match** rozgrywki eliminacyjne 4. (*experience*) doświadczenie *n* (życiowe); niedola *f* 5. (*law suit*) rozprawa sądowa; proces *m*; **to stand** ~ stanąć przed sądem; **to undergo** ~ być sądzonym
triangle ['traɪæŋgl] *s* trójkąt *m*; **the eternal** ~ trójkąt małżeński
triangular [traɪ'æŋgjʋlə(r)] *adj* trójkątny

tribe [traɪb] *s* szczep *m*; plemię *n*
tribune ['trɪbjun] *s* trybuna *f*
tribute ['trɪbjut] *s* 1. danina *f* 2. (*homage*) hołd *m*; **to pay** ~ składać hołd
trick [trɪk] **I** *v* oszukiwać; **to** ~ **sb out of sth** wyłudzić coś od kogoś **II** *s* 1. podstęp *m*; **to play sb a** ~ nabrać kogoś 2. (*skill*) sztuka *f*; **to play** ~**s** pokazywać sztuczki 3. (*prank*) psota *f*; figiel *m*; **a dirty** ~ świństwo *n* 4. *karc.* lewa *f*; **to win the** ~ wziąć lewę
trickle ['trɪkl] **I** *v* przeciekać; sączyć się; (*reveal*) wychodzić na jaw **II** *s* wyciek *m*; strużka *f*
tricycle ['traɪsɪkl] *s* trójkołowiec *m*
trifle ['traɪfl] **I** *v* żartować, nie brać poważnie **(with sb, sth kogoś, czegoś)**; (*belittle*) bagatelizować (with sth coś); **to** ~ **away** trwonić ⟨marnować⟩ (czas itp.) **II** *s* drobnostka *f*; drobiazg *m*; bagatela *f*; głupstwo *n*; **a** ~ troszeczkę, odrobinę
trifling ['traɪflɪŋ] *adj* drobny; znikomy; błahy
trim [trɪm] **I** *v* porządkować; (*cut*) przystrzygać (włosy, brodę, żywopłot itp.); (*decorate*) przy/ozdobić; (*set*) zrównoważyć (łódź, samolot itd.) **II** *s* porządek *m*; (*good repair*) dobry stan **III** *adj* uporządkowany; schludny; starannie ubrany
trimmings ['trɪmɪŋz] *pl* ozdoby *pl*
trinket ['trɪŋkɪt] *s* błyskotka *f*; ozdoba *f*
trip [trɪp] **I** *s* wycieczka *f*; podróż *f*; ~ **abroad** wycieczka zagraniczna; **cycling** ~ wycieczka rowerowa; ~ **for pleasure** wyjazd prywatny ⟨dla przyjemności⟩; **honeymoon** ~ podróż poślubna; ~ **on business** wy-

jazd służbowy; **on the return ~** w drodze powrotnej **II** *v* potknąć się **(over sth** o coś)
tripe [traɪp] *s* flaczki *pl* (potrawa)
triple ['trɪpl] *adj* potrójny; trzykrotny
triplex ['trɪpleks] *s* szkło bezodpryskowe
tripod ['traɪpod] *s* trójnóg *m*
tripper ['trɪpə(r)] *s* wycieczkowicz *m*
triumph ['traɪʌmf] **I** *v* triumfować **II** *s* triumf *m*; sukces *m*
triumphal ['traɪ`ʌmfl] *adj* triumfalny; zwycięski
trivial ['trɪvɪəl] *adj* błahy; nic nie znaczący: *(unimportant)* drobny: pospolity
trod, trodden zob. **tread** *v*
trolley ['trolɪ] *s* wózek *m* ręczny; drezyna *f*
trolley-bus ['trolɪ bʌs] *s* trolejbus *m*
troop [trup] *s* gromada *f*; *pl* **~s** wojsko *n*
tropic ['tropɪk] **I** *s* 1. zwrotnik *m*: **Tropic of Capricorn** Zwrotnik Koziorożca; **Tropic of Cancer** Zwrotnik Raka 2. *pl* **~s** kraje tropikalne **II** *adj* tropikalny; podzwrotnikowy
tropical ['tropɪkl] *adj* podzwrotnikowy; tropikalny; **~ helmet** hełm tropikalny
trot [trot] **I** *v* kłusować; *(hurry)* śpieszyć się **II** *s* kłus *m*: **at a ~** kłusem
trouble ['trʌbl] **I** *v* 1. martwić; dręczyć; **to be ~d about sb,** sth martwić się o kogoś, coś: **to be ~d with ...** cierpieć na ... 2. *(disturb)* niepokoić; trudzić; przeszkadzać 3. *(worry)* kłopotać się **(about sth** o coś) **II** *s* 1. zmartwienie *n*; kłopot *m*; **to get into ~** popaść w tarapaty: **to put sb to ~** sprawiać komuś kłopot 2. *(affliction)* dolegli-

wość; **to take the ~ to ...** zadawać sobie trud, aby ...
troublesome ['trʌblsəm] *adj* kłopotliwy; przykry; **how ~!** jakie to przykre!
troupe [trup] *s* teatr. trupa *f* (aktorów)
trousers ['trauzəz] *plt* spodnie *pl*
trout [traut] *s* pstrąg *m*
truck [trʌk] *s* 1. wózek ręczny 2. *am.* samochód ciężarowy; **light ~** półciężarówka *f*
trudge [trʌdʒ] *v* wlec się; posuwać się z trudem; brnąć
true [tru] **I** *adj* 1. prawdziwy; **it's not ~** to nieprawda; **quite ~!** to prawda!; **to come ~** urzeczywistnić się; spełnić się; **out of ~** skrzywiony 2. *(of a copy)* wierny 3. *(of a wheel)* **not ~** scentrowany 4. *(authentic)* autentyczny; niefałszowany; szczery; lojalny; **~ to one's word** dotrzymujący słowa **II** *adv* naprawdę; *(exactly)* ściśle; dokładnie
truly ['trulɪ] *adv* 1. naprawdę; rzeczywiście 2. *(in letters)* **yours ~** z poważaniem 3. *(really)* prawdziwie 4. *(loyally)* lojalnie
trump [trʌmp] **I** *v* *karc.* zabić atutem **II** *s* *karc.* atut *m*; karta atutowa
trumpet ['trʌmpɪt] *s* trąbka *f*
trunk [trʌnk] *s* 1. pień *m* (drzewa) 2. *anat.* tułów *m*; *(main body)* kadłub *m* 3. *(large case)* kufer *m*; *am.* bagażnik *m* 4. *pl* **~s** krótkie spodnie; kąpielówki *pl*
trunk-call ['trʌnk kɔl] *s* *telef.* rozmowa międzymiastowa
trust [trʌst] **I** *v* ufać (**sb** komuś): mieć zaufanie (**sb do** kogoś); *(hope)* pokładać nadzieję **II** *s* 1. zaufanie *n*; **on ~** w dobrej wierze 2. *(belief)* wiara *f* 3. *(hope)* nadzieja *f* 4. *handl.* kredyt

m 5. (*responsibility*) odpowiedzialność *f* 6. *ekon.* trust *m*

trustee [trʌˋsti] *s* powiernik *m*; (*guardian*) kurator *m*; **board of** ~**s** zarząd *m*

trustworthy [ˋtrʌst-wɜði] *adj* godny zaufania; pewny; zaufany

truth [truθ] *s* 1. prawdziwość *f*; prawda *f*; **to tell the** ~ mówić ⟨powiedzieć⟩ prawdę 2. (*frankness*) szczerość *f*; lojalność *f*

truthful [ˋtruθfl] *adj* prawdomówny; szczery; (*of statements*) prawdziwy

try [traɪ] **I** *v* 1. próbować; poddawać próbie; **to** ~ **on** przymierzać (ubranie); **to** ~ **out** wypróbowywać 2. (*experience*) doświadczać 3. (*taste*) kosztować (potrawy) 4. (*investigate*) badać (sprawę) 5. (*put to trial*) sądzić (**sb for** ... kogoś za ...) 6. (*make effort*) usiłować; ⟨starać się⟩ (**to do sth** coś zrobić) **II** *s* próba *f*; usiłowanie *n*; **to have a** ~ **at** sth spróbować czegoś

trying [ˋtraɪɪŋ] *adj* (*of circumstances*) trudny; ciężki; męczący; (*of adversities*) przykry; dokuczliwy

tub [tʌb] *s* wanna *f*; **to have a** ~ wykąpać się

tube [tjub] *s* 1. rura *f* 2. (*for ointment*) tubka *f* 3. (*duct*) przewód *m*; **inner** ~ **of a bicycle** ⟨**car**⟩ **tyre** dętka rowerowa ⟨samochodowa⟩ 4. (*underground*) kolej podziemna, metro *n*

tuberculosis [tjuˋbɜkjuˋləusɪs] *s med.* gruźlica *f*

tubing [ˋtjubɪŋ] *s* rury *pl*; system *m* rur

Tuesday [ˋtjuzdɪ] *s* wtorek *m*

tug [tʌg] *v* ciągnąć; (*tow*) holować

tug-boat [ˋtʌg bəut] *s* holownik *m*

tuition [tjuˋɪʃn] *s* nauka *f*;

nauczanie *n*; ~ **fee** czesne *n*

tulip [ˋtjulɪp] *s* tulipan *m*

tumble [ˋtʌmbl] **I** *v* upadać; spadać; runąć; zawalić się **II** *s* upadek *m*

tumbler [ˋtʌmblə(r)] *s* kubek *m*

tummy [ˋtʌmɪ] *s pot.* brzuch *m*

tumour [ˋtjumə(r)] *s med.* guz *m*

tumult [ˋtjumʌlt] *s* zgiełk *m*; wrzawa *f*; (*ferment*) niepokój *m*

tune [tjun] **I** *v* nastroić (instrument) **II** *s* melodia *f*; **to sing in** ⟨**out of**⟩ ~ śpiewać czysto ⟨fałszywie⟩; **out of** ~ rozstrojony

tunic [ˋtjunɪk] *s* tunika *f*; *wojsk.* bluza mundurowa

tunny [ˋtʌnɪ] *s* tuńczyk *m*

turf [tɜf] *s* darń *f*; murawa *f*; **the** ~ wyścigi konne

Turk [tɜk] *s* Turek *m*, Turczynka *f*

turkey [ˋtɜkɪ] *s* indyk *m*

Turkish [ˋtɜkɪʃ] **I** *adj* turecki **II** *s* język turecki

turn [tɜn] **I** *v* 1. obracać; kręcić się 2. (*invert*) odwracać; przewracać 3. (*address*) zwracać się (**to sb do** kogoś — w rozmowie, z prośbą itp.); **to** ~ **to** ... skierować się **ku** ... (czemuś) 4. (*change*) przekształcać; zmieniać; **to** ~ **green** pozielenieć; **to** ~ **red** zaczerwienić się 5. (*become*) stawać się (**republican** etc. republikaninem itp.) 6. (*translate*) przetłumaczyć 7. (*cause*) wywoływać (coś u kogoś) ‖ **to** ~ **about** obracać się; zawracać; **to** ~ **aside** odchylać się; **to** ~ **away** odwracać (głowę, oczy itp.); **to** ~ **back** zawracać (kogoś) z drogi; **to** ~ **down** przekręcać (gaz); ściszyć (radio, adapter itd.); (*refuse*) odmawiać (**sb** ko-

muś); **to ~ off** zamykać
(gaz itp.); zakręcać (kurek);
gasić (światło, radio itp.);
to ~ on odkręcać (kurek);
przygotowywać (kąpiel);
za/świecić **(light** światło);
nastawiać **(the wireless** radio); **to ~ out** wyrzucać;
eksmitować; *(produce)* produkować; *(appear)* okazać
się; **to ~ over** przewracać;
obracać; odwracać; *handl.*
mieć obrót; *(transmit)* przekazywać; *(think)* przemyśleć; **to ~ round** obracać
się; odwracać; przewracać;
(change opinions) zmienić
przekonania; **to ~ up** *(appear)* przychodzić; pojawiać się; zgłaszać się **II** *s*
1. obrót *m* **2.** *(turning-point)* punkt zwrotny **3.**
(change of direction) skręt
m; **to take a ~ to the right**
⟨**left**⟩ skręcić na prawo ⟨lewo⟩; **at every ~** na każdym
kroku **4.** *(sequence)* kolejność *f;* **it's my ~** to moja
kolej; **in ~, by ~s** (robić
coś) kolejno; po kolei; **out
of ~** poza kolejką **5.** *(service)* przysługa *f;* **to do sb
a good ~** wyświadczać komuś przysługę **6.** *pot.*
wstrząs *m*
turning [ˈtɜːnɪŋ] *s* skręt *m;*
zakręt *m;* przecznica *f;* **take
the second ~ to the left**
skręć w drugą przecznicę
na lewo
turning-point [ˈtɜːnɪŋ pɔɪnt] *s*
punkt zwrotny
turnip [ˈtɜːnɪp] *s* rzepa *f*
turnover [ˈtɜːnəʊvə(r)] *s* obrót
m
turn-screw [ˈtɜːn skruː] *s* śrubokręt *m*
turn-up [ˈtɜːnʌp] *s* mankiet *m*
(u spodni); **~ trousers**
spodnie *pl* z mankietem
turpentine [ˈtɜːpəntaɪn] *s* terpentyna *f*
turquoise [ˈtɜːkwɔɪz] *s* turkus
m

turret [ˈtʌrət] *s* wieżyczka *f*
turtle [ˈtɜːtl] *s* żółw morski;
~ soup zupa żółwiowa
tusk [tʌsk] *s* kieł *m* (słonia,
dzika)
tutor [ˈtjuːtə(r)] *s* guwerner
m; wychowawca *m;* *(at the
university)* adiunkt kierujący pracą grupy studentów
tuxedo [tʌkˈsiːdəʊ] *s am.* smoking *m*
tweed [twiːd] *s* tweed *m* (materiał)
twelfth [twelfθ] **I** *num* **II** *adj*
dwunasty **III** *s* dwunasta
(część)
twelve [twelv] **I** *adj* dwanaście **II** *s* dwunastka *f*
twentieth [ˈtwentɪəθ] **I** *num*
II *adj* dwudziesty **III** *s* dwudziesta (część)
twenty [ˈtwentɪ] **I** *adj* dwadzieścia **II** *s* dwudziestka *f*
twice [twaɪs] *adv* dwa razy;
dwukrotnie
twilight [ˈtwaɪlaɪt] *s* brzask
m; *(dusk)* zmierzch *m;* półmrok *m*
twin [twɪn] **I** *s* bliźniak *m;* **~
children** bliźnięta *pl* **II** *adj*
bliźniaczy
twinkle [ˈtwɪŋkl] **I** *v* migotać;
(blink) mrugać **II** *s* migotanie *n;* *(winking)* mruganie *n*
twinkling [ˈtwɪŋklɪŋ] *s:* **in the
~ of an eye** w oka mgnieniu
twirl [twɜːl] **I** *v* kręcić się;
wirować **II** *s* kręcenie *n;*
wirowanie *n*
twist [twɪst] **I** *v* kręcić (się);
skręcać; splatać **II** *s* skręt
m; *(yarn)* przędza *f;* *(roll)*
zwitek *m;* splot *m;* zwój
m
twitch [twɪtʃ] **I** *v* szarpać;
(move) drgać; *(distort)* ściągać; wykrzywiać się **II** *s*
skurcz *m;* drgawka *f*
twitter [ˈtwɪtə(r)] **I** *v* świergotać **II** *s* świergot *m*
two [tuː] **I** *adj* dwa **II** *s* dwój-

ka *f*; para *f*; one or ᴧ parę
twofold ['tu-fəʊld] I *adj* podwójny; dwojaki II *adv* po-
dwójnie; dwojako
twopence ['tʌpns] *s* dwa pensy
two-piece ['tu'pis] I *adj* dwu-
częściowy II *s* suknia dwu-
częściowa; garsonka *f*;
(*bathing suit*) dwuczęścio-
wy kostium kąpielowy
two-seater ['tu sitə(r)] *s* pojazd dwuosobowy
two-way ['tu 'weı] *adj* (*of a
road or street*) dwukierunkowy
type [taıp] I *v* pisać na maszynie II *s* typ *m*; wzór *m*;

(*kind*) rodzaj *m*; druk.
czcionka *f*; druk *m*
typescript ['taıpskrıpt] *s* maszynopis *m*
typewriter ['taıp-raıtə(r)] *s*
maszyna *f* do pisania
typhoid ['taıfɔıd] *s med.* tyfus brzuszny
typhus ['taıfəs] *s med.* tyfus
plamisty
typical ['tıpıkl] *adj* typowy
typist ['taıpıst] *s* maszynistka
f
tyranny ['tırənı] *s* tyrania *f*
tyrant ['taıərənt] *s* tyran *m*
tyre ['taıə(r)] *s* opona *f*; ᴧ
tread bieżnik *m* opony

U

ugly ['ʌglı] *adj* brzydki
ulcer ['ʌlsə(r)] *s* wrzód *m*
ultimate ['ʌltımət] *adj* ostateczny; (*fundamental*) ·pod-
stawowy
ultimatum ['ʌltı'meıtəm] *s* ultimatum *n*
umbrella [ʌm'brelə] *s* parasol
m; parasolka *f*
umpire ['ʌmpaıə(r)] *s* sport.
sędzia *m*; arbiter *m*
un- [ʌn] *praef* nie-; od-; roz-
unable [ʌn'eıbl] *adj* niezdolny
unaccountable ['ʌnə'kaʊntəbl]
niewytłumaczalny; niepojęty
unanimous [ju'nænıməs] *adj*
jednomyślny
unannounced ['ʌnə'naʊnst] *adj*
nie zapowiedziany
unasked [ʌn'askt] *adj* nie proszony
unassuming ['ʌnə'sjumıŋ] *adj*
skromny; bezpretensjonal-
ny
unattended ['ʌnə'tendıd] *adj*
bez opieki
unavoidable ['ʌnə'vɔıdəbl] *adj*
nieunikniony

unaware ['ʌnə'weə(r)] *adj* nieświadomy; nie zdający so-
bie sprawy
unbearable [ʌn'beərəbl] *adj*
nieznośny
unbiassed [ʌn'baıəst] *adj* nieuprzedzony; bezstronny
unburden [ʌn'bɜdn] *v* odciążyć; zdjąć ciężar
unbutton [ʌn'bʌtn] *v* rozpiąć
uncanny [ʌn'kænı] *adj* niesa-
mowity; (*mysterious*) tajemniczy
uncared-for [ʌn'keəd fɔ(r)] *adj*
zaniedbany; (*of a garden
etc.*) zapuszczony
uncertain [ʌn'sɜtn] *adj* niepewny; wątpliwy
uncivil [ʌn'sıvl] *adj* niegrzeczny; grubiański
uncle ['ʌŋkl] *s* wuj *m*; stryj
m
uncomfortable [ʌn'kʌmftəbl]
adj niewygodny; nieprzy-
tulny
uncommon [ʌn'komən] *adj*
niezwykły
unconscious [ʌn'konʃəs] *adj*
nieprzytomny; (*not aware*)
nieświadomy

uneasy

uncork [ʌn`kɔk] v odkorko-
(wy)wać
uncouple [ʌn`kʌpl] v odcze-
pić
uncouth [ʌn`kuθ] adj nie-
okrzesany; (strange) dzi-
waczny
uncover [ʌn`kʌvə(r)] v odsła-
niać; odkrywać
undated [ʌn`deɪtɪd] adj (of a
cheque, a letter etc.) nie
datowany; bez daty
undeniable [`ʌndɪ`naɪəbl] adj
niezaprzeczony
under ¹ [`ʌndə(r)] I praep pod;
poniżej; (indicating condition) przy; wobec II adv
poniżej; u dołu
under ² [`ʌndə(r)] praef pod-
underclothes [`ʌndəkləʊðz] plt
bielizna f
undercrossing [`ʌndəkrosɪŋ] s
przejazd m dołem
underdone [`ʌndə`dʌn] adj nie
dosmażony; nie dopieczony
underestimate [`ʌndər`estɪ-
meɪt] v nie doceniać
underexpose [`ʌndərək`spəʊz] v
fot. nie doświetlić (zdjęcia)
underfed [`ʌndəfed] adj nie-
dożywiony
undergo [`ʌndəgəʊ] v (under-
went [`ʌndəwent], under-
gone [`ʌndəgon]) poddawać
się (an operation operacji);
doświadczać ⟨doznać⟩ (sth
czegoś); przejść (sth przez
coś)
undergraduate [`ʌndə`græd-
dʒʊət] s student m (bez dy-
plomu)
underground [`ʌndəgraʊnd] I s
1. podziemie n 2. kolej podziemna; metro n; ～ station
stacja f metra II adj podziemny III adv pod ziemią
underline [`ʌndəlaɪn] v pod-
kreślać
underneath [`ʌndə`niθ] I adv
II praep pod; poniżej
underpass [`ʌndəpɑs] s tunel
m pod wiaduktem; am.
przejście n dołem ⟨pod-
ziemne⟩

21 Słownik

undersecretary [`ʌndə`sekrɪtrɪ]
s podsekretarz m; wicemi-
nister m
undersigned [`ʌndə`saɪnd] adj
podpisany; the ～ niżej podpisany
understand [`ʌndə`stænd] v
(understood [`ʌndə`stʊd] understood) rozumieć; domy-
ślać się; to make oneself
understood porozumiewać
się
understanding [`ʌndə`stændɪŋ]
s porozumienie n; (intellect)
rozum m
understood zob. understand v
understudy [`ʌndəstʌdɪ] s teatr.
dubler m
undertake [`ʌndə`teɪk] v (undertook [`ʌndə`tʊk], under-
taken [`ʌndə`teɪkn]) przed-
siębrać; podejmować się
(czegoś); brać na siebie
undertaker [`ʌndəteɪkə(r)] s
właściciel m zakładu po-
grzebowego
undertaking [`ʌndəteɪkɪŋ] s
przedsięwzięcie n; (enterprise) przedsiębiorstwo n
undertook zob. undertake
underwear [`ʌndəweə(r)] s bie-
lizna f
underwent zob. undergo
undid zob. undo
undies [`ʌndɪz] plt pot. dam-
ska bielizna
undo [ʌn`du] v (undid [ʌn`dɪd],
undone [ʌn`dʌn]) rozwiązy-
wać; rozpinać; otwierać
undress [ʌn`dres] v rozbierać
(się)
undue [ʌn`dju] adj niewła-
ściwy; nie należący się;
zbyteczny
unearthly [ʌn`ɜθlɪ] adj nie-
ziemski; (uncanny) niesa-
mowity
uneasy [ʌn`izɪ] adj 1. niełat-
wy 2. (fidgety) niespokojny; (inconvenient) niewy-
godny; to feel ～ być skrę-
powanym; czuć się nieswo-
jo

unemployed ['ʌnɪm'plɔɪd] adj
bezrobotny
unemployment ['ʌnɪm'plɔɪ-
mənt] s bezroboçie n
unequal [ʌn'ikwl] adj nierówny
unequalled [ʌn'ikwld] adj niezrównany
uneven [ʌn'ivn] adj nierówny
unexpected ['ʌnɪks'pektɪd] adj
niespodziewany
unfailing [ʌn'feɪlɪŋ] adj niezawodny
unfair [ʌn'feə(r)] adj nieuczciwy; (unjust) niesprawiedliwy
unfamiliar ['ʌnfə'mɪlɪə(r)] adj
nieznany; (not acquainted)
nie obeznany
unfasten [ʌn'fɑsn] v rozpinać;
odwiązywać
unfavourable [ʌn'feɪvrəbl] adj
nieprzychylny; niepomyśl-
ny; nieżyczliwy
unfit [ʌn'fɪt] adj niezdatny
unfold [ʌn'fəuld] v rozwijać;
(uncover) odsłaniać; (spread)
rozpościerać
unfortunate [ʌn'fɔtʃunət] adj
nieszczęśliwy; (regrettable)
godny ubolewania
ungrateful [ʌn'greɪtfl] adj niewdzięczny
unhappy [ʌn'hæpɪ] adj nieszczęśliwy
unhealthy [ʌn'helθɪ] adj niezdrowy; niehigieniczny
unhook [ʌn'huk] v odczepić
unhurt [ʌn'hɜt] adj nie uszkodzony; cały; to come ~
wyjść bez obrażeń
unidentified ['ʌnaɪ'dentɪfaɪd]
adj niezidentyfikowany; ~
flying object latający talerz
uniform ['junɪfɔm] I s uniform m; mundur m II adj
jednolity
unify ['junɪfaɪ] v jednoczyć;
łączyć
union ['junɪən] s unia f; związek m; zjednoczenie n;

trade ~s związki zawodo-
we
unique [ju'nik] adj jedyny w
swoim rodzaju; wyjątkowy
unit ['junɪt] s jednostka f;
(of a furniture etc.) komplet m (mebli itd.)
unite [ju'naɪt] v jednoczyć;
łączyć
unity ['junətɪ] s jedność f;
jednolitość f; zjednoczenie
n
universal ['junɪ'vɜsl] adj uniwersalny; (common) po-
wszechny; (general) ogólny;
wszechstronny
universe ['junɪvɜs] s wszechświat m
university ['junɪ'vɜsətɪ] I s
uniwersytet m II adj uni-
wersytecki
unjust [ʌn'dʒʌst] adj niesprawiedliwy
unkind [ʌn'kaɪnd] ˒adj nieup-
przejmy; niegrzeczny; (ill-
-disposed) nieżyczliwy
unknown [ʌn'nəun] adj nieznany
unless [ən'les] conj jeśli nie;
chyba że
unlike [ʌn'laɪk] I adj niepodobny II adv niepodobnie;
nie tak, jak
unlikely [ʌn'laɪklɪ] adj nieprawdopodobny; it is ~ to
nie jest prawdopodobne
unlimited [ʌn'lɪmɪtɪd] adj nieograniczony
unload [ʌn'ləud] v wyładowy-
wać; rozładowywać
unlock [ʌn'lok] v otwierać
unlucky [ʌn'lʌkɪ] adj nieszczęśliwy
unmanned [ʌn'mænd] adj bez-
załogowy
unmask [ʌn'mɑsk] v demas-
kować
unmistakable ['ʌnmɪ'steɪkəbl]
adj wyraźny; oczywisty;
niewątpliwy
unnecessary [ʌn'nesesrɪ] adj
niepotrzebny
unnoticed [ʌn'nəutɪst] adj nie
zauważony

unpack [ʌn'pæk] *v* rozpakować

unpardonable [ʌn'pɑdnəbl] *adj* niewybaczalny

unpleasant [ʌn'pleznt] *adj* niemiły; nieprzyjemny

unprecedented [ʌn'presidentid] *adj* bezprzykładny; bez precedensu

unprejudiced [ʌn'predʒədist] *adj* nieuprzedzony; obiektywny; bezstronny

unreasonable [ʌn'rizənəbl] *adj* nierozsądny; (*of price*) nadmierny

unreliable [ʌnrɪ'laɪəbl] *adj* niepewny; (człowiek) na którym nie można polegać

unrest [ʌn'rest] *s* niepokój *m*

unsafe [ʌn'seɪf] *adj* niebezpieczny; niepewny

unscrupulous [ʌn'skrupjələs] *adj* bez skrupułów

unselfish [ʌn'selfɪʃ] *adj* bezinteresowny

unsophisticated [ʌnsə'fistɪkeɪtɪd] *adj* bezpretensjonalny; prosty; naturalny

unsteady [ʌn'stedɪ] *adj* niestały; niepewny

unstop [ʌn'stop] *v* odetkać; przetykać (rurę, ujście itd.)

unsuccessful [ʌnsək'sesfl] *adj* nieudany; bezowocny

untidy [ʌn'taɪdɪ] *adj* nieporządny

untie [ʌn'taɪ] *v* rozwiązywać; odwiązywać

until [ʌn'tɪl] **I** *praep* do; aż do **II** *conj* aż; dopiero; **I won't be back ~ tomorrow** wrócę dopiero jutro

untold [ʌn'təʊld] *adj* niewypowiedziany

untrue [ʌn'tru] *adj* nieprawdziwy

untruth [ʌn'truɵ] *s* nieprawda *f*

unused [ʌn'juzd] *adj* nie używany; **~ to sth** nie przyzwyczajony do czegoś

unusual [ʌn'juʒʊəll] *adj* niezwykły

unveil [ʌn'veɪl] *v* odsłaniać; odkrywać; **to ~ a monument** odsłonić pomnik

unwelcome [ʌn'welkəm] *adj* niepożądany; niemile widziany

unwell [ʌn'welj] *adj* niezdrowy; chory; **to be ~** źle się czuć; być niezdrowym

unwilling [ʌn'wɪlɪŋ] *adj* niechętny

unwise [ʌn'waɪz] *adj* niemądry

unwrap [ʌn'ræp] *v* rozwijać; rozpakowywać

up [ʌp] **I** *adv* w górze; do góry; wysoko; **up and down** do góry i na dół; **ups and downs** wzloty i upadki; **it's up to you** to zależy od ciebie; to twoja sprawa; **the game is up** gra się skończyła; **to be up** być na nogach; **what are you up to?** co ty wyrabiasz?; czego właściwie chcesz?; **what's up?** co się dzieje?; **up to date** w modzie; na czasie **II** *praep* w górę; **to go up a hill** wejść ⟨wspiąć się⟩ na górę; iść pod górę; **to sail up a river** płynąć w górę rzeki

upbringing ['ʌpbrɪŋɪŋ] *s* wychowanie *n*

update ['ʌpdeɪt] *v* unowocześniać; uaktualniać

upheaval [ʌp'hivl] *s* przewrót *m*

uphold [ʌp'həʊld] *v* (**upheld** [ʌp'held], **upheld**) podtrzymywać; bronić; popierać

upholsterer [ʌp'həʊlstərə(r)] *s* tapicer *m*

upkeep ['ʌpkip] *s* utrzymanie *n*

upland ['ʌplənd] *s* wyżyna *f*

upon [ə'pon] *praep* na; przy

upper ['ʌpə(r)] *adj* górny

upright ['ʌp-raɪt] *adj* prosty; (*erect*) wyprostowany; (*righteous*) prawy

uprising ['ʌp'raɪzɪŋ] *s* powstanie *n*

uproar [`ʌp-rɔ(r)] s wrzawa ƒ; zgiełk m; zamieszanie n

upset [ʌp`set] I v (upset, upset) 1. przewracać; wywracać 2. (trouble) zmartwić II adj zgnębiony; zmartwiony

upside-down [`ʌpsɑid `dɑun] adv do góry nogami

upstairs [`ʌp`steəz] adv (in a house) na ⟨w⟩ górze; w górę

upstream [`ʌp`strim] adv pod prąd

up-to-date [`ʌp tə `deit] adj współczesny; modny; nowoczesny

upturn [`ʌptɜn] v przewracać

upwards [`ʌpwɜd(z)] adv w górę; do góry; (above) ponad; powyżej

urban [`ɜbən] adj miejski

urge [ɜdʒ] v przynaglać; (insist) nalegać; (incite) pobudzać

urgent [`ɜdʒənt] adj pilny; naglący; (pressing) usilny

urinate [`juɑrineit] v oddawać mocz

urine [`juɑrin] s mocz m; to pass ~ oddać mocz

urn [ɜn] s urna ƒ

us [ʌs] pron nam; nas; nami

usage [`juzidʒ] s użycie n; zastosowanie n; (custom) zwyczaj m

use [juz] I v używać; stosować; I ~d to do the same dawniej robiłem to samo II s [jus] 1. użytek m; zastosowanie n; in ~ w użyciu; out of ~ nie używany; it's no ~ going there nie ma po co tam chodzić;

przen. it's no ~ weeping over the spilt milk szkoda łez; co się stało, to się nie odstanie; to come into ~ wejść w użycie; to fall out of ~ wyjść z użycia; what's the use of it? na ⟨po⟩ co to? 2. (advantage) korzyść ƒ

used [just] adj przyzwyczajony; to get ~ to ⟨to do⟩ sth przyzwyczaić się do czegoś ⟨do robienia czegoś⟩

useful [`jusfl] adj pożyteczny; przydatny

useless [`jusləs] adj bezużyteczny; (abortive) daremny

user [`juzə(r)] s użytkownik m

usher [`ʌʃə(r)] I v wprowadzać II s odźwierny m; (in a cinema etc.) bileter m

usherette [`ʌʃə`ret] s bileterka ƒ

usual [`juʒuəl] adj zwykły; zwyczajny

utensil [ju`tensl] s naczynie n; narzędzie n; pl ~s przybory pl

utility [ju`tiləti] s użyteczność ƒ: pożytek m

utilize [`jutəlaiz] v użytkować

utmost [`ʌtməust] adj ostateczny; najwyższy; najdalszy; to do one's ~ zrobić wszystko, co możliwe

utter [`ʌtə(r)] I v wydawać (okrzyk, dźwięk itp.): (express) wyrażać II adj całkowity; zupełny

utterly [`ʌtəli] adv całkowicie; ostatecznie

U-turn [`ju`tɜn] s skręt o 180°; "No U-Turns!" zakaz m zawracania

V

vacancy [`veikənsi] s pustka ƒ; wolne miejsce; wolny pokój; wolna posada; (thoughtlessness) bezmyślność ƒ

vacant [`veikənt] adj próżny; wolny; (thoughtless) bezmyślny

vacation [və`keiʃn] s urlop m: pl ~s wakacje pl; ferie pl

vaccinate ['væksmeit] v szczepić (przeciw chorobom)
vaccination ['væksı'neıʃn] s
szczepienie n; ~ certificate
świadectwo n szczepienia
vacuum ['vækjuəm] s próżnia
f; ~ cleaner odkurzacz m;
~ flask ⟨bottle⟩ termos m
vagabond ['vægəbond] s włóczęga m
vagrant ['veigrənt] adj wędrowny
vague [veig] adj niejasny;
niewyraźny; (evasive) wy-
mijający
vain [vein] adj próżny; pusty;
daremny; in ~ na próżno;
daremnie
valid ['vælid] adj ważny;
prawny; your passport is
no longer ~ pański pasz-
port stracił ważność
validity [və'lidəti] s ważność
f (dokumentu itd.); moc
prawna
valise [və'liz] s torba podróżna
valley ['væli] s dolina f
valuable ['væljubl] adj cenny; wartościowy
value ['vælju] I v cenić; szacować II s wartość f;
(meaning) znaczenie n
valve [vælv] s klapa f; zawór m; anat. zastawka f;
elektr. lampa radiowa; lampa elektronowa
van [væn] s 1. samochód ciężarowy; delivery ~ furgo-
netka f 2. kolej. wagon m;
luggage ~ wagon bagażo-
wy
vanish ['vænıʃ] v znikać
vanity ['vænıtı] s próżność f;
marność f; ~ bag ⟨case⟩
kosmetyczka f
variable ['veəriəbl] adj zmienny
varicose vein ['værıkəus vein]
s żylak m
varied ['veərıd] adj rozmaity
variety [və'raıətı] s 1. rozmaitość f; ~ theatre teatr

rozrywkowy ⟨rewiowy⟩ 2.
(kind) odmiana f
various ['veəriəs] adj rozmaity; różny
varnish [vanıʃ] I v lakierować II s lakier m
vary ['veəri] v zmieniać się;
(differ) różnić się
vase [vaz] s flakon m; wazon
m
vaseline ['væslin] s wazelina
f
vast [vast] adj obszerny; o-
gromny; rozległy
vault [volt] s 1. sklepienie n
2. bud. piwnica f; krypta f;
(tomb) grobowiec m; family
~s grobowiec rodzinny
veal [vil] s cielęcina f
vegetable ['vedʒtəbl] I s ja-
rzyna f; warzywo n II adj
roślinny
vegetation ['vedʒı'teıʃn] s roślinność f
vehement ['viəmənt] adj gwałtowny
vehicle ['viıkl] s pojazd m;
one-track ~ pojazd jedno-
śladowy; horse-drawn ~
pojazd konny
veil [veil] s welon m
vein [vein] s żyła f; (flair)
żyłka f (for sth do czegoś)
velvet ['velvit] s aksamit m
vending ['vendıŋ] s sprzedaż
f; street ~ sprzedaż uliczna
vendor ['vendə(r)] s sprzedawca m
venerable ['venrəbl] adj czcigodny
vengeance ['vendʒəns] s zemsta f
venison ['venısn] s dziczyzna
f
venom ['venəm] I v zatruwać
II s jad m; trucizna f
venomous ['venəməs] adj jadowity
ventilation ['ventı'leıʃn] s
wentylacja f
venture ['ventʃə(r)] I v 1.
przedsięwziąć 2. (risk) ryzykować; odważać się II s
1. przedsięwzięcie n 2. (risk)

ryzyko *n*; **at a** ⁓ na chybił-
-trafił
verandah [və'rændə] *s* weranda *f*
verb [vɜb] *s* czasownik *m*
verdict ['vɜdɪkt] *s* wyrok *m*
verge [vɜdʒ] **I** *v* graniczyć **(on
sth** z czymś); być na kra-
wędzi **II** *s* krawędź *f*; brzeg
m
verify ['verɪfaɪ] *v* sprawdzać;
(state) stwierdzać; weryfi-
kować
vermicelli ['vɜmɪ'selɪ] *s* (makaron) wermiszel *m*
vermin ['vɜmɪn] *s* robactwo *n*
versatile ['vɜsətaɪl] *adj* zwinny; bystry; wszechstronny
verse [vɜs] *s* wiersz *m*; **in** ⁓
wierszem
version ['vɜʃn] *s* wersja *f*;
(translation) przekład *m*
vertical ['vɜtɪkl] *adj* pionowy
very ['verɪ] **I** *adv* bardzo **II**
adj prawdziwy; istotny;
sam; ten sam; **the** ⁓ **idea**
sama myśl; **the** ⁓ **man**
właśnie ten człowiek
vest [vest] *s* podkoszulek *m*
veterinary ['vetrɪnərɪ] *adj*
weterynaryjny; ⁓ **surgeon**
weterynarz *m*
vex [veks] *v* złościć: gniewać; irytować
via ['vaɪə] *praep* przez
vicar ['vɪkə(r)] *s* proboszcz *m*
vice ¹ [vaɪs] *s* nałóg *m*; wy-
stępek *m*
vice ² [vaɪs] *s* imadło *n*
vice-president [vaɪs'prezɪdnt]
s wiceprezes *m*; wiceprezy-
dent *m*
vicinity [vɪ'sɪnətɪ] *s* sąsiedztwo *n*; okolica *f*
vicious ['vɪʃəs] *adj* złośliwy,
(incorrect) wadliwy; błędny; *(of sb's life)* grzeszny;
występny; *(of a horse)* na-
rowisty
victim ['vɪktɪm] *s* ofiara *f*
(zbrodni itp.)
victorious [vɪk'tɔːrɪəs] *adj* zwycięski

victory ['vɪktr̥ɪ] *s* zwycięstwo
n
video-tape ['vɪdɪəʊ teɪp] *s* taśma *f* magnetowidu
vie [vaɪ] *s* współzawodniczyć;
iść w zawody
view [vjuː] **I** *v* oglądać; przeglądać; rozpatrywać **(a mat-
ter** sprawę) **II** *s* **1.** widok
m; **bird's eye** ⁓ widok z
z lotu ptaka; **side** ⁓ widok
z boku; **front** ⁓ widok z
przodu; **rear** ⁓ widok z tyłu; **top** ⁓ widok z góry **2.**
(mental estimate) zapatry-
wanie *n*; pogląd *m*; **point of**
⁓ punkt *m* widzenia; **to
come into** ⁓ ukazać się; **to
have in** ⁓ mieć na myśli;
in ⁓ na widoku; **in** ⁓ **of ...**
wobec ...; **with a** ⁓ **to ...** w
celu ...
vigil ['vɪdʒɪl] *s* czuwanie *n*
(nad chorym itd.)
vigilant ['vɪdʒɪlənt] *adj* czujny
vigorous ['vɪgərəs] *adj* energiczny; silny
vigour ['vɪgə(r)] *s* siła *f*; krzep-
kość *f*
vile [vaɪl] *adj* podły; nikczemny
village ['vɪlɪdʒ] *s* wieś *f*
vindictive [vɪn'dɪktɪv] *adj*
mściwy
vine [vaɪn] *s* winna latorośl;
roślina pnąca
vinegar ['vɪnɪgə(r)] *s* ocet *m*
vineyard ['vɪnjəd] *s* winnica *f*
vintage ['vɪntɪdʒ] *s* winobranie *n*; rocznik *m* wina; ⁓
wines wina *pl* z dobrego
rocznika
violate ['vaɪəleɪt] *v* naruszać;
gwałcić
violence ['vaɪələns] *s* gwałt *m*;
przekroczenie *n*; **by** ⁓
gwałtem
violent ['vaɪələnt] *adj* gwałtowny
violet ['vaɪələt] **I** *s* fiołek *m*
II *adj* fioletowy; fiołkowy
violin ['vaɪə'lɪn] *s* skrzypce

pl; **to play the** ~ grać na skrzypcach
violinist ['vaɪə'lɪnɪst] *s* skrzypek *m*, skrzypaczka *f*
viper ['vaɪpə(r)] *s* żmija *f*
virgin ['vɜdʒɪn] **I** *s* dziewica *f* **II** *adj* dziewiczy
virtue ['vɜtʃu] *s* cnota *f*; wartość *f*; zaleta *f*
virtuoso ['vɜtʃu'əuzəu] **I** *s* wirtuoz *m* **II** *adj* wirtuozowski
virtuous ['vɜtʃuəs] *adj* cnotliwy; moralny
virus ['vaɪərəs] *s* wirus *m*
visa ['vizə] **I** *v* wizować **II** *s* wiza *f*; ~ **section** wydział wizowy; **entry** ~ wiza wjazdowa; **permanent** ⟨**residence**⟩ ~ wiza stała; **tourist** ~ wiza turystyczna; **visitor's** ~ wiza pobytowa ⟨czasowa⟩; **expiration of the** ~ wygaśnięcie *n* wizy
visible ['vɪzəbl] *adj* widoczny
vision ['vɪʒn] *s* wizja *f*; (*phantom*) zjawa *f*; (*range of sight*) zasięg *m* wzroku
visit ['vɪzɪt] **I** *v* odwiedzać; zwiedzać; ~**ing card** bilet wizytowy; ~**ing hours** godziny *pl* odwiedzin (w szpitalu) **II** *s* wizyta *f*; odwiedziny *pl*
visitor ['vɪzɪtə(r)] *s* gość *m*; zwiedzający *m*
visual ['vɪʒuəl] *adj* wzrokowy
vital ['vaɪtl] *adj* żywotny; życiowy; (*essential*) istotny
vitality [vaɪ'tælətɪ] *s* żywotność *f*; energia życiowa
vitamin ['vɪtəmɪn] *s* witamina *f*

vivacious [vɪ'veɪʃəs] *adj* żwawy; rześki; pełen życia
vivid ['vɪvɪd] *adj* żywy
vocabulary [və'kæbjulərɪ] *s* słowniczek *m*; (*amount of known words*) słownictwo *n*
vocal ['vəukl] *adj* głosowy; wokalny
vocalist ['vəuklɪst] *s* wokalista *m*, wokalistka *f*
vogue [vəug] *s* moda *f*; (*popularity*) popularność *f*; **in** ~ modny
voice [vɔɪs] *s* głos *m*; *gram.* strona *f*
void [vɔɪd] *adj* pusty; *prawn.* nieważny; ~ **of** ... pozbawiony ...
volcano [vol'keɪnəu] *s* wulkan *m*
volley ['volɪ] *s* salwa *f*; grad *m* (pocisków); potok *m* (słów); ~ **ball** siatkówka *f*
volume ['voljum] *s* tom *m*; (*bulk*) objętość *f*
voluntary ['voləntrɪ] *adj* dobrowolny; ochotniczy
volunteer ['volən'tɪə(r)] **I** *v* zgłaszać się ochotniczo **II** *s* ochotnik *m*
vomit ['vomɪt] *v* wymiotować
vote [vəut] **I** *v* głosować; (*resolve*) uchwalać **II** *s* głosowanie *n*; (*voice*) głos *m*
voter ['vəutə(r)] *s* wyborca *m*
voucher ['vautʃə(r)] *s* kwit *m*; bon *m*; voucher *m*
vowel ['vauəl] *s* samogłoska *f*
voyage ['vɔɪdʒ] *s* podróż *f* (morzem, powietrzem)
vulgar ['vʌlgə(r)] *adj* wulgarny; ordynarny
vulture ['vʌltʃə(r)] *s* sęp *m*

W

wade [weɪd] *v* brnąć
wafer ['weɪfə(r)] *s* wafel *m*; opłatek *m*
wag [wæg] *v* poruszać; merdać (*its tail* ogonem)

wage [weɪdʒ] *s* zapłata *f*; płaca *f*
waggon ['wægən] *s* wagon *m*; fura *f*
waist [weɪst] *s* kibić *f*; talia

f; **pas** *m*; **stripped to the ~** rozebrany do pasa; **round the ~** w pasie
waistcoat ['weɪstkəut] *s* kamizelka *f*
wait [weɪt] *v* 1. czekać (**for sb** na kogoś); *mot*. "No waiting!" zakaz *m* postoju 2. (*serve*) usługiwać (**on sb** komuś)
waiter ['weɪtə(r)] *s* kelner *m*
waiting-room ['weɪtɪŋ rum] *s* poczekalnia *f*
waitress ['weɪtrəs] *s* kelnerka *f*
wake [weɪk] *v* (**woke** [wəuk], **woke**) budzić; **to ~ up** obudzić ⟨zbudzić się⟩
wakeful ['weɪkfl] *adj* czujny
waken ['weɪkən] *v* budzić (się)
walk [wɔk] **I** *v* chodzić; iść; kroczyć; (*saunter*) przechadzać się **II** *s* 1. przechadzka *f*; **to go for a ~** iść na przechadzkę ⟨spacer⟩ 2. (*gait*) chód *m*
walking-boots ['wɔkɪŋ buts] *pl* buty turystyczne
walking-stick ['wɔkɪŋ stɪk] *s* laska *f*
walking-tour ['wɔkɪŋ tuə(r)] *s* piesza wycieczka
walk-over ['wɔk əuvə(r)] *s* łatwe zwycięstwo; *sport*. walkower *m*
wall [wɔl] **I** *v* otaczać murem **II** *s* ściana *f*; mur *m*
wallet ['wɔlɪt] *s* teczka *f*; (*for bank-notes etc.*) portfel *m*
wallpaper ['wɔlpeɪpə(r)] *s* tapeta *f*
walnut ['wɔlnʌt] *s* orzech włoski; **~ furniture** orzechowe meble *pl*
walrus ['wɔlrəs] *s* mors *m*
waltz [wɔls] **I** *v* tańczyć walca **II** *s* walc *m*
wander ['wɔndə(r)] *v* wędrować
want [wont] **I** *v* chcieć; (*need*) potrzebować; (*be short of*) odczuwać brak; brakować **II** *s* 1. potrzeba *f*; **to be in**

~ of ... potrzebować ... 2. (*lack*) brak *m*; **for ~ of ...** z braku ...
war [wɔ(r)] *s* wojna *f*; **War Office** Ministerstwo *n* Wojny; **at ~** w stanie wojny
ward [wɔd] *s* (*in a hospital*) sala *f*; oddział *m*; **isolation ~** separatka *f*; izolatka *f*
warden ['wɔdn] *s* opiekun *m*; osoba sprawująca nadzór
wardrobe ['wɔ-drəub] *s* garderoba *f*; (*cupboard*) szafa *f*
ware [weə(r)] *s* towar *m*, wyrób *m*; artykuły *pl*, wyroby *pl*; **domestic ~s** artykuły gospodarstwa domowego
warehouse ['weəhaus] *s* magazyn *m*; (*store*) skład hurtowy; dom towarowy
warm [wɔm] **I** *v* grzać; rozgrzewać **II** *adj* 1. ciepły; **to get ~** ogrzać (się) 2. (*friendly*) serdeczny; życzliwy
warmth [wɔmƟ] *s* ciepło *n*
warn [wɔn] *v* ostrzegać; uprzedzać
warning ['wɔnɪŋ] **I** *s* ostrzeżenie *n* **II** *adj* ostrzegawczy
warrant ['worənt] **I** *v* gwarantować; uzasadniać; zaręczać **II** *s* rękojmia *f*; poręka *f*
was *zob*. **be**
wash [woʃ] **I** *v* myć się; (*launder*) prać; **to ~ off** zmywać; płukać; **to ~ out** wymywać; **to ~ up** zmywać (naczynia) **II** *s* mycie *n*; (*laundering*) pranie *n*
washable ['woʃəbl] *adj* do prania
wash-basin ['woʃ beɪsn] *s* miednica *f*; umywalka *f*
washing ['woʃɪŋ] *s* mycie *n*; (*laundering*) pranie *n*; (*clothes etc.*) bielizna *f* do prania
washing-machine ['woʃɪŋ məʃin] *s* pralka *f*
wasp [wosp] *s* osa *f*
waste [weɪst] **I** *v* marnować;

trwonić; (ruin) niszczyć; pustoszyć II s marnotrawstwo n; strata f; (wilderness) pustkowie n III adj pusty; (worthless) bezwartościowy; ~ products odpady pl

wasteful ['weɪstfl] adj marnotrawny

watch [wotʃ] I v pilnować; strzec; czuwać; (observe) obserwować II s 1. zegarek m 2. (guard) straż f; (standing guard) czuwanie n

watchmaker ['wotʃmeɪkə(r)] s zegarmistrz m

watchman ['wotʃmən] s (pl watchmen) stróż m

watch-tower ['wotʃ tauə(r)] s strażnica f (graniczna)

water ['wɔtə(r)] I v 1. podlewać; polewać; poić (zwierzęta) 2. (drip) ociekać; my mouth ~s ślinka mi leci II s woda f; distilled ~ woda destylowana; drinking ~ woda do picia; soda ~ woda sodowa

water-closet ['wotə klozɪt] s ustęp m; W.C. n

water-colour ['wotə kʌlə(r)] s akwarela f

waterfall ['wɔtəfɔl] s wodospad m

watermark ['wɔtəmɑk] s znak wodny

watermelon ['wɔtəmelən] s arbuz m

waterproof ['wɔtəpruf] adj nieprzemakalny

water-skiing ['wɔtə skiɪŋ] s narciarstwo wodne

water-tight ['wɔtə taɪt] adj wodoszczelny

waterworks ['wotəwɜks] s wodociągi pl

watery ['wotərɪ] adj wodnisty

wave [weɪv] I v falować; (make a gesture) machać ręką; (of a flag etc.) powiewać II s fala f; (gesture) skinienie n

wax [wæks] s wosk m; (for sealing) lak m

way [weɪ] s 1. droga f; the ~ in wejście n; the ~ out wyjście n; to be ⟨to stand⟩ in the ~ przeszkadzać; zawadzać; to give ~ ustępować; to have one's ~ postawić na swoim; to keep out of the ~ trzymać się na uboczu; to lead the ~ być w czołówce; to bar the ~ zablokować ⟨zagrodzić⟩ drogę; to go the wrong ~ zmylić drogę; to get out of sb's ~ zejść komuś z drogi; to pave the ~ utorować drogę; this ~ tędy; that ~ tamtędy; under ~ w przygotowaniu; w trakcie 2. (manner) sposób m; by the ~ à propos; nawiasem mówiąc; by ~ of ... jako ... (powitanie itp.); in no ~ w żaden sposób

we [wi] pron my

weak [wik] adj słaby; wątły

weaken ['wikən] v osłabiać; osłabnąć

weakness ['wiknəs] s słabość f

wealth [welθ] s bogactwo n

wealthy ['welθɪ] adj bogaty

weapon ['wepən] s broń f

wear [weə(r)] I v (wore [wɔ(r)], worn [wɔn]) 1. nosić na sobie 2. (use too much) zużywać; niszczyć; wyczerpywać; to ~ out ⟨off⟩ zużywać się; niszczeć II s noszenie n; ~ and tear zużycie n

weary ['wɪərɪ] adj znużony; (tiring) męczący

weather ['weðə(r)] s pogoda f; ~ forecast ⟨report⟩ prognoza f pogody; bad ⟨rainy⟩ ~ słota f

weather-chart ['weðə tʃɑt], weather-map ['weðə mæp] s mapa synoptyczna

weave [wiv] v (wove [wəuv], woven ['wəuvn]) tkać

web [web] s pajęczyna f;
przen. sieć f (intryg itd.)
we'd [wid] = we had, we
should ⟨would⟩
wedding ['wedɪŋ] I s ślub m;
wesele n II adj ślubny; we-
selny; ~ ring obrączka
ślubna; ~ trip podróż po-
ślubna
wedge [wedʒ] s klin m; ~
heel koturn m (obcas)
Wednesday ['wenzdɪ] s środa
f
weed [wid] I v plewić II s
chwast m
week [wik] s tydzień m; by
the ~ tygodniowo; this day
~ od dziś za tydzień; once
a ~ raz na tydzień
weekday ['wikdeɪ] s dzień
powszedni (nie świąteczny)
weekend ['wik'end] s koniec
m tygodnia; weekend m
weekly ['wiklɪ] I s tygodnik
m II adj tygodniowy III adv
tygodniowo
weep [wip] v (wept [wept],
wept) opłakiwać; płakać
weigh [weɪ] v ważyć; przen.
ciążyć (upon sb komuś); to
~ anchor podnieść kotwicę
weight [weɪt] s waga f; ciężar m; to put on ~ tyć;
to lose ~ tracić na wadze,
chudnąć
weight-lifting ['weɪt lɪftɪŋ] s
sport. podnoszenie n ciężarów
weird [wɪəd] adj niesamowi-
ty; pot. dziwny
welcome ['welkəm] I v witać;
~! witajcie! II s przywitanie n; serdeczne przyjęcie
III adj mile widziany;
you're ~ proszę bardzo!
(odpowiedź na podziękowa-
nie)
weld [weld] v spawać
welder ['weldə(r)] s spawacz
m
welfare ['welfeə(r)] s powodzenie n; dobrobyt m; ~
work praca społeczna
well¹ [wel] adv (better, best)

dobrze; a więc; otóż; za-
tem; as ~ również; także;
to be ~ czuć się dobrze;
to be ~ off być dobrze sy-
tuowanym
well² [wel] s studnia f
we'll [wil] = we shall ⟨will⟩
well-bred ['wel 'bred] adj dobrze wychowany
wellington ['welɪŋtən] s wysoki but gumowy; pot. gu-
miak m
well-off [wel 'of] adj dobrze
sytuowany; zamożny
well-to-do ['wel tə 'du] adj
zamożny
Welsh [welʃ] adj walijski
Welshman ['welʃmən] s (pl
Welshmen) Walijczyk m
went zob. go
wept zob. weep
were zob. be
we're [wɪə(r)] = we are
weren't [wɜnt] = were not
west [west] I s zachód m II
adj zachodni III adv na zachód
western ['westən] I adj zachodni II s film m z życia
Dzikiego Zachodu, western
m
wet [wet] I v zwilżać; moczyć II adj mokry; wilgo-
tny; I've got ~ feet prze-
moczyłem nogi
we've [wiv] = we have
whale [weɪl] s wieloryb m
whalebone ['weɪlbəun] s fisz-
bin m
wharf [wɔf] s przystań f; nabrzeże n
what [wot] pron co; jaki;
jak; and ~ not i Bóg wie
co jeszcze; ~ about you?
a co słychać u ciebie?; a co
z tobą?; a ty?; ~ an idea!
co za pomysł!; ~ is it like?
jak to wygląda?; ~ kind
of ... jakiego rodzaju ...; ~
next? i co dalej?; ~'s up?
co się dzieje?; ~ use is it?
jaki z tego pożytek?; ~ do
you call this? jak się to
nazywa?

whatever |wot`evə(r)| I *pron* cokolwiek II *adj* jakikolwiek
whatsoever [`wotsəu`evə(r)] = whatever
wheat [wit] *s* pszenica *f*
wheel [wil] *s* 1. koło *n*; spare ~ zapasowe koło; ~ track rozstaw kół (pojazdu) 2. *mot.* kierownica *f*; who is at the ~ kto prowadzi ⟨jedzie⟩?
wheelbarrow [`wilbærəu] *s* taczka *f*
wheel-chair [`wil tʃeə(r)] *s* wózek inwalidzki
wheeze [wiz] I *s* świst *m*; sapanie *n*; poświst *m* II *v* swistać; sapać
whelp [welp] *s* szczenię *n*; *przen.* bachor *m*
when [wen] I *adv* kiedy II *conj* gdy, kiedy; since ~ od kiedy; till ~? do kiedy?
whenever [wen`evə(r)] *adv conj* kiedy tylko; ilekroć; kiedykolwiek
where [weə(r)] *adv conj* gdzie; dokąd; ~ from skąd
whereabout(s) [`weərə`bauts] I *s* miejsce *n* pobytu II *adv* gdzie
whereas [`weər`æz] *conj* podczas gdy
wherever [`weər`evə(r)] *adv* gdziekolwiek; dokądkolwiek
whet [wet] *v* ostrzyć: (*stimulate*) podniecać
whether [`weðə(r)] *conj* czy; ~ ... or czy ... czy
which [wɪtʃ] *pron* który; jaki; ~ ever którykolwiek; ~ way którędy; w jaki sposób
whichever [wɪtʃ`evə(r)] *pron* którykolwiek; byle który; każdy
while [waɪl] I *s* chwila *f* II *conj* podczas gdy
whim [wɪm] *s* kaprys *m*; zachcianka *f*
whine [waɪn] I *v* wyć II *s* wycie *n*
whip [wɪp] I *v* biczować;

(*beat*) bić, ubijać II *s* bicz *m*
whirl [wɜl] I *v* wirować; kręcić się II *s* wir *m*
whirlpool [`wɜlpul] *s* wir *m* (wodny)
whirlwind [`wɜlwɪnd] *s* trąba powietrzna
whiskers [`wɪskəz] *pl* bokobrody *pl*; (*animal's*) wąsy *pl*
whisky [`wɪskɪ] *s* whisky *f*
whisper [`wɪspə(r)] I *v* szeptać II *s* szept *m*
whistle [`wɪsl] I *v* gwizdać II *s* gwizd *m*; (*instrument*) gwizdek *m*
white [waɪt] I *v* bielić II *s* biel *f*; białko *n* (jaja); (*part of an eye*) białko *n* oka III *adj* biały; to go ⟨to turn⟩ ~ blednąć; zbieleć
whitewash [`waɪtwoʃ] *v* bielić (wapnem)
Whitsunday [`wɪt`sʌndɪ] *s* niedziela *f* Zielonych Świąt
Whitsuntide [`wɪtsntaɪd] *s* Zielone Świątki
who [hu] *pron* kto; (*relative*) który; jaki
whoever |hu`evə(r)] *pron* ktokolwiek; każdy, kto
whole [həul] I *s* całość *f*; as a ~ jako całość; on the ~ na ogół II *adj* cały; wszystek; całkowity; ~ milk pełne mleko
wnolesale [`həulseɪl] *s* hurt *m*
wholly [`həullɪ] *adv* całkowicie; w zupełności
whom [hum] *pron* kogo; komu; kim; którego; którą; które; których
whose [huz] *pron* kogo; czyj; którego; których
why [waɪ] *adv conj* dlaczego; po co; na co; (*so*) więc; otóż; that is ~ oto dlaczego; dlatego (właśnie)
wick [wɪk] *s* knot *m*
wicked [`wɪkɪd] *adj* zły; nikczemny
wicker [`wɪkə(r)] I *s* wiklina

f II *adj (of furniture etc.)*
pleciony; wyplatany
wide [waɪd] **I** *adj* szeroki;
(vast) rozległy **II** *adv* szeroko
widen ['waɪdn] *v* rozszerzać
widow ['wɪdəu] *s* wdowa *f*;
grass ~ słomiana wdowa
widower ['wɪdəuə(r)] *s* wdowiec *m*
width [wɪtθ] *s* szerokość *f*
wife [waɪf] *s (pl* **wives**
[waɪvz]) żona *f*
wig [wɪg] *s* peruka *f*
wild [waɪld] **I** *s* pustkowie *n*
II *adj* dziki; *(mad)* szalony; **to run** ~ szaleć
wilderness ['wɪldənəs] *s* pustkowie *n; (desert)* pustynia *f*
wilful ['wɪlfl] *adj* samowolny;
uparty; rozmyślny; umyślny
will [wɪl] **I** *v* (**would** [wud])
1. *aux* do tworzenia czasu
przyszłego; **they** ~ **go there**
pójdą tam 2. wyraża prośbę: ~ **you come in?** może
pan wejdzie?; proszę wejść;
~ **you have a cup of tea?**
moze się pan/i napije herbaty? **II** *s* wola *f; (testament)* testament *m*
willing ['wɪlɪŋ] *adj* chętny
willow ['wɪləu] *s* wierzba *f*
will-power ['wɪl pauə(r)] *s* siła *f* woli
win [wɪn] **I** *v* (**won** [wʌn],
won) wygrywać; zdobywać;
(be victorious) zwyciężać;
(gain) pozyskiwać **II** *s* wygrana *f*
wind [1] [wɪnd] *s* wiatr *m; pot.*
to get ~ **of** ... zwietrzyć ...
(niebezpieczeństwo itp.)
wind [2] [waɪnd] *v* (**wound**
[waund], **wound**) wić; *(roll)*
zwijać; **to** ~ **up** nakręcać
(a watch zegarek)
windcheater ['wɪndtʃitə(r)] *s*
wiatrówka *f* (kurtka)
wind-instrument ['wɪnd ɪnstrumənt] *s* instrument dęty

windmill ['wɪndmɪl] *s* wiatrak
m
window ['wɪndəu] *s* okno *n*;
drop ~ szyba opuszczana;
rear ~ tylna szyba; **stained-glass** ~ witraż *m*
window-dressing ['wɪndəu dresɪŋ] *s* urządzanie *n* wystaw
sklepowych
window-pane ['wɪndəu peɪn] *s*
szyba *f*; **to put in a** ~
wstawić szybę
window-shopping ['wɪndəu ʃopɪŋ] *s* oglądanie *n* wystaw
sklepowych
window-sill ['wɪndəu sɪl] *s* parapet *m*
windpipe ['wɪndpaɪp] *v* tchawica *f*
windscreen ['wɪndskrin] *s*
przednia szyba (samochodu)
windscreen-wiper ['wɪndskrin
waɪpə(r)] *s* wycieraczka *f*
przedniej szyby (samochodu)
windy ['wɪndɪ] *adj* wietrzny
wine [waɪn] *s* wino *n*; ~ **list**
karta *f* win
wing [wɪŋ] *s* skrzydło *n*
wink [wɪŋk] **I** *v* mrugać **II** *s*
mrugnięcie *n*
winker ['wɪŋkə(r)], **winking-light** ['wɪŋkɪŋlaɪt] *s mot.*
migacz *m*; kierunkowskaz
m
winter ['wɪntə(r)] *s* zima *f*
wipe [waɪp] *v* wycierać; wymazywać
wire [waɪə(r)] **I** *v* 1. drutować 2. *(cable)* telegrafować
II *s* 1. drut *m* 2. *(telegram)*
telegram *m*; **by** ~ telegraficznie
wireless ['waɪələs] *s* radio *n*
wisdom ['wɪzdəm] *s* mądrość
f
wise [waɪz] *adj* mądry
wish [wɪʃ] **I** *v* życzyć (sobie);
pragnąć; *(want)* chcieć **II** *s*
życzenie *n*
wit [wɪt] *s* rozum *m*; dowcip
m; **at one's** ~**'s end** w ciężkiej sytuacji
witch [wɪtʃ] *s* czarownica *f*

with [wɪð] *praep* z; **to help sb ~ his work** pomóc komuś przy pracy; **~ my own eyes** własnymi oczami
withdraw [wɪð`drɔ] *v* (**withdrew** [wɪð`dru], **withdrawn** [wɪð`drɔn]) cofać; (*cash*) podejmować (**money** pieniądze); (*retire*) odchodzić; wycofywać się
withdrawal [wɪð`drɔl] *s* wycofanie *n*; (*cash*) podjęcie *n* (pieniędzy)
withdrew *zob.* **withdraw**
wither [`wɪðə(r)] *v* więdnąć; schnąć
within [wɪð`ɪn] *praep* wewnątrz; w środku; (*during*) w ciągu; (*in the bounds of*) w obrębie; w granicach
without [wɪð`aut] *praep* bez; **~ doubt** niewątpliwie
witness [`wɪtnəs] **I** *v* być świadkiem; świadczyć **II** *s* świadek *m*; (*evidence*) zeznanie *n*
witty [`wɪtɪ] *adj* dowcipny
wolf [wulf] *s* (*pl* **wolves** [wulvz]) *s* wilk *m*
woman [`wumən] *s* (*pl* **women** [`wɪmɪn]) kobieta *f*
womanly [`wumənlɪ] *adj* kobiecy
womb [wum] *s* łono *n*
women *zob.* **woman**
won *zob.* **win** *v*
wonder [`wʌndə(r)] **I** *v* 1. dziwić się (**at sth** czemuś); podziwiać 2. (*consider*) zastanawiać się; **I ~ why he didn't come** zastanawiam się ⟨ciekaw jestem⟩ czemu on nie przyszedł **II** *s* 1. cud *m*; **to do ~s** dokazywać cudów; **to work ~s** czynić cuda 2. (*surprise*) zdziwienie *n*
wonderful [`wʌndəfl] *adj* cudowny; godny podziwu
won't [wəunt] = **will not**
wood [wud] **I** *s* drzewo *n*; (*timber*) drewno *n*; (*forest*) las *m* **II** *adj* drzewny; **~ alcohol** spirytus drzewny

woodcut [`wudkʌt] *s* drzeworyt *m*
wooden [`wudn] *adj* drewniany; **~ shoes** drewniaki *pl*
woodpecker [`wudpekə(r)] *s* dzięcioł *m*
woodwork [`wudwɜk] *s* 1. robota *f* w drzewie; ozdoby drewniane 2. (*carpentry*) stolarka *f*
woodworm [`wudwɜm] *s* kornik *m*
wool [wul] *s* wełna *f*; **all ~** z czystej wełny
woollen [`wulən] *adj* wełniany
woollens [`wulənz] *plt* tkaniny wełniane
word [wɜd] **I** *v* wyrażać; ująć słowami **II** *s* słowo *n*; **to have a ~ with sb** porozmawiać z kimś; **~ by ~** słowo w słowo; **by ~ of mouth** ustnie
wording [`wɜdɪŋ] *s* brzmienie *n*; sformułowanie *n*
wore *zob.* **wear** *v*
work [wɜk] **I** *v* 1. pracować 2. (*operate*) działać 3. (*succeed*) udać się; **your plan won't ~** twój plan się nie uda 4. (*do*) dokonywać; **to ~ off** pozbywać się; **to ~ up** przepracować 5. (*exploit*) eksploatować **II** *s* 1. praca *f*; **at ~** przy robocie; **out of ~** bezrobotny; **to set to ~** wziąć się do roboty 2. (*piece of work*) dzieło *n*; utwór *m* 3. *pl* **~s** zakłady *pl*; fabryka *f*; **~s council** ⟨committee⟩ rada zakładowa 4. *pl* **~s** (*literary production*) dzieła *pl*
workday [`wɜkdeɪ] *s* dzień powszedni ⟨roboczy⟩
worker [`wɜkə(r)] *s* robotnik *m*; pracownik *m*; **skilled ~** robotnik wykwalifikowany; **unskilled ~** robotnik niewykwalifikowany; **white-collar ~** urzędnik *m*
workman [`wɜkmən] *s* (*pl*

workmen) robotnik *m*; pracownik *m*

workmanship [ˈwɜkmənʃip] *s* wykonanie *n*; wyrób *m*

workshop [ˈwɜkʃop] *s* warsztat *m*

world [wɜld] *s* świat *m*; **a ~ of...** mnostwo ...; **not for the ~** za nic w świecie

worldly [ˈwɜldlɪ] *adj* światowy; (*earthly*) ziemski

worm [wɜm] *s* robak *m*

worn *zob.* **wear** *v*

worried [ˈwʌrɪd] *adj* zmartwiony; **to be ~** martwić się

worry [ˈwʌrɪ] **I** *v* martwić się; (*torment*) dokuczać; dręczyć **II** *s* udręka *f*; (*trouble*) kłopot *m*

worse [wɜs] **I** *adj* (od **bad, evil, ill**) gorszy **II** *adv* gorzej; **to get ~** pogorszyć się; **all the ~, so much tne ~** tym gorzej; **~ and ~** coraz gorzej

worship [ˈwɜʃip] **I** *v* uwielbiać; czcić; ubóstwiać **II** *s* cześc *f*; uwielbienie *n*; kult *m*

worst [wɜst] **I** *adj* (od **bad, evil, ill**) najgorszy **II** *adv* najgorzej; **at ~** w najgorszym razie

worth [wɜθ] **I** *s* wartość *f* **II** *adj* wart; godny; zasługujący (**sth** na coś); **it's ~ while** warto

worthy [ˈwɜðɪ] *adj* godny; wart (**of sth** czegoś); godny szacunku

would [wud] *v aux* czas przeszły od **will**; służy do tworzenia trybu warunkowego; **~ you like a cup of tea?** czy napiłbyś się ⟨napiłby się pan⟩ herbaty?

would-be [ˈwud bi] *adj* rzekomy; niedoszły

wound [¹] *zob.* **wind** *v*

wound [²] [wund] **I** *v* ranić **II** *s* rana *f*; **to inflict a ~** zadać ranę

wove, woven *zob.* **weave**

wrap [ræp] *v* owijać; pakować; **to ~ up** zawijać

wreath [riθ] *s* wieniec *m*; **to lay a ~** złożyć wieniec

wreck [rek] **I** *v* (*of ship*) rozbić się; (*ruin*) niszczyć **II** *s* wrak *m*; (*destruction of the ship*) rozbicie *n* statku

wrestle [ˈresl] *v* uprawiać zapaśnictwo; (*grapple*) zmagać się

wrestler [ˈreslə(r)] *s* zapaśnik *m*

wretched [ˈretʃid] *adj* wstrętny; paskudny; niegodziwy; (*unhappy*) nędzny; nieszczęsny

wriggle [ˈrigl] *v* skręcać się; wić się; wywijać; wyginać; **to ~ out** wykręcać się

wring [riŋ] *v* wykręcać; ukręcić; wyżymać

wrinkle [ˈriŋkl] **I** *v* marszczyć (się) **II** *s* zmarszczka *f*

wrist [rist] *s* przegub *m* (dłoni)

wrist-watch [ˈrist wotʃ] *s* zegarek *m* na rękę

write [rait] *v* (**wrote** [rəut], **written** [ˈritn]) pisać; **to ~ down** zapisywać

writer [ˈraitə(r)] *s* pisarz *m*

writing [ˈraitiŋ] *s* **1.** pismo *n*; **in ~** na piśmie; pisemnie **2.** (*piece of literary work*) utwór *m*

writing-desk [ˈraitiŋ desk] *s* biurko *n*; pulpit *m*

writing-paper [ˈraitiŋ peipə(r)] *s* papier listowy

written *zob.* **write**

wrong [roŋ] **I** *v* krzywdzić; szkodzić **II** *s* **1.** krzywda *f*; (*injustice*) niesprawiedliwość *f*; **to do sb ~** skrzywdzić kogoś **2.** (*error*) błąd *m*; **to be in the ~** nie miec racji; **to mylić się 3.** (*evil*) zło *n*; **to do ~** źle postępować **III** *adj* mylny; zły; nieprawidłowy; błędny; fałszywy; **to be ~** nie mieć racji; **to**

go ~ zmylić drogę; pobłą-
dzić; (fail) nie udać się;
popsuć się IV adv niesłusz-
nie; źle; what is ~ with
you? co ci jest?
wrote zob. write

wrought [rɔt] adj obrobiony;
~ iron kute żelazo
wry [rai] adj krzywy; skrzywiony; to make a ~ face
zrobić kwaśną minę; skrzywić się

X

X-ray ['eks-rei] 1 v prześwie-
tlać rentgenem II s (pl) ~s
promienie rentgenowskie III
adj rentgenowski; ~ pho-
tograph ⟨plate⟩ zdjęcie rent-

genowskie ⟨klisza rentge-
nowska⟩; ~ examination
prześwietlenie n
xylophone ['zailəfəun] s ksy-
lofon m

Y

yacht [jot] I s jacht m II v
płynąć jachtem
yachting ['jotiŋ] s żeglarstwo
n, sport żeglarski
Yankee ['jæŋki] s Jankes m
yard¹ [jad] s jard m (miara)
yard² [jad] s dziedziniec m;
podwórze n
yarn [jan] s przędza f
yawn [jɔn] I v ziewać II s
ziewanie n
year [jɜ(r)], [jiə(r)] s rok m;
~ by ~ rok za rokiem; he
is growing in ~s on się
starzeje
yearbook ['jɜbuk] s rocznik m
yearly ['jɜli] adj roczny; doroczny
yearn [jɜn] v tęsknić (for
⟨after⟩ sb, sth za kimś,
czymś)
yeast [jist] s drożdże pl
yell [jel] I v wyć; wrzeszczeć
II s wrzask m; wycie n
yellow ['jeləu] adj żółty; pot.
tchórzliwy; przen. zazdrosny
yes [jes] adv tak
yesterday ['jestədi] I adv
wczoraj II s dzień wczo-

rajszy; the day before ~
przedwczoraj
yet [jet] adv 1. jeszcze; jednakże; nawet; a jednak; as
~ dotychczas, jak dotąd 2.
(in interrogatives) już; has
he come ~? czy on już
przyszedł?
yew [ju] s cis m
yield [jild] I v wydawać z
siebie; (give crop) przynosić plon; (give in) ustępować II s plon m; wynik m;
żniwo n; wydajność f
yoke [jəuk] I v ujarzmiać II
s jarzmo n
yolk [jəuk] s żółtko n
you [ju] pron ty; wy; pan m;
pani f
young [jʌŋ] I adj młody; the
~ people młodzież f II s
młode pl (zwierzęcia); the
~ młodzi pl; młodzież f
youngster ['jʌŋstə(r)] s młodzieniec m; młodzik m
your [jɔ(r)] adj twój; wasz;
pański
yours [jɔz] pron twój; wasz;
pański; (in letters) ~ truly
szczerze oddany

yourself [jɔ'self] *pron* ty sam; pan sam; siebie; sobie; się
yourselves [jɔ'selvz] *pron* wy sami; panowie sami; siebie; sobie; się
youth [juθ] *s* 1. młodość *f* 2. (*young man*) młodzieniec

m 3. (*young people*) młodzież *f*; ~ **hostel** schronisko młodzieżowe
youthful ['juθfl] *adj* młodzieńczy
you've [juv] = **you have**

Z

zeal [zil] *s* gorliwość *f*; zapał *m*
zealous ['zeləs] *adj* gorliwy
zebra ['zibrə] *s* zebra *f*; ~ **marking** ⟨**crossing**⟩ przejście *n* dla pieszych, zebra *f*
zenith ['zeniθ] *s* zenit *m*
zero ['zɪərəʊ] I *s* zero *n* II *adj* zerowy
zest [zest] *s* zapał *m*; ochota *f*; zamiłowanie *n*
zinc [zɪŋk] *s* cynk *m*
zip-code ['zɪp kəʊd] *s am.* kod pocztowy
zip-fastener ['zɪp fɑsnə(r)], **zipper** ['zɪpə(r)] *s* suwak *m*; zamek błyskawiczny

zither ['zɪθə(r)] *s* cytra *f*
zodiak ['zəʊdɪək] *s* zodiak *m*
zone [zəʊn] *s* strefa *f*; pas *m*; **border** ⟨**frontier**⟩ ~ strefa przygraniczna; **danger** ~ strefa zagrożenia; **free-trade** ~ strefa wolnocłowa; **torrid** ~ strefa podzwrotnikowa
zoo [zu] *s* ogród zoologiczny
zoological ['zəʊə'lodʒɪkl] *adj* zoologiczny
zoologist [zəʊ'olədʒɪst] *s* zoolog *m*
zoology [zəʊ'olədʒɪ] *s* zoologia *f*

CZASOWNIKI Z TZW. ODMIANĄ NIEREGULARNĄ
LIST OF IRREGULAR VERBS

Infinitive Bezokolicznik	Past Czas przeszły	Past Participle Imiesłów czasu przeszłego
abide [ə'bɑɪd]	abode [ə'bəʊd] abided [ə'bɑɪdɪd]	abode [ə'bəʊd] abided [ə'bɑɪdɪd]
arise [ə'rɑɪz]	arose [ə'rəʊz]	arisen [ə'rɪzn]
awake [ə'weɪk]	awoke [ə'wəʊk] awaked [ə'weɪkt]	awoke [ə'wəʊk] awaked [ə'weɪkt]
be [bi]	was [wɒz], were [weə(r)]	been [bin]
bear [beə(r)]	bore [bɔ(r)]	borne [bɔn] born [bɔn]
beat [bit]	beat [bit]	beaten ['bitn]
become [bɪ'kʌm]	became [bɪ'keɪm]	become [bɪ'kʌm]
befall [bɪ'fɔl]	befell [bɪ'fel]	befallen [bɪ'fɔlən]
beget [bɪ'get]	begot [bɪ'gɒt]	begotten [bɪ'gɒtn]
begin [bɪ'gɪn]	began [bɪ'gæn]	begun [bɪ'gʌn]
bend [bend]	bent [bent]	bent [bent]
bereave [bɪ'riv]	bereaved [bɪ'rivd] bereft [bɪ'reft]	bereaved [bɪ'rivd] bereft [bɪ'reft]
beseech [bɪ'sitʃ]	besought [bɪ'sɔt]	besought [bɪ'sɔt]
bid [bɪd]	bade [beɪd] bid [bɪd]	bidden ['bɪdn] bid [bɪd]
bind [bɑɪnd]	bound [bɑʊnd]	bound [bɑʊnd]
bite [bɑɪt]	bit [bɪt]	bitten ['bɪtn]
bleed [blid]	bled [bled]	bled [bled]
blow [bləʊ]	blew [blu]	blown [bləʊn]
break [breɪk]	broke [brəʊk]	broken ['brəʊkən]
breed [brid]	bred [bred]	bred [bred]
bring [brɪŋ]	brought [brɔt]	brought [brɔt]
build [bɪld]	built [bɪlt]	built [bɪlt]
ourn [bɜn]	burnt [bɜnt]	burnt [bɜnt]
burst [bɜst]	burst [bɜst]	burst [bɜst]
buy [bɑɪ]	bought [bɔt]	bought [bɔt]
can [kæn]	could [kʊd]	

cast [kɑst]	cast [kɑst]	cast [kɑst]
catch [kætʃ]	caught [kɔt]	caught [kɔt]
chide [tʃaɪd]	chid [tʃɪd]	chidden [`tʃɪdn]
choose [tʃuz]	chose [tʃəuz]	chosen [`tʃəuzn]
cling [klɪŋ]	clung [klʌŋ]	clung [klʌŋ]
come [kʌm]	came [keɪm]	come [kʌm]
cost [kost]	cost [kost]	cost [kost]
creep [krip]	crept [krept]	crept [krept]
crow [krəu]	crew [kru]	crowed [krəud]
cut [kʌt]	cut [kʌt]	cut [kʌt]
deal [dil]	dealt [delt]	dealt [delt]
dig [dɪg]	dug [dʌg]	dug [dʌg]
do [du]	did [dɪd]	done [dʌn]
draw [drɔ]	drew [dru]	drawn [drɔn]
dream [drim]	dreamt [dremt]	dreamt [dremt]
	dreamed [drimd]	dreamed [drimd]
drink [drɪŋk]	drank [dræŋk]	drunk [drʌŋk]
drive [draɪv]	drove [drəuv]	driven [`drɪvn]
dwell [dwel]	dwelt [dwelt]	dwelt [dwelt]
eat [it]	ate [et]	eaten [`itn]
fall [fɔl]	fell [fel]	fallen [`fɔlən]
feed [fid]	fed [fed]	fed [fed]
feel [fil]	felt [felt]	felt [felt]
fight [faɪt]	fought [fɔt]	fought [fɔt]
find [faɪnd]	found [faund]	found [faund]
flee [fli]	fled [fled]	fled [fled]
fling [flɪŋ]	flung [flʌŋ]	flung [flʌŋ]
fly [flaɪ]	flew [flu]	flown [fləun]
forbid [fə`bɪd]	forbade [fə`beɪd]	forbidden [fə`bɪdn]
foresee [fɔ`si]	foresaw [fɔ`sɔ]	foreseen [fɔ`sin]
foretell [fɔ`tel]	foretold [fɔ`təuld]	foretold [fɔ`təuld]
forget [fə`get]	forgot [fə`got]	forgotten [fə`gotn]
forgive [fə`gɪv]	forgave [fə`geɪv]	forgiven [fə`gɪvn]
forsake [fə`seɪk]	forsook [fə`suk]	forsaken [fə`seɪkn]
freeze [friz]	froze [frəuz]	frozen [`frəuzn]
get [get]	got [got]	got [got]
		am. gotten [`gotn]
give [gɪv]	gave [geɪv]	given [`gɪvn]
go [gəu]	went [went]	gone [gon]
grind [graɪnd]	ground [graund]	ground [graund]

grow [grəʊ]	grew [gru]	grown [grəʊn]
hang [hæŋ]	hung [hʌŋ]	hung [hʌŋ]
	hanged [hæŋd]	hanged [hæŋd]
have [hæv]	had [hæd]	had [hæd]
hear [hɪə(r)]	heard [h3d]	heard [h3d]
hew [hju]	hewed [hjud]	hewn [hjun]
hide [hɑɪd]	hid [hɪd]	hidden [ˈhɪdn]
hit [hɪt]	hit [hɪt]	hit [hɪt]
hold [həʊld]	held [held]	held [held]
hurt [h3t]	hurt [h3t]	hurt [h3t]
inlay [ˈɪnleɪ]	inlaid [ˈɪnleɪd]	inlaid [ˈɪnleɪd]
keep [kip]	kept [kept]	kept [kept]
kneel [nil]	knelt [nelt]	knelt [nelt]
knit [nɪt]	knit [nɪt]	knit [nɪt]
	knitted [ˈnɪtɪd]	knitted [ˈnɪtɪd]
know [nəʊ]	knew [nju]	known [nəʊn]
lay [leɪ]	laid [leɪd]	laid [leɪd]
lead [lid]	led [led]	led [led]
lean [lin]	leant [lent]	leant [lent]
leap [lip]	leapt [lept]	leapt [lept]
learn [l3n]	learnt [l3nt]	lernt [l3nt]
	learned [l3nd]	learned [l3nd]
leave [liv]	left [left]	left [left]
lend [lend]	lent [lent]	lent [lent]
let [let]	let [let]	let [let]
lie [lɑɪ]	lay [leɪ]	lain [leɪn]
light [lɑɪt]	lighted [ˈlɑɪtɪd]	lighted [ˈlɑɪtɪd]
	lit [lɪt]	lit [lɪt]
lose [luz]	lost [lost]	lost [lost]
make [meɪk]	made [meɪd]	made [meɪd]
may [meɪ]	might [mɑɪt]	
mean [min]	meant [ment]	meant [ment]
meet [mit]	met [met]	met [met]
misgive [mɪsˈgɪv]	misgave [mɪsˈgeɪv]	misgiven [mɪsˈgɪvn]
mislay [mɪsˈleɪ]	mislaid [mɪsˈleɪd]	mislaid [mɪsˈleɪd]
mislead [mɪsˈlid]	misled [mɪsˈled]	misled [mɪsˈled]
mistake [mɪsˈteɪk]	mistook [mɪsˈtʊk]	mistaken [mɪsˈteɪkn]
misunderstand [ˈmɪsˈʌndəˈstænd]	misunderstood [ˈmɪsˈʌndəˈstud]	misunderstood [ˈmɪsˈʌndəˈstud]
mow [məʊ]	mowed [məʊd]	mown [məʊn]

overcast
['əʊvə'kɑst] | overcast ['əʊvə'kɑst] | overcast ['əʊvə'kɑst]
overcome | overcame | overcome
['əʊvə'kʌm] | [əʊvə'keɪm] | ['əʊvə'kʌm]
overdo ['əʊvə'du] | overdid ['əʊvə'dɪd] | overdone ['əʊvə'dʌn]
overeat ['əʊvər'it] | overate ['əʊvər'et] | overeaten
| | ['əʊvər'itn]
overhear | overheard ['əʊvə'h3d] | overheard ['əʊvə'h3d]
['əʊvə'hɪə(r)]
overpay ['əʊvə'peɪ] | overpaid ['əʊvə'peɪd] | overpaid ['əʊvə'peɪd]
oversee ['əʊvə'si] | oversaw ['əʊvə'sɔ] | overseen ['əʊvə'sin]
oversleep ['əʊvə'slip] | overslept ['əʊvə'slept] | overslept ['əʊvə'slept]
overtake | overtook ['əʊvə'tʊk] | overtaken
['əʊvə'teɪk] | | ['əʊvə'teɪkən]
overthrow | overthrew | overthrown
['əʊvə'θrəʊ] | ['əʊvə'θru] | ['əʊvə'θrəʊn]
partake [pɑ'teɪk] | partook [pɑ'tʊk] | partaken [pɑ'teɪkən]
pay [peɪ] | paid [peɪd] | paid [peɪd]
put [pʊt] | put [pʊt] | put [pʊt]
read [rid] | read [red] | read [red]
rend [rend] | rent [rent] | rent [rent]
repay ['ri'peɪ] | repaid ['ri'peɪd] | repaid ['ri'peɪd]
rid [rɪd] | rid [rɪd] | rid [rɪd]
ride [rɑɪd] | rode [rəʊd] | ridden ['rɪdn]
ring [rɪŋ] | rang [ræŋ] | rung [rʌŋ]
rise [rɑɪz] | rose [rəʊz] | risen ['rɪzn]
run [rʌn] | ran [ræn] | run [rʌn]
saw [sɔ] | sawed [sɔd] | sawn [sɔn]
say [seɪ] | said [sed] | said [sed]
see [si] | saw [sɔ] | seen [sin]
seek [sik] | sought [sɔt] | sought [sɔt]
sell [sel] | sold [səʊld] | sold [səʊld]
send [send] | sent [sent] | sent [sent]
set [set] | set [set] | set [set]
sew [səʊ] | sewed [səʊd] | sewn [səʊn]
shake [ʃeɪk] | shook [ʃʊk] | shaken ['ʃeɪkn]
shed [ʃed] | shed [ʃed] | shed [ʃed]
shine [ʃɑɪn] | shone [ʃon] | shone [ʃon]
shoot [ʃut] | shot [ʃot] | shot [ʃot]
show [ʃəʊ] | showed [ʃəʊd] | shown [ʃəʊn]

shrink [ʃrɪŋk]	shrank [ʃræŋk]	shrunk [ʃrʌŋk]
shut [ʃʌt]	shut [ʃʌt]	shut [ʃʌt]
sing [sɪŋ]	sang [sæŋ]	sung [sʌŋ]
sink [sɪŋk]	sank [sæŋk]	sunk [sʌŋk]
sit [sɪt]	sat [sæt]	sat [sæt]
sleep [slip]	slept [slept]	slept [slept]
slide [slɑɪd]	slid [slɪd]	slid [slɪd]
sling [slɪŋ]	slung [slʌŋ]	slung [slʌŋ]
smell [smel]	smelt [smelt]	smelt [smelt]
sow [səu]	sowed [səud]	sown [səun]
speak [spik]	spoke [spəuk]	spoken [`spəukən]
speed [spid]	sped [sped]	sped [sped]
spell [spel]	spelt [spelt]	spelt [spelt]
spend [spend]	spent [spent]	spent [spent]
spill [spɪl]	spilt [spɪlt]	spilt [spɪlt]
spin [spɪn]	spun [spʌn]	spun [spʌn]
spit [spɪt]	spat [spæt]	spat [spæt]
split [splɪt]	split [splɪt]	split [splɪt]
spoil [spɔɪl]	spoilt [spɔɪlt]	spoilt [spɔɪlt]
spread [spred]	spread [spred]	spread [spred]
spring [sprɪŋ]	sprang [spræŋ]	sprung [sprʌŋ]
stand [stænd]	stood [stud]	stood [stud]
steal [stil]	stole [stəul]	stolen [`stəulən]
stick [stɪk]	stuck [stʌk]	stuck [stʌk]
sting [stɪŋ]	stung [stʌŋ]	stung [stʌŋ]
stink [stɪŋk]	stank [stæŋk]	stunk [stʌŋk]
strew [stru]	strewed [strud]	strewn [strun]
strike [strɑɪk]	struck [strʌk]	struck [strʌk]
string [strɪŋ]	strung [strʌŋ]	strung [strʌŋ]
strive [strɑɪv]	strove [strəuv]	striven [`strɪvn]
swear [sweə(r)]	swore [swɔ(r)]	sworn [swɔn]
sweep [swip]	swept [swept]	swept [swept]
swell [swel]	swelled [sweld]	swollen [`swəulən]
swim [swɪm]	swam [swæm]	swum [swʌm]
swing [swɪŋ]	swung [swʌŋ]	swung [swʌŋ]
take [teɪk]	took [tuk]	taken [`teɪkən]
teach [titʃ]	taught [tɔt]	taught [tɔt]
tear [teə(r)]	tore [tɔ(r)]	torn [tɔn]
tell [tel]	told [təuld]	told [təuld]
think [Θɪŋk]	thought [Θɔt]	thought [Θɔt]

thrive [Θraɪv]	throve [Θrəuv]	thriven ['Θrɪvən]
throw [Θrəu]	threw [Θru]	thrown [Θrəun]
thrust [Θrʌst]	thrust [Θrʌst]	thrust [Θrʌst]
tread [tred]	trod [trod]	trodden ['trodn]
undergo ['ʌndə'gəu]	underwent ['ʌndə'went]	undergone ['ʌndə'gon]
understand ['ʌndə'stænd]	understood ['ʌndə'stud]	understood ['ʌndə'stud]
undertake ['ʌndə'teɪk]	undertook ['ʌndə'tuk]	undertaken ['ʌndə'teɪkən]
undo ['ʌn'du]	undid ['ʌn'dɪd]	undone ['ʌn'dʌn]
uphold [ʌp'həuld]	upheld [ʌp'held]	upheld [ʌp'held]
upset ['ʌp'set]	upset ['ʌp'set]	upset ['ʌp'set]
wake [weɪk]	woke [wəuk]	woke(n) ['wəukn]
wear [weə(r)]	wore [wɔ(r)]	worn [wɔn]
weave [wiv]	wove [wəuv]	woven ['wəuvn]
weep [wip]	wept [wept]	wept [wept]
win [wɪn]	won [wʌn]	won [wʌn]
wind [waɪnd]	wound [waund]	wound [waund]
withdraw [wɪð'drɔ]	withdrew [wɪð'dru]	withdrawn [wɪð'drɔn]
write [raɪt]	wrote [rəut]	written ['rɪtn]

NAZWY GEOGRAFICZNE
GEOGRAPHICAL NAMES

Adelaide ['ædɪlɪd] Adelaida f
Adriatic (Sea) ['eɪdrɪ'ætɪk si] Adriatyk m, Morze Adriatyckie
Afghanistan [æf'gænɪ'stɑn] Afganistan m
Africa ['æfrɪkə] Afryka f
Alabama ['ælə'bæmə] Alabama f
Alaska [ə'læskə] Alaska f
Albania [æl'beɪnɪə] Albania f; (the) People's Socialist Republic of ~ Ludowa Socjalistyczna Republika Albanii
Algeria [æl'dʒɪərɪə] Algieria f
Alps [ælps] Alpy pl
Amazon ['æməzn] Amazonka f
America [ə'merɪkə] Ameryka f
Amsterdam ['æmstədæm] Amsterdam m
Andes ['ændɪz] Andy pl
Ankara ['æŋkərə] Ankara f
Antarctic Continent [æn'tɑktɪk kontɪnənt] Antarktyda f
Antilles [æn'tɪlɪz] Antyle pl
Appalachian Mountains [æpə'lækɪən mɑuntɪnz] Appalachy pl
Arctic Ocean ['ɑktɪk əuʃn] Ocean Lodowaty Północny
Argentina ['ɑdʒən'tɪnə], the Argentine ['ɑdʒəntaɪn] Argentyna f

Arizona ['ærɪ'zəunə] Arizona f
Arkansas ['ɑkənsɔ] Arkansas m
Asia ['eɪʃə] Azja f
Athens ['æθɪnz] Ateny pl
Atlantic Ocean [ət'læntɪk əuʃn] Antlantyk m, Ocean Atlantycki
Australia [o'streɪlɪə] Australia f; the Commonwealth of ~ Związek Australijski
Austria ['ostrɪə] Austria f

Baghdad [bæg'dæd] Bagdad m
Bahamas, the [bə'hɑməz] Wyspy pl Bahama
Balkans ['bɔlkənz] Bałkany pl
Baltic (Sea) ['bɔltɪk (si)] Bałtyk m, Morze Bałtyckie
Bangladesh ['bæŋglə'deʃ] Bangladesz m
Bath [bɑθ] Bath n
Belfast ['belfɑst] Belfast m
Belgium ['beldʒəm] Belgia f
Belgrade ['belgreɪd] Belgrad m
Benelux ['benɪlʌks] Beneluks m
Bering Sea ⟨Strait⟩ ['berɪŋ si ⟨streɪt⟩] Morze n ⟨Cieśnina f⟩ Beringa
Berlin [bɜ'lɪn] Berlin m
Bermuda [bɜ'mjudə] Bermudy pl
Bern [bɜn] Berno n

Birmingham [`bɜmɪŋəm] Birmingham m

Bolivia [bə`lɪvɪə] Boliwia f

Bombay [`bombeɪ] Bombaj m

Bonn [bon] Bonn n

Borneo [`bonɪəʊ] Borneo n

Bosphorus [`bosfərəs] Bosfor m

Brasilia [brə`zɪlɪə] Brasilia f

Brazil [brə`zɪl] Brazylia f

Brighton [`braɪtn] Brighton n

Brisbane [`brɪsbən] Brisbane n

Bristol [`brɪstl] Bristol m

Britain = Great Britain

British Columbia [`brɪtɪʃ kə`lʌmbɪə] Kolumbia Brytyjska

Brooklyn [`brʊklɪn] Brooklyn m

Brussels [`brʌsəlz] Bruksela f

Bucharest [`bjukə`rest] Bukareszt m

Buckingham [`bʌkɪŋəm] Buckingham m

Budapest [`bjudə`pest] Budapeszt m

Buenos Aires [`bweɪnəs `eəriz] Buenos Aires n

Bulgaria [bʌl`geərɪə] Bułgaria f; (the) People's Republic of ~ Ludowa Republika Bułgarii

Burma [`bɜmə] Birma f

Cairo [`kaɪərəʊ] Kair m

Calcutta [kæl`kʌtə] Kalkuta f

Caledonian Canal [`kælɪ`dəʊnɪən kə`næl] Kanał Kaledoński

California [`kælə`fɔnɪə] Kalifornia f

Cambridge [`keɪmbrɪdʒ] Cambridge m, n

Canada [`kænədə] Kanada f

Canary Islands [kə`neərɪ aɪləndz] Wyspy Kanaryjskie

Canberra [`kænbərə] Camberra f

Canterbury [`kæntəbrɪ] Canterbury n

Cape Horn [`keɪp hɔn] Przylądek Horn m

Caribbean Sea [`kærɪ`bɪən si] Morze Karaibskie

Carpathians [ka`pɪθɪənz] Karpaty pl

Caucasus, the [`kɔkəsəs] Kaukaz m

Channel Islands [`tʃænl aɪləndz] Wyspy Normandzkie

Chelsea [`tʃelsɪ] Chelsea n (w Londynie)

Chicago [ʃɪ`kagəʊ] Chicago n

Chile [`tʃɪlɪ] Chile n

China [`tʃaɪnə] Chiny pl

Chinese People's Republic, the [`tʃaɪ`niz piplz rɪ`pʌblɪk] Chińska Republika Ludowa

Cleveland [`klivlənd] Cleveland m n

Colombia [kə`lombɪə] Kolumbia f

Colorado [`kolə`radəʊ] Kolorado n

Congo [`koŋgəʊ] Kongo n

Connecticut [kə`netɪkət] Connecticut n

Copenhagen   ['kəupn'heigən]
Kopenhaga f
Cordilleras ['kɔdı'lıeərəz] Kor-
dyliery pl
Cornwall ['kɔnwəl] Kornwa-
lia f
Corsica ['kɔsıkə] Korsyka f
Costa Rica ['kostə 'rikə] Ko-
staryka f
Coventry ['kovntrı] Coven-
try n
Crete [krit] Kreta f
Crimea [kraı'mıə] Krym m
Cuba ['kjubə] Kuba f; (the)
Socialist Republic of ~ So-
cjalistyczna Republika Ku-
by
Cyprus ['saıprəs] Cypr m
Czechoslovakia   ['tʃekəu-slə-
'vækıə] Czechosłowacja f
Czechoslovak Socialist Repu-
blic, the ['tʃekəu'slovək-
'səuʃlıst rı'pʌblık] Czechosło-
wacka Republika Socjali-
styczna

Damascus [də'mæskəs] Dama-
szek m
Danube ['dænjub] Dunaj m
Dardanelles [dadə'nelz] Dar-
danele pl
Delaware ['deləweə(r)] Dela-
ware f
Delhi ['delı] Delhi n
Denmark ['denmɑk] Dania f
Derby ['dɑbı] Derby n
Detroit [dı'trɔıt] Detroit n
Djakarta [dʒə'katə] Dżakarta f
Dover ['dəuvə(r)] Dover m n
Dublin ['dʌblın] Dublin m

Ecuador ['ekwədɔ(r)] Ekwa-
dor m
Edinburgh ['edınbrə] Edyn-
burg m
Egypt ['idʒıpt] Egipt m
Eire ['eərə] Republika Irlan-
dzka, Irlandia f
England ['ıŋglənd] Anglia f
English Channel ['ıŋglıʃ tʃænl]
Kanał m La Manche
Erie ['ıərı] jezioro n Erie
Ethiopia ['iθı'əupıə] Etiopia f
Europe ['juərəp] Europa f
Everest, Mount ['evərıst] Eve-
rest m

Federal Republic of Germany
['fedrl rı'pʌblık əv dʒɜmənı]
Republika Federalna Nie-
miec
Finland ['fınlənd] Finlandia f
Florida ['florıdə] Floryda f
France [frɑns] Francja f

Geneva [dʒı'nivə] Genewa f
Georgia ['dʒɔdʒə] Georgia f
German Democratic Republic
['dʒɜmən demə'krætık rı'pʌ-
blık] Niemiecka Republika
Demokratyczna
Ghana ['gɑnə] Ghana f
Gibraltar [dʒı'brəltə(r)] Gib-
raltar m
Glasgow ['glɑzgəu] Glasgow
n
Gloucester ['glostə(r)] Glouce-
ster n
Great Britain ['greıt 'brıtn]
Wielka Brytania; The Unit-
ed Kingdom of ~ and

Northern Ireland Zjedno-
czone Królestwo Wielkiej
Brytanii i Północnej Irlan-
dii
Greece [gris] Grecja f
Greenland ['grinlənd] Gren-
landia f
Greenwich ['grɪnɪdʒ] Green-
wich n
Guatemala ['gwɑtɪ'mɑlə]
Gwatemala f
Guyana [gɑɪ'ænə] Gujana f

Hague, the [heɪg] Haga f
Havana [hə'vænə] Hawana f
Hawaii [hə'waɪɪ] Hawaje pl
Helsinki ['helsɪŋkɪ] Helsinki pl
Himalayas, the ['hɪmə'leɪəz]
Himalaje pl
Hiroshima ['hɪro'ʃɪmə] Hiro-
szima f
Holland ['holənd] Holandia f
Hollywood ['holɪwud] Holly-
wood n m
Honduras [hon'djuərəs] Hon-
duras m
Houston ['hjustn] Houston n
Hudson Bay ['hʌdsn beɪ] Za-
toka f Hudsona
Hungarian People's Republic,
the [hʌŋ'geərɪən 'pɪplz rɪ'pʌ-
blɪk] Węgierska Republika
Ludowa
Hungary ['hʌŋgərɪ] Węgry pl

Iceland ['aɪslənd] Islandia f
Idaho ['aɪdəhəu] Idaho n
Illinois ['ɪlɪ'nɔɪ] Illinois n
India ['ɪndɪə] Indie pl
Indiana ['ɪndɪ'ænə] Indiana f

Indian Ocean ['ɪndɪən əuʃn]
Ocean Indyjski
Iowa ['aɪəwə] Iowa f
Iran [ɪ'rɑn] Iran m
Iraq [ɪ'rɑk] Irak m
Ireland ['aɪələnd] Irlandia f;
(the) Republic of ~ Repu-
blika Irlandzka
Isle of Man [aɪl əv 'mæn]
Wyspa f Man
Isle of Wight [aɪl əv 'waɪt]
Wyspa f Wight
Israel ['ɪzreɪl] Izrael m
Italy ['ɪtəlɪ] Włochy pl

Jamaica [dʒə'meɪkə] Jamajka f
Japan [dʒə'pæn] Japonia f
Jersey ['dʒɜzɪ] Jersey f
Jordan ['dʒɔdn] Jordania f

Kampuchea [kəm'putʃə] Kam-
pucza f
Kansas ['kænzəs] Kansas n m
Kensington ['kenzɪŋtən] Ken-
sington m (w Londynie)
Kent [kent] Kent m
Kentucky [ken'tʌkɪ] Ken-
tucky n
Kenya ['kenjə] Kenia f
Korea [kə'rɪə] Korea f; (the)
Democratic People's Repu-
blic of ~ Koreańska Repu-
blika Ludowo-Demokraty-
czna
Kuwait [ku'weɪt] Kuwejt m

Labrador ['læbrədɔ(r)] Labra-
dor m
Lebanon ['lebənən] Liban m
Leeds [lidz] Leeds n

Leicester ['lestə(r)] Leicester *m*

Libya ['lɪbɪə] Libia *f*

Lisbon ['lɪzbən] Lizbona *f*

Liverpool ['lɪvəpul] Liverpool *m*

London ['lʌndən] Londyn *m*

Los Angeles ['los 'ændʒəliz] Los Angeles *n*

Louisiana [luˈizɪˈænə] Luizjana *f*

Luxemburg ['lʌksmbɜg] Luksemburg *m*

Madagascar ['mædəˈgæskə(r)] Madagaskar *m*

Madrid [məˈdrɪd] Madryt *m*

Maine [meɪn] Maine *m*

Malta ['mɔltə] Malta *f*

Manchester ['mæntʃɪstə(r)] Manchester *m*

Manhattan [mænˈhætn] Manhattan *m* (w Nowym Jorku)

Manitoba ['mænɪˈtəubə] Manitoba *f*

Maryland ['meərɪlænd] Maryland *m*

Massachusetts ['mæsəˈtʃusɪts] Massachusetts *n*

Mediterranean Sea ['medɪtəˈreɪnɪən 'si] Morze Śródziemne

Melbourne ['melbən] Melbourne *n*

Mexico ['meksɪkəu] Meksyk *m*

Miami [maɪˈæmɪ] Miami *n*

Michigan ['mɪʃɪgən] Michigan *m*

Minnesota ['mɪnɪˈsəutə] Minnesota *f*

Mississippi ['mɪsɪˈsɪpɪ] Missisipi *m*

Missouri [mɪˈzuərɪ] Missouri *m*

Monaco ['monəkəu] Monako *n*

Mongolia [monˈgəulɪə] Mongolia *f*

Mongolian People's Republic [monˈgəulɪən 'piplz rɪˈpʌblɪk] Mongolska Republika Ludowa

Montana [monˈtænə] Montana *f*

Mont Blanc ['mõ 'blõ] Mont Blanc *m*

Montreal ['montrɪˈol] Montreal *m*

Morocco [məˈrokəu] Maroko *n*

Moscow ['moskəu] Moskwa *f*

Munich ['mjunɪk] Monachium *n*

Naples ['neɪplz] Neapol *m*

Nebraska [nɪˈbræskə] Nebraska *f*

Netherlands, the ['neðələndz] Holandia *f*

Nevada [nɪˈvɑdə] Nevada *f*

Newcastle ['njukɑsl] Newcastle *n*

Newfoundland ['njufəndˈlænd] Nowa Fundlandia (w Kanadzie)

New Guinea [nju 'gɪnɪ] Nowa Gwinea *f*

New Hampshire [nju 'hæmpʃə(r)] New Hampshire *n*

New Jersey [nju `dʒɜzɪ] New Jersey n

New Mexico [nju `meksɪkəu] Nowy Meksyk m

New Orleans [`nju ɔ`liənz] Nowy Orlean m

New York [`nju `jɔk] Nowy Jork m

New Zealand [`nju `zilənd] Nowa Zelandia f

Niagara Falls [naɪ`ægrə fɔlz] Wodospady pl Niagary, Niagara f

Nigeria [naɪ`dʒɪərɪə] Nigeria f

Nile [naɪl] Nil m

North America [`nɔθ-ə`merɪkə] Ameryka Północna

North Carolina [nɔθ `kærə-`laɪnə] Północna Karolina

North Dakota [`nɔθ-də`kəutə] Północna Dakota

Northern Ireland [`nɔðən aɪ-ələnd] Północna Irlandia

North Pole [`nɔθ `pəul] Biegun Północny

North Sea [`nɔθ `si] Morze Północne

Norway [`nɔweɪ] Norwegia f

Nottingham [`notɪŋəm] Nottingham m n

Nova Scotia [`nəuvə `skəuʃə] Nowa Szkocja (w Kanadzie)

Oder [`əudə(r)] Odra f

Ohio [əu`haɪəu] Ohio n

Oklahoma [`əuklə`həumə] Oklahoma f

Ontario [on`teərɪəu] Ontario n

Oregon [`orɪgən] Oregon m

Oslo [`ozləu] Oslo n

Ottawa [`otəwə] Ottawa f

Oxford [`oksfəd] Oksford m

Pacific Ocean [pə`sɪfɪk əuʃn] Ocean Spokojny, Pacyfik m

Paddington [`pædɪŋtən] Paddington m (w Londynie)

Pakistan [`pakɪ`stɑn] Pakistan m

Palestine [`pælɪstaɪn] Palestyna f

Panama [`pænə`mɑ] Panama f; ~ Canal Kanał Panamski

Paraguay [`pærəgwaɪ] Paragwaj m

Paris [`pærɪs] Paryż m

Peking [`pi`kɪŋ] Pekin m

Pennsylvania [`pensl`veɪnɪə] Pensylwania f

Peru [pə`ru] Peru n

Philadelphia [`fɪlə`delfɪə] Filadelfia f

Philippines, the [`fɪlɪpinz] Filipiny pl

Plymouth [`plɪməθ] Plymouth m n

Poland [`pəulənd] Polska f

Polish People's Republic, the [`pəulɪʃ `piplz rɪ`pʌblɪk] Polska Rzeczpospolita Ludowa

Portugal [`pɔtʃugl] Portugalia f

Prague [prɑg] Praga f

Pyrenees [`pɪrə`niz] Pireneje pl

Quebec [kwɪ`bek] Quebec m n

Reading [`redɪŋ] Reading n

Red Sea ['red si] Morze Czer-
v.one

Reykjavik ['reɪkɪəvik] Reykjavik m

Rhine [raɪn] Ren m

Rhode Island ['rəud 'aɪlənd]
Rhode Island

Rio de Janeiro ['rɪəu dɪ dʒə-
'neərəu] Rio de Janeiro n

Rockies ['rokɪz], Rocky Mountains ['rokɪ mauntɪnz] Góry
Skaliste

Rome [rəum] Rzym m

Romania [rəu'meɪnɪə] Rumu-
nia f; (the) Socialist Republic of ~ Socjalistyczna Republika Rumunii

Sahara [sə'harə] Sahara f

San Francisco ['sæn frən'sɪs-
kəu] San Francisco n

Sardinia [sa'dɪnɪə] Sardynia f

Saskatchewan [səs'kætʃəwən]
Saskatchewan m (w Kana-
dzie)

Saudi Arabia ['saudɪ ə'reɪbɪə]
Arabia Saudyjska

Scandinavia ['skændɪ'neɪvɪə]
Skandynawia f

Scotland ['skotlənd] Szkocja f

Seine [seɪn] Sekwana f

Sheffield ['ʃefɪld] Sheffield n

Sicily ['sɪsļɪ] Sycylia f

Singapore ['sɪŋgə'pɔ(r)] Singapur m

Sofia ['səufɪə] Sofia f

Soho ['səuhəu] Soho n (w Londynie)

Somalia [sə'malɪə] Somalia f

South America ['sauθ-ə'me-
rɪkə] Ameryka Południowa

Southampton [sau'θæmptən]
Southampton n

South Carolina [sauθ' kærə-
'laɪnə] Południowa Karolina

South Dakota ['sauθ-də'kəutə]
Południowa Dakota

South Pole ['sauθ 'pəul] Biegun Południowy

Soviet Union, the ['səuvɪət
'junɪən] Związek Radziecki

Spain [speɪn] Hiszpania f

Sri Lanka ['srɪ 'læŋkə] Sri
Lanka f

Stamboul [stæm'bul] Stam-
buł m

Stockholm ['stokhəum] Sztokholm m

Strait of Magellan ['streɪt əv
mə'gelən] Cieśnina Magella-
na

Straits of Dover ['streɪts əv
'dəuvə(r)] Cieśnina Kaletań-
ska

Stratford on Avon ['strætfəd
on 'eɪvn] Stratford nad rzeką Avon

Sudan, the [su'dan] Sudan m

Suez ['suɪz] Suez m; ~ Canal
Kanał Sueski

Superior, Lake [sə'pɪərɪə(r)
leɪk] Jezioro Górne

Sweden ['swidn] Szwecja f

Switzerland ['swɪtsəlænd]
Szwajcaria f

Sydney ['sɪdnɪ] Sydney n

Syria ['sɪrɪə] Syria f

Tahiti [tɑ'hitı] Tahiti *f*
Tasmania [tæz'meınıə] Tasmania *f* (w Australii)
Tatra Mountains ['tɑtrəmɑʋntınz] Tatry *pl*
Teheran [teə'rɑn] Teheran *m*
Tennessee ['tene'si] Tennessee *n*
Texas ['teksəs] Teksas *m*
Thailand ['taılænd] Tajlandia *f*
Thames [temz] Tamiza *f*
Tokyo ['təʋkıəʋ] Tokio *n*
Toronto [tə'rontəʋ] Toronto *n*
Trafalgar [trə'fælgə(r)] Trafalgar *m*
Tunisia [tjʋ'nızıə] Tunezja *f*
Turkey ['tɜkı] Turcja *f*

Uganda [jʋ'gændə] Uganda *f*
Ulster ['ʌlstə(r)] Ulster *m*
Union of Soviet Socialist Republics, the ['junıən əv səʋvıət 'səʋʃəlıst rı'pʌblıks] Związek *m* Socjalistycznych Republik Radzieckich
United States of America, the [jʋ'naıtıd 'steıts əv ə'merıkə] Stany Zjednoczone Ameryki
Ural Mountains ['jʋərəl mɑʋntınz] Ural *m*
Urugway ['jʋərəgwaı] Urugwaj *m*
Utah ['jutɔ] Utah *m*

Vancouver [væn'kuvə(r)] Vancouver *m*
Vermont [və'mont] Vermont *m*

Vesuvius [vı'suvıəs] Wezuwiusz *m*
Victoria [vık'tɔrıə] Wiktoria *f*
Vienna [vı'enə] Wiedeń *m*
Vietnam ['vıət'næm] Wietnam *m*; (the) Socialist Republic of ~ Socjalistyczna Republika Wietnamu
Virginia [və'dʒınıə] Wirginia *f*
Vistula ['vıstjʋlə] Wisła *f*
Volga ['volgə] Wołga *f*

Wales [weılz] Walia *f*
Warsaw ['wɔsɔ] Warszawa *f*
Washington ['woʃıŋtən] Waszyngton *m*
Waterloo ['wɔtə'lu] Waterloo *n*
Wellington ['welıŋtən] Wellington *m*
Wembley ['wemblı] Wembley *n*
West Berlin ['west bɜ'lın] Berlin Zachodni
Westminster ['westmınstə(r)] Westminster *m* (w Londynie)
West Virginia ['west vɜ'dʒınıə] Wirginia Zachodnia
Wimbledon ['wımbldən] Wimbledon *m*
Winchester ['wıntʃıstə(r)] Winchester *m*
Windsor ['wınzə(r)] Windsor *m*
Wisconsin [wıs'konsn] Wisconsin *m*
Wyoming [waı'əʋmıŋ] Wyoming *m*

York [jɔk] York *m*

Yugoslavia [ˈjugəuˈslɑvɪə] Ju-
gosławia *f*; **(the) Socialist
Federative Republic of** ～
Socjalistyczna Federacyjna
Republika Jugosławii

Yukon [ˈjukon] Yukon *m*

Zaire [Zɑˈlə(r)] Zair *m*

Zambia [ˈzæmbɪə] Zambia
f

POWSZECHNIE STOSOWANE SKRÓTY ANGIELSKIE I AMERYKAŃSKIE
LIST OF COMMON ENGLISH AND AMERICAN ABBREVIATIONS AND CONTRACTIONS

A.A. = Automobile Association Związek Automobilowy

abbr., abbrev. = 1. abbreviated skrócony 2. abbreviation skrót, skrócenie

A.B.C. = 1. abecadło 2. kolejowy rozkład jazdy (alfabetycznie ułożony) 3. American Broadcasting Company Amerykańskie Radio

abr. = 1. abridged skrócony 2. abridgment skrót, skrócenie

a/c = account/current rachunek bieżący, konto

acc. = account rachunek

A.D. = Anno Domini naszej ery

adv., advt. = advertisement ogłoszenie; reklama

A.F.A. = Amateur Football Association Amatorski Związek Piłkarski

afft = affidavit afidawit, oświadczenie pod przysięgą

A.F.L. = American Federation of Labour Amerykański Związek Pracy

Agt, agt = agent agent

Ala. = Alabama (stan) Alabama

Alas. = Alaska Alaska

alc. = alcohol alkohol

alt. = altitude wysokość nad poziomem morza

A.M. = Artium Magister magister nauk humanistycznych

Am. = 1. America Ameryka 2. American amerykański

a.m. = 1. ante meridiem (*before noon*) przed południem 2. above mentioned wyżej wspomniany ⟨wymieniony⟩

A.P. = Associated Press Zjednoczona Informacja Prasowa

APA = American Press Association Amerykańskie Stowarzyszenie Prasowe

app. = 1. appendix dodatek, załącznik 2. appointed wyznaczony; mianowany

approx. = approximately w przybliżeniu, około

Apr. = April kwiecień

A.R.C. = 1. American Radio Corporation Amerykańskie Radio 2. American Red Cross Amerykański Czerwony Krzyż

Ariz. = Arizona (stan) Arizona

Ark. = Arkansas (stan) **Arkansas**
art. = article artykuł; paragraf
Assoc, assoc. = association związek, stowarzyszenie
Asst = assistant asystent
A.S.T. = Atlantic Standard Time atlantycki czas urzędowy
Att. = attorney pełnomocnik, adwokat
Aug. = August sierpień
Austr. = Australia Australia
auto. = automatic automatyczny
av., avdp. = avoirdupois angielski system wagowy
av., ave. = avenue aleja; ulica
a/w = actual weight ciężar rzeczywisty

B.A. = 1. Baccalaureus Artium (Bachelor of Arts) bakalaureus;
absolwent uniwersytetu bez stopnia magisterskiego 2. British
Airways Brytyjskie Linie Lotnicze
B.B.C. = British Broadcasting Corporation Brytyjskie Radio
i Telewizja
B.C. = 1. .before Christ przed Chrystusem, przed naszą erą
2. birth control regulacja urodzeń
BCA = British Continental Airways Brytyjskie Kontynentalne
Linie Lotnicze
B.E. = 1. Bachelor of Engineering bakalaureus; absolwent
politechniki bez stopnia magisterskiego 2. Bank of England
Bank Angielski
Beds. = Bedfordshire hrabstwo Bedfordshire
B.F.A.S. = British Fine Arts Society Brytyjskie Towarzystwo
Sztuk Pięknych
B/H. = Bill of Health świadectwo zdrowia
b.h.p. = break horse power moc użyteczna w koniach mecha-
nicznych
bldg = building budynek
Blvd, blvd = Boulevard bulwar
B.M. = Bachelor of Medicine bakalaureus; absolwent medy-
cyny bez stopnia magisterskiego
B.R. = British Rail Brytyjskie Koleje Państwowe
B.R.C.S. = British Red Cross Society Brytyjski Czerwony
Krzyż
Brit., Br. = 1. Britain, Britannia Wielka Brytania 2. British
brytyjski

23 Słownik

Bros = brothers bracia (w nazwach firm)

B.Sc. = Bachelor of Science bakalaureus; absolwent bez stopnia magisterskiego w dziedzinie nauk przyrodniczych

B.S.T. = British Summer Time brytyjski czas letni

Bucks. = Buckinghamshire hrabstwo Buckinghamshire

B.U.P. = British United Press Zjednoczona Prasa Brytyjska

bur. = bureau biuro

C. = Celsius, Centigrade stopień w skali Celsjusza

c. = cent cent

ca, ca. = circa, circiter około, mniej więcej

Cal. = California Kalifornia

Can. = Canada Kanada

C.D. = Corps Diplomatique korpus dyplomatyczny

c.d.v. = carte de visite (*visiting-card*) karta wizytowa, wizytówka

Cels. = Celsius (stopień) w skali Celsjusza

Cent. = Centigrade (stopień) w skali Celsjusza

cent. = century stulecie

cert. = certificate zaświadczenie

C.E.T., CET = Central European Time czas środkowoeuropejski

cf = confer (compare) zobacz, porównaj

cg = centigram centygram

c.h. = central heating centralne ogrzewanie

ch., chap. = chapter rozdział

Ches. = Cheshire hrabstwo Cheshire

CI = Counter-Intelligence kontrwywiad

C/I = Certificate of Insurance polisa ubezpieczeniowa

C.I.D. = Criminal Investigation Department Wydział Śledczy do spraw Kryminalnych

cir., circ. = circa, circiter około, mniej więcej

cit. = citation cytat

C.M. = Corresponding Member członek korespondent

cm = centimeter centymetr

CMEA = Council for Mutual Economic Assistance Rada Wzajemnej Pomocy Gospodarczej

C.N. = Commonwealth of Nations Wspólnota Narodów

Co. = Company kompania; spółka, towarzystwo

c/o = care of ... z listami ...

C.O.D. = cash on delivery płatne gotówką przy odbiorze

C. of E. = Church of England Kościół Anglikański

col. = column szpalta, rubryka

Coll. = College kolegium; szkoła

Colo. = Colorado (stan) Kolorado

Comecon = CMEA

Conn. = Connecticut (stan) Connecticut

contd = continued dalszy ciąg

contemp = contemporary współczesny

co-op. = 1. co-operative society spółdzielnia 2. co-operative stores spółdzielnia (sklep)

copr. = copyright, copyrighted prawa autorskie zastrzeżone

Corn. = Cornwall Kornwalia

C.P.G.B. = Communist Party of Great Britain Komunistyczna Partia Wielkiej Brytanii

C.P.S.U. = Communist Party of the Soviet Union Komunistyczna Partia Związku Radzieckiego

C.P.U.S. = Communist Party of the United States Komunistyczna Partia Stanów Zjednoczonych

CTV = colour television telewizja kolorowa

cu., cub. = cubic sześcienny, kubiczny

Cumb. = Cumberland hrabstwo Cumberland

cw = clockwise w kierunku zgodnym z ruchem wskazówek zegara

cwt = hundredweight cetnar angielski (112 funtów = 50 kg 802 g)

d. = denarius (penny) pens; denarii (pence) pensy

dag = decagram dekagram

Dak. = Dakota (stan) Dakota

dal = decalitre dekalitr

dbl. = double podwójny

D.C. = 1. decimal system układ dziesiętny (miar i wag) 2. Diplomatic Corps korpus dyplomatyczny 3. District of Colombia okręg Kolumbii (ze stolicą USA, Waszyngtonem)

D.D.D. = dat, dicat, dedicat (od autora) ofiarowuję ...

Dec. = December grudzień

deg. = degree stopień (temperatury)

Del. = Delaware (stan) Delaware

dep. = departure odjazd, godzina odjazdu

dept = department dział, wydział, oddział; departament
Derbs. = Derbyshire hrabstwo Derbyshire
Devon. = Devonshire hrabstwo Devonshire
dkg = decagram dekagram
D.L.O. = Dead-letter Office Dział Listów Niedoręczonych
D.M. = Doctor of Medicine doktor medycyny
dm = decimeter decymetr
do = ditto tak samo, tenże, wyżej wymieniony
doc. = doctor doktor
dol. = dollar dolar
Dors. = Dorsetshire hrabstwo Dorsetshire
doz. = dozen tuzin
D.P. = 1. Democratic Party Partia Demokratyczna (w USA)
2. displaced person osoba wysiedlona ⟨przesiedlona⟩, przesiedleniec
Dr = Doctor doktor
Dr Jur. = Doctor Juris doktor praw
Dr Phil. = Doctor of Philosophy doktor filozofii
dup. = duplicate duplikat

E. = East wschód
ECG, e.c.g. = electrocardiogram elektrokardiogram
Edin. = Edinburgh Edynburg
EEC, E.E.C. = European Economic Community Europejska Wspólnota Gospodarcza; Wspólny Rynek
EET = East European Time czas wschodnioeuropejski
E.F.T.A., Efta = European Free Trade Association Europejskie Zrzeszenie Wolnego Handlu
e.g. = exempli gratia (*for example*) na przykład
E.M.S. = emergency medical service pomoc lekarska w nagłych wypadkach
enc., encl. = 1. enclosed załączony 2. enclosure załącznik
eng. = engineer inżynier; technik
Eng., Engl. = 1. England Anglia 2. English angielski
EO = Emergency Office pogotowie
EP = extended play długogrająca (płyta)
Esq. = Esquire (w adresie) Wielmożny Pan
est. = established założony (w roku ...)
etc. = et caetera (*and so on*) i tak dalej
Ex = exchange giełda; kurs

exam. = **examination** badanie; egzamin
excl. = **exclusive** wyłączony; ekskluzywny
ex off. = **ex officio** z urzędu

F = **Fahrenheit** w skali Fahrenheita
f. = **franc** frank
F.A.O. = **Food and Agricultural Organization** Organizacja do Spraw Wyżywienia i Rolnictwa
F.A.P. = **First Aid Post** punkt opatrunkowy
F.B. = **Fire brigade** straż pożarna
FBI, F.B.I. = **Federal Bureau of Investigation** Federalne Biuro Śledcze
F.C. = **Football Club** Klub Piłki Nożnej
Feb. = **February** luty
fec. = **fecit** wykonał...
fig. = **figure** rycina, ilustracja, rysunek
Fla = **Florida** Floryda
Fr. = **French** francuski
Fri. = **Friday** piątek
Frisco = **San Francisco**
ft = **foot, feet** stopa, stopy

Ga = **Georgia** (stan) Georgia
gal. = **gallon** galon
GATT = **General Agreement on Tariffs and Trade** Układ Ogólny w Sprawie Ceł i Handlu
GB, G.B. = **Great Britain** Wielka Brytania
GC = **grade crossing** przejazd kolejowy; skrzyżowanie jednopoziomowe
GDR = **German Democratic Republic** Niemiecka Republika Demokratyczna
gent(s) = **gentlemen** panowie; mężczyźni
G.I. = **government issue** „emisja rządowa" (popularna nazwa żołnierza amerykańskiego)
gm = **gram(me)** gram
G.M.T. = **Greenwich Mean Time** średni czas zachodnioeuropejski
Gov., Govt = **Government** rząd
G.P. = **general practitioner** lekarz ogólnie praktykujący

G.P.O. = General Post Office Główny Urząd Pocztowy (w Londynie)

gr = gram(me) gram

h. = hours godzina, godziny
ha = hectare hektar
h. and c. = hot and cold (water) gorąca i zimna woda
Hamps. = Hampshire hrabstwo Hampshire
H.C. = House of Commons Izba Gmin
hf = half połowa
Hi-Fi, hi-fi = high fidelity wysoka jakość (odtwarzania)
H.L. = House of Lords Izba Lordów
hl = hectolitre hektolitr
h.p. = horse power koń mechaniczny

I. = Idaho (stan) Idaho
i. = island wyspa
Ia = Iowa (stan) Iowa
I.A.F. = International Automobile Federation Międzynarodowa Federacja Automobilowa
I.A.T.A. = International Air Transport Association Międzynarodowy Związek Transportu Powietrznego
I.C. = Interior Communication komunikacja ⟨łączność⟩ wewnętrzna; telefon wewnętrzny
i/c = in charge pod kierownictwem
ICRC = International Committee of the Red Cross Międzynarodowy Komitet Czerwonego Krzyża
Id. = Idaho (stan) Idaho
i.e. = id est (*that is*) to jest
Ill, Ill. = Illinois (stan) Illinois
ill. = 1. illustration rycina, ilustracja 2. illustrated ilustrowany
ILO = 1. International Labour Office Międzynarodowe Biuro Pracy 2. International Labour Organization Międzynarodowa Organizacja Pracy
IMF = International Monetary Fund Międzynarodowy Fundusz Walutowy
in. = inch cal
Inc. = incorporated zarejestrowany
incl. = including włącznie

Ind. = **Indiana** (stan) Indiana
Insp. = **inspector** inspektor
inst. = **instant** (*of the present month*) bieżącego miesiąca
intercom, intercomm = **intercommunication** telefon wewnętrzny, interkom
IOU = **I owe you** jestem winien (skrypt dłużny)
I.R.A. = **Irish Republican Army** Irlandzka Armia Republikańska
I.R.C. = **International Red Cross** Międzynarodowy Czerwony Krzyż
ITA = **International Touring Alliance** Międzynarodowy Związek Turystyczny
ITV = **Independent Television** Niezależna Telewizja (Brytyjska)
I.U.S. = **International Union of Students** Międzynarodowy Związek Studentów
I.U.S.Y. = **International Union of Socialist Youth** Międzynarodowy Związek Młodzieży Socjalistycznej

Jan. = **January** styczeń
Jr, jr = **junior** młodszy
Jul. = **July** lipiec
Jun. = **June** czerwiec
jun. = **Jr, jr**
juv. = **juvenile** młodzieńczy, młodociany

Kan. = **Kansas** (stan) Kansas
Ken. = **Kentucky** (stan) Kentucky
kg = **kilogramme** kilogram
km = **kilometre** kilometr
Kw., kw = **kilowatt** kilowat
Ky = **Kentucky** (stan) Kentucky

£ = **libra** funt szterling
L = **learner** nauka jazdy
l = **litre** litr
La = **Louisiana** (stan) Louisiana
Lancs. = **Lancashire** hrabstwo Lancashire
lat. = **latitude** szerokość geograficzna
lb = **libra** funt (wagi)

Ld = 1. **Lord** lord 2. **limited** ograniczony
Ldn = **London** Londyn
Leics. = **Leicestershire** hrabstwo Leicestershire
Lincs. = **Lincolnshire** hrabstwo Lincolnshire
L.M.T. = **local mean time** czas średni miejscowy
long. = **longitude** długość geograficzna
L.P. = **Long Play** nagranie długogrające
Ltd. = **Limited** (*company*) spółka z ograniczoną odpowiedzialnością

m, m. = 1. **metre** metr 2. **mile** mila angielska (1609 m 31 cm)
m. = **married** żonaty, zamężna
M.A. = **Magister Artium** (*master of Arts*) magister nauk humanistycznych
Ma = **Minnesota** (stan) Minnesota
manuf. = **manufactured** wyprodukowany
Mar. = **March** marzec
Mass. = **Massachusetts** (stan) Massachusetts
max. = **maximum** maksimum
M.D. = **Medicinae Doctor** doktor medycyny
Md = **Maryland** (stan) Maryland
Mddx = **Middlesex** hrabstwo Middlesex
Me = **Maine** (stan) Maine
memo. = **memorandum** memorandum
Messrs. = **Messieurs** Panowie (w nazwie firmy)
METEOR, Met.Serv. = **Meteorological Service** służba meteorologiczna
mg = **milligram(me)** miligram
Mi. = **Mississippi** (stan) Missisipi
mi. = **mile** mila
Mich. = **Michigan** (stan) Michigan
min. = **minute** minuta
mm. = **millimetre** milimetr
Mme. = **Madame** Pani
M.O. = **money order** przekaz pieniężny
Mo. = **Missouri** (stan) Missouri
Mon. = **Monday** poniedziałek
Mont. = **Montana** (stan) Montana
M.P. = 1. **Member of Parliament** członek Parlamentu 2. **Me-**

tropolitan Police Policja Stołeczna 3. Military Police Wojskowa Służba Wewnętrzna

m.p.h. = miles per hour mil na godzinę
Mr = Mister Pan
Mrs = Mistress Pani
Ms = Miss, Mistress Panna, Pani
M.S., M/S = Motor Ship statek motorowy, motorowiec
Mt = Mount góra; szczyt
mth = month miesiąc

N. = North północ
NASA = National Aeronautics and Space Administration Narodowa Agencja do Spraw Aeronautyki i Przestrzeni Kosmicznej
NATO, N.A.T.O. = North Atlantic Treaty Organization Organizacja Paktu Północnego Atlantyku
NBC = National Broadcasting Company Radio Amerykańskie
N.C. = North Carolina (stan) Północna Karolina
N.C.O. = non-commissioned officer podoficer
N.D. = North Dakota (stan) Północna Dakota
N.E. = New England Nowa Anglia
Neb. = Nebraska (stan) Nebraska
Nev. = Nevada (stan) Newada
N.H. = New Hampshire (stan) New Hampshire
N.H.S. = National Health Service Państwowa Służba Zdrowia
NM = nautical mile mila morska (1852,5 m)
N.M., N.Mex. = New Mexico (stan) Nowy Meksyk
No = number numer
Northmb. = Northumberland hrabstwo Northumberland
Notts. = Nottinghamshire hrabstwo Nottinghamshire
Nov. = November listopad
N.P. = notary public notariusz, rejent
N.U. = name unknown nazwisko nieznane
N.Y. = New York Nowy Jork (stan i miasto)
N.Y.C. = New York City miasto Nowy Jork
N.Z. = New Zealand Nowa Zelandia

O. = Ohio (stan) Ohio
ob. = obiit zmarł

Oct. = October październik

O.K. = all correct wszystko w porządku, bardzo dobrze

Okla. = Oklahoma (stan) Oklahoma

Ore(g). = Oregon (stan) Oregon

oz = ounce uncja

P. = 1. (car) park postój, parking 2. **pedestrian (crossing)** przejście dla pieszych

p. = 1. page stronica 2. pint (miara pojemności = 0,568 l)

Pa. = Pennsylvania (stan) Pensylwania

PAA, P.A.A., PANAM = Pan-American Airways Panamerykańskie Linie Lotnicze

P.C. = Police Constable komisarz policji; policjant

p.c. = postcard kartka pocztowa

pcs = pieces sztuki

p.d. = per day dziennie

Penn. = Pennsylvania (stan) Pensylwania

P.G. = paying guest płacący gość

p.h. = per hour na godzinę

Ph.D. = philosophiae doctor doktor filozofii ⟨nauk humanistycznych⟩

p.m. = post meridiem po południu

P.O. = 1. postal order przekaz pocztowy 2. Post Office Urząd Pocztowo-Telekomunikacyjny, Urząd Pocztowy

P.O.B. = post-office box skrzynka pocztowa

P.O.O. = post-office order przekaz pieniężny

P.O.W. = Prisoner of War jeniec wojenny

P.P., p.p. = 1. per procurationem z upoważnienia, w zastępstwie 2. post paid opłata pocztowa zapłacona

P.P.S. = post postscriptum dodatkowy dopisek (w liście)

Pres. = President prezydent

Prof., prof. = professor profesor

prox. = proximo przyszłego miesiąca

P.S. = 1. Petrol Station stacja benzynowa 2. **postscriptum** dopisek (w liście)

p.s. = per second na sekundę

pseud. = pseudonym pseudonim

P.T.O. = please turn over proszę odwrócić, verte

Q. = Queen królowa

qr = quarter kwartał

q.v. = quod vide zobacz, popatrz

R. = 1. radio radio 2. Railway kolej żelazna

R.C. = 1. Red Cross Czerwony Krzyż 2. Roman Catholic rzymski katolik

R.C.A. = Radio Corporation of America Radio Amerykańskie

Rd., rd = road droga; szosa; ulica

ref. = 1. reference opinia, referencje 2. referring to dotyczy, dotyczący

Ret., Retd, retd = retired emerytowany

Rev., Revd = Reverend Wielebny ...

R.R. = Right Reverend Przewielebny ...

R.S.V.P. = répondez s'il vous plait (please reply) proszę odpowiedzieć (na zaproszenie)

R/W = right of way pierwszeństwo przejazdu

Ry = railway kolej żelazna

Ry Stn = Railway Station stacja kolejowa

$ = dollar dolar

S. = 1. Saint święty 2. South południe

s. = solidus (shilling) szyling

S.A. = Salvation Army Armia Zbawienia

SALT = Strategic Arms Limitation Talks Rokowania w Sprawie Ograniczenia Zbrojeń Strategicznych

SAS = Scandinavian Airlines System Skandynawskie Linie Lotnicze

Sat. = Saturday sobota

S.C. = South Carolina (stan) Południowa Karolina

Sc. = Scotland Szkocja

S.Dak. = South Dakota (stan) Południowa Dakota

S.E.A.T.O., Seato = South-East Asia Treaty Organization Organizacja Paktu Azji Południowo-Wschodniej

sec. = second sekunda

Sen. = 1. senior senior 2. Senator senator

Sept. = September wrzesień

sh. = shilling szyling

Soc. = society towarzystwo; spółka handlowa

Sol., Solr = Solicitor doradca prawny

SOS, S.O.S. = save our souls sygnał SOS (wzywanie pomocy)

Sov. Un. = Soviet Union Związek Radziecki

S.P.G.B. = Socialist Party of Great Britain Socjalistyczna Partia Wielkiej Brytanii

Sq. = Square plac

S.S. = 1. Secret Service tajna służba 2. Secretary of State sekretarz stanu

S.S., S/S = steamship statek parowy, parowiec

S.T. = Summer time czas letni

St = 1. Saint święty 2. Street ulica

st. = stone (jednostka wagi = 6,348 kg)

St. Ex. = Stock Exchange Giełda

Stan = Station stacja, dworzec kolejowy

S.U. = Soviet Union Związek Radziecki

Sun. = Sunday niedziela

suppl. = supplement dodatek, uzupełnienie

Surg., surg. = 1. surgeon chirurg 2. surgery chirurgia; gabinet zabiegowy

Sy = Surrey hrabstwo Surrey

T. = 1. telegram telegram 2. telephone telefon

t. = ton tona (waga)

T.B. = tuberculosis gruźlica

tbs. = tablespoon łyżka stołowa

tel. = 1. telegram telegram 2. telegraph telegraf 3. telephone telefon

Tenn. = Tennessee (stan) Tennessee

Ter., ter., Terr., terr. = Terrace ulica (w nazwach)

Tex. = Texas (stan) Texas

Th. = Thursday czwartek

T.M.O. = telegraph money order przekaz pieniężny telegraficzny

TP = teleprinter dalekopis

transl. = translation tłumaczenie

Trs = Trustees członkowie zarządu

TT = teetotaller abstynent

T.U. = Trade Union Związek Zawodowy

Tu., Tues. = Tuesday wtorek

TUC = Trade Union Council Rada Związków Zawodowych

T.U.C. = Trade Union Congress Kongres Związków Zawodowych

T.V. = television telewizja

u. = unit jednostka

U.G., u/g = underground pod ziemią, podziemny

U.K. = United Kingdom (of Great Britain and Northern Ireland) Zjednoczone Królestwo (Wielkiej Brytanii i Północnej Irlandii)

ult. = ultimo zeszłego ⟨ubiegłego⟩ miesiąca

u.m. = under mentioned niżej podany

U.N. = United Nations Narody Zjednoczone

UNESCO, U.N.E.S.C.O. = United Nations Educational, Scientific and Cultural Organization Organizacja Narodów Zjednoczonych do Spraw Oświaty, Nauki i Kultury

UNICEF = United Nations Children's Fund Fundusz Narodów Zjednoczonych Pomocy Dzieciom

Univ. = University uniwersytet

UNO, U.N.O. = United Nations Organization Organizacja Narodów Zjednoczonych (ONZ)

U.S. = United States Stany Zjednoczone

US.A. = United States of America Stany Zjednoczone Ameryki

USSR, U.S.S.R. = Union of Soviet Socialist Republics Związek Socjalistycznych Republik Radzieckich

Ut. = Utah (stan) Utah

U.T. = universal time czas uniwersalny (przyjęty umownie)

v. = 1. versus przeciw 2. vide zobacz

Va = Virginia (stan) Virginia

V.D. = venereal disease choroba weneryczna

vet. = veterinary surgeon weterynarz

v.g. = very good bardzo dobry; bardzo dobrze

vid. = vide zobacz

vil. = village wieś

V.I.P. = Very Important Person bardzo ważna osobistość

viz. = videlicet mianowicie, a to ...

vol. = volume tom (książki)

Vt = Vermont (stan) Vermont

v.v. = vice versa na odwrót

W, W. = West zachód

w. = 1. week tydzień 2. wife żona 3. with (wraz) z 4. wide szeroki

War. — **Warwickshire** hrabstwo Warwickshire
Wash. — **Washington** Waszyngton
W.C. — **Water Closet** ubikacja
Wed. — **Wednesday** środa
W.F.D.Y. — **World Federation of Democratic Youth** Światowa Federacja Młodzieży Demokratycznej
W.F.T.U. — **World Federation of Trade Unions** Światowa Federacja Związków Zawodowych
W.H.O. — **World Health Organization** Światowa Organizacja Zdrowia
Wisc. — **Wisconsin** (stan) Wisconsin
Worcs. — **Worcestershire** hrabstwo Worcestershire
W.P. — **weather permitting** przy sprzyjających warunkach atmosferycznych
W.P.C. — **World Peace Council** Światowa Rada Pokoju
WS — **Weather Station** Stacja Meteorologiczna
wt — **weight** waga
Wyo. — **Wyoming** (stan) Wyoming

X = znak wskazujący, że film jest dozwolony dla młodzieży od lat 16
Xmas — **Christmas** Boże Narodzenie
Xrds — **crossroads** skrzyżowanie dróg

y. — **year** rok
y, yd — **yard** jard
Y.H.A. — **Youth Hostels Association** Stowarzyszenie Schronisk Młodzieżowych
Y.M.C.A. — **Young Men's Christian Association** Chrześcijańskie Stowarzyszenie Młodzieży Męskiej
Y.W.C.A. — **Young Women's Christian Association** Chrześcijańskie Stowarzyszenie Młodzieży Żeńskiej

z. — **zero** zero
Z.G. — **Zoological Gardens** Ogród Zoologiczny
ZL — **zloty** złoty polski

POLSKO-ANGIELSKI
POLISH-ENGLISH

WYKAZ ZNAKÓW FONETYCZNYCH STOSOWANYCH W SŁOWNIKU POLSKO-ANGIELSKIM

TABLE OF PHONETIC SYMBOLS USED IN THE POLISH-ENGLISH DICTIONARY

symbol	objaśnienie explanation	przykład example
a	a	mak
ã	a nasalized	romans
b	b	brama
ḅ	b palatal	bitwa
ts	c	cyrk
ts	t+s	podskoczyć
tɕ	ć	szyć
tɕ	t+ś	odśnieżyć
ʧ	cz	czas
tʃ	t+sz	otrzymać
d	d	dar
dz	dz	dzwonić
dz	d+z	odzyskać
dʑ	dź	dziki
dʑ	d+ź	podziemny
dʒ	dż	drożdże
dʒ	d+ż	odżyć
ɛ	e	echo
ɛ̃	ę	pęk
f	f	fala
f	f palatal	film
g	g	garnek
ǵ	g palatal	giełda
x	h, ch	huk, chłodny
i	i	igła
j	j	jeść
k	k	kasza
ķ	k palatal	kino
l	l	las
ʎ	l palatal	litera
ŭ	ł	łatwy, Europa
m	m	maj

ṁ	m palatal	miły
n	n	nawet
ɲ	ń	słoń, niebo
ɔ	o	ostry
ɔ̃	ą	mądry
p	p	park
ṗ	p palatal	pisać
r	r	ratunek
s	s	serce
ʃ	sz	szkoda, krzak
ç	ś	coś, siedem
t	t	tutaj
u	u	umowa
y	ju	stewardesa
v	w	warunek
v̇	w palatal	widelec
ɨ	y	ty
z	z	zero
ⱬ	ź	zielony, źle
ʒ	ż, rz	żart, rzeka

ALFABET POLSKI
POLISH ALPHABET

A	a	[a]	M	m	[ɛm]
	ą	[ɔ̃]	N	n	[ɛn]
B	b	[bɛ]		ń	[ɛɲ]
C	c	[tsɛ]	O	o	[ɔ]
Ć	ć	[tçɛ]	Ó	ó	[u]
D	d	[dɛ]	P	p	[pɛ]
E	e	[ɛ]	R	r	[ɛr]
	ę	[ɛ̃]	S	s	[ɛs]
F	f	[ɛf]	Ś	ś	[ɛç]
G	g	[ǵɛ]	T	t	[tɛ]
H	h	[xa]	U	u	[u]
I	i	[i]	W	w	[vu]
J	j	[jɔt]	Y	y	[igrɛk]
K	k	[ka]	Z	z	[zɛt]
L	l	[ɛl]	Ź	ź	[ʑɛt]
Ł	ł	[ɛŭ]	Ż	ż	[ʒɛt]

A

a [a] **I** *conj* and; (*ale*) but; **a jednak** and yet; nevertheless; **nic a nic** nothing at all; **od a do z** from start to finish **II** *int* **a więc tak!** it's like this!

abażur [a'baʒur] *m* lampshade

abdykować [abdi'kɔvatç] *vi* abdicate

abecadło [abe'tsadŭo] *n* alphabet, ABC

abonament [abɔ'nament] *m* subscription (**gazety, pisma** to a paper, a magazine); **~ tramwajowy** ⟨**teatralny**⟩ season ticket

abonent [a'bɔnent] *m* subscriber (**gazety, pisma** to a paper, a magazine); **~ teatralny** ⟨**kinowy etc.**⟩ holder of a season ticket; **~ telefonu** telephone subscriber; **spis ~ów** directory

absolutny [apsɔ'lutni] *adj* absolute, complete

absolwent [ap'sɔlvent] *m* graduate

abstrakcyjny [apstra'ktsijni] *adj* abstract

abstynent [ap'stinent] *m* abstainer; teetotaller

absurdalny [apsur'dalni] *adj* absurd, nonsensical

aby ['abi] *conj* to, in order to ⟨that⟩; **~ nie** lest

adaptacja [ada'ptatsja] *f* adaptation

adapter [a'dapter] *m* record player, radio-gramophone

adiunkt ['adjunkt] *m* lecturer, tutor, senior professor's assistant

administracja [admiɲi'stratsja] *f* management, administration

administrować [admiɲi'strɔ-

vatç] *vt* administer, manage (**czymś** sth)

adnotacja [adnɔ'tatsja] *f* annotation, note

adoptować [adɔ'ptɔvatç] *vt* adopt

adres ['adres] *m* address; **~ domowy** home address; **~ grzecznościowy** accommodation address; **~ kodowy** code address; **~ nadawcy** sender's address; **~ telegraficzny** telegraphic address; **~ tymczasowy** temporary address; **~ zwrotny** (*napis na przesyłce*) "if not delivered, please return to ..."; **dokładny ~** exact ⟨full⟩ address; **stały ~** permanent ⟨fixed⟩ address; **zmienić ~** to change one's address; **pod ~em** at ⟨to⟩ the address

adresat [a'dresat] *m* addressee

adresować [adre'sɔvatç] *vt* address; **~ kopertę** to address an envelope

adwokat [ad'vɔkat] *m* lawyer, barrister; (*nie występujący w sądzie*) solicitor

aerozol [ae'rɔzɔl] *m* chem. aerosol

afer|a [a'fera] *f* affair, racket; dirty business; **~a walutowa** currency offence; **zatuszować ~ę** to hush up an affair

aferzysta [afe'ʒista] *m* swindler, speculator, crook

afisz ['afiʃ] *m* poster, bill

afiszować się [afi'ʃɔvatç çē] *vr* make a show (**czymś, z czymś** of sth), show off

afront ['afrɔnt] *m* affront, insult; **zrobić komuś ~** to insult ⟨snub⟩ sb

Afryka ['afrɪka] f Africa
afrykański [afrɪ'kaɲsḳi] adj African
agencja [a'gɛntsja] f agency; ~ **prasowa** press ⟨news⟩ agency; ~ **reklamowa** advertising agency; ~ **turystyczna** tourist ⟨travel, travelling⟩ agency; ~ **ubezpieczeniowa** insurance agency
agent ['agɛnt] m agent; ~ **giełdowy** stockbroker; ~ **ubezpieczeniowy** insurance agent; ~ **policji** detective, plain clothes man
agentura [agɛn'tura] f agency; (oddział) branch office; ~ **przedsiębiorstwa turystycznego** tourist ⟨travel⟩ agency
agitacja [agi'tatsja] f agitation
agrafka [a'grafka] f safety-pin
agregat [a'grɛgat] m aggregate, set of machines
agresja [a'grɛsja] f aggression
agrest ['agrɛst] m gooseberry
agresywny [agrɛ'sɪvnɪ] adj aggressive
akacja [a'katsja] f bot. acacia
akademia [aka'dɛmja] f 1. (uczelnia) academy; **Polska Akademia Nauk** Polish Academy of Sciences 2. (uroczystość) solemnity, commemorative meeting
akademicki [akadɛ'mitsḳi] adj academic, university, student's; **dom** ~ students' hostel; **rok** ~ academic year, am. session
akcelerator [aktsɛlɛ'ratɔr] m mot. fiz. accelerator
akcent ['aktsɛnt] m accent, stress; **mówić z obcym** ~**em** to speak with a foreign accent
akceptować [aktsɛ'ptɔvatɕ] vt accept
akcesoria [aktsɛ'sɔrja] pl accessories, appliances, fittings; ~ **samochodowe** motor-car accessories; ~ tea-

tralne stage properties; ~ **wędkarskie** angling tackle ⟨accessories⟩
akcja ['aktsja] f action, activity; campaign; handl. share; ~ **ratunkowa** rescue work; ~ **powieści** ⟨książki itp.⟩ plot
aklimatyzacja [akɕimati'zatsja] acclimatization, am. acclimation
aklimatyzować się [akɕimati'zɔvatɕ ɕɛ̃] vr acclimatize, am. acclimate
akompaniament [akɔmpa'ɲjamɛnt] m accompaniment
akord ['akɔrt] m muz. accord, harmony ‖ **praca na** ~ piece-work; **pracować na** ~ to do piece-work; to work by the job
aksamit [a'ksamit] m velvet
akt [akt] m act; (czyn) deed; teatr. act; pl ~a files, records; ~ **darowizny** deed of donation ⟨gift⟩; ~ **sprzedaży** deed of sale, sale contract; ~ **malarski** nude; ~ **małżeństwa** ⟨zgonu itp.⟩ marriage ⟨death etc.⟩ certificate; ~ **nabycia** ⟨kupna⟩ purchase deed; ~ **notarialny** notarial ⟨authenticated⟩ deed; ~ **oskarżenia** indictment
aktor ['aktɔr] m actor
aktorka [ak'tɔrka] f actress
aktówka [ak'tufka] f brief-case
aktualny [aktu'alnɪ] adj (o czynie, posunięciu) timely; (o kwestii) topical
aktyw ['aktɪf] m active group ⟨body⟩ (of party members); pl ~a i pasywa assets and liabilities
aktywny [ak'tɪvnɪ] adj active
akumulator [akumu'latɔr] m accumulator, storage battery; **naładować** ~ to charge a battery ⟨am. accumulator⟩; **wymienić** ~ to replace a battery ⟨am. accumulator⟩

akurat [a'kurat] *adv* just,
exactly, precisely
akustyczny [aku'stitʃni] *adj*
acoustic
akuszerka [aku'ʃɛrka] *f* midwife
akwarela [akfa'rɛla] *f* water-
-colour
akwarium [ak'farium] *n* aquarium
alarm ['alarm] *m* alarm; ~
lotniczy alert; (*przed nalo-
tem*) air-raid warning; ~
pożarowy fire alarm; ~
przeciwpowodziowy flood
alert; próbny ~ trial ⟨test⟩
alarm; podnosić ~ z powo-
du czegoś to raise the alarm
over sth
alarmować [alar'mɔvatɕ] *vt*
alarm
alarmow|y [alar'mɔvi] *adj* a-
larm; sygnał ~y alarm signal; urządzenie ~e alarm
device
albo ['albo] *conj* or, or else;
~ ... ~ either ... or
album ['album] *m* album; ~
na znaczki pocztowe stamp
album; ~ pamiątkowy (*księga*) visitors' book; ~ ze
zdjęciami photo album; ~ z
reprodukcjami album with
reproductions
ale ['alɛ] *conj* but, however,
still, yet; *int* ~! there now!
aleja [a'lɛja] *f* avenue
alergia [a'lɛrgja] *f* allergy
alfabet [al'fabɛt] *m* alphabet;
~ głuchoniemych finger alphabet; ~ łaciński Latin
alphabet; ~ Morse'a Morse
alphabet ⟨code⟩; ~ rosyjski
Russian alphabet; według
~u alphabetically, in alphabetical order
alian|t ['aljant] *m* ally; *pl*
~ci the allies
alibi [a'ɬibi] *n* alibi; wykazać swoje ~ to establish
⟨prove⟩ one's alibi
alimenty [aɬi'mɛnti] *spl* ali-
mony
alkohol [al'kɔxɔl] *m* alcohol

alpinista [alpi'ɲista] *m* alpi-
nist
altana [al'tana] *f.* bower, sum-
merhouse
altówka [al'tufka] *f* viola
amator [a'matɔr] *m* amateur;
(*dobrej muzyki itp.*) lover
amatorski [ama'tɔrski] *adj*
amateurish, amateur
ambasada [amba'sada] *f* embassy
ambicj|a [am'bitsja] *f* ambi-
tion, pride; bez ~i unassuming, unambitious
ambitny [am'bitni] *adj* ambitious, proud
ambulatorium [ambula'tɔ-
rjum] *n* dispensary; outpa-
tients' department
Amerykanin [amɛri'kaɲin] *m*
American
Amerykanka [1] [amɛri'kanka]
f American
amerykanka [2] [amɛri'kanka] *f*
patent bed-chair
amerykański [amɛri'kaɲski]
adj American
amfiteatr [amfi'tɛatr] *m* amphitheatre
amnestia [am'nɛstja] *f* amnesty
amortyzacja [amɔrti'zatsja] *f*
amortization; (*wstrząsów*)
shock-absorption
amortyzator [amɔrti'zatɔr] *m*
techn. shock-absorber, damper
amortyzować [amɔrti'zɔvatɕ]
vt amortize; (*wstrząsy*) absorb (shocks)
ampułka [am'puŭka] *f* ampoule
amunicja [amu'ɲitsja] *f* munition, ammunition
analfabeta [analfa'bɛta] *m*
illiterate
analiza [ana'ɬiza] *f* analysis;
~ krwi blood test
analizować [anaɬi'zɔvatɕ] *vt*
analyse
ananas [a'nanas] *m bot.* pineapple
aneksja [a'nɛksja] *f* annexation

anemiczny [anɛ'miʧni] *adj* anaemic

angażować [anga'ʒɔvaʧ] I *vt* engage II *vr* ~ się be engaged, commit oneself

Angielka [an'ġɛlka] *f* English-woman

angielsk|i [an'ġɛlski] I *adj* English II *m* (*język*) English; choroba ~a (*krzywica*) rickets; mówić po ~u to speak English; ulotnić się po ~u to take French leave

angina [an'ġina] *f* angina

Anglik ['angʎik] *m* Englishman

ani ['ani] *conj* neither, nor, not even; ~ jeden, ~ drugi neither; nie jest ~ dobry, ~ mądry he is neither good nor clever; ~ żywej duszy! not a living soul!

anioł ['aŋɔũ] *m* angel

ankiet|a [an'kɛta] *f* inquiry, questionnaire; ~a personalna personal inquiry; rozpisać ~ę to conduct an inquiry; wypełnić ~ę to fill in an inquiry ⟨a questionnaire⟩

anonim [a'nɔnim] *m* (*autor*) anonym; (*list*) anonymous letter

anonimowy [anɔni'mɔvi] *adj* anonymous

antena [an'tɛna] *f* antenna, aerial; ~ kierunkowa beam aerial; ~ radiowa antenna, (*zewnętrzna*) aerial; ~ samochodowa car antenna; ~ telewizyjna television aerial; ~ wewnętrzna ⟨wnętrzowa⟩ inside, ⟨indoor⟩ antenna; ~ zewnętrzna outside ⟨outdoor, open⟩ aerial

antrakt ['antrakt] *m* interval

anty- ['anti] *praef* anti-

antybiotyk [anti'bjɔtik] *m* antibiotic

antyczny [an'tiʧni] *adj* antique

antyk ['antik] *m* antique, antiquity

antykoncepcyjny [antikɔntsɛp'tsijni] *adj* contraceptive

antykwariat [anti'kfarjat] *m* antique ⟨curiosity⟩ shop; (*z książkami*) second-hand bookshop

antyseptyczny [antisɛp'tiʧni] *adj* antiseptic; środek ~ antiseptic

anulować [anu'lɔvaʧ] *vt* annul, cancel

aparat [a'parat] *m* apparatus; ~ filmowy cine-camera; ~ fotograficzny camera; ~ lustrzany reflex camera; ~ małoobrazkowy miniature camera; ~ projekcyjny (cine-)projector; ~ radiowy radio (set), wireless (set); ~ telefoniczny telephone; ~ telewizyjny television set, *pot.* TV set; ~ tlenowy oxygen respirator; (*do oddychania*) breathing apparatus; ~ zapłonowy timer-distributor

aparatura [apara'tura] *f* apparatus, outfit

apartament [apar'tamɛnt] *m* apartment; (*hotelowy*) suite of rooms

apaszka [a'paʃka] *f* scarf

apel ['apɛl] *m* appeal (to the population etc.); *wojsk.* roll-call

apelacja [apɛ'latsja] *f* appeal

apelować [apɛ'lɔvaʧ] *vi* appeal (do kogoś to sb; w sprawie czegoś for sth)

aperitif [apɛ'ritif] *m* apperitive

apetyczny [apɛ'tiʧni] *adj* appetizing, tasty

apetyt [a'pɛtit] *m* appetite; bez ~u with no appetite; jeść z wielkim ~em to eat heartily

apopleksja [apɔ'pleksja] *f* apoplexy

aprobować [aprɔ'bɔvaʧ] *vt* approve (coś sth, of sth)

aprowizacja [aprɔvi'zatsja] *f* food supply

apteczka [ap'tɛʧka] *f* medicine

chest; **podręczna** ~ first-
-aid kit
apteka [ap'tɛka] *f* chemist's
shop, pharmacy; *am.* drug-
store; (*w szpitalu*) dispensary
Arab ['arap] *m* Arab
arabski [a'rapsķi] I *adj* Ara-
bian, Arabic II *m* (*język*)
Arabic
arbitralny [arɓi'tralnɨ] *adj*
arbitrary
arbitraż [ar'ɓitraʃ] *m* arbitration
arbuz ['arbus] *m* water-melon
archaiczny [arxa'itʃnɨ] *adj*
archaic
archipelag [arxi'pɛlak] *m* ar-
chipelago
architekt [ar'xitɛkt] *m* architect
architektura [arxitɛk'tura] *f*
architecture
archiwum [ar'xivum] *n* archives
arcy- ['artsɨ] *praef* arch-
arcybiskup [artsɨ'ɓiskup] *m*
archbishop
arcydzieło [artsɨ'dʑeŭɔ] *n*
masterpiece
arena [a'rɛna] *f* arena; scene;
(*w cyrku*) ring; ~ **do walki
byków** bull-ring; ~ **do walki kogutów** cockpit; *przen.*
~ **międzynarodowa** international arena ⟨scene⟩
areszt ['arɛʃt] *m* arrest; de-
tention; (*więzienie*) prison;
~ **domowy** house arrest;
ścisły ~ close arrest; **nakaz** ~**u** warrant
aresztować [arɛʃ'tɔvatɕ] *vt*
arrest, imprison, detain
argument [ar'gumɛnt] *m* argument; ~ **nie do obalenia**
irrefutable argument
aria ['arja] *f* aria
arkusz ['arkuʃ] *m* sheet (of
paper etc.)
armata [ar'mata] *f* gun; cannon
armia ['arḿja] *f* army
arogancki [arɔ'gantsķi] *adj*
arrogant, insolent

arteria [ar'tɛrja] *f* artery; ~
komunikacyjna arterial
road, thoroughfare
artykuł [ar'tɨkuŭ] *m* article;
~ **wstępny** editorial, leading article; (*towar*) commodity; ~**y gospodarstwa domowego** household goods,
domestic ware; ~**y codziennego użytku** articles of
daily use; ~**y pierwszej
potrzeby** necessities, articles of first ⟨prime⟩ necessity; ~**y konsumpcyjne** con-
sumer(s') goods; ~**y przemy-
słowe** manufactured goods;
~**y spożywcze** food-stuffs
artysta [ar'tɨsta] *m* artist
artystyczny [artɨs'tɨtʃnɨ] *adj*
artistic
asekuracja [asɛku'ratsja] *f*
• insurance; ~ **na życie** life
insurance
asekurować [asɛku'rɔvatɕ] I
vt insure, assure II *vr* ~
się insure one's life
asfalt ['asfalt] *m* asphalt
asortyment [asɔr'tɨmɛnt] *m*
assortment; **duży** ~ good
choice
aspiracj|a [aspi'ratsja] *f* aspir-
ation, ambition; **mieć wy-
sokie** ~**e to** have high-flown
aspirations
aspiryn|a [aspi'rɨna] *f* aspirin;
zażyć ~**ę to** take an aspirin
astma ['astma] *f* asthma
astronauta [astrɔ'naŭta] *m*
astronaut, spaceman
asy|sta [a'sɨsta] *f* escort,
attendance; **w** ~**ście** accompanied by
asystować [asɨs'tɔvatɕ] I *vt*
assist ⟨escort⟩ (**komuś** sb),
accompany II *vi* ~ **przy
czymś** to assist at sth
atak ['atak] *m* attack; ~ **serca** heart attack; ~ **kaszlu**
⟨**śmiechu itd.**⟩ fit of cough-
ing ⟨laughter etc.⟩
atakować [ata'kɔvatɕ] *vt* *vi*
attack
ateista [atɛ'ista] *m* atheist

atlas ['atlas] *m* atlas; ~ drogowy road atlas; ~ geograficzny geographical atlas; ~ samochodowy car atlas; ~ świata world atlas

atletyka [at'lɛtɨka] *f* athletics; lekka ~ light athletics

atomow|y [atɔ'mɔvɨ] *adj* atomic; bomba ~a atom bomb, A-bomb; broń ~a nuclear weapon; stos ~y atomic pile

atrakcja [a'traktsja] *f* attraction

atrakcyjny [atrak'tsɨjnɨ] *adj* attractive

atrament [a'tramɛnt] *m* ink

atut ['atut] *m* trump

audiencj|a [aŭ'djɛntsja] *f* audience; udzielić komuś ~i to grant sb an audience

audycja [aŭ'dɨtsja] *f* broadcast, (broadcasting) programme; ~ muzyczna concert'

audytorium [aŭdɨ'tɔrjum] *n* (*sala*) auditorium; (*ludzie*) audience, listeners

autentyczny [aŭtɛn'tɨtʃnɨ] *adj* authentic, genuine

autentyk [aŭ'tɛntɨk] *m* original, authentic ⟨genuine⟩ object

auto ['aŭtɔ] *n* motor-car

autobus [aŭ'tɔbus] *m* bus; ~ dalekobieżny long-distance coach; ~ międzymiastowy motor-coach; ~ piętrowy double-decker, double-deck bus; ~ pogrzebowy funeral coach; ~ przegubowy articulated bus; ~ turystyczny tourist coach; ~ wycieczkowy excursion coach; jechać ~em to go by bus

autograf [aŭ'tɔgraf] *m* autograph

autokar [aŭ'tɔkar] *m* (motor-)coach

automat [aŭ'tɔmat] *m* (*robot*) automaton; (*maszyna*) automatic machine, slot-machine, coin-operated machine, automat; ~ biletowy ticket issuing machine; ~ do znaczków pocztowych stamp (selling) machine; ~ hamulcowy automatic brake; ~ sprzedający vending machine; ~ telefoniczny automatic ⟨public⟩ telephone, coin box

automatyczny [aŭtɔma'tɨtʃnɨ] *adj* automatic

automobilklub [aŭtɔ'mɔbil klup] *m* Automobile Association, automobile club

autonomiczny [aŭtɔnɔ'mitʃnɨ] *adj* autonomous

autor ['aŭtɔr] *m* author

autorytet [aŭtɔ'rɨtɛt] *m* authority; być ~em w czymś to be an authority on sth

autostop [aŭtɔ'stop] *m* hitch-hiking; książeczka ~u hitch-hiker's book; jechać ⟨podróżować⟩ ~em to hitch-hike; to go hitch-hiking

autostopowicz [aŭtɔstɔ'pɔvitʃ] *m* hitch-hiker

autostrada [aŭtɔ'strada] *f* motorway, *am.* speedway, super highway

awans ['avans] *m* 1. promotion; ~ społeczny social advancement 2. (*zaliczka*) advance

awansować [avan'sɔvatɕ] I *vt* promote II *vi* be promoted

awantur|a [avan'tura] *f* brawl, fuss, row; robić ~ę to make a row ⟨a scene⟩

awanturować się [avantu'rɔvatɕ ɕɛ] *vr* make a row, cause trouble, brawl; make a fuss (o coś about sth)

awaria [a'varja] *f* damage, injury, break-down, failure; ~ sieci elektrycznej electric network ⟨power⟩ failure; ~ silnika motor-car engine break-down; drobna ~ small ⟨minor⟩ damage; groźna ~ serious ⟨major⟩ damage

awizo [a'vizɔ] *n* advice note,
notification, notice
awizować [avi'zovatç] *vt* advise, report
azbest ['azbɛst] *m* asbestos
azot ['azɔt] *m* chem. nitrogen
azyl ['azil] *m* asylum; prosić

o ~ to ask for (political)
asylum
aż [aʃ] *conj* till, until; as
many ⟨much⟩ as; aż do till
until, up to, as far as; aż
do końca to the vary end
ażeby [a'ʒɛbi] *conj* that, in
order that ⟨to⟩

B

babka ['bapka] *f* grandmother;
(*staruszka*) old woman;
(*ciasto*) cake
baczność|ć ['batʃnɔçtç] *f* attention, caution; mieć się na
~ci look out, beware (przed
czymś of sth); *wojsk*. ~ć!
attention!
bać się ['batç çẽ] *vr* be afraid
(czegoś of sth), fear (czegoś
sth); ~ o kogoś to be worried about sb
badacz ['badatʃ] *m* (*podróżnik*) explorer; (*uczony*)
scholar, research worker
badać ['badatç] *vt* (*sprawę*)
investigate; (*kraj*) explore;
(*pacjenta*) examine; ~ puls
to feel one's pulse; ~ naukowo to do research work
badanie [ba'daɲɛ] *n* (*lekarskie*) examination; (*wypytywanie*) investigation; (*kraju*) exploration; (*próba*) test,
testing; ~ naukowe scientific research; ~ okresowe
routine test; ~ przyczyn
wypadku investigation of
the accident; gruntowne ~
lekarskie overhaul
bagaż ['bagaʃ] *m* luggage, *am*.
baggage; ~ osobisty personal luggage; ~ ręczny hand
luggage; nadać ~ to register one's luggage; oddać
~ do przechowalni to deposit ⟨leave⟩ one's luggage;
odebrać ~ to collect one's
luggage
bagażnik [ba'gaʒɲik] *m mot*.

luggage-carrier, boot, *am*.
trunk; ~ na dachu roof-rack, *am*. luggage rack
bagażownia [baga'ʒɔvɲa] *f*
left-luggage office, *am*. baggage room
bagażowy [baga'ʒɔvi] I *m* porter II *adj* wagon ~ luggage
van; kwit ~ luggage ticket
bagażówka [baga'ʒufka] *f*
luggage van
bagnisty [bag'ɲisti] *adj*
swampy, marshy
bagno ['bagnɔ] *n* swamp,
marsh
bajka ['bajka] *f* fable; (*dla
dzieci*) fairy tale
bak [bak] *m mot*. petrol-tank,
petrol-can; pełny ⟨pusty⟩ ~
full ⟨empty⟩ (petrol) tank;
napełnić ~ to fill up (the
tank)
bakteria [bak'tɛrja] *f* bacterium, bacillus
bakteriobójczy [baktɛrjɔ-
'bujtʃi] *adj* bactericidal
bal [bal] *m* ball; ~ kostiumowy fancy-dress ball; ~
sylwestrowy New Year's
Eve ball; wyprawić ~ to
give a ball
balast ['balast] *m* ballast
baleron [ba'lɛrɔn] *m* ham in
bladder
balet ['balɛt] *m* ballet
baletnica [balɛt'ɲitsa] *f* ballerina, ballet dancer
balkon ['balkɔn[*m* balcony;
teatr. upper circle; pierwszy ~ dress circle

ballada 382

ballada [bal'lada] *f* ballad
balon ['balɔn] *m* balloon
balsam ['balsam] *m* balm, balsam
balustrada [balust'rada] *f* balustrade, railing
bałagan [ba'ŭagan] *m* chaos; *pot.* mess, muddle
bałtycki [baŭ'tɨtskɨ] *adj* Baltic
bałwan ['baŭvan] *m* (*morski*) wave, billow; (*głupiec*) blockhead; (*ze śniegu*) snowman
banalny [ba'nalnɨ] *adj* banal, commonplace; (*o słowach*) hackneyed
banan ['banan] *m* banana
banda ['banda] *f* gang, band; (*ogrodzenie*) railing, barrier, enclosure
bandaż ['bandaʃ] *m* bandage; ∼ elastyczny elastic bandage
bandera [ban'dɛra] *f* flag, banner
bandycki [ban'dɨtskɨ] *adj* bandit
bandyta [ban'dɨta] *m* bandit, gangster
bank [bank] *m* bank; ∼ państwowy state bank; ∼ handlowy commercial bank; *karc.* rozbić ∼ to break the bank
bankiet ['bankɛt] *m* banquet; wydać ∼ to give a banquet
banknot ['banknɔt] *m* bank-note, *am.* bill
bankrutować [bankru'tɔvatɕ] *vi* go bankrupt, fail; *pot.* go ⟨be⟩ broke
bańka ['baŋka] *f* (*mydlana*) soap bubble; (*szklana*) cupping glass; (*blaszana*) can; ∼ na mleko milk can
bar [bar] *m* bar, *am.* saloon; ∼ kawowy coffee bar; ∼ mleczny milk bar; ∼ samoobsługowy self-service bar, *am.* cafeteria; ∼ z zakąskami snack-bar
barak ['barak] *m* barrack

baran ['baran] *m* ram; *pl* ∼y sheep
baranina [bara'ɲina] *f* mutton
barbarzyński [barba'ʒɨɲskɨ] *adj* barbarian, barbarous
barczysty [bar'tʃɨstɨ] *adj* broad-shouldered, square-shouldered
bardziej ['bardʑɛj] *adv* more, better; ∼ niż more than; tym ∼ all the more; tym ∼ że ... the more so that ...; coraz ∼ more and more
bardzo ['bardzɔ] *adv* very; (*z czasownikiem*) much, greatly; dziękuję ∼ thank you very much; ∼ chętnie with pleasure; tak ∼ so (very) much; ∼ mi miło I am very pleased ⟨glad⟩
bariera [bar'jɛra] *f* barrier, railing
bark [bark] *m* shoulder
barka ['barka] *f* barge
barman ['barman] *m* barman, bartender
barmanka [bar'manka] *f* barmaid
barok ['barɔk] *m* baroque
barokow|y [barɔ'kɔvɨ] *adj* baroque; architektura ∼a baroque architecture; styl ∼y baroque style
barometr [ba'rɔmɛtr] *m* barometer
barszcz [barʃtʃ] *m* borsch, beetroot soup; ∼ zabielany beetroot soup with cream
barw|a ['barva] *f* colour; *pl* ∼y (*klubu*) colours
barwnik ['barvɲik] *m* dye, dyestuff; (*skóry*) pigment
barwny ['barvnɨ] *adj* coloured, colourful
barykad|a [barɨ'kada] *f* barricade; wznosić ∼y to erect barricades
bas [bas] *m* bass
basen ['basɛn] *m* basin; (*dla chorego*) bed-pan; ∼ jachtowy marina; ∼ kryty indoor swimming-pool; ∼ pływacki swimming-pool; ∼

portowy harbour basin ⟨dock⟩
baśń [baçɲ] *f* fable, fairy tale
bat [bat] *m* whip; **sprawić komuś** ~y to give sb a thrashing
bateri|a [ba'tɛrja] *f* (storage) battery; ~a **wyczerpana** run-down battery; **wymienić** ~ę to replace a battery
bateryjka [batɛ'rɨjka] *f* dry battery; ~ **kieszonkowa** flash-light battery
baton ['batɔn] *m* bar; ~ **czekoladowy** chocolate bar
batut|a [ba'tuta] *f* *muz.* baton; **pod** ~ą under the direction
bawełna [ba'vɛŭna] *f* cotton; (*do cerowania*) darning yarn
bawić ['baviʧ] I *vt* amuse, entertain II *vi* (*przebywać*) stay III *vr* ~ **się** play (w coś at sth; czymś with sth); amuse ⟨enjoy⟩ oneself; **dobrze się** ~ to have a good time
baza ['baza] *f* base, basis; ~ **lotnicza** air base; ~ **morska** naval base; ~ **noclegowa** accommodation basis; ~ **turystyczna** tourist basis; ~ **wypadowa** ⟨**wyjściowa**⟩ starting point
bazar ['bazar] *m* bazaar
bazylika [ba'ziʎika] *f* basilica
bażant ['baʒant] *m* pheasant
bądź [bɔ̃ʧ] *imper od* **być** be; *conj* ~ **co** ~ at any rate, anyway; ~ ... ~ either ... or; **cokolwiek** ~ no matter what; **gdziekolwiek** ~ anywhere, wherever; **ktokolwiek** ~ whoever, anybody
beczeć ['bɛʧɛʧ] *vi* (*o owcy*) bleat; (*o dziecku*) blubber, whimper
beczk|a ['bɛʧka] *f* cask, barrel; *przen.* **zacząć z innej** ~i to try another subject
befsztyk ['bɛfʃtik] *m* beefsteak
bekon ['bɛkɔn] *m* bacon
bela ['bɛla] *f* bale; (*papieru*) ten reams; *pot.* **pijany jak** ~ dead drunk
beletrystyka [bɛlɛ'trɨstɨka] *f* belles-lettres, fiction
Belg [bɛlg] *m* Belgian
belgijski [bɛl'ɡijski] *adj* Belgian
belka ['bɛlka] *f* beam, rafter
benzyn|a [bɛn'zina] *f* (*czysta*) benzine; *mot.* petrol, *am.* gasoline, gasolene, *am. pot.* gas; ~a **etylizowana** leaded petrol, ethyl gasoline; ~a **niskooktanowa** low-octane petrol; ~a **super** super petrol; ~a **syntetyczna** synthetic petrol; ~a **wysokogatunkowa** high-test gasoline; ~a **wysokooktanowa** high-octane petrol; ~a **zwykła** regular petrol; **nabrać** ~y to fill up (the tank); **zabrakło mi** ~y I've run out of petrol
benzynow|y [bɛnzi'nɔvɨ] *adj* petrol, *am.* gasoline; **stacja** ~a filling station
beret ['bɛrɛt] *m* beret; ~ **szkocki** tam-o'shanter
bestseller [bɛst'sɛlɛr] *m* best-seller
beton ['bɛtɔn] *m* concrete
betoniarka [bɛtɔ'ɲarka] *f* concrete mixer
bez¹ [bɛs] *m* *bot.* lilac; (*dziki*) elder
bez² [bɛs] *praep* without; ~ **grosza** penniless; ~ **namysłu** straight off; off the bat; ~ **potrzeby** unnecessarily; ~ **zwłoki** immediately, without delay
bezapelacyjny [bɛzapɛla'tsɨjnɨ] *adj* beyond appeal, final
bezbarwny [bɛz'barvnɨ] *adj* colourless
bezbronny [bɛz'brɔnnɨ] *adj* defenceless, unarmed
bezcelowy [bɛstsɛ'lɔvɨ] *adj* aimless; (*bezużyteczny*) useless
bezcenny [bɛs'tsɛnnɨ] *adj* priceless
bezczelny [bɛs'ʧɛlnɨ] *adj* in-

solent, impudent; (o *cenie*)
outrageous
bezczynność [bɛs'tʃinnɔçtɕ] *f*
inactivity, inaction
bezdewizowy [bɛzdɛvi'zɔvɨ]
adj not involving foreign
currency
bezdomny [bɛz'dɔmnɨ] *adj*
homeless
bezdroż|e [bɛz'drɔʒɛ] *n* un-
beaten track; *przen.* zejść
na ~a to go astray
bezdzietny [bɛz'dʑɛtnɨ] *adj*
childless; (*w ogłoszeniach*)
no encumbrances
bezgotówkowy [bɛzgɔtuf'kɔvɨ]
adj not involving cash; by
transfer
bezgraniczny [bɛzgra'ɲitʃnɨ]
adj boundless, unlimited
bezinteresowny [bɛzintɛrɛ-
'sɔvnɨ] *adj* (o *człowieku*)
disinterested; (*bezpłatny*)
gratuitous
bezkarnie [bɛs'karɲɛ] *adv* with
impunity
bezklasowy [bɛskla'sɔvɨ] *adj*
classless
bezlitosny [bɛzʎi'tɔsnɨ] *adj*
merciless, pitiless
bezludny [bɛz'ludnɨ] *adj* un-
inhabited, desolate, deserted
bezład ['bɛzu̯at] *m* disorder,
confusion, chaos
bezmierny [bɛz'mɛrnɨ] *adj*
immeasurable, immense,
infinite
bezmyślny [bɛz'miçlnɨ] *adj*
thoughtless; (o *spojrzeniu*)
blank
beznadziejny [bɛzna'dʑɛjnɨ]
adj hopeless, desperate
bezpartyjny [bɛspar'tɨjnɨ] *adj*
m non-party (member)
bezpieczeństw|o [bɛspɛ'tʃɛŋstfɔ]
n safety, security; **Rada
Bezpieczeństwa** Security
Council; środki ~a precautions, measures of precaution; hamulec ~a emergency
brake
bezpiecznik [bɛs'pɛtʃɲik] *m*
safety-cock; *elektr.* fuse,
cut-out; ~ topikowy fuse,

fusible cut-out; przepalił się
~ the fuse burnt out; wy-
mienić ~ to replace a fuse
bezpieczny [bɛs'pɛtʃnɨ] *adj*
safe, secure, out of danger
bezplanowy [bɛspla'nɔvɨ] *adj*
planless, desultory
bezpłatn|y [bɛs'pu̯atnɨ] *adj*
free of charge; ~y bilet
free ticket; ~e wejście free
entrance
bezpodstawny [bɛspɔt'stavnɨ]
adj groundless, baseless
bezpośredni [bɛspo'çrɛdɲi] *adj*
immediate, direct; (o *człowieku*) straightforward; pociąg ~ through train
bezprawny [bɛs'pravnɨ] *adj*
illegal, illicit
bezradny [bɛz'radnɨ] *adj* helpless
bezrobocie [bɛzrɔ'bɔtɕɛ] *n*
unemployment
bezrolny [bɛz'rɔlnɨ] *adj* land-
less
bezsenność [bɛs'sɛnnɔçtɕ] *f*
insomnia, sleeplessness
bezsilny [bɛs'çilnɨ] *adj* helpless, powerless
bezstronny [bɛs'strɔnnɨ] *adj*
impartial, unbiased
bezterminowy [bɛstɛrmi'nɔvɨ]
adj termless
beztroski [bɛs'trɔski] *adj* carefree, lighthearted
bezustanny [bɛzu'stannɨ] *adj*
incessant, continuous
bezużyteczny [bɛzuʑi'tɛtʃnɨ]
adj useless
bezwartościowy [bɛzvartɔ-
'çtɕɔvɨ] *adj* worthless
bezwarunkowy [bɛzvarun'kɔ-
vɨ] *adj* unconditional
bezwład ['bɛzvu̯at] *m* inertia;
(*kończyn*) paralysis
bezwstydny [bɛs'fstɨdnɨ] *adj*
shameless, impudent
bezwzględnie [bɛz'vzglɛ̃dɲɛ]
adv (*surowo*) ruthlessly;
(*bezwarunkowo*) certainly
bezwzględny [bɛz'vzglɛ̃dnɨ]
adj ruthless, inconsiderate
bezzwłocznie [bɛz'zvu̯ɔtʃɲɛ]

adv without delay, immediately

bezzwrotny [bɛz'zvrɔtnɨ] *adj* unrepayable

beżowy [bɛ'ʒɔvɨ] *àdj* beige

bęben ['bɛ̃bɛn] *m* 1. drum; ~ hamulcowy brake drum 2. *pot. (dziecko)* kid, brat

bębnić ['bɛ̃bɲit͡ɕ] *vi* drum, beat the drum; ~ **palcami** to drum one's fingers

białko ['baŭkɔ] *n (jajka, oka)* white (of an egg, eye); *chem.* albumen

biał|y ['baŭɨ] *adj* white; ~y tydzień white sale; ~y wiersz blank verse; ubrany na ~o dressed in white; do ~ego dnia till dawn; w ~y dzień in broad daylight

biblioteka [bibljɔ'tɛka] *f* library

bibuła [bi'buŭa] *f (do osuszania)* blotting-paper; *(nielegalna prasa)* illegal press

bibułka [bi'buŭka] *f* tissue (paper); *(do papierosów)* cigarette paper

bić [bit͡ɕ] **I** *vt (o rekordzie itp.)* beat; *(zwyciężać)* defeat; ~ **brawo** to applaud; ~ **bydło** to slaughter cattle; ~ **monety** to coin; ~ **pianę** to beat up the egg; ~ **po twarzy** to slap the face; **bita śmietana** whipped cream **II** *vi (o sercu, deszczu itp.)* beat; ~ **w dzwony** to ring the bells; **to bije w oczy** it is evident; it strikes the eyes; **pioruny biją** it thunders **III** *vr* ~ **się** fight; ~ **się w piersi** to beat one's breast; ~ **się z myślami** to be in two minds; to hesitate

bidet ['bidɛt] *m* bidet

biec [bɛts], **biegnąć** ['bɛgnɔ̃t͡ɕ] *vi* run; ~ **po kogoś** run and fetch sb

bied|a ['bɛda] *f* poverty, misery; *(kłopot)* trouble; *pot.* **klepać** ~ę to suffer want

biedny ['bɛdnɨ] *adj* poor

biedronka [bɛ'drɔnka] *f* lady-bird

bieg [bɛk] *m* 1. run; *sport.* race; ~ **na przełaj** cross-country race; ~ **przez płotki** hurdle race; ~ **sztafetowy** relay race; ~ **z przeszkodami** obstacle race; ~**iem** at a run; w pełnym ~u at full speed 2. *(rzeki, życia itp.)* course; z ~iem lat in the course of years; as years went by; **zostawić sprawy własnemu** ~**owi** let things drift 3. *mech.* gear; ~ **jałowy** idle running, idling; ~ **niski** low gear; ~ **wsteczny** back ⟨reverse⟩ gear; **pierwszy** ~ first ⟨starting⟩ gear; **skrzynka** ~**ów** gearbox; **zmiana** ~**ów** gear change; **włączyć** ~ to engage the gear

biegacz ['bɛgat͡ʂ] *m* runner

biegać ['bɛgat͡ɕ] *vi imperf zob.* **biec**

biegle ['bɛglɛ] *adv* fluently

biegły ['bɛgŭɨ] **I** *adj* skilled, proficient (w czymś in sth) **II** *m* expert

biegun ['bɛgun] *m* pole; **Biegun Południowy** ⟨**Północny**⟩ South ⟨North⟩ Pole; *elektr.* ~ **dodatni** ⟨**ujemny**⟩ positive ⟨negative⟩ pole ‖ **fotel na** ~**ach** rocking chair

biegunka [bɛ'gunka] *f med.* diarrhoea

bielizn|a [bɛ'ʑizna] *f* clothes, linen; *(w praniu)* washing; *(przygotowana do prania lub odebrania z pralni)* laundry; *handl.* lingerie; ~a **damska** ⟨**męska**⟩ linen for ladies ⟨gentlemen⟩; ~a **dziecięca** children's underwear; ~a **niemowlęca** baby linen; ~a **nocna** night-clothes; ~a **osobista** underwear, underclothes, *pot.* undies; ~a **pościelowa** bed-linen, bed-clothes; **brudna** ⟨**czysta**⟩ ~a dirty ⟨clean⟩ linen; **komplet** ~y set of linen; **zmiana** ~y change of clothes

bierny ['bɛrni] *adj* passive

bieżąc|y [bɛ'ʒɔ̃tsi] *adj* current, running; ~y **rok** current year; **rachunek** ~y current account; **woda** ~a running water; (*w listach*) ~**ego miesiąca** instant

bieżnia ['bɛʒɲa] *f* (race) course, track; *lotn.* runway

bieżnik ['bɛʒɲik] *m* tread; ~ **opony** tyre tread

bigos ['bigɔs] *m* 1. dish of chopped meat and cabbage 2. *pot.* mess; **narobić** ~**u** to make a mess

bikini [bi'kiɲi] *n* bikini

bilans ['bilans] *m* balance; (*zestawienie bilansu*) balance-sheet; ~ **handlowy** balance of trade; ~ **płatniczy** balance of payments; ~ **strat** debit ⟨adverse⟩ balance; **sporządzić** ~ to strike a balance

bilard ['bilart] *m* billiards; **grać w** ~ to play billiards

bilet ['bilɛt] *m* ticket; ~ **bezpłatny** complimentary ⟨free⟩ ticket; ~ **do kina** cinema ticket; ~ **kolejowy** railway ticket; ~ **lotniczy** air(plane) ticket; ~ **miesięczny** season ticket; ~ **normalny** full-fare ticket; ~ **ulgowy** ⟨zniżkowy⟩ reduced-fare ticket, half-price ticket; ~ **peronowy** platform ticket; ~ **powrotny** return ticket; ~ **sypialny** sleeper, berth ticket; ~ **wizytowy** visiting card; ~ **w jedną stronę** single ticket; ~ **wstępu** admission ticket; ~ **wycieczkowy** excursion ticket; ~ **turystyczny** tourist ticket; ~ **zbiorowy** collective ⟨group⟩ ticket; *am.* party ticket; ~ **z rezerwacją miejsca** reserved-seat ticket; **cena** ~**u** (the) fare; **kupić** ~ to book ⟨to buy⟩ a ticket; **odstąpić** ~ to give up a

ticket; **okazać** ~ to produce a ticket; **przedłużyć ważność** ~**u** to extend (the validity of) the ticket; **wymienić** ~ to exchange a ticket; **zostawić komuś** ~ (*wizytowy*) to leave one's card on sb

bilon ['bilɔn] *m* specie; (small) change

biodro ['bɔdrɔ] *n* hip, haunch

biskup ['biskup] *m* bishop

biskwit ['biskfit] *m* biscuit; *am.* cracker

bisować [bi'sɔvatɕ] *vi* repeat

biszkopt ['biʃkɔpt] *m* sponge cake

bitw|a ['bitfa] *f* battle; **pole** ~y battle-field

biuletyn [bu'lɛtin] *m* bulletin, report

biurko ['burkɔ] *n* desk; writing-table

biuro ['burɔ] *n* office, bureau; ~ **adresowe** address office; ~ **ewidencji ludności** office of vital statistics; ~ **informacji turystycznej** tourist information bureau; ~ **konsularne** consular office; ~ **meldunkowe** registration office; *tel.* ~ **napraw** fault clearing service; ~ **numerów** directory, enquiry service; ~ **notarialne** notary's office; ~ **ogłoszeniowe** advertisement agency; ~ **paszportowe** passport office; ~ **prasowe** press office; ~ **rzeczy znalezionych** lost property office; ~ **tłumaczeń** translation bureau; ~ **wymiany walut** exchange office; (*w napisie*) exchange; ~ **zakwaterowań** accommodation bureau; *tel.* ~ **zleceń** special service

biurokracja [burɔ'kratsja] *f* bureaucracy, *pot.* red tape

biust [bust] *m* bust; (*piersi*) breast

biustonosz [bu'stɔnɔʃ] *m* brassiére, *pot.* bra

biwak ['bivak] *m* bivouac

biwakować [ḃiva'kɔvatç] vi
bivouac
biżuteria [ḃiʒu'tɛrja] f jewel-
(le)ry; sztuczna ~ artificial
jewellery, paste
blacha ['blaxa] f (biała) tin
plate; (ciemna) ironplate;
~ do pieczenia baking plate;
~ kuchenna (kitchen) range
blacharka [bla'xarka] f tinnery
blad|y ['bladɨ] adj pale; ~e
światło dim light
blankiet ['blankɛt] m (printed)
form, am. blank; ~ firmo-
wy letterhead; ~ telegraficzny telegraph form; wy-
pełnić ~ to fill in ⟨up⟩ a
form
blask [blask] m lustre, glare;
~ księżyca moonlight
blednąć ['blɛdnɔtç] vi grow
⟨turn⟩ pale; (o kolorach)
fade
blezer ['blɛzɛr] m blazer
blisk|i ['bᶮiskị] adj near,
close; (w czasie) at hand;
~i przyjaciel close ⟨inti-
mate⟩ friend; zawrzeć ~ą
znajomość to get closely acquainted; z ~iej odległości
at close range
blisko ['bᶮiskɔ] adv near,
near by, close; ~ rok about
⟨almost⟩ a year; ~ spo-
krewniony closely related;
mieć ~ 40 lat to be almost
forty
blizna ['bᶮizna] f scar
bliźniak ['bᶮiᶎɲak] m 1. twin
2. (sweter) twin-set
bliżej ['bᶮiʒej] adv more
closely, nearer
blok [blɔk] m block; polit.
bloc; mech. pulley; ~ filatelistyczny block of stamps;
~ listowy writing block,
note-paper pad; ~ rysun-
kowy drawing block ⟨pad⟩
blondyn ['blɔndɨn] m blond,
fair-haired man
bluszcz [bluʃtʃ] m ivy
bluza ['bluza] f smock, blouse;
(mundurowa) tunic

bluzka ['bluska] f blouse
błagać ['bŭagatç] vt implore,
entreat
błahy ['bŭaxɨ] adj insignificant, trifling
bławatek [bŭa'vatɛk] m corn-
flower, blue-bottle
błazen ['bŭazɛn] m clown,
fool, buffoon
błąd [bŭɔt] m mistake, error,
fault; (w konstrukcji) defect; poważny ~ blunder;
~ drukarski misprint; po-
pełnić ~ to commit ⟨to
make⟩ a mistake; wprowa-
dzić w ~ to mislead; to
misinform
błądzić ['bŭɔdᶎitç] vi err,
blunder; (o oczach) wander;
(mylić się) be wrong
błąkać się ['bŭɔkatç çɛ] vr
wander, roam, ramble
błędn|y ['bŭɛ̃dnɨ] adj faulty,
defective; (o myśli) false,
wrong; ~e koło vicious
circle; ~e oczy haggard
eyes; ~y rycerz knight
errant
błękitny [bŭɛ̃'kịtnɨ] adj sky-
-blue
błogosławić [bŭɔgɔ'sŭaṿitç] vt
bless
błona ['bŭɔna] f membrane;
fot. film; ~ kolorowa colour film; ~ czarno-biała
black and white film; ~ odwracalna reversal ⟨revers-
ible⟩ film
błotnik ['bŭɔtɲik] m mud-
guard, am. fender
błoto ['bŭɔtɔ] n mud, dirt
błyska|ć się ['bŭɨskatç çɛ] vi
flash; glitter; ~ się it
lightens
błyskawica [bŭɨska'ṿitsa] f
lightning
błyskawiczn|y [bŭɨska'ṿitʃnɨ]
adj quick as lightning;
wojna ~a lightning war,
blitz; zamek ~y zip
fastener, zipper
błysn|ąć ['bŭɨsnɔtç] vi flash;
~ęła mi myśl it flashed
upon me

błyszczeć ['bŭiʃtʃɛtç] *vi* shine, glitter, sparkle
bo [bɔ] *conj* for, as, because, since
bochenek [bɔ'xɛnɛk] *m* loaf
bocian ['bɔtçan] *m* stork
boczek ['bɔtʃɛk] *m* bacon
bocznica [bɔtʃ'ɲitsa] *f* side--street, by-street; ~ kolejowa siding, side-track
boczn|y ['bɔtʃnɨ] *adj* lateral; side; ~a droga side road, by-road
bodaj ['bɔdaj] *part* 1. may ...; (*w zaklęciach*) I wish ...; ~ cię diabli wzięli! go to hell!; ~bym nigdy nie przyszedł! I wish I had never come! 2. (*choćby*) just; at least; ~ raz just once
bodziec ['bɔdʑɛts] *m* stimulus, incentive; dodawać bodźca to stimulate; to encourage
bogacić [bɔ'gatçitç] I *vt* enrich II *vr* ~ się grow rich
bogactw|o [bɔ'gatstfɔ] *n* wealth; *pl* ~a riches; ~a naturalne natural resources
bogaty [bɔ'gatɨ] *adj* rich, wealthy
bohater [bɔ'xatɛr] *m* hero
bohaterski [bɔxa'tɛrsʲki] *adj* heroic
boisko [bɔ'iskɔ] *n* sports field; ~ do piłki nożnej football field
boja ['bɔja] *f* buoy
bojaźliwy [bɔjaʑ'ʎivɨ] *adj* shy, timid
bojer ['bɔjɛr] *m* iceboat
bojkot ['bɔjkɔt] *m* boycott
bojkotować [bɔjkɔ'tɔvatç] *vt* boycott
bojownik [bɔ'jɔvɲik] *m* fighter, champion
bojow|y [bɔ'jɔvɨ] *adj wojsk.* battle (array); fighting (plane); (*o człowieku*) combative; siły ~e striking force
bok [bɔk] *m* side, flank; kłucie w ~u stitch in the side; odłożyć na ~ to put aside;

stać z ~u to stand aloof; podparłszy się pod ~i with arms akimbo; na ~u on the side; pod ~iem at hand; near by; *przen.* to mi ~iem wyłazi I am fed up with it; *pot.* zarobić na ~u to make money on the side; na ~! clear the way!; stand clear!; żarty na ~ joking apart
boks [bɔks] *m* boxing
bokser ['bɔksɛr] *m* boxer
bol|eć ['bɔlɛtç] *vi* ache, hurt; ~i mnie gardło I have a sore throat; ~i mnie głowa ⟨ucho, ząb itd.⟩ I have a headache ⟨earache, toothache etc.⟩; to ~i it hurts; co cię ~i? what is the matter with you?
bolesn|y [bɔ'lɛsnɨ] *adj* painful, sore; *przen.* heart-breaking; to jest ~e it hurts
bomba ['bɔmba] *f* bomb; (*sensacja*) sensation; ~ atomowa atom bomb, A-bomb; ~ wodorowa hydrogen--bomb, H-bomb; ~ zegarowa time-bomb; wpaść jak ~ to rush in like a bombshell
bombardować [bɔmbar'dɔvatç] *vt* bombard
bombonierka [bɔmbɔ'ɲɛrka] *f* box of chocolates
bombowiec [bɔm'bɔvɛts] *m* bomber
bon [bɔn] *m* ticket, coupon; ~ benzynowy petrol card, *am.* gas coupon; ~ dolarowy dollar coupon; ~ turystyczny exchange voucher; wykupić ~y to buy coupons
bonifikata [bɔɲifi'kata] *f* reduction
borowik [bɔ'rɔvʲik] *m bot.* boletus
borówka [bɔ'rufka] *f* bilberry
borykać się [bɔ'rɨkatç çɛ] *vr* struggle; ~ się z trudnościami to cope with difficulties
boski ['bɔsʲki] *adj* divine
bosy ['bɔsɨ] *adj* barefoot

bowiem ['bɔvɛm] *conj* for, because
bób [bup] *m* (broad) beans
bóbr [bubr] *m zool.* beaver
Bóg [buk] *m* God, Lord
bójka ['bujka] *f* scuffle, brawl
ból [bul] *m* pain, ache; ~ gardła sore throat; ~ głowy headache; *przen.* z ~em serca reluctantly; with a heavy heart
bór [bur] *m* forest, woods
brać [bratɕ] *imperf* I *vt* take; ~ coś na siebie to take sth upon oneself; ~ do wojska to call up; ~ pod uwagę to take into consideration; ~ ślub to get married; ~ udział to take part; ~ za złe to take amiss II *vi* mróz bierze it begins to freeze; bierze mnie ochota ⟨chęć⟩ na coś I feel like doing sth; I have a mind to do sth; to mnie nie bierze it does not appeal to me; za kogo mnie bierzesz? what do you take me for? III *vr* ~ się do dzieła to set to work; *pot. (opanować się)* ~ się w garść to pull oneself together *zob.* wziąć
brak [brak] *m* lack, want, scarcity, shortage; *pl* ~i shortcomings; ~ pamięci forgetfulness; **odczuwać** ~ czegoś to lack sth; z ~u czasu for lack of time
brakorób [bra'kɔrup] *m* poor worker, botcher
brak|ować [bra'kɔvatɕ] *vi* be lacking, be missing; ~uje kilku książek some books are missing; ~uje mi pieniędzy I am short of money; ~uje mi słów words fail me; bardzo mi ciebie ~owało I missed you very much; czego ci ~uje? what's wrong ⟨what's the matter⟩ with you?
bram|a ['brama] *f* gate; ~a wjazdowa gateway; **otworzyć** ~ę to open the gate

bramk|a ['bramka] *f sport.* goal; **zdobyć** ~ę to score a goal
bramkarz ['bramkaʃ] *m sport.* goalkeeper
bransoletka [bransɔ'lɛtka] *f* bracelet
branża ['branʒa] *f* branch, line of business
brat [brat] *m* brother; ~ przyrodni stepbrother; half-brother; ~ cioteczny ⟨stryjeczny⟩ cousin; młodszy ⟨starszy⟩ ~ younger ⟨elder⟩ brother; ~ zakonny friar
bratanek [bra'tanɛk] *m* nephew
bratanica [brata'ɲitsa] *f* niece
bratek ['bratɛk] *m* pansy
braterski [bra'tɛrski] *adj* brotherly; ~e pozdrowienia fraternal greetings
bratni ['bratɲi] *adj* brotherly; ~a dusza fellow soul
bratowa [bra'tɔva] *f* sister-in-law, brother's wife
brawo ['bravɔ] *n* applause; **bić (komuś)** ~ to applaud (sb)
brawura [bra'vura] *f* bravado
brązowy [brɔ̃'zɔvi] *adj* (z brązu) bronze
brązowy [brɔ̃'zɔvi] *adj* (o kolorze) brown; (opalony) bronzed; sunburnt; suntanned
brew [brɛf] *f* (eye)brow
brezent ['brɛzɛnt] *m* tarpaulin
brod|a ['brɔda] *f* 1. (zarost) beard; **nosić** ~ę to wear ⟨to sport⟩ a beard; **zgolić** ~ę to shave off one's beard; **zapuścić** ~ę to grow a beard 2. *anat.* chin
brodzić ['brɔdʑitɕ] *vi* wade, flounder
brona ['brɔna] *f* harrow
bronić ['brɔɲitɕ] I *vt* defend, protect, guard; (zakazem) prohibit, forbid; ~ sprawy to plead a cause II *vr* ~ się defend oneself; ~ się nieświadomością to plead ignorance

broń [brɔɲ] *f* weapon, arm, *zbior.* arms; ~ **jądrowa** nuclear weapon; ~ **palna** firearm; **zawieszenie broni** armistice; **pod bronią** in ⟨under⟩ arms; **do broni!** to arms!

broszka ['brɔʃka] *f* brooch

broszura [brɔ'ʃura] *f* pamphlet; (*prospekt*) folder, booklet

browar ['brɔvar] *m* brewery

bród [brut] *m* ford; **przechodzić przez rzekę w** ~ to ford a river ‖ **w** ~ in profusion

brud [brut] *m* dirt, filth, grime; *pl* ~**y** (*bielizna*) dirty linen, laundry

brudnopis [brud'nɔpis] *m* rough copy

brudny ['brudnɪ] *adj* dirty, filthy, soiled

brudzić ['brudʑitɕ] *vt* dirty, soil

bruk [bruk] *m* pavement; *przen.* **wyrzucić na** ~ to turn out into the street

brukować [bru'kɔvatɕ] *vt* pave

brukselka [bruk'sɛlka] *f* Brussels sprouts

brulion ['bruljɔn] *m* rough copy; (*zeszyt*) exercise book

brunatny [bru'natnɪ] *adj* brown; **węgiel** ~ brown coal

brunet ['brunɛt] *m* dark-haired ⟨black-haired⟩ man

brutalny [bru'talnɪ] *adj* brutal, rough

brutto ['bruttɔ] *adv* gross; **waga** ~ gross weight

bruzda ['bruzda] *f* furrow

brydż [brɪtʃ] *m* bridge; **grać w** ~**a** to play bridge

brygadzista [brɪga'dʑista] *m* foreman

brylant ['brɪlant] *m* diamond

brytyjski [brɪ'tɪjskɪ] *adj* British

bryzol ['brɪzɔl] *m* *kulin.* brisol

brzeg [bʒɛk] *m* (*morza*) coast, seashore; (*rzeki*) bank; (*książki*) margin; (*lasu*) border, skirt; (*przepaści*) brink; (*kapelusza*) brim; (*krawędź*) edge, rim, verge; **na** ~**u** ashore; **wysadzić na** ~ to put ⟨to bring⟩ ashore; **pełny po** ~**i** brimful; **pierwszy z** ~**u** (*o człowieku*) anyone at random; (*o rzeczy*) any

brzemienn|a [bʒe'mjɛnna] *adj* pregnant; *przen.* ~**y w skutki** eventful

brzęczeć ['bʒɛ̃tʃɛtɕ] *vi* (*o dzwonku*) ring, buzz; (*o pieniądzach*) jingle, clink, chink; (*o owadach*) hum, buzz

brzęk [bʒɛ̃k] *m* ring, clatter, jingle; **upaść z** ~**iem** to clatter down

brzmi|eć [bʒmjɛtɕ] *vi* sound, ring; (*o tekście*) read; **list** ~, **jak następuje** ... the letter reads as follows ...

brzmieni|e ['bʒmjɛɲɛ] *n* sound; (*tekstu*) tenor; **stosownie do** ~**a umowy** under the terms of the agreement

brzoskwinia [bʒɔsk'fiɲa] *f* peach

brzoza ['bʒɔza] *f* birch

brzuch [bʒux] *m* stomach; (*u zwierząt*) belly; *med.* abdomen; ~ **mnie boli** I have a stomachache; *pot.* **wiercić komuś dziurę w** ~**u** to plague ⟨to molest⟩ sb

brzydk|i ['bʒɪtkɪ] *adj* ugly; ~**a pogoda** nasty weather; ~**a gra** (*nieuczciwa*) foul play; ~**i postępek** mean ⟨base⟩ act ⟨deed⟩

brzydzić się ['bʒɪdʑitɕ ɕɛ] *vr* loathe, abhor (**czymś** sth)

brzytwa ['bʒɪtfa] *f* razor

buble ['bublɛ] *pl* trash, unsaleable goods

buda ['buda] *f* shed, booth; **psia** ~ kennel

budka ['butka] *f* shelter; (*sklepik*) booth, stall; ~

suflera prompter's box; ~ **telefoniczna** call box, telephone booth; ~ **wartownicza** sentry box

budowa [bu'dɔva] *f* construction; (*ciała*) constitution, build; (*budowla w trakcie wznoszenia*) building site

budować [bu'dɔvatɕ] *vt* build, construct

budowla [bu'dɔvla] *f* building, edifice, structure

budownictwo [budɔ'vɲitstfɔ] *n* architecture; ~ **mieszkaniowe** building of apartment houses

budulec [bu'dulɛts] *m* (*drewno*) timber, *am.* lumber

budynek [bu'dɪnɛk] *m* building, edifice

budyń ['budɪɲ] *m* pudding

budzić ['budʑitɕ] I *vt* awake, wake; (*uczucia*) rouse; (*ducha*) raise; (*sensację*) cause, create; ~ **zaufanie** to inspire confidence II *vr* ~ **się** awake, wake up

budzik ['budʑik] *m* alarm-clock; **nastawić** ~ to set the alarm-clock

budżet ['budʒɛt] *m* budget

bufet ['bufɛt] *m* 1. (*mebel*) sideboard 2. (*w restauracji*) bar; (*w teatrze, na dworcu kolejowym*) refreshment room; *wojsk.* canteen

bufetowa [bufɛ'tɔva] *f* barmaid

bufetowy [bufɛ'tɔvɪ] *m* barman, bartender

bufor ['bufɔr] *m* buffer

bujn|y ['bujnɪ] *adj* abundant, exuberant; ~a **czupryna** rich crop of hair; ~a **wyobraźnia** lively ⟨fertile⟩ imagination

buk [buk] *m* beech

bukiet ['bukɛt] *m* bouquet, bunch of flowers

buks|ować [buk'sɔvatɕ] *vi* surge; **koła** ~**ują** the wheels surge

bulion ['buljɔn] *m* beeftea,

broth; ~ **w kostce** beef-stock cube

bulwar ['bulvar] *m* boulevard, avenue

Bułgar ['buŭgar] *m* Bulgarian

bułgarski [buŭ'garsḳi] *adj* Bulgarian

bułka ['buŭka] *f* roll (of bread)

bungalow [bun'galɔf] *m* bungalow

bunt [bunt] *m* rebellion, mutiny, riot; **podnieść** ~ to rise in revolt, to rebel

buntować [bun'tɔvatɕ] I *vt* instigate, stir up II *vr* ~ **się** rebel, revolt

burak ['burak] *m* beetroot; ~ **cukrowy** white beet; ~ **ćwikłowy** red beet; ~ **pastewny** mangold

bursztyn ['burʃtɪn] *m* amber

burt|a ['burta] *f* ship's side; **wyrzucić za** ~**ę** to throw overboard; **człowiek za** ~**ą!** man overboard!

burza ['buʒa] *f* storm, tempest; ~ **gradowa** hailstorm; ~ **morska** gale, storm; ~ **śnieżna** snowstorm, blizzard; ~ **z piorunami** thunderstorm

burzliw|y [buʒ'ʃivɪ] *adj* stormy; (*o morzu*) rough; ~e **oklaski** stormy applause

burzyć ['buʒɪtɕ] I *vt* demolish, destroy, wreck; (*dom*) pull down II *vr* ~ **się** 1. (*o winie*) ferment 2. (*o człowieku*) revolt, rage

burżuazja [burʒu'azja] *f* burgeoisie

burżuazyjny [burʒua'zɪjnɪ] *adj* bourgeois

busola [bu'sɔla] *f* compass

but [but] *m* boot, shoe; ~**y gumowe** rubber shoes; ~**y narciarskie** ski-boots; ~**y płócienne** fabric ⟨linen⟩ shoes; ~**y sportowe** sports shoes

butelk|a [bu'tɛlka] *f* bottle; *pot.* **nabić kogoś w** ~**ę** to make a fool of sb

butl|a ['butla] *f* large bottle; (*szklana*) balloon; (*oplecio-na*) carboy; *techn.* cylinder; ~a gazowa gas cylinder; ~a tlenowa oxygen cylinder; ~a zapasowa spare cylinder, refill; **napełnić** ~ę **gazem** to fill the cylinder with gas

butwieć ['butſɛtɕ] *vi* moulder, rot

buzi|a ['buʑa] *f* mouth, face; **dać** ~ to give a kiss; **dać komuś po** ~ to slap sb's face

by [bɨ] *conj* so that, in order to ⟨that⟩

być [bɨtɕ] *vi* be; ~ **u siebie** to be at home; ~ **w stanie** to be in a position to; to be able to; **to jest przyjemna lektura** this makes pleasant reading; **co będzie z nimi?** what will become of them?; **co ci jest?** what's wrong with you?; **niech będzie, co chce** come what may; **niech i tak będzie** let it be so; ~ **może** maybe; perhaps

bydło ['bɨdwɔ] *n* cattle

byk [bɨk] *m* **1.** bull **2.** *pot.* (*błąd*) mistake, blunder

byle ['bɨlɛ] *conj* ~ **co** anything; ~ **dzisiaj** provided it's today; ~ **gdzie** anywhere; ~ **jak** anyhow; ~ **jaki** any; ~ **tylko** provided (that); so long as

były ['bɨwɨ] *adj* former, one-time, late, ex-; ~ **minister** former minister; ex-minister

bynajmniej [bɨ'najmɲɛj] *adv* not at all, not in the least, by no means

bystry ['bɨstrɨ] *adj* **1.** (*szybki*) swift, rapid **2.** (*rozgarnięty*) clever, shrewd **3.** (*o wzroku*) keen, sharp

byt [bɨt] *m* existence; **walka o** ~ struggle for life

bywa|ć ['bɨvatɕ] *vi* be, happen; **tak** ~ it happens; ~ć **w towarzystwie** to go out; ~j **zdrów** farewell

bywalec [bɨ'valɛts] *m* habitué, old-stager

bzdur|a ['bzdura] *f* nonsense, rubbish; **pleść** ~y to talk nonsense

bzykać ['bzɨkatɕ] *vi* buzz, hiss

C

cal [tsal] *m* inch; ~ **za** ~**em** inch by inch; **w każdym** ~**u (dżentelmen)** every inch (a gentleman)

całkiem ['tsaŭkɛm] *adv* altogether, entirely, completely

całokształt [tsa'ŭɔkʃtaŭt] *m* whole; ~ **sprawy** the whole problem; ~ **stosunków** the conditions in general

całoś|ć ['tsaŭɔɕtɕ] *f* totality, whole, entirety; **w** ~**ci** on the whole

całować [tsa'ŭɔvatɕ] *vt* (*także vr* ~ **się**) kiss; ~ **na pożegnanie** to kiss sb good-bye

cał|y ['tsaŭɨ] *adj* whole, all, entire; ~**ymi godzinami** for hours and hours; **na** ~**ym świecie** all over the world; **przez** ~**y dzień** all day (long); **przez** ~**y miesiąc** a whole month; **zdrów i** ~**y** safe and sound

camping *zob.* **kemping**

cebula [tsɛ'bula] *f* onion

cecha ['tsɛxa] *f* feature; ~ **charakterystyczna** distinctive mark; characteristic feature; ~ **urzędu probierczego** hallmark

cechować [tsɛ'xɔvatɕ] *vt* mark,

be a feature (kogoś, coś of
sb, sth), characterize
ceduła [tsɛ'duŭa] f bill, list;
~ **giełdowa** exchange list
cedzić ['tsɛdʑitɕ] vt filter;
strain; przen. ~ **słowa** to
drawl one's words
cegielnia [tsɛ'ǵɛlɲa] f brick-
works
cegła ['tsɛgŭa] f brick
cel [tsɛl] m aim, purpose,
goal; (tarcza) target; ~ **po-**
dróży destination; **mieć na**
~**u coś** to aim at sth; **osią-**
gnąć ~ to gain one's ends;
trafić do ~**u** to hit the
mark; **nie trafić do** ~**u** to
miss the mark; **bez** ,~**u**
aimlessly; ~**em** in order to;
dla ogólnych ~**ów** for general purpose; **w** ~**u** for
the purpose of; **w tym** ~**u**
to this effect
celnik ['tsɛlɲik] m customs
officer
celn|y [1] ['tsɛlnɪ] adj custom-;
deklaracja ~**a** custom-house
declaration; **rewizja** ~**a**
customs inspection; **urząd**
~**y** custom-house; **opłata**
~**a** customs duty
celny [2] ['tsɛlnɪ] adj (trafny)
accurate; ~ **strzał** ⟨strze-
lec⟩ good shot
celować [tsɛ'lɔvatɕ] vi aim (do
czegoś at sth); ~ **w czymś**
to excel in sth
celowy [tsɛ'lɔvɪ] adj appropriate, suitable, proper
celujący [tsɛlu'jɔtsɪ] adj excellent
cement ['tsɛmɛnt] m cement
cementować [tsɛmɛn'tɔvatɕ] vt
cement
cementownia [tsɛmɛn'tɔvɲa] f
cement works
cen|a ['tsɛna] f price; ~**a de-**
taliczna retail price; ~**a**
hurtowa wholesale price;
~**a rynkowa** market price;
~**y sezonowe** season prices;
~**y stałe** fixed prices; **ob-**
niżka ~ price cut ⟨reduc-
tion⟩; **podwyżka** ~ price

increase; ~**y wzrastają**
prices go up; **ustalać** ~**y** to
fix prices; **po** ~**ie kosztu**
at cost price; **po** ~**ach zni-**
żonych at reduced prices;
za wszelką ~**ę** at any price;
at all costs
cenić ['tsɛɲitɕ] vt value, appreciate; **nisko** ~ to hold
cheap; **wysoko** ~ **kogoś, coś**
to hold sb, sth dear; to
think a lot of sb, sth; (podawać cenę) charge
cennik ['tsɛnɲik] m price-list
cenny ['tsɛnnɪ] adj precious,
valuable, costly
centrala [tsɛn'trala] f head-
-office, headquarters; ~
handlowa trading company;
~ **międzymiastowa** trunk
exchange; ~ **międzynarodo-**
wa international exchange;
~ **miejska** local exchange;
~ **telefoniczna** telephone
exchange; (mała) switch-
board
centraln|y [tsɛn'tralnɪ] adj
central; ~ **ogrzewanie** central heating; **komitet** ~**y**
central committee
centrum ['tsɛntrum] n centre;
~ **handlowe** shopping centre; ~ **informacyjne** information centre; ~ **kultural-**
ne cultural centre; ~ **mia-**
sta (the) City, centre; ~
rozrywkowe entertainment
centre
centymetr [tsɛn'timɛtr] m
centimetre
cenzura [tsɛn'zura] f censorship; (świadectwo) school
report
cera [1] ['tsɛra] f (na twarzy)
complexion
cera [2] ['tsɛra] f (na pończosze)
darn.
ceramika [tsɛ'ramika] f ceramics, ceramic art
cerata [tsɛ'rata] f oilcloth
ceremoni|a [tsɛrɛ'mɔɲja] f ce-
remony; ~**a ślubna** wedding ⟨marriage⟩ ceremony;
bez ~**i** without ceremony

cerować [tsɛ'rɔvatç] vt darn
chałtura [xaŭ'tura] f pot.
hackwork, potboiler
chałupa [xa'ŭupa] f cottage,
hut
chałupnictwo [xaŭup'ɲitstfɔ]
n cottage work; out-work
chałwa ['xaŭva] f halva
charakte|r [xa'raktɛr] m cha-
racter; ~r pisma handwriting; człowiek bez ~ru a
man with no backbone;
teatr. czarny ~r villain;
występować w ~rze ... act
in the capacity of ...
charakteryzować [xaraktɛri-
'zɔvatç] I vt characterize;
teatr. make up II vr ~ się
teatr. make oneself up
chata ['xata] f cottage, hut
chcieć [xtçɛtç] vt want; intend; desire; wish, be willing; ~ coś zrobić to feel
like doing sth; ~ koniecznie to be bent on sth ⟨doing
sth⟩; chce mi się jeść ⟨pić
itp.⟩ I am hungry ⟨thirsty
etc.⟩; nie chce mi się I don't
feel like it; chciałbym to
zrobić I should like to do
it; chciałbyś spróbować?
would you care to try?; co
chcesz przez to powiedzieć?
what do you mean by it?;
jeśli chcesz if you care to;
zrób, jak chcesz do as you
please ⟨as you choose⟩;
chcąc nie chcąc willy-nilly
chciwy ['xtçivi] adj greedy
chemia ['xɛmja] f chemistry
chemiczny [xɛ'mitʃni] adj
chemical
chę|ć [xɛ̃tç] f wish, inclina-
tion; (zamiar) intention;
mieć ~ć coś zrobić to have
a mind to do sth; to feel
like doing sth; z miłą ~cią
willingly; gladly
chętnie ['xɛ̃tɲɛ] adv willingly,
gladly; ~ bym poszedł ⟨zo-
baczył to itd.⟩ I'd like to
go ⟨to see it etc.⟩
chętny ['xɛ̃tni] adj willing,

ready; ~ do nauki eager
to learn
chinina [xi'ɲina] f farm.
quinine
Chińczyk ['xiɲtʃik] m Chinese
chiński ['xiɲsḳi] I adj Chinese II m (język) Chinese
chirurg ['xirurk] m surgeon
chlap|ać ['xlapatç] imperf,
~nąć ['xlapnɔ̃tç] perf I vi
splash II vr ~ać, ~nąć się
dabble, paddle
chleb [xlɛp] m bread; ~
pszenny white bread; ~ razowy brown bread; ~ świę-
tojański carob, St. John's-
-bread; ~ z masłem bread
and butter; bochenek ~a
loaf of bread; kromka ~a
slice of bread; zarabiać na
~ to earn one's living
chlebak ['xlɛbak] m haversack
chlew [xlɛv] m pigsty
chlub|a ['xluba] f glory, pride;
być ~ą czegoś to be a
credit to sth; to mu przy-
nosi ~ę it does him credit
chlubny ['xlubni] adj glorious
chłodnia ['xŭɔdɲa] f refrigerator; (przemysłowa) cold
storage plant
chłodnic|a [xŭɔd'ɲitsa] f mot.
lotn. radiator, cooler; opróżnić ~ę to drain the radiator; napełnić ~ę to fill the
radiator
chłodno ['xŭɔdnɔ] adv coldly;
jest ~ it's cool; jest mi ~
I feel chilly
chłodny ['xŭɔdni] adj 1. cool,
chilly 2. przen. (o zacho-
waniu itd.) frigid
chłodzenie [xŭɔ'dzɛɲɛ] n cooling; ~ (silnika) powietrzem
air-cooling; ~ wodą water-
-cooling
chłodzić ['xŭɔdʑitç] I vt chill;
refrigerate II vr ~ się cool
chłonąć ['xŭɔnɔ̃tç] vt absorb
chłop [xŭɔp] m peasant; pot.
to dobry ~ he is a good
chap
chłopiec ['xŭɔpɛts] m boy; ~
na posyłki errand boy

chłopstwo ['xŭɔpstfɔ] n peasantry

chłód [xŭut] m cold, chill; *dosł. i przen.* coolness

chmura ['xmura] f cloud; ~ burzowa thundercloud; storm-cloud; ~ deszczowa rain-cloud

chmurzyć się ['xmuʒitɕ ɕɛ̃] vr cloud over

chociaż ['xɔtɕaʃ], choć [xɔtɕ] *conj* though, although; ~ raz at least once; ~ trochę at least a trifle

chodliwy [xɔd'ɫivi] *adj pot.* saleable

chodnik ['xɔdɲik] m 1. pavement, *am.* sidewalk 2. (*dywan*) carpet, rug 3. (*w kopalni*) gallery

chodzi|ć ['xɔdʑitɕ] vi walk, go; (*o maszynie*) run, work; ~ć do szkoły to go to school; ~ć na wykłady to attend lectures; ~ć po pokoju to pace up and down the room; ~ć za czymś to go about sth; ~ć za kimś to follow sb; ~ć w czymś to wear sth; nie ~ć po trawie! keep off the grass!; zegar ~ dobrze ⟨źle⟩ the clock keeps good ⟨bad⟩ time; o co ~? what's the matter?; o ile o mnie ~ as far as I am concerned; właśnie o to ~ that's the point

choinka [xɔ'inka] f Christmas tree

choler|a [xɔ'lɛra] f *med.* cholera; epidemia ~y cholera epidemic

cholewa [xɔ'lɛva] f bootleg

chorągiew [xɔ'rɔ̃ɡɛf] f banner, flag

chorob|a [xɔ'rɔba] f illness, disease, sickness; ~a morska seasickness; ~a umysłowa mental disease; ~a tropikalna tropical disease; ~a zakaźna infectious disease; nabawić się ~y to contract an illness ⟨a disease⟩, to fall ill

chorobliwy [xɔrɔb'ʎivi] *adj* morbid, sickly

chorować [xɔ'rɔvatɕ] vi be ill, suffer (na coś from sth); ~ na serce to have heart trouble

chorowity [xɔrɔ'viti] *adj* sickly

chory ['xɔri] *adj* ill (na coś of ⟨with⟩ sth); sick, unwell; ~ na grypę having flu, suffering from flu; ~ umysłowo insane; ciężko ~ seriously ⟨gravely⟩ ill

chować ['xɔvatɕ] I vt 1. hide, conceal; (*przechowywać*) keep; (*wkładać*) put 2. (*grzebać*) bury 3. (*hodować*) breed, rear; (*wychowywać*) bring up, educate II vr ~ się 1. hide (przed kimś from sb) 2. (*rosnąć — o dzieciach itp.*) grow

chód [xut] m pace, gait, walk; *pot.* mieć chody to have connexions; (*o samochodzie itp.*) na chodzie in working order

chór [xur] m chorus; (*zespół*) choir; (*część kościoła*) organ loft

chrapać ['xrapatɕ] vi snore

chrom [xrɔm] m *chem.* chromium

chronić ['xrɔɲitɕ] I vt protect (przed czymś against ⟨from⟩ sth), guard, preserve II vr ~ się protect oneself; (*chować się*) take shelter ⟨refuge⟩

chrust [xrust] m 1. (*suche gałęzie*) brushwood 2. (*ciasto*) kind of light sugared fritter

chrypk|a ['xripka] f hoarseness, hoarse voice; mieć ~ę to be hoarse

chryzantema [xriʑan'tɛma] f chrysanthemum

chrzan [xʃan] m horse-radish

chrzcić [xʃtɕitɕ] vt baptize

chrz|est [xʃɛst] m baptism; ~est Polski christianization of Poland; trzymać kogoś

do ~tu to stand godfather
⟨godmother⟩ to sb
chrzestn|y ['xʃestnɨ] *adj*: ~y
ojciec godfather; ~a matka
godmother
chrześniaczka [xʃɛç'ɲatʃka] *f*
goddaughter
chrześniak ['xʃɛçɲak] *m* godson
chudnąć ['xudnɔ̃tɕ] *vi* lose
weight, grow lean; reduce
chudy ['xudɨ] *adj* lean, thin
chuligan [xu'ʎigan] *m* hooligan
chustka ['xustka], **chusteczka**
[xu'stetʃka] *f* kerchief, scarf;
(*ciepła*) muffler; (*do nosa*)
handkerchief
chwalić ['xfaʎitɕ] I *vt* praise,
speak well (**kogoś** of sb) II
vr ~ **się** boast (**czymś** of
sth)
chwała ['xfaŭa] *f* glory; ~
Bogu! thank goodness!
chwast [xfast] *m* weed
chwiać [xfatɕ] I *vt* shake II
vr ~ **się** sway, reel, shake,
totter; (*o cenach*) fluctuate
chwiejny ['xfɛjnɨ] *adj* (*o kroku*) tottering, shaky; (*o
człowieku*) hesitating, unsteady
chwil|a ['xfila] *f* moment,
instant; **co** ~**a** every now
and again; **do tej** ~**i** till
now; **od tej** ~**i** henceforth;
lada ~**a** any minute ⟨mo-
ment⟩; **w odpowiedniej** ~**i**
at the right time; **w wol-
nych** ~**ach** at leisure; **za**
~**ę** in a moment; **zaczekaj**
~**ę!** wait a moment!
chwilowo [xfi'lɔvɔ] *adv* tem-
porarily, for the moment
⟨present⟩
chwycić *zob.* **chwytać**
chwyt [xfɨt] *m* grip, grasp;
(*sposób*) trick; (*w walce*)
catch
chwy|tać ['xfɨtatɕ] *imperf*,
chwy|cić ['xfɨtɕitɕ] *perf* I *vt*
catch, seize, grasp; *przen.*
~**tać**, ~**cić za serce** to go
to sb's heart; ~**tać kogoś**

za słowo to take sb at his
word II *vr* ~**tać**, ~**cić się**
catch hold (**czegoś** of sth)
chyba ['xɨba] I *part* probably;
maybe II *conj* ~ **że** unless,
provided that
chybi|ać ['xɨbatɕ] *imperf*, ~**ć**
['xɨbitɕ] *perf* *vi* *vt* miss,
fail; **na** ~**ł trafił** at random
chylić ['xɨʎitɕ] I *vt* bow,
incline; ~ **czoło przed czymś**
to bow to sth II *vr* ~ **się**
decline; ~ **się do upadku**
to be on the decline
chytry ['xɨtrɨ] *adj* cunning,
sly; (*chciwy*) eager (**na coś**
for sth)
ci [tɕi] *pron* these, those
ciało ['tɕaŭɔ] *n* body; (*mięso*)
flesh; ~ **stałe** solid; ~ **płynne** liquid; ~ **i krew** flesh
and blood; ~ **pedagogiczne**
teaching staff
ciasny ['tɕasnɨ] *adj* narrow;
(*o obuwiu*) tight; (*o mieszkaniu*) cramped; *przen.* (*o
człowieku*) **o** ~**ch poglądach**
narrowminded
ciastko ['tɕastkɔ] *n* cake;
(*owocowe*) tart; (*drożdżowe*)
bun
ciasto ['tɕastɔ] *n* dough; (*surowe*) paste; (*z tłuszczem*)
cake; (*pieczone*) pastry; ~
biszkoptowe sponge cake;
~ **kruche** shortcake
ciąć [tɕɔ̃tɕ] *vt* cut; ~ **na kawałki** cut into pieces
ciąg [tɕɔ̃k] *m* draw; (*powietrza*) draught; (*droga*) thoroughfare, pathway; ~ **komunikacyjny** traffic artery;
~ **pieszy** footpath; ~ **spacerowy** promenade; ~ **dalszy** continuation, sequel; ~
matematyczny sequence;
dalszy ~ **nastąpi** to be continued; **jednym** ~**iem** at a
stretch; **w** ~**u dnia** in the
course of the day; **w** ~**u
2 miesięcy** in two months
ciągle ['tɕɔ̃gʎɛ] *adv* continually
ciągły ['tɕɔ̃gŭɨ] *adj* continuous,
incessant

ciągnąć ['tɕɔ̃gnɔ̃tɕ] I vt draw,
pull (kogoś za włosy sb's
hair); haul (statek a ship);
~ dalej to continue; to go
on; ~ losy to draw lots; ~
zyski to derive profit II vr
~ się (o lesie itp.) extend,
stretch; (o czasie) last
ciągnienie [tɕɔ̃g'ɲɛɲɛ] n (lote-
rii) drawing
ciągnik ['tɕɔ̃gɲik] m tractor;
~ gąsienicowy creeper-type
tractor
ciąż|a ['tɕɔ̃ʒa] f pregnancy;
przerwanie ~y termination
of pregnancy; w ~y preg-
nant; zajść w ~ę to become
pregnant
ciążenie [tɕɔ̃'ʒɛɲɛ] n gravitation
ciąży|ć ['tɕɔ̃ʒitɕ] vi gravitate;
weigh, lie heavy; ~ mi głowa my head is heavy; ~ć
ku ... be inclined to ...
cicho ['tɕixɔ] adv quietly,
softly, silently; mówić ~ to
speak in a low voice; ~
bądź! silence!; keep quiet!
cichy ['tɕixi] adj quiet, still;
(o głosie) low; ~ wspólnik
sleeping partner
ciec [tɕɛts], cieknąć ['tɕɛknɔ̃tɕ]
vi flow; (z czegoś) drip;
(przeciekać) leak
ciecz [tɕɛtʃ] f liquid, fluid
ciekawostka [tɕɛka'vɔstka] f
a curiosity, interesting piece
of news ⟨detail⟩
ciekawoś|ć [tɕɛ'kavɔɕtɕ] f
curiosity; z prostej ~ci out
of sheer curiosity
ciekawy [tɕɛ'kavi] adj curious,
inquisitive; (interesujący)
interesting
ciekły ['tɕɛkůi] adj liquid,
fluid
cielę ['tɕɛlɛ̃] n calf
cielęcina [tɕɛlɛ̃'tɕina] f veal
ciemiężyć [tɕɛ'mɛ̃ʒitɕ] vt oppress
ciemnia ['tɕɛmɲa] f fot. dark
room
ciemno ['tɕɛmnɔ] adv dark;

jest ~ it is dark; robi się ~
it's getting dark
ciemnoś|ć ['tɕɛmnɔɕtɕ] f dark-
nes; w ~ci in the dark
ciemn|y ['tɕɛmni] adj 1. dark,
obscure, dim; ~e piwo
brown ale 2. przen. ignorant
cienki ['tɕɛnki] adj thin,
slender; ~e wino thin wine
cie|ń [tɕɛɲ] m shade; (sylwet-
ka osoby, przedmiotu) shadow; w ~niu in the shade;
trzymać coś w ~niu to
keep sth dark; przen. rzucać ~ń na kogoś to throw
discredit upon sb; trzymać
się w ~niu to keep oneself
in the background
cieplny ['tɕɛplni] adj thermic,
thermal
ciep|ło ['tɕɛpůɔ] I n warmth,
heat; trzymać coś w ~le to
keep sth warm II adv warm;
jest ~ło it is warm; jest
mi ~ło I am warm
ciepłownia [tɕɛ'půɔvɲa] f
heating plant
ciepły ['tɕɛpůi] adj warm;
przen. cordial
cierpieć ['tɕɛrpɛtɕ] vt vi suffer
(na coś from sth); (znosić)
endure, bear; ~ biedę to be
in want; ~ na bóle głowy
to have headaches; nie
cierpię tego I can't bear it;
rzecz nie cierpiąca zwłoki
an urgent matter
cierpliwy [tɕɛr'pɕivi] adj patient
cieszyć ['tɕɛʃitɕ] I vt gladden,
give pleasure II vr ~ się be
glad (czymś of sth); ~ się
na coś to look forward to
sth; ~ się dobrym zdro-
wiem to enjoy a good health
cieśnina [tɕɛɕ'ɲina] f geogr.
strait
cietrzew ['tɕɛtʃɛf] m heathcock,
black-cock
cięcie ['tɕɛ̃tɕɛ] n cut, cutting;
med. cesarskie ~ Caesarean
section; jednym ~m miecza

cięgło

with one stroke of the sword

cięgło ['tɕɛ̃gŭɔ] n techn. coupling bar; pull rod; ~ hamulcowe brake rod ⟨bar⟩

ciężar ['tɕɛ̃ʒar] m weight, load, burden; fiz. ~ właściwy specific gravity; przen. być komuś ~em to be a burden to sb

ciężarna [tɕɛ̃'ʒarna] adj pregnant

ciężarówka [tɕɛ̃ʒa'rufka] f truck, lorry; ~ z przyczepą lorry with trailer

ciężki ['tɕɛ̃ʃki] adj heavy; (trudny) hard, difficult; (o chorobie) serious, grave; (o bólu) acute; (o dniu) trying; (o zniewadze) outrageous; ~e roboty hard labour; przechodzić ~e chwile to have a rough time

ciężko ['tɕɛ̃ʃkɔ] adv heavily; (trudno) hard; ~ strawny heavy, indigestible; ~ strawne potrawy heavy dishes, rich food; ~ ranny badly wounded ⟨injured⟩

cios [tɕɔs] m blow, stroke, hit; zadać ~ to deal ⟨to strike⟩ a blow

ciotka ['tɕɔtka] f aunt

ciskać ['tɕiskatɕ] vt imperf hurl, fling, cast

cisnąć ['tɕisnɔ̃tɕ] I vt 1. perf (nacisnąć) press; (rzucić) hurl, fling 2. imperf (uciskać) oppress; (o bucie) pinch II vr ~ się crowd, flock

cisz|a ['tɕiʃa] f stillness, calm, quiet, silence; ~a morska calm, lull; ~a nocna (the) dead hours; strefa ⟨pas⟩ ~y doldrums

ciśnieni|e [tɕiɕ'ɲɛɲɛ] n pressure; ~e atmosferyczne ⟨barometryczne⟩ air-pressure, atmospheric ⟨barometric⟩ pressure; ~e krwi blood-pressure; ~e niskie ⟨wysokie⟩ low ⟨high⟩ pressure; ~e oleju oil pressure; spadek ~a pressure drop;

zmiana ~a variation of pressure; zmierzyć ~e to gauge the pressure; (o krwi) to measure blood-pressure

ciśnieniomierz [tɕiɕɲɛ'ɲɔmjɛʃ] m pressure-gauge

cło [tsŭɔ] n customs duty; (urząd) customs; cło przywozowe import ⟨entrance⟩ duty; cło tranzytowe transit duty; cło wywozowe export duty; wolny od cła duty-free; płacić cło to pay the duty (on sth)

cmentarz ['tsmɛntaʃ] m cemetery, graveyard

cnota ['tsnɔta] f virtue

co [tsɔ] pron what; co do grosza to a penny; co do mnie for my part; as far as I am concerned; co do reszty for the rest; co drugi tydzień every other week; co roku every year; co pewien czas from time to time; co będzie, jeśli ... ? what if ... ?; co najwyżej at most; tylko co a while ago; co mu jest? what's wrong with him?; co takiego? what is it?; co z tego? what of that?; co za pomysł! what an idea!

coca-cola ['kɔka'kɔla] f coca-cola

codziennie [tsɔ'dʑɛɲɲɛ] adv daily, everyday

codzienny [tsɔ'dʑɛnnɪ] adj daily, every-day

cofać ['tsɔfatɕ] imperf, ~nąć ['tsɔfnɔ̃tɕ] perf I vt withdraw; (zegarek) put back; (odwoływać) recall; (zezwolenie) revoke II vr ~ać, ~nąć się withdraw, retire; wojsk. retreat

cokolwiek [tsɔ'kɔlvɛk] pron anything; ~ bądź no matter what; ~ się stanie whatever may happen

coraz ['tsɔras] adv: ~ gorzej worse and worse; ~ lepiej better and better; ~ więcej more and more

coroczny [tsɔ'rotʃnɨ] *adj* annual, yearly
coś [tsɔç] *pron* something, anything; ~ ci powiem I'll tell you what; ~ niecoś a little; ~ w tym rodzaju something like that
córka ['tsurka] *f* daughter
cóż [tsuʃ] *pron* what; no i ~? what now?; więc ~ z tego? well, what of it?
cud [tsut] *m* miracle, wonder; czynić ~a to work wonders; ~em by a miracle
cudowny [tsu'dɔvnɨ] *adj* wonderful, marvellous; *rel.* miraculous
cudzoziemiec [tsudzɔ'ʑɛmɛts] *m* foreigner, alien
cudzy ['tsudzɨ] *adj* somebody else's; other people's
cudzysłów [tsu'dzɨsŭuf] *m* inverted commas, quotation marks
cukier ['tsukɛr] *m* sugar; ~ puder castor sugar; ~ w kostkach lump sugar
cukier|ek [tsu'kɛrɛk] *m* bonbon, sweet, *am.* candy; *pl* ~ki sweets
cukiernia [tsu'kɛrɲa] *f* confectioner's shop
cukiernica [tsukɛr'ɲitsa] *f* sugar basin
cukrownia [tsu'krɔvɲa] *f* sugar plant
cukrowniczy [tsukrɔv'ɲitʃɨ] *adj* sugar; przemysł ~ sugar industry
cukrzyca [tsu'kʃitsa] *f med.* diabetes
cumować [tsu'mɔvatɕ] *vt mors.* moor
cyfr|a ['tsɨfra] *f* figure; ~y arabskie Arabic numbers; ~y rzymskie Roman numbers
Cygan ['tsɨgan] *m* Gypsy
cyganeria [tsɨga'nɛrja] *f* bohemia
cygański [tsɨ'gaɲskɨ] *adj* Gipsy
cygarniczka [tsɨgar'ɲitʃka] *f* cigarette holder

cygaro [tsɨ'garɔ] *n* cigar
cykl [tsɨkl] *m* cycle
cyklon ['tsɨklɔn] *m* cyclone, tornado
cykoria [tsɨ'kɔrja] *f* chicory
cylind|er [tsɨ'ʃindɛr] *m* 1. (*walec*) cylinder; głowica ~ra cylinder head; pojemność ~ra cylinder capacity 2. (*kapelusz*) top hat
cyna ['tsɨna] *f* tin
cynamon [tsɨ'namɔn] *m* cinnamon
cynk [tsɨnk] *m* zinc
cypel ['tsɨpɛl] *m geogr.* promontory
cyrk [tsɨrk] *m* circus
cyrkiel ['tsɨrkɛl] *m* compasses
cysterna [tsɨ'stɛrna] *f* cistern, tank; statek ~ tanker
cytat ['tsɨtat] *m* quotation, citation
cytować [tsɨ'tɔvatɕ] *vt* quote, cite
cytryna [tsɨ'trɨna] *f* lemon
cywilizacja [tsɨvɨʃi'zatsja] *f* civilization
cywiln|y [tsɨ'vɨlnɨ] *adj* civil; odwaga ~a civil courage; urząd stanu ~ego registry; wziąć ślub ~y to marry at a registry
czajniczek [tʃaj'ɲitʃɛk] *m* tea-pot
czajnik ['tʃajɲik] *m* tea-kettle; nastaw ~ put the kettle on
czapka ['tʃapka] *f* cap
czapla ['tʃapla] *f* heron
czar [tʃar] *m* charm, spell; *pl* ~y witchcraft; rzucić ~ to cast a spell
czarnoziem [tʃar'nɔʑɛm] *m* humus, vegetable mould
czarn|y ['tʃarnɨ] *adj* black; ~y jak smoła coal-black; *med.* ~a ospa smallpox; *przen.* ~y rynek black market; odkładać na ~ą godzinę to put money aside for a rainy day
czarujący [tʃaru'jɔtsɨ] *adj* charming, fascinating
czas [tʃas] *m* time; *gram.* tense; wolny ~ leisure;

ciężkie ~y hard times; lepsze ~y better days; jakiś ~ for a time ⟨a while⟩; do ~u for the time being; na ~ie timely; od ~u do ~u from time to time; od dłuższego ~u for a long time; od tego ~u ever since; po jakimś ~ie after some time; przez cały ~ all the time; w ~ie konferencji during the conference; w krótkim ~ie soon; shortly; w obecnych ~ach these days; nowadays; at present; we właściwym ~ie in due time; za moich ~ów in my time; z ~em with time; najwyższy ~, abyśmy poszli spać it's high time we went to bed

czasem ['tʃasɛm] adv sometimes, now and then

czasopismo [tʃasɔ'pismɔ] n periodical, magazine

czasownik [tʃa'sɔvɲik] m gram. verb

czaszka ['tʃaʃka] f skull

cząsteczka [tʃɔ̃'stɛtʃka] f molecule

czcić [tʃçitç] vt worship, adore; (szanować) respect; ~ czyjąś pamięć to commemorate sb

czcigodny [tʃçi'gɔdni] adj venerable, honourable

czczo [tʃtʃɔ] adv na ~ on an empty stomach

czczy [tʃtʃi] adj (o żołądku) empty; (daremny) vain, futile

Czech [tʃɛx] m Czech

czek [tʃɛk] m cheque; ~ bez pokrycia unsecured cheque; ~ kasowy open ⟨bar, counter⟩ cheque; ~ podróżny traveller's cheque; ~ na okaziciela cheque to the bearer; zrealizować ~ to cash a cheque

czekać ['tʃɛkatç] vi wait (na kogoś for sb); expect (na coś sth); kazać ~ na siebie to keep sb waiting

czekolad|a [tʃɛkɔ'lada] f chocolate; ~a deserowa plain chocolate; ~ mleczna milk chocolate; ~a nadziewana chocolate cream; ~a z orzechami nut chocolate; tabliczka ~y bar of chocolate

czekolad|ka [tʃɛkɔ'latka] f chocolate, am. chocolate candy; pudełko ~ek chocolate box, box of chocolates

czep|ek ['tʃɛpɛk] m cap, bonnet; przen. urodzony w ~ku born with a silver spoon in one's mouth

czepiać się ['tʃɛpatç çɛ̃] vr 1. (zahaczać się) cling, hang on (czegoś to sth) 2. (występować agresywnie) try to pick up a quarrel

czereśnia [tʃɛ'rɛçɲa] f cherry

czerpać ['tʃɛrpatç] vt (wodę, natchnienie itp.) draw; (zysk, ▪ przyjemność itp.) derive

czerstwy ['tʃɛrstfi] adj (o chlebie) stale; (o staruszku) hale and hearty; (o cerze) ruddy

czerwiec ['tʃɛrvɛts] m June

czerwonka [tʃɛr'vɔnka] f med. dysentery

czerwony [tʃɛr'vɔni] adj red

czesać ['tʃɛsatç] I vt comb II vr ~ się to do ⟨comb⟩ one's hair

czeski ['tʃɛski] adj Czech

cześć [tʃɛçtç] f 1. rel. worship 2. (szacunek) respect; oddawać ~ to show respect; ku czci kogoś, czegoś in honour of sb, sth 3. (pozdrowienie) ~! hullo!

często ['tʃɛstɔ] adv often, frequently

częstotliwość [tʃɛ̃stɔ'tɕlivɔçtç] f frequency; rad. wysoka ~ high frequency

częstować [tʃɛ̃'stɔvatç] I vt treat (kogoś czymś sb to sth) II vr ~ się treat oneself (czymś to sth) częsty ['ʧɛ̃stɨ] *adj* frequent, common

częściow|y [ʧɛ̃'ɕʨɔvɨ] *adj* partial; **~e zatrudnienie** part-time job

częś|ć [ʧɛ̃ɕʨ] *f* **1.** *(wycinek całości)* part; **~ci świata** the continents; **~ć składowa** component; **~ci samochodowe** car accessories; **~ci zamienne** spare parts; **komplet ~ci zamiennych** spare parts set; **po ~ci** partly; in part; **po większej ~ci** for the most part **2.** *(udział)* share

czkawka ['ʧkafka] *f* hiccup

człon [ʧŭɔn] *m* link, member; *mot.* element, unit

członek ['ʧŭɔnɛk] *m* **1.** *(jednostka)* member; **~ korespondent** corresponding member; **~ partii** party member; **~ wycieczki** participant in a trip; **~ zarządu** executive, director **2.** *(kończyna)* limb

człowiek ['ʧŭɔvɛk] *m* man; human being; **~ dorosły** adult; a grown-up; **szary ~** the man in the street

czołg [ʧɔŭk] *m* tank

czołgać się ['ʧɔŭgaʨ ɕɛ̃] *vr* crawl, creep

czoło ['ʧɔŭɔ] *n* forehead; *przen.* **stać na czele (delegacji itp.)** to head (a delegation etc.); **stawiać komuś ~ to face** ⟨to oppose⟩ sb; **wysunąć się na ~** to come to the front; *(w biegu)* to take the head

czołowy [ʧɔ'ŭɔvɨ] *adj* *(przedni)* frontal; *(przodujący)* leading, chief

czop [ʧɔp] *m* *(zatyczka)* peg, plug; *(osiowy)* pivot, journal; *(u drzwi)* gudgeon; *(stalowy)* trunnion

czosnek ['ʧɔsnɛk] *m* garlic

czółno ['ʧuŭnɔ] *n* boat, canoe

czterdziesty [ʧtɛr'dʑɛstɨ] *num* fortieth

czterdzieści [ʧtɛr'dʑɛɕʨi] *num* forty

czternasty [ʧtɛr'nastɨ] *num* fourteenth

czternaście [ʧtɛr'naʨɕɛ] *num* fourteen

cztery ['ʧɪɛrɨ] *num* four

czterysta [ʧtɛ'rɨsta] *num* four hundred

czuć [ʧuʨ] **I** *vt* feel; *(powonieniem)* smell; *(pachnieć)* smell (czymś of sth); **~ urazę do kogoś** to bear sb a grudge **II** *vr* **~ się** feel; **jak się czujesz?** how do you feel?; **~ się lepiej** to be better

czujność ['ʧujnɔɕʨ] *f* vigilance, watchfulness

czujny ['ʧujnɨ] *adj* vigilant, watchful

czuły ['ʧuŭɨ] *adj* tender; *(wrażliwy)* sensitive

czuwać ['ʧuvaʨ] *vi* **1.** *(pilnować)* watch **(nad kimś, czymś** over sb, sth); take care **(nad kimś, czymś** of sb, sth) **2.** *(nie spać)* sit up

czwartek ['ʧfartɛk] *m* Thursday

czwarty ['ʧfartɨ] *num* fourth

czworobok [ʧfɔ'rɔbɔk] *m* quadrangle

czworokąt [ʧfɔ'rɔkɔ̃t] *m* quadrangle

czy [ʧɨ] *conj* **1.** *(w pytaniach nie tłumaczy się)* **~ przyjdziesz jutro?** will you come tomorrow? **2.** *(w mowie zależnej)* if, whether || **tak ~ nie** yes or no

czyj [ʧɨj] *pron* whose

czyli ['ʧɨʎi] *conj* or

czyn [ʧɨn] *m* act, action; deed; **człowiek ~u** man of action; **słowem i ~em** in word and deed; **wprowadzać w ~ to** carry into effect

czynić ['ʧɨɲiʨ] *vt* act, do

czynnik ['ʧɨɲɲik] *m* factor, agent; **~ miarodajny** competent authority

czynność ['ʧɨnnɔɕʨ] *f* activity, action, function, operation

czynny ['ʧinni] *adj* active; (*urzędujący*) acting; **urząd jest ~** the office is open

czynsz [ʧinʃ] *m* rent

czystoś|ć ['ʧistɔʧʧ] *f* cleanliness, neatness; (*w pokoju*) tidiness; **nienagannej ~ci** spotless, speckless; **wątpliwej ~ci** far from clean; **zachować ~ć** to keep clean ⟨tidy⟩

czyst|y ['ʧisti] *adj* 1. clean; **~y arkusz** blank sheet;

przepisać na ~o to make a fair copy 2. (*bez domieszki*) pure; **~y dochód** net profit 3. (*niewinny*) chaste; **~a prawda** plain truth; **~e sumienie** clear conscience

czyścić ['ʧiʧʧiʧ] *vt* 1. clean, cleanse; **~ szczotką** brush; **~ chemicznie** dry-clean 2. *med.* purge

czytać ['ʧitatʧ] *vt* read

czytelnia [ʧi'tɛlɲa] *f* reading-room

czytelnik [ʧi'tɛlɲik] *m* reader

czyż [ʧiʃ] *conj* = czy

Č

ćma [ʧma] *f* moth

ćwiartka ['ʧfartka] *f* quarter, one fourth; (*mięsa*) joint

ćwiczenie [ʧfi'ʧɛɲɛ] *n* (*zadanie*) exercise; (*wprawianie się*) practice, training; *wojsk.* drill

ćwiczyć ['ʧfiʧʃiʧ] **I** *vt* exercise; *sport.* train, practise; *wojsk.* drill; (*chłostać*) flog **II** *vr* **~ się** exercise, practise, train

ćwiek [ʧfɛk] *m* hobnail, nail; *pot.* **zabić komuś ~a** to puzzle sb

ćwierć [ʧfɛrʧ] *f* quarter, one fourth; **~ kilograma** a quarter kilogram; **~ mili** quarter mile; **~ wieku** a quarter of a century

ćwierkać ['ʧfɛrkaʧ] *vi* twitter; chirp

ćwikła ['ʧfikŭa] *f* *kulin.* red beet with horse-radish

D

dach [dax] *m* roof; *przen.* **mieć ~ nad głową** to have a shelter; **pozbawić ~u nad głową** to make homeless; **pod ~em** indoors

dać *zob.* **dawać**

daktyl ['daktil] *m* date

dal [dal] *f* distance; *sport.* **skok w ~** long jump; **stać z ~a** to stand clear; **trzymać się z ~a** to keep off; **w ~i** in the distance; **z ~a** at a distance; from afar; **z ~a od drogi** back from the

road; **z ~a od oczu** out of sight

dalej ['dalɛj] *adv* further; **iść ~** to go ahead; **robić coś ~** to keep on doing sth; to continue to do sth; to carry on sth; **co ~?** what next?; **i tak ~** and so on

dalek|i [da'lɛki] *adj* distant, remote; **~a podróż** a long journey

dalek|o [da'lɛkɔ] *adv* far; **jak ~o jest stacja?** how far is it to the station?; **to jest**

~o it is a long way off; ~o lepszy far better; z ~a from afar

dalekobieżny [daleko'bɛʒni] adj pociąg ~ long-distance train

dalekopis [dale'kɔpis] m teletype, teleprinter; (dokument) telex (message)

dalekowidz [dale'kɔvits] m far-sighted (person)

daltonista [daltɔ'ɲista] m daltonist, colour-blind person

dama ['dama| f lady; (w grach) queen

damski ['damski] adj ladies'

dane ['danɛ] plt data; particulars; ~ osobiste personal data

dani|e ['daɲɛ] n dish, course; ~a barowe buffet; ~a gotowe (the) set menu; ~a firmowe specialities (of the firm); ~a jarskie vegetable ⟨vegetarian⟩ dishes; ~a mięsne meat dishes; ~a na zamówienie dishes (to order) à la carte; ~a rybne fish dishes; ~a zimne cold buffet; ~e gorące hot dish; pierwsze ⟨drugie⟩ ~e first ⟨second⟩ course; posiłek z dwóch ⟨trzech⟩ dań a two--course ⟨three-course⟩ meal

dansing ['dansink] m dance, dancing party; (lokal) dancing-hall

dar [dar] m 1. (prezent) gift, present; w darze as a gift 2. (talent) gift, talent (do czegoś for sth)

daremny [da'rɛmni] adj futile, useless

darmo ['darmɔ] adv (także za ~) free, gratuitously; for nothing

darować [da'rɔvatɕ] vt 1. make a present (coś of sth); present (komuś coś sb with sth) 2. (przebaczyć) pardon, forgive; ~ dług to remit a debt; ~ komuś życie to spare sb's life; nie do daro-

wania unpardonable; daruj mi! forgive me!

daszek ['daʃɛk] m rooflet; (osłona) screen; (u czapki) peak

dat|a ['data] f date; przen. starej ~y (o człowieku) old-fashioned; (o domu itp.) old world; być pod dobrą ~ą to be tipsy

datować [da'tɔvatɕ] vt (także vr ~ się) date; ~ wstecz antedate

dawać ['davatɕ] imperf, dać [datɕ] perf vt give, grant, afford (pleasure etc.), bear (fruit); dać coś zrobić to have sth done; dać do zrozumienia to give to understand; to intimate; to hint; dać komuś spokój to let sb alone; dać komuś w twarz to slap sb in the face; dać napiwek to give a tip, to tip sb; dać pierwszeństwo przejazdu to give sb the right of the way; dać prezent to give a present ⟨gift⟩; dać przykład to set an example; dać za wygraną to give up; dać znać (komuś) to let (sb) know; co dają w kinie ⟨w teatrze⟩? what's on at the cinema ⟨theatre⟩?; daj Boże! would to God!; nie daj Boże! God forbid!; dajmy na to! suppose!; let us say!

dawka ['dafka] f dose; zbyt duża ~ overdose

dawniej ['davɲɛj] adv formerly; in the past

dawn|o ['davnɔ] adv long ago; jak ~o? how long?; od ~a for a long time

dawn|y ['davni] adj old, ancient, former; ~e czasy old times; po ~emu as before; as in the past

dąb [dɔp] m oak; chłop jak ~ a sturdy fellow; przen. włosy mi stają dęba my hair stands on end

dąć [dɔtɕ] vi blow; wiatr dmie the wind blows

dążenie [dɔ̃'ʒɛɲɛ] n aim, aspiration; (np. mody) trend, tendency; ~ do celu pursuit of an aim

dążyć ['dɔ̃ʒitç] vi 1. aspire (do czegoś to sth), strive (do czegoś after sb), tend (do czegoś to ⟨towards⟩ sth), aim (do czegoś at sth) 2. (kierować się) make one's way, go (ku czemuś towards sth)

dba|ć [dbatç] vi take care (o coś of sth); nie ~m o to I don't care for ⟨about⟩ it

debatować [dɛba'tɔvatç] vi debate

debiutować [dɛbu'tɔvatç] vi make one's debut

dech [dɛx] m breath; bez tchu out of breath; breathless; co tchu in all haste; do ostatniego tchu to the last breath; jednym tchem in a breath; at a stretch

decydować [dɛtsi'dɔvatç] I vt decide II vr ~ się decide, make up one's mind

decydujący [dɛtsidu'jɔ̃tsi] adj decisive, conclusive

decyzja [dɛ'tsizja] f decision

dedykacja [dɛdi'katsja] f dedication

dedykować [dɛdi'kɔvatç] vt dedicate

defekt ['dɛfɛkt] m defect; mech. trouble, failure; drobny ~ small ⟨minor⟩ failure; poważny ~ serious ⟨major⟩ failure; usunąć ~ to repair ⟨to put right⟩ the defect ⟨failure⟩

defilad|a [dɛfi'lada] f march past, parade; przyjmować ~ę to review (the troops); to take the salute

dekada [dɛ'kada] f decade

dekagram [dɛ'kagram] m decagramme

dekatyzować [dɛkati'zɔvatç] vt shrink, hotpress

deklamować [dɛkla'mɔvatç] vt recite

deklaracj|a [dɛkla'ratsja] f

declaration; ~a celna customs declaration; wypełnić ~ę to fill in ⟨out⟩ a declaration

deklarować [dɛkla'rɔvatç] vt declare; ~ pieniądze to declare money

deklinacja [dɛkʃii'natsja] f gram. declension

dekolt ['dɛkɔlt] m low neck, décolletage

dekoracja [dɛkɔ'ratsja] f decoration, ornament; teatr. scenery; ~ wystaw sklepowych window dressing

dekować się [dɛ'kɔvatç çɛ̃] vr pot. hide in a funk-hole, shirk

delegacja [dɛlɛ'gatsja] f delegation; (podróż) business trip

delegat [dɛ'lɛgat] m delegate

delegować [dɛlɛ'gɔvatç] vt delegate; ~ jako zastępcę to deputize

delikatesy [dɛʃiika'tɛsi] pl (sklep) delikatessen (shop)

delikatny [dɛʃii'katni] adj delicate; (o zadaniu) tricky

demaskować [dɛmas'kɔvatç] vt unmask, expose

dementować [dɛmɛn'tɔvatç] vt deny

demobilizować [dɛmɔbiʃii'zɔvatç] vt demobilize

demograficzny [dɛmɔgra'fitʃni] adj demographic; wyż ~ demographic bulge

demokracja [dɛmɔ'kratsja] f democracy; ~ ludowa people's democracy

demokratyczny [dɛmɔkra'titʃni] adj democratic

demonstracja [dɛmɔn'stratsja] f demonstration, manifestation

demonstrować [dɛmɔn'strɔvatç] I vt demonstrate II vi (manifestować) manifest

demontować [dɛmɔn'tɔvatç] vt dismantle, dismount

demoralizować [dɛmɔraʃii'zɔvatç] I vt demoralize II vr ~ się become demoralized

denerwować [dɛnɛr'vɔvatɕ] I
vt irritate II vr ~ się be
nervous, get excited (czymś
about sth)

dentysta [dɛn'tista] m, dentystka [dɛn'tistka] f dentist

denuncjować [dɛnun'tsjɔvatɕ]
vt denounce, inform (kogoś
against sb)

depesz|a [dɛ'pɛʃa] f wire; te-
legram: cable; nadawać ~ę
to wire; to send a telegram

depeszować [dɛpɛ'ʃɔvatɕ] vt
wire, cable

depozy|t [dɛ'pɔzit] m deposit;
w ~cie on deposit

depresja [dɛ'prɛsja] f 1. (apatia) dejection, low spirits 2.
geogr. depression

deptać ['dɛptatɕ] vt tread,
trample; nie ~ trawy! keep
off the grass!; pot. ~ komuś
po piętach to trample on
sb's heels

deputat [dɛ'putat] m (przydział) allowance, ration

deputowany [dɛputɔ'vani] m
deputy

desant ['dɛsant] m wojsk.
landing

deseń ['dɛsɛɲ] m design, pattern

deser ['dɛsɛr] m dessert,
sweets; na ~ for dessert,
to finish (the meal) with

desk|a ['dɛska] f board, plank;
~a do krajania mincing
⟨chopping⟩ board; ~a do
prasowania ironing board;
przen. ostatnia ~a ratunku
last resource; do grobowej
~i till death; pot. od ~i do
~i from beginning to end;
czytać od ~i do ~i to read
from cover to cover

deszcz [dɛʃtʃ] m rain; ~ pada
it rains; ~ leje it pours;
przen. z ~u pod rynnę out
of the frying-pan into the
fire

detal ['dɛtal] m detail; (handel) retail

detaliczny [dɛta'liʧni] adj

retail; kupiec ⟨handel⟩ ~
retail dealer ⟨trade⟩

detektyw [dɛ'tɛktif] m detective

dewaluacja [dɛvalu'atsja] f
devaluation; (obniżenie war-
tości) depreciation

dewiz|a [dɛ'viza] f 1. (motto)
device, motto 2. pl ~y foreign exchange ⟨currency⟩;
wymiana ~ exchange

dezerter [dɛ'zɛrtɛr] m deserter

dezodorant [dɛzɔ'dɔrant] m
(kosmetyk) deodorant

dezynfekcja [dɛzin'fɛktsja] f
disinfection; (gazowa) fumi-
gation

dezynsekcja [dɛzin'sɛktsja] f
disinsectization, delousing

dębowy [dɛ̃'bɔvi] adj oak
(table etc.)

dętk|a ['dɛ̃tka] f (rowerowa)
air-chamber; (samochodo-
wa) tube; przebić ~ę to get
a puncture

diab|eł ['djabɛu] m devil; pot.
do ~ła! the devil!; hell!;
idź do ~ła! go to the devil!; niech to ~li wezmą!
damn it!

diagnostyka [djag'nɔstika] f
diagnostics

diagnoz|a [djag'nɔza] f diag-
nosis; postawić ~ę to diag-
nose

dialekt ['djalɛkt] m dialect

dialektyka [dja'lɛktika] f dialectics

die|ta [1] ['djɛta] f diet; ~ta
bezmięsna meatless diet;
~ta bezsolna saltfree diet;
~ta beztłuszczowa fat free
⟨fatless⟩ diet; ~ta odchudzająca slimming ⟨reduc-
tion⟩ diet; ~ta zwykła regular diet; ścisła ~ta strict
diet; być na ~cie to be on
a diet; to diet (oneself);
stosować ~tę to observe
⟨to keep⟩ diet

dieta [2] ['djɛta] f expense
⟨travelling⟩ allowance

dla [dla] *praep* for, for the sake of

dlaczego [dla'ʧɛgɔ] *conj* why, what for

dlatego [dla'tɛgɔ] *conj* therefore, for that reason, that is why; ～ że ... because ...

dło|ń [dũɔɲ] *f* palm; **jasne jak na ～ni** perfectly clear; (*w liście*) **łączę serdeczny uścisk ～ni** with cordial greetings

dług [dũuk] *m* debt; **oddać ～** to settle the debt; **popaść w ～i** to get into debt; **spłacać ～i** to pay off debts; **zaciągać ～i** to contract debts

długi ['dũugi] *adj* long; **upaść jak ～** to fall flat

długo ['dũugɔ] *adv* long, for a long time; **jak ～?** how long?; **na ～** for long; **to nie potrwa ～** it will not take long

długodystansowy [dũugɔdistan'sɔvi] *adj* long-distance (racer)

długofalowy [dũugɔfa'lɔvi] *adj* 1. (*o planie*) long-range 2. *rad.* long-wave

długogrający [dũugɔgra'jõtsi] *adj* (*o płycie*) long-play(ing) (record)

długoletni [dũugɔ'lɛtɲi] *adj* of long standing, of many years

długopis [dũu'gɔpis] *m* ball-point pen

długość ['dũugɔçʧ] *f* length; **～ geograficzna** longitude

długoterminowy [dũugɔtermi'nɔvi] *adj* long-term

długotrwały [dũugɔ'trfaũi] *adj* lasting

dłuto ['dũutɔ] *n* chisel

dłużnik ['dũuʒɲik] *m* debtor

dmuch|ać ['dmuxaʧ] *imperf*, **～nąć** ['dmuxnõʧ] *perf vi* blow

dmuchawa [dmu'xava] *f* blower, blast machine

dn. *skr.* = **dnia** *zob.* **dzień**

dnie|ć [dɲɛʧ] *vi* **～je** it dawns; the day breaks

dniówk|a ['dɲufka] *f* 1. day-work; **pracować na ～ę** to work by the day 2. (*płaca*) daily wages

dno [dnɔ] *n* bottom; **opaść na dno** (*np. o fusach*) to settle, to sink to the bottom; **pójść na dno** to go to the bottom, to sink; **wypić do dna** to drink to the last drop

do [dɔ] *praep* to, into; (*o czasie*) till, until; **iść do domu** to go home; **iść do fryzjera** to go to the hairdresser's ⟨barber's⟩; **podawać do stołu** to serve dinner ⟨lunch etc.⟩; **wyjechać do Londynu** to leave for London; **do jutra** till ⟨by⟩ to-morrow; **do tego** in addition; **raz do roku** once a year

dob|a ['dɔba] *f* twenty-four hours, day and night; **～a hotelowa** hotel night; **czynny całą ～ę** open 24 hours; **w dzisiejszej ～ie** these days; nowadays

dobie|c ['dɔbɛts] *perf*, **～gać** [dɔ'bɛgaʧ] *imperf vi* approach, come near; **～gać końca** to be coming ⟨drawing⟩ to an end

dob|ierać [dɔ'bɛraʧ] *imperf*, **～rać** ['dɔbraʧ] *perf* **I** *vt* (*wybierać*) select, choose; **～ierać, ～rać do koloru** ⟨**do pary**⟩ to match; **～rać klucz** to fit the key (to the lock) ‖ **～ierać, ～rać z półmiska** to take some more; to have a second helping **II** *vr* **～ierać, ～rać się** 1. match each other 2. (*dostać się*) try to get (**do czegoś** at sth)

dobitny [dɔ'bitni] *adj* distinct, expressive

doborowy [dɔbɔ'rɔvi] *adj* select, choice

dobosz ['dɔbɔʃ] *m* drummer

dobór ['dɔbur] *m* selection;

~ **naturalny** natural selection

dobrać zob. **dobierać**

dobranoc [dɔ'branɔts] *int* good night!

dobr|o ['dɔbrɔ] *n* good; **dla mojego** ~**a** for my good; **in my behalf; dla wspólnego** ~**a** to the common benefit; *handl.* **na** ~**o** to the good; **na wasze** ~**o** in your favour

dobrobyt [dɔ'brɔbɨt] *m* well--being, prosperity, welfare

dobroć ['dɔbrɔtç] *f* goodness. good nature, kindness

dobrosąsiedzki [dɔbrɔsɔ̃'çɛtski] *adj* good-neighbourly (relations)

dobrowolny [dɔbrɔ'vɔlnɨ] *adj* voluntary, spontaneous; ~ **datek** a good-will contribution

dobry ['dɔbrɨ] *adj* good, kind; **dość** ~ fairly good; **co dobrego?** what news?; **na dobre** for good; **dzień** ~! good morning!

dobrze ['dɔbʒɛ] *adv* well, all right; ~ **się czujesz?** are you all right now?; **mam się** ~ I am well; **źle czy** ~ right or wrong

dochodowy [dɔxɔ'dɔvɨ] *adj* profitable; **podatek** ~ income tax

dochodzenie [dɔxɔ'dzɛɲɛ] *n* (*policyjne*) investigation, inquiry; (*dociekanie*) research

dochodzić [dɔ'xɔdʑitç] *vi imperf* 1. approach, reach; ~ **do pełnoletności** to come of age; ~ **do skutku** to come into effect; ~ **do władzy** to come to power; ~ **do wniosku** to arrive at a conclusion 2. (*o sumie pieniędzy*) to amount to 3. (*dociekać*) investigate; ~ **swoich praw** to claim one's rights zob. **dojść**

dochować [dɔ'xɔvatç] I *vt* preserve; (*tajemnicy*) keep

II *vr* ~ **się** (*dzieci*) bring up; (*inwentarza*) rear, breed

dochód ['dɔxut] *m* income; (*państwowy*) revenue; **przynosić** ~ to bring income; **to be profitable**

docierać [dɔ'tçɛratç] *imperf,* **dotrzeć** ['dɔtʃɛtç] *perf vt* 1. (*o samochodzie*) run in 2. reach (**do jakiegoś miejsca** to a place)

docisk ['dɔtçisk] *m* holdfast; (*śruba*) press screw

do cna [dɔ 'tsna] *adv* utterly, completely

doczeka|ć (się) [dɔ'tʃɛkatç (çɛ)] *vi vr* live to see; **nie** ~**sz się tego** no use waiting for it; ~**ć (się) późnej starości** to live to an old age

dodać zob. **dodawać**

dodatek [dɔ'datɛk] *m* 1. addition; (*w książce*) supplement; ~ **filmowy** newsreel; (*o gazecie*) ~ **nadzwyczajny** special edition; ~ **rodzinny** family allowance; ~ **mieszkaniowy** housing allowance; **dodatki krawieckie** clothing accessories; **na** ~ in addition 2. (*premia*) bonus

dodatkowy [dɔdat'kɔvɨ] *adj* additional, extra (work, pay etc.)

dodatni [dɔ'datɲi] *adj* positive; **bilans** ~ active balance; ~ **wpływ** beneficial influence; **strony** ~**e i ujemne** good and bad sides; advantages and disadvantages

doda|wać [dɔ'davatç] *imperf,* ~**ć** ['dɔdatç] *perf vt* 1. add; ~**wać,** ~**ć odwagi** to encourage; *mot.* ~**wać,** ~**ć gazu** to accelerate 2. (*zliczyć*) to sum (up) || **nie potrzeba** ~**wać, że ...** needless to say that ...

dog|adzać [dɔ'gadzatç] *imperf,* ~**odzić** [dɔ'gɔdʑitç] *perf vt* gratify, satisfy; ~**adzać sobie** to indulge oneself;

jeśli ci to ~adza if it is convenient to you; **to mi ~adza** it suits me

dog|aniać [dɔ'gaɲatɕ] *imperf,* **~onić** [dɔ'gɔɲitɕ] *perf vt* catch up with **(kogoś** sb); overtake

doglądać [dɔ'glɔ̃datɕ] *vt* look **(kogoś, czegoś** after sb, sth); watch, supervise **(kogoś, czegoś** sb, sth); *(chorego)* nurse

dogodny [dɔ'gɔdnɨ] *adj* convenient; **na ~ch warunkach** on easy terms

dogodzić *zob.* **dogadzać**

dogonić *zob.* **doganiać**

doić ['dɔitɕ] *vt* milk

dojazd ['dɔjast] *m* approach, access; *(przed domem)* drive; **dogodny ~** easy access

dojechać [dɔ'jɛxatɕ] *vi* reach **(dokądś** a place), arrive **(dokądś** at a place)

dojeżdżać [dɔ'jɛʒdʑatɕ] *vi* arrive; *(jeździć stale)* travel regularly, take the train ⟨bus etc.⟩

dojrzałoś|ć [dɔj'ʒaŭɔɕtɕ] *f* maturity; **egzamin ~ci** secondary studies examination; **świadectwo ~ci** secondary school-leaving certificate, *am.* graduation certificate

dojrzały [dɔj'ʒaŭɨ] *adj (o owocu)* ripe; *(o człowieku)* adult, grown up

dojrzeć¹ ['dɔjʒɛtɕ] *vt* catch sight (**kogoś, coś** of sb, sth)

dojrze|ć² ['dɔjʒɛtɕ] *perf,* **~wać** [dɔj'ʒɛvatɕ] *imperf vi (o człowieku)* grow up, mature; *(o owocu)* ripen, grow ripe

dojść [dɔjɕtɕ] *vi perf* arrive **(dokądś** at a place), reach **(dokądś** a place); **~ do doskonałości w czymś** to bring sth to perfection; **~ do skutku** to come off ⟨about⟩; **~ do sławy** to win fame; **doszło między nimi do bój-** ki they came to blows; *zob.* **dochodzić**

dok [dɔk] *m* dock; **~ pływający** wet ⟨floating⟩ dock; **~ suchy dry** ⟨graving⟩ dock

dokąd ['dɔkɔt] *pron* where; **~ to będzie trwało?** how long will it last?

dokądkolwiek [dɔkɔt'kɔlvɛk] *pron* anywhere

dokładać [dɔ'kŭadatɕ] *imperf,* **dołożyć** [dɔ'ŭɔʒitɕ] *perf* **I** *vt* add; *przen.* **~ starań** to take pains; **~ wszelkich starań to do** one's best **II** *vr* **~ się** contribute

dokładny [dɔ'kŭadnɨ] *adj* accurate, precise, exact; *(o szczegółach)* full

dokoła [dɔ'kɔŭa] *adv praep* round, around

dokon|ać [dɔ'kɔnatɕ] *perf,* **~ywać** [dɔkɔ'nɨvatɕ] *imperf* **I** *vt* achieve, accomplish, bring to effect; **~ać zbrodni** to commit a crime **II** *vr* **~ać, ~ywać się** happen, take place, come off

dokończyć [dɔ'kɔɲtʃitɕ] *vt* end, finish

dokształc|ać [dɔ'kʃtaŭtsatɕ] *imperf,* **~ić** [dɔ'kʃtaŭtɕitɕ] *perf* **I** *vt* complete sb's education **II** *vr* **~ać, ~cić się** complete one's education

dokręc|ać [dɔ'krɛtsatɕ] *imperf,* **~ić** [dɔ'krɛtɕitɕ] *perf vt* tighten (a screw etc.); screw (sth) tight; **~ać, ~ić śrubę** to screw home

dokrętka [dɔ'krɛtka] *f* nut

doktor ['dɔktɔr] *m* doctor; **~ filozofii** Ph.D.; **~ medycyny** physician, M.D.; **pójść do ~a** to go to the doctor, to go to consult the doctor; **wezwać ~a** to call in the doctor, to send for the doctor

dokucz|ać [dɔ'kutʃatɕ] *imperf,* **~yć** [dɔ'kutʃitɕ] *perf vt* tease (**komuś** sb); *(o okoli-*

cznościach itp.) be a nuisance
dokument [dɔ'kumɛnt] *m* document; **kontrola** ~ów
checking the documents;
niezbędne ~y necessary documents
dolać *zob.* **dolewać**
dolar ['dɔlar] *m* dollar
dolega|ć [dɔ'lɛgatɕ] *vi* trouble,
give pain; **co ci** ~! what's
wrong with you?; what's
troubling you?
dol|ewać [dɔ'lɛvatɕ] *imperf*,
~**ać** ['dɔlatɕ] *perf vt* pour
out some more; add; ~**ewać**,
~**ać do pełna** to fill up;
przen. ~**ewać**, ~**ać** oliwy do
ognia to add fat to the
fire
dolewka [dɔ'lɛfka] *f* additional portion, *pot.* second helping
dolicz|ać [dɔ'ɕitʃatɕ] *imperf*,
~**yć** [dɔ'ɕitʃitɕ] *perf vt* add,
include (in a sum)
dolina [dɔ'ɕina] *f* valley
dolny ['dɔlnɪ] *adj* lower, bottom (shelf, drawer etc.);
Dolny Śląsk Lower Silesia
dołącz|ać [dɔ'ŭɔtʃatɕ] *imperf*,
~**yć** [dɔ'ŭɔtʃitɕ] *perf I vt*
add, enclose (in a letter
etc.) **II** *vr* ~**ać**, ~**yć się**
join (**do czegoś** sth)
dołożyć *zob.* **dokładać**
dom [dɔm] *m* house; (*rodzinny*) home; ~ **czynszowy**
tenement ⟨*am.* apartment⟩
house; ~ **gry** gambling
house; ~ **handlowy** firm;
~ **studencki** students' home,
students' hostel; ~ **starców**
house for the aged; ~ **towarowy** general stores, department store, warehouse;
~ **turysty** tourist home;
~ **wypoczynkowy** rest-home,
rest-house; **być poza** ~**em**
to be out; **być w** ~**u** to be
at home; to be in; **iść do**
~**u** to go home; **prowadzić**
~ to run the house; (*o kobiecie*) **z** ~**u** née

domagać się [dɔ'magatɕ ɕɛ̃] *vr*
demand, claim (**czegoś** sth)
domek ['dɔmɛk] *m* cottage,
bungalow; ~ **jednorodzinny**
detached house, cottage; ~
kempingowy bungalow; ~
letni summer house; ~
weekendowy weekend house
domieszk|a [dɔ'mɛʃka] *f* ad-
mixture; **z** ~**ą ...** with addition ...
domięśniowy [dɔmɛ̃'ɕɲɔvɪ] *adj*
med. intramuscular (injection)
domow|y [dɔ'mɔvɪ] *adj* (*o
zwierzętach*) domestic; (*o
cieście*) home-made; **lekarz**
~**y** family doctor; **pomoc**
~**a** domestic servant; **sprawy** ~**e** domestic affairs;
wojna ~**a** civil war
domysł ['dɔmɪsŭ] *m* conjecture, supposition; **gubić się**
w ~**ach** to be lost in con-
jectures; **to tylko** ~**y** it's
all guesswork
domyśl|ać się [dɔ'mɪɕlatɕ ɕɛ̃]
imperf, ~**ić się** [dɔ'mɪɕɕitɕ
ɕɛ̃] *perf vr* guess, suppose,
understand (**z czegoś** from
sth)
doniczka [dɔ'ɲitʃka] *f* flower-
-pot
doniesienie [dɔɲɛ'ɕɛɲɛ] *n* 1.
(*wiadomość*) information,
report 2. (*donos*) denuncia-
tion; **zrobić** ~ **na kogoś** to
inform against sb
donieść *zob.* **donosić**
doniosły [dɔ'ɲɔsŭɪ] *adj* important, significant
don|osić [dɔ'nɔɕitɕ] *imperf*,
~**ieść** ['dɔɲɛɕtɕ] *perf I vt*
(*przynosić*) bring **II** *vi* (*zawiadamiać*) inform; ~**osić**
komuś o czymś to inform
sb ⟨**to let sb know**⟩ about
sth; **korespondenci** ~**oszą**
the correspondents report;
~**osić**, ~**ieść na kogoś** to
denounce sb
donośny [dɔ'nɔɕnɪ] *adj* sonor-
ous, resounding; (*o głosie*)
strong

dookoła [dɔɔ'kɔŭa] *adv* = dokoła
dopasow|ać [dɔpa'sɔvatɕ] *perf*,
~ywać [dɔpasɔ'vɨvatɕ] *imperf vt* (*łączyć w całość*) fit
⟨adjust⟩ (*coś do czegoś* sth
to sth); (*dobrać*) match;
~ać, ~ywać części to fit
⟨to adjust⟩ parts ⟨elements⟩;
~ać ubranie (*w rozmiarze*)
to fit, (*w kolorze*) to match
dopełni|ać [dɔ'pɛŭɲatɕ] *imperf*,
~ć [dɔ'pɛŭɲitɕ] *perf vt* fill
up, complete; ~ać, ~ć zo-
bowiązań to meet one's o-
bligations; ~ać, ~ć for-
malności to comply with
formalities
dopiąć ['dɔpɔ̃tɕ] *vt* buckle
⟨button⟩ up; *przen.* ~ celu
to attain ⟨achieve⟩ one's
object; ~ swego to have
one's will
dopiero [dɔ'pɛrɔ] *adv* only,
just; ~ co just now; ~ poszedł he has just gone; a
co ~ let alone
dopilnować [dɔpil'nɔvatɕ] *vt*
see (*czegoś* to sth); (*doglądać*) keep an eye upon (*czegoś* sth)
dopingować [dɔpin'gɔvatɕ] *vt*
encourage, stimulate, cheer
(a team) on
dopis|ać [dɔ'pisatɕ] *perf*,
~ywać [dɔpi'sɨvatɕ] *imperf*
I *vt* add (sth in writing) II
vi pamięć mi nie ~uje my
memory fails me; szczęście
mu ~uje he is lucky; zdrowie mu nie ~uje he is not
feeling well
dopisek [dɔ'pisɛk] *m* (*do listu*)
postcript; (*adnotacja*) foot-
note, insertion
dopłac|ać [dɔ'pŭatsatɕ] *imperf*,
~ić [dɔ'pŭatɕitɕ] *perf vt* pay
additionally ⟨extra⟩; meet
additional ⟨extra⟩ charge;
~ać, ~ić do czegoś to lose
in ⟨by⟩ sth
dopłat|a [dɔ'pŭata] *f* surcharge,
extra charge; ~a do biletu
extra fare; ~a do listu

extra postage; bez ~y without additional ⟨extra⟩
charge; pobierać ~ę od kogoś to charge sb extra
dopłynąć *zob.* dopływać
dopływ ['dɔpŭɨf] *m* (*rzeki*)
affluent; (*ludzi*) inflow;
(*towarów*) supply
dopły|wać [dɔ'pŭɨvatɕ] *imperf*,
~nąć [dɔ'pŭɨnɔ̃tɕ] *perf vi*
flow in; ~wać, ~nąć do
czegoś to reach sth
dopóki [dɔ'puki] *conj* as long
as; będę czekać ~ nie przyj-
dziesz I shall wait till you
come
dopóty [dɔ'putɨ] *conj* ~ aż
till, until; ~, dopóki as
long as
doprowadz|ać [dɔprɔ'vadzatɕ]
imperf, ~ić [dɔprɔ'vadʑitɕ]
perf vt bring, conduct, lead;
~ić do końca to bring to
an end; ~ać, ~ić do po-
rządku to put in order;
~ać, ~ić do skutku to bring
⟨to carry⟩ into effect; ~ać,
~ić kogoś do szału to
drive sb mad; to nie ~i do
niczego this will lead nowhere
dopu|szczać [dɔ'puʃʧatɕ] *im-
perf*, ~ścić [dɔ'puʨɕitɕ] *perf*
I *vt* admit, permit; ~szczać,
~ścić do egzaminu to admit
to an examination; nie
~szczać, ~ścić do czegoś
to prevent sth II *vr* ~szczać,
~ścić się commit (*czegoś*
sth)
dopuszczalny [dɔpu'ʃʧalnɨ]
adj admissible, permissible
doradca [dɔ'rattsa] *m* adviser,
counsellor; ~ prawny legal
adviser
doradczy [dɔ'rattʃɨ] *adj* advisory
doraźn|y [dɔ'raʑnɨ] *adj* imme-
diate; ~a pomoc relief,
first aid; *prawn.* zasądze-
nie w trybie ~ym summary
conviction
doręcz|ać [dɔ'rɛ̃ʧatɕ] *imperf*,
~yć [dɔ'rɛ̃ʧitɕ] *perf vt* deliv-

er, hand in; ~ać, ~yć **przesyłkę** ⟨list⟩ to deliver a parcel ⟨a letter⟩

dorobek [dɔ'rɔbɛk] *m* fortune, acquisition; ~ **naukowy** ⟨literacki⟩ scientific ⟨literary⟩ works ⟨output⟩

doroczny [dɔ'rɔtʃnɨ] *adj* yearly, annual

dorosły, [dɔ'rɔsuɨ] *adj m* adult, grown up

dorożka [dɔ'rɔʃka] *f* cab

dorówn|ać [dɔ'ruvnatɕ] *perf*, ~**ywać** [dɔruv'nɨvatɕ] *imperf vt* equal (**komuś** sb), be equal, come up (**komuś** to sb)

dorsz [dɔrʃ] *m* cod

dorywcz|y [dɔ'rɨftʃɨ] *adj* occasional, improvised; ~**e zajęcia** odd jobs

dosi|adać się [dɔ'ɕadatɕ ɕɛ̃] *imperf*, ~**ąść się** ['dɔɕɔ̃ɕtɕ ɕɛ̃] *perf vr* sit (**do kogoś** by sb); ~**ąść się do stolika** to sit at sb's table; **czy mogę się** ~**ąść?** may I join your company (at table)?

doskonalić [dɔskɔ'naɲitɕ] **I** *vt* perfect, improve **II** *vr* ~ **się** perfect oneself

doskonały [dɔskɔ'nauɨ] *adj* perfect, excellent

dosłown|y [dɔ'suɔvnɨ] *adj* literal; (*o cytacie*) verbatim; **tłumaczenie** ~**e** word for word translation

dostać *zob.* **dostawać**

dostarcz|ać [dɔ'startʃatɕ] *imperf*, ~**yć** [dɔ'startʃitɕ] *perf vt* deliver, provide ⟨supply⟩ (**komuś czegoś** sb with sth); (*przyjemności*) afford (pleasure)

dostateczny [dɔsta'tɛtʃnɨ] *adj* sufficient, satisfactory, adequate

dostat|ek [dɔ'statɛk] *m* abundance; **pod** ~**kiem** in profusion; in plenty; **żyć w** ~**ku** to be well off

dostaw|a [dɔ'stava] *f* supply, delivery; **termin** ~**y** delivery term; date of delivery;

z ~**ą do domu** with home delivery

dosta|wać [dɔ'stavatɕ] *imperf*, ~**ć** ['dɔstatɕ] *perf* **I** *vt* get, receive, obtain; ~**ć** list to obtain ⟨to get⟩ a letter; ~**ć nagrodę** to be awarded a prize; to get a reward; ~**ć odpowiedź odmowną** to get a negative answer; ~**ć zgodę** to get permission || ~**ć kataru** to catch (a) cold; ~**ć lanie** to get a thrashing **II** *vi* reach; ~**wać**, ~**ć do sufitu** to reach the ceiling **III** *vr* ~**wać**, ~**ć się** get, reach; ~**ć się do niewoli** to be taken prisoner; *przen.* ~**wać**, ~**ć się w czyjeś ręce** to fall into sb's hands

dostawca [dɔ'staftsa] *m* supplier, contractor, caterer

dostęp ['dɔstɛ̃p] *m* access; **mieć** ~ **do czegoś** to have an access ⟨to be admitted⟩ to sth

dostępny [dɔ'stɛ̃pnɨ] *adj* accessible; (*o człowieku*) approachable; **łatwo** ~ easy of access; (*o towarze*) available

dostosować [dɔstɔ'sɔvatɕ] **I** *vt* adapt, fit, adjust **II** *vr* ~ **się** adapt oneself

dostrze|c ['dɔstʃɛts] *perf*, ~**gać** [dɔ'stʃɛgatɕ] *imperf vt* perceive, notice;' **nie** ~**głem znaku** **I** failed to notice the (traffic) sign

dosyć ['dɔsɨtɕ], **dość** [dɔɕtɕ] *adv* enough, sufficiently; ~ **dobry** good enough; ~ **przyjemny** pretty nice; **mam go** ~ I am fed up with him; ~ **o tym!** that's enough!; ~ **tego!** that will do!

do syta [dɔ 'sɨta] *adv* to one's heart's content; **najeść się** ~ to eat one's fill; to eat to the full

doszczętnie [dɔ'ʃtʃɛ̃tɲɛ] *adv* completely, thoroughly, utterly

dość zob. dosyć
doświadczalny [dɔɕfat'tʃalnɨ] adj experimental
doświadczeni|e [dɔɕfat'tʃɛɲɛ] n 1. (naukowe) experiment, test; robić ∼a to experiment 2. (życiowe) experience; wiedzieć z ∼a to know by experience
doświadczony [dɔɕfat'tʃɔnɨ] adj experienced, expert
dotąd ['dɔtɔt] adv (w miejscu) up to here; (w czasie) hitherto, thus far, up to now; jak ∼ as yet
dotkliw|y [dɔt'kʃivɨ] adj painful, sharp, acute; ∼a strata heavy loss; ∼y ból acute pain
dot|knąć ['dɔtknɔtɕ] perf, ∼ykać [dɔ'tɨkatɕ] imperf vt 1. touch; przen. ∼knąć do żywego to touch ⟨to cut⟩ sb to the quick 2. (obrazić) offend, hurt 3. (o chorobie) afflict
dotrzeć zob. docierać
dotrzym|ać [dɔ'tʃɨmatɕ] perf, ∼ywać [dɔtʃɨ'mɨvatɕ] imperf vt (obietnicy, towarzystwa itp.) keep; przen. ∼ać, ∼ywać kroku to keep up with sb
dotychczas [dɔ'tɨxtʃas] adv hitherto, as yet, thus far
dotyczy|ć [dɔ'tɨtʃɨtɕ] vt concern (czegoś sth), relate (czegoś to sth); to mnie nie ∼ it doesn't concern me; handl. (w nagłówku listu) ∼ ... referring ...
dotykać zob. dotknąć
doustnie [dɔ'ustɲɛ] adv med. orally
dowcip ['dɔftɕip] m (zmysł) wit; (żart) joke
dowcipny [dɔf'tɕipnɨ] adj witty; (o pomyśle itd.) ingenious
dowi|adywać się [dɔva'dɨvatɕ ɕɛ] imperf, ∼edzieć się [dɔ'vɛdʑɛtɕ ɕɛ] perf vt ask, inquire (o kogoś, coś after

sb, sth); ∼edziałem się, że ... I learned that ...
do widzenia! [dɔ vi'dzɛɲa] int good-bye!, pot. bye-bye!, so long!
dowieść ['dɔvɛɕtɕ] vt perf 1. (doprowadzić) bring, lead 2. (udowodnić) prove zob. dowodzić
dowieźć zob. dowozić
dowodzi|ć [dɔ'vɔdʑitɕ] vt imperf 1. (udowadniać) prove, demonstrate; to niczego nie ∼ that is no proof 2. (kierować) command; ∼ć armią to command an army
dowolny [dɔ'vɔlnɨ] adj optional; (jakikolwiek) any; w ∼m kolorze of any colour
dow|ozić [dɔ'vɔʑitɕ] imperf, ∼ieźć ['dɔvɛɕtɕ] perf vt bring, transport; ∼ozić towary to supply goods
dowód ['dɔvut] m proof; evidence; ∼ kasowy voucher; ∼ nadania (pocztowy) postal ⟨post, post-office⟩ receipt; (paczki) parcel postal receipt; ∼ odbioru receipt; ∼ osobisty identity card; ∼ rejestracyjny registration card; ∼ sprzedaży certificate of sale; ∼ tożsamości identity card; identification paper; ∼ wpłaty (bankowy) bank receipt, receipt for payment; ∼ wydania proof of delivery; przen. dać ∼ odwagi to show oneself a man of courage; na ∼ zaufania as a sign of confidence; w ∼ przyjaźni in token of friendship
dowódca [dɔ'vuttsa] m commander; naczelny ∼ commander-in-chief
dowództwo [dɔ'vutstfɔ] n 1. command; objąć ∼ nad czymś ⟨czegoś⟩ to take command of sth 2. (siedziba) headquarters
dowóz ['dɔvus] m. supply, transport(ation)

dozna|ć ['dɔznatɕ] *perf*, ~wać [dɔ'znavatɕ] *imperf vt* experience; (*o emocji*) feel; ~ć, ~wać wrażenia to get an impression; ~ć, ~wać straty to suffer a loss; ~ć, ~wać ulgi to feel ⟨to be⟩ relieved

dozorca [dɔ'zɔrtsa] *m* guard, overseer; (*domu*) caretaker, doorkeeper, porter

dozorować [dɔzɔ'rɔvatɕ] *vt* oversee, supervise

dozór ['dɔzur] *m* supervision

dozwolony [dɔzvɔ'lɔnɨ] *adj* allowed, permitted; ~ dla młodzieży permitted ⟨allowed⟩ for youth

dożyć ['dɔʒitɕ] *vi* live to see (*czegoś* sth); ~ późnego wieku to reach old age; to live to an old age

dożylny [dɔ'ʒilnɨ] *adj med.* intravenous (injection)

dożywotni [dɔʒi'vɔtɲi] *adj* lifelong; ~e więzienie life imprisonment

dół [duu̯] *m* (*w ziemi*) pit, hole; (*dolna część*) bottom, foot (of a mountain etc.); na ~, w dole below; underneath; (*schodów*) downstairs; z dołu from underneath ⟨below⟩

drabina [dra'bina] *f* ladder; ~ sznurowa rope-ladder

dramat ['dramat] *m* drama; ~ psychologiczny psychological drama

drapać ['drapatɕ] I *vt* scrape, scratch II *vr* ~ się w głowę to scratch one's head; ~ się do góry to climb

drapieżny [dra'pɛʒnɨ] *adj* rapacious; ptak ~ bird of prey

draśnięcie [draɕ'ɲɛ̃tɕɛ] *n* scratch, graze

drażnić ['draʒɲitɕ] I *vt* irritate, annoy II *vr* ~ się z kimś to tease sb

drąż|ek ['drɔʒɛk] *m* stick, perch, bar; *pl* ~ki *sport.* parallel bars

drążyć ['drɔʒitɕ] *vt* hollow out; (*studnię*) sink

drelich ['drɛɦix] *m* 1. (*materiał*) denim, dungaree 2. (*ubranie*) denim overalls, dungarees

dren [drɛn] *m* drain

drenowanie [drɛnɔ'vaɲɛ] *n* drainage

dres [drɛs] *m* track suit, training suit

dreszcz [drɛʃtʃ] *m* shudder, chill; ~ emocji thrill; ~em mnie przejmuje it gives me the shivers; przeszedł mnie ~ I shuddered

drewniaki [drɛv'ɲaki] *pl* wooden shoes; clogs

drewniany [drɛv'ɲanɨ] *adj* wooden

drewno ['drɛvnɔ] *n* wood; (*budulcowe*) timber; (*polano*) log

dręczyć ['drɛ̃tʃitɕ] I *vt* torment, worry; (*torturować*) torture II *vr* ~ się worry, be vexed

drętwie|ć ['drɛ̃tfɛtɕ] *vi* grow stiff, get numb; ~je mi ręka my hand gets numb

drganie ['drganɛ] *n* (*serca*) palpitation; (*rysów twarzy*) twitching; (*struny*) vibration

drgawka ['drgafka] *f* spasm, convulsion

drobiazg ['drɔbask] *m* trifle, detail

drobne ['drɔbnɛ] *plt* (*pieniądze*) small change; masz ~? have you got any change?

drobnomieszczanin [drɔbnɔ-mɛʃ'tʃaɲin] *m* petit bourgeois

drobnostka [drɔb'nɔstka] *f* trifle

drobn|y ['drɔbnɨ] *adj* small, little, tiny; ~e szczegóły minute details; ~e wydatki petty expenses; ~y deszcz drizzle

drog|a ['drɔga] *f* way, road, track; (*podróż*) journey;

~a boczna side road; ~a
dla pieszych footpath; ~a
dojazdowa access road; ~a
główna main road, arterial
road; ~a objazdowa detour,
relief road; ~a okrężna
(*omijająca miasto*) by-pass
road; ~a pierwszorzędna
⟨pierwszej klasy⟩ primary
road; ~a płatna toll road,
turnpike; ~a wylotowa exit
road; ~a wodna waterway;
~ą wodną by sea; ~ą la-
dową by land; by rail; ~ą
powietrzną by air; iść kró-
tszą ~ą to take a short
cut; nałożyć ~i to take a
roundabout way; pytać o
~ę to ask one's way; zbo-
czyć z ~i to go astray;
zejść ⟨usunąć się⟩ z ~i to
make way for sb, to get
out of sb's way; to stand
aside; zmylić ~ę to go the
wrong way, to mistake the
road; nie po drodze out of
the way; po drodze on the
way; w pół ~i half-way;
~a wolna the way is clear;
szczęśliwej ~i! farewell!,
pleasant journey!; w ~ę!
let's go!; ~ą służbową by
official channels
drogeria [drɔ'gɛrja] f druggist's (shop); am. drugstore
drogi ['drɔgi] adj 1. (kochany) dear 2. (kosztowny)
expensive, costly
drogo ['drɔgɔ] adv dear, at
a high price
drogowskaz [drɔ'gɔfskas] m
signpost
dropsy ['drɔpsi] pl drops;
sugar-plums
drożdże ['drɔʒdʒɛ] plt yeast
drożeć ['drɔʒɛtɕ] vi rise in
price, grow dear
drób [drup] m poultry
druczek ['drutʃɛk] m (blankiet) form, slip; ~ na telegram telegram form
drug|i ['drugi] num second,
other; daj mi ~ą filiżankę
kawy give me another cup

of coffee; jest ~a godzina
it is two o'clock; co ~i dzień
every other day; ~ie tyle
twice as much; jeden po
~im one after the other;
na ~i raz next time; po ~ie
secondly; z ~iej ręki second-hand
drugorzędny [drugɔ'ʒɛdni] adj
secondary, second-class;
second-rate
druk [druk] m 1. print; (przesyłka pocztowa) printed
matter; ~ reklamowy leaf-
let; ~ urzędowy form 2.
(czynność) printing; tłusty
⟨drobny⟩ ~ bold ⟨small⟩
type; w ~u in the press
drukarnia [dru'karɲa] f printing house
drukować [dru'kɔvatɕ] vt
print
drut [drut] m wire; ~ kolczasty barbed wire; ~y do
robót ręcznych knitting
needles; robić na ~ach to
knit
drużyna [dru'ʒina] f team,
group
drwić [drvitɕ] vi mock, jeer
(z kogoś, czegoś at sb, sth)
drzazga ['dʒazga] f splinter
drzeć [dʒɛtɕ] I vt (rwać) tear;
(niszczyć) wear out II vr
~ się 1. (niszczyć się) wear
out 2. (krzyczeć) scream
drzemać ['dʒɛmatɕ] vi doze,
nap
drzewo ['dʒɛvɔ] n tree; (materiał) wood; (budulcowe)
timber; wpaść na ~ to run
into ⟨against⟩ a tree
drzwi [dʒvi] plt door; ~ o-
brotowe revolving door; ~
rozsuwane sliding door; ~
wahadłowe swing-door; ~
wejściowe front door; tylne ~ back door; otworzyć
~ to open the door; wyrzucić kogoś za ~ to throw sb
out (of the house); za-
mknąć ~ to close the door;
zatrzasnąć ~ to slam the
door; przy ~ach zamknię-

tych behind closed doors

drzwiczki ['dʒvitʃki] *plt* door

drżeć [drʒɛtɕ] *vi* tremble, shiver (**z zimna** itp. with cold etc.)

duch [dux] *m* spirit; (*upiór*) ghost; **zły ⟨dobry⟩** ~ evil ⟨good⟩ genius; (*diabeł*) **zły** ~ the devil; **iść z** ~em **czasu** to keep abreast of the times; **podnieść na** ~u to encourage; **upadać na** ~u to lose heart; to become discouraged; **wyzionąć** ~a to give up the ghost

duchowieństwo [duxɔ'vɛɲstfɔ] *n* clergy

duma ['duma] *f* pride

dumny ['dumni] *adj* proud (**z kogoś, czegoś** of sb, sth); **być** ~**m z czegoś** to take pride in sth

Duńczyk ['duɲtʃik] *m* Dane

duński ['duɲski] *adj* Danish

duplikat [dup'ʃikat] *m* duplicate

dur [dur] *m* *med.* typhus; ~ **brzuszny** typhoid fever

dusić ['duɕitɕ] I *vt* strangle, choke, stifle; *kulin.* stew II *vr* ~ **się** choke, suffocate

dusz|a ['duʃa] *f* soul; *przen.* **być** ~**ą towarzystwa** to be the life (and soul) of the party; **mieć** ~**ę na ramieniu** to have one's heart in one's boots; **nie było widać żywej** ~**y** not a soul was in sight; **bez** ~**y** lifeless; **bez grosza przy** ~**y** without a penny to bless oneself with

duszkiem ['duʃkɛm] *adv* at one gulp; **wypić** ~ to drink off

duszno ['duʃnɔ] *adv* **jest** ~ it's sultry ⟨stuffy⟩; **jest mi** ~ **I** am suffocating

dużo ['duʒɔ] *adv* much; a great deal; a lot; plenty; **za** ~ too much; too many; **dość** ~ quite a lot, quite a few

duż|y ['duʒi] *adj* great, big,

large; ~**a litera** capital letter; ~**y chłopak** big boy; ~**y rozmiar** large size; ~**y ruch** heavy traffic

dwa [dva] *num* two

dwadzieścia [dva'dʑɛɕtɕa] *num* twenty

dwanaście [dva'naɕtɕɛ] *num* twelve

dwieście ['dvʲɛɕtɕɛ] *num* two hundred

dwoje ['dvɔjɛ] *num* two; **po** ~ two by two

dworzec ['dvɔʒɛts] *m* station; ~ **autobusowy** bus station; ~ **kolejowy** railway-station; ~ **lotniczy** airport; (*międzynarodowy*) international airport; ~ **morski** passenger terminal; ~ **towarowy** goods station

dwójka ['dvujka] *f* 1. two 2. (*para*) couple, pair 3. *szk.* bad mark, insufficient

dwór [dvur] *m* (*królewski*) court; (*szlachecki, wiejski*) mansion; manor, country house; **na dworze** out of doors; **chodźmy na** ~ let's go out

dwudziesty [dvu'dʑɛsti] *num* twentieth

dwunast|y [dvu'nasti] *num* twelfth; ~**a godzina** twelve o'clock; (*południe*) noon; (*północ*) midnight

dwuosobowy [dvuɔsɔ'bɔvi] *adj* for two persons; ~ **pokój** double bedroom

dyferencjał [difɛ'rɛntsjaŭ] *m* *mot.* differential (gear)

dyfteryt [dif'tɛrit] *m* *med.* diphtheria

dygnitarz [dig'ɲitaʃ] *m* dignitary, official of high rank

dygotać [di'gɔtatɕ] *vi* shiver, shake

dykta ['dikta] *f* ply-wood

dyktando [dik'tandɔ] *n* dictation

dyktować [dik'tɔvatɕ] *vt* dictate

dym [dim] *m* smoke

dymisj|a [di'misja] *f* resigna-

tion; **podać się do** ~i to
resign; to hand in one's
resignation
dynamo [dɨ'namɔ] *n* dynamo
dynia ['dɨɲa] *f* pumpkin
dyplom ['dɨplɔm] *m* diploma;
~ **honorowy** scroll
dyplomata [dɨplɔ'mata] *m* diplomat
dyplomatyczny [dɨplɔma'tɨtʃnɨ]
adj diplomatic
dyplomowany [dɨplɔmɔ'vanɨ]
adj diplomaed; *wojsk.* com-
missioned
dyrekcj|a [dɨ'rɛktsja] *f* direc-
tion, management; **pod
czyjąś ~ą** under sb's direction
dyrygent [dɨ'rɨgɛnt] *m* conductor; *wojsk.* bandmaster;
~ **chóru** choirmaster
dyrygować [dɨrɨ'gɔvatɕ] *vt*
conduct **(czymś** sth)
dyscyplina [dɨstsɨ'pʃina] *f*
discipline; *(gałąź nauki)*
branch, line
dyscyplinarny [dɨstsɨpʃiˈnarnɨ]
adj disciplinary
dysk [dɨsk] *m sport.* discus
dyskdżokej [dɨsk'dʒɔkɛj] *m*
disc-jockey, disk-jockey
dyskoteka [dɨskɔ'tɛka] *f* discotheque
dyskrecj|a [dɨs'krɛtsja] *f* dis-
cretion; reserve; secrecy;
zachować ~ę to keep (sth)
in secrecy
dyskretny [dɨs'krɛtnɨ] *adj* discreet
dyskryminacja [dɨskrɨmi'na-
tsja] *f* discrimination; ~ **rasowa** race discrimination
dyskusj|a [dɨs'kusja] *f* discus-
sion, debate; **podlegać ~i**
to be open to discussion
dyskutować [dɨsku'tɔvatɕ] *vi
vt* discuss, debate
dyskwalifikacja [dɨskfaɲifi-
'katsja] *f* disqualification
dysponować [dɨspɔ'nɔvatɕ] *vt*
have **(czymś** sth) at one's
disposal; ~ **obiad** to order
a dinner
dystans ['dɨstans] *m* distance;

trzymać kogoś na ~ to keep
sb at arm's length; **zachować** ~ to keep one's distance; to stand upon ceremony
dystrybutor [dɨstrɨ'butɔr] *m*
1. *(osoba)* distributor 2. *(na
stacji benzynowej)* petrol
⟨*am.* gasoline⟩ pump
dysza ['dɨʃa] *f* nozzle, jet;
mot. ~ **paliwowa** fuel jet
⟨nozzle⟩
dyszel ['dɨʃɛl] *m* shaft, thill
dywan ['dɨvan] *m* carpet
dywersant [dɨ'vɛrsant] *m* sa-
boteur, infiltrator
dywersja [dɨ'vɛrsja] *f* diver-
sion
dyżu|r ['dɨʒur] *m* duty; ~**r
nocny** nightduty; **ostry** ~**r**
emergency service; **na** ~**rze**
on duty; **po** ~**rze** off duty;
mieć ⟨**pełnić**⟩ ~ to be on
duty
dyżurka [dɨ'ʒurka] *f* duty-
-room
dyżurny [dɨ'ʒurnɨ] *adj* on
duty; ~ **lekarz** physician
on duty; ~ **ruchu** (train)
dispatcher
dzban(ek) ['dzban(ɛk)] *m* jug,
pitcher
dziać się ['dʑatɕ ɕɛ] *vr* happen,
go on, take place; **co się
dzieje?** what's up?; **dobrze
mu się dzieje** he fares well;
he is getting on; **niech się
dzieję, co chce** come what
may; *teatr.* **rzecz się dzieje ...** the scene is laid ...
dziad [dʑat] *m* grandfather;
(żebrak) beggar; **zejść na**
~**y** to go to the dogs
dziadek ['dʑadɛk] *m* grandfather; *karc.* dummy; ~ **do
orzechów** nutcracker
dział [dʑaŭ] *m* section, division, department; *(dzienni-
ka)* column; ~ **ogłoszeń**
advertisement column; ~
sportowy sport page; ~
wodny watershed
działacz ['dʑaŭatʃ] *m (partyjny)* activist; ~ **polityczny**

active politician; ~ społeczny social worker

działa|ć ['dʒaŭatç] vi act; work; (o maszynie) function, work; (o leku) be effective; dzwonek nie ~ the bell doesn't ⟨pot. won't⟩ work; telefon nie ~ the telephone is out of order, pot. the line is dead; ~ć cuda to work wonders; ~ć komuś na nerwy to get on sb's nerves

działanie [dʒa'ŭaɲɛ] n 1. (praca) activity, work 2. (skuteczność np. leku) efficacity, effectiveness; ~ uboczne side-effect

działalność [dʒa'ŭalnɔçtç] f activity

działka ['dʒaŭka] f lot, allotment

działo ['dʒaŭɔ] n cannon, gun

dzianiny [dʒa'ɲinɨ] pl (wyroby dziane) knitted goods; (trykotaże) hosiery

dziąsło ['dʒɔ̃sŭɔ] n gum

dziczyzna [dʒi'tʃɨzna] f (mięso) venison

dziecięcy [dʒɛ'tçɛtsɨ] adj childish; (o chorobach, ubraniach itp.) children's; (o paraliżu) infantile; szpital ~ children's hospital

dziecinny [dʒɛ'tçinnɨ] adj childish; pokój ~ nursery

dzieciństwo [dʒɛ'tçiɲstfɔ] n childhood

dziecko ['dʒɛtskɔ] n child; pl dzieci children; małe ~ baby

dziedziczny [dʒɛ'dʒitʃnɨ] adj hereditary

dziedziczyć [dʒɛ'dʒitʃɨtç] vt inherit

dziedzina [dʒɛ'dʒina] f sphere, field, domain

dzieje ['dʒɛjɛ] plt history

dziekan ['dʒɛkan] m dean

dzielenie [dʒɛ'lɛɲɛ] n division

dzielić ['dʒɛʃiitç] I vt divide (coś na dwie części sth in two); distribute; separate; share (z kimś pokój a room

with sb) II vr ~ się divide, share, be divided; ~ się na grupy to break into groups

dzielnica [dʒɛl'ɲitsa] f quarter, district; (kraju) province; ~ handlowa shopping centre; ~ mieszkaniowa residential district; ~ rozrywkowa entertainment centre, playground

dzielny ['dʒɛlnɨ] adj brave, courageous

dzieło ['dʒɛŭɔ] n work, achievement; ~ sztuki object of art

dziennik ['dʒɛnɲik] m newspaper; (gazeta codzienna) daily; ~ radiowy ⟨telewizyjny⟩ the news

dziennikarz [dʒɛn'ɲikaʃ] m journalist; am. pressman, newsman

dzienny ['dʒɛnnɨ] adj daily; porządek ~ agenda

dzień [dʒɛɲ] m day; ~ powszedni weekday; ~ świąteczny holiday; co drugi ~ every other day; do białego dnia till dawn; ~ po dniu day by day; przez cały ~ all day long; raz na ~ once a day; w biały ~ in broad daylight; z dnia na ~ from day to day; żyć z dnia na ~ to live from hand to mouth; ~ dobry! good morning!

dzierżawić [dʒɛr'ʒavitç] vt lease, rent

dziesiąt|y [dʒɛ'çɔtɨ] num tenth; ~a godzina ten o'clock

dziesięć ['dʒɛçɛ̃tç] num ten

dziewczyna [dʒɛf'tʃina] f girl; (służąca) maid

dziewiąt|y [dʒɛ'vɔ̃tɨ] num ninth; ~a godzina nine o'clock

dziewięć ['dʒɛvɛ̃tç] num nine

dziewięćdziesiąt [dʒɛvɛ̃tç'dʒɛçɔ̃t] num ninety

dziewięćset ['dʒɛvɛ̃tçsɛt] num nine hundred

dziewiętnasty [dʒɛvɛ̃t'nastɨ] num nineteenth

27 Słownik

dziewiętnaście [dʑεvɛ̃t'naçtɕε] *num* nineteen

dzięki ['dʑɛ̃ķi] *plt* thanks; ~ Bogu! thank God!; (*przyimkowo*) ~ czemuś owing ⟨thanks⟩ to sth

dzięk|ować [dʑɛ̃'kɔvatɕ] *vi* thank; ~uję bardzo thank you very much; ~uję ci thank you; thanks

dzik [dʑik] *m* wild boar

dziki ['dʑiķi] *adj* wild, savage; ~ pomysł foolish idea

dziob|ać ['dʑɔbatɕ] *imperf*, ~nąć ['dʑɔbnɔ̃tɕ] *perf vt* peck

dziób [dʑup] *m* beak; (*okrętu*) prow

dzisiaj ['dʑiçaj], dziś [dʑiç] *adv* 1. today; ~ rano this morning; ~ wieczór this evening; tonight; do ~ to this day; od ~ za tydzień this day week 2. (*w obecnych czasach*) nowadays, at present

dzisiejszy [dʑi'çɛjʃi] *adj* today's, present-day; ~ zjazd the present congress

dziur|a ['dʑura] *f* hole; (*w zębie*) cavity; (*w płocie*) gap; (*w dętce*) puncture; *przen.* szukać ~y w całym to find fault with a fat goose

dziurawy [dʑu'ravi] *adj* full of holes; (*o beczce itp.*) leaky

dziwak ['dʑivak] *m* crank, eccentric (person)

dziwi|ć ['dʑivitɕ] I *vt* surprise, astonish II *vr* ~ć się wonder, marvel (czemuś at sth); trudno się ~ć, że ... no

wonder that ...; ~ mnie to I am surprised

dziwny ['dʑivni] *adj* odd, strange, queer; (*zdumiewający*) astonishing

dzwon [dzvɔn] *m* bell; bić w ~y to ring the bells

dzwonek ['dzvɔnεk] *m* bell; (*przy drzwiach*) door-bell; (*dzwonienie*) ring; (*telefonu*) call

dzwoni|ć ['dzvɔnitɕ] *vi* ring (the bell); (*dźwięczeć*) tinkle, jingle; (*telefonować*) ring (do kogoś sb) up; ~łem zębami my teeth chattered; ~ mi w uszach my ears are ringing

dźwięczeć ['dʑvɛ̃tʃɛtɕ] *vi* sound, resound

dźwięk [dʑvɛ̃k] *m* sound

dźwiękowy [dʑvɛ̃'kɔvi] *adj* sound; film ~ sound film; tygodnik ~ newsreel

dźwig [dʑvik] *m* lift, *am.* elevator; (*portowy*) crane

dźwigać ['dʑvigatɕ] I *vt* carry; heave; ~ z ziemi to lift II *vr* ~ się rise

dźwigarka [dʑvi'garka] *f techn.* (lifting) jack, hoisting crane

dźwignia ['dʑvigɲa] *f* lever; ~ zmiany biegów gear (-change) lever

dżdżownica [dʒdʒɔv'nitsa] *f* earthworm, rainworm

dżdżysty [dʒ'dʑisti] *adj* rainy

dżem [dʒεm] *m* jam

dżersej ['dʒεrsεj] *m tekst.* jersey

dżinsy ['dʒinsi] *plt* blue jeans

dżudo ['dʒudɔ] *n* judo

dżungla ['dʒungla] *f* jungle

E

ech|o ['εxɔ] *n* echo; *przen.* (*oddźwięk*) repercussion; to odbiło się głośnym ~em this had wide repercussions

efekt ['εfεkt] *m* effect; (*skutek*) result

egipski [ε'ģipsķi] *adj* Egyptian

egzamin [ɛg'zamin] *m* examination; **zdawać ~** to sit for an examination; **zdać ~** to pass an examination; **nie zdać ~u** to fail at examination

egzaminować [ɛgzami'novatç] *vt* examine

egzekucja [ɛgzɛ'kutsja] *f* execution

egzekutywa [ɛgzɛku'tiva] *f* executive

egzemplarz [ɛg'zɛmplaʃ] *m* copy; **~ okazowy** specimen; **w dwóch ~ach** in duplicate; **w trzech ~ach** in triplicate

egzystować [ɛgzis'tovatç] *vi* exist, live

ekipa [ɛ'ķipa] *f* (*sportowa*) crew, team; (*grupa fachowców*) group, party; (*zespół robotników*) gang; **~ naprawcza** repair gang; **~ ratownicza** rescue party ⟨team⟩

ekler ['ɛklɛr] *m* 1. (*zamek błyskawiczny*) zip-fastener, zipper 2. *kulin.* éclair

ekonomia [ɛkɔ'nɔmja] *f* economy; (*nauka*) economics; **~ polityczna** political economy

ekran ['ɛkran] *m* screen

eksmisja [ɛks'misja] *f* eviction, ejectment

ekspansja [ɛks'pansja] *f* expansion

ekspedient [ɛks'pɛdjɛnt] *m* shop-assistant, *am.* salesman, clerk

ekspedycja [ɛkspɛ'ditsja] *f* expedition; (*biuro*) forwarding department; *kolej.* **~ bagażu** luggage registration

ekspert ['ɛkspɛrt] *m* expert (**w czymś** at ⟨in⟩ sth)

eksperyment [ɛkspɛ'rimɛnt] *m* experiment

eksploatacja [ɛksplɔa'tatsja] *f* exploitation

eksploatować [ɛksplɔa'tɔvatç] *vt* exploit

eksplodować [ɛksplɔ'dɔvatç] *vt* explode

eksplozja [ɛks'plɔzja] *f* explosion

eksponat [ɛks'pɔnat] *m* exhibit

eksportować [ɛkspɔr'tɔvatç] *vt* export

ekspres ['ɛksprɛs] *m* 1. (*pociąg*) express train 2. (*list*) express letter 3. (*do kawy*) expresso; **kawa z ~u** expresso coffee

ekstrakt ['ɛkstrakt] *m* extract

ekwipunek [ɛkfi'punɛk] *m* equipment, outfit

elana [ɛ'lana] *f* *tekst.* Polish terylene

elastyczny [ɛlas'titʃni] *adj* elastic

elegancja [ɛlɛ'gantsja] *f* elegance

elegancki [ɛlɛ'gantsķi] *adj* elegant, smart

elektrociepłownia [ɛlɛktrɔtçɛ'puɔvṇa] *f* thermoelectric power station

elektroda [ɛlɛk'trɔda] *f* electrode; **~ dodatnia** positive electrode, anode; **~ ujemna** negative electrode, cathode

elektrolit [ɛlɛk'trɔfiit] *m* *chem.* electrolyte; **poziom ~u** electrolyte level

elektromagnes [ɛlɛktrɔ'magnɛs] *m* electromagnet

elektromonter [ɛlɛktrɔ'mɔntɛr] *m* electrician

elektron [ɛ'lɛktrɔn] *m* *fiz.* electron

elektrownia [ɛlɛk'trɔvṇa] *f* power station; **~ wodna** hydro-electric power station

elektrowóz [ɛlɛk'trɔvus] *m* electric locomotive

elektryczność [ɛlɛk'tritʃnɔçtç] *f* electricity

elektryczny [ɛlɛk'tritʃni] *adj* electric

elektryfikacja [ɛlɛktrifi'katsja] *f* electrification

element [ɛ'lɛmɛnt] *m* element

elementarz [ɛlɛ'mɛntaʃ] *m* primer

eliminacja [ɛfiimi'natsja] *f* elimination

eliminować [ɛɲimi'nɔvatɕ] *vt* eliminate

emalia [ɛ'maɲja] *f* enamel

emblemat [ɛm'blɛmat] *m* emblem

emeryt [ɛ'mɛrit] *m* pensioner, retired teacher ⟨officer etc.⟩

emerytur|a [ɛmɛri'tura] *f* (old--age) pension; **przejść na ~ę** to retire; **przenieść na ~ę** to pension off

emigracja [ɛmi'gratsja] *f* emigration; *zbior.* emigrants, émigrés

emigrant [ɛ'migrant] *m* emigrant, émigré

emigrować [ɛmi'grɔvatɕ] *vt* emigrate

emisja [ɛ'misja] *f* emission, issue

emulsja [ɛ'mulsja] *f* emulsion

encyklopedia [ɛntsiklɔ'pɛdja] *f* encyclop(a)edia, *pot.* cyclop(a)edia

energetyka [ɛnɛr'gɛtika] *f* energetics, power engineering ⟨industry⟩

energia [ɛ'nɛrgja] *f* energy; **~ jądrowa** nuclear energy

energiczny [ɛnɛr'gitʃni] *adj* energetic, vigorous, *pot.* snappy

entuzjazm [ɛn'tuzjazm] *m* enthusiasm

epidemia [ɛpi'dɛmja] *f* epidemic

epizod [ɛ'pizɔt] *m* episode

epoka [ɛ'pɔka] *f* epoch

epokowy [ɛpɔ'kɔvi] *adj* epoch--making

epopeja [ɛpɔ'pɛja] *f* epic, epos

era ['ɛra] *f* era; **era nowożytna** modern era; **naszej ery** of our era; A.D.; **przed naszą erą** before our era; B.C.

esencja [ɛ'sɛntsja] *f* essence

eskadra [ɛs'kadra] *f lotn. mor.* squadron

esperanto [ɛspɛ'rantɔ] *n* Esperanto

estetyczny [ɛstɛ'titʃni] *adj* aesthetic

estrada [ɛs'trada] *f* platform, bandstand

etap ['ɛtap] *m* stage; **podróżować ~ami** to travel by stages

eta|t ['ɛtat] *m* permanent post; **na ~cie** employed on a permanent basis; **być na pełnym ~cie** to work full time; **być na pół ~tu** to work half-time ⟨part-time⟩

etatowy [ɛta'tɔvi] *adj* (*o pracowniku*) permanent, regular; full-time (employee)

eter ['ɛtɛr] *m* ether

etiuda [ɛ'tjuda] *f muz.* étude

etyczny [ɛ'titʃni] *adj* ethic(al)

etykieta [ɛti'kɛta] *f* etiquette; (*nalepka*) label

europejski [ɛurɔ'pɛjski] *adj* European

ewakuacja [ɛvaku'atsja] *f* evacuation, removal

ewakuować [ɛvaku'ɔvatɕ] *vt* evacuate, remove

ewangelia [ɛvan'gɛɲja] *f* gospel

ewangelik [ɛvan'gɛɲik] *m* Protestant

ewentualnie [ɛvɛntu'alɲɛ] *adv* possibly, perhaps

ewentualność [ɛvɛntu'alnɔɕtɕ] *f* eventuality, contingency

ewidencj|a [ɛvi'dɛntsja] *f* record, registry, register; **biuro ~i** register-office; registry; **prowadzić ~ę** to keep a record (**czegoś** of sth)

ewolucja [ɛvɔ'lutsja] *f* evolution

F

fabryczn|y [fa'brɨtʃnɨ] *adj* (of a) factory; **miasto** ~**e** industrial town; **wyrób** ~**y** manufactured article; **znak** ~**y** trade mark

fabryka ['fabrɨka] *f* factory, works, plant; *(tekstylna)* mill

fabrykować [fabrɨ'kɔvatɕ] *vt* manufacture, make, produce

fach [fax] *m* profession, occupation, calling

fachowiec [fa'xɔvɛts] *m* specialist, expert; *(robotnik)* trained workman

fajans ['fajans] *m* faience

fajka ['fajka] *f* pipe

fakt [fakt] *m* fact; **jest** ~**em, że ...** the fact is that ...

faktura [fak'tura] *f* invoice

faktycznie [fak'tɨtʃɲɛ] *adv* in fact, actually

faktyczny [fak'tɨtʃnɨ] *adj* actual, real, factual

fakultet [fa'kultɛt] *m* faculty

fala ['fala] *f* wave; *(bałwan)* billow; **rad.** zakres fal wave band

falbanka [fal'banka] *f* furbelow, flounce

falist|y [fa'ʎistɨ] *adj* wavy, undulated; **blacha** ~**a** corrugated iron; ~**e włosy** wavy hair

falochron [fa'lɔxrɔn] *m* breakwater

falsyfikat [falsɨ'fikat] *m* forgery, counterfeit

fałd|a ['faŭda] *f* fold, pleat; *przen.* **przysiąść** ~**ów** to study hard; to set to (do) sth

fałsz [faŭʃ] *m* falsehood, falseness

fałszyw|y [faŭ'ʃɨvɨ] *adj* false; *(podrobiony)* forged; *(sztuczny)* artificial, fake; ~**a moneta** bad coin

fanatyk [fa'natɨk] *m* fanatic

fant [fant] *m* pawn; *(w za-*

bawie) forfeit; **grać w** ~**y** to play forfeits

fantazja [fan'tazja] *f* **1.** fancy, fantasy, imagination; **buj-na** ~ lively ⟨fertile⟩ imagination **2.** *(kaprys)* whim

farba ['farba] *f* colour, paint; *(do włosów, materiału)* dye; ~ **drukarska** printing ink; ~ **olejna** oil-paint; ~ **wodna** water-colour

farbiarnia [far'barɲa] *f* dyer's (works, shop)

farbować [far'bɔvatɕ] *vt* dye **(na czarno** black); *(o materiale itp.)* colour, stain; ~ **włosy** to dye one's hair

farmaceuta [farma'tsɛŭta] *m* pharmacist

farmaceutyczny [farmatsɛŭ-'tɨtʃnɨ] *adj* pharmaceutic(al)

farsz [farʃ] *m* *kulin.* stuffing

fartuch ['fartux] *m* apron

fasada [fa'sada] *f* façade, front (of a building)

fasola [fa'sɔla] *f* bean; *(potrawa)* beans; ~ **szparagowa** French bean(s)

fason ['fasɔn] *m* shape, pattern, fashion; *przen.* **trzymać** ~ to keep up appearances; *(o ubraniu, butach itp.)* **stracić** ~ to lose shape

fastrygować [fastrɨ'gɔvatɕ] *vt* tack

faszerowa|ć [faʃɛ'rɔvatɕ] *vt* stuff; **ryba** ~**na** stuffed fish

faszysta [fa'ʃista] *m* fascist

faszyzm ['faʃizm] *m* fascism

fatalny [fa'talnɨ] *adj* fatal, disastrous

fatyg|a [fa'tɨga] *f* fatigue, trouble; **zadać sobie** ~**ę** to take the trouble

faul [faul] *m* *sport.* foul

faworyt [fa'vɔrɨt] *m* favourite

faza ['faza] *f* phase, stage

febra ['fɛbra] *f* *med.* fever, ague

federacja [fɛdɛ'ratsja] f federation

federalny [fɛdɛ'ralnɨ] adj federal

felczer ['fɛltʃɛr] m army surgeon, surgeon's assistant

feler ['fɛlɛr] m defect, flaw, drawback

felieton [fɛl'jɛtɔn] m feuilleton; paragraph, pot. par

fenig ['fɛɲik] m pfennig

fenomen [fɛ'nɔmɛn] m phenomenon

ferie ['fɛrjɛ] plt holidays, vacation; (parlamentarne) recess

ferma ['fɛrma] f farm

ferment ['fɛrmɛnt] m ferment; przen. agitation, trouble

festiwal ['fɛstival] m festival

festyn ['fɛstɨn] m feast, garden-party

feudalny [fɛu'dalnɨ] adj feudal

fiasko ['fjaskɔ] n fiasco; failure; **zrobić** ~ to fall through

figa ['figa] f fig

fig|iel ['figɛl] m joke, trick; **spłatać komuś** ~la to play a trick on sb

figlarny [fi'glarnɨ] adj frolicsome, playful

figura [fi'gura] f 1. (postać) figure 2. (posąg) statue; ~ **przydrożna** roadside shrine 3. (osoba) person; pot. **ważna** ~ VIP; very important person; **to** ~! it's a person of importance; **to mała** ~ he's a small beer 4. karc. picture ⟨court⟩ card 5. szach. piece

figurka [fi'gurka] f figurine, statuette

fikcja ['fiktsja] f fiction

fikcyjny [fik'tsɨjnɨ] adj fictitious

filar ['filar] m pillar

filatelistyka [filatɛ'ʃistɨka] f philately, stamp collecting

filc [filts] m felt

filet ['filɛt] m filet; ~y mię-

sne ⟨rybne⟩ meat ⟨fish⟩ fillets

filharmonia [filxar'mɔnja] f Philharmonic; **Filharmonia Narodowa** National Philharmonic

filia ['filja] f branch (office)

filiżanka [fiʃi'ʒanka] f cup; ~ **kawy** cup of coffee

film [film] m film, picture, moving-picture; ~ **animowany** ⟨rysunkowy⟩ animated cartoon, cartoon film; ~ **dokumentalny** documentary film; ~ **fabularny** feature film; ~ **kolorowy** colour film, technicolour; ~ **krótkometrażowy** short-feature film; ~ **kryminalny** crime-story (film); ~ **reklamowy** advertising film; ~ **telewizyjny** TV film; **nakręcać** ~ to shoot a film; **wyświetlać** ~ to project ⟨to show⟩ a film

filmować [fil'mɔvatç] vt film, take ⟨make, pot. shoot⟩ a film

filmow|y [fil'mɔvɨ] adj cinematographic; **artysta** ~y film-star; **atelier** ~e film-studio; **kamera** ~a cinecamera

filologia [filɔ'lɔɡja] f philology

filozofia [filɔ'zɔfja] f philosophy

filtr [filtr] m filter; ~ **oleju** oil filter; ~ **powietrza** air filter, air cleaner

filtrować [fil'trɔvatç] vt filter

Fin [fin] m Finn

finał ['finau̯] m sport. final; muz. finale

finanse [fi'nansɛ] plt finances

finansowy [finan'sɔvɨ] adj financial

finisz ['finiʃ] m sport. finish

fiński ['fiɲskɨ] adj Finnish

fioletowy [fjɔlɛ'tɔvɨ] adj violet

fiołek ['fjɔu̯ɛk] m violet

fiord [fjɔrt] m fiord

firanka [fi'ranka] f curtain

firma ['firma] *f* firm, house

fizjologia [fizjo'logja] *f* physiology

fizyczny [fi'zitʃni] *adj* physical; **pracownik ~** manual worker

fizyka ['fizika] *f* physics; **~ jądrowa** nuclear physics

flag|a ['flaga] *f* flag; **~ angielska** *pot.* Union Jack; **~a amerykańska** *pot.* Stars and Stripes; **podnieść ~ę** to hoist flag; **spuścić ~ę** to lower the flag

flaki ['flaki] *plt kulin.* tripe

flakon ['flakɔn] *m* (*wazonik*) flower-vase, bowl; (*ozdobna flaszeczka*) case-bottle; (*fiolka*) phial; **~** perfum bottle of perfume

flamaster [fla'mastɛr] *m* flowmaster, painting stick

flanela [fla'nɛla] *f* flannel

flaszka ['flaʃka] *f* flask; bottle

flądra ['flɔdra] *f* sole, flounder

flek [flɛk] *m* heel-tap; **przybić ~ na obcas** to tap a heel

flesz [flɛʃ] *m* flash-light

fle|t [flɛt] *m* flute; **grać na ~cie** to play the flute

flirt [fɕirt] *m* flirt, flirtation; philandering

flirtować [fɕir'tɔvatɕ] *vi* flirt

floren ['flɔrɛn] *m* florin

floret ['flɔrɛt] *m* foil

flota ['flɔta] *f* fleet; **~ handlowa** merchant marine; **~ wojenna** navy; **~ powietrzna** air force

foka ['fɔka] *f* seal

folder ['fɔldɛr] *m* folder, prospectus

folia ['fɔɕja] *f* foil; (*metalowa*) leaf

folklor ['fɔlklɔr] *m* folklore

fonetyka [fɔ'nɛtika] *f* phonetics

fonia ['fɔɲja] *f* phonics; sound

fontanna [fɔn'tanna] *f* fountain

form|a ['fɔrma] *f* form, figure, shape; (*odlewnicza*) mould;

~a do pieczenia baking tin; *sport.* **być w dobrej ~ie** to be in form; to be in good condition

formalność [fɔr'malnɔɕtɕ] *f* formality

formaln|y [fɔr'malni] *adj* formal; **kwestia ~a** point of order

format ['fɔrmat] *m* size; (*książki*) format

formować [fɔr'mɔvatɕ] **I** *vt* form, shape, mould **II** *vr* **~ się** form (into)

formularz [fɔr'mulaʃ] *m* form, printed form, sheet; *am.* blank; **~ paszportowy** passport form; **~ wizowy** visa(-application) form; **wypełniać ~** to fill in ⟨out⟩ a form, to complete a form

forsa ['fɔrsa] *f pot.* dough

forsować [fɔr'sɔvatɕ] **I** *vt* force, push; (*męczyć*) fatigue **II** *vr* **~ się** overstrain, exert oneself

forsowny [fɔr'sɔvni] *adj* intense, strenuous, heavy

forteca [fɔr'tɛtsa] *f* fortress

fortepian [fɔr'tɛpan] *m* (grand) piano; **grać na ~ie** to play the piano

fosfor ['fɔsfɔr] *m* phosphorus

fotel ['fɔtɛl] *m* arm-chair; **~ klubowy** club-chair; **~ rozkładany** chair-bed; **~ na kółkach** wheelchair

fotografia [fɔtɔ'grafja] *f* photography; (*zdjęcie*) photo, picture; **~ migawkowa** snapshot

fotografować [fɔtɔgra'fɔvatɕ] *vt* photograph, take a picture; **~ się** to have one's photograph ⟨picture⟩ taken

fotokomórka [fɔtɔkɔ'murka] *f* photocell

fotokopia [fɔtɔ'kɔpja] *f* photostatic copy

fotomontaż [fɔtɔ'mɔntaʃ] *m* photo-mounting

fotoreporter [fɔtɔrɛ'pɔrtɛr] *m* cameraman, camera-reporter

fracht [fraxt] *m mor.* freight
frachtowiec [frax'tɔvɛts] *m mor.* freighter
fragment ['fragmɛnt] *m* fragment
frak [frak] *m* dress-coat; *pot.* tails
francuski [fran'tsuski] I *adj* French; ~e ciasto puff paste; ~ klucz monkey wrench II *m* (*język*) French
Francuz ['frantsus] *m* Frenchman
frank [frank] *m* franc
frazes ['frazɛs] *m* commonplace, platitude
frekwencja [frɛk'fɛntsja] *f* frequency; (*w szkole itp.*) attendance
fresk [frɛsk] *m* fresco
frezarka [frɛ'zarka] *f* milling machine
front [front] *m wojsk.* front; (*budynku*) façade, front
frontowy [fron'tɔvɨ] *adj* front; (*o ataku itp.*) frontal; żołnierz ~ front-line soldier
froterka [frɔ'tɛrka] *f* polishing brush, floor-polisher
froterować [frɔtɛ'rɔvatɕ] *vt* polish (floors), rub
fru|nąć ['frunɔ̃tɕ] *perf*, ~wać ['fruvatɕ] *imperf vi* fly, flitter, flutter
frytki ['frɨtki] *plt* chips
fryzjer ['frɨzjɛr] *m* hair-dresser, barber; ~ damski ladies' hairdresser

fryzura [frɨ'zura] *f* hair-do, coiffure; hairdress, hair-style
fujarka [fu'jarka] *f* pipe
fundacja [fun'datsja] *f* foundation
fundament [fun'damɛnt] *m* foundation; *przen.* groundwork
fundować [fun'dɔvatɕ] *vt* 1. (*częstować*) treat (komuś coś sb to sth), *pot.* stand (a drink) 2. (*zakładać*) found; establish
fundusz ['funduʃ] *m* fund, capital; ~ stypendialny scholarship fund
funkcj|a ['funktsja] *f* function; pełnić ~ę ... to act as ...
funkcjonariusz [funktsjɔ'narjuʃ] *m* official, functionary; (*urzędnik państwowy*) civil servant
funkcjonować [funktsjɔ'nɔvatɕ] *vi* function, work
funt [funt] *m* pound; ~ szterling pound sterling
fura ['fura] *f* cart, waggon
furman ['furman] *m* carter, driver
furtka ['furtka] *f* wicket, gate
fusy ['fusɨ] *plt* dregs; ~ z kawy (coffee-)grounds
futerał [fu'tɛraŭ] *m* case, cover; (*mały*) etui
futro ['futrɔ] *n* fur, fur-coat; sztuczne ~ fur imitation

G

gabaryt [ga'barɨt] *m* overall dimensions
gabinet [ga'binɛt] *m* 1. (*pokój*) study 2. (*rząd*) cabinet; zmiana ~u cabinet reshuffle
gablota [ga'blɔta] *f* show-case, glass-case, cabinet
gad [gat] *m* reptile

gadać ['gadatɕ] *vi pot.* talk, prattle; ~ od rzeczy to talk nonsense; przestań ~! shut up!
gadatliwy [gadat'ɕivɨ] *adj* talkative, chatty
gajowy [ga'jɔvɨ] *m* (game-)keeper, forester
galanteria [galan'tɛrja] *f* fancy goods; ~ męska haber-

dashery; ~ skórzana fancy
leather goods
galanteryjn|y [galantɛ'rɨjnɨ]
adj sklep ~y haberdasher's
⟨outfitter's⟩ shop; towary
~e fancy goods ⟨articles⟩
galaret(k)a [gala'rɛt(k)a] *f*
jelly
galeria [ga'lɛrja] *f* gallery;
~ sztuki art-gallery; ~ o-
brazów picture-gallery
galon ['galɔn] *m* gallon; ~ a-
merykański US gallon (=
= 3,785 l); ~ angielski imperial gallon (= 4,546 l)
galop ['galɔp] *m* gallop; ~em
at a gallop
galowy [ga'lɔvɨ] *adj* gala (day,
dress etc); strój ~ gala-suit;
full dress
gałąź ['gaŭɔ̃ɕ] *f* branch, bough;
~ przemysłu branch of in-
dustry
gałka ['gaŭka] *f* ball, globe;
(*u drzwi*) knob; ~ muszkatołowa nutmeg; ~ oczna
eyeball
ganek ['ganɛk] *m* porch, balcony; *górn.* gallery
gangster ['gangstɛr] *m* gangster, bandit, rowdy
gapa ['gapa] *f* dupe, gull
garaż ['garaʃ] *m* garage
garbarnia [gar'barɲa] *f* tan-
nery
garbaty [gar'batɨ] *adj* hunch-
-backed
garbić się ['garbʲitɕ ɕɛ] *vr*
stoop
garbować [gar'bɔvatɕ] *vt* tan;
pot. ~ komuś skórę to give
sb a licking
garderoba [gardɛ'rɔba] *f* (*u-
brania*) clothes, clothing;
(*szafa*) wardrobe; (*szatnia*)
cloakroom
gard|ło ['gardŭɔ] *n* throat;
ból ~ła sore throat; krzyczeć na całe ~ło to shout
at the top of one's voice;
przen. wąskie ~ło bottle-
neck; mieć nóż na ~le to
have a knife at one's

throat; stać kością w ~le
to be fed up with sth
gardzić ['gardʑitɕ] *vt* scorn
⟨despise, disdain⟩ (czymś
sth)
garmażeria [garma'ʒɛrja] *f*
delicatessen; shop selling
ready-to-cook ⟨ready-to-
-serve⟩ foods
garnek ['garnɛk] *m* pot
garnitur [gar'ɲitur] *m* **1.** (*u-
branie*) suit (of clothes),
clothes **2.** (*komplet*) set,
battery; (*mebli*) suite (of
furniture)
garsoniera [garsɔ'ɲɛra] *f* bachelor's flat
garsonka [gar'sɔnka] *f* two-
-piece dress
garś|ć [garɕtɕ] *f* hand; (*ilość*)
handful; *przen.* pełną ~cią
lavishly; *pot.* wziąć się w
~ć to pull oneself together
gasić ['gaɕitɕ] *vt* (*ogień*) extinguish, put out; ~ pragnienie to quench one's
thirst; ~ radio ⟨światło
itp.⟩ to switch off the radio
⟨the light etc.⟩
gasnąć ['gasnɔ̃tɕ] *vi* go out;
przen. (*umierać*) expire, die
away
gastronomiczny [gastrɔnɔ'mʲi-
tʃnɨ] *adj* gastronomic(al);
zakład ~ restaurant
gaśnica [gaɕ'ɲitsa] *f* fire extinguisher; ~ pianowa froth
extinguisher
gatun|ek [ga'tunɛk] *m* kind,
sort, class; (*przyrodniczy*)
species; (*jakość*) quality;
pierwszy ~ek first-class,
best quality; w dobrym
⟨złym⟩ ~ku of good ⟨bad⟩
quality
gatunkowy [gatun'kɔvɨ] *adj*
specific; ciężar ~ specific
weight ⟨gravity⟩
gawęda [ga'vɛda] *f* chat
gawędzić [ga'vɛdʑitɕ] *vi* chat
gawron ['gavrɔn] *m* rook
gaz [gas] *m* gas; ~ łzawiący
tear gas; ~ świetlny lighting ⟨illuminating⟩ gas; ~

trujący poison gas; ~ ziemny natural gas; *mot.* dodać
~u to step on the gas; to
accelerate; jechać na pełnym ~ie to drive at top
speed; zmniejszyć ~ to
reduce speed; *pot.* być pod
~em to be tipsy; to be
drunk

gaza ['gaza] *f* gauze

gazeta [ga'zɛta] *f* newspaper;
~ codzienna daily

gazociąg [ga'zɔtɕɔk] *m* gas
pipeline

gazomierz [ga'zɔṁɛʃ] *m* gas-
-meter

gazownia [ga'zɔvɲa] *f* gas-
works

gazow|y [ga'zɔvi] *adj* gas-,
gaseous; kuchenka ~a gas-
-range; gas-cooker; oświetlenie ~e gas-light

gaźnik ['gaʒɲik] *m mot.* carburettor

gaża ['gaʒa] *f* salary, pay

gąbka ['gɔ̃pka] *f* sponge

gąsienica [gɔ̃ɕɛ'ɲitsa] *f* cater-
pillar

gąszcz [gɔ̃ʃtʃ] *m* 1. (*gęstwina*)
thicket 2. (*osad*) sediment

gbur [gbur] *m* boor, churl

gdy [gdi] *conj* when, as; ~
tylko as soon as; podczas ~
while; teraz ~ now that

gdyby ['gdɨbi] *conj* if; ~ tylko if only; jak ~ as if

gdyż [gdɨʃ] *conj* for, because,
as, since

gdzie [gdʑe] *adv conj* where;
~ bądź anywhere; ~ in-
dziej elsewhere, somewhere
else; ~ tam! nothing of the
kind!

gdziekolwiek [gdʑe'kɔlvɛk]
adv anywhere; wherever

gdzieniegdzie [gdʑe'ɲɛgdʑe]
adv here and there

gejzer ['gɛjzɛr] *m* geyser

gencjana [gɛnts'jana] *f* gen-
tian

generaln|y [gɛnɛ'ralni] *adj* ge-
neral; *teatr.* próba ~a dress
rehearsal

generał [gɛ'nɛraṷ] *m* general

generator [gɛnɛ'ratɔr] *m* generator

genialny [gɛ'ɲalni] *adj* full
of genius, gifted; (*o planie*)
ingenious; człowiek ~ man
of genius

geografia [gɛɔ'grafja] *f* geography

geologia [gɛɔ'lɔgja] *f* geology

geometria [gɛɔ'mɛtrja] *f* geometry

gest [gɛst] *m* gesture; piękny
~ beau geste; mieć ~ to
be generous

gestykulacja [gɛstiku'latsja] *f*
gesticulation; (*spokojniej-
sza*) gesture

gęba ['gɛ̃ba] *f pot.* mug

gęsiego [gɛ̃'ɕɛgɔ] *adv* in single
⟨Indian⟩ file

gęstnieć ['gɛ̃stɲɛtɕ] *vi* thicken,
grow thick, become dense

gęstość ['gɛ̃stɔɕtɕ] *f* density,
thickness; ~ zaludnienia
density of population

gęsty ['gɛ̃sti] *adj* (*o zupie*)
thick; (*o sicie*) fine; (*o za-
ludnieniu*) dense

gęś [gɛ̃ɕ] *f* goose

giąć [gɔ̃tɕ] I *vt* bend, curve,
bow II *vr* ~ się bend, bow

giełda ['gɛṷda] *f* stock-exchange; czarna ~ black
market

giętki ['gɛ̃tki] *adj* flexible,
pliant, elastic

gimnastyczn|y [gimna'stitʃni]
adj gymnastic; sala ~a
gymnasium

gimnastykować [gimnasti'kɔ-
vatɕ] I *vt* exercise II *vr* ~
się do gymnastics, take
exercise

ginąć ['ginɔ̃tɕ] *vi* (*tracić życie*) perish, die; (*zniknąć*)
disappear; (*zaginąć*) be missing

ginekolog [ginɛ'kɔlɔk] *m* gynaecologist

gips [gips] *m* gypsum, plaster
of Paris

gitara [gi'tara] *f* guitar

gleba ['glɛba] *f* soil

gliceryna [gɟitsɛ'rina] f glycerine

glina ['gɟina] f clay

glinian|y [gɟi'ɲani] adj earthen; naczynia ~e earthenware

glista ['gɟista] f earthworm; (ludzka) ascaris

glob [glɔp] m globe

globaln|y [glɔ'balni] adj gross, total; ~a produkcja total production

globtroter [glɔp'trɔtɛr] m globe-trotter

gładki ['gŭatki] adj smooth, plain; (o ścianie) blank; (o włosach) sleek; przen. (o manierach) polished

gładzić ['gŭadʑitɕ] vt smooth, polish

głaskać ['gŭaskatɕ] vt caress, fondle, stroke

głaz [gŭas] m boulder, rock

głąb [gŭɔp] f depth, deep; w głębi lasu in the heart of the forest; z głębi serca from the bottom of one's heart

głębia ['gŭɛ̃ba] f depth, deep; fot. ~ ostrości depth of focus

głębok|i [gŭɛ̃'bɔki] adj deep; (o uczuciach) profound; ~i talerz soup plate; ~ą nocą in the dead of night

głębokość [gŭɛ̃'bɔkɔɕtɕ] f depth

głodny ['gŭɔdni] adj hungry; jestem ~ I am hungry

głodować [gŭɔ'dɔvatɕ] vi starve

głodówka [gŭɔ'dufka] f starvation; (ostra dieta) starving-cure, low diet

głos [gŭɔs] m voice; (w głosowaniu) vote; prawo ~u right of vote; większość ~ów majority of votes; oddać ~ na kogoś to give sb one's vote; to vote for sb; udzielać komuś ~u to give sb the floor; zabrać ~ to take the floor; na ~ aloud

głosować [gŭɔ'sɔvatɕ] vi vote;

(tajnie) ballot; ~ nad czymś to put sth to the vote; ~ na kogoś to vote for sb

głosowanie [gŭɔsɔ'vaɲɛ] n voting; (tajne) secret voting, ballot; ~ powszechne universal suffrage ⟨vote⟩; poddać coś pod ~ to put sth to the vote

głośnik ['gŭɔɕɲik] m loud-speaker, megaphone

głośno ['gŭɔɕnɔ] adv aloud, loudly, in a loud voice; mówić ~ to speak loud; ~ o tym mówią it's public knowledge

głośny ['gŭɔɕni] adj loud; (sławny) famous, known; ~ proces cause célèbre

głow|a ['gŭɔva] f head; ~a państwa head of state; wyższy o ~ę taller by a head; z gołą ~ą bareheaded; na ~ę ludności per capita; per head; przen. łamać sobie ~ę to rack one's brains; mieć ~ę na karku to have a head on one's shoulders; przyszło mi do ~y it occurred to me; it came to my mind; pot. on ma źle w ~ie he has bats in the belfry; zachodzić w ~ę to wonder, to be puzzled; ~a do góry! cheer up!

głowica [gŭɔ'vitsa] f mech. head; wojsk. ~ rakiety warhead

głód [gŭut] m hunger; (klęska głodu) famine; cierpieć ~ to starve; odczuwać ~ czegoś to hunger for ⟨after⟩ sth; ~ mieszkaniowy housing shortage; ~ wiedzy craving for knowledge

głóg [gŭuk] m hawthorn

główka ['gŭufka] f small head; ~ kapusty head of cabbage; ~ maku poppy-head; ~ szpilki pin-head

głown|y ['gŭuvni] adj main; principal; (o liczebnikach) cardinal; (o stacji) central;

~a **rola** leading part; ~a **wygrana** first prize; **poczta** ~a general post-office; **siedem grzechów** ~**ych** seven deadly sins

głuchoniemy [gŭuxɔ'ɲɛmɨ] *adj m* deaf and dumb, deaf-mute

głuch|y ['gŭuxɨ] *adj* deaf; (*o dźwięku*) dull, hollow; ~a **cisza** dead silence; ~**y odgłos** thud; ~**y jak pień** deaf as an adder; stone-deaf; **być** ~**ym na coś** to turn a deaf ear to sth

głupi ['gŭupi] *adj* silly, stupid; ~a **sprawa** awkward business; **być w** ~**m położeniu** be in a devil of a hole; ~ **jak but** as stupid as a donkey; **nie ma** ~**ch!** I am no fool!

głupota [gŭu'pɔta] *f* stupidity

głupstwo ['gŭupstfɔ] *n* nonsense, absurdity; (*drobiazg*) trifle

gmach [gmax] *m* building, edifice

gmina ['gmina] *f* community; (*wiejska*) parish; (*miejska*) municipality, borough; *parl.* **Izba Gmin** the House of Commons

gminny ['gminnɨ] *adj* communal, municipal; (*wulgarny*) vulgar

gnać [gnatɕ] **I** *vt* drive, pursue **II** *vi* (*biec*) run

gnębi|ć ['gnɛ̃bitɕ] *vt* oppress, pester, worry; ~ **mnie myśl, że ...** I am worried by the idea that ...

gniazdko ['gɲastkɔ] *n* little nest; *elektr.* socket

gniazdo ['gɲazdɔ] *n* nest

gnicie ['gɲitɕɛ] *n* rotting, decay, putrefaction

gnić [gɲitɕ] *vi* rot, putrefy, decay

gnieść [gɲɛɕtɕ] **I** *vt* press; (*wyciskać*) squeeze; (*ciasto*) knead; (*kartofle*) mash; (*o bucie*) pinch **II** *vr* ~ **się** crush, press

gniew [gɲɛf] *m* anger, wrath; **wpaść w** ~ to fly into a rage; to get angry

gniewać ['gɲɛvatɕ] **I** *vt* anger, irritate **II** *vr* ~ **się** be angry (**na kogoś** with sb; **na coś** at sth)

gnój [gnuj] *m* dung, manure

go [gɔ] *zob.* **on; ono**

godło ['gɔdŭɔ] *n* symbol, emblem, sign; ~ **państwowe** national emblem

godność ['gɔdnɔɕtɕ] *f* dignity; **jak pańska** ~? your name, please?

godny ['gɔdnɨ] *adj* worthy (**czegoś** of sth); (*pełen godności*) dignified; ~ **pochwały** praiseworthy; ~ **podziwu** admirable; ~ **szacunku** respectable; ~ **pożałowania** deplorable; ~ **widzenia** worth seeing

godzić ['gɔdʑitɕ] **I** *vt* 1. (*coś z czymś*) make agree; (*kogoś z kimś*) reconcile 2. (*do pracy*) hire, engage 3. (*celować*) aim (**w coś** at sth) **II** *vr* ~ **się na coś** to agree to sth

godzin|a [gɔ'dʑina] *f* hour; ~a **odjazdu** ⟨**przyjazdu**⟩ time of departure ⟨arrival⟩; ~a **policyjna** curfew; ~**y nadliczbowe** overtime, over hours; (*u lekarza*) ~**y przyjęć** consultation hours; ~**y urzędowe** office hours; ~**y handlu** business hours; **pół** ~**y** half-an-hour; **która** ~a? what time is it?; **jest** ~a **czwarta** it is four o'clock; **o której** ~**ie?** at what time?; **całymi** ~**ami** for hours and hours; **co** ~**ę** every hour; hourly; *przen.* **na czarną** ~**ę** for a rainy day

goić ['gɔitɕ] **I** *vt* heal, cure **II** *vr* ~ **się** heal up, be cured

gol [gɔl] *m sport.* goal

goleń ['gɔlɛɲ] *m* shin

golf [gɔlf] *m* 1. *sport.* golf 2.

(*sweter*) turtle-necked pull-over
golić ['gɔɲitɕ] **I** *vt* shave **II**
vr ~ **się** shave, have a
shave
golonka [gɔ'lɔnka] *f kulin.*
hand of pork
gołąb ['gɔũɔp] *m* pigeon; ~
pocztowy carrier pigeon; ~
pokoju dove of peace
gołąbki [gɔ'ũɔpḱi] *pl kulin.*
stuffed cabbage
gołoledź [gɔ'ũɔlɛtɕ] *f* glazed
frost
goł|y ['gɔũi] *adj* naked, nude,
bare; **~ym okiem** with the
naked eye; *przen.* with
half an eye; **pod ~ym nie-**
bem in the open air; **z ~ą**
głową bare-headed; **przyjść**
z ~ymi rękami to come
empty-handed; **~y jak**
święty turecki penniless;
as poor as a church mouse
gondola [gɔn'dɔla] *f* gondola
gonić ['gɔɲitɕ] **I** *vt* chase,
pursue; ~ **za czymś** to be
after sth **II** *vr* ~ **się** to race
(each other)
goniec ['gɔɲɛts] *m* **1.** messenger; (*w biurze*) office-boy
2. *szach.* bishop
gorąco [gɔ'rɔtsɔ] **I** *n* heat **II**
adv hotly; **jest** ~ it is hot;
jest mi ~ I am hot; **dzię-**
kować ~ thank warmly;
~ **pragnąć czegoś** to be
eager for ⟨after⟩ sth; to be
keen on sth
goręc|y [gɔ'rɔtsi] *adj* hot;
przen. fervent, eager, ardent; **złapać kogoś na ~ym**
uczynku to catch sb red-
-handed; **w ~ej wodzie ką-**
pany hot-blooded
gorączk|a [gɔ'rɔtʃka] *f* fever;
mierzyć komuś ~ę to take
sb's temperature; **~a złota**
gold rush
gorliwy [gɔr'ɲivi] *adj* zealous,
fervent, eager
gorsz|y ['gɔrʃi] *adj* (*comp od*
zły) worse; inferior (**od cze-**
goś to sth); **~ej jakości** of

inferior quality; **zmiana na**
~e change for the worse
gorszyć ['gɔrʃitɕ] **I** *vt* scandalize, shock, demoralize **II** *vr*
~ **się** be shocked, be scan-
dalized (**czymś** at sth)
gorycz ['gɔritʃ] *f* bitterness
goryl ['gɔril] *m* gorilla
gorzej ['gɔʒɛj] *adv* (*comp od*
źle) worse; **coraz** ~ worse
and worse; **jeszcze** ~ still
worse; **tym** ~ so much the
worse
gorzk|i ['gɔʃḱi] *adj* bitter;
farm. **sól ~a** Epsom salts
gospoda [gɔ'spɔda] *f* inn,
public-house, tavern
gospodarczy [gɔspɔ'dartʃi] *adj*
economic
gospodarka [gɔspɔ'darka] *f*
economy; (*zarządzanie*) administration; ~ **narodowa**
national economy; ~ **pla-**
nowa planned economy; ~
na roli farming
gospodarny [gɔspɔ'darni] *adj*
economical, thrifty
gospodarować [gɔspɔda'rɔvatɕ]
vi (*na roli*) farm; (*w domu*)
keep house; (*pieniędzmi*
itp.) manage
gospodarstwo [gɔspɔ'darstfɔ]
n (*domowe*) household; (*rol-*
ne) farm; (*z budynkami*)
farmstead; **Państwowe Go-**
spodarstwo Rolne State
Farm
gospodarz [gɔs'pɔdaʃ] *m* (*pan*
domu) master (of the
house), host; (*domu czyn-*
szowego itp.) landlord; (*na*
roli) farmer; ~ **balu** ⟨za-
bawy⟩ director of a ball
⟨a dance⟩
gospodyni [gɔspɔ'diɲi] *f* (*pani*
domu) mistress (of the
house); hostess; (*domu*
czynszowego itp.) landlady
gosposia [gɔs'pɔɕa] *f* housekeeper
gościć ['gɔɕtɕitɕ] **I** *vt* (*kogoś*)
receive, entertain **II** *vi* stay
(**u kogoś** with sb); be on
. a visit

gościec ['gɔçtɕɛts] *m med.* gout, rheumatism

gościn|a [gɔç'tɕina] *f* visit, stay, sojourn; **być w ~ie u kogoś** to be at sb's house ⟨with sb⟩ on a visit; to be sb's guest; **korzystać z czyjejś ~y** to avail oneself of sb's hospitality; to enjoy sb's hospitality; **nadużyć ~y** to outstay one's welcome; **zaprosić kogoś w ~ę** to extend hospitality to sb

gościnność [gɔç'tɕinnɔɕtɕ] *f* hospitality

gościnny [gɔç'tɕinni] *adj* hospitable; **pokój ~** guest-room

gość|ć [gɔçtɕ] *m* **1.** guest, visitor; caller; (*w lokalu*) patron, customer; (*w pensjonacie*) boarder; **~cie hotelowi** hotel guests; **stały ~ć** (*kawiarni*) habitué; **nieproszony ~ć** intruder; **zaprosić ~ci** to invite guests **2.** *pot.* (*osobnik*) chap; fellow; *am.* guy; **to dziwny ~ć** that's a queer fellow

gotować [gɔ'tɔvatɕ] **I** *vt* cook, boil; **~ wodę** ⟨mleko⟩ to boil water ⟨milk⟩; **~ obiad** to cook dinner **II** *vr* **~ się** (*o wodzie*) boil; (*o potrawach*) be cooking

gotowany [gɔtɔ'vani] *adj* (*o obiedzie*) cooked; (*o jajku*) boiled

gotow|y [gɔ'tɔvi] *adj* ready (do czegoś for sth); **~e ubranie** ready-made suit

gotówk|a [gɔ'tufka] *f* cash, ready money; **płacić ~ą** to pay (in) cash; **za ~ę** cash down

gotycki [gɔ'titski] *adj* gothic

goździk ['gɔʑdʑik] *m bot.* carnation, pink

gór|a ['gura] *f* **1.** mountain; **chodzić po ~ach** to walk in the mountains; to climb; **jechać w ~y** to go to the mountains; **pod ~ę** uphill; **z ~y** downhill **2.** (*stos*) pile, heap **3.** (*wierzch*) top;

do ~y upwards; **do ~y nogami** upside down; **patrzeć do ~y** to look up; **ręce do ~y!** hands up!; **na górze** at the top; above; (*na piętrze*) upstairs; **z ~y** from above; *przen.* **patrzeć na kogoś z ~y** to look down at sb || **z ~ą 300 osób** over 300 people; **dziękować z ~y** to thank in anticipation; **płacić z ~y** to pay in advance

góral ['gural] *m* highlander

górnictwo [gur'ɲitstfɔ] *n* mining (industry)

górniczy [gur'ɲitʃi] *adj* mining

górnik ['gurɲik] *m* miner; (*w kopalni węgla*) collier; **inżynier ~** mining engineer

górn|y ['gurni] *adj* upper, top; **~e piętro** upper floor

górować [gu'rɔvatɕ] *vi* dominate; excel (**w czymś** in sth); tower (**nad tłumem itp.** over the crowd etc.); prevail (**nad kimś** over sb)

górzysty [gu'ʒisti] *adj* mountainous, hilly

gra [gra] *f* play, game; *teatr.* acting; **~ hazardowa** gambling, gamble; **~ towarzyska** parlour game; **~ w karty** card playing; card game; **~ słów** pun, quibble; **wchodzić w grę** (*być branym pod uwagę*) to be involved; (*być stawką*) to be at stake

grabić ['grabitɕ] *vt* **1.** (*siano*) rake **2.** (*rabować*) rob, plunder

gracz [gratʃ] *m* player; (*hazardowy*) gambler; **~ na giełdzie** stock-exchange speculator

grać [gratɕ] *vt* play; (*hazardowo*) gamble; **~ w karty** to play cards; **~ w tenisa** ⟨szachy itd.⟩ to play tennis ⟨chess etc.⟩; **~ na fortepianie** ⟨skrzypcach itd.⟩ to play the piano ⟨the violin etc.⟩; **~ na scenie** to act;

co grają w teatrze ⟨kinie itp.⟩? what's on at the theatre ⟨the cinema⟩?

grad [grat] m hail; ~ pada it hails; *przen.* sypać ~em kul ⟨strzał itp.⟩ to shower bullets ⟨arrows etc.⟩

grafik ['grafik] m graphic artist

grafika ['grafika] f graphic art

gram [gram] m gram

gramatyka [gra'matika] f grammar

granat¹ ['granat] m 1. (*kolor*) navy-blue 2. (*owoc*) pomegranate

granat² ['granat] m *wojsk.* grenade; ~ ręczny hand-grenade

granatowy [grana'tovi] adj dark-blue, navy-blue

granic|a [gra'nitsa] f 1. *geogr.* frontier, border, boundary; ~a celna customs frontier; ~a lądowa land frontier; ~a morska sea frontier; ~a państwa state ⟨national⟩ border ⟨frontier⟩; być za ~ą to be abroad; jechać za ~ę to go abroad; przekroczyć ~ę to cross the border ⟨frontier⟩ 2. (*kres*) limit; dolna ⟨górna⟩ ~a bottom ⟨top⟩ limit; *przen.* to przechodzi wszelkie ~e that beats everything; that's the limit; wszystko ma swoje ~e there is a limit to everything; wypełniony do ostatnich ~ filled to capacity

graniczn|y [gra'nitʃni] adj border, bordering, frontier; linia ~a frontier line; kontrola ~a border ⟨frontier⟩ control; punkt ~y frontier station; strefa ~a frontier zone; znak ~y boundary mark

graniczyć [gra'nitʃitɕ] vi border (z czymś on sth)

granit ['granit] m granite

grat [grat] m (o *samochodzie*) bone-shaker

gratis ['gratis] adv free of charge

gratulacje [gratu'latsjɛ] pl congratulations; składać ~ to congratulate (komuś z powodu czegoś sb on sth)

gratulować [gratu'lovatɕ] vi congratulate (komuś czegoś sb on sth)

grawerować [gravɛ'rovatɕ] vt engrave

greck|i ['grɛtski] I adj Greek; ~i nos Grecian nose; ~a urna Grecian urn II m (*język*) Greek

grejpfrut ['grɛjpfrut] m grape-fruit

Grek [grɛk] m Greek

grobla ['grɔbla] f dam

groch [grɔx] m pea(s); (*potrawa*) peas; *przen.* ~ z kapustą hodge-podge; rzucać ~em o ścianę to talk to deaf ears

grochówka [grɔ'xufka] f pea-soup

grom [grɔm] m thunderbolt; ~ z jasnego nieba a bolt from the blue; *przen.* ciskać ~y na kogoś to thunder against sb; to storm at sb

gromada [grɔ'mada] f (*ludzi*) crowd, multitude; (*studentów*) group; (*żołnierzy*) troop

gromadzić [grɔ'madʑitɕ] I vt hoard, gather, collect, accumulate II vr ~ się gather, get together, flock, crowd

gron|o ['grɔnɔ] n 1. (*winne*) bunch of grapes 2. (*grupa*) body, company; bevy; ~o nauczycielskie teaching staff; w ~ie rodzinnym in the family circle

grosz [grɔʃ] m grosh; *przen.* ładny ~ a pretty penny; bez ~a penniless; co do ~a to a penny; wtykać wszędzie swoje trzy ~e to have a finger in every man's pie; to poke one's nose everywhere

grosz|ek ['grɔʃɛk] m bot. pea; **zielony** ~ek green peas; **pachnący** ~ek sweet peas; (o wzorze) w ~ki spotted

grota ['grɔta] f grotto, cave

grotołaz [grɔ'tɔŭas] m speleologist

grozi|ć ['grɔʑitɕ] vt threaten (komuś czymś sb with sth), menace; ~ć palcem komuś to shake one's finger at sb; ~ mi niebezpieczeństwo I am in danger; ~ nam wojna we are threatened with war

groźb|a ['grɔʑba] f threat, menace; **pod** ~ą kary ⟨grzywny⟩ under penalty of imprisonment ⟨of a fine⟩

groźny ['grɔʑnɨ] adj threatening, terrible, dangerous

grób [grup] m grave; (murowany) tomb; **Grób Nieznanego Żołnierza** Tomb of the Unknown Warrior; (w Anglii) the Cenotaph; przen. **być jedną nogą w grobie** to have one foot in the grave

grubość ['grubɔɕtɕ] f thickness; (otyłość) stoutness

gruby ['grubɨ] adj (o książce) thick; (o człowieku) big, stout, fat; (o głosie) low, rough; (o błędzie) gross

gruczoł ['grutʃɔŭ] m gland

grudzień ['grudʑɛɲ] m December

grun|t [grunt] m ground, soil; **czuć** ~t **pod nogami** to feel oneself on solid ground; **do** ~tu to the core; thoroughly; throughout; **w** ~cie **rzeczy** at bottom, essentially, in fact; **z** ~tu fundamentally, thoroughly; **z** ~tu **dobry** good at heart; ~t **to ...** the essential thing is ...

gruntowny [grun'tɔvnɨ] adj (o wiedzy) thorough; (o przygotowaniu) solid

grupa ['grupa] f group; set;

med. ~ **krwi** blood group

gruszka ['gruʃka] f (owoc) pear; (drzewo) pear-tree

gruz [grus] m rubble, rubbish; **rozpadać się w** ~y to fall into ruin

gruźlica [gruʑ'ʎitsa] f med. tuberculosis, consumption; pot. TB

gryczan|y [grɨ'tʃanɨ] adj kasza ~a buckwheat groats

grymasić [grɨ'maɕitɕ] vi be fastidious, be particular (w jedzeniu about food)

grypa ['grɨpa] f med. influenza, pot. flu

gryźć [grɨɕtɕ] I vt 1. bite, gnaw; (żuć) chew 2. przen. (o sumieniu) prick II vr ~ się 1. bicker, wrangle 2. przen. (martwić się) worry, fret

grzać [gʒatɕ] I vt vi warm, heat; (o odzieży) keep warm; **słońce grzeje** the sun is warm; **kaloryfery nie grzeją** central heating doesn't work; **żelazko nie grzeje** iron doesn't get warm II vr ~ **się** get hot; ~ **się w słońcu** to bask in the sun; mot. **silnik się grzeje** the engine warms up

grzałka ['gʒaŭka] f (nurkowa) immersion heater

grzanka ['gʒanka] f toast

grządka ['gʒɔtka] f (flower) bed

grzbiet [gʒbɛt] m (książki, ręki, noża itp.) back; ~ **górski** crest

grzebać ['gʒɛbatɕ] I vi 1. (umarłych) bury 2. (szukać w kieszeni, torebce itp.) fumble; (w starych dokumentach) rake; ~ **w pamięci** to search one's memory II vr ~ **się** (działać powoli) loiter, move slowly, dawdle

grzebień ['gʒɛbɛɲ] m comb; (koguci) (cock's) crest

grzech [gʒɛx] m sin

grzechotka [gʒɛ'xɔtka] f rattler

grzeczność [ˈgʒɛtʃnɔɕtɕ] f politeness, kindness, courtesy; (przysługa) favour; wyświadczyć komuś ∼ to render sb a service; to do sb a favour; przez ∼ by courtesy

grzeczny [ˈgʒɛtʃnɪ] adj polite, kind, courteous; (do dziecka) bądź ∼! be a good boy!

grzejnik [ˈgʒɛjɲik] m heater, radiator

grzęznąć [ˈgʒɛ̃znɔ̃tɕ] vi sink, get stuck, flounder; ∼ w błocie to stick ⟨to get stuck⟩ in the mud

grzmi|eć [gʒmɛtɕ] vi thunder; ∼ it thunders

grzmot [gʒmɔt] m thunder-clap

grzyb [gʒɪp] m fungus; (jadalny) mushroom; ∼ jadalny ⟨trujący⟩ edible ⟨poisonous⟩ fungus; ∼y marynowane pickled mushrooms; ∼y suszone dried mushrooms; ∼y świeże fresh mushrooms; rosnąć jak ∼y po deszczu to mushroom; iść na ∼y to go mushrooming

grzybica [gʒɪˈbitsa] f med. mycosis

grzywka [ˈgʒɪfka] f fringe, forelock; (przyprawiana) front, frisette

grzywn|a [ˈgʒɪvna] f fine; ukarać kogoś ∼a to fine sb; podlegający ∼ie subject to a fine

gubić [ˈguɓitɕ] I vt 1. lose 2. (niszczyć) ruin, destroy II vr ∼ się get lost, lose one's way

gulasz [ˈgulaʃ] m kulin. goulash

gulden [ˈguldɛn] m guilder, gulden

gum|a [ˈguma] f gum, rubber; ∼a arabska gum arabic; ∼a do wycierania eraser, india-rubber; ∼a do żucia chewing gum; ∼a na podwiąz-

ki elastic; pot. mot. złapać ∼ę to get a puncture

gumka [ˈgumka] f rubber; (do ołówka) rubber, india-rubber; (do atramentu) eraser; (tasiemka) elastic; (do słoików aptekarskich) elastic band

gumowy [guˈmɔvɪ] adj rubber; materac ∼ air mattress

gust [gust] m taste; bez ∼u tasteless; coś w tym guście something of that kind; nie w moim guście not to my liking; w dobrym guście in good taste; to rzecz ∼u it's a matter of taste

gustowny [guˈstɔvnɪ] adj in good taste, elegant

guz [gus] m bump; med. tumour; przen. oberwać ∼a to get a blow

guzik [ˈguʑik] m button; ∼ przyciskowy press button; zapinać na ∼i to button (up)

gwałcić [ˈgvau̯tɕitɕ] vt violate; rape; ∼ prawo to outrage ⟨to infringe⟩ the law

gwałt [gvau̯t] m violence; rape; użyć ∼u to use violence; ∼em forcibly; na ∼ in all haste; przen. robić ∼ o coś to make a fuss about sth; pot. nie ma ∼u no hurry

gwałtowny [gvau̯ˈtɔvnɪ] adj (o śmierci, truciźnie) violent; (o potrzebie) urgent; (o mowie) vehement

gwara [ˈgvara] f (regionalna) dialect, (zawodowa) jargon, lingo; (żargon) slang

gwarancj|a [gvaˈrantsja] f guarantee, security; prawn. guaranty, warranty; termin ∼i term of guarantee

gwarantować [gvaranˈtɔvatɕ] vt guarantee, warrant

gwardia [ˈgvardja] f guards; (oddział doborowy) guard; (straż przyboczna) bodyguard

gwarny [ˈgvarnɪ] adj noisy

gwiazda ['gvazda] *f* star; ~
filmowa film-star
gwiazdk|a ['gvastka] *f* little
star; (*filmowa*) starlet; (*odsyłacz w druku*) asterisk;
(*Boże Narodzenie*) Christmas; (*podarunek*) Christmas
gift; *przen.* domagać się ~i
z nieba to cry for the moon
gwiazdozbiór [gvaz'dozbur] *m*
constellation

gwint [gvint] *m* screwthread
gwizd|ać ['gvizdatç] *imperf*,
~nąć ['gvizdnõtç] *perf vi*
whistle, blow a whistle; (*w
teatrze*) catcall; *pot.* gwiżdżę na to! I don't care a
damn!
gwizdek ['gvizdɛk] *m* (*przyrząd*) whistle; *mor.* pipe; ~
parowy hooter, buzzer
gwóźdź [gvuçtç] *m* nail

H

haczyk ['xatʃik] *m* hook; ~ na
ryby (fish) hook; (*u wędki*)
barb; ~ do wkręcania
screwhook
haft [xaft] *m* embroidery
haftka ['xaftka] *f* clasp
haftować [xaf'tovatç] *vt* embroider
hak [xak] *m* hook
hala¹ ['xala] *f* hall; ~ dworcowa hall of a railway
station; *am.* depot; ~ mon-
tażowa fitting shop; ~ sportowa sports hall; ~ targowa markethall; covered
market; ~ widowiskowa
show room
hala² ['xala] *f* (*pastwisko*)
mountain meadow, pasture
land
halka ['xalka] *f* petticoat;
(*spód*) slip
hałas ['xaũas] *m* noise, din,
bustle; *przen.* narobić ~u
to make a fuss (o coś about
⟨over⟩ sth)
hałasować [xaũa'sovatç] *vi*
make a noise
hamak ['xamak] *m* hammock
hamować [xa'movatç] I *vt*
brake, hold up; (*powstrzy-
mać*) check, restrain; (*szybkość*) slacken II *vr* ~ się
restrain oneself
hamul|ec [xa'mulɛts] *m* brake;
~ec automatyczny autom-
atic brake; ~ec bezpieczeń-

stwa emergency brake; ~ec
bębnowy drum brake; ~ec
hydrauliczny fluid brake;
~ec pneumatyczny air-
-brake; ~ec ręczny hand-
-brake; ~ec szczękowy shoe
brake; ~ec tarczowy disk
brake; ~ec zwrotny reverse
brake; pedał ~ca brake
pedal; nacisnąć ~ec to
apply the brake; zwolnić
~ec to release the brake;
~ce nie działają the brakes
don't work
handel ['xandɛl] *m* trade,
commerce; ~ detaliczny
retail trade; ~ hurtowy
wholesale trade; ~ zagra-
niczny foreign trade; ~
uspołeczniony socialized
trade; ~ wewnętrzny home
trade
handlować [xan'dlovatç] *vt*
trade, deal (czymś in sth)
handlowiec [xan'dlovɛts] *m*
businessman
handlow|y [xan'dlovi] *adj*
commercial, mercantile; izba ~a chamber of com-
merce; korespondencja ~a
commercial correspondence;
marynarka ~a merchant
marine; spółka ~a partnership; statek ~y merchant-
man; towarzystwo ~e trad-
ing company; układ ~y
commercial agreement

hangar ['xangar] *m* shed, hangar

hańba ['xaŋba] *f* disgrace, shame

harcerka [xar'tsɛrka] *f* girl guide; *am.* girl scout

harcerstwo [xar'tsɛrstfɔ] *n* scouting

harcerz ['xartsɛʃ] *m* boy scout

harfa ['xarfa] *f muz.* harp

harmonia [xar'mɔŋja] *f* harmony; (*instrument*) concertina

harmonizować [xarmɔŋi'zɔvatɕ] *vi* harmonize

harpun ['xarpun] *m* harpoon

hartować [xar'tɔvatɕ] I *vt* temper, harden II *vr* ~ się harden oneself

hasło ['xasŭɔ] *m* slogan, watchword; (*w słowniku*) entry; *wojsk.* password; **dać** ~ **do czegoś** to give the signal for sth

haszysz ['xaʃiʃ] *m* hashish, hasheesh

haust [xaŭst] *m* draught, pull; **jednym** ~**em** at a draught, in a gulp

hazard ['xazard] *m* hazard; (*w grze*) gamble

hebel ['xɛbel] *m* plane

hejnał ['xɛjnaŭ] *m* trumpet-call; flourish of a trumpet

hektar ['xɛktar] *m* hectare

helikopter [xɛɫi'kɔptɛr] *m* helicopter

hełm [xɛŭm] *m* helmet; (*dla motocyklistów*) crash helmet; ~ **tropikalny** sun helmet

herb [xɛrb] *m* coat of arms; crest

herbaciarnia [xɛrba'tɕarɲa] *f* tea-rooms; (*w Chinach, Japonii*) tea-house

herbat|a [xɛr'bata] *f* tea; **mocna** ⟨**słaba**⟩ ~**a** strong ⟨weak⟩ tea; ~**a w torebkach** tea bags; **nastawić** (**wodę na**) ~**ę** to put the kettle on; **zaparzyć** ~**ę** to make tea

herbatka [xɛr'batka] *f* tea--party

herbatnik [xɛr'batɲik] *m* biscuit

hiacynt ['xjatsint] *m* hyacinth

higiena [xi'ɡena] *f* hygiene

higieniczny [xiɡe'ɲitʃni] *adj* hygienic, sanitary; **papier** ~ toilet paper

Hindus ['xindus] *m* Hindu, Indian

hinduski [xin'duski] *adj* Hindu, Indian; **język** ~ Hindi

hipotek|a [xipɔ'tɛka] *f* mortgage; **pożyczać na** ~**ę** to lend on mortgage; **wejść komuś na** ~**ę** to place sb's property under mortgage

histeria [xis'tɛrja] *f* hysterics

histori|a [xis'tɔrja] *f* 1. history; ~**a nowożytna** ⟨**współczesna**⟩ modern history; ~**a starożytna** ancient history 2. (*opowiadanie*) story; **a to ładna** ~**a!** that's a pretty pass!; **mam dość tej całej** ~**i** I am sick of the whole business

historyczny [xistɔ'ritʃni] *adj* historical

Hiszpan ['xiʃpan] *m* Spaniard

hiszpański [xiʃ'paɲski] *adj* Spanish

hodować [xɔ'dɔvatɕ] *vt* (*zwierzęta*) rear, breed; (*rośliny*) grow; cultivate

hodowla [xɔ'dɔvla] *f* growing, rearing; ~ **drzew** arboriculture; ~ **ryb** pisciculture; ~ **zwierząt** animal husbandry

hojny ['xɔjni] *adj* generous, liberal, open-handed

hokej ['xɔkɛj] *m* hockey; ~ **na lodzie** ice hockey; ~ **na trawie** field hockey

hol [1] [xɔl] *m* (*lina*) tow-line

hol [2] [xɔl] *m* (*przedpokój*) hall; (*poczekalnia*) lobby; ~ **hotelowy** lounge; **czekać w** ~**u** to wait in the hall ⟨lounge⟩

Holender [xɔ'lɛndɛr] *m* Dutchman

holenderski [xɔlɛn'dɛrsk̦i] *adj* Dutch

holować [xɔ'lɔvatç] *vt* haul, tow, tug; ~ samochód to trail a car

hołd [xɔůt] *m* homage; składać ~ to do ⟨to pay⟩ homage

homar ['xɔmar] *m* lobster

honor ['xɔnɔr] *m* honour; punkt ~u point of honour; słowo ~u word of honour; czynić ~y domu to do the honours of the house

honorarium [xɔnɔ'rarjum] *n* fee; (*autorskie*) royalty, royalties

honorować [xɔnɔ'rɔvatç] *vt* honour, respect, remunerate

horoskop [xɔ'rɔskɔp] *m* horoscope

horyzont [xɔ'rizɔnt] *m* horizon; mieć szerokie ~y to be open-minded

hotel ['xɔtɛl] *m* hotel; ~ robotniczy worker's hotel; ~ studencki (*schronisko*) students' hostel; ~ turystyczny tourist hotel; miejsce w ~u place in a hotel; pokój w ~u room in a hotel; opuścić ~ to leave the hotel; *am.* to check out; zamówić ~ to book a room in a hotel

hotelow|y [xɔtɛ'lɔvi] *adj* hotel; doba ~a hotel night; kawiarnia ⟨restauracja⟩ ~a hotel café ⟨restaurant⟩

hrabia ['xraba] *m* count; (*w Anglii*) earl

hrabina [xra'bina] *f* countess

hrabstwo ['xrapstfɔ] *n* (*okręg*) county

huk [xuk] *m* roar, bang, loud noise

hulać ['xulatç] *vi* make merry, run wild, revel

humanistyczn|y [xumanis'titʃ-ni] *adj* humanistic; nauki ~e liberal arts

humanitarny [xumani'tarni] *adj* humane, humanitarian

humanizm [xu'manizm] *m* humanism

humo|r ['xumɔr] *m* 1. humour; poczucie ~ru sense of humour; być w dobrym ⟨złym⟩ ~rze to be in high ⟨low⟩ spirits; w jakim on jest ~rze? what mood is he in? 2. *pl* ~ry (*kaprysy*) whims

huragan [xu'ragan] *m* hurricane

hurt [xurt] *m* wholesale trade; ~em wholesale, in gross, in bulk

hurtownia [xur'tɔvna] *f* wholesale firm; (wholesale) warehouse

huśtać ['xuçtatç] *vt* (*także vr* ~ się) rock, swing

huta ['xuta] *f* (*odlewnia*) foundry; ~ żelaza ironworks; ~ stali steelworks; ~ szklana glass-works

hutnictwo [xut'nitstfɔ] *n* metallurgy

hydrant ['xidrant] *m* hydrant; (*wąż gumowy*) hose

hydrofor [xi'drɔfɔr] *m* hydrophore

hymn [ximn] *m* hymn; ~ narodowy national anthem; *przen.* śpiewać ~y pochwalne na czyjąś cześć to sing sb's praises

I

i [i] *conj* and, also, too; i tak dalej and so on ⟨forth⟩

ich [ix] *pron zob.* oni, one

idea [i'dɛa] *f* idea

idealny [idɛ'alni] *adj* ideal, perfect

identyczny [idɛn'titʃni] *adj* identical

identyfikować [idɛntifi'kɔva'tɕ] *vt* identify
ideologia [idɛɔ'lɔɡja] *f* ideology
ideologiczny [idɛɔlɔ'ɡitʃni] *adj* ideological
idiota [id'jɔta] *m* idiot
idiotyczny [idjɔ'titʃni] *adj* idiotic
iglast|y [ig'lasti] *adj* coniferous; **drzewa ~e** coniferous trees
igł|a ['iɡũa] *f* needle; **~a gramofonowa** playing needle; **~a maszynowa** (sewing-machine) needle; **~a z nitką** needle and thread; *przen.* **prosto z ~y** brand-new, spick and span; **robić z ~y widły** to make mountains out of molehills
ignorować [iɡnɔ'rɔvatɕ] *vt* ignore, disregard
igrzyska [i'ɡʒiska] *plt* plays, games; **Igrzyska Olimpijskie** Olympic Games
ikra ['ikra] *f* roe
ile ['ilɛ] *adv* how much ⟨many⟩; **~ masz lat?** how old are you?; **~ to kosztuje?** how much is this?; what does it cost?; **o ~ nie** unless; **o ~ (tylko) so** ⟨as⟩ long as; provided (that); **o ~ wiem** as far as I know
ilekroć [i'lɛkrɔtɕ] **I** *adv* how many times **II** *conj* whenever
iloś|ć ['ilɔɕtɕ] *f* quantity; **duża ~ć** a great number (of); a great many; **pewna ~ć** a number; a certain amount (of); **w dużych ~ciach** in great numbers; in quantities; **w małych ~ciach** in small numbers
ilustracja [ilu'stratsja] *f* illustration
ilustrować [ilu'strɔvatɕ] *vt* illustrate
im ¹ [im] *conj* **~ więcej, tym lepiej** the more the better
im ² [im] *zob.* **oni, one**

imbryk ['imbrik] *m* tea-pot, tea-kettle
imieniny [imɛ'ɲini] *plt* name-day; **obchodzić ~** to celebrate one's name-day
imiesłów [i'mɛsũuf] *m* participle
imi|ę ['imɛ̃] *n* (Christian) name; **jak ci na ~ę?** what's your first name?; **mówić do kogoś po ~eniu** to call sb by his Christian name; *przen.* **nazywać rzeczy po ~eniu** to call a spade a spade; **stracić dobre ~ę** to lose one's reputation; **w ~eniu ...** in the name ⟨on behalf⟩ (of) ...
imitacja [imi'tatsja] *f* imitation; **~ klejnotu** paste; **~ skóry** imitation leather, leatherette
impas ['impas] *m* impasse, deadlock
imperializm [impɛr'jaɲizm] *m* imperialism
impon|ować [impɔ'nɔvatɕ] *vi* impress (**komuś** sb); **to mi nie ~uje** I am not impressed
import ['impɔrt] *m* import, importation
importować [impɔr'tɔvatɕ] *vt* import
impregnowany [imprɛɡnɔ'vani] *adj* impregnated
impreza [im'prɛza] *f* (*wydarzenie*) event; (*przedsięwzięcie*) enterprize, undertaking; (*widowisko*) show, performance
inaczej [i'natʃɛj] *adv* otherwise; differently; **tak czy ~** one way or another; somehow or other
inauguracja [inauɡu'ratsja] *f* inauguration; opening ceremony
indeks ['indɛks] *m* **1.** (*spis*) list, index; **~ imion** index of Christian names; **~ nazw geograficznych** index of geographical names; **~ nazwisk** index of names; **~**

wyrazów index of words 2.
(studencki) student's book
Indianin [in′djaɲin] *m* (Red) Indian
indiański [in′djaɲski] *adj* Indian
indyjski [in′dijski] *adj* Hindu, Indian
indyk [′indik] *m* turkey
indywidualny [indiv̇idu′alni] *adj* individual, personal
infekcja [in′fɛktsja] *f* infection
inflacja [in′flatsja] *f* inflation
informacj|a [infɔr′matsja] *f* information; news; (*w napisie*) „inquiries"; ~a dworcowa (railway station) inquiry office; ~a notelowa hotel information desk; ~a kolejowa railway information; ~a telefoniczna telephone information; ~a turystyczna tourist information; biuro ~i inquiry-office; dla waszej ~i for your guidance; zasięgać ~i to inquire, to make inquiries
informator [infɔr′matɔr] *m* 1. (*osoba*) informant; man at the information desk 2. (*książka*) guide, guidebook, directory; ~ kolejowy railway guide; ~ turystyczny tourist guide (book)
informować [infɔr′mɔvatɕ] I *vt* inform; instruct II *vr* ~ się inquire, get information ⟨particulars⟩ (o kimś, o czymś about sb, sth)
inhalacja [inxa′latsja] *f* inhalation
inicjatyw|a [iɲitsja′tiva] *f* initiative; z ~y ... at the suggestion (of) ...; z własnej ~y on one's own initiative
inkasować [inka′sɔvatɕ] *vt* cash, collect; ~ czek to cash a cheque
inn|y [′inni] *adj* other, another, different; coś ~ego something else; kto ~y somebody ⟨someone⟩ else;

~ym razem another time; między ~ymi among others; chciałbym coś ~ego I'd like something else; nie mam nic ~ego do roboty I have nothing else to do; .to co ~ego that's another matter
inscenizacja [instsɛɲi′zatsja] *f* teatr. staging, putting on the stage, mise-en-scene
insekty [in′sɛkti] *pl* pot. insects, vermin
inspektor [in′spɛktɔr] *m* inspector
inspekty [in′spɛkti] *plt* hotbed
instalacj|a [insta′latsja] *f* installation; plant; *pl* ~e. plumbing fixtures; ~e gazowe gas fittings; ~e kanalizacyjne plumbing; ~e elektryczne wiring; naprawić ~ę to repair the installation ⟨wiring, plumbing etc.⟩; sprawdzić ~ę to check the installation ⟨wiring, plumbing etc.⟩
instalować [insta′lɔvatɕ] *vt* install, put in; (*gaz, elektryczność itp.*) lay on, fit
instrukcj|a [ins′truktsja] *f* instruction, direction; zgodnie z ~ą acording to the instruction, following the instruction
instruktor [ins′truktɔr] *m* instructor, trainer
instrument [ins′trumɛnt] *m* instrument; ~ dęty wind-instrument; ~ smyczkowy stringed instrument
instruować [instru′ɔvatɕ] *vt* instruct
instynkt [′instinkt] *m* instinct
instytucja [insti′tutsja] *f* institution
instytut [ins′titut] *m* institute
intelektualista [intɛlɛktua′ʎista] *m* intellectualist
intelektualny [intɛlɛktu′alni] *adj* intellectual
inteligencja [intɛʎi′gɛntsja] *f* intelligence; (*warstwa społeczna*) intelligentsia

inteligent [inte'fiigent] *m* educated man, intellectual

inteligentny [intefii'gentnɨ] *adj* intelligent

intensywny [inten'sɨvnɨ] *adj* intensive, intense; strenuous

interes [in'tɛrɛs] *m* interest; concern; affair; business; **dobry** ~ good bargain; **mieć do kogoś** ~ to have business with somebody; **w moim** ~**ie** on my behalf; in my own interest; **to nie twój** ~! it's none of your business!

interesant [inte'rɛsant] *m* client; (*zgłaszający się*) applicant

interes|ować [interɛ'sɔvatɕ] I *vt* interest, concern; appeal to; **to mnie nie** ~**uje** this is of no interest to me II *vr* ~**ować się** be interested ⟨take interest⟩ (czymś in sth); be concerned (czymś with sth); **nie** ~**ować się** czymś to take no interest in sth

interesujący [interɛsu'jɔtsɨ] *adj* interesting

internacjonalizm [internatsjɔ-'nafiizm] *m* internationalism

internat [in'ternat] *m* boarding-school

internista [inter'pista] *m* internist

interweniow:ć [interve'pjovatɕ] *vi* intervene ⟨interfere⟩ (w sprawie czegoś in sth)

introligator [intrɔfii'gatɔr] *m* bookbinder

intruz ['intrus] *m* intruder

intryg|a [in'trɨga] *f* 1. (*knowanie*) intrigue; **robić** ~**i** to scheme; to plot 2. (*powieści, sztuki*) plot

intrygować [intrɨ'gɔvatɕ] *vi* intrigue, scheme

intymny [in'tɨmnɨ] *adj* intimate

inwalida [inva'fiida] *m* inval-

id, cripple; (*wojenny*) disabled soldier

inwentarz [in'vɛntaʃ] *m* inventory, stock account; **żywy** ~ live-stock

inwestować [inves'tɔvatɕ] *vt* invest

inwestycja [invɛs'tɨtsja] *f* investment

inżynier [in'ʒɨper] *m* engineer; ~ **chemik** chemical engineer; ~ **drogowy** ⟨wodny, lądowy⟩ civil engineer; ~ **elektryk** electrical engineer; ~ **górniczy** mining engineer; ~ **mechanik** mechanical engineer

irański [i'rapskɨ] *adj* Iranian, Persian

ircha ['irxa] *f* chamois-leather; wash-leather

irlandzki [ir'lantskɨ] *adj* Irish

ironiczny [irɔ'pitʃnɨ] *adj* ironical

irytować [irɨ'tɔvatɕ] I *vt* irritate; get on sb's nerves II *vr* ~ **się** get irritated (czymś at sth)

iskra ['iskra] *f* spark

iskrzy|ć ['iskʃitɕ] *vi* spark; **silnik** ~ the engine sparks

istnieć ['istpɛtɕ] *vi* exist, be, live

istniejąc|y [istpɛ'jɔtsɨ] *adj* existing, in existence, extant; ~**e prawa** laws in force

istnienie [ist'pɛpɛ] *n* existence

isto|ta [is'tɔta] *f* (*żywa*) being, creature; (*to, co jest zasadnicze*) essence, substance; ~**ta rzeczy** the heart of the matter; the point; **w** ~**cie** in essence; as a matter of fact

istotny [is'tɔtnɨ] *adj* (*zasadniczy*) essential, substantial; (*rzeczywisty*) real

iść [iɕtɕ] *vi* go; ~ **dalej** to go on; ~ **lewą stroną** to keep to the left; ~ **naprzód** to go ahead; to advance;

~ pieszo to walk; ~ ulicą ⟨ścieżką itp.⟩ to walk along a street ⟨a path etc.⟩; ~ na spacer to go for a walk; ~ po coś to fetch sth; ~ przez most to cross a bridge; ~ za kimś to follow sb || ~ na emeryturę to retire; ~ na medycynę to take up medical studies; ceny idą w górę the prices rise ⟨go up⟩; sztuka szła 50 razy the play ran 50 nights; (o towarze) idzie jak woda sells like hot cakes; jak ci idzie? how are you getting on?; idzie mu dobrze he fares well; tu idzie o nasze życie our life is at stake

izba ['izba] f room, chamber, apartment; ~ handlowa Chamber of Commerce; ~ porodowa maternity ward

izolacja [izɔ'latsja] f isolation; elektr. insulation

izolatka [izɔ'latka] f (w szpitalu) isolation ward; (w więzieniu) separate cell

izolator [izɔ'latɔr] m insulator

izotop [i'zɔtɔp] m isotope

Izraelczyk [izra'ɛltʃik] m Israeli

izraelski [izra'ɛlski] adj Israeli

J

ja [ja] pron I; (w przypadkach zależnych: mnie, mi, mną) me; tylko ~ only me; daj mi ołówek give me the pencil; mnie się to podoba I like it; nie ma mnie I am not in

jabłko ['japkɔ] n apple

jabłoń ['jabŭɔɲ] f bot. apple-tree

jacht [jaxt] m yacht

jad [jat] m med. toxin, poison, venom; ~ kiełbasiany botulinus toxin; botulism; pot. sausage-poisoning; ~ żmii poisonous snake venom, hematoxin

jadalnia [ja'dalɲa] f dining-room; wojsk. mess

jadalny [ja'dalni] adj eatable; edible; pokój ~ dining-room

jadłodajnia [jadŭɔ'dajɲa] f restaurant

jadłospis [ja'dŭɔspis] m bill of fare, menu

jadowity [jadɔ'v`iti] adj venomous, poisonous

jagoda [ja'gɔda] f berry; czarna ~ bilberry

jajecznica [jajɛtʃ'ɲitsa] f scrambled eggs

jajko ['jajkɔ] n egg; ~ na miękko soft-boiled egg; ~ na twardo hard-boiled egg; ~ sadzone fried egg; ~ świeże new-laid egg; ~ święcone Easter-egg

jak [jak] I adv how II conj like, as; ~ dotychczas so far, as yet; ~ najprędzej as soon as possible; ~ również as well as; ~ to? how so?; how is that?; ~ tylko as soon as; rób ~ chcesz do as you like; tak ... ~ so ... as; nie tak ... ~ not so ... as

jaki ['jaki] pron what; ~ ojciec, taki syn like father like son; ~ś ty mądry! how clever you are!; ~ z niego głupiec! what a fool he is!; w ~ sposób? in what way?; ~ bądź any; w ~ bądź sposób in any way; ~ taki tolerable; passable

jakikolwiek [jaki'kɔlv`ɛk] pron

whatever, any; **w ~ sposób** in any way

jakiś ['jaķiç] *pron* some, someone; **~ człowiek** a (certain) man

jakkolwiek [jak'kɔlvɛk] **I** *conj* though, although **II** *adv* in some ⟨any⟩ way

jako ['jakɔ] *conj* as; **~ przedstawiciel** as a representative; **~ tako** tolerably; **~ że** in that; inasmuch as

jakoby [ja'kɔbɨ] *conj* as if; allegedly

jakościowy [jakɔ'çtçɔvɨ] *adj* qualitative

jakość ['jakɔçtç] *f* quality

jakże ['jagʒɛ] *adv* how; **a ~!** of course!; *am.* sure!; **~ to?** how so?

jałowiec [ja'ůɔvɛts] *m bot.* juniper

jałowy [ja'ůɔvɨ] *adj* (*o ziemi, krowie itp.*) barren; sterile; (*o słowach, działaniu itp.*) idle, futile; *mech.* **~ bieg** idle run

jama ['jama] *f* pit, hole; **~ ustna** oral cavity

jamnik ['jamɲik] *m* dachshund

Japończyk [ja'pɔɲtʃɨk] *m* Japanese

japoński [ja'pɔɲsķi] *adj* Japanese

jarmark ['jarmark] *m* fair

jarski ['jarsķi] *adj* vegetarian

jarzeniowy [jaʒɛ'ɲɔvɨ] *adj* neon

jarzębina [jaʒɛ̃'bina] *f bot.* sorb, rowan

jarzmo ['jaʒmɔ] *n* yoke; **zrzucić ~ to** shake off the yoke

jarzyn|a [ja'ʒɨna] *f* vegetable; *pl* **~y** greens

jasiek ['jaçɛk] *m* small pillow

jaskinia [jas'ķiɲa] *f* cave, cavern

jaskółka [ja'skuůka] *f* swallow

jaskrawy [ja'skravɨ] *adj* glaring, striking

jasn|y ['jasnɨ] *adj* bright, clear; (*o kolorze*) light; (*o włosach, cerze*) fair; **~e piwo** ale; **w ~y dzień** in broad daylight

jaszczurka [jaʃ'tʃurka] *f zool.* lizard

jaśmin ['jaçmin] *m* jasmine

jawnie ['javɲɛ] *adv* openly, evidently

jazd|a ['jazda] *f* ride, journey; (*statkiem*) voyage; **~a konna** horsemanship; **nauka ~y** driving lessons; **prawo ~y** driving licence; **rozkład ~y** time-table

ją [jɔ̃] *zob.* **ona**

jądro ['jɔ̃drɔ] *n* kernel; *anat.* testicle; (*atomu*) nucleus

jądrow|y [jɔ̃'drɔvɨ] *adj* nuclear; **broń ~a** nuclear weapon

jąkać się ['jɔ̃katç çɛ̃] *vr* stammer, stutter

je [jɛ] *zob.* **one, oni**

jechać ['jɛxatç] *vi* go (**pociągiem, autobusem** itp. by train, bus etc.); (**konno** on horseback); **drive** (**samochodem** a car); **ride** (**na rowerze** a bicycle); (*statkiem*) sail; (*podróżować*) travel; **~ autostopem** to go hitch-hiking; **~ za granicę** to go abroad

jed|en · ['jɛdɛn] *num* one, a; (*z dwu*) either; **ani ~en** not a single; **co do ~nego** to the last man; **~en po drugim** one after another; **~en raz** once; **~en tysiąc** one thousand; **~na druga** a half, one half; **sam ~en** alone; all by himself; **to na ~no wychodzi** it comes to the same thing; **wszystko ~no** all the same; no matter

jedenasty [jɛdɛ'nastɨ] *adj num* eleventh

jedenaście [jɛdɛ'naçtçɛ] *num* eleven

jednak ['jɛdnak] *conj* but, yet, still; **a ~** and yet jednakowy [jɛdna'kɔvɨ] *adj* the same, identical, equal

jednocześnie [jɛdnɔ'tʃɛɕɲɛ] *adv* simultaneously; at the same time

jednoczyć [jɛ'dnɔtʃɨtɕ] I *vt* unify, consolidate II *vr* ~ się unite

jednodniowy [jɛdnɔ'dɲɔvɨ] *adj* of a day; one day's (rest etc.)

jednogłośnie [jɛdnɔ'gŭɔɕɲɛ] *adv* unanimously

jednokierunkowy [jɛdnɔkɛrun'kɔvɨ] *adj* ruch ~ one-way traffic

jednolity [jɛdnɔ'lɨtɨ] *adj* uniform, homogeneous

jednoosobowy [jɛdnɔɔsɔ'bɔvɨ] *adj* one-man; (*o pokoju, łóżku*) single

jednopiętrowy [jɛdnɔpɛ̃'trɔvɨ] *adj* one-storied

jednorazow|y [jɛdnɔra'zɔvɨ] *adj* single, unrenewed, unrecurring; do ~ego użytku disposable

jednorodzinny [jɛdnɔrɔ'dʑinnɨ] *adj* one-family; domek ~ individual ⟨one-family⟩ house

jednostajny [jɛdnɔ'stajnɨ] *adj* monotonous, uniform; (*o jedzeniu*) same

jednostka [jɛd'nɔstka] *f* unit; (*o człowieku*) individual

jednostronny [jɛdnɔ'stronnɨ] *adj* unilateral, one-sided; (*nieobiektywny*) partial

jedność ['jɛdnɔɕtɕ] *f* unity

jedwab ['jɛdvap] *m* silk; surowy ~ raw ⟨floss⟩ silk; sztuczny ~ rayon

jedynak [jɛ'dɨnak] *m* only son

jedyny [jɛ'dɨnɨ] *adj* only, sole; ~ raz only once; ~ w swoim rodzaju unique

jedzenie [jɛ'dzɛɲɛ] *n* food, meal; (*czynność*) eating

jego ['jɛgɔ] *zob.* on, ono

jej [jɛj] *zob.* ona

jeleń ['jɛlɛɲ] *m* stag

jelito [jɛ'ʎitɔ] *n* intestine, bowel

jemu ['jɛmu] *zob.* on, ono

jeniec ['jɛɲɛts] *m* prisoner, captive; ~ wojenny prisoner of war (P.O.W.)

jesień ['jɛɕɛɲ] *f* autumn, *am.* fall

jesionka [jɛ'ɕɔnka] *f* overcoat; winter coat; greatcoat

jesiotr ['jɛɕɔtr] *m* zool. sturgeon

jeszcze ['jɛʃtʃɛ] *adv* still, yet; besides; more; ~ do niedawna until quite lately; ~ dzisiaj this very day; ~ nie not yet; ~ raz once more; ~ trochę zupy? a little more soup?; co ~? what else?; Bóg wie co ~ and what not; kto ~? who else?; ~ jak! very much so!

jeść [jɛɕtɕ] *vt* eat; ~ śniadanie to have breakfast; ~ obiad to have dinner; to dine; ~ kolację to have supper; to sup; chce mi się ~ I am hungry

jeśli *zob.* jeżeli

jezdni|a ['jɛzdɲa] *f* road, roadway; przejść przez ~ę to cross the road ⟨the street⟩

jezioro [jɛ'ʑɔrɔ] *n* lake

jeździć ['jɛʑdʑitɕ] *vi* travel, ride, drive; ~ po kraju to go about the country; ~ na łyżwach to skate; ~ na nartach to ski; *zob.* jechać

jeździec ['jɛʑdʑɛts] *m* rider, horseman

jeździectwo [jɛʑ'dʑɛtstfɔ] *n* horsemanship

jeż [jɛʃ] *m* zool. hedgehog; *przen.* włosy na ~a short hair-cut; *pot.* średnio na ~a so-so

jeżeli [jɛ'ʒɛʎi], jeśli ['jɛɕʎi] *conj* if; ~ nawet even if; ~ nie unless; if not; ~ w ogóle if at all

jeżyna [jɛ'ʒɨna] *f* blackberry-

-bush; bramble; (*jagoda*) blackberry

jęczeć ['jɛ̃tʃɛtɕ] *imperf*, **jęknąć** ['jɛ̃knɔ̃tɕ] *perf vi* groan, moan

jęczmień ['jɛ̃tʃmjɛɲ] *m* 1. *bot.* barley 2. (*na oku*) stye

jęknąć *zob.* jęczeć

język ['jɛ̃zɨk] *m* 1. *anat.* tongue; *przen.* mieć coś na końcu ∼a to have sth on the tip of one's tongue; **trzymać ∼ za zębami** to hold one's tongue; **zapomnieć ∼a w gębie** to lose one's tongue; **to be tongue-tied** 2. (*mowa*) language; ∼ **ojczysty** mother tongue; ∼ **potoczny** everyday ⟨colloquial⟩ speech; **czytać** ⟨**mówić, pisać**⟩ **w obcym ∼u** to read ⟨to speak, to write⟩ a foreign language; **tłumaczyć na obcy ∼** to translate into a foreign language; **znać dobrze obcy ∼** to know well ⟨to have a good command of⟩ a foreign language; **znać słabo obcy ∼** to speak ⟨to know⟩ poorly a foreign language

jodła ['jɔdŭa] *f bot.* fir (tree)

jodyna [jɔ'dina] *f farm.* tincture of iodine, *pot.* iodine

jogurt ['jɔgurt] *m* yogurt, yoghurt

jubiler [ju'bilɛr] *m* jeweller; **u ∼a** at the jeweller's

jubileusz [jubi'lɛuʃ] *m* jubilee

Jugosłowianin [jugɔsŭɔ'vaɲin] *m* Jugoslav, Yugoslav

jugosłowiański [jugɔsŭɔ'vaɲski] *adj* Jugoslav, Yugoslav

jury [ʒy'ri] *n* jury

jutr|o ['jutrɔ] I *n* next day; **do ∼a** till tomorrow II *adv* tomorrow; ∼**o rano** tomorrow morning

jutrzejszy [ju'tʃɛjʃi] *adj* tomorrow's

już [juʃ] *adv* already; ∼ **nie** no more; ∼ **nigdy** nevermore; ∼ **o 10-tej** as early as 10 o'clock; ∼ **po wszystkim** it's all over; **on ∼ nie jest dyrektorem** he is no longer the manager

K

kabaret [ka'barɛt] *m* cabaret

kabel ['kabɛl] *m* cable

kabina [ka'bina] *f* cabin; ∼ **pilota cockpit**; ∼ **okrętowa** passenger cabin; ∼ **telefoniczna** telephone booth; ∼ **kosmiczna** capsule

kabriolet [ka'brjɔlɛt] *m* cabriolet

kac [kats] *m* hangover

kaczan ['katʃan] *m* (*kolba kukurydzy*) cob, corn-cob

kaczka ['katʃka] *f* duck; **chodzić jak ∼** to waddle; *pot.* ∼ **dziennikarska** hoax, canard

kadłub ['kadŭup] *m* trunk; (*statku*) hull; (*samolotu*) fuselage

kadr [kadr] *m* frame (in a film)

kadra ['kadra] *f* staff; *wojsk.* cadre

kadź [katɕ] *f* tub, vat

kafel ['kafɛl] *m* tile

kaftan ['kaftan] *m* jerkin; ∼ **bezpieczeństwa** strait-jacket

kaganiec [ka'gaɲɛts] *m* muzzle

kajak ['kajak] *m* canoe; ∼ **składany** collapsible ⟨folding⟩ canoe

kajdanki [kaj'danki] *plt* handcuffs

kajuta [ka'juta] *f* cabin

kakao [ka'kaɔ] *n* cocoa

kalafior [ka'lafɔr] *m* cauliflower

kalarepa [kala'rɛpa] f turnip-
-cabbage, cole-rape
kaleczyć [ka'lɛtʃitç] vt maim,
mutilate, injure; ~ język
to murder a language
kaleka [ka'lɛka] m f cripple,
invalid
kalendarz [ka'lɛndaʃ] m calendar
kalesony [kalɛ'sɔni] plt drawers, pot. pants
kalka ['kalka] f (maszynowa)
carbon-paper; ~ technicz-
na tracing paper
kalkulacja [kalku'latsja] f
calculation, computation
kalkulator [kalku'latɔr] m
calculator, reckoner
kaloria [ka'lɔrja] f calorie
kaloryfer [kalɔ'rifɛr] m radiator, heater
kalosz ['kalɔʃ] m galosh,
rubber overshoe
kałamarz [ka'ŭamaʃ] m inkstand
kałuża [ka'ŭuʒa] f puddle
kamera [ka'mɛra] f chamber;
fot. camera
kameraln|y [kamɛ'ralni] adj
muzyka ~a chamber music
kamforowy [kamfɔ'rɔvi] adj
camphoric; olejek ⟨spiry-
tus⟩ ~ camphorated oil
⟨alcohol⟩
kamienica [kamɛ'ɲitsa] f tenement house
kamieniołom [kamɛ'ɲɔŭɔm] m
quarry
kamienny [ka'mɛnni] adj
stone; węgiel ~ (black)
coal
kamień ['kamɛɲ] m stone; ~
do zapalniczek flint; ~
młyński millstone; ~ syn-
tetyczny synthetic stone;
~ szlachetny precious
stone; gem; ~ w zegarku
jewel; przen. spać jak ~
to sleep like a log
kamizelka [kami'zɛlka] f
waistcoat; ~ ratunkowa life
jacket
kampania [kam'paɲja] f cam-

paign; ~ wyborcza election
campaign
Kanadyjczyk [kana'dijtʃik] m
Canadian
kanadyjski [kana'dijski] adj
Canadian
kanalizacja [kanaʎi'zatsja] f
1. (budowa kanałów) canal-
ization 2. (miejska) sewage
system, sewers
kanał ['kanaŭ] m 1. canal; ~
ściekowy sewer 2. geogr.
channel
kanapka [ka'napka] f 1. kulin.
sandwich 2. (mebel) couch,
settee
kancelaria [kantsɛ'larja] f
office; (ambasady, kancle-
rza) chancellery
kanclerz ['kantslɛʃ] m chancellor
kandydat [kan'dɨdat] m candidate, applicant; lista ~ów
waiting list
kandydować [kandɨ'dɔvatç] vi
be a candidate ⟨run⟩ (do
czegoś to sth); ~ w wybo-
rach to stand for election
kanister [ka'ɲistɛr] m (petrol)
can; napełnić ~ benzyną to
fill (up) the (petrol) can
kant ['kant] m 1. (stołu) edge
2. (spodni) crease 3. pot.
(nieuczciwość) swindle,
cheat, fraud
kantor ['kantɔr] m counting-
-house; ~ wymiany (for-
eign) exchange office
kap|ać ['kapatç] imperf, ~nąć
['kapnɔtç] perf vi trickle,
dribble, drip
kapary [ka'parɨ] pl capers,
caper buds
kapela [ka'pɛla] f orchestra,
band
kapelusz [ka'pɛluʃ] m hat; ~
filcowy felt hat; ~ plażo-
wy beach hat; ~ słomkowy
straw hat; bez ~a bare-
-headed; w ~u with one's
hat on; pudło na ~e hat-
-box, band-box; uchylić ~a
to raise one's hat; zdjąć ~
to remove one's hat

kapitalista [kapita'ʃiista] *m* capitalist

kapitalizm [kapi'taʃizm] *m* capitalism

kapitał [ka'pitaŭ] *m* capital; ~ **obrotowy** circulating capital; ~ **zakładowy** capital fund

kapitan [ka'pitan] *m* captain

kapitel [ka'pitel] *m arch.* capital (of a column)

kapitulacja [kapitu'latsja] *f* capitulation, surrender

kaplica [ka'pʃitsa] *f* chapel

kapnąć *zob.* **kapać**

kapok ['kapɔk] *m* 1. (*włókno*) kapok 2. (*kamizelka ratownicza*) life-jacket (with kapok filling)

kapral ['kapral] *m* corporal

kapryśny [ka'priçni] *adj* capricious, whimsical; (*wybredny*) fastidious

kapsel ['kapsel] *m* (*pokrywka butelki*) cap, (metallic) capsule, seal

kapsułka [kap'suŭka] *f* cachet, capsule

kaptur ['kaptur] *m* hood

kapusta [ka'pusta] *f* cabbage; ~ **czerwona** red cabbage; ~ **kwaszona** sauerkraut; ~ **włoska** savoy

kapuśniak [ka'puçnak] *m* sauerkraut soup

kar|a ['kara] *f* punishment; (*sądowa*) penalty; ~a **grzywny** fine; ~a **pieniężna** pecuniary penalty; fine; ~a **śmierci** capital punishment; ~a **więzienia** imprisonment; **podlegać karze** to be punishable; **ponieść** ~ę to undergo a punishment; **pod** ~ą ... **on** ⟨under⟩ **pain** ⟨penalty⟩ (of) ...; **za** ~ę **as** ⟨for⟩ punishment

karabin [ka'rapin] *m* rifle; ~ **maszynowy** machine-gun

karać ['karatç] *vt* punish, inflict punishment; ~ **grzywną** to fine

karafka [ka'rafka] *f* decanter, carafe

karakuły [kara'kuŭi] *pl* (*futro*) astrakhan (fur)

karalny [ka'ralni] *adj* punishable

karaluch [ka'ralux] *m* cockroach

karambol [ka'rambɔl] *m* collision

karawana [kara'vana] *f* caravan

karczma ['kartʃma] *f* (*gospoda*) inn; (*szynk*) *pot.* pub

karczować [kar'tʃɔvatç] *vt* root out, clear

kardan ['kardan] *m mot.* cardan print ⟨coupling⟩

kardynał [kar'dinaŭ] *m* cardinal

kareta [ka'reta] *f* carriage, coach

karetka [ka'retka] *f* ~ **pogotowia** ambulance

kariera [kar'jera] *f* career

karierowicz [karje'rɔvitʃ] *m* oportunist, careerist, *pot.* climber

kark [kark] *m* neck, nape; back of the neck; **skręcić sobie** ~ to break one's neck

karkołomny [karkɔ'ŭɔmni] *adj* breakneck

karmić ['karmitç] **I** *vt* feed, nourish **II** *vr* ~ **się** feed (czymś on sth)

karnawał [kar'navaŭ] *m* carnival

karnet ['karnet] *m* coupons book, ticket wallet; *am.* book of vouchers

karność ['karnɔçtç] *f* discipline

karny ['karni] *adj* well-disciplined, orderly; (*o prawie*) penal; (*o sądzie, sprawie*) criminal; **kodeks** ~ penal code; **rejestr** ~ criminal records; *sport.* **rzut** ~ penalty kick

karo ['karɔ] *n karc.* diamonds

karoseria [karɔ'serja] *f mot.* body (of a car)

karp [karp] *m* carp

kart|a ['karta] *f* (*do gry*) card; (*książki*) page; leaf;

(*papieru*) sheet of paper; ∼a członkowska membership card; ∼a ewidencyjna index card; (*dziurkowana*) punched card; ∼a gwarancyjna guarantee card; ∼a kempingowa camping (registration) card; ∼a pływacka swimming card; ∼a pocztowa postcard, *am.* postal card; ∼a rejestracyjna registration card; ∼a tożsamości identity card; ∼a win wine list; ∼a wizytowa visiting card; ∼a wstępu admission card; (*stała*) subscription card ⟨ticket⟩; (*ulgowa*) pass; grać w ∼y to play cards; *przen.* grać w otwarte ∼y to lay one's cards on the table

karter ['karter] *m mot.* crank case, crankshaft casing

kartk|a ['kartka] *f* card; (*arkusik*) sheet of paper; (*notatka*) note; (*do przywiązywania*) tag; ∼a pocztowa postcard; ∼a z napisem ⟨ogłoszeniem⟩ notice; napisać ∼ę to write a postcard; wysłać ∼ę to send a postcard

kartof|el [kar'tɔfɛl] *m* potato; ∼le smażone fried potatoes; ∼le tłuczone mashed potatoes; ∼le w mundurkach potatoes boiled in their jackets

kartoflanka [kartɔ'flanka] *f* potato soup

karton ['kartɔn] *m* cardboard, pasteboard; ∼ papierosów cigarette carton

kartoteka [kartɔ'tɛka] *f* card-index, register

karuzela [karu'zɛla] *f* merry-go-round

karykatura [karɨka'tura] *f* caricature

karzeł ['kaʒɛŭ] *m* dwarf

kas|a ['kasa] *f* cash-desk, cashier's desk, cash (paying) counter; (*napis informujący*) „pay here"; ∼a bileto-

wa ⟨teatralna⟩ booking office; ∼ oszczędności savings-bank; ∼a pancerna safe; ∼a walutowa ⟨wymiany pieniędzy⟩ exchange office; proszę płacić przy ∼ie pay at the desk, please

kaseta [ka'sɛta] *f* 1. (*skrzynka*) casket 2. *fot.* backslide, slideholder; plate holder 3. (*magnetofonowa*) cassette

kasjer ['kasjɛr] *m* cashier; (*bankowy*) teller

kask [kask] *m* helmet; ∼ motocyklowy crash-helmet; ∼ tropikalny sun-helmet

kasować [ka'sɔvatɕ] *vt* cancel, annul; (*znaczek pocztowy*) obliterate; (*bilet*) punch

kasyno [ka'sɨnɔ] *n* casino, club; ∼ gry casino; ∼ oficerskie (officers') mess

kasza ['kaʃa] *f* cereals, groats; ∼ jaglana millet grits; ∼ manna semolina; ∼ perłowa pearl barley; ∼ gryczana buckwheat, groats

kaszel ['kaʃel] *m* cough

kaszleć ['kaʃlɛtɕ] *vi* cough

kasztan ['kaʃtan] *m* 1. *bot.* chestnut(-tree) 2. (*koń*) brown horse

katalog [ka'talɔk] *m* catalogue, list

katar ['katar] *m* cold, catarrh; ∼ sienny hay fever; dostać ∼u to catch a cold; mieć ∼ to have a cold

katarynka [kata'rɨnka] *f* barrel-organ

katastrof|a [kata'strɔfa] *f* catastrophe; disaster, calamity; (*lotnicza, kolejowa, samochodowa*) crash; (*żywiołowa*) disaster, cataclysm; (*statku*) shipwreck; (*o samochodzie*) ulec ∼ie to crash

katedra [ka'tɛdra] *f* 1. (*budynek*) cathedral 2. (*na uczelni*) chair 3. (*mebel*) desk, pulpit

kategoria [katɛ'gɔrja] *f* category; ∼ turystyczna tourist class; **pierwsza ⟨druga⟩** ~ first ⟨second⟩ class ⟨rate⟩

katoda [ka'tɔda] *f elektr.* cathode

katolicki [katɔ'ʎitsḳi] *adj* Catholic

kaucj|a ['kaŭtsʲa] *f* security, deposit; (*sądowa*) bail; **za** ~ą on bail

kauczuk ['kaŭtʃuk] *m* caoutchouc, india-rubber

kaw|a ['kava] *f* coffee; ~a **ziarnista** coffee beans; ~a **biała** coffee with milk ⟨cream⟩, *pot.* white coffee; ~a **czarna** black coffee; ~a **mielona** ground coffee; ~a **mrożona** iced coffee; ~a **palona** roasted coffee; ~a **po turecku** Turkish coffee; ~a **ze śmietanką** coffee with cream; **namiastka** ~y coffee substitute; **młynek do** ~y coffee-mill; **mleć** ~ę to grind coffee

kawaler [ka'valɛr] *m* 1. (*nieżonaty*) bachelor; **stary** ~ old bachelor 2. (*orderu*) knight; (*zakonu rycerskiego, Legii Honorowej*) chevalier; cavalier

kawalerka [kava'lɛrka] *f* bachelor's flat ⟨*am.* apartment⟩

kawał ['kavaŭ] *m* 1. bit, piece; lump; *przen.* ~ **czasu** a long time 2. (*dowcip*) joke 3. (*psota*) trick; **brzydki** ~ dirty trick; **zrobić komuś** ~ to play a trick on sb

kawał|ek [ka'vaŭɛk] *m* bit; (*chleba*) slice; (*mięsa*) morsel; (*ziemi*) plot; **krajać na** ~ki to slice; **rozbić na** ~ki to break to pieces; **rozbić się na** ~ki to go to pieces; **po** ~ku piece by piece

kawiarnia [ka'varɲa] *f* café, coffee-house

kawior ['kavɔr] *m* caviar

kawka ['kafka] *f zool.* jackdaw

kawon ['kavɔn] *m* watermelon

kawowy [ka'vɔvɨ] *adj* coffee-; **bar** ~ coffee-bar

kazać ['kazatɕ] *vt* order, bid; ~ **komuś coś zrobić** to make ⟨have⟩ sb do sth; to tell sb to do sth

kazanie [ka'zaɲɛ] *n* 1. sermon; **mówić** ~ to preach 2. *przen.* lecture; **palnąć komuś** ~ to read sb a lecture

każdy ['kaʒdɨ] *pron* every, each; ~ **człowiek** every man; ~ **z was** each of you; **w** ~m **razie** at any rate; anyhow; anyway; **za** ~m **razem** every time

kącik ['kɔtɕik] *m* nook

kąpać ['kɔpatɕ] I *vt* bathe II *vr* ~ **się** bathe, have a bath

kąpiel ['kɔṗɛl] *f* (*w wannie*) bath; (*w morzu*) bathe; ~ **słoneczna** sun-bath; „~ **wzbroniona**" „no bathing"; **wziąć** ~ to have a bath

kąpielisko [kɔṗɛ'ʎiskɔ] *n* (*nadmorskie*) seaside resort; (*zakład*) bath-house

kąpielow|y [kɔṗɛ'lɔvɨ] *adj* **spodenki** ~e = **kąpielówki**; **strój** ~y bathing suit ⟨costume⟩

kąpielówki [kɔṗɛ'lufḳi] *plt* swimming trunks

kąsać ['kɔsatɕ] *vt* bite; (*o owadach*) sting

kąt [kɔt] *m* (*pokoju*) corner; *mat.* angle; ~ **nachylenia** gradient; angle of inclination; **zapadły** ~ the deadest of dead ends

kciuk [ktɕuk] *m* thumb

kelner ['kɛlnɛr] *m* waiter

kelnerka [kɛl'nɛrka] *f* waitress

kemping ['kɛmṗink] *m* camping; (*obozowisko*) camping-ground, camping-site

kędzierzawy [kɛ̃dʑɛ'ʒavɨ] *adj* curly, crisp

kęs [kɛ̃s] *m* bit, morsel, mouthful

kibic ['ḳiṗits] *m karc.* kibitzer; *sport.* fan

kich|ać [ˈķixatɕ] *imperf*, ~nąć
[ˈķixnɔ̃tɕ] *perf* *vi* sneeze
kicz [ķitʃ] *m* daub
kiedy [ˈķedɨ] *pron* when; as;
~ indziej another ⟨some
other⟩ time
kiedykolwiek [ķedɨˈkɔlvɛk]
adv whenever, at any time
kiedyś [ˈķedɨɕ] *adv* once, at
one time; (*w przyszłości*)
some day
kieliszek [ķeˈʃiʃɛk] *m* glass;
~ do wina wine glass
kiełbasa [ķeŭˈbasa] *f* sausage
kiepski [ˈķepsķi] *adj* bad, poor
kiepsko [ˈķepskɔ] *adv* poorly;
~ ze mną (*źle się czuję*) I
am not well; (*jestem w kłopocie*) I am in a fix
kier [ķɛr] *m karc.* hearts
kiermasz [ˈķɛrmaʃ] *m* fair,
kermess
kierować [ķeˈrɔvatɕ] I *vt* lead,
guide, direct; (*państwem*)
govern; (*samochodem*)
drive; (*firmą, sklepem*) run
II *vr* ~ się (*zdążać*) make
for (a place); ~ się czymś
to be guided by sth
kierowca [ķeˈrɔftsa] *m* driver
kierownica [ķɛrɔvˈɲitsa] *f mot.*
steering wheel; (*roweru*)
handle bars
kierownictwo [ķɛrɔvˈɲitstfɔ] *n*
management, direction
kierownik [ķeˈrɔvɲik] *m* manager, director, chief; *pot.*
boss; ~ techniczny chief
engineer
kierun|ek [ķeˈrunɛk] *m* direc-
tion, course; (*w literaturze
sztuce, modzie*) trend, tendency; pod czyimś ~kiem
under the guidance of sb;
w dobrym ⟨złym⟩ ~ku in
the right ⟨wrong⟩ direction;
w ~ku czegoś in the direction of sth; w ~ku jazdy
pociągu facing the engine
kierunkowskaz [ķerunˈkɔfs-
kas] *m mot.* traffic indicator; trafficator
kiesze|ń [ˈķeʃɛɲ] *f* pocket;
tylna ~ń hip-pocket; scho-

wać coś do ~ni to pocket
sth; *przen.* to nie na moją
~ń it's beyond my means
kieszonkow|y [ķeʃɔnˈkɔvɨ] I
adj pocket II *n* ~e pocket
money
kij [ķij] *m* stick; ~ bilardowy cue; ~ do golfa golf-
-club; ~ hokejowy hockey-
-stick
kij|ek [ˈķijɛk] *m* stick; ~ki
narciarskie ski-sticks
kilim [ˈķiɲim] *m* rug
kilka [ˈķilka] *num* some,
several, a few; dwadzieścia
~ lat twenty odd years
kilkadziesiąt [ķilkaˈdʑɛɕɔ̃t]
num several dozen; ~ osób
scores of people
kilkakrotnie [ķilkaˈkrɔtɲɛ]
adv several times, repeatedly
kilkanaście [ķilkaˈnaɕtɕɛ] *num*
over a dozen or so
kilkaset [ķilˈkasɛt] *num* several hundred
kilkudniowy [ķilkuˈdɲɔvɨ] *adj*
several days'; of several
days
kilkuletni [ķilkuˈlɛtɲi] *adj*
several years'; several years
old
kilkumiesięczny [ķilkumʲeˈɕɛ̃tʃ-
nɨ] *adj* several months',
several months old
kilkuminutowy [ķilkumʲinuˈtɔ-
vɨ] *adj* several minutes', of
several minutes
kilkuosobowy [ķilkuɔsɔˈbɔvɨ]
adj of ⟨for⟩ several persons
kilogram [ķiˈlɔgram] *m* kilo-
gram(me)
kilometr [ķiˈlɔmɛtr] *m* kilometre
kimono [ķiˈmɔnɔ] *n* kimono
kin|o [ˈķinɔ] *n* cinema, pic-
tures, *pot.* movies; ~o pa-
noramiczne panorama; ~o
letnie open-air ⟨summer⟩
cinema; co grają w ~ie?
what's on (in the cinema)?
kiosk [ķɔsk] *m* kiosk, booth;
~ z gazetami, pismami
news stall, book-stall; ~ z

napojami refreshment stand ⟨stall⟩
kisiel ['kiɕɛl] *m* jelly
kiszka ['kiʃka] *f* 1. *anat.* intestine, bowel; **ślepa** ~ appendix 2. *kulin.* sausage; **krwawa** ~ blood ⟨black⟩ pudding; ~ **pasztetowa** liverwurst
kiszon|y [ki'ʃɔni] *adj* pickled; ~**a kapusta** sauerkraut; ~**y ogórek** pickled cucumber
kiść [kiɕtɕ] *f* tuft, bunch; ~ **winogron** bunch of grapes
kiw|ać ['kivatɕ] *imperf,* ~**nąć** ['kivnɔ̃tɕ] *perf* **I** *vt* beckon **(na kogoś** to sb); **(głową)** nod; **(na pożegnanie)** wave **(ręką komuś** one's hand to sb) **II** *vr* ~**ać,** ~**nąć się** *pot.* totter, rock
klacz [klatʃ] *f* mare
klakson ['klaksɔn] *m* horn, hooter
klamka ['klamka] *f* door handle
klamra ['klamra] *f* clasp; buckle; **(w druku)** bracket
klap|a ['klapa] *f* 1. *techn.* valve; ~**a bezpieczeństwa** safety valve 2. **(u marynarki)** lapel 3. *pot.* **(niepowodzenie)** failure, flop; **zrobić** ~**ę** to fall flat
klapki ['klapki] *plt* mules
klarnet ['klarnɛt] *m* clarinet
klas|a ['klasa] *f* 1. class; ~**a pracująca** working class; ~**a turystyczna** tourist class; **podróżować pierwszą** ~**ą** to travel first class 2. **(w szkole)** form; **(sala)** classroom
klaskać ['klaskatɕ] *vi* clap **(one's hands);** **(oklaskiwać)** applaud
klasow|y [kla'sɔvi] *adj* class; **walka** ~**a** class struggle
klasyczny [kla'sitʃni] *adj* classic(al)
klasyfikacja [klasifi'katsja] *f* classification
klasztor ['klaʃtɔr] *m* cloister, monastery; ~ **żeński** convent

klatka ['klatka] *f* cage; ~ **schodowa** staircase; *anat.* ~ **piersiowa** chest
klauzula [klau'zula] *f* clause
kląć [klɔ̃tɕ] *vi* curse **(na kogoś, coś** sb, sth); swear **(na kogoś** at sb)
kleić ['klɛitɕ] **I** *vt* stick, glue, paste **II** *vr* ~ **się** stick
kleik ['klɛik] *m* gruel
klej [klɛj] *m* glue, paste; ~ **stolarski** joiner's glue
klejnot ['klɛjnɔt] *m* jewel, gem
kler [klɛr] *m* clergy
kleszcze ['klɛʃtʃɛ] *plt* tongs, pincers
klęczeć ['klɛ̃tʃɛtɕ] *vi* kneel
klęknąć ['klɛ̃knɔ̃tɕ] *vi* kneel down
klęsk|a ['klɛ̃ska] *f* 1. **(porażka)** defeat; **ponieść** ~**ę** to be defeated; **zadać komuś** ~**ę** to defeat sb 2. **(żywiołowa)** disaster, calamity
klient ['kʎijɛnt] *m* customer, client, patron
klimat ['kʎimat] *m* climate; ~ **łagodny** ⟨**ostry, surowy**⟩ mild ⟨severe⟩ climate; ~ **umiarkowany** ⟨**tropikalny**⟩ temperate ⟨tropical⟩ climate
klimatyzacja [kʎimati'zatsja] *f* air-conditioning
klin [kʎin] *m* wedge; **(w spódnicy)** gusset, gore; **wstawić** ~ to gore; *przen.* **zabić komuś** ~**a w głowę** to set sb thinking
klinika ['kʎinika] *f* clinic
klipsy ['kʎipsi] *pl* clips
klisza ['kʎiʃa] *f fot.* plate
kloc [klɔts] *m* log, block
klocek ['klɔtsɛk] *m* block; ~ **do zabawy** toy block; *mot.* ~ **hamulcowy** brake shoe ⟨block⟩
klomb [klɔmp] *m* flower-bed
klon [klɔn] *m bot.* maple
klops [klɔps] *m kulin.* meat-ball
klosz [klɔʃ] *m* **(lampy)** globe, lamp-shade; **(do przykrywania)** bell-glass

29 Słownik

klozet ['klɔzɛt] m water-closet, W.C.

klub [klup] m club

klucz [klutʃ] m 1. key; ~ do nakrętek spanner; ~ do zatrzasku latchkey; ~ francuski wrench; zamykać na ~ to lock 2. *muz.* clef

kluczyk ['klutʃik] m key; ~ zapłonu ignition key; ~i od samochodu motorcar keys

klusk|a ['kluska] f dumpling, podge; ~i kładzione drop dumplings; lane ~i batter dumplings

kłamać ['kůamatɕ] vi lie

kłamstwo ['kůamstfɔ] n lie

kłania|ć się ['kůaɲatɕ ɕɛ̃] vr bow (komuś to sb), greet (komuś sb); ~j mu się ode mnie remember me to him; give him my regards

kłaść [kůaɕtɕ] I vt lay, put, set II vr ~ się lie down; ~ się do łóżka to go to bed

kłopo|t ['kůɔpɔt] m worry, trouble, bother; być w ~cie to be at a loss; to be in trouble; sprawiać ~t to (give) trouble

kłos [kůɔs] m ear (of corn)

kłócić się ['kůutɕitɕ ɕɛ̃] vr quarrel (o coś about sth)

kłódka ['kůutka] f padlock

kłótnia ['kůutɲa] f quarrel, argument

kłuć [kůutɕ] vt prick, sting; (nożem) stab; przen. ~ w oczy to strike the eye

kłusować¹ [kůu'sɔvatɕ] vi (o koniu, jeźdźcu) trot

kłusować² [kůu'sɔvatɕ] vi (uprawiać kłusownictwo) poach

knajpa ['knajpa] f pub, tavern

knedle ['knɛdlɛ] pl kulin. dumplings with fruits

knot [knɔt] m wick

knowania [knɔ'vaɲa] pl machinations, plotting, conspiracy

koalicja [kɔa'ʎitsja] f coalition

kobiecy [kɔ'bɛtɕi] adj womanly, womanlike, feminine

kobiet|a [kɔ'bɛta] f woman; pl ~y women; Dzień Kobiet Women's Day; (w napisie) „dla ~" „Ladies"

kobyła [kɔ'biůa] f mare

koc [kɔts] m blanket, rug

kochać ['kɔxatɕ] I vt love II vr ~ się be in love (w kimś with sb); make love; ~ się w czymś to have a fancy for sth

kochanek [kɔ'xanɛk] m lover, love

kochanka [kɔ'xanka] f mistress, lover, love

kochany [kɔ'xani] adj beloved, dear, darling

kocher ['kɔxɛr] m cooker

kocioł ['kɔtɕoů] m 1. kettle, cauldron; ~ parowy steam-boiler 2. muz. kettle-drum

koczować [kɔ'tʃovatɕ] vi rove, nomadize; (obozować) camp

kod [kɔt] m code; ~ pocztowy postal code, am. zip code; numer ~u code number

kodeks ['kɔdɛks] m code; ~ cywilny ⟨karny⟩ civil ⟨penal⟩ code; ~ drogowy highway code

koedukacyjn|y [kɔɛduka'tsijni] adj coeducational; szkoła ~a mixed school

koegzystencja [kɔɛgzi'stɛntsja] f co-existence

kogel-mogel ['kɔgɛl 'mɔgɛl] m (egg)yolk stirred with sugar

kogut ['kɔgut] m cock

koić ['kɔitɕ] vt soothe, calm, appease

koja ['kɔja] f berth, bunk

kojarzyć [kɔ'jaʒitɕ] I vt (pojęcia) associate; (parę) make a match, arrange (a marriage) II vr ~ się unite, associate

kok [kɔk] m chignon, bun

kokard|a [kɔ'karda] f bow; (na kapeluszu) cockade; zawiązać na ~ę to tie in a bow

koklusz ['kokluʃ] *m* whooping cough

koks [koks] *m* coke

koksownia [kok'sovɲa] *f* coking plant

koktail ['koktajl] *m* coctail; ~ **mleczny** milk coctail

koktail-bar ['koktajl 'bar] *m* coctail-bar

kolacj|a [ko'latsja] *f* supper; **jeść ~ę** to have supper

kolan|o [ko'lano] *n* **1.** knee; **po ~a** knee-deep; knee-high **2.** *(rury)* joint **3.** *(rzeki)* bend, turn

kolarstwo [ko'larstfo] *n* cycling

kolarz ['kolaʃ] *m* cyclist

kolba ['kolba] *f* flask, bulb; ~ **lutownicza** soldering tool

kolczyk ['koltʃik] *m* ear-ring

kolebka [ko'lepka] *f* cradle

kolec ['kolets] *m* *bot.* thorn; *(jeża)* prickle; *(sprzączki)* tongue

kolega [ko'lɛga] *m* mate, colleague, companion; *(szkolny)* schoolmate, classmate

kolej|j ['kolɛj] *f* **1.** *(żelazna)* railway; ~**j linowa** rope-way; cable railway; ~**j podziemna** underground; *pot. (w Londynie)* tube **2.** *(następstwo)* turn, succession; **po ~i** by turns; **trzeci z ~i** third in turn; **twoja ~j** your turn

kolejarz [ko'lɛjaʃ] *m* railwayman

kolej|ka [ko'lɛjka] *f* **1.** railway; ~**ka górska** *(zębata)* rack railway; ~**ka linowa** cable ⟨rope⟩ railway; ~**ka wąskotorowa** narrow-gauge railway **2.** *(ogonek)* line, queue; **stać w ~ce** to stand in a line ⟨queue⟩, to queue **3.** *pot. (kolejna porcja trunku)* round (of drinks)

kolejność [ko'lɛjnoɕtɕ] *f* succession; ~ **alfabetyczna** alphabetical order

kolejny [ko'lɛjni] *adj* successive, next

kolekcja [ko'lɛktsja] *f* collection

kolekcjoner [kolɛk'tsjonɛr] *m* collector

kolekcjonować [kolɛktsjo'novatɕ] *vt* collect

kolektyw [ko'lɛktif] *m* collective body

kolektywny [kolɛk'tivni] *adj* collective

koleżanka [kolɛ'ʒanka] *f* girl friend, colleague

koleżeński [kolɛ'ʒɛɲɕki] *adj* friendly; **stosunek ~** comradeship

kolęda [ko'lɛ̃da] *f* Christmas carol

kolizj|a [ko'lizja] *f* conflict, clash, collision; **wchodzić w ~ę z prawem** to infringe the law

kolka ['kolka] *f* *med.* colic; ~ **nerkowa** renal colic; ~ **wątrobowa** hepatic colic

koloni|a [ko'loɲja] *f* colony; ~**e letnie** recreation ⟨summer⟩ camp

kolońsk|i [ko'loɲɕki] *adj* **woda ~a** eau de Cologne

kolor ['kolor] *m* colour; *karc.* suit; **dać do ~u** to follow suit

kolorowy [kolo'rovi] *adj* coloured, colourful

koloryt [ko'lorit] *m* colour, colouring, tone

koloryzować [kolori'zovatɕ] *vt* colour; *(przesadzać)* exaggerate

kolportaż [kol'portaʃ] *m* hawking, distribution of books and newspapers

kolportować [kolpor'tovatɕ] *vt* distribute, hawk

kolumna [ko'lumna] *f* column, pillar; *wojsk.* column

kolumnada [kolum'nada] *f* colonnade

kołdra ['koŭdra] *f* counterpane, coverlet; *(pikowana)* quilt

kołek ['kɔŭɛk] *m* peg; (*do przytrzymywania*) cleat
kołnierz ['kɔŭɲɛʃ] *m* collar; ~ **stojący** high collar
kołnierzyk [kɔŭ'ɲɛʒɪk] *m* collar; **numer** ~a collar size
koło¹ ['kɔŭɔ] *n* **1.** circle; ring; ~ **ratunkowe** life-belt **2.** (*część pojazdu*) wheel; ~ **napędowe** driving wheel; ~ **kierownicy** steering wheel; ~ **zapasowe** spare ⟨rag⟩ wheel; **przednie** ⟨tylne⟩ ~ front ⟨rear⟩ wheel; **napompować** ~ to pump up the wheel; **zmienić** ~ to change ⟨to replace⟩ a wheel **3.** (*grupa*) circle; ~ **przyjaciół** a group of friends
koło² ['kɔŭɔ] *praep* by, near; (*około*) about
kołowy [kɔ'ŭɔvɪ] *adj* circular; **ruch** ~ vehicular traffic
kołysać [kɔ'ŭɨsatɕ] **I** *vt* rock, lull **II** *vr* ~ **się** rock, swing; (*o statku*) roll
komar ['kɔmar] *m* gnat, mosquito
kombajn ['kɔmbajn] *m* combine harvester
kombi ['kɔmbi] *n* estate car, *am.* station wagon
kombinat [kɔm'binat] *m* combined works
kombinerki [kɔmbi'nɛrki] *plt* (combination) pliers
kombinezon [kɔmbi'nɛzɔn] *m* overalls
kombinować [kɔmbi'nɔvatɕ] *vt* combine, speculate
komedia [kɔ'mɛdja] *f* comedy
komenda [kɔ'mɛnda] *f* **1.** command; **na** ~**ę** on command; **at** sb's command **2.** (*biuro*) command post; ~**a milicji** militia headquarters
komendant [kɔ'mɛndant] *m* commander, commandant
komenderować [kɔmɛndɛ'rɔvatɕ] *vt* command
komentarz [kɔ'mɛntaʃ] *m* commentary, comment
komentator [kɔmɛn'tatɔr] *m* commentator

komentować [kɔmɛn'tɔvatɕ] *vt* comment (**coś on** ⟨**upon**⟩ **sth**)
kometa [kɔ'mɛta] *f* comet
kometka [kɔ'mɛtka] *f* badminton
komfortowy [kɔmfɔr'tɔvɪ] *adj* comfortable
komiczny [kɔ'mitʃnɪ] *adj* comic(al); **opera** ~**a** opera bouffe
komiks ['kɔmiks] *m* comic-strip
komin ['kɔmin] *m* ●chimney; (*statku*) funnel
kominek [kɔ'minɛk] *m* fire-place
komis ['kɔmis] *m* commission shop; **wziąć w** ~ to take on commission
komisariat [kɔmi'sarjat] *m* commissariat; ~ **policji** police station
komisja [kɔ'misja] *f* board, commission, committee
komitet [kɔ'mitɛt] *m* committee; **Komitet Centralny** Central Committee
komora [kɔ'mɔra] *f* chamber, cabin; ~ **celna** custom-house, customs; *mot.* ~ **spalania** combustion chamber
komorne [kɔ'mɔrnɛ] *n* rent
komórka [kɔ'murka] *f* (*mała komora*) closet; *biol.* cell
kompas ['kɔmpas] *m* compass
kompetencja [kɔmpɛ'tɛntsja] *f* competence; (*sądu*) cognizance; **w czyjejś** ~**i** within ⟨in⟩ sb's competence
kompetentny [kɔmpɛ'tɛntnɪ] *adj* competent
komplement [kɔm'plɛmɛnt] *m* compliment: **dopraszać się o** ~**y** to fish for compliments; **prawić** ~**y** to pay compliments
komplet ['kɔmplɛt] *m* set, full number ⟨quota⟩; ~**t bielizny** set of linen; ~**t narzędzi** tool kit; set of instruments ⟨tools⟩
kompletować [kɔmplɛ'tɔvatɕ] *vt* complete

komplikacja [kɔmpfii'katsja] f complication, obstacle

komponować [kɔmpɔ'nɔvatɕ] vt compose

kompot ['kɔmpɔt] m compote

kompozycja [kɔmpɔ'zitsja] f composition

kompozytor [kɔmpɔ'zitɔr] m composer

kompres ['kɔmprɛs] m poultice, compress; gorący ⟨zimny⟩ ∼ hot ⟨cold⟩ compress; przyłożyć ⟨zmienić⟩ ∼ to apply ⟨to change⟩ a compress (to sth)

kompresor [kɔm'prɛsɔr] m techn. compressor

kompromis [kɔm'prɔmis] m compromise; pójść na ∼ to compromise

kompromitować [kɔmprɔmi-'tɔvatɕ] I vt compromise II vr ∼ się discredit oneself; lose face

komputer [kɔm'putɛr] m computer

komuna [kɔ'muna] f commune

komunalny [kɔmu'nalni] adj communal, municipal

komunał [kɔ'munau̯] m commonplace, banality, platitude

komunikacj|a [kɔmuɲi'katsja] f communication, traffic; transport service; ∼a autobusowa bus service; ∼a kolejowa ⟨lotnicza, samochodowa⟩ communication by train ⟨by air, by bus⟩; train ⟨air, bus⟩ service; ∼a miejska local traffic; ∼a międzynarodowa international communication (service); ∼a morska sea transport (service); ∼a podmiejska suburban transport (service); ∼a nocna night communication (service); przerwa w ∼i break in traffic ⟨communication⟩; środki ∼i means of transport

komunikat [kɔmu'ɲikat] m (radiowy) announcement,

bulletin; (urzędowy) communiqué; ∼ meteorologiczny weather forecast ⟨report⟩

komunikować [kɔmuɲi'kɔvatɕ] I vt announce, communicate, inform II vr ∼ się communicate, be in touch

komunista [kɔmu'ɲista] m communist

komunistyczny [kɔmuɲis'ti-t͡ʃni] adj communist

komunizm [kɔ'muɲizm] m communism

komutator [kɔmu'tatɔr] m mot. commutator

koncentracyjny [kɔntsɛntra-'tsijni] adj concentrative; obóz ∼ concentration camp

koncentrat [kɔn'tsɛntrat] m concentrate; ∼ pomidorowy tomato paste

koncentrować [kɔntsɛn'trɔvatɕ] vt (także vr ∼ się) concentrate

koncepcja [kɔn'tsɛptsja] f conception, idea

koncern ['kɔntsɛrn] m concern

koncert ['kɔntsɛrt] m concert; ∼ fortepianowy ⟨skrzypcowy⟩ piano ⟨violin⟩ concerto

kondensator [kɔndɛn'satɔr] m condensor, capacitor

kondensować [kɔndɛn'sɔvatɕ] vt condense

kondolencje [kɔndɔ'lɛntsjɛ] pl condolence; składać komuś ∼ z powodu czegoś to express one's condolences to sb upon sth

konduktor [kɔn'duktɔr] m (kolejowy) guard; (tramwajowy) conductor

kondycj|a [kɔn'ditsja] f condition; sport. w dobrej ⟨złej⟩ ∼i in ⟨out of⟩ form

konfekcja [kɔn'fɛktsja] f ready-made clothes

konferansjer [kɔnfɛ'ransjer] m announcer; (rewiowy, kabaretowy) compère, narrator

konferencja [kɔnfɛ'rɛntsja] *f* conference; ~ **na szczycie** summit conference
konfetti [kɔn'fɛti] *plt* confetti
konfiskować [kɔnfis'kɔvatç] *vt* confiscate
konflikt ['kɔnfʃikt] *m* conflict
kongres ['kɔngrɛs] *m* congress
koniak ['kɔɲak] *m* cognac
koniczyna [kɔɲi'tʃina] *f* clover
koniec ['kɔɲɛts] *m* end, finish; close; ~ **języka** the tip of the tongue; ~ **urzędowania** closing time; **dobiegać końca** to come to an end; **do samego końca** to the very end; ~ **końców** finally; **od końca** backwards; **w końcu** in the end, finally; *przen.* **wiązać** ~ **z końcem** to make both ends meet
koniecznie [kɔ'ɲɛtʃɲɛ] *adv* absolutely; necessarily; **potrzebuję** ~ **tych pieniędzy** I need that money badly
konieczność [kɔ'ɲɛtʃnɔçtç] *f* necessity; **z** ~**ci** out of necessity
konieczny [kɔ'ɲɛtʃni] *adj* necessary, indispensable
konik ['kɔɲik] *m* **1.** pony **2.** *(mania)* hobby **3.** *pot. (sprzedawca biletów)* scalper || *zool.* ~ **polny** grasshopper
koniunktura [kɔɲunk'tura] *f* economic situation, business conditions; **dobra** ~ boom, prosperity; **zła** ~ slump, recess
konkretny [kɔn'krɛtni] *adj* actual, real, definite
konkurencja [kɔnku'rɛntsja] *f* competition; **robić komuś** ~**ę** to compete with sb
konkurs ['kɔnkurs] *m* competition, contest; **brać udział w** ~**ie** to compete; **poza** ~**em** non-competing
konny ['kɔnni] *adj* horse, mounted; **jazda** ~**a** horse-riding; **wyścigi** ~**e** horse-race
konsekwencja [kɔnsɛ'kfɛntsja]

f consequence; **ponosić** ~**e** to bear the consequences
konsekwentny [kɔnsɛ'kfɛntni] *adj* consequent, consistent
konserwa [kɔn'sɛrva] *f* preserve; ~ **mięsna** tinned ⟨*am.* canned⟩ meat
konserwatorium [kɔnsɛrva'tɔrjum] *n* conservatory, conservatoire
konserwatywny [kɔnsɛrva'tivni] *adj* conservative
konserwować [kɔnsɛr'vɔvatç] *vt* preserve
konspiracja [kɔnspi'ratsja] *f* conspiration, underground movement
konstrukcja [kɔn'struktsja] *f* construction
konstytucja [kɔnsti'tutsja] *f* constitution
konsul ['kɔnsul] *m* consul
konsularny [kɔnsu'larni] *adj* consular
konsulat [kɔn'sulat] *m* consulate
konsultacja [kɔnsul'tatsja] *f* consultation; *(u lekarza)* visit
konsumować [kɔnsu'mɔvatç] *vt* consume
konsumpcja [kɔn'sumptsja] *f* consumption
kontakt ['kɔntakt] *m* **1.** contact; **być w** ~**cie** to be in touch ⟨in contact⟩; **wejść w** ~**t z kimś** to come into contact with sb **2.** *elektr.* contact plug
kontaktować [kɔntak'tɔvatç] **I** *vi* contact **II** *vr* ~ **się** to be in contact ⟨touch⟩; to communicate
konto ['kɔntɔ] *n* account; **numer** ~**a** account number; **stan** ~**a** a statement of account; **otworzyć** ~**o w banku** to open an account with a bank
kontrahent [kɔn'traxɛnt] *m* contracting party
kontrakt ['kɔntrakt] *m* contract, agreement; **strony zawierające** ~ the contract-

ing parties; **zawrzeć** ~ to conclude an agreement

kontrastować [kɔntra'stɔvatɕ] *vt* contrast

kontrola [kɔn'trɔla] *f* control, supervision, check; ~ biletów ticket control; ~ celna customs inspection ⟨examination⟩; ~ dokumentów documents control; ~ drogowa traffic control; ~ graniczna frontier control; ~ **paszportowa** passport control; ~ techniczna technical control; ~ radarowa radar control

kontroler [kɔn'trɔlɛr] *m* controller

kontrolować [kɔntrɔ'lɔvatɕ] *vt* control, check

kontrrewolucja [kɔntrrɛvɔ-'lutsja] *f* counter-revolution

kontrwywiad [kɔntr'vɨvat] *m* counter-espionage

kontuar [kɔn'tuar] *m* counter

kontuzja [kɔn'tuzja] *f* contusion, injury

kontynent [kɔn'tinɛnt] *m* continent, mainland

kontynuować [kɔntinu'ɔvatɕ] *vt* continue, go on, keep (doing sth), carry on

konwalia [kɔn'valja] *f* lily of the valley

konwencja [kɔn'vɛntsja] *f* convention

konwencjonalny [kɔnvɛntsjɔ-'nalnɨ] *adj* conventional

konwersacja [kɔnvɛr'satsja] *f* conversation

konwojent [kɔn'wɔjɛnt] *m* escort

konwojować [kɔnvɔ'jɔvatɕ] *vt* convoy, escort

koń [kɔɲ] *m* 1. horse; ~ gimnastyczny vaulting-horse; ~ mechaniczny horse-power 2. *szach.* knight

końcow|y [kɔɲ'tsɔvɨ] *adj* final; stacja ~a terminus

kończyć ['kɔɲtʃitɕ] I *vt* end, finish, conclude, close; ~ naukę to graduate II *vr* ~ się end, come to an end

kończyna [kɔɲ'tʃɨna] *f* limb, extremity

kooperacja [kɔɔpɛ'ratsja] *f* co-operation

koordynacja [kɔɔrdɨ'natsja] *f* co-ordination

kopa ['kɔpa] *f* stack; ~ siana hayrick, haystack

kopać ['kɔpatɕ] *vt* (ziemię) dig; (piłkę) kick

kopalnia [kɔ'palɲa] *f* mine; ~ węgla coal-mine; ~ soli salt-mine; ~ odkrywkowa opencast mine

koparka [kɔ'parka] *f* excavator

koper ['kɔpɛr] *m* dill

kopert|a [kɔ'pɛrta] *f* envelope; w oddzielnej ~cie under separate cover; ~ta od zegarka watch-case

kopia ¹ ['kɔpja] *f* copy

kopia ² ['kɔpja] *f* (broń) spear

kopnąć ['kɔpnɔ̃tɕ] *vt* kick

koprodukcja [kɔprɔ'duktsja] *f* co-production

kopuła [kɔ'puɰa] *f* cupola, dome

kora ['kɔra] *f* bark

koral ['kɔral] *m* 1. *zool.* coral 2. *pl* ~e (ozdoba) beads

korba ['kɔrba] *f* crank, handle

korbowód [kɔr'bɔvut] *m* connecting rod

korek ['kɔrɛk] *m* cork; (w bucie) heel; *elektr.* fuse; *pot.* (w ruchu ulicznym) traffic-jam

korekta [kɔ'rɛkta] *f* proof

korepetycja [kɔrɛpɛ'titsja] *f* private lesson

korespondencja [kɔrɛspɔn-'dɛntsja] *f* correspondence, mail

korespondent [kɔrɛs'pɔndɛnt] *m* correspondent

korespondować [kɔrɛspɔn'dɔvatɕ] *vi* correspond

korkociąg [kɔr'kɔtɕɔ̃k] *m* corkscrew

korniszon [kɔr'ɲiʃɔn] *m* pickled cucumber

korona [kɔ'rɔna] *f* 1. crown 2. (na zębie) cap

koronka [kɔ'rɔnka] *f* lace
korpus ['kɔrpus] *m* (*tułów*)
trunk, body; ~ dyploma-
tyczny diplomatic corps
kort [kɔrt] *m* *sport.* court
korygować [kɔri'gɔvatɕ] *vt*
correct
korytarz [kɔ'rɨtaʃ] *m* corridor,
lobby
korze|ń ['kɔʒɛɲ] *m* 1. root 2.
pl ~nie (*przyprawy*) spices
korzystać [kɔ'ʒɨstatɕ] *vi* profit
(z czegoś by sth); avail
oneself ⟨take advantage⟩
(z czegoś of sth); (*używać*)
use (z czegoś sth)
korzystn|y [kɔ'ʒɨstnɨ] *adj*
profitable, advantageous;
~e warunki favourable
⟨easy⟩ terms
korzyś|ć ['kɔʒɨɕtɕ] *f* profit,
advantage; benefit; **ciągnąć**
~ci z czegoś to profit by
sth; **odnosić z czegoś** ~ć to
derive profit from sth; to
benefit by sth; **jaka z tego**
~ć? what's the good of
that?; **na czyjąś** ~ć in favour of sb; for sb's benefit
kosa ['kɔsa] *f* scythe
kosiarka [kɔ'ɕarka] *f* mower;
~ do trawników lawn-
-mower
kosić ['kɔɕitɕ] *vt* mow
kosmetyczka [kɔsmɛ'tɨtʃka] *f*
1. (*torebka*) vanity-bag 2.
(*kobieta*) beauty shop
owner
kosmetyczny [kɔsmɛ'tɨtʃnɨ] *adj*
cosmetic; **salon** ~ beauty
shop ⟨parlour⟩
kosmiczny [kɔs'mitʃnɨ] *adj*
cosmic; ~ **statek** space
craft
kosmonauta [kɔsmɔ'nauta] *m*
cosmonaut, spaceman
kosmopolita [kɔsmɔpɔ'ʎita] *m*
cosmopolite
kostium ['kɔstjum] *m* costume; ~ **damski** tailor-made
costume; ~ **kąpielowy** bathing suit

kost|ka ['kɔstka] *f* 1. (*cukru*)
lump; (*lodu*) cube; (*bruko-
wa*) flagstone 2. (do gry)
die 3. (u nogi) ankle; skręcić nogę w ~ce to wrench
one's ankle
kosz [kɔʃ] *m* basket; ~ **do**
śmieci waste-paper basket
koszt [kɔʃt] *m* cost; expense;
~ **własny** prime cost; ~y
podróży travelling expenses;
~em ... at the cost of ...;
po cenie ~u at cost price
kosztorys [kɔʃ'tɔrɨs] *m.* (cost)
estimate
koszt|ować [kɔʃ'tɔvatɕ] I *vi*
cost; **ile to** ~uje? how much
is this?; what does it cost?
II *vt* (*próbować*) taste
kosztowny [kɔʃ'tɔvnɨ] *adj* expensive, costly
koszula [kɔ'ʃula] *f* (*męska*)
shirt; (*damska*) chemise;
(*nocna*) nightgown
koszulka [kɔ'ʃulka] *f* shirt;
~ **gimnastyczna** zephyr; ~
sportowa sports shirt; ~
trykotowa singlet, *am.*
undershirt, T-shirt
koszyk ['kɔʃɨk] *m* basket
koszykówka [kɔʃɨ'kufka] *f*
sport. basket-ball
kościół ['kɔɕtɕuɫ] *m* church
koś|ć [kɔɕtɕ] *m* 1. bone; ~ć
policzkowa cheekbone; ~ć
słoniowa ivory; **złamanie**
~ci bone fracture 2. (do
gry) die
kot [kɔt] *m* cat; *przen.* **kupo-**
wać ~a w worku to buy a
pig in a poke
kotlet ['kɔtlɛt] *m* (*siekany*)
cutlet; (*bity*) chop; ~ **ba-**
rani mutton chop; ~ **cielę-**
cy veal cutlet; ~ **wieprzo-**
wy pork chop
kotlina [kɔt'ʎina] *f* dale, dell,
valley
kotłownia [kɔt'ʊɔvɲa] *f* engine-room
koturny [kɔ'turnɨ] *pl* 1. (*obca-*
sy) buskins 2. (*obuwie*)
wedge-heeled shoes
kotwic|a [kɔt'fitsa] *f* anchor;

podnieść ⟨**zarzucić**⟩ ∼**ę** to
weigh ⟨to cast⟩ anchor
koza [ˈkɔza] *f* goat
kozetka [kɔˈzetka] *f* settee
kozioł [ˈkɔzɔŭ] *m* 1. *zool.*
buck; *przen.* ∼ **ofiarny**
scapegoat 2. (*miejsce woź-
nicy*) box
kożuch [ˈkɔʒux] *m* sheepskin;
(*na mleku*) skin
kółko [ˈkuŭkɔ] *n* 1. circle(t),
wheel; (*do zabawy*) hoop;
∼ **do kluczy** key-ring 2.
(*towarzyskie*) circle
kpi|ć [kpitɕ] *vi* sneer ⟨mock⟩
(**z kogoś** at sb); ∼**ę sobie
z tego!** I don't care a
straw!
kra [kra] *f* floe, floating ice
krab [krap] *m* crab
kraciasty [kraˈtɕastɨ] *adj*
chequered, checked
kradzież [ˈkradʑeʃ] *f* theft;
∼ **z włamaniem** burglary
kraj [kraj] *m* country, land;
∼ **ojczysty** native land;
homeland; ∼**e socjalistyczne** socialist countries; ∼**e
kapitalistyczne** capitalist
countries
kraj|ać [ˈkrajatɕ] *vt* cut; (*pie-
czone mięso*) carve; (*w plastry*) slice; *przen.* **serce mi
się** ∼**e** my heart bleeds
krajobraz [kraˈjɔbras] *m*
landscape
krajowy [kraˈjɔvɨ] *adj* native,
home, inland; **przemysł** ∼
home industry; **zjazd** ∼
national congress
krajoznawstwo [krajɔˈznaf-
stfɔ] *n* touring, sightseeing
kraksa [ˈkraksa] *f* accident,
crash; (*lotnicza*) crashland-
ing
kram [kram] *m* stall, booth;
pot. (*zamieszanie*) mess,
trouble
kran [kran] *m* cock, tap; (*kurek*) faucet; **odkręcić** ⟨**zakręcić**⟩ ∼ **to** turn on ⟨off⟩
a cock ⟨a tap⟩
kraniec [ˈkraɲets] *m* border;

edge; ∼ **miasta** outskirts of
the town
krańcowy [kraɲˈtsɔvɨ] *adj*
extreme
krasnoludek [krasnɔˈludɛk] *m*
brownie
kraść [kraɕtɕ] *vt* steal
krat|a [ˈkrata] *f* grate; bars;
(*drewniana*) lattice; (*deseń*)
chequer; **w** ∼**ę** chequered
krater [ˈkrater] *m* crater
kraul [kraŭl] *m* *sport.* crawl
krawat [ˈkravat] *m* (neck-)tie
krawcowa [krafˈtsɔva] *f*
dressmaker
krawę|dź [ˈkravɛ̃tɕ] *f* edge;
brim; **na** ∼**dzi** on the verge
krawężnik [kraˈvɛ̃ʒnik] *m*
kerb, *am.* curb
krawiec [ˈkravɛts] *m* tailor;
∼ **damski** ladies' tailor
krąg [krɔ̃k] *m* circle, ring,
disk; *przen.* ∼ **przyjaciół**
circle of friends; **w** ∼ all
round
krążek [ˈkrɔ̃ʒɛk] *m* disk, ring;
mech. pulley
krążyć [ˈkrɔ̃ʒɨtɕ] *vi* circulate,
revolve; (*w powietrzu*)
hover
kreda [ˈkreda] *f* chalk
kredens [ˈkredɛns] *m* sideboard, cupboard
kredka [ˈkretka] *f* crayon; ∼
do ust lipstick
kredyt [ˈkredɨt] *m* credit; ∼
długoterminowy long-term
credit; **udziclać** ∼**u** to grant
credit; **na** ∼ in credit
krem [krɛm] *m* 1. (*kosmetyk*)
cream; ∼ **do golenia** shaving cream; ∼ **do opalania**
sun-tan cream; ∼ **do rąk**
hand cream; ∼ **do twarzy**
face-cream; **skin** nourishing
cream; ∼ **nawilżający** deep
moisture cream; ∼ **tłusty**
rich cream 2. *kulin.* custard,
cream; ∼ **czekoladowy** chocolate cream
krematorium [krema'tɔrjum]
n crematory, crematorium
kremowy [krɛˈmɔvɨ] *adj*
cream-coloured

kres [krɛs] *m* end, term, limit; być u ~u wytrzymałości to be at the end of one's tether; *przen.* położyć ~ czemuś to put an end to sth

kreska ['krɛska] *f* (*linia*) line; (*myślnik*) dash

kret [krɛt] *m* mole

kreton ['krɛtɔn] *m* cretonne

krew [krɛf] *f* blood; broczyć krwią to bleed profusely; oddać ~ to give blood; przetoczyć ~ to transfuse blood; zatamować ~ to stanch blood; zbadać ~ to make a blood test; *przen.* rozlew krwi bloodshed; Polak z krwi i kości Polish to the backbone; zachować zimną ~ to keep cool; z zimną krwią in cold blood

krewetka [krɛ'vɛtka] *f* shrimp

krewny ['krɛvnɪ] *adj* relative, relation

kręci|ć ['krɛ̃tɕitɕ] I *vt* 1. turn, twist; ~ć głową to shake one's head; ~ć film to shoot a film; ~ć włosy to curl one's hair; w nosie mnie ~ it tickles my nostrils; *pot.* ~ć nosem na coś to sniff at sth 2. (*oszukiwać*) cheat II *vr* ~ć się turn, whirl; (*o bąku*) spin; (*o włosach*) curl; ~ć się w kółko to turn round and round; ~ mi się w głowie I feel giddy

kręcon|y [krɛ̃'tsɔnɪ] *adj* twisted; ~e schody winding stairs; ~e włosy curly hair

kręgielnia [krɛ̃'ɡɛlɲa] *f* skittle--alley

kręgle ['krɛ̃ɡlɛ] *plt* skittles, ninepins

kręgosłup [krɛ̃'ɡɔsůup] *m* *anat.* backbone, spinal column

krępować [krɛ̃'pɔvatɕ] I *vt* 1. (*wiązać*) bind, tie 2. (*przeszkadzać*) hamper, hinder 3. (*kłopotać*) embarrass II *vr* ~ się feel embarrassed

krępy ['krɛ̃pɪ] *adj* thickset, stocky

kręt|y ['krɛ̃tɪ] *adj* winding, twisting; ~e schody winding stairs

krochmal ['krɔxmal] *m* starch

kroczyć ['krɔtʃitɕ] *vi* stride, walk, pace

krok [krɔk] *m* step, pace; dotrzymać komuś ~u to keep pace with sb; przyspieszyć ⟨zwolnić⟩ ~u to quicken ⟨to slacken⟩ one's pace; ~ za ~iem step by step; na każdym ~u at every step; dwa ~i stąd almost next door, just round the corner; *przen.* ~i wojenne hostilities; poczynić ~i to take steps ⟨measures⟩

krokiety [krɔ'kɛtɪ] *pl* *kulin.* croquettes; ~ z mięsem meat croquettes

krokodyl [krɔ'kɔdɪl] *m* *zool.* crocodile

kromka ['krɔmka] *m* slice

kronika ['krɔɲika] *f* chronicle, annals; ~ filmowa newsreel

kropk|a ['krɔpka] *f* point, dot; (*znak pisarski*) full stop; w ~i spotted; *przen.* stawiać ~ę nad i to dot the i's

kropla ['krɔpla] *f* drop

kroplomierz [krɔ'plɔmɲɛʃ] *m* dropper

kroplówka [krɔ'plufka] *f* drip

krosta ['krɔsta] *f* pimple

krowa ['krɔva] *f* cow

krój [kruj] *m* cut, fashion; kursy kroju cutting courses

król [krul] *m* king; *rel.* Trzej Królowie the Magi; Trzech Króli Epiphany, Twelfth--day

królestwo [kru'lɛstfɔ] *n* kingdom; realm; Zjednoczone Królestwo United Kingdom

królik ['kruʎik] *m* rabbit; *przen.* ~ doświadczalny guinea-pig

królowa [kru'lɔva] *f* queen

krótki ['krutki] *adj* short, brief; pożyczką na ~ ter-

min short-term loan; *elektr.*
~e spięcie short circuit
krótkofalówka [krutkɔfa'luf-ka] *f* short-wave set
krótkometrażowy [krutkɔmɛtra'ʒɔvɪ] *adj* short, short--feature (film)
krótkotrwały [krutkɔ'trfaŭł] *adj* short, short-lived
krótkowidz [krut'kɔvits] *m* short-sighted person; jestem ~em I am short-sighted
krtań [krtaɲ] *f anat.* larynx
kruch|y ['kruxɪ] *adj* fragile, frail; (*o mięsie*) tender; ~e ciasto shortcake
kruk [kruk] *m* raven; *przen.* biały ~ rarity
krupnik ['krupɲik] *m* 1. barley soup 2. (*wódka*) hot mead
kruszec ['kruʃɛts] *m* ore, metal
kruszyć ['kruʃitɕ] I *vt* crush, crumb, grind II *vr* ~ się crumble
krużganek [kruʒ'ganɛk] *m* gallery
krwawić ['krfavitɕ] *vi* bleed
krwiak [krfak] *m med.* haematoma
krwiobieg ['krfɔbɛk] *m* blood circulation
krwiodawca [krfɔ'daftsa] *m* blood-giver, blood-donor
krwotok ['krfɔtɔk] *m* haemorrhage; ~ wewnętrzny internal haemorrhage; ~ z nosa epistaxis, nose bleeding; zatamować ~ to arrest ⟨to check⟩ the haemorrhage
kry|ć [kritɕ] I *vt* 1. (*ukrywać*) hide, conceal 2. (*pokrywać*) cover; ~ć dachem to roof II *vr* ~ć się hide; coś się za tym ~je there is something behind it
kryminaln|y [krɪ́mi'nalnɪ] *adj* criminal; powieść ~a detective story
kryształ ['krɪʃtaŭ] *m* 1. crystal, cut-glass; *pl* ~y (*wy-*

roby) lead crystals 2. (*cukier*) granulated sugar
kryterium [krɪ'tɛrjum] *m* criterion
krytyk|a ['krɪtika] *f* 1. criticism, critique; poniżej wszelkiej ~i beneath criticism 2. (*recenzja*) review
krytykować [krɪti'kɔvatɕ] *vt* criticize; find fault (coś with sth)
kryzys ['krɪzis] *m* crisis; ~ ekonomiczny recession
krzak [kʃak] *m* bush, shrub
krzątać się ['kʃɔtatɕ ɕɛ] *vr* be busy, bustle (koło czegoś about sth)
krzepnąć ['kʃɛpnɔtɕ] *vi* 1. (*o krwi*) coagulate, curdle 2. (*o charakterze*) set
krzesło ['kʃɛsŭɔ] *n* chair; ~ składane camp chair
krzew [kʃɛf] *m* shrub
krztusić się ['kʃtuɕitɕ ɕɛ] *vr* choke, stifle
krzy|czeć ['kʃitʃɛtɕ] *imperf*, ~knąć ['kʃiknɔtɕ] *perf vi* shout, scream, shriek
krzyk [kʃik] *m* cry, shriek, scream; narobić wiele ~u o nic to make much ado about nothing; podnosić ~ to clamour
krzyknąć *zob.* krzyczeć
krzywd|a ['kʃivda] *f* harm, injury, wrong; doznać ~y to suffer injustice; zrobić komuś ~ę to wrong sb; to do wrong to sb; nikomu nie stała się ~a no harm was done; z czyjąś ~ą to sb's prejudice
krzywdzić ['kʃivdʑitɕ] *vt* wrong, harm
krzywić ['kʃivitɕ] I *vt* bend, curve; ~ usta to curve one's lips II *vr* ~ się scowl, frown (na coś at sth); (*grymasić*) make a wry face (na coś at sth)
krzywizna [kʃi'vizna] *f* curvature
krzywo ['kʃivɔ] *adv* awry,

askew; *przen.* (*niechętnie*) disapprovingly

krzyw|y ['kʃivi] *adj* crooked, wry; (*o linii*) curved; *przen.* ~a mina wry mouth

krzyż [kʃiʃ] *m* 1. (*znak*) cross; na ~ crosswise; Czerwony Krzyż Red Cross 2. *anat.* back; *przen.* przetrącić komuś ~ to break sb's back

krzyżować [kʃi'ʒovatɕ] I *vt* (*udaremniać*) thwart; frustrate II *vr* ~ się cross

krzyżówka [kʃi'ʒufka] *f* 1. crossword puzzle 2. (*skrzyżowanie*) crossing, junction

ksiądz [kɕɔts] *m* priest, clergyman

książeczka [kɕɔ'ʒetʃka] *f* booklet; ~ autostopu hitchhiker's book; ~ bankowa bankbook; ~ czekowa cheque book; ~ do nabożeństwa prayer-book; ~ oszczędnościowa savings--bank book; ~ walutowa currency book

książę ['kɕɔʒɛ] *m* duke, prince

książka ['kɕɔʃka] *f* book; ~ telefoniczna (telephone) directory; ~ kucharska cookery ⟨cook⟩ book; ~ adresowa directory; ~ meldunkowa registration book; ~ wozu motor-car (registration) book; ~ życzeń i zażaleń book of suggestions and complaints

księga ['kɕɛga] *f* book, register; (*w buchalterii*) ~ główna ledger; ~ hotelowa hotel (registration) book; ~ pamiątkowa visitors' book

księgarnia [kɕɛ'garɲa] *f* bookshop, bookseller's (shop)

księgować [kɕɛ'govatɕ] *vt* enter, book

księgowość [kɕɛ'govɔɕtɕ] *f* book-keeping

księgozbiór [kɕɛ'gozbur] *m* library, collection of books

księstwo ['kɕɛstfɔ] *n* principality, duchy

księżna ['kɕɛʒna], **księżniczka** [kɕɛʒ'ɲitʃka] *f* duchess, princess

księżyc ['kɕɛʒits] *m* moon; przy świetle ~a by moonlight

kształcić ['kʃtaṷtɕitɕ] I *vt* educate, instruct (w czymś in sth) II *vr* ~ się be educated, study (na nauczyciela, lekarza itd. to be a teacher, a doctor etc.)

kształt [kʃtaṷt] *m* shape, form

kształt|ować [kʃtaṷ'tɔvatɕ] I *vt* form,. shape II *vr* ~ować się shape, form; ceny ~ują się wysoko prices run high

kto [ktɔ] *pron* who; (*w przypadkach zależnych*: *kogo, komu, kim*) whom; ~ inny somebody else; ~ jak ~ , ale on ... he of all people ... ; ~ tam? who is there?; ~ to jest? who is it?; ~ mówi? who is speaking?, who is on the phone?; do kogo? to whom? who(m) do you want to see?

ktokolwiek [ktɔ'kɔlvɛk] *pron* anybody, anyone; ~ bądź whoever

ktoś [ktɔɕ] *pron* somebody, ~ czeka somebody is waiting

którędy [ktu'rɛdi] *adv* which way; ~ do ...? which is the way to ...?

któr|y ['kturi] *pron* who, which, that; ~ego mamy dzisiaj? what is the date today?; ~a godzina? what time is it?; what's the time?; o ~ej godzinie? (at) what time?; do ~ej? till what time?; od ~ej? since what time?

którykolwiek [kturi'kɔlvɛk] *pron* any; whichever, whatever; ~ z nas any of us

któryś ['kturiɕ] *pron* a, some

ku [ku] *praep* towards, to; zdążać ku ... to go in the direction of ...; ku mojemu zdziwieniu to my surprise kubek ['kubɛk] m cúp, mug; goblet

kubeł ['kubɛŭ] m bucket, pail

kucharz ['kuxaʃ] m, kucharka [ku'xarka] f cook

kuchenka [ku'xɛnka] f 1. (wnęka) kitchenette 2. (piec) kitchen stove ⟨range⟩; ∼ gazowa gas-cooker, gas range ⟨stove⟩; ∼ elektryczna electric cooker; ∼ spirytusowa spirit-stove; ∼ turystyczna tourist cooker

kuchnia ['kuxɲa] f 1. kitchen 2. (sposób przyrządzania potraw) cooking, cuisine; dobra ∼ good cooking; ∼ dietetyczna dietetic cooking; ∼ francuska French cuisine; ∼ jarska vegetable ⟨vegetarian⟩ diet 3. (piec) stove, range

kuć [kutɕ] vt 1. forge, hammer; (konia) shoe; przen. ∼ żelazo póki gorące to make hay while the sun shines 2. pot. (uczyć się) cram

kufel ['kufɛl] m (beer-)mug, (beer-)glass

kufer ['kufɛr] m box, chest, trunk

kukiełka [ku'kɛŭka] f puppet

kukułka [ku'kuŭka] f cuckoo

kukurydza [kuku'rɪdza] f maize, am. Indian corn

kul|a ¹ ['kula] f sphere; (ziemska) globe; (pocisk) bullet; (śnieżna) snowball; (do gry) ball; sport. shot; rzut ∼ą shotput

kula ² ['kula] f (proteza) crutch; chodzić o ∼ch to walk with crutches

kulawy [ku'lavɪ] adj lame, limping

kuleć ['kulɛtɕ] vt limp, hobble

kulig ['kuʎik] m sledging cavalcade

kulisa [ku'ʎisa] f teatr. wing, side-scene; za ∼mi behind the scenes

kulisty [ku'ʎistɪ] adj spherical, round

kulkow|y [kul'kɔvɪ] adj pióro ∼e ball-point pen; łożysko ∼e ball bearing

kultur|a [kul'tura] f culture; ∼a fizyczna physical education ⟨culture⟩; ∼a masowa mass culture; ∼a narodowa national culture; brak ∼y lack of manners

kulturalny [kultu'ralnɪ] adj cultural; człowiek ∼ man of culture; refined ⟨well--mannered⟩ person

kunszt [kunʃt] m art

kup|a ['kupa] f heap, pile; składać na ∼ę to heap up; pot. ∼a pieniędzy a lot of money

kupić zob. kupować

kupiec ['kupɛts] m 1. merchant, dealer; (właściciel sklepu) shopkeeper, tradesman, am. store-keeper 2. (nabywca) buyer; (reflektant) prospective buyer

kupno ['kupnɔ] n purchase; okazyjne ∼ bargain

kupon ['kupɔn] m coupon

kup|ować [ku'pɔvatɕ] imperf, ∼ić ['kupitɕ] perf vt buy, purchase; ∼ić drogo ⟨tanio⟩ to buy dear ⟨cheap⟩

kura ['kura] f hen; kulin. chicken

kuracja [ku'ratsja] f cure, treatment; ∼ odchudzająca slimming diet

kuracjusz [ku'ratsjuʃ] m patient, person undergoing a cure

kuracyjn|y [kura'tsɪjnɪ] adj therapeutic, medicinal; miejscowość ∼a health resort

kurcz [kurtʃ] m cramp; spasm; ∼e żołądkowe gripes; gastrospasm; dostać ∼u to be seized with cramp

kurczę ['kurtʃɛ̃] n chicken

kurczyć ['kurtʃɪtɕ] I vt contract, narrow II vr ∼ się shrink, contract

kurek ['kurɛk] m cock; (kran)

tap; (*na wieży*) weather-
-cock
kurier ['kurjɛr] *m* courier;
(*pociąg*) express-train
kuropatwa [kurɔ'patfa] *f zool.*
partridge
kurs [kurs] *m* **1.** course; ~
wymiany pieniędzy rate of
exchange **2.** (*orientacja*)
orientation, tendency **3.**
(*bieg*) course; puszczać w
~ to circulate || uczęszczać
na ~ to attend a course
kursować [kur'sɔvatɕ] *vi* circulate, run; (*o promie, łodzi*) ferry; pociągi ⟨autobu-
sy itp.⟩ kursują co godzinę
there is a train ⟨bus⟩ service every hour
kurtka ['kurtka] *f* jacket; (*od
munduru*) tunic; (*sportowa,
kolorowa*) blazer
kurtyna [kur'tina] *f* curtain
kurz [kuʃ] *m* dust
kurzyć ['kuʒitɕ] **I** *vi* raise
dust **II** *vr* ~ się smoke, get
dusty
kusić ['kuɕitɕ] *vt* tempt
kustosz ['kustɔʃ] *m* custodian,
curator
kuszetka [ku'ʃetka] *f* berth,
couchette
kuśnierz ['kuɕɲɛʃ] *m* furrier
kuter ['kutɛr] *m* cutter
kuzyn ['kuzin] *m* cousin
kuźnia ['kuʒɲa] *f* smithy,
forge
kwadrans ['kfadrans] *m* quarter of an hour; ~ po 9-tej
a quarter past 9; ~ przed
8-mą a quarter to 8; za ~
in a quarter (of an hour)
kwadrat ['kfadrat] *m* square
kwadratowy [kfadra'tɔvi] *adj*
square
kwalifikacj|a [kfaʎifi'katsja] *f*
1. qualification **2.** *pl* ~e
(*uzdolnienie*) capacity
kwalifikować [kfaʎifi'kɔvatɕ]
I *vt* qualify **II** *vr* ~ się
be qualified, qualify (do
czegoś for sth); be fit (do
czegoś for sth)

kwarantanna [kfaran'tanna] *f*
quarantine
kwartał ['kfartaŭ] *m* quarter
kwartet ['kfartɛt] *m* quartet;
~ smyczkowy string quartet
kwas [kfas] *m* acid; ~ borny
boric acid; ~ siarkowy
sulphuric acid; ~ solny hy-
drochloric acid; (*zaczyn*) ~
do ciasta leaven; ~y żołądkowe acidity
kwaśn|y ['kfaɕni] *adj* sour,
acid; ~e mleko sour milk;
przen. ~a mina a long face;
zrobić ~ą minę to pull a
long face; to make a wry
mouth; to scowl; zbić ko-
goś na ~e jabłko to beat
sb black and blue
kwatera [kfa'tɛra] *f* **1.** lodging, accommodation; quar-
ters; ~ prywatna private
quarters, private room;
wolna ~ free room ⟨quar-
ters⟩ **2.** *wojsk.* billet; ~
główna headquarters
kwaterować [kfatɛ'rɔvatɕ] **I** *vt*
billet, lodge **II** *vi* be billet-
ed
kwesti|a ['kfɛstja] *f* question,
matter || nie ulega ~i ...
there is no question ...; to
jest ~a czasu it's a question of time
kwestionariusz [kfɛstjɔ'narjuʃ]
m questionnaire, form; ~
paszportowy passport (application) form; ~ wizowy
visa (application) form; wypełnić ~ to fill in ⟨out⟩ a
form, to complete a form
kwiaciarnia [kɕa'tɕarɲa] *f*
florist's shop
kwiat [kɕat] *m* flower; (*na
drzewach*) blossom; ~y cięte
cut flowers; ~y doniczko-
we pot plants; ~y sztucz-
ne artificial flowers; (*o
wzorze*) w ~y flowered;
przen. w kwiecie wieku in
the prime of life
kwiecień ['kɕetɕɛɲ] *m* April
kwiecisty [kɕe'tɕisti] *adj* flow-

ery; *przen.* ~ styl florid style
kwietnik ['kfetɲik] *m* flower-
-bed
kwit [kfit] *m* receipt; ~ bagażowy check; ~ celny
customs receipt; certificate
of clearance; ~ zastawny
pawn-ticket

kwitnąć ['kfitnɔ̃tɕ] *vi* bloom,
blossom; *przen.* flourish,
prosper
kwitować [kfi'tɔvatɕ] *vt* receipt; ~ odbiór czegoś to
acknowledge the receipt of
sth
kwota ['kfɔta] *f* sum, amount

L

laborant [la'bɔrant] *m* laboratory assistant
laboratorium [labɔra'tɔrjum]
n laboratory
lać [latɕ] I *vt* 1. (*nalewać*)
pour 2. (*odlewać metal*)
cast II *vi* pour; deszcz leje
it rains, it pours III *vr* ~
się flow, stream, gush; pot
leje się z niego he is bathed
in sweat
lada¹ ['lada] *part* any; ~
chwila any moment; ~ dzień
any day
lada² ['lada] *f* (*w sklepie*)
counter; ~ chłodnicza re-
frigerated counter
laguna [la'guna] *f* lagoon
laik ['laik] *m* layman
lak [lak] *m* sealing-wax
lakier ['lakɛr] *m* lacquer; (*do
paznokci*) varnish; nail polish; (*do włosów*) hairspray;
~ samochodowy automo-
tive lacquer
lakierki [la'kɛrki] *pl* patent
leather shoes
lakierować [lakɛ'rɔvatɕ] *vt*
lacquer, varnish; (*włosy*)
spray
lakować [la'kɔvatɕ] *vt* seal
lala ['lala], lalka ['lalka] *f*
doll
laminat [la'minat] *m* lami-
nate, laminated plastic
lamp|a ['lampa] *f* lamp; ~a
elektryczna electric lamp;
~a kwarcowa quartz lamp;
~a naftowa petroleum

lamp; ~a radiowa valve;
~a stojąca ⟨wisząca⟩ standing ⟨hanging, wall⟩ lamp;
zapalić ⟨zgasić⟩ ~ę to
switch on ⟨off⟩ the lamp
lampka ['lampka] *f* (*mała
lampa*) lamp; ~ kontrolna
pilot, tell-tale lamp; ~ ciśnienia oleju oil pressure
warning light; ~ nocna
night-lamp || ~ wina glass
of wine
landrynka [lan'drinka] *f* fruit
drop
lanie ['laɲe] *n* beating, thrashing; sprawić komuś ~ to
give sb a thrashing
lansować [lan'sɔvatɕ] *vt*
launch
laryngolog [larin'gɔlɔk] *m*
laryngologist
las [las] *m* wood, forest
laska ['laska] *f* stick, cane
lat|a ['lata] *plt* years; ile masz
~? how old are you?; on
ma 13 ~ he is 13 (years old);
co dwa ~a every two years;
kilka ~ temu some years
ago; od kilku ~ for several
years; przed ~y years ago
latać ['latatɕ] *vi* 1. fly 2. *pot.*
(*biegać*) run
latarka [la'tarka] *f* lantern;
~ elektryczna electric torch
latarnia [la'tarɲa] *f* lantern;
~ morska lighthouse; ~ u-
liczna lamp-post, street-
-lamp

latawiec [la'tavɛts] *m* kite
lato ['latɔ] *n* summer; **babie**
~ Indian summer; **w lecie**
in summer
latorośl [la'tɔrɔçl] *f* (*winna*)
grape-vine
laureat [lau'rɛat] *m* laureate,
prize-winner
lawa ['lava] *f* lava
lawin|a [la'vina] *f* avalanche;
~a **kamienna** avalanche of
stones; ~a **śnieżna** snow
avalanche; **niebezpieczeń-**
stwo ~ danger of avalanche
lawirować [lavi'rɔvatç] *vi*
tack, veer; *przen.* beat
about
ląd [lɔt] *m* land, earth; ~ **sta-**
ły continent; ~**em i mo-**
rzem by land and sea; **na**
lądzie on land; **wysadzić na**
~ to put ashore; **zejść na**
~ to go ashore
lądować [lɔ'dɔvatç] *vi* (*z mo-*
rza) land; (*z powietrza*)
alight
lądowanie [lɔdɔ'vaɲɛ] *n* landing; **przymusowe** ~ emergency landing
leci|eć ['lɛtçɛtç] *vi* 1. fly 2.
pot. (*biec*) run; *przen.* **jak**
ten czas ~! how time does
fly!
lecz [lɛtʃ] *conj* but
leczeni|e [lɛ'tʃɛɲɛ] *n* treatment;
~**e się** cure; ~**e szpitalne**
hospitalization; hospital
treatment; **poddać się** ~**u**
to undergo a cure ⟨a treat-
ment⟩
lecznica [lɛtʃ'ɲitsa] *f* clinic,
hospital, nursing home
lecznicz|y [lɛtʃ'ɲitʃi] *adj* me-
dicinal, therapeutic; **środki**
~**e** medicines, remedies;
zioła ~**e** medicinal herbs
leczyć ['lɛtʃitç] I *vt* heal, cure,
treat II *vr* ~ **się** undergo
a treatment, be under
treatment; ~ **się u kogoś**
to be treated by sb
ledwie ['lɛdvɛ], ledwo ['lɛdvɔ]
adv hardly, scarcely, barely;
~ **co wyszedł** he has just

gone away; **on** ~ **żyje** he
is hardly alive
legalny [lɛ'galni] *adj* legal
legenda [lɛ'gɛnda] *f* 1. (*opo-*
wieść) legend 2. (*na mone-*
cie) legend ⟨inscription⟩
(on a coin) 3. (*pod ilustracją*
itp.) legend, caption
legitymacja [lɛgiti'matsja] *f*
identity card, identification;
certificate; (*członkowska*)
membership card
legitymować [lɛgiti'mɔvatç] I
vt identify II *vr* ~ **się**
prove one's identity; show
one's papers
legumina [lɛgu'mina] *f* (*deser*)
dessert, sweet (dish)
lejek ['lɛjɛk] *m* funnel
lek [lɛk] *m* medicine, drug,
medicament; remedy; ~ **u-**
niwersalny panaceum
lekarsk|i [lɛ'karski] *adj* me-
dicinal, medical; (*dotyczą-*
cy lekarza) doctor's; **pomoc**
~**a** medical assistance; **wy-**
dział ~**i** faculty of medicine
lekarstwo [lɛ'karstfɔ] *n* medicine, remedy, drug
lekarz ['lɛkaʃ] *m* physician;
~ **dyżurny** doctor on duty;
~ **naczelny** doctor-in-chief
lekceważyć [lɛktsɛ'vaʒitç] *vt*
disrespect, slight, disregard; ~ **niebezpieczeństwo**
to defy ⟨to scorn⟩ danger;
~ **obowiązki** to neglect
one's duties; ~ **przepisy** to
disregard the regulations
lekcj|a ['lɛktsja] *f* lesson; **brać**
~**e** to take lessons; **udzie-**
lać ~**i** to give lessons; **od-**
rabiać ~**e** to do one's lessons
lekk|i ['lɛkki] *adj* light; (*sła-*
by) slight; ~**i sen** light
sleep; *sport.* **waga** ~**a** light-
-weight; *przen.* **z** ~**im ser-**
cem light-heartedly
lekko ['lɛkkɔ] *adv* lightly;
(*nieznacznie*) slightly, somewhat; (*delikatnie*) gently;
(*łatwo*) easily

lekkoatleta [lɛkkɔat'lɛta] *m* (light-weight) athlete

lekkomyślny [lɛkkɔ'miɕlnɨ] *adj* light-minded, careless

lekkostrawny [lɛkkɔ'stravnɨ] *adj* light (dish)

lektura [lɛk'tura] *f* reading; *(coś do czytania)* reading matter

lemoniada [lɛmɔ'ɲada] *f* lemonade

len [lɛn] *m* flax

lenić się ['lɛɲitɕ ɕɛ] *vr* idle, be idle ⟨lazy⟩

leniwy [lɛ'ɲivɨ] *adj* idle, lazy

lep [lɛp] *m* glue; ~ **na muchy** fly-paper

lepić ['lɛpitɕ] I *vt* 1. *(kleić)* glue, stick 2. *(ulepiać)* model, fashion II *vr* ~ **się** stick, be sticky

lepiej ['lɛpɕj] *adv (comp od dobrze)* better; **coraz** ~ better and better; **tym** ~ so much ⟨all⟩ the better; ~ **byś poszedł spać** you had better go to bed; ~ **ci?** do you feel better?; are you better?

lepki ['lɛpki] *adj* sticky, clammy

lepsz|y ['lɛpʃɨ] *adj (comp od dobry)* better; ~**e czasy** better days; **zmiana na** ~**e** change for the better; *przysł.* **kto pierwszy, ten** ~**y** first come first served

leszcz [lɛʃtʃ] *m* bream

leśniczówka [lɛɕɲi'tʃufka] *f* forester's lodge

leśn|y ['lɛɕnɨ] *adj* forest-, wood-; **gospodarstwo** ~**e** forestry

letni ['lɛtɲi] *adj* 1. summer; ~**a sukienka** summer frock; ~**e wakacje** summer holidays 2. *(ciepły)* tepid, lukewarm

letnik ['lɛtɲik] *m* holiday-maker

letnisko [lɛt'ɲiskɔ] *n* summer resort

leukoplast [lɛu'kɔplast] *m*

(przylepiec) sticking-plaster

lew [lɛf] *m* lion

lewar ['lɛvar] *m* lever, jack

lewatywa [lɛva'tɨva] *f* enema

lewica [lɛ'vitsa] *f polit.* the left, left wing

lewicowy [lɛvi'tsɔvɨ] *adj* leftist, of the left wing

leworęczny [lɛvɔ'rɛtʃnɨ] *adj* left-handed

lewostronny [lɛvɔ'strɔnnɨ] *adj* left-hand (side)

lew|y ['lɛvɨ] *adj* left; ~**a strona** *(materiału)* wrong side; *(monety itp.)* reverse; **na** ~**o** on ⟨to⟩ the left; *przen.* illicitly

leżak ['lɛʒak] *m* deck-chair; **wynająć** ~ to hire a. deck--chair

leżakować [lɛʒa'kɔvatɕ] *vi* lie in a deck-chair (in the open air); take an open-air rest cure; *(o winie)* mellow in storage

leżanka [lɛ'ʒanka] *f* couch

leżeć ['lɛʒɛtɕ] *vi* 1. lie; ~ **w łóżku** to stay in bed; to keep one's bed 2. *(o miejscowościach)* be situated; *(o przedmiotach)* be placed 3. *(o sukni, ubraniu)* fit, sit well

lędźwie ['lɛndʑvɛ] *plt* loins

lęk [lɛ̃k] *m* fear, dread; **budzący** ~ awe-inspiring

lękać się ['lɛ̃katɕ ɕɛ] *vr* dread, fear (o **kogoś, o coś** for sb, sth); be afraid (**kogoś, czegoś** of sb, sth)

libacja [ʎi'batsja] *f* drinking bout, revel

liberalny [ʎibɛ'ralnɨ] *adj* liberal

licencj|a [ʎi'tsɛntsja] *f* licence; **na** ~**i** under licence

liceum [ʎi'tsɛum] *n* lyceum; secondary school

lichtarz ['ʎixtaʃ] *m* candlestick

lichy ['ʎixɨ] *adj* poor, shabby, bad

licytacj|a [ʎitsɨ'tatsja] *f* 1. auction; **kupić na** ~**i** to

buy by auction; **wystawić na ~ę** to put up to auction 2. (*w brydżu*) bid, bidding
liczba ['ɦitʃba] *f* number, figure; ~ **porządkowa** ordinal number; ~ **parzysta** even number; ~ **nieparzysta** odd number; *gram.* ~ **pojedyncza** singular (number); ~ **mnoga** plural (number)
liczebnik [ɦi'tʃɛbɲik] *m* numeral
licznik ['ɦitʃɲik] *m* counter, meter; (*w taksówce*) taximeter; fare register; ~ **przebytej odległości** hodometer; ~ **elektryczny** electrometer; ~ **gazowy** gas-meter; **sprawdzić ⟨odczytać⟩ stan ~a** to read the meter
liczny ['ɦitʃni] *adj* numerous
licz|yć ['ɦitʃitɕ] **I** *vt* calculate, count; ~**yć do 20-stu** to count up to 20; ~**yć komuś za dużo** to overcharge sb; ~**ąc od dnia ...** dating from ...; *przen.* ~**yć na kogoś** to depend ⟨to rely, to count⟩ on ⟨upon⟩ sb **II** *vr* ~**yć się** count, reckon; ~**yć się z kimś, czymś** to take sb, sth into consideration; **to się nie ~y** it doesn't count; *przen.* ~**yć się z każdym groszem** to count every penny; **on nie ~y się ze słowami** he does not mince his words
lider ['ɦidɛr] *m* leader
liga ['ɦiga] *f* league; alliance, confederacy
lignina [ɦig'ɲina] *f* lignin
likier ['ɦikɛr] *m* liqueur
likwidować [ɦikfi'dɔvatɕ] *vt* liquidate
lila ['ɦila] *adj* (*o kolorze*) lilac, pale violet
lilia ['ɦiɦja] *f bot.* lily
limit ['ɦimit] *m* limit; ~ **prędkości** speed limit
limuzyna [ɦimu'zina] *f* limousine
lin [ɦin] *m* tench

lina ['ɦina] *f* rope, line, cord; ~ **holownicza** tow-line, towing-line
lini|a ['ɦiɲja] *f* 1. line; ~**a autobusowa ⟨trolejbusowa⟩** bus ⟨trolleybus⟩ line; ~**a lotnicza** airway; ~**e lotnicze** airlines; ~**a kolejowa** railway ⟨*am.* railroad⟩ line; ~**a okrętowa** shipping line; ~**a tramwajowa** tram-line; **na całej ~i** all along the line; **w prostej ~i** in the direct line (**od kogoś** from sb); *pot.* **zachować ~ę** to keep one's figure 2. (*do liniowania*) ruler
liniowiec [ɦiɲ'jɔvɛts] *m* liner; ~ **oceaniczny** ocean liner; ~ **pasażerski** passenger liner
linka ['ɦinka] *f* cord, cable
linoleum [ɦinɔ'lɛum] *n* linoleum
linow|y [ɦi'nɔvi] *adj* rope-; **kolejka ~a** funicular ⟨cable⟩ railway
lipa ['ɦipa] *f bot.* linden; lime-tree; *pot.* humbug
lipiec ['ɦipɛts] *m* July
lis [ɦis] *m* fox
list [ɦist] *m* letter; ~ **ekspresowy** express ⟨special delivery⟩ letter; ~ **lotniczy** air ⟨air-mail⟩ letter; ~ **polecony** registered letter; ~ **przewozowy** bill of lading; ~ **zagraniczny** overseas letter; ~ **zwykły** unregistered letter; ~**y uwierzytelniające** credentials; (*na kopercie*) **z ~ami p. Brown** c/o Mr. Brown; **dostać ~** to get a letter; **napisać ~** to write a letter; **wysłać ~** to post ⟨to mail⟩ a letter; **zaadresować ~** to address a letter; **wrzucić ~ do skrzynki** to drop a letter into a pillar-box
list|a ['ɦista] *f* list, register; ~**a alfabetyczna** alphabetical list; list in alphabetical order; ~**a honorowa** roll of

honour; ~a lokatorów tenants' ⟨lodgers'⟩ list; ~a obecności attendance record; ~a płacy pay-roll; ~a strat (wojennych) casualty list; wciągnąć ⟨zapisać⟩ na ~ę to enter on a list; sporządzić ~ę to make a list; skreślić z ~y to remove from the list; to strike off the list

listonosz [ɟi'stɔnɔʃ] m postman

listopad [ɟi'stɔpat] m November

listownie [ɟi'stɔvɲɛ] adv by letter, in writing

listwa ['ɟistfa] f slat, batten

liszaj ['ɟiʃaj] m herpes, lichen

liść [ɟiɕtɕ] m leaf

litera [ɟi'tɛra] f letter; duża ~ capital letter; mała ~ small letter

literacki [ɟitɛ'ratski] adj literary

literat [ɟi'tɛrat] m man of letters, literary man

literatura [ɟitɛra'tura] f literature, letters; ~ piękna belles-lettres

literować [ɟitɛ'rɔvatɕ] vt spell; ~ nazwisko to spell one's name

litość ['ɟitɔɕtɕ] f mercy, pity; na ~ Boską! for heaven's ⟨God's⟩ sake!

litować się [ɟi'tɔvatɕ ɕɛ̃] vr have pity (nad kimś on sb)

litr [ɟitr] m litre; ćwierć ~a a quarter of a litre; pół ~a half a litre

lizać ['ɟizatɕ] imperf, ~nąć ['ɟiznɔ̃tɕ] perf vt lick

·lizak ['ɟizak] m (cukierek) lollipop; pot. (tarcza ręczna milicjanta) "stop" sign

lnian|y ['lɲani] adj linen; (o włosach) flaxen; płótno ~e linen; siemię ~e linseed

lodołamacz [lɔdɔ'ŭamatʃ] m ice-breaker

lodowaty [lɔdɔ'vati] adj ice-cold, icy

lodowiec [lɔ'dɔvɛts] m glacier

lodowisko [lɔdɔ'viskɔ] n ice field; (sztuczne) skating-rink

lodówka [lɔ'dufka] f refrigerator; am. ice-box, pot. fridge; ~ turystyczna tourist fridge

lod|y ['lɔdi] pl ice-cream; porcja ~ów an ice(-cream)

loggia ['lɔdʑja] f loggia

lojalny [lɔ'jalni] adj loyal

lok [lɔk] m lock, ringlet, curl

lokal ['lɔkal] m place, apartment, spot; ~ rozrywkowy place of entertainment; nocny ~ night-club

lokalny [lɔ'kalni] adj local

lokator [lɔ'katɔr] m lodger, tenant

lokomotywa [lɔkɔmɔ'tiva] f locomotive, engine

lokum ['lɔkum] n (miejsce) room; (pomieszczenie) lodging, living quarters; (nocleg) accommodation

lornetka [lɔr'nɛtka] f field-glasses, binoculars; (teatralna) opera-glass(es)

los [lɔs] m lot, fate, fortune, destiny; ~ na loterię lottery-ticket; pusty ~ blank; ciągnąć ~y to draw lots; kusić ~ to tempt fortune; pozostawić kogoś własnemu ~owi to abandon sb to his fate; na ~ szczęścia at venture; at hazard

losować [lɔ'sɔvatɕ] vt draw lots

lot [lɔt] m flight; numer ~u flight number; rozkład ~ów flights schedule; ~ odwołany flight cancelled; ~ opóźniony flight delayed; widok z ~u ptaka bird's eye view

loteria [lɔ'tɛrja] f lottery

lotnictwo [lɔt'ɲitstfɔ] n aviation; wojsk. Air Force

lotnicz|y [lɔt'nitʃɨ] *adj* **linia ~a** airline; **poczta ~a** air mail; **port ~y** airport
lotnik ['lɔtɲik] *m* aviator, airman
lotnisko [lɔt'ɲiskɔ] *n* aerodrome, airport, airfield; ~ **krajowe** home airport; ~ **międzynarodowe** international airport; ~ **wojskowe** military airport; ~ **zapasowe** alternate airport
loża ['lɔʒa] *f teatr.* box
lód [lut] *m* ice; **napoje z lodu** iced drinks; **zimny jak** ~ ice-cold; *przen.* **zamki na lodzie** castles in the air ⟨in Spain⟩; **mieć pieniędzy jak lodu** to be rolling in money
lśnić [lɕɲitɕ] *vi* shine, glitter, glisten
lub [lup] *conj* or
lubić ['lubitɕ] **I** *vt* like, be fond of, have a liking for; **bardzo** ~ to love (doing sth); **nie** ~ to dislike **II** *vr* ~ **się** like each other ⟨one another⟩
lud [lut] *m* people, folk
ludność ['ludnɔɕtɕ] *f* population
ludny ['ludnɨ] *adj* populous
ludow|y [lu'dɔvɨ] *adj* **1.** popular; **Polska Ludowa** People's Poland **2.** (*wiejski*) rustic; **pieśni ~e** folk songs; **Stronnictwo Ludowe** Peasant Party
ludzie ['ludʑɛ] *plt* people; ~ **pracy** workpeople; ~ **z miasta** townspeople; ~ **ze wsi** country people, country--folk; **przy ludziach** in public
ludzkość ['lutskɔɕtɕ] *f* mankind; (*człowieczeństwo*) humanity
lufa ['lufa] *f* barrel
lufcik ['luftɕik] *m* vent
luka ['luka] *f* gap, break
lukier ['lukɛr] *m* sugar-icing
luksusowy [luksu'sɔvɨ] *adj* luxurious, luxury
lunatyk [lu'natɨk] *m* sleep walker
lura ['lura] *f pot.* slops, swill; (*o herbacie*) cat-lap, husband's tea; (*o napoju*) wish--wash
lurowaty [lurɔ'vatɨ] *adj* wishy-washy
lusterko [lu'stɛrkɔ] *n* looking--glass, pocket-glass; *mot.* ~ **boczne** side mirror; ~ **wsteczne** rearview mirror
lustro ['lustrɔ] *n* looking--glass, mirror
lustrzanka [lu'stʃanka] *f fot.* reflex camera
lutować [lu'tɔvatɕ] *vt* solder
lutownica [lutɔv'ɲitsa] *f* soldering iron ⟨tool⟩
luty ['lutɨ] *m* February
luz [lus] *m* **1.** (*wolne miejsce*) margin; **duży** ~ wide margin **2.** *techn.* play, clearance, backlash; *mot.* neutral gear; *pot.* **chodzić na ~ie** to tick over || ~**em** (*bez opakowania*) loose, in bulk
luźny ['luʑnɨ] *adj* loose, incoherent
lżejszy ['lʒɛjʃɨ] *adj* (*comp od* **lekki**) **1.** lighter **2.** (*łatwiejszy*) easier
lżyć [lʒɨtɕ] *vt* insult; abuse

Ł

łabędź ['ůabɛ̃tɕ] *m* swan
łach [ůax], **łachman** ['ůaxman] *m* rag, tatter
łacina [ůa'tɕina] *f* Latin

ładny ['ůadnɨ] *adj* nice-looking, good-looking, pretty, handsome; (*o pogodzie*) fine, fair; *pot.* (*o pieniądzach*) handsome; (*o sumie pieniędzy*) tidy

ładować [ŭa'dɔvatɕ] *vt* load; (*na statek*) embark

ładowność [ŭa'dɔvnɔɕtɕ] *f* carrying ⟨loading⟩ capacity

ładunek [ŭa'dunɛk] *m* 1. load; (*okrętowy*) cargo, shipload; (*kolejowy*) freight 2. *pot.* (*nabój*) cartridge || ~ elektryczny charge; ~ wybuchowy blast

łagodny [ŭa'gɔdnɪ] *adj* 1. gentle; ~ głos soft voice; ~ klimat mild climate 2. (*o człowieku*) meek

łagodz|ić [ŭa'gɔdʑitɕ] *vt* (*ból, rozpacz itd.*) soothe, relieve; (*gniew*) appease, mitigate; (*różnice*) accommodate; o-koliczności ~ące extenuating circumstances

łajdak ['ŭajdak] *m* villain

łakomy [ŭa'kɔmɪ] *adj* greedy (na coś of sth); *przen.* ~ kąsek tasty morsel ⟨bit⟩

łam|ać ['ŭamatɕ] I *vt* break; crush; (*z trzaskiem*) snap; *przen.* ~ać słowo to break one's word; ~ać przepisy to break ⟨to transgress, to infringe⟩ the regulations; ~ać sobie głowę nad czymś to rack one's brains ⟨to puzzle⟩ about ⟨over⟩ sth; *pot.* ~ie mnie w kościach I feel a pain in my bones II *vr* ~ać się break; (*z trzaskiem*) snap

łamigłówka [ŭami'gŭufka] *f* riddle, puzzle

łańcuch ['ŭaɲtsux] *m* chain; ~ górski mountain-range

łańcuszek [ŭaɲ'tsuʃɛk] *m* little chain; ~ od zegarka watch-chain

łapa ['ŭapa] *f* paw

łapać ['ŭapatɕ] *vi* catch, seize; grab (za coś at sth); *przen.* (*w radio*) pick up; ~ ryby to fish; *przen.* ~ oddech to gasp; ~ kogoś za słowa to catch sb in his words

łapówk|a [ŭa'pufka] *f* bribe; dać ~ę to bribe

łask|a ['ŭaska] *f* favour, grace; prosić o ~ę to ask for mercy ⟨clemency⟩; zdać się na czyjąś ~ę to throw oneself on sb's mercy; żyć z czyjejś ~i to live at sb's expense; w drodze ~i as a favour

łaskaw|y [ŭas'kavɪ] *adj* kind, gracious; bądź ~ to zrobić be so kind as to do it

łatwo palny [ŭatfɔ'palnɪ] *adj* inflammable

łatwowierny [ŭatfɔ'vɛrnɪ] *adj* credulous

łatwy ['ŭatfɪ] *adj* easy; (*o pracy*) light; ~ w obsłudze easy to handle

ław|a ['ŭava] *f* bench; ~a oskarżonych dock; ~a przysięgłych jury; kolega ze szkolnej ~y schoolmate

ławica [ŭa'vitsa] *f* bank; ~ ryb shoal of fish

ławka ['ŭafka] *f* bench; (*w kościele*) pew; ~ szkolna form

łazienka [ŭa'ʑɛnka] *f* bathroom

łaźnia ['ŭaʑɲa] *f* bath; ~ parowa vapour-bath

łącznie ['ŭɔ̃tʃɲɛ] *adv* together; ~ z opakowaniem packing included

łącznoś|ć ['ŭɔ̃tʃnɔɕtɕ] *f* union, communication, contact; *wojsk.* liaison; ~ć radiowa radio communication; służba ~ci signal-service

łącz|yć ['ŭɔ̃tʃitɕ] I *vt* join, unite, link together; connect, associate; ~yć kogoś telefonicznie to put sb through; ~yć w całość integrate; (*w liście*) ~ę wyrazy szacunku very truly yours II *vr* ~yć się join, unite, combine, associate; ~yć się z kimś telefonicznie to get a connection with sb; to reach sb by phone;

telefon nie ~y I can't get the connection; I can't get through

łąka ['ŭɔka] *f* meadow

łeb [ŭɛp] *m* head

łgać [ŭgatç] *vi* lie, tell lies

łkać [ŭkatç] *vi* sob

łodyga [ŭɔ'diga] *f* stalk

łokieć ['ŭɔkɛtç] *m* elbow

łom [ŭɔm] *m* (*pręt*) crowbar

łopata [ŭɔ'pata] *f* spade

łoskot ['ŭɔskɔt] *m* crash, crack

łosoś ['ŭɔsɔç] *m* zool. salmon

łoś [ŭɔç] *m* zool. elk

łowić ['ŭɔvitç] *vt* catch; ~ ryby to fish; ~ na wędkę to angle

łowiectwo [ŭɔ'vɛtstfɔ] *n* hunting

łożysko [ŭɔ'ʒisko] *n* 1. (*koryto*) bed; ~ rzeki river-bed 2. *techn.* bearing; ~ kulkowe ball-bearing

łódka ['ŭutka] *f* (small) boat

łódź [ŭutç] *f* boat; ~ motorowa motor-boat; ~ podwodna submarine; ~ ratunkowa life-boat; ~ rybacka fishing boat

łóżk|o ['ŭuʃkɔ] *n* bed; ~o polowe camp-bed; ~o składane folding bed; trundle-bed; dostawić ~o to add ⟨to put in⟩ an extra bed; kłaść się do ~a to go to bed; (*jako chory*) leżeć w ~u to keep one's bed; słać ~o to make a bed; wstać z ~a to get up ⟨to get out⟩ of bed

łucznictwo [ŭutʃ'ɲitstfɔ] *n* archery

łucznik ['ŭutʃɲik] *m* archer, bowman

łudzić ['ŭudʑitç] I *vt* delude, deceive II *vr* ~ się delude ⟨deceive⟩ oneself

łuk [ŭuk] *m* (*do strzał*) bow; *arch.* (*sklepienie*) arch; *mat.* arc; zatoczyć ~ to describe a circle ⟨a curve⟩, to form a circle

łupież ['ŭupɛʃ] *m* dandruff, scurf

łupina [ŭu'pina] *f* (*kartofla*) peel; (*ziarna*) hull, husk; (*owocu, sera*) rind; (*orzecha*) nutshell

łuska ['ŭuska] *f* (*ryby*) scale; (*naboju*) shell

łuskać ['ŭuskatç] *vt* husk, peel, hull; (*orzechy*) shell

łuszczyć się ['ŭuʃtʃitç çɛ̃] *vr* desquamate, peel ⟨shell⟩ off

łydka ['ŭitka] *f* calf (of the leg)

łyk [ŭik] *m* draught, gulp, sip; duży ~ pull; jednym ~iem at one gulp

łyk|ać ['ŭikatç] *imperf*, ~nąć ['ŭiknɔ̃tç] *perf vt* swallow, gulp

łysieć ['ŭiçɛtç] *vi* grow bald

łysy ['ŭisi] *adj* bald

łyżeczka [ŭi'ʒɛtʃka] *f* (*do herbaty*) tea-spoon; ~ deserowa dessert-spoon; ~ do kawy coffee-spoon

łyżka ['ŭiʃka] *f* spoon; (*pełna*) spoonful; ~ wazowa ladle; ~ do butów shoe-horn

łyżwa ['ŭiʒva] *f* skate; jeździć na ~ch to skate

łyżwiarstwo [ŭiʒ'varstfɔ] *n* skating

łyżwiarz ['ŭiʒvaʃ] *m* skater

łza [ŭza] *f* tear; *przen.* czysty jak ~ clear as crystal; ronić gorzkie łzy shed bitter tears; zalewać się ~mi cry one's eyes out

M

macać ['matsatɕ] *vt* touch,
feel; (*nie patrząc*) fumble
machać ['maxatɕ] *vt* wave (**na
kogoś** to sb; **ręką** one's
hand); **~ na pożegnanie** to
wave farewell; (*o psie*) **~
ogonem** to wag its tail
macica [ma'tɕitsa] *f* *anat.*
uterus || **~ perłowa** mother-
-of-pearl
macierzyński [matɕe'ʒiɲsķi]
adj motherly, maternal
macierzyństwo [matɕe'ʒiɲstfɔ]
n maternity, motherhood;
świadome ~ birth control;
planned parenthood
macocha [ma'tsɔxa] *f* step-
mother
maczać ['matʃatɕ] *vt* dip,
soak; *przen.* **~ w czymś
palce** to have one's finger
in the pie
magazyn [ma'gazin] *m* 1.
store, warehouse; **~ mód**
house of fashion 2. (*czasopismo*) magazine
magazynować [magazi'nɔvatɕ]
vt store, keep in store
magister [ma'ģister] *m* master;
~ filozofii master of arts
(M.A.)
magisterium [maģis'terjum] *n*
master's degree
magistrala [maģi'strala] *f*
arterial road; **~ drogowa**
main thoroughfare; **~ kolejowa** main line, trunk-line
magistrat [ma'ģistrat] *m* (*władza*) municipality; (*budy-
nek*) town-hall
magnes ['magnes] *m* magnet
magnetofon [magne'tɔfɔn] *m*
tape-recorder; **~ kasetowy**
casette recorder; **~ stereo-
foniczny** stereo(phonic) recorder
mahoń ['maxɔɲ] *m* mahogany
maj [maj] *m* May
majaczyć [ma'jatʃitɕ] *vi* rave,
talk deliriously; (*zarysowy-
wać się niewyraźnie*) loom

majątek [ma'jɔtɛk] *m* property, fortune; **~ nieruchomy**
real estate; **~ ruchomy** personal property; **~ ziemski**
estate; **roztrwonić ~** to
waste one's substance; **zrobić ~** to make a fortune
majonez [ma'jɔnɛs] *m* *kulin.*
mayonnaise
major ['majɔr] *m* major; **~
lotnictwa** squadron leader
majster ['majstɛr] *m* master,
foreman, boss
majtki ['majtķi] *plt* drawers;
(*reformy damskie*) knickers;
(*dziecinne lub damskie*)
panties
mak [mak] *m* (*kwiat*) poppy;
(*ziarno*) poppy seed; *przen.*
cicho jak ~iem zasiał you
could hear a pin drop
makaron [ma'karɔn] *m* (*rurki*) macaroni; **~ do zupy**
noodles
makieta [ma'ķeta] *f* model;
dummy
makijaż [ma'ķijaʃ] *m* make-
-up
makler ['makler] *m* *handl.*
broker; **~ giełdowy** stockbroker
makowiec [ma'kɔvɛts] *m*
kulin. poppy-seed cake
makrela [ma'krela] *f* mackerel
maksimum ['maksimum] *n*
maximum; **do ~ to** the
highest limit ⟨degree⟩; **wy-
korzystać coś do ~** to make
the most of sth
maksymalny [maksi'malni]
adj maximum, maximal
malarstwo [ma'larstfɔ] *n*
painting, pictorial art; **~
abstrakcyjne ⟨realistyczne⟩**
abstract ⟨realistic⟩ painting;
~ współczesne modern
painting
malarz ['malaʃ] *m* painter; **~
pokojowy** house painter;
decorator

maleć ['malɛtɕ] *vi* grow small, lessen; decrease

malina [ma'ʃiina] *f* raspberry

malować [ma'lɔvatɕ] I *vt* paint (na zielono itd. green etc.) II *vr* ~ się (*szminkować się*) make up

malowniczy [malɔ'vɲitʃi] *adj* picturesque

mało ['mauɔ] *adv* little, few; mieć ~o czegoś to be ⟨to run⟩ short of sth; o ~o co very nearly; o ~o nie nearly; all but; bez ~a almost; pretty nearly; za ~o too little

małoletni [mauɔ'lɛtɲi] *adj* under age, minor

małolitrażowy [mauɔʃiitra'ʒɔvi] *adj* **samochód** ~ low-capacity car

małorolny [mauɔ'rɔlnɨ] *adj* small farmer's

małpa ['maupa] *f zool.* monkey, ape

mały ['mauɨ] *adj* small, little

małż [mauʃ] *m* mollusc

małżeński [mau'ʒɛnsḳi] *adj* conjugal, matrimonial, marital

małżeństwo [mau'ʒɛnstfɔ] *n* marriage, matrimony; (para) married couple

małżonek [mau'ʒɔnɛk] *m* husband, spouse

małżonka [mau'ʒɔnka] *f* wife, spouse

mama ['mama] *f* mamma, mummy

manatki [ma'natḳi] *plt pot.* traps; goods and chattels; **zwijać** ⟨zwinąć⟩ ~ to pack up one's traps

mandarynka [mandɛ'rinka] *f* mandarin, tangerine

mandat ['mandat] *m* mandate; (grzywna) fine

mandolina [mandɔ'ʃiina] *f* mandoline

manewr ['manɛvr] *m* manoeuvre; *mot.* ~ **wyprzedzania** overtaking manoeuvre

manewrować [manɛ'vrɔvatɕ] *vi* manoeuvre; ~ **pojazdem** to manoeuvre ⟨to handle, to steer⟩ the vehicle

mania ['maɲja] *f* mania, obsession; ~ **wielkości** megalomania

manicure [ma'ɲiḳur] *m* manicure

manicurzystka [maɲiḳu'ʒistka] *f* manicurist

manierka [ma'ɲɛrka] *f* flask, waterbottle; *wojsk.* canteen

manifest [ma'ɲifɛst] *m* manifesto

manifestacja [maɲifɛ'statsja] *f* manifestation, demonstration

manifestować [maɲifɛ'stɔvatɕ] *vi* manifest, demonstrate

manipulować [maɲipu'lɔvatɕ] *vi* manipulate, handle (przy czymś sth); tamper (przy czymś with sth)

mankiet ['mankɛt] *m* cuff; (u koszuli) wristband

manko ['mankɔ] *m* deficit; ~ **kasowe** cash shortage

manna ['manna] *f* semolina

manometr [ma'nɔmɛtr] *m* manometer, pressure gauge

mapla ['mapa] *f* map, chart; ~a **drogowa** road map; ~a **fizyczna** physical map; ~a **morska** nautical chart; ~a **samochodowa** motoring map; ~a **turystyczna** tourist map; **sprawdzić na** ~ie to check on the map

maraton [ma'ratɔn] *m sport.* (the) Marathon

marchew ['marxɛf] *f* carrot

margaryna [marga'rina] *f* margarine, *pot.* marge

margines [mar'ɡinɛs] *m* margin; **uwaga na** ~ie side-note

marihuana [marixu'ana] *f* marihuana, marijuana

marionetkowy [marjɔnɛt'kɔvɨ] *adj* teatr ~ puppet theatre; *przen.* rząd ~ puppet government

marka [1] ['marka] *f* (samocho-

du lub innego towaru)
make; ~ **fabryczna** trade
mark; *przen.* mieć dobrą
markę to have a good
name; to enjoy a good
reputation
marka ² ['marka] *f (pieniądz)*
mark
markiza [mar'ķiza] *f (osłona
od słońca)* awning, markee,
canvas
marksistowski [markçis'tɔfs-
ķi] *adj* Marxist
marksizm ['markçizm] *m*
Marxism
marmolada [marmɔ'lada] *f*
marmalade; jam
marmur ['marmur] *m* marble
marnotrawstwo [marnɔ'traf-
stfɔ] *n* waste, prodigality
marnować [mar'nɔvatç] I *vt*
waste, dissipate II *vr* ~ **się**
waste, run to waste
marny ['marnɨ] *adj* miserable,
meagre, cheap
marsz [marʃ] *m* march; *wojsk.*
~! forward march! || ~
stąd! clear off ⟨out⟩!
marszałek [mar'ʃaŭɛk] *m*
marshal
marszczyć ['marʃtʃitç] I *vt*
wrinkle; ~ **brwi** to knit
one's brows; ~ **czoło** to
frown II *vr* ~ **się** wrinkle,
frown (**na coś** at sth); (*o
tkaninie*) crease, crumple
marszruta [marʃ'ruta] *f* route,
itinerary
martwić ['martfitç] I *vt* vex,
worry, trouble II *vr* ~ **się**
worry (**o coś** about ⟨over⟩
sth), trouble
martwy ['martfɨ] *adj* dead,
lifeless; *przen.* ~ **punkt**
deadlock; ~ **sezon** slack
season
marynarka [marɨ'narka] *f* 1.
(*handlowa*) marine; (*wojenna*) navy 2. (*część ubrania*)
coat; ~ **jednorzędowa** single-breasted coat; ~ **dwu-
rzędowa** double-breasted
coat
marynarz [ma'rɨnaʃ] *m* sailor,

seaman; **zostać** ~**em** to go
to sea
marynata [marɨ'nata] *f* pickle,
marinade
marynować [marɨ'nɔvatç] *vt*
pickle, marinate
marzec ['maʒɛts] *m* March
marzenie [ma'ʒɛɲɛ] *n* dream,
reverie; **piękna jak** ~ as
pretty as a picture
marznąć ['marznɔtç] *vi* freeze,
be ⟨feel⟩ cold
marzyć ['maʒɨtç] *vi* dream (**o
czymś** of sth)
marża ['marʒa] *f* margin
mas|a ['masa] *f* mass, a lot;
~**a ludzi** a lot of people;
~**y pracujące** working mas-
ses, workers
masaż ['masaʃ] *m* massage
masażysta [masa'ʒista] *m*
masseur
masażystka [masa'ʒistka] *f*
masseuse
maselniczka [masɛl'ɲitʃka] *f*
butter-dish
mask|a ['maska] *f* mask; ~
samochodu ⟨**silnika**⟩ bonnet
(of a motor-car), *am.* hood;
przen. **pod** ~**ą** under the
guise (**of**)
maskotka [mas'kɔtka] *f* mascot
maskować [mas'kɔvatç] *vt*
mask, disguise; *wojsk.* camouflage
masł|o ['masŭɔ] *n* butter;
chleb z ~**em** bread and butter; **kostka** ~**a** cake of butter; **porcja** ~**a** a portion of
butter; **smarować** ~**em** to
butter (the bread); to spread
butter (on one's bread);
przen. **idzie jak po maśle** it
goes on swimmingly
masować [ma'sɔvatç] *vt* massage
masowy [ma'sɔvɨ] *adj* mass
maszerować [maʃɛ'rɔvatç] *vi*
march
maszt [maʃt] *m* mast
maszyn|a [ma'ʃina] *f* machine,
engine; ~**a cyfrowa** digital
computer; ~**a do liczenia**

calculating machine; ~a do szycia sewing-machine; ~a do pisania typewriter; pisać na ~ie to type

maszynista [maʃi'ɲista] *m* machinist; (*kolejowy*) engine-driver

maszynistka [maʃi'ɲistka] *f* typist

maszynka [ma'ʃinka] *f*: ~ do golenia safety-razor; (*elektryczna*) electric shaver; ~ do ·gotowania cooker; ~ do kawy coffee maker; percolator; ~ do mięsa (meat) mincing machine, meat mincer; ~ spirytusowa spirit lamp

maszynopis [maʃi'nɔpis] *m* typescript

maść [maçtç] *f* 1. (*lek*) ointment 2. (*kolor*) colour

maślanka [maç'lanka] *f* buttermilk

mat [mat] *m szach.* mate; dać ~a to mate; to checkmate; szach ~! checkmate!

mata ['mata] *f* mat

matematyczny [matɛma'titʃni] *adj* mathematical

matematyka [matɛ'matika] *f* mathematics

materac [ma'tɛrats] *m* mattress; ~ gumowy air-mattress

materi|a [ma'tɛrja] *f* matter

materialista [matɛrja'ʃiista] *m* materialist

materializm [matɛr'jaʃiizm] *m* materialism

materiał [ma'tɛrjaŭ] *m* 1. material; ~ wybuchowy explosive; ~y piśmienne stationery; writing materials; *przen.* on jest dobrym ~em na lekarza he will make a good doctor 2. (*tkanina*) stuff, fabric 3. (*dane*) subject, theme

matka ['matka] *f* mother; ~ chrzestna god-mother

matowy [ma'tɔvi] *adj* dull, mat; (*o szkle*) frosted; (*o farbie*) flat

matura [ma'tura] *f* 1. (*egzamin*) secondary studies examination 2. (*dokument*) secondary school-leaving certificate, *am.* graduation certificate

maturzysta [matu'ʒista] *m* secondary school graduate

mauzoleum [mauzɔ'lɛum] *n* mausoleum

mazać ['mazatç] *vt* smear, daub

mazak ['mazak] *m* flowmaster

mazurek [ma'zurɛk] *m* 1. (*utwór, taniec*) mazurka 2. (*ciasto*) sort of Easter cake

mączny ['mɔtʃni] *adj* (of) flour; mealy

mądry ['mɔdri] *adj* wise, sage, clever

mąka ['mɔka] *f* flour; ~ pszenna ⟨żytnia, kartoflana⟩ wheat ⟨rye, potato⟩ flour

mąż [mɔʃ] *m* husband; nazwisko męża husband's name; pierwszy ⟨drugi⟩ ~ first ⟨second⟩ husband; rodzina męża (her) in-laws; wyjść za ~ to marry; to get married; ~ stanu statesman; ~ zaufania shop-steward

mdleć [mdlɛtç] *vi* faint, swoon away

mdli|ć [mdʃiitç] *vi imp* ~ mnie I feel sick

mdłości ['mdŭɔçtçi] *plt* nausea, sickness; wywoływać ~ to nauseate

mdły [mdŭi] *adj* (*o świetle*) faint; (*o jedzeniu*) insipid, dull

meb|el ['mɛbɛl] *m* piece of furniture; *pl* ~le furniture; ~le składane folding furniture; ~le turystyczne tourist ⟨camp⟩ furniture

meblować [mɛ'blɔvatç] *vt* furnish

mech [mɛx] *m* moss

mechaniczny [mɛxa'nitʃni] *adj* mechanical; (*o odruchu*) automatic

mechanik [mε'xaɲik] *m* mechanic, machinist; **inżynier** ~ mechanical engineer

mechanizacja [mεxaɲi'zatsja] *f* mechanisation

mechanizm [mε'xaɲizm] *m* mechanism, machinery, mechanical device

mecz [mεtʃ] *m* *sport.* match

medal ['mεdal] *m* medal; ~ **brązowy** ⟨**srebrny, złoty**⟩ bronze ⟨silver, gold⟩ medal; ~ **olimpijski** Olympic medal; ~ **pamiątkowy** commemorative medal; *przen.* **odwrotna strona** ~**u** the reverse of the medal

medalion [mε'daljɔn] *m* locket

medalista [mεda'ʃista] *m* medallist

meduza [mε'duza] *f* *zool.* jelly fish

medycyn|a [mεdɨ'tsina] *m* medicine; ~**a sądowa** forensic medicine

medyczny [mε'dɨtʃni] *adj* medical

megafon [mε'gafɔn] *m* loud--speaker, megaphone

meksykański [mεksɨ'kaɲsḳi] *adj* Mexican

melancholia [mεlan'xɔʃja] *f* melancholy

melba ['mεlba] *f* ice-cream "Melba"

meldować [mεl'dɔvatɕ] **I** *vt* report, announce, advise **II** *vr* ~ **się** report oneself; (*w hotelu, urzędzie itp.*) register; check in

meldunek [mεl'dunεk] *m* report, message; (*w urzędzie meldunkowym*) registration; ~ **czasowy** temporary registration; ~ **stały** permanent registration

melodia [mε'lɔdja] *f* melody; air; tune

melon ['mεlɔn] *m* melon

melonik [mε'lɔɲik] *m* bowler, bowler-hat

memoriał [mε'mɔrjaṷ] *m* memorial

menażer [mε'naʒεr] *m* manager

menażka [mε'naʃka] *f* mess tin, dish

mennica [mεn'ɲitsa] *f* mint

menu [mε'nü] *n* menu, bill of fare

met|a ['mεta] *f* goal; *przen.* **na dalszą** ~**ę** in the long run

metal ['mεtal] *m* metal

metalowy [mεta'lɔvɨ] *adj* metal, metallic

meteorologia [mεtεɔrɔ'lɔgja] *f* meteorology

metoda [mε'tɔda] *f* method

metr [mεtr] *m* metre; ~ **kwadratowy** square metre; ~ **sześcienny** cubic metre

metraż ['mεtraʃ] *m* living area; (*powierzchnia*) metric area

metr|o ['mεtrɔ] *n* underground, *pot.* tube; *am.* subway; **stacja** ~**a** underground station

metropolia [mεtrɔ'pɔʃja] *f* metropolis

metryka ['mεtrɨka] *f* certificate; ~ **urodzenia** ⟨**ślubu**⟩ birth ⟨marriage⟩ certificate

mewa ['mεva] *f* sea-gull

męczyć ['mε̃tʃitɕ] **I** *vt* torment, torture; (*wywoływać zmęczenie*) tire, fatigue **II** *vr* ~ **się 1.** (*zadawać sobie trud*) take pains **2.** (*cierpieć*) suffer **3.** (*odczuwać zmęczenie*) get tired

męsk|i ['mε̃sḳi] *adj* male,, masculine, manly; ~**a koszula** man's shirt; ~**a toaleta** men's toilet; ~**i fryzjer** gentleman's hairdresser; ~**i garnitur** man's suit; *gram.* **rodzaj** ~**i** masculine gender; **po** ~**u** (*odważnie*) manfully; (*w sposób właściwy mężczyźnie*) like a man

męstwo ['mε̃stfɔ] *n* bravery, valour

mętny ['mε̃tni] *adj* dull; (*o wodzie*) troubled; (*o kolo-*

rze) obscure; (*o myśli*) vague

mężatka [mɛ̃'ʒatka] *f* married woman

mężczyzn|a [mɛ̃ʃ'tʃizna] *m* man; (*w napisie*) „dla ~" "Gentlemen"

mężny ['mɛ̃ʒnɪ] *adj* brave, valiant

mglisty ['mgʎistɪ] *adj* foggy, misty; *przen.* obscure, vague

mgła [mgŭa] *f* fog, mist

mi *zob.* **ja**

mianować [mʲa'nɔvatɕ] *vt* name, appoint, nominate

mianowicie [mʲanɔ'vʲitɕɛ] *adv* namely

mianownik [mʲa'nɔvɲik] *m* 1. *gram.* nominative 2. *mat.* denominator

miar|a ['mʲara] *f* measure; (*rozmiar*) size; **ubranie na ~ę** suit made to measure; **brać ~ę** to take sb's measure; *przen.* **przebrać ~ę** to overdo; **w ~ę** moderately; **w ~ę potrzeby** in case of need; **w pewnej mierze** to some extent; **żadną ~ą** on no account

miarodajn|y [mʲarɔ'dajnɪ] *adj* authoritative, competent; **czynniki ~e** competent circles

miasteczko [mʲa'stɛtʃkɔ] *n* small town, borough; **wesołe ~** amusement park

miast|o ['mʲastɔ] *n* town, city; **~o stołeczne** capital; **~o portowe** harbour town; **~o uniwersyteckie** university town; **Stare Miasto** Old Town; **idę do ~a** I go to town; **w mieście** in town

miąć się ['mʲɔ̃tɕ ɕɛ̃] *vr* crumple, crease, crush, wrinkle; **mnie się** it creases ⟨crumples⟩; **it gets creased** ⟨crumpled⟩

miąższ [mʲɔ̃ʃ] *m* pulp, flesh

miecz [mʲɛtʃ] *m* sword

mieć [mʲɛtɕ] I *vt* have; **mam to w domu** I've got it at home; **ile masz lat?** how old are you?; **~ chęć (zapalić, mówić itp.)** to feel like (smoking, talking etc.); **~ litość nad kimś** to have pity upon sb; **~ miejsce** to take place; to happen: **~ zamiar** to intend; **~ coś na sobie** to have sth on; *przen.* **co masz do mnie?** what do you hold against me?; **~ coś na celu** to aim at sth; **~ kogoś na oku** to keep an eye on sb; **~ kogoś, czegoś powyżej uszu** to be fed up with sb, sth; **~ kogoś za ...** to take sb for ⟨to consider sb⟩ ...; **za kogo mnie masz?** what do you take me for?; **~ do czynienia z kimś, czymś** to have sth to do with sb, sth; **~ przy sobie pieniądze** to have some money about one; **~ za złe** to take amiss; **on ma przemawiać** he is (going) to speak; he is about to speak II *vr* **~ się** feel; **jak się masz?** how are you?; **mam się dobrze** I am well ⟨all right⟩; *przen.* **~ się na baczności** to be on one's guard; **ma się na deszcz** it looks like rain; **ma się rozumieć!** of course!, sure enough!

miednica [mʲɛd'ɲitsa] *f* 1. wash-basin 2. *anat.* pelvis

miedź [mʲɛtɕ] *f* copper

miejsc|e ['mʲejstsɛ] *n* place; (*do siedzenia*) seat; (*do stania*) room, space; (*położenie*) site; (*posada*) situation, post; **~e do leżenia** (*w pociągu*) couchette; **~e noclegowe** bed, sleeping accomodation; **~e pobytu** (temporary) residence; **~e stałego pobytu** permanent residence; **~e pracy** place of employment; **~e przeznaczenia** destination; **~e urodzenia** birthplace; **~e zbiórki** meeting place; **~e wolne** ⟨zajęte⟩ free ⟨engaged⟩ seat;

zrobić ~e dla kogoś to make room for sb; *(napis na kopercie)* **w ~u** local; **na ~u** on the spot; **na ~a!** take your places ⟨seats⟩!; **nie ma ~!** full up!; *przen.* **czułe ~e** tender spot; **na twoim ~u** if I were you; *(o uwadze)* **nie na ~u** out of place

miejscowość [mɛjs'tsɔvɔçtɕ] *f* place, locality; **~ górska** mountain resort; **~ letniskowa** summer resort; **~ kąpieliskowa** watering-place, spa; **~ nadmorska** seaside-resort; **~ uzdrowiskowa** health-resort

miejscowy [mɛjs'tsɔvɨ] *adj* local

miejscówka [mɛjs'tsufka] *f* reserved seat ticket

miejsk|i ['mɛjskʲi] *adj* municipal, town-, city-; *(o ludności)* urban; **rada ~a** city-council, town-council; **zarząd ~i** municipality

mieli|zna [mɛ'ɕizna] *f* shallow water, shoal; **osiąść na ~źnie** to run aground

mierzeja [mɛ'ʒɛja] *f* spit, sand-bar

mierzyć ['mɛʒɨtɕ] **I** *vt* measure; **~ temperaturę** to take sb's temperature **II** *vi* 1. *(celować)* aim *(do czegoś* at sth) 2. *(przymierzać)* to try on *(ubranie* a dress) **III** *vr* **~ się z kimś** to vie with sb

miesiąc ['mɛɕɔts] *m* month; **miodowy ~** honeymoon; **co ~** every month; **od dziś za ~** a month from today

miesiączka [mɛ'ɕɔtʃka] *f* menstruation

miesięcznik [mɛ'ɕɛ̃tʃɲik] *m* monthly

mieszać ['mɛʃatɕ] **I** *vt* mix; *(np. herbatę)* stir; *(karty)* shuffle **II** *vr* **~ się** 1. mix, get mixed 2. *(wtrącać się)* meddle *(do czegoś* with sth)

3. *(być speszonym)* feel confused

mieszanka [mɛ'ʃanka] *f* 1. mixture, composition, blend; **~ czekoladowa** mixed chocolates 2. *(paliwo)* motor fuel; **~ benzynowa** petrol ⟨gasoline⟩ blend; **~ bogata** ⟨uboga⟩ rich ⟨weak⟩ mixture

mieszany [mɛ'ʃanɨ] *adj* mixed

mieszczanin [mɛʃ'tʃaɲin] *m* townsman; *(przedstawiciel klasy społecznej)* bourgeois

mieszczaństwo [mɛʃ'tʃanstfɔ] *n* middle class, bourgeoisie

mieszka|ć ['mɛʃkatɕ] *vi* live; *(stale)* reside, dwell; **gdzie ~sz?** where do you live?

mieszkalny [mɛʃ'kalnɨ] *adj* habitable; **dom ~** dwelling house; **pokój ~** living room

mieszkanie [mɛʃ'kaɲɛ] *n* flat, lodging, *am.* apartment; *(w hotelu)* accommodation; **przyjąć na ~** to lodge

mieszkaniec [mɛʃ'kaɲɛts] *m* inhabitant; **stały ~** resident

mieszkaniow|y [mɛʃka'ɲɔvɨ] *adj* **spółdzielnia ~a** housing cooperative; **problem ~y** housing problem

mieści|ć ['mɛɕtɕitɕ] **I** *vt* *(w sobie)* comprise, contain, hold **II** *vr* **~ć się** be contained, be comprised; **biuro ~ się w ... ** the office is situated in...

miewa|ć ['mɛvatɕ] **I** *vt* have (sth) from time to time **II** *vr* **~ć się** be *(dobrze* all right, quite well); **jak się pan ~?** how are you?

między ['mɛ̃dzɨ] *praep (dwiema osobami, rzeczami)* between; *(większą ilością)* among, amid; **~ innymi** among others; **~ nami** between ourselves; between you and me

międzymiastow|y [mɛ̃dzimas-'tɔvɨ] *adj* interurban; **rozmowa ~a** trunk call; **~a**

centrala telefoniczna exchange

międzynarodowy [mědzinarɔ-'dɔvi] adj international

międzyplanetarny [mědzipla-nɛ'tarni] adj interplanetary; pojazd ~ spacecraft

miękki ['měkki] adj soft; (o mięsie) tender; przen. (o człowieku) soft-hearted

miękko ['měkkɔ] adv softly; (łagodnie) gently, tenderly; jajko ugotowane na ~ soft--boiled egg

mięknąć ['měknɔtɕ] vi soften, mellow

mięsień ['měɕɛn] m muscle

mięso ['měsɔ] n 1. meat; ~ baranie mutton; ~ cielęce veal; ~ końskie horse-meat; ~ wieprzowe pork; ~ wołowe beef 2. pot. (miekkie części organizmu) flesh; przen. ~ armatnie cannon--fodder

mięta ['měta] f mint

miętow|y [mě'tɔvi] adj peppermint; mint; ~a herbata mint tea; ~e cukierki peppermints; ~y likier créme--de-menthe

mig [mik] m twinkling; ~iem in no time; rozmawiać na ~i to speak by signs

migacz ['migatʃ] m 1. mot. trafficator 2. (do nadawania sygnałów świetlnych) flasher

migać ['migatɕ] imperf, mignąć ['mignɔtɕ] perf vi flash; (świecić światłem przerywanym) flicker

migawka [mi'gafka] f fot. shutter

migawkow|y [migaf'kɔvi] adj fot. zdjęcie ~e snapshot

migdał ['migdaŭ] m 1. almond 2. anat. tonsil

migrena [mi'grɛna] f migraine, sick-headache

mijać ['mijatɕ] imperf, minać ['minɔtɕ] perf I vt pass ⟨go⟩ by II vi (o czasie) pass, fly III vr mijać, mi-

nąć się cross, pass each other; przen. mijać się z prawdą to depart from the truth

mikrob ['mikrɔp] m microbe

mikrofon [mi'krɔfɔn] m microphone

mikroklimat [mikrɔ'kɕimat] m microclimate

mikroskop [mi'krɔskɔp] m microscope

mikser ['miksɛr] m mixer

mila ['mila] f mile

milczeć ['miltʃɛtɕ] vi be silent, keep silent; ~! silence!; be quiet!

milczenie [mil'tʃɛnɛ] n silence; pominąć ~m to pass over in silence

mile ['milɛ] adv agreeably; ~ kogoś wspominać to have a pleasant memory of sb; ~ widziany welcome

miliard ['miliɕart] m milliard; am. billion

milicja [mi'ɕitsja] f militia

milicjant [mi'ɕitsjant] m militiaman

milimetr [mi'ɕimɛtr] m millimetre

milion ['miɕiɔn] m million

militarny [miɕi'tarni] adj military

militaryzm [miɕi'tarizm] m militarism

militaryzować [miɕiitari'zɔvatɕ] vt militarise

milknąć ['milknɔtɕ] vi fall silent, become quiet; (o muzyce) die away

miło ['miŭɔ] adv agreeably

miłosny [mi'ŭɔsni] adj love; (o wierszach) amatory; list ~ love letter

miłość ['miŭɔɕtɕ] f love; ~ własna self-esteem; na ~ Boska! for goodness' sake!

miłośnik [mi'ŭɔɕnik] m amateur, lover

miły ['miŭi] adj agreeable, pleasant, gentle; mój ~ my darling

mimo ['mimɔ] praep in spite of, despite; ~ woli involuntarily; ~ wszystko after all

mimochodem [m̆imɔ'xodɛm] *adv* by the way

mimowolny [m̆imɔ'vɔlnɨ] *adj* involuntary

min|a ¹ ['m̆ina] *f (wyraz twarzy)* air, countenance; robić ~y to make ⟨to pull⟩ faces

mina ² ['m̆ina] *f wojsk.* mine

minąć zob. **mijać**

mineralny [m̆inɛ'ralnɨ] *adj* mineral

mini- ['m̆iɲi-] *praef* mini; ~ -spódniczka mini skirt

miniatura [m̆iɲa'tura] *f* miniature

minimalny [m̆iɲi'malnɨ] *adj* minimal, minimum

minimum ['m̆iɲimum] *n* minimum; zredukować do ~ to reduce sth to a minimum

minister [m̆i'ɲister] *m* minister; *am.* Secretary; były ~ ex-minister; ~ bez teki minister without portfolio

ministerstwo [m̆iɲi'sterstfɔ] *n* ministry; ~ Handlu Zagranicznego Ministry of Foreign Trade; ~ Zdrowia i Opieki Społecznej Ministry of Health and Social Welfare; ~ Oświaty Board of Education; ~ Spraw Wewnętrznych Home Office; ~ Spraw Zagranicznych Foreign Office

minus ['m̆inus] *m* minus; plus ~ more or less; plusy i ~y advantages and disadvantages; the cons and pros

minuta [m̆i'nuta] *f* minute

miotacz ['m̆ɔtatʃ] *m sport.* thrower

miotła ['m̆ɔtwa] *f* broom

miód [m̆ut] *m* honey; *(pitny)* mead

misja ['m̆isja] *f* mission; ~ kulturalna cultural mission

miska ['m̆iska] *f* bowl, dish, pan; *mot.* ~ olejowa oil sump

mistrz [m̆istʃ] *m* master; *sport.* champion

mistrzostwo [m̆i'stʃɔstfɔ] *n* mastery; *sport.* championship

miś [m̆iɕ] *m* 1. *(niedźwiedź)* bear 2. *(zabawka)* Teddy bear

mit [m̆it] *m* myth

mizeria [m̆i'zɛrja] *f* cucumber salad

mizerny [m̆i'zɛrnɨ] *adj* meagre, wan; *(nędzny)* poor

mknąć [mknɔ̃tɕ] *vi* flit

mleczarnia [mlɛ'tʃarɲa] *f* dairy

mleczarz ['mlɛtʃaʃ] *m* dairyman, milkman

mleczn|y ['mlɛtʃnɨ] *adj* milky, milk; bar ~y milk-bar; ~y brat foster-brother; ~y ząb milk-tooth; ~e szkło milk-glass, frosted glass; *astr.* Mleczna Droga Milky Way

mleć [mlɛtɕ] *vt* grind; *(mięso)* mince

mleko ['mlɛkɔ] *n* milk; ~ pełne full-cream milk; ~ w proszku powdered milk; ~ zsiadłe sour milk

młodość ['mwɔdɔɕtɕ] *f* youth

młodszy ['mwɔtʃɨ] *adj* younger; ~ brat younger brother

młod|y ['mwɔdɨ] *adj* young; ~e kartofle new potatoes; pan ~y bridegroom; panna ~a bride

młodzieniec [mwɔ'dʑɛɲɛts] *m* young man, youth

młodzież ['mwɔdʑɛʃ] *f* youth; *(młodzi ludzie)* young people

młot [mwɔt] *m* hammer; *sport.* rzut ~em throwing the hammer

młotek ['mwɔtɛk] *m* hammer

młócić ['mwutɕitɕ] *vt* thresh, thrash

młyn [mwɨn] *m* mill

młynek ['mwɨnɛk] *m* hand-mill; ~ do kawy coffee-mill; *(elektryczny)* coffee-grinder

mniej [mɲɛj] *adv* less, fewer; coraz ~ less and less; fewer and fewer; im ~,

tym lepiej the less the better; ~ **więcej** more or less; **ni** ~, **ni więcej** ... nothing less than ...

mniejszość ['mɲejʃɔçtç] *f* minority

mniejsz|y ['mɲejʃi] *adj* smaller, less, minor; ~a **o to!** never mind!

mnożyć ['mnɔʒitç] I *vt* multiply II *vr* ~ **się** multiply, increase

mnóstwo ['mnustfɔ] *n* multitude, plenty, a lot

mobilizacja [mɔbiʎi'zatsja] *f* mobilization

moc [mɔts] *f* power, might; force, strength; *mot.* ~ **silnika** engine power; *przen.* ~ **ludzi** a lot of people; **nabierać** ~**y prawnej** to come to legal force; to be valid; **zrobię wszystko, co w mojej** ~**y** I'll do all in my power; I'll do my best; **na** ~**y** by virtue of; on the strength of

mocarstwo [mɔ'tsarstfɔ] *n* (great) power

mocno ['mɔtsnɔ] *adv* firmly, fast; ~ **spać** to sleep fast; **trzymać** ~ to hold tight

mocny ['mɔtsni] *adj* strong, firm; (o *śnie*) sound; *przen.* ~ **w matematyce** good at mathematics

mocować się [mɔ'tsɔvatç çɛ̃] *vr* wrestle, struggle

mocz [mɔtʃ] *m* urine

moczyć ['mɔtʃitç] I *vt* wet, drench II *vr* ~ **się soak**, get wet

mod|a ['mɔda] *f* fashion; **ostatni krzyk** ~**y** the latest fashion; **rewia** ~**y** fashion show; **być w modzie** to be in fashion ⟨in vogue⟩; **wejść w** ~**ę** to come into fashion; **wyjść z** ~**y** to go out of fashion

model ['mɔdɛl] *m* model, pattern

modelka [mɔ'dɛlka] *f* model, mannequin

modlitwa [mɔd'ʃitfa] *f* prayer

modny ['mɔdni] *adj* fashionable, in vogue

mogiła [mɔ'ɡiua] *f* tomb, grave; ~ **zbiorowa** common grave

moher ['mɔxɛr] *m* mohair

mokasyny [mɔka'sini] *pl* moccasins

moknąć ['mɔknɔ̃tç] *vi* get wet

mokry ['mɔkri] *adj* wet, moist

molo ['mɔlɔ] *n* jetty, pier

moment ['mɔmɛnt] *m* moment

momentalny [mɔmɛn'talni] *adj* instantaneous, instant

monarchia [mɔ'narxja] *f* monarchy

moneta [mɔ'nɛta] *f* coin; **drobna** ~ small coin; *przen.* **brzęcząca** ~ hard cash

monitor [mɔ'ɲitɔr] *m* monitor; ~ **kontrolny** monitor counter

monogram [mɔ'nɔgram] *m* monogram, cipher

monolog [mɔ'nɔlɔk] *m* soliloquy

monopol [mɔ'nɔpɔl] *m* monopoly

montaż ['mɔntaʃ] *m* mounting, fitting up, assembly

monter ['mɔntɛr] *m* fitter, mechanic

montować [mɔn'tɔvatç] *vt* mount, fit up, assemble

moralność [mɔ'ralnɔçtç] *f* morality

moralny [mɔ'ralni] *adj* moral

morderstwo [mɔr'dɛrstfɔ] *n* murder, assassination

mordować [mɔr'dɔvatç] I *vt* murder, assassinate II *vr* ~ **się** (*trudzić się*) toil, drudge

morela [mɔ'rɛla] *f* apricot

morfina [mɔr'fina] *f* morphine, morphia

morsk|i ['mɔrski] *adj* maritime, naval; **choroba** ~a sea-sickness; **kąpiel** ~a sea bath; **podróż** ~a voyage; **szkoła** ~a school of navigation; **woda** ~a salt water; **drogą** ~ą by sea morze ['mɔʒɛ] *n* sea; pełne ~ the high seas; jechać nad ~ to go to the seaside; ~m by sea; nad ~m at the seaside; na morzu at sea

moskitiera [mɔskʲi'tjɛra] *f* mosquito-net

most [mɔst] *m* bridge; ~ kolejowy railway bridge; ~ wiszący suspension bridge; ~ zwodzony draw-bridge; *przen.* spalić za sobą ~y to burn one's boats

motel ['mɔtɛl] *m* motel

motocykl [mɔ'tɔtsɨkl] *m* motor-cycle

motocyklista [mɔtɔtsɨ'kʎista] *m* motor-cyclist

motor ['mɔtɔr] *m* motor, engine

motorniczy [mɔtɔr'ɲitʃɨ] *m* tram driver, motor man

motorower [mɔtɔ'rɔvɛr] *m* motor-bicycle, motor-bike

motorówka [mɔtɔ'rufka] *f* motor-boat

motoryzacja [mɔtɔrɨ'zatsja] *f* motorization, mechanization

motyl ['mɔtɨl] *m* butterfly

mow|a ['mɔva] *f* 1. language; ~a ojczysta mother-tongue; o czym ~a? what are you talking about?; nie ma o tym ~y it's out of question 2. (*przemówienie*) speech; wygłaszać ~ę to deliver a speech

mozaika [mɔ'zaika] *f* mosaic

może ['mɔʒɛ] *adv* maybe, perhaps; a ~ byśmy się przeszli? what about taking a walk?; ~ byś zamknął drzwi? would you mind closing the door?

możliwy [mɔʒ'ʎivɨ] *adj* possible

można ['mɔʒna] *v imp* it is possible; one can; czy ~? may I?; jeśli ~ if possible; jak ~ najlepiej as well as possible

możnoś|ć ['mɔʒnɔçtç] *f* possibility, chance; w miarę ~ci as far as possible

móc [muts] *vi* may, can, be able; czy mogę zapalić? may I smoke?; która może być godzina? what time can it be?; robię, co mogę I do my best

mój [muj] *pron* (moja, moje; *pl* moi, moje) my, mine; jeden z moich przyjaciół a friend of mine; moja rodzina my folks

mól [mul] *m* moth; *przen.* ~ książkowy bookworm

mówca ['muftsa] *m* orator, speaker

mówi|ć ['muvitç] *vt vi* speak (o czymś of ⟨about⟩ sth); talk (z kimś with sb); tell, say; ~ć głupstwa to talk nonsense; ~ć po angielsku to speak English; nie ~ąc już o ... let alone; not to mention; to say nothing of ...; ogólnie ~ąc generally speaking; to nic nie ~ it conveys nothing; (*zwrot grzecznościowy*) nie ma o czym ~ć! don't mention it!

mózg [musk] *m* brain; wstrząs ~u cerebral concussion

móżdżek ['muʒdʒɛk] *m kulin.* brains

mrok [mrɔk] *m* gloom, dusk

mrowisko [mrɔ'viskɔ] *n* ant-hill

mrożonki [mrɔ'ʒɔnkʲi] *pl* congealed meat ⟨fruit, vegetables⟩

mrówka ['mrufka] *f* ant

mróz [mrus] *m* frost; ~ bierze, jest ~ it freezes; dwa stopnie mrozu two degrees of frost

mrug|ać ['mrugatç] *imperf,* ~nąć ['mrugnɔtç] *perf vi* twinkle, blink, wink (na kogoś at sb)

mrużyć ['mruʒɨtç] *vt* ~ oczy to blink

msz|a [mʃa] *f* mass; odprawiać ~ę to say mass

mścić [mçtçitç] I *vt* avenge II

vr ~ **się** take revenge, revenge oneself
mucha ['muxa] *f* fly
Mulat ['mulat] *m*, **Mulatka** [mu'latka] *f* mulatto
muł¹ [muů] *m zool.* mule
muł² [muů] *m* mud, slime
mumia ['mumja] *f* mummy
mundur ['mundur] *m* uniform, dress; ~ **galowy** gala dress; ~ **polowy** battle dress
mur [mur] *m* wall
murarz ['muraʃ] *m* bricklayer, mason
murować [mu'rɔvatɕ] *vt* lay bricks, build in bricks ⟨in stone⟩
murowan|y [murɔ'vani] *adj* brick (wall etc.); **dom** ~**y** brick house; *pot.* ~**e** dead sure ⟨certain⟩
Murzyn ['muʒɨn] *m* Negro
Murzynka [mu'ʒɨnka] *f* Negress, Negro woman
mus [mus] *m kulin.* mousse, whipped cream; ~ **owocowy** fruit mousse
musieć ['muɕɛtɕ] *vi* must, be obliged; **muszę to zrobić** I must ⟨I have to⟩ do it; I am obliged ⟨I've got⟩ to do it; **nie musisz** you don't have to; you need not; **czy muszę to zrobić?** need I do it?
muskularny [musku'larni] *adj* muscular
muskuł ['muskuů] *m* muscle
musujący [musu'jɔtsi] *adj* effervescent, sparkling, bubbling
muszla ['muʃla] *f* shell; ~ **klozetowa** water-closet bowl
musztarda [muʃ'tarda] *f* mustard
muzeum [mu'zɛum] *n* museum
muzyczn|y [mu'zɨtʃni] *adj* musical; **szkoła** ~**a** school of music
muzyk ['muzɨk] *m* musician
muzyka ['muzɨka] *f* music

my [mɨ] *pron* we; *w przypadkach zależnych:* **nas, nam, nami** us
myć [mɨtɕ] I *vt* wash; ~ **naczynia** to wash up (dishes) II *vr* ~ **się** wash oneself
mydelniczka [mɨdɛl'ɲitʃka] *f* soap-dish
mydło ['mɨdůɔ] *n* soap; ~ **do golenia** shaving soap ⟨stick⟩; ~ **toaletowe** toilet soap
myjnia ['mɨjɲa] *f* ~ **samochodów** car-wash
myli|ć ['mɨɲitɕ] I *vt* mislead, deceive; **jeśli mnie pamięć nie** ~ if my memory doesn't fail me II *vr* ~**ć się** be mistaken, make mistakes, err, be wrong; **mogę się** ~**ć** I may be wrong
mylny ['mɨlni] *adj* wrong, erroneous
mysz [mɨʃ] *f* mouse
myśl [mɨɕl] *f* thought, idea; **to dobra** ~! that's a bright idea!; *przen.* **być dobrej** ~**i** to be of good cheer; **mieć na** ~**i** to have in mind; to mean; **przychodzi mi na** ~ it occurs to me; **wpaść na** ~ to hit upon an idea
myśl|eć ['mɨɕlɛtɕ] *vi* 1. think (**o kimś, czymś** of ⟨about⟩ sb, sth); ~**eć źle o kimś** to think evil of sb; **mówię, co** ~**ę** I mean what I say; **co o tym** ~**isz?** how does it strike you?; ~**ę, że tak** I think so 2. (*zamierzać*) mean
myślistwo [mɨ'ɕɦistfɔ] *n* hunting, shooting
myśliwsk|i [mɨ'ɕɦifski] *adj* hunting-, shooting-; **karta** ~**a** hunting ⟨game⟩ licence; **pies** ~**i** hunting dog; **tereny** ~**ie** hunting-grounds; **torba** ~**a** game-bag
myśliwy [mɨ'ɕɦivi] *m* hunter, huntsman
mżawka ['mʒafka] *f* drizzle
mżyć [mʒɨtɕ] *vi* drizzle

N

na [na] *praep* on, upon; at; by; for; in; **na lewo** on the left; **na rogu** at the corner; **na stole** on the table; **na ulicy** in the street; **na całym świecie** all over the world; **na chwilę** for a moment; **na czarno** in black; **na miarę** by measure; **na morzu i na lądzie** at sea and on land; **na mój koszt** at my expense; **na pamięć** by heart; **na pierwszy rzut oka** at first sight; **na piśmie** in writing; **na początek** at the beginning; **na sprzedaż** for sale; **na wiosnę** in the spring; **na zawsze** for ever; **jeden na stu** ⟨sto⟩ one in a hundred; **raz na dzień** once a day; **chodzić na prawo** ⟨medycynę itp.⟩ to study law ⟨medicine etc.⟩; **chodzić na wykłady** to attend the lectures; **chorować na grypę** to be ill with flu; **grać na pianinie** to play the piano; **iść na obiad** to go to dinner; **iść na spacer** to go for a walk; **kupować na wagę** to buy by the weight; **co ty na to?** what do you say to it?
nabiał [ˈnabaṷ] *m* dairy-goods, dairy-products
nab|ierać [naˈbɛratɕ] *imperf*, ~rać [ˈnabratɕ] *perf vt* 1. (*zaczerpnąć*) take; ~ierać, ~rać **benzyny** to fill up (the tank with petrol); ~ierać, ~rać **sobie czegoś** (*do jedzenia*) to help oneself to sth; *przen.* ~ierać, ~rać **odwagi** to take courage; ~ierać, ~rać **przekonania** to become convinced; (*o chorym*) ~ierać, ~rać **sił** to gather strength; ~ierać, ~rać **złych zwyczajów** to take to bad habits || ~ierać, ~rać **szybkości** to gather

speed 2. *pot.* (*okłamywać*) pull sb's leg 3. *pot.* (*oszukiwać*) take in; cheat
nabity [naˈbiti] *adj* (*o pistolecie*) charged, loaded; (*pełny*) crowded, overcrowded; ~ **po brzegi** full to the brim
nabożeństw|o [naboˈʒɛɲstfɔ] *n* (divine) service; **książ(ecz)ka do** ~a prayer-book
nabój [ˈnabuj] *m* (*strzelby*) cartridge; **ślepy** ~ blank cartridge
nabrać *zob.* **nabierać**
nabrzeże [naˈbʒɛʒɛ] *n* wharf, jetty, landing-pier
nabrzmiały [naˈbʒmjaṷi] *adj* swollen
nabyć *zob.* **nabywać**
nabytek [naˈbitɛk] *m* purchase, acquisition
naby|wać [naˈbivatɕ] *imperf*, ~ć [ˈnabitɕ] *perf vt* (*kupować*) purchase; (*wiedzę, bogactwo itp.*) acquire
nabywca [naˈbiftsa] *m* purchaser, buyer
nachyl|ać [naˈxilatɕ] *imperf*, ~ić [naˈxiɲitɕ] *perf I vt* bend, bow, incline *II vr* ~ać, ~ić **się** stoop, lean forward, bow
naciąg|ać [naˈtɕõgatɕ] *imperf*, ~nąć [naˈtɕõgnɔ̃tɕ] *perf I vt* stretch, strain; (*łuk*) bend; *pot.* ~ać, ~nąć **kogoś** to take sb in *II vi* (*o herbacie*) draw
nacierać [naˈtɕɛratɕ] *imperf*, natrzeć [ˈnatʃɛtɕ] *perf I vt* rub *II vi* attack (**na kogoś** sb)
nacisk [ˈnatɕisk] *m* pressure; *przen.* **kłaść** ~ to stress; to emphasize; **wywierać** ~ to urge; to press
nacis|kać [naˈtɕiskatɕ] *imperf*, ~nąć [naˈtɕisnɔ̃tɕ] *perf vt* press (**na coś** sth, upon sth); *mot.* ~nąć **hamulec** to apply the brake; ~nąć **sprzęgło**

to let in the clutch; ~nąć
pedał gazu to push one's
foot down on the accelerator
nacjonalista [natsjona'fiista] m
nationalist
nacjonalizować [natsjonafii'zo-
vatç] vt nationalize
na czczo ['natʃtʃɔ] adv on an
empty stomach
na czele [na'tʃɛlɛ] adv at the
front ⟨head⟩ (of), in command (of); delegacja z pre-
mierem ~ delegation head-
ed by the Prime Minister;
stać ~ to head
naczelnik [na'tʃɛlɲik] m head,
chief, manager; ~ stacji
station-master
naczelny [na'tʃɛlnɨ] adj chief,
supreme; ~ dyrektor gen-
eral manager; ~ wódz com-
mander-in-chief
naczepa [na'tʃɛpa] f mot. se-
mitrailer, articulated trailer
naczyni|e [na'tʃiɲɛ] n vessel;
~a gliniane earthenware,
pottery; ~a kuchenne kitch-
en utensils; dishes; myć
~a to wash up; anat. ~a
krwionośne blood-vessels
nad [nat] praep above, over,
on, upon; ~ głową over the
head; ~ morzem at the
seaside; ~ rzeką on the
river bank || mieć litość ~
kimś to have ⟨take⟩ pity
on sb
nadać zob. nadawać
nadajnik [na'dajɲik] m (broadcast) transmitter, sender
nadal ['nadal] adv still; ~ coś
robić to continue to do sth;
to keep doing sth
nadaremnie [nada'rɛmɲɛ] adv
in vain
nadarz|yć się [na'daʒitç çɛ̃]
vr occur, present oneself;
okazja się ~a an occasion
arises ⟨presents itself⟩
nada|wać [na'davatç] imperf,
~ć ['nadatç] perf I vt 1.
(przywileje, prawa itp.) bestow, confer, grant 2. (na

poczcie) post, dispatch;
~wać bagaż to register
one's luggage 3. (przez radio) broadcast; (przez tele-
wizję) televise II vr ~wać
się fit, suit
nadawca [na'daftsa] m
sender, consigner
nadąć zob. nadymać
nadąż|ać [na'dɔ̃ʒatç] imperf,
~yć [na'dɔ̃ʒitç] perf vi keep
pace (za kimś with sb); nie
~ać to lag behind
nadbudowa [nadbu'dɔva] f
superstructure
nadbudować [nadbu'dɔvatç] vt
raise a structure (above
sth); build on
nad|chodzić [nat'xɔdʑitç] im-
perf, ~ejść ['nadɛjçtç] perf
vi approach, come, arrive;
noc ~chodzi night is falling;
~szedł pociąg the train is
in ⟨arrived⟩
nadciąg|ać [nat'tçɔ̃gatç] imperf,
~nąć [nat'tçɔ̃gnɔ̃tç] perf vi
draw near, approach
nadciśnienie [nattçiç'ɲɛɲɛ] n
med. hypertension
nadejść zob. nadchodzić
nadepnąć [na'dɛpnɔ̃tç] vt
tread, step (na coś on sth)
nade wszystko [nadɛ'fʃistkɔ]
adv above all
nadje|chać [nad'jɛxatç] perf,
~żdżać [nad'jɛʒdʒatç] imperf
vi arrive, come driving
nadl|atywać [nadla'tɨvatç] im-
perf, ~ecieć [nad'lɛtçɛtç]
perf vt arrive, come flying
nadliczbow|y [nadfiitʃ'bɔvɨ]
adj overtime, supernumer-
ary; godziny ~e overtime
⟨hours⟩
nadmierny [nad'mɛrnɨ] adj
excessive; (o cenie) exorbitant, unreasonable
nadmorski [nad'mɔrskɨ] adj
maritime, coastal, sea-side
nadmuchać [na'dmuxatç] vt
inflate, blow (coś powie-
trzem air into sth); ~ materac to inflate ⟨to blow⟩
a mattress

nadprogramow|y [nadprogra-'mɔvi] adj extra, overtime; praca ~a overtime work

nadr|abiać [nad'raɓatç] imperf, ~obić [nad'rɔɓitç] perf vt make up (coś for sth); ~abiać, ~obić stracony czas to make up for lost time; przen. ~abiać miną to put a good face on a bad business; to make the best of a bad bargain

nadruk ['nadruk] m (na obwolucie itp.) surprint; (na papierze listowym) letterhead; (na znaczku) overprint, surcharge

nadrzędny [nad'ʒẽdni] adj superior, higher

nadto ['nattɔ] adv (ponadto) moreover, besides ‖ aż ~ more than enough

nadużycie [nadu'ʒitçɛ] n abuse, misuse, wrong-doing; (w jedzeniu) excess; (finansowe) malversation; prawn. ~ zaufania malpractice

naduży|ć [na'duʒitç] perf, ~wać [nadu'ʒivatç] imperf vt abuse, misuse; ~ć, ~wać gościnności to trespass upon sb's hospitality; ~ć, ~wać alkoholu to indulge oneself in alcohol

nadweręż|ać [nadvɛ'rẽʒatç] imperf, ~yć [nadvɛ'rẽʒitç] perf vt impair; (oczy, głos, nogę itp.) strain

nadwiślański [nadviç'laɲ ski] adj situated on the Vistula

nadwozie [nad'vɔʑɛ] n mot. car body, carriage

nadwyżka [nad'viʃka] f surplus; ~ bagażu excess luggage

nad|ymać [na'dimatç] imperf, ~ąć ['nadɔ̃tç] perf I vt blow up, inflate II vr ~ymać, ~ąć się swell

nadzie|ja [na'dʑɛja] f hope; mieć ~ję to hope; to trust; to feel confident

nadzienie [na'dʑɛɲɛ] n kulin. stuffing, filling

nadziewany [nadʑɛ'vani] adj kulin. stuffed, filled

nadzorować [nadzɔ'rɔvatç] vt superintend, supervise, oversee

nadzór ['nadzur] m superintendence, supervision

nadzwyczaj [nad'zvitʃaj] adv extremely, unusually

nadzwyczajny [nadzvi'tʃajni] adj extraordinary, exquisite; poseł ~ envoy extraordinary

nafta ['nafta] f petroleum, rock oil

nagana [na'gana] f blame; (urzędowa) reprimand

nagi ['nagi] adj naked, bare

nagi|ąć ['nagɔ̃tç] perf, ~nać [na'ginatç] imperf vt bend

naglący [na'glɔ̃tɕi] adj urgent, pressing

nagle ['naglɛ] adv suddenly; all of a sudden

nagłówek [na'gŭuvɛk] m heading; (w gazecie) headline

nagł|y ['nagŭi] adj urgent, sudden; umrzeć ~ą śmiercią to die a sudden death; w ~ym wypadku in case of emergency

nagniot|ek [na'gnɔtɛk] m corn

nagrać zob. nagrywać

nagr|adzać [na'gradzatç] imperf, ~odzić [na'grɔdʑitç] perf reward, recompense

nagranie [na'granɛ] n recording

nagrobek [na'grɔbɛk] m tombstone, tomb

nagroda [na'grɔda] f reward, prize; pierwsza ~ first prize

nagrodzić zob. nagradzać

nagromadzić [nagrɔ'madʑitç] vt accumulate

nagr|ywać [na'grivatç] imperf, ~ać ['nagratç] perf vt record; ~ywać muzykę to record music

nagrz|ać ['nagʒatç] perf, ~ewać [na'gʒɛvatç] imperf vt warm, heat

naiwny [na'ivni] adj naive, simple-minded, ingenuous

nająć zob. najmować

najbardziej [naj'bardzɛj] adv
most; co ~ lubisz? what do
you like best?; jak ~! yes,
indeed!

najechać [na'jɛxatɕ] vt run
(na kogoś, coś into sb, sth);
~ na przechodnia to knock
a passer-by down; to run a
passer-by over

najem ['najɛm] m hire, lease;
oddawać w ~ to lease; to
rent

najemca [na'jɛmtsa] m tenant

najeść się ['najɛɕtɕ ɕɛ] vr eat
one's fill, satisfy the appetite, have plenty (of sth) to
eat

najgorsz|y [naj'gɔrʃi] I adj
worst; w ~ym razie at (the)
worst II n ~e the worst;
być przygotowanym na ~e
to be prepared for the worst

najlepiej [naj'lɛpɛj] adv best;
jak umiem ~ as best I can

najlepsz|y [naj'lɛpʃi] adj best;
w ~ym razie at (the) best;
wszystkiego ~ego! many
happy returns!; the best of
luck!

najmniej ['najmɲɛj] adv least;
co ~ at least

naj|mować [naj'mɔvatɕ] im-
perf, ~ąć ['najɔ̃tɕ] perf vt
hire

najpierw ['najpɛrf] adv first,
at first; in the first place

najwyżej [naj'viʒɛj] adv at
most, at best

nakarmić [na'karmitɕ] vt feed

nakaz ['nakas] m order, command; (płatniczy) precept;
~ aresztowania warrant of
arrest

nakaz|ać [na'kazatɕ] perf,
~ywać [naka'zivatɕ] imperf
vt command, order

nakle|ić [na'klɛitɕ] perf, ~jać
[na'klɛjatɕ] imperf vt stick
(na coś on sth)

nakład ['nakůat] m (książki)
edition, impression, issue;
(koszt) expense, expendi-
ture; (czasu, pracy) cost

nakładać [na'kůadatɕ] imperf,

nałożyć [na'ůɔʒitɕ] perf vt
(podatek) impose; (karę)
inflict; (opatrunek) put on;
dress (a wound); (przy stole) ~ sobie to help oneself
(czegoś to sth)

nakł|aniać [na'kůaɲatɕ] im-
perf, ~onić [na'kůɔɲitɕ] perf
vt induce, persuade (to do
sth)

nakreśl|ać [na'krɛɕlatɕ] im-
perf, ~ić [na'krɛɕɕitɕ] perf
vt draw, trace

nakręc|ać [na'krɛ̃tsatɕ] imperf,
~ić [na'krɛ̃tɕitɕ] vt (zegarek)
wind up; (numer telefonu)
dial; (film) make, shoot

nakrętka [na'krɛ̃tka] f nut (of
a screw)

nakrochmalony [nakrɔxma'lɔ-
ni] adj starched

nakryci|e [na'kritɕɛ] n 1.
cover; covering; ~e głowy
(męskie) headgear, (dam-
skie) head-dress; bez ~a
głowy bareheaded 2. (zastawa stołowa) table-ware

nakry|ć ['nakritɕ] perf, ~wać
[na'krivatɕ] imperf vt cover;
~ć, ~wać stół ⟨do stołu⟩ to
lay ⟨to set⟩ the table

nalać zob. nalewać

nalegać [na'lɛgatɕ] m insist
(na coś on sth); urge ⟨press⟩
(na kogoś sb)

nalepi|ać [na'lɛpatɕ] imperf,
~ć [na'lɛpitɕ] perf vt stick
on; (afisze) post (bills)

nalepka [na'lɛpka] f label,
am. sticker

naleśnik [na'lɛɕɲik] m kulin.
pancake

nal|ewać [na'lɛvatɕ] imperf,
~ać ['nalatɕ] perf vt pour
(out); ~ewać wino do kie-
liszków to pour wine into
glasses

należ|eć [na'lɛʒɛtɕ] I vi be-
long; ta książka ~y do mnie
that book belongs to me;
przen. decyzja ~y do ciebie
the decision rests with you;
to nie ~y do rzeczy it is
not to the point; ~y one

should ⟨ought to⟩; ~y tak zrobić it is necessary to do thus II *vr* ~eć się (*o pieniądzach*) be due; ile się ~y? how much do I owe you?

należnoś|ć [na'lɛʒnɔçtɕ] *f* due, the amount due; **zaległe** ~**ci** arrears

nalot ['nalɔt] *m* (*lotniczy*) air--raid

naładować [naǔa'dɔvatɕ] *vt* load, charge; ~ **akumulator** to charge a battery ⟨*am.* accumulator⟩

nałogowiec [naǔɔ'gɔvɛts] *m* (*narkoman*) addict; (*pijak*) inveterate drunkard; (*palacz*) chain-smoker

nałóg ['naǔuk] *m* addiction (to drugs); bad habit; **popaść w** ~ (*picia, palenia*) · to drop into a habit (of drinking, smoking); to take to (drinking, smoking)

nam [nam] *zob.* **my**

namalować [nama'lɔvatɕ] *vt* paint, picture

nam|awiać [na'mavatɕ] *imperf*, ~**ówić** [na'muvitɕ] *perf vt* persuade (into), induce; ~**awiać do złego** to abet; ~**ówiliśmy go, żeby to zrobił** we made him do it; we talked him into doing it

nami ['nami] *zob.* **my**

namiastka [na'mastka] *f* substitute, surrogate, ersatz

namiętność [na'mɛ̃tnɔçtɕ] *f* passion, infatuation; (*silne zainteresowanie*) ardent keenness (**do czegoś** on sth)

namiętny [na'mɛ̃tni] *adj* passionate; ~ **palacz** heavy smoker

namio|t ['namɔt] *m* tent; ~ **dwuosobowy** ⟨**jednoosobowy**⟩ two ⟨one⟩ person tent; **mieszkać w** ~**cie** to camp; **rozbić** ~**t** to pitch a tent; **zwinąć** ~**t** to fold a tent

namoczyć [na'mɔtʃitɕ] *vt* soak, drench

namówić *zob.* **namawiać**

namy|sł ['namisǔ] *m* consider-

ation, reflection; **bez** ~**słu** offhand; **po** ~**śle** after due consideration; on afterthought; **z** ~**słem** with deliberation

namyśl|ać się [na'miɕlatɕ çɛ̃] *imperf*, ~**ić się** [na'miɕɕitɕ çɛ̃] *perf vr* reflect, consider; ~**iłeś się?** have you made up your mind?

na nowo [na 'nɔvɔ] *adv* anew, once again

na odchodne [na ɔt'xɔdnɛ] *adv* when parting; when taking one's leave

na odwrót [na 'ɔdvrut] *adv* inside out; vice versa; the other way round

na ogół [na 'ɔguǔ] *adv* in general; on the whole'

naokoło [naɔ'kɔǔɔ] *adv* all round, round about

naoliwić [naɔ'ɕivitɕ] *vt* oil, grease

na oścież [na 'ɔçtɕɛʃ] *adv* o- **twarty** ~ wide open

na oślep [na 'ɔɕlɛp] *adv* blindly

napad ['napat] *m* 1. attack, assault; ~ **bandycki** robbery 2. (*gniewu, śmiechu itp.*) fit

napad|ać [na'padatɕ] *vt* attack, assault; **co go** ~**ło?** what has come over him?; what is the matter with him?

napalić [na'paɕitɕ] *vt* heat, make a fire

napar ['napar] *m* infusion, brew

naparstek [na'parstɛk] *m* thimble

naparzyć [na'paʒitɕ] *vt* infuse

napastnik [na'pastɲik] *m* 1. aggressor 2. *sport.* forward

napełni|ać [na'pɛǔɲatɕ] *imperf*, ~**ć** [na'pɛǔɲitɕ] *perf* I *vt* fill; (*ponownie*) refill II *vr* ~**ać**, ~**ć się** fill, become filled

na pewno [na 'pɛvnɔ] *adv* certainly, sure; to be sure

napęd ['napɛ̃t] *m* drive, propulsion; ~ **elektryczny** electric drive; ~ **atomowy** atomic drive; ~ **na przednie** ⟨**tylne**⟩ koła front-wheel ⟨rear-wheel⟩ drive; ~ spalinowy diesel drive

napędow|y [napɛ̃'dɔvɨ] *adj* propulsive, driving, motive; **koło** ~e driving wheel

napi|ć się ['naṗitɕ ɕɛ] *vr* drink, have a drink; **może się czegoś** ~**jesz?** what about a drink?

napięci|e [na'ṗɛ̃tɕɛ] *n* tension, strain; *elektr.* voltage; *przen.* **trzymać w** ~**u** to hold in suspense

napis ['naṗis] *m* inscription; sign; ~ **filmowy** caption; ~ **nagrobkowy** epigraph

napisać [na'ṗisatɕ] *vt* write

napiwek [na'ṗivɛk] *m* tip, gratuity; **dać** ~ **kelnerowi** to tip the waiter; ~ **wliczony do rachunku** service ⟨tip⟩ included in the bill; **uprasza się o niedawanie napiwków** "no gratuities", "no tips"

napływ ['napǔɨf] *m* inflow, influx

na poczekaniu [na pɔtʃɛ'kaɲu] *adv* out of hand; **naprawa** ~ repair made while you wait

napoić [na'pɔitɕ] *vt* give to drink

napomnienie [napɔm'ɲɛɲɛ] *n* admonition, admonishment

napój ['napuj] *m* drink, beverage; ~ **alkoholowy** strong ⟨alcoholic⟩ drink; ~ **bezalkoholowy** soft drink; ~ **orzeźwiający** refreshment

na pół [na 'puǔ] *adv* half-; (*np.* **podzielić**) in half; **pół** ~ **fifty-fifty**

napraw|a [na'prava] *f* repair; **dać coś do** ~**y** to have sth repaired; **w** ~**ie** under repair; ~**a gwarancyjna** service, servicing; **drobna** ~**a minor** ⟨small⟩ repair; ~**a ekspresowa** emergency repair

naprawdę [na'pravdɛ̃] *adv* indeed, really, truly

naprawi|ać [na'pravatɕ] *imperf*, ~**ć** [na'pravitɕ] *perf vt* 1. repair; mend; (*pończochy*) darn 2. (*wynagradzać*) make good, make up for

naprędce [na'prɛ̃ttsɛ] *adv* hurriedly, quickly

naprężenie [naprɛ̃'ʒɛɲɛ] *n* strain, tension; **złagodzić** ~ to ease the tension

na próżno [na 'pruʒnɔ] *adv* in vain

naprzeciw [na'pʃɛtɕif], ~**ko** [napʃɛ'tɕifkɔ] I *praep* opposite, against II *adv* opposite; **wyjść** ~ **kogoś** to go to meet sb; **znajdować się** ~ **kogoś** to face sb

na przełaj [na 'pʃɛǔaj] *adv* **drogą** ~ short cut; **iść** ~ to take a short cut; *sport.* **wyścig** ⟨**bieg**⟩ ~ steeple-chase

na przemian [na'pʃɛɱan] *adv* alternately

naprzód ['napʃut] *adv* forward, on; **iść** ~ to go ahead; **posłać** ~ to send forward; ~**!** forward!

narad|a [na'rada] *f* (*naradzanie się*) consultation; (*zebranie*) conference; **zwołać** ~**ę** to call up a conference

naradz|ać się [na'radzatɕ ɕɛ] *imperf*, ~**ić się** [na'radzitɕ ɕɛ] *perf vr* deliberate, confer

naraz ['naras] *adv* (*nagle*) suddenly, at once

narazić *zob.* **narażać**

na razie [na 'raʒɛ] *adv* for the time being, for the present

nara|żać [na'raʒatɕ] *imperf*, ~**zić** [na'raʒitɕ] *perf* I *vt* expose (**na coś to**, sth); ~**żać**, ~**zić na niebezpieczeństwo** to endanger; ~**żać**, ~**zić na niewygodę** to put to inconvenience II *vr* ~**żać**, ~**zić się** risk, run a risk, expose oneself; ~**żać**, ~**zić**

się komuś to antagonize; to incur sb's disfavour; ~żać, ~zić się na kłopot to get oneself into trouble

narąbać [na'rɔ̃batɕ] vt chop; ~ drzewa to chop wood

narciarstwo [nar'tɕarstfɔ] n skiing

narciarz ['nartɕaʃ] m skier

nareszcie [na'rɛʃtɕɛ] adv at last

narkoman [nar'kɔman] m drug addict

narkotyk [nar'kɔtɨk] m narcotic, drug; dope; handel ~ami drug traffic

narkoz|a [nar'kɔza] f med. narcosis, an(a)esthesia; operować pod ~ą to operate under an(a)esthesia

narodowoś|ć [narɔ'dɔvɔɕtɕ] f nationality; jakiej on jest ~ci? what is his nationality?

narodowy [narɔ'dɔvɨ] adj national

narodzenie [narɔ'dzɛɲɛ] n birth, nativity; Boże Narodzenie Christmas

narożny [na'rɔʒnɨ] adj corner; dom ~ corner-house

naród ['narut] m nation

nart|a ['narta] f ski; jeździć na ~ach to ski; wypożyczyć ~y to hire skis; złamać ~ę to break a ski

nartostrada [nartɔ'strada] f ski trail

narusz|ać [na'ruʃatɕ] imperf, ~yć [na'ruʃɨtɕ] perf vt injure, harm; (prawo) infringe, offend; (pieczęć) violate; przen. ~ać, ~yć czyjś spokój to disturb sb; ~ać, ~yć kapitał to touch the capital

narysować [narɨ'sɔvatɕ] vt draw; ~ plan czegoś to design sth

narząd ['naʒɔ̃t] m anat. organ; ~y wewnętrzne internal organs

narzeczona [naʒɛ'tʃɔna] f fiancée

narzeczony [naʒɛ'tʃɔnɨ] m fiancé

narzekać [na'ʒɛkatɕ] vi complain (na coś of sth)

narzędzi|e [na'ʒɛdʑɛ] n instrument; (rzemieślnicze) tool; komplet ~ tool kit

narzuc|ać [na'ʒutsatɕ] imperf, ~ić [na'ʒutɕitɕ] perf I vt 1. (na siebie) throw, put (on) 2. (coś komuś) impose, force (upon sb); ~ać, ~ić swoje towarzystwo to inflict one's company II vr ~ać się intrude (into company)

narzuta [na'ʒuta] f coverlet, bedspread

nas [nas] zob. my

nasenny [na'sɛnnɨ] adj soporific; środek ~ sleeping drug

nasienie [na'ɕɛɲɛ] n seed

nasileni|e [naɕi'lɛɲɛ] n intensity, intensification; w godzinach ~a ruchu in rush hours

naskórek [na'skurɛk] m epidermis, cuticle

nasmarować [nasma'rɔvatɕ] vt smear, grease, daub; ~ masłem to butter

nastawi|ać [nas'tavatɕ] imperf, ~ć [nas'tavitɕ] perf I vt put, set; ~ać, ~ć wodę na herbatę to put the kettle on; ~ać, ~ć radio to switch on; (na falę) to tune in; ~ać, ~ć zegar to set the clock; przen. ~ać, ~ć karku to risk one's life; ~ać, ~ć uszu to prick one's ears II vr ~ać, ~ć się (na trudności) to be prepared (for obstacles)

nastąpić zob. następować

następca [nas'tɛ̃ptsa] m successor, heir

następnie [nas'tɛ̃pɲɛ] adv then, next, subsequently

następn|y [nas'tɛ̃pnɨ] adj following, next, subsequent; ~ego dnia next day

nast|ępować [nastɛ̃'pɔvatɕ] imperf, ~ąpić [nas'tɔ̃pitɕ] perf *vi* follow (po kimś, czymś sb, sth); (*o wypadkach*) take place, happen; **jak ~ępuje** as follows; **ciąg dalszy ~ąpi** to be continued

następstw|o [nas'tępstfɔ] *n* 1. (*kolejność*) succession; *gram.* **~o czasów** sequence of tenses 2. (*skutek*) consequence, sequel; **w ~ie czegoś** in consequence of sth

nastolatki [nastɔ'latķi] *pl* teen-agers

nastr|ój ['nastruj] *m* mood; **być w dobrym ~oju** to be in high spirits; **być w złym ~oju** to be in low spirits; **nie być w ~oju do czegoś** to be in no mood for sth ⟨doing sth⟩

nasu|nąć [na'sunɔ̃ţç] *perf*, **~wać** [na'suvaţç] *imperf* **I** *vt* 1. (*włożyć*) put on 2. (*na myśl*) suggest, give an idea **II** *vr* **~nąć, ~wać się** occur, come (in)to one's head; **~wa się pytanie** the question arises

nasyp ['nasip] *m* (*także kolej.*) embankment

nasypać [na'sipaţç] *vt* put ⟨pour⟩ (in, on)

nasz [naʃ] *pron* our, ours

naszkicować [naʃķi'tsɔvaţç] *vt* sketch, outline

naszyć ['naʃiţç] *vt* (*przyszyć*) sew (**coś na czymś** sth on sth); (*ozdobić*) trim

naszyjnik [na'ʃijɲik] *m* necklace

naśladować [naɕla'dɔvaţç] *vt* imitate, copy

naświetl|ać [na'ɕfɛtlaţç] *imperf*, **~ić** [na'ɕfɛtɕiţç] *perf vt* 1. *fot.* expose 2. *med.* irradiate; *przen.* (*sprawę*) explain; throw ⟨cast⟩ light (**coś upon** sth)

naświetlani|e [naɕfɛt'laɲɛ] *n* 1. *fot.* exposure 2. *med.* irradiation; **brać ~a** to take lamps

natarcie [na'tarţɛ] *n* 1. *wojsk.* *sport.* attack, charge 2. (*nacieranie*) friction, rubbing

natchnienie [natx'ɲɛɲɛ] *n* inspiration; **czerpać ~ z czegoś** to find inspiration in sth

natężenie [natɛ̃'ʒɛɲɛ] *n* tension, intensity

natłu|szczać [na'tŭuʃţʃaţç] *imperf*, **~ścić** [na'tŭuçtɕiţç] *perf vt* grease, oil, lubricate

natomiast [na'tɔmast] *adv* however, yet, on the contrary

natrafi|ać [na'trafaţç] *imperf*, **~ć** [na'trafiţç] *perf vi* 1. (*na kogoś*) come across ⟨encounter⟩ (sb) 2. (*na trudności*) meet with (obstacles)

natrętny [na'trɛtɲi] *adj* importunate, intrusive

natrysk ['natrisk] *m* shower-bath; **wziąć ~** to take a shower

natrzeć *zob.* **nacierać**

natu|ra [na'tura] *f* nature; character; **martwa ~a** still life; **zapłata w ~rze** payment in kind; **z ~ry** by nature; **malować z ~ry** to paint from nature

naturalnie [natu'ralɲɛ] *adv* of course, naturally

naturaln|y [natu'ralɲi] *adj* natural; **wielkość ~a** full size; **rzecz ~a** a matter of course; **uważać za rzecz ~ą** to take for granted; **umrzeć śmiercią ~ą** to die a natural death

natychmiast [na'tixmast] *adv* at once, instantly, right away; **płatny ~** for immediate payment

nauczać [na'utʃaţç] *vt* teach

nauczyciel [nau'tʃiţɛl] *m* teacher, schoolmaster

nauczycielka [nautʃi'ţɛlka] *f* (woman) teacher, schoolmistress

nauczyć [na'utʃiţç] **I** *vt* teach **II** *vr* **~ się** learn (**od kogoś**

from sb); ~ się palić to take to smoking ·

nauk|a [na'uka] *f* science, learning; (*uczenie się*) study; (*nauczanie*) teaching; *przen.* wyciągać z czegoś **~ę** to draw a lesson ⟨a moral⟩ out of sth

naukow|y [nau'kɔvɪ] *adj* scientific; **pomoce ~e** educational equipment ⟨aids⟩; **praca ~a** research work; **stopień ~y** academic ⟨university⟩ degree

naumyślnie [nau'miɕlɲɛ] *adv* purposely, on purpose, deliberately

nauszniki [nauʃ'ɲiki] *plt* (*opaska*) ear-protectors; (*klapki przy czapce*) ear-flaps

naw|adniać [na'vadɲatɕ] *imperf*, **~odnić** [na'vɔdɲitɕ] *perf vt* irrigate

nawet ['navɛt] *adv* even, eventually; **jeśli** ⟨**gdyby**⟩ ~ even if

nawias ['navas] *m* parenthesis, bracket; *przen.* czuć się **poza ~em** to feel out of things; **~em mówiąc** by the way; incidentally

nawiąz|ać [na'vɔ̃zatɕ] *perf*, **~ywać** [navɔ̃'zɪvatɕ] *imperf vt* refer (**do czegoś** to sth); **~ując do ...** referring to ... || **~ać**, **~ywać korespondencję** to enter into correspondence; **~ać**, **~ywać rozmowę** to engage in conversation; **~ać**, **~ywać stosunki** to enter into ⟨to establish⟩ relations

nawierzchnia [na'vɛʃxɲa] *f* surface, pavement; ~ **drogowa** road surface; ~ **asfaltowa** asphalt pavement; ~ **betonowa** concrete pavement; **mokra** ~ wet pavement; **oblodzona** ~ ice-covered pavement; **sucha** ~ dry pavement; **śliska** ~ slippery pavement

nawle|c ['navlɛts] *perf*, **~kać**

[nav'lɛkatɕ] *imperf vt* (*korale*) string; (*igłę*) thread

nawodnić *zob.* **nawadniać**

nawóz ['navus] *m* dung, manure; ~ **sztuczny** fertilizer

na wprost [na 'fprɔst] *adv* straight on ⟨ahead⟩; opposite (**czegoś** to sth)

nawracać [na'vratsatɕ] *imperf*, **nawrócić** [na'vrutɕitɕ] *perf vt* **1.** (*wracać*) return, turn back **2.** (*nakłaniać do zmiany poglądów*) convert

nawyk ['navɪk] *m* habit

nawzajem [na'vzajɛm] *adv* mutually; **pomagać sobie** ~ to help each other ⟨one another⟩; (*odpowiedź na życzenia*) **dziękuję, ~!** thank you, the same to you!

na wznak [na 'vznak] *adv* **leżeć** ⟨**pływać**⟩ ~ to lie ⟨to swim⟩ on one's back

nazajutrz [na'zajutʃ] *adv* on the next day

nazbierać [na'zbɛratɕ] *vt* gather, amass

nazw|a ['nazva] *f* name, designation; **~a hotelu** name of the hotel; **~y geograficzne** geographical names

nazwać *zob.* **nazywać**

nazwisk|o [naz'viskɔ] *n* name, surname, family name; **~o panieńskie** maiden name; **~o po mężu** married name; **wymieniać po ~u** to mention by name; **~iem** by name; **pod przybranym ~iem** under an assumed name

naz|ywać [na'zɪvatɕ] *imperf*, **~wać** ['nazvatɕ] *perf* **I** *vt* call, name; *przen.* **~ywać, ~wać rzeczy po imieniu** to call a spade a spade **II** *vr* **~ywać się** to be called; **jak się pan ~ywa?** what is your name?; **~ywam się Brown** my name is Brown; **jak się to ~ywa?** what do you call it?; *przen.* **to się ~ywa**

szczęście! that's what you call good luck!

negatyw [nɛ'gatif] *m* *fot.* negative

nekrolog [nɛ'krɔlɔk] *m* obituary (notice)

nektar ['nɛktar] *m* nectar, juice, squash; ~ owocowy fruit nectar ⟨squash⟩

neonow|y [nɛɔ'nɔvɨ] *adj* neon; lampa ~a neon lamp

ner|ka ['nɛrka] *f* *anat.* kidney; *med.* zapalenie ~ek nephritis

nerw [nɛrf] *m* nerve; *przen.* działać komuś na ~y to get on sb's nerves

nerwica [nɛr'vitsa] *f* *med.* neurosis

nerwoból [nɛr'vɔbul] *m* *med.* neuralgia

nerwowy [nɛr'vɔvɨ] *adj* nervous; *przen.* jumpy, edgy

neseser [nɛ'sɛsɛr] *m* dressing-case

neska ['nɛska] *f* nescafe, instant coffee

netto ['nɛttɔ] *n* net; waga ~ net weight

neutralny [nɛu'tralnɨ] *adj* neutral

nęcący [nɛ̃'tsɔ̃tsɨ] *adj* alluring, enticing

nędzny ['nɛ̃dznɨ] *adj* miserable, wretched; (*o* *ubraniu*) shabby

niby ['ɲibɨ] *adv* *conj* as if, apparently; on ~ nie wie ... he pretends not to know ...

nic [ɲits] *pron* nothing; jakby nigdy ~ as if nothing had happened; mieć kogoś za ~ to think little ⟨nothing⟩ of sb; ~ a ~ nothing whatever; absolutely nothing; ~ nie dbam o to! I don't care a straw about it!; ~ nie szkodzi never mind; to na ~ it's of no use; to ~ it doesn't matter; to ~ złego there is no harm in it

niczyj ['ɲitʃɨj] *adj* nobody's; ziemia ~a no man's land

nić [ɲitɕ] *f* thread

nie [ɲɛ] *adv* no; not; jeszcze ~ not yet; już ~ no more; ~ jesteś głodny? aren't you hungry?; ~ ma czasu there is no time; on ~ mówi po angielsku he doesn't speak English; .wcale ~ not at all

nieagresja [ɲɛa'grɛsja] *f* non--aggression

niebawem [ɲɛ'bavɛm] *adv* shortly; soon, before long

niebezpieczeństwo [ɲɛbɛspɛ-'tʃɛɲstfɔ] *n* danger; narażać na ~ to expose to danger

niebezpieczny [ɲɛbɛs'pɛtʃnɨ] *adj* dangerous, perilous, unsafe

niebieski [ɲɛ'bɛsʲkɨ] *adj* blue

nieb|o ['ɲɛbɔ] *n* sky; *rel.* heaven; na ~ie in the sky; pod gołym ~em in the open air; *przen.* poruszyć ~o i ziemię to leave no stone unturned

niech [ɲɛx], ~aj ['ɲɛxaj] *part* let; ~ będzie co chce! come what may!; ~ pan siada! sit down, please!; ~ przyjdzie let him come; ~ żyje! long live!

niechcący [ɲɛ'xtsɔ̃tsɨ] *adv* unwillingly, involuntarily, unintentionally; by accident

niechętny [ɲɛ'xɛ̃tnɨ] *adj* unwilling (to do sth), reluctant (to do sth), averse (czemuś to sth)

niecierpliwy [ɲɛtɕɛr'pʎivɨ] *adj* impatient

nieco ['ɲɛtsɔ] *adv* a little, somewhat

niecodzienny [ɲɛtsɔ'dʑɛnnɨ] *adj* uncommon

nieczynn|y [ɲɛ'tʃɨnnɨ] *adj* inactive, out of order; biuro ~e the office is closed

nieczytelny [ɲɛtʃɨ'tɛlnɨ] *adj* illegible

niedaleki [ɲɛda'lɛkɨ] *adj* near, not far ⟨distant⟩; w ~ej przyszłości in the near future

niedaleko [ɲɛda'lɛkɔ] *adv* not

far (away); ~ **stąd** a short way off

niedawn|o [ɲɛ'davnɔ] *adv* recently, not long ago; **jeszcze do ~a** until recently ⟨quite lately⟩

niedbały [ɲɛ'dbaũi] *adj* negligent, careless

niedługo [ɲɛ'dũugɔ] *adv* soon, before ⟨not⟩ long; **to potrwa ~** it won't last ⟨take⟩ long

niedobry [ɲɛ'dɔbri] *adj* not good, bad; (*o człowieku*) wicked, (*o dziecku*) naughty

niedobrze [ɲɛ'dɔbʒɛ] *adv* badly, not well; **to ~** that's too bad; **~ mi** I feel sick

niedojrzały [ɲɛdɔj'ʒaũi] *adj* (*o człowieku*) immature; (*o owocu*) unripe

niedokładny [ɲɛdɔ'kũadni] *adj* inaccurate, inexact

niedopałek [ɲɛdɔ'paũɛk] *m* cigarette-end, butt, stump

niedopuszczalny [ɲɛdɔpuʃ'tʃalni] *adj* inadmissible, intolerable

niedostateczny [ɲɛdɔsta'tɛtʃni] *adj* insufficient, inadequate

niedostatek [ɲɛdɔ'statɛk] *m* **1.** (*brak*) deficiency, shortage **2.** (*nędza*) misery, poverty

niedostępny [ɲɛdɔ'stɛpni] *adj* inaccessible

niedoświadczony [ɲɛdɔɕfat'tʃɔni] *adj* inexperienced

niedotarty [ɲɛdɔ'tarti] *adj mot.* running-in

niedozwolony [ɲɛdɔzvɔ'lɔni] *adj* prohibited, illicit, unlawful

niedrogi [ɲɛ'drɔɡi] *adj* cheap, inexpensive

niedużo [ɲɛ'duʒɔ] *adv* little, few

nieduży [ɲɛ'duʒi] *adj* small

niedziela [ɲɛ'dʑɛla] *f* Sunday

niedźwiedź ['ɲɛdʑvɛtɕ] *m* bear

niefrasobliwy [ɲɛfrasɔ'bʎivi] *adj* carefree, light-hearted

niegdyś ['ɲɛgdiɕ] *adv* once, at one time, formerly

niegodny [ɲɛ'ɡɔdni] *adj* unworthy; (*o czynie*) disgraceful

niegrzeczny [ɲɛ'ɡʒɛtʃni] *adj* unkind, impolite, rude; (*o dziecku*) naughty

niegustowny [ɲɛgus'tɔvni] *adj* tasteless, in bad taste

niehigieniczny [ɲɛxiɡʲɛ'ɲitʃni] unhygienic, unsanitary

nieistotny [ɲɛi'stɔtni] *adj* inessential, immaterial

niejasny [ɲɛ'jasni] *adj* vague, dim, obscure

niejeden [ɲɛ'jɛdɛn] *pron* more than one; **~ człowiek** many a man

niejednokrotnie [ɲɛjɛdnɔ'krɔtɲɛ] *adv* repeatedly, many times

niekiedy [ɲɛ'kɛdi] *adv* now and then, sometimes

niekompletny [ɲɛkɔm'plɛtni] *adj* incomplete

niekorzystny [ɲɛkɔ'ʑistni] *adj* unprofitable, unfavourable

nielegalny [ɲɛlɛ'ɡalni] *adj* illegal, unlawful, illicit

nieletni [ɲɛ'lɛtɲi] *adj* minor, under age

nieliczn|y [ɲɛ'ʎitʃni] *adj* not numerous; **~e wyjątki** few exceptions

nieład ['ɲɛũat] *m* disorder, confusion

nieładny [ɲɛ'ũadni] *adj* plain, ugly; (*o grze*) unfair, foul

niełatwy [ɲɛ'ũatfi] *adj* not easy, difficult

nie ma ['ɲɛ ma] *zob.* **mieć**; **nie ma czasu** there is no time; **nie ma wyjścia** there is no way out ⟨solution⟩; **nie ma o czym mówić** there is nothing to talk about; **nie ma za co (dziękować)!** don't mention it!; **na to nie ma rady** that can't be helped; there is nothing to be done

niemal ['ɲɛmal] *adv* almost, nearly

niemały [ɲɛ'maũi] *adj* pretty big ⟨great, large⟩

Niemiec ['ɲɛmɛts] *m* German

niemiecki [ɲɛ'mɛtskị] adj German

niemiły [ɲɛ'miŭị] adj unpleasant, disagreeable

niemniej ['ɲɛmɲɛj] adv ~ jednak nevertheless

niemodny [ɲɛ'mɔdnị] adj out of fashion, outmoded, unfashionable

niemowa [ɲɛ'mɔva] m mute, dumb person ‹

niemowlę [ɲɛ'mɔvlɛ̃] n baby, infant

niemożliwy [ɲɛmɔʒ'ʃivị] adj impossible

niemy ['ɲɛmị] adj dumb, mute; (o filmie) silent; (o niemiały) tongue-tied

nienaganny [ɲɛna'gannị] adj faultless, blameless, irreproachable

nie najgorszy [ɲɛ naj'gɔrʃị] adj not so bad, passable

nienaruszalność [ɲɛnaru'ʃalnɔçtç] f inviolability; (niezmienność) integrity

nienawidzić [ɲɛna'vidʑitç] vt hate, detest

nienawiść [ɲɛ'naviçtç] f hatred, hate

nieobecny [ɲɛɔ'bɛtsnị] adj absent

nieoczekiwany [ɲɛɔtʃɛkị'vanị] adj unexpected

nieodpowiedni [ɲɛɔtpɔ'vɛdɲi] adj unfit (do czegoś for sth); (niewystarczający) inadequate; (niegustowny) unbecoming; (w czasie) untimely

nieodwołalny [ɲɛɔdvɔ'ŭalnị] adj irrevocable

nieodzowny [ɲɛɔd'zɔvnị] adj indispensable

nieograniczony [ɲɛɔgraɲi'tʃɔnị] adj unlimited, boundless

nieokreślony [ɲɛɔkrɛç'lɔnị] adj indefinite

nieomal [ɲɛ'ɔmal], niemal ['ɲɛmal] adv almost, nearly

nieostrożny [ɲɛɔ'strɔʒnị] adj incautious; careless

nie oświetlony [ɲɛɔçfɛt'lɔnị] adj unlit, not illuminated

niepalący [ɲɛpa'lɔtsị] I adj not smoking II m non--smoker; przedział dla ~ch non-smoking compartment

nieparzysty [ɲɛpa'ʒistị] adj odd

niepełnoletni [ɲɛpɛŭnɔ'lɛtɲi] adj under age, minor

niepewny [ɲɛ'pɛvnị] adj uncertain; (o człowieku) unreliable; (o ręce) unsteady

niepijący [ɲɛpi'jɔtsị] I adj abstinent II m abstainer, teetotaller

niepiśmienny [ɲɛpiç'mɛnnị] adj illiterate

niepoczytalny [ɲɛpɔtʃị'talnị] adj insane; lunatic; irresponsible

niepodległość [ɲɛpɔ'dlɛgŭɔçtç] f independence

niepodległy [ɲɛpɔ'dlɛgŭị] adj independent

niepodobny [ɲɛpɔ'dɔbnị] adj dissimilar (do kogoś, czegoś to sb, sth), unlike (do kogoś, czegoś sb, sth)

niepogoda [ɲɛpɔ'gɔda] f bad weather

niepokoļić [ɲɛpɔ'kɔitç] I vt disturb, trouble; przepraszam, że cię ~ję ... I am sorry to disturb you ... II vr ~ić się trouble, worry (ơ kogoś, coś about sb, sth); feel uneasy

niepokój [ɲɛ'pɔkuj] m anxiety, trouble, uneasiness

nieporozumienie [ɲɛpɔrɔzu-'mɛɲɛ] n misunderstanding

nieporządek [ɲɛpɔ'ʒɔ̃dɛk] m disorder, mess

nieposłuszny [ɲɛpɔ'sŭuʃnị] adj disobedient

niepospolity [ɲɛpɔspɔ'ʃitị] adj uncommon, unusual

niepotrzebny [ɲɛpɔ'tʃɛbnị] adj unnecessary; (zbędny) superfluous

niepowodzenie [ɲɛpɔvɔ'dzɛɲɛ] n failure, misfortune, ill--success; skończyć się ~m

to end in failure, (*o pla-
nach* itd.) to fall flat
niepożądany [ɲɛpɔʒɔ̃'dani] *adj*
undesirable
niepraktyczny [ɲɛprak'titʃni]
adj unpractical
nieprawda [ɲɛ'pravda] *f* untruth; to ~ it is not true
nieprawdziwy [ɲɛprav'dʑivi]
adj untrue; false
nieprawidłowy [ɲɛpravid'ŭɔvi]
adj irregular
nieprawny [ɲɛ'pravni] *adj*
illegal
nieprędko [ɲɛ'prɛ̃tkɔ] *adv* not
very ⟨so⟩ soon
nieprzemakalny [ɲɛpʃɛma'kal-
ni] *adj* impermeable, waterproof; **płaszcz** ~ raincoat, waterproof
nieprzerwany [ɲɛpʃɛr'vani]
adj continuous, uninterrupt-
ed
nieprzewidziany [ɲɛpʃɛvi'dʑa-
ni] *adj* unforeseen
nieprzychylny [ɲɛpʃi'xilni]
adj unfavourable
nieprzyjaciel [ɲɛpʃi'jatɕel] *m*
enemy
nieprzyjacielski [ɲɛpʃija'tɕel-
ski] *adj* enemy; **działania**
~e hostilities
nieprzyjemnoś|ć [ɲɛpʃi'jem-
nɔɕtɕ] *f* unpleasantness,
trouble; **mieć** ~ci to be in
⟨to get into⟩ trouble
nieprzyjemny [ɲɛpʃi'jemni]
adj unpleasant, disagreeable
nieprzystępny [ɲɛpʃi'stɛpni]
adj inaccessible; (*o człowieku*) standoffish; (*o cenie*) excessive
nieprzytomny [ɲɛpʃi'tɔmni]
adj unconscious; (*roztargniony*) absent-minded
nieprzyzwoity [ɲɛpʃizvɔ'iti]
adj indecent, improper
nie przyzwyczajony [ɲɛpʃizvi-
tʃa'jɔni] *adj* unaccustomed
niepunktualny [ɲɛpuŋktu'al-
ni] *adj* unpunctual
nieraz ['ɲɛras] *adv* more than
once, many a time

nierdzewny [ɲɛr'dzɛvni] *adj*
rustless, stainless
nieregularny [ɲɛrɛgu'larni]
adj irregular
nierogacizna [ɲɛrɔga'tɕizna] *f*
zbior. swine, hogs
nierozsądny [ɲɛrɔs'sɔ̃dni] *adj*
imprudent, unreasonable
nie rozstrzygnięty [ɲɛ rɔsstʃi-
g'ɲɛ̃ti] *adj* undecided, un-
solved
nierówny [ɲɛ'ruvni] *adj* unequal, uneven; (*o terenie,
drodze*) rough; rugged
nieruchomy [ɲɛru'xɔmi] *adj*
immovable, fixed; motion-
less; **majątek** ~ real estate
nieskończony [ɲɛskɔɲ'tʃɔni]
adj infinite
niesłuszny [ɲɛ'sŭuʃni] *adj*
unjust, unfair
niesmaczny [ɲɛ'smatʃni] *adj*
tasteless; *przen.* ~ żart joke
in bad taste
niespodzianka [ɲɛspɔ'dʑanka]
f surprise
niespodziewany [ɲɛspɔdʑɛ'va-
ni] *adj* unexpected
niespokojny [ɲɛspɔ'kɔjni] *adj*
unquiet, restless, uneasy;
anxious (**o kogoś** about sb)
niesprawiedliwy [ɲɛspravɛd-
'ɕivi] *adj* unjust
niestały [ɲɛ'staŭi] *adj* unstable, unsteady; (*o pogodzie*) unsettled
niestety [ɲɛ'stɛti] *adv* unfor-
tunately, alas
niestosowny [ɲɛstɔ'sɔvni] *adj*
unsuitable, improper; (*o
momencie*) inappropriate
niestrawność [ɲɛ'stravnɔɕtɕ] *f*
indigestion
niesumienny [ɲɛsu'mɛnni] *adj*
dishonest, unconscientious
nieswój ['ɲɛsfuj] *adj* uneasy,
ill at ease
nieszczególnie [ɲɛʃtʃɛ'gulɲɛ]
adv moderately; **czuć się** ~
to feel seedy; **to wypadło** ~
it wasn't a great success
nieszczęście [ɲɛ'ʃtʃɛ̃ɕtɕɛ] *n*
misfortune; **na** ~ unfortu-
nately

nieszczęśliwy [nɛʃtʃɛç'ɦivi] *adj* unhappy, unfortunate; ~ wypadek accident; ~ zbieg okoliczności fatal coincidence

nieszkodliwy [nɛʃkɔd'ɦivi] *adj* harmless

nieścisłość [nɛ'çtɕisůɔçtɕ] *f* inexactitude, inaccuracy

nieść [nɛçtɕ] *vt* carry, bring, bear; (o kurze) ~ jaja to lay eggs; ~ pomoc komuś to lend a hand to sb

nieśmiałv [nɛ'çmaůi] *adj* timid, shy

nieśmiertelnv [nɛçmer'tɛlni] *adj* immortal

nieświadomy [nɛçfa'dɔmi] *adj* unconscious, ignorant, unaware (czegoś of sth)

nieświeży [nɛ'çfɛʒi] *adj* not fresh; (o chlebie) stale

nietakt ['nɛtakt] *m* tactlessness, lack of tact; popełnić ~ to make a slip ⟨a faux pas⟩

nietaktowny [nɛtak'tɔvni] *adj* tactless

nietoperz [nɛ'tɔpɛʃ] *m* bat

nietowarzyski [nɛtɔva'ʒiski] *adj* unsociable

nietrwały [nɛ'trfaůi] *adj* unstable, undurable

nietrzeźwy [nɛ'tʃɛzvi] *adi* tipsy, drunk; w stanie ~m under the influence of drink ⟨of alcohol⟩

nietykalny [nɛti'kalni] *adj* immune, inviolable

nieuczciwy [nɛutʃ'tɕivi] *adj* dishonest, unfair

nieudanly [nɛu'dani] *adj* unsuccessful, abortive; ~a rzecz failure

nieuleczalny [nɛulɛ'tɕalni] *adj* incurable

nieumyślnie [nɛu'miçlnɛ] *adv* unwillingly, unintentionally

nieunikniony [nɛuɲi'kɲɔni] *adj* inevitable

nieuprzejmy [nɛu'pʃɛjmi] *adj* impolite

nieurodzajny [nɛurɔ'dzajni] *adj* barren, sterile; ~ rok bad year (for crops)

nieustanny [nɛu'stanni] *adj* ceaseless, incessant, unceasing; non stop

nieuwag|a [nɛu'vaga] *f* inattention, absence of mind; przez ~ę by oversight, by mistake

nieuważny [nɛu'vaʒni] *adj* inattentive, careless

nieuzasadniony [nɛuzasad'nɔni] *adj* baseless, unfounded, groundless

nieużytki [nɛu'ʒitki] *pl* barrens

niewart ['nɛvart] *adj* worthless; unworthy (czegoś of sth)

nie warto [nɛ'vartɔ] *v imp* it is not worth while; ~ tego czytać it is not worth reading

nieważkość [nɛ'vaʃkɔçtɕ] *f* weightlessness

nieważny [nɛ'vaʒni] *adj* unimportant, invalid; *prawn.* null and void; ~ bilet ⟨czek⟩ invalid ticket ⟨cheque⟩

niewatpliwie [nɛvɔt'pɦivɛ] *adv* undoubtedly; no doubt

niewatpliwy [nɛvɔt'pɦivi] *adj* undoubted, doubtless

niewdzięczny [nɛ'vdʑɛtʃni] *adj* ungrateful

nie wiadomo [nɛ va'dɔmɔ] *v imp* it is not known

niewidoczny [nɛvi'dɔtʃni] *adj* invisible, out of sight

niewidomy [nɛvi'dɔmi] *adj m* blind

niewiele [nɛ'vɛlɛ] *adv* little, few, not much, not many; ~ więcej ⟨mniej⟩ little more ⟨less⟩

niewielk|i [nɛ'vɛlki] *adj* small, little; ~a ilość a small quantity

niewierzacy [nɛvɛ'ʒɔtsi] *m* non-believer, agnostic

niewinny [nɛ'vinni] *adj* innocent; *prawn.* not guilty

niewłaściwy [nɛvůa'çtçivi] *adj* improper, inappropriate

niewol|a [nɛ'vɔla] *f* slavery; captivity; wziąć kogoś do ~i to take sb prisoner

niewolnik [nɛ'vɔlɲik] *m* slave

nie wolno [nɛ'vɔlnɔ] *v imp* it is forbidden, it is not allowed

niewydajny [nɛvi'dajni] *adj* inefficient, unproductive

niewygodny [nɛvi'gɔdni] *adj* uncomfortable, inconvenient

niewykonalny [nɛviko'nalni] *adj* unfeasible, inexecutable

niewypał [nɛ'vipaů] *m* blind shell, *pot.* dud

niewypłacalny [nɛvipůa'tsalni] *adj* insolvent; bankrupt

niewyraźny [nɛvi'raźni] *adj* indistinct, inexact

niewyrobiony [nɛviro'bɔni] *adj* inexperienced; raw

niezadowolony [nɛzadɔvɔ'lɔni] *adj* dissatisfied, displeased (z czegoś with sth)

niezależnie [nɛza'lɛʒnɛ] *adv* independently ⟨apart⟩ (od czegoś from sth), irrespective (od czegoś of sth)

niezależny [nɛza'lɛʒni] *adj* independent

niezamężna [nɛza'mɛʒna] *adj* unmarried, single

niezaprzeczalny [nɛzapʃɛ'tʃalni] *adj* undeniable, incontestable

niezaradny [nɛza'radni] *adj* helpless, unpractical

niezastąpiony [nɛzastɔ'pɔni] *adj* irreplaceable

niezawodny [nɛza'vɔdni] *adj* infallible, unfailing, unerring

niezbędnik [nɛ'zbɛdɲik] *m* combination spoon and fork

niezbędny [nɛ'zbɛdni] *adj* indispensable

niezbyt ['nɛzbit] *adv* not very (much); ~ rozmowny not too talkative

niezdolny [nɛ'zdɔlni] *adj* incapable, unable, unfit

niezdrowy [nɛ'zdrɔvi] *adj* unhealthy, unwell; (o jedzeniu) unwholesome

niezgoda [nɛ'zgɔda] *f* discord, disagreement

niezgrabny [nɛ'zgrabni] *adj* clumsy, awkward

niezliczony [nɛzɬi'tʃɔni] *adj* innumerable, countless

niezmienny [nɛ'zmɛnni] *adj* unchanging, unchangeable, invariable

niezmiernie [nɛ'zmɛrnɛ] *adv* immensely, extremely

nieznacznie [nɛ'znatʃnɛ] *adv* slightly, imperceptibly

nieznajomość [nɛzna'jɔmɔçtç] *f* ignorance (czegoś of sth), unacquaintance (czegoś with sth)

nieznajomy [nɛzna'jɔmi] **I** *adj* unknown **II** *m* stranger, unknown person

nieznany [nɛ'znani] *adj* unknown

niezręczny [nɛ'zrɛtʃni] *adj* awkward; clumsy

niezrozumiały [nɛzrɔzu'mau̯i] *adj* incomprehensible, unintelligible

niezupełnie [nɛzu'pɛu̯nɛ] *adv* not quite, incompletely

niezwłocznie [nɛ'zvůɔtʃnɛ] *adv* without delay, immediately

niezwyciężony [nɛzvitçɛ̃'ʒɔni] *adj* invincible

niezwykły [nɛ'zvikůi] *adj* unusual, uncommon, extraordinary

nieźle ['nɛzlɛ] *adv* pretty well

nieżonaty [nɛʒɔ'nati] *adj* unmarried, single

nieżyczliwy [nɛʒitʃ'ɬivi] *adj* unfriendly, malevolent, ill-disposed (dla kogoś towards sb)

nieżyt ['nɛʒit] *m med.* catarrh; ~ żołądka gastritis

nigdy ['ɲigdi] *adv* never; ~ więcej never more; jak gdyby ~ nic as if nothing had happened

nigdzie ['ɲigdzɛ] *adv* nowhere

nikczemny [nik'tʃɛmni] *adj* vile, mean, base

nikn|ąć ['ɲiknɔ̃tɕ] *vi* vanish, disappear; (*o chorym*) ~ie w oczach he is visibly wasting away

nikt [ɲikt] *pron* nobody, none, no one; **nie ma nikogo** there is nobody (there); ~ nie wie nobody ⟨no one⟩ knows; ~ nie odpowiada nobody answers; ~ z nas none of us

niniejszy [ɲi'ɲɛjʃɨ] *adj* present; ~m zawiadamiam, że ... hereby I inform you ...

niski ['ɲiski] *adv* 1. low 2. (*o człowieku*) short 3. (*o głosie*) deep 4. (*podły*) mean, base

niszczyć ['ɲiʃtʃitɕ] I *vt* destroy, destruct, spoil; ~ kraj to devastate a country; ~ przyrodę to spoil ⟨to ruin⟩ nature; ~ ubranie to wear off ⟨out⟩ one's clothes; ~ zdrowie to ruin one's health II *vr* ~ się spoil, deteriorate, waste; (*o ubraniu*) ·wear off

nitk|a ['ɲitka] *f* thread; *przen.* przemoknąć do ~i to get wet to the skin

nitować [ɲi'tɔvatɕ] *vt* rivet

nizina [ɲi'ʑina] *f* plain, lowland

niż [ɲiʃ] *conj* than; więcej ~ ... more than ...

niż² [ɲiʃ] *m* 1. *meteor.* depression, low 2. *geogr.* lowland

niżej ['ɲiʒɛj] *adv* lower down, below; ~ podpisany the undersigned; ~ wymieniony mentioned below

niższy ['ɲiʃʃɨ] *adj* lower, inferior

no [nɔ] *part* well, now, then; no i co? well?; no dobrze! that's good!

noc [nɔts] *f* night; ~ą at night; w ~y by night; dziś w ~y to-night; przez całą ~ all night (long); w dzień i w ~y day and night; dobrej ~y! good night!

nocleg ['nɔtslɛk] *m* night's lodging; accommodation; overnight stay; szukam ~u I am looking for (one night) accommodation; zatrzymać się na ~ to stop for the night

nocnik ['nɔtsɲik] *m* chamber-pot

nocn|y ['nɔtsnɨ] *adj* nightly, night; ~e połączenie night communication ⟨connection⟩; pociąg ~y night train; koszula ~a nightgown; (*męska*) nightshirt

nocować [nɔ'tsɔvatɕ] *vi* spend the night; put up; ~ poza domem to sleep out

nog|a ['nɔga] *f* leg; (*stopa*) foot; bolą mnie ~i I have sore feet; podstawić komuś ~ę to trip sb up: złamać ~ę to break one's leg; (*o psie*) iść przy nodze to go at heel; *przen.* być na ~ach to be up; być na ostatnich ~ach to be on one's last legs; dać ~ę to take to one's heels; wybić do ~i to kill to a man; zerwać się na równe ~i to spring to one's feet; *pot.* wyciągnąć ~i to kick the bucket; do góry ~ami upside down, topsy-turvy; ~a za ~ą step by step

nogawka [nɔ'gafka] *f* trouser leg

non stop ['nɔn 'stɔp] *adv* non-stop

nora ['nɔra] *f* burrow, hole

norm|a ['nɔrma] *f* standard, norm; quota; praca ponad ~ę extra work

normalny [nɔr'malnɨ] *adj* normal; ~ bilet full-fare ticket; ~ kurs (wymiany) normal rate (of exchange); w ~ch warunkach under normal conditions

Norweg ['nɔrvɛk] *m* Norwegian

norweski [nɔr'veski] *adj* Norwegian

nos [nɔs] *m* nose; chusteczka do ~a handkerchief; wycierać ~ to blow one's nose;

przen. **mieć (dobrego) ~a do czegoś** to have a good nose ⟨a wonderful scent⟩ for sth; **mruczeć pod ~em** to mutter ⟨to grumble⟩ under one's nose; **wścibiać ~ do czegoś** to poke one's nose into sth; **zadzierać ~a** to put on airs; **zamknąć komuś drzwi przed ~em** to shut the door in sb's face; **pilnuj swego ~a!** mind your business!

nosić ['nɔɕitɕ] **I** *vt* bear, carry; (*na sobie*) wear; **~ brodę** to sport a beard; **~ okulary** to wear spectacles; *przen.* **~ kogoś na rękach** to dote on sb **II** *vr* **~ się** (*z czymś*) carry around; **~ się z zamiarem zrobienia czegoś** to have a mind ⟨to intend⟩ to do sth

nostalgia [nɔs'talgja] *f* nostalgia, homesickness

nosze ['nɔʃɛ] *plt* stretcher

nośność ['nɔɕnɔɕtɕ] *f* 1. carrying capacity 2. (*broni palnej*) range

notariusz [nɔ'tarjuʃ] *m* (public) notary

notatk|a [nɔ'tatka] *f* note; **robić ~i** to take notes

notatnik [nɔ'tatɲik], **notes** ['nɔtɛs] *m* notebook, pocket-book

notować [nɔ'tɔvatɕ] *vt* note, take notes (**coś** of sth); put, take down; *gield.* quote

nowalijka [nɔva'ɲijka] *f* early vegetable ⟨fruit⟩

nowator [nɔ'vatɔr] *m* innovator

nowela [nɔ'vɛla] *f* short-story

nowicjusz [nɔ'vitsjuʃ] *m* novice, apprentice, beginner

nowina [nɔ'vina] *f* news; **to nie ~** it's no news

nowoczesny [nɔvɔ'tʃɛsnɨ] *adj* modern, up-to-date

noworoczn|y [nɔvɔ'rɔtʃnɨ] *adj* New Year's; **życzenia ~e** New Year's greetings

noworodek [nɔvɔ'rɔdɛk] *m* new born child

nowość ['nɔvɔɕtɕ] *f* novelty; (*w urządzeniu*) innovation

nowotwór [nɔ'vɔtfur] *m med.* neoplasm; tumour

nowożeńcy [nɔvɔ'ʒɛɲtsɨ] *plt* (*podczas ślubu*) bride and bridegroom; (*po ślubie*) the newly married couple; *pot.* the newly-weds

now|y ['nɔvɨ] *adj* new; **Nowy Rok** New Year; **Szczęśliwego Nowego Roku!** Happy (and prosperous) New Year!; **co ~ego?** what's new?; what is the news?

nozdrze ['nɔzdʒɛ] *n* nostril

nożyczki [nɔ'ʒɨtʃki] *plt* scissors

nów [nuf] *m* new moon

nóż [nuʃ] *m* knife; **~ do krajania (mięsa)** carving knife; **~ do otwierania puszek** tin-opener; **~ sprężynowy** switchblade-knife, flick-knife; **~ składany** clasp-knife

nucić ['nutɕitɕ] *vt* hum

nuda ['nuda] *f* boredom, tedium; monotony

nudny ['nudnɨ] *adj* boring, tedious

nudysta [nu'dista] *m* nudist

nudzić ['nudʑitɕ] **I** *vt* bore **II** *vr* **~ się** be ⟨get⟩ bored; **~ się czymś śmiertelnie** to be bored to death with sth

numer ['numɛr] *m* number; (*pisma*) issue; (*butów, rękawiczek*) size; **~ telefonu** telephone number; **to jest o dwa ~y za duże** it is two sizes too big; **mieszkam pod ~em 4** I live (*w domu*) at number 4, (*w hotelu*) in number 4

numeracja [numɛ'ratsja] *f* numeration; numbering

numerek [nu'mɛrɛk] *m* (*np. do szatni*) check; ticket

numerować [numɛ'rɔvatɕ] *vt* number

nur|ek ['nurɛk] *m* **1.** diver **2.** *(skok do wody)* plunge; **dać ~ka** to dive; to take the plunge

nurkować [nur'kɔvatɕ] *vi* dive

nurt [nurt] *m (rzeki)* current; *(running)* stream

nurtować [nur'tɔvatɕ] *vt* penetrate, pervade, fret

nut|a ['nuta] *f* **1.** note, tune; *(melodia)* melody; **~a smutku** tone of sadness **2.** *plt* **~y** tunes

nużący [nu'ʒɔtɕi] *adj* tiring

nużyć ['nuʒitɕ] **I** *vt* tire, weary, fatigue **II** *vr* **~ się** grow weary ⟨tired⟩

nylon ['nilɔn] *m* nylon; *pl* **~y** nylon stockings

O

o [ɔ] *praep* of, about, on; for; at; by; against; **pisać o czymś** to write about ⟨of⟩ sth; **żyć o chlebie i wodzie** to live on bread and water; **prosić o pomoc** to ask for help; **o której godzinie?** (at) what time?; **o 4 godzinie** at 4 o'clock; **o zmroku** at dusk; **starszy o dwa lata** older by two years; **zmniejszyć o połowę** to diminish by half; **uderzyć o coś** to strike against sth; **o co chodzi?** what is the matter?

oaza [ɔ'aza] *f* oasis

obaj ['ɔbaj], **obie** ['ɔbɛ], **oboje** [ɔ'bɔjɛ] *pron* both

obarcz|ać [ɔ'bartʃatɕ] *imperf,* **~yć** [ɔ'bartʃitɕ] *perf vt* burden, load; *przen.* **~ać, ~yć odpowiedzialnością** ⟨zadaniem itp.⟩ to saddle ⟨to burden⟩ with responsibility ⟨a task etc.⟩

obaw|a [ɔ'bava] *f* fear, anxiety; **bez ~y** safely; **z ~y przed czymś** for fear of sth; **nie ma ~y!** no fear!

obawiać się [ɔ'baṽatɕ ɕɛ] *vr* be afraid (czegoś of sth), fear (czegoś sth)

obcas ['ɔptsas] *m* heel; **niskie** ⟨**wysokie**⟩ **~y** low ⟨high⟩ heels; **złamać ~** to break a heel

obcążki [ɔp'tsɔ̃ʃki], **obcęgi** [ɔp'tsɛ̃gi] *plt* tongs

obchodzić [ɔp'xɔdʑitɕ] *imperf,* **obejść** ['ɔbejɕtɕ] *perf* **I** *vt* **1.** go ⟨walk⟩ round; *przen.* **~ prawo** to evade the law **2.** *imperf (święto, rocznicę itp.)* celebrate, keep, observe || **co cię to obchodzi?** what has it got to do with you?; **to mnie nie obchodzi** it is no concern of mine **II** *vr* **obchodzić się** handle ⟨treat⟩ (z kimś, czymś sb, sth); **~ się bez czegoś** to do ⟨to go⟩ without sth; **można się bez tego obejść** it can be spared

obchód ['ɔpxut] *m* **1.** *(terenu)* round **2.** *(święta, rocznicy)* celebration

obciąć *zob.* **obcinać**

obciąż|ać [ɔp'tɕɔ̃ʒatɕ] *imperf,* **~yć** [ɔp'tɕɔ̃ʒitɕ] *perf vt* **1.** burden, charge **2.** *(rachunek)* debit

obciążenie [ɔptɕɔ̃'ʒɛɲɛ] *n* load, loading; ballast; **~ maksymalne** ⟨**dopuszczalne**⟩ maximum ⟨permissible, admissible, safe⟩ load

obciążyć *zob.* **obciążać**

obci|nać [ɔp'tɕinatɕ] *imperf,* **~ąć** ['ɔptɕɔ̃tɕ] *perf vt* **1.** cut, clip; **~ąć włosy na krótko** to bob one's hair **2.** *przen. (zmniejszać)* cut down (expenses)

obcisły [ɔp'tɕisui] *adj* tight

obcokrajowiec [ɔptsɔkra'jɔvɛts] *m* foreigner

obcy ['ɔptsɨ] I *adj* foreign, alien II *m* stranger, foreigner; **jestem tutaj ~** I am a stranger here

obczy|zna [ɔp'tʃɨzna] *f* foreign lands; **na ~żnie** (*za granicą*) abroad; (*na wygnaniu*) in exile

obdarz|ać [ɔb'daʒatɕ] *imperf*, **~yć** [ɔb'daʒɨtɕ] *perf vt* present (**kogoś czymś** sb with sth); bestow (**kogoś czymś sth** upon sb); **~ać, ~yć kogoś łaskami ⟨względami⟩** to favour sb; to confer ⟨to bestow⟩ favours on sb

obecnie [ɔ'bɛtsɲɛ] *adv* at present, now, nowadays

obecnoś|ć [ɔ'bɛtsnɔɕtɕ] *f* presence; (*uczęszczanie*) attendance; **lista ~ci** (*na uczelni itp.*) attendance record ⟨list⟩; (*w pracy*) time sheet; **w ~ci** im the presence (of)

obecny [ɔ'bɛtsnɨ] *adj* present; **być ~m na wykładzie** to attend a lecture

obejmować [ɔbɛj'mɔvatɕ] *imperf*, **objąć** [ɔ'bjɔ̃tɕ] *perf vt* 1. (*kogoś*) embrace; **~ za szyję** to throw one's arms round sb's neck 2. (*zawierać*) comprise, contain, include || **~ dowództwo** to take the command (of); **~ posadę** to take over a post; **~ w posiadanie** to take possession (of)

obejrzeć [ɔ'bɛjʒɛtɕ] I *vt* to have a glance ⟨a look⟩ (**coś** at sth); **~ wystawę** to see an exhibition II *vr* **~ się za siebie** to look back *zob.* oglądać

obejść *zob.* obchodzić

obelisk [ɔ'bɛɲisk] *m* obelisk, needle

oberwać [ɔ'bɛrvatɕ] I *vt* tear ⟨pluck⟩ off II *vi pot.* **~ od kogoś** to catch a scolding ⟨a thrashing⟩; **~ po**

głowie to get a knock on the head

oberża [ɔ'bɛrʒa] *f* tavern, inn

obetrzeć [ɔ'bɛt.ʃɛtɕ] *vt* 1. (*wytrzeć*) wipe (away); **~ czoło** to mop one's brow 2. (*skaleczyć*) gall, chafe; **~ skórę** to rub sore

obeznany [ɔbɛz'nanɨ] *adj* familiar (**z czymś** with sth)

obezwładnić [ɔbɛz'vŭadɲitɕ] *vt* overpower, subdue; render (sb) helpless

obfitować [ɔpfi'tɔvatɕ] *vi* abound (**w coś** with ⟨in⟩ sth)

obfity [ɔp'fitɨ] *adj* abundant, plentiful; **~ posiłek** substantial ⟨hearty⟩ meal

obiad [ɔbat] *m* dinner; **jeść ~** to dine; to have dinner; **jeść ~ poza domem** to dine out; **zamówić ~** to order a dinner; **proszony ~** dinner-party

obie *zob.* obaj

obiecać *zob.* obiecywać

obiecujący [ɔbɛtsu'jɔ̃tsɨ] *adj* promising, hopeful; **~ młody człowiek** promising young man

obiec|ywać [ɔbɛ'tsɨvatɕ] *imperf*, **~ać** [ɔ'bɛtsatɕ] *perf vt* promise

obieg ['ɔbɛk] *m* 1. (*krwi, wody itp.*) circulation 2. (*słońca*) circuit 3. (*pieniądza*) currency || **puszczać w ~** to circulate; (*pieniądze*) to issue; **wycofać z ~u** to withdraw from circulation

obiekt ['ɔbɛkt] *m* object; *wojsk.* target; (*przemysłowy*) construction, building; **~ turystyczny** tourist object; **~ zabytkowy** monumental ⟨ancient⟩ building

obiektyw [ɔ'bɛktif] *m fot.* objective

obiektywny [ɔbɛk'tivnɨ] *adj* objective, impartial

obierać [ɔ'bɛratɕ] *imperf*, **obrać** ['ɔbratɕ] *perf vt* 1. (*ze skórki*) peel 2. (*wybierać*) elect, choose; **~ zawód** to

obietnica

502

embrace ⟨to take up⟩ a profession

obietnic|a [ɔbɛt'ɲitsa] f promise; **dotrzymywać** ~y to keep one's promise

objaśni|ać [ɔb'jaɕɲatɕ] imperf, ~ć [ɔb'jaɕɲitɕ] perf vt explain, interpret; (na przykładach) illustrate

objaśnienie [ɔbjaɕ'ɲɛɲɛ] n explanation, comment, illustration

objaw ['ɔbjaf] m sign, symptom; ~y choroby pathological symptoms

objazd ['ɔbjast] m (kraju) tour; (okrążenie) detour; round-about way, by-pass

objazdow|y [ɔbjaz'dɔvɨ] adj itinerant, ambulatory, travelling; **droga** ~a by-pass; **teatr** ~y itinerant theatre

objąć zob. **obejmować**

objętość [ɔb'jɛtɔɕtɕ] f volume; (pojemność) capacity

obl|ewać [ɔb'lɛvatɕ] imperf, ~ać ['ɔblatɕ] perf I vt water, sprinkle; przen. ~ać egzamin to fail (in) an examination II vr przen. ~ewać, ~ać się rumieńcem to blush; ~ewać się potem to be bathed in perspiration; to sweat all over

oblewanie [ɔblɛ'vaɲɛ] n pot. (opijanie) celebration; ~ **mieszkania** house-warming party

oblicz|ać [ɔ'bɫitʃatɕ] imperf, ~yć [ɔ'bɫitʃitɕ] perf I vt calculate, count; ~ać, ~yć w przybliżeniu to estimate II vr ~ać, ~yć się z kimś to make ⟨to settle⟩ accounts with sb

oblicz|e [ɔ'bɫitʃɛ] n w ~u in the face of; **stanąć w** ~u **niebezpieczeństwa** to face the danger

obliczenie [ɔbɫi'tʃɛɲɛ] n calculation, account

obliczyć zob. **obliczać**

obluzować się [ɔblu'zɔvatɕ ɕɛ] vr work loose

obłęd ['ɔbɫɛ̃t] m insanity, madness

obłok ['ɔbɫɔk] m cloud

obłudny [ɔ'bɫudnɨ] adj hypocritical

obm|awiać [ɔb'mavatɕ] imperf, ~ówić [ɔb'muvitɕ] perf vt gossip (**kogoś** about sb), slander, blacken

obmyć zob. **obmywać**

obmyśl|ać [ɔb'mɨɕlatɕ] imperf, ~ić [ɔb'mɨɕlitɕ] perf vt design, contrive, conspire

obmy|wać [ɔb'mɨvatɕ] imperf, ~ć ['ɔbmitɕ] perf I vt wash, cleanse II vr ~wać, ~ć się wash oneself

obniż|ać [ɔb'ɲiʑatɕ] imperf, ~yć [ɔb'ɲiʑitɕ] perf I vt lower; (podatki) abate; (ceny) reduce; (zarobki) cut down II vr ~ać, ~yć się go down, be reduced

obniżka [ɔb'ɲiʃka] f reduction, abatement; ~ **cen** price reduction ⟨cut⟩

obniżyć zob. **obniżać**

obojczyk [ɔ'bɔjtʃɨk] m anat. collar-bone

oboje zob. **obaj**

obojętn|y [ɔbɔ'jɛtnɨ] adj 1. indifferent; **rzecz** ~a a matter of indifference; **to mi jest** ~e it's all the same to me; **to** ~e! it doesn't matter!; I don't care! 2. chem. neutral

obok ['ɔbɔk] adv near, beside, next (to)

obora [ɔ'bɔra] f cow-shed, cow-barn

obowiąz|ek [ɔbɔ'vɔ̃zɛk] m duty; ~ek **moralny** moral obligation; **spełnić** ~ek to do one's duty; **pełniący** ~ki on duty; (w zastępstwie) acting

obowiązkowy [ɔbɔvɔ̃'skɔvɨ] adj (o człowieku) dutiful, conscientious; (obowiązujący) obligatory, compulsory

obowiązując|y [ɔbɔvɔ̃zu'jɔ̃tsɨ] adj obliging, obligatory, binding; **mieć moc** ~ą to

be in force; **nabrać mocy** ~**ej** to come into force
obowiązywać [ɔbɔvɔ̃'zivatɕ] *vt* oblige, be in force, bind
obóz ['ɔbus] *m* camp; ~ **szkoleniowy** instruction camp; training centre; **rozbić** ~ to pitch a camp; **rozłożyć się obozem** to encamp; **zwinąć** ~ to break up camp
obrabiarka [ɔbra'bˌarka] *f* machine-tool
obr|acać [ɔ'bratsatɕ] *imperf,* ~**ócić** [ɔ'brutɕitɕ] *perf* **I** *vt* turn; ~**acać korbę** to turn the handle; *przen.* ~**acać kapitałem** to turn over one's capital; ~**acać,** ~**ócić coś na korzyść** to turn sth to account; to make the best of sth; ~**acać,** ~**ócić coś w żart** to turn sth into a jest **II** *vr* ~**acać,** ~**ócić się** turn; ~**acać,** ~**ócić się wokoło** to circle; ~**acać,** ~**ócić się plecami do kogoś** to turn one's back to sb || **gdzie on się teraz obraca? where is he now?**
obrachunek [ɔbra'xunɛk] *m* calculation, accunt
obrać zob. **obierać**
obrady [ɔ'bradi] *plt* debates, conference
obraz ['ɔbras] *m* picture, painting, image; ~ **olejny** oil-painting; **galeria** ~**ów** picture gallery; **sztuka w 4** ~**ach** a play in 4 scenes
obra|zić [ɔ'braʑitɕ] *perf,* ~**żać** [ɔ'braʒatɕ] *imperf* **I** *vt* offend, insult **II** *vr* ~**zić,** ~**żać się** to take offence (o **coś** at sth)
obrączka [ɔ'brɔ̃tʃka] *f* ring; ~ **ślubna** wedding ring
obręb ['ɔbrɛmp] *m* (*u sukni*) hem || **w** ~**ie miasta** within (the limits of) the city
obron|a [ɔ'brɔna] *f* 1. defence; **we własnej** ~**ie** in self-defence 2. *sport.* backs
obronić [ɔ'brɔɲitɕ] **I** *vt* de-

fend, protect **II** *vr* ~ **się** defend ⟨protect⟩ oneself
obrońca [ɔ'brɔɲtsa] *m* 1. defender, protector; *prawn.* barrister; *am.* counsel for the defence; ~ **z urzędu** public defender 2. *sport.* back
obrotomierz [ɔbrɔ'tɔmˌeʃ] *m* tachometer
obrotow|y [ɔbrɔ'tɔvi] *adj* revolving; **drzwi** ~**e** revolving door || **kapitał** ~**y** working ⟨circulating⟩ capital; **podatek** ~**y** turnover tax
obroża [ɔ'brɔʒa] *f* (dog-)collar
obróbka [ɔ'brupka] *f* treatment, working
obrócić zob. **obracać**
obr|ót ['ɔbrut] *m* 1. turn, rotation; *techn.* revolution; **szybkie** ⟨**wolne**⟩ ~**oty** quick ⟨slow⟩ revolutions; *przen.* **przybrać korzystny** ~**ót** to take a favourable turn 2. *ekon.* turnover; ~**ót gotówkowy** cash transactions || **wycofać z** ~**otu** to withdraw from circulation
obrus ['ɔbrus] *m* table-cloth
obrywać [ɔ'brivatɕ] *vt* tear off, pluck ⟨off⟩, strip (z **czegoś** of sth); ~ **owoce** to pluck ⟨to pick⟩ fruit
obrządek [ɔ'bʒɔ̃dɛk] *m* ceremony
obrzęd ['ɔbʒɛ̃t] *m* custom, ceremony; ~ **ludowy** folk custom
obrzęk ['ɔbʒɛ̃k] *m* swelling
obrzydliwy [ɔbʒɨd'ɦivi] *adj* hideous, disgusting, abominable
obsada [ɔp'sada] *f* *teatr.* cast
obserwatorium [ɔpsɛrva'tɔrjum] *n* observatory
obserwować [ɔpsɛr'vɔvatɕ] *vt* observe, watch
obsługa [ɔp'suuga] *f* (*czynność*) service; (*ludzie*) staff, team, personnel; crew
obsłu|giwać [ɔpsuu'givatɕ] *imperf,* ~**żyć** [ɔp'suuʑitɕ] *perf* *vt* serve (**kogoś** sb),

wait ⟨attend⟩ (kogoś on ⟨upon⟩ sb)

obstalunek [ɔpsta'lunɛk] *m* order; **na** ~ to order

obstrukcj|a [ɔp'struktsja] *f med.* constipation; **cierpią-cy na** ~**ę** constipated

obszar ['ɔpʃar] *m* area, territory, space; ~ **konwencyj-ny** convention area ⟨territory⟩

obszerny [ɔp'ʃɛrnɨ] *adj* spacious, extensive; (*o ubraniu*) loose; (*o temacie*) vast

obuć *zob.* **obuwać**

obudowa [ɔbu'dɔva] *f* casing

obudzić [ɔ'budʑitɕ] *vt* (*także vr* ~ **się**) wake (up), awake

oburącz [ɔ'burɔtʃ] *adv* with both hands

oburz|ać [ɔ'buʒatɕ] *imperf*, ~**yć** [ɔ'buʒɨtɕ] *perf* I *vt* shock, revolt, fill with indignation II *vr* ~**ać**, ~**yć się** be ⟨become⟩ indignant ⟨shocked⟩ (**na coś** at sth); revolt (**na coś** against sth)

obustronny [ɔbu'strɔnnɨ] *adj* two-sided, bilateral; (*wza-jemny*) mutual

obu|wać [ɔ'buvatɕ] *imperf*, ~**ć** ['ɔbutɕ] *perf* *vt* shoe, put on shoes

obuwie [ɔ'buvɛ] *n* footwear; ~ **sportowe** sports shoes

obwarzanek [ɔbva'ʒanɛk] *m* cracknel

obwieszczenie [ɔbvɛʃ'tʃɛɲɛ] *n* proclamation, announcement

obwiniać [ɔb'viɲatɕ] *vt* accuse (**o coś** of sth), charge (**o coś** with sth)

obwód ['ɔbvut] *m* 1. (*okrąg*) circumference; ~ **bioder** hip measurement; ~ **talii** waist measurement 2. (*o-kręg*) district 3. *elektr.* circuit

oby ['ɔbɨ] *part* ~**m tego do-żył!** may I live to see it!: ~ **tylko tak było!** may it be so!; if only it were so!

obyczaj [ɔ'bɨtʃaj] *m* custom, manner, way

obyć się *zob.* **obywać się**

obyty [ɔ'bɨtɨ] *adj* worldly--wise, well-mannered; ~ **z czymś** familiar with sth

oby|wać się [ɔ'bɨvatɕ ɕɛ̃] *im-perf*, ~**ć się** ['ɔbɨtɕ ɕɛ̃] *perf vr* ~**wać**, ~**ć się bez czegoś** to go ⟨to do⟩ without sth

obywatel [ɔbɨ'vatɛl] *m* citizen

obywatelski [ɔbɨva'tɛlskɨ] *adj* civic; (*o prawach*) civil

obywatelstwo [ɔbɨva'tɛlstfɔ] *n* citizenship, nationality

ocal|ać [ɔ'tsalatɕ] *imperf*, ~**ić** [ɔ'tsaɕitɕ] *perf vt* save, rescue

ocaleć [ɔ'tsalɛtɕ] *vi* be saved, remain safe, survive

ocalić *zob.* **ocalać**

ocean [ɔ'tsɛan] *m* ocean

ocen|a [ɔ'tsɛna] *f* appreciation; estimation; **dać do** ~**y** to have sth estimated ⟨valued⟩

ocen|iać [ɔ'tsɛɲatɕ] *imperf*, ~**ić** [ɔ'tsɛɲitɕ] *perf vt* estimate, appreciate, value

ocet ['ɔtsɛt] *m* vinegar; ~ **winny** wine vinegar

ochłodzenie [ɔxu'dzɛɲɛ] *n* cooling down

ochłodzić [ɔ'xuɔdʑitɕ] I *vt* cool (down), refrigerate II *vr* ~ **się** cool (down)

ochot|a [ɔ'xɔta] *f* eagerness, willingness; **mieć na coś** ~**ę** to feel like ⟨to be keen on⟩ doing sth; **nie mam na to** ~**y** I have no fancy for it; **z** ~**ą** eagerly, willingly

ochotnik [ɔ'xɔtɲik] *m* volunteer; **zgłosić się na** ~**a do czegoś** to volunteer for sth

ochraniacz [ɔ'xraɲatʃ] *m* 1. (*osłona*) protector 2. *sport.* (*osłona na nogi*) pad 3. *mor.* fender, bumper

ochr|aniać [ɔ'xraɲatɕ] *imperf*, ~**onić** [ɔ'xrɔɲitɕ] *perf vt* protect ⟨preserve, shelter⟩ (**przed czymś** from sth)

ochrona [ɔ'xrɔna] *f* protection, preservation, conservancy; ~ **przyrody** preservation of nature; ~ **środo-**

wiska protection of environment; ~ zabytków preservation of ancient monuments

ochronn|y [ɔ'xrɔnnɨ] *adj* protective, preventive; **czas ~y** close season; **marka ~a** trade-mark

ochrypnąć [ɔ'xrɨpnɔ̃tɕ] *vi* become hoarse

ociemniały [ɔtɕem'ɲaũɨ] *adj m* blind

ociepl|ać [ɔ'tɕeplatɕ] *imperf,* **~ić** [ɔ'tɕepɲitɕ] *perf* **I** *vt* warm, make warm **II** *vr* **~ać,** **~ić się** grow warm; **~a się** it's getting warm

ocieplenie [ɔtɕe'pleɲe] *n* warming up; (*cieplejsza pogoda*) warmer weather

ocierać [ɔ'tɕeratɕ] *imperf,* **otrzeć** [ɔ't͡ʃetɕ] *perf* **I** *vt* **1.** (*wycierać*) wipe; **ocierać, otrzeć czoło** to mop one's brow **2.** (*ścierać boleśnie*) gall, chafe; **ocierać o coś** to grind ⟨to rub⟩ against sth **II** *vr* **ocierać, otrzeć się** rub, grind, scrape (**o coś** against sth)

ocknąć się ['ɔtsknɔ̃tɕ ɕɛ̃] *vr* awake

ocl|ić ['ɔtsʃitɕ] *vt* impose a duty (**coś** on sth); **czy ma pan** ⟨**pani**⟩ **coś do ~enia?** have you anything to declare?

ocucić [ɔ'tsutɕitɕ] *vt* revive, bring back to consciousness; bring (sb) round

oczekiwać [ɔtʃe'kivatɕ] *vt* await (**kogoś** sb), wait (**kogoś** for sb); look forward (**czegoś** to sth), expect (**czegoś** sth)

oczk|o ['ɔtʃkɔ] *n* eye; (*w sieci*) mesh; (*w pierścionku*) gem; (*w pończoszę*) **puszczone ~o** ladder; *przen.* **ona jest jego ~iem w głowie** she is the apple of his eye

oczyścić [ɔ'tʃiɕtɕitɕ] *vt* **1.** clean, cleanse; (*szczotką*) brush; (*odkurzyć*) dust; **~ wodę**

to purify water **2.** (*uwolnić od winy*) free (from guilt)

oczywiście [ɔtʃɨ'viɕtɕɛ] *adv* naturally, obviously; **~!** of course!, most certainly!

od [ɔt] *praep* from; since; for; **od dwóch tygodni** for two weeks; **od piątej godziny** since 5 o'clock; **od tamtego czasu** since then; **po 5 pensów od osoby** 5 pence per person; **słodszy od cukru** sweeter than sugar; **proszek od bólu głowy** headache wafer; **kasa czynna od ... do ...** cash-desk hours from ... to ...; **od czasu do czasu** from time to time; **od stóp do głów** from top to toe

odbicie [ɔd'bitɕɛ] *n* **1.** (*światła*) reflection **2.** (*w lustrze*) image **3.** (*piłki*) bound, bounce

odbić *zob.* **odbijać**

odbierać [ɔd'beratɕ] *imperf,* **odebrać** [ɔ'dɛbratɕ] *perf vt* take away ⟨back⟩; (*rzecz pożyczoną*) recover; (*bilety itp.*) collect; (*pieniądze z konta*) withdraw; **~ telefon** to take a call; **odebrać sobie życie** to commit suicide

odbi|jać [ɔd'bijatɕ] *imperf,* **~ć** ['ɔdbitɕ] *perf* **I** *vt* **1.** (*obraz, światło*) reflect **2.** (*piłkę*) return ‖ **~jać, ~ć od brzegu** to put off **II** *vr* **~jać, ~ć się 1.** (*w lustrze*) be reflected **2.** (*o piłce*) bounce

odbiorca [ɔd'bɔrtsa] *m* (*listu*) addressee, receiver; (*sztuki, programu radiowego*) consumer; listener; **~ masowy** ⟨**przeciętny**⟩ average consumer

odbiornik [ɔd'bɔrɲik] *m* radio receiver ⟨set⟩; **~ telewizyjny** television ⟨*pot.* TV⟩ set

odbiór ['ɔdbur] *m* receipt; **potwierdzić ~** to acknowledge the receipt ‖ (dobry

⟨zły⟩) ~ programu (good ⟨bad⟩) reception

odbitka [ɔd'bitka] f copy, print, reprint

odblaskow|y [ɔdblas'kɔvɨ] adj reflecting; mot. światła ~e reflecting lights

odbudowa [ɔdbu'dɔva] f reconstruction, rebuilding

odby|ć ['ɔdbitɕ] perf, ~wać [ɔd'bivatɕ] imperf I vt (podróż) make; (posiedzenie) hold; (wyrok) serve; (studia) study, go through II vr ~ć, ~wać się take place, be held

odcedzić [ɔt'tsɛdʑitɕ] vt strain (soup, vegetables, macaroni etc.)

odchodzić [ɔt'xɔdʑitɕ] imperf, **odejść** ['ɔdɛjɕtɕ] perf vi go away, leave; (o pociągu) start, depart; przen. odchodzić od zmysłów to be out of one's senses; to be beside oneself; odejść z tego świata to pass away

odchudzać się [ɔt'xudzatɕ ɕɛ̃] vr lose weight, slim

odciąć zob. **odcinać**

odcień ['ɔttɕɛɲ] m shade, tint

odci|nać [ɔt'tɕinatɕ] imperf, ~ąć ['ɔttɕɔ̃tɕ] perf I vt cut out ⟨off⟩; med. amputate II vr ~nać, ~ąć się (słownie) retort

odcin|ek [ɔt'tɕinɛk] m 1. (część) section, sector 2. (kwitek) coupon; ~ek kontrolny (np. czeku) counterfoil 3. (powieści) instalment; powieść w ~kach serial

odcisk ['ɔttɕisk] m 1. impression; ~ palca finger-print; ~ stopy foot-print 2. (nagniotek) corn

odczepić [ɔt'tʃɛpitɕ] vt unhook, unfasten; detach; ~ wagon to uncouple a wagon

odczu|ć ['ɔttʃutɕ] perf, ~wać [ɔt'tʃuvatɕ] imperf vt feel; ~wać pragnienie to feel thirsty; przen. dać komuś coś ~ć to make sb feel sth;

dać się ~ć to make itself felt

odczyt ['ɔttʃɨt] m lecture; wygłosić ~ to give a lecture; to lecture (o czymś on sth)

odczyt|ać [ɔt'tʃɨtatɕ] perf, ~ywać [ɔttʃɨ'tivatɕ] imperf vt read (over); (odcyfrować) decipher, make out; ~ać, ~ywać listę nazwisk to call out names

oddać zob. **oddawać**

oddal|ać [ɔd'dalatɕ] imperf, ~ić [ɔd'daɲitɕ] perf I vt remove, send away; (z pracy) dismiss II vr ~ać, ~ić się withdraw, leave, retire

odda|wać [ɔd'davatɕ] imperf, ~ć ['ɔddatɕ] perf. I vt give (back); ~wać, ~ć dług to repay a debt; ~wać, ~ć książkę to return a book; ~wać, ~ć list to deliver a letter; ~wać, ~ć dziecko do szkoły to send a child to school; ~wać, ~ć sprawę do sądu to take ⟨to bring⟩ the matter into court; ~wać, ~ć uderzenie to strike ⟨to hit⟩ back; przen. ~wać, ~ć hołd to pay homage; ~wać, ~ć przysługę to render a service; to do a favour; ~wać, ~ć sprawiedliwość to do justice; ~wać, ~ć do użytku to put to use II vr ~wać, ~ć się surrender (oneself) (czemuś to sth); ~wać się studiom ⟨nałogowi itp.⟩ to be addicted ⟨to addict oneself⟩ to study ⟨vice etc.⟩

oddech ['ɔddɛx] m breath

oddychać [ɔd'dixatɕ] imperf, **odetchnąć** [ɔ'dɛtxnɔ̃tɕ] perf vi breathe, respire; ciężko ⟨z trudem⟩ oddychać to breathe heavily; to gasp for breath || odetchnąć z ulgą to heave a sigh of relief

oddychanie [ɔddi'xaɲɛ] n breathing, respiration; sztuczne ~ artificial respiration oddział ['ɔddʑaŭ] *m* section, department; (*firmy*) branch; (*szpitala*) ward; *wojsk.* detachment

oddziaływać [ɔddʑa'ŭivatɕ] *vt* affect ⟨influence⟩ (**na** kogoś, coś sb, sth)

oddzielnie [ɔd'dʑɛlɲɛ] *adv* separately

oddzielny [ɔd'dʑɛlnɨ] *adj* separate

oddźwięk ['ɔddʑvɛ̃k] *m* repercussion, echo; znaleźć ~ u kogoś to get a response from sb

odebrać *zob.* odbierać

odejmować [ɔdɛj'mɔvatɕ] *imperf*, odjąć ['ɔdjɔ̃tɕ] *perf vt* take away; deduct; *mat.* subtract

odejmowanie [ɔdɛjmɔ'vaɲɛ] *n* deduction; *mat.* subtraction

odejść *zob.* odchodzić

odepchnąć *zob.* odpychać

oderwać *zob.* odrywać

oderwany [ɔdɛr'vanɨ] *adj* 1. torn off 2. (*oddzielny*) abstracted, detached (**od czegoś** from sth) 3. (*abstrakcyjny*) abstract

odesłać *zob.* odsyłać

odetchnąć *zob.* oddychać

odezwa [ɔ'dɛzva] *f* proclamation, address

odgad|nąć [ɔd'gadnɔ̃tɕ] *perf*, ~ywać [ɔdga'dɨvatɕ] *imperf vt* guess; ~nąć, ~ywać czyjeś myśli to read sb's thoughts

odgałęzienie [ɔdgaŭɛ̃'ʑɛɲɛ] *n* (side) branch; embranchment

odgłos ['ɔdgŭɔs] *m* echo; (*strzału*) report; ~ dzwonów sound of bells; ~ kroków footfalls

odgr|adzać [ɔd'gradzatɕ] *imperf*, ~odzić [ɔd'grɔdʑitɕ] *perf vt* separate, isolate; (*parkanem itp.*) fence off

odgrażać się [ɔd'graʐatɕ ɕɛ] *vr* threaten (**komuś** sb); utter threats

odgrodzić *zob.* odgradzać

odgromnik [ɔd'grɔmɲik] *m* lightning arrester ⟨protector⟩

odgrz|ać ['ɔdgʐatɕ] *perf*, ~ewać [ɔd'gʐɛvatɕ] *imperf vt* warm up

odjazd ['ɔdjast] *m* departure; termin ~u departure date ⟨time⟩; planowy ~ scheduled departure

odjąć *zob.* odejmować

odje|chać [ɔd'jɛxatɕ] *perf*, ~żdżać [ɔd'jɛʑdʑatɕ] *imperf vi* depart; leave (**do Krakowa** for Cracow)

odkażanie [ɔtka'ʐaɲɛ] *n* disinfection

odkąd ['ɔtkɔ̃t] I *adv* since when?; how long? II *conj* since

odkle|ić [ɔt'klɛitɕ] *perf*, ~jać [ɔt'klɛjatɕ] *imperf* I *vt* unglue, unstick II *vr* ~ić, ~jać się get unstuck

odkładać [ɔt'kŭadatɕ] *imperf*, odłożyć [ɔd'ŭɔʑitɕ] *perf vt* put aside, lay by; odkładać, odłożyć słuchawkę to hang up (the receiver), to ring off; proszę nie odkładać słuchawki please, hold on || odkładać, odłożyć na później to delay; to postpone; to put off; odkładać, odłożyć pieniądze to save money, to put money by

odkręc|ać [ɔt'kɾɛ̃tsatɕ] *imperf*, ~ić [ɔt'kɾɛ̃tɕitɕ] *perf vt* unwind; (*śrubę*) unscrew; ~ać, ~ić kran (z wodą) to turn on the water

odkrycie [ɔt'kɾɨtɕɛ] *n* discovery; (*wykopaliskowe*) excavation, find

odkry|ć ['ɔtkɾɨtɕ] *perf*, ~wać [ɔt'kɾɨvatɕ] *imperf vt* 1. discover, find (out) 2. (*ujawniać*) disclose, uncover

odkurzacz [ɔt'kuʐatʃ] *m* vacuum-cleaner; (electric) duster; *pot.* hoover

odlać ['ɔdlatɕ] *vt* (*wylać trochę*) to pour off; (*zlać*) to pour out; ~ wodę z ziemniaków to drain the potatoes

odl|atywać [ɔdla'tivatɕ] *imperf,* ~ecieć [ɔd'lɛtɕɛiɕ] *perf vi* fly away; *(o ptakach)* migrate; o której ~atuje samolot do ... what time is the plane leaving for ...

odległoś|ć [ɔd'lɛgŭɔɕtɕ] *f* distance; sterowany na ~ć remote-controlled

odległy [ɔd'lɛgŭi] *adj* distant, far-away

odlot ['ɔdlɔt] *m* departure (of a plane); take-off

odludzie [ɔd'ludʑɛ] *n* seclusion; lonesome ⟨secluded⟩ place ⟨spot⟩

odłamek [ɔd'ŭamɛk] *m (pocisku)* splinter

odłącz|ać [ɔd'ŭɔ̃tʃatɕ] *imperf,* ~yć [ɔd'ŭɔ̃tʃitɕ] *perf* I *vt* separate, set apart II *vr* ~ać, ~yć się separate, go apart

odłożyć *zob.* odkładać

odł|óg ['ɔdŭuk] *m* fallow; leżeć ~ogiem to lie fallow

odmalować [ɔdma'lɔvatɕ] *vt* repaint; ~ mieszkanie to redecorate a flat

odm|awiać [ɔd'mavatɕ] *imperf.* ~ówić [ɔd'muvitɕ] *perf vt* refuse, deny; ~awiać, ~ówić przyjęcia zaproszenia to decline an invitation || ~awiać modlitwy to say one's prayers

odmian|a [ɔd'mana] *f* 1. change; dla ~y for a change 2. *bot. zool.* variety

odmienn|y [ɔd'mɛnni] *adj* different (od kogoś, czegoś from sb, sth), dissimilar (od kogoś, czegoś to sb, sth); płeć ~a opposite sex; być ~ego zdania to be of different opinion

odmłodzić [ɔd'mŭɔdʑitɕ] I *vt* make younger, rejuvenate II *vr* ~ się get younger

odmowa [ɔd'mɔva] *f* refusal, denial

odmown|y [ɔd'mɔvni] *adj* neg-

ative; odpowiedź ~a refusal; denial; negative reply

odmówić *zob.* odmawiać

odmrożenie [ɔdmrɔ'ʒɛnɛ] *n* 1. *med.* frost-bite 2. *(jarzyn, mięsa)* defrosting

odna|jdywać [ɔdnaj'divatɕ] *imperf,* ~leźć [ɔd'nalɛɕtɕ] *perf vt* find, discover, recover

odn|awiać [ɔd'navatɕ] *imperf,* ~owić [ɔd'nɔvitɕ] *perf* I *vt* 1. *(przyjaźń, stosunki)* renew 2. *(dom)* renovate, restore II *vr* ~awiać, ~owić się be renewed

odn|ieść ['ɔdɲɛɕtɕ] *perf,* ~osić [ɔd'nɔɕitɕ] *imperf* I *vt* carry, bring back || ~ieść, ~osić korzyść z czegoś to benefit by sth; ~ieść, ~osić wrażenie to have the feeling ⟨the impression⟩; ~ieść, ~osić zwycięstwo to win ⟨gain⟩ a victory II *vr* ~osić się refer (do kogoś, czegoś to sb, sth), concern (do kogoś, czegoś sb, sth) || ~osić się dobrze do kogoś to behave well towards sb; to treat sb well

odnoga [ɔd'nɔga] *f (odgałęzienie)* branch; *bot.* offshot; ~ rzeki arm of a river

odnośnie [ɔd'nɔɕɲɛ] *adv* ~ do czegoś concerning sth; as concerns ⟨regards⟩ sth

odnowa [ɔd'nɔva] *f (ubrań itp.)* renovation; *(stosunków)* restoration

od nowa [ɔd'nɔva] *adv* anew, once again; from the start

odnowić *zob.* odnawiać

odpadać [ɔt'padatɕ] *vi* fall off, break away

odpadki [ɔt'patɕi] *pl* waste, refuse

odpakować [ɔtpa'kɔvatɕ] *vt* unpack, unwrap

odparzenie [ɔtpa'ʒɛnɛ] *n* scald, gall

odparzyć [ɔt'paʒitɕ] *vt* scald, blister, gall

odpi|ąć ['ɔtpɔ̃tɕ] *perf,* ~nać

[ɔt'pinatɕ] *imperf vt (guziki)* unbutton; *(zameczek, haftkę)* undo; *(kołnierzyk)* unfasten

odpis ['ɔtpis] *m* copy; duplicate; ~ **metryki** a copy of a (birth, marriage) certificate; **zrobić** ~ **czegoś** to make a copy of sth; **zrobić** ~ **uwierzytelniony** to exemplify

odpis|ać [ɔt'pisatɕ] *perf,* ~**ywać** [ɔtpi'sivatɕ] *imperf vt* 1. *(odpowiedzieć)* answer; reply (to a letter); write back 2. *(przepisać)* copy

odpłatny [ɔt'puatni] *adj* payable, refundable

odpłynąć *zob.* **odpływać**

odpływ ['ɔtpuif] *m (morza)* ebb; **jest** ~ the tide is low; *przen. (gotówki)* outflow

odpły|wać [ɔt'puivatɕ] *imperf,* ~**nąć** [ɔt'puinɔtɕ] *perf vi (o wodzie)* flow away; *(o okręcie)* sail off; *(o człowieku)* swim away

odpocząć *zob.* **odpoczywać**

odpoczynek [ɔtpɔ'tʃinek] *m* rest, relaxation

odpocz|ywać [ɔtpɔ'tʃivatɕ] *imperf,* ~**ąć** [ɔt'pɔtʃɔtɕ] *perf vi* rest, have a rest

odporny [ɔt'pɔrni] *adj* resistant; immune (**na coś** from ⟨against⟩ sth); proof

odpowiada|ć [ɔtpɔ'vadatɕ] *vt vi* 1. answer (**na pytanie** a question); reply (**na coś** to sth); **telefon nie** ~ the number doesn't reply; the line is dead 2. *(być stosownym)* suit (**czemuś** sth), correspond (**czemuś** to sth); ~**ć celowi** to serve a purpose; ~**ć warunkom** to fulfil the conditions; **jedzenie mi nie** ~ the food doesn't agree with me || ~**ć za kogoś, coś** to be responsible for sb, sth

odpowiedni [ɔtpɔ'vɛdni] *adj* right, satisfactory; appropriate, fit (for sth); *(o chwili)* suitable; *(o napiwku)* adequate; ~ **wydział** respective department; **w** ~**m czasie** in due course

odpowiedzialnoś|ć [ɔtpɔvɛ'dʑalnɔɕtɕ] *f* responsibility; **ponosić** ~**ć za coś** to bear the responsibility for sth; **pociągnąć kogoś do** ~**ci sądowej** to prosecute sb; **wstęp wzbroniony pod** ~**cią sądową** trespassers will be prosecuted

odpowiedzialny [ɔtpɔvɛ'dʑalni] *adj* responsible; ~ **za coś** in charge of sth

odpowiedzieć [ɔtpɔ'vɛdʑɛtɕ] *vi* answer (**na pytanie** a question)

odpowie|dź [ɔt'pɔvɛtɕ] *f* answer, reply (**na coś** to sth); ~**dź opłacona** reply paid; **w** ~**dzi na ...** in reply to ...

odprawa [ɔt'prava] *f* 1. *(ostra odpowiedź)* retort, rebuff 2. *(pieniądze)* separation ⟨severance⟩ pay || ~ **celna** customs examination ⟨clearance⟩; ~ **paszportowa** passport examination

odprężenie [ɔtprɛ'ʒɛnɛ] *n* relaxation

odprowadz|ać [ɔtprɔ'vadzatɕ] *imperf,* ~**ić** [ɔtprɔ'vadʑitɕ] *perf* 1. *(towarzyszyć)* accompany (**kogoś** sb); *(kogoś na stację)* see (sb) off; ~**ać,** ~**ić kogoś do samochodu** to see sb to the car 2. *(wodę)* drain off

odpruć ['ɔtprutɕ] *vt* rip, unseam, unsew

odpust ['ɔtpust] *m* church fair; *(kiermasz)* kermes, kermis

odpychać [ɔt'pixatɕ] *imperf,* **odepchnąć** [ɔ'dɛpxnɔtɕ] *perf vt* repel, push away

odra ['ɔdra] *f med.* measles

odr|aczać [ɔd'ratʃatɕ] *imperf,* ~**oczyć** [ɔd'rɔtʃitɕ] *perf vt* adjourn, postpone, delay; *(wyrok)* respite; ~**aczać,**

~oczyć wykonanie wyroku na kimś to reprieve sb
od razu [ɔd'razu] *adv* at once, on the spot
odrębny [ɔd'rębnɨ] *adj* separate, peculiar
odroczyć *zob.* odraczać
odrodzenie [ɔdrɔ'dzɛɲɛ] *n* Renaissance
odróżni|ać [ɔd'ruʒnatɕ] *imperf*, ~ć [ɔd'ruʒnitɕ] *perf* I *vt* distinguish, differentiate; tell one from the other II *vr* ~ać, ~ć się differ
odruch ['ɔdrux] *m* reflex, impulse
odrywać [ɔd'rɨvatɕ] *imperf*, oderwać [ɔ'dɛrvatɕ] *perf* I *vt* tear off; *przen.* odrywać, oderwać od nauki to distract from studies; oderwać wzrok od czegoś to turn one's eyes away from sth II *vr* odrywać, oderwać się 1. (*o guziku itp.*) be ⟨come⟩ off 2. (*o człowieku*) tear oneself (od kogoś, czegoś from sb, sth)
odrzuc|ać [ɔd'ʒutsatɕ] *imperf*, ~ić [ɔd'ʒutɕitɕ] *perf vt* 1. throw away 2. (*propozycję*) turn down; (*prośbę, dowód itp.*) reject; (*dar*) refuse; (*zaproszenie*) decline
odrzutowiec [ɔdʒu'tɔvɛts] *m* jet (plane)
odset|ek [ɔt'sɛtɛk] *m* percentage; *pl* ~ki interest
odsł|aniać [ɔt'sŭaɲatɕ] *imperf*, ~onić [ɔt'sŭɔɲitɕ] *perf vt* 1. uncover; (*pomnik*) unveil; *przen.* ~aniać, ~onić swe karty to show one's hand 2. *przen.* (*wyjawiać*) reveal, disclose
odsłona [ɔt'sŭɔna] *f teatr.* scene
odstawić [ɔt'stavitɕ] *vt* put away, push aside; remove; ~ samochód do warsztatu to take the car to a workshop
odstąpić *zob.* odstępować
odstęp ['ɔtstɛp] *m* distance;

(*w czasie*) interval; *druk.* space; robić ~y to space; w dużych ~ach czasu at wide intervals
odst|ępować [ɔtstɛ'pɔvatɕ] *imperf*, ~ąpić [ɔt'stɔpitɕ] *perf vi* step off; *przen.* ~ępować, ~ąpić od zamiaru to abandon an idea; ~ępować od zasady to depart ⟨desist⟩ from a principle
odsu|nąć [ɔt'sunɔtɕ] *perf*, ~wać [ɔt'suvatɕ] *imperf* I *vt* push away, draw aside; (*firankę*) draw; (*rękę*) withdraw II *vr* ~nąć, ~wać się stand aside
odsyłać [ɔt'sɨŭatɕ] *imperf*, odesłać [ɔ'dɛsŭatɕ] *perf vt* 1. send back, return 2. (*skierować*) refer (do czegoś to sth)
odszkodowani|e [ɔtʃkɔdɔ'vaɲɛ] *n* compensation, indemnity; ~a wojenne reparations; płacić ~e to pay damages
odświeżyć [ɔt'ɕfʲeʒɨtɕ] I *vt* restore, renew, renovate; *przen.* ~ znajomość języka to brush up the language II *vr* ~ się refresh oneself; (*o powietrzu*) be refreshed
odtąd ['ɔttɔt] *adv* from now on; (ever) since
odwag|a [ɔd'vaga] *f* courage; dodać ~i to encourage; nabrać ~i to pluck up heart; stracić ~ę to lose courage ⟨heart⟩
odważny [ɔd'vaʒnɨ] *adj* courageous, brave
odważyć [ɔd'vaʒɨtɕ] *vt* weigh
odważyć się [ɔd'vaʒɨtɕ ɕɛ] *vr* dare, venture
odwet ['ɔdvɛt] *m* revenge, retaliation; wziąć ~ za coś to retaliate sth; w ~ za coś in reprisal for sth
odwetowiec [ɔdvɛ'tɔvɛts] *m* revanchist
odwiąz|ać [ɔd'vʲɔzatɕ] *perf*, ~ywać [ɔdvʲɔ'zɨvatɕ] *imperf* I *vt* untie, unbind, unstrap

II *vr* ~ać, ~ywać się come loose, get untied

odwiedz|ać [ɔd'vɛdzatɕ] *imperf,* ~ić [ɔd'vɛdʑitɕ] *perf vt* call (kogoś on sb); visit (kogoś sb), come <go> to see (kogoś sb)

odwiedziny [ɔdvɛ'dʑini] *plt* call, visit; **przyjść w ~ do kogoś** to make a call on sb

odwilż ['ɔdvilʃ] *f* thaw, thawing weather

odwlekać [ɔd'vlɛkatɕ] *vt* (o-późniać) put off, postpone, delay

odwoł|ać [ɔd'vouatɕ] *perf,* ~ywać [ɔdvɔ'uɨvatɕ] *imperf* **I** *vt* recall; (cofnąć) cancel, withdraw; ~ać, ~ywać spotkanie to call off <to cancel> a meeting <an appointment> **II** *vr* ~ać, ~ywać się appeal (do ... to ...)

odwołanie [ɔdvɔ'uaɲɛ] *n* 1. (usunięcie ze stanowiska) removal, recall 2. (unieważnienie) cancellation, abnegation || **napisać ~** to make an appeal, to appeal (od decyzji against a decision)

odwr|acać [ɔd'vratsatɕ] *imperf,* ~ócić [ɔd'vrutɕitɕ] *perf* **I** *vt* turn back, reverse; (niebezpieczeństwo) avert; ~acać, ~ócić do góry nogami to turn upside down **II** *vr* ~acać, ~ócić się to turn round; ~acać, ~ócić się plecami do kogoś to turn one's back upon sb

odwrotn|y [ɔd'vrɔtnɨ] *adj* reverse, opposite; ~a strona reverse, back; ~ą pocztą by return of mail

odwrócić *zob.* **odwracać**

odwr|ót ['ɔdvrut] *m wojsk.* retreat, withdrawal || **na ~ocie** overleaf, at the back; **na ~ót** (przeciwnie) contrariwise, the other way round; (do góry nogami) upside down; (zaprzeczenie) **na ~ót!** on the contrary!

odzież ['ɔdʑɛʃ] *f* clothing, clothes, garments; ~ ochronna protective clothing; ~ sportowa sports clothes

odznacz|ać [ɔd'znatʃatɕ] *imperf,* ~yć [ɔd'znatʃɨtɕ] *perf* **I** *vt* mark out, distinguish; (orderem) decorate **II** *vr* ~ać, ~yć się distinguish oneself

odznaczenie [ɔdzna'tʃɛɲɛ] *n* distinction; (orderem) decoration

odznaczyć *zob.* **odznaczać**

odznaka [ɔd'znaka] *f* badge

odzwycza|ić [ɔdzvɨ'tʃaitɕ] *perf,* ~jać [ɔdzvɨ'tʃajatɕ] *imperf* **I** *vt* disaccustom (od czegoś to sth); break (sb of a habit) **II** *vr* ~ić, ~jać się (od czegoś) to lose the habit of; to give up; ~ić, ~jać się od palenia to give up smoking

odzysk|ać [ɔd'zɨskatɕ] *perf,* ~iwać [ɔd-zɨs'kivatɕ] *imperf vt* regain, get back; (głos) find; (zdrowie) recover; ~ać, ~iwać przytomność to recover one's senses

odżywczy [ɔd'ʒɨftʃɨ] *adj* nourishing

odżywi|ać [ɔd'ʒɨvatɕ] *imperf,* ~ć [ɔd'ʒɨvitɕ] *perf vt* nourish, feed; ~ać, ~ć się feed (czymś on sth); take food

ofert|a [ɔ'fɛrta] *f* (również handlowa) offer, proposal; **złożyć ~ę** to submit <to make> an offer; **odrzucić ~ę** to turn down an offer

ofiar|a [ɔ'fara] *f* 1. (poświęcenie) sacrifice 2. (datek) contribution, charity 3. (w wypadku) victim; *przen.* **paść ~ą czegoś** to fall a victim to sth

ofiarować [ɔfa'rɔvatɕ] *vt* 1. (podarować) present (coś komuś sb with sth), give (coś komuś sb sth), make a present (coś komuś of sth to sb) 2. (zaproponować) offer (coś komuś sb sth); ~ swe usługi to proffer one's services

oficer [ɔ'fitsɛr] m officer

oficjalny [ɔfi'tsjalnɨ] adj official

oficyna [ɔfi'tsɨna] f backhouse, outbuilding

ogień ['ɔgɛɲ] m fire; (do zapalania) light; sztuczny ~ firework; podłożyć ~ to set fire; zaprószyć ~ to start a fire; przen. słomiany ~ shortlived enthusiasm; wpaść jak po ~ to drop in in a hurry; czy ma pan ~? have you got a light?

oglądać [ɔ'glɔ̃datɕ] I vt look (coś at sth), inspect; (starannie) examine; (zwiedzać) visit II vr ~ się (odwracać) look back zob. obejrzeć

ogł|aszać [ɔg'ŭaʃatɕ] imperf, ~osić [ɔg'ŭɔɕitɕ] perf I vt publish, announce, proclaim; ~aszać, ~osić komunikat to publish a communique II vr ~aszać, ~osić się advertise

ogłoszenie [ɔgŭɔ'ʃɛɲɛ] n announcement; (w gazecie) advertisement

ogłuszyć [ɔg'ŭuʃitɕ] vt deafen, stun

ogniotrwał|y [ɔgɲɔ'trfaŭɨ] adj fireproof; kasa ~a safe

ognisko [ɔg'ɲiskɔ] n 1. fire; ~ obozowe camp fire; przen. ~ domowe hearth; home 2. (centrum) centre 3. fiz. focus

ogniwo [ɔg'ɲivɔ] n link

ogolić [ɔ'gɔɲitɕ] I vt shave II vr ~ się shave oneself, have a shave

ogon ['ɔgɔn] m tail; (sukni) train

ogon|ek [ɔ'gɔnɛk] m 1. (zwierzęcia) (small) tail 2. (owocu) stalk 3. (kolejka) queue, line; stać w ~ku to stand in a line ⟨in a queue⟩; to queue

ogólnokrajowy [ɔgulnɔkra'jɔvɨ] adj nation-wide

ogólnokształcący [ɔgulnɔkʃtaŭ'tsɔ̃tsɨ] adj general ⟨comprehensive⟩ (school)

ogólnopolski [ɔgulnɔ'pɔlskʲi] adj all-Polish, all-Poland

ogóln|y [ɔ'gulnɨ] adj general, universal, common; (o sumie) global, total; ~e wykształcenie general education

ogół ['ɔguŭ] m generality, totality; dobro ~u the public welfare; szeroki ~ people at large; ~em on the whole

ogórek [ɔ'gurɛk] m cucumber; ~ kiszony pickled cucumber

ogranicz|ać [ɔgra'ɲitʃatɕ] imperf, ~yć [ɔgra'ɲitʃitɕ] perf I vt limit, restrain, restrict; (zmniejszać) reduce II vr ~ać, ~yć się (do czegoś) limit ⟨confine⟩ oneself (to sth); ~ać, ~yć się w wydatkach to limit one's expenses

ograniczeni|e [ɔgraɲi'tʃɛɲɛ] n limitation, restriction; (uszczuplenie) reduction; ~a dewizowe foreign exchange ⟨currency⟩ restrictions; ~e szybkości speed limit; podlegać ~om to be subject to restrictions

ograniczon|y [ɔgraɲi'tʃɔnɨ] adj 1. limited; spółka z ~ą odpowiedzialnością limited (liability) company 2. (o ciasnych poglądach) narrow-minded

ograniczyć zob. ograniczać

ogrodnictwo [ɔgrɔd'ɲitstfɔ] n gardening; (hodowla kwiatów) horticulture

ogrodnik [ɔ'grɔdɲik] m gardener

ogrodzenie [ɔgrɔ'dzɛɲɛ] n fence, fencing; enclosure

ogromny [ɔ'grɔmnɨ] adj enormous, immense; pot. tremendous

ogród ['ɔgrut] m garden; ~ botaniczny botanical garden; ~ owocowy orchard;

~ **warzywny** kitchen-garden; ~ **zoologiczny** zoological gardens, zoo

ogrzać ['ɔgʒatɕ] I *vt* heat, warm II *vr* ~ **się** get ⟨grow, become⟩ warm; (*o człowieku*) warm oneself, get warm

ojciec ['ɔjtɕɛts] *m* father; ~ **chrzestny** god-father

ojczym ['ɔjtʃɨm] *m* stepfather

ojczyzna [ɔj'tʃɨzna] *f* fatherland, motherland, (native) country

okaz ['ɔkas] *m* specimen; ~ **wystawowy** exhibit

okazać *zob.* **okazywać**

okaziciel [ɔka'ʑitɕɛl] *m* bearer; **płatny na** ~**a** payable to the bearer

okazj|a [ɔ'kazja] *f* occasion; (*sposobność*) opportunity; **z** ~**i** ... on the occasion of ...

okaz|ywać [ɔka'ʑivatɕ] *imperf*, ~**ać** [ɔ'kazatɕ] *perf* I *vt* show, demonstrate; ~**ywać**, ~**ać jasno** to manifest; to display II *vr* ~**ywać**, ~**ać się** appear, prove, turn out; ~**uje się, że** ... it appears that ...; **to się jeszcze okaże** it remains to be seen

okienko [ɔ'kɛnkɔ] *n* window; (*małe, okrągłe*) bull's eye; (*na światło, powietrze*) eyelet; (*u drzwi do patrzenia*) eyehole; (*dla interesantów*) counter; ~ **do wydawania potraw** service hatch; ~ **kasowe** cashier's wicket; pay-desk

okiennica [ɔkɛn'ɲitsa] *f* shutter

oklaski [ɔ'klaski] *plt* applause

okład ['ɔkŭat] *m med.* compress, poultice

okład|ka [ɔ'kŭatka] *f* cover; **książka w kartonowej** ~**ce** paper-back

okładzina [ɔkŭa'dʑina] *f* facing, lining, cladding

okno ['ɔknɔ] *n* window; ~ **wystawowe** show-window, shop window; **otworzyć**

⟨**zamknąć**⟩ ~ to open ⟨to close, to shut⟩ the window

oko ['ɔkɔ] *n* 1. eye; **kolor oczu** the colour of one's eyes; *przen.* **kłamać w żywe oczy** to lie shamelessly; **rzucać się w oczy** to be evident; **rzucić okiem na coś** to cast a glance at sth; **stracić coś z oczu** to lose sight of sth; **wpaść komuś w** ~ to catch sb's eye; to appeal to sb; **na pierwszy rzut oka** at first sight; **na własne oczy** with one's own eyes; ~ **w** ~ face to face; ~ **za** ~ an eye for an eye 2. (*w sieci*) mesh 3. (*w rosole*) patch of fat

okolica [ɔkɔ'ʎitsa] *f* neighbourhood, area; ~**e podmiejskie** environs; **w** ~**y in the region**

okoliczność|ć [ɔkɔ'ʎitʃnɔɕtɕ] *f* circumstance; **pomyślna** ~**ć** advantage; **zbieg** ~**ci** coincidence; *prawn.* ~**ci łagodzące** extenuating circumstances

około [ɔ'kɔŭɔ] *praep* near, about, round; ~ **15 lat about 15 years**

okołoziemsk|i [ɔkɔŭɔ'ʑemski] *adj* circumterrestrial; **orbita** ~**a the orbit of the earth**

okostn|a [ɔ'kɔstna] *f anat.* periosteum; *med.* **zapalenie** ~**ej** periostitis

okra|dać [ɔ'kradatɕ] *imperf*, ~**ść** ['ɔkraɕtɕ] *perf vt* steal, rob

okrakiem [ɔ'krakɛm] *adv* astraddle; astride (**na czymś** of sth); **siedzieć** ~ **na koniu** to straddle one's horse

okraść *zob.* **okradać**

okrąg ['ɔkrɔ̃k], **okręg** ['ɔkrɛ̃k] *m* circle

okrągły [ɔ'krɔ̃gŭɨ] *adj* round; ~ **rok** a full year

okrążenie [ɔkrɔ̃'ʒɛɲɛ] *n* 1. *wojsk.* encirclement 2. (*na torze wyścigowym*) lap

okres ['ɔkrɛs] *m* period; *szk.*

term; ~ **powojenny** post-
-war period ⟨times⟩; ~
świąteczny holiday season;
~ **urlopowy** vacation period; ~ **ważności** validity
period
określ|ać [ɔ'krɛɕlatɕ] *imperf*,
~ić [ɔ'krɛɕɕitɕ] *perf vt*
define, determine
okręg ['ɔkrɛ̃k] *m* **1.** *(teren)*
district, area **2.** *zob.* **okrąg**
okręt ['ɔkrɛt] *m* ship, vessel;
~ **podwodny** submarine; ~
wojenny man-of-war;
wsiąść na ~ to embark; to
go on board (a ship); **wy-
siąść z** ~**u** to disembark;
~**em** by ship
okrętow|y [ɔkrɛ̃'tɔvɨ] *adj* biu-
ro ~**e** shipping office; **przemysł** ~**y** shipbuilding industry
okrężn|y [ɔ'krɛʒnɨ] *adj* circu-
itous, indirect, roundabout,
circular; ~**ą drogą** by a
roundabout way
okropny [ɔ'krɔpnɨ] *adj* terrible, dreadful, horrible;
pot. shocking
okrutny [ɔ'krutnɨ] *adj* cruel,
atrocious
okry|ć ['ɔkritɕ] *perf*, ~**wać**
[ɔ'krivatɕ] *imperf* **I** *vt* cover; *przen.* ~**ć,** ~**wać wsty-
dem kogoś** to bring shame
upon sb **II** *vr* ~**ć,** ~**wać
się** cover oneself
okrzyk ['ɔkʃik] *m* shout, exclamation, outcry; **wydać** ~
to utter a cry; **wznosić** ~**i**
to cheer
okucie [ɔ'kutɕɛ] *n (metal)* fitting; ferrule
okulary [ɔku'larɨ] *pl* spectacles, eyeglasses, glasses; ~
ochronne protective glasses,
gogles; ~ **przeciwsłoneczne**
sun-glasses; ~ **przydymione**
tinted glasses; ~ **lecznicze**
corrective spectacles
okulista [ɔku'ɕista] *m* oculist
okup ['ɔkup] *m* ransom
okupacja [ɔku'patsja] *f* occu-

pation; ~ **hitlerowska** hit-
lerite occupation
olbrzymi [ɔl'bʒɨmi] *adj* enormous, immense
olej ['ɔlɛj] *m* oil; ~ **lniany**
linseed-oil; ~ **rycynowy**
castor-oil; ~ **rzepakowy**
rapeseed-oil; ~ **maszynowy**
engine-oil; ~ **skalny** crude
oil; *mot.* **zmienić** ~ **to**
change the oil; **sprawdzić
i uzupełnić poziom** ~**u** to
check and top up oil level
olejarka [ɔlɛ'jarka] *f* oiler
olejek [ɔ'lɛjɛk] *m* essence,
oil; ~ **do opalania** sun-tan
oil
Olimpiada [ɔɕim'pada] *f* O-
lympic Games; ~ **letnia**
Summer Olympic Games;
~ **zimowa** Winter Olympic
Games
olimpijski [ɔɕim'pijskji] *adj*
Olympic, Olimpian
oliwa [ɔ'ɕiva] *f* olive oil
oliwiarka [ɔɕi'varka] *f* lubricator, oiler
oliwić [ɔ'ɕivitɕ] *vt* oil
oliwka [ɔ'ɕifka] *f bot.* olive
olszyna [ɔl'ʃɨna] *f* alder-wood
olśniewający [ɔlɕɲɛva'jɔ̃tsɨ] *adj*
dazzling
ołów ['ɔuuf] *m* lead
ołówek [ɔ'uuvɛk] *m* pencil; ~
do brwi brow pencil; ~ **kolorowy** coloured pencil,
ołtarz ['ɔutaʃ] *m* altar
omal ['ɔmal] *adv* nearly,
almost
omawiać [ɔ'mavatɕ] *imperf*,
omówić [ɔ'muvitɕ] *perf vt*
discuss, talk over
omdlenie [ɔm'dlɛɲɛ] *n* faint,
swoon
omi|jać [ɔ'mijatɕ] *imperf,* ~**nąć**
[ɔ'minɔ̃tɕ] *perf vt* pass by,
avoid, omit; *przen.* ~**nąć
dobrą okazję** to miss a good
occasion ⟨a chance⟩
omlet ['ɔmlɛt] *m* omelette
omówić *zob.* **omawiać**
omylić się [ɔ'miɕitɕ ɕɛ̃] *vr* be
mistaken, make a mistake
omyłk|a [ɔ'miŭka] *f* mistake,

error; **~a drukarska** misprint; **przez ~ę** by mistake, in error

on [ɔn] *pron* (*w odniesieniu do rzeczowników osobowych*) he; (*w przypadkach zależnych*: **jego, go; jemu, mu; nim**) him; (*w odniesieniu do rzeczowników nieosobowych*) it

ona [ˈɔna] *pron* (*w odniesieniu do rzeczowników osobowych*) she; (*w przypadkach zależnych*: **jej; ją, nią; niej**) her; (*w odniesieniu do rzeczowników nieosobowych*) it

ondulacj|a [ɔnduˈlatsja] *f* wave; **trwała ~** permanent wave; *pot.* perm; **zrobić sobie ~ę** to get one's hair waved

one [ˈɔnɛ] *pron* they; (*w przypadkach zależnych*: **ich; im; je; nimi**) them

oni [ˈɔɲi] *pron* they; (*w przypadkach zależnych*: **ich; im; nimi**) them

onieśmiel|ać [ɔɲɛɕˈmɛlatɕ] *imperf*, **~ić** [ɔɲɛɕˈmɛɕitɕ] *perf vt* intimidate, make (sb) feel uneasy

ono [ˈɔnɔ] *pron* (*w przypadkach zależnych*: **jego, go; jemu, mu; je; nim**) it

opad [ˈɔpat] *m* fall; **~ deszczowy** rainfall; **~ śnieżny** snowfall; **~ radioaktywny** radioactive fall-out; **~y ciągłe** permanent rainfall; **~y przelotne** occasional showers ⟨rains⟩

opa|dać [ɔˈpadatɕ] *imperf*, **~ść** [ˈɔpaɕtɕ] *perf vi* fall, sink; (*o wodzie, powodzi*) subside; (*o terenie*) slope, decline; (*o głosie*) drop; **~dać, ~ść z sił** to fail; to break down

opakować [ɔpaˈkɔvatɕ] *vt* pack ⟨wrap⟩ up

opakowanie [ɔpakɔˈvaɲɛ] *n* packing, package; wrapping

opalacz [ɔˈpalatʃ] *m* beach-suit

opal|ać [ɔˈpalatɕ] *imperf*, **~ić** [ɔˈpaɕitɕ] *perf I vt* 1. (*ogrzewać*) heat 2. (*na słońcu*) tan, brown II *vr* **~ać, ~ić się** get tanned ⟨sunburnt⟩

opalenizna [ɔpalɛˈɲizna] *f* tan, sunburn

opalony [ɔpaˈlɔɲi] *adj* sunburnt, tanned; **~ na brązowo** bronzed

opał [ˈɔpaw] *m* fuel

opanować [ɔpaˈnɔvatɕ] **I** *vt* subdue, control; **~ język** to master a language; **~ kraj** to conquer a country; **~ pożar** to subdue a fire; **~ strach** to overcome fear **II** *vr* **~ się** to pull oneself together, to compose oneself

opanowanie [ɔpanɔˈvaɲɛ] *n* 1. control, restraint 2. (*znajomość*) knowledge, command (*języka* of a language)

opanowany [ɔpanɔˈvaɲi] *adj* (*o głosie*) controlled; (*o człowieku*) composed, self-possessed

oparcie [ɔˈpartɕɛ] *n* (*podpora*) support; prop; (*u krzesła*) back (of a chair); **~ dla głowy** head-rest

oparzenie [ɔpaˈʒɛɲɛ] *n* scald, burn

oparzyć [ɔˈpaʒitɕ] *vt* scald, burn

opaska [ɔˈpaska] *f* (*obwiązanie*) band; (*na włosy*) head-band; (*na oczy*) bandage; (*na rękę*) arm-band; **~ higieniczna** sanitary towel

opaść *zob.* **opadać**

opatrunek [ɔpaˈtrunɛk] *m* dressing, bandage; **nałożyć komuś ~** to dress sb

opatrzyć [ɔˈpatʃitɕ] *vt* (*drzwi, okna*) list (the doors ⟨windows⟩); **~ ranę** to dress a wound

opera [ɔˈpɛra] *f* opera

operacj|a [ɔpɛˈratsja] *f* operation; **~a plastyczna** plastic operation ⟨surgery⟩; **poddać się ~i** to undergo an operation; to be operated on

operator [ɔpɛ'ratɔr] *m* operator; (*chirurg*) surgeon; (*w kinie*) projectionist; ~ filmowy movie camera-man

operatywny [ɔpɛra'tivnɨ] *adj* operative; efficient

operetka [ɔpɛ'rɛtka] *f* operetta

operować [ɔpɛ'rɔvatɕ] *vt* operate (kogoś on sb)

opiek|a [ɔ'pɛka] *f* protection, guard, patronage; ~a sądowa guardianship; ~a społeczna social welfare; towarzystwo ~i nad zwierzętami society for the prevention of cruelty to animals; pod czyjąś ~ą under sb's care

opiekacz [ɔ'pɛkatʃ] *m* (do chleba) toaster

opiekować się [ɔpɛ'kɔvatɕ ɕɛ] *vr* protect, take care (kimś, czymś of sb, sth); ~ chorym to nurse a patient

opiekun [ɔ'pɛkun] *m* protector; warden; (prawny) guardian

opiekunka [ɔpɛ'kunka] *f* guardian, tutoress; ~ do dzieci nurse

opierać [ɔ'pɛratɕ] *imperf*, o**przeć** ['ɔpʃɛtɕ] *perf* I *vt* 1. lean, rest (na czymś on sth) 2. (argumenty, zarzuty) ground, found (na czymś on sth) II *vr* opierać, oprzeć się 1. lean (o coś against sth) 2. (w rozumowaniu) base oneself (na czymś on sth) || ~ się czemuś to resist sth; nie mogę oprzeć się wrażeniu, że ... I can't help feeling that ...

opinia [ɔ'pinja] *f* 1. opinion; ~ publiczna public opinion 2. (reputacja) reputation

opis ['ɔpis] *m* description, account (czegoś of sth)

opis|ać [ɔ'pisatɕ] *perf*, ~ywać [ɔpi'sivatɕ] *imperf* *vt* describe, characterize

opium ['ɔpjum] *n* opium; palarnia ~ opium den

opłac|ać [ɔ'puatsatɕ] *imperf*, ~ić [ɔ'puatɕitɕ] *perf* I *vt* pay; (przekupić) bribe; ~ać, ~ić z góry to prepay II *vr* ~ać, ~ić się pay; be worth while

opłat|a [ɔ'puata] *f* charge; (urzędowa) payment; ~a pocztowa postage; ~a celna (customs) duty; ~a drogowa toll; ~a paszportowa passport fee; ~a stemplowa stamp duty ⟨tax⟩; ~a za egzamin fee; ~a za przejazd fare; wolny od ~y free of charge; no charge

opłucn|a [ɔ'puutsna] *f* anat. pleura; med. zapalenie ~ej pleurisy

opodal [ɔ'pɔdal] *adv* near by, at some distance

opodatkować [ɔpɔdat'kɔvatɕ] *vt* tax; (na rzecz miasta) rate

opon|a [ɔ'pɔna] *f* mot. tyre, tire; zapasowa ~a spare tyre; przebić ~ę to get a flat tyre; pot. to get ⟨to have⟩ a puncture || anat. ~a mózgowa meninx; med. zapalenie ~ mózgowych meningitis

oponować [ɔpɔ'nɔvatɕ] *vi* oppose (przeciwko czemuś sth), object (przeciwko czemuś to sth)

oporność [ɔ'pɔrnɔɕtɕ] *f* elektr. resistance

opowi|adać [ɔpɔ'vadatɕ] *imperf*, ~edzieć [ɔpɔ'vɛdʑɛtɕ] *perf* I *vt* relate, tell II *vr* ~adać, ~edzieć się take side, declare oneself (za czymś for sth; przeciwko czemuś against sth)

opowiadanie [ɔpɔ'vadaɲɛ] *n* narration, tale, story

opowiedzieć zob. opowiadać

opozycja [ɔpɔ'zitsja] *f* opposition

opór ['ɔpur] *m* resistance; stawiać ~ czemuś to resist sth; pójść po linii najmniejszego oporu to take the line of least resistance

opóźni|ać [ɔ'puʒɲatɕ] *imperf*, ~ć [ɔ'puʒɲitɕ] *perf* I *vt* delay, II *vr* ~ać, ~ć się be late; (*nie nadążać*) lag behind

opóźnienie [ɔpuʒ'ɲɛɲɛ] *n* (*zwłoka*) delay; tardiness; mieć ~ to be late; pociąg ma ~ ... minutowe the train is ... minutes late

opracow|ać [ɔpra'tsɔvatɕ] *perf*, ~ywać [ɔpratsɔ'vivatɕ] *imperf vt* work out, elaborate

oprawa [ɔ'prava] *f* (*obrazu*) frame; (*klejnotu*) setting; (*książki*) binding, cover; ~ płócienna cloth binding

oprawka [ɔ'prafka] *f* (*do okularów*) rim; ~ do lampy lamp-holder; lamp socket

oprowadz|ać [ɔprɔ'vadzatɕ] *imperf*, ~ić [ɔprɔ'vadʑitɕ] *perf vt* take ⟨show⟩ sb round, (act as) guide

oprócz ['ɔpruʧ] *praep* except, save, apart from; ~ tego besides

opryskać [ɔ'priskatɕ] *vt* spray, sprinkle; ~ błotem to splash mud (kogoś on sb)

oprzeć *zob.* opierać

oprzytomnieć [ɔpʃi'tɔmɲɛtɕ] *vi* recover consciousness; come round; come back to one's senses

optyk ['ɔptik] *m* optician

optymista [ɔpti'mista] *m* optimist

opuchlina [ɔpux'flina] *f* swelling

opu|szczać [ɔ'puʧʃatɕ] *imperf*, ~ścić [ɔ'puʨʨitɕ] *perf* I *vt* 1. (*zniżać*) lower 2. (*towarzystwo*) leave; (*porzucać*) abandon, desert 3. (*literę, fragment itp.*) omit, leave out, drop 4. (*cenę*) abate II *vr* ~szczać, ~ścić się 1. (*zniżać*) lower 2. (*zaniedbywać się*) neglect oneself, let oneself go

orać ['ɔratɕ] *vt* plough, till

oranżada [ɔran'ʒada] *f* orangeade

oranżeria [ɔran'ʒɛrja] *f* hothouse

oraz ['ɔras] *conj* and, as well as

orbit|a [ɔr'ɓita] *f* orbit; ~a okołoziemska circum-earth orbit; wprowadzić na ~ę to put into orbit

order ['ɔrdɛr] *m* order, decoration

ordynarny [ɔrdi'narɲi] *adj* vulgar, rude; coarse, rough

organ ['ɔrgan] *m* 1. (*narząd*) organ; ~y wewnętrzne internal organs 2. (*urząd, czasopismo*) organ

organizacja [ɔrgaɲi'zatsja] *f* organization; (*partia*) organization; (*sposób zorganizowania*) system

organism [ɔr'gaɲizm] *m* organism

organizować [ɔrgaɲi'zɔvatɕ] *vt* organize

organki [ɔr'ganki] *plt* mouth organ

organy [ɔr'gani] *plt muz.* organ

orientacj|a [ɔrjɛn'tatsja] *f* (*w przestrzeni*) orientation; zmysł ~i sense of locality; stracić ~ę (w terenie) to lose the sense of direction

orientować się [ɔrjɛn'tɔvatɕ ɕɛ̃] *vr* orientate oneself; ~ w czymś to be familiar with sth; ~ w sytuacji to understand the situation

orkiestra [ɔr'kɛstra] *f* orchestra, band; ~ kameralna chamber orchestra; ~ symfoniczna symphony orchestra

ornament [ɔr'namɛnt] *m* ornament

oryginalny [ɔriɡi'nalɲi] *adj* original, authentic, genuine; (*osobliwy*) peculiar, eccentric

oryginał [ɔri'ɡinaw] *m* 1. (*autentyk*) (the) original 2. (*o człowieku*) an eccentric; crank

orzech ['ɔʒɛx] *m* nut; ~ **kokosowy** coconut; ~ **laskowy** hazel-nut; ~ **włoski** walnut; ~ **ziemny** peanut

orzeczenie [ɔʒɛ'tʃɛɲɛ] *n* statement, pronouncement; *sąd.* judgment; ~ **lekarskie** diagnosis

orzeł ['ɔʒɛŭ] *m zool.* eagle || ~ **czy reszka?** heads or tails?

orzeźwiający [ɔʒɛʑva'jɔ̃tsɨ] *adj* refreshing; **napój** ~ refreshing drink

osa ['ɔsa] *f* wasp

osad ['ɔsat] *m* sediment; *chem.* residue

osamotniony [ɔsamɔt'nɔni] *adj* lonely; lonesome

oset ['ɔsɛt] *m bot.* thistle

osiąg|ać [ɔ'tʃɔ̃gatɕ] *imperf,* ~**nąć** [ɔ'tʃɔ̃gnɔ̃tɕ] *perf vt* reach, attain, acquire; ~**ać,** ~**nąć cel** to reach one's aim

osiągnięci|e [ɔtʃɔ̃'gɲɛ̃tɕɛ] *n* achievement, attainment; **nie do** ~**a** unattainable

osiedle [ɔ'tɕɛdlɛ] *n* settlement; ~ **mieszkaniowe** residential ⟨dwelling⟩ quarter ⟨district⟩; housing estate

osiem ['ɔtɕɛm] *num* eight

osiemdziesiąt [ɔtɕɛm'dʑɛɕɔ̃t] *num* eighty

osiemnaście [ɔtɕɛm'naɕtɕɛ] *num* eighteen

osiemset [ɔ'tɕɛmsɛt] *num* eight hundred

osioł ['ɔɕɔŭ] *m* ass, donkey

oskarż|ać [ɔs'karʒatɕ] *imperf,* ~**yć** [ɔs'karʒɨtɕ] *perf vt* accuse (**o coś of** sth), charge (**o coś** with sth)

oskarżenie [ɔskar'ʒɛɲɛ] *n* accusation, charge

oskarżony [ɔskar'ʒɔni] *m* (the) accused; defendant; prisoner at the bar; **ława** ~**ch** dock

oskarżyć *zob.* **oskarżać**

oskrzel|e [ɔ'skʃɛlɛ] *n anat.*

bronchus; *med.* **zapalenie** ~**i** bronchitis

osłabi|ać [ɔ'sŭabatɕ] *imperf,* ~**ć** [ɔ'sŭabitɕ] *perf vt* weaken

osłabienie [ɔsŭa'bɛɲɛ] *n* weakness

osłodzić [ɔ'sŭɔdʑitɕ] *vt* sweeten; sugar; put (some) sugar (**kawę, herbatę** in one's coffee, tea)

osłodzony [ɔsŭɔ'dzɔni] *adj* sweetened

osłona [ɔ'sŭɔna] *f* cover, protection; (*obudowa*) casing, housing

osob|a [ɔ'sɔba] *f* person, personage; **pojazd na 4** ~**y** four-seater; **co do mojej** ~**y** as for myself; **we własnej** ~**ie** in (one's own) person; ... **złotych od** ~**y** ... zlotys per person ⟨per head⟩; ... zlotys each; *pot.* **ważna** ~**a** big shot; **bardzo ważna** ~**a** VIP (Very Important Person)

osobistość [ɔsɔ'bistɔɕtɕ] *f* personality; personage

osobist|y [ɔsɔ'bistɨ] *adj* personal; **dowód** ~**y** identity card; **rzeczy** ~**e** personal effects

osobiście [ɔsɔ'biɕtɕɛ] *adv* personally, in person

osobny [ɔ'sɔbnɨ] *adj* separate, isolated; ~ **pokój** detached room

osobowy [ɔsɔ'bɔvɨ] *adj* personal; **pociąg** ~ passenger train

osolić [ɔ'sɔlitɕ] *vt* salt

osp|a ['ɔspa] *f med.* smallpox; ~**a wietrzna** chicken-pox; **świadectwo szczepienia** ~**y** variolization certificate

ostatecznie [ɔsta'tɛtʃɲɛ] *adv* finally, in the end, eventually; ~ **mogę to zrobić** I can do it after all

ostateczny [ɔsta'tɛtʃnɨ] *adj* ultimate, final, last

ostatni [ɔ'statɲi] *adj* last; (*o nędzy*) extreme; ~**a moda**

the latest fashion; ~e wiadomości the latest news;
~e wydarzenia recent ev-
ents
ostemplować [ɔstɛm'plɔvatɕ]
vt stamp
ostrość ['ɔstrɔɕtɕ] *f (wyrazi-
stość)* sharpness; *fot.* ~ a-
paratu focus; nastawić na
~ to bring into focus
ostrożnoś|ć [ɔ'strɔʒnɔɕtɕ] *f*
caution, care; środki ~ci
precautions; mieć się na
~ci to be on one's guard
ostrożny [ɔ'strɔʒnɨ] *adj* cautious, careful; być ~m to
take care
ostry ['ɔstrɨ] *adj* sharp; *(o
bólu)* acute; *(o głosie)* shrill;
(o zimie) hard; *(o słowach)*
rough; *(o klimacie)* severe;
(o walce) fierce; ~ zakręt
sharp turn ⟨bend⟩; *(w szpitalu)* ~ dyżur emergency
service
ostryga [ɔ'strɨga] *f* oyster
ostrze ['ɔstʃɛ] *n* blade
ostrze|c ['ɔstʃɛts] *perf*, ~gać
[ɔ'stʃɛgatɕ] *imperf vt* warn
(przed czymś of ⟨against⟩
sth)
ostrzeżenie [ɔstʃɛ'ʒɛɲɛ] *n*
warning
ostrzyc ['ɔstʃɨts] **I** *vt* shear;
(włosy) cut; ~ krótko to
crop the hair close **II** *vr* ~
się have a haircut; have
⟨get⟩ one's hair cut
ostrzyć ['ɔstʃɨtɕ] *vt* sharpen;
(na osełce) whet; *(na kamieniu)* hone
ostudzić [ɔ'studʑitɕ] *vt* cool
osw|ajać [ɔ'sfajatɕ] *imperf*,
~oić [ɔ'sfɔitɕ] *perf* **I** *vt*
(zwierzęta) tame, domesti-
cate **II** *vr* ~ajać, ~oić się
accustom oneself (z czymś
to sth), become familiar (z
czymś with sth)
oswobodzić [ɔsfɔ'bɔdʑitɕ] *vt*
free, liberate
oswoić zob. **oswajać**
oszacować [ɔʃa'tsɔvatɕ] *vt*
estimate, evaluate

oszal|eć [ɔ'ʃalɛtɕ] *vi* go mad
⟨crazy⟩; to become insane;
pot. ~eć z radości to go
crazy with joy; czyś ~ał?
are you mad?
oszałamiający [ɔʃaũamia'jɔ̃tsɨ]
adj stunning, bewildering
oszczep ['ɔʃtʃɛp] *m* spear;
sport. javelin
oszczerstwo [ɔ'ʃtʃɛrstfɔ] *n*
slander, calumny, libel
oszczędnoś|ć [ɔ'ʃtʃɛ̃dnɔɕtɕ] *f*
economy, thrift; *pl* ~ci
savings; kasa ~ci savings
bank; robić ~ci *(prywatnie)*
to save up; *(w administra-
cji itp.)* to cut down expenses
oszczędny [ɔ'ʃtʃɛ̃dnɨ] *adj*
thrifty, economical
oszczędz|ać [ɔ'ʃtʃɛ̃dzatɕ] *im-
perf*, ~ić [ɔ'ʃtʃɛ̃dʑitɕ] *perf* **I**
vt (czas, pieniądze) save;
economize; *(życie, uczucia)*
spare **II** *vr* ~ać się take
care of oneself
ozołomienie [ɔʒɔũɔ'mɛɲɛ] *n*
daze, bewilderment; *(za-
mroczenie alkoholem)* in-
toxication; *(po wypadku)*
shock
oszuk|ać [ɔ'ʃukatɕ] *perf*,
~iwać [ɔʃu'kivatɕ] *imperf* **I**
vt cheat, swindle **II** *vr* ~ać,
~iwać się be mistaken, be
cheated
oszust ['ɔʃust] *m* swindler,
impostor, cheat
oszustwo [ɔ'ʃustfɔ] *n* fraud,
swindle, hoax, imposture
oś [ɔɕ] *f* axle; *mat.* axis
ość [ɔɕtɕ] *f* (fish) bone
oślepi|ać [ɔ'ɕlɛpatɕ] *vt* blind;
(światłami samochodów)
dazzle, daze; zostałem ~ony
I was dazzled
oślepiający [ɔɕlɛpa'jɔ̃tsɨ] *adj*
dazzling; *(o wściekłości)*
blinding
ośmiel|ać [ɔ'ɕmɛlatɕ] *imperf*,
~ić [ɔ'ɕmɛɲitɕ] *perf* **I** *vt*
encourage, embolden, set at
ease **II** *vr* ~ać, ~ić się dare,
venture; ~am się przypom-

nieć, że ... I take the liberty to remind you that ...

ośmiesz|ać [ɔ'ɕmɛʃatɕ] *imperf*, **~yć** [ɔ'ɕmɛʃitɕ] *perf* **I** *vt* ridicule; make fun (kogoś of sb)) **II** *vr* **~ać, ~yć się** make oneself ridiculous; make a fool of oneself

ośrodek [ɔ'ɕrɔdɛk] *m* centre; **~ badawczy** research centre; **~ zdrowia** health centre

oświadcz|ać [ɔ'ɕfatʃatɕ] *imperf*, **~yć** [ɔ'ɕfatʃitɕ] *perf* **I** *vt* declare, proclaim, announce **II** *vr* **~ać, ~yć się** propose (kobiecie to a woman) || **~ać, ~yć się za czymś** to declare oneself for sth

oświadczenie [ɔɕfat'ʃɛɲɛ] *n* declaration, utterance, pronouncement

oświadczyć *zob.* oświadczać

oświadczyny [ɔɕfat'ʃini] *plt* proposal, declaration (of love)

oświat|a [ɔ'ɕfata] *f* education, learning; **ministerstwo ~y** Ministry of Education, (w *Anglii*) Board of Education

oświetlenie [ɔɕfɛt'lɛɲɛ] *n* lighting, illumination

otacz|ać [ɔ'tatʃatɕ] *imperf*, **otoczyć** [ɔ'tɔtʃitɕ] *perf vt* surround; *przen.* **~ tajemnicą** to cloak in secrecy

oto [ˈɔtɔ] here, there; behold!; **~ on** there he is; **~ idzie** here he comes

otoczenie [ɔtɔ'tʃɛɲɛ] *n* surroundings, environment

otoczyć *zob.* otaczać

otóż [ˈɔtuʃ] well, (well) now

otruć [ˈɔtrutɕ] **I** *vt* poison **II** *vr* **~ się** to poison oneself, to take poison; to get poisoned

otrzeć *zob.* ocierać

otrzym|ać [ɔ'tʃimatɕ] *perf*, **~ywać** [ɔtʃi'mivatɕ] *imperf vt* obtain, get, receive; **~ać, ~ywać pozwolenie** to get permission; **~ać, ~ywać w spadku** to inherit

otuch|a [ɔ'tuxa] *f* courage, hope; **dodać ~y** to encourage; **nabrać ~y** to pluck up (one's) courage; **stracić ~ę** to lose heart

otwarcie[1] [ɔ'tfartɕɛ] *n* opening, inauguration

otwarcie[2] [ɔ'tfartɕɛ] *adv* openly, frankly, outright

otwarty [ɔ'tfarti] *adj* open; *przen.* (o *człowieku*) outspoken, straightforward

otwieracz [ɔ'tfɛratʃ] *m* opener; **~ do puszek** tinopener, can-opener; **~ do butelek** bottle opener

otw|ierać [ɔ'tfɛratɕ] *imperf*, **~orzyć** [ɔ'tfɔʒitɕ] *perf* **I** *vt* open; (*radio, wodę itp.*) turn on; (*szufladę*) pull open; (*zamek*) unlock; (*przemocą*) break open; (*nagle*) throw open; **o której ~ierają sklepy?** what time do they open the shops ?; **~orzyć sobie** to let oneself in **II** *vr* **~ierać, ~orzyć się** open

otw|ór [ˈɔtfur] *m* opening; aperture; (*na monetę*) slot; **~ór w murze** loop-hole; **stać ~orem** to lie ⟨to be⟩ open

otyły [ɔ'tiʊi] *adj* corpulent, obese, fat

owa [ˈɔva] *zob.* ów

owacja [ɔ'vatsja] *f* ovation, applause

owad [ˈɔvat] *m* insect

owadobójczy [ɔvadɔ'bujtʃi] *adj* **środek ~** insecticide

owalny [ɔ'valni] *adj* oval

owca [ˈɔftsa] *f* sheep

owczarek [ɔf'tʃarɛk] *m* sheepdog

owies [ˈɔvɛs] *m* oats

owi|jać [ɔ'vijatɕ] *imperf*, **~nąć** [ɔ'vinɔtɕ] *perf vt* wrap up ⟨fold, envelop⟩ (w coś in sth)

owłosienie [ɔvʊɔ'ɕɛɲɛ] *n* hair

owo [ˈɔvɔ] *zob.* ów

owoc ['ɔvɔts] *m* fruit; ~ **płynny** fruit juice; ~**e suszone** dried ⟨dessicated⟩ fruit(s); ~**e kandyzowane** candied ⟨sugared⟩ fruit(s)

owocny [ɔ'vɔtsnɨ] *adj* fruitful

owocow|y [ɔvɔ'tsɔvɨ] *adj* fruity, fruit-; drzewo ~**e** fruit tree; ciastko ~**e** fruit cake

owsianka [ɔf'canka] *f* (*kasza*) oatmeal; (*zupa*) porridge

owszem ['ɔfʃɛm] *part adv* quite; yes; certainly; why, yes!

ozd|abiać [ɔ'zdabatç] *imperf*, ~**obić** [ɔ'zdɔbitç] *perf vt* decorate; adorn

ozdob|a [ɔ'zdɔba] *f* ornament, adornment, ornamentation; ~**y choinkowe** Christmas-tree trimmings

ozdobić *zob.* **ozdabiać**

oziębi|ać [ɔ'zɛ̃batç] *imperf.* ~**ć** [ɔ'zɛ̃bitç] *perf* I *vt* chill,

refrigerate, cool II *vr* ~**ać**, ~**ć się** cool down, get cold

oznajmi|ać [ɔ'znajmatç] *imperf,* ~**ć** [ɔ'znajmitç] *perf vt* announce, make known

oznaka [ɔ'znaka] *f* sign, mark; (*znaczek*) badge; (*objaw*) symptom

ozór ['ɔzur] *m kulin.* tongue

ożenić [ɔ'ʒɛnitç] I *vt* marry II *vr* ~ **się z kimś** to marry sb; to get married to sb; ~ **się z miłości** to marry for love

ożywi|ać [ɔ'ʒɨvatç] *imperf,* ~**ć** [ɔ'ʒɨvitç] *perf* I *vt* enliven, animate; (*coś zapomnianego*) revive II *vr* ~**ać**, ~**ć się** become animated, liven up

ożywiony [ɔʒɨ'vɔnɨ] *adj* animated; (*o dyskusji*) heated; (*o człowieku*) alive, active

Ó

ósemka [u'sɛmka] *f* eight

ósm|y ['usmɨ] *adj num* eighth; ~**a godzina** eight o'clock

ów [uf] *pron* (**owa, owo**) that (one)

ówczesny [uf'tʃɛsnɨ] *adj* of the time, the then ...; ~ **prezydent** the then president

P

pach|a ['paxa] *f* armpit; **pod** ~**ą** under one's arm; **wziać kogoś pod** ~**ę** to take sb's arm

pachnący [pa'xnɔ̃tsɨ] *adj* fragrant, scented

pachn|ąć ['paxnɔ̃tç], ~**ieć** ['paxnɛtç] *vi* smell (**czymś** of sth); *przen.* **to brzydko** ~**ie** I smell a rat

pachwina [pa'xfina] *f* groin

pacjent ['patsjɛnt] *m* patient

pacyfista [patsɨ'fista] *m* pacifist

paczk|a ['patʃka] *f* 1. packet, parcel; ~**a papierosów** packet of cigarettes; **nadać** ~**ę** to send a parcel 2. (*towarzystwo*) gang, the whole lot

padaczka [pa'datʃka] *f med.* epilepsy

padać ['padatç] *vi* fall (down);

(o deszczu) rain; *(o śniegu)* snow; *(o gradzie)* hail
pagórek [pa'gurɛk] *m* hill
pająk ['pajɔk] *m* 1. *zool.* spider 2. *(żyrandol)* chandelier
pajęczyna [pajē'tʃɨna] *f* cobweb
pak|a ['paka] *f* 1. pack, case; *(bela)* bale 2. *pot. (więzienie)* jail; wsadzać do ~i to put in jail
pakiet ['pakɛt] *m* packet
pakować [pa'kɔvatç] I *vt* pack ⟨wrap⟩ up II *vr* ~ się pack one's things
pakt [pakt] *m* pact; ~ o nieagresji non-aggression pact
pakunek [pa'kunɛk] *m* package, parcel
palacz ['palatʃ] *m* 1. stoker 2. *(tytoniu)* smoker
palarnia [pa'larɲa] *f* smoking-room; ~ opium opium den ‖ ~ kawy coffee roasting room
palący [pa'lɔtsɨ] I *adj* 1. burning 2. *przen. (o problemie)* urgent; immediate II *m* smoker; **przedział dla ~ch** smoking compartment; *(w napisie)* **dla ~ch** smoker
pal|ec ['palɛts] *m* finger; *(u nogi)* toe; **mały ~ec** little finger; **~ec serdeczny** ring finger; **~ec środkowy** middle finger; **~ec wskazujący** forefinger; **chodzić na ~cach** to tiptoe; *przen.* **mieć coś w małym ~cu** to have sth at one's finger tips ⟨ends⟩; **nie ruszyć ~cem** not to stir a finger; **patrzeć przez ~ce** to shut one's eyes to sth; **z ~ca wyssany** fabricated; all made up
palenie [pa'lɛɲɛ] *n* burning, combustion; ~ **papierosów** smoking; ~ **zwłok** cremation; ~ **wzbronione** no smoking; **rzucić ~ (papierosów)** to give up smoking
pali|ć ['paʃitç] I *vt* burn; *(w piecu)* make a fire; *(opalać)* heat; *(papierosy)* smoke II

vi ~ **mnie w żołądku** I have heartburn III *vr* ~ć **się burn**; ~ **się! fire!**; *przen.* **nie ~ się** there is no hurry; ~ć **się do czegoś** to be eager to do sth; to be keen on doing sth
paliw|o [pa'ʃivɔ] *n* fuel, combustible; ~**o płynne** liquid fuel; ~**o stałe** solid fuel; **zużycie ~a** fuel consumption
palma ['palma] *f bot.* palm (-tree)
palnik ['palɲik] *m* burner; ~ **gazowy** gas burner; ~ **spirytusowy** spirit burner
palto ['paltɔ] *n* overcoat
pałac ['paʊats] *m* palace
pałąk ['paʊɔk] *m* *(wygięty pręt)* arch, hoop; *(u kosza)* handle; *przen.* **zgięty w ~** bent double; arched
pałka ['paʊka] *f* stick, club, cudgel; *(policyjna)* truncheon
pamiątk|a [pa'mɔtka] *f* keepsake, souvenir; ~**i przeszłości** relics of the past; **sklep z ~ami** souvenir shop; **na ~ę** in memory (of ....); **na ~ę przyjaźni** in token of friendship
pamię|ć ['pamɛ̃tç] *f* memory; ~**ć wzrokowa** eye memory, visual memory; **dziękuję ci za ~ć** thank you for thinking of me; **nauczyć się na ~ć** to learn by heart; **wyjść z ~ci** to go ⟨pass⟩ out of mind; **wyszło mi z ~ci** it has escaped my memory; **zachować w ~ci** to keep in mind
pamięta|ć [pa'mɛtatç] *vt vi* remember, keep in mind; **nie ~m adresu** I don't remember the address
pamiętnik [pa'mɛtɲik] *m* diary; *pl* ~**i** memoirs
pan [pan] *m* *(z nazwiskiem)* Mr; *(w zwrotach grzecznościowych)* you, Sir; *(władca)* lord; master *(domu of*

523

para

the house); ~ Bóg our Lord;
~ młody bridegroom; (w
adresie) ~owie Messieurs
(*skr.* Messrs); ~owie! Gentlemen!; „dla ~ów" (for)
gentlemen; ~ie doktorze!
Doctor!; ~ie prezydencie!
Mr President; proszę ~a!
Mr + nazwisko; Sir; (w liście) Szanowny Panie Dear
Sir
pancern|y [pan'tsɛrnɪ] *adj* ar-
moured; kasa ~a safe
panewka [pa'nɛfka] *f* bearing bush ⟨pillow⟩
pani ['panɪ] *f* (*przed nazwiskiem*) Mrs; (w zwrotach
grzecznościowych) you, madam; ~e i panowie! ladies
and gentlemen!; "dla pań"
(for) ladies; proszę ~! Mrs
+ nazwisko; Madam; (w li-
ście) Szanowna Pani! Dear
Madam
panik|a ['panika] *f* panic; o-
garnięty ~ą panic-stricken
panna ['panna] *f* maid; girl;
(*przed nazwiskiem*) Miss;
(*stan cywilny*) single; ~
młoda bride; stara ~ old
maid; spinster
panorama [pano'rama] *f* panorama
panoramiczny [panora'mitʃnɪ]
adj panoramic; ekran ~
panoramic screen
panować [pa'novatɕ] *vi* rule,
reign; (o pogodzie, poglądach) prevail; ~ nad sobą
to control oneself; to be
self-possessed; panuje epidemia there is an epidemic
pantof|el [pan'tofɛl] *m* shoe;
(*ranny*) slipper; *przen.* być
pod ~lem to be henpecked
pańsk|i ['panskɪ] *adj* 1. your;
~i syn your son 2. (o stylu
życia itp.) lordly, ladylike;
żyć po ~u to live like a
lord
państw|o ['panstfo] *n* 1. *polit.*
geogr. state; country; ~o
socjalistyczne ⟨kapitalistycz-
ne⟩ socialist ⟨capitalist⟩

country; ~o rozwijające się
developing country; ~o u-
przemysłowione industrial-
ised country; głowa ~a
head of state 2. (*małżeństwo*) Mr and Mrs (Smith
etc.); ~o młodzi bridal pair;
the newly married couple
3. (w zwrotach grzeczno-
ściowych) you; proszę ~a!
ladies and gentlemen!
państwowy [pan'stfovɪ] *adj*
state, governmental, public;
przemysł ~ state-owned industry; urzędnik ~ civil
servant
papeteria [papɛ'tɛrja] *f* (*ko-
perty* + *papier*) note paper
and envelopes; (*sklep*) stationer's shop
papier ['papɛr] *m* paper; ~
listowy note ⟨writing⟩ paper; ~ maszynowy type-
writing paper; ~ pakowy
wrapping paper; ~ toale-
towy toilet paper; arkusz
~u sheet of paper; ~y wartościowe securities
papieros [pa'pɛros] *m* cigarette; paczka ~ów pack of
cigarettes; ~y z filtrem
filter cigarettes; palić ~y
to smoke (cigarettes); wyjść
na ~a to leave for a smoke;
zapalić ~a to light a cigarette; zgasić ~a to stub
out a cigarette
papierośnica [papɛroɕ'nitsa] *f*
cigarette-case
papież ['papɛʃ] *m* pope
papiloty [papi'lotɪ] *pl* curl-
-papers
papryka ['paprika] *f* red
pepper, paprika
papuga [pa'puga] *f zool.* parrot
par|a¹ ['para] *f* (*wodna*) steam,
vapour; (o oknie) pokrywać
się ~ą to mist over; całą
~ą naprzód! full steam
⟨speed⟩ ahead!
par|a² ['para] *f* 1. pair; ~a
pończoch a pair of stock-
ings; skarpetka nie do ~y
odd sock; dobrać do ~y to

match; ~ami two by two; *przen.* nieszczęścia **chodzą w parze** it never rains but it pours 2. (*dwoje ludzi*) couple; młoda ~a the newly married couple; ~a małżeńska married couple

parada [pa'rada] *f* (*uroczystość*) ceremony; (*widowisko*) parade, pomp, pageantry

paradoks [pa'radɔks] *m* paradox

parafia [pa'rafja] *f* parish

parafować [para'fɔvatɕ] *vt* initial

paragon [pa'ragɔn] *m* bill of sale, paying-in slip; *am.* saleslip

paragraf [pa'ragraf] *m* section; (*ustęp*) paragraph; (*punkt umowy*) article, item

paraliż [pa'raʎiʃ] *m* paralysis; ~ dziecięcy infantile paralysis

paraliżować [paraʎi'ʒɔvatɕ] *vt* paralyse

parapet [pa'rapɛt] *m* parapet; (*okienny*) window-sill

parasol [pa'rasɔl] *m* umbrella; (*na plaży*) parasol

parasolka [para'sɔlka] *f* umbrella; (*od słońca*) sunshade

parawan [pa'ravan] *m* screen

parę ['parɛ] *num* a couple; one or two; ~ dni a couple of days, several days; ~ miesięcy several months; ~ osób several persons; ~ razy once or twice; za ~ lat in a few years

park [park] *m* park; ~ narodowy national park

parkan ['parkan] *m* fence, paling

parkiet ['parkɛt] *m* parquet

parking ['parkiŋk] *m* parking; parking place ⟨space⟩; car park; ~ wzbroniony no parking; ~ płatny paid parking; *am.* metered parking; ~ strzeżony ⟨nie strzeżony⟩ guarded ⟨unguarded⟩ parking

parkować [par'kɔvatɕ] *vt* park

parkowanie [parkɔ'vaɲɛ] *n* parking; ~ wzbronione no parking, no waiting

parlament [par'lament] *m* Parliament

parokrotny [parɔ'krɔtɲi] *adj* repeated

parować [pa'rɔvatɕ] *vi* evaporate, steam

parowiec [pa'rɔvɛts] *m* steamer, steamship, steamboat

parowóz [pa'rɔvus] *m* locomotive, railway-engine

parow|y [pa'rɔvɨ] *adj* steam-; kąpiel ~a steam bath; koń ~y horse-power; maszyna ~a steam-engine

parówka [pa'rufka] *f* sausage, frankfurter

parter ['partɛr] *m* ground-floor; *teatr.* orchestra circle

parti|a ['partja] *f* 1. (*stronnictwo*) party, group; ~a komunistyczna communist party; ~a konserwatywna conservative party; ~a liberalna liberal party; ~a polityczna political party; ~a pracy labour party; ~a robotnicza workers' party; ~a socjalistyczna socialist party; członek ~i party member; należeć do ~i to belong to a party 2. (*rola*) part; role 3. (*towaru*) lot, parcel; ~ami by lots ‖ *karc.* zagrać ~ę to play a game (of cards)

partner ['partnɛr] *m* partner

partyjny [par'tɨjɲi] **I** *adj* party- (*używane tylko z rzeczownikiem*); towarzysz ~ comrade **II** *m* party member

partyzant [par'tɨzant] *m* guerilla; partisan

parytet [pa'rɨtɛt] *m* parity

parzyć ['paʒɨtɕ] **I** *vt* 1. burn, scald 2. (*zalewać wrzątkiem*) infuse 3. (*o pokrzywie*) sting

II *vr* ~ się (*o herbacie*) draw

parzysty [pa'ʒistɨ] *adj* even

pas [pas] *m* 1. belt, girdle; ~ **bezpieczeństwa** safety-belt; (*w samochodzie*) seat belt; ~ **ratunkowy** life-belt; **zapiąć** ~ to fasten the belt 2. (*ruchu*) traffic lane; ~ **drogowy** roadway; ~ **startowy** runway 3. *pl* ~**y** (*na jezdni*) zebra crossing 4. (*do podwiązek*) girdle 5. (*talia*) waist; **cienka w** ~**ie** with a small waist; **po** ~ waist--deep 6. (*strefa*) zone 7. (*we wzorze*) stripe; (*o materiale*) w ~**y** striped || *karc.* ~! no bid!; pass!

pasażer [pa'saʒɛr] *m* passenger; ~ **na gapę** stowaway

pas|ek ['pasek] *m* belt, girdle; (*naszywka*) bar, stripe; ~**ek do pończoch** girdle; ~**ek do zegarka** watch-bracelet, wristlet; *mot.* ~**ek klinowy** (wedge) belt; (*o materiale*) w ~**ki** striped

pasierb ['paçɛrp] *m* stepson

pasj|a ['pasja] *f* passion; **wpaść w** ~**ę** to fly into a passion; to go mad

pasjans ['pasjans] *m* patience; **kłaść** ~**a** to play patience

pasjonować się [pasjɔ'nɔvatç çɛ̃] *vr* be passionately fond (of); to be crazy (**kimś, czymś** about sb, sth)

pasmanteria [pasman'tɛrja] *f* (*towary*) haberdashery; small-wares; *am.* dry goods; (*sklep*) haberdasher's shop

pasmo ['pasmɔ] *n* 1. (*włosów*) strand; (*przędzy*) skein 2. (*górskie*) range, chain 3. *rad.* band

pasować[1] [pa'sɔvatç] *vi* (*harmonizować*) suit, go with, match; (*przylegać*) fit

pasować[2] [pa'sɔvatç] *vi karc.* pass

pasożyt [pa'sɔʒit] *m* parasite

passa ['passa] *f* run; **dobra** ~

a run of luck; **zła** ~ a run of bad luck

pasta ['pasta] *f* 1. paste; ~ **do butów** shoe-polish; ~ **do podłogi** floor-polish; ~ **do zębów** tooth-paste 2. (*spożywcza*) paste; ~ **rybna** fish paste; ~ **pomidorowa** tomato paste

pasteryzowany [pastɛrizɔ'vani] *adj* pasteurised

pasterz ['pastɛʃ] *m* shepherd

pastewny [pa'stɛvni] *adj* pasture-, fodder- (*z rzeczownikiem*); **burak** ~ mangold

pastor ['pastɔr] *m* pastor; minister

pastwisko [pa'stfiskɔ] *n* pasture

pastylka [pa'stilka] *f* tablet, pill

paszport ['paʃpɔrt] *m* passport; **starać się o** ~ **to** apply for a passport; **wydać** ⟨**wystawić**⟩ ~ to issue a passport

paszteciarnia [paʃtɛ'tçarɲa] *f* pastrycook's ⟨pieman's⟩ shop

pasztecik [pa'ʃtɛtçik] *m kulin.* patty, pastry

pasztet ['paʃtɛt] *m* pie

paść[1] [paçtç] *vi* fall down; *przen.* ~ **ofiarą** to fall a victim; ~ **trupem** to drop dead

paść[2] [paçtç] I *vt* (*bydło*) pasture II *vr* ~ się graze

patelnia [pa'tɛlɲa] *f* frying--pan

patentowany [patɛntɔ'vani] *adj* licensed, patented; *przen.* **osioł** ~ silly ass

patriota [pa'trjɔta] *m* patriot

patriotyzm [pa'trjɔtizm] *m* patriotism

patrol ['patrɔl] *m* patrol

patrzeć ['patʃɛtç] *vi* look (**na kogoś, coś** at sb, sth); **było na co** ~ it was a sight to be seen; *przen.* ~ **komuś na ręce** to watch sb closely; *pot.* **patrz swego nosa!** mind your own business!

patyk ['patik] *m* stick
pawilon [pa'vilon] *m* pavillion
paznok|ieć [paz'nɔkɛtɕ] *m*
nail; **obcinać** ~**cie** to pare
nails; **malować** ~**cie** to
paint ⟨to varnish⟩ nails;
złamać ~**ieć** to break a
nail
październik [paz'dʑɛrɲik] *m*
October
pączek ['pɔ̃tʃɛk] *m* 1. *bot.* bud
2. *kulin.* doughnut
pąsowy [pɔ̃'sɔvi] *adj* poppy
red
pchać [pxatɕ] I *vt* push, thrust
II *vr* ~ **się** push ⟨press⟩
forward
pchła [pxŭa] *f* flea
pchnąć [pxnɔ̃tɕ] *vt* push,
thrust; (*sztyletem*) stab
pchnięcie ['pxɲɛ̃tɕɛ] *n* push,
jerk, thrust
pech [pɛx] *m* bad luck; **mieć**
~**a** to have (a run of) bad
luck
pedał ['pɛdaŭ] *m* pedal, treadle; ~ **gazu** accelerator;
~ **hamulca** brake pedal; ~
sprzęgła clutch pedal; **nacisnąć** ~ to press the pedal;
zwolnić ~ to release the
pedal
pedantyczny [pɛdan'tɨtʃni] *adj*
pedantic
pediatra [pɛd'jatra] *m* p(a)ediatrist, p(a)ediatrician
pedikiur [pɛ'dikur] *m* pedicure
pejzaż ['pɛjzaʃ] *m* landscape;
~ **morski** seascape
peleryna [pɛlɛ'rina] *f* cloak,
cape
pelisa [pɛ'ʃisa] *f* pelisse
pełnia ['pɛŭɲa] *f* (*Księżyca*)
full moon
pełni|ć ['pɛŭɲitɕ] *vt* perform,
fulfil; ~**ć służbę** to do one's
service ⟨duty⟩; ~**ący obowiązki** acting
pełno ['pɛŭnɔ] *adv* plenty
(*czegoś* of sth)
pełnoletni [pɛŭnɔ'lɛtɲi] *adj* of
age, grown up, adult
pełnomocnictwo [pɛŭnɔmɔts
'ɲitstfɔ] *n prawn.* power of

attorney, full powers, authorization
pełnomocnik [pɛŭnɔ'mɔtsɲik]
m plenipotentiary, attorney
pełnopłatny [pɛŭnɔ'pŭatni] *adj*
with full pay; ~ **urlop** full
-pay leave
peł|ny ['pɛŭni], ~**en** ['pɛŭɛn]
adj full (*czegoś* of sth);
na ~**nym morzu** on the
open sea
pełz|ać ['pɛŭzatɕ] *imperf*,
~**nąć** ['pɛŭznɔ̃tɕ] *perf vi*
crawl, creep
pełznąć ['pɛŭznɔ̃tɕ] *vi* (*płowieć*) fade, lose colour
penicylina [pɛɲitsɨ'ʃina] *f* penicillin
pens [pɛns] *m* penny
pensj|a ['pɛnsja] *f* (*pobory*)
salary; (*szkoła*) boarding
school
pensjonat [pɛn'sjɔnat] *m*
boarding-house
pepitka [pɛ'pitka] *f* shepherd's
plaid; dog's tooth check
perfumeria [pɛrfu'mɛrja] *f*
perfumery
perfumy [pɛr'fumi] *plt* perfume, scent
pergamin [pɛr'gamin] *m* parchment
perkusyjny [pɛrku'sɨjni] *adj*
percussive; **instrument** ~
percussion instrument
perliczka [pɛr'ʃitʃka] *f zool.*
guinea-fowl
perła ['pɛrŭa] *f* pearl
perłow|y [pɛr'ŭɔvi] *adj* pearly,
pearl; **kasza** ~**a** pearl
barley; **masa** ~**a** mother
-of-pearl
peron ['pɛrɔn] *m* platform
peronówka [pɛrɔ'nufka] *f*
platform-ticket
perski ['pɛrski] *adj* Persian,
Iranian
personalia [pɛrsɔ'naʎja] *plt*
personal data
personel [pɛr'sɔnɛl] *m* staff,
personnel
perspektyw|a [pɛrspɛk'tiva] *f*
perspective, prospect, view;

mieć coś w ~**ie** to have sth in prospect

perswadować [pɛrsfa'dɔvatɕ] *vt* persuade, argue

pertraktacje [pɛrtrak'tatsjɛ] *plt* negotiations; **prowadzić** ~ to negotiate

peruka [pɛ'ruka] *f* wig

peryferie [pɛri'fɛrjɛ] *plt* outskirts ⟨suburbs⟩ (of the town)

pestk|a ['pɛstka] *f* stone, kernel; (*w jabłku*) pip; *pot.* **zalany w** ~**ę** dead drunk

pesymista [pɛsɨ'mista] *m* pessimist

peszyć ['pɛʃɨtɕ] I *vt* confuse, trouble II *vr* ~ **się** get confused

petent ['pɛtɛnt] *m* petitioner, applicant

petycj|a [pɛ'tɨtsja] *f* petition; **złożyć** ~**ę** to submit ⟨hand in⟩ a petition

pew|ien ['pɛvɛn] *adj* a, an; a certain; ~**ien człowiek** a man; a certain man; **co** ~**ien czas** from time to time; ~**nego dnia** one ⟨some⟩ day; ~**nego razu** once

pewnie ['pɛvɲɛ] *adv* surely, certainly; (*prawdopodobnie*) probably

pewnoś|ć ['pɛvnɔɕtɕ] *f* certainty; ~**ć siebie** self-assurance; self-confidence; **zbytnia** ~**ć siebie** cocksureness; **z** ~**cią** certainly, surely; sure enough; **on z** ~**cią to zrobi** he is sure to do it

pewn|y ['pɛvnɨ] *adj* certain, sure

pęcherz ['pɛ̃xɛʃ] *m* bladder; *anat.* vesica

pęczek ['pɛ̃tʃɛk] *m* bunch, tuft

pęd [pɛ̃t] *m* (*szybkość*) rush, impetus; (*pociągu, samochodu itp.*) speed; ~**em** at full speed

pędzel ['pɛ̃dzɛl] *m* brush; ~ **do golenia** shaving brush

pędzelek [pɛ̃'dzɛlɛk] *m* (brush-) pencil

pędzić ['pɛ̃dzitɕ] I *vt* 1. (*poganiać*) drive, run 2. (*czas*) spend; (*życie*) lead 3. (*spirytus*) distil II *vi* run, rush, race

pęk|ać ['pɛ̃katɕ] *imperf*, ~**nąć** ['pɛ̃knɔ̃tɕ] *perf vi* burst, crack; split, break; **głowa mi** ~**a z bólu** I have a splitting headache; **serce mi** ~**a** my heart breaks; ~**ać ze złości** to burst with rage

pęknięcie [pɛ̃k'ɲɛtɕɛ] *n* break, crack; (*szczelina*) crevice; (*kości*) fracture; (*dętki*) puncture

pępek ['pɛ̃pɛk] *m* navel

pęseta [pɛ̃'sɛta] *f* pincers, tweezers

pętelka [pɛ̃'tɛlka] *f* noose, loop, knot

pętla ['pɛ̃tla] *f* noose, loop; (*tramwajowa*) terminus

piana ['pana] *f* froth, foam; (*z mydła*) lather; (*ubita*) whipped whites

pianino [pa'ɲinɔ] *n* cottage piano

pianista [pa'ɲista] *m* pianist

piasek ['pasɛk] *m* sand; **lotny** ~ quicksand

piątek ['pɔ̃tɛk] *m* Friday; **Wielki Piątek** Good Friday

piątka ['pɔ̃tka] *f* five; *szk.* (*ocena*) very good

piąt|y ['pɔ̃tɨ] *adj num* fifth; ~**a godzina** five o'clock

pić [pitɕ] *vt* drink; **chce mi się** ~ I am thirsty; ~ **dużo (alkoholu)** to drink heavily; ~ **za czyjeś zdrowie** to drink sb's health; **nie piję (alkoholu)** I don't drink; **woda do picia** drinking water; **woda nie do picia** undrinkable water

piec [pɛts] *m* stove, fireplace; (*piekarski*) oven; (*fabryczny*) kiln; furnace; **wielki** ~ blast-furnace

pie|c [pɛts] I *vt* 1. (*ciasto*) bake; (*mięso*) roast; (*na* *ruszcie*) grill **2.** (*o bólu*) bite; (*o pieprzu*) sting **II** *vi* burn; ~cze mnie w gardle my throat burns

piechot|a [pɛ'xɔta] *f wojsk.* infantry || iść ~ą to go on foot; to walk

piecyk ['pɛtsɨk] *m* (*kuchenny*) kitchen-stove; range; (*elektryczny*) heater, radiator

pieczarka [pɛ'tʃarka] *f* mushroom, champignon

pieczątka [pɛ'tʃɔtka] *f* seal, stamp

pieczeń ['pɛtʃɛɲ] *f* roast-(meat); ~ cielęca ⟨wołowa⟩ roast veal ⟨beef⟩

pieczęć ['pɛtʃɛtɕ] *f* seal, stamp

pieczywo [pɛ'tʃɨvɔ] *n* baker's goods; (*słodkie*) pastry

piegi ['pɛgi] *pl* freckles

piekarnia [pɛ'karɲa] *f* bakery; baker's shop

piekarnik [pɛ'karɲik] *m* baking oven; (*gazowy*) gas-oven

piekarz ['pɛkaʃ] *m* baker

piekło ['pɛkʊɔ] *n* hell

pielęgniarka [pɛlɛ̃'gɲarka] *f* nurse

pielęgnować [pɛlɛ̃'gnɔvatɕ] *vt* nurse, attend (**kogoś** sb); (*rośliny, przyjaźń* itp.) cultivate; ~ tradycję to observe ⟨to keep⟩ tradition; ~ ręce ⟨twarz itp.⟩ to take care of one's hands ⟨face etc.⟩

pielucha [pɛ'luxa] *f* swaddling cloth, napkin, *am.* diaper

pieni|ądz ['pɛɲɔts] *m* coin, money; *pl* ~ądze money; drobne ~ądze change; rozmienić ~ądze to change money; nie mam ~ędzy I have no money; zabrakło mi ~ędzy I am short of money

pieniężn|y [pɛ'ɲɛ̃ʒnɨ] *adj* money, pecuniary, financial; kara ~a fine; kłopoty ~e financial troubles; przekaz ~y money order

pień [pɛɲ] *m* trunk, stem; *przen.* głuchy jak ~ stone-deaf

pieprz [pɛpʃ] *m* pepper; *przen.* suchy jak ~ bone-dry

pieprzny ['pɛpʃnɨ] *adj* spicy, peppery

pieprzyk ['pɛpʃɨk] *m* (*na skórze*) mole; beauty spot

piernik ['pɛrɲik] *m* gingerbread, honey-cake

pieróg ['pɛruk] *m* dumpling

pier|ś [pɛrɕ] *f* breast; (*klatka piersiowa*) chest, bosom; *pl* ~si (*biust*) breast, breasts, bust

pierścień ['pɛrɕtɕɛɲ] *m* ring; (*włosów*) ringlet

pierścionek [pɛr'ɕtɕɔnɛk] *m* ring

pierwiastek [pɛr'vastɛk] *m* element; *mat.* root

pierwiosnek [pɛr'vɔsnɛk] *m* *bot.* primrose

pierwotny [pɛr'vɔtnɨ] *adj* **1.** primitive, primeval, original **2.** (*pierwszy*) elementary

pierwszeństwo [pɛrf'ʃɛnstfɔ] *n* priority; precedence; ~ przejazdu right of way; dać ~ to give sb the right of way; wymusić ~ to enforce the right of way (on sb)

pierwszorzędn|y [pɛrfʃɔ'ʒɛdnɨ] *adj* first-class, first-rate, tip-top; ~ej jakości of superior quality

pierwsz|y ['pɛrfʃɨ] *adj num* first; on przyszedł ~y he was the first to come; *przen.* kto ~y, ten lepszy first come, first served; na ~ym miejscu przy stole at the head of the table; na ~y rzut oka at first sight || po ~e firstly

pierzyna [pɛ'ʒɨna] *f* featherbed

pies [pɛs] *m* dog; *przen.* żyć jak ~ z kotem to lead a cat-and-dog life; (*o pogodzie, warunkach* itp.) pod

psem rotten, lousy; **zejść
na psy** to go to the dogs
pieszczotliwy [pɛʃtʃɔ'tʃivɨ] *adj*
caressing, tender
pieszo ['pɛʃɔ] *adv* on foot;
iść ~ to walk
pieszy ['pɛʃɨ] *m* walker;
pedestrian
pieśniarz ['pɛɕɲaʃ] *m* songster;
pop singer
pieśń [pɛɕɲ] *f* song
pietruszka [pɛ'truʃka] *f* parsley
pięciobój [pɛ̃'tɕɔbuj] *m sport.*
pentathlon
pięciolatka [pɛ̃tɕɔ'latka] *f*
five-year plan
pięcioraczki [pɛ̃tɕɔ'ratʃki] *plt*
quintuplets
pięć [pɛ̃tɕ] *num* five
pięćdziesiąt [pɛ̃'dʑɛɕɔt] *num*
fifty
pięćdziesiąty [pɛ̃dʑɛ'ɕɔtɨ] *adj
num* fiftieth
pięćdziesięciolecie [pɛ̃dʑɛɕɛ̃-
tɕɔ'lɛtɕɛ] *n* fiftieth anniversary
pięćset ['pɛ̃tɕsɛt] *num* five
hundred
pięknie ['pɛ̃kɲɛ] *adv* beautifully, **jest ~** it is fine
(weather); **wyglądać ~** to
look fine
piękno ['pɛ̃knɔ] *n* beauty
piękność ['pɛ̃knɔɕtɕ] *f* beauty
piękn|y ['pɛ̃knɨ] *adj* beautiful,
lovely; (*o pogodzie*) fine;
(*o mężczyźnie*) handsome;
płeć ~a fair sex; **sztuki ~e**
fine arts
pięściarstwo [pɛ̃ɕ'tɕarstfɔ] *n*
boxing
pięściarz ['pɛ̃ɕtɕaʃ] *m* boxer
pięść [pɛ̃ɕtɕ] *f* fist
pięta ['pɛ̃ta] *f* heel
piętnasty [pɛ̃t'nastɨ] *adj num*
fifteenth
piętnaście [pɛ̃t'naɕtɕɛ] *num*
fifteen
pięt|ro ['pɛ̃trɔ] *n* stor(e)y,
floor; **na ~rze** upstairs
piętrowy [pɛ̃'trɔvɨ] *adj* (*jednopiętrowy*) one-storied;
(*wielopiętrowy*) many-

-storied; **autobus ~** double-decker
pigułka [pi'guʊka] *f* pill
pijak ['pijak] *m* drunkard
pijalnia [pi'jalɲa] *f* (*wód leczniczych*) pump-room, well-room
pijan|y [pi'janɨ] *adj* drunk,
drunken; **po ~emu** when
drunk; **jazda po ~emu**
drunken driving
pijaństw|o [pi'jaɲstfɔ] *n*
drunkenness, drinking; **oddawać się ~u** to be addicted to drink
pijawka [pi'jafka] *f* leech
pik [pik] *m karc.* spades;
dama ~ the queen of
spades
pikantny [pi'kantnɨ] *adj* spicy;
(*o sosie*) piquant
pikling ['pikʃiŋk] *m* kipper
pilnik ['pilɲik] *m* file
pilnować [pil'nɔvatɕ] **I** *vt* look
after, guard; **~ swego interesu** to mind one's business
II *vr* **~ się** be on one's
guard; watch one's step
piln|y ['pilnɨ] *adj* **1.** (*pracowity*) dilligent, studious **2.**
(*naglący*) urgent; **nic ~ego**
no hurry
pilot ['pilɔt] *m* (*samolotu,
statku*) pilot; (*wycieczki*)
guide
pilotować [pilɔ'tɔvatɕ] *vt*
pilot
pilśniowy [pil'ɕɲɔvɨ] *adj* (of)
felt; **kapelusz ~** felt hat
piła ['piʊa] *f* **1.** (*narzędzie*)
saw **2.** *pot.* (*nudziarz*) bore
piłka ['piʊka] *f* **1.** (*narzędzie*)
saw **2.** (*do gry*) ball; *sport.*
~ nożna football, soccer; **~
ręczna** handball; **~ wodna**
water-polo
piłkarz ['piʊkaʃ] *m* footballer
piłować [pi'ʊɔvatɕ] *vt* (*pilnikiem*) file; (*piłą*) saw
pinezka [pi'nɛska] *f* drawing
pin; *am.* thumb-tack
pionek ['pɔnɛk] *m* pawn; (*w
warcabach*) checker
pionier ['pɔɲɛr] *m* pioneer

pionowy [pɔ'nɔvɪ] *adj* vertical
piorun ['pɔrun] *m* thunderbolt, lightning
piorunochron [pɔru'nɔxrɔn] *m* lightning-conductor
piosenka [pɔ'sɛnka] *f* song; *przen.* to stara ~ it's an old tune
piosenkarka [pɔsɛn'karka] *f* songstress, pop singer
piosenkarz [pɔ'sɛnkaʃ] *m* songster, pop singer
piórnik ['purɲik] *m* pencase
pióro ['purɔ] *n* 1. (*ptasie*) feather 2. (*do pisania*) pen; ~ kulkowe ball-point pen; wieczne ~ fountain pen
pipetka [pi'pɛtka] *f* pipette
piramida [pira'mida] *f* pyramid
pirat ['pirat] *m* pirate; ~ drogowy *pot.* road-hog
pisać ['pisatɕ] I *vt* write; ~ na maszynie to type; to typewrite; ~ testament to make a will II *vr* ~ się spell; jak się to pisze? how do you spell it?
pisarz ['pisaʃ] *m* author, writer
pisemnie [pi'sɛmɲɛ] *adv* in writing
pisklę ['pisklɛ̃] *n* chickling, nestling
pismo ['pismɔ] *n* 1. (*odręczne*) handwriting; na piśmie in writing 2. (*list*) letter 3. Pismo Święte Holy Scripture 4. (*czasopismo*) newspaper, periodical; (*ilustrowane*) magazine 5. *pl* ~a (*dzieła*) works; wybór ~ selected works
pistolet [pi'stɔlɛt] *m* pistol
pisuar [pi'suar] *m* urinal
piszczeć ['piʃtʃɛtɕ] *vi* squeal, squeak
piśmiennictwo [piɕmɛn'ɲitstfɔ] *n* literature, letters
piśmienny [piɕ'mɛnnɪ] *adj* 1. (*umiejący pisać*) literate 2. (*pisemny*) written, in writing; materiały ~e writing-materials; stationery

pitny ['pitnɪ] *adj* (*miód itp.*) drinking (mead etc.)
piwiarnia [pi'varɲa] *f* public--house, beer-house, pub
piwnica [pi'vɲitsa] *f* cellar, vault
piwny ['pivnɪ] *adj* (*o kolorze*) brown; ~e oczy hazel eyes
piwo ['pivɔ] *n* beer; ciemne ⟨jasne⟩ ~ dark ⟨light⟩ beer; *przen.* dać komuś na ~ to tip sb; to give sb a tip
piżama [pi'ʒama] *f* pyjamas
plac [plats] *m* 1. ground, place; ~ boju battlefield; ~ budowy building ground ⟨site⟩ 2. (*kwadratowy*) square; (*okrągły*) circus
placek ['platsɛk] *m* cake
placówka [pla'tsufka] *f* 1. post; ~ dyplomatyczna diplomatic post 2. *wojsk.* outpost
plafon ['plafɔn] *m* plafond
plakat ['plakat] *m* poster, bill; rozlepiać ~y to bill
plakietka [pla'kɛtka] *f* plaquette
plama ['plama] *f* spot, stain; tłusta ~a smear; wywabić ~ę to remove a stain; *przen.* ~a na honorze blemish
plan [plan] *m* 1. plan, scheme, design; wykonać ~ to implement a plan; przekroczyć ~ to surpass ⟨to exceed⟩ a plan 2. (*projekt*) project || *mal.* pierwszy ~ foreground; drugi ⟨dalszy⟩ ~ background
plandeka [plan'dɛka] *f* tarpaulin, canvas
planeta [pla'nɛta] *f* planet
planetarny [plane'tarnɪ] *adj* planetary
planować [pla'nɔvatɕ] *vt* plan, design; (*spiskować*) scheme; ~ na przyszłość to make plans for the future
planowy [pla'nɔvɪ] *adj* planned, scheduled; ~ odjazd scheduled departure
plaster ['plastɛr] *m* 1. *med.* plaster; adhesive tape 2.

(*szynki itp.*) slice || ~ miodu honey-comb

plastyk ['plastik] *m* 1. (*masa*) plastic 2. (*artysta*) artist

platyna [pla'tina] *f* platinum

plaża ['plaʒa] *f* beach; dzika ~ unguarded beach; ~ strzeżona guarded beach

plątać ['plɔ̃tatɕ] I *vt* entangle II *vr* ~ się tangle; ~ się w odpowiedziach to falter in one's answers; to contradict oneself

plebiscyt [plɛ'bistsit] *m* plebiscite

plecak ['plɛtsak] *m* knapsack, rucksack

plec|y ['plɛtsi] *plt* 1. back, shoulders; **pokazać komuś ~y** to show one's back to sb; **za ~ami** behind one's back 2. *przen.* (*poparcie*) backing, protection

pled [plɛt] *m* plaid, rug

plener ['plɛnɛr] *m* the open air; *teatr.* out-door scenery; *kin.* out-door scene

plenum ['plɛnum] *n* plenary session, plenum

pleśń [plɛɕɲ] *f* mould, mildew

plisować [pɕi'sɔvatɕ] *vt* pleat

plomba ['plɔmba] *f* 1. leaden seal 2. *dent.* filling, stopping

plombować [plɔm'bɔvatɕ] *vt* 1. seal 2. (*ząb*) fill, stop

plon [plɔn] *m* crop, yield

plotka ['plɔtka] *f* rumour; gossip

plucha ['pluxa] *f* bad ⟨foul, rainy⟩ weather

pluć [plutɕ] *vi* spit (na coś at sth)

plus [plus] *m* plus; *przen.* advantage; ~y i minusy the pros and cons

pluskwa ['pluskfa] *f* bed-bug

pluszowy [plu'ʃɔvi] *adj* plush

płac|a ['pŭatsa] *f* pay; (*zarobki*) wages; (*miesięczna*) salary; **lista ~** pay-roll

płachta ['pŭaxta] *f* sheet, cover

płacić ['pŭatɕitɕ] *vt* pay; ~

gotówką ⟨**czekiem**⟩ to pay cash ⟨by cheque⟩; ~ **z góry** to prepay; to pay in advance

płacz [pŭatʃ] *m* cry, crying, weeping; **wybuchnąć ~em** to burst into tears

płakać ['pŭakatɕ] *vi* weep, cry (z radości for joy); (*narzekać*) complain (na coś of sth); **nie ma o co ~ there is nothing to cry about; ~ po kimś** to mourn for sb

płaski ['pŭaski] *adj* flat

płaskorzeźba [pŭaskɔ'ʒɛʒba] *f* (bas-)relief

płaskowzgórze [pŭaskɔ'vzguʒɛ] *n geogr.* plateau, tableland

płaszcz [pŭaʃtʃ] *m* overcoat, cloak; ~ **nieprzemakalny** raincoat, waterproof; ~ **kąpielowy** bathing-wrap

płat|ek ['pŭatɛk] *m* (*śniegu*) flake; (*kwiatu*) petal; ~**ki owsiane** porridge; ~**ki mydlane** soap flakes

płatność ['pŭatnɔɕtɕ] *f* payment; ~**ć natychmiastowa** money-down; **termin ~ci** term of payment

płatny ['pŭatni] *adj* payable, due; (*opłacony*) paid; mercenary; ~ **na okaziciela** payable to the bearer

płeć [pŭɛtɕ] *f* sex; ~ **męska** ⟨**żeńska**⟩ male ⟨female⟩; ~ **brzydka** the stronger sex; ~ **piękna** the fair sex; ~ **słaba** the gentle ⟨weaker⟩ sex

płetwa ['pŭɛtfa] *f* fin, paddle

płetwonurek [pŭɛtfɔ'nurɛk] *m* frogman

płodny ['pŭɔdni] *adj* fertile; (o pisarzu itp.) prolific

płomień ['pŭɔmjɛɲ] *m* flame

płonąć ['pŭɔnɔ̃tɕ] *vi* burn, to be on fire; *przen.* ~ **miłością** to burn with love

płot [pŭɔt] *m* fence, hedge

płot|ek ['pŭɔtɛk] *m* (na wyścigach) hurdle; *sport.* **bieg przez ~ki** hurdle-race

płowieć ['pŭɔ́vɛtç] *vi* fade, discolour, lose colour

płoza ['pŭɔza] *f* runner; skid

płócienny [pŭu'tçɛnnɨ] *adj* linen

płód [pŭut] *m* 1. foetus 2. (*owoc*) fruit, product

płótno ['pŭutnɔ] *n* 1. linen, cloth 2. (*obraz*) canvas

płuc|o ['pŭutsɔ] *n* lung; gruź-lica ∼ pulmonary tuberculosis; tuberculosis of lungs; zapalenie ∼ pneumonia

pług [pŭuk] *m* plough; ∼ śnieżny snow-plough

płukać ['pŭukatç] *vt* rinse, wash; (*gardło*) gargle

płyn [pŭɨn] *m* liquid, wash; *kosmet.* lotion

płynąć ['pŭɨnɔ̃tç] *vi* 1. (*o człowieku*) swim; (*o statku*) sail; (*o rzece*) flow 2. (*o czasie*) run, fly

płynny ['pŭɨnnɨ] *adj* 1. liquid 2. (*o mowie*) fluent

płyta ['pŭɨta] *f* plate, slab; ∼ gramofonowa record; ∼ długogrająca long-playing record; ∼ mono(foniczna) monophonic record; ∼ stereo(foniczna) stereophonic record

płytki ['pŭɨtḱi] *adj* 1. (*o wodzie*) shallow 2. (*o talerzu*) flat 3. *przen.* (*o człowieku*) superficial

płytoteka [pŭɨtɔ'tɛka] *f* record library

pływać ['pŭɨvatç] *vi* (*o człowieku*) swim; (*o statku*) sail; (*po powierzchni*) float

pływak ['pŭɨvak] *m* 1. (*człowiek*) swimmer 2. (*u wędki*) float

pływalnia [pŭɨ'valɲa] *f* swimming-pool

pływanie [pŭɨ'vaɲɛ] *n* swimming

po [pɔ] *praep* after; on; past; for; at; about; in; po kolacji after supper; po przybyciu on arrival; jest pięć po 6-tej it's five past six; posłać po lekarza to send for the doctor; po raz pierwszy for the first time; po niskiej cenie at a low price; chodzić po pokoju to walk about the room; chodzić po słońcu to walk in the sun; wspinać się po drzewach to climb up the trees; iść po kogoś to go and fetch sb; mówić po angielsku to speak English; po szylingu a shilling each; po kolana knee--deep; po szyję up to the neck; po kolei by turns; po co? what for?; po czemu to? how much is this?

pobić ['pɔbitç] I *vt* (*zadać klęskę*) defeat; beat (**w** te-nisie at tennis); ∼ rekord to beat ⟨to break⟩ the record II *vr* ∼ się come to blows

pob|ierać [pɔ'bɛratç] *imperf*, ∼rać ['pɔbratç] *perf* I *vt* (*pensję*) receive, take; (*podatki*) collect; (*naukę*) study, take lessons II *vr* ∼ierać, ∼rać się get married

pobłażliwy [pɔbŭaʒ'ɫivɨ] *adj* indulgent

pobocze [pɔ'bɔtʃɛ] *n* shoulder (of the road); ∼ miękkie soft shoulder; ∼ utwardzo-ne hardened shoulder

pobory [pɔ'bɔrɨ] *plt* salary, pay, wages

pobożn|y [pɔ'bɔʒnɨ] *adj* pious, devout; ∼e życzenie wishful thinking

pobrać *zob.* **pobierać**

pobrudzić [pɔ'brudʑitç] I *vt* soil II *vr* ∼ się get dirty

pobudka [pɔ'butka] *f* reveille, rouse

pobyt ['pɔbɨt] *m* stay, sojourn; ∼ tymczasowy temporary stay; czas ∼u residence

pocałować [pɔtsa'ŭɔvatç] *vt* kiss

pocałunek [pɔtsa'ŭunɛk] *m* kiss

pochlebiać [pɔ'xlɛbatç] *vt* flatter (komuś sb)

pochmurny [pɔ'xmurnɨ] *adj* gloomy, dark, cloudy; overcast

pochodzenie [pɔxɔ'dzɛnɛ] *n* origin, descent; (*słowa*) derivation

pochodzić [pɔ'xɔdʑitɕ] *vi* descend, come (z dobrej rodziny of a good family; z Polski from Poland); (*w odniesieniu do czasu*) date from; (*o słowie*) derive, be derived from

pochować [pɔ'xɔvatɕ] *vt* 1. (*pogrzebać*) bury 2. (*ukryć*) hide

pochód ['pɔxut] *m* procession; *wojsk.* parade, march; zamykać ~ to bring up ⟨close⟩ the rear

pochwa ['pɔxfa] *f* 1. sheath, scabbard 2. *anat.* vagina

pochwała [pɔ'xfaŭa] *f* praise

pochyły [pɔ'xɨŭɨ] *adj* sloping, inclined; slanting

pociąg ['pɔtɕɔ̃k] *m* 1. train; ~ bezpośredni through train; ~ dalekobieżny long-distance train; ~ do Warszawy train to Warsaw; ~ ekspresowy ⟨pośpieszny⟩ express train; ~ elektryczny electric train; ~ międzynarodowy international train; ~ nocny night train; ~ podmiejski suburban train; ~ osobowy passenger ⟨slow⟩ train; ~ towarowy goods train; ~ przewidziany w rozkładzie scheduled train; jechać ~iem to go by train; spóźnić się na ~ to miss a train; zdążyć na ~ to catch a train 2. (*słabość*) inclination, weakness (do kogoś, czegoś for sb, sth); mieć ~ do złego to be inclined to evil

pociąg|ać [pɔ'tɕɔ̃gatɕ] *imperf*, ~**nąć** [pɔ'tɕɔ̃gnɔ̃tɕ] *perf vt* 1. draw, pull (za coś at sth); *przen.* ~ać, ~nąć nosem to sniff; ~ać, ~nąć do odpowiedzialności sądowej to

bring to justice; ~ać koszty to involve costs; ~ać za sobą następstwa to bear ⟨carry⟩ consequences 2. (*nęcić*) attract

pociągający [pɔtɕɔ̃ga'jɔ̃tsɨ] *adj* attractive, alluring

pociągły [pɔ'tɕɔ̃gŭɨ] *adj* oblong, oval

pociągnąć *zob.* **pociągać**

po cichu [pɔ 'tɕixu] *adv* 1. in a low voice; softly 2. (*skrycie*) secretly

pocić się ['pɔtɕitɕ ɕɛ] *vr* perspire, sweat

pociech|a [pɔ'tɕexa] *f* consolation; przynosić ~ę to bring comfort

po ciemku [pɔ'tɕemku] *adv* in the dark

pocisk ['pɔtɕisk] *m* missile; (*kula*) bullet

po co? ['pɔtsɔ] what for?; why?; what's the use of it?

począt|ek [pɔ'tʃɔ̃tɛk] *m* beginning; (*kariery*) opening; ~ki (*w nauce*) rudiments, first elements; na ~ek to begin ⟨to start⟩ with; na ~ku at first, at the beginning

poczciwy [pɔtʃ'tɕivɨ] *adj* good, good-hearted; kind

poczekać [pɔ'tʃɛkatɕ] *vi* wait (na kogoś for sb)

poczekalnia [pɔtʃɛ'kalɲa] *f* waiting-room

poczęstować [pɔtʃɛ̃'stovatɕ] *vt* treat (kogoś czymś sb to sth)

poczt|a ['pɔtʃta] *f* (*budynek*) post-office; (*listy*) post, mail; ~a lotnicza air mail; ~ą by post; przesłać coś ~ą to mail sth; odwrotną ~ą by return (of) mail; osobną ~ą under separate cover

pocztow|y [pɔtʃ'tɔvɨ] *adj* postal; opłata ~a postage; przekaz ~y money order; skrytka ~a post-office box; skrzynka ~a pillar-box;

letter-box; znaczek ~y stamp

pocztówka [pɔtʃ'tufka] *f* post--card

poczuwać się [pɔ'tʃuvatɕ ɕɛ] *vr* (*do winy*) to feel guilty; (*do obowiązku*) to consider ⟨to feel⟩ it one's duty

pod [pɔt] *praep* under, beneath, below; ~ parasolem under the umbrella; ~ spodem beneath || bitwa ~ Warszawą battle of Warsaw; człowiek ~ czterdziestkę a man about forty; brać ~ uwagę to take into consideration; mieć ~ ręką to have at hand; ~ kluczem under lock and key; ~ koniec towards the end; ~ Londynem near London; ~ przybranym nazwiskiem under an assumed name; ~ tym względem in this respect; ~ warunkiem under ⟨on⟩ condition; provided

podać *zob.* **podawać**

podanie [pɔ'danɛ] *n* 1. application; (*prośba*) petition; złożyć ~ to submit an application; to apply (o coś for sth) 2. (*legenda*) legend 3. *sport.* service, passing || ~ do wiadomości announcement; making (sth) known

podarować [pɔda'rɔvatɕ] *vt* present (komuś coś sb with sth); make a present (coś of sth)

podarty [pɔ'dartɨ] *adj* torn, worn

podarunek [pɔda'runɛk] *m* gift, present

podatek [pɔ'datɛk] *m* tax; nakładać ~ to impose a tax; wyznaczyć ~ to assess a tax

poda|wać [pɔ'davatɕ] *imperf*, ~ć ['pɔdatɕ] *perf* I *vt* give, hand; (*do stołu*) serve; ~wać, ~ć komuś rękę to shake hands with sb; ~wać, ~ć leki to administer

medicines; (*przy stole*) ~wać, ~ć masło to pass the butter; ~wać, ~ć do wiadomości to make known; to publish II *vr* ~wać, ~ć się za kogoś to give oneself out as ⟨for⟩ sb

podaż ['pɔdaʃ] *f* supply; ~ i popyt supply and demand

podbicie [pɔd'bitɕɛ] *n* 1. (*część stopy*) instep; arch (of the foot) 2. (*podszycie*) lining

podbiegunowy [pɔdbɛgu'nɔvɨ] *adj* polar

podbój ['pɔdbuj] *m* conquest

podbródek [pɔd'brudɛk] *m* chin

pod|chodzić [pɔt'xɔdʑitɕ] *imperf*, ~ejść ['pɔdɛjɕtɕ] *perf* *vi* approach (do kogoś sb), come up (do kogoś to sb)

podciąć ['pɔttɕɔ̃tɕ] *vt* cut, make an incision; ~ włosy to clip ⟨to trim⟩ one's hair

podczas ['pɔttʃas] *praep* during, in the course of; ~ gdy while; ~ przechodzenia przez ulicę while crossing the street

poddać *zob.* **poddawać**

poddasze [pɔd'daʃɛ] *n* attic, garret

podda|wać [pɔd'davatɕ] *imperf*, ~ć ['pɔddatɕ] *perf* I *vt* 1. (*myśl*) suggest 2. (*próbie*) put to trial, test sth; ~wać, ~ć pod głosowanie to put to the vote II *vr* ~wać, ~ć się 1. surrender 2. (*żalowi*) give way (to grief) || ~ć się operacji to undergo an operation

pod|ejmować [pɔdɛj'mɔvatɕ] *imperf*, ~jąć ['pɔdjɔ̃tɕ] *perf* I *vt* (*podnosić*) take ⟨pick⟩ up; *przen.* ~ejmować, ~jąć pieniądze to raise ⟨withdraw⟩ money || ~ejmować, ~jąć gości to entertain guests; ~ejmować, ~jąć kroki to take the steps; ~ejmować, ~jąć na nowo to resume II *vr* ~ejmować,

~**jąć się** to undertake (czegoś sth, to do sth)

podejrzenie [pɔdɛj'ʒɛɲɛ] *n* suspicion

podejść *zob.* **podchodzić**

poderwać [pɔ'dɛrvatɕ] *vt pot.* pick up; ~ **chłopca** ⟨**dziewczynę**⟩ to pick up a boy ⟨a girl⟩

podeszły [pɔ'dɛʃŭi] *adj* (*wiekiem*) aged; advanced in years

podeszwa [pɔ'dɛʃfa] *f* sole

podgłówek [pɔd'gŭuvɛk] *m* bolster

podgrzać ['pɔdgʒatɕ] *vt* heat up, warm up; ~ **obiad** ⟨**kolację**⟩ to warm up the dinner ⟨supper⟩

podium ['pɔdjum] *n* (*scena*) stage; (*podwyższenie*) platform; ~ **dla orkiestry** bandstand

podjazd ['pɔdjast] *m* approach; (*droga*) drive (way); **stromy** ~ steep approach

podjąć *zob.* **podejmować**

podkładka [pɔt'kŭatka] *f* prop, support; pad; (*uszczelka*) washer

podkolanówki [pɔtkɔla'nufki] *plt* knee-stockings, knee-socks

podliczać [pɔd'litʃatɕ] *vt* add up, sum up

podlotek [pɔd'lɔtɛk] *m* flapper; girl in her teens

podkoszulek [pɔtkɔ'ʃulɛk] *m* undershirt, vest

podkreśl|ać [pɔt'krɛɕlatɕ] *imperf*, ~**ić** [pɔt'krɛɕɕitɕ] *perf vt* underline, stress; *przen.* (*słowa*) emphasize; (*urodę*) enhance

podlegać [pɔd'lɛgatɕ] *vi* be subject (*czemuś* to sth); be subordinate (*komuś* to sb); ~ **opodatkowaniu** ⟨**karze itp.**⟩ to be liable to a tax ⟨penalty etc.⟩

podległy [pɔd'lɛgŭi] *adj* subject, subordinate

podłoga [pɔd'ŭɔga] *f* floor

podłużny [pɔ'dŭuʒɲi] *adj* oblong

podły ['pɔdŭi] *adj* mean

podmiejski [pɔd'mɛjski] *adj* suburban; **pociąg** ~ local passenger train

podmorski [pɔd'mɔrski] *adj* submarine, under-sea

podmuch ['pɔdmux] *m* (*gwałtowny*) blast, gust; ~ **wiatru** breeze

podniebienie [pɔdɲɛ'bɛɲɛ] *n* palate

podniecający [pɔdɲɛtsa'jɔtsi] *adj* stimulating, exciting; (*o książce*) thrilling; **środek** ~ stimulant

podn|ieść ['pɔdɲɛɕtɕ] *perf*, ~**osić** [pɔd'nɔɕitɕ] *imperf* I *vt* lift, raise, take up; (*z ziemi*) pick up; ~**ieść**, ~**osić kotwicę** to weigh the anchor; ~**ieść**, ~**osić słuchawkę** to lift up the receiver; *przen.* ~**ieść**, ~**osić na duchu** to encourage; ~**ieść**, ~**osić produkcję** to increase the production; ~**osić urok** to add to the charm II *vr* ~**ieść**, ~**osić się** 1. rise; (*wstać*) get up 2. (*powiększać się*) increase

podnoszenie [pɔdnɔ'ʃɛɲɛ] *n* ~ **ciężarów** weight lifting; ~ **oczek** ladder-mending

podnośnik [pɔd'nɔɕɲik] *m* lift, jack; *mot.* car lift

podnóże [pɔd'nuʒɛ] *n* base foot; ~ **góry** foot of the mountain

podnóżek [pɔd'nuʒɛk] *m* (*do leżaka*) leg-rest; (*stołek*) footstool

podoba|ć się [pɔ'dɔbatɕ ɕɛ̃] *vr* please, appeal; **jak ci się to** ~? how do you like it?; does it appeal to you?; *pot.* how does it strike you?; **jeśli mi się będzie** ~**ło** if I choose; **to mi się nie** ~ I don't like it; **to mi się** ~ I like it; **zrób, co ci się** ~ please yourself; do what you want

podobieństwo

536

podobieństwo [podo'beṇstfɔ] *n* resemblance, likeness, similarity

podobno [po'dobnɔ] *v imp* they say; it appears ⟨it seems⟩ that

podobn|y [po'dobni] *adj* similar; resembling, like; on jest ~y do ojca he is like ⟨he takes after⟩ his father || coś ~ego! fancy!; imagine that!; nic ~ego! nothing of the kind!

podpierać [pot'peratɕ] I *vt* support, hold up, prop II *vr* ~ się lean (czymś on sth); ~ się pod boki to stand with one's arms akimbo

podpis ['potpis] *m* signature; złożyć ~ to sign

podpis|ać [pot'pisatɕ] *perf*, ~ywać [potpi'sivatɕ] *imperf* I *vt* sign, subscribe (pożyczkę to a loan) II *vr* ~ać, ~ywać się sign

podpisany [potpi'sani] *adj* signed; niżej ~ the undersigned

podrapać [po'drapatɕ] *vt* (także *vr* ~ się) scratch

podrażnienie [podraʒ'ɲɛɲɛ] *n* irritation, excitement

podręcznik [po'drẽtʃnik] *m* manual, handbook, text-book

podrobiony [podro'bɔɲi] *adj* forged, counterfeit

podroby [po'drɔbi] *plt kulin.* pluck; giblets

podrożeć [po'drɔʒɛtɕ] *vi* grow dear, go up

podróż ['pɔdruʃ] *f* journey, travel; (*morska*) voyage; sea voyage; biuro ~y travel bureau ⟨office⟩; ~ poślubna wedding trip; ~ służbowa business trip; odbywać ~ to make a journey; szczęśliwej ~y! happy journey!

podróżnik [po'druʒnik] *m* traveller; (*badacz*) explorer

podróżny [po'druʒni] I *adj*

travelling II *m* traveller, passenger

podróżować [podru'ʒɔvatɕ] *vi* travel

podrzeć ['podʒɛtɕ] *vt* tear up

podrzędny [pod'ʒẽdni] *adj* subordinate, secondary; (*o hotelu, lokalu*) second-rate

podrzuc|ać [pod'ʒutsatɕ] *imperf*, ~ić [pod'ʒutɕitɕ] *perf vt* toss, fling up

podskok ['potskɔk] *m* jump, leap

podskórny [pot'skurni] *adj* subcutaneous, hypodermic; (*o wodzie*) subsoil; *med.* ~ zastrzyk hypodermic injection

podstaw|a [pot'stava] *f* base, basis; (*budowli*) basement, foundation; *przen.* na ~ie on the ground of; istnieje wszelka ~a by przypuszczać ... there is every reason to suppose ...

podstawi|ać [pot'stavatɕ] *imperf*, ~ć [pot'stavitɕ] *perf vt* put ⟨place⟩ (coś pod coś sth under sth) || kiedy ~ają pociąg? when will they bring the train round?

podstawow|y [pot sta'vovi] *adj* fundamental, essential, basic; szkoła ~a primary ⟨elementary⟩ school

podstęp ['pot stẽp] *m* ruse, trick

podsu|nąć [pot'sunɔ̃tɕ] *perf*, ~wać [pot'suvatɕ] *imperf* (*krzesło itp.*) draw near; *przen.* ~nąć, ~wać myśl to suggest an idea

podszewka [pot'ʃɛfka] *f* lining

podtrzym|ać [pot'tʃimatɕ] *perf*, ~ywać [pottʃi'mivatɕ] *imperf vt* 1. support, sustain 2. (*stosunki*) maintain

podudzie [pod'udʑe] *n anat.* shank

poduszka [po'duʃka] *f* pillow; (*ozdobna*) cushion; ~ do stempli ink-pad; ~ do szpilek pin-cushion

poduszkowiec [poduʃ'kɔvɛts] *m* hovercraft

podw|ajać [pɔ'dvajatɕ] *imperf,* ~**oić** [pɔ'dvɔitɕ] *perf vt* double; ~**ajać,** ~**oić wysiłki** to redouble one's efforts

podwiązka [pɔd'vɔ̃ska] *f* suspender, garter

podwieczorek [pɔdvɛ'tʃɔrɛk] *m* afternoon tea; **jeść** ~ **to have tea**

podwinąć [pɔ'dvinɔ̃tɕ] *vt* tuck up, turn up, roll up; ~ **nogawki** to turn up one's trouser legs; ~ **rękawy** to roll up one's sleeves

podwładny [pɔd'vŭadnɨ] *adj m* subordinate

podwodn|y [pɔd'vɔdnɨ] *adj* submarine, underwater; **łódź** ~**a** submarine

podwoić *zob.* **podwajać**

podwozie [pɔd'vɔʑɛ] *n* chassis

podwójn|y [pɔd'vujnɨ] *adj* double, twofold; ~**e dno** false bottom; ~**e drzwi** folding door; *przen.* ~**a gra** double-dealing

podwórko [pɔ'dvurkɔ], **podwórze** [pɔ'dvuʒɛ] *n* backyard, courtyard

podwyżka [pɔd'viʃka] *f* rise, increase; ~ **płac** rise; ~ **cen** increase in prices; price rise; **nagła** ~ **cen** boom

podwyższ|ać [pɔd'viʃʃatɕ] *imperf,* ~**yć** [pɔd'viʃʃitɕ] *perf vt* heighten, elevate, increase; *(zarobki)* raise

podyktować [pɔdik'tɔvatɕ] *vt* dictate

podzelować [pɔd-zɛ'lɔvatɕ] *vt* sole

podział ['pɔdʑaŭ] *m* division, partition, distribution; ~ **godzin** timetable

podziałka [pɔ'dʑaŭka] *f (w przyrządach pomiarowych)* scale, graduation; *(na mapie)* scale

podziel|ać [pɔ'dʑɛlatɕ] *imperf,* ~**ić** [pɔ'dʑɛɲitɕ] *perf* **I** *vt* ~**ić** *(rozdzielić)* distribute ‖ ~**ać zdanie** to share the opinion; **to be of the same opinion II** *vr* ~**ić się z kimś** to share with sb

podziemi|e [pɔd'ʑɛmɛ] *n (część budowli)* basement; cellar; *polit.* the Underground; **świat** ~**a** the underworld

podziemn|y [pɔd'ʑɛmnɨ] *adj* underground, subterranean; **kolej** ~**a** underground, *am.* subway

podziękować [pɔdʑɛ̃'kɔvatɕ] *vt* thank

podziękowanie [pɔdʑɛ̃kɔ'vaɲɛ] *n* thanks

podziw ['pɔdʑif] *m* admiration; **wprawiać w** ~ **to fill with admiration;** **z** ~**em** admiringly

podziwiać [pɔ'dʑiviatɕ] *vt* admire, marvel *(coś at sth)*

podżegacz [pɔd'ʒɛgatʃ] *m* instigator; ~ **wojenny** war-monger

poeta [pɔ'ɛta] *m* poet

poezja [pɔ'ɛzja] *f* poetry

pogadanka [pɔga'danka] *f (w radio)* talk, chat

pogardz|ać [pɔ'gardzatɕ] *imperf,* ~**ić** [pɔ'gardʑitɕ] *perf vt* despise, disdain

pog|arszać [pɔ'garʃatɕ] *imperf,* [pɔ'gorʃitɕ] *perf* **I** *vt* make worse; *(stosunki)* worsen, deteriorate; *(sytuację, zdrowie)* aggravate **II** *vr* ~**arszać,** ~**orszyć się** become worse, worsen, deteriorate

pogląd ['pɔglɔ̃t] *m* view, opinion; ~ **na życie** outlook upon life; **wymiana** ~**ów** exchange of opinions ⟨views⟩

pogłębi|ać [pɔ'gŭɛ̃batɕ] *imperf,* ~**ć** [pɔ'gŭɛ̃bitɕ] *perf vt* deepen

pogłębiarka [pɔgŭɛ̃'barka] *f* drag, dredger

pogłębić *zob.* **pogłębiać**

pogłosk|a [pɔ'gŭoska] *f* rumour; **chodzą** ~**i, że ... it is rumoured that ...**

pognieść ['pɔgɲɛɕtɕ] *vt* crumple, crush

pogniewać się [pɔ'gnɛvatɕ ɕɛ̃] *vr* get angry **(na kogoś** with **sb)**

pogoda [pɔ'gɔda] *f* 1. weather; **piękna ⟨paskudna⟩ ~** fine ⟨beastly⟩ weather 2. (*ducha*) serenity

pogodzić [pɔ'gɔdʑitɕ] I *vt* reconcile II *vr* **~ się** to be reconciled **(z czymś** to sth)

pogorszenie [pɔgɔr'ʃɛɲɛ] *n* worsening, deterioration, aggravation

pogorszyć *zob.* **pogarszać**

pogotowi|e [pɔgɔ'tɔvɛ] *n* (*gotowość*) readiness; **karetka ~a** ambulance; **~e ratunkowe** medical emergency service; first aid station; **~e górskie** mountain rescue service; **~e techniczne** breakdown gang; **~e milicyjne ⟨policyjne⟩** emergency militia ⟨police⟩ squad; **być w ~u** to be on the alert; to be ready; **trzymać w ~u** to keep ready

pogranicze [pɔgra'ɲitʃɛ] *n* borderland

pogromca [pɔ'grɔmtsa] *m* (*zwierząt*) tamer

pogróżka [pɔ'gruʃka] *f* threat

pogryźć ['pɔgrɨʑtɕ] *vt* 1. bite, gnaw 2. (*żuć*) chew

pogrzeb ['pɔgʒɛp] *m* funeral, burial, interment; **być na ~ie** to attend a funeral

poić ['pɔitɕ] *vt* give to drink; (*konia*) water

poinformować [pɔinfɔr'mɔvatɕ] I *vt* inform; let know II *vr* **~ się** inquire

pojazd ['pɔjast] *m* carriage, vehicle, car; **~ jednośladowy** one-track vehicle; **~ konny** horse-drawn vehicle; horse carriage; **~ kosmiczny** space vehicle ⟨ship⟩; **~ samochodowy** automotive vehicle; **~ szynowy** rail-car

pojechać [pɔ'jɛxatɕ] *vi* go, leave **(do Krakowa** for Cracow); **~ koleją** to go by train; **~ konno** to ride on horseback; **~ samochodem** to drive; to go by car

pojedynczo [pɔjɛ'dɨntʃɔ] *adv* individually, one after the other

pojemnik [pɔ'jɛmɲik] *m* container

pojemność [pɔ'jɛmnɔɕtɕ] *f* capacity; *mot.* **~ silnika** cubic capacity

pojezierze [pɔjɛ'ʑɛʒɛ] *n* lake district

pojęci|e [pɔ'jɛ̃tɕɛ] *n* idea, notion; **nie mam ~a o tym** I have no idea about ⟨of⟩ it

pojmować [pɔj'mɔvatɕ] *vt* comprehend, understand

pojutrze [pɔ'jutʃɛ] *adv* the day after tomorrow

pokarm ['pɔkarm] *m* food, nourishment

pokarmowy [pɔkar'mɔvɨ] *adj* alimentary; *anat.* **przewód ~** alimentary canal

pokaz ['pɔkas] *m* show, exhibition, display; **~ mody** fashion show; **zrobić coś na ~** to do sth for show

pokaz|ać [pɔ'kazatɕ] *perf*, **~ywać** [pɔka'zɨvatɕ] *imperf* I *vt* show, exhibit, demonstrate; **~ywać sztuki** to do tricks; *przen.* **ja wam pokażę!** I'll teach you a lesson! II *vr* **~ać, ~ywać się** appear; **~ywać się publicznie** to show oneself

pokła|d ['pɔkʊat] *m* 1. (*warstwa*) layer; **~d rudy** deposit of ore 2. *mor. lotn.* deck; **~d dolny ⟨górny⟩** lower ⟨upper⟩ deck; **na ~dzie** on board; aboard; on deck; **iść na ~d statku** to go on board a ship

pokłócić [pɔ'kʊutɕitɕ] I *vt* embroil, set at variance II *vr* **~ się** quarrel **(z kimś** with sb)

pokojowy[1] [pɔkɔ'jɔvɨ] *adj* chamber; **piesek ~** pet dog

pokojow|y[2] [pɔkɔ'jɔvɨ] *adj*

peaceful, pacific; **~e współistnienie** peaceful coexistence

pokojówka [pɔkɔ'jufka] *f* (*w hotelu*) chamber-maid; (*w domu*) maid

pokolenie [pɔkɔ'lɛɲɛ] *n* generation

pokon|ać [pɔ'kɔnatɕ] *perf*, **~ywać** [pɔkɔ'nivatɕ] *imperf vt* conquer; (*wroga*) defeat; (*trudności*) overcome, surmount

pokój ¹ ['pɔkuj] *m* room; **~ jednoosobowy** single (room); **~ przy rodzinie** room with a family; **~ stołowy** dining-room; **~ sypialny** bedroom; **~ do wynajęcia** room to let; **~ samodzielny** separate room; **wolne pokoje** free rooms; rooms to let; rooms available; vacancies; **wynajać ~** to rent a room

pokój ² ['pɔkuj] *m* peace; **zawrzeć ~** to make peace; *rel.* **niech spoczywa w pokoju!** may he rest in peace!

pokrewieństwo [pɔkrɛ'vɛ̃stfɔ] *n* relationship, kinship; **bliskie** ⟨**dalekie**⟩ **~** close ⟨distant⟩ relationship

pokroić [pɔ'krɔitɕ] *vt* cut (**na kawałki** into pieces); (*w plastry*) slice

pokrowiec [pɔ'krɔvɛts] *m* cover; (*na meble*) slipcover

pokryci|e [pɔ'kritɕɛ] *n* cover, covering; *bank.* **~e walutowe** ⟨**w złocie**⟩ currency ⟨gold⟩ cover; (*na czeku*) „**bez ~a**" no effects

pokry|ć ['pɔkritɕ] *perf*, **~wać** [pɔ'krivatɕ] *imperf* I *vt* 1. cover 2. (*koszty*) defray; (*deficyt*) meet II *vr* **~ć**, **~wać się** (*zbiegać się*) coincide

pokrywa [pɔ'kriva] *f* cover, bonnet, lid; *mot.* **~ silnika** bonnet, *am.* hood

pokrywka [pɔ'krifka] *f* lid; cover

pokrzywa [pɔ'kʃiva] *f bot.* nettle

pokrzywka [pɔ'kʃifka] *f med.* urticaria, nettle-rash

pokusa [pɔ'kusa] *f* temptation

pokuta [pɔ'kuta] *f* expiation; (*kara*) punishment

pokwitować [pɔkfi'tɔvatɕ] *vt* receipt, give a receipt

pokwitowanie [pɔkfitɔ'vaɲɛ] *n* receipt; **za ~m** in return for a receipt

Polak ['pɔlak] *m* Pole

polana [pɔ'lana] *f* glade, clearing

pol|e ['pɔlɛ] *n* 1. field; **~e biwakowe** ⟨**namiotowe**⟩ camping site; **~e orne** arable field; *przen.* **~e bitwy** battlefield; **~e działalności** field of activity; **w ~u widzenia** within the range of one's vision; **na tym ~u** in this field ⟨sphere⟩; **wywieść w ~e** to take in; to hoax 2. *szach.* square

polec|ać [pɔ'lɛtsatɕ] *imperf*, **~ić** [pɔ'lɛtɕitɕ] *perf vt* 1. (*dawać polecenia*) command, order 2. (*czyimś względom*) recommend

polecenie [pɔlɛ'tsɛɲɛ] *n* 1. (*czyimś względom*) recommendation 2. (*rozkaz*) order, commission; **~ wypłaty** order of payment

polecić *zob.* **polecać**

polecon|y [pɔlɛ'tsɔnɨ] *adj* recommended; **list ~y** registered letter; **przesyłka ~a** registered parcel

polegać [pɔ'lɛgatɕ] *vi* 1. (*ufać*) rely, depend (**na kimś** on ⟨upon⟩ sb); **nie można na nim ~** he can't be relied on 2. (*zawierać się*) consist (**na czymś** in sth); **na czym to polega?** what does it consist in?; **to na tym polega, że ...** the point is that ...

polepszenie [pɔlɛp'ʃɛɲɛ] *n* improvement, amelioration

polewaczka [pɔlɛ'vatʃka] *f*

(*konewka*) watering-can; ~ uliczna sprinkler

polędwica [pɔlɛ̃d'vitsa] *f* fillet, sirloin

policj|a [pɔ'ʃitsja] *f* police; komenda ~i police headquarters; posterunek ~i police station; ~a drogowa traffic and road police

policjant [pɔ'ʃitsjant] *m* policeman

policzek [pɔ'ʃitʃek] *m* 1. cheek 2. (*uderzenie*) slap; wymierzyć komuś ~ to slap sb's face

policzyć [pɔ'ʃitʃitɕ] I *vt* count, number II *vr* ~ się z kimś to settle accounts with sb; *pot.* to get even with sb

poliklinika [pɔʃi'kʃiɲika] *f* polyclinic

polisa [pɔ'ʃisa] *f* policy; ~ ubezpieczeniowa insurance policy

politechnika [pɔʃi'texɲika] *f* engineering college; polytechnic (school)

polityka [pɔ'ʃitika] *f* (*działalność*) policy; (*nauka*) politics; ~ ekonomiczna economic policy; ~ pokojowa peaceful policy; ~ wewnętrzna interior <home> policy; ~ zagraniczna foreign policy

Polka ['pɔlka] *f* Polish woman

polny ['pɔlni] *adj* field-

polować [pɔ'lɔvatɕ] *vi* hunt, shoot; (*o zwierzęciu*) prey

polowani|e [pɔlɔ'vaɲe] *n* chase, hunting, shooting; okres ~a open season; iść na ~e to go hunting

polski ['pɔlskʲi] *adj* Polish

polszczyzn|a [pɔlʃ'tʃizna] *f* Polish (language); mówić dobrą <złą> ~ą to speak correct <broken> Polish

polubić [pɔ'lubitɕ] *vt* take a liking <a fancy> (kogoś to sb)

połączenie [pɔũɔ̃'tʃɛɲɛ] *n* union, combination; (*kolejowe*) connection; ~ autobusowe

bus communication (service); ~ lotnicze air communication (service); ~ telefoniczne telephone communication

połączyć [pɔ'ũɔ̃tʃitɕ] I *vt* connect, unite, join; combine; ~ telefonicznie to put through; proszę mnie ~ z numerem ... please give <get> me the number ...; put me through to ... II *vr* ~ się unite, join; (*w sojuszu*) ally; (*telefonicznie*) to get <put a call> through

poł|knąć ['pɔũknɔ̃tɕ] *perf*, ~ykać [pɔ'ũikatɕ] *imperf vt* swallow, gulp

połow|a [pɔ'ũɔva] *f* half; (*środek*) middle; na ~ę by half; w ~ie drogi half-way; za ~ę ceny at half price

położeni|e [pɔũɔ'ʒɛɲɛ] *n* position, situation; trudne ~e plight; być w tym samym ~u to be in the same boat; wejdź w moje ~e put yourself in my place <situation>

położna [pɔ'ũɔʒna] *f* midwife

położnica [pɔũɔʒ'ɲitsa] *f* woman in childbirth

położyć [pɔ'ũɔʒitɕ] I *vt* lay, put, place; ~ słuchawkę to put down the receiver; *przen.* ~ kres czemuś to put an end to sth; ~ trupem to kill II *vr* ~ się lie down, go to bed

połóg ['pɔũuk] *m* child-birth, confinement

połów ['pɔũuf] *m* catch; (*ryb*) fishing; ~ pereł pearl--fishing

południ|e [pɔ'ũudɲɛ] *n* 1. (*pora dnia*) noon, midday; po ~u in the afternoon; w ~e at noon 2. *geogr.* south; na ~e southwards; south (od czegoś of sth)

południk [pɔ'ũudɲik] *m geogr.* meridian

południowo-wschodni [pɔũud-

'ɲɔvɔ'fsxɔdɲi] *adj* south--easterly
południowo-zachodni [pɔŭud-'ɲɔvɔ za'xɔdɲi] *adj* south--westerly
południowy [pɔŭud'ɲɔvi] *adj* southern, south; meridional; biegun ~ Antarctic ⟨South⟩ Pole
połykać *zob.* połknąć
pom|agać [pɔ'magatɕ] *imperf*, ~óc ['pɔmuts] *perf vt* help, aid, assist; (*przydać się*) do the trick; be of avail; co to ~oże? what is the use of it?
pomału [pɔ'maŭu] I *adv* slowly; without haste II *int* ~! hold on!, don't be in a hurry!
pomarańcza [pɔma'raɲtʃa] *f* orange
pomarańczowy [pɔmaraɲ'tʃɔvi] *adj* orange
pomidor [pɔ'midɔr] *m* tomato
pomidorow|y [pɔmidɔ'rɔvi] *adj* tomato; zupa ~a tomato soup
pomieszczenie [pɔmɛʃ'tʃɛɲɛ] *n* accommodation, room; space, lodging; znaleźć dla kogoś ~ to accommodate sb; to put sb up; znaleźć ~ dla siebie to find accommodation
pomieścić [pɔ'mɛɕtɕitɕ] *vt* put up, accommodate; (*towar*) store; (*zawierać*) contain; mogący ~ 20 osób with accommodation for 20 persons
pomiędzy [pɔ'mɛdzi] *praep* between; (*wśród*) among
pomi|jać [pɔ'mijatɕ] *imperf*, ~nąć [pɔ'minɔtɕ] *perf vt* omit, overlook, neglect; ~jać, ~nąć milczeniem to pass over in silence; ~jać okazję to miss an opportunity; ~jając to, że ... apart from the fact that ...
pomimo [pɔ'mimɔ] *praep* in spite of, despite; ~, że ... although ...

pominąć *zob.* pomijać
pomnik ['pɔmɲik] *m* monument
pomnożyć [pɔ'mnɔʒitɕ] *vt* multiply, increase
pomoc ['pɔmɔts] *f* help, aid, assistance, relief; ~ domowa domestic servant; ~ lekarska medical assistance; pierwsza ~ first aid; przy ~y czegoś by means of sth; spieszyć komuś z ~ą to hasten to sb's assistance; wołać o ~ to cry out for help; na ~! help!
pomocnik [pɔ'mɔtsɲik] *m* assistant, aid
pomost ['pɔmɔst] *m* platform; ~ okrętowy gangway
pomóc *zob.* pomagać
pompa ['pɔmpa] *f* 1. pump; ~ benzynowa petrol pump; *mot.* ~ olejowa oil pump; ~ paliwowa fuel pump; ~ ssąca suction pump; ~ wodna water pump 2. *przen.* (*wystawność*) pomp
pompka ['pɔmpka] *f* pump; (*do roweru*) inflator
pompować [pɔm'pɔvatɕ] *vt* pump
pomylić [pɔ'miɕitɕ] I *vt* confound II *vr* ~ się to make ⟨commit⟩ a mistake
pomyłk|a [pɔ'miŭka] *f* mistake; przez ~ę by mistake
pomysł ['pɔmisŭ] *m* idea: co za ~! what an idea!
pomysłowy [pɔmi'sŭɔvi] *adj* ingenious, resourceful
pomyśl|eć [pɔ'miɕletɕ] *vi* think; ~ tylko! just fancy that!
pomyślnie [pɔ'miɕlɲɛ] *adv* successfully, favourably
pomyśln|y [pɔ'miɕlni] *adj* successful, favourable; ~a wiadomość good news; ~e lądowanie safe landing; ~y skutek good effect; ~y wiatr fair wind
ponad ['pɔnat] *praep* above, over; ~ wszelką wątpliwość beyond any doubt; ~

30 złotych more than ⟨over⟩ 30 zlotys

ponadto [pɔ'nattɔ] *adv* moreover; nic ~ nothing more

pon|awiać [pɔ'navatɕ] *imperf*, ~owić [pɔ'nɔvitɕ] *perf vt* renew (wysiłki the efforts); ~awiać, ~owić prośbę to repeat a request

poniedziałek [pɔɲe'dʑaŭɛk] *m* Monday; w ubiegły ~ last Monday

ponieść *zob.* **ponosić**

ponieważ [pɔ'ɲeva̦ʃ] *conj* because, as, since

poniżej [pɔ'ɲiʒɛj] *adv praep* underneath, beneath, below

pon|osić [pɔ'nɔɕitɕ] *imperf*, ~ieść ['pɔɲeɕtɕ] *perf vt* 1. carry, bear, wear; *przen.* ~osić, ~ieść straty to suffer rosses; ~osić, ~ieść koszty to bear the expenses; ~osić, ~ieść porażkę to sustain ⟨suffer⟩ a defeat; ~osić odpowiedzialność za coś to bear the responsibility for sth 2. (*o koniu*) carry away

ponowić *zob.* **ponawiać**

ponownie [pɔ'nɔvɲɛ] *adv* again, anew

ponowny [pɔ'nɔvnɨ] *adj* renewed, repeated

ponury [pɔ'nurɨ] *adj* gloomy, dreary

pończoch|a [pɔɲ'tʃɔxa] *f* stocking; ~y nylonowe ⟨wełniane⟩ nylon ⟨woollen⟩ stockings

poparci|e [pɔ'partɕɛ] *n* support, backing; udzielić komuś ~a to back sb

popatrz|eć [pɔ'patʃɛtɕ], ~yć [pɔ'patʃitɕ] *vi* look, glance

popełni|ać [pɔ'peŭnatɕ] *imperf*, ~ć [pɔ'peŭnitɕ] *perf vt* commit; ~ać, ~ć błąd to commit ⟨make⟩ a mistake; ~ć samobójstwo to commit suicide

popielaty [pɔpe'latɨ] *adj* ashen, pale grey, ash-coloured

popielec [pɔ'pelɛts] *m* Ash-Wednesday

popielice [pɔpe'ʎitsɛ] *plt* (*futro*) calaber

popielniczka [pɔpel'ɲitʃka] *f* ash-tray

pop|ierać [pɔ'peratɕ] *imperf*, ~rzeć ['pɔpʃɛtɕ] *perf vt* support, back; (*sztukę*) patronise; (*finansowo*) sponsor; encourage

popiersie [pɔ'perɕɛ] *n* bust

popiół ['pɔpiuŭ] *m* ashes, cinders; obrócić w ~ to reduce to ashes

popis ['pɔpis] *m* show, display, exhibition

popis|ać się [pɔ'pisatɕ ɕɛ] *perf*, ~ywać się [pɔpi'sɨvatɕ ɕɛ] *imperf vr* display (czymś sth), show off, stage a show; nie ma się czym ~ywać there is nothing to boast of

poplamić [pɔ'plamitɕ] *vt* stain, spot, blot

popływać [pɔ'pŭɨvatɕ] *vi* have a swim; chodźmy sobie ~ let's have a swim; let's go for a swim

popołudnie [pɔpɔ'ŭudɲɛ] *n* afternoon

popraw|a [pɔ'prava] *f* improvement, amendment; ~ ekonomiczna economic improvement ⟨betterment⟩; przyrzekać ~ę to promise to mend one's ways

poprawi|ać [pɔ'pravatɕ] *perf* I *vt* correct, improve, better; (*okulary, makijaż itp.*) adjust; *kraw.* alter II *vr* ~ać, ~ć się improve, reform

poprawny [pɔ'pravnɨ] *adj* correct; (*przyzwoity*) decent

poprosić [pɔ'prɔɕitɕ] *vt* 1. ask; mogę ~ o to? may I have it? 2. (*zaprosić*) invite

po prostu [pɔ 'prɔstu] *adv* simply

poprzeczka [pɔ'pʃɛtʃka] *f sport.* (*u bramki*) cross-bar

poprzeczny [pɔ'pʃɛtʃnɨ] *adj* transversal

poprzeć *zob.* **popierać**

poprzedni [pɔ'pʃɛdɲi] *adj*

543

former, previous; ~ego dnia the day before

poprzednik [pɔ'pʃɛdɲik] *m* predecessor; *(o pisarzu)* precursor

poprzedz|ać [pɔ'pʃɛdzatɕ] *imperf*, ~ić [pɔ'pʃɛdʑitɕ] *perf vt* precede, go before; ~ać, ~ić przedmową to introduce with a preface

poprzesta|ć [pɔ'pʃɛstatɕ] *perf*, ~wać [pɔ'pʃɛstavatɕ] *imperf vi* cease, stop; ~ć, ~wać na czymś to content oneself ⟨be satisfied⟩ with sth

poprzez ['pɔpʃɛs] *praep* over, across, through, down

popsuć ['pɔpsutɕ] I *vt* 1. spoil 2. *przen.* corrupt, deprave II *vr* ~ się get spoiled, turn ⟨go⟩ bad; *przen.* deprave, currupt

popsuty [pɔ'psutɨ] *adj* 1. *(rozpuszczony)* spoiled; *(moralnie)* corrupt 2. *(o konserwie)* bad

popularn|y [pɔpu'larnɨ] *adj* popular; muzyka ~a popular music; *pot.* pop music

popyt ['pɔpɨt] *m* demand (na coś for sth)

por [por] *m bot.* leek

por [por] *m (w skórze)* pore

por|a ['pɔra] *f* time; *(roku)* season; ~a dnia the time of the day; ~a obiadowa dinner time; ~a zimowa winter-time; ~a, abyś poszedł spać it's time you went to bed; nie w ~ę out of season; untimely; o każdej porze at any time; w ~ę in time; w samą ~ę just in time

porad|a [pɔ'rada] *f* 1. advice; za czyjąś ~ą on sb's advice 2. *(prawna, lekarska)* consultation

poradnia [pɔ'radɲa] *f (lekarska)* dispensary; ~ przeciwgruźlicza anti-tuberculosis clinic

poradnik [pɔ'radɲik] *m* guide, guide-book, vade-mecum

poradz|ić [pɔ'radʑitɕ] I *vt* advise, give advice; nic na to nie ~ę I can't help it; ~ić sobie bez czegoś to get on without sth; ~ić sobie z czymś to manage ⟨get along, get on⟩ with sth II *vr* ~ić się consult (lekarza a doctor); ~ić się adwokata to see a lawyer

poranek [pɔ'ranɛk] *m* morning

poranny [pɔ'rannɨ] *adj* morning

porażenie [pɔra'ʒɛɲɛ] *n* stroke, paralysis; ~ elektryczne electric shock; ~ słoneczne sunstroke

porażka [pɔ'raʃka] *f* defeat

porcelana [pɔrtsɛ'lana] *f* china, porcelain

porcj|a ['pɔrtsja] *f* portion; helping; ration; duża ⟨mała⟩ ~a big ⟨small⟩ portion; pół ~i half a portion; ~a lodów a portion ⟨helping⟩ of icecream; czy mogę dostać drugą ~ę? may I have a second helping?

poręcz ['pɔrɛtʃ] *f* 1. banister; *(krzesła)* arm; *(na okręcie)* railing 2. *pl* ~e *sport.* parallel bars

poręczyć [pɔ'rɛtʃɨtɕ] *vt* guarantee

pornografia [pɔrnɔ'grafja] *f* pornography

poronienie [pɔrɔ'ɲɛɲɛ] *n* abortion, miscarriage

porozmawiać [pɔrɔz'maviatɕ] *vi* have a talk, chat

porozumieć się [pɔrɔ'zumʲɛtɕ ɕɛ] *vr* make oneself understood (z kimś by sb); get in touch, come to terms

porozumieni|e [pɔrɔzu'mʲɛɲɛ] *n* agreement, understanding; dojść do ~a to come to terms ⟨to an agreement⟩; na skutek ~a by arrangement

poród ['pɔrut] *m* childbirth, delivery

porówn|ać [pɔ'ruvnatɕ] *perf*,

~ywać [pɔruv'nivatɕ] *im-perf* I *vt* compare; check (z czymś with sth) II *vr* ~ać, ~ywać się compare, be compared

port [pɔrt] *m* port, harbour; ~ lotniczy airport; ~ morski seaport

portfel ['pɔrtfɛl] *m* pocket--book, wallet

portier ['pɔrtjɛr] *m* porter, door-keeper

portiernia [pɔrt'jɛrɲa] *f* door--keeper's lodge; porter's lodge

portmonetka [pɔrtmɔ'nɛtka] *f* purse

porto ['pɔrtɔ] *n* (opłata) postage; (wino) port

portret ['pɔrtrɛt] *m* portrait

Portugalczyk [pɔrtu'galtʃik] *m* Portuguese

portugalski [pɔrtu'galski] *adj* Portuguese

porucznik [pɔ'rutʃnik] *m wojsk.* lieutenant

porusz|ać [pɔ'ruʃatɕ] *imperf*, ~yć [pɔ'ruʃitɕ] *perf* I *vt* 1. move; (o maszynie) work, drive; *przen.* ~ać, ~yć temat to raise a subject; to touch upon a subject; ~yć niebo i ziemię to leave no stone unturned 2. (wzruszać) move, affect, rouse II *vr* ~ać, ~yć się move, stir

porwać ['pɔrvatɕ] *vt* 1. (człowieka) abduct; (dziecko) kidnap 2. (zabrać) snatch, carry away 3. *przen.* (zachwycić) enrapture, ravish || ~ na kawałki to tear to pieces

porwanie [pɔr'vaɲɛ] *n* abduction; (dziecka) kidnapping

porywacz [pɔ'rivatʃ] *m* kidnapper; ~ samolotu hijacker

porywać [pɔ'rivatɕ] I *vt* seize; (człowieka) abduct; (dziecko) kidnap, carry away; (samolot) hijack || ~ za broń to rush to arms II *vr* ~

się 1. (z miejsca) start up 2. (na coś) attempt (sth)

porząd|ek [pɔ'ʒɔdɛk] *m* order; ~ek dzienny (zebrania) agenda; ~ki wiosenne spring cleaning; zamiłowanie do ~ku love of order; coś jest nie w ~ku z moim samochodem there is something wrong with my car; doprowadzić do ~ku to put in order; doprowadzić się do ~ku to tidy oneself; nie w ~ku out of order; w ~ku in (good) order

porządkować [pɔʒɔt'kɔvatɕ] *vt* put in order

porzeczka [pɔ'ʒɛtʃka] *f* currant

porzuc|ać [pɔ'ʒutsatɕ] *imperf*, ~ić [pɔ'ʒutɕitɕ] *perf vt* abandon, leave, drop; (służbę) desert; ~ić palenie to give up smoking

posada [pɔ'sada] *f* situation, post, position; wolna ~ vacancy, opening

posadzka [pɔ'satska] *f* (z klepki) parquet floor; (marmurowa) marble floor; (kamienna) tile floor

posądz|ać [pɔ'sɔdzatɕ] *imperf*, ~ić [pɔ'sɔdʑitɕ] *perf vt* suspect (kogoś o coś sb of sth)

posąg ['pɔsɔk] *m* statue

poselski [pɔ'sɛlski] *adj* deputy; Izba Poselska Chamber of Deputies

poselstwo [pɔ'sɛlstfɔ] *n* legation, mission

poseł ['pɔsɛu] *m* (pełnomocny) envoy; (członek delegacji) deputy; ~ do parlamentu Member of Parliament; *am.* Congressman

posezonow|y [pɔsɛzɔ'nɔvi] *adj handl.* sprzedaż ~a clearance sale

posiadać [pɔ'ɕadatɕ] *vt* possess, own, be in possession (coś of sth); *przen.* nie ~ się z radości to be beside oneself with joy

posiadłość [pɔ'ɕaduɔɕtɕ] *f*

property, possession; (ziemska) estate
posiedzenie [pɔçɛ'dzɛɲɛ] *n*
session, meeting; **zrobić coś
za jednym ~m** to do sth
at one sitting
posiłek [pɔ'çiůɛk] *m* meal, refreshment; **gorący ~** hot
meal
poskutkować [pɔskut'kɔvatç]
vi work (well), have effect;
(*o lekarstwie*) take effect
posłać ¹ *zob.* **posyłać**
posłać ² ['pɔsůatç] *vt* ~ **łóżko**
to make the bed
posłanie [pɔ'sůaɲɛ] *n* bed,
bedding; (*pościel*) bed
clothes
posłaniec [pɔ'sůaɲɛts] *m* messenger
posłuchać [pɔ'sůuxatç] *vi*
listen (**czegoś** to sth); (*być
posłusznym*) obey (**kogoś**
sb); ~ **rady** to take sb's
advice
posługaczka [pɔsůu'gatʃka] *f*
charwoman, servant
posługiwać się [pɔsůu'givatç
çɛ̃] *vr* make use (**czymś** of
sth), use (**czymś** sth)
posłuszny [pɔ'sůuʃnɨ] *adj*
obedient; **być ~m** to obey
posmarować [pɔsma'rɔvatç] *vt*
smear, grease; ~ **chleb
masłem** to spread butter
on bread
posolić [pɔ'sɔɦitç] *vt* salt
pospolity [pɔspɔ'ɦitɨ] *adj*
common, vulgar
posprzątać [pɔ'spʃɔ̃tatç] *vt*
clean up, make order; (*ze
stołu*) clear up
posprzeczać się [pɔ'spʃɛtʃatç
çɛ̃] *vr* quarrel
post [pɔst] *m* fast; **Wielki
Post** Lent
posta|ć ['pɔstatç] *f* (*sylwetka*)
figure; (*w powieści*) character, person; (*aspekt*) form;
shape; **przybrać ~ć** to take
the form of; **to zmienia ~ć
rzeczy** it changes matters;
w ~ci czegoś in the form
of sth

postan|awiać [pɔsta'naѵatç]
imperf, **~owić** [pɔsta'nɔѵitç]
perf vt decide, make up
one's mind, resolvt
postanowienie [pɔstanɔ'ѵɛɲɛ] *n*
decision, resolution
postarać się [pɔ'staratç çɛ̃] *vr*
1. try (**o coś** to do ⟨to get⟩
sth); make efforts (**to do
sth**) 2. (*wykonać jak najlepiej*) do one's best
postawić [pɔ'staѵitç] *vt* 1. put,
place; *przen.* ~ **pytanie** to
ask a question; ~ **świadka**
to produce a witness; *szk.*
~ **stopień** to give a mark;
~ **na swoim** to have one's
own way 2. (*wznieść*) build,
erect
poste-restante ['pɔst rɛ'stãt]
n 1. poste restante; **pisać
na ~** to write to poste restante 2. (*przesyłka*) "to be
called for", "to be left till
called for"
posterunek [pɔstɛ'runɛk] *m*
post, outpost; ~ **milicji** militia station
postęp ['pɔstɛ̃p] *m* progress,
advance
postępować [pɔstɛ̃'pɔvatç] *vi*
(*iść*) move, proceed,
advance; (*zachowywać się*)
behave, act; **źle z kimś ~**
to ill-treat sb
postępowy [pɔstɛ̃'pɔvɨ] *adj*
progressive
postój ['pɔstuj] *m* halt, stand,
stop; ~ **taksówek** taxi-rank,
taxi-stand
postscriptum [pɔst'skriptum]
n postscript
postulat [pɔ'stulat] *m* postu-
late, claim, demand
posunąć *zob.* **posuwać**
posunięcie [posu'ɲɛ̃tçɛ] *n* move
posu|wać [pɔ'suvatç] *imperf*,
~nąć [pɔ'sunɔ̃tç] *perf* I *vt*
move, shift, advance; *przen.*
**~wać, ~nąć sprawę za da-
leko** to carry things too far
II *vr* **~wać, ~nąć się** move
forward, advance, progress;
przen. **~wać, ~nąć się w**

latach to be getting on in years
pos|yłać [pɔ'suatɕ] *imperf*, ~łać ['pɔsuatɕ] *perf vt* send; *(pocztą)* mail, post
poszanowanie [pɔʃanɔ'vaɲɛ] *n* respect, esteem, consideration
poszczególny [pɔʃtɕɛ'gulnɪ] *adj* individual, particular, respective
poszerz|ać [pɔ'ʃɛʒatɕ] *imperf*, ~yć [pɔ'ʃɛʒitɕ] *perf vt* widen, broaden
poszewka [pɔ'ʃɛfka] *f* pillow-case
poszkodowany [pɔʃkɔdɔ'vanɪ] *adj* injured, harmed
poszukać [pɔ'ʃukatɕ] *vt* search ⟨look⟩ (czegoś for sth)
poszukiwacz [pɔʃu'ķivatʃ] *m* searcher, researcher; ~ minerałów prospector; ~ złota gold-digger
poszukiwać [pɔʃu'ķivatɕ] *vt* search (czegoś for sth); seek (czegoś sth)
poszukiwanie [pɔʃuķi'vaɲɛ] *n* search; *(naukowe)* research; ~ winnego investigation
poszwa ['pɔʃfa] *f* pillow-case
pościel ['pɔɕtɕɛl] *f* bed-clothes
pościg ['pɔɕtɕik] *m* chase, pursuit
pośladek [pɔ'ɕladɛk] *m* buttock
pośliznąć się [pɔ'ɕɦiznɔ̃tɕ ɕɛ̃] *vr* slip
poślubi|ać [pɔ'ɕlubatɕ] *imperf*, ~ć [pɔ'ɕlubitɕ] *perf vt* marry
poślubn|y [pɔ'ɕlubnɪ] *adj* post-nuptial; **podróż** ~a wedding-trip; honeymoon trip
pośpiech ['pɔɕpɛx] *m* haste, hurry; **bez** ~u at leisure, leisurely; **w** ~u in a hurry
pośpieszny [pɔ'ɕpɛʃnɪ] *adj* hurried, hasty; **pociąg** ~ fast ⟨express⟩ train
pośrednictw|o [pɔɕrɛd'ɲitstfɔ] *n* mediation, intervention, intermediary; **biuro** ~a pracy Labour Exchange; *(dla*

służby domowej) Domestic Servant Registry; **za** ~em through the mediation of; by the agency of
pośredniczyć [pɔɕrɛd'ɲitʃitɕ] *vi* mediate, be an agent
pośrednik [pɔ'ɕrɛdɲik] *m* mediator, intermediary; ~ handlu nieruchomościami house agent, *am*. real estate agent
pośród ['pɔɕrut] *praep* amid, among
poświadczać [pɔ'ɕfattʃatɕ] *vt* testify, certify, confirm
poświadczenie [pɔɕfat'tʃɛɲɛ] *n* certificate, attestation, confirmation
poświęc|ać [pɔ'ɕfɛ̃tsatɕ] *imperf*, ~ić [pɔ'ɕfɛ̃tɕitɕ] *perf* I *vt* .. *(wyświęcać)* consecrate, sanctify 2. *(czynić ofiarę)* sacrifice, devote, dedicate; *przen.* ~ać, ~ić więcej uwagi czemuś to give more time to sth II *vr* ~ać, ~ić się sacrifice ⟨devote⟩ oneself
pot [pɔt] *m* sweat, perspiration; zlany ~em sweating all over; bathed in perspiration
potajemny [pɔta'jɛmnɪ] *adj* secret, clandestine
potańczyć [pɔ'tantʃitɕ] *vi* have a dance
potem ['pɔtɛm] *adv* then, afterwards; **na** ~ for the future; for later on
potencjometr [pɔtɛn'tsjɔmɛtr] *m* potentiometer
potęg|a [pɔ'tɛ̃ga] *f* power, might; *mat.* power; **podnosić do drugiej** ~i to raise to the square
potęgować [pɔtɛ̃'gɔvatɕ] I *vt* heighten, raise, intensify, increase II *vr* ~ się intensify, increase
potęp|iać [pɔ'tɛ̃patɕ] *imperf*, ~ć [pɔ'tɛ̃pitɕ] *perf vt* blame, condemn, disapprove
potężny [pɔ'tɛ̃ʒnɪ] *adj* mighty, powerful

potknięcie [pɔ'tkɲɛ̃tɕɛ] *n* (*nogą*) stumble; *przen.* slip

potłuc ['pɔtłuts] *vt* (*talerz*) break; (*nogę*) bruise; hurt

potoczny [pɔ'tɔʧnɨ] *adj* current, familiar, colloquial; **język ~** colloquial speech

potok ['pɔtɔk] *m* stream, torrent

potomek [pɔ'tɔmɛk] *m* offspring, descendant

potrafi|ć [pɔ'trafitɕ] *vt* know how to ..., manage; **czy ty to ~sz?** can you do it?

potraktować [pɔtrak'tɔvatɕ] *vt* treat

potraw|a [pɔ'trava] *f* dish; **~y dietetyczne** dietetic dishes; **~y gorące** hot dishes; **~y narodowe** national ⟨traditional⟩ dishes; **~y zimne** cold dishes ⟨buffet dishes⟩; **spis ~** bill of fare, menu

potrąc|ać [pɔ'trɔ̃tsatɕ] *imperf*, **~ić** [pɔ'trɔ̃tɕitɕ] *perf vt* (*kogoś*) push, jostle; (*z sumy pieniędzy*) deduct

po trochu [pɔ 'trɔxu] *adv* little by little, bit by bit, a little

potrwa|ć ['pɔtrfatɕ] *vi* last; **to nie ~ długo** it will not last ⟨take⟩ long

potrzeb|a [pɔ'tʃɛba] **I** *f* need, want, necessity; **artykuły pierwszej ~y** the necessaries of life; **nagła ~a** emergency; **być w ~ie** to be in need; **nie ma ~y** there is no need; **w razie ~y** in case of need **II** *v imp* **~a** it is necessary; **nie ~a dodawać ...** needless to say ...; **tego nam ~a** that's what we need

potrzebny [pɔ'tʃɛbnɨ] *adj* necessary, wanted, needed

potrzebować [pɔtʃɛ'bɔvatɕ] *vt* need, want

potwierdz|ać [pɔ'tfɛrdzatɕ] *imperf*, **~ić** [pɔ'tfɛrdʑitɕ] *perf vt* (*poświadczać*) confirm; (*potakiwać*) approve, attest; **~ać, ~ić odbiór** to acknowledge the receipt

potworny [pɔ'tfɔrnɨ] *adj* monstrous

poufały [pɔu'fałɨ] *adj* intimate, familiar

poufny [pɔ'ufnɨ] *adj* confidential

powaga [pɔ'vaga] *f* earnestness, seriousness, gravity; (*autorytet*) authority

poważanie [pɔva'ʒaɲɛ] *n* respect, esteem; (*w liście*) **z ~m** yours faithfully ⟨sincerely⟩

poważny [pɔ'vaʒnɨ] *adj* serious, grave, earnest; (*ważny*) important; (*znaczny*) considerable; (*o kobiecie*) **być w ~m stanie** to be in the family way

powąchać [pɔ'vɔ̃xatɕ] *vt* smell, sniff (*coś at sth*)

powiadomić [pɔva'dɔmitɕ] *vt* inform, let know, advise

powiat ['pɔvat] *m* district, (*w Anglii*) county

powiatow|y [pɔva'tɔvɨ] *adj* district, county; **miasto ~e** county ⟨district⟩ town

powidła [pɔ'vidła] *plt* plum jam

powiedzieć [pɔ'vɛdʑɛtɕ] *vt* say; **proszę mi ~** tell me, please

powieka [pɔ'vɛka] *f* eye-lid

powiel|ać [pɔ'vɛlatɕ] *imperf*, **~ić** [pɔ'vɛɲitɕ] *perf vt* mimeograph, duplicate

powierzać [pɔ'vɛʒatɕ] *vt* (*czyjejś opiece*) charge with, entrust, confide

powierzchnia [pɔ'vɛʃxɲa] *f* surface, area

powierzchowny [pɔvɛʃ'xɔvnɨ] *adj* superficial, skin-deep

powiesić [pɔ'vɛɕitɕ] **I** *vt* hang **II** *vr* **~ się** hang oneself

powieściopisarz [pɔvɛɕtɕɔ-'pisaʃ] *m* novelist

powieść ['pɔvɛɕtɕ] *f* novel

powietrz|e [pɔ'vɛtʃɛ] *n* air; **świeże ~e** fresh air; **na świeżym ~u** in the open air; **gry na świeżym ~u** outdoor games

powiększ|ać [pɔ'vɛ̃kʃatɕ] *im-*

perf, ~ć [pɔ'vĕkʃitç] *perf*
I *vt* enlarge, augment,
increase; *(o szkle)* magnify;
fot. blow up II *vr* ~ać, ~yć
się increase
powiększalnik [pɔvĕk'ʃaljnik]
m fot. enlarger
powiększenie [pɔvĕk'ʃɛjnɛ] *n*
enlargement, increase; *fot.*
blow up
powiększyć *zob.* powiększać
powinien [pɔ'vijnɛn] he ⟨it⟩
sould; he ⟨it⟩ ought to;
~em to zrozumieć I should
⟨I ought to⟩ understand it
powinowaty [pɔvinɔ'vati] I *adj*
related, akin II *m* relative,
kinsman ⟨kinswoman⟩
powinszować [pɔvin'ʃɔvatç] *vt*
congratulate (komuś czegoś
sb on sth)
powinszowanie [pɔvinʃɔ'vajɛ]
n congratulation
powitać [pɔ'vitatç] *vt* greet,
welcome, salute
powitanie [pɔvi'tajɛ] *n* welcome, salutation
powłoczka [pɔ'vŭɔtʃka] *f*
pillow-case
powłoka [pɔ'vŭɔka] *f* cover,
casing
powodować [pɔvɔ'dɔvatç] I *vt*
cause, bring about, provoke,
induce II *vr* ~ się be ruled
by ....; give oneself up to ..
powodzenie [pɔvɔ'dzɛjɛ] *n*
success, prosperity; mieć
~e u kobiet to be a success
with women; mieć ~e w
życiu to succeed in life;
~a! good luck!
powodzi|ć się [pɔ'vɔdzitç çĕ] *v*
imp jak ci się ~? how are
you faring ⟨getting on⟩?
dobrze mu się ~ he pros-
pers; he is getting on well;
he is well off; nieźle mu
się ~ he is not doing badly;
he is doing quite well
powoli [pɔ'vɔji] *adv* slowly;
(stopniowo) step by step
powolny [pɔ'vɔlni] *adj* slow,
sluggish
powołać *zob.* powoływać

powołani|e [pɔvɔ'ŭajɛ] *n* 1.
call; *(do zawodu)* vocation;
lekarz z ~a born physician
2. ~e się *(na coś)* reference
(to sth)
powoł|ywać [pɔvɔ'ŭiwatç] *im-
perf*, ~ać [pɔ'vɔŭatç] *perf* I
vt call; *(na stanowisko)*
appoint; ~ywać, ~ać do
wojska to call up; to draft;
~ywać, ~ać na świadka to
call (to) witness II *vr*
~ywać, ~ać się refer (na
coś to sth)
powonienie [pɔvɔ'jɛjɛ] *n*
(sense of) smell
pow|ód ['pɔvut] *m* cause, rea-
son, occasion; dać ~ód do
czegoś to give rise to sth;
dać ~ód do obaw to cause
anxiety; bez ~odu for no
reason; z ~odu because of;
by reason of; on account
of
powódź ['pɔvutç] *f* flood,
deluge
powr|acać [pɔ'vratsatç] *imperf*,
~ócić [pɔ'vrutçitç] *perf vi*
return, come back; *(o bólu)*
recur; ~acać, ~ócić do zdrowia to recover
powrotny [pɔ'vrɔtni] *adj* return; bilet ~ return ticket
powrócić *zob.* powracać
powrót ['pɔvrut] *m* return;
~ do zdrowia recovery; termin powrotu date of return;
home-coming date
powstać *zob.* powstawać
powstanie [pɔ'fstajɛ] *n* 1.
(zbrojne) rising, uprising,
insurrection 2. *(zaczęcie ist-
nienia)* origin
powsta|wać [pɔ'fstavatç] *im-
perf*, ~ć ['pɔfstatç] *perf vi*
1. get ⟨stand⟩ up, rise;
przen. (z upadku) recover
2. *(buntować się)* rise up in
arms; revolt 3. *(wynikać)*
arise, start up; *(tworzyć się)*
come into being
powszechny [pɔ'fʃɛxni] *adj*
general, universal
powszedni [pɔ'fʃɛdni] *adj*

everyday, daily, common; **chleb** ~ daily bread; **dzień** ~ weekday, working-day

powt|arzać [pɔ'ftaʒatɕ] *imperf*, **~órzyć** [pɔ'ftuʒitɕ] *perf* I *vt* repeat; (*w teatrze*) rehearse; (*opowiadać*) report II *vr* ~**arzać**, ~**órzyć się** recur

powtórnie [pɔ'fturɲɛ] *adv* again, anew, for the second time

powtórzyć *zob.* **powtarzać**

powyższy [pɔ'vɨʃʃɨ] *adj* above (mentioned)

powziąć ['pɔvzjɔ̃tɕ] *vt* take (up); ~ **decyzję** to arrive at a decision; to take up a decision; ~ **myśl** to form an idea; ~ **uchwałę** to pass a resolution

poza[1] ['pɔza] *f* pose; attitude

poza[2] ['pɔza] *praep* behind, beyond; ~ **służbą** off duty; ~ **tym** apart from; besides; **czy jeszcze coś** ~ **tym?** anything else?

pozbawi|ać [pɔz'bavatɕ] *imperf*, ~**ć** [pɔz'bavitɕ] *perf* I *vt* deprive ⟨strip, dispossess⟩ (**czegoś** of sth); ~**ć czci** to dishonour II *vr* ~**ać**, ~**ć się życia** to take one's own life; to commit suicide

pozby|ć się ['pɔzbɨtɕ ɕɛ̃] *perf*, ~**wać się** [pɔ'zbɨvatɕ ɕɛ̃] *imperf vr* get rid (**czegoś** of sth); (*nałogu*) abandon

pozdr|awiać [pɔ'zdravatɕ] *imperf*, ~**owić** [pɔ'zdrɔvitɕ] *perf vt* greet, salute; ~**ów go ode mnie** remember me to him; give him my ⟨best ⟨kind⟩⟩ regards; **serdecznie** ~**awiam ...** I send ⟨I give⟩ my love to ...

pozdrowieni|e [pɔzdrɔ'vɛɲɛ] *n* greeting, salutation; ~**a dla was wszystkich** kind regards to you all; **przesłać serdeczne** ~**a komuś** to send one's love to sb

poziom ['pɔzjɔm] *m* level; ~ **umysłowy** intellectual level;

osiągnąć wysoki ~ to reach a high standard; **nad** ~**em morza** above sea level; **poniżej** ~**u** below the mark; **na** ~**ie** up to the mark; *mot.* ~ **oleju** oil level

poziomka [pɔ'ʑɔmka] *f* wild strawberry

poziomy [pɔ'ʑɔmɨ] *adj* horizontal, level; *przen.* low

pozna|ć ['pɔznatɕ] *perf*, ~**wać** [pɔ'znavatɕ] *imperf* I *vt* 1. (*kogoś*) make the acquaintance (of sb); get to know (**coś** sth); learn to know 2. (*rozpoznać*) recognize II *vr* ~**ć**, ~**wać się** to make each other's acquaintance; to get acquainted with sb; ~**ć się na kimś** to see through sb

pozornie [pɔ'zɔrɲɛ] *adv* apparently, to all appearances

pozostać *zob.* **pozostawać**

pozostały [pɔzɔ'stałɨ] *adj* remaining, left; ~ **przy życiu** surviving

pozosta|wać [pɔzɔ'stavatɕ] *imperf*, ~**ć** [pɔ'zɔstatɕ] *perf vi* remain, stay; ~**wać**, ~**ć w tyle** to stay behind

pozostawi|ać [pɔzɔ'stavatɕ] *imperf*, ~**ć** [pɔzɔ'stavitɕ] *perf vt* leave; ~**ać (wiele) do życzenia** to leave much to be desired

poz|ór ['pɔzur] *m* appearance, pretence, pretext; **na** ~**ór** seemingly, apparently; **pod** ~**orem** under the pretence ⟨the pretext⟩ of; **pod żadnym** ~**orem** on no account; **według wszelkich** ~**orów** to all appearances; *przen.* **zachować** ~**ory** to keep up appearances

pozw|alać [pɔ'zvalatɕ] *imperf*, ~**olić** [pɔ'zvɔ̃litɕ] *perf vt* allow, permit, let; **jeśli pan** ~**oli** if you don't mind; **mogę sobie na to** ~**olić** I can afford it; **nie** ~**alać to forbid**; to prevent; ~**alać sobie na coś** to indulge in sth; ~**alać sobie na poufa-**

łość z kimś to take liberties with sb

pozwoleni|e [pɔzvɔ'lɛɲɛ] *n* permission, consent; *(dokument)* licence; ~e **na pobyt** permit of residence; ~e **przywozu** import licence; *am.* entry permit; ~e **wywozu** export licence; permit of export; **udzielić** ~a to grant a permission ⟨licence⟩

pozwolić *zob.* **pozwalać**

pozycja [pɔ'zitsja] *f* position; ~ **prawna** status; ~ **społeczna** social standing; *(na liście, w rachunku)* item, entry

pozysk|ać [pɔ'ziskatɕ] *perf*, ~**iwać** [pɔzis'kivatɕ] *imperf vt* gain, win; ~**ać**, ~**iwać sobie czyjeś względy** to win the favours of sb; ~**ać zgodę** to win sb's consent

pozytyw [pɔ'zitif] *m fot.* positive

pozytywny [pɔzi'tivni] *adj* positive

pożar [pɔʒar] *m* fire

pożądany [pɔʒɔ̃'dani] *adj* desirable; *(o gościu)* welcome

pożegnać [pɔ'ʒɛgnatɕ] **I** *vt* take leave (**kogoś** of sb) **II** *vr* ~ **się** say good-bye (**z kimś** to sb); take leave (**z kimś** of sb)

pożegnanie [pɔʒɛ'gnaɲɛ] *n* farewell, leave-taking, good-bye

pożycz|ać [pɔ'ʒitʃatɕ] *imperf*, ~**yć** [pɔ'ʒitʃitɕ] *perf vt (komuś)* lend; *(od kogoś)* borrow

pożyczk|a [pɔ'ʒitʃka] *f* loan; **udzielić** ~**i** to grant a loan; **ubiegać się o** ~**ę** to apply for a loan; **spłacić** ~**ę** to pay off a loan; **zaciągnąć** ~**ę** to take a loan; **tytułem** ~**i** on loan

pożyczyć *zob.* **pożyczać**

pożyteczny [pɔʒi'tɛtʃni] *adj* useful

pożyt|ek [pɔ'ʒitɛk] *m* use,

advantage, profit; **dla naszego wspólnego** ~**ku** to our common advantage; **jaki z tego** ~**ek?** what's the use of it?

pożywienie [pɔʒi'vɛɲɛ] *n* food, nourishment

pożywny [pɔ'ʒivni] *adj* nourishing, nutritious

pójść [pujɕtɕ] *vi* go; ~ **na spacer** to go for a walk; ~ **po kogoś, coś** to go and fetch sb, sth; **to go to get sb, sth;** ~ **w górę** ⟨**w dół**⟩ to go up ⟨down⟩; ~ **za kimś** to follow sb; *przen.* ~ **dobrze** ⟨**źle**⟩ to turn out well ⟨badly⟩

póki ['puki] *conj* till, until; ~ **życia** as long as I live

pół [puu] *indecl* half; semi; demi; **dwa i** ~ two and a half; ~ **do piątej** half past four; ~ **funta** half a pound; ~ **na** ~ half-and-half, *pot.* fifty-fifty

półbucik [puu'butɕik] *m* low shoe

półcień ['puutɕɛɲ] *m* semi-darkness, twilight

półciężarówka [puutɕɛʒa'rufka] *f* light lorry ⟨truck⟩

półfabrykat [puufa'brikat] *m* half-product

półfinał [puu'finau] *m sport.* semi-final

półka ['puuka] *f* shelf, rack

półkula [puu'kula] *f* hemisphere

półmisek [puu'misɛk] *m* dish

półmrok ['puumrɔk] *m* dusk; semi-darkness

północ ['puunɔts] *f* 1. *geogr.* north; **na** ~ **od ...** north of ... 2. *(pora)* midnight; **o** ~**y** at midnight

północno-wschodni [puu'nɔtsnɔ'fsxɔdɲi] *adj* north-eastern

północno-zachodni [puu'nɔtsnɔ za'xɔdɲi] *adj* north-western

północny [puu'nɔtsni] *adj* (o biegunie) north; ⟨o wietrze⟩

northern; (*o pozycji*) northward

półprodukt [puǔ'prɔdukt] *m* = **półfabrykat**

półpiętro [puǔ'pɛ̃trɔ] *n* (*na schodach*) landing; (*między piętrami*) mezzanine (floor); entresol

półrocze [puǔ'rɔtʃɛ] *n* half-year; *uniw.* semester

półtora [puǔ'tɔra] *num* one and a half

półwysep [puǔ'vìsɛp] *m geogr.* peninsula

później [´puʒnɛj] *adv* later (on), afterwards; **dwa dni** ~ two days later; **wcześniej czy** ~ sooner or later

późn|o [´puʒnɔ] *adv* late; **do** ~a till late; **za** ~o too late

późny [´puʒnì] *adj* late

prac|a [´pratsa] *f* work; job; (*trud*) labour; ~a **akordowa** piece-work; ~a **na dniówkę** time-work; ~e **domowe** house-work; **postarać się o** ~ę **to find employment; bez** ~y **out of work**

pracochłonny [pratsɔ'xǔɔnnì] *adj* labour-consuming, labour-taking

pracować [pra'tsɔvatɕ] *vi* work; ~ **na chleb to earn one's bread**

pracowity [pratsɔ'vìtì] *adj* laborious, industrious

pracownia [pra'tsɔvɲa] *f* laboratory, workshop, study; (*artysty*) studio

pracownik [pra'tsɔvɲik] *m* worker, employee; ~ **fizyczny** manual worker; ~ **umysłowy** brain-worker, white-collar worker; ~ **administracyjny** civil servant; ~ **państwowy** government official, public servant

praczka [´pratʃka] *f* washerwoman

prać [pratɕ] *vt* wash

pragnąć [´pragnɔ̃tɕ] *vt* desire (*czegoś* sth), wish (*czegoś* for sth)

pragnienie [pra'gɲɛɲɛ] *n* thirst; **mieć** ~ **to be thirsty;** (*życzenie*) desire

praktyczny [prak'tìtʃnì] *adj* practical; (*o człowieku*) businesslike

prakty|ka [´praktìka] *f* practice, apprenticeship, training; **zastosować w** ~ce **to put in practice**

pralka [´pralka] *f* washing machine, washer

pralnia [´pralɲa] *f* laundry; ~ **chemiczna** dry cleaning shop; dry cleaner's (shop)

prani|e [´praɲɛ] *n* washing; ~e **chemiczne** dry cleaning; **bielizna do** ~a **laundry; posłać bieliznę do** ~a **to send linen to the wash** ⟨laundry⟩

prasa [´prasa] *f* press; (*dzienniki*) the press

prasować [pra'sɔvatɕ] *vt* press; (*żelazkiem*) iron

prasow|y [pra'sɔvì] *adj* press; **agencja** ~a **press agency; konferencja** ~a **press conference**

prawd|a [´pravda] *f* truth; **powiedzieć komuś** ~ę **w oczy to give sb a piece of one's mind;** ~ę **mówiąc ... to tell the truth ...; to** ~a **it is true; to święta** ~! **it's gospel truth!**

prawdopodobny [pravdɔpɔ-´dɔbnì] *adj* probable, likely

prawdziwy [prav'dʑivì] *adj* true, real, genuine

prawidło [pra'vidǔɔ] *n* (*reguła*) rule; (*do butów*) boot-tree, shoe-tree

prawidłowy [praviˈdǔɔvì] *adj* correct, regular

prawie [´pravɛ] *adv* almost, nearly; ~ **go nie znam I hardly know him;** ~ **nigdy** scarcely ⟨hardly⟩ ever

prawnik [´pravɲik] *m* lawyer; (*student*) law student

prawny [´pravnì] *adj* legal, lawful, legitimate

prawo [1] [´pravɔ] *n* 1. law; ~ **cywilne civil law;** ~ **karne criminal law; ustanowić** ~

to make ⟨to enact⟩ a law; znieść ~ to repeal a law 2. (do czegoś) right; (zezwolenie) licence; ~ autorskie copyright; ~ głosowania voting right; ~ jazdy driving licence; ~ własności right of property; mieć ~ do czegoś to have a right ⟨to be entitled⟩ to sth

prawo² ['pravɔ] n the right; the right-hand side; na ~ to the right; skręt w ~ right turn

prawosławny [pravɔ'sṷavnɨ] adj Orthodox

prawostronny [pravɔ'strɔnnɨ] adj right-hand (ruch traffic)

praw|y ['pravɨ] adj right, honest; (o stronie) right; po ~ej stronie on the right

prąd [prɔt] m current, flow, stream; (literacki) trend; pod ~ against the stream; z ~em with the stream; przen. iść z ~em to go with the tide; elektr. ~ stały direct current; ~ zmienny alternating current

prądnica [prɔd'ɲitsa] f elektr. generator

prążkowany [prɔʃkɔ'vanɨ] adj striped, streaked

precyzyjn|y [pretsɨ'zɨjnɨ] adj precision; **mechanika** ~a fine ⟨precision⟩ mechanics

precz [pretʃ] int away!; off (z tym with it)!; idź ~! go away!; begone!; ~ z anarchią! down with the anarchy!

prelegent [prɛ'lɛgɛnt] m lecturer

prelekcja [prɛ'lɛktsja] f lecture

preliminarz [prɛli'minaʃ] m preliminary; ~ budżetowy budget estimates

premia ['prɛmja] f premium, bonus

premier ['prɛmjɛr] m prime minister, premier

premiera [prɛ'mjɛra] f first ⟨opening⟩ night

premiować [prɛm'jɔvatɕ] vt pay a bonus (kogoś to sb); pay a premium (coś on sth)

prenumerata [prɛnumɛ'rata] f subscription

prenumerować [prɛnumɛ'rɔvatɕ] vt subscribe (coś to sth)

pretekst ['prɛtɛkst] m pretext, excuse; pod ~em czegoś under ⟨on⟩ the pretext ⟨pretence⟩ of sth

pretensj|a [prɛ'tɛnsja] f pretension, claim; mieć ~e do kogoś to have a grudge against sb; nie miej do mnie o to ~i don't blame me for it; rościć ~e to lay claims; to claim (o coś sth)

prezencj|a [prɛ'zɛntsja] f presence, bearing; on ma dobrą ~ę he has good looks

prezen|t ['prɛzɛnt] m present, gift; dać w ~cie to make a gift ⟨a present⟩ (coś of sth); ~t dla rodziny gift ⟨present⟩ for the family; dostać w ~cie to get sth as a gift

prezes ['prɛzɛs] m chairman, president

prezydent ['prɛzɨdɛnt] m president

prędki ['prɛtkɨ] adj quick, swift, fast

prędzej ['prɛdzɛj] adj 1. quicker, more quickly; czym ~ as soon as possible; ~ czy później sooner or later 2. (raczej) sooner, rather

pręt [prɛt] m rod, stick, bar

problem ['prɔblɛm] m problem, issue

procent ['prɔtsɛnt] m percentage, interest; na 5 ~ at 5 per cent; przynosić ~ to bear interest; z ~em with interest

proces ['prɔtsɛs] m 1. process; sąd. trial, lawsuit, case; ~ rozwodowy divorce case; wytoczyć komuś ~ to bring an action against sb 2. (przebieg) course

procesować się [prɔtsɛ'sɔvatɕ ɕɛ̃] *vr* be engaged in a lawsuit, prosecute at law

prochowiec [prɔ'xɔvɛts] *m* dust-coat

producent [prɔ'dutsɛnt] *m* producer

produkcj|a [prɔ'duktsja] *f* production, output; ~a seryjna standard production; środki ~i means of production

produkować [prɔdu'kɔvatɕ] *vt* produce, make, manufacture

produkt ['prɔdukt] *m* product, produce; ~y spożywcze provisions, food-stuffs; ~ uboczny by-product

produktywny [prɔduk'tivni] *adj* productive

profesor [prɔ'fɛsɔr] *m* professor

profil ['prɔfil] *m* profile; z ~u in profile

profilaktyczny [prɔfilak'titʃni] *adj* prophylactic

prognoza [prɔ'gnɔza] *f* prognosis; ~ pogody weather forecast

program ['prɔgram] *m* programme; ~ studiów curriculum; ~ kin ⟨teatrów⟩ cinema ⟨theatre⟩ programmes

projekcja [prɔ'jɛktsja] *f* projection

projek|t ['prɔjɛkt] *m* scheme, design, plan, draft; układać ~ty na przyszłość to make plans for the future; w ~cie in draft ⟨design⟩

projektor [prɔ'jɛktɔr] *m* projector

projektować [prɔjɛk'tɔvatɕ] *vt* (*zamierzać*) plan, make plans; (*rysować*) design, project

prokurator [prɔku'ratɔr] *m* public prosecutor

proletariat [prɔlɛ'tarjat] *m* proletariat

prolog ['prɔlɔk] *m* prologue

prolongować [prɔlɔn'gɔvatɕ] *vt* prolong, extend

prom [prɔm] *m* ferry, ferry-boat

promesa [prɔ'mɛsa] *f* promise; ~ wizy visa promise

promieniotwórczy [prɔmɛɲɔ-'tfurtʃi] *adj* radioactive

promieniować [prɔmɛ'ɲɔvatɕ] *vi* radiate

promie|ń ['prɔmɛɲ] *m* 1. beam, ray; ~ń słoneczny sunbeam; ~nie Roentgena X-rays 2. *geom.* radius

promil ['prɔmil] *m* promille; per mille; pół ~a half a promille

promocja [prɔ'mɔtsja] *f.* promotion

propagować [prɔpa'gɔvatɕ] *vt* propagate

proponować [prɔpɔ'nɔvatɕ] *vt* propose, offer

proporcja [prɔ'pɔrtsja] *f* proportion

proporzec [prɔ'pɔʒɛts] *m* pennon

propozycja [prɔpɔ'zitsja] *f* proposal, offer, suggestion

prosić ['prɔɕitɕ] *vt vi* ask, beg, request; ~ na obiad to invite to dinner; ~ o coś to ask for sth; ~ o pozwolenie to request permission; ~ o rękę (dziewczyny) to ask for a girl's hand (in marriage); czy mogę ~ o coś? may I ask you for sth?; proszę państwa! ladies and gentlemen!; proszę wejść! come in, please!

prosiak ['prɔɕak] *m*, **prosię** ['prɔɕɛ̃] *n* pigling, piglet

prospekt ['prɔspɛkt] *m* prospect; (*broszura*) leaflet, prospectus

prost|o ['prɔstɔ] *adv* straight, directly; iść ~o przed siebie to go straight ahead; siedzieć ~o to sit upright; po ~u simply

prostokąt [prɔs'tɔkɔ̃t] *m mat.* rectangle

prostopadły [prɔstɔ'padwi] *adj* perpendicular

prostota [pro'stota] f simplicity, homeliness

prostować [pro'stovatɕ] I vt straighten, make straight; (błąd) rectify, correct II vr ~ się straighten

prosty ['prosti] adj straight, direct; (nieskomplikowany) simple, plain, common

proszek ['proʃɛk] m powder; ~ do pieczenia baking powder; ~ do zębów tooth-powder

prośb|a ['prozba] f request; (do urzędu) application; (podanie) petition; mam do ciebie ~ę I have a favour to ask of you; I have a request to make; na waszą ~ę at your request

protekcja [pro'tɛktsja] f patronage, protection; backing

protest ['protɛst] m protest, protestation; założyć ~ to lodge a protest

protestować [protɛ'stovatɕ] vt protest

proteza [pro'tɛza] f 1. prosthesis; ~ kończyny artificial limb; ~ oka ocular prosthesis 2. (sztuczna szczęka) denture; ~ zębowa (częściowa) dental prosthesis

protokół [pro'tokuɫ] m 1. record, report; spisać ~ komuś to make a report ⟨take down evidence⟩ on sb 2. (dyplomatyczny) protocol 3. (z posiedzenia) minutes

prototyp [pro'totip] m prototype

prowadzić [pro'vadʑitɕ] I vt lead, guide; (koncert) conduct; (samochód) drive; (sklep) run, keep; (instytucję) manage; (księgi) keep; (rozmowę) carry on; (zebranie) preside; (wojnę) wage; ~ dalej to continue; ~ please lead the way II vr ~ się pod rękę to walk arm in arm

prowiant ['provant] m prov-

isions; suchy ~ packed (lunch etc.)

prowincj|a [pro'vintsja] f province; (kraj poza stolicą) provinces; na ~i in the country ⟨provinces⟩

prowizja [pro'vizja] f commission, percentage

proz|a ['proza] f prose; ~ą in prose

prób|a ['pruba] f 1. trial, test; na ~ę on trial; poddawać ~ie to put to trial ⟨to the test⟩; przen. ciężka ~a ordeal 2. teatr. rehearsal; ~a generalna dress rehearsal

próbka ['prupka] f sample, pattern

próbować [pru'bovatɕ] vt 1. try, test; ~ szczęścia to take a chance; to try one's luck 2. (kosztować) taste

prócz [pruʧ] praep except, save; ~ tego besides

próg [pruk] m threshold

próżn|y ['pruʒni] adj empty, void, vacant; (daremny) vain, futile; (zarozumiały) conceited; pot. ~e gadanie idle talk

prycza ['priʧa] f plank-bed

prymus ['primus] m (maszynka) primus (stove); spirit lamp

pryszcz [priʃʧ] m pimple, boil

prysznic ['priʃɲits] m shower-bath; wziąć ~ to take a shower

prywatny [pri'vatni] adj private

przebacz|ać [pʃɛ'batʃatɕ] imperf, ~yć [pʃɛ'batʃitɕ] perf vt pardon, forgive

przebaczenie [pʃɛba'ʧɛɲɛ] n pardon, forgiveness; prosić kogoś o ~ to beg sb's pardon

przebaczyć zob. przebaczać

przebieg ['pʃɛbʲɛk] m course, run

przebicie [pʃɛ'bʲitɕɛ] n puncture; elektr. breakdown

przebić [ˈpʃɛbitɕ] *vt* puncture; pierce; *elektr.* break down

przeb|ierać [pʃɛˈbɛratɕ] *imperf,* ~**rać** [ˈpʃɛbratɕ] *perf* I *vt* (*wybierać*) sort; ~**ierać starannie** to pick and choose; ~**ierać nogami** to fidget; ~**ierać palcami po czymś** to fiddle about with sth; ~**ierać palcami po instrumencie** to finger an instrument; *przen.* ~**ierać,** ~**rać miarę w jedzeniu** ⟨**piciu**⟩ to eat ⟨drink⟩ to excess II *vr* ~**ierać,** ~**rać się** change (one's clothes); (*za coś, za kogoś*) disguise oneself; to dress up

przebój [ˈpʃɛbuj] *m* hit

przebrać zob. **przebierać**

przebrani|e [pʃɛˈbraɲɛ] *n* disguise; **w** ~**u** in disguise

przebudowa [pʃɛbuˈdɔva] *f* reconstruction, rebuilding

przebywać [pʃɛˈbivatɕ] *vi* stay, live; ~ **stale** to reside

przecen|a [pʃɛˈtsɛna] *f* reduction of prices; reduced prices; **towary z** ~**y** goods at reduced prices

przechadzk|a [pʃɛˈxatska] *f* walk, stroll; ~**a dla zdrowia** constitutional; **iść na** ~**ę** to go for a walk

przechodni [pʃɛˈxɔdɲi] *adj* transitional, transitory; *gram.* transitive; **puchar** ~ challenge cup

prze|chodzić [pʃɛˈxɔdʑitɕ] *imperf,* ~**jść** [ˈpʃɛjɕtɕ] *perf vt* pass, go over; ~**chodzić,** ~**jść przez ulicę** to cross the street ‖ ~**chodzić,** ~**jść operację** to undergo an operation; ~**chodzić,** ~**jść wiele kłopotów** to go through much trouble; **to mu** ~**jdzie** he will get over it; **ustawa** ~**chodzi większością głosów** the bill is voted ⟨carried⟩ by the majority

przechodzień [pʃɛˈxɔdʑɛɲ] *m* passer-by

przechować zob. **przechowywać**

przechowalnia [pʃɛxɔˈvalɲa] *f* left-luggage office; cloakroom; *am.* baggage room

przechow|ywać [pʃɛxɔˈvivatɕ] *imperf,* ~**ać** [pʃɛˈxɔvatɕ] *perf vt* keep, preserve

przeciąć zob. **przecinać**

przeciąg [ˈpʃɛtɕɔ̃k] *m* draught, current of air; (*czasu*) period, space of time; **na** ~ **miesiąca** for a month; **w** ~**u dnia** during ⟨in the course of⟩ the day; **w** ~**u tygodnia** within ⟨in the course of⟩ a week

przeciążony [pʃɛtɕɔ̃ˈʐɔɲi] *adj* overloaded, overworked

przecieka|ć [pʃɛˈtɕɛkatɕ] *vi* leak; **dach** ~ the roof is leaking; **zbiornik** ~ the tank is leaking

przecier [ˈpʃɛtɕɛr] *m* pomace, paste; ~ **owocowy** fruit pomace; ~ **pomidorowy** tomato paste

przecież [ˈpʃɛtɕɛʃ] *conj* yet, still; **a** ~ and yet; after all

przeciętny [pʃɛˈtɕɛtɲi] *adj* average, mediocre

przeci|nać [pʃɛˈtɕinatɕ] *imperf,* ~**ąć** [ˈpʃɛtɕɔ̃tɕ] *perf vt* cut (through); ~**nać,** ~**ąć rozmowę** to cut short ⟨to end⟩ a conversation

przecinek [pʃɛˈtɕinɛk] *m* comma

przeciw [ˈpʃɛtɕif] *praep* against; **nie mam nic** ~ **temu** I don't mind it; I have no objection to it; **za i** ~ the pros and cons

przeciwbólowy [pʃɛtɕivbuˈlɔvi] *adj med.* analgesic

przeciwdziałać [pʃɛtɕivˈdʑaŭatɕ] *vt* counteract, counterwork (*czemuś* sth)

przeciwieństw|o [pʃɛtɕiˈvɛ̃nstfɔ] *n* opposition, contrast, the opposite; **w** ~**ie do czegoś** in contrast with sth; unlike sth

przeciwnie [pʃɛˈtɕivɲɛ] *adv* on

⟨just⟩ the contrary; **wprost** ~ the other way

przeciwnik [pʃɛ'tɕivɲik] *m* adversary, opponent

przeciwny [pʃɛ'tɕivnɨ] *adj* opposite, adverse, contrary; **być ~m czemuś** to object to sth; **w ~m razie** otherwise

przeciwstawi|ać [pʃɛtɕif'stavatɕ] *imperf*, **~ć** [pʃɛtɕif'stavitɕ] *perf* **I** *vt* oppose (komuś, czemuś to sb, sth), set against **II** *vr* **~ać**, **~ć się** oppose (komuś, czemuś sb, sth), be opposed (czemuś to sth)

przeczący [pʃɛ'tʃɔ̃tsɨ] *adj* negative

przecznica [pʃɛtʃ'ɲitsa] *f* cross--street, cross-line

przeczu|ć ['pʃɛtʃutɕ] *perf*, **~wać** [pʃɛ'tʃuvatɕ] *imperf vt* have a feeling (coś of sth); (zło) forebode; have a suspicion ⟨a presentiment⟩

przeczyć ['pʃɛtʃɨtɕ] *vt* deny (czemuś sth); contradict (komuś sb); **~ istnieniu czegoś** to negate the existence of sth

przeczyszczający [pʃɛtʃɨʃtʃa-'jɔtsɨ] *adj* (także środek **~**) *med.* purgative, laxative

przeczytać [pʃɛ'tʃitatɕ] *vt* read over; (uważnie) peruse; **~ głośno** to read out loud

przed [pʃɛt] *praep* before, in front of, ahead of; **iść ~ siebie** to go ahead; **~ domem** in front of the house; **~ miesiącem** a month ago; **~ południem** before noon

przedawniony [pʃɛda'vɲɔnɨ] *adj* prescribed, superannuated, outdated

przed|dzień ['pʃɛddʑɛɲ] *m* **w ~edniu ...** on the eve of ...

przede wszystkim [pʃɛdɛ'fʃistkim] *adv* above all, first of all

przedłużacz [pʃɛ'dɫuʒatʃ] *m* extension rod; lengthening bar

przedłuż|ać [pʃɛ'dɫuʒatɕ] *imperf*, **~yć** [pʃɛ'dɫuʒitɕ] *perf vt* (pobyt) prolong; (wizę) extend; (suknię) lengthen

przedmieście ['pʃɛd'mɛɕtɕɛ] *n* suburb

przedmiot ['pʃɛdmɔt] *m* object; (temat) subject; matter, subject-matter

przedmowa [pʃɛd'mɔva] *f* preface, foreword

przedni ['pʃɛdɲi] *adj* front; foremost; **~a noga** foreleg, forefoot; **~e koła** front wheels

przedosta|ć się [pʃɛ'dɔstatɕ ɕɛ] *perf*, **~wać się** [pʃɛdɔ'stavatɕ ɕɛ] *imperf vr* get through; push one's way; penetrate (do czegoś into sth); przen. **~ć**, **~wać się do wiadomości publicznej** to become public knowledge

przedostatni [pʃɛdɔ'statɲi] *adj* last but one; **~a noc** the night before last

przedpłata [pʃɛt'pɫata] *f* prepayment; payment in advance; (czasopisma) subscription

przedpokój [pʃɛt'pɔkuj] *m* antechamber, lobby

przedpołudnie [pʃɛtpɔ'ŭudɲɛ] *n* forenoon

przedramię [pʃɛd'ramɛ̃] *n* forearm

przedruk ['pʃɛdruk] *m* reprint; **~ wzbroniony** copyright

przedsiębiorca [pʃɛt-ɕɛ'bɔrtsa] *m* contractor; (budowlany) builder

przedsiębiorczy [pʃɛt-ɕɛ'bɔrtʃi] *adj* enterprising, full of initiative

przedsiębiorstwo [pʃɛt-ɕɛ'bɔrstfɔ] *n* enterprise, concern, business; **~ państwowe** state(-owned) enterprise

przedsię|brać [pʃɛt'ɕɛbratɕ] *imperf*, **~wziąć** [pʃɛt'ɕɛvʑɔ̃tɕ] *perf vt* undertake; **~brać ~wziąć kroki** to take steps

przedsięwzięcie [pʃɛtɕɛ̃'vʑɛ̃-

tɕɛ] *n* undertaking, enterprise

przedsprzedaż [pʃɛt'spʃɛdaʃ] *f* advance sale; **kupić bilety w ~y** to book seats ⟨tickets⟩ in advance; **biuro ~y** booking office

przedstawi|ać [pʃɛt'stav̇atɕ] *imperf,* **~ć** [pʃɛt'stav̇itɕ] *perf* I *vt* present, represent; (*przedłożyć*) submit; (*osobę*) introduce; **~ać, ~ć sobie** to imagine; **jak się sprawy ~ają?** how do matters stand? II *vr* **~ać, ~ć się** introduce oneself

przedstawiciel [pʃɛt-sta'v̇itɕɛl] *m* representative; (*handlowy*) agent

przedstawicielstwo [pʃɛt-sta-v̇i'tɕɛlstfɔ] *n* agency, delegation

przedstawić *zob.* **przedstawiać**

przedstawienie [pʃɛt-sta'v̇ɛɲɛ] *n* 1. (*osób*) presentation, introduction 2. *teatr.* performance, show, spectacle; **~ przedpołudniowe** matinée

przedszkole [pʃɛt'ʃkɔlɛ] *n* kindergarten

przedtem ['pʃɛttɛm] *adv* before, formerly; **na krótko ~** shortly before

przedwczoraj [pʃɛt'ftʃɔraj] *adv* the day before yesterday

przedwiośnie [pʃɛd'v̇ɔɕɲɛ] *n* early spring

przedział ['pʃɛdʑau̯] *m* 1. partition 2. (*w wagonie*) compartment; **~ bagażowy** luggage compartment; **~ dla palących** ⟨niepalących⟩ smoking ⟨non smoking⟩ compartment; **~ zarezerwowany** reserved compartment 3. (*we włosach*) parting

przedziel|ać [pʃɛ'dʑɛlatɕ] *imperf,* **~ić** [pʃɛ'dʑɛɲitɕ] *perf vt* divide, part

przegi|ać ['pʃɛɡɔtɕ] *perf,* **~nać** [pʃɛ'ɡinatɕ] *imperf vt* bend, bow

przegląd ['pʃɛɡlɔt] *m* review,

inspection, revision, survey; **~ lekarski** medical examination; *mot.* **~ gwarancyjny** guarantee survey; **~ okresowy** periodical survey; **~ techniczny** technical survey

prze|glądać [pʃɛ'ɡlɔdatɕ] *imperf,* **~jrzeć** ['pʃɛjʒɛtɕ] *perf vt* review, look over ⟨through⟩, examine; revise

przegłosować [pʃɛɡu̯ɔ'sɔvatɕ] *vt* carry by vote, outvote

przegonić [pʃɛ'ɡɔɲitɕ] *vt* (*w biegu*) outrun, overtake; (*przewyższyć*) outdistance

przegotować [pʃɛɡɔ'tɔvatɕ] *vt* (*zagotować*) boil, bring to the boil; (*zbyt długo gotować*) overboil; **~ wodę** ⟨mleko⟩ to boil water ⟨milk⟩

przegrać *zob.* **przegrywać**

przegrana [pʃɛ'ɡrana] *f* defeat, loss; lost game

przegr|ywać [pʃɛ'ɡrivatɕ] *imperf,* **~ać** ['pʃɛɡratɕ] *perf vt* lose

przegrz|ać ['pʃɛɡʒatɕ] *perf,* **~ewać** [pʃɛ'ɡʒɛvatɕ] *imperf vt* overheat; (*o silniku*) become overheated

przegub ['pʃɛɡup] *m* (*ręki*) wrist, joint

przejaw ['pʃɛjaf] *m* symptom, sign

przejawi|ać [pʃɛ'javatɕ] *imperf,* **~ć** [pʃɛ'javitɕ] *perf* I *vt* manifest, display II *vr* **~ać, ~ć się** manifest oneself, be revealed

przejazd ['pʃɛjast] *m* passage; (*kolejowy*) crossing; **~ wzbroniony** no thoroughfare; **~ górą** overcrossing; **~ dołem** undercrossing, *am.* underpass; **~ nie strzeżony** unguarded crossing; **~ strzeżony** guarded crossing

przejażdżka [pʃɛ'jaʃtʃka] *f* ride, trip; (*samochodem*) drive

przeje|chać [pʃɛ'jɛxatɕ] *perf.* **~żdżać** [pʃɛ'jɛʒdʒatɕ] *imperf* I *vt vi* pass, ride; travel; (*minąć, np. stację*) miss;

~chać, ~żdżać, przez miasto to pass through the city; ~chać, ~żdżać na drugą stronę mostu to ride ⟨to drive⟩ across a bridge; ~chać cały świat to travel all over the world; (najechać) to run over sb; to knock sb down II vr ~chać się to make a trip, to take a drive ⟨a ride⟩; (po morzu) to sail across

przejezdny [pʃɛ'jɛzdnɪ] m passenger, traveller; stranger; am. (w hotelu) transient

przejeżdżać zob. przejechać

przejmować [pʃɛj'mɔvatɕ] I vt take over II vr ~ się be impressed, be moved (czymś by sth)

przejrzeć zob. przeglądać

przejście ['pʃɛjɕtɕɛ] n 1. passage, transition; gangway; ~ dla pieszych pedestrian crossing; ~ graniczne border crossing; ~ podziemne dla pieszych (pedestrian) subway; am. underpass; ~ uliczne na pasach zebra crossing 2. (przeżycie) experience; (przykre) trial, ordeal

przejściowy [pʃɛj'ɕtɕɔvɪ] adj temporary, transitory

przejść zob. przechodzić

przekaz ['pʃɛkas] m draft, order; ~ pieniężny money order

przekąsić [pʃɛ'kɔɕitɕ] vt vi have a snack

przekąska [pʃɛ'kɔska] f snack, refreshment

przekleństwo [pʃɛ'klɛnstfɔ] n curse

przekład ['pʃɛkuat] m translation, version

prze|kładać [pʃɛ'kuadatɕ] imperf, ~łożyć [pʃɛ'uɔʑitɕ] perf vt 1. (z miejsca na miejsce) transfer; move, shift; (z kieszeni itp.) empty (do koszyka into a basket); (kłaść na zmianę) interlay 2. (tłu-

maczyć) translate (na angielski into English) 3. (karty) cut

przekładnia [pʃɛ'kuadɲa] f techn. gear, switch; mot. ~ ślimakowa worm gear; ~ zębata toothed gear

przeklu|ć ['pʃɛkuutɕ] perf, ~wać [pʃɛ'kuuvatɕ] imperf vt pierce

przekonać zob. przekonywać

przekonani|e [pʃɛkɔ'naɲɛ] n conviction; ~a polityczne political convictions; dochodzić do ~a to conclude; to come to a conclusion; mam ~e, że ... I am convinced, that ...; według mego najgłębszego ~a to the best of my belief

przekon|ywać [pʃɛkɔ'nɪvatɕ] imperf, ~ać [pʃɛ'kɔnatɕ] perf I vt convince, persuade II vr ~ywać, ~ać się ascertain, convince oneself

przekonywający [pʃɛkɔnɪva'jɔtsɪ] adj convincing, persuasive, conclusive

przekraczać zob. przekroczyć

przekreśl|ać [pʃɛ'krɛɕlatɕ] imperf, ~ić [pʃɛ'krɛɕɫitɕ] perf vt cross out, cancel, annul

przekręc|ać [pʃɛ'krɛntsatɕ] imperf, ~ić [pʃɛ'krɛntɕitɕ] perf vt twist, turn; (słowa itp.) distort

przekroczenie [pʃɛkrɔ'tʃɛɲɛ] n (wykroczenie) offence; (przepisów) transgression; (planu itp.) exceeding; ~ granicy crossing the frontier; ~ dozwolonej szybkości exceeding the speed limit; ~ konta w banku overdraft; ~ przepisów prawa transgression of the bar

przekr|oczyć [pʃɛ'krɔtʃitɕ] vt (przejść) cross; (przewyższyć) exceed, surpass, overstep; (liczebnie przewyższać) outnumber; (prawo) transgress; ~oczyć granice przyzwoitości to overstep

the bounds of decency;
~oczyć rachunek (banko-
wy) to overdraw one's ac-
count; ~oczyć dozwoloną
szybkość to exceed the
speed limit; to ~acza moje
środki (finansowe) this is
beyond my means
przekroić [pʃɛ'krɔitɕ] vt cut
(in two)
przekrój ['pʃɛkruj] m section;
~ pionowy vertical section;
~ poziomy horizontal ⟨lev-
el⟩ crossing; ~ poprzeczny
cross-section; przen. w
przekroju in profile
przekształc|ać [pʃɛ'kʃtaŭtsatɕ]
imperf, ~ić [pʃɛ'kʃtaŭtɕitɕ]
perf I vt transmute, transform II vr ~ać, ~ić się
transform, change (w coś
into sth)
przekupić [pʃɛ'kupitɕ] vt bribe
przekupywać [pʃɛku'pivatɕ] vt
bribe, corrupt
przekwit|ać [pʃɛ'kʃitatɕ] im-
perf, ~nąć [pʃɛ'kʃitnɔtɕ]
perf vi cease blooming,
wither, fade; to be out of
bloom
przelew ['pʃɛlɛf] m (pienięż-
ny) transfer || ~ krwi
bloodshed
przelęknąć się [pʃɛ'lɛknɔtɕ ɕɛ]
vr be frightened, take
fright (czegoś at sth)
przeliczyć [pʃɛ'ʃitʃitɕ] I vt
count over II vr ~ się
miscalculate
przelot ['pʃɛlɔt] m passage,
flight
przeludnienie [pʃɛlud'ɲɛɲɛ] n
overpopulation
przeludniony [pʃɛlud'ɲɔɲi] adj
overpopulated
przeładow|ać [pʃɛŭa'dɔvatɕ]
perf, ~ywać [pʃɛŭadɔ'vivatɕ]
imperf vt 1. (przenieść ładunek) reload, trans-ship 2.
(przeciążać) overload; (ludźmi) overcrowd
przeładunek [pʃɛŭa'dunɛk] m
reloading, trans-shipment
przełaj ['pʃɛŭaj] m na ~

across country; pójść na ~
to take a short cut; sport.
bieg na ~ cross-country
race
przełącz|ać [pʃɛ'ŭɔtʃatɕ] im-
perf, ~yć [pʃɛ'ŭɔtʃitɕ] perf
vt elektr. switch; telef. put
through
przełącznik [pʃɛ'ŭɔtʃɲik] m
elektr. switch, commutator
przełączyć zob. przełączać
przełęcz ['pʃɛŭɛtʃ] f pass
przełom ['pʃɛŭɔm] m breach,
fracture; przen. crisis, turning point; ~ wieku turn of
the century
przełożony [pʃɛŭɔ'ʒɔɲi] m superior, principal
przełożyć zob. przekładać
przełyk ['pʃɛŭik] m gullet;
anat. oesophagus
przem|akać [pʃɛ'makatɕ] im-
perf, ~oknąć [pʃɛ'mɔknɔtɕ]
perf vi be drenched, be
soaked; ~oknąć do nitki to
get wet to the skin
przemaszerować [pʃɛmaʃɛ'rɔ-
vatɕ] vi march by ⟨past⟩,
parade
przem|awiać [pʃɛ'mavatɕ] im-
perf, ~ówić [pʃɛ'muvitɕ]
perf vi speak, deliver a
speech; address (do kogoś
sb); ~awiać/~ówić za kimś
to speak for sb; to say a
good word for sb
przemęcz|ać [pʃɛ'mɛtʃatɕ] im-
perf, ~yć [pʃɛ'mɛtʃitɕ] perf
I vt overstrain, overwork
II vr ~ać, ~yć się work
too much, overwork
przemęczenie [pʃɛmɛ'tʃɛɲɛ] n
overstrain, overwork
przemieszczenie [pʃɛmɛʃ'tʃɛɲɛ]
n med. dislocation, dis-
placement
przemi|jać [pʃɛ'mijatɕ] imperf,
~nąć [pʃɛ'minɔtɕ] perf vi
pass, go by; ~nęło it's all
over
przemoczy|ć [pʃɛ'mɔtʃitɕ] vt
wet, drench; ~łem nogi
I've got wet feet
przemoknąć zob. przemąkać

przemówić zob. **przemawiać**
przemówienie [pʃɛmu'vɛɲɛ] n speech, address; **wygłosić** ~ to deliver a speech
przemyc|ać [pʃɛ'mitsatɕ] imperf, **~ić** [pʃɛ'mitɕitɕ] perf vt smuggle
przemysł ['pʃɛmisu] m industry; ~ **lekki** ⟨**ciężki**⟩ light ⟨heavy⟩ industry; ~ **motoryzacyjny** motor ⟨automotive⟩ industry; ~ **turystyczny** tourist industry; ~ **węglowy** coal industry
przemysłowiec [pʃɛmi'suɔvɛts] m industrialist
przemysłowy [pʃɛmi'suɔvi] adj industrial
przemyt ['pʃɛmit] m smuggling, contraband
przemytnik [pʃɛ'mitɲik] m smuggler, contrabandist; (alkoholu) bootlegger
przenicować [pʃɛɲi'tsɔvatɕ] vt kraw. turn
przenieść zob. **przenosić**
przenik|ać [pʃɛ'ɲikatɕ] imperf, **~nąć** [pʃɛ'ɲiknɔ̃tɕ] perf vt 1. penetrate; (o wieści, tajemnicy) transpire, infiltrate 2. fiz. filter, diffuse
przenocować [pʃɛnɔ'tsɔvatɕ] I vi pass the night II vt (kogoś) put up for the night
przen|osić [pʃɛ'nɔɕitɕ] imperf, **~ieść** ['pʃɛɲɛɕtɕ] perf I vt transport, transfer, remove; (w rachunkach) carry over ⟨forward⟩ || **~osić, ~ieść na emeryturę** to pension II vr **~osić, ~ieść się** move
przenośny [pʃɛ'nɔɕni] adj (o maszynie itp.) portable; (o znaczeniu) metaphorical; **w ~m znaczeniu** in a figurative sense
przeoczyć [pʃɛ'ɔtʃitɕ] vt overlook; miss
przepadać [pʃɛ'padatɕ] vi 1. (ginąć) be ⟨get⟩ lost 2. (przy egzaminie) fail 3. (bardzo lubić) to be very fond (za czymś of sth); ~ **za kimś** to dote on sb

przepaść ['pʃɛpaɕtɕ] f precipice, abyss
przepełniony [pʃɛpɛu'ɲɔni] adj (o naczyniu) overflowing, brimful; (ludźmi) overcrowded
przepis ['pʃɛpis] m receipt; kulin. recipe; med. prescription; (reguła) regulation; **~y ruchu** traffic regulations; **highway code**; **wbrew ~om** against ⟨contrary to⟩ the regulations; **łamać ~y** to break ⟨infringe⟩ the regulations
przepisać zob. **przepisywać**
przepisowy [pʃɛpi'sɔvi] adj regular, approved, obligatory
przepis|ywać [pʃɛpi'sivatɕ] imperf, **~ać** [pʃɛ'pisatɕ] perf vt 1. copy, rewrite; **~ywać, ~ać coś na czysto** to make a clean copy of sth 2. (zalecać) order; **~ywać, ~ać lek** to prescribe a medicine 3. prawn. (własność) sign away
przepłac|ać [pʃɛ'puatsatɕ] imperf, **~ić** [pʃɛ'puatɕitɕ] perf vt overpay
przepły|wać [pʃɛ'puivatɕ] imperf, **~nąć** [pʃɛ'puinɔ̃tɕ] perf vt (o człowieku) swim (across); (o okręcie) sail, cross; (o rzece) flow
przepocić [pʃɛ'pɔtɕitɕ] vt sweat through, saturate with sweat
przepona [pʃɛ'pɔna] f diaphragm, midriff
przepowi|adać [pʃɛpɔ'vadatɕ] imperf, **~edzieć** [pʃɛpɔ'vɛdzɛtɕ] perf vt foretell, predict, prophesy
przepowiednia [pʃɛpɔ'vɛdɲa] f prophecy; prediction; forecast, prognosis
przepracowany [pʃɛpratsɔ'vani] adj overworked, run-down
przeprać ['pʃɛpratɕ] vt wash
przeprasować [pʃɛpra'sɔvatɕ] vt press, iron

przepr|aszać [pʃɛ'praʃatɕ] *imperf*, ~osić [pʃɛ'prɔɕitɕ] *perf vt* beg (kogoś sb's) pardon; apologize (za coś for sth); ~szam! excuse me!; I am sorry!; sorry!; ~aszam, która godzina? excuse me, what time is it?

przeprawa [pʃɛ'prava] *f* 1. (*przejście*) passage; crossing 2. (*transport*) transport ⟨conveyance⟩ 3. *przen.* (*przykre zajście*) incident, scene

przeprowadz|ać [pʃɛprɔ'vadzatɕ] *imperf*, ~ić [pʃɛprɔ'vadʑitɕ] *perf* I *vt* lead, get through; (*plan*) carry out; (*reformę*) put in force; carry into effect II *vr* ~ać, ~ić się move

przeprowadzka [pʃɛprɔ'vatska] *f* removal

przepuklina [pʃɛpu'kʃina] *f* hernia, rupture

przepustk|a [pʃɛ'pustka] *f* pass, permit; wydać ~ę to issue ⟨grant⟩ a permit

przepu|szczać [pʃɛ'puʃtʃatɕ] *imperf*, ~ścić [pʃɛ'putɕitɕ] *perf vt* 1. let pass ⟨through⟩ 2. (*przeciekać, np. o naczyniu*) leak || ~ścić okazję to miss the opportunity

przepych ['pʃɛpix] *m* luxury, splendour, pomp

przer|abiać [pʃɛ'rabatɕ] *imperf*, ~obić [pʃɛ'robitɕ] *perf vt* 1. (*lekcję*) get through; ~abiać z kimś gramatykę to drill sb in grammar 2. (*sztukę, książkę itp.*) revise, remodel, rewrite 3. (*suknię*) alter, remake

przera|zić [pʃɛ'raʑitɕ] *perf*, ~żać [pʃɛ'raʑatɕ] *imperf* I *vt* terrify, appal, frighten II *vr* ~zić się be frightened, be terrified

przerażający [pʃɛraʑa'jɔtsi] *adj* appalling, terrifying

przerobić *zob.* przerabiać

przeróbka [pʃɛ'rupka] *f* 1. recast, revision, adaptation;

~ filmowa film version 2. *kraw.* alteration

przerw|a ['pʃɛrva] *f* 1. break, pause; ~a obiadowa lunch time; ~a w obradach adjournment; bez ~y without intermission; non-stop 2. *teatr.* interval, intermission 3. (*w piłce nożnej*) half-time

przer|wać ['pʃɛrvatɕ] *perf*, ~ywać [pʃɛ'rivatɕ] *imperf vt* interrupt, break off, pause

przesada [pʃɛ'sada] *f* exaggeration

przesadz|ać [pʃɛ'sadzatɕ] *imperf*, ~ić [pʃɛ'sadʑitɕ] *perf vt* 1. (*roślinę*) transplant 2. (*wyolbrzymiać*) exaggerate, overdo

przesąd ['pʃɛsɔt] *m* prejudice, superstition

przesądny [pʃɛ'sɔdni] *adj* superstitious

przesiać *zob.* przesiewać

przesi|adać się [pʃɛ'ɕadatɕ ɕɛ] *imperf*, ~ąść się ['pʃɛɕɔɕtɕ ɕɛ] *perf vr* (*z miejsca na miejsce*) change places; (*z pociągu na pociąg*) change trains

przesiadka [pʃɛ'ɕatka] *f* change (of trains)

przesiąknięty [pʃɛɕɔk'ɲɛ̃ti] *adj* imbued, soaked, permeated

przesiąść się *zob.* przesiadać się

przesiedlenie [pʃɛɕɛ'dlɛɲɛ] *n* displacement, migration; (*przymusowe*) deportation

przesi|ewać [pʃɛ'ɕɛvatɕ] *imperf*, ~ać ['pʃɛɕatɕ] *perf vt* sift, sieve

przesilenie [pʃɛɕi'lɛɲɛ] *n* crisis; *astr.* ~ dnia z nocą solstice

przesłać *zob.* przesyłać

przesłona [pʃɛ'sŭona] *f* screen; *fot.* diaphragm

przesłuchać [pʃɛ'sŭuxatɕ] *vt* hear; ~ płytę to hear a record

przesmyk ['pʃɛsmɨk] *m* pass, neck; *geogr.* isthmus

przespać ['pʃɛspatɕ] **I** *vt* drowse away, sleep away ⟨off⟩ **II** *vr* ~ się take ⟨have⟩ a nap

przestać *zob.* przestawać

przestarzały [pʃɛsta'ʒaŭɨ] *adj* out of date, obsolete; (o *dowcipie*) stale

przesta|wać [pʃɛ'stavatɕ] *imperf*, ~ć ['pʃɛstatɕ] *perf vt* stop, cease; ~wać z kimś to associate with sb

przestawi|ać [pʃɛ'stavatɕ] *imperf*, ~ć [pʃɛ'stavitɕ] *perf vt* displace, switch; (*zmieniać porządek*) transpose

przestępca [pʃɛ'stɛptsa] *m* criminal, offender

przestępstwo [pʃɛ'stɛpstfɔ] *n* crime, offence

przestrach ['pʃɛstrax] *m* fright, alarm

przestraszyć [pʃɛ'straʃɨtɕ] **I** *vt* frighten, scare **II** *vr* ~ się be frightened. be scared

przestroga [pʃɛ'strɔga] *f* warning, caution

przestrze|c ['pʃɛstʃɛts] *perf*, ~gać [pʃɛ'stʃɛgatɕ] *imperf vt* warn (**przed czymś** of sth), caution (**przed czymś against** sth); (*stosować się*) to observe (the laws etc.); ~gać przepisów itd. to abide by rules ⟨regulations⟩ etc.

przestrzeń ['pʃɛstʃɛɲ] *f* space, room

przestudiować [pʃɛstu'djɔvatɕ] *vt* study, examine

przesu|wać [pʃɛ'suvatɕ] *imperf*, ~nąć na później to postpone; to put off

przes|yłać [pʃɛ'sɨŭatɕ] *imperf*, ~łać ['pʃɛsŭatɕ] *perf vt* send, forward

przesyłka [pʃɛ'sɨŭka] *f* consignment, dispatch; (*statkiem*) shipment; (*paczka*) parcel; ~ pocztowa postal packet ⟨matter⟩; ~ pieniężna money order; ~ ekspresowa express ⟨special deliv-

ery⟩ matter, letter etc.; ~ lotnicza air parcel ⟨letter⟩; ~ polecona registered parcel ⟨letter⟩

przeszczep ['pʃɛʃtʃɛp] *m* transplant, graft, transplantation

przeszk|adzać [pʃɛ'ʃkadzatɕ] *imperf*, ~odzić [pʃɛ'ʃkɔdʑitɕ] *perf vt* hinder, hamper; disturb, trouble; be a nuisance (komuś to sb); ~adzać, ~odzić komuś w zrobieniu czegoś to keep sb from doing sth; **proszę mi nie** ~adzać don't disturb me, please

przeszko|da [pʃɛ'ʃkɔda] *f* obstacle, hindrance; handicap; **stać na** ~dzie to stand in the way; **stanowić** ~dę to be an obstacle

przeszkodzić *zob.* przeszkadzać

przeszło ['pʃɛʃŭɔ] *adv* more than, above

przeszłość ['pʃɛʃŭɔɕtɕ] *f* past

przeszły ['pʃɛʃŭɨ] *adj* past; *gram.* czas ~ past tense

prześcieradło [pʃɛɕtɕɛ'radŭɔ] *n* sheet

prześcig|ać [pʃɛ'ɕtɕigatɕ] *imperf*, ~nąć [pʃɛ'ɕtɕignɔ̃tɕ] *perf vt* outdistance, outrun, outdo; *przen.* surpass

prześwietl|ać [pʃɛ'ɕfɛtlatɕ] *imperf*, ~ić [pʃɛ'ɕfɛtɕitɕ] *perf* **I** *vt med.* X-ray **II** *vr* ~ać, ~ić się *med.* be X-rayed

prześwietlenie [pʃɛɕfɛt'lɛɲɛ] *n med.* X-ray examination

przet|apiać [pʃɛ'tapatɕ] *imperf*, ~pić [pʃɛ'tɔpitɕ] *perf vt* melt, smelt, recast

przetarg ['pʃɛtark] *m* auction

przeterminowany [pʃɛtɛrmi'nɔ'vanɨ] *adj* overdue

przetłumaczyć [pʃɛtŭu'matʃɨtɕ] *vt* translate, interpret

przetopić *zob.* przetapiać

przetrzym|ać [pʃɛ'tʃɨmatɕ] *perf*, ~ywać [pʃɛtʃɨ'mivatɕ] *imperf vt* **1.** keep, (sth) too long **2.** (*znosić*) endure, stand przetwarzać [pʃɛ'tfaʒatɕ] vt transform, manufacture, process

przetwór ['pʃɛtfur] m produce, product, manufacture

przetwórnia [pʃɛ'tfurɲa] f factory, manufacture

przewaga [pʃɛ'vaga] f superiority, predominance; sport. advantage

przeważając|y [pʃɛvaʒa'jɔ̃tsɨ] adj prevailing, prevalent; ~a większość overwhelming majority

przeważnie [pʃɛ'vaʒɲɛ] adv mostly, mainly; for the most part

przewidujący [pʃɛvidu'jɔ̃tsɨ] adj foreseeing, far-seeing, farsighted

przewi|dywać [pʃɛvi'dɨvatɕ] imperf, ~dzieć [pʃɛ'vidzɛtɕ] perf vt foresee, anticipate; (pogodę) forecast

przewietrzyć [pʃɛ'vɛt-ʃɨtɕ] I vt ventilate, air II vr ~ się pot. to take the air

przewieźć zob. przewozić

przewinienie [pʃɛvi'ɲɛɲɛ] n offence

przewlekły [pʃɛ'vlɛkɨ] adj lasting, prolonged; (o chorobie) chronic

przewodniczący [pʃɛvɔdɲi'tʃɔ̃tsɨ] m chairman

przewodniczyć [pʃɛvɔd'ɲitʃitɕ] vt preside (zebraniu over the meeting)

przewodnik [pʃɛ'vɔdɲik] m 1. guide 2. (książka) guide-book 3. fiz. conductor

przew|ozić [pʃɛ'vɔʑitɕ] imperf, ~ieźć ['pʃɛvɛɕtɕ] perf vt transport, carry, convey; (okrętem) ship

przewozow|y [pʃɛvɔ'zɔvɨ] adj transport, freight; list ~y bill of consignment; środki ~e means of conveyance ⟨transport⟩

przewoźnik [pʃɛ'vɔʑnik] m carrier, transport agent; (łodzią) boatman; (promem) ferryman

przew|ód ['pʃɛvut] m 1. anat. canal, duct 2. techn. conduit, channel; elektr. wire; (gazowy) pipe 3. ~ód sądowy trial, procedure || przen. pod ~odem under the conduct ⟨the command⟩ of

przewóz ['pʃɛvus] m transport, carriage

przewr|acać [pʃɛ'vratsatɕ] imperf, ~ócić [pʃɛ'vrutɕitɕ] perf I vt turn, upturn, upset, overturn; przen. ~acać do góry nogami to turn upside down; ~acać komuś w głowie to put ideas into ⟨to turn⟩ sb's head; ~acać oczami to roll one's eyes II vr ~acać ~ócić się overturn; (na łóżku itp.) toss; ~ócić się na bok to turn on one's side

przewrót ['pʃɛvrut] m revolution; subversion, upheaval

przewyższ|ać [pʃɛ'viʃʃatɕ] imperf, ~yć [pʃɛ'viʃʃitɕ] perf vt surpass, exceed; (liczebnie) outnumber

przez [pʃɛs] praep across, by, over, through; (o czasie) during, in, within, for; ~ cały czas all the time; ~ cały dzień all day long; ~ ciekawość out of curiosity; ~ telefon over the phone; by phone; to ~ ciebie it is because of you; ~ grzeczność by courtesy; as an act of politeness

przeziębić się [pʃɛ'zɛ̃bitɕ ɕɛ] vr catch cold ⟨a chill⟩

przeziębienie [pʃɛzɛ̃'bɛɲɛ] n cold, chill

przeznacz|ać [pʃɛ'znatʃatɕ] imperf, ~yć [pʃɛ'znatʃitɕ] perf vt intend, destine, mean (na coś, dla kogoś for sth, sb)

przeznaczenie [pʃɛzna'tʃɛɲɛ] n destination; (los) destiny

przezrocz|e [pʃɛ'zrɔtʃɛ] n slide; kolorowe ~a colour slides

przezroczysty [pʃɛzrɔ'tʃistɨ] adj transparent; (o wodzie) clear pṛzezwisko [pʃɛ'zvìskɔ] *n* nickname

przezwycięż|ać [pʃɛzvɨ'tɕɛ̃ʒatɕ] *imperf*, ~yć [pʃɛzvɨ'tɕɛ̃ʒɨtɕ] *perf vt* surmount, overcome; (*uczucie*) get over

przeżycie [pʃɛ'ʒɨtɕɛ] *n* 1. (*doświadczenie*) experience 2. (*przetrwanie*) survival

przeży|ć ['pʃɛʒɨtɕ] *perf*, ~wać [pʃɛ'ʒɨvatɕ] *imperf vt* 1. (*kogoś*) outlive, survive; *przen.* on tego nigdy nie ~je he will never get over it 2. (*doznać*) experience, go through

przęsło ['pʃɛ̃sʉɔ] *n* (*mostu*) bay

przodek ['pʃɔdɛk] *m* 1. ancestor 2. (*przednia część*) forepart

przodownik [pʃɔ'dɔvɲik] *m* head-worker, foreman; ~ pracy labour champion

przodujący [pʃɔdu'jɔ̃tsɨ] *adj* leading

prz|ód [pʃut] *m* front, forepart; na ~edzie in the front; at the head; z ~odu in front; iść ~odem to go first; to lead the way

przy [pʃɨ] *praep* near, close to; at; by; ~ pracy at work; ~ stole at table; ~ świetle dziennym by daylight; być ~ zdrowych zmysłach to be sane; nie mam ~ sobie pieniędzy I have no money on me

przybi|ć ['pʃɨbitɕ] *perf*, ~jać [pʃɨ'bijatɕ] *imperf* I *vt* (*młotkiem*) nail II *vi* (*do brzegu*) come to shore

przybliżać się [pʃɨ'bʲliʒatɕ ɕɛ] *vr* come ⟨move, draw⟩ near (do kogoś, czegoś sb, sth); approach (do kogoś, czegoś sb, sth); (*nadchodzić*) draw near

przybliżeni|e [pʃɨbʲliʃi'ʒɛɲɛ] *n* approach, approximation; w ~u approximately

przybory [pʃɨ'bɔrɨ] *plt* outfit, equipment, accessories, utensils, kit; ~ do mycia washing equipment; ~ piśmienne stationery, writing materials; ~ toaletowe toilet things

przybran|y [pʃɨ'braɲi] *adj* adoptive; ~e dziecko adoptive child; ~a matka adoptive mother; ~y ojciec adoptive father; ~i rodzice adoptive parents; ~e nazwisko assumed name; pseudonym

przybrzeżn|y [pʃɨ'bʒɛʒɲi] *adj* coastal, riverside; straż ~a coast guard; żegluga ~a cabotage

przybudówka [pʃɨbu'dufka] *f* annex, outhouse

przyby|ć ['pʃɨbitɕ] *perf*, ~wać [pʃɨ'bivatɕ] *imperf vi* 1. reach (na miejsce one's destination); come (do Warszawy to Warsaw), arrive (do Londynu in London) 2. (*powiększać się*) be added; increase; (o wodzie w rzece) rise; ~ło mi na wadze I put on weight; ~ło nam pracy we have more work now

przychodnia [pʃɨ'xɔdɲa] *f* out-patients' department, dispensary, clinic

przy|chodzić [pʃɨ'xɔdʑitɕ] *imperf*, ~jść ['pʃɨjɕtɕ] *perf vi* come; ~chodzić, ~jść z interesem to come on business; *przen.* łatwo ~chodzić, ~jść to come easy; ~chodzić, ~jść do siebie to come round; to come to one's senses; ~chodzić, ~jść do zdrowia to recover; ~chodzi mi do głowy ... it occurs to me ...

przychód ['pʃɨxut] *m* income

przychylny [pʃɨ'xɨlnɨ] *adj* favourable, friendly

przyciąg|ać [pʃɨ'tɕɔ̃gatɕ] *imperf*, ~nąć [pʃɨ'tɕɔ̃gnɔ̃tɕ] *perf vt* draw near; (oko itp.) catch; (uwagę) call; (pociągać) attract przyciąganie [pʃitɕɔ́'gaɲɛ] n attraction; ~ ziemskie gravitation

przyciągnąć zob. przyciągać

przycis|kać [pʃi'tɕiskatɕ] imperf, ~nąć [pʃi'tɕisnɔ̃tɕ] perf vt press; (ciężarkiem) keep down; (o głodzie) pinch

przycumować [pʃitsu'mɔvatɕ] vt mor. moor

przyczepa [pʃi'tʃɛpa] f trailer, supplementary car; ~ motocykla side-car; ~ kempingowa caravan

przyczepi|ać [pʃi'tʃɛpatɕ] imperf, ~ć [pʃi'tʃɛpitɕ] perf I vt attach, fasten II vr ~ać, ~ć się hang on, cling to

przyczyn|a [pʃi'tʃina] f reason, cause, ground; dla tej ~y for that reason

przyczyni|ać się [pʃi'tʃiɲatɕ ɕɛ̃] imperf, ~ć się [pʃi'tʃiɲitɕ ɕɛ̃] perf vr contribute (do czegoś to sth)

przydać się zob. przydawać się

przydatny [pʃi'datni] adj useful, suitable; być ~m to be useful

·przyda|wać się [pʃi'davatɕ ɕɛ̃] imperf, ~ć się ['pʃidatɕ ɕɛ̃] perf vr (na coś) be of use, be helpful; na co się to ~? what's the use of it?; to się na nic nie ~ it's of no avail

przydział ['pʃidʒaŭ] m allotment, allowance, allocation; ~ dewiz currency allowance; ~ paliwa fuel allotment; ~ żywności food ration

przydziel|ać [pʃi'dʒɛlatɕ] imperf, ~ić [pʃi'dʒɛɦitɕ] perf vt assign, allot

przy|glądać się [pʃi'glɔdatɕ ɕɛ̃] imperf, ~jrzeć się ['pʃijʒɛtɕ ɕɛ̃] perf vr observe (komuś sb); (uważnie) examine (czemuś sth); look (czemuś at sth); ~glądać, ~jrzeć się

dobrze czemuś to have a good look at sth

przygnębiony [pʃignɛ̃'bɔni] adj depressed, dejected, upset, in low spirits

przygoda [pʃi'gɔda] f adventure

przygotować zob. przygotowywać

przygotowani|e [pʃigɔtɔ'vaɲɛ] n preparation, arrangement; czynić ~a do czegoś to make arrangements for sth

przygotow|ywać [pʃigɔtɔ'vivatɕ] imperf, ~ać [pʃigɔ'tɔvatɕ] perf I vt prepare, make ready; (trenować) coach II vr ~ywać, ~ać się make ready, prepare (do egzaminu for the examination)

przyholować [pʃixɔ'lɔvatɕ] vt tow up

przyjaciel [pʃi'jatɕɛl] m friend; ~ od serca bosom friend

przyjacielski [pʃija'tɕɛlski] adj friendly, amicable

przyjaciółka [pʃija'tɕuŭka] f (girl-)friend

przyjazd ['pʃijast] m arrival

przyjaźnić się [pʃi'jaʑnitɕ ɕɛ̃] vr be on friendly terms

przyjaźń ['pʃijaʑɲ] f friendship

przyjąć zob. przyjmować

przyjechać zob. przyjeżdżać

przyjemnie [pʃi'jɛmɲɛ] adv agreeably; jest mi ~ I am pleased

przyjemnoś|ć [pʃi'jɛmnɔɕtɕ] f pleasure; mieć ~ć w czymś, z czegoś to enjoy sth; to get pleasure from sth; z wielką ~cią with great pleasure

przyjemny [pʃi'jɛmni] adj pleasant, agreeable; nice

przyje|żdżać [pʃi'jɛʒdʒatɕ] imperf, ~chać [pʃi'jɛxatɕ] perf vt come, arrive

przyję|cie [pʃi'jɛ̃tɕɛ] n (zaproszenia itp.) acceptation; (do szkoły) admission; (gości) reception, party; (powita-

nie) welcome; **zgotować komuś gorące ~cie** to give sb a warm welcome; **~cie do pracy** engagement; (*u lekarza*) **godziny ~ć** consulting hours

przyj|mować [pʃij'mɔvatɕ] *imperf*, **~ąć** ['pʃijɔ̃tɕ] *perf* I *vt* (*zaproszenie*) accept; (*gości, sztukę w teatrze itp.*) receive; (*z radością powitać*) welcome; (*do szkoły*) admit; (*do pracy*) engage; **~mować, ~ąć do wiadomości** to take note ⟨cognizance⟩ of II *vr* **~mować, ~ąć się** (*o roślinach*) take; (*o modzie*) catch on

przyjrzeć się *zob.* **przyglądać się**

przyjście ['pʃijɕtɕɛ] *n* arrival (**do jakiegoś miejsca** at some place)

przyjść *zob.* **przychodzić**

przykle|jać [pʃi'klɛjatɕ] *imperf*, **~ić** [pʃi'klɛitɕ] *perf vt* stick, glue

przykład ['pʃikŭat] *m* example, instance; **dać dobry ~ to give ⟨set⟩ a good example; idź za moim ~em** follow my example; **na ~** for instance; for example

przykręc|ać [pʃi'krɛtsatɕ] *imperf*, **~ić** [pʃi'krɛtɕitɕ] *perf vt* screw on; (*lampę*) turn down

przykro ['pʃikrɔ] *adv* **bardzo mi ~** I am very sorry

przykroś|ć ['pʃikrɔɕtɕ] *f* annoyance, pain; **mieć ~ci** to get into trouble; **wyrządzić komuś ~ć** to hurt sb; to hurt sb's feelings; **z ~cią donosimy ...** we regret to inform you ...

przykry|ć ['pʃikritɕ] *perf*, **~wać** [pʃi'krivatɕ] *imperf vt* (*także vr ~ć, ~wać się*) cover

przyl|atywać [pʃila'tivatɕ] *imperf*, **~ecieć** [pʃi'lɛtɕɛtɕ] *perf vi* 1. come flying 2.

pot. (*przybiec*) run up, arrive

przylądek [pʃi'lɔ̃dɛk] *m* cape, promontory

przylecieć *zob.* **przylatywać**

przylegać [pʃi'lɛgatɕ] *vi* be contiguous ⟨cling⟩ (**do czegoś** to sth); (*o stroju*) fit tightly; (*o pokoju*) adjoin

przylepić [pʃi'lɛpitɕ] I *vt* stick; glue II *vr* **~ się** stick

przylepiec [pʃi'lɛpɛts] *m* adhesive tape; court plaster; (sticking-)plaster

przylot ['pʃilɔt] *m* arrival

przylutować [pʃilu'tɔvatɕ] *vt* solder on, sweat on

przymiarka [pʃi'marka] *f kraw.* trying on, fit-on

przymierz|ać [pʃi'mɛʒatɕ] *imperf*, **~yć** [pʃi'mɛʒitɕ] *perf vi* (*ubranie*) try ⟨fit⟩ on

przymierzalnia [pʃimɛ'ʒalɲa] *f* fitting room

przymiotnik [pʃi'mɔtɲik] *m gram.* adjective

przymocować [pʃimɔ'tsɔvatɕ] *vt* fasten (**do czegoś** to sth), fix (**do czegoś** on ⟨to⟩ sth), attach

przymrozek [pʃi'mrɔzɛk] *m* slight ⟨light⟩ frost

przymus ['pʃimus] *m* compulsion, constraint; **~ prawny** obligation; **~ szkolny** compulsory education; **pod ~em** under ⟨upon⟩ compulsion

przymusowy [pʃimu'sɔvi] *adj* compulsory, obligatory; (*o pracy*) forced

przynajmniej [pʃi'najmɲɛj] *adv* at least

przynależnoś|ć [pʃina'lɛʒnɔɕtɕ] *f* appurtenance; (*do partii, organizacji*) membership (**do czegoś** of ⟨in⟩ sth); **~ć państwowa** nationality

przynęt|a [pʃi'nɛta] *f* bait; **założyć ~ę na wędkę** to bait a fish-hook

przyn|ieść ['pʃiɲɛɕtɕ] *perf*, **~osić** [pʃi'nɔɕitɕ] *imperf vt* bring, fetch; (*owoce*) bear; (*plon*) yield; *przen.* **~osić**

szkodę to do harm; to cause damage ⟨loss⟩; ~osić ujmę komuś to discredit sb; ~osić zaszczyt komuś to do sb credit

przypadać [pʃi'padatɕ] vi 1. fall; ~ do ziemi to fall to the ground; przen. ~ komuś do gustu to suit sb's taste; to be much to sb's liking 2. (o spadku itd.) come ⟨be due⟩ (komuś to sb) 3. (o rocznicy) fall (w maju in May)

przypad|ek [pʃi'padɛk] m accident, event, incident; chance; gram. med. case; przez ~ek by chance; w ~ku gdyby ... in case ...; w żadnym ~ku in no case; by no means

przypadkiem [pʃi'patkɛm] adv by chance; ~ go znam I happen to know him

przypadkowy [pʃipat'kɔvi] adj accidental, casual; (o pracy) odd

przypal|ać [pʃi'palatɕ] imperf, ~ić [pʃi'paɬitɕ] perf vt singe, burn; mięso jest ~one the meat has burnt

przypi|ać ['pʃipɔ̃tɕ] perf, ~nać [pʃi'pinatɕ] imperf vt pin, fasten

przypisywać [pʃipi'sivatɕ] vt attribute, ascribe; put it down to (sth); ~ komuś winę to hold sb responsible (for sth); to set the blame down to sb; ~ sobie całą zasługę to claim all the credit (for sth)

przypłynąć zob. przypływać

przypływ ['pʃipɯif] m flow, high tide; ~ i odpływ ebb and flow; ~ energii access of energy

przypły|wać [pʃi'pɯivatɕ] imperf, ~nąć [pʃi'pɯinɔ̃tɕ] perf vi swim (do brzegu to the coast); mor. ~wać, ~nać do brzegu to sail ⟨come⟩ to the shore

przypom|inać [pʃipɔ'minatɕ] imperf, ~nieć [pʃi'pɔmɲɛtɕ] perf vt remind (komuś coś sb of sth); ~inać kogoś to resemble sb; ~inać, ~nieć sobie o czymś to recollect ⟨remember, recall⟩ sth

przyprawa [pʃi'prava] f kulin. seasoning, condiment

przyprowadz|ać [pʃiprɔ'vadzatɕ] imperf, ~ić [pʃiprɔ-'vadʑitɕ] perf vt bring; fetch

przypu|szczać [pʃi'puʃtʃatɕ] imperf, ~ścić [pʃi'puʨitɕ] perf vt suppose, presume; admit; dlaczego tak ~szczasz? what makes you think so?; ~śćmy, że ... suppose ...

przypuszczalnie [pʃipuʃ'tʃalɲɛ] adv presumably, supposedly

przypuszczenie [pʃipuʃ'tʃɛɲɛ] n supposition, guess, presumption

przypuścić zob. przypuszczać

przyrod|a [pʃi'rɔda] f nature; ochrona ~y wildlife conservation ⟨preservation⟩; pomnik ~y monument of nature; przen. na łonie ~y in the open

przyrodni [pʃi'rɔdɲi] adj ~ brat half-brother; ~a siostra half-sister

przyrost ['pʃirɔst] m increment; (majątku) accretion; ~ naturalny birth-rate

przyrząd ['pʃiʒɔ̃t] m instrument, device

przyrzeczenie [pʃiʒɛ'tʃɛɲɛ] n promise

przyrzekać [pʃi'ʒɛkatɕ] vt promise

przysi|adać się [pʃi'ɕadatɕ ɕɛ] imperf, ~ąść się ['pʃiɕɔ̃ɕtɕ ɕɛ] perf vr sit (do kogoś next to sb, by sb's side); ~ąść się (do towarzystwa) join (sb's company); czy mogę się ~ąść do pańskiego stolika? may I join you at your table?

przysięgać [pʃi'ɕɛ̃gatɕ] vi

swear, take an oath; ~ **na coś** to swear by sth

przysłać zob. **przysyłać**

przysłona [pʃi'sŭona] f fot. diaphragm

przysłowie [pʃi'sŭovɛ] n proverb

przysłówek [pʃi'sŭuvɛk] m gram. adverb

przysług|a [pʃi'sŭuga] f service, turn; **wyświadczyć ~ę** to render a service; **to do a good turn**; **oddać komuś ostatnią ~ę** to perform the last offices for sb

przysług|iwać [pʃisŭu'giwatç] vt ~**uje mi prawo** I have a right; I am entitled (**do czegoś** to sth)

przysłużyć się [pʃi'sŭuʒitç çɛ̃] vr render a good service (**komuś** to sb)

przysmak ['pʃismak] m dainty, titbit, delicacy

przyspiesz|ać [pʃi'spɛʃatç] imperf, ~**yć** [pʃi'spɛʃitç] perf vt 1. (o samochodzie) accelerate, speed up 2. (bieg wypadków) precipitate; (pracę) hasten

przyspieszenie [pʃispɛ'ʃɛɲɛ] n acceleration

przyspieszyć zob. **przyspieszać**

przysta|nąć [pʃi'stanɔ̃tç] perf, ~**wać** [pʃi'stavatç] vi stop, pause, halt

przystanek [pʃi'stanɛk] m stop, halt; (kolejowy) station; ~ **autobusowy** bus stop; ~ **na żądanie** request stop

przystań ['pʃistaɲ] f harbour; ~ **dla łodzi** boat-house

przystawać zob. **przystanąć**

przystawka [pʃi'stafka] f kulin. hors-d'oeuvre, snack

przystęp ['pʃistɛ̃p] m access; **w ~ie złości** in a fit of anger

przystępny [pʃi'stɛ̃pni] adj accessible, approachable; (o cenie) moderate

przystojny [pʃi'stɔjni] adj handsome, good-looking

przystosować [pʃistɔ'sɔvatç] I vt adapt (**do czegoś** for ⟨to⟩ sth) II vr ~ **się** adapt ⟨accommodate⟩ oneself

przysu|nąć [pʃi'sunɔ̃tç] perf, ~**wać** [pʃi'suvatç] imperf I vt move ⟨draw⟩ near; (krzesło) pull up II vr ~**nąć**, ~**wać się** advance, move near

przys|yłać [pʃi'siŭatç] imperf, ~**łać** ['pʃisŭatç] perf vt send

przyszłoś|ć ['pʃiʃŭɔçtɰ] f future, futurity; **na ~ć** for the future; **w ~ci** in the future

przyszły ['pʃiʃŭi] adj future, forthcoming, next; (o mężu) prospective; **w ~m tygodniu** next week; **w ~ch latach** in the years to come

przyszy|ć ['pʃiʃitç] perf, ~**wać** [pʃi'ʃivatç] imperf vt sew (on)

przyśni|ć się ['pʃiçɲitç çɛ̃] vr appear in a dream; ~**ło mi się, że ...** I dreamt that ...

przyt|aczać [pʃi'tatʃatç] imperf, ~**oczyć** [pʃi'tɔtʃitç] perf vt 1. (beczkę itp.) roll 2. (cytować) quote, cite; ~**aczać**, ~**oczyć błędnie** to misquote

przytłumić [pʃi'tŭumitç] vt (ogień, nadzieję) damp; (głos) subdue, muffle

przytoczyć zob. **przytaczać**

przytomność [pʃi'tɔmnɔçtɰ] f consciousness; ~ **umysłu** presence of mind; **odzyskać ~** to come to one's senses; to come round; to regain consciousness; **stracić ~** to lose consciousness; to become unconscious

przytomny [pʃi'tɔmni] adj conscious; **na pół ~** half-conscious; **zupełnie ~** wide-awake

przytul|ać [pʃi'tulatç] imperf, ~**ić** [pʃi'tuɲitç] perf I vt snuggle, cuddle II vr ~**ać**,

~ić się cling close (do kogoś to sb), huddle together

przytulny [pʃi'tulni] *adj* cosy, snug; ~ **kącik** cosy nook

przytułek [pʃi'tuɰek] *m* asylum, hospice; (*dla biednych*) workhouse; (*dla zwierząt*) shelter

przytykać [pʃi'tikatɕ] *vi* border (do czegoś on sth); adjoin (do czegoś sth)

przywiązać *zob.* **przywiązywać**

przywiązany [pʃiṽɔ'zani] *adj* fastened, tied; (*o człowieku*) attached, devoted

przywiąz|ywać [pʃiṽɔ'zivatɕ] *imperf*, ~**ać** [pʃi'ṽɔzatɕ] *perf* I *vt* tie, bind, fasten; *przen.* ~**ywać wagę do czegoś** to attach importance to sth II *vr* ~**ywać**, ~**ać się** attach oneself; get attached (do kogoś, czegoś to sb, sth)

przywitać [pʃi'vitatɕ] I *vt* welcome, greet II *vr* ~ **się** greet ⟨welcomē⟩ (z kimś sb)

przywitanie [pʃivi'taɲɛ] *n* welcome, greeting

przywołać [pʃi'vɔɰatɕ] *vt* call; (*nakazem*) summon; (*znakiem, gestem*) beckon, signal; ~ **taksówkę** to hail a taxi; ~ **tragarza** to call for a porter

przyw|ozić [pʃi'vɔzitɕ] *imperf*, ~**ieźć** ['pʃiveɕtɕ] *perf vt* bring;(*do kraju*) import

przywódca [pʃi'vuttsa] *m* leader, chief

przywóz ['pʃivus] *m* import, importation

przywykać *zob.* **przywyknąć**

przywyknąć [pʃi'viknɔtɕ] *vi* get accustomed ⟨used⟩ (do czegoś to sth); accustom oneself (do czegoś to sth)

przyzna|ć ['pʃiznatɕ] *perf*, ~**wać** [pʃi'znavatɕ] *imperf* I *vt* 1. (*pożyczkę*) grant; (*nagrodę*) award; (*sumę pieniężną*) allow, assign 2. (*uznać rację*) admit II *vr* ~**ć**, ~**wać się** avow, confess

(do błędu one's fault); acknowledge (do klęski one's defeat); ~**ć**, ~**wać się do winy** to plead guilty

przyzwoity [pʃizvɔ'iti] *adj* decent, respectable, seemly

przyzwycza|ić [pʃizvi'tʃaitɕ] *perf*, ~**jać** [pʃizvi'tʃajatɕ] *imperf* I *vt* accustom (do czegoś to sth) II *vr* ~**ić**, ~**jać się** get used (do czegoś to sth)

przyzwyczajeni|e [pʃizvitʃa'jɛɲɛ] *n* habit; **nabrać** ~**a** to take to a habit; **z** ~**a** from force of habit

pseudonim [psɛüdɔɲim] *m* pseudonym; ~ **literacki** pen-name

psocić ['psɔtɕitɕ] *vi* play tricks

pstrąg [pstrɔk] *m* trout

psuć [psutɕ] I *vt* spoil, deteriorate, damage, decay; (*moralnie*) corrupt, demoralize, deprave; *przen.* ~ **komuś krew** to vex ⟨irritate⟩ sb II *vr* ~ **się** spoil, get spoiled, go bad; (*moralnie*) corrupt, deteriorate

psychiatra [psi'xjatra] *m* psychiatrist

psychologia [psixɔ'lɔɡja] *f* psychology

pszczelarstwo [pʃtʃɛ'larstfɔ] *n* apiculture; bee-keeping

pszczelarz ['pʃtʃɛlaʃ] *m* apiarist; bee-keeper

pszczoła ['pʃtʃɔɰa] *f* bee

pszenica [pʃɛ'ɲitsa] *f* wheat

pszenny ['pʃɛnni] *adj* of wheat; **chleb** ~ wheat ⟨white⟩ bread

ptactwo ['ptatstfɔ] *n* birds; ~ **domowe** poultry; ~ **dzikie** wild fowl; ~ **wodne** water fowl

ptak [ptak] *m* bird; *pot.* **niebieski** ~ crook

publicysta [pubʃi'tsista] *m* columnist, publicist, journalist

publicystyka [pubʃi'tsistika] *f* journalism

publiczność [pub'ɕitʃnɔçtç] *f* public; (*w teatrze itp.*) audience

publiczny [pub'ɕitʃnɨ] *adj* public, common

publikować [pubɕi'kɔvatç] *vt* publish

puch [pux] *m* down

puchacz ['puxatʃ] *m* eagle-owl

puchar ['puxar] *m* cup, beaker; ~ **przechodni** challenge cup; **wyścig o** ~ cup--race

puchnąć ['puxnɔ̃tç] *vi* swell

pucybut [pu'tsɨbut] *m* boot-black; shoe-shine boy

pudełko [pu'dεũkɔ] *n* box; ~ **od zapałek** match-box; ~ **czekoladek** box of chocolates

puder ['pudεr] *m* (face-)powder; **cukier** ~ caster-sugar

puderniczka [pudεr'ɲitʃka] *f* compact, powder-box

pudło ['pudũɔ] *n* 1. box; (*pojazdu*) body; (*statku*) hulk 2. *przen.* (*strzał*) miss

pudrować [pu'drɔvatç] I *vt* powder II *vr* ~ **się** powder one's face

pukać ['pukatç] *vi* rap, knock (**do drzwi** at the door)

pula ['pula] *f* pool

pulchny ['pulxnɨ] *adj* (*o człowieku*) plump; (*o cieście*) soft; (*o ziemi*) friable

pulower [pu'lovεr] *m* pull--over

pulpet ['pulpεt] *m kulin.* forcemeat ball

puls [puls] *m* pulse; **badać** ~ to feel the pulse

pulsować [pul'sɔvatç] *vi* pulsate; (*o sercu*) throb

pułap ['puũap] *m* ceiling; ~ **chmur** cloud ceiling

pułapk|a [pu'ũapka] *f* trap; **wpadłem w** ~**ę** I was trapped

pułk [puũk] *m* regiment

pułkownik [puũ'kɔvɲik] *m* colonel

pumeks ['pumεks] *m* pumice--stone

pumpernikiel [pumpεr'ɲikεl] *m* pumpernickel

pumpy ['pumpɨ] *plt* knicker-bockers; plus-fours

punkt [punkt] *m* point; ~ **programu** item; ~ **sanitarny** dressing ⟨first-aid⟩ station; ~ **usługowy** servicing station; *fiz.* ~ **ciężkości** centre of gravity; ~ **wrzenia** boiling point; *sport.* **zdobyć** ~ to win ⟨to score⟩ a point; *przen.* ~ **honoru** point of honour; ~ **widzenia** point of view; standpoint; **z naszego** ~**u widzenia** from our angle; ~ **wyjścia** starting point; **utknąć na martwym punkcie** to end in a deadlock

punktacja [punk'tatsja] *f sport.* point counting; (*rezultat*) score

punktualnie [punktu'alɲε] *adv* punctually; ~ **o czwartej** at four o'clock sharp

punktualny [punktu'alnɨ] *adj* punctual

pureé [pu'rε] *n* mashed potatoes; ~ **grochowe** pease--pudding

pustk|a ['pustka] *f* (*pustkowie*) desert, wilderness, waste; **miałem** ~**ę w głowie** my mind was a blank; **świecić** ~**ami** to be empty; **mieć** ~**i w kieszeni** to be out of pocket

pustkowie [pust'kɔvε] *n* wilderness; desolation

pustoszyć [pu'stɔʃɨtç] *vt* devastate, ravage

pust|y ['pustɨ] *adj* empty; (*niezamieszkały*) abandoned, deserted; (*o dźwięku*) hollow; (*o przestrzeni*) blank; *pot.* ~**e gadanie** ⟨**słowa**⟩ idle talk; **przelewać z** ~**ego w próżne** to talk idly

pustynia [pus'tɨɲa] *f* desert, wilderness

puszcza ['puʃtʃa] *f* virgin forest

puszczać ['puʃt͡ʃaɪ͡ɕ] *imperf*, **puścić** ['puɕt͡ɕit͡ɕ] *perf* I *vt* 1. let, let fall ⟨go⟩; ~ **krew** to bleed; ~ **latawca** to fly a kite; ~ **na wolność** to set free ‖ ~ **korzenie** to take root; ~ **pączki** to bud; ~ **płytę** ⟨**wodę, gaz**⟩ to turn on a record ⟨the water, gas⟩; ~ **pogłoskę** to spread a rumour; ~ **w dzierżawę** to lease; to rent out; ~ **w niepamięć** to forget; to commit to oblivion; ~ **w obieg** to put into circulation; to emit; to issue; ~ **w ruch** to set in motion 2. (*o tkaninie w praniu*) fade (in the wash); (*o farbie*) come off 3. (*o ściegu*) drop II *vr* **puszczać, puścić się w drogę** to set off; ~ **się w pogoń za kimś** to run after sb

puszek ['puʃɛk] *m* (*na owocach*) down; (*na twarzy*) fluff; ~ **do pudru** powder-puff

puszka ['puʃka] *f* box; (*konserw*) tin, can; ~ **sardynek** sardine tin; ~ **na pieniądze** money-box

puszysty [pu'ʃɪstɨ] *adj* downy, fluffy; (*o ogonie*) bushy

puścić *zob.* **puszczać**

puzon ['puzɔn] *m muz.* trombone

pył [pɨu̯] *m* dust, powder; ~ **radioaktywny** radioactive dust

pysk [pɨsk] *m* muzzle, snout

pyszny ['pɨʃnɨ] *adj* 1. (*dumny*) proud 2. (*smaczny*) delicious

pytać ['pɨtat͡ɕ] *vt* ask, question, inquire; ~ **kogoś o nazwisko** to ask sb's name; ~ **o drogę** to ask one's way; ~ **o radę** to ask for advice; ~ **ucznia** to examine a pupil

pytanie [pɨ'taɲɛ] *n* question, inquiry; **zadać** ~ to ask a question

pyza ['pɨza] *f kulin.* kind of dumpling

R

rabarbar [ra'barbar] *m* rhubarb

rabat ['rabat] *m* discount; **udzielać** ~**u** to grant a discount

rabować [ra'bɔvat͡ɕ] *vt* rob (*komuś coś* sb of sth)

rabunek [ra'bunɛk] *m* robbery; ~ **z bronią w ręku** armed robbery

rachować [ra'xɔvat͡ɕ] *vt* count, calculate, reckon; **dobrze** ~ to be quick at figures

rachunek [ra'xunɛk] *m* calculation; account; (*w restauracji, sklepie*) bill; ~ **bieżący** current account; ~ **w banku** bank account; **robić rachunki** to make accounts; **na własny** ~ on one's own

account; ~ **wynosi ...** the bill amounts to ...

racj|a ['rat͡sja] *f* reason, argument; **mieć** ~**ę** to be right; **nie mieć** ~**i** to be wrong; ~**a stanu** reason of state; (*żywnościowa*) ration

racjonalizacja [rat͡sjɔnaʎi'zat͡sja] *f* rationalization

raczej ['rat͡ʃɛj] *adv* rather, sooner

rad [rat] *adj* glad (*z czegoś* of sth), pleased (*z czegoś* with sth); ~ **bym wiedzieć** I should like to know; ~ **nie** ~ willy-nilly

rad|a ['rada] *f* 1. (*grupa ludzi*) council; ~**a miejska** town ⟨city⟩ council; ~**a powiatowa** district council;

~a **zakładowa** works council 2. (*porada*) counsel, advice; **posłuchać czyjejś** ~y to follow sb's advice; **zasięgać czyjejś** ~y to consult sb; to ask sb's advice; **dać sobie** ~ę to manage (z czvmś sth); to get along (z kimś, czymś with sb, sth); to cope (z czymś with sth); **nie ma na to** ~y it can't be helped; there is no help for it

radar ['radar] *m* radar

radca ['rattsa] *m* councillor; (*prawny*) counsel; legal adviser; ~ **handlowy** commercial attaché ⟨counsellor⟩

radi|o ['radjɔ] *n* radio; (*aparat*) wireless set; **przez** ~o on the air; **nadawać przez** ~o to broadcast; **słuchać** ~a to listen to the radio

radioaktywność [radjɔak'tivnɔctc] *f* radioactivity

radiofonia [radjɔ'fɔnja] *f* broadcasting

radioodbiornik [radjɔɔd'bɔrɲik] *m* wireless set, radio

radiosłuchacz [radjɔ'sǔuxatʃ] *m* (radio)listener

radiostacja [radjɔ'statsja] *f* broadcasting station

radiotelefon [radjɔtɛ'lɛfɔn] *m* radiotelephone; walkie-talkie

radiowęzeł [radjɔ'vĕzɛǔ] *m* radio selection centre; radio-relay centre

radiowóz [ra'djɔvus] *m* radiocar, radiocab

radosny [ra'dɔsnɪ] *adj* cheerful, merry, gay

radoś|ć ['radɔctc] *f* joy; ~ć **życia** joy of living; **nie posiadać się z** ~ci to be transported with joy; **sprawić komuś** ~ć to give sb joy

radzić ['radzitc] **I** *vt* deliberate (**nad czymś** on ⟨about⟩ sth); advise; suggest (sth to sb) **II** *vr* ~ **się** seek advice (**kogoś** from sb); consult (**kogoś** with sb) ‖ ~ **sobie z**

czymś to get along with sth

radziecki [ra'dzɛtski] *adj* Soviet; **Związek Radziecki** Soviet Union

rafa ['rafa] *f* reef; shoal; ~ **koralowa** coral-reef

rafia ['rafja] *f* raffia

rafineria [rafi'nɛrja] *f* refinery; ~ **nafty** oil distillery ⟨refinery⟩; ~ **cukru** sugar-refinery

rajd ['rajt] *m* rally; ~ **motocyklowy** motor-cycle race; ~ **samochodowy** motor-car rally

rajstopy [raj'stɔpɪ] *plt* panty-hose

rak [rak] *m* 1. *zool.* crab, crayfish 2. *med.* cancer

rakieta [ra'kɛta] *f* missile; (*także sport.*) racket

ram|a ['rama] *f* frame; ~a **okienna** window-frame; **oprawić w** ~y to frame; **w** ~ach within the framework (of)

ramiączko [ra'mɔ̃tʃkɔ] *n* shoulder strap

rami|ę ['ramɛ̃] *n* 1. arm, shoulder; **wzruszać** ~onami to shrug one's shoulders 2. (*rzeki*) branch 3. *geom.* side

rana ['rana] *f* wound; (*cięta*) cut; (*tłuczona*) bruise

randk|a ['rantka] *f* appointment, date, *pot.* rendez-vous; **umówić się na** ~ę to make an appointment; to date

ran|ek ['ranɛk] *m* morning; **wczesnym** ~kiem early in the morning

ranić ['raɲitc] *vt* wound; *przen.* hurt

ranny¹ ['rannɪ] *adj* (*zraniony*) wounded, injured

ranny² ['rannɪ] *adj* (*poranny*) morning, matinal; ~ **ptaszek** early riser

ran|o ['ranɔ] **I** *n* morning; **z** ~a in the morning **II** *adv* in the morning; **dziś** ~o this morning; **jutro** ~o to-

morrow morning; **wcześnie**
~o early in the morning
raport ['raport] *m* report; **złożyć** ~ to make a report
raptem ['raptem] *adv* all of
a sudden, suddenly
raptowny [rap'tovni]   *adj*
abrupt
rasa ['rasa] *f* race; *zool.* breed
rasizm ['raçizm] *m* racialism
rat|a ['rata] *f* instalment; **na**
~y by instalments
ratować [ra'tovatç] **I** *vt* save,
rescue; ~ **opinię** to save
one's face; ~ **pozory** to
save appearances; ~ **toną-
cego** to rescue a drowning
person **II** *vr* ~ **się** save
oneself; ~ **się ucieczką** to
take to flight
ratownik [ra'tovnik] *m* life
guard; life-saver; rescuer
ratunek [ra'tunɛk] *m* salvation, rescue; **wołać o** ~ to
call for help
ratunkow|y [ratun'kɔvi] *adj*
saving, life saving; **ekipa**
~a rescue party; **kamizelka**
~a life-jacket; **łódź** ~a life-
-boat; **pas** ~y life-belt
ratusz ['ratuʃ] *m* town hall
raz [1] [ras] *adv* once, at one
time; **dwa** ~y twice, doubly;
innym ~em some other
time; **na** ~ie for the time
being; as yet; **od** ~u at
once; **pewnego** ~u once;
once upon a time; ~ **na
tydzień** once a week; ~ **na
zawsze** once for all; ~ **po**
~, ~ **za** ~em again and
again; every now and again,
time after time; **tym** ~em
this time; **w** ~ie in case
(of); **w każdym** ~ie in any
case; at any rate; anyway;
w najgorszym ~ie at worst;
w najlepszym ~ie at best;
w przeciwnym ~ie otherwise; or else; **w żadnym**
~ie in no case; **za każdym**
~em every time
raz [2] [ras] *m* (*cios*) blow, hit
razem ['razɛm] *adv* together;

~ **z kimś** in company with
sb
razić ['raʒitç] *vt* 1. (*uderzać*)
strike; offend; shock 2.
(*oślepiać*) dazzle
razowy [ra'zɔvi] *adj* (*o chlebie*) brown
raźny ['raʒni] *adj* brisk
rąbać ['rɔ̃batç] *vt* chop, hew;
(*rozłupywać*) split
rączka ['rɔ̃tʃka] *f* (*uchwyt*)
handle
rdza [rdza] *f* 1. rust 2. (*zbo-
żowa*) smut
rdzeń [rdzɛn] *m* core
rdzewieć ['rdzɛvɛtç] *vi* grow
rusty
reagować [rɛa'gɔvatç] *vt* react
⟨respond⟩ (**na coś** to sth)
reakcja [rɛ'aktsja] *f* reaction
realizować [rɛaɦi'zɔvatç] *vt*
realise, make real; (*czek*)
cash
realny [rɛ'alni] *adj* real, concrete; (*o wynikach*) effective
recenzja [rɛ'tsɛnzja] *f* review,
criticism, critique
recepcja [rɛ'tsɛptsja] *f* reception
recept|a [rɛ'tsɛpta] *f* prescrip-
tion; **lek na** ~ę remedy
with prescription; **wypisać**
~ę to make out a prescription; to prescribe (a remedy)
redagować [rɛda'gɔvatç] *vt*
compose; draw up; (*gazetę*)
edit
redakcja [rɛ'daktsja] *f* (*biuro*) editor's office; (*personel*) editorial staff; (*opra-
cowanie*) editing, composing
redaktor [rɛ'daktɔr] *m* editor;
~ **naczelny** editor in chief
redukcja [rɛ'duktsja] *f* reduction, diminution; *mot.* ~
biegu gear reduction
redukować [rɛdu'kɔvatç] *vt* 1.
(*ograniczać*) reduce, cut
down 2. (*zwalniać z pracy*)
dismiss, discharge
referat [rɛ'fɛrat] *m* report;
wygłosić ~ to make ⟨give⟩
a report

reflektor [rɛ'flɛktɔr] *m* reflector, projector, search-light; ~y **przeciwmgielne** fog lights
reflektować [rɛflɛ'ktɔvatç] *vi* (*na coś*) be inclined, be willing to; ~ **na posadę** to be an applicant ⟨a candidate⟩ for a post
reforma [rɛ'fɔrma] *f* reform; ~ **rolna** land reform
regał ['rɛgaŭ] *m* book-shelf
regaty [rɛ'gatɨ] *plt* regatta, boat-race
region ['rɛgjɔn] *m* region
regulacja [rɛgu'latsja] *f* regulation, control; adjustment; ~ **urodzin** birth-control; *mot.* ~ **gaźnika** carburettor control; ~ **świateł** lights control; ~ **zapłonu** ignition control
regulamin [rɛgu'lamin] *m* regulations; ~ **obrad** orders of debates
regularny [rɛgu'larnɨ] *adj* regular; **prowadzić** ~ **tryb życia** to keep regular hours
regulator [rɛgu'latɔr] *m* regulator, controller; timer
regulować [rɛgu'lɔvatç] *vt* regulate; (*mikroskop*) adjust; (*ruch uliczny*) control; (*rachunek*) settle; (*zegarek*) put right
reguł|a [rɛ'guŭa] *f* rule; ~y **gry** rules of the game; **z** ~y **as a rule**
rehabilitacja [rɛxabiʎi'tatsja] *f* rehabilitation; vindication
rejestr ['rɛjɛstr] *m* register, record; ~ **stanu cywilnego** registers of births, marriages and deaths
rejestracyjn|y [rɛjɛstra'tsɨjnɨ] *adj* **dowód** ~y registration book; **karta** ~**a** registration card; **numer** ~y registration number
rejestrować [rɛjɛ'strɔvatç] *vt* record, register
rejon ['rɛjɔn] *m* region, zone
rejs [rɛjs] *m* cruise, voyage;

~ **wycieczkowy** excursion cruise
rekin ['rɛkin] *m* shark
reklam|a [rɛ'klama] *f* publicity, advertising; **dla** ~y for show
reklamować [rɛkla'mɔvatç] **I** *vt* 1. (*ogłaszać*) advertise 2. (*zgłosić pretensje*) to claim **II** *vr* ~ **się** make publicity; advertise
rekonwalescent [rɛkɔnva'lɛstsɛnt] *m* convalescent
rekord ['rɛkɔrt] *m* record; **pobić** ~ to beat ⟨break⟩ a record
rekordzista [rɛkɔr'dʑista] *m* champion
rekrutować [rɛkru'tɔvatç] **I** *vt* recruit **II** *vr* ~ **się** be recruited, come (from)
rektor ['rɛktɔr] *m* rector, president
rekwirować [rɛkfi'rɔvatç] *vt* (put in) requisition; impress (coś sth)
rekwizyt [rɛ'kfizɨt] *m* requisite; *pl* ~y *teatr.* stage properties; accessories
religia [rɛ'ʎiɟja] *f* religion
remanent [rɛ'manɛnt] *m* remainder, stock-taking; **robić** ~ to take stock
remis ['rɛmis] *m sport.* tie
remont ['rɛmɔnt] *m* renovation, restoration, repair; ~ **kapitalny** overhaul, major repair; ~ **silnika** engine repair
renta ['rɛnta] *f* income; (*emerytura*) old age pension; ~ **inwalidzka** disability payment; ~ **roczna** annuity
rentgen ['rɛntgɛn] *m pot.* 1. (*aparat*) X-ray apparatus 2. (*prześwietlenie*) X-ray examination
reorganizować [rɛɔrgaɲi'zɔvatç] *vt* reorganize
repatriant [rɛ'patrjant] *m* repatriate, repatriated person
reperować [rɛpɛ'rɔvatç] *vt* repair, mend

repertuar [repɛr'tuar] m repertory
reportaż [re'pɔrtaʃ] m (newspaper) report; coverage; ~ radiowy commentary
reporter [re'pɔrter] m reporter; commentator
reprezentacja [reprezen'tatsja] f representation
reprezentować [reprezen'tɔvatɕ] vt represent
reprodukcja [reprɔ'duktsja] f reproduction
republika [re'pubʎika] f republic; ~ ludowa people's republic; ~ socjalistyczna socialist republic
resor ['rɛsɔr] m spring
resort ['resɔrt] m 1. department 2. pot. (zakres kompetencji) competence
restauracja [restau'ratsja] f 1. restaurant 2. (odnowienie) restoration
reszt|a ['reʃta] f rest; residue; mat. remainder; (pieniędzy) change; wydawać ~ę z czegoś to give change for sth; proszę zatrzymać ~ę keep the change, please || do ~y to the last, utterly
reumatyzm [reǔ'matizm] m rheumatism
rewanż ['revanʃ] m revenge, requital; sport. return; dać komuś możliwość ~u to give sb his revenge
rewanżować się [revan'ʒɔvatɕ ɕɛ] vr (za przysługę) reciprocate, requite; (za grzeczność, komplement) return
rewia ['revja] f wojsk. review, parade; teatr. revue; ~ mody fashion show
rewidować [revi'dɔvatɕ] vt (mieszkanie) search; (bagaż) examine; (rachunki) audit; sąd. revise
rewizj|a [re'vizja] f revision; examination, search; ~a celna custom inspection; ~a osobista body search; sąd. ~a procesu retrial; nakaz ~i search-warrant; do-

konać ~i czegoś to revise sth; przeprowadzić ~ę w domu to search the house
rewizytować [revizi'tɔvatɕ] vt revisit; return (kogoś sb's) visit
rewolucja [revɔ'lutsja] f revolution
rewolucjonista [revɔlutsjɔ'nista] m revolutionary
rewolucyjny [revɔlu'tsijni] adj revolutionary
rezerw|a [re'zerva] f reserve; pełen ~y reserved; mieć w ~ie to have in store
rezerwacj|a [rezer'vatsja] f reservation; (np. miejsc) booking; załatwić ~ę to book (seats, tickets etc.)
rezerwat [re'zervat] m reserve; (w Ameryce) reservation
rezerwować [rezer'vɔvatɕ] vt reserve; (miejsce w pociągu, teatrze itp.) book
rezolucj|a [rezɔ'lutsja] f resolution; podjąć ~ę to take up a resolution; uchwalić ~ę to vote ⟨pass⟩ a resolution
rezulta|t [re'zultat] m result; w ~cie in result, in effect
rezygnować [rezi'gnɔvatɕ] vi resign (z czegoś sth); give up; prawn. renounce
reżyser [re'ʒiser] m stage-manager; director
reżyserować [reʒise'rɔvatɕ] vt stage-manage; direct
ręcznik ['rɛtʃnik] m towel
ręczn|y ['rɛtʃni] adj manual, hand-made; hamulec ~y hand-brake; praca ~a handiwork; bagaż ~y personal luggage, portable luggage
ręczyć ['rɛtʃitɕ] vi guarantee, warrant; ~ za kogoś to give one's word for sb; to answer for sb
ręk|a ['rɛka] f hand; iść pod ~ę to go arm in arm; podać komuś ~ę to shake hands with sb; trzymać kogoś za ~ę to hold sb by

the hand; *przen.* jeść komuś z ~i to eat out of sb's hand; być komuś na ~ę to suit sb's purpose well; dać wolną ~ę to give a free hand; podnieść ~ę na kogoś to raise one's hand against sb; przyłożyć ~ę do czegoś to have ⟨bear⟩ a hand in sth; prosić o czyjąś ~ę to propose to sb; od ~i offhand; at once; pod ~ą within reach; at hand; będący pod ~ą handy; near at hand; na własną ~ę by oneself; on one's own; ~a w ~ę hand in hand

rękaw [rēkaf] *m* sleeve

rękawiczka [rēka'vitʃka] *f* glove

rękodzieło [rēkɔ'dʒeŭɔ] *n* handicraft

rękopis [rē'kɔpis] *n* manuscript

ring [rink] *m sport.* ring

robak ['rɔbak] *m* worm

robi|ć ['rɔbitɕ] **I** *vt* make, do; ~ć na drutach to knit; ~ć swoje to do one's duty; to mind one's business; mało ⟨dużo⟩ sobie ~ć z czegoś to make little ⟨much⟩ of sth; nic sobie nie ~ć z czegoś not to care about sth; to treat sth lightly; to disregard sth; ~ć wrażenie to make the impression **II** *vr* ~ć się to get done || ~ się późno ⟨ciemno⟩ it's getting late ⟨dark⟩

robocz|y [rɔ'bɔtʃi] *adj* working; dzień ~y working-day; siła ~a man-power; ubranie ~e working clothes

robot ['rɔbɔt] *m* robot; ~ kuchenny kitchen combine

robot|a [rɔ'bɔta] *f* work, labour, job; ciężkie ~y hard labour; ~y przymusowe forced labour; nie mieć nic do ~y to have nothing to do; czy to twoja własna ~a? is this your own make?; *przen.* nie masz tu

nic do ~y you have no business here

robotnicz|y [rɔbɔt'nitʃi] *adj* working, workman's; klasa ~a working class; ruch ~y labour movement; partia ~a workers' party

robotnik [rɔ'bɔtɲik] *m* worker, workman; ~ dniówkowy daily worker; ~ niewykwalifikowany labourer; ~ wykwalifikowany skilled worker

rocznica [rɔtʃ'ɲitsa] *f* anniversary; setna ~ centenary

rocznik ['rɔtʃɲik] *m* year-book; yearly; *pl* ~i annuals

rodak ['rɔdak] *m* (fellow-) countryman, compatriot

rodzaj ['rɔdzaj] *m* kind; *gram.* gender; (*gatunek*) species; ~ ludzki human kind; coś w tym ~u something of the kind; ludzie wszelkiego ~u all sorts of people; jedyny w swoim ~u unique

rodzeństwo [rɔ'dzɛnstfɔ] *n* brother(s) and sister(s)

rodzice [rɔ'dʑitsɛ] *pl* parents

rodzić ['rɔdʑitɕ] **I** *vt vi* bear; give birth to; beget **II** *vr* ~ się be born

rodzin|a [rɔ'dʑina] *f* family; zakładać ~ę to found a family

rodzynek [rɔ'dʑinɛk] *m* raisin

rogalik [rɔ'gaʎik] *m* crescent-shaped roll

rok [rɔk] *m* (*pl* lata) year; ~ bieżący the current year; ~ przeszły last year; w przyszłym ~u next year; ~ przestępny leap-year; ~ szkolny school-year; Nowy Rok New Year; co drugi ~ every other year; ~ temu a year ago; w tym ~u this year; za ~ in a year

rokowania [rɔkɔ'vaɲa] *pl* negotiations

rola¹ ['rɔla] (*pole*) field, soil

rol|a² ['rɔla] *teatr.* part, role; grać ~ę to play a part

roleta [rɔ'lɛta] *f* shutter, (window-)blind

rolniczy [rɔl'ɲitʃi] *adj* agricultural

rolnik ['rɔlɲik] *m* farmer

roln|y ['rɔlnɨ] *adj* agrarian, agricultural; land-; **reforma** ~a land reform

romans ['rɔmans] *m* 1. (*książka*) romance, love story 2. (*miłość*) love-affair

rondel ['rɔndɛl] *m* stew-pan; saucepan

rondo ['rɔndɔ] *n* (*plac*) circus; traffic circle; roundabout; ~ **kapelusza** brim

ropa ['rɔpa] *f med.* pus, suppurative matter; (*naftowa*) crude oil, rock-oil, petroleum

ropieć ['rɔpɛtɕ] *vi* suppurate

rosa ['rɔsa] *f* dew

Rosjanin [rɔs'jaɲin] *m* Russian

rosnąć ['rɔsnɔ̃tɕ] *vi* grow

rosół ['rɔsuŭ] *m* broth, beef-soup, bouillon

rostbef ['rɔstbɛf] *m* roast beef

rosyjski [rɔ'sɨjsk̡i] *adj* Russian

roszczenie [rɔʃ'tʃɛɲɛ] *n* claim (o coś to sth, w stosunku do kogoś on sb)

rościć ['rɔɕtɕitɕ] (*pretensję*) lay claim (do czegoś to sth)

roślina [rɔɕ'ɕlina] *f* plant; vegetable; ~ **pastewna** fodder plant

roślinność [rɔɕ'ɕlinnɔɕtɕ] *f* flora, vegetation

roślinny [rɔɕ'ɕlinnɨ] *adj* vegetable, vegetal

rowe|r ['rɔvɛr] *m* bicycle, *pot.* bike; ~**r składany** folding bicycle; ~**r turystyczny** tourist bicycle; **jechać na** ~**rze** to ride (on) a bicycle

rowerzysta [rɔvɛ'ʒɨsta] *m* cyclist

rozbi|ć ['rɔzbitɕ] *perf,* ~**jać** [rɔz'bijatɕ] *imperf* **I** *vt* break, shatter, smash; (*okręt*) wreck; (*wroga*) defeat; (*skałę*) split || ~**ć komuś głowę** to knock sb on the head; ~**ć**, ~**jać na grupy**

to break into groups; ~**ć**, ~**jać namiot** to pitch ⟨put up⟩ a tent **II** *vr* ~**ć**, ~**jać się** be smashed; (*o skałę*) strike (on rock); (*o statku*) be shipwrecked

roz|bierać [rɔz'bɛratɕ] *imperf,* ~**ebrać** [rɔ'zɛbratɕ] *perf* **I** *vt* undress; (*maszynę*) dismantle **II** *vr* ~**bierać**, ~**ebrać się** undress; (z płaszcza itp.) take off (one's overcoat)

rozbijać zob. **rozbić**

rozbitek [rɔz'bitɛk] *m* shipwrecked man ⟨person⟩

rozbr|ajać [rɔz'brajatɕ] *imperf,* ~**oić** [rɔz'brɔitɕ] *perf vt* (*także vr* ~**ajać**, ~**oić się**) disarm

rozbrojenie [rɔzbrɔ'jɛɲɛ] *n* disarmament

rozbrzmiewać [rɔz'bʒmʲɛvatɕ] *vi* resound

rozbudowa [rɔzbu'dɔva] *f* enlargement, extension; development

rozbudow|ać [rɔzbu'dɔvatɕ] *perf,* ~**ywać** [rɔzbudɔ'vɨvatɕ] *imperf vt* (*także vr* ~**ać**, ~**ywać się**) enlarge; develop

roz|chodzić się [rɔs'xɔdʑitɕ ɕɛ] *imperf,* ~**ejść się** ['rɔzɛjɕtɕ ɕɛ] *perf vr* (o wieści) spread, get about; (o książkach) circulate; (o towarze) sell well; (o ludziach) part, separate; (o małżeństwie) divorce

rozchorować się [rɔsxɔ'rɔvatɕ ɕɛ] *vr* fall ill

rozchód ['rɔsxut] *m* expense, expenditure

rozciąć zob. **rozcinać**

rozciąg|ać [rɔs'tɕɔ̃gatɕ] *imperf,* ~**nąć** [rɔs'tɕɔ̃gnɔ̃tɕ] *perf vt* (*także vr* ~**ać**, ~**nąć się**) extend, stretch

roz|cierać [rɔs'tɕɛratɕ] *imperf,* ~**etrzeć** [rɔ'zɛt-ʃɛtɕ] *perf vt* crush, grind

rozci|nać [rɔs'tɕinatɕ] *imperf,* ~**ąć** ['rɔstɕɔ̃tɕ] *perf vt* cut

rozczarować [rɔstʃa'rɔvatɕ] **I**

vt disappoint, disillusion II *vr* ~ się be disappointed, become disillusioned

rozczarowanie [rɔstʃarɔ'vaɲɛ] *n* disappointment, disillusionment, disenchantment

rozda|ć ['rɔzdatç] *perf*, ~wać [rɔz'davatç] *imperf vt* distribute, give

rozdział ['rɔzdʑaŭ] *m* 1. (*podział*) distribution, division 2. (*oddzielenie*) separation 3. (*w książce*) chapter

rozdziel|ać [rɔz'dʑɛlatç] *imperf*, ~ić [rɔz'dʑɛɲitç] *perf* I *vt* (*oddzielać*) separate; (*dzielić*) divide; (*rozdawać*) distribute II *vr* ~ać, ~ić się part, separate

rozdzielcz|y [rɔz'dʑɛltʃi] *adj* distributive; **skrzynka** ~a distributing box; **stacja** ~a dispatching station; *elektr.* **tablica** ~a switch-board

rozdzielić *zob.* **rozdzielać**

rozdzierać *zob.* **rozedrzeć**

rozebrać *zob.* **rozbierać**

roz|edrzeć [rɔ'zɛdʒɛtç] *perf*, ~dzierać [rɔz'dʑɛratç] *imperf* I *vt* tear (**na kawałki** to pieces), rend, rip open II *vr* ~edrzeć, ~dzierać się tear, get rent

rozegrać [rɔ'zɛgratç] *vt* play; ~ **partię** to play a game (of cards)

rozejm ['rɔzɛjm] *m* truce, armistice

rozejrzeć się *zob.* **rozglądać się**

rozejść się *zob.* **rozchodzić się**

rozerwać [rɔ'zɛrvatç] *vt* 1. tear, rend 2. (*rozłączyć*) separate, part II *vr* ~ się 1. tear, rend 2. (*zabawić się*) divert oneself; *zob.* **rozrywać**

roześmiać się [rɔ'zɛɕm̃atç çɛ̃] *vr* burst into laughter, laugh

rozetrzeć *zob.* **rozcierać**

rozgałęzienie [rɔzgaŭɛ̃'ʑɛɲɛ] *n* branching, furcation; ramification

roz|glądać się [rɔz'glɔ̃datç çɛ̃] *imperf*, ~ejrzeć się [rɔ'zɛj-ʒɛtç çɛ̃] *perf vr* look around; glance round; ~glądać się **za pracą** to be on the look-out for a job

rozgł|aszać [rɔz'gŭaʃatç] *imperf*, ~osić [rɔz'gŭɔçitç] *perf vt* divulge, give out, spread (**wieści** the news)

rozgłośnia [rɔz'gŭɔçɲa] *f* broadcasting station

rozgniewać [rɔz'gɲɛvatç] I *vt* make angry, anger II *vr* ~ się become angry (**na kogoś** with sb, **na coś** at ⟨about⟩ sth)

rozgrywka [rɔz'grifka] *f* contest, match; *przen.* intrigue

rozgrz|ać ['rɔzgʒatç] *perf*, ~ewać [rɔz'gʒɛvatç] *imperf* I *vt* heat, warm up II· *vr* ~ać, ~ewać się get warm, warm up

rozjazd ['rɔzjast] *m* junction; turnout

rozkaz ['rɔskas] *m* order, command; **z** ~u by order, at sb's command

rozkład ['rɔskŭat] *m* 1. disposition; ~ **jazdy** time-table; ~ **zajęć** schedule 2. (*psucie się*) corruption, decay

rozkładać [rɔs'kŭadatç] I *vt* place apart; (*na części*) take to pieces; (*wystawiać*) display; *chem.* decompose II *vr* ~ się 1. lay out; (*wyciągać się*) stretch out 2. (*gnić*) decompose, decay

rozkosz ['rɔskɔʃ] *f* delight, treat; **z** ~ą with pleasure

rozkręc|ać [rɔs'krɛ̃tsatç] *imperf*, ~ić [rɔs'krɛ̃tçitç] *perf vt* unscrew, unwind

rozkwit ['rɔskfit] *m* flowering, blossoming; **w pełni** ~u in full bloom; **być w pełni** ~u to flourish

rozlać *zob.* **rozlewać**

rozlegać się [rɔz'legatç çɛ̃] *vr* (*o głosie*) resound, ring

rozległy [rɔz'leguɨ] adj vast,
extensive, broad
rozl|ewać [rɔz'lɛvatɕ] imperf,
~ać ['rɔzlatɕ] perf I vt spill,
shed, pour II vr ~ewać,
~ać się overflow, spill
rozlicz|ać [rɔz'ɦitʃatɕ] imperf,
~yć [rɔz'ɦitʃitɕ] perf I vt
count, settle accounts II vr
~ać, ~yć się settle accounts
rozluźni|ać [rɔz'luʑnatɕ] im-
perf, ~ć [rɔz'luʑnitɕ] perf
vt loosen, relax
rozładow|ać   [rɔʒua'dɔvatɕ]
perf, ~ywać [rɔʒuadɔ'vivatɕ]
imperf vt unload, discharge
rozłam ['rɔʒuam] m breach,
split, disruption
rozłącz|ać [rɔz'uɔ̃tʃatɕ] imperf,
~yć [rɔz'uɔ̃tʃitɕ] perf I vt
separate, disconnect, disjoin
II vr ~ać, ~yć się 1. (o ludziach) separate, part 2. (o
telefonie) cut ⟨switch⟩ off;
proszę się nie ~ać! hold
the line!
rozłąka [rɔz'uɔ̃ka] f separation
rozłożyć zob. rozkładać
rozmach ['rɔzmax] m impetus,
dash, swing; pełen ~u dashing
rozmaity [rɔzma'itɨ] adj various, manifold
rozmawiać [rɔz'maviatɕ] vi
speak, talk, chat; ~ przez
telefon to speak on the
phone; nie ~ z kimś not to
be on speaking terms with
sb
rozmiar ['rɔzmiar] m dimension, size, extent; to twój
~ it's your size
rozmieni|ać [rɔz'mɛnatɕ] im-
perf, ~ć [rɔz'mɛnitɕ] perf
vt change
rozmie|szczać   [rɔz'mɛʃtʃatɕ]
imperf, ~ścić [rɔz'mɛɕtɕitɕ]
perf vt dispose, locate
rozmn|ażać [rɔz'mnaʒatɕ] im-
perf, ~ożyć [rɔz'mnɔʒitɕ]
perf I vt multiply, increase,
breed II vr ~ażać, ~ożyć
się multiply, breed
rozmow|a [rɔz'mɔva] f con-

versation, talk; (telefoniczna) (telephone) call; ~a
telefoniczna z przywołaniem
advised call; ~a towarzy-
ska small talk; prowadzić
~ę to carry on ⟨make⟩ a
conversation; zamówić ~ę
telefoniczną to book a call
rozmówca [rɔz'muftsa] m
interlocutor
rozmówić się [rɔz'muvitɕ ɕɛ]
vr have a talk, speak (z
kimś with sb); (telefonicznie) put through a call, take
one's call
rozmównica [rɔzmuv'nitsa] f
(telefoniczna)   telephone
booth, telephone-box
rozmyślić się [rɔz'miɕɦitɕ ɕɛ]
vr change one's mind
roznosić [rɔz'nɔɕitɕ] vt carry
about,   spread,   distribute;
(przy stole) serve round
rozpacz ['rɔspatʃ] f despair;
doprowadzić do ~y to drive
to despair; wpaść w ~ to
fall into despair
rozpaczać [rɔs'patʃatɕ] vi despair
rozpakow|ać   [rɔspa'kɔvatɕ]
perf, ~ywać [rɔspakɔ'vivatɕ]
imperf I vt unpack II vr
~ać, ~ywać się unpack
one's things
rozpal|ać [rɔs'palatɕ] imperf,
~ić [rɔs'paɦitɕ] perf vt light,
set fire (coś to sth); ~ać,
~ić ogień to make the ⟨a⟩
fire
rozpat|rywać   [rɔspa'trivatɕ]
imperf, ~rzeć [rɔs'patʃɛtɕ]
perf vt examine, consider
rozpęd ['rɔspɛ̃t] m impetus,
start
rozpędz|ać [rɔs'pɛ̃dzatɕ] im-
perf, ~ić [rɔs'pɛ̃dʑitɕ] perf
I vt 1. disperse, scatter;
(tłum) break up 2. (rozru-
szać) set in motion, start
II vr ~ać, ~ić się break
into a run; gather speed
rozpi|ać ['rɔspɔ̃tɕ] perf, ~nać
[rɔs'pinatɕ] imperf I vt 1.
(ubranie) unbutton, undo 2.

(*rozciągać*) stretch; ~ąć, ~nać się unbutton one's coat

rozpocz|ąć [rɔs'pɔtʃɔ̃tɕ] *perf,* ~ynać [rɔspɔ'tʃinatɕ] *imperf* I *vt* begin, start, initiate II *vr* ~ąć, ~ynać się start, begin

rozpog|adzać się [rɔspɔ'gadzatɕ ɕẽ] *imperf,* ~odzić się [rɔspɔ'gɔdʑitɕ ɕẽ] *perf vr* 1. clear up 2. *przen.* brighten up

rozporządz|ać [rɔspɔ'ʒɔ̃dzatɕ] *imperf,* ~ić [rɔspɔ'ʒɔ̃dʑitɕ] *perf vt* dispose (**czymś** of sth); (*rozkazywać*) order, command

rozporządzenie [rɔspɔʒɔ̃'dzɛɲɛ] *n* decree, order; (*majątkiem itd.*) disposal

rozpowszechni|ać [rɔspɔ'fʃɛxɲatɕ] *imperf,* ~ć [rɔspɔ'fʃɛxɲitɕ] *perf vt* propagate, spread; ~ać, ~ć wiadomość to spread news; ~ać, ~ć książki to popularize books

rozpozna|ć [rɔs'pɔznatɕ] *perf,* ~wać [rɔspɔ'znavatɕ] *imperf vt* recognize, distinguish; *med.* diagnose

rozprawa [rɔs'prava] *f* discussion, debate; ~ naukowa dissertation, scientific paper; ~ sądowa trial

rozpru|ć ['rɔsprutɕ] *perf,* ~wać [rɔs'pruvatɕ] *imperf vt* rip open, unsew, unstitch

rozpu|szczać [rɔs'puʃʃatɕ] *imperf,* ~ścić [rɔs'putɕitɕ] *perf* I *vt* 1. (*zgromadzenie*) dismiss 2. (*płyn*) dissolve. solve 3. (*wieści*) spread II *vr* ~szczać, ~ścić się dissolve, melt

rozpuszczalnik [rɔspuʃ'tʃalɲik] *m* solvent

rozpylacz [rɔs'pilatʃ] *m* sprayer, pulverizer

rozpyl|ać [rɔs'pilatɕ] *imperf,* ~ić [rɔs'piɲitɕ] *perf vt* pulverize, spray

rozrachunek [rɔzra'xunɛk] *m* reckoning, settlement

rozróżni|ać [rɔz'ruʒnatɕ] *imperf,* ~ić [rɔz'ruʒɲitɕ] *perf vt* distinguish, differentiate, tell (**od czegoś** from sth)

rozruch ['rɔzrux] *m* 1. setting in motion, start 2. *pl* ~y (*zamieszki*) riot, trouble, disorders

rozrusznik [rɔz'ruʃɲik] *m* starter; *elektr.* self-starter

rozrywać [rɔz'rivatɕ] I *vt* break, disrupt II *vr* ~ się amuse, distract oneself

rozrywk|a [rɔz'rifka] *f* amusement; pastime; sport; distraction; **dla** ~i for pleasure

rozrzuc|ać [rɔz'ʒutsatɕ] *imperf,* ~ić [rɔz'ʒutɕitɕ] *perf vt* scatter, disperse; *przen.* (*pieniądze*) throw away

rozrzutny [rɔz'ʒutni] *adj* prodigal, thriftless, extravagant

rozsądek [rɔs'sɔ̃dɛk] *m* sense; zdrowy ~ common sense

rozsądny [rɔs'sɔ̃dni] *adj* sensible, reasonable, wise

rozsi|adać się [rɔs'ɕadatɕ ɕẽ] *imperf,* ~ąść się ['rɔsɕɔ̃ɕtɕ ɕẽ] *perf vt* sit (comfortably), sprawl

rozstać się *zob.* rozstawać się

rozstanie [rɔs'staɲɛ] *n* separation, parting

rozstaw ['rɔsstaf] *m* spacing; ~ kół (*pojazdu*) wheel track; ~ osi (*pojazdu*) axle base; ~ szyn track ⟨gauge⟩

rozsta|wać się [rɔs'stavatɕ ɕẽ] *imperf,* ~ć się ['rɔsstatɕ ɕẽ] *perf vr* part (**z kimś, czymś** from ⟨with⟩ sb, sth)

rozstr|ajać [rɔs'strajatɕ] *imperf,* ~oić [rɔs'strɔitɕ] *perf vt* 1. *muz.* put out of tune 2. (*nerwy*) unsettle, shatter 3. (*żołądek*) upset

rozstrój ['rɔsstruj] *m* 1. disharmony 2. (*żołądka*) diarrhoea 3. (*psychiczny*) mental derangement; ~ nerwowy depression

rozstrzelać [rɔs'stʃɛlatɕ] *vt* shoot

rozstrzyg|ać [rɔs'stʃigatɕ] *imperf*, **~nąć** [rɔs'stʃignɔ̃tɕ] *perf vt* decide, determine; (*spór*) settle; (*problem*) solve

rozsyp|ać [rɔs'sipatɕ] *perf*, **~ywać** [rɔssɨ'pɨvatɕ] *imperf* I *vt* scatter, strew II *vr* **~ać**, **~ywać się** disperse, be scattered; **~ać**, **~ywać się w proch** to crumble ⟨to fall⟩ into dust

rozszerz|ać [rɔs'ʃɛʒatɕ] *imperf*, **~yć** [rɔs'ʃɛʒɨtɕ] *perf* I *vt* enlarge, expand, extend II *vr* **~ać**, **~yć się** extend, widen, broaden, spread

rozśmiesz|ać [rɔs'ɕmʲɛʃatɕ] *imperf*, **~yć** [rɔs'ɕmʲɛʃɨtɕ] *perf vt* make laugh, amuse

rozt|aczać [rɔs'tatʃatɕ] *imperf*, **~oczyć** [rɔs'tɔtʃɨtɕ] *perf* I *vt* (*przepych itp*.) display; extend, spread; **~aczać**, **~oczyć opiekę** to take care ⟨to keep guard⟩ (**nad kimś** of ⟨over⟩ sb) II *vr* **~aczać**, **~oczyć się** (*o widoku*) spread, extend

rozt|apiać [rɔs'tapatɕ] *imperf*, **~opić** [rɔs'tɔpitɕ] *perf vt* (*także vr* **~apiać**, **~opić się**) melt, smelt

roztargniony [rɔstarg'ɲɔnɨ] *adj* absent-minded, distracted; (*o spojrzeniu*) far-away

rozterka [rɔs'tɛrka] *f* perplexity

roztoczyć *zob.* **roztaczać**

roztopić *zob.* **roztapiać**

roztropny [rɔs'trɔpnɨ] *adj* prudent, thoughtful

roztrzepaniec [rɔstʃɛ'paɲɛts] *m* 1. (*człowiek*) scatter-brain 2. (*potrawa*) whipped sour milk

roztrzepany [rɔstʃɛ'panɨ] *adj* scatter-brained

roztwór ['rɔstfur] *m* solution

rozum ['rɔzum] *m* mind, reason, intellect, wit, understanding; *przen*. **postradać ~** to lose one's reason; to take leave of one's senses;

czyś ty **postradał ~?** are you crazy?

rozumie|ć [rɔ'zumʲɛtɕ] I *vt* understand; **źle ~ć** misunderstand; **co przez to ~sz?** what do you mean by it?; **czy mnie ~sz?** do you follow me?; **~sz?** do you see what I mean?; **~m, o co ci chodzi** I see what you mean; I see your point II *vr* **~ć się** be understood; understand (nawzajem each other); **ma się ~ć** of course; **to się samo przez się ~** it's obvious; it goes without saying

rozumny [rɔ'zumnɨ] *adj* sensible, reasonable, clever

rozwag|a [rɔz'vaga] *f* 1. prudence 2. (*rozważanie*) consideration; **wziąć pod ~ę** to take into consideration

rozważ|ać [rɔz'vaʒatɕ] *imperf*, **~yć** [rɔz'vaʒɨtɕ] *perf vt* 1. consider, contemplate; **~ywszy wszystko** all things considered 2. (*ważyć częściami*) weigh out

rozwiązać *zob.* **rozwiązywać**

rozwiązanie [rɔzvʲɔ̃'zaɲɛ] *n* 1. (*zagadki, problemu*) solution 2. (*umowy, małżeństwa*) dissolution; **~ kontraktu** cancellation of the contract 3. (*poród*) delivery

rozwiąz|ywać [rɔzvʲɔ̃'zɨvatɕ] *imperf*, **~ać** [rɔz'vʲɔ̃zatɕ] *perf* I *vt* 1. undo, untie 2. (*zagadkę, problem*) solve, resolve 3. (*spółkę, umowę*) dissolve: **~ać kontrakt** to cancel ⟨to annul⟩ the contract; **~ać parlament** to dissolve ' the parliament II *vr* **~ywać**, **~ać się** 1. (*o sznurowadle itd*.) to come loose ⟨untied⟩ 2. (*o organizacji*) be ⟨become⟩ resolved, dissolve

rozwidni|ć się [rɔz'vʲidɲitɕ ɕɛ̃] *vr* dawn; brighten; **~a się** it dawns

rozwiedziony [rɔzvɛ'dʐɔnɨ] *adj*
divorced
rozwi|jać [rɔz'vijatɕ] *imperf*,
~nąć [rɔz'vinɔ̃tɕ] *perf* I *vt*
(*papier*) unwrap, unfold;
(*działalność*) display; (*skrzy-
dła*) spread; (*flagę*) unfurl
II *vr* ~jać, ~nąć się develop;
~jać się pomyślnie to flourish; to thrive
rozwlekły [rɔz'vlɛkʉ̊ɨ] *adj* prolific, lengthy
rozwodzić się [rɔz'vɔdzitɕ ɕɛ̃]
vr divorce || ~ się nad
czymś to enlarge upon sth
rozwolnienie [rɔzvɔl'ɲɛɲɛ] *n*
diarrhoea
rozwozić [rɔz'vɔzitɕ] *vt* transport, deliver, convey
rozwód ['rɔzvut] *m* divorce;
wnieść o ~ to sue for
divorce; dostać ~ to get ⟨to
be given⟩ divorce; wziąć ~
z mężem ⟨żoną⟩ to divorce
one's husband ⟨wife⟩
rozwój ['rɔzvuj] *m* development, evolution, progress
rożen ['rɔʒɛn] *m* roasting-spit,
broach
ród [rut] *m* family, stock,
breed, origin; ~ ludzki
mankind; rodem z Warsza-
wy native of Warsaw
róg [ruk] *m* 1. (*zwierzęcia*)
horn; rogi jelenie antlers;
przen. ~ obfitości horn of
plenty 2. *muz.* horn; ~ myśliwski hunting horn; bugle
3. (*pokoju, ulicy*) corner,
angle; na rogu at the corner; za rogiem round the
corner
rów [ruf] *m* ditch; ~ strze-
lecki trench
rówieśnik [ru'vɕeɕɲik] *m* contemporary; on jest moim
~iem he is of my age
również ['ruvɲɛʃ] *conj* also,
too, as well, likewise
równik ['ruvɲik] *m* equator
równina [ruv'ɲina] *f* plain,
flat country
równo ['ruvnɔ] *adv* even (z
czymś with sth); dzielić się

~ to share alike ⟨*pot.* fifty-
-fifty⟩
równoległy [ruvnɔ'lɛgʉ̊ɨ] *adj*
parallel
równoleżnik [ruvnɔ'lɛʒɲik] *m*
parallel
równomierny [ruvnɔ'mɛrnɨ]
adj equal, even, uniform
równorzędny [ruvnɔ'ʒɛ̃dnɨ]
adj equivalent, of equal
rank, corresponding
równość ['ruvnɔɕtɕ] *f* equality
równouprawnienie [ruvnɔu-
prav'ɲɛɲɛ] *n* equality of
rights
równowag|a [ruvnɔ'vaga] *f*
balance; ~a sił balance of
power; stracić ~ę to lose
one's balance
równowartość [ruvnɔ'vartɔɕtɕ]
f equivalence, equivalent
równoważnia [ruvnɔ'vaʒna] *f*
horizontal beam
równoważyć [ruvnɔ'vaʒɨtɕ] *vt*
balance; compensate (coś
for sth)
równ|y ['ruvnɨ] *adj* (o zębach)
even; (o przestrzeni) flat;
(o kroku) steady; (o pra-
wach) equal; nie mieć ~ego
sobie to have no equal; nie
mający ~ego sobie unpar-
alleled; z ~ą łatwością with
equal ease
róż [ruʃ] *m* rouge
róża ['ruʒa] *f* 1. *bot.* rose;
(polna) hawthorn 2. *med.*
erysipelas
różnica [ruʒ'nitsa] *f* difference; ~ zdań dissent;
difference of opinions
różnorodność [ruʒnɔ'rɔdnɔɕtɕ]
f variety
różny ['ruʒnɨ] *adj* different
(od czegoś from sth);
various
różowy [ru'ʒɔvɨ] *adj* pink,
rosy
rtęć [rtɛ̃tɕ] *f* mercury, quicksilver
rubel ['rubɛl] *m* rouble
rubin ['rubin] *m* ruby
rubryka ['rubrɨka] *f* column,
section

ruch [rux] *m* movement, motion; *(posunięcie)* move; ~ ręki gesture; ~ uliczny traffic; ~ jednokierunkowy ⟨dwukierunkowy⟩ one-way ⟨two-way⟩ traffic; ~ kolejowy railway traffic; ~ kołowy vehicular traffic; ~ pieszy pedestrian traffic; ~ prawostronny ⟨lewostronny⟩ right ⟨left⟩ driving; **godziny** największego ~u rush hours; *polit.* ~y wolnościowe liberation movements; **puszczać w** ~ to put in motion; *pot.* **robić** ~ koło czegoś to make a fuss about sth; **w** ~u on the move; *pot.* on the go; **w pełnym** ~u in full swing

ruchliwy [rux'ɕivi] *adj* active, mobile; *(o ulicy)* busy

ruchom|y [ru'xɔmi] *adj* mobile; **majątek** ~y movables; ~e **schody** escalator

ruda ['ruda] *f* ore; ~ **żelaza** iron ore

rudy ['rudi] *adj* brownish-red, rusty; *(rudowłosy)* red-haired

rufa ['rufa] *f* stern, poop

ruina [ru'ina] *f* ruin

rum [rum] *m* rum

rumianek [ru'mianɛk] *m* camomile

rumian|y [ru'miani] *adj* rosy, florid; ~a **cera** high colour

rumienić się [ru'mjɛɲitɕ ɕɛ] *vr* blush

rumie|niec [ru'mjɛnɛts] *m* blush; **oblewać się** ~ńcem to blush

rumsztyk ['rumʃtik] *m* rump-steak

rumuński [ru'muɲski] *adj* Rumanian

runąć ['runɔ̃tɕ] *vi* collapse, fall ⟨tumble⟩ down

runda ['runda] *f* round; ~ **honorowa** round of honour

rura ['rura] *f* tube, pipe; ~ **gazowa** gas pipe; ~ **wydechowa** exhaust pipe

rurka ['rurka] *f* tube, pipe

rurociąg [ru'rɔtɕɔ̃k] *m* pipeline

rusz|ać ['ruʃatɕ] *imperf,* ~yć ['ruʃitɕ] *perf* **I** *vt* move, stir, touch; **nie** ~aj **tego!** don't touch it!; *przen.* ~ać, ~yć **w drogę** to set forth ⟨off⟩; ~ać, ~yć **z miejsca** to start; **nie** ~ać, ~yć **palcem** not to stir a finger; ~j! go on!; forward! **II** *vr* ~ać, ~yć **się** move, stir; *przen.* ~aj **się!** be quick!

ruszt [ruʃt] *m* grill; gridiron; **mięso z** ~u grill

rusztowanie [ruʃtɔ'vaɲɛ] *n* scaffolding

ruszyć *zob.* **ruszać**

rutynowany [rutinɔ'vani] *adj* experienced, practised

rwać [rvatɕ] **I** *vt* **1.** *(kwiaty)* pluck **2.** *(drzeć)* tear; ~ **na kawałki** to tear to pieces ‖ ~ **ząb** to draw ⟨extract, pull out⟩ a tooth **II** *vr* ~ **się** *(o ubraniu)* tear ‖ *przen.* ~ **się do czegoś** to be eager to do sth; *pot.* to be keen on sth

ryb|a ['riba] *f* fish; ~a **faszerowana** stuffed fish; ~a **gotowana** cooked ⟨boiled⟩ fish; ~a **smażona** fried fish; ~a **w galarecie** jellied fish; ~a **wędzona** smoked fish; **łowić** ~y to fish; *(na wędkę)* to angle; **zdrów jak** ~a as fit as a fiddle; *pot.* **gruba** ~a big shot

rybak ['ribak] *m* fisherman, angler

rybn|y ['ribni] *adj* fish; **konserwy** ~e canned ⟨tinned⟩ fish; **gospodarstwo** ~e fish breeding, pisciculture

rybołówstwo [ribɔ'ŭustfɔ] *n* fishing, fishery; ~ **dalekomorskie** deep-sea fishing; ~ **przybrzeżne** inshore fishery

rycerski [ri'tsɛrski] *adj* chivalrous

rycerz ['ritsɛʃ] *m* knight

rycina 584

rycina [ri'tçina] *f* illustration, picture; print; engraving
rycyna [ri'tçina] *f* castor-oil
ryczałt ['rit∫aŭt] *m* lump sum, flat rate; ~em in a lump
ryć [ritç] *vt* 1. *(rylcem)* engrave; *(w drzewie)* carve 2. *(kopać)* dig; *(o świni)* root
rydz [rits] *m* orange milk lactar; *przen.* zdrów jak ~ as fit as a fiddle
rygor ['rigor] *m* rigour; pod ~em prawa under penalty of the law
rym [rim] *m* rime, rhyme; do ~u rhyming
rymować [ri'movatç] *vt* rhyme
rynek ['rinɛk] *m* market, market-place; *handl.* ~ zbytu market; outlet; zdobyć ~ to capture a market
rynna ['rinna] *f* gutterpipe, drainpipe, rainpipe
rynsztok ['rin∫tok] *m* gutter, sewer
ryps [rips] *m* rep, reps
rys [ris] *m* feature; *(charakteru)* trait; ~y twarzy features of the face
rysopis [ri'sopis] *m* description
rysować [ri'sovatç] I *vt* draw; *(szkicować)* sketch II *vr* ~ się 1. appear, become visible 2. *(pękać)* crack
rysunek [ri'sunɛk] *m* drawing; *(w książce)* illustration; *(szkic)* sketch
ryś [riç] *m zool.* lynx
rytm [ritm] *m* rhythm
rytmiczny [rit'mit∫ni] *adj* rhythmic
rywal ['rival] *m* rival, competitor
rywalizacja [rivaʎi'zatsja] *f* rivalry, competition
ryzyko ['riziko] *n* risk; narażać się na ~ to run a risk; na twoje ~ at your risk
ryzykować [rizi'kovatç] *vt vi* risk, venture, hazard
ryzykowny [rizi'kovni] *adj* risky
ryż [ri∫] *m* rice

rzadki ['zatķi] *adj* rare; *(nieliczny)* scarce; *(o włosach)* thin; *(o płynie)* clear, thin
rzadko ['zatko] *adv* seldom, rarely
rząd¹ [zɔt] *m (organ zarządzania)* government, rule; *am.* administration; objąć ~y to come to power
rząd² [zɔt] *m (szereg)* row, file; *(żołnierzy)* rank; 3 godziny z rzędu 3 hours consecutively ⟨successively⟩; 3 hours at a stretch; rzędem in a row; stać rzędem to be lined up
rządowy [zɔ'dovi] *adj* governmental, government, state
rządząc|y [zɔ'dzɔtsi] *adj* ruling, governing; partia ~a the party in power
rządzić ['zɔdzitç] I *vt* govern, rule (krajem over the country); *(panować)* reign II *vr* ~ się govern oneself
rzecz [zɛt∫] *f* thing; *(sprawa)* matter, affair; mówić od ~y to talk nonsense; to moja ~ it's my business; to nie twoja ~ it's none of your business; nie w tym ~, że ... it is not a question of ...; w tym ~, że ... the thing is that ...; co to ma do ~y? what does that have to do with it?; do ~y come to the point; na czyjąś ~ in favour ⟨on behalf⟩ of sb; w samej ~y indeed; (in point) of fact
rzecznik ['zɛt∫nik] *m* spokesman; mouthpiece, advocate
rzeczn|y ['zɛt∫ni] *adj* river, fluvial; żegluga ~a river navigation
rzeczownik [zɛ't∫ovɲik] *m gram.* noun, substantive
rzeczowy [zɛ't∫ovi] *adj* real, essential; *(o człowieku)* matter-of-fact, businesslike; dowód ~ proof, evidence
rzeczoznawca [zɛt∫o'znaftsa] *m* expert

rzeczpospolita [ʒetʃpɔs'pɔʃita] *f* republic

rzeczywistoś|ć [ʒetʃɨ'vistɔɕtɕ] *f* reality; **w ~ci** in reality; in fact; as a matter of fact

rzeczywiście [ʒetʃɨ'viɕtɕe] *adv* really, actually, indeed

rzek|a ['ʒɛka] *f* river; **w górę ⟨w dół⟩ ~i** up ⟨down⟩ stream

rzekomy [ʒe'kɔmɨ] *adj* pretended, alleged, supposed

rzemień ['ʒɛmjeɲ] *m* strap, belt

rzemieślnicz|y [ʒɛmjeɕl'ɲitʃɨ] *adj* trade, handicraft; **izba ~a** chamber of handicrafts; **spółdzielnia ~a** school of arts and crafts

rzemieślnik [ʒe'mjeɕlɲik] *m* artisan, craftsman

rzemiosło [ʒe'mjɔsu̯ɔ] *n* craft, craftsmanship, handicraft

rzepa ['ʒepa] *f* turnip

rześki ['ʒeɕki] *adj* brisk, hale

rzetelnie [ʒe'tɛlɲe] *adv* honestly, straightforwardly

rzeźba ['ʒeʑba] *f* sculpture; *(dzieło)* piece of sculpture

rzeźbiarstwo [ʒeʑ'barstfɔ] *n* sculpture

rzeźbiarz ['ʒeʑbaʃ] *m* sculptor

rzeźbić ['ʒeʑbitɕ] *vt* sculpture, carve, cut

rzeźnia ['ʒeʑɲa] *f* slaughter-house

rzeźnik ['ʒeʑɲik] *m* butcher; **iść do ~a** to go to the butcher's

rzędem ['ʒɛ̃dɛm] *adv* in a row, in a line

rzęsa ['ʒɛ̃sa] *f* eye-lash

rzęsist|y [ʒe'ɕistɨ] *adj* abundant; **~e oklaski** warm ⟨great⟩ applause; **~e światła** bright lights; **~y deszcz** heavy rain

rzodkiewka [ʒɔt'kɛfka] *f* radish

rzuc|ać ['ʒutsatɕ] *imperf*, **~ić** ['ʒutɕitɕ] *perf* I *vt* 1. throw, fling, cast; **~ać, ~ić kości** to cast dice; **~ać, ~ić myśl** to make a suggestion; **~ać, ~ić okiem** to cast a glance; to have a look 2. *(porzucać)* leave, abandon 3. *(poniechać)* give up II *vr* **~ać, ~ić się (w wodę)** plunge; *(na kogoś)* rush ⟨dash⟩ (at sb); *przen.* **~ać się w oczy** to strike the eye

rzut [ʒut] *m* throw, cast; **~ oka** glance; **na pierwszy ~ oka** at first sight

rzymski ['ʒɨmski] *adj* Roman

rżnąć [rʒnɔ̃tɕ] *vt* cut, carve; *(piłą)* saw

S

sabotaż [sa'bɔtaʃ] *m* sabotage

sad [sat] *m* orchard

sadownictwo [sadɔv'ɲitstfɔ] *n* fruit-growing, orcharding

sadza ['sadza] *f* soot

sadzawka [sa'dzafka] *f* pool

sadzić ['sadʑitɕ] *vt* plant, set

saksofon [sak'sɔfɔn] *m* saxophone

sala ['sala] *f* hall, room; **~ balowa** ball-room; **~ teatralna** auditorium; **~ taneczna** dancing-hall

salami [sa'lami] *n* salami

salaterka [sala'tɛrka] *f* salad-bowl, salad-plate

salceson [sal'tsɛsɔn] *m* brawn

saldo ['saldɔ] *n* balance

salon ['salɔn] *m* drawing-room; *(na okręcie)* saloon; **~ kosmetyczny** beauty parlour ⟨shop⟩; **~ fryzjerski** barber's shop

salw|a ['salva] *f* volley, burst; **oddać ~ę honorową** to fire a salute

sałata [sa'u̯ata] *f* 1. *(potrawa)* salad 2. *(zielona)* lettuce

sałatka [sa'ŭatka] f salad; ~ jarzynowa vegetable salad; ~ pomidorowa tomato salad
sam [sam] pron (sama, samo) alone; ~ jeden all alone; ~ fakt the very fact; taki ~ just like; ten ⟨taki⟩ ~ the same; identical (with); tak ~o likewise, as well; tym ~ym consequently; all the same; w ~ czas just in time; w ~ środek right in the middle; być ~ na ~ z kimś to be alone with sb; to się ~o przez się rozumie of course; zrobię to ~ I shall do it myself
samica [sa'mitsa] f female
samiec ['samets] m male
samobójstwo [samɔ'bujstfɔ] n suicide
samochód [sa'mɔxut] m motor-car, car; ~ ciężarowy lorry, delivery van; ~ małolitrażowy low-capacity car; ~ osobowy passenger car; ~ dwuosobowy otwarty roadster; ~ sportowy sports car; naprawić ~ to repair a car; kupić ~ to buy a car; sprzedać ~ to sell a car; rozbić ~ to crash a car; umyć ~ to wash the car; wynająć ~ to hire ⟨to rent⟩ a car
samodział [sa'mɔdʒaŭ] m homespun
samodzielny [samɔ'dʒelnі] adj independent
samogłoska [samɔ'gŭɔska] f vowel
samokrytyka [samɔ'krіtіka] f self-criticism
samolot [sa'mɔlɔt] m airplane, aeroplane; pot. plane; ~ bombowy bomber; ~ myśliwski fighter; ~ naddźwiękowy supersonic airplane; ~ odrzutowy jet-plane; ~ pasażerski passenger plane; ~ turbośmigłowy turbo-prop plane
samoobsługowy [samɔɔpsŭu-'gɔvі] adj self-service; bar

~ self-service bar; sklep ~ self-service shop ⟨store⟩
samopoczucie [samɔpɔ'tʃutɕɛ] n frame of mind; mieć dobre ⟨złe⟩ ~ to feel well ⟨depressed⟩
samopomoc [samɔ'pɔmɔts] f self-help; Samopomoc Chłopska Peasants' Mutual Aid Association
samorząd [sa'mɔʒɔ̃t] m autonomy, self-government; ~ gminny local government
samotny [sa'mɔtnі] adj lonely, solitary
samouczek [samɔ'utʃɛk] m handbook ⟨manual⟩ for self-instruction; ~ języka angielskiego English self-taught
samouk [sa'mɔuk] m autodidact, self-taught person
samowola [samɔ'vɔla] f lawlessness
samowystarczalny [samɔvі-star'tʃalnі] adj self-sufficient
samowyzwalacz [samɔvі'zva-latʃ] m fot. time releaser, self-timer
sanatorium [sana'tɔrjum] n sanatorium
sandacz ['sandatʃ] m perch
sandał ['sandaŭ] m sandal
sandwicz ['sandvіtʃ] m sandwich
saneczkarstwo [sanetʃ'karstfɔ] n sleighing
sanie ['sanɛ] pl sledge, sleigh
sanitaria [sanі'tarja] pl sanitary arrangements
sanitariusz [sanі'tarjuʃ] m (szpitalny) hospital orderly; wojsk. stretcher-bearer
sanitariuszka [sanіtar'juʃka] f nurse
sanitarka [sanі'tarka] f (samochód) ambulance; (samolot) ambulance plane
sanitarny [sanі'tarnі] adj sanitary; punkt ~ first-aid ⟨dressing⟩ station
sankcja ['sanktsja] f sanction
sank|i ['sanķi] pl sleigh,

sledge; jechać ~ami to sledge
sardynka [sar'dinka] f sardine
sarkać ['sarkatç] vi grumble (na coś at sth)
sarkofag [sar'kɔfak] m sarcophagus
sarna ['sarna] ~f roe, deer; (samica) doe
satelita [sate'ɟiita] m satellite; sztuczny ~ artificial satellite
saturator [satu'ratɔr] m saturator
satyra [sa'tɨra] f satire
satyryczny [satɨ'rɨtʃnɨ] adj satirical
satysfakcja [satɨs'faktsja] f satisfaction
sauna ['sauna] f sauna
sąd [sɔt] m judgement, opinion; (instytucja) court (of law), tribunal; Sąd Najwyższy Supreme Court; Sąd Ostateczny Last Judgement; ~ przysięgłych jury; ~ wojskowy court-martial; oddać sprawę do ~u to put the matter into court; stanąć przed ~em to go on trial; bez ~u without trial
sądz|ić ['sɔdʑitç] vt judge; sąd. try || ~ić dobrze ⟨źle⟩ o kimś to have a good ⟨a bad⟩ opinion of sb; ~ić, że ... to think ⟨to believe⟩ that ..., nie ~ę I don't think so
sąsiad ['sɔɕat] m neighbour
sąsiedni [sɔ'ɕedɲi] adj 1. neighbouring 2. (bliski) adjacent
scen|a ['stsɛna] f (odgrywana) scene; teatr. stage; przen. zrobić ~ę to make a scene
scenariusz [stsɛ'narjuʃ] m scenario, script; ~ filmowy screen play
schab [sxap] m joint of pork
schadzka ['sxatska] f appointment, assignation; am. date
scharakteryzować [sxarakte-rɨ'zɔvatç] vt characterize
schemat ['sxɛmat] m scheme, plan

schludny ['sxludnɨ] adj neat, tidy
schnąć [sxnɔtç] vi 1. dry 2. (marnieć) waste, wane
schodek ['sxɔdɛk] m step
schody ['sxɔdɨ] pl stairs; ~ kuchenne backstairs; ~ ruchome escalator
schodzić ['sxɔdʑitç] imperf, zejść [zɛjtç] perf I vi 1. descend, go down (po schodach the stairs); (z drzewa) climb down; schodzić, zejść z drogi to get out of ⟨to clear⟩ the way; to stand aside 2. (o czasie) pass (away) II vr schodzić, zejść się meet, come together
schować ['sxɔvatç] I vt hide, conceal; ~ coś do kieszeni to pocket sth II vr ~ się hide
schronić ['sxrɔɲitç] I vt shelter II vr ~ się shelter, find ⟨take⟩ shelter
schronisko [sxrɔ'ɲiskɔ] n refuge; (turystyczne) shelter-house
schudnąć ['sxudnɔtç] vi reduce; lose in weight
schwycić ['sxfɨtɕitç] vt catch
schyl|ać ['sxɨlatç] imperf, ~ić ['sxɨɟiitç] perf I vt bend, bow II vr ~ać, ~ić się bend, stoop
scyzoryk [stsɨ'zɔrɨk] m pen-knife
seans ['sɛans] m (w kinie) performance, show; (spirytystyczny) séance
sedno ['sɛdnɔ] n core; ~ sprawy ⟨rzeczy⟩ heart of the matter; trafić w ~ to hit the mark
segment ['sɛgmɛnt] m segment, section
segregować [sɛgrɛ'gɔvatç] vt classify, sort, segregate
sejf [sɛjf] m safe, strong-box
sejm [sɛjm] m diet, parliament; (w Polsce) Seym
sekcja ['sɛktsja] f 1. section; wojsk. squad 2. (zwłok) dissection, autopsy

sekret ['sɛkrɛt] *m* secret; **zachować** ~ to keep a secret; **pod** ~**em** in secret

sekretariat [sɛkrɛ'tarjat] *m* secretariat

sekretarka [sɛkrɛ'tarka] *f*, **sekretarz** [sɛ'krɛtaʃ] *m* secretary

sekunda [sɛ'kunda] *f* second

sekundnik [sɛ'kundɲik] *n* second hand

seler ['sɛlɛr] *m* bot. celery

sen [sɛn] *m* 1. sleep; **brać lekarstwo ⟨pastylki⟩ na** ~ **to** take sleeping pills; **zapaść w** ~ to fall asleep 2. (*marzenia senne*) dream; **mieć** ~ **to** dream a dream ‖ **we śnie** in a dream; in one's sleep

sens [sɛns] *m* sense, significance, meaning; ~ **moralny** moral; **mieć** ~ **to** make sense; **w pewnym** ~**ie** in a sense; in a way

separacja [sɛpa'ratsja] *f* (*małżonków*) separation

separatka [sɛpa'ratka] *f* (*w szpitalu*) isolation ward; single-bed ward

ser [sɛr] *m* cheese; ~ **biały** cottage cheese; ~ **szwajcarski** gruyère; ~ **śmietankowy** cream cheese

serc|e ['sɛrtsɛ] *n* heart; **atak** ~**a** heart attack; *przen.* **przyjaciel od** ~**a** bosom friend; **złote** ~**e** heart of gold; **całym** ~**em** with all one's heart; ~**e mi się kraje** my heart bleeds; **wziąć sobie do** ~**a** to take to heart; **z** ~**a** from one's heart

serdeczność [sɛr'dɛtʃnɔçtç] *f* cordiality, open-heartedness

serdeczny [sɛr'dɛtʃnɪ] *adj* cordial; (*o pozdrowieniach*) heart-felt; (*o przywitaniu*) warm; ~ **przyjaciel** bosom friend

serdelek [sɛr'dɛlɛk] *m* sausage

seria ['sɛrja] *f* series; (*wykładów itp.*) set; *film.* issue

serial ['sɛrjal] *m* (*radiowy, telewizyjny*) serial

serio ['sɛrjɔ] *adv* (*także na* ~) earnestly; seriously; **brać (na)** ~ **to** take seriously; **czy mówisz (na)** ~? are you serious?; **do you really mean it?; are you in earnest?**

sernik ['sɛrɲik] *m* cheese cake

serpentyna [sɛrpɛn'tina] *f* 1. (*droga*) serpentine 2. (*taśma papierowa*) streamer

serw [sɛrf] *m* sport. serve, service

serweta [sɛr'vɛta] *f* table-cloth

serwetka [sɛr'vɛtka] *f* (table) napkin

serwis ['sɛrvis] *m* 1. (*do obiadu*) dinner-set; (*do herbaty*) tea-set; (*do kawy*) coffee-set 2. sport. service 3. (*informacja*) information service; ~ **radiowy** broadcasting service

serwować [sɛr'vɔvatç] *vt* sport. serve

sesja ['sɛsja] *f* session

setka ['sɛtka] *f* 1. hundred; ~**mi** in hundreds 2. pot. (*o wełnie*) pure wool

sezon ['sɛzɔn] *m* season; **martwy** ~ dull ⟨dead⟩ season; ~ **turystyczny** tourist season

sędzia ['sɛndʒa] *m* judge; sport. umpire, referee; ~ **pokoju** justice of the peace; ~ **polubowny** arbiter; ~ **śledczy** examining magistrate

sęk [sɛ̃k] *m* knot

sfałszować [sfau̯'ʃɔvatç] *vt* forge, falsify; (*podrobić*) counterfeit

sfastrygować [sfastrɪ'gɔvatç] *vt kraw.* tack, baste

sfe|ra ['sfɛra] *f* sphere; **niższe** ~**ry** lower circles; **wyższe** ~**ry** upper circles, high life; **osoby z wyższej** ~**ry** persons of rank ‖ **to nie leży w** ~**rze moich zainteresowań** it's not in my line

sfilmować [sfil'movatç] *vt* film, take a film (coś of sth), shoot

sfotografować [sfɔtɔgra'fɔvatç] *vt* photograph, take a picture (coś of sth)

siać [çatç] *vt* 1. sow 2. (*strach*) spread

siadać ['çadatç] *imperf*, **siąść** [çɔ̃çtç] *perf vi* sit (down); take a seat; ~ **do pociągu** ⟨**na statek**⟩ to take a train ⟨a boat⟩; ~ **do stołu** to sit down to a meal; ~ **na konia** to mount a horse; **proszę** ~! sit down ⟨be seated⟩, please!

sian|o ['çanɔ] *n* hay; *przen.* **szukać igły w stogu** ~**a** to look for a needle in a haystack

siarka ['çarka] *f chem.* sulphur

siatka ['çatka] *f* net; ~ **do włosów** hair net; ~ **na piłkę** ball net

siatkówka [çat'kufka] *f* 1. *anat.* retina 2. *sport.* volleyball

siąść *zob.* **siadać**

sieć [çetç] *f* net, network; ~ **kolejowa** railway network system; ~ **wodociągowa** piping; **chwytać w** ~ to enmesh

siedem ['çɛdɛm] *num* seven

siedemdziesiąt [çɛdɛm'dʑɛçɔ̃t] *num* seventy

siedemdziesiąty [çɛdɛmdʑɛ'çɔ̃tɨ] *adj num* seventieth

siedemnasty [çɛdɛm'nastɨ] *adj num* seventeenth

siedemnaście [çɛdɛm'naçtçɛ] *num* seventeen

siedemset ['çɛdɛmsɛt] *num* seven hundred

siedzenie [çɛ'dzɛɲɛ] *n* 1. seat; ~ **przednie** ⟨**tylne**⟩ front-⟨back-⟩seat; ~ **rozkładane** folding seat 2. *anat.* buttocks

siedziba [çɛ'dʑiba] *f* seat, residence

siedzieć ['çɛdʑɛtç] *vi* sit; ~ **na koniu** to ride on a horse;

~ **przy stole** to sit at table; ~ **w domu** to stay at home; **nie siedź tam długo!** don't be long there!; ~ **cicho** to keep quiet; to hold one's tongue; ~ **nad czymś** to pore over sth; ~ **w więzieniu** to be in prison; *przen.* ~ **na pieniądzach** to be rolling in money

siekać ['çɛkatç] *vt* chop, hash; (*drobno*) mince

siekiera [çɛ'kɛra] *f* axe

siennik ['çɛɲɲik] *m* straw mattress, strawbed

sierota [çɛ'rɔta] *f m* orphan

sierp [çɛrp] *m* sickle

sierpień ['çɛrpɛɲ] *m* August

sierść [çɛrçtç] *f* hair, bristles

siew [çɛf] *m* sowing

siewnik ['çɛvɲik] *m* sowing-machine

sięg|ać ['çɛ̃gatç] *imperf*, ~**nąć** ['çɛ̃gnɔ̃tç] *perf vi* reach (out); (*przy stole*) make a long arm; **woda** ~**a do kolan** water comes up to the knees; *przen.* ~**ać**, ~**nąć do cudzej kieszeni** to put one's hand into other people's pockets; **jak okiem** ~**nąć** within sight; all around

sikawka [çi'kafka] *f* fire-hose, fire-engine; ~ **ogrodowa** garden water sprinkler

silić się ['çiɲitç çɛ̃] *vr* make efforts, exert oneself, strive (na coś for sth)

silnik ['çilɲik] *m* motor, engine; ~ **spalinowy** internal combustion engine; ~ **na ropę** oil ⟨Diesel⟩ engine; ~ **elektryczny** electric motor; ~ **odrzutowy** jet engine; **włączyć** ⟨**wyłączyć**⟩ ~ to start ⟨to stop⟩ the engine

silny ['çilnɨ] *adj* strong, vigorous, powerful; (*o wrażeniu*) deep; (*o wierze*) firm; (*o bólu*) acute

sił|a ['çiŭa] *f* force, strength, power; ~**a bojowa** striking force; ~**a nabywcza** purchasing power; ~**a pomoc-**

nicza assistant; ~ robocza
manpower; ~y zbrojne
armed forces; ~ą by force;
~ą rzeczy necessarily; w
sile wieku in the prime of
one's life; to jest ponad
ludzkie ~y that is beyond
human strength; it's more
than flesh and blood can
stand

siłownia [çi'ŭɔvɲa] f power-
-station

siniec ['çiɲets] m bruise; ~
pod okiem black eye

siny ['çini] adj livid, blue
(nose)

siodełko [çɔ'dɛŭkɔ] n (motocykla, roweru) saddle

siodło ['çɔdŭɔ] n saddle; wysadzić z ~a to unsaddle

siostra ['çɔstra] f 1. (krewna)
sister; ~ stryjeczna ⟨ciote-
czna⟩ cousin; ~ przyrodnia
step sister 2. (zakonnica)
sister; ~ zakonna nun 3.
(pielęgniarka) nurse

siostrzenica [çɔstʃɛ'ɲitsa] f
niece

siostrzeniec [çɔst'ʃɛɲets] m
nephew

siódm|y ['çudmi] adj num
seventh; ~a godzina seven
o'clock

sito ['çitɔ] n sieve

sitowie [çi'tɔvɛ] n bulrush

siwy ['çivi] adj grey

sjesta ['sjɛsta] f siesta

skafander [ska'fandɛr] m
diving-suit; diving-dress

skaj [skaj] m artificial leather

skakać ['skakatç] vi jump,
leap (z radości for joy);
(podskakiwać) skip

skal|a ['skala] f 1. scale; na
małą ~ę in a small way;
na wielką ~ę in ⟨on⟩ a large
scale 2. (w kartografii) scale;
mapa w ~i ... map in the
scale of ...

skaleczenie [skalɛ'tʃɛɲɛ] n
hurt, cut, wound

skaleczyć [ska'letʃitç] I vt
wound, injure, hurt II vr

~ się w palec to cut one's
finger

skała ['skaŭa] f rock; (nadmorska) cliff

skamielina [skame'ʃiina] f
fossil

skandal ['skandal] m scandal;
to ~! it's a shame!

skansen ['skansɛn] m Scansen
museum

skarb [skarp] m treasure; (na-
gromadzony) hoard; (pań-
stwowy) Treasury; Ex-
chequer

skarbiec ['skarbets] m treasury; treasure-house; (bankowy) safe

skarbnik ['skarbɲik] m treasurer, cashier

skarbonka [skar'bɔnka] f
money-box

skarg|a ['skarga] f complaint;
sąd. suit, charge; wnieść ~ę
to lodge a complaint

skarpa ['skarpa] f (podpora)
buttress; (spadzista płaszczyzna) slope; escarp

skarpetk|a [skar'pɛtka] f sock;
~i wełniane ⟨bawełniane⟩
woollen ⟨cotton⟩ socks; ~i
do kolan knee-socks

skarżyć ['skarʒitç] I vt accuse
(kogoś o coś sb of sth); ~
kogoś do sądu to bring a
suit against sb; ~ na kogoś
to report ⟨denounce⟩ sb II
vr ~ się complain (na coś
of sth)

skasować [ska'sɔvatç] vt (prawo, dekret) abrogate; (bilet)
cancel; (znaczek) postmark

skaza ['skaza] f 1. (rysa) flaw,
defect; spot; (w kamieniu
szlachetnym) feather 2. med.
diathesis

skaz|ać ['skazatç] perf, ~ywać
[ska'zivatç] imperf vt condemn, sentence; ~ać, ~ywać
na karę pieniężną to fine

skazaniec [ska'zaɲets] m convict

skazywać [ska'zivatç] zob.
skazać

skąd [skɔt] adv from where;

whence; ~ pochodzisz? where do you come from?; ~ to wiesz? how do you know it?; *(zaprzeczenie)* ~że znowu! since when!

skąpy ['skɔpɨ] *adj* avaricious, mean; *(o posiłku)* meagre, scanty

skecz [skɛtʃ] *m* sketch

skierować [skɛ'rɔvatɕ] I *vt* *(kroki itp.)* direct; *(palec)* point; *(prośbę)* address; ~ do szpitala ⟨sanatorium itp.⟩ to send to hospital ⟨a sanatorium etc.⟩; ~ niewłaściwie to misdirect II *vr* ~ się direct oneself, turn

skinąć ['skinɔtɕ] *vi vt* *(głową)* nod; *(gestem)* beckon

skleić ['sklɛitɕ] I *vt* glue, stick II *vr* ~ się stick together

sklep [sklɛp] *m* shop; *am.* store; ~ kolonialny grocer's (shop); grocery; ~ samoobsługowy self-service shop; duży ~ spożywczy supermarket

sklepienie [sklɛ'pɛɲɛ] *n* vault, vaulting

sklepikarz [sklɛ'pikaʃ] *m* shopkeeper; tradesman

skład [skŭat] *m* 1. composition; ~ osobowy personnel; wchodzący w ~ composing; making up 2. *(magazyn)* store; depot; ~ apteczny chemist's (shop), *am.* drugstore ‖ ~ pociągu draft of cars ⟨waggons⟩; mieć na składzie to have ⟨to keep⟩ in stock; oddać na ~ to give in deposit

składać ['skŭadatɕ] I *vt* put together, store; *(kartkę, list)* fold; *(o kurze)* ~ jaja to lay eggs; ~ na stos to pile; to accumulate ‖ ~ dokumenty to submit documents; ~ egzamin to pass an examination; ~ ofiarę to make a sacrifice; ~ oświadczenie to make a statement; ~ pieniądze to put aside; to

save; to collect money; ~ pieniądze do banku to deposit money; ~ podziękowanie to give ⟨render⟩ thanks; ~ protest ⟨zażalenie⟩ to lodge a protest ⟨complaint⟩; ~ przysięgę to take an oath; ~ rachunki to render accounts; ~ sprawozdanie to give ⟨make⟩ a report; ~ uszanowanie ⟨wyrazy uszanowania⟩ to pay one's respect; to present one's compliments; ~ winę na kogoś to put the blame on sb; ~ wizytę to pay a visit; *sąd.* ~ zeznania to give evidence; ~ życzenia to express one's wishes II *vr* ~ się consist (z czegoś of sth); be composed of ‖ ~ się do strzału to level the gun; to się dobrze składa! what a happy coincidence!

składak ['skŭadak] *m* *(kajak)* collapsible ⟨folding⟩ canoe

składka ['skŭatka] *f* *(kwota)* contribution; *(zbiórka)* collection; ~ członkowska membership fee

składnik ['skŭadɲik] *m* ingredient, component, element

skłamać ['skŭamatɕ] *vi* lie

skł|aniać ['skŭaɲatɕ] *imperf*, ~onić ['skŭɔɲitɕ] *perf* I *vt* incline, induce (kogoś do czegoś sb to sth) II *vr* ~aniać się do czegoś to lean to ⟨towards⟩ sth; to tend to sth ⟨to do sth⟩

skłonny ['skŭɔnnɨ] *adj* inclined, disposed

skoczek ['skɔtʃɛk] *m* 1. *sport.* jumper, leaper; ~ spadochronowy parachutist 2. *szach.* knight

skocznia ['skɔtʃɲa] *f* *(narciarka)* ski jump

skoczyć ['skɔtʃitɕ] *vi* spring, jump, leap

skok [skɔk] *m* 1. leap, jump; *sport.* ~ o tyczce pole-jump; ~ w dal long jump;

~ **wzwyż** high jump 2. *mech.* stroke

skomplikowany [skɔmpɟiko-'vanɨ] *adj* complicated, intricate, complex

skompromitować [skɔmprɔmi-'tɔvatɕ] *vt* compromise, discredit

skoncentrowany [skɔntsɛntrɔ-'vanɨ] *adj* intensive

skondensowany [skɔndɛnsɔ-'vanɨ] *adj* condensed

skończy|ć ['skɔɲtʃitɕ] I *vt* finish, end II *vr* ~ć **się** come to an end, be over, be finished; ~**ły mi się papierosy** I have run out of cigarettes

skoro ['skɔrɔ] *conj* when; (*ponieważ*) since; ~ **tylko** as soon as

skorowidz [skɔ'rɔvits] *m* index

skorpion ['skɔrpɔn] *m* 1. *zool.* scorpion 2. (*znak Zodiaku*) Scorpio

skorupa [skɔ'rupa] *f* (*powłoka*) crust, shell, hull; ~ **jaja** egg-shell; ~ **orzecha** nutshell

skorzystać [skɔ'ʒistatɕ] *vi* take advantage (**z czegoś** of sth); profit (**z czegoś** by sth)

skos [skɔs] *m* (*powierzchnia ukośna*) slant, bevel; **kroić ze** ~**u** to cut on the bias; **na** ~ aslant, obliquely

skosztować [skɔʃ'tɔvatɕ] *vi* taste

skośny ['skɔɕnɨ] *adj* oblique; (*o oczach*) slanting

skowronek [skɔ'vrɔnɛk] *m* lark

skór|a ['skura] *f* (*na ciele*) skin; (*zwierzęca surowa*) hide; (*wyprawiona*) leather; (*zwierzęca z włosami*) fell; **sztuczna** ~**a** artificial leather; *przen.* **dostać w** ~**ę** to get a hiding; **obedrzeć ze** ~**y** to skin

skórka ['skurka] *f* skin; (*chleba*) crust; (*sera, boczku*) rind; ~ **od kiełbasy** sausage skin; ~ **pomarańczowa** orange peel

skórkowy [skur'kɔvɨ] *adj* = **skórzany**

skórn|y ['skurnɨ] *adj* dermatic, cutaneous; **choroby** ~**e** skin diseases

skórzany [sku'ʒanɨ] *adj* leather

skr|acać ['skratsatɕ] *imperf*, ~**ócić** ['skrutɕitɕ] *perf vt* shorten, cut short, curtail; ~**acać**, ~**ócić drogę** to take a short cut; ~**acać**, ~**ócić suknię** to shorten a dress; ~**acać**, ~**ócić tekst** to abbreviate ⟨to abridge⟩ a text

skraj [skraj] *m* border, edge, fringe, rand; ~ **miasta** outskirts of the town; **na** ~**u przepaści** on the brink of a precipice

skrajn|y ['skrajnɨ] *adj* 1. extreme, utmost; ~**a nędza** utter misery 2. *polit.* radical; ~**a lewica** extreme left

skreśl|ać ['skrɛɕlatɕ] *imperf*, ~**ić** ['skrɛɕɕitɕ] *perf vt* 1. (*skasować*) cancel, erase; strike (**z listy** off the list) 2. (*napisać*) outline, sketch

skręc|ać ['skrɛ̃tsatɕ] *imperf*, ~**ić** ['skrɛ̃tɕitɕ] *perf* I *vt* (*nici*) twist; (*line*) coil up; (*włosy*) curl; ~**ić nogę w kostce** to wrench one's ankle; ~**ić sobie kark** to break one's neck II *vi* (*o drodze*) bend (**na prawo to** the right); ~**ać**, ~**ić w lewo** to turn to the left III *vr* ~**ać**, ~**ić się** twist, wriggle

skrępowany [skrɛ̃pɔ'vanɨ] *adj przen.* embarrassed; ~ **przepisami** restricted by rules

skręt [skrɛ̃t] *m* 1. twist, torsion; ~ **kiszek** twisting of the bowels 2. (*zakręt*) turning

skromny ['skrɔmnɨ] *adj* modest; ~ **posiłek** a light ⟨a scanty, a spare⟩ meal; **pro-**

wadzić ~ żywot to live modestly

skroń [skrɔɲ] f temple

skrócić zob. skracać

skrót [skrut] m abbreviation; (książki) abridgement; (drogi) short cut

skrytka ['skritka] f secret receptacle; ~ pocztowa post-office box

skrytykować [skriti'kɔvatç] vt criticise

skrzep [skʃɛp] m med. clot, coagulum; ~ krwi blood clot

skrzydło ['skʃidŭɔ] n wing; (drzwi) leaf; (kapelusza) brim

skrzydłowy [skʃi'dŭɔvi] m sport. wing

skrzynia ['skʃiɲa] f chest, box

skrzynka ['skʃinka] f box, case; ~ na kwiaty window box; ~ pocztowa mail-⟨letter-, pillar-⟩ box; mot. ~ biegów gear-box

skrzypc|e ['skʃiptsɛ] plt violin, fiddle; grać na ~ach to play the violin; pot. grać pierwsze ~e to play first violin

skrzypek ['skʃipɛk] m violinist, fiddler

skrzywdzić ['skʃivdzitç] vt (do) harm. (do) wrong

skrzywić ['skʃivitç] vt bend, twist; distort, contort; ~ usta to make a wry face ⟨mouth⟩

skrzyżowanie [skʃiʒɔ'vaɲɛ] n 1. (dróg) cross-roads; crossing 2. zool. cross-breeding

skumbria ['skumbrja] f mackerel

skup [skup] m purchase

skupi|ać ['skupatç] imperf, ~ć ['skupitç] perf I vt (uwagę) concentrate; (myśli) collect; (gromadzić) accumulate, bring together, crowd II vr ~ać, ~ć się 1. come together, crowd 2. przen. (wewnętrznie) collect oneself, concentrate

skurcz [skurtʃ] m convulsion, contraction; med. (serca) systole

skurczyć ['skurtʃitç] I vt contract II vr ~ się shrink

skuteczny [sku'tɛtʃni] adj effective, efficacious

skut|ek ['skutɛk] m effect, result; bez ~ku to no purpose; doprowadzić do ~ku to bring about; na ~ek in consequence of; as a result of; owing to

skuter ['skutɛr] m scooter

skutkować [skut'kɔvatç] vi have effect; work (well); (o leku) take effect; pot. do the trick

skwarki ['skfarki] pl cracklings, greaves

skwarny ['skfarni] adj scorching, hot

skwer [skfɛr] m square

slajdy ['slajdi] pl fot. slides

slalom ['slalɔm] m sport. slalom

sliping ['sʃipink] m (wagon) sleeping-car

slipy ['sʃipi] pl slips, bathing-drawers

slumsy ['slumsi] pl slums

słabo ['sŭabɔ] adv weakly, feebly; ~ mi I feel faint ⟨ill, sick⟩

słab|y ['sŭabi] adj weak, feeble; (o zdrowiu) poor, delicate; ~a strona weak point; ~e pojęcie remote idea; ~a herbata ⟨kawa⟩ weak tea ⟨coffee⟩

sław|a ['sŭava] f 1. glory, fame, renown 2. (o człowieku) celebrity, authority ‖ cieszyć się dobrą ~ą to enjoy an excellent reputation

sławny ['sŭavni] adj famous, renowned, famed (z czegoś for sth)

słodk|i ['sŭɔtki] adj sweet; ~a woda fresh water

słodycz ['sŭɔditʃ] f sweetness; pl ~e sweets, sweetmeats, candies

słodzić ['sŭɔdʑitɕ] *vt* sweeten, sugar

słoik ['sŭɔik] *m* jar, pot, glass

słoma ['sŭɔma] *f* straw

słomk|a ['sŭɔmka] *f* straw; **pić lemoniadę przez ~ę** to sip lemonade through the straw

słonecznik [sŭɔ'nɛtʃɲik] *m bot.* sunflower

słoneczn|y [sŭɔ'nɛtʃɲi] *adj* sunny; **kąpiel ~a** sun bath; **promień ~y** sunbeam; **zegar ~y** sundial

słony ['sŭɔnɪ] *adj* salty; *przen.* (*o cenie*) exorbitant

słoń [sŭɔɲ] *m* elephant

słońc|e ['sŭɔɲtsɛ] *n* sun; **wschód ~a** sunrise; **zachód ~a** sunset; *przen.* **najlepszy człowiek pod ~em** the best man alive

słota ['sŭɔta] *f* bad ⟨rainy⟩ weather

słotny ['sŭɔtnɪ] *adj* rainy

Słowianin [sŭɔ'vaɲin] *m* Slav

słowiański [sŭɔ'vaɲski] *adj* Slav, Slavonic

słowik ['sŭɔvik] *m* nightingale

słownie ['sŭɔvɲɛ] *adv* verbally; by word of mouth; **~ 10 dolarów** say ten dollars

słownik ['sŭɔvɲik] *m* dictionary; **~ kieszonkowy** pocket dictionary

słow|o ['sŭɔvɔ] *n* word; *gram.* **~o honoru** word of honour; **daję ci ~o na to** I give you my word for it; upon my word; **dotrzymać ~a** to keep one's word; **nie dotrzymać ~a** to break one's word; **wierz mi na ~o** take my word for it; **już są po ~ie** they are engaged; **innymi ~y** in other words; **~em** in a ⟨one⟩ word, in short; **~o w ~o** word for word; verbatim

słój [sŭuj] *m* jar, pot; (*drzewa*) grain

słuch [sŭux] *m* hearing; **grać ze ~u** to play by ear; **mieć dobry ~** to have a good

ear; *przen.* **zamieniam się w ~** I am all ears

słuchacz ['sŭuxatʃ] *m* 1. listener, hearer; (*na uniwersytecie*) student 2. *pl* **~e** audience

słucha|ć ['sŭuxatɕ] *vi* 1. listen to; **~ć radia** to listen in (to the radio); **~ć wykładów** to attend lectures; **~j! look here!; ~m?** beg pardon? 2. (*być posłusznym*) obey; **~ć rozkazu** to obey the order; **nie ~ć lekarza** to disobey the doctor

słuchawk|a [sŭu'xafka] *f* 1. *telef.* receiver; **podnieść ~ę** to take up ⟨to pick up⟩ the receiver; **odłożyć ~ę** to put down the receiver; to ring off; **proszę nie odkładać ~i!** hold the line, please! 2. *rad.* earphone, headphone 3. *med.* stethoscope

słuchowisko [sŭuxɔ'visko] *n* radio play

słup [sŭup] *m* pillar, column, post; **~ graniczny** landmark, frontier-post; **~ latarni** lamp-post; **~ milowy** mile-post; **~ telegraficzny** telegraph-pole

słupek ['sŭupɛk] *m* post, stave, pile; (*w balustradzie*) rail; (*w termometrze*) **~ rtęci** mercury thread

słusznoś|ć ['sŭuʃnɔɕtɕ] *f* the right, justness; **mieć ~ć** to be right; **nie mieć ~ci** to be wrong; **~ć jest po twojej stronie** you are in the right

słuszn|y ['sŭuʃnɪ] *adj* right, just, fair, reasonable

służb|a ['sŭuʒba] *f* 1. service; **~a celna** customs service; **~a czynna** active service; **~a konsularna** consular service; **~a ruchu** traffic control service; **~a sanitarno-epidemiologiczna** sanitation and public health service; **~a ratownicza** salvage service, life-saving

service; ~a wojskowa military service; ~a zdrowia medical ⟨health⟩ service; pełnić ~ę to be on duty; poza ~ą, po ~ie off duty 2. (*personel*) servants
służbow|y [sŭuʒ'bɔvi] *adj* official, service-; podróż ~a business trip; drogą ~ą through official channels
służ|yć ['sŭuʒitɕ] *vt vi* 1. serve (komuś sb), be in the service (komuś of sb); (być użytecznym) be of service (komuś to sb); ~yć jako przewodnik to act ⟨to serve⟩ as guide; ~yć w wojsku to serve in the army; czym mogę ~yć? how can I serve you?; may I help you?; what can I do for you?; ~ę pani! I am at your service! 2. (*o klimacie, jedzeniu*) suit, agree with
słychać ['sŭixatɕ] I *vt* be heard, be audible II *vi* (*mówi się o czymś*) they say ⟨it is rumoured⟩ that ...; co ~? what's the news?; co ~ z tą sprawą? what about this matter?
słynny ['sŭinni] *adj* famous, renowned
słysz|eć ['sŭiʃetɕ] *vt vi* hear; co ja ~ę? is it possible?; źle ~eć to be hard of hearing
smaczn|y ['smatʃni] *adj* tasty, savoury; to jest ~e it tastes good; to nie jest ~e it doesn't taste good; ~ego ! good appetite !; I hope you will enjoy your dinner ⟨lunch etc.⟩
smak [smak] *m* (*zmysł*) taste; (*właściwość potrawy*) flavour; dodać soli do ~u to add salt to taste; jeść ze ~iem to eat with relish; bez ~u insipid; tasteless; *przen.* zły ~ bad taste; ze ~iem in good taste
smak|ować [sma'kɔvatɕ] *vi*

taste, relish; jak to ~uje? how does it taste?; how do you like it?; to mi nie ~uje I don't enjoy ⟨like⟩ it
smalec ['smalɛts] *m* fat, lard, grease
smar [smar] *m* grease, lubricant
smarować [sma'rɔvatɕ] *vt* smear; (*olejem*) oil; (*masłem*) butter; (*maszynę*) lubricate, grease
smarownica [smarɔv'nitsa] *f* greaser, oil feeder, oiler
smażalnia [sma'ʒalɲa] *f* (*ryb i frytek*) fish and chips (place)
smażyć ['smaʒitɕ] *vt* (*także vr* ~ się) fry, roast
smoczek ['smɔtʃɛk] *m* dummy
smoking ['smɔkiŋk] *m* evening dress; *am.* tuxedo
smoła ['smɔŭa] *f* pitch
smród [smrut] *m* stench
smucić ['smutɕitɕ] I *vt* sadden, make sad II *vr* ~ się to be sad (z powodu czegoś about sth)
smukły ['smukŭi] *adj* slim, slender
smutek ['smutɛk] *m* sorrow, sadness
smutn|y ['smutni] *adj* sad, sorrowful; ~a wiadomość bad news
smycz [smitʃ] *f* leash, lead
smyczek ['smitʃɛk] *m* bow, fiddlestick
smyczkowy [smitʃ'kɔvi] *adj* instrument ~ stringed instrument
snop [snɔp] *m* (*zboża*) sheaf; *przen.* ~ światła shaft of light
sobota [sɔ'bɔta] *f* Saturday
socjalista [sɔtsja'fiista] *m* socialist
socjalistyczn|y [sɔtsjafiis'titʃni] *adj* socialist; kraje ~e socialist countries; ustrój ~y socialist system
socjalizm [sɔts'jafiizm] *m* socialism
socjaln|y [sɔts'jalni] *adj* social;

świadczenia ~e social welfare ⟨services⟩

soczysty [sɔ'tʃisti] . adj juicy, succulent

soda ['sɔda] f soda

sojusz ['sɔjuʃ] m alliance

sojusznik [sɔ'juʃɲik] m ally

sok [sɔk] m juice; (gotowany z cukrem) syrup

sokół ['sɔkuǔ] m zool. falcon

solanka [sɔ'lanka] f 1. (źródło) salt-spring; (woda) brine, saline; (kąpiel) salt-bath 2. (bułka) salt roll

solarium [sɔ'larjum] n solarium

solenizant [sɔlɛ'ɲizant] m person celebrating his ⟨her⟩ nameday ⟨birthday⟩

solić ['sɔʃitɕ] vt salić

solidaryzować się [sɔʃidari'zɔvatɕ ɕɛ̃] vr unite, act in ⟨display⟩ solidarity

solidny [sɔ'ʃidni] adj solid, reliable

solista [sɔ'ʃista] m soloist

solniczka [sɔl'ɲitʃka] f salt-cellar

solo ['sɔlɔ] adv alone; muz. solo

solony [sɔ'lɔni] adj salted

sondowanie [sɔndɔ'vaɲɛ] n sounding, fathoming

sopran ['sɔpran] m soprano

sos [sɔs] m (zaprawiany) sauce; (z mięsa) gravy; ~ pomidorowy tomato sauce

sosna ['sɔsna] f pine

sowa ['sɔva] f owl

sól [sul] f salt; ~ kamienna rock salt; ~ kuchenna common salt; ~ stołowa table salt; ~ gorzka Epsom salt

spacer ['spatsɛr] m walk; ~ dla zdrowia constitutional; iść na ~ to go for a walk

spacerować [spatsɛ'rɔvatɕ] vt take a walk, stroll, saunter

spać [spatɕ] vi sleep; chce mi się ~ I am sleepy; iść ~ to go to bed; ~ jak kamień to sleep like a log

spa|dać ['spadatɕ] imperf, ~ść

['spaɕtɕ] perf vi fall, drop, sink; ceny ~dają prices fall ⟨go down⟩

spadek ['spadɛk] m 1. fall, decrease 2. (pochyłość) descent, slope 3. (zmniejszenie się) drop, fall; ~ ciśnienia pressure drop; ~ temperatury temperature drop 4. (dziedzictwo) inheritance, legacy, heritage

spadkobierca [spatkɔ'bɛrtsa] m heir

spadochron [spa'dɔxrɔn] m parachute

spadochroniarz [spadɔ'xrɔɲaʃ] m parachutist, paratrooper

spadzisty [spa'dʑisti] adj steep

spaghetti [spa'gɛti] n spaghetti

spakować się [spa'kɔvatɕ ɕɛ̃] vr pack one's things, pack up

spal|ać ['spalatɕ] imperf, ~ić ['spaʃitɕ] perf I vt burn (out, up); (zużyć jako paliwo) use up, burn, consume; (zwłoki) cremate; ~ać, ~ić na popiół to burn to ashes; przen. ~ić mosty za sobą to burn one's boats II vi przen. ~ić na panewce to flash in the pan III vr ~ać, ~ić się burn (away, out)

spalenizna [spalɛ'ɲizna] f (woń) smell of burning; (dym) smoke of sth burnt

spalinow|y [spaʃi'nɔvi] adj gazy ~e combustion gases; silnik ~y internal combustion engine

spaliny [spa'ʃini] plt combustion gases; exhaust gases

spalony [spa'lɔni] adj burnt; sport. off-side

spanie ['spaɲɛ] n (posłanie) berth, a place to sleep

sparzyć ['spaʒitɕ] I vt burn, scald; (pokrzywą) sting; przen. ~ sobie palce na czymś to burn one's fingers on sth II vr ~ się scald ⟨burn⟩ oneself

spaść zob. spadać

spawać ['spavatɕ] *vt* weld, solder

specjalista [spɛtsja'ɲista] *m* specialist, expert

specjalność [spɛts'jalnɔɕtɕ] *f* speciality, peculiarity

specjalny [spɛts'jalnɨ] *adj* special

spektakl ['spɛktakl] *m* spectacle; performance; show

spełni|ać ['spɛuɲatɕ] *imperf*, **~ć** ['spɛuɲitɕ] *perf* I *vt* (*obowiązek*) perform, fulfil; (*życzenie*) meet, satisfy, comply with; **~ać, ~ć marzenie** to make a dream come true II *vr* **~ać, ~ć się** be accomplished, come true

speszony [spɛ'ʃɔnɨ] *adj* confused, crestfallen

spedz|ać ['spɛ̃dzatɕ] *imperf*, **~ić** ['spɛ̃dʑitɕ] *perf vt* 1. (*bydło*) drive 2. (*czas*) spend, pass

spiąć *zob.* **spinać**

spiczasty [spi'tʃastɨ] *adj* pointed

spierać się ['spɛratɕ ɕɛ̃] *vr* argue (**z kimś** with sb); contest, dispute

spieszy|ć ['spɛʃitɕ] I *vi* hurry, hasten II *vr* **~ć się** hurry, be in a hurry, make haste; **~ mi się** I am in a hurry; I am pressed for time; **zegarek się ~** the watch is fast

spięcie ['spɛ̃tɕɛ] *n* clasp, buckle; *elektr.* **krótkie ~** short-circuit

spiker ['spikɛr] *m* (*radiowy*, *telewizyjny*) announcer

spinacz ['spinatʃ] *m* clip, fastener

spi|nać ['spinatɕ] *imperf*, **~ąć** [spɔ̃tɕ] *perf vt* (*klamrą*) buckle, clasp, fasten; (*szpilką*) pin up ⟨on⟩

spinka ['spinka] *f* (*do włosów*) hair-pin; (*do mankietów*) cuff-link; (*do kołnierzyka*) stud

spirytus [spi'rɨtus] *m* spirit, alcohol; **czysty ~** neutral spirit; **~ denaturowany** methylated ⟨denaturated⟩ spirit; **~ rektyfikowany** rectified spirit

spis [spis] *m* list, catalogue, register; **~ ludności** census; **~ potraw** bill of fare, menu; (*w książce*) **~ rzeczy** table of contents; **~ adresów** directory; **~ telefonów** telephone book ⟨directory⟩; **~ ulic** list ⟨index⟩ of streets

spisać *zob.* **spisywać**

spisek ['spisɛk] *m* plot, conspiracy

spis|ywać [spi'sɨvatɕ] *imperf*, **~ać** ['spisatɕ] *perf* I *vt* list, register, write down II *vr* (**dobrze**) **~ywać, ~ać się** distinguish oneself

spiżarnia [spi'ʒarɲa] *f* pantry, larder

splamić ['splamitɕ] *vt* stain, spot; *przen.* **~ honor** to blemish one's honour

splunąć *zob.* **spluwać**

spluwaczka [splu'vatʃka] *f* spittoon

splu|wać ['spluvatɕ] *imperf*, **~nąć** ['splunɔ̃tɕ] *perf vi* spit

spłac|ać ['spuatsatɕ] *imperf*, **~ić** ['spuatɕitɕ] *perf vt* pay off, repay, reimburse; **~ić dług** to pay off a debt; **~ać, ~ić ratami** to pay by instalments

spłata ['spuata] *f* payment, reimbursement

spławik ['spuavik] *m* float

spławny ['spuavnɨ] *adj* navigable

spłonąć ['spuɔnɔ̃tɕ] *vi* burn down; **~ rumieńcem** to flush; to blush

spłowiały [spuɔ'vjauɨ] *adj* faded, discoloured

spływ [spuɨf] *m* (*wodniacki*) canoeing rally ⟨race⟩

spływać ['spuɨvatɕ] *vi* flow down; (*o łzach*) fall down

spocić się ['spɔtɕitɕ ɕɛ̃] *vr* sweat

spocz|ąć ['spɔtʃɔ̃tɕ] vi rest, take a rest; proszę ~ąć take a seat ⟨be seated⟩, please; (w napisie) tu ~ywa ... here lies ...; wojsk. ~nij! stand at ease!

spod [spɔt] praep from under

spodek ['spɔdɛk] m saucer

spodenki [spɔ'dɛnki] plt (sportowe) breeches; (krótkie) shorts; ~ kąpielowe swimming-trunks

spodnie ['spɔdɲɛ] plt trousers; (do konnej jazdy) breeches; (pumpy) knickerbockers; plus-fours

spodobać się [spɔ'dɔbatɕ ɕɛ̃] vr take sb's fancy

spodziewać się [spɔ'dʑɛvatɕ ɕɛ̃] vr hope (czegoś for sth); expect (czegoś sth); look forward (czegoś to sth); ~ się listu to expect ⟨to look forward to⟩ a letter; ~ się dziecka to expect a baby

spoglądać [spɔ'glɔ̃datɕ] vi look (na coś at sth); glance (na kogoś sb); przen. ~ z góry na kogoś to look down on sb

spojów|ka [spɔ'jufka] f anat. conjunctiva; med. zapalenie ~ek conjunctivitis

spojrzeć ['spɔjʒɛtɕ] vi glance, have a glance (na kogoś, coś at sb, sth)

spojrzenie [spɔj'ʒɛɲɛ] n glance, look; jednym ~m at a glance

spokojny [spɔ'kɔjni] adj quiet, calm, peaceful; możesz być ~, że ... rest assured that ...

spokój ['spɔkuj] m peace, calm; ~ ducha ⟨umysłu⟩ serenity; composure; peace of mind; zachować ~ to keep calm ⟨one's head⟩; daj mi ~! leave me alone!

społeczeństwo [spɔu̯ɛ'tʃɛnstfɔ] n society, community

społeczn|y [spɔ'u̯ɛtʃni] adj social; opieka ~a social welfare; praca ~a social work

sporny ['spɔrni] adj disputable, questionable, controversial; punkt ~ debatable point

sporo ['spɔrɔ] adv a great deal ⟨many⟩, pretty much; to zabierze ~ czasu it will take some time

sport [spɔrt] m sports; ~y wodne aquatics; water sports; ~y zimowe winter sports; uprawiać ~ to practise sports

sportowiec [spɔr'tɔvɛts] m sportsman, athlete

sportow|y [spɔr'tɔvi] adj sport-, sports-; zawody ~e sports ⟨athletic⟩ competition

sporządz|ać [spɔ'ʒɔ̃dzatɕ] imperf, ~ić [spɔ'ʒɔ̃dʑitɕ] perf vt make, prepare, draw

sposób ['spɔsup] m manner, way; means; ~ użycia directions for use; ~ życia the way of living; na ~ angielski (in) the English way; w jaki ~? in what way?; w taki czy inny ~ one way or another; somehow or other; w ten ~ in this manner; thus; like this; w żaden ~ by no means

spostrze|c ['spɔstʃɛts] perf, ~gać [spɔst'ʃɛgatɕ] imperf vt notice, catch sight (kogoś of sb); perceive

spostrzegawczy [spɔstʃɛ'gaftʃi] adj observant, keen, perceptive

spostrzeżenie [spɔstʃɛ'ʒɛɲɛ] n perception; (uwaga) observation, remark

spotkać zob. spotykać

spotkanie [spɔt'kaɲɛ] n meeting; encounter; (umówione) appointment; przyjść ⟨nie przyjść⟩ na ~ to keep ⟨to break⟩ an appointment; umówić się na ~ to make an appointment

spot|ykać [spɔ'tikatɕ] imperf, ~kać ['spɔtkatɕ] perf I vt

meet, come across; *przen.*
~kało mnie rozczarowanie
I was disappointed II *vr*
~ykać, ~kać się meet (z
kimś sb)
spowodować [spɔvɔ'dɔvatɕ] *vt*
cause, bring about; give
rise to; ~ wypadek to cause
an accident
spoza ['spɔza] *praep* from
behind; from beyond; ~
rzeki from across the river
spożycie [spɔ'ʒitɕɛ] *n* consumption
spożywcz|y [spɔ'ʒitʃɨ] *adj*
artykuły ~e groceries, food-
-stuffs; przemysł ~y food
industry; sklep ~y grocer's
(shop)
spód [sput] *m* 1. (*dno*) bottom;
foot; pod spodem below; u
spodu at the bottom 2.
(*halka damska*) slip
spódni|ca [spud'ɲitsa], ~czka
[spud'ɲitʃka] *f* skirt
spółdzielczość [spuǔ'dʑɛltʃɔɕtɕ]
f co-operative movement
spółdzielnia [spuǔ'dʑɛlɲa] *f*
co-operative society; *pot.*
co-op; ~ mieszkaniowa
housing co-operative; building
society; ~ produkcyj-
na collective farm
spółk|a ['spuǔka] *f* company,
partnership; ~a z ograni-
czoną odpowiedzialnością
limited liability company;
do ~i in common
spór [spur] *m* controversy,
dispute, debate
spóźni|ć się ['spuʑɲitɕ ɕɛ] *perf*,
~ać się ['spuʑɲatɕ ɕɛ] *imperf*
vr be late; (*o zegarku*) be
slow; ~ć się na pociąg to
miss a train
spóźnienie [spu'ʑɲɛɲɛ] *n* delay
spóźnion|y [spuʑ'ɲɔnɨ] *adj*
late, delayed; belated; ~a
pora late hour; (*o dziecku*)
~y w rozwoju backward
(child)
spragniony [sprag'ɲɔnɨ] *adj*
(*picia*) thirsty

spraw|a ['sprava] *f* affair,
matter, question; business;
drobna ~a a petty cause, a
matter of no importance;
~a osobista private matter
⟨business⟩; ~a sądowa law-
-suit; ~y pieniężne money
matters; ~y służbowe official matters; ważna ~a
important matter, matter of
importance; Ministerstwo
Spraw Wewnętrznych Home
Office; Ministry of Internal
Affairs; Ministerstwo Spraw
Zagranicznych Foreign Of-
fice; Ministry of Foreign
Affairs; załatwić ~ę to
settle a matter; zdać sobie
~ę z czegoś to be aware of
⟨realise⟩ sth; zdawać ~ę z
czegoś to give an account
of sth; to nie moja ~a it's
no business of mine; na
dobrą ~ę after all; w ~ie ...
in the matter of ...
sprawca ['spraftsa] *m* doer,
author; delinquent, perpe-
trator (of a crime); ~ wypadku guilty of an accident
sprawdz|ać ['spravdzatɕ] *im-
perf*, ~ić ['spravdʑitɕ] *perf*
vt check, examine, inspect,
test; ~ać, ~ić rachunek to
check the bill
sprawi|ać ['spravatɕ] *imperf*,
~ć ['spravitɕ] *perf* *vt* 1.
cause, effect; bring about;
~ać, ~ć ból to give pain;
~ć przyjemność to afford
pleasure; ~ać, ~ć przykrość
to cause sorrow; ~ać, ~ć
wrażenie to make an im-
pression; ~ać, ~ć zawód to
disappoint (komuś sb); ~ać,
że ... to result in ... 2. (*kupować*) buy, procure, purchase
sprawiedliwie [spravɛd'ɬivɛ]
adj rightly, righteously
sprawiedliwoś|ć [spravɛd'ɬi-
vɔɕtɕ] *f* justice; oddać komuś ~ć to do justice to sb;
oddać się w ręce ~ci to
surrender; wymierzać ~ć

to administer justice; **wy-mierzyć sobie samemu ~ć** to take the law into one's own hands; **~ci stało się zadość** justice has been done

sprawiedliwy [spraˈvɛdˈʃiivɨ] *adj* just, righteous

sprawnie [ˈspravɲɛ] *adv* efficiently, skilfully

sprawnoś|ć [ˈspravnɔçtç] *f* 1. efficiency, competence, proficiency; **~ć maszyny** itp. performance of a machine ⟨motor⟩ etc.; **próba ~ci** efficiency test 2. (*zręczność*) dexterity

sprawny [ˈspravnɨ] *adj* (*zręczny w ruchach*) proficient, dexterous; (*dobrze działający*) efficient, competent

sprawować [spraˈvɔvatç] **I** *vt* (*urząd*) hold, fill; (*obowiązki*) perform, do; (*funkcję*) exercise; **~ władzę** to be in power; to exercise power; to rule (**nad kimś** over sb) **II** *vr* **~ się** behave, conduct oneself

sprawozdanie [spravɔˈzdaɲɛ] *n* report, account (**z czegoś** of sth); **~ radiowe** running commentary; **składać ~ z czegoś** to report ⟨render an account⟩ of sth

sprawozdawca [spravɔˈzdaftsa] *m* reporter, reviewer; **~ radiowy** commentator

sprawun|ek [spraˈvunɛk] *m* purchase; **robić ~ki** to go shopping

sprężon|y [sprɛ̃ˈʒɔnɨ] *adj* compressed; **~e powietrze** compressed air

sprężyn|a [sprɛ̃ˈʒɨna] *f* spring; *przen.* **poruszyć wszystkie ~y** to move heaven and earth

sprężysty [sprɛ̃ˈʒɨstɨ] *adj* elastic; (*o człowieku*) efficient

sprostowanie [sprɔstɔˈvaɲɛ] *n* rectification; *dypl.* denial

sprowadz|ać [sprɔˈvadzatç] *imperf*, **~ić** [sprɔˈvadʑitç] *perf*

I *vt* bring, (go and) fetch; **~ać, ~ić doktora** to send for ⟨to call in⟩ a doctor; **~ać, ~ić pomoc** to bring ⟨to fetch⟩ help; **~ać, ~ić taksówkę** to call in a taxi; **~ać, ~ić z zagranicy** to import; *przen.* **~ać, ~ić na bezdroża** to lead astray; **~ać do roli ...** to reduce to the role of ...; **co cię tu ~a?** what brings you here? **II** *vr* **~ać, ~ić się** (*do mieszkania*) move in

spróbować [spruˈbɔvatç] *vt* (have a) try, attempt; (*skosztować*) taste

spryt [sprɨt] *m* cleverness, cunning; *pot.* knack (**do czegoś** for sth)

sprytny [ˈsprɨtnɨ] *adj* clever, cunning, sly

sprzączka [ˈspʃɔ̃tʃka] *f* buckle

sprzątaczka [spʃɔ̃ˈtatʃka] *f* charwoman

sprząt|ać [ˈspʃɔ̃tatç] *imperf*, **~nąć** [ˈspʃɔ̃tnɔ̃tç] *perf vt* 1. (*porządkować*) tidy, clean up, set in order 2. (*usuwać*) remove; **~ać ze stołu** to clear the table

sprzeciwi|ać się [spʃɛˈtçiviatç çɛ̃] *imperf*, **~ć się** [spʃɛˈtçivitç çɛ̃] *perf vr* object (**czemuś** to sth); oppose (**czemuś** sth)

sprzeczać się [ˈspʃɛtʃatç çɛ̃] *vr* quarrel ⟨argue⟩ (**o coś** about sth); dispute (**o coś** sth)

sprzeczka [ˈspʃɛtʃka] *f* quarrel, squabble

sprzeczność [ˈspʃɛtʃnɔçtç] *f* contradiction, discrepancy

sprzed [spʃɛt] *praep* from before

sprzeda|ć [ˈspʃɛdatç] *perf*, **~wać** [spʃɛˈdavatç] *imperf vt* sell; **~wać detalicznie** ⟨**hurtem**⟩ to sell by retail ⟨by wholesale⟩

sprzedawca [spʃɛˈdaftsa] *m* seller; (*w sklepie*) shop--assistant

sprzedaż ['spʃɛdaʃ] *f* sale; ~ **detaliczna** ⟨hurtowa⟩ retail ⟨wholesale⟩ trade; ~ **posezonowa** clearance sale; ~ **uliczna** street vending; **na ~ for** ⟨on⟩ sale

sprzęgać ['spʃɛ̃gatɕ] *vt* couple, join

sprzęgło ['spʃɛ̃gṷɔ] *n mech.* coupling; *mot.* clutch; **włączyć** ~ **to** push the clutch in; **wyłączyć** ~ **to** let the clutch out

sprzęt [spʃɛ̃t] *m* (*mebel*) piece of furniture || ~ **malarski** painting tackle; ~ **sportowy** sports accessories; ~ **samochodowy** motor-car accessories; ~ **turystyczny** tourist equipment; ~ **wojenny** war material; ~**y kuchenne** kitchen utensils

sprzyja|ć ['spʃɨjatɕ] *vi* **1.** favour (komuś sb) **2.** (*dopisywać*) be favourable; **zdrowie mu** ~ he enjoys a good health

sprzymierzeniec [spʃimɛ'ʒɛɲɛts] *m* ally

sprzymierzyć się [spʃi'mɛʒitɕ ɕɛ̃] *vr* make an alliance

spuchnąć ['spuxnɔ̃tɕ] *vi* swell

spu|szczać ['spuʃtʃatɕ] *imperf*, ~**ścić** ['spuɕtɕitɕ] *perf* **I** *vt* let down, lower; (*oczy*) drop, cast down; ~**szczać**, ~**ścić psa** (**ze smyczy**) **to** unleash a dog; ~**szczać**, ~**ścić okręt na wodę to** launch a ship; ~**szczać**, ~**ścić wodę to** let off the water **II** *vr* ~**szczać**, ~**ścić się** go down; *przen.* ~**ścić się na kogoś to** rely on sb

sputnik ['sputɲik] *m* sputnik, satellite

spychacz ['spixatʃ] *m* bulldozer

spychać ['spixatɕ] *vt* push down

spytać (się) ['spitatɕ (ɕɛ̃)] *vt vr* ask, question, inquire; ~ **o kogoś to** ask about sb; ~ **o radę to** ask for advice

srebrny ['srɛbrni] *adj* silver

srebro ['srɛbrɔ] *n* silver; ~ **stołowe** silver plate; silverware; **żywe** ~ mercury, quicksilver

srogi ['srɔɡi] *adj* cruel, severe, terrible

sroka ['srɔka] *f* magpie, pie

ssać [ssatɕ] *vt* suck

ssanie ['ssaɲɛ] *n techn.* suction

stabilizacja [stabiɲi'zatsja] *f* stabilization

stabilizator [stabiɲi'zatɔr] *m* stabilizer; . *elektr.* constant--voltage regulator, equilizer

stabilizować [stabiɲi'zɔvatɕ] *vt* stabilize

stacja ['statsja] *f* station; ~ **benzynowa** (re)filling station; ~ **kolejowa** railway--station; ~ **końcowa** terminus; ~ **nadawcza** transmitter; ~ **metra** underground station; ~ **nadgraniczna** border ⟨frontier⟩ station; ~ **obsługi** (*technicznej*) service station

stacyjka [sta'tsijka] *f mot.* ignition switch

stać [statɕ] **I** *vi* stand; (o fabryce) be stopped; *przen.* ~ **na czele to** be at the head; ~ **w miejscu** not to budge; ~ **wobec faktu to** face the fact; ~ **mnie na to** I can afford it; **zegarek stoi** the watch has stopped **II** *vr* ~ **się** happen, occur; **co się stało?** what has happened?; **co się z nim stało?** what has become of him?

stadion ['stadjɔn] *m* stadium

stajnia ['stajɲa] *f* stable

stal [stal] *f* steel; ~ **nierdzewna** stainless steel

stale ['stalɛ] *adv* constantly, continually

stalówka [sta'lufka] *f* nib

stał|y ['staṷi] *adj* steady, permanent, stable; (o cenie) fixed; (o uwadze) constant; (o gościu, bywalcu) regular; ~**y ląd** continent; *elektr.*

~y prąd direct current; *ekon.* koszty ~e standing expenses

stamtąd ['stamtɔt] *adv* from there, thence

stan [stan] *m* 1. state, rank, condition; ~ cywilny legal status; ~ finansowy financial state; ~ konta state of an account; ~ kawalerski bachelorhood; ~ małżeński wedded state; wedlock; ~ oblężenia state of siege; *med.* ~ podgorączkowy subfebrile condition; ~ pogody weather conditions; poważny ~ pregnancy; ~ prawny status; ~ społeczny social standing; ~ spraw state of affairs; ~ sanitarny sanitary condition; ~ techniczny technical condition; ogłosić ~ wojenny to declare ⟨to proclaim⟩ a state of war; ~ zdrowia health; mąż ~u statesman; urząd ~u cywilnego registry office; zamach ~u coup d'état; zdrada ~u high treason; być w dobrym ~ie to be in good condition; być w złym ~ie to be in bad repair; *przen.* być w ~ie zrobić coś to be able ⟨to be in a position⟩ to do sth; być w ~ie wojny to be at war; być w poważnym ~ie to be pregnant; żyć ponad ~ to live beyond one's means; w tym ~ie rzeczy as things stand 2. *(talia)* waist

stanąć ['stanɔtɕ] *vi (powstać)* stand up; *(zatrzymać się)* stop; ~ w miejscu to stop short; to come to a stop; *przen.* ~ do konkursu to enter a contest; ~ na czele to stand at the head; ~ na przeszkodzie to stand ⟨to get⟩ in the way; ~ przed sądem to appear before the court; to be tried; ~ wobec trudności to face difficulties

standard ['standart] *m* standard; norm; pattern

stanica [sta'ɲitsa] *f (schronisko)* riverside hostel; *(strażnica graniczna)* watch-tower

stanieć ['staɲɛtɕ] *vi* grow cheaper

stanik ['staɲik] *m* bodice; *(biustonosz)* brassière, *pot.* bra

stanowczy [sta'nɔftʃi] *adj* firm, peremptory

stanowić [sta'nɔvitɕ] I *vi* ~ o czymś to determine ⟨to decide⟩ sth II *vt* establish, set, make; *(tworzyć)* represent, constitute; ~ miłą lekturę to make pleasant reading

stanowisko [stanɔ'visko] *n* post, place, position; *(opinia)* point of view, opinion, attitude; ~ społeczne status, social position

starać się ['staratɕ ɕɛ] *vr* make efforts, endeavour, try, take pains; *(troszczyć się)* take care (o kogoś of sb), look after (o kogoś sb); ~ się o posadę to apply for a position; ~ się o czyjąś rękę to court sb

starcz|ać ['startʃatɕ] *imperf,* ~yć ['startʃitɕ] *perf vi* suffice; be sufficient; be enough; tyle ~y that much will do; nie ~y czasu ⟨benzyny, pieniędzy⟩ there won't be enough time ⟨petrol, money⟩

starość ['starɔɕtɕ] *f* old age

starożytny [starɔ'ʒitni] *adj* ancient, antique; świat ~ antiquity

starszy ['starʃi] *adj* older, elder; *(urzędem)* senior, superior; ~ brat elder brother; ~ pan elderly gentleman

start [start] *m sport.* start; *(miejsce)* starting post

starter ['startɛr] *m techn.*
starter
startować [star'tɔvatç] *vi*
start; *lotn.* take off
stary ['starɪ] *adj* old, aged;
(*dawny*) ancient; (*o firmie,
przyjaźni itp.*) of long-
-standing; (*o dowcipie*)
stale; (*o butach itp.* — *zu-
żyty*) worn
starzeć się ['staʒɛtç çɛ̃] *vr*
grow old, advance in years
starzyzn|a [sta'ʒɪzna] *f* (*ru-
piecie*) junk, rubbish; **handlarz ~ą** junkdealer; old-
-clothesman
statek ['statɛk] *m* ship, vessel;
~ **handlowy** merchantman;
~ **parowy** steamship; ~ **pasażerski** passenger ship; ~
rybacki fishing-boat; ~ **wojenny** man-of-war; ~ **kosmiczny** space craft; **statkiem by ship**
statut ['statut] *m* statute
statysta [sta'tɪsta] *m teatr.*
mute
statystyka [sta'tɪstɪka] *f* statistics
statyw ['statɪf] *m fot.* tripod
staw [staf] *m* pond; *anat.*
joint; **zapalenie ~ów** arthritis; inflammation of the
joints
stawać ['stavatç] I *vi* (*powstać*) get up, stand up; (*zatrzymywać się*) stop, halt II
vr ~ **się** become, get, grow
stawiać ['stavjatç] I *vt* 1. set,
put; ~ **opór** to resist; ~
pytania to ask questions;
przen. ~ **wszystko na jedną kartę** to stake everything
on one card 2. (*budować*)
build, erect II *vi* ~ **na coś**
to stake ⟨to bet⟩ on sth;
~ **na konia** to back a horse
III *vr* ~ **się** (*w sądzie itp.*)
appear
stawka ['stafka] *f* (*w grze*)
stake; (*taryfa*) rate
staż [staʃ] *m* training period
stąd [stɔt] *adv* from here,
hence; **blisko** ~ near here ‖

~ **wynika, że ...** hence it
appears ⟨follows⟩ that ...;
pot. **ni** ~, **ni zowąd** all of
a sudden; without reason
stek [stɛk] *m* steak
stempel ['stɛmpɛl] *m* stamp;
~ **pocztowy** postmark
stemplować [stɛm'plɔvatç] *vt*
stamp; *filat.* obliterate
stenografia [stɛnɔ'grafja] *f*
shorthand, shorthand-writ-
ing
stenografować [stɛnɔgra'fɔ-
vatç] *vt* write ⟨take down⟩
in shorthand
stenogram [stɛ'nɔgram] *m*
stenograph
ster [stɛr] *m* (*koło*) helm,
rudder; *lotn.* control
sterczeć ['stɛrtʃɛtç] *vi* protrude,
stick out, be prominent
stereofonia [stɛrɛɔ'fɔnja] *f*
stereophony
stereofoniczn|y [stɛrɛɔfɔ'nitʃ-
nɪ] *adj* stereophonic; **nagrv-
wanie ~e** stereophonic
sound recording
sterować [stɛ'rɔvatç] *vt vi*
steer; *mech.* govern, control
sterta ['stɛrta] *f* stack; *przen.*
heap, pile (*of books*)
sterylizować [stɛrɪʃi'zɔvatç] *vt*
sterilize
stewardesa [styuar'dɛsa] *f*
stewardess, hostess
stęchły ['stɛ̃xuɪ] *adj* fusty,
stale
stłuc [stuuts] I *vt* smash,
break; (*rękę itp.*) bruise II
vr ~ **się** break, bruise
stłuczenie [stuu'tʃɛɲɛ] *n* (*talerza*) breaking; (*ręki itp.*)
contusion, bruise
stłumić ['stuumitç] *vt* (*głos*)
subdue; (*westchnienie*) stifle; (*bunt*) suppress
sto [stɔ] *num* one hundred
stocznia ['stɔtʃna] *f* shipyard
stodoła [stɔ'dɔua] *f* barn
stoisko [stɔ'iskɔ] *n* stand
stojak ['stɔjak] *m* stand; ~
na parasole umbrella stand
stok [stɔk] *m* slope

stokrotka [stɔ'krɔtka] f bot.
daisy
stolarz ['stɔlaʃ] m joiner
stolica [stɔ'ʃitsa] f capital,
metropolis; Stolica Apostol-
ska Holy See
stolik ['stɔʃik] m table; ~
nocny bedside table; ~ do
gry card-table; ~ na kół-
kach dinner-wagon; zare-
zerwować ~ to book a table;
zająć ~ to take a table
stołeczn|y [stɔ'ǔetʃni] adj
metropolitan; miasto ~e
capital
stołek ['stɔǔek] m stool
stołować [stɔ'ǔɔvatɕ] vt (także
vr ~ się) board
stołow|y [stɔ'ǔɔvi] adj (o wi-
nie itp.) table-; bielizna ~a
table-linen; pokój ~y dining-room
stołówka [stɔ'ǔufka] f canteen
stop [stɔp] int stop!; wojsk.
halt!
stop|a ['stɔpa] f 1. foot 2.
(procentowa) rate || ~a ży-
ciowa living standard; być
⟨żyć⟩ na przyjacielskiej ~ie
to be on good terms; żyć
na wielkiej ~ie to live high
stoper ['stɔpɛr] m (sekundo-
mierz) stop-watch; ~ sportowy sports timer
stop|ień ['stɔpɛɲ] m 1. (u scho-
dów) step 2. (na termome-
trze) degree 3. szk. mark
4. (naukowy) degree; posiadający ~ień akademicki
graduate; uzyskać ~ień a-
kademicki to graduate || do
pewnego ~nia to some
extent; w wysokim ~niu
to a high degree
stopniowo [stɔp'ɲɔvɔ] adv
gradually, little by little
storczyk ['stɔrtʃik] m bot.
orchid
stos [stɔs] m pile; heap; fiz.
~ atomowy atomic pile || ~
pogrzebowy pyre
stosować [stɔ'sɔvatɕ] I vt
apply, adapt, use; ~ lekar-
stwa to administer medi-

cines II vr ~ się 1. comply
(do czegoś with sth), follow
(do czegoś sth) 2. (odnosić
się) refer (do czegoś to
sth)
stosownie [stɔ'sɔvɲɛ] adv
accordingly; ~ do ... according to ...; in accordance
with ...; ~ do tego accordingly; correspondingly
stosun|ek [stɔ'sunɛk] m 1.
relation, proportion, rate;
mat. ratio; ~ki handlowe
⟨dyplomatyczne⟩ commer-
cial ⟨diplomatic⟩ relations;
być w dobrych ~kach z
kimś to be on good terms
with sb; w ~ku do czegoś
towards sth; in relation to
sth 2. (związek) connection;
~ki finansowe financial
conditions
stowarzyszenie [stɔvaʒi'ʃɛɲɛ]
n association, society
stóg [stuk] m stack, rick
stół [stuǔ] m table; nakrywać
do stołu to lay the table;
podawać do stołu to serve
at table; sprzątać ze stołu
to clear the table; przy stole at table; proszę do stołu!
dinner ⟨supper etc.⟩ is
served!
strach [strax] m fright, fear;
ze ~u for fear
stracić ['stratɕitɕ] vt (życie,
majątek itp.) lose; (zmarnować) waste; ~ przytomność
to lose consciousness; ~
panowanie nad sobą ⟨nad
czymś⟩ to lose control of
oneself ⟨of sth⟩; ~ okazję
to miss the opportunity; ~
z oczu to lose from sight
stragan ['stragan] m stand,
stall; ~ z książkami book-
stall; ~ z owocami fruit
stall
strajk [strajk] m strike; ~
powszechny general strike;
~ włoski sit-down strike
strajkować [straj'kɔvatɕ] vi
strike, go on strike

straszny ['straʃnɨ] *adj* terrible, awful

strat|a ['strata] *f* loss; ponieść ~ę to suffer a loss; sprzedać ze ~ą to sell at a loss

strawić ['straviʧ] *vt* digest; nie mogę tego ~ I can't get over ⟨stomach⟩ it

strawny ['stravnɨ] *adj* digestible; *przen.* palatable

straż [straʃ] *f* guard; ~ graniczna border guard; ~ honorowa guard of honour; ~ ogniowa fire-brigade; stać na ~y to be on ⟨stand⟩ guard

strażak ['straʒak] *m* fireman

strażnik ['straʒɲik] *m* guard, watchman

strąc|ać ['strɔtsaʧ] *imperf*, ~ić ['strɔtɕiʧ] *perf vt* hurl (down), throw down; (*sumę*) deduct (z czegoś from sth)

strefa ['strɛfa] *f* zone; ~ podzwrotnikowa torrid zone; ~ przygraniczna border ⟨frontier⟩ zone; ~ umiarkowana temperate zone; ~ wolnocłowa free trade zone; ~ zagrożenia danger zone; ~ zimna frigid zone

streszczenie [strɛʃ'ʧɛɲɛ] *n* summary, summing up, resumé

stroić ['strɔiʧ] I *vt* (*ubierać*) dress (up); *muz.* tune; ~ żarty z kogoś, czegoś to make fun of sb, sth; ~ miny to pull ⟨make⟩ faces II *vr* ~ się dress up

strojny ['strɔjnɨ] *adj* smart, elegant

stromy ['strɔmɨ] *adj* steep; (*o dachu*) high-pitched

stron|a ['strɔna] *f* 1. side; cztery ~y świata the four cardinal points; rozrzucić na cztery ~y świata to scatter to the four winds; krewni ze ~y matki relatives on mother's side; stanąć po czyjejś ~ie to take sides with sb; jestem po twojej ~ie I am on your side; to ładnie z twojej ~y it's kind ⟨nice⟩ of you; po mojej lewej ~ie on my left; w obie ~y both ways; each way; z jednej ~y on the one hand; z drugiej ~y on the other hand; przejść na drugą ~ę (ulicy) to pass to the other side (of the street); to cross (the street); z mojej ~y on my part; z prawej ~y on the right hand 2. (*stronica*) page 3. (*w dyskusji*) part 4. *prawn.* party; ~a zawierająca umowę the contracting party 5. (*okolica*) region, part

stronnictwo [strɔn'ɲitstfɔ] *n* party

stronnik ['strɔnɲik] *m* follower, adherent, partisan

strój [struj] *m* dress, garb, attire; ~ narodowy national costume; ~ balowy ball dress; ~ wieczorowy evening dress

stróż [struʃ] *m* (*dozorca*) caretaker; doorkeeper; (*strażnik*) watchman, guard

strumień ['strumɛn] *m* stream, torrent

struna ['struna] *f* string, cord; ~ głosowa vocal cord

strup [strup] *m* scab, crust

strych [strɨx] *m* loft, garret, attic

stryj [strɨj] *m* uncle

strzał [stʃaṷ] *m* shot

strzałka ['stʃaṷka] *f* arrow; (*kierunkowa*) indicator

strzec [stʃɛts] I *vt* guard, keep, protect II *vr* ~ się be on one's guard (czegoś of sth); take care ⟨beware⟩ (kogoś, czegoś of sb, sth)

strzel|ać ['stʃɛlaʧ] *imperf*, ~ić ['stʃɛɲiʧ] *perf vi* shoot, fire (do kogoś at sb); ~ać, ~ić z rewolweru to fire a revolver; ~ać, ~ić z łuku to draw the bow; *sport.* ~ić bramkę to shoot ⟨to score⟩ a goal

strzelec ['stʃelɛts] m rifleman;
dobry ~ a good shot; ~
wyborowy sniper, marks-
man
strzelectwo [stʃɛ'lɛtstfɔ] n
shooting, target practice
strzelić zob. strzelać
strzelnica [stʃɛl'ɲitsa] f
shooting-box
strzyc [stʃits] vt (owce) hear;
(włosy) cut; clip; ~ krótko
to crop || ~ uszami to prick
one's ears
strzykawka [stʃi'kafka] f
syringe
strzyżenie [stʃi'ʒɛɲɛ] n shear-
ing, clip; ~ włosów hair-cut
studencki [stu'dɛntski] adj
student('s); dom ~ students'
hostel
student ['studɛnt] m student;
~ historii student of history; ~ medycyny medical
student
studia ['studja] pl studies
studiować [stud'jɔvatɕ] vt
study; make a study of ...
studnia ['studɲa] f well
studzić ['studʑitɕ] vt cool,
chill
stuk [stuk] m (do drzwi)
knock; (czymś o coś) tap;
~i w silniku knocking;
knocks, rattle
stukać ['stukatɕ] vi knock (do
drzwi at the door); tap,
rap; (o deszczu) rattle
stuknąć ['stuknɔtɕ] vt pot.
(uderzyć) hit; whack
stulecie [stu'lɛtɕɛ] n (wiek)
century; (rocznica) centenary
stwierdz|ać ['stfɛrdzatɕ] im-
perf, ~ić ['stfɛrdʑitɕ] perf
vt ascertain; (powiedzieć)
state; (zaświadczyć) certify;
~ić tożsamość to establish
the identity; to identify
stworzenie [stfɔ'ʒɛɲɛ] n (czyn)
creation; (istota) creature;
żywe ~ living animal
stworzyć ['stfɔʒitɕ] vt create,
form
styczeń ['stitʃɛɲ] m January

stygnąć ['stignɔtɕ] vi cool
(down)
stykać się ['stikatɕ ɕɛ] vr
contact (z kimś, czymś with
sb, sth); be in contact (z
kimś with sb); meet (z kimś,
czymś sb, sth)
styl [stil] m (w sztuce, archi-
tekturze itp.) style; ~ pływacki stroke; ~ życia way
of life ⟨living⟩
stypendium [sti'pɛndjum] n
scholarship, fellowship; ~
zagraniczne scholarship abroad
stypendysta [stipɛn'dista] m
bursar, fellowship-holder
sublokator [sublɔ'katɔr] m
lodger, sub-tenant
subskrypcja [sup'skriptsja] f
subscription
subtelny [sup'tɛlni] adj sub-
tle, fine, refined
suchar ['suxar], ~ek [su'xa-
rɛk] m biscuit, cracker;
(słodki) rusk
sucho ['suxɔ] adv dryly; pranie na ~ dry-cleaning;
przen. nie ujdzie ci to na ~
you shan't get away with
it; you shall smart for it
suchy ['suxi] adj dry·
sufit ['sufit] m ceiling
sukces ['suktsɛs] m success;
odnieść ~ to score a suc-
cess
suk|ienka [su'kɛnka], ~nia
['sukɲa] f frock, gown,
dress
sukno ['suknɔ] n cloth
suma ['suma] f 1. sum; ~ o-
gólna sum total 2. kośc.
High Mass
sumieni|e [su'mɛɲɛ] n con-
science; czyste ~e good
⟨clear⟩ conscience; nieczy-
ste ~e bad ⟨guilty⟩ con-
science; wyrzuty ~a re-
morse; mieć wyrzuty ~a
to be conscience-stricken;
to feel remorse
sumienny [su'mɛnni] adj
conscientious, scrupulous

sumować [su'mɔvatɕ] *vt* sum
up

supeł ['supeũ] *m* knot

supersam ['super'sam] *m* supermarket

surowica [surɔ'vitsa] *f* *med.*
serum

surowiec [su'rɔvets] *m* raw
material

surowo [su'rɔvɔ] *adv* (*bez pobłażania*) severely, strictly;
~ wzbronione strictly prohibited || na ~ in the raw
state; in the rough; jeść
owoce ⟨jarzyny⟩ na ~ to
eat fruit ⟨vegetables⟩ raw

surowy [su'rɔvi] *adj* 1. raw,
crude; severe; (*o człowieku,
dyscyplinie itp.*) strict; ~
klimat harsh climate; ~ zakaz formal ⟨express⟩ prohibition 2. (*nie przegotowany*)
unboiled, uncooked

surówka [su'rufka] *f* 1. *kulin.*
raw vegetable salad 2. (*żelazo*) pig-iron

susza ['suʃa] *f* drought, dryness

suszarka [su'ʃarka] *f* drying
apparatus, desiccator; (*do
włosów*) hair-dryer

suszarnia [su'ʃarɲa] *f* drying-
-shed

suszony [su'ʃoni] *adj* dried,
dehydrated, desiccated

suszyć ['suʃitɕ] I *vt* dry,
dehydrate; (*bieliznę*) air;
przen. ~ komuś głowę to
pester sb II *vi* (*pościć*) fast

suterena [sute'rɛna] *f* basement

suty ['suti] *adj* copious,
abundant

suwak ['suvak] *m* *pot.* (*zamek błyskawiczny*) zip-
-fastener, zipper

sweter ['sfɛtɛr] *m* sweater,
jersey

swędzić ['sfɛdʑitɕ] *vi* itch

swobod|a [sfɔ'bɔda] *f* freedom,
liberty; (*wygoda*) ease; ~a
towarzyska poise; ~a w ruchach ease; ~y obywatelskie civil liberties

swobodny [sfɔ'bɔdni] *adj* free;
(*wygodny*) easy; (*o stroju*)
informal

swoisty [sfɔ'isti] *adj* specific

swojski ['sfɔjski] *adj* homely,
domestic

sworzeń ['sfɔʒɛɲ] *m* *techn.*
pin, bolt

swój [sfuj] *pron* his, her, its;
my, our, your, their; dalej
robić swoje to go on with
one's work; jesteśmy tu
sami swoi we are all
friends here; na ~ koszt
at one's own expense; na
swoją rękę on one's own;
po swojemu after one's
own mind ⟨fashion⟩; nie
mam nic swojego I have
nothing of my own; postawić na swoim to have one's
way; swego czasu at one
time; w swoim czasie at
the proper time

syfon ['sifɔn] *m* siphon bottle;
~ do wody sodowej soda
fountain

sygnalizacja [sɨgnaɟi'zatsja] *f*
1. (*czynność*) signalling; ~
świetlna light signalling 2.
(*urządzenie*) signalling apparatus

sygnalizować [sɨgnaɟi'zɔvatɕ]
vt *vi* signalize, signal; (*światłem*) flash

sygnał ['sɨgnaũ] *m* signal; ~
brzęczykowy signal buzzer;
~ świetlny flash signal; ~
alarmowy ⟨ostrzegawczy⟩
distress ⟨warning⟩ signal;
~ pożarowy fire-alarm;
dawać ~ klaksonem to
hoot, to toot

sygnatariusz [sɨgna'tarjuʃ] *m*
signatory

Sylwester [sɨl'vɛstɛr] *m* Silvester, New Year's Eve

sylwetka [sɨl'vɛtka] *f* silhouette

symbol ['sɨmbɔl] *m* symbol

symfonia [sɨm'fɔnja] *f* symphony

symfoniczny [sɨmfɔ'ɲitʃni] *adj*
symphonic

sympati|a [sim'patja] f 1. liking, sympathy; czuć ~ę do kogoś to have a liking for sb; nabrać ~i do kogoś to take a fancy to sb; zyskać czyjąś ~ę to endear oneself to sb 2. (osoba) flame

sympatyczny [simpa'titʃni] adj nice, likable

sympatyk [sim'patik] m sympathizer, well-wisher

syn [sin] m son; ~ chrzestny godson

synonim [si'nɔɲim] m synonym

synowa [si'nɔva] f daughter-in-law

syp|ać ['sipatç] imperf, ~nąć ['sipnɔ̃tç] perf I vt vi strew, scatter, pour; przen. ~ać, ~nąć pieniędzmi to squander money; ~ać, ~nąć żartami to crack jokes II vi śnieg ~ie it snows III vr ~ać, ~nąć się pour, scatter; (o iskrach) fly

sypialnia [si'palɲa] f bedroom

sypialny [si'palni] adj sleeping-; bilet ~ sleeper; wagon ~ sleeping-car

sypnąć zob. sypać

syrena [si'rɛna] f (mitologiczna) siren, mermaid || ~ fabryczna hooter, siren; ~ okrętowa fog-horn

syrop ['sirɔp] m syrup; ~ leczniczy medicated syrup

system ['sistɛm] m system; (zasady organizacji) form (of government); ~ dziesiętny decimal system; ~ hamulcowy braking system; ~ monetarny monetary system; ~ planetarny planetary system; ~ nerwowy nervous system; ~ społeczny social system ⟨structure⟩

sytuacja [situ'atsja] f situation, position

syty ['siti] adj satiated, well-fed, full

szabla ['ʃabla] f sword, sabre

szachista [ʃa'xista] m chess-player

szachownica [ʃaxɔv'ɲitsa] f chess-board

szachy ['ʃaxi] pl chess; grać w ~ to play chess

szacować [ʃa'tsɔvatç] vt estimate, value

szacunek [ʃa'tsunɛk] m (ocena) valuation, estimate; (respekt) esteem, respect; należny ~ due respect; mieć wielki ~ dla kogoś to have great regard for sb

szafa ['ʃafa] f chest; ~ grająca music box; ~ na ubranie wardrobe; ~ na książki bookcase; ~ pancerna ⟨ogniotrwała⟩ safe

szafir ['ʃafir] m sapphire

szafka ['ʃafka] f cupboard; (oszklona) case; locker; ~ nocna night-table

szajka ['ʃajka] f gang, band

szal [ʃal] m shawl, scarf

szaleć ['ʃalɛtç] vi rage, be mad with rage; (o deszczu) storm; ~ za czymś to be crazy about sth; ~ za kimś to be madly in love with sb

szaleństwo [ʃa'lɛnstfɔ] n madness, folly; (ze złości) fury

szalik ['ʃaɲik] m scarf; (ciepły) muffler, wrap

szalony [ʃa'lɔni] adj mad, furious, frantic

szalupa [ʃa'lupa] f shallop; mała ~ cockboat

szał [ʃaŭ] m fury, frenzy, madness

szałas ['ʃaŭas] m shack, shed, shanty

szampan ['ʃampan] m champagne

szampon ['ʃampɔn] m shampoo

szanować [ʃa'nɔvatç] I vt respect, honour; ~ książki to be careful with books; ~ zdrowie to take care of one's health II vr ~ się respect oneself; (oszczędzać się) take care of oneself

szanowny [ʃa'nɔvni] adj respectable, honourable; (w

korespondencji) ~ panie! Dear Sir,

szans|a ['ʃansa] *f* chance; ~a życiowa the chance of a lifetime; stracić ~ę to lose ⟨to miss⟩ a chance

szantaż ['ʃantaʃ] *m* blackmail

szarfa ['ʃarfa] *f* sash

szarlotka [ʃar'lɔtka] *f* apple--pie ⟨-tart⟩

szarotka [ʃa'rɔtka] *f bot.* edelweiss

szarp|ać ['ʃarpatɕ] *imperf,* ~nąć ['ʃarpnɔ̃tɕ] *perf (rozrywać)* tear (coś at sth); *(ciągnąć)* pull (za coś at sth), jerk

szaruga [ʃa'ruga] *f* foul weather; grey skies

szary ['ʃarɨ] *adj* grey; *przen.* drab, dull; ~ człowiek the man in the street; na ~m końcu at the far end

szaszłyk ['ʃaʃuɨk] *m kulin.* shashlik

szatnia ['ʃatɲa] *f* cloak-room

szatyn ['ʃatɨn] *m* auburn--haired man

szczaw [ʃtʃaf] *m bot.* sorrel

szcząt|ek ['ʃtʃɔ̃tɛk] *m* remnant, rest

szczeb|el ['ʃtʃɛbɛl] *m* 1. *(drabiny)* rung, spoke; *(na słupie)* cleat 2. *przen.* grade, step, degree; rozmowy na najwyższym ~lu summit talks

szczególn|y [ʃtʃɛ'gulnɨ] *adj* peculiar, particular, special; *(u człowieka)* znaki ~e outstanding features; nic ~ego nothing special

szczegół ['ʃtʃɛguu] *m* detail, particular; bliższe ~y full particulars; wchodzić w ~y to go into details

szczegółowy [ʃtʃɛgu'uɔvɨ] *adj* detailed, particular; *(o opowiadaniu, opisie)* circumstantial

szczek|ać ['ʃtʃɛkatɕ] *imperf,* ~nąć ['ʃtʃɛknɔ̃tɕ] *perf vi* bark

szczelny ['ʃtʃɛlnɨ] *adj* close, hermetic, tight

szczepić ['ʃtʃɛpitɕ] **I** *vt bot.* graft; *med.* inoculate, vaccinate **II** *vr* ~ się to get vaccinated

szczepieni|e [ʃtʃɛ'pɛɲɛ] *n bot.* grafting; *med.* inoculation, vaccination; świadectwo ~a vaccination certificate

szczepionka [ʃtʃɛ'pɔnka] *f* vaccine

szczerość ['ʃtʃɛrɔɕtɕ] *f* sincerity, frankness

szczery ['ʃtʃɛrɨ] *adj* sincere, frank; *(o złocie)* pure, genuine; być ~m wobec kogoś to be plain with sb; w ~m polu in the open field

szczęka ['ʃtʃɛ̃ka] *f* jaw; sztuczna ~ denture

szczęściarz ['ʃtʃɛ̃ɕtɕaʃ] *m pot.* lucky dog

szczęści|e ['ʃtʃɛ̃ɕtɕɛ] *n (stan)* happiness; *(zdarzenie)* luck, good luck ⟨fortune⟩; mieć ~e do ludzi to be successful with people; mieć ~e w kartach to be lucky at cards; próbować ~a to try one's luck ⟨fortune⟩; to take one's chance; przynosić ~e to bring (good) luck; na los ~a at random; ~em fortunately; happily; życzę ~a! good luck!

szczęśliw|y [ʃtʃɛ̃ɕ'livɨ] *adj* happy, fortunate, lucky; ~ego Nowego Roku! Happy New Year!; ~ej podróży! happy journey!

szczotka ['ʃtʃɔtka] *f* brush; ~ do szorowania hard brush; ~ do ubrania clothes-brush; ~ do włosów hair-brush; ~ do zębów toothbrush

szczotkować [ʃtʃɔt'kɔvatɕ] *vt* brush

szczupak ['ʃtʃupak] *m* pike

szczupły ['ʃtʃupuɨ] *adj* slim, slender; *(niewielki)* meagre, scanty, spare

szczur [ʃtʃur] *m* rat

szczycić się ['ʃtʃɨtɕitɕ ɕɛ̃] *vr*

boast (czymś of sth); be proud (z czegoś of sth)

szczypać [ˈʃtʃɪpatɕ] vt pinch; (o bólu) bite; (o pieprzu) sting

szczypce [ˈʃtʃɪptsɛ] pl (obcęgi) tongs; (kleszcze) pincers

szczypiorek [ʃtʃiˈpɔrɛk] m bot. chive

szczypta [ˈʃtʃɪpta] f pinch

szczy|t [ʃtʃɪt] m top, summit, peak; przen. climax, perfection; przen. konferencja na ~cie top ⟨summit⟩ conference; (o kryzysie itp.) dojść do ~tu to come to a head; stanowić ~t czegoś to top sth; to ~t wszystkiego it's the limit; u ~tu at its height; u ~tu potęgi at the summit of power; godziny ~tu rush hours

szef [ʃɛf] m chief, master; pot. boss

szelki [ˈʃɛlki] pl braces, am. suspenders; ~ dla dzieci leading strings

szepnąć zob. szeptać

szept [ʃɛpt] m whisper, murmur; ~em in a whisper

szep|tać [ˈʃɛptatɕ] imperf, ~nąć [ˈʃɛpnɔ̃tɕ] perf vt whisper, breathe, murmur

szereg [ˈʃɛrɛk] m row, file, series; podwójny ~ double line; ~ kłamstw string of lies; ~ listów a number of letters; ~ wydarzeń course of events; stać w ~u to stand in a row; w pierwszym ~u in the first row ⟨linie⟩

szermierka [ʃɛrˈmʲɛrka] f fencing

szermierz [ˈʃɛrmʲɛʃ] m fencer; przen. champion

szerok|i [ʃɛˈrɔki] adj 1. wide, broad 2. przen. (duży) large, comprehensive; człowiek o ~ich poglądach broad-⟨open-⟩minded man; ~a natura expansive nature; ~a publiczność people at large; ~ie pole działania vast field of activity; na ~ą skalę on a large scale

szerokość [ʃɛˈrɔkɔɕtɕ] f width, breadth; ~ geograficzna latitude

szerzyć [ˈʃɛʒɪtɕ] I vt spread; (wiedzę) diffuse, propagate; ~ plotki to spread rumours II vr ~ się spread

szesnasty [ʃɛsˈnastɪ] adj num sixteenth

szesnaście [ʃɛsˈnaɕtɕɛ] num sixteen

sześcian [ˈʃɛɕtɕan] m geom. cube; podnosić do ~u to cube

sześcienny [ʃɛɕˈtɕɛnnɪ] adj cubic

sześć [ʃɛɕtɕ] num six

sześćdziesiąt [ʃɛɕtɕɛˈdʑɛɕɔt] num sixty

sześćdziesiąty [ʃɛɕtɕɛdʑɛˈɕɔtɪ] adj num sixtieth

sześćset [ˈʃɛɕtɕsɛt] num six hundred

szew [ʃɛf] m seam; anat. suture; med. stitch, raphe, suture; (o pończochach) bez szwu seamless

szewc [ˈʃɛfts] m shoemaker; (naprawiający obuwie) cobbler

szkarlatyna [ʃkarlaˈtɪna] f med. scarlet fever

szkatułka [ʃkaˈtuuka] f casket

szkic [ʃkits] m sketch, outline; (malarski) design; draft

szkicować [ʃkiˈtsɔvatɕ] vt sketch, outline, draft

szkielet [ˈʃkɛlɛt] m skeleton, frame, framework; (statku) carcass

szklanka [ˈʃklanka] f glass

szklany [ˈʃklanɪ] adj glass

szkł|o [ʃkuɔ] n 1. glass; (wyroby szklane) glassware; ~o nietłukące safety glass; ~o ogniotrwałe refractory glass; ~o powiększające magnifying-glass; ~o optyczne optical glass 2. pl ~a (okulary) glasses; ~a kontaktowe contact lenses szkocki ['ʃkɔtsķi] *adj*. Scotch, Scottish

szkod|a ['ʃkɔda] *f* damage, detriment; wyrządzić ⟨przynieść⟩ ~ę to do harm; na czyjąś ~ę to the detriment of sb; ~a, że ... pity that ...; ~a! it's a pity!; co za ~a! what a pity!

szkodliwy [ʃkɔ'dɦiviɫ] *adj* injurious, detrimentál, noxious, bad

szkodzi|ć ['ʃkɔdʑitɕ] *vi* injure, hurt, harm, do harm; (*o potrawie, klimacie*) disagree (komuś with sb); be bad (komuś for sb; na żołądek, wątrobę itd. for the stomach, liver etc.); cóż to ~? what does it matter?; nie ~ never mind; don't mention it; it doesn't matter

szkolenie [ʃkɔ'lɛɲɛ] *n* training, instructing

szkolić ['ʃkɔɦitɕ] *vt* school, train, instruct (w czymś in sth)

szkolnictwo [ʃkɔl'ɲitstfɔ] *n* education, school-system

szkoln|y ['ʃkɔlnɫ] *adj* scholastic, school-; kolega ~y school-mate; młodzież ~a school children; program ~y school-programme; rok ~y school-year; w wieku ~ym of school age

szkoła ['ʃkɔu̯a] *f* school; ~ podstawowa primary school; ~ średnia secondary school; ~ wyższa high school; ~ wieczorowa night-school; ~ rzemieślnicza school of arts and crafts; ~ techniczna school of engineering; technical school

Szkot [ʃkɔt] *m* Scotchman, Scotsman

szlaban ['ʃlaban] *m* turnpike, barrier, bar

szlachetn|y [ʃla'xɛtnɫ] *adj* noble, generous, gentle; ~e kamienie ⟨metale⟩ precious stones ⟨metals⟩

szlafrok ['ʃlafrɔk] *m* dressing-gown

szlak [ʃlak] *m* (*droga*) route; track, trail; ~ turystyczny tourist route ⟨track⟩; *przen.* utarty ~ beaten track; iść utartym ~iem to follow the beaten path

szlifować [ʃɦi'fɔvatɕ] *vt* polish; (*diamenty*) cut

szlochać ['ʃlɔxatɕ] *vi* sob

szmaragd ['ʃmarakt] *m* emerald

szmata ['ʃmata] *f* rag, clout

szmer [ʃmɛr] *m* rustle, murmur

szminka ['ʃmínka] *f* paint; *teatr.* grease paint; ~ do powiek eye-shade; ~ do ust lipstick

sznur [ʃnur] *m* rope, cord; ~ pereł string of pearls

sznurek ['ʃnurɛk] *m* string

sznurować [ʃnu'rɔvatɕ] *vt* lace, lace up (one's shoes)

sznurowadło [ʃnurɔ'vadu̯ɔ] *n* shoe-lace, shoe-string

sznycel ['ʃɲitsɛl] *m* *kulin.* cutlet, chop

szofer ['ʃɔfɛr] *m* driver, chauffeur

szoferka [ʃɔ'fɛrka] *f* (*w ciężarówce*) cab

szok [ʃɔk] *m* (*wstrząs*) nervous shock; *med.* shock

szopa ['ʃɔpa] *f* shed

szopka ['ʃɔpka] *f* puppet theatre ⟨show⟩

szorować [ʃɔ'rɔvatɕ] *vt* (*podłogę*) scrub; (*metal*) scour

szorstki ['ʃɔrstķi] *adj* (*o rękach*) rough, coarse; (*o człowieku*) rude, brusque

szorty ['ʃɔrtɫ] *plt* shorts

szosa ['ʃɔsa] *f* highroad, highway

szóst|y ['ʃustɫ] *adj num* sixth; ~a godzina six o'clock

szpada ['ʃpada] *f* sword

szpagat ['ʃpagat] *m* 1. string 2. (*akrobatyczny*) splits

szpak [ʃpak] *m* starling

szpakowaty [ʃpakɔ'vatɫ] *adj* grizzled, greying

szpalta ['ʃpalta] f column
szpara ['ʃpara] f slit; slot; cleft
szparag ['ʃparak] m asparagus
szpic [ʃpits] m point; (kolec) spike
szpieg [ʃpɛk] m spy
szpiegostwo [ʃpɛ'gɔstfɔ] n espionage
szpilk|a ['ʃpilka] f 1. pin; ~a do włosów hair-pin 2. bot. needle 3. pl ~i (pantofle, obcasy) stiletto heels
szpinak ['ʃpinak] m spinach
szpital ['ʃpital] m hospital
szprot(k)a ['ʃprɔtka] f sprat
szprycha ['ʃprixa] f spoke
szpulka ['ʃpulka] f bobbin
szron [ʃrɔn] m hoar-frost, white frost
sztab [ʃtap] m staff; ~ główny general staff
sztaba ['ʃtaba] f bar; (złota) ingot
sztafeta [ʃta'fɛta] f courier, estafette; sport. relay; (bieg) relay-race
sztalugi [ʃta'luɡi] plt easel
sztandar ['ʃtandar] m banner, flag
sztorm [ʃtɔrm] m storm, gale
sztruks [ʃtruks] m corduroy
sztuczn|y ['ʃtutʃnɨ] adj artificial; false; (o zachowaniu) affected; ~e ognie fireworks; ~e włókno artificial fibre; ~e zęby dentures; ~e oddychanie artificial respiration; ~a biżuteria imitation jewellery; paste
sztuk|a ['ʃtuka] f 1. art; ~a stosowana applied art; ~i piękne fine arts 2. (utwór) play 3. (kawałek, jednostka) piece; (bydła) head; pięć pensów ~a 5 pence a piece 4. (sztuczka) trick; dokonać ~i to do the trick; w tym cała ~a that's the whole trick || kulin. ~a mięsa boiled beef
sztukamięs [ʃtu'kamɛs] m kulin. pot. boiled beef

sztukować [ʃtu'kɔvatɕ] vt piece out, patch
szturm [ʃturm] m attack, assault, storm
sztych [ʃtix] m engraving
sztywny ['ʃtɨvnɨ] adj stiff, rigid
szuflada [ʃuf'lada] f drawer
szukać ['ʃukatɕ] vi look (kogoś, czegoś for sb, sth); seek (czegoś sth); (w słowniku, encyklopedii itp.) look up (czegoś sth); ~ lekarza to look for ⟨to seek⟩ a doctor; ~ noclegu to look for accommodation (for the night)
szum [ʃum] m noise; (morza) roar; ~ w uszach buzzing in the ears
szumi|eć ['ʃumɛtɕ] vi (o towarzystwie) buzz; (o morzu) roar; ~ mi w głowie I have a buzzing in my head
szwagier ['ʃfaɡɛr] m brother-in-law
szwagierka [ʃfa'ɡɛrka] f sister-in-law
Szwajcar ['ʃfajtsar] m Swiss
szwajcarski [ʃfaj'tsarski] adj Swiss; ser ~ gruyère
Szwed [ʃfɛt] m Swede
szwedzki ['ʃfɛtski] adj Swedish
szyb [ʃɨp] m shaft, pit
szyba ['ʃɨba] f pane; mot. ~ przednia windscreen, am. windshield; ~ tylna rear window; ~ okienna opuszczana drop window
szybki ['ʃɨpki] adj quick, swift, speedy, prompt
szybkościomierz [ʃɨbkɔɕ'tɕɔmɛʃ] m speedometer
szybkoś|ć ['ʃɨpkɔɕtɕ] f speed, rapidity; ~ć maksymalna ⟨dozwolona⟩ speed limit; ~ć przeciętna average speed; nabierać ~ci to gather speed
szybowiec [ʃɨ'bɔvɛts] m lotn. glider
szyć [ʃɨtɕ] vt vi sew
szydełko [ʃɨ'dɛukɔ] n crochet-needle

szyderczy [ʃɨ'dertʃɨ] *adj* scoffing, sneering, railing

szy|ja ['ʃɨja] *f* neck; nosić na ~i to wear round one's neck; rzucić się komuś na ~ję to fall on sb's neck; *pot.* na łeb, na ~ję headlong

szykować [ʃɨ'kɔvatɕ] I *vt* prepare, get ready, arrange II *vr* ~ się prepare, get ready

szykowny [ʃɨ'kɔvnɨ] *adj* chic, smart, elegant

szyld [ʃɨlt] *m* sign-board

szympans ['ʃɨmpans] *m* chimpanzee

szyna ['ʃɨna] *f kolej.* rail; *med.* splint

szynka ['ʃɨnka] *f* ham

szyszka ['ʃɨʃka] *f* 1. cone 2. (*o człowieku*) big shot

Ś

ściana ['ɕtɕana] *f* (*domu*) wall; (*skalna*) cliff

ściąć *zob.* ścinać

ściąg|ać ['ɕtɕɔ̃gatɕ] *imperf*, ['ɕtɕɔ̃gnɔ̃tɕ] *perf vt* 1. draw ⟨pull⟩ down 2. (*zaciskać*) draw together, tighten, contract 3. (*zbierać ludzi itp.*) assemble, gather 4. (*zdejmować ubranie*) take off 5. (*podatki*) raise, levy, exact 6. (*odpisywać*) crib

ścieg [ɕtɕɛk] *m* stitch

ściek [ɕtɕɛk] *m* gutter, sewer

ściemnia|ć się ['ɕtɕɛmɲatɕ ɕɛ] *vr* get dark, grow dark; ~ się it is getting dark

ścienn|y ['ɕtɕɛnnɨ] *adj* mural; gazetka ~a news sheet; malarstwo ~e wall painting; zegar ~y wall clock

ścierać [ɕ'tɕɛratɕ] *vt* rub off, wipe away; ~ gumką erase; ~ kurz dust

ścierka ['ɕtɕɛrka] *f* duster, clout

ścieżka ['ɕtɕɛʃka] *f* path; ~ dla pieszych foot-path; ~ rowerowa cycle track

ścięgno ['ɕtɕɛ̃gnɔ] *n anat.* sinew, tendon

ścigać ['ɕtɕigatɕ] I *vt* pursue, chase; ~ sądownie prosecute II *vr* ~ się race, run a race

ści|nać ['ɕtɕinatɕ] *imperf*, ~ąć [ɕtɕɔ̃tɕ] *perf* I *vt* cut off ⟨down⟩; (*drzewo*) fell; ~ąć komuś głowę to behead sb; ~nać, ~ąć przy egzaminie to plough; to pluck; *am.* to flunk II *vr* ~nać, ~ąć się (*o mleku, krwi*) coagulate; curdle; (*o jajkach*) set; *pot.* ~nać, ~ąć się przy egzaminie to get ⟨to be⟩ ploughed

ścis|kać ['ɕtɕiskatɕ] *imperf*, ~nąć ['ɕtɕisnɔ̃tɕ] *perf* I *vt* compress, press; squeeze; (*pięść itp.*) clench; (*obejmować*) embrace; ~kać, ~nąć komuś dłoń to shake sb's hand; (*w liście*) ~kam cię serdecznie affectionately II *vr* ~kać, ~nąć się press, embrace; *przen.* serce się ~ka it makes one's heart bleed

ścisł|y ['ɕtɕisuɨ] *adj* 1. (*zwarty*) compact 2. (*dokładny*) exact, accurate; nauki ~e exact sciences; w ~ym znaczeniu in the strict sense 3. (*o przyjaźni itp. — bliski*) close

ścisnąć *zob.* ściskać

ślad [ɕlat] *m* trace, track, trail; (*pozostałość*) remnant; (*w śledztwie*) clue; ~ palca fingermark; ~ stopy footprint; footmark; bez ~u without trace

śledzić ['ɕledʑitɕ] *vt* watch, spy (*kogoś* on sb); follow, shadow (kogoś sb); ~ postępy to watch progress

śledztwo ['cletstfɔ] n examination, inquiry, investigation; prowadzić ~ to make investigations

śledź [cletɕ] m herring; wędzony ~ bloater

ślepota [cle'pɔta] f blindness; ~ całkowita na barwy colour-blindness, daltonism; kurza ~ night-blindness

ślep|y ['clepi] adj blind; (zabawa) ~a babka blindman's buff; anat. ~a kiszka appendix; przen. ~y zaułek blind alley

śliczny ['cɦitʃni] adj lovely, beautiful

ślimak ['cɦimak] m snail

ślina ['cɦina] f spittle, saliva

śliski ['cɦiski] adj slippery

śliwa ['cɦiva] f plum-tree

śliwka ['cɦifka] f plum; ~ suszona prune

śliwowica [cɦivɔ'vitsa] f plum-brandy

ślizgacz ['cɦizgatʃ] m sport. slipper

ślizgać się ['cɦizgatɕ ɕɛ̃] vr slide, glide; slip; (na łyżwach) skate

ślizgawica [cɦizga'vitsa] f glazed frost; icesheeted ground; jest ~ it is slippery; the streets are sheeted with ice

ślizgawka [cɦiz'gafka] f skating-rink

ślub [clup] m 1. marriage, wedding; ~ cywilny civil marriage; ~ kościelny church wedding; brać ~ to get married; dawać ~ to marry 2. (ślubowanie) vow

ślusarz ['clusaʃ] m lock-smith

śluza ['cluza] f sluice

śmiać się ['cmiatɕ ɕɛ̃] vr 1. laugh (z kogoś, czegoś at sb, sth); chce mi się z tego ~ that makes me laugh; pot. ~ się w kułak to laugh in ⟨up⟩ one's sleeve 2.

(kpić) mock (z kogoś, czegoś at sb, sth)

śmiały ['cmauɨ] adj bold, courageous, daring

śmiech [cmɛx] m laughter; pobudzać kogoś do ~u to make sb laugh; wybuchać ~em to burst out laughing

śmieci ['cmɛtɕi], śmiecie ['cmɛtɕɛ] pl litter, garbage, rubbish

śmieć [cmɛtɕ] vi dare, venture

śmier|ć [cmɛrtɕ] f death; gwałtowna ~ć violent death; kara ~ci capital punishment; wyrok ~ci death sentence; do ~ci till death, till one's dying day; ponieść ~ć to die

śmierdzący [cmɛr'dzɔtsi] adj stinking, fetid, rank

śmierdzieć ['cmɛrdzɛtɕ] vi stink, reek (czymś of sth)

śmiertelność [cmɛr'tɛlnɔɕtɕ] f mortality, death rate

śmiertelny [cmɛr'tɛlni] adj (powodujący śmierć) mortal, deadly, lethal; ~ wypadek fatal accident

śmieszny ['cmɛʃni] adj ridiculous, funny; comical

śmietana [cmɛ'tana] f sour cream

śmietanka [cmɛ'tanka] f cream; przen. ~ towarzyska cream of society; the élite

śmietnik ['cmɛtɲik] m dust-bin, dust-heap

śmigło ['cmiguɔ] n propeller, airscrew

śmigłowiec [cmi'guɔvɛts] m helicopter

śniadanie [cɲa'daɲɛ] n breakfast; jeść ~ to have breakfast, to breakfast

śni|ć [cɲitɕ] vi dream, have a dream; ~ło mi się ... I had a dream ...; I dreamt ...

śnieg [cɲɛk] m snow; ~ pada it snows

śniegowce [cɲɛ'gɔftsɛ] pl over-shoes, snowboots

śnieżyca [çɲɛ'ʒɨtsa] f snow-storm

śpiący ['çpɔ̃tsɨ] adj sleeping, sleepy, drowsy; być ~m to be sleepy

śpieszyć ['çpɛʃɨtç] I vi hasten, hurry II vr ~ się make haste, be in a hurry, hurry up; (o zegarku) to be fast

śpiew ['çpɛf] m song, singing; ~ kościelny chant

śpiewaczka [çpɛ'vatʃka] f singer; (operowa) cantatrice, opera singer

śpiewać ['çpɛvatç] vt vi sing

śpiewak ['çpɛvak] m singer; (operowy) opera singer

śpiwór ['çpivur] m sleeping-bag

średni ['çrɛdɲi] adj 1. middle; ~ego wzrostu of medium height; w ~m wieku middle-aged; Wieki Średnie Middle Ages 2. (o kursie) intermediary; ~e wykształcenie secondary education 3. (przeciętny) average 4. (mierny) mediocre

średnica [çrɛd'ɲitsa] f diameter

średnik ['çrɛdɲik] m semicolon

średniodystansowiec [çrɛdɲɔdɨstan'sɔvɛts] m sport. miler

średniowiecze [çrɛdɲɔ'vɛtʃɛ] n Middle Ages

średniowieczny [çrɛdɲɔ'vɛtʃnɨ] adj mediaeval

środa ['çrɔda] f Wednesday

środ|ek ['çrɔdɛk] m 1. middle, centre; ~ek ciężkości centre of gravity; wejść do ~ka to come ⟨to walk⟩ in; w ~ku in the middle; w ~ku drogi midway 2. (sposób) means; ~ki ostrożności measures of precaution; ~ki transportowe means of transport 3. (preparat) ~ek dezynfekujący disinfecting agent; ~ek leczniczy remedy; medicament; medicine; drug; ~ek nasenny hypnotic; ~ek przeczyszczający laxative; ~ek przeciwbólowy analgesic; ~ek uspokajający sedative; ~ki opatrunkowe dressing materials 4. pl ~ki (materialne) (material) means; resources; żyć z własnych ~ków to live on one's own means

środkowy [çrɔt'kɔvɨ] adj central, middle

środowisko [çrɔdɔ'visko] n environment, milieu

śródmieście [çrud'mɛçtçɛ] n town centre, city

śruba ['çruba] f screw

śrubokręt [çru'bɔkrɛ̃t] m screw-driver

świadectwo [çfa'dɛtstfɔ] n testimonial, testimony, certificate; prawn. evidence; ~ szkolne report card; certificate; ~ urodzenia birth certificate

świad|ek ['çfadɛk] m witness; naoczny ~ek eye-witness; być ~kiem czegoś to witness sth; wezwać na ~ka to call in evidence

świadomość [çfa'dɔmɔçtç] f consciousness, awareness; stracić ⟨odzyskać⟩ ~ to lose ⟨to regain⟩ consciousness

świadom|y [çfa'dɔmɨ] adj conscious ⟨aware⟩ (czegoś of sth); ~e macierzyństwo birth control; planned parenthood

świat [çfat] m world; ~ bajki fairyland; ~ pracy working people; przen. elegancki ~ fashionable society; wielki ~ highlife; przyjść na ~ to come into the world; wydać na ~ to give birth to (sb); to bring (sb) into the world; stary jak ~ as old as the hills; age-long

światł|o ['çfatŭɔ] n light; ~o dzienne daylight; ~a na skrzyżowaniach traffic-lights; mot. ~a mijania dipped ⟨passing⟩ lights; ~a postojowe parking lights;

~a stop brake lights; ~a tylne tail lights; ~a główne head lights; ~o migowe blinker light; ~o hamowania stop light; ~o odblaskowe reflecting light

światopogląd [çfatɔ'pɔglɔ̃t] *m* philosophy ⟨conception⟩ of life; world outlook

światow|y [çfa'tɔvɨ] *adj* world-, wordly; kobieta ~a woman of the world

świąteczny [çfɔ̃'tetʃnɨ] *adj* festive, holiday-; dzień ~ holiday; strój ~ holiday clothes

świątynia [çfɔ̃'tɨɲa] *f* temple

świder ['çfider] *m* drill, bore

świec|a ['çfetsa] *f* 1. candle; przy ~y by candlelight 2. *mot.* sparking plug

świeci|ć ['çfetçitç] I *vt* (*zapalać*) light II *vi* shine III *vr* ~ć się (*o oczach*) lighten; (*w pokoju itp.*) ~ się the light is on

świecznik ['çfetʃnik] *m* candlestick, chandelier

świergot ['çfergɔt] *m* chirp

świerk [çferk] *m* fir

świerszcz [çferʃtʃ] *m* cricket

świetlica [çfet'ʎitsa] *f* club, club-room, common room

świetln|y ['çfetlnɨ] *adj* lighting, light-; gaz ~y lighting

gas; reklama ~a illuminated advertising ⟨sign⟩

świetnie ['çfetɲe] *adv* splendidly; excellently; ~! splendid!; fine!; well done!

świetny ['çfetnɨ] *adj* splendid, excellent, fine, grand

świeżo ['çfeʒɔ] *adv* (*niedawno*) recently; lately; freshly, newly; „~ malowane" "wet ⟨fresh⟩ paint"

świeży ['çfeʒɨ] *adj* fresh; (*niedawny*) recent; (*nowy*) new

święto ['çfẽtɔ] *n* holiday, festival, feast; Wesołych Świąt! (*o Bożym Narodzeniu*) Merry Christmas!; (*o Wielkanocy*) Happy Easter!

święty ['çfẽtɨ] I *adj* saint, holy; (*nietykalny*) sacred; ~ obowiązek sacred duty; *kośc.* Wszystkich Świętych All Saints' Day II *m* saint

świnia ['çfiɲa] *f* pig, swine

świństwo ['çfiɲstfɔ] *n* 1. (*postępek*) meanness; zrobić komuś ~ to play a dirty trick on sb 2. *pot.* (*paskudztwo*) nasty stuff

świst [çfist] *m* whistle, whistling, whiz

świ|t [çfit] *m* dawn, daybreak; o ~cie at daybreak, at dawn

świta|ć ['çfitatç] *vi* dawn; ~ it dawns

T

ta [ta] *zob.* ten

tabela [ta'bɛla] *f* table, list, index

tabletka [ta'blɛtka] *f* tablet; ~ aspiryny aspirin tablet

tablica [tab'ʎitsa] *f* (*w szkole*) blackboard; (*do ogłoszeń*) notice-board; ~ obliczeniowa ready reckoner; ~ pamiątkowa commemorative ⟨commemoration⟩ plaque; *techn.* ~ rozdziel-

cza switchboard; ~ informacyjna information table; ~ szlaku (*turystycznego*) tourist route table; *mot.* ~ rejestracyjna number ⟨*am.* licence⟩ plate

tabliczka [tab'ʎitʃka] *f* plate, tablet; (*do pisania*) slate; ~ czekolady chocolate bar; ~ mnożenia multiplication table; ~ na drzwiach door--plate

taboret [ta'bɔrɛt] *m* stool
taca ['tatsa] *f* tray
taczki ['tatʃḱi] *plt* wheel-
-barrow
tajemnic|a [tajɛm'ɲitsa] *f* se-
cret, secrecy, mystery; publiczna ~a open secret; ~a
państwowa state secret; dochować ~y to keep a se-
cret; nie robić z czegoś ~y
to make no secret of sth;
w ~y in secret; secretly
tajemniczy [tajɛm'ɲitʃi] *adj*
mysterious
tajny ['tajnɨ] *adj* secret, clandestine; ~ agent plain-
-clothes agent
tak [tak] I *part* yes II *adv*
like this, this way, so; ach
~ I see; i ~ dalej and so
on; ~ a ~ so and so; ~
czy owak ⟨inaczej⟩ anyhow;
one way or the other; ~
(nie) jest it is (not) the
case; ~ jak ... as ... as; nie
~ ... jak ... not so ... as; ~
samo the same; ~ sobie
so-so; niech ~ będzie so
be it; czy ~? is that so?;
a więc to ~! that's how it
is, is it!?
taki ['taḱi] *pron* (taka, takie)
such, so; ~ a ~ so-and-so;
~ bogaty so rich; człowiek
~ jak ty a man like you;
~ jakiś kind of; ~ sam
just the same; the very
same; ~ sobie mediocre;
co ~ego? what's the
matter?; what do you say?;
nic ~ego nothing of the
sort; w ~m razie in such
case
taksa ['taksa] *f* rate, fee,
charge
taksometr [tak'sɔmɛtr] *m* taximeter
taksować [tak'sɔvatɕ] *vt* estimate, rate
taksówk|a [tak'sufka] *f* taxi;
przywołać ~ę to hail a
taxi
taksówkarz [tak'sufkaʃ] *m*
taxi-driver, cabman

takt [takt] *m* 1. *muz.* time,
measure, cadence; wybijać
~ to beat time 2. *mech.*
stroke 3. (*cecha człowieka*)
tact; brak ~u tactlessness
taktowny [tak'tɔvnɨ] *adj* tactful
także ['tagʒɛ] *conj* also, too,
as well
talent ['talɛnt] *m* talent, gift
talerz ['talɛʃ] *m* plate; ~ głęboki soup-plate; ~ płytki
flat plate
talia ['talʲja] *f* 1. (*kibić*)
waist 2. *karc.* pack (of
cards)
talizman [ta'ʎizman] *m* talisman
talk ['talk] *m* talcum (powder)
talon ['talɔn] *m* coupon; ~
benzynowy petrol coupon
tam [tam] *adv* there, over
there; ~ i z powrotem to
and fro; this way and that;
co ~! never mind!; co mi
~! I don't care
tam|a ['tama] *f* dam; *przen.*
położyć ~ę czemuś to put
a stop to sth
tamować [ta'mɔvatɕ] *vt* dam;
~ drogę to block ⟨to bar⟩
the way; ~ ruch to obstruct
the traffic; ~ krew to
staunch blood
tamten ['tamtɛn] *pron* that
tancerka [tan'tsɛrka] *f* dancer
tancerz ['tantsɛʃ] *m* dancer,
partner
tandeta [tan'dɛta] *f* rubbish,
thrash
tani ['taɲi] *adj* cheap
taniec ['taɲɛts] *m* dance
tanio ['taɲɔ] *adv* cheaply;
bardzo ~ dirt-cheap
tańczyć ['tantʃɨtɕ] *vt vi* dance
tapczan ['taptʃan] *m* couch
tapeta [ta'pɛta] *f* wallpaper
tapicerka [taṕi'tsɛrka] *f* up-
holstery
taras ['taras] *m* terrace
tarasować [tara'sɔvatɕ]   *vt*
block, barricade

tarcza ['tartʃa] f shield; (do
strzelania) target; ~ telefoniczna dial; techn. ~
sprzęgła clutch plate
targ [tark] m market place;
fair; ~i międzynarodowe
international fair || dobić
~u to strike a bargain; bez
~u without haggling
targować się [tar'gɔvatɕ ɕē] vr
bargain, haggle (o coś for
⟨about⟩ sth)
targow|y [tar'gɔvi] adj mar-
ket; dzień ~y market day;
hala ~a market-hall
tartak ['tartak] m sawmill
taryfa [ta'rifa] f tariff; ~ biletowa list of fares; ~ celna customs tariff; ~ pocztowa postal rates
tasiemka [ta'ɕɛmka] f tape,
ribbon
taśm|a ['taɕma] f band; techn.
tape; ~a filmowa film; ~a
izolacyjna insulating tape;
~a klejąca adhesive tape;
~a miernicza measuring
tape; nagrywanie na ~ie
tape-recording; sport.
przerwać ~ę to breast the
tape
taternictwo [tater'ɲitstfɔ] n
mountaineering, mountain-
-climbing
tatuś ['tatuɕ] m pieszcz. dad,
daddy
tchórz [txuʃ] m 1. zool. pole-
cat 2. (człowiek) coward
tchórzliwy [txuʒ'ɲivi] adj
cowardly
teatr ['teatr] m theatre; ~
kukiełkowy puppet theatre;
~ muzyczny music theatre;
music-hall; ~ objazdowy
itinerant ⟨travelling⟩ theatre
teatraln|y [teat'ralni] adj
theatrical; sztuka ~a play
techniczny [tex'ɲitʃni] adj
technical; kierownik ~ chief
engineer
technik ['texɲik] m technician
technikum ['texɲikum] n technical school
teczka ['tetʃka] f briefcase;

(papierowa) folder, binder
tegoroczny [tegɔ'rɔtʃni] adj
this year's, of this year
tekst [tekst] m text
tekstylny [teks'tilni] adj
textile
tektur|a [tek'tura] f card-
board, pasteboard; z ~y
(of) cardboard
telefon [te'lefɔn] m telephone,
pot. phone; (rozmowa) call;
~ wewnętrzny extension;
~ z miasta incoming call;
jestem przy ~ie speaking;
kto przy ~ie? who's speaking?
telefoniczn|y [telefɔ'ɲitʃni] adj
telephonic, telephone; budka ~a telephone booth
⟨box⟩; książka ~a directory;
telephone book; rozmowa
~a telephone call; międzymiastowa rozmowa ~a
trunk-call
telefonistka [telefɔ'ɲistka] f
operator, telephonist
telefonować [telefɔ'nɔvatɕ] vi
telephone, pot. phone; ~ do
kogoś to ring sb up
telegraf [te'legraf] m telegraph
telegrafować [telegra'fɔvatɕ]
vt telegraph, wire, cable
telegram [te'legram] m wire,
cable; pilny ~ urgent telegram; nadać ~ to send a
wire; to cable
teleobiektyw [teleɔ'bektif] m
fot. telephoto lens
telewidz [te'levits] m teleview-
er
telewizja [tele'vizja] f television; pot. TV, telly
telewizor [tele'vizɔr] m tele-
visor, television-set
temat ['temat] m theme, subject, subject-matter, topic;
na ~ czegoś on the subject
of sth
temblak ['temblak] m sling
temperament [tempe'rament]
m temperament; nature
temperatur|a [tempera'tura] f
temperature; mieć ~ę to

have fever ⟨a temperature⟩; mierzyć ~ę to take the temperature; *fiz.* ~a wrzenia boiling point; ~ zamarzania freezing point

temperówka [tempɛ'rufka] *f* pencil-sharpener

temp|o ['tempɔ] *n muz.* measure, tempo, time; (*szybkość*) speed; rate; w szybkim ~ie at a fast rate; w zwolnionym ~ie at a slow speed; (*o filmie*) slow-motion (picture)

temu ['temu] dawno ~ long ago; rok ~ a year ago

ten [tɛn] *pron* (ta, to) this, to this, it; *pl* ci, te these; ~ a ~ so and so; such--and-such; ~ sam the same; tego roku this year

tendencja [tɛn'dɛntsja] *f* tendency

tenis ['tɛnis] *m* tennis; ~ stołowy ping-pong; ~ na trawie lawn tennis

tenisówki [tɛni'sufki] *pl* tennis ⟨canvas⟩ shoes; plimsolls

teoretyczny [tɛɔrɛ'tɨʧnɨ] *adj* theoretical

teraz ['tɛras] *adv* now; at present; na ~ for now ⟨the time being⟩; for the present

teraźniejszy [tɛraʒ'ɲejʃɨ] *adj* present, present-day; *gram.* czas ~ present

teren ['tɛrɛn] *m* ground, area, territory; ~ biwakowy camping site; ~ działalności field of activity; na ~ie międzynarodowym in the international field

termin ['tɛrmin] *m* 1. term; przed ~em ahead of time; w ~ie when due, on time 2. (*wyrażenie*) term, expression 3. (*rzemieślniczy*) apprenticeship

termofor [tɛr'mɔfɔr] *m* hot--water bottle

termometr [tɛr'mɔmɛtr] *m* thermometer

termos ['tɛrmɔs] *m* thermos

termostat [tɛr'mɔstat] *m techn.* thermostat

terpentyna [tɛrpɛn'tɨna] *f* turpentine

terytorialny [tɛritɔr'jalnɨ] *adj* territorial

terytorium [tɛri'tɔrjum] *n* territory

testamen|t [tɛs'tamɛnt] *m* testament, will; zapisać w ~cie to bequeath; zmarły bez ~tu intestate

teściowa [tɛɕ'ʨɔva] *f* mother--in-law

teść [tɛɕʨ] *m* father-in-law

też [tɛʃ] *conj* also, too; dlatego ~ ... that is why ...

tęcza ['tɛ̃ʧa] *f* rainbow

tęczówka [tɛ̃'ʧufka] *f anat.* iris

tędy ['tɛ̃dɨ] *adv* this way; czy ~ idzie się do ...? is this the way to ...?

tęgi ['tɛ̃gi] *adj* stout; (*silny*) sturdy, robust

tępy ['tɛ̃pɨ] *adj* (*o narzędziu*) blunt; (*o człowieku*) dull; (*o spojrzeniu*) vacant

tęsknić ['tɛ̃skniʨ] *vi* long ⟨yearn⟩ (za kimś for sb); pine (za kimś after sb)

tęsknota [tɛ̃s'knɔta] *f* longing, yearning, nostalgia

tętnica [tɛ̃t'ɲitsa] *f* artery

tętno ['tɛ̃tnɔ] *n* pulse; (*bicie tętna*) pulsation

tężec ['tɛ̃ʒɛts] *m med.* tetanus, lockjaw

tkać [tkaʨ] *vt* weave

tkanin|a [tka'ɲina] *f* tissue, fabric; ~y syntetyczne synthetic fabrics

tkanka ['tkanka] *f anat. biol.* tissue

tlen [tlɛn] *m chem.* oxygen

tło [tłɔ] *n* background

tłoczyć ['tłɔʧɨʨ] I *vt* press; (*wino*) tread; (*wytłaczać np. znaki*) impress, indent II *vr* ~ się crowd, press, push

tłok [tłɔk] *m* (*ścisk*) crowd, crush; *techn.* piston

tłuc [tłuts] I *vt* 1. (*gnieść*) crush, grind; (*orzechy*)

crack 2. *pot.* (*bić*) break, smash II *vr* ~ się get broken, be smashed; *pot.* ~ się po świecie to ramble ⟨to wander⟩ about the world

tłum [tŭum] *m* crowd, throng, mob

tłumacz ['tŭumatʃ] *m* translator; (*ustny*) interpreter; ~ przysięgły sworn translator

tłumaczenie [tŭuma'tʃɛɲɛ] *n* 1. translation, interpretation 2. (*wyjaśnienie*) explanation; (*usprawiedliwienie*) excuse

tłumaczyć [tŭu'matʃitɕ] I *vt* 1. translate, interpret; ~ z ... na ... translate from ... into ... 2. (*wyjaśniać*) explain; (*usprawiedliwiać*) justify II *vr* ~ się excuse ⟨justify⟩ oneself

tłumić ['tŭumitɕ] *vt* stifle, muffle; (*zapał*) damp; ~ bunt to suppress ⟨to put down⟩ a rebellion

tłumik ['tŭumik] *m* *muz.* mute, damper; *mech.* silencer; muffler

tłusty ['tŭustɨ] *adj* fat; (*opasły*) obese; (*o plamie*) greasy

tłuszcz [tŭuʃtʃ] *m* fat, grease

to [tɔ] *pron* this, that; to, że ... the fact that ...; co to jest? what is this?

toalet|a [tɔa'lɛta] *f* 1. (*suknia*) toilet 2. (*mebel*) toilet, (dressing) table 3. (*pomieszczenie*) lavatory || robić ~ę to make one's toilet

toaletow|y [tɔalɛ'tɔvi] *adj* toilet; papier ~y toilet paper; przybory ~e toilet things

toast ['tɔast] *m* toast; wznosić ~ za czyjeś zdrowie to toast sb; to propose sb's health

tobogan [tɔ'bɔgan] *m* toboggan

toczyć ['tɔtʃitɕ] I *vt* roll || ~ krew to shed blood; ~ wojnę to wage a war II *vr* ~

się 1. roll 2. (*o płynie*) flow, run, gush 3. (*o rozmowie, akcji*) be in progress; take place

tok [tɔk] *m* course, progress; w ~u in course, in progress; w pełnym ~u in full swing

tokarka [tɔ'karka] *f* turning-lathe

tokarz ['tɔkaʃ] *m* turner

toksyczny [tɔk'sitʃni] *adj* toxic; (*trujący*) poisonous

tolerancja [tɔlɛ'rantsja] *f* tolerance; (*wyrozumiałość*) indulgence

tolerować [tɔlɛ'rɔvatɕ] *vt* tolerate

tom [tɔm] *m* volume

ton [tɔn] *m* tone, sound; ~ głosu expression of voice; nie jest w dobrym ~ie, by ... it is not good form to ...

tona ['tɔna] *f* ton

tonaż ['tɔnaʃ] *m* tonnage; ~ statku dead-weight, capacity

tonąć ['tɔnɔtɕ] *vi* drown, be drowned; (*o statku*) sink

topić ['tɔpitɕ] I *vt* drown; (*roztapiać*) melt II *vr* ~ się drown, be drowned; melt

topnieć ['tɔpɲɛtɕ] *vi* 1. melt (away) 2. *pot.* (*o majątku*) dwindle away

topola [tɔ'pɔla] *f* poplar

toporek [tɔ'pɔrɛk] *m* hatchet

topór ['tɔpur] *m* axe, chopper

tor [tɔr] *m* track; path, line; ~ kolejowy (railway-)track; ~ wyścigowy race-course

torba ['tɔrba] *f* bag; (*damska*) hand-bag; ~ na sprawunki shopping bag; shopper; ~ podróżna travelling-bag

torebka [tɔ'rɛpka] *f* (*damska*) hand-bag; ~ papierowa paper-bag

torf [tɔrf] *m* peat

torowisko [tɔrɔ'viskɔ] *n* (railway, tramway) line; track-way

torpeda [tɔr'pɛda] *f* torpedo
torsje ['tɔrsjɛ] *pl* vomition;
nausea
tort [tɔrt] *m* cake, tart
torturować [tɔrtu'rɔvatɕ] *vt*
torture
tost [tɔst] *m* *kulin.* toast
totalizator [tɔtaʃi'zatɔr] *m*
totalizator; (*system gry*)
(*football etc.*) pool
towar ['tɔvar] *m* article,
commodity, merchandise;
pl ~y goods; ~y codziennego użytku consumers'
goods
towarowy [tɔva'rɔvɨ] *adj* dom
~ department store; dwo-
rzec ~ goods-station; po-
ciąg ~ goods-train
towarysk|i [tɔva'ʒiski] *adj* (*o
człowieku*) sociable; (*o życiu, stosunkach*) social; rozmowa ~a small talk
towarzystw|o [tɔva'ʒistfɔ] *n*
1. society, company; dotrzymywać ~a to keep com-
pany; w ~ie in (the) com-
pany (of); accompanied (by),
2. (*stowarzyszenie, organizacja*) association; ~o akcyj-
ne joint-stock company
towarzysz [tɔ'vaʒiʃ] *m* companion; (*partyjny*) comrade;
~ niedoli fellow sufferer
towarzyszyć [tɔva'ʒiʃitɕ] *vi*
accompany (komuś sb);
follow
tożsamoś|ć [tɔʃ'samɔɕtɕ] *f*
identity; dowód ~ci iden-
tity card; *wojsk.* znak ~ci
identity ⟨identification⟩
disk
tracić ['tratɕitɕ] I *vt* 1. lose;
(*czas*) waste; *przen.* ~ głowę to lose one's head 2.
(*zadawać śmierć*) execute II
vi ~ na wadze to lose
weight
tradycja [tra'dɨtsja] *f* tradition
tradycyjny [tradɨ'tsɨjnɨ] *adj*
traditional
traf [traf] *m* accident, chance;
szczęśliwy ~ happy coinci-

dence; ~em by chance,
accidentally
trafi|ać ['trafatɕ] *imperf*, ~ć
['trafitɕ] *perf* I *vt* hit; nie
~ać, ~ć to miss; to fail;
~ać, ~ć do celu to hit the
mark; ~ć do domu to find
one's way home; ~ać, ~ć
do przekonania to convince;
na chybił ~ł at random II
vr ~ać, ~ć się happen,
occur
trafny ['trafnɨ] *adj* right,·
accurate, correct; (*o strza-
le*) well aimed, accurate
tragarz ['tragaʃ] *m* porter
tragedia [tra'gɛdja] *f* (*utwór
dramatyczny*) tragedy; (*nieszczęście*) tragedy, misfortune
tragiczny [tra'ɡitʃnɨ] *adj* tragic
trakcja ['traktsja] *f* traction;
~ elektryczna electric traction
traktat ['traktat] *m* (*układ*)
treaty; (*rozprawa*) treatise;
~ pokojowy peace treaty;
zawrzeć ~ to make ⟨to
conclude⟩ a treaty
traktor ['traktɔr] *m* tractor
traktorzysta [traktɔ'ʒista] *m*
tractor-driver
traktować [trak'tɔvatɕ] *vt* (*odnosić się do kogoś*) treat;
(*przedmiot itp.*) handle, deal
with
trampki ['trampki] *pl* rubber-
-soled sports canvas shoes
trampolina [trampɔ'ʃina] *f*
diving board
tramwaj ['tramvaj] *m* tramway, *pot.* tram; jechać ~em
to go by tram
tran [tran] *m* cod-liver oil
transakcja [tran'saktsja] *f*
transaction
transfuzja [trans'fuzja] *f*
transfusion
transmisja [trans'misja] *f*
transmission
transport ['transpɔrt] *m* transport, transportation; ~
drogowy transport by land;

~ kolejowy transport by rail; railway transport; ~ lotniczy air transport; ~ morski sea transport; ~ rzeczny inland water transport

transportować [transpor'tɔvatɕ] *vt* transport, convey

tranzystor [tran'zistɔr] *m (radioodbiornik)* transistor radio

tranzystorowy [tranzistɔ'rɔvɨ] *adj* transistor

tranzyt ['tranzɨt] *m* transit

trap [trap] *m* accommodation ladder, gangway-ladder

trasa ['trasa] *f* route, track; ~ podróży itinerary

tratować [tra'tɔvatɕ] *vt* trample

tratwa ['tratfa] *f* raft

trawa ['trava] *f* grass

trawić ['travitɕ] *vt* digest; (*o ogniu*) consume; *chem.* corrode

trawienie [tra'vɛɲɛ] *n* digestion; *chem.* corrosion

trawnik ['travɲik] *m* lawn

trąba ['trɔ̃ba] *f* 1. *muz.* trumpet 2. (*słonia*) trunk || ~ powietrzna whirlwind

trąbić ['trɔ̃bitɕ] *vi* trumpet; blow the horn

trącać ['trɔ̃tsatɕ] *imperf*, ~ić ['trɔ̃tɕitɕ] *perf* I *vt* push, jostle; ~ać, ~ić łokciem to elbow, to nudge II *vr* ~ać, ~ić się knock, jostle; ~ać, ~ić się kieliszkiem to clink ⟨to click⟩ glasses

trefle ['trɛflɛ] *pl karc.* clubs

trema ['trɛma] *f* stage-fright

trener ['trɛnɛr] *m* trainer, coach

trening ['trɛɲiŋk] *m* training, coaching

trenować [trɛ'nɔvatɕ] I *vt* train, coach II *vi* practise

trepki ['trɛpki] *pl* sandals, slippers

tresura [trɛ'sura] *f* training, drill

treściwy [trɛɕ'tɕivɨ] *adj* con-

cise; succinct; (*o jedzeniu*) substantial

treść [trɛɕtɕ] *f* contents; substance

trochę ['trɔxɛ̃] *adv* a little, a bit, somewhat; **ani** ~ not a bit; ~ **ludzi** a few people; ~ **zagniewany** a trifle angry

trofea [trɔ'fɛa] *pl* trophies

trojaczki [trɔ'jatʃki] *pl* triplets

troje ['trɔjɛ] *num* three

trolejbus [trɔ'lɛjbus] *m* trolley-bus

tropik ['trɔpik] *m* (*klimat*) tropic

tropikaln|y [trɔpi'kalnɨ] *adj* tropical; **hełm** ~**y** tropical helmet; **kraje** ~**e** the tropics

troska ['trɔska] *f* 1. (*dbałość*) care, solicitude 2. (*zmartwienie*) anxiety, worry

troskliwy [trɔsk'ɬivɨ] *adj* careful (*o coś* of sth)

troszczyć się ['trɔʃtʃitɕ ɕɛ] *vr* 1. (*dbać*) care (*o kogoś* for sb) 2. (*martwić się*) worry ⟨be anxious⟩ (*o kogoś, coś* about sb, sth)

trotuar [trɔ'tuar] *m* pavement; *am.* side-walk

trójka ['trujka] *f* three

trójkąt ['trujkɔ̃t] *m* triangle

trucizna [tru'tɕizna] *f* poison

trud [trut] *m* toil, hardship; **zadać sobie** ~ to take pains; **z** ~**em** with difficulty

trudnić się ['trudɲitɕ ɕɛ] *vr* occupy oneself (*czymś* with sth); be busy ⟨be engaged⟩ (*czymś* in sth)

trudno ['trudnɔ] *adv* with difficulty, hard; ~ **mu dogodzić** he is hard to please; ~ **się do tego przyzwyczaić** it's hard to get accustomed to it; ~! it can't be helped!

trudnoś|ć ['trudnɔɕtɕ] *f* difficulty; **pokonywać** ~**ci** to overcome ⟨surmount⟩ difficulties

trudn|y ['trudnɨ] *adj* difficult, hard; ~**a rada!** noth-

ing to be done!; it can't
be helped!
trudzić ['trudʑitɕ] I *vt* trouble, fatigue; przykro mi pana ~ I am sorry to trouble
you II *vr* ~ się take pains,
toil
trujący [tru'jɔ̃tsɨ] *adj* poisonous
trumna ['trumna] *f* coffin
trunek ['trunɛk] *m* stiff
drink, intoxicating beverage
trup [trup] *m* corpse, dead
body; paść ~em to drop
dead
truskawka [trus'kafka] *f*
strawberry
trutka ['trutka] *f* poison; ~
na szczury rat-poison
trwa|ć [trfatɕ] *vi* last, persist
(przy czymś in sth); con-
tinue; debaty ~ją the de-
bates continue ⟨go on⟩
trwał|y ['trfaʊ̯ɨ] *adj* lasting,
durable, permanent; (moc-
ny) firm; ~a ondulacja
permanent wave
trwoga ['trfɔga] *f* fear, fright
trwonić ['trfɔɲitɕ] *vt* waste;
(pieniądze) squander
tryb [trɨp] *m* 1. mode, manner, course; ~ życia way
of life ⟨living⟩ 2. *gram.*
mood 3. (koło zębate) gear,
cog
trybuna [trɨ'buna] *f* platform
trykot ['trɨkɔt] *m* tricot
trzask [tʃask] *m* crack, snap;
złamać (się) z ~iem to snap
trzaskać ['tʃaskatɕ] *vi* crack
(z bicza a whip); bang
(drzwiami the door)
trząść [tʃɔ̃ɕtɕ] I *vt vi* shake;
(przy jeździe) jolt II *vr* ~
się shake; ~ się z zimna
to shiver with cold
trzcina ['tʃtɕina] *f* reed, cane;
~ cukrowa sugar-cane
trzeba ['tʃɛba] *v imp* it is
necessary; ~ było to zro-
bić you should have done
it; ~ na to wiele pieniędzy
it requires much money;

~ poczekać one must wait
trzeci ['tʃɛtɕi] *adj num* third;
~a godzina three o'clock
trzeć [tʃɛtɕ] *vt* rub
trzepać ['tʃɛpatɕ] *vt* dust; (dywan) beat
trzeszczeć ['tʃɛʃtʃɛtɕ] *vi* crack;
(o ogniu) crackle
trzeźwić ['tʃɛzvitɕ] *vt* (make)
sober; bring back to one's
senses
trzeźwieć ['tʃɛzvʲɛtɕ] *vi* sober
trzeźwy ['tʃɛzvɨ] *adj* sober;
przen. hard-boiled, wide-
-awake
trzęsienie [tʃɛ̃'ɕɛɲɛ] *n* trem-
bling, shaking; (pojazdu)
jolting; ~ ziemi earthquake
trzoda ['tʃɔda] *f* herd, flock;
~ chlewna swine
trzon [tʃɔn] *m* (główna część)
trunk, stem; (rękojeść) handle, shank
trzonek ['tʃɔnɛk] *m* (rękojeść)
handle, shank, shaft
trzonowy [tʃɔ'nɔvɨ] *adj* ząb ~
molar, grinder
trzy [tʃɨ] *num* three
trzydzieści [tʃɨ'dʑɛɕtɕi] *num*
thirty
trzymać ['tʃɨmatɕ] I *vt* hold,
keep; ~ mocno to hold
fast; przen. ~ język za zębami to hold one's tongue;
~ kogoś za słowo to keep
sb to his word; ~ w sza-
chu to keep in check II *vi*
~ z kimś to side with sb
III *vr* ~ się hold oneself;
~ się za ręce to hold
hands || ~ się dobrze to
wear one's years well; ~
się zdrowo to keep in good
health; ~ się przepisów to
follow the rules; ~ się tematu to stick to the point;
~ się z dala od czegoś to
keep ⟨stand⟩ off; ~ się
razem to stick together
trzynasty [tʃɨ'nastɨ] *adj num*
thirteenth
trzynaście [tʃɨ'naɕtɕɛ] *num*
thirteen

trzysta ['tʃɪsta] *num* three
hundred
tu [tu] *adv* here; **tu i tam**
here and there
tubka ['tupka] *f* tube
tubylec [tu'bɪlɛts] *m* native
tulić ['tuɕitɕ] I *vt* fondle,
hug, cuddle II *vr* ~ się
cuddle together, cling to,
hug
tulipan [tu'ɕipan] *m bot.*
tulip
tułów ['tuŭuf] *m* trunk, torso
tunel ['tunɛl] *m* tunnel
tuńczyk ['tuɲtʃɪk] *m* tuna
(fish); tunny
tup|ać ['tupatɕ] *imperf,* ~nąć
['tupnɔ̃tɕ] *perf vi* stamp,
tap (one's foot)
tupet ['tupɛt] *m* cheek, nerve
tura ['tura] *f (podróż)* round;
tour; *(kolejka)* round (of
drinks); *(grupa)* group, party (of tourists, guests etc.)
turbina [tur'bina] *f* turbine
turbośmigłowy [turbɔɕmi'gŭɔ-
vɪ] *adj* turbo-prop
turecki [tu'rɛtski] *adj* Turkish
turkus ['turkus] *m* turquoise
turniej ['turɲɛj] *m* tournament
turnus ['turnus] *m* shift
turysta [tu'rɪsta] *m* tourist,
sightseer; ~ zmotoryzowa-
ny motorized tourist
turystyczn|y [turɪs'tɪtʃnɪ] *adj*
tourist; **schronisko** ~e tourist shelter; **wyposażenie**
~e tourist equipment
turystyka [tu'rɪstɪka] *f* touring, sightseeing, tourism;
~ **krajowa** domestic tourism; ~ **zagraniczna** tourism
abroad
tusz¹ [tuʃ] *m (prysznic)*
shower
tusz² [tuʃ] *m (farba)* Indian
ink
tutaj ['tutaj] *adv* here; **gdzieś**
~ hereabout; **chodź** ~!
come along!
tutejszy [tu'tejʃɪ] *adj* local
tuzin ['tuzin] *m* dozen
tuż [tuʃ] *adv* near by; ~ **obok**

close, next to, at hand; ~
przy drodze close to the
road
twardy ['tfardɪ] *adj* hard; (o
mięsie) tough; (o *śnie*)
sound
twaróg ['tfaruk] *m* curd(s),
cottage cheese
twarz [tfaʃ] *f* face; ~a w ~
face to face; **uderzyć w** ~
to slap sb's face; **jest ci w
tym do** ~y it becomes
⟨this suits⟩ you
twierdza ['tfɛrdza] *f* fortress,
stronghold, citadel
twierdzenie [tfɛr'dzɛɲɛ] *n*
assertion, affirmation, statement; *mat.* theorem, proposition
twierdzić ['tfɛrdʑitɕ] *vi* assert,
affirm; *(mniemać)* maintain
tworzyć ['tfɔʒitɕ] I *vt* create,
form, make II *vr* ~ się
form, be formed ⟨produced⟩
tworzywo [tfɔ'ʒivɔ] *n* material, stuff; *(sztuczne)* plastic
twój [tfuj] *pron* (twoja, twoje; *pl* twoi, twoje) your(s)
twórca ['tfurtsa] *m* creator,
maker, author
twórczość ['tfurtʃɔɕtɕ] *f* creation, production, output
twórczy ['tfurtʃɪ] *adj* creative,
constructive
ty [tɪ] *pron* you; *(w przypadkach zależnych;* ciebie,
cię; tobie, ci; tobą) **mów
do mnie (per) ty** call me
by my first name
tycz|ka ['tɪtʃka] *f* pole, perch;
sport. **skok o** ~ce pole
jumping
tyczy|ć się ['tɪtʃitɕ ɕɛ̃] *vr* con-
cern, regard; **co się** ~ ...
concerning ⟨as to, as
for⟩ ...; **co się mnie** ~ ...
as far as I am concerned ...
tyć [tɪtɕ] *vi* grow fat, put on
weight
tydzień ['tɪdzɛɲ] *m* week;
dwa tygodnie fortnight;
kośc. **Wielki Tydzień** Holy
Week; **co** ~ every week;

w ciągu tygodnia within a week; za ~ in a week; od dziś za ~ this day week

tyfus ['tɨfus] *m med.* typhus, typhoid fever; ~ brzuszny enteric fever

tygodnik [tɨ'gɔdɲik] *m* weekly; ~ dźwiękowy newsreel; ~ ilustrowany illustrated weekly ⟨magazine⟩

tygodniowo [tɨgɔd'ɲɔvɔ] *adv* weekly; dwa dolary ~ two dollars a ⟨per⟩ week

tygrys ['tɨgris] *m* tiger

tyle ['tɨlɛ] *adv* so much ⟨many⟩; dwa razy ~ twice as much; ~ co nic next to nothing; ~ razy so many times

tylko ['tɨlkɔ] *adv* only, solely; ~ co just now; skoro ~ ... as soon as ...

tyln|y ['tɨlnɨ] *adj* back, posterior; (*o nodze, kole itp.*) hind; ~a kieszeń hip pocket; ~e koło rear wheel; ~a straż rear guard; ~e drzwi back door

tył [tɨu] *m* back, rear; iść z ~u to follow behind ⟨after⟩; odwrócić się ~em do kogoś to turn one's

back on sb; ~w tyle at the back, behind; w tyle pociągu in the rear of the train; *wojsk.* w ~ zwrot! about turn!; *am.* about face!

tym [tɨm] *conj* ~ bardziej all the more; ~ lepiej all the better; im więcej, ~ lepiej the more the better; ~ samym thereby, consequently

tymczasem [tɨm'tʃasɛm] *adv* meanwhile, in the meantime, by now; gdy ~ ... whereas ...

tymczasowy [tɨmtʃa'sɔvɨ] *adj* temporary, provisional

tynkować [tɨn'kɔvatɕ] *vt* plaster

typ [tɨp] *m* type

typowy [tɨ'pɔvɨ] *adj* typical, characteristic, classical

tysiąc ['tɨɕɔts] *num* thousand

tysiąclecie [tɨɕɔts'lɛtɕɛ] *n* millenary, millennium

tytoń ['tɨtɔɲ] *m* tobacco; ~ fajkowy pipe tobacco

tytuł ['tɨtuu] *m* title; ~ naukowy academic degree || ~em próby on trial; on approval; z jakiego ~u? by what right?

U

u [u] *praep* at, by; with; zamek u drzwi lock at the door; tu u dołu down here; tu u góry up here; u fryzjera at the hair-dresser's; u jego boku by his side; u mego przyjaciela at my friend's; u mnie at my house; u nas with us; at home; u nas w kraju in this ⟨our⟩ country; u Szekspira in Shakespeare

ubezpiecz|ać [ubɛs'pɛtʃatɕ] *imperf,* ~yć [ubɛs'pɛtʃɨtɕ] *perf* I *vt* insure (od ognia against fire); assure, secure

II *vr* ~ać, ~yć się insure oneself; ~ać, ~yć się na życie to insure one's life

ubezpieczeni|e [ubɛspɛ'tʃɛɲɛ] *n* insurance, assurance; ~e od kradzieży theft insurance; ~ od ognia fire insurance; ~e od wypadków accident insurance; ~e na życie life insurance; ~a społeczne National Insurance

ubezpieczyć *zob.* **ubezpieczać**

ubiegać się [u'bɛgatɕ ɕɛ] *vr* compete (o coś for sth): (o urząd) run (o coś for sth);

(o stopień naukowy) be a candidate (o coś for sth)

ubiegł|y [u'bɛgŭi] *adj* last, past; ~y rok last year; ~ego miesiąca ultimo; w ~ym roku last year

ubierać [u'bɛratɕ] *imperf*, **ubrać** ['ubratɕ] *perf* I *vt* dress, clothe II *vr* **ubierać**, ubrać się dress

ubikacj|a [ubi'katsja] *f* toilet, lavatory, water-closet; "W.C."; iść do ~i *pot.* to go to spend a penny

ubliż|ać [u'bʎiʒatɕ] *imperf*, ~yć [u'bʎiʒitɕ] *perf vi* offend, affront (komuś sb)

uboczny [u'bɔtʃni] *adj* secondary, accessory, incidental; produkt ~ by-product; ~ skutek side effect

ubogi [u'bɔɡi] *adj* poor, meagre

ubolewani|e [ubɔlɛ'vaɲɛ] *n* commiseration, regret; godny ~a deplorable, regrettable; wyrazić ~e to express one's regret (for)

ubrać *zob.* ubierać

ubranie [u'braɲɛ] *n* clothes; dress; ~ gotowe ready-made suit; ~ męskie suit; ~ na miarę suit to measure; tailored suit; ~ wizytowe morning-coat; ~ wieczorowe evening dress

uby|ć ['ubitɕ] *perf*, ~wać [u'bivatɕ] *imperf vi* decrease; diminish; ~ło mi na wadze I lost weight; I reduced; ~wa dnia the day gets shorter

uch|o ['uxɔ] *n* 1. (*pl* uszy) ear; *przen.* nadstawiać ~a to prick one's ears; razić ~o to grate upon the ear; zaczerwienić się po uszy to blush to the roots of one's hair; zakochać się po uszy w kimś to be head over heels in love with sb 2. (*igły*) eye 3. (*buta*) strap 4. (*naczynia*) handle

uchodzi|ć [u'xɔdʑitɕ] *vi* go away, escape; (o czasie) pass, elapse; ~ć czyjejś uwagi to escape sb's attention ⟨notice⟩; ~ć za kogoś to pass for sb; to nie ~ it is unseemly

uchodźstwo [u'xɔtɕstfɔ] *n* emigration; exile; (ludzie) the emigrés, emigrants

uchronić [u'xrɔɲitɕ] I *vt* guard; preserve II *vr* ~ się od czegoś to avoid ⟨to escape⟩ sth

uchwal|ać [u'xfalatɕ] *imperf*, ~ić [u'xfaʎitɕ] *perf vt* decree; enact, vote; carry; resolve; ~ać, ~ić przez aklamację to carry by acclamation; ~ać, ~ić ustawę to vote a law; ~ono, że ... it was resolved that ...

uchwała [u'xfaŭa] *f* resolution, decision; *prawn.* decree

uchwyt ['uxfit] *m* handle, grip

uchyl|ać [u'xilatɕ] *imperf*, ~ić [u'xiʎitɕ] *perf* I *vt* put aside; (zasłonę) draw; ~ać, ~ić kapelusza to lift one's hat; ~ać, ~ić lekko drzwi to open the door slightly || ~ać, ~ić prawo to abolish a law II *vr* ~ać, ~ić się avoid (od czegoś sth); (od pracy) shun; (od odpowiedzialności, obowiązku) shirk; ~ać się od odpowiedzi to avoid answering

uciec *zob.* uciekać

ucieczk|a [u'tɕɛtʃka] *f* flight, escape; zmusić do ~i to put to flight; szukać ~i w ... to seek refuge in ...

ucie|kać [u'tɕɛkatɕ] *imperf*, ~c ['utɕɛts] *perf* I *vi* flee, fly, escape; jak ten czas ~ka! how time does fly! II *vr* ~kać, ~c się do ... to resort to ...

uciekinier [utɕɛ'kiɲɛr] *m* fugitive, refugee; *wojsk.* deserter

ucieszyć [u'tɕɛʃitɕ] I *vt* gladden, delight II *vr* ~ się be glad (z czegoś of sth), rejoice (czyms at sth)

ucinać [u'tɕinatɕ] *vt* cut; *chir.* amputate

ucisk ['utɕisk] *m* pressure, oppression

uczcić ['utʃtɕitɕ] *vt* honour; ~ czyjąś pamięć to commemorate sb; ~ okazję to celebrate the occasion

uczciwy [utʃ'tɕivi] *adj* honest; (*o grze*) fair; ~mi środkami by fair means

uczelnia [u'tʃɛlɲa] *f* school, college; wyższa ~ high school

uczeń ['utʃɛɲ] *m* pupil, schoolboy; (*w rzemiośle*) apprentice; (*zwolennik, wyznawca*) disciple

uczennica [utʃɛn'ɲitsa] *f* school-girl, pupil

uczesać [u'tʃɛsatɕ] I *vt* comb, dress (one's, sb's) hair II *vr* ~ się comb, brush one's hair

uczesanie [utʃɛ'saɲɛ] *n* hairdressing, hair-do, hair-style

uczestnictwo [utʃɛst'ɲitstfɔ] *n* participation

uczestniczyć [utʃɛst'ɲitʃitɕ] *vi* participate ⟨take part⟩ (w czymś in sth)

uczestnik [u'tʃɛstɲik] *m* participant, partner (czegoś in sth); (*w przestępstwie*) accomplice

uczęszczać [u'tʃɛ̃ʃtʃatɕ] *vi* frequent (do klubu a club); attend; ~ do szkoły ⟨na wykłady, kursy⟩ to attend school ⟨lectures, courses⟩

uczony [u'tʃɔni] I *adj* erudite, learned II *m* scholar, scientist

uczucie [u'tʃutɕɛ] *n* feeling, sentiment, affection; (*głodu, zimna itp.*) sensation

uczulenie [utʃu'lɛɲɛ] *n med.* allergy

uczyć ['utʃitɕ] I *vt* teach, train, instruct II *vr* ~ się learn, study

uczyn|ek [u'tʃinɛk] *m* deed, act; dobry ~ek good action; *przen.* złapać kogoś na gorącym ~ku to catch sb red-handed ⟨in the act⟩

udać *zob.* udawać

udany [u'dani] *adj* (*pomyślny*) successful; (*nieprawdziwy, symulowany*) feigned, acted; make-believe

udar ['udar] *m* stroke; *med.* apoplexy; ~ słoneczny sunstroke

uda|wać [u'davatɕ] *imperf*, ~ć ['udatɕ] *perf* I *vt* feign, pretend, simulate II *vr* ~wać, ~ć się 1. (*iść*) go; ~ć się w podróż to set out on a journey 2. (*o przedsięwzięciu*) succeed; ~ło mi się to napisać I succeeded in writing it; I managed to write it; nie ~ło mi się tego dokonać I failed to accomplish it

udekorować [udɛkɔ'rɔvatɕ] *vt* decorate, adorn

uderz|ać [u'dɛʒatɕ] *imperf*, ~yć [u'dɛʒitɕ] *perf* I *vt vi* 1. strike, hit; ~ać, ~yć o coś to knock against sth; ~yć pięścią w stół to strike one's fist on the table; ~ać, ~yć w dzwony to ring the bell; *przen.* ~yła mnie pewna myśl an idea struck me 2. (*atakować*) attack II *vr* ~ać, ~yć się bump (o coś against sth)

uderzenie [udɛ'ʒɛɲɛ] *n* blow, stroke, hit; *wojsk.* attack

uderzyć *zob.* uderzać

udo ['udɔ] *n anat.* thigh

udogodnieni|e [udɔgɔd'ɲɛɲɛ] *n* convenience, facilitation, improvement; *pl* ~a facilities

udoskonalać [udɔskɔ'nalatɕ] *vt* perfect, bring to perfection, improve

udoskonalenie [udɔskɔna'lɛɲɛ] *n* perfection, improvement

udostępni|ać [udɔs'tɛpɲatɕ]

imperf, ~ć [udɔs'tɛpɲitɕ] *perf vt* make accessible
udow|adniać [udɔ'vadɲatɕ] *imperf,* ~odnić [udɔ'vɔdɲitɕ] *perf vt* prove; (*ukazać*) show
udusić [u'duɕitɕ] I *vt* 1. strangle, choke 2. *kulin.* stew II *vr* ~ się choke, suffocate
udział ['udʑaŭ] *m* participation; share; brać ~ w czymś to take part in sth
udziel|ać [u'dʑɛlatɕ] *imperf,* ~ić [u'dʑɛɲitɕ] *perf* I *vt* give; ~ać, ~ić kredytu to grant credit; ~ać, ~ić nagany to reprimand; ~ać, ~ić pomocy to lend aid; ~ać, ~ić gościny to extend hospitality; ~ać, ~ić informacji to furnish sb with information; to impart information II *vr* ~ać się 1. (*obcować*) communicate; (*towarzysko*) to go into society 2. (*o chorobie*) be catching
ufa|ć ['ufatɕ] *vi* trust; confide (*komuś* in sb); nie ~c to distrust; ~m, że ... I am confident that ...
ufarbować [ufar'bɔvatɕ] *vt* dye
ugasić [u'gaɕitɕ] *vt* 1. (*pożar*) put out, extinguish 2. (*pragnienie*) quench 3. (*stłumić*) suppress
ugi|ąć ['ugɔ̃tɕ] *perf,* ~nać [u'ginatɕ] *imperf vt* (*także vr* ~ąć, ~nać się) bend, bow
ugni|atać [u'gɲatatɕ] *imperf,* ~eść ['ugɲɛɕtɕ] *perf vt* kneed, press
ugod|a [u'gɔda] *f* agreement; zawrzeć ~ę to conclude ⟨to make⟩ an agreement
ugotować [ugɔ'tɔvatɕ] *vt* (*obiad*) cook; (*wodę*) boil
ugrupowanie [ugrupɔ'vaɲɛ] *n* group; formation; *wojsk.* disposition
ugryźć ['ugriɕtɕ] *vt* bite

ugrzęznąć [u'gʒɛ̃znɔ̃tɕ] *vi* get bogged; ~ w błocie to stick in the mud
ujawni|ać [u'javɲatɕ] *imperf,* ~ć [u'javɲitɕ] *perf* I *vt* reveal, disclose II *vr* ~ać, ~ć się be revealed; (*o prawdzie itp.*) come out
ująć *zob.* ujmować
ujemn|y [u'jɛmni] *adj* negative, disadvantageous; ~a strona drawback, disadvantage
ujmować [uj'mɔvatɕ] *imperf,* ująć ['ujɔ̃tɕ] *perf* I *vt* 1. (*chwytać*) seize, grasp, catch 2. (*pojmować*) conceive, apprehend, grasp 3. (*formułować*) formulate 4. (*odejmować*) deduct 5. (*jednać*) ~ sobie to captivate; to win II *vr* ~, ująć się intercede ⟨say a word⟩ (*za kimś* for sb)
ujrzeć ['ujʒɛtɕ] *vt* see, perceive, catch sight (*kogoś* of sb)
ujście ['ujɕtɕɛ] *n* escape; (*rzeki*) mouth, estuary; *przen.* dać ~ złości to vent one's anger
ukarać [u'karatɕ] *vt* punish
ukaz|ać [u'kazatɕ] *perf,* ~ywać [uka'ziwatɕ] *imperf* I *vt* show, present, exhibit II *vr* ~ać, ~ywać się appear
ukąszenie [ukɔ̃'ʃɛɲɛ] *n* bite; (*owada*) sting
układ ['ukŭat] *m* 1. arrangement; (*budowa*) structure; (*plan*) scheme; ~ graficzny make-up; *anat.* ~ krwionośny blood system 2. (*umowa*) agreement, contract, treaty; *pl* ~y negotiations
układać [u'kŭadatɕ] *imperf,* ułożyć [u'ŭɔʑitɕ] *perf vt* arrange; (*tekst*) compose; (*drzewo*) stock; (*cegły*) lay; (*sporządzać*) make
ukłon ['ukŭɔn] *m* 1. bow; złożyć ⟨oddać⟩ komuś ~ to bow to sb 2. *pl* ~y (*pozdrowie-*

nia) regards, compliments; *(w liście)* ~y od ... with compliments from...

ukłonić się [u'kŭoɲitɕ ɕẽ] *vr* bow **(komuś** to sb)

ukłucie [u'kŭutɕɛ] *n* prick, puncture; *(owada)* sting

ukłuć ['ukŭutɕ] I *vt perf* prick II *vr* ~ **się** prick; sting

ukochany [ukɔ'xanɨ] *adj* beloved, dear; *(o książce itp.*

— *ulubiony)* favourite

ukoić [u'kɔitɕ] *vt* soothe, appease

ukończyć [u'kɔɲtʃitɕ] *vt* finish, end, complete; bring to an end; ~ **szkołę** to leave school; to complete one's education; ~ **uniwersytet ⟨studia⟩** to graduate; to take one's degree

ukos ['ukɔs] *m* slant; **na** ~ obliquely, diagonally, aslant; **patrzeć z** ~**a** to look askance

ukraść ['ukraɕtɕ] *vt* steal; *pot.* snatch

ukrop ['ukrɔp] *m* boiling water

ukry|ć ['ukritɕ] *perf,* ~**wać** [u'krɨvatɕ] *imperf* I *vt* hide, conceal, keep **(przed kimś from** sb); suppress; ~**ć,** ~**wać twarz w dłoniach** to bury one's face in one's hands II *vr* ~**ć,** ~**wać się** hide **(przed kimś from** sb); go into hiding

ul [ul] *m* beehive

ule|gać [u'lɛgatɕ] *imperf,* ~**c** ['ulɛts] *perf vt vi* yield **(komuś, czemuś** to sb, sth); succumb, undergo; ~**gać czyimś wpływom** to be influenced by sb; ~**gać,** ~**c zmianom** to undergo changes; ~**gać,** ~**c zwłoce** to be delayed; **nie** ~**ga wątpliwości** there is no doubt

ulepsz|ać [u'lɛpʃatɕ] *imperf,* ~**yć** [u'lɛpʃitɕ] *perf vt* improve, better

ulewa [u'lɛva] *f* downpour, shower

ulg|a ['ulga] *f* relief; ~**i podatkowe** tax reductions; **doznać** ~**i** to be ⟨feel⟩ relieved; **sprawić** ~**ę** to relieve a pain

ulgowy [ul'gɔvɨ] *adj* reduced, low-rate

ulica [u'litsa] *f* street; ~ **główna** main street; ~ **bez przejazdu** no through road; **ślepa** ~ blind alley; dead-end

uliczny [u'litʃnɨ] *adj* street; **ruch** ~ traffic

ulokować [ulɔ'kɔvatɕ] I *vt (dać mieszkanie) (umieścić)* place II *vr* ~ **się** *(znaleźć mieszkanie)* put up; *(umieścić się)* place oneself

ulotka [u'lɔtka] *f* leaflet; *(reklamowa)* handbill

ultrafioletowy [ultrafɔlɛ'tɔvɨ] *adj* ultra-violet

ulubieniec [ulu'bɛɲɛts] *m* favourite, *pot.* pet

ulubiony [ulu'bɔnɨ] *adj* favourite, beloved

ułamek [u'ŭamɛk] *m* fragment; *mat.* fraction

ułatwi|ać [u'ŭatfatɕ] *imperf,* ~**ć** [u'ŭatfitɕ] *perf vt* facilitate, make easier

ułatwieni|e [uŭat'fɛɲɛ] *n* facility, facilitation; *pl* ~**a** facilities

ułomny [u'ŭɔmnɨ] *adj* crippled, disabled, infirm; *gram.* defective

ułożyć *zob.* układać

umacniać [u'matsɲatɕ] *vt* strengthen, consolidate, fortify

umalować [uma'lɔvatɕ] I *vt* paint II *vr* ~ **się** make up

umarły [u'marŭɨ] *adj m* deceased, dead

umawiać się [u'maҳatɕ ɕẽ] *imperf,* **umówić się** [u'muҳitɕ ɕẽ] *perf vr* arrange; make arrangements; ~ **się co do ceny** to settle ⟨to agree upon⟩ the price; ~ **się**

co do dnia to fix the day; ~ się na spotkanie to make a date ⟨an appointment⟩

umeblowanie [umɛblɔ'vaɲɛ] *n* furniture

umiar ['uɱar] *m* moderation

umiarkowan|y [uɱarkɔ'vani] *adj* moderate, temperate; ~a cena reasonable price

umie|ć ['uɱɛtɕ] *vt* know, be able; **on nie ~ pływać** he cannot swim; **he doesn't know how to swim**; ~ć na pamięć to know by heart; **czy ~sz czytać?** can you read?

umiejętny [uɱe'jɛtni] *adj* skilful

umierać [u'ɱɛratɕ] *imperf*, **umrzeć** ['umʒɛtɕ] *perf vi* die, expire, pass away

umie|szczać [u'ɱɛʃtʃatɕ] *imperf*, ~ścić [u'ɱɛɕtɕitɕ] *perf vt* place, locate, put; (*w gazecie*) insert

umilknąć [u'milknɔ̃tɕ] *vi* stop talking; break off

umocnienie [umɔts'ɲɛɲɛ] *n* consolidation, fixing; *wojsk.* fortification

umocować [umɔ'tsɔvatɕ] *vt* fasten, secure

umorzenie [umɔ'ʒɛɲɛ] *n* amortization, extinction; *prawn.* ~ postępowania discontinuation of legal proceedings

umowa [u'mɔva] *f* agreement, contract, treaty, convention; ~ handlowa commercial agreement; ~ międzynarodowa international agreement; ~ zbiorowa collective contract

umożliwi|ać [umɔʒ'ʎivatɕ] *imperf*, ~ć [umɔʒ'ʎivitɕ] *perf vt* make possible, enable

umówić się zob. **umawiać się**

umrzeć zob. **umierać**

umyć ['umɨtɕ] I *vt* wash; ~ włosy ⟨ręce⟩ wash one's hair ⟨hands⟩; ~ naczynia wash up II *vr* ~ się wash oneself

umysł ['umɨsu] *m* mind, intellect; **przytomność ~u** presence of mind

umysłow|y [umɨ'suɔvi] *adj* mental, intellectual; **pracownik ~y** white-collar ⟨intellectual⟩ worker; **choroba ~a** mental illness

umyślnie [u'mɨɕlɲɛ] *adv* on purpose, deliberately; expressly, intentionally

umywalnia [umɨ'valɲa] *f* washstand; (*lokal*) lavatory

uniemożliwi|ać [uɲɛmɔʒ'ʎivatɕ] *imperf*, ~ć [uɲɛmɔʒ'ʎivitɕ] *perf vt* make impossible; ~ać, ~ć komuś coś to prevent sb from doing sth

unieruchomić [uɲɛru'xɔɱitɕ] *vt* immobilize; *mech.* put out of action

unieszkodliwi|ać [uɲɛʃkɔd'ʎivatɕ] *imperf*, ~ć [uɲɛʃkɔd'ʎivitɕ] *perf vt* render harmless, neutralize

unieść zob. **unosić**

unieważni|ać [uɲɛ'vaʒnatɕ] *imperf*, ~ć [uɲɛ'vaʒnitɕ] *perf vt* annul, nullify, invalidate

unik|ać [u'ɲikatɕ] *imperf*, ~nąć [u'ɲiknɔ̃tɕ] *perf vt* avoid ⟨kogoś, czegoś sb, sth⟩; shun, escape, elude; ~nąć niebezpieczeństwa to escape ⟨to elude⟩ danger

unikalny [uɲi'kalni] *adj* unique, unparalleled

unikat [u'ɲikat] *m* unique ⟨rare⟩ specimen; curiosity

uniwersalny [uɲiver'salni] *adj* universal

uniwersytet [uɲi'versitet] *m* university

unosić [u'nɔɕitɕ] *imperf*, **unieść** ['uɲɛɕtɕ] *perf* I *vt* carry away; raise, lift II *vr* ~ się 1. (*w powietrzu*) soar; (*o ptaku*) hover; ~ się w górę to ascend 2. (*złościć się*) to lose one's temper; to fly into a passion unowocześni|ać [unɔvɔ'ʧɛç-ɲatɕ] imperf, ~ć [unɔvɔ-'ʧɛçɲitɕ] perf vt (także vr ~ać, ~ć się) modernize

uodporni|ać [uɔt'pɔrɲatɕ] imperf, ~ć [uɔt'pɔrɲitɕ] perf vt immunize (na coś against sth)

uogólni|ać [uɔ'gulɲatɕ] imperf, ~ć [uɔ'gulɲitɕ] perf vt generalize

uogólnienie [uɔgul'ɲɛɲɛ] n generalization

upa|dać [u'padatɕ] imperf, ~ść ['upaɕtɕ] perf vi fall, drop; ~dać, ~ść na duchu to be depressed

upad|ek [u'padɛk] m fall, downfall; breakdown; decline; failure; chylić się do ~ku to decline; przywieść do ~ku to ruin

upalny [u'palnɨ] adj burning, torrid, hot

upał ['upau] m heat

upaństwowić [upaɲst'fɔvitɕ] vt nationalize

upaństwowienie [upaɲstfɔ'vɛɲɛ] n nationalization

uparty [u'partɨ] adj stubborn, obstinate

upaść zob. upadać

upat|rywać [upa'trɨvatɕ] imperf, ~rzeć [u'patʃɛtɕ] perf vt watch, track; be on the look-out (coś for sth); ~rzeć sobie coś to choose sth

uperfumować [upɛrfu'mɔvatɕ] vt perfume

upewni|ać [u'pɛvɲatɕ] imperf, ~ć [u'pɛvɲitɕ] perf I vt assure II vr ~ać, ~ć się make sure ⟨certain⟩ (o czymś of ⟨about⟩ sth)

upić się ['upitɕ ɕɛ] vr get drunk; przen. be intoxicated (radością with joy)

upiec ['upɛts] vt kulin. bake (bread); roast (meat)

upierać się [u'pɛratɕ ɕɛ] vr persist (przy czymś in sth); insist (przy czymś on sth)

upierzenie [upɛ'ʒɛɲɛ] n feathering, plumage

upłynąć zob. upływać

upływ ['upuɨf] m (terminu) expiration; (czasu) lapse; po ~ie roku after a lapse of a year || ~ krwi loss of blood

upły|wać [u'puɨvatɕ] imperf. ~nąć [u'puɨnɔtɕ] perf vi run; (o czasie) elapse, pass; (o terminie) expire

upodobanie [upɔdɔ'baɲɛ] n liking (do czegoś for sth), fancy; szczególne ~ predilection; znajdować ~ w czymś to take delight in sth

upokarzający [upɔkaʒa'jɔtsɨ] adj humiliating, mortifying

upominać [upɔ'minatɕ] I vt rebuke; reprimand II vr ~ się o coś to claim ⟨demand⟩ sth

upomin|ek [upɔ'minɛk] m souvenir, keepsake, present; w ~ku as a keepsake

upomnienie [upɔm'ɲɛɲɛ] n admonition, reprimand

uporządkować [upɔʒɔt'kɔvatɕ] vt put in order, arrange, adjust; (pokój, dom, bałagan) tidy ⟨clear⟩ up

upoważni|ać [upɔ'vaʒɲatɕ] imperf, ~ć [upɔ'vaʒɲitɕ] perf vt authorize, entitle, empower

upoważnienie [upɔvaʒ'ɲɛɲɛ] n authorization; prawn. warrant

upowszechni|ać [upɔ'fʃɛxɲatɕ] imperf, ~ć [upɔ'fʃɛxɲitɕ] perf vt generalize, diffuse, bring into general use

upór ['upur] m obstinacy, stubbornness

uprać ['upratɕ] vt wash (clothes)

uprasować [upra'sɔvatɕ] vt iron (clothes)

uprawa [u'prava] f cultivation, culture

uprawi|ać [u'pravatɕ] imperf,

~ć [u'pravitç] *perf vt* cultivate; (*sport*) practise
uprawni|ać [u'pravɲatç] *imperf*, ~ć [u'pravɲitç] *perf vt* qualify, entitle, authorize
uprawniony [uprav'ɲoni] *adj* authorized, entitled
uprawomocnić [upravɔ'mɔtsɲitç] *vt* legalize, sanction, legitimate
uproszczenie [uprɔ'ʃtʃɛɲɛ] *n* simplification
uprzednio [u'pʃɛdɲɔ] *adv* formerly, previously, beforehand, in advance
uprzedz|ać [u'pʃɛdzatç] *imperf*, ~ić [u'pʃɛdʑitç] *perf* I *vt* (*fakty*) anticipate; (*zapobiegać*) avert, prevent; (*ostrzegać*) warn; (*poprzedzać*) precede, come before; (*nastawiać źle*) prejudice, bias; ~ać, ~ić o czymś to let know ⟨inform⟩ of sth II *vr* ~ać, ~ić się be prejudiced (do kogoś against sb)
uprzejmie [u'pʃɛjmɛ] *adv* kindly, politely, courteously; proszę ~ please
uprzejmy [u'pʃɛjmi] *adj* kind, polite, courteous, gentle
uprzemysł|awiać [upʃɛmi'sŭavatç] *imperf*, ~owić [upʃɛmi'sŭɔvitç] *perf vt* industrialize
uprzemysłowienie [upʃɛmisŭɔ'vɛɲɛ] *n* industrialization
uprzytomni|ać [upʃi'tɔmɲatç] *imperf*, ~ć [upʃi'tɔmɲitç] *perf vt* bring home (komuś coś sth to sb); (*sobie*) realise, realize
uprzywilejowani|e [upʃivilɛjɔ'vaɲɛ] *n* privilege; *handl.* preference; klauzula najwiekszego ~a the most-favoured-nation clause
uprzywilejowany [upʃivilɛjɔ'vani] *adj* privileged; *ekon.* preferential
upudrować [upu'drɔvatç] *vt* powder
upu|szczać [u'puʃtʃatç] *imperf*,

~ścić [u'puçtçitç] *perf vt* drop, let fall
uratować [ura'tɔvatç] I *vt* save, rescue II *vr* ~ się be saved
uraz ['uras] *m* (*fizyczny*) hurt, injury; (*moralny*) shock; *med.* complex
uraz|a [u'raza] *f* resentment, grudge, grievance; mieć ~ę do kogoś to have ⟨to bear⟩ a grudge against sb
uregulować [urɛgu'lɔvatç] *vt* put in order, settle; ~ rachunek to settle an account; to pay a bill
urlop ['urlɔp] *m* leave, vacation, holiday; *wojsk.* furlough; ~ macierzyński maternity leave; ~ zdrowotny sick leave; bezpłatny ~ leave without pay; ~ płatny leave with pay; być na ~ie to be on leave ⟨holiday⟩
uroczy [u'rɔtʃi] *adj* charming
uroczystość [urɔ'tʃistɔçtç] *f* solemnity, festivity, ceremony
uroczysty [urɔ'tʃisti] *adj* solemn, festive
uroda [u'rɔda] *f* beauty, good looks
urodzaj [u'rɔdzaj] *m* good harvest ⟨crops⟩
urodzajny [urɔ'dzajni] *adj* fertile
urodzeni|e [urɔ'dzɛɲɛ] *n* birth; miejsce ~a birth-place; świadectwo ⟨metryka⟩ ~a birth certificate; od ~a from birth
urodzić [u'rɔdʑitç] I *vt* give birth (kogoś to sb), bear II *vr* ~ się be born
urodziny [urɔ'dʑini] *plt* birthday
urok ['urɔk] *m* charm, fascination
urosnąć [u'rɔsnɔ̃tç] *vi* grow (up)
urozmaic|ać [urɔzma'itsatç] *imperf*, ~ić [urɔzma'itçitç] *perf vt* diversify, vary

urozmaicony [urɔzmai'tsɔnɨ] *adj* varied

uruch|amiać [uru'xamatɕ] *imperf*, ~omić [uru'xɔmitɕ] *perf vt* put in motion, set going; ~omić silnik to start the engine

urwa|ć ['urvatɕ] I *vt* tear off; (*owoc, kwiat*) pluck II *vi* (*przestać*) break off; ~ć nagle to stop dead ⟨short⟩ III *vr* ~ć się break; guzik się ~ł a button is (torn) off; korespondencja się ~ła the correspondence stopped

urwisko [ur'visko] *n* crag, steep rock; cliff

urywek [u'rivɛk] *m* fragment, passage, extract

urząd ['uʒɔ̃t] *m* 1. office, agency; ~ celny customs house, customs office, the customs; ~ pocztowy post office; ~ stanu cywilnego registry, registrar's office 2. (*funkcja*) function; objąć ~ to come into office; piastować ~ to hold office; zrezygnować z urzędu to resign from office; z urzędu ex officio; officially, in one's official capacity

urządz|ać [u'ʒɔ̃dzatɕ] *imperf*, ~ić [u'ʒɔ̃dʑitɕ] *perf* I *vt* arrange, organize, install; (*mieszkanie*) furnish; ~ać, ~ić owację to make an ovation II *vr* ~ać, ~ić się settle down

urządzeni|e [uʒɔ̃'dzɛɲɛ] *n* 1. (*czynność*) arrangement; (*konferencji itp.*) organization 2. (*narzędzia, sprzęty*) device, appliance; *pl* ~a installations, facilities; ~a sanitarne sanitary installations; ~e mieszkania furniture

urządzić *zob.* urządzać

urzeczywistni|ać [uʒɛtʃɨ'vistɲatɕ] *imperf*, ~ć [uʒɛtʃɨ'vistɲitɕ] *perf vt* realize, make real; ~ć marzenie to

make a dream come true

urzędnik [u'ʒɛ̃dɲik] *m* official; (*biurowy, bankowy*) clerk; ~ administracyjny civil servant; ~ państwowy government official; ~ stanu cywilnego registrar

urzędować [uʒɛ̃'dɔvatɕ] *vi* be employed, hold an office

urzędowy [uʒɛ̃'dɔvɨ] *adj* official

usamodzielni|ać [usamɔ'dʑɛlɲatɕ] *imperf*, ~ć [usamɔ'dʑɛlɲitɕ] *perf* I *vt* emancipate, make independent II *vr* ~ać, ~ć się become independent

usiąść ['uɕɔ̃ɕtɕ] *vi* sit down, take a seat; proszę ~! please, take a seat!

usiłować [uɕi'u̯ɔvatɕ] *vt* make effort(s), endeavour, attempt, strive

usłuchać [u'su̯uxatɕ] *vt* obey; ~ rady to follow ⟨to take⟩ an advice

usług|a [u'su̯uga] *f* service, favour; oddać ~ę to do ⟨to render⟩ a service; do pańskich ~! at your service!

usługiwać [usu̯u'ɡivatɕ] *vt* serve (komuś sb); ~ komuś przy stole to wait on sb at table

usługowy [usu̯u'ɡɔvɨ] *adj* punkt ~ servicing station

usłyszeć [u'su̯ɨʃɛtɕ] *vt* hear; ~ o czymś to get knowledge of sth

usmażyć [u'smaʒɨtɕ] *vt kulin.* fry, roast

usnąć ['usnɔ̃tɕ] *vi* fall asleep; go to sleep

uspok|ajać [uspɔ'kajatɕ] *imperf*, ~oić [uspɔ'kɔitɕ] *perf* I *vt* calm, quieten, appease; (*nerwy*) soothe II *vr* ~ajać, ~oić się calm down, compose oneself

uspołeczniony [uspɔu̯ɛtʃ'ɲɔnɨ] *adj* socialized

usposobienie [uspɔsɔ'bɛɲɛ] *n* temper, disposition

usprawiedliwi|ać [uspraved'ɕivatɕ] *imperf*, ~ć [uspraⅴɛ-d'ɲiⅴitɕ] *perf* I *vt* justify, excuse (z czegoś for sth) II *vr* ~ać, ~ć się apologize (z czegoś for sth); excuse oneself

usprawni|ać [u'spravɲatɕ] *imperf*, ~ć [u'spravɲitɕ] *perf* *vt* rationalize, render efficient

usprawnienie [uspraⅴ'ɲɛɲɛ] *n* rationalization

usta ['usta] *plt* mouth

ustać ['ustatɕ] I *vi* (*zaprzestać*) stop, cease; (*na nogach*) stand (on one's feet), keep standing II *vr* ~ się (*o płynach*) settle

ustal|ać [u'stalatɕ] *imperf*, ~ić [u'staɫitɕ] *perf* I *vt* settle, fix; (*ustanowić*) establish; (*zasadę*) lay down II *vr* ~ić się (*o pogodzie*) set

ustan|awiać [usta'naⅴatɕ] *imperf*, ~owić [usta'nɔⅴitɕ] *perf* *vt* establish, set up; (*ceny*) fix; *prawn.* enact; ~owić rekord to set up a record

ustawa [u'stava] *f* law

ustawać [u'stavatɕ] *vi* cease, stop; (*być zmęczonym*) be weary

ustawi|ać [u'staⅴatɕ] *imperf*, ~ć [u'staⅴitɕ] *perf* I *vt* set, arrange, place; (*porządkować*) set in order II *vr* ~ać, ~ć się place oneself

ustawiczny [usta'ⅴitʃni] *adj* incessant, continual

ustawodawcz|y [ustavɔ'daftʃi] *adj* legislative; ciało ~e legislative body; zgromadzenie ~e constituent ⟨legislative⟩ assembly

ustąpić *zob.* ustępować

usterka [u'stɛrka] *f* deficiency, fault, flaw

ustęp ['ustɛp] *m* 1. (*w książce*) passage, paragraph 2. (*ubikacja*) lavatory, W.C.

ust|ępować [ustɛ̃'pɔvatɕ] *imperf*, ~ąpić [u'stɔ̃pitɕ] *perf* *vt* 1. give in ⟨way⟩, yield;

~ępować, ~ąpić miejsca komuś to give up one's place to sb; ~ępować, ~ąpić z drogi to stand out of the way; nie ~ępować, ~ąpić nikomu to be second to none 2. (*usunąć się*) retreat, withdraw, retire

ustnik ['ustɲik] *m* mouthpiece

ustn|y ['ustni] *adj* oral, verbal; egzamin ~y oral examination; jama ~a oral cavity

ustosunkować się [ustɔsun'kɔvatɕ ɕɛ] *vr* assume an attitude (do czegoś to sth)

ustrój ['ustruj] *m* structure, organization, regime system; ~ nerwowy nervous system; ~ polityczny political system ⟨regime⟩; ~ społeczny social structure ⟨system⟩

ustrzec ['ustʃɛts] I *vt* preserve, guard (od czegoś from sth) II *vr* ~ się guard (przed czymś against sth); avoid, escape (przed czymś sth)

usu|nąć [u'sunɔ̃tɕ] *perf*, ~wać [u'suvatɕ] *imperf* I *vt* remove, take away; discard; (z urzędu) dismiss, remove; (*wypędzić*) expel; (z towarzystwa) exclude; ~nąć, ~wać ząb to extract a tooth; ~nąć, ~wać sprzed oczu to take out of sb's sight; *przen.* ~nąć, ~wać z myśli to dismiss from one's mind II *vr* ~nąć, ~wać się retire, withdraw; ~nąć, ~wać się z drogi to keep out of the way; *przen.* ~nąć, ~wać się ze sceny to quit the stage

usypiać [u'siṗatɕ] I *vi* fall asleep II *vt* lull (kogoś sb) to sleep

uszanować [uʃa'nɔvatɕ] *vt* respect

uszanowanie [uʃanɔ'vaɲɛ] *n* respect; złożyć ~ to pay

one's respects ⟨one's compliments⟩

uszczelka [uʃ'tʃɛlka] *f* gasket, seal, packing; ∼ **gumowa** rubber gasket

uszkodzenie [uʃkɔ'dzɛnɛ] *n* damage; *mech.* trouble; ∼ **ciała** injury

uszkodzić [u'ʃkɔdʑitɕ] *vt* damage, injure

uszyć ['uʃitɕ] *vt* sew

uścisk ['uɕtɕisk] *m* embrace, grasp; ∼ **dłoni** handshake

uściskać [u'ɕtɕiskatɕ] *perf*, ∼**nąć** [u'ɕtɕisnɔ̃tɕ] *perf* I *vt* embrace, hug; ∼**nąć komuś rękę** to shake sb's hand; ∼**nąć sobie ręce** to shake hands II *vr* ∼**kać**, ∼**nąć się** embrace

uśmiech ['uɕmɛx] *m* smile; **promienny** ∼ beaming smile; **szyderczy** ∼ sneer

uśmiechać się [uɕ'mɛxatɕ ɕɛ] *imperf*, ∼**nąć się** [uɕ'mɛxnɔ̃tɕ ɕɛ] *perf vr* smile (**do kogoś** at sb) ‖ **nie** ∼**a mi się ...** I don't like the idea of ...

uśmierzający [uɕmɛ'ʒajɔ̃tsɨ] *adj* alleviating, calming; **środek** ∼ **ból** analgesic, pain-killer

uśpić ['uɕpitɕ] *vt med.* anaesthetize, etherize; ∼ **dziecko** to lull a baby to sleep

uświadamiać [uɕfa'damatɕ] *imperf*, ∼**omić** [uɕfa'dɔmitɕ] *perf vt* (**o czymś**) bring home; ∼**amiać**, ∼**omić seksualnie** to explain the facts of life; ∼**amiać**, ∼**omić sobie coś** to realize ⟨to be aware of⟩ sth

utalentowany [utalɛntɔ'vanɨ] *adj* talented, gifted

utknąć ['utknɔ̃tɕ] *vi* get stuck; ∼ **w gardle** to stick in one's throat; ∼ **w błocie** to stick in the mud; ∼ **w rowie** to be ditched; *przen.* **sprawa na tym utknęła** the matter stopped there

utkwić ['utkfitɕ] I *vi* (**o strza-** le) stick; (**o pocisku**) lodge; ∼ **w pamięci** to stick in one's memory II *vt* ∼ **wzrok w kimś, czymś** to stare ⟨glare⟩ at sb, sth

utonąć [u'tɔnɔ̃tɕ] *vi* 1. be drowned 2. (**o statku itp.**) sink

utopić [u'tɔpitɕ] I *vt* drown, sink II *vr* ∼ **się** = **utonąć 1.**

utorować [utɔ'rɔvatɕ] *vt* clear, pave; ∼ **sobie drogę** to pave one's way

utożsamiać [utɔʃ'samatɕ] *imperf*, ∼**ć** [utɔʃ'samitɕ] *perf vt* identify (**z kimś, czymś** with sb, sth)

utrapienie [utra'pɛnɛ] *n* worry, affliction, annoyance, nuisance; **być** ∼**m dla kogoś** to make oneself a nuisance to sb

utrata [u'trata] *f* loss; ∼ **kredytu** ⟨**zaufania**⟩ loss of credit ⟨of confidence⟩

utrudniać [u'trudnatɕ] *imperf*, ∼**ć** [u'trudnitɕ] *perf vt* make difficult, impede

utrwalacz [utr'falatʃ] *m fot.* fixative

utrwalać [utr'falatɕ] *imperf*, ∼**ć** [utr'faʎitɕ] *perf* I *vt* consolidate, stabilize; (**także fot.**) fix; *przen.* ∼**ać**, ∼**ić w pamięci** to fix in the memory II *vr* ∼**ać**, ∼**ić się** become fixed ⟨consolidated⟩

utrzeć ['utʃetɕ] *vt* (**rozdrobnić**) grind; grate; ∼ **na papkę** to rub sth into a paste

utrzymać *zob.* **utrzymywać**

utrzymanie [utʃɨ'manɛ] *n* living, maintenance; **koszty** ∼**a** cost of living; **mieszkanie i** ∼**e** room and board; **zarabiać na** ∼**e** to make ⟨to earn⟩ one's living; **z pełnym** ∼**em** with full board

utrzymywać [utʃɨ'mɨvatɕ] *imperf*, ∼**ać** [u'tʃɨmatɕ] *perf* I *vt* keep, maintain, hold; ∼**ywać**, ∼**ać równowagę** to

keep one's balance; ~ywać,
~ać w czystości to keep
tidy; ~ywać, ~ać w do-
brym stanie to keep in repair ⟨in good condition⟩;
~ywać, ~ać w ruchu to
keep in motion; *przen.*
~ywać, ~ać pozory to keep
up appearances || ~ywać,
~ać rodzinę to support a
family II *vi* (*twierdzić*)
~ywać, że ... to maintain
that ... III *vr* ~ywać, ~ać
się keep, subsist, stand,
prevail; (*zarabiać na życie*)
keep ⟨support⟩ oneself; earn
one's living; (*z czegoś*) live
on; ~ywać się z pracy rąk
to live by the work of
one's hands

utworzyć [u'tfɔʒitɕ] *vt* form,
create, make

utwór ['utfur] *m* work, composition, production

utyć ['utitɕ] *vi* put on weight,
become fat

uwag|a [u'vaga] *f* 1. atten-
tion; zasługiwać na ~ę to
deserve notice; zwracać
czyjąś ~ę to attract ⟨draw⟩
sb's attention; zwracać ~ę
na kogoś, coś to pay attention to sb, sth; z ~i na to,
że ... considering that ...; ~a
na stopień! mind the step!;
przen. brać pod ~ę to take
into consideration; to consider 2. (*wypowiedziana
myśl*) remark 3. (*w książce*)
note

uwalniać [u'valɲatɕ] *imperf.*
uwolnić [u'vɔlɲitɕ] *perf* I
vt set free, liberate, release ⟨deliver⟩ (od czegoś
from sth); (*od winy*) acquit
II *vr* ~ się deliver oneself
(od czegoś from sth); get
rid (od czegoś of sth)

uważa|ć [u'vaʒatɕ] I *vt vi* pay
attention (na coś to sth);
take care (na coś of sth);
regard (za kogoś, coś as sb,
sth); reckon (za coś as ⟨for⟩
sth); look on ⟨upon⟩, take

for, consider, think; ~m
to za potrzebne I find it
necessary; jak ~sz just as
you please II *vr* ~ć się za
kogoś, coś to take oneself
for sb, sth

uważny [u'vaʒni] *adj* attentive, careful, intent

uwertura [uver'tura] *f muz.*
overture

uwiąz|ać [u'vɔ̃zatɕ] *perf,*
~ywać [uvɔ̃'zivatɕ] *imperf*
vt bind, tie, attach; ~ać,
~ywać na łańcuchu to chain

uwielbienie [uvel'bɛɲɛ] *n* ador-
ation, worship

uwierać [u'veratɕ] *vt* press,
chafe; (*o obuwiu*) pinch

uwierzyć [u'veʒitɕ] *vt* believe
(w coś in sth)

uwięzić [u'vɛ̃zitɕ] *vt* imprison

uwolnić zob. uwalniać

uwydatni|ać [uvi'datɲatɕ] *im-
perf,* ~ć [uvi'datɲitɕ] *perf* I
vt set ⟨show⟩ off; (*piękno
itp.*) enhance, accentuate II
vr ~ać, ~ć się show up

uwzględni|ać [u'vzglɛdɲatɕ]
imperf, ~ć [u'vzglɛdɲitɕ]
perf vt take into consideration ⟨account⟩, consider

uwzględnieni|e [uvzglɛd'ɲɛɲɛ]
n (taking into) consideration; w ~u ... consider-
ing ...; in compliance with ...

uzależni|ać [uza'lɛʒnatɕ] *im-
perf,* ~ć [uza'lɛʒnitɕ] *perf* I
vt make dependent (od
czegoś on ⟨upon⟩ sth); subject to II *vr* ~ać, ~ć się
make oneself dependent

uzasadni|ać [uza'sadnatɕ] *im-
perf,* ~ć [uza'sadnitɕ] *perf*
vt justify, substantiate, give
reasons (coś for sth); motiv-
ate

uzasadnienie [uzasad'ɲɛɲɛ] *n*
motivation, justification,
argumentation; z dobrym
~m well grounded

uzbr|ajać [u'zbrajatɕ] *imperf.*
~oić [u'zbrɔitɕ] *perf vt*
(*także vr* ~ajać, ~oić się)
arm

uzbrojenie [uzbrɔ'jɛnɛ] *n* arms, armaments, equipment
uzdolniony [uzdɔl'nɔni] *adj* gifted, capable, talented
uzdrowisko [uzdrɔ'viskɔ] *n* health-resort
uzg|adniać [u'zgadnatɕ] *imperf*, ~odnić [u'zgɔdnitɕ] *perf vt* make agree, adjust, coordinate; ~adniać, ~odnić w czasie to synchronize
uziemienie [uʑɛ'mɛnɛ] *n* earth
uznać *zob.* uznawać
uznani|e [u'znanɛ] *n* approbation, recognition; należvte ~e appreciation: cieszvć się ~em to enjoy the respect (of the people); mieć duże ~e dla kogoś to have a high ⟨great⟩ regard for sb; zyskać ~e to be appreciated; zasługującv na ~e praiseworthy; do twego ~a at your discretion; z ~em appreciatively
uzna|wać [u'znavatɕ] *imperf.* ~ć ['uznatɕ] *perf* **I** *vi* acknowledge, recognize; (*akceptować*) approve; (*fakt. winę itp.*) admit; ~wać, ~ć za winnego to declare ⟨find⟩ guiltv **II** *vr* ~wać, ~ć się plead (za winnego guiltv)
uzupełni|ać [uzu'peu̯natɕ] *imperf*, ~ć [uzu'peu̯nitɕ] *perf vt* complete, supplement: (*puste miejsce itp.*) fill up; ~ć zapas benzvnv ⟨wody⟩ to fill up with petrol ⟨water⟩; ~ać, ~ć braki to make up for the defects

uzysk|ać [u'ziskatɕ] *perf*, ~iwać [uzis'kivatɕ] *imperf vt* obtain, gain, acquire; ~ać stopień magistra filozofii to receive the degree of Master of Arts
użądlić [u'ʑɔ̃dɕitɕ] *vt* sting
użyci|e [u'ʑitɕɛ] *n* use, application; sposób ~a directions for use; w codziennvm ~u in daily use; wyjść z ~a to go out of use
użyć *zob.* używać
użyteczny [uʑi'tɛtʃni] *adj* useful, helpful
użyt|ek [u'ʑitɛk] *m* 'use; zrobić dobry ⟨zły⟩ ~ek z czegoś to make good ⟨bad⟩ use of sth; na codzienny ~ek for daily use; artykuły powszechnego ~ku articles of common consumption
użytkownik [uʑit'kɔvnik] *m* user
uży|wać [u'ʑivatɕ] *imperf*, ~ć ['uʑitɕ] *perf vt* use, make use of; ~wać sobie to luxuriate (in ⟨on⟩ sth); to indulge (in sth)
używalnoś|ć [uʑi'valnɔɕtɕ] *f* use, utilization; w stanie ~ci usable, in working order
używany [uʑi'vani] *adj* used, second-hand
użyźni|ać [u'ʑiʑnatɕ] *imperf*, ~ć [u'ʑiʑnitɕ] *perf vt* fertilize; (*ziemię*) fatten

W

w, we [v, vɛ] *praep* in, into; at; by; on; **w Anglii** in England; **w domu** at home; **we wtorek** on Tuesday; **w lecie** in summer; **w Londynie** in London; **w nocy** at night; **w pośpiechu** in a hurry; **słowo w słowo** word for word; **grać w karty** ⟨**w piłkę nożną** etc.⟩ to play cards ⟨football etc.⟩; **wpaść w tarapaty** to get into trouble
wachlarz ['vaxlaʃ] *m* fan

wada ['vada] f fault, defect, vice; *med.* ~ serca heart defect

wafel ['vafɛl] m wafer

waga ['vaga] f 1. (*ciężar*) weight; *boks.* ~ ciężka heavy-weight; ~ kogucia bantam-weight; ~ lekka light-weight; ~ musza fly-weight; ~ piórkowa feather-weight; ~ średnia middle-weight; sprzedawać na wagę to sell by weight 2. (*przyrząd*) balance, scales 3. (*znaczenie*) importance; przywiązywać wagę do czegoś to lay great stress on sth; to attach importance to sth

wagon ['vagɔn] m (*kolejowy*) carriage, *am.* car; wagon; (*towarowy*) truck; ~ bagażowy luggage-van; *am.* baggage-car; ~ restauracyjny dining-car; ~ sypialny sleeping-car

wahać się ['vaxatɕ ɕɛ̃] vr hesitate, waver; (*o cenach*) fluctuate; (*chwiać się*) shake, reel

wahadło [va'xadwɔ] n pendulum

wakacje [va'katsjɛ] plt vacation, holidays

walc [valts] m waltz

walcować [val'tsɔvatɕ] vt roll; (*metal*) flatten

walczyć ['valtʃitɕ] vi fight, struggle (o coś for sth)

waleczny [va'lɛtʃnɨ] adj valiant, brave

waleriana [valɛ'rjana] f (*krople*) valerian drops

walić ['vaɕitɕ] vt (*uderzać*) strike, pound; (*burzyć*) demolish, pull down

Walijczyk [va'ɕijtʃɨk] m Welshman

walijski [va'ɕijski] adj Welsh

walizka [va'ɕiska] f suitcase, travelling-bag

walka ['valka] f fight, struggle

walny ['valnɨ] adj general,

plenary; ~e zgromadzenie general assembly

waluta [va'luta] f currency

wał [vaw] m dike, rampart; *mech.* shaft; ~ korbowy crankshaft; ~ napędowy transmission (propeller) shaft

wanna ['vanna] f bath, bath-tub

wapno ['vapnɔ] n lime; ~ gaszone slaked lime; ~ palone quick lime

warcaby [var'tsabɨ] pl draughts

warga ['varga] f lip

wariat ['varjat] m madman; *przen.* robić z kogoś ~a to make a fool of sb

warkocz ['varkɔtʃ] m braid, tress

warkot ['varkɔt] m whir, growl

warstwa ['varstfa] f layer; (*farby*) coat(ing) || ~y społeczne classes of society

warsztat ['varʃtat] m workshop; (*tkacki*) loom; ~y okrętowe dockyards

wart [vart] adj worth(y); niewiele ~ not worth much; ~ zachodu worth the trouble

warta ['varta] f watch, guard; stać na ~cie to stand guard

warto ['vartɔ] v imp it is worth (while); ~ to zrobić it is worth doing

wartościowy [vartɔɕ'tɕɔvɨ] adj valuable; precious; papiery ~e securities; przedmiot ~y precious object

wartość ['vartɔɕtɕ] f value

wartownik [var'tɔvɲik] m sentry

warunek [va'runɛk] m 1. condition; pl ~ki terms; postawić ~ek to lay down a condition; pod ~kiem że ... on condition (provided) that ... 2. pl ~ki (*okoliczności*) circumstances; ~ki atmosferyczne weather conditions; ~ki mieszkaniowe housing conditions; w tych ~kach under these circumstances

warzywa [va'ʒiva] *pl* vegetables

wasz [vaʃ] *pron* your(s)

wata ['vata] *f* cotton-wool

watolina [vatɔ'ɲina] *f* wadding

waza ['vaza] *f* vase; (*na zupę*) tureen

wazelina [vazɛ'ɲina] *f* vaseline

wazon ['vazɔn] *m* vase, flower-pot; bowl

ważn|y ['vaʒni] *adj* important; *prawn.* valid, in force; ~e powody good ⟨weighty⟩ reasons

ważyć ['vaʒitɕ] I *vt* weigh II *vr* ~ się 1. weigh 2. (*ośmielać się*) dare; ~ się na coś to venture sth

wąchać ['võxatɕ] *vt* smell

wąski ['võski] *adj* narrow; (*o ubraniu*) tight

wąsy ['võsi] *pl* moustache; (*u zwierzęcia*) whiskers

wątły ['võtŭi] *adj* frail

wątpić ['võtpitɕ] *vi* doubt (**w coś** sth)

wątpliwy [võt'pɲivi] *adj* doubtful, questionable

wątroba [võ'trɔba] *f* liver; *kulin.* ~ cielęca calf's liver; ~ wieprzowa pig's liver

wąwóz ['võvus] *m* ravine; (*między górami*) gorge

wąż [võʃ] *m* 1. snake 2. (*gumowy*) hose

wbrew [vbrɛf] *praep* in spite of, despite (**czemuś** sth), against

wcale ['ftsalɛ] *adv* quite, fairly; ~ ładny pretty nice; ~ nie not at all

wchł|aniać ['fxŭaɲatɕ] *imperf*, ~onąć ['fxŭɔnõtɕ] *perf vt* absorb, inhale

wchodzić ['fxɔdʑitɕ] *imperf*, **wejść** [vɛjɕtɕ] *perf vi* go ⟨come⟩ in, enter; ~ po schodach ·to go up the stairs; *przen.* ~ w modę to

come in ⟨into⟩ fashion; ~ w posiadanie to take possession; ~ w życie to come into force

wciąg|ać ['ftɕõgatɕ] *imperf*, ~nąć ['ftɕõgnõtɕ] *perf* I *vt* 1. draw (in) 2. (*na listę*) enter; (*zapisać*) enlist 3. (*kogoś do czegoś*) involve; engage; ~ać, ~nąć w pułapkę to entrap; to ensnare II *vr* ~ać, ~nąć się get accustomed ⟨used⟩ (**do czegoś** to sth)

wciąż [ftɕõʃ] *adv* continually

wciel|ać ['ftɕɛlatɕ] *imperf*, ~ić ['ftɕɛɲitɕ] *perf vt* embody, incarnate; (*włączać*) incorporate, annex; *wojsk.* enlist

wcierać ['ftɕɛratɕ] *imperf*, **wetrzeć** ['vɛtʃɛtɕ] *perf vt* rub in ⟨into⟩

wczasowicz [ftʃa'sɔvitʃ] *m* holiday maker

wczasy ['ftʃasi] *pl* holiday, vacation

wczesny ['ftʃɛsni] *adj* early; ~m rankiem early in the morning

wcześnie ['ftʃɛɕɲɛ] *adv* early; ~ wstać to get up ⟨to rise⟩ early

wczoraj ['ftʃɔraj] *adv* yesterday; ~ wieczorem last night

wdech [vdɛx] *m* aspiration, intake (**of** breath)

wdowa ['vdɔva] *f* widow

wdowiec ['vdɔvɛts] *m* widower

wdrapać się ['vdrapatɕ ɕɛ̃] *vr* climb (**na coś** sth), clamber up

wdychać ['vdixatɕ] *vt* inhale

wdzięczny ['vdʑɛ̃tʃni] *adj* 1. grateful, thankful; być ~m za coś to appreciate sth 2. (*pełen wdzięku*) graceful 3. (*o roli itp.*) pleasant

wdzięk [vdʑɛ̃k] *m* charm, grace

według ['vɛdŭuk] *praep* after, according to; ~ mego zegarka by my watch; ~ mnie in my opinion wejście ['vɛjçtçɛ] *n* entrance; ~ **wzbronione** no admittance

wejść *zob.* **wchodzić**

weksel ['vɛksɛl] *m* bill of exchange; **wystawić** ~ to make a draft

welur ['vɛlur] *m* (*tkanina wełniana*) velours; (*aksamit*) velvet; (*imitacja zamszu*) chamois-leather, shammy-leather

welwet ['vɛlvɛt] *m* cotton velvet; **velveteen**; ~ **w prążki** corduroy

wełna ['vɛuna] *f* wool

wełniany [vɛu'ɲanɨ] *adj* woollen

weneryczn|y [vɛnɛ'rɨtʃnɨ] *adj* venereal; **choroby** ~**e** venereal diseases

wentyl ['vɛntɨl] *m* valve, air-regulator

wentylator [vɛntɨ'latɔr] *m* ventilator, exhauster

weranda [vɛ'randa] *f* verandah; *am.* porch; (*oszklona*) sun-parlour

wersja ['vɛrsja] *f* version

wesele [vɛ'sɛlɛ] *n* 1. wedding 2. (*radość*) merriment, joy

wesoły [vɛ'sɔuɨ] *adj* merry, gay, good-humoured, cheerful

westchnąć *zob.* **wzdychać**

westchnienie [vɛstx'ɲɛɲɛ] *n* sigh

wesz [vɛʃ] *f* louse

weteran [vɛ'tɛran] *m* veteran

weterynarz [vɛtɛ'rɨnaʃ] *m* veterinary surgeon, *pot.* vet

wetrzeć *zob.* **wcierać**

wetknąć ['vɛtknɔ̃tç] *vt* stick, thrust

wewnątrz ['vɛvnɔ̃tʃ] *adv praep* inside, inwardly, within

wewnętrzn|y [vɛv'nɛ̃tʃnɨ] *adj* inside, inner, interior; (*handel itp.*) inland, internal; **choroby** ~**e** internal diseases; **sprawy** ~**e** home ⟨internal⟩ affairs

wezwać *zob.* **wzywać**

wezwanie [vɛz'vaɲɛ] *n* call; (*do sądu*) summons, invocation; ~ **do wojska** call-up

węch [vɛx] *m* 1. (sense of) smell, scent 2. *pot.* (*wyczucie*) flair (**do czegoś** for sth)

wędk|a ['vɛtka] *f* fishing-rod; **łowić na** ~**ę** to angle

wędkarz ['vɛtkaʃ] *m* angler

wędlina [vɛ̃'dʃina] *f* (smoked) pork ⟨meat⟩

wędrować [vɛ̃'drɔvatç] *vi* wander, roam, migrate; *pot.* hike

wędrówka [vɛ̃'drufka] *f* wandering, roaming; (*przenoszenie się z miejsca na miejsce*) migration

wędzarnia [vɛ̃'dzarɲa] *f* smokehouse; ~ **ryb** fish smokehouse

wędzonka [vɛ̃'dzɔnka] *f* smoked bacon

węgiel ['vɛ̃gɛl] *m* coal; *chem.* carbon; ~ **brunatny** brown coal; **lignite**; ~ **drzewny** charcoal; ~ **kamienny** pit coal

Węgier ['vɛ̃gɛr] *m* Hungarian

węgierski [vɛ̃'gɛrskɨ] *adj* Hungarian

węglan ['vɛ̃glan] *m* carbonate

węglow|y [vɛ̃'glɔvɨ] *adj* coal-; *chem.* carbonic; **zagłębie** ~**e** coal basin

węgorz ['vɛ̃gɔʃ] *m* eel

węzeł ['vɛ̃zɛu] *m* tie, bond; (*także mor.*) knot; ~ **kolejowy** junction

węzłow|y [vɛ̃'zũɔvɨ] *adj* **punkt** ~**y** point of junction; **stacja** ~**a** junction; ~**e zagadnienie** fundamental ⟨key⟩ problem

wgląd [vglɔ̃t] *m* insight, control; **mieć** ~ **w coś** to have access to sth; to have a look into sth; **do** ~**u** for (sb's) inspection

wgłębienie [vgũɛ̃'bɛɲɛ] *n* hollow, recess, cavity

wiać [v̇atç] *vi* 1. blow; **wiatr wieje** the wind blows; **wieje od okna** there is a draught from the window 2. *pot.* (*uciekać*) bolt; *am.* beat it

wiadomo [va'dɔmɔ] *v imp* 1. it is known; **powszechnie ~** it is universally known; it is a matter of public knowledge; **o ile mi ~** as far as I know; **o ile mi ~ to nie** not to my knowledge, not that I know of it 2. (*w zdaniu wtrąconym*) I understand

wiadomoś|ć [va'dɔmɔҫtҫ] *f* news, information; (*przekazana, zostawiona*) message

wiadro ['vadrɔ] *n* pail, bucket

wiadukt ['vadukt] *m* viaduct; flyover, *am.* overpass

wianek ['vanɛk] *m* wreath; (*kiełbasy*) ring; (*cebuli*) rope

wiar|a ['vara] *f* faith, belief, creed; *przen.* **nie do ~y** past belief; it's incredible!; **w dobrej wierze** in good faith

wiarogodny [varɔ'gɔdnɨ] *adj* credible, trustworthy, authentic

wiata ['vata] *f* umbrella roof; *kolej.* station ⟨platform⟩ roof

wiatr [vatr] *m* wind

wiatrak ['vatrak] *m* windmill

wiatrówka [va'trufka] *f* 1. field jacket, anorac 2. (*broń*) air gun

wiązać ['võzatҫ] I *vt* bind, tie; **~ w pęk** to bundle; *przen.* **~ przysięgą** to bind by oath II *vr* **~ się** associate (z kimś with sb)

wiązanie [võ'zaɲɛ] *n* tie, bond, link; **~ u nart** binding

wiązanka [võ'zanka] *f* bunch; (*kwiatów*) nosegay

wiązka ['võska] *f* bundle, bunch; (*słomy*) whisp

wichura [vi'xura] *f* whirlwind, gale

widać ['vidatҫ] *v imp* 1. one sees, it is seen; **nie było ~ nikogo** there was nobody

in sight; **jak ~ ...** as can be seen ... 2. (*zapewne*) apparently, evidently

widelec [vi'dɛlɛts] *m* fork

widełki [vi'dɛu̯kɨ] *pl telef.* receiver-hook; cradle

widły ['vidu̯ɨ] *pl* pitchfork, fork; *przen.* **robić z igły ~** to make a mountain out of a molehill

widno ['vidnɔ] *adv* **jest ~** it is light ⟨daylight⟩

widocznie [vi'dɔtʃɲɛ] *adv* evidently, apparently

widoczność [vi'dɔtʃnɔҫtҫ] *f* visibility; **dobra** ⟨**zła, słaba**⟩ **~** good ⟨low, bad, poor⟩ visibility

widok ['vidɔk] *m* view, sight, prospect, landscape; **~ z lotu ptaka** bird's-eye view; **~ od przodu** front view; **~ od tyłu** rear view; **~ z boku** side view; **~ z góry** top view; **pokój z ~iem na morze** a room with a sea-view; *przen.* **~i na przyszłość** perspectives for the future; prospects; **mieć coś na ~u** to have sth in view

widokówka [vidɔ'kufka] *f* picture-postcard

widowisko [vidɔ'viskɔ] *n* spectacle, show

widownia [vi'dɔvɲa] *f teatr.* house; (*publiczność*) audience

widywać [vi'dɨvatҫ] *vt* see (frequently)

widz [vits] *m* spectator, looker-on

widzeni|e [vi'dzɛɲɛ] *n* sight, view, vision; **punkt ~a** viewpoint; **godny ~a** worth seeing; **znać z ~a** to know by sight; **do ~a!** good-bye!

widzieć ['vidzɛtҫ] I *vt* see II *vr* **~ się** see (z kimś sb)

wiec [vɛts] *m* meeting

wieczny ['vɛtʃnɨ] *adj* eternal, everlasting

wieczorek [vɛ'tʃɔrɛk] *m* evening-party

wieczór ['vɛtʃur] *m* evening;

dobry ~ good evening; dziś ~ tonight; wczoraj ~ last night

wiedz|a ['vɛdza] f knowledge, learning; bez mojej ~y without my knowledge; unknown to me

wiedzieć ['vɛdʑɛtɕ] vt know; nie ~ to ignore; o ile wiem ... as far as I know ...

wiejski ['vɛjsḳi] adj rural, country

wiek [vɛk] m 1. age; on jest w moim ~u he is (of) my age; w kwiecie ~u in the prime of one's life; w średnim ~u middle-aged 2. (stulecie) century

wieko ['vɛkɔ] n lid, cover

wielbiciel [vɛl'biṭɕɛl] m adorer, admirer

wielbłąd ['vɛlbũɔt] m camel

wiele ['vɛlɛ] adv much, many; o ~ lepszy much better; o ~ za wcześnie all too soon; tak ~ so much ⟨many⟩; ~ razy many times; za ~ too much ⟨many⟩

Wielkanoc [vɛl'kanɔts] f Easter

wielki ['vɛlḳi] adj great, large, big; ~ czas high time; ~ książę grand duke

wielkoś|ć ['vɛlkɔçtɕ] f greatness, largeness; size; ~ci naturalnej life-size

wielobarwny [vɛlɔ'barvnɨ] adj multicolour(ed); mal. polychromatic

wielokrotny [vɛlɔ'krɔtnɨ] adj manifold, multiple, reiterated

wieloletni [vɛlɔ'lɛtɲi] adj of many years; ~a przyjaźń friendship of long standing; ~a umowa long-term agreement

wieloryb [vɛ'lɔrɨp] m whale

wieniec ['vɛɲɛts] m wreath, crown, garland

wieprz [vɛpʃ] m hog

wieprzowina [vɛpʃɔ'vina] f pork

wiercenie [vɛr'tsɛɲɛ] n drilling

wiercić ['vɛrtɕitɕ] I vt drill, bore II vr ~ się fidget

wierny ['vɛrnɨ] adj faithful

wiersz [vɛrʃ] m verse, poem; (linijka pisma) line; pisać ~em to versify; to write in rhymes; (przy dyktowaniu) od nowego ~a paragraph; przen. czytać między ~ami to read between the lines

wiertarka [vɛr'tarka] f drill, driller, borer; drilling ⟨boring⟩ machine

wierzba ['vɛʒba] f willow

wierzch [vɛʃx] m top, surface; z ~u on the outside; jechać ~em to ride on horseback

wierzchołek [vɛʃ'xɔũɛk] m top, peak, summit

wierzyciel [vɛ'ʑitɕɛl] m creditor

wierzyć ['vɛʑitɕ] vi believe (komuś sb; czemuś, w coś sth)

wieszać ['vɛʃatɕ] vt hang

wieszak ['vɛʃak] m rack, hanger, hook; (pętla) loop; ~ na ręczniki towel rod

wieś [vɛç] f village; mieszkać na wsi to live in the country

wieś|ć [vɛçtɕ] f news, information; przepaść bez ~ci to be lost without leaving a trace

wietrzeć ['vɛtʃɛtɕ] vi (o piwie itp.) stale; (o skale) weather

wietrznik ['vɛtʃɲik] m ventilator, air drain

wietrzyć ['vɛtʃitɕ] imperf, wywietrzyć [vɨ'vɛtʃitɕ] perf vt 1. air, aerate, ventilate 2. (zwierzynę) scent, smell

wiewiórka [vɛ'vurka] f squirrel

wieźć [vɛçtɕ] vt = wozić

wieża ['vɛʒa] f 1. tower; ~ ciśnień water tower; ~ kościelna belfry, steeple 2. szach. rook, castle

wieżowiec [vɛ'ʒɔvɛts] m sky--scraper; tower block

więc [vĩts] *conj* now, well, so.
therefore; then; a ~ well
now

więcej [ˈvɛ̃tsɛi] *adv* more;
mniej ~ more or less; nic
~ nothing more; tym ~,
że ... all the more so,
that ...; ~ niż sto over
⟨above⟩ a hundred

więdnąć [ˈvɛ̃dnɔ̃tɕ] *vi* wither,
fade

większość [ˈvɛ̃kʃɔɕtɕ] *f* majority, bulk (czegoś of sth);
~ ludzi most people

większy [ˈvɛ̃kʃi] *adj* bigger,
larger, greater

więzienie [vɛ̃ˈʑɛnɛ] *n* prison,
gaol, jail; wtrącić do ~a to
imprison; to put in prison
⟨in jail⟩

więzień [ˈvɛ̃ʑɛɲ] *m* prisoner

więź [vɛ̃ɕ] *f* bond, tie; ~
przyjaźni bond of friend-
ship

wigilia [viˈɡiɫia] *f* eve; Wigilia Bożego Narodzenia
Christmas Eve; w ~ę on
the eve (of)

wiklina [vikˈɫina] *f* osier,
wicker

wikłać [ˈvikŭatɕ] I *vt* complicate, tangle II *vr* ~ się
entangle oneself, become
complicated

wilgoć [ˈvilɡɔtɕ] *f* humidity,
moisture, dampness

wilgotny [vilˈɡɔtni] *adj* moist,
humid, damp

wilk [vilk] *m* wolf

willa [ˈvilla] *f* villa; (wiejska)
cottage

wina [ˈvinа] *f* guilt, fault;
poczuwać się do ~y to feel
guilty; przyznać się do ~y
to plead guilty; czyja to
~a? whose fault is it?; who
is to blame?

winda [ˈvinda] *f* lift, *am.* elevator; ~ towarowa service
lift

winiarnia [viˈɲarɲa] *f* wine-
-shop

winien [ˈviɲɛn] *adj* guilty; ja
jestem ~ I am to be

blamed; it is my fault; kto
temu ~? whose fault is
it? || ile ci jestem ~? how
much do I owe you?

winnica [vinˈɲitsa] *f* vineyard

winny¹ [ˈvinni] *adj* vine;
krzew ~ vine

winny² [ˈvinni] *adj* 1. guilty,
faulty; być ~m to be at
fault 2. (należny) due

wino [ˈvinɔ] *n* wine; ~ czerwone claret; ~ słodkie ⟨wy-
trawne⟩ sweet ⟨dry⟩ wine

winobranie [vinɔˈbranɛ] *n*
vintage, grape-gathering

winogrono [vinɔˈɡrɔnɔ] *n*
grape

winowajca [vinɔˈvajtsa] *m*
culprit, offender

winszować [vinˈʃɔvatɕ] *vt*
congratulate (komuś czegoś
sb on sth); ~uję! congratulations!

wiolonczela [violɔnˈtʃɛla] *f muz.*
cello

wiosenny [vɔˈsɛnni] *adj* spring

wioska [ˈvɔska] *f* hamlet,
village

wiosło [ˈvɔsŭɔ] *n* oar

wiosłować [vɔˈsŭɔvatɕ] *vi* row

wiosna [ˈvɔsna] *f* spring; na
~ę in spring

wioślarstwo [vɔɕˈlarstfɔ] *n*
rowing

wioślarz [ˈvɔɕlaʃ] *m* rower;
oarsman

wir [vir] *m* whirl(pool)

wiraż [viˈraʃ] *m* turning

wisieć [ˈviɕɛtɕ] *vi* hang

wiśnia [ˈviɕɲa] *f* (owoc)
cherry; (drzewo) cherry-
-tree

wiśniak [ˈviɕɲak] *m.* wiśniówka [viɕˈɲufka] *f* cherry-
-brandy

witać [ˈvitatɕ] I *vt* greet,
welcome, hail II *vr* ~ się
greet (z kimś sb)

witamina [vitaˈmina] *f* vitamin

witraż [ˈvitraʃ] *m* stained-
-glass window

wiwat [ˈvivat] *int* long live!

wiwatować [viva'tɔvatɕ] *vi* cheer

wiza ['viza] *f* visa; ~ pobytowa ⟨czasowa⟩ visitor's visa; ~ stała permanent ⟨residence⟩ visa; residence permit; ~ turystyczna tourist visa; ~ wjazdowa entry visa; ~ tranzytowa transit visa

wizować [vi'zɔvatɕ] *vt* visa; ~ poszport to visa a passport

wizyt|a [vi'zɨta] *f* visit, call; ~a u lekarza visit (at the doctor's consulting room): ile się należy za ~ę? what is the fee?; złożyć komuś ~ę to pay a visit to sb; to call on sb

wjazd [viast] *m* entry, gateway, doorway; ,,~ wzbroniony" "no entry"

wje|chać ['vjexatɕl *perf*. ~żdżać ['vjeʑdzatɕ] *imperf* *vi* drive in, enter

wklęsły ['fklɛsŭi] *adj* concave

wkład [fkŭat] *m* 1. (*przyczynek*) contribution (to sth), share (in sth) 2. (*inwestycja*) investment; (*w banku*) deposit 3. (*do buta*) insole 4. (*do puderniczki*) refill: (*do notesu itp.*) filler 5. (*wewnętrzna część przyrządu*) input

wkłada|ć ['fkŭadatɕ] *imperf*. włożyć ['vŭɔʑitɕ] *perf* *vt* put ⟨lav⟩ in; (*ubranie*) put on; (*pieniadze do banku*) deposit; (*kapitał*) invest; ~ do kieszeni to pocket

wkładka ['fkŭatka] *f* insertion; ~ paszportowa passport insertion

wkoło ['fkɔŭɔl *adv praep* round (about)

w kółko [f'kuŭkɔl. w koło [f'kɔŭɔ] *adv* round about

wkręc|ać ['fkrɛtsatɕl *imperf*, ~ić ['fkrɛtɕitɕl *perf* I *vt* (*śrubę*) screw in II *vr* ~ się (*do towarzystwa itp.*) intro-

duce oneself ⟨worm one's way⟩ into (a company)

wkrótce ['fkruttsɛ] *adv* soon, shortly, before long; ~ potem soon after

wlać [vlatɕ] *perf*, wlewać ['vlɛvatɕ] *imperf vt* pour in

wlec [vlɛts] I *vt* drag, trail II *vr* ~ się drag; ~ się z tyłu to lag behind

wlecieć ['vlɛtɕɛtɕ] *vi* fly in

wlewać *zob*. wlać

władać ['vŭadatɕl *vt* (*krajem*) rule, govern || ~ dobrze angielskim to have a full ⟨a good⟩ command of English; ~ obcym językiem to speak a foreign language; ~ ręką to be able to move ⟨to use⟩ one's hand

władca ['vŭattsal *m* ruler

władz|a ['vŭadza] *f* 1. power; administration; rule; (*urzad*) authority; ~a ludowa people's rule; dojść do ~y to come to power; *przen*. stracić ~ę w nogach to lose the use of one's legs; zachować pełnię ~ umysłowych to remain ⟨to be⟩ in full possession of one's faculties 2. *pl* ~e authorities; ~e celne customs authorities; ~e miejscowe local authorities

włamać sie ['vŭamatɕ ɕɛ] *vr* break (do domu into a house)

włamanie [vŭa'maɲɛ] *n* burglary

włamywacz [vŭa'mɨvatʃ] *m* burglar

własnoręczny [vŭasnɔ'rɛtʃɲi] *adj* of one's own hands; ~ podpis sign manual

własnoś|ć ['vŭasnɔɕtɕ] *f* property, possession: prawa ~ci ownership; dostać coś na ~ć to take possession of sth; ~ci lecznicze healing properties

własn|y ['vŭasnɨ] *adj* own; na ~ą rękę on one's own; na

~y **rachunek** on one's own account; **we ~ej osobie** in person; **w obronie ~ej** in self-defence

właściciel [vŭaç'tɕitɕɛl] *m* proprietor, owner; **~ hotelu ⟨restauracji⟩** landlord

właściwie [vŭaç'tɕivɛ] *adv* virtually, strictly speaking; *(słusznie)* rightly, properly, duly

właściwość [vŭaç'tɕivɔçtɕ] *f* peculiarity, property; *(słuszność)* rightness, suitability

właściwy [vŭac'tɕivi] *adj* 1. proper, peculiar, specific; **ciężar ~** specific gravity 2. *(odpowiedni)* suitable; **we ~m czasie** in due time

właśnie ['vŭaçɲɛ] *adv* just; *(w odpowiedzi)* exactly; **~ teraz** just now; **~ ten człowiek** the very man

włącz|ać ['vŭɔtʃatɕ] *imperf,* **~yć** ['vŭɔtʃitɕ] *perf* I *vt* include; *elektr.* plug in, switch on; *mech.* gear; **~ać, ~yć sprzęgło** to let the clutch in; **~ać, ~yć bieg** to engage the gear II *vr* **~ać, ~yć się** link; *telef.* tap

Włoch [vŭɔx] *m* Italian

włos [vŭɔs] *m* hair; **usuwać ~y z czegoś** to depilate sth; *przen.* **uniknąć o ~ nieszczęścia** to have a hair-breadth ⟨a narrow⟩ escape

włoski ['vŭɔskı] *adj* Italian

włoszczyzna [vŭɔʃ'tʃizna] *f* green vegetables, greens

włożyć *zob.* **wkładać**

włóczęga [vŭu'tʃɛga] *m* 1. *(człowiek)* tramp; *(po kraju)* hiker 2. *(wędrówka)* vagabondage; ramble

włóczka ['vŭutʃka] *f* woollen yarn

włókienniczy [vŭukɛn'ɲitʃi] *adj* textile

włókno ['vŭuknɔ] *n* fibre; **sztuczne ~** artificial fibre

wmieszać ['vmʲɛʃatɕ] I *vt* involve, implicate II *vr* **~ się** interfere ⟨meddle⟩ (**w coś**

with sth); **~ się w tłum** to mingle with the crowd

wnęka ['vnɛka] *f* recess, niche

wnętrze ['vnɛtʃɛ] *n* interior

wnętrzności [vnɛtʃ'nɔçtɕi] *pl* bowels; *(jelita)* intestines; *(zwierzęce)* pluck

wnieść *zob.* **wnosić**

wniosek ['vɲɔsɛk] *m* *(propozycja)* motion; *(konkluzja)* conclusion; **wyciągnąć ~** to draw a conclusion

wnosić ['vnɔçitɕ] *imperf,* **wnieść** [vɲɛçtɕ] *perf* I *vt* 1. carry ⟨bring⟩ in 2. *(podanie)* file, propose; **~ podanie o coś** to apply for sth II *vi* *(wnioskować)* conclude, gather

wnuczka ['vnutʃka] *f* granddaughter

wnuk [vnuk] *m* grandson

wobec ['vɔbɛts] *praep* in the presence of, before, in view of, on account of; **~ tego, że ...** considering that ...

woda ['vɔda] *f* water; **~ bieżąca** running water; **~ destylowana** distilled water; **~ kolońska** eau de cologne; **~ mineralna** mineral water; **~ słodka** fresh water; **~ sodowa** soda water; **~ utleniona** hydrogen peroxide

wodn|y ['vɔdnɨ] *adj* water; aquatic; **młyn ~y** water-mill; **znak ~y** watermark; **drogą ~ą** by water; *sport.* **piłka ~a** water-polo

wodociąg [vɔ'dɔtɕɔk] *m* water-pipe; *pl* **~i** *(sieć)* water supply

wodolecznictwo [vɔdɔlɛtʃ'ɲitstfɔ] *n* hydrotherapy

wodospad [vɔ'dɔspat] *m* waterfall

wodoszczelny [vɔdɔ'ʃtʃɛlnɨ] *adj* water-tight, waterproof

wodotrysk [vɔ'dɔtrisk] *m* fountain

wodór ['vɔdur] *m* *chem.* hydrogen

w ogóle ['vɔgulɛ] *adv* in general, generally

wojenn|y [vɔ'jɛnni] *adj* war, martial; **działania ~e** hostilities; **sąd ~v** court-martial; **stan ~y** state of war

województwo [vɔjɛ'vutstfɔ] *n* voivodeship, province

wojn|a ['vɔjna] *f* war; **~a domowa** civil war; **prowadzić ~ę** to wage war; **wypowiedzieć ~ę** to declare war

wojowniczy [vɔjɔv'ɲitʃi] *adj* warlike, belligerent

wojsk|o ['vɔjskɔ] *n* army, troops; **służyć w ~u** to serve in the army; **wstąpić ⟨pójść⟩ do ~a** to join the army

wojskowy [vɔj'skɔvi] **I** *adj* military; **mundur ~** uniform **II** *m* military man

wokoło [vɔ'kɔŭɔ], **wokół** ['vɔkuŭ] *praep* round about

wol|a ['vɔla] *f* will; **siła ~i** will power; **do ~i** to one's heart's desire ⟨content⟩; **z własnej ~i** of one's own accord

woleć ['vɔlɛtɕ] *vt* prefer (**coś od czegoś** sth to sth); like better

wolno ['vɔlnɔ] **I** *adv* (*powoli*) slowly; (*swobodnie*) freely **II** *v imp* it is allowed; **~ mi coś zrobić** I am free ⟨I am allowed⟩ to do sth; **czy ~ mi zapalić?** may I smoke?

wolnoobrotowy [vɔlnɔɔbrɔ-'tɔvi] *adj* long-playing (record)

wolność ['vɔlnɔɕtɕ] *f* liberty, freedom

wolny ['vɔlni] *adj* 1. free; (*od podatku*) exempt (from); **dzień ~v od pracy** day off; **~a posada** vacant post; opening; **~a taksówka** free ⟨vacant⟩ taxi; for hire; **~e zawody** learned professions; **~y czas** leisure; **~y od opłaty pocztowej** post-free; **~y stan** unmarried state; single life; **na ~ym**

powietrzu in the open air 2. (*powolny*) slow

wołać ['vɔŭatɕ] *vt* call

wołanie [vɔ'ŭanɛ] *n* call

wołowina [vɔŭɔ'vina] *f* beef

woń [vɔɲ] *f* smell, fragrance

worek ['vɔrɛk] *m* sack, bag

wozić ['vɔʑitɕ] *vt* carry; (*przewozić*) transport; (*osoby*) drive

woźny ['vɔʑni] *m* (*w biurze*) office messenger ⟨boy⟩; (*sądowy itp.*) usher; (*w domu*) porter

wódka ['vutka] *f* vodka

wódz [vuts] *m* chief, leader, commander; **~ naczelny** commander-in-chief

wół [vuŭ] *m* ox

wóz [vus] *m* cart, carriage; (*samochód*) car; **~ ciężarowy** truck; van

wózek ['vuzɛk] *m* truck; **~ dziecięcy** perambulator; *pot.* pram; (*składany*) **~ spacerowy** push chair

wpadać ['fpadatɕ] *imperf*, **~ść** [fpatɕ] *perf vi* fall (in); (*wbiegać*) rush ⟨burst⟩ in; (*napotkać*) run (**na kogoś** upon ⟨across⟩ sb); (*w słowa*) cut in; **~dać, ~ść do kogoś** to drop into sb's house; **~ść pod samochód** to get run over by a motor-car; **~ść w poślizg** to skid; *przen.* **~dać, ~ść na pomysł** to strike upon an idea; **~dać, ~ść w czyjeś ręce** to fall into sb's hands; **~dać, ~ść w długi** to get into debt; **~dać, ~ść we wściekłość** to fly into a passion; **~dać, ~ść w niełaskę** to fall into disgrace; **~dło mi na myśl ...** it occurred to me ...

wpatrywać się [fpa'trivatɕ ɕɛ] *vr* stare, gaze (**w coś** at sth)

wpierw [fpɛrf] *adv* first

wpisać ['fpisatɕ] *perf*, **~ywać** [fbi'sivatɕ] *imperf* **I** *vt* register, write down, enter;

~ać, ~ywać do rachunku to enter in an account II *vr* ~ać, ~ywać się to enter one's name; to register

wpłac|ać ['fpŭatsatɕ] *imperf*, ~ić ['fpŭatɕitɕ] *perf vt* pay

wpłata ['fpŭata] *f* payment

wpłynąć *zob.* wpływać

wpływ [fpŭif] *m* 1. influence; pozostawać pod ~em to be under an influence; wywierać ~ na coś to influence sth; to have an influence on sth 2. *pl* ~y *fin.* receipts

wpły|wać ['fpŭivatɕ] *imperf*, ~nąć ['fpŭinɔtɕ] *perf vi* (*o płynach*) flow in; (*do portu*) enter; (*o dochodzie*) come in || ~wać na kogoś to influence sb

w poprzek [f'pɔpʃɛk] *adv praep* across, crosswise

wpół [fpuŭ] *adv* (by) half; ~ do drugiej half past one; na ~ skończony half-finished; na ~ ugotowany half-boiled; na ~ upieczony half-baked; na ~ przytomny semi-conscious; objąć ~ to take by the waist

wpraw|a ['fprava] *f* skill, training; practice; kwestia ~y a matter of practice; nabrać ~y to acquire proficiency; wyjść z ~y to be out of practice

wprawdzie ['fpravdʑɛ] *adv* it is true, to be sure, true enough

wprawi|ać ['fpraviatɕ] *imperf*, ~ć ['fpravitɕ] *perf* I *vt* set ⟨put⟩ in; ~ać, ~ć w dobry humor to put sb into a good mood; ~ć w gniew to make sb angry; ~ać, ~ć w ruch to set in motion; ~ać, ~ć w zachwyt to enrapture; to entrance; ~ać, ~ć w zdumienie to amaze sb II *vr* ~ać, ~ć się to acquire practice

wprawny ['fpravni] *adj* skilful, skilled

w prawo ['fpravɔ] *adv* to the right

wprost [fprɔst] *adv* straight, directly; ~ przeciwnie just the contrary

wprowadz|ać [fprɔ'vadzatɕ] *imperf*, ~ić [fprɔ'vadʑitɕ] *perf* I *vt* show in, usher; introduce || ~ać, ~ić w błąd to lead into error; ~ać, ~ić w czyn to put into effect; to carry out; ~ać, ~ić w życie to put into execution II *vr* ~ić się (*do mieszkania*) move in; (*do hotelu*) check in

wpu|szczać ['fpuʃʧatɕ] *imperf*, ~ścić ['fpuɕʨitɕ] *perf vt* let in, admit

wracać ['vratsatɕ] *imperf*, wrócić ['vruʨitɕ] *perf* I *vi* return, come back; ~ do zdrowia to recover; ~ do siebie ⟨do przytomności⟩ to come round II *vr* ~ się return

wrak [vrak] *m* wreck; (*o maszynie, człowieku*) wreck, ruin

wraz [vras] *praep* together with; wszyscy ~ all together

wrażenie [vra'ʒɛɲɛ] *n* impression, sensation; odnosić ~ to have the impression; wywierać ⟨sprawiać⟩ ~ na kimś to make an impression on sb

wrażliwy [vraʒ'ʎivi] *adj* sensitive, tender, susceptible, vulnerable

wreszcie ['vrɛʃʨɛ] *adv* at last, eventually; raz ~ for once

wręcz [vrɛʧ] *adv* downright, plainly; odmówić ~ to refuse bluntly; ~ przeciwnie just ⟨on⟩ the contrary

wręcz|ać ['vrɛ̃ʧatɕ] *imperf*, ~yć ['vrɛ̃ʧitɕ] *perf vt* hand in, deliver

wrogi ['vrɔɡi] *adj* hostile

wrona ['vrɔna] *f* crow

wrota ['vrɔta] *pl* gate

wrotki ['vrɔtķi] *pl* roller skates

wróbel ['vrubɛl] *m* sparrow

wrócić *zob.* wracać

wróg [vruk] *m* enemy, foe

wróżbiarstwo [vruʒ'barstfɔ] *n* fortune-telling

wróżyć ['vruʒitç] I *vi* tell fortunes (z kart by cards; z ręki from the palm of the hand); (*przepowiadać*) prophesy, augur II *vt* (*przewidywać*) foretell, predict, forecast

wrzask [vʒask] *m* scream, shriek, uproar

wrzawa ['vʒava] *f* noise, uproar

wrzątek ['vʒɔ̃tɛk] *m* boiling water

wrzeć [vʒetç] *vi* boil; *przen.* praca wre the work is in full swing

wrzesień ['vʒɛçɛɲ] *m* September

wrzos [vʒɔs] *m* heather

wrzód [vʒut] *m* abscess, ulcer

wrzuc|ać ['vʒutsatç] *imperf*, ~ić ['vʒutçitç] *perf vt* throw in; ~ać, ~ić list to drop a letter (into the box)

wsadz|ać ['fsadzatç] *imperf*, ~ić ['fsadʑitç] *perf vt* place, put in

wschodni ['fsxɔdɲi] *adj* eastern; oriental; ~ wiatr east wind; ~e języki oriental languages

wschodzić ['fsxɔdʑitç] *vi* (*o słońcu*) rise; (*o roślinach*) shoot up, come forth

wschód [fsxut] *m* east; ~ słońca sunrise

wsi|adać ['fçadatç] *imperf*, ~ąść [fçɔ̃çtç] *perf vi* get in; ~adać, ~ąść na konia to mount a horse; ~adać, ~ąść na rower to mount a bicycle; ~adać, ~ąść na statek to embark; to board a ship

wsiąk|ać ['fçɔ̃katç] *imperf*, ~nąć ['fçɔ̃knɔ̃tç] *perf vi* infiltrate

wsiąść *zob.* wsiadać

wsk|akiwać [fska'ķivatç] *imperf*, ~oczyć ['fskɔtʃitç] *perf vi* jump ⟨leap⟩ in; zabrania się ~akiwać w biegu no jumping while the train ⟨tram, carriage⟩ is in motion

wskazać *zob.* wskazywać

wskazówka [fska'zufka] *f* 1. hint, suggestion, indication, instruction 2. (*zegara*) hand

wskaz|ywać [fska'zivatç] *imperf*, ~ać ['fskazatç] *perf vt* point (na coś at ⟨ţo⟩ sth); indicate, show

wskaźnik ['fskaʐɲik] *m* index; (*liczba*) ratio, rate, coefficient; (*wskazówka*) indicator, signal, gauge; ~ cen ⟨płac⟩ price index; ~ ciśnienia oleju oil pressure gauge; ~ zużycia paliwa fuel gauge

wskoczyć *zob.* wskakiwać

wskutek ['fskutɛk] *praep* on account of, owing to, because of; ~ tego therefore

wspaniały [fspa'ɲaŭi] *adj* magnificent, splendid, grand

wspinaczka [fspi'natʃka] *f* climbing

wspomagać [fspɔ'magatç] *vt* assist, help, support

wspom|inać [fspɔ'minatç], ~nieć ['fspɔmɲetç] *perf vt* remember; (*napomknąć*) mention

wspomnienie [fspɔm'ɲɛɲɛ] *n* remembrance, recollection

wspólnik ['fspulɲik] *m* partner; cichy ~ sleeping partner

wspólny ['fspulni] *adj* common; joint

współczesny [fspuŭ'tʃɛsni] *adj* contemporary

współczuci|e [fspuŭ'tʃutçɛ] *n* sympathy, compassion; wyrazy ~a expression of sympathy; condolences; złożyć komuś wyrazy ~a to express one's sympathy to sb

współdziałać [fspuŭ'dʑaŭatç] *vi* co-operate, collaborate,

współistnienie [fspuǔist′pɛɲɛ] *n* co-existence

współlokator [fspuǔlɔ′katɔr] *m* room-mate, co-tenant

współpraca [fspuǔ′pratsa] *f* collaboration, co-operation

współpracować [fspuǔpra′tsɔvatɕ] *vi* collaborate, co--operate

współzawodnictwo [fspuǔzavɔd′ɲitsfɔ] *n* competition, emulation, rivalry; *sport.* contest; ~ **pracy** labour competition

wsta|ć [fstatɕ] *perf*, ~**wać** [′fstavatɕ] *imperf vi* get ⟨stand⟩ up; rise

wstawić [′fstaviitɕ] *vt* (*umieścić*) put, place; (*umieścić brakującą część*) put in, set; insert; ~ **szybę** to put in ⟨to set⟩ a window pane

wstawka [′fstafka] *f* insertion

wstąpić *zob.* **wstępować**

wstążka [′fstɔ̃ʃka] *f* ribbon

wstecz [fstɛtʃ] *adv* backwards

wsteczny [′fstɛtʃni] *adj* (*zacofany*) backward, reactionary, retrograde || *mot.* **bieg** ~ reverse gear

wstęp [fstɛ̃p] *m* 1. entrance, admittance, admission; ~ **wolny** admission free; ~ **wzbroniony** no admittance; **obcym** ~ **wzbroniony** "private"; **karta** ~**u** admission card; **bilet wolnego** ~**u** pass 2. (*do książki itp.*) introduction, preface, foreword || **na samym** ~**ie** at the very beginning

wst|ępować [fstẽ′pɔvatɕ] *imperf*, ~**ąpić** [′fstɔ̃piitɕ] *perf vi* enter; ~**ępować**, ~**ąpić do kogoś** to drop in on sb; ~**ępować**, ~**ąpić do partii** to join the party; ~**ępować**, ~**ąpić do wojska** to join the army; ~**ępować**, ~**ąpić na uniwersytet** to enter the university

wstręt [fstrɛ̃t] *m* disgust, aversion; **czuć** ~ **do czegoś** to loathe sth

wstrętny [′fstrɛ̃tni] *adj* disgusting, hideous, nasty, abominable

wstrząs [fstʃɔ̃s] *m* shock; *med.* ~ **mózgu** concussion of the brain; **doznać** ~**u** to get a shock

wstyd [fstit] *m* shame, disgrace; **przynosić** ~ **komuś** to be a disgrace to sb; ~ **mi** I am ashamed

wstydzić się [′fstidʑitɕ ɕɛ] *vr* be ashamed (**kogoś, czegoś** of sb, sth)

wsu|nąć [′fsunɔ̃tɕ] *perf*, ~**wać** [′fsuvatɕ] *imperf* I *vt* put ⟨slip⟩ in II *vr* ~**nąć**, ~**wać się** sneak in

wsyp|ać [′fsipatɕ] *perf*, ~**ywać** [fsi′pivatɕ] *imperf vt* pour into; *pot.* split, peach (**kogoś on sb**)

wszechstronny [fʃɛx′strɔnni] *adj* universal, many-sided, versatile

wszechświat [′fʃɛxɕfat] *m* universe

wszelki [′fʃɛlki] *adj* every, all; **na** ~ **wypadek** in any case; just in case

wszerz [fʃɛʃ] *adv* broadwise

wszędzie [′fʃẽdzɛ] *adv* everywhere, anywhere

wszyscy [′fʃistsi] *pron* all; my ~ all of us; everybody

wszystko [′fʃistkɔ] *pron* all, everything; ~ **jedno** (*nie ma się co martwić*) no matter; never mind; (*nie ma różnicy*) it's all the same

wściekły [′fɕtɕɛkǔi] *adj* furious, mad; (*o psie*) rabid

wśród [fɕrut] *praep* amid, among

wtargnąć [′ftargnɔ̃tɕ] *vi* (*o nieprzyjacielu*) invade; (*do cudzego domu*) break in

wtedy [′ftɛdi] *adv* then, at that time

wtem [ftɛm] *adv* suddenly, all of a sudden

wtorek [′ftɔrɛk] *m* Tuesday

wtórny [′fturni] *adj* secondary

wtrąc|ać ['ftrɔtsatɕ] *imperf,*
~ić ['ftrɔtɕitɕ] *perf* I *vt (u-
wagę, słowo)* put in; ~ać,
~ić do więzienia to put
⟨cast⟩ into prison II *vr*
~ać, ~ić się interfere
⟨meddle⟩ (do czegoś with
sth)
wtyczka ['ftitʃka] *f* plug
wuj [vuj] *m* uncle
wulkan ['vulkan] *m* volcano
wulkanizować [vulkaɲi'zɔvatɕ]
vt vulcanize
wy [vɨ] *pron* you
wyasygnować [vɨasɨg'nɔvatɕ]
vt allot, assign
wybacz|ać [vɨ'batʃatɕ] *imperf,*
~yć [vɨ'batʃitɕ] *perf vt*
pardon, excuse, forgive;
proszę mi ~yć I'm sorry;
excuse me
wybi|ć ['vɨbitɕ] *perf,* ~jać
[vɨ'bijatɕ] *imperf vt* 1. knock
⟨strike⟩ out 2. *(szybę)* break
3. *(godzinę)* strike
wybiec *zob.* wybiegać
wybieg ['vɨbɛk] *m* subterfuge;
~ dla koni paddock
wybie|gać [vɨ'bɛgatɕ] *imperf,*
~c ['vɨbɛts] *perf vi* run out;
~gać, ~c naprzeciw komuś
to run out to meet sb
wyb|ierać [vɨ'bɛratɕ] *imperf,*
~rać ['vɨbratɕ] *perf* I *vt*
choose, select, pick out,
make a choice; *(obierać)*
elect; *(w tajnym głosowaniu)* ballot II *vr* ~ierać,
~rać się w podróż to set
out on a journey
wybitny [vɨ'bitnɨ] *adj* prominent, outstanding, distinguished, brilliant
wyboje [vɨ'bɔjɛ] *pl* pot-holes
wyborca [vɨ'bɔrtsa] *m* voter,
elector
wyborczy [vɨ'bɔrtʃɨ] *adj* elec-
toral
wyborny [vɨ'bɔrnɨ] *adj* excellent, exquisite
wyborowy [vɨ'bɔrɔvɨ] *adj*
choice, select
wybory [vɨ'bɔrɨ] *pl* election(s);
~ uzupełniające by-election

wyb|ór ['vɨbur] *m* choice, se-
lection; ~ór towarów as-
sortment; choice; selection
of goods; nie mieć ~oru to
have no choice; do ~oru
at choice; z ~oru by
choice
wybrać *zob.* wybierać
wybredny [vɨ'brɛdnɨ] *adj* fastidious, particular (about
sth); *(o guście)* exquisite
wybrnąć ['vɨbrnɔtɕ] *vi (wyjść)*
extricate oneself (z czegoś
from sth), wade (z błota
out of the mud), find
one's way (z lasu out of
the wood) || ~ z trudnej
sytuacji to extricate oneself from difficulties; ~ z
kłopotów to disengage oneself from worries ⟨troubles⟩
wybrzeże [vɨ'bʒɛʒɛ] *n* coast
wybuch ['vɨbux] *m* explosion,
outburst; ~ wulkanu erup-
tion of a volcano; ~ wojny
outbreak of war; ~ śmie-
chu peal ⟨shout⟩ of laughter
wybuch|ać [vɨ'buxatɕ] *imperf,*
~nąć [vɨ'buxnɔtɕ] *perf vi*
explode, burst ⟨break⟩ out,
erupt; ~ać, ~nąć gniewem
to burst out in anger; ~nąć
łzami to break ⟨to burst⟩
into tears
wychodzić [vɨ'xɔdʑitɕ] *imperf,*
wyjść [vɨjɕtɕ] *perf vi* go out
⟨off⟩; ~ na przechadzkę to
go out for a walk; ~ z domu to leave home; ~ z więzienia to get out of prison;
~ za mąż to marry; ~ z
mody to go out (of fashion);
~ z użycia to drop out of
use; ~ z założenia, że ... to
assume that ...; ~ z wprawy to be out of practice
|| *(o oknach itp.)* wychodzić
na coś to open into sth;
to overlook ⟨to face⟩ sth
wychować *zob.* wychowywać
wychowanek [vɨxɔ'vanɛk] *m*
ward, foster-child
wychowani|e [vɨxɔ'vaɲɛ] *n*

education,   upbringing;
breeding; **człowiek bez** ~a
ill-bred ⟨ill-mannered⟩ man;
dobre ~e good breeding;
złe ~e ill-breeding, bad
manners; ~e **fizyczne** physical training
wychowawca [vixɔ'vaftsa] *m*
educator, tutor, preceptor
wychow|ywać   [vixɔ'vivatɕ]
imperf, ~**ać** [vi'xɔvatɕ] *perf*
I *vt* bring up, educate, rear
II *vr* ~**ywać,** ~**ać się** be
brought up
wychyl|ać [vi'xilatɕ] *imperf,*
~**ić** [vi'xiʃitɕ] *perf* **I** *vt* 1.
put out; ~**ac,** ~**ic głowę z
okna** to put one's head out
of the window 2. (*kielich*)
empty, drink, toss off **II**
vr ~**ać,** ~**ić się** lean forward ⟨out⟩
wyciąć *zob.* **wycinać**
wyciąg ['vitɕɔk] *m* 1. extract;
~ **z aktu urodzenia** extract
from birth certificate 2. (*z
tekstu, książki*) excerpt; ~
z konta statement of account 3. (*winda*) lift; *am.*
elevator; ~ **narciarski** ski
lift
wyciąg|ać [vi'tɕɔ̃gatɕ] *imperf,*
~**nąć** [vi'tɕɔ̃gnɔ̃tɕ] *perf* **I** *vt*
draw ⟨pull⟩ (out); (*wydobywać*) extract; *przen.* ~**ać,**
~**nąć korzyść** to derive benefit from sth; ~**ać,** ~**nąć
wnioski** to draw conclusions
II *vr* ~**ać,** ~**nąć się** (*wydłużać się*) extend, stretch
(forth); (*kłaść się*) stretch
oneself
wycie|c ['vitɕets] *perf,* ~**kać**
[vi'tɕɛkatɕ] *imperf vi* flow
out, exude
wycieczk|a [vi'tɕeʃka] *f* excursion, trip, outing; ~**a
piesza** ramble, hike; ~**a rowerowa** cycling trip; ~**a
samochodowa** (*organizowana*) excursion by car; (*prywatna*) a drive; ~**a zagraniczna** trip abroad; ~**a
zbiorowa** group excursion;

~**a z przewodnikiem** guided
tour; **iść na** ~**ę** to go for
an excursion
wyciek ['vitɕek] *m* leakage;
med. effusion
wycieraczka [vitɕe'ratʃka] *f*
(*przed   drzwiami*)   shoe-scraper,   doormat;   *mot.*
windscreen wiper
wycierać [vi'tɕeratɕ] *imperf,*
wytrzeć ['vitʃetɕ] *perf* **I** *vt*
wipe, sweep; ~ **buty** to
wipe one's shoes; ~ **gumką** to erase; ~ **łzy** to wipe
away tears; ~ **nos** to blow
one's nose; ~ **plamę** to
wipe ⟨to rub⟩ out a stain;
~ **ręcznikiem** to dry with
a towel **II** *vr* ~ **się** rub
wyci|nać [vi'tɕinatɕ] *imperf,*
~**ąć** ['vitɕɔtɕ] *perf vt* cut
⟨carve⟩ out; ~**nać,** ~**ąć las**
to clear ⟨cut down⟩ a forest
wycinanka [vitɕi'nanka] *f* cut-out
wycis|kać [vi'tɕiskatɕ] *imperf,*
~**nąć** [vi'tɕisnɔ̃tɕ] *perf vt*
squeeze, press; (*bieliznę*)
wring (out); (*wytłaczać*) imprint, impress; ~**nąć sok**
to extract juice; *przen.*
~**nąć piętno na czymś** to
leave one's mark on sth
wycof|ać [vi'tsɔfatɕ] *perf,*
~**ywać** [vitsɔ'fivatɕ] *imperf*
I *vt* withdraw **II** *vr* ~**ać,**
~**ywać się** 1. (*ze służby itp.*)
retire 2. (*o wojsku*) retreat,
withdraw
wyczerpać *zob.* **wyczerpywać**
wyczerpanie [vitʃer'paɲe] *n*
exhaustion; ~ **nerwowe** nervous break-down
wyczerp|ywać   [vitʃer'pivatɕ]
imperf, ~**ać** [vi'tʃerpatɕ]
perf **I** *vt* exhaust, wear
out; ~**ywać,** ~**ać zapas czegoś** to run out of sth **II** *vr*
~**ywać,** ~**ać się** wear out,
run down
wyczu|ć ['vitʃutɕ] *perf,* ~**wać**
[vi'tʃuvatɕ] *imperf vt* sense,
feel

wyczyn ['vitʃin] *m* feat, exploit, achievement; *pl* ~y doings

wyczyścić [vi'tʃiɕtɕitɕ] *vt* 1. (*oczyścić*) clean; ~ buty to clean (up ⟨out⟩) one's shoes 2. (*szczotką*) brush; ~ ubranie to brush one's clothes

wydać *zob.* wydawać

wydajność [vi'dajnɔɕtɕ] *f* efficiency; productivity; (*silnika*) capacity; (*kopalni itp.*) output, yield

wydanie [vi'daɲɛ] *n* edition; issue, emission; ~ nadzwyczajne special issue (of a newspaper); ~ popularne cheap edition; ~ kieszonkowe pocket edition; ~ poprawione i uzupełnione revised and enlarged edition

wydarze|nie [vida'ʒɛɲɛ] *n* event, occurrence, incident; rozwój ~ń developments

wydatek [vi'datɛk] *m* expense

wyda|wać [vi'davatɕ] *imperf*, ~ć ['vidatɕ] *perf* I *vt* give over, deliver; (*sekret, nazwiska itp.*) reveal, disclose, give away; ~wać, ~ć książki ⟨gazety⟩ to publish ⟨to edit, to issue⟩ books ⟨newspapers⟩; ~wać, ~ć okrzyk to utter a cry; ~wać, ~ć owoce to produce ⟨to bear⟩ fruits; ~wać, ~ć pieniądze to spend money; ~wać, ~ć przyjęcie to give a party; ~wać, ~ć resztę to give change; ~wać, ~ć wyrok to pass ⟨pronounce⟩ a sentence; ~wać, ~ć za mąż to marry (off) II *vr* ~wać, ~ć się seem, appear

wydawca [vi'daftsa] *m* publisher, editor

wydawnictwo [vidav'ɲitstfɔ] *n* publication; (*instytucja*) publishing house ⟨firm⟩

wydech ['vidɛx] *m* exhalation, expiration

wydechow|y [vidɛ'xɔvi] *adj*: rura ~a exhaust pipe

wydelegować [vidɛlɛ'gɔvatɕ] *vt* delegate

wydma ['vidma] *f* dune, sand-hill

wydobycie [vidɔ'bitɕɛ] *n* extraction; *górn.* output

wydoby|ć [vi'dɔbitɕ] *perf*, ~wać [vidɔ'bivatɕ] *imperf* I *vt* draw (out); get out; extract II *vr* ~ć, ~wać się get out, issue

wydosta|ć [vi'dɔstatɕ] *perf*, ~wać [vidɔ'stavatɕ] *imperf* I *vt* bring ⟨draw⟩ out II *vr* ~ć, ~wać się get out; issue

wydra ['vidra] *f* *zool.* otter; *pot.* ni pies, ni ~ neither fish nor fowl

wydrążyć [vi'drɔʒitɕ] *vt* hollow out, excavate

wydrukować [vidru'kɔvatɕ] *vt* print

wydział ['vidʑaŭ] *m* department; (*uczelni*) faculty, section; ~ wizowy visa section

wydziel|ać [vi'dʑɛlatɕ] *imperf*, ~ić [vi'dʑɛɲitɕ] *perf* I *vt* 1. (*w organizmie*) secrete; transpire 2. (*rozdzielać*) distribute; (*przydzielać*) allot II *vr* ~ać się be secreted; (*o gazach, świetle*) emanate

wydzierać [vi'dʑɛratɕ] I *vt* tear (out); ~ z czyichś rąk to snatch ⟨wrench⟩ from sb's hands II *vr* ~ się 1. tear oneself away 2. *pot.* (*krzyczeć*) yell one's head off

wydzierżawi|ać [vidʑɛr'ʒavatɕ] *imperf*, ~ć [vidʑɛr'ʒavitɕ] *perf* *vt* lease; ~ać, ~ć dom to rent a house

wyganiać [vi'ganatɕ] *vt* drive out; (*z kraju*) exile, banish

wygas|ać [vi'gasatɕ] *imperf*, ~nąć [vi'gasnɔtɕ] *perf* *vi* go out; (*o terminie*) expire; (*o epidemii*) die out

wygaśnięcie [vigaɕ'ɲɛtɕɛ] *n* extinction, expiration; ~ wizy expiration of the visa

wygi|ąć ['vĭgɔ̃tɕ] *perf*, ~**nać** [vɪ gĭnatɕ] *imperf vt* bend

wygląd ['vɪglɔ̃t] *m* appearance, look

wygląda|ć [vĭ'glɔ̃datɕ] *vi* 1. (*oczekiwać*) look forward to 2. (*mieć wygląd*) look, appear; ~**ć** młodo to look young; ~**ć** na swoje lata to look one's age; ~ **na deszcz** it looks like rain || ~**ć z okna** to look out of the window

wygł|aszać [vĭ'gŭaʃatɕ] *imperf*, ~**osić** [vĭ'gŭɔɕitɕ] *perf vt* pronounce; ~**aszać**, ~**osić mowę** ⟨**wykład**⟩ to deliver a speech ⟨a lecture⟩; ~**aszać**, ~**osić opinię** to express one's opinion

wygod|a [vĭ'gɔda] *f* comfort; *pl* ~**y** conveniences; **bez wygód** no conveniences; **z** ~**ami** all conveniences

wygodny [vĭ'gɔdnĭ] *adj* comfortable, convenient; (*o człowieku*) easy-going

wygórowan|y [vɪgurɔ'vanĭ] *adj* excessive; ~**a cena** exorbitant price

wygrać *zob.* **wygrywać**

wygran|a [vĭ'grana] *f* (*na loterii*) prize; (*zwycięstwo*) victory || **dać za** ~**ą** to give in

wygr|ywać [vĭ'grivatɕ] *imperf*, ~**ać** ['vĭgratɕ] *perf vt* win (od kogoś from sb); (*na loterii*) win; **draw a prize**

wygwizdać [vĭ'gvizdatɕ] *vt* boo

wyjaśni|ać [vĭ'jaɕɲatɕ] *imperf*, ~**ć** [vĭ'jaɕɲitɕ] *perf* I *vt* explain II *vr* ~**ać się** (*o pogodzie*) clear up

wyjaśnienie [vĭjaɕ'ɲɛɲɛ] *n* explanation

wyjazd ['vĭjast] *m* departure; (*podróz*) journey, trip, voyage; ~ **prywatny** private trip, trip for pleasure; ~ **służbowy** trip on business

wyjąć *zob.* **wyjmować**

wyjąt|ek [vĭ'jɔ̃tɛk] *m* 1. excep-

tion; **bez** ~**ku** without exception; **w drodze** ~**ku** exceptionally; **z** ~**kiem kogoś, czegoś** except ⟨save, but for⟩ sb, sth 2. (*z książki*) extract, excerpt

wyjątkowy [vĭjɔ̃t'kɔvĭ] *adj* exceptional

wyje|chać [vĭ'jexatɕ] *perf*, ~**żdżać** [vĭ'jɛʒdʐatɕ] *imperf vt* go ⟨drive⟩ out; leave (do Londynu for London); ~**żdżać za granicę** to go abroad

wyj|mować [vĭj'mɔvatɕ] *imperf*, ~**ąć** ['vĭjɔ̃tɕ] *perf vt* take out; *przen.* ~**mować**, ~**ąć spod prawa** to outlaw

wyjści|e ['vĭjɕtɕɛ] *n* 1. (*czynność*) going out 2. (*miejsce*) way out, exit; ~**e awaryjne** ⟨zapasowe⟩ emergency exit; **fire-escape** || ~**e za mąż** marriage; **punkt** ~**a** starting-point; **sytuacja bez** ~**a** deadlock, impasse; **znaleźć** ~**e** to find a way out ⟨a solution⟩

wyjść *zob.* **wychodzić**

wykałaczka [vĭka'ŭatʃka] *f* tooth-pick

wykaz ['vĭkas] *m* list, register, specification

wykaz|ać [vĭ'kazatɕ] *perf*, ~**ywać** [vĭka'zivatɕ] *imperf* I *vt* show, demonstrate, prove, indicate II *vr* ~**ać**, ~**ywać się czymś** to show ⟨to produce⟩ sth

wykąpać [vĭ'kɔ̃patɕ] I *vt* bath II *vr* ~ **się** bathe; take ⟨have⟩ a bath

wykipieć [vĭ'kĭpɛtɕ] *vi* (*o płynie*) boil over

wyklucz|ać [vĭ'klutʃatɕ] *imperf*, ~**yć** [vĭ'klutʃitɕ] *perf vt* rule out; exclude; *sport.* disqualify

wykład ['vĭkŭat] *m* lecture; **chodzić na** ~**y** to attend lectures

wykładać [vĭ'kŭadatɕ] *vt* 1. lecture (coś on sth) 2. (*rozkładać*) display, exhibit

wykładzina [vĭkŭa'dʑina] *f*

lining; ~ podłogowa floor finish

wykonać zob. wykonywać

wykonanie [vikɔ'naɲɛ] n execution, performance

wykonawca [vikɔ'naftsa] m executor, performer

wykonawcz|y [vikɔ'naftʃi] adj executive; władza ~a executive power

wykon|ywać [vikɔ'nivatɕ] imperf, ~ać [vi'kɔnatɕ] perf vt execute. perform; ~ywac, ~ąć obowiązek to do one's duty; ~ywać zawód to exercise a profession

wykończ|ać [vi'kɔɲtʃatɕ] imperf, ~yć [vi'kɔɲtʃitɕ] perf vt finish; give a finishing touch

wykopać [vi'kɔpatɕ] vt dig out

wykopalisk|o [vikɔpa'ʃiskɔ] n find, discovery; pl ~a excavations

wykorzyst|ać [vikɔ'ʒistatɕ] perf, ~ywać [vikɔʒis'tivatɕ] imperf vt 1. (make) use (coś of sth); utilize; take advantage; ~ać, ~ywać coś jak najlepiej to make the most of sth 2. (ħadużywać) exploit; ~ać, ~ywać znajomość z kimś to presume on one's acquaintance with sb

wykres ['vikrɛs] m diagram, chart

wykreślić [vi'krɛɕɕitɕ] vt 1. (narysować) trace, draw, chart 2. (usunąc) strike out, cancel

wykręc|ać [vi'krɛtsatɕ] imperf, ~ić [vi'krɛtɕitɕ] perf I vt (śrubę) unscrew; (skręcać) twist; (bieliznę w praniu) wring out; (nogę) sprain, wrench II vr ~ać, ~ić się turn round; pot. ~ać, ~ić się od obowiązku to elude an obligation; ~ać, ~ić się od odpowiedzialności ⟨pracy⟩ to shirk responsibility ⟨work⟩

wykroczenie [vikrɔ'tʃɛɲɛ] n offence, infringement; popełnić ~ to commit an offence

wykrój ['vikruj] m cut

wykrzyknik [vi'kʃɨkɲik] m exclamation (mark)

wykształcenie [vikʃtau'tsɛɲɛ] n education; człowiek z ~m an educated man; ~ ogólne liberal education; ~ podstawowe ⟨średnie, wyższe⟩ elementary ⟨secondary, university⟩ education; ~ zawodowe technical ⟨vocational⟩ education

wykwalifikowany [vikfaʃifikɔ'vani] adj skilled; qualified; ~ robotnik skilled worker

wykwintny [vi'kfintni] adj elegant, exquisite, refined

wylac zob. wylewać

wylądować [vilɔ'dɔvatɕ] vi land, alight

wylecieć [vi'lɛtɕetɕ] vi (wybiec) run out; (wypadac) fall out; (w powietrze) blow up; (wyfrunąć) fly out; ~ z pokoju to rush out of the room; pot. ~ z pracy to be fired

wyleczyć [vi'lɛtʃitɕ] I vt cure, heal (z czegoś of sth) II vr ~ się recover; cure oneself (z czegoś of sth)

wylegitymować [vilɛɡiti'mɔvatɕ] I vt establish sb's identification; prove sb's identity; ~ kogoś to check sb's identity papers II vr ~ się prove one's identity, establish one's identification, show one's papers

wylew ['vilɛf] m med. effusion, haemorrhage; ~ krwi do mózgu cerebral haemorrhage

wyl|ewać [vi'lɛvatɕ] imperf, ~ać ['vilatɕ] perf I vt pour out; przen. ~ewać łzy to shed tears II vi (o rzece) overflow III vr ~ewać, ~ać się overflow wylosować [vilɔ'sɔvatɕ] vt draw out by lot

wylot ['vilɔt] m outlet, exit; ~ tunelu mouth of a tunnel; ~ rury, węża nozzle; ~ lufy muzzle ‖ na ~ right through; through and through; znać kogoś na ~ to know sb through and through

wyludniać się [vi'ludɲatɕ ɕɛ] vr depopulate, be deserted

wyładow|ać [viůa'dɔvatɕ] perf, ~ywać [viůadɔ'vivatɕ] imperf vt unload, discharge

wyładowani|e [viůadɔ'vaɲɛ] n 1. (towaru) unloading 2. elektr. discharge; ~e elektryczne electrical discharge; ~a atmosferyczne statics

wyładunek [viůa'dunɛk] m discharge

wyłącz|ać [vi'ůɔtʃatɕ] imperf, ~yć [vi'ůɔtʃitɕ] perf vt exclude; (światło) switch ⟨cut, turn⟩ off; (telefon) disconnect

wyłącznie [vi'ůɔtʃɲɛ] adv exclusively

wyłącznik [vi'ůɔtʃɲik] m elektr. switch

wyłączyć zob. wyłączać

wymagać [vi'magatɕ] vt require, demand, call for

wymaganie [vima'gaɲɛ] n requirement, demand

wymarsz ['vimarʃ] m march out

wymarzony [vima'ʒɔni] adj ideal

wym|awiać [vi'mavatɕ] imperf, ~ówić [vi'muvitɕ] perf I vt 1. pronounce, utter 2. (służbę, mieszkanie) give notice; (pracę) dismiss 3. (zarzucać) reproach (komuś coś sb with sth) II vr ~awiać, ~ówić się excuse oneself; decline (od czegoś sth)

wymeldować [vimɛl'dɔvatɕ] I vt report sb's departure II vr ~ się report one's de-

parture; (w hotelu) check out

wymian|a [vi'mana] f exchange; conversion (na coś into sth); ~a dewiz exchange of foreign currencies; biuro ~y foreign exchange office; ~a bezdewizowa (turystów) not involving currency tourist exchange

wymiar ['vimar] m dimension, measure; ~ podatkowy assessment; ~ sprawiedliwości administration of justice; jurisdiction

wymieni|ać [vi'mɛɲatɕ] imperf, ~ć [vi'mɛɲitɕ] perf vt 1. exchange (coś na coś sth for sth); change (na coś for sth); convert (na coś into sth); mot. ~ć olej to change the oil 2. (wyliczać) mention, name; wyżej ~ony above-mentioned

wymierz|ać [vi'mɛʒatɕ] imperf, ~yć [vi'mɛʒitɕ] perf vt measure; (podatek) assess; (sprawiedliwość) administer; ~ać, ~yć cios to deal a blow; ~yć komuś karę to inflict a penalty upon sb

wymi|jać [vi'mijatɕ] imperf, ~nąć [vi'minɔtɕ] perf vt pass, cross; (wyprzedzać) overtake; (unikać) elude, avoid

wymijający [vimija'jɔtsi] adj evasive, non-committal

wymiotować [vimɔ'tɔvatɕ] vt vomit

wymowa [vi'mɔva] f pronunciation, diction; (krasomówstwo) eloquence

wymówić zob. wymawiać

wymówka [vi'mufka] f excuse, pretext; (zarzut) reproach

wymusić [vi'muɕitɕ] vt extort, force (coś na kimś sth from sb); ~ pierwszeństwo przejazdu to force the right of way from sb

wymyśl|ać [vi'miɕlatɕ] imperf,

~ić [vi'miçɲitɕ] *perf* I *vt* invent, devise, frame, think out II *vi* ~ać komuś to abuse sb; to call sb. names

wynagr|adzać [vina'gradzatɕ] *imperf*, ~odzić [vina'grɔdʑitɕ] *perf vt* reward, recompense, gratify

wynagrodzenie [vinagrɔ'dzɛɲɛ] *n* reward, compensation, gratification; (*pénsja*) salary

wynagrodzić *zob.* wynagradzać

wynaj|ąć [vi'najɔ̃tɕ] *perf*, ~mować [vinaj'mɔvatɕ] *imperf vt* let, hire

wynajęci|e [vina'jɛ̃tɕɛ] *n* lease, hiring; do ~a to let; for hire

wynalazca [vina'lastsa] *m* inventor

wynalazek [vina'lazɛk] *m* invention

wynaleźć [vi'nalɛɕtɕ] *vt* invent, discover

wynieść *zob.* wynosić

wynik ['viɲik] *m* result, issue, consequence

wynik|ać [vi'ɲikatɕ] *imperf*, ~nąć [vi'ɲiknɔ̃tɕ] *perf vi* result (z czegoś from sth); ensue, arise; follow

wynos ['vinɔs] *m*: na ~ to take away; off the premises

wyn|osić [vi'nɔɕitɕ] *imperf*, ~ieść ['viɲɛɕtɕ] *perf* I *vt* 1. carry out 2. (o *sumie*) amount to || ~osić pod niebiosa to extol to the skies II *vr* ~osić, ~ieść się go away, clear out, be off; depart

wyobra|zić [viɔ'braʑitɕ] *perf*, ~żać [viɔ'braʒatɕ] *imperf vt* represent, image; ~zić, ~żać sobie to imagine; ~ź sobie! fancy!

wwodrębni|ać [viɔd'rɛbnatɕ] *imperf*, ~ć [viɔd'rɛbɲitɕ] *perf* I *vt* (*oddzielać*) separate, isolate; (*odróżniać*) differentiate II *vr* ~ać, ~ć się to be separated; to stand apart

wypad ['vipat] *m* (*wycieczka*) excursion; escapade

wypada|ć [vi'padatɕ] *vi* 1. fall out; *przen.* ~ć z pamięci to slip ⟨to escape⟩ one's memory 2. (*wybiegać*) rush, hurry (z pokoju out of the room) || to dobrze wypadło it turned out well; to święto ~ w czwartek this holiday falls on Thursday; ~ ci tam iść you should go there; ile ~ na mnie? what is my share?

wvpad|ek [vi'padɛk] *m* accident; (*choroby*) case, event; ~ek drogowy ⟨samochodowy⟩ road ⟨car⟩ accident; ~ek kolejowy railway accident; ~ek lotniczy aircraft crash; ~ek przy pracy accident at work; tragiczny ~ek tragic ⟨fatal⟩ accident; na ~ek in case; na wszelki ~ek just in case; w żadnym ~ku in no case

wypełni|ać [vi'pɛũnatɕ] *imperf*, ~ć [vi'pɛũɲitɕ] *perf vt* fill; ~ać, ~ć formularz to fill in a form; ~ać, ~ć obowiązek to fulfil a duty; to do one's duty; ~ać, ~ć rozkaz to execute an order

wypedz|ać [vi'pɛ̃dzatɕ] *imperf*, ~ić [vi'pɛ̃dʑitɕ] *perf vt* drive out, oust, expel

wvpić ['vipitɕ] *vt* drink; ~ kieliszek to empty a glass

wypis ['vipis] *m* extract, excerpt

wvplu|ć ['viplutɕ] *perf*, ~wać [vi'pluvatɕ] *imperf vt* spit out

wypłac|ać [vi'pũatsatɕ] *imperf*, ~ić [vi'pũatɕitɕ] *perf vt* pay (off); ~ać, ~ić z góry to advance

wypłat|a [vi'pũata] *f* payment; dzień ~y pay-day

wypłowiały [vipũɔ'vaũi] *adj* faded, discoloured

wypłuk|ać [vi'pũukatɕ] *perf*, ~iwać [vipũu'kivatɕ] *imperf vt* (*obmyć*) rinse, swill (out);

~ać gardło to gargle one's throat

wypocząć zob. wypoczywać

wypoczynek [vİpɔ'tʃİnɛk] m rest

wypocz|ywać [vİpɔ'tʃİvatɕ] imperf, ~ąć [vİ'pɔtʃɔ̃tɕ] perf vi rest, take a rest

wypog|adzać się [vİpɔ'gadzatɕ ɕɛ̃] imperf, ~odzić się [vİpɔ'gɔdʑitɕ ɕɛ̃] perf vr clear up

wyposaż|ać [vİpɔ'saʒatɕ] imperf, ~yć [vİpɔ'saʒitɕ] perf vt (w ekwipunek) equip (w coś with sth)

wyposażenie [vİpɔsa'ʒɛɲɛ] n equipment; ·furnishings, outfit

wypowiadać [vİpɔ'vadatɕ] I vt pronounce, utter, express || ~ pracę to give notice; ~ umowę to denounce a treaty; ~ wojnę to declare war II vr ~ się pronounce, express one's idea (o czymś, co do czegoś on sth)

wypowiedź [vİ'pɔvɛtɕ] f utterance, pronouncement, declaration

wypożyczać [vİpɔ'ʒİtʃatɕ] vt (komuś) lend (sb); (od kogoś) borrow (from sb)

wypożyczalnia [vİpɔʒİ'tʃalɲa] f (książek) lending library; (kostiumów) costumer's (shop); ~ sprzętu sportowego agency for the hire of sports equipment

wypracowanie [vİpratsɔ'vaɲɛ] n composition

wyprać ['vİpratɕ] vt wash

wyprasować [vİpra'sɔvatɕ] vt press, iron

wyprawa [vİ'prava] f expedition, campaign; ~ ślubna trousseau

wyprawi|ać [vİ'pravatɕ] imperf, ~ć [vİ'pravitɕ] perf I vt 1. dispatch, send 2. (skórę) tan || ~ać, ~ć przyjęcie to give a party II vr ~ać, ~ć się (wyruszać) set out

wyprodukować [vİprɔdu'kɔvatɕ] vt produce, make, manufacture

wyprostować [vİprɔ'stɔvatɕ] I vt straighten, set upright II vr ~ się straighten, stand upright

wyprowadz|ać [vİprɔ'vadzatɕ] imperf, ~ić [vİprɔ'vadʑitɕ] perf I vt take out; (samochód itp.) bring out; przen. ~ać, ~ić z błędu to undeceive; ~ać, ~ić z cierpliwości to put out of patience; ~ać, ~ić z równowagi to disconcert; ~ać, ~ić w pole to lead astray II vr ~ać, ~ić się move out, remove

wypróbować [vİpru'bɔvatɕ] vt test, try

wypróżnienie [vİpruʒ'ɲɛɲɛ] n med. dejection

wyprzedaż [vİ'pʃɛdaʃ] f sale; (resztek) clearance-sale

wyprzedz|ać [vİ'pʃɛdzatɕ] imperf, ~ić [vİ'pʃɛdʑitɕ] perf vt precede; (prześcignąć) outrun; outdistance; mot. overtake

wyprzedzani|e [vİpʃɛ'dzaɲɛ] n mot. overtaking; zakaz ~a no overtaking

wypukły [vİ'pukwİ] adj convex; ~ druk relief print

wypuścić [vİ'putɕɕitɕ] vt let out, let go, set free; ~ z rąk to drop; ~ w dzierżawę to lease

wyr|abiać [vİ'rabatɕ] imperf, ~obić [vİ'rɔbitɕ] perf I vt (tylko imperf) manufacture, make, produce; ~abiać ciasto to knead the dough || ~abiać, ~obić sobie pojęcie to form an idea II vr ~abiać, ~obić się develop, improve

wyr|astać [vİ'rastatɕ] imperf, ~osnąć [vİ'rɔsnɔ̃tɕ] perf vi grow (up); ~astać ponad przeciętność to rise above mediocrity; ~astać, ~osnąć z ubrania to outgrow one's clothes

wyraz ['viras] *m* word; ~ twarzy expression; stanowić ~ czegoś to reflect sth; bez ~u inexpressive; void of expression

wyrazić zob. wyrażać

wyraźny [vi'raznï] *adj* distinct, clear

wyra|żać [vi'raʒatɕ] *imperf*, ~zić [vi'raʑitɕ] *perf* I *vt* express, state II *vr* ~żać, ~zić się express oneself

wyrażenie [vira'ʒɛɲɛ] *n* expression, phrase

wyrobić zob. wyrabiać

wyrok ['virɔk] *m* sentence, verdict; wydać ~ na kogoś to pass sentence upon sb

wyrosnąć zob. wyrastać

wyrost|ek [vi'rɔstɛk] *m med.* ~ek robaczkowy appendix; zapalenie ~ka robaczkowego appendicitis

wyrozumiały [virɔzu'maʎï] *adj* indulgent, lenient

wyr|ób ['virup] *m* article, production; *pl* ~oby goods, wares; ~oby artystyczne artistic handicraft goods; ~oby gliniane earthenware; ~oby ręczne hand-made goods

wyrówn|ać [vi'ruvnatɕ] *perf*, ~ywać [viruv'nivatɕ] *imperf* *vt* level, make even; (*rachunek*) settle, pay; (*stratę*) compensate (coś for sth)

wyróżni|ać [vi'ruʒnatɕ] *imperf*, ~ć [vi'ruʒnitɕ] *perf* I *vt* distinguish, mark out II *vr* ~ać, ~ć się distinguish oneself

wyróżnienie [viruʒ'nɛɲɛ] *n* distinction

wyrusz|ać [vi'ruʃatɕ] *imperf*, ~yć [vi'ruʃitɕ] *perf* *vi* start, set out; ~ać, ~yć w drogę to start on a journey

wyr|wać ['virvatɕ] *perf*, ~ywać [vi'rivatɕ] *imperf* *vt* pull ⟨tear⟩ out, extract, pluck

wyrzec ['viʒɛts] I *vi* utter, pronounce II *vr* ~ się renounce (czegoś sth), give up, resign

wyrzekać się [vi'ʒɛkatɕ ɕɛ̃] *vr* zob. wyrzec się

wyrzuc|ać [vi'ʒutsatɕ] *imperf*, ~ić [vi'ʒutɕitɕ] *perf* *vt* 1. throw ⟨turn⟩ out, oust; (*wyganiać*) expel 2. (*robić wyrzuty*) reproach (coś komuś sb with sth)

wyrzut ['viʒut] *m* 1. (*zarzut*) reproach; ~y sumienia remorse; pangs of conscience; mieć ~y sumienia to be conscience-stricken 2. *med.* eruption

wyrzutnia [vi'ʒutɲa] *f* catapult; ~ rakietowa rocket launcher

wysadz|ać [vi'sadzatɕ] *imperf*, ~ić [vi'sadʑitɕ] *perf* *vt* (*pasażerów*) put ⟨set⟩ down; land (passengers); (*pomagać wysiąść*) help (sb) out

wysi|adać [vi'ɕadatɕ] *imperf*, ~ąść ['viɕɔ̃ɕtɕ] *perf* *vi* get ⟨step⟩ out, alight; (z *pociągu*) get off

wysił|ek [vi'ɕiłɛk] *m* effort; nie szczędzić ~ków to spare no efforts

wysk|akiwać [viska'kivatɕ] *imperf*, ~oczyć [vi'skɔtʃitɕ] *perf* *vt* jump out; (o *bąblach*) rise; ~oczyć z szyn to leave the rails

wysłać zob. wysyłać

wysłuchać [vi'słuxatɕ] *vt* hear, give ear (czegoś to sth); ~ prośby to answer a request

wysmukły [vi'smukłï] *adj* slender, slim

wysok|i [vi'sɔki] *adj* high; (o *człowieku*) tall; ~a cena high price; ~ie cło heavy duty

wysokoś|ć [vi'sɔkɔɕtɕ] *f* 1. height, loftiness; (nad *poziomem morza*) altitude 2. (*sumy*) amount; do ~ci to the amount ⟨extent⟩

wyspa ['vɪspa] ƒ island, isle
wys|pać się ['vɪspatɕ ɕɛ̃] perƒ,
~ypiać się [vɪ'sɪpatɕ ɕɛ̃]
imperƒ vr sleep enough,
sleep one's fill
wysportowany [vɪspɔrtɔ'vani]
adj with a good athletic
training; człowiek ~ good
athlete
wystarać się [vɪ'staratɕ ɕɛ̃] vr
procure (o coś sth)
wystarcz|ać [vɪ'startʃatɕ] im-
perƒ, ~yć [vɪ'startʃitɕ] perƒ
vi suffice, be enough; to
~y that will do; to mi ~y
na tydzień it will last me a
week
wystartować [vɪstar'tɔvatɕ] vi
start
wystawa [vɪ'stava] ƒ exhibition; (w sklepie) shop-
-window; (pokaz) display,
show
wystawać [vɪ'stavatɕ] vi stand
out, jut, protrude
wystawi|ać [vɪ'stavatɕ] imperƒ,
~ć [vɪ'stavitɕ] perƒ vt put
out; (na wystawie) exhibit,
display; (budynek) erect;
teatr. stage, present; ~ać,
~ć czek to draw a check;
~ać, ~ć rachunek to make
up an account; ~ać, ~ć na
niebezpieczeństwo to ex-
pose to danger; ~ać, ~ć
na sprzedaż to put up for
sale
wystąpić zob. występować
występ ['vɪstɛp] m 1. appearance; ~ gościnny guest
performance 2. (coś wysta-
jącego) projection
wyst|ępować [vɪstɛ̃'pɔvatɕ] im-
perƒ, ~ąpić [vɪ'stɔpitɕ] perƒ
vi 1. step out ⟨forward⟩,
come forward, appear; ~ę-
pować, ~ąpić na scenie to
perform; ~ępować, ~ąpić
z koncertem to give a concert; ~ępować, ~ąpić pu-
blicznie to make an appearance, to appear in public;
~ępować, ~ąpić w roli ko-
goś to act as sb; ~ępować,

~ąpić przeciwko komuś,
czemuś to come out ⟨take
sides⟩ against sb, sth; to
deprecate sb, sth 2. (ze spółki, interesu itp.) retire,
withdraw; ~ępować, ~ąpić
ze służby to leave the
service
wystrzał ['vɪstʃaṷ] m shot
wystrzegać się [vɪ'stʃɛgatɕ ɕɛ̃]
vr guard (czegoś against
sth); avoid (czegoś sth);
beware (czegoś of sth)
wysuszyć [vɪ'suʃitɕ] vt dry up,
desiccate; (bibułą) blot (the
ink)
wys|yłać [vɪ'siṷatɕ] imperƒ,
~łać ['vɪsṷatɕ] perƒ vt send,
dispatch, forward
wysyłka [vɪ'siṷka] ƒ dispatch,
forwarding; (okrętem) shipping
wysypać [vɪ'sɪpatɕ] I vt pour
⟨tip⟩ out, empty (out);
scatter, strew II vr ~ się
pour out
wysypiać się zob. wyspać się
wysypisko [vɪsɪ'pɪskɔ] n (śmieci) (refuse) dump
wysypka [vɪ'sɪpka] ƒ med.
rash
wyszczotkować [vɪʃtʃɔt'kɔvatɕ]
vt brush up
wyszkolić [vɪ'ʃkɔɲitɕ] vt train,
instruct
wyszukany [vɪʃu'kani] adj (o
wzorze) elaborate; studied;
(o słowie) sophisticated;
choice
wyścig ['vɪɕtɕik] m race, contest; ~i konne horse-race;
~ kolarski cycling race; ~
zbrojeń armaments race
wyśmiewać [vɪ'ɕmjɛvatɕ] vt
deride, ridicule; ~ kogoś to
make fun of sb, to laugh
at sb
wyświadcz|ać [vɪ'ɕfjattʃatɕ]
imperƒ, ~yć [vɪ'ɕfjattʃitɕ]
perƒ vt render, do; ~yć
przysługę to render a service, to do a favour
wyświetl|ać [vɪ'ɕfjɛtlatɕ] im-
perƒ, ~ić [vɪ'ɕfjɛtɲitɕ] perƒ vt

(*film*) show, project; (*sprawę itp.*) clear up

wytargować [vitar'gɔvatç] *vt* acquire (sth) by haggling

wytępić [vi'tɛpitç] *vt* exterminate, eradicate; (*robactwo*) destroy

wytłumaczyć [vitǔu'matʃitç] I *vt* explain, interpret II *vr* ～ się excuse ⟨explain⟩ oneself

wytrawny [vi'travni] *adj* experienced; (*o winie*) dry

wytrwać ['vitrfatç] *vi* persevere (w czymś in sth), hold out, endure (w czymś sth)

wytrwały [vi'trfaǔi] *adj* persevering, persistent, assiduous

wytrzeć *zob.* wycierać

wytrzepać [vi'tʃɛpatç] *vt* (*dywan*) beat; *pot.* ～ komuś skórę to give sb a hiding

wytrzeźwieć [vi'tʃɛzvetç] *vi* get sober, sober down

wytrzymać *zob.* wytrzymywać

wytrzymałość [vitʃi'maǔɔçtç] *f* endurance, stamina

wytrzym|ywać [vitʃi'mivatç] *imperf*, ～ać [vi'tʃimatç] *perf* *vt* bear, stand, endure

wytw|arzać [vi'tfaɟatç] *imperf*, ～orzyć [vi'tfɔɟitç] *perf* *vt* make, produce, manufacture; (*tworzyć*) form; ～arzać, ～orzyć nastrój to create an atmosphere

wytworny [vi'tfɔrni] *adj* exquisite, elegant, distinguished

wytworzyć *zob.* wytwarzać

wytwórnia [vi'tfurɲa] *f* manufacture, factory

wytyczna [vi'titʃna] *f* directive

wywiad ['vivat] *m* 1. (*z kimś*) interview; mieć ～ z kimś to interview sb 2. *wojsk.* intelligence, reconnaissance; tajny ～ secret service

wywiąz|ać się [vi'vɔzatç çɛ] *perf*, ～ywać się [vivɔ'zivatç

çɛ] *imperf* *vr* arise; (*o chorobie*) set in, develop; ～ać, ～ywać się z czegoś to acquit oneself of sth; dobrze się ～ać, ～ywać to carry it off well

wyw|ierać [vi'veratç] *imperf*, ～rzeć ['vivɟɛtç] *perf* *vt*; ～ierać, ～rzeć wpływ na kogoś to exert influence (up)on sb, to influence sb; ～ierać, ～rzeć wrażenie na kimś to impress sb

wywieszka [vi'veʃka] *f* sign (board); shop sign

wywietrznik [vi'vetʃnik] *m* (*wentylator*) ventilator; (*wietrznik*) air drain, vent-hole

wywietrzyć *zob.* wietrzyć

wywoł|ać [vi'vɔǔatç] *perf*, ～ywać [vivɔ'ǔivatç] *imperf* *vt* 1. call out ⟨forth⟩; (*powodować*) evoke, produce, give rise .to, cause; ～ać, ～ywać burzę to raise a storm; ～ać, ～ywać burzę oklasków to bring down the house; ～ać, ～ywać zmiany to bring about changes 2. *fot.* develop

wywoływacz [vivɔ'ǔivatʃ] *m* *fot.* developer

wywozić [vi'vɔzitç] *vt* carry out ⟨away⟩; (*za granicę*) export

wywozow|y [vivɔ'zɔvi] *adj* export; cło ～e export duty

wywóz ['vivus] *m* transport; (*za granicę*) export, exportation

wywr|acać [vi'vratsatç] *imperf*, ～ócić [vi'vrutçitç] *perf* I *vt* overturn, upturn, turn out; ～acać, ～ócić do góry nogami to turn topsides down ⟨inside out⟩; *przen.* ～acać oczami to roll one's eyes II *vr* ～acać, ～ócić się upset; tumble down ⟨over⟩; (*o łódce*) capsize

wywrotka [vi'vrɔtka] *f* tipping-lorry

wywrócić *zob.* wywracać

wywrzeć zob. **wywierać**

wyzdrowieć [vi'zdrɔvɛtɕ] vi recover

wyznacz|ać [vi'znatʃatɕ] imperf, ~yć [vi'znatʃitɕ] perf vt (mianować) appoint; (na urząd) designate; (zaznaczać) mark; (udział, sumę) allot; allocate; (miejsce itp.) assign; ~yć cenę na czyjąś głowę to set a price on sb's head; ~yć nagrodę to fix a prize

wyznanie [vi'znaɲɛ] n 1. confession, avowal; (miłości) declaration 2. (religia) religion

wyznawać [vi'znavatɕ] vt (przyznawać) confess, avow; (miłość) declare; ~ pogląd to hold a belief

wyzwalacz [vi'zvalatʃ] m release

wyzw|alać [vi'zvalatɕ] imperf, ~olić [vi'zvɔʃitɕ] perf vt liberate, free, deliver (from); emancipate

wyzwolenie [vizvɔ'lɛɲɛ] n liberation, emancipation

wyzysk ['vizisk] m exploitation

wyzysk|ać [vi'ziskatɕ] perf, ~iwać [vizis'kivatɕ] imperf vt exploit; (korzystać) take advantage

wyzywać [vi'zivatɕ] vt 1. challenge, evoke; ~ los to tempt fate 2. (obrażać) abuse

wyż [viʃ] m: ~ barometryczny high pressure; ~ demograficzny demographic bulge

wyżej ['viʒɛj] adv higher, above; ~ wymieniony above mentioned

wyższość ['viʃʃɔɕtɕ] f superiority

wyższy ['viʃʃi] adj higher, superior

wyżyna [vi'ʒina] f geogr. plateau

wyżywienie [viʒi'vɛɲɛ] n maintenance, board

wzajemny [vza'jɛmni] adj mutual, reciprocal

w zamian ['vzaman] adv in exchange (za coś for sth)

wzbi|ć się ['vzbitɕ ɕɛ̃] perf, ~jać się ['vzbijatɕ ɕɛ̃] imperf vr rise, soar, ascend

wzbr|aniać ['vzbraɲatɕ] imperf, ~onić ['vzbrɔɲitɕ] perf I vt forbid II vr ~aniać się refuse, decline (przed czymś sth)

wzbudz|ać ['vzbudzatɕ] imperf, ~ić ['vzbudʑitɕ] perf vt excite; (podejrzenia) awake; (uczucia) inspire; (sympatię) command; (gniew) arouse

wzdłuż [vzdŭuʃ] I praep along II adv alongside, along

wzdychać ['vzdixatɕ] imperf, westchnąć ['vɛstxnɔ̃tɕ] perf vi sigh; przen. wzdychać do kogoś, czegoś to long for ⟨to hanker after⟩ sb, sth

wzgl|ąd [vzglɔ̃t] m regard, respect, consideration; pod ~ędem czegoś with regard to sth; pod wieloma ~ędami in many respects; pod żadnym ~ędem on no account; przez ~ąd na coś in consideration of sth; ze ~ędu na ... on account ⟨for the sake⟩ of ...

względny ['vzglɛ̃dni] adj relative

wzgórze ['vzguʒɛ] n hill

wziąć [vʑɔ̃tɕ] perf I vt take; ~ do niewoli to take prisoner; ~ lekarstwo to take a medicine; ~ w czymś udział to take part in sth; ~ za złe to take amiss II vr ~ się do pracy to set to work; skąd on się tutaj wziął? where does he come from?; zob. **brać**

wzmacniacz ['vzmatsɲatʃ] m fot. intensifier; elektr. multiplier; telef. relay; rad. amplifier

wzm|acniać ['vzmatsɲatɕ] imperf, ~ocnić ['vzmɔtsɲitɕ] perf vt strengthen, rein-

force, fortify; *rad.* amplify
wzmianka ['vzmanka] *f* hint,
allusion, mention
wzmocnić *zob.* **wzmacniać**
wznak [vznak] *adv:* na ~ on
one's back
wzn|awiać ['vznavatɕ] *imperf,*
~owić ['vznovitɕ] *perf vt*
renew; (*sztukę*) revive; (*pracę*) resume; (*książkę*) reprint
wzniesienie [vzɲɛ'ɕɛɲɛ] *n* 1.
(*zbudowanie*) erection (of a
monument etc.) 2. (*wzgórze*)
elevation, height; strome ~
steepness
wznosić ['vznɔɕitɕ] I *vt* raise,
lift; (*budynek*) erect; ~ toast to propose a toast II *vr*
~ się rise, ascend, go up;
lotn. climb
wznowić *zob.* **wznawiać**
wzorować się [vzɔ'rɔvatɕ ɕɛ̃]
vr ~ się na kimś, czymś
follow the example of sb,
sth
wzór [vzur] *m* pattern, model;
(*na materiale*) design; (*próbka*) sample

wzrok [vzrɔk] *m* sight; (*spojrzenie*) look; mieć krótki ~
to be short-sighted
wzrost [vzrɔst] *m* growth,
increase, development; (*cen*)
rise; (*człowieka*) height,
stature, size; człowiek śred-
niego ~u a man of medium
height
wzrusz|ać ['vzruʃatɕ] *imperf,*
~yć ['vzruʃitɕ] *perf* I *vt*
move, affect, touch || ~ać,
~yć ramionami to shrug
one's shoulders II *vr* ~ać,
~yć się be moved, be
touched
wzruszenie [vzru'ʃɛɲɛ] *n* emotion, feeling
wzruszyć *zob.* **wzruszać**
wzwyż [vzviʃ] *adv* up,
upwards; *sport.* skok ~ high
jump
wzywać ['vzivatɕ] *imperf,*
wezwać ['vɛzvatɕ] *perf vt*
call; (*urzędowo*) summon; ~
kogoś do zrobienia czegoś
to call on sb to do sth; ~
pomocy to call for help

Z

z [z], **ze** [zɛ] *praep* with; from;
off; out of; of; razem z
kimś together with sb; z
Londynu from London; po-
chodzę z Polski I come
from Poland; zdjąć coś ze
ściany to take sth off the
wall; jeden z wielu one out
of many; z ciekawości out
of curiosity; z lewej ⟨pra-
wej⟩ strony on the left
⟨right⟩ (hand side); z ka-
mienia (cut) in stone; lekarz z zawodu doctor by
profession; to miło z twojej
strony it's nice of you;
umrzeć z ran to die of
wounds; ze strachu for
fear
za [za] I *praep* behind; za

ścianą behind the wall; za
tydzień in a week; za 5 funtów for 5 pounds; za tę cenę at that price; za 10 minut druga ten to two; dzień
za dniem day by day; za
rogiem round the corner;
(*toast*) za twoje zdrowie!
here's to you!; wyjść za
mąż to get married II *adv*
(*zbyt*) too; za dużo ⟨mało⟩
too much ⟨little⟩; za drogo
too dear
zaabonować [zaabɔ'nɔvatɕ] *vt*
subscribe (coś to sth)
zaadresować [zaadrɛ'sɔvatɕ]
vt address
zaaklimatyzować [zaakɕima-
tɨ'zɔvatɕ] *vt* (*także vr* ~ się)
acclimatize

zaalarmować [zaalar'movatç] *vt* give the alarm (straż pożarną to the fire brigade)
zabandażować [zabanda'ʒovatç] *vt* bandage
zabarwienie [zabar'vɛɲɛ] *n* colouring; lekkie ~ tinge, hue
zabawa [za'bava] *f* amusement, play, fun; ~ publiczna entertainment; ~ taneczna dance; dancing party
zabawka [za'bafka] *f* toy, plaything
zabawny [za'bavnɨ] *adj* amusing, funny
za bezcen [za'bɛstsɛn] *adv* pot. dirt·cheap
zabezpiecz|ać [zabɛs'pɛtʃatç] *imperf*, ~yć [zabɛs'pɛtʃitç] *perf* I *vt* safeguard, secure; (*rodzinę itp.*) provide for; ~yć przed kimś, czymś to protect against ⟨from⟩ sb, sth II *vr* ~ać, ~yć się make oneself secure, secure oneself; provide (przed czymś against sth); (*przed złodziejami*) take precautions
zabić zob. zabijać
zabieg ['zabɛk] *m* 1. operation; *med.* intervention, treatment 2. *pl* ~i (*starania*) endeavours; czynić ~i to take pains
zab|ierać [za'bɛratç] *imperf*, ~rać ['zabratç] *perf* I *vt* (*coś*) take, take ⟨carry⟩ off; (*w napisie*) nie wolno ~ierać irremovable || ~ierać, ~rać głos to speak; to take the floor II *vr* ~ierać, ~rać się do czegoś to set oneself to sth ⟨to do sth⟩; to start sth
zabi|jać [za'bijatç] *imperf*, ~ć ['zabitç] *perf* I *vt* kill; (*zwierzęta*) slaughter II *vr* ~ć się commit suicide
zablokować [zablɔ'kɔvatç] *vt* block, obstruct; ~ ruch to jam the traffic; ~ drogę to bar the way
zabłądzić [za'bʊ̃dʑitç] *vi* lose one's way; get lost

zabłocić [za'bʊɔtɕitç] *vt* soil, dirty, cover with mud
zabójstwo [za'bujstfɔ] *n* manslaughter
zabrać zob. zabierać
zabrak|nąć [za'braknɔ̃tç] *vi* be wanting ⟨missing⟩; lack; ~ło mi papierosów I have run out of cigarettes; ~ło mi pieniędzy I am short of money; ~ło mu odwagi his courage failed him; niczego ci nie ~nie you shall want for nothing
zabr|aniać [za'braɲatç] *imperf*, ~onić [za'brɔɲitç] *perf vt* forbid, prohibit, ban; ~ania się ... it is forbidden ...
zabrudzić [za'brudʑitç] I *vt* soil, dirty II *vr* ~ się get dirty ⟨soiled⟩
zabrzmieć ['zabʒmʲetç] *vi* resound, ring out
zabudowania [zabudɔ'vaɲa] *pl* buildings; ~ gospodarcze farm buildings
zaburzenia [zabu'ʒɛɲa] *pl* trouble, disturbances, disorders; ~ atmosferyczne atmospheric disturbances; atmospherics; ~ żołądkowe digestive troubles
zabyt|ek [za'bɨtɛk] *m* monument, relic; *pl* ~ki ancient monuments; ochrona ~ków preservation of ancient monuments
zabytkowy [zabɨt'kɔvɨ] *adj* ancient, historical
zacerować [zatsɛ'rɔvatç] *vt* darn, mend
zachęc|ać [za'xɛ̃tsatç] *imperf*, ~ić [za'xɛ̃tɕitç] *perf vt* encourage
zachmurzenie [zaxmu'ʒɛɲɛ] *n* cloudiness, nebulosity
zachodni [za'xɔdɲi] *adj* western; wiatr ~ west wind
zachodzić [za'xɔdʑitç] *imperf*, zajść [zajɕtç] *perf vi* 1. (*o słońcu*) set 2. (*zdarzać się*) occur, happen 3. (*do kogoś*) drop in, call on (sb) || ~ komuś drogę to bar sb's

zachorować   664

way; zajść w ciążę to be-
come pregnant; zachodzić
w głowę to rack one's
brains
zachorować [zaxɔ'rɔvatɕ] vi
fall ill; be taken ill (na coś
with sth)
zachować zob. zachowywać
zachowanie [zaxɔ'vaɲɛ] n
(przestrzeganie) observa-
tion; (także ~ się) behaviour, conduct, demeanour
zachow|ywać [zaxɔ'vivatɕ] im-
perf, ~ać [za'xɔvatɕ] perf I
vt preserve, keep; ~ywać,
~ać ciszę to keep silence;
~ywać, ~ać ostrożność to
be cautious; to be on one's
guard; to take precautions;
~ywać, ~ać pozory to keep
up appearances; ~ywać,
~ać spokój to keep quiet;
~ywać, ~ać tradycję to
observe a tradition; ~ywać,
~ać w tajemnicy to keep
secret II vr ~ywać, ~ać się
behave; ~ywać, ~ać się źle
to misbehave; to have no
manners
zachód ['zaxut] m 1. west; na
~ od czegoś west of sth 2.
(trud) pains; to warte za-
chodu it's worth while || ~
słońca sunset
zachrypnąć [za'xripnɔ̃tɕ] vi
hoarsen, become hoarse
zachrypnięty [zaxrip'ɲɛti] adj
hoarse
zachwyc|ać [za'xfitsatɕ] im-
perf, ~ić [za'xfitɕitɕ] perf I
vt charm, enchant, delight
II vr ~ać się admire (kimś,
czymś sb, sth); be charmed
(czymś with sth); rave
(czymś about sth)
zachwyt ['zaxfit] m enchant-
ment, ravishment; admira-
tion
zaciąć zob. zacinać
zaciąg|ać [za'tɕɔ̃gatɕ] imperf,
~nąć [za'tɕɔ̃gnɔ̃tɕ] perf I vt
pull, draw; ~ać, ~nąć fi-
ranki to draw the curtains;
przen. ~ać do wojska to

enlist soldiers; ~nąć dług
to contract a debt; ~ać,
~nąć wartę to post sentries
II vr ~ać, ~nąć się papierosem to inhale the smoke
zaci|nać [za'tɕinatɕ] imperf,
~ąć ['zatɕɔ̃tɕ] perf I vt (palec itp.) cut; ~nać, ~ąć konia to whip ⟨to flog⟩ a horse
II vr ~nać, ~ąć się (o ma-
szynie) jam, get jammed ||
~nać, ~ąć się w palec to
cut one's finger; (w mowie)
~nać się to falter; to stammer; to stutter
zacisk ['zatɕisk] m techn.
clamp, clip, grip
zacofany [zatsɔ'fani] adj backward; ~ gospodarczo un-
derdeveloped
zacząć zob. zaczynać
zaczekać [za'tʃɛkatɕ] vi wait
(na kogoś for sb)
zaczep ['zatʃɛp] m catch, hook
zaczepi|ać [za'tʃɛpatɕ] imperf,
~ć [za'tʃɛpitɕ] perf vt 1.
fasten, hook on, hitch 2. pot.
(kogoś na ulicy) accost
zacz|ynać [za'tʃinatɕ] imperf,
~ąć ['zatʃɔ̃tɕ] perf vt vi
(także vr ~ynać, ~ąć się)
begin, start, commence
zaćmienie [zatɕ'mɛɲɛ] n eclipse
zadać zob. zadawać
zadani|e [za'daɲɛ] n task;
(szkolne) exercise; ~e domowe homework; spełniać
podwójne ~e to serve a
double purpose; wywiązać
się z ~a to accomplish a
task
zadatek [za'datɛk] m payment
on account; advance pay-
ment; earnest
zadatkować [zadat'kɔvatɕ] vt
pay on account; give an
earnest for (sth)
zada|wać [za'davatɕ] imperf,
~ć ['zadatɕ] perf I vt ~wać,
~ć cios to deal ⟨to hit⟩ a
blow; ~wać, ~ć klęskę ko-
muś to defeat sb; ~wać,
~ć lekcje to give a lesson
to learn; ~wać, ~ć pytanie

to ask a question; ~wać, ~ć rany komuś to inflict wounds upon sb; ~wać, ~ć sobie trud to take pains ⟨the trouble⟩ II vr ~wać, ~ć się associate (z kimś with sb)

zadepeszować [zadɛpɛ'ʃɔvatɕ] vi cable, wire

zadow|alać [zadɔ'valatɕ] imperf, ~olić [zadɔ'vɔɲitɕ] perf I vt satisfy, content, gratify II vr ~alać, ~olić się be satisfied ⟨content oneself⟩ (czymś with sth)

zadowolony [zadɔvɔ'lɔnɨ] adj satisfied, content, pleased; ~ z siebie self-contented, self-satisfied

zadraśnięci|e [zadraɕ'ɲ̃ɛtɕɛ] n scratch; wyjść bez ~a to go ⟨to escape⟩ unscathed ⟨unscratched⟩

zadusić [za'duɕitɕ] vt choke, stifle

Zaduszki [za'duʃki] plt All Souls' Day

zadymka [za'dɨmka] f snow--storm; blizzard

zadyszka [za'dɨʃka] f short breath

zadzierać [za'dʑɛratɕ] vt raise; pot. ~ nosa to put on airs

zadziwi|ać [za'dʑivʲatɕ] imperf, ~ć [za'dʑivʲitɕ] perf vt astonish, amaze

zadzwonić [za'dzvɔɲitɕ] vt ring; ~ do kogoś (zatelefonować) to ring sb up

zagadka [za'gatka] f riddle, puzzle

zagadkowy [zagat'kɔvɨ] adj enigmatic, mysterious

zagadnienie [zagad'ɲɛɲɛ] n problem, question

zagaić [za'gaitɕ] vt ~ posiedzenie to open a session ⟨meeting⟩

zagajnik [za'gajɲik] m coppice, copse; grove

zaginąć [za'ɡinɔ̃tɕ] vi be ⟨get⟩ lost; (o żołnierzach) be missing

zaglądać [za'glɔ̃datɕ] imperf,

zajrzeć ['zajʒɛtɕ] perf vi look; ~ do książki to look into a book; ~ do słownika to look up a word in the dictionary; ~ do kogoś to call ⟨drop in⟩ on sb

zagłębie [za'ɡw̃ɛ̃bɛ] n basin; ~ naftowe oil-field; ~ węglowe coal-basin

zagłębienie [zaɡw̃ɛ̃'bɛɲɛ] n recess, hollow, cavity

zagoić [za'ɡɔitɕ] vt (także vr ~ się) heal (up)

zagospodarować [zaɡɔspɔda-'rɔvatɕ] I vt (farmę itp.) manage, make productive II vr ~ się get a household going; furnish one's house

zagotować [zaɡɔ'tɔvatɕ] vt (także vr ~ się) boil

zagrać ['zaɡratɕ] vt play

zagranic|a [zaɡra'ɲitsa] f foreign countries; z ~y from abroad

zagraniczny [zaɡra'ɲitʃnɨ] adj foreign; handel ~ foreign trade

zagr|ażać [za'ɡraʒatɕ] imperf, ~ozić [za'ɡrɔʑitɕ] perf vt threaten, menace

zagroda [za'ɡrɔda] f 1. (dom) farm (house), cottage 2. (ogrodzenie) enclosure, fence

zagrozić zob. zagrażać

zagrz|ać ['zaɡʒatɕ] perf, ~ewać [za'ɡʒɛvatɕ] imperf vi warm up

zagwarantować [zaɡvaran'tɔvatɕ] vt guarantee

zahamować [zaxa'mɔvatɕ] vt check, stop; (wóz, koło) brake, apply the brake(s)

zahartowany [zaxartɔ'vanɨ] adj hardened (na coś to sth)

zaimek [za'imɛk] m gram. pronoun

zaimponować [zaimpɔ'nɔvatɕ] vt impress, make an impression (komuś on sb)

zainkasować [zainka'sɔvatɕ] vt collect, cash

zainteresować [zaintɛrɛ'sɔvatɕ]

I *vt* interest II *vr* ~ się be interested (czymś in sth)
zainteresowanie [zaintεrεsɔ-'vaɲε] *n* interest, concern (czymś with sth)
zając ['zajɔ̃ts] *m* hare
zająć zob. zajmować
zajechać [za'jεxatɕ] *vi* 1. (*podjechać*) drive up (to an entrance) 2. (*zastąpić drogę*) bar (sb's way)
zajezdnia [za'jεzdɲa] *f* shed, depot
zajęcie [za'jɛ̃tɕε] *n* 1. (*mienia, kraju itp.*) seizure 2. (*zainteresowanie*) interest 3. (*praca*)·occupation, employment, job, work, business
zajęty [za'jɛ̃tɨ] *adj* (*o człowieku*) busy, occupied, engaged; (*o telefonie*) engaged, *am.* busy; (*o taksówce*) hired, engaged; nie ~ free
zaj|mować [zaj'mɔvatɕ] *imperf*, ~ąć ['zajɔ̃tɕ] *perf* I *vt* 1. (*kraj itp.*) occupy, capture, seize 2. (*pozycję*) take, hold; (*stanowisko*) fill 3. (*interesować*) interest, attract II *vr* ~mować, ~ąć się be occupied ⟨engaged⟩ (czymś with sth); ~mować, ~ąć się gośćmi to attend to the guests
zajmujący [zajmu'jɔ̃tsɨ] *adj* interesting, engaging
zajrzeć zob. zaglądać
zajście ['zajɕtɕε] *n* incident
zajść zob. zachodzić
zakatarzony [zakata'ʒɔnɨ] *adj* suffering from a cold
zakaz ['zakas] *m* prohibition, ban; embargo; ~ postoju no parking; ~ skrętu w lewo ⟨prawo⟩ no left ⟨right⟩ turn; ~ wjazdu no entry; ~ wstępu no admittance; ~ wyprzedzania no overtaking; ~ zatrzymywania się no waiting; wydać ~ to put ⟨to impose⟩ a ban on sth; znieść ~ to lift ⟨to remove⟩ a ban
zakaz|ać [za'kazatɕ] *perf*,

~ywać [zaka'zɨvatɕ] *imperf* *vt* forbid, prohibit (czegoś sth)
zakaźny [za'kaźnɨ] *adj* infectious, contagious
zakażenie [zaka'ʒεɲε] *n* infection
zakąsk|a [za'kɔ̃ska] *f* snack; *pl* ~i hors d'oeuvres
zakład ['zakŭat] *m* 1. (*instytucja*) establishment, institute, institution; ~ fotograficzny photographer's studio ⟨atelier⟩; ~ leczniczy sanatorium; ~ naukowy scientific institute 2. (*założenie się o coś*) bet; iść o ~ to make a bet 3. *pl.* ~y (*fabryka*) works, plant
zakładać [za'kŭadatɕ] *imperf*, **założyć** [za'ŭɔʒɨtɕ] *perf* I *vt* establish, found, set up; (*gaz itp.*) install II *vi* 1. (*przypuszczać*) assume, presume, take it for granted that... 2. (*płacić za kogoś*) stand security ⟨go bail⟩ (for sb) III *vr* ~ się (make a) bet
zakładka [za'kŭatka] *f* fold, tuck; (*do książki*) bookmark
zakładowy [zakŭa'dɔvɨ] *adj* of a plant ⟨an establishment⟩; fundusz ~ fund; kapitał ~ initial capital
zakłopotanie [zakŭɔpɔ'taɲε] *n* embarrassment, uneasiness
zakłóc|ać [za'kŭutsatɕ] *imperf*, ~ić [za'kŭutɕitɕ] *perf* *vt* trouble, disturb
zakłóceni|e [zakŭu'tsεɲε] *n* 1. disturbance; ~a w komunikacji dislocation of the traffic 2. *pl* ~a *rad.* atmospherics, statics
zakochać się [za'kɔxatɕ ɕɛ̃] *vr* fall in love ⟨become infatuated⟩ (w kimś with sb)
zakochany [zakɔ'xanɨ] *adj* in love, enamoured; infatuated; ~ po uszy head over heels in love
zakomunikować [zakɔmuɲi-'kɔvatɕ] *vt* announce, communicate, make known

zakon ['zakɔn] *m* order
zakończenie [zakɔɲ'ʧɛɲɛ] *n*
ending, conclusion, end; na
~ last of all; to end with
zakończyć [za'kɔnʧitɕ] I *vt*
end, finish, conclude II *vr*
~ się (come to an) end
zakop|ać [za'kɔpatɕ] *perf*,
~ywać [zakɔ'pivatɕ] *imperf*
I *vt* bury II *vr* ~ać, ~ywać
się *przen.* bury oneself (na
wsi itp. in the country etc.)
zakorkować [zakɔr'kɔvatɕ] *vt*
cork up
zakraplacz [za'kraplaʧ] *m*
(medicine) dropper
zakres ['zakrɛs] *m* range,
scope; (działalności) sphere,
field
zakreśl|ać [za'krɛɕlatɕ] *imperf*,
~ić [za'krɛɕɕitɕ] *perf* *vt*
(koło) circumscribe; (ołówkiem) mark
zakręc|ać [za'krɛtsatɕ] *imperf*,
~ić [za'krɛtɕitɕ] *perf* I *vt*
(włosy) curl; (śrubę) screw
up; ~ać, ~ić kurek to turn
off the tap II *vr* ~ać, ~ić
się turn round; ~iło mi się
w głowie I feel ⟨felt⟩ giddy
zakręt ['zakrɛt] *m* bend, turning; ostry ~ sharp bend
zakrętka [za'krɛtka] *f* nut;
(nakrywka) cap
zakrv|ć ['zakritɕ] *perf*, ~wać
[za'krivatɕ] *imperf* *vt* cover
zakrztusić się [za'kʃtuɕitɕ ɕɛ]
vr choke
zakupy [za'kupi] *pl* purchas-
es; shopping; robić ~ to do
the shopping
zakwestionować [zakfɛstjɔ'nɔ-
vatɕ] *vt* call in question,
dispute, argue
zakwit|ać [za'kfitatɕ] *imperf*,
~nąć [za'kfitnɔtɕ] *perf* *vi*
blossom, bloom
zalać *zob.* zalewać
zalec|ać [za'lɛtsatɕ] *imperf*,
~ić [za'lɛtɕitɕ] *perf* I *vt* recommend, advise II *vr*
~ać się do kogoś to make
love to sb; to woo ⟨to
court⟩ sb

zaledwie [za'lɛdvɛ] *adv* hardly,
scarcely
zaległości [zalɛ'gŭɔɕtɕi] *pl*
arrears
zalet|a [za'lɛta] *f* advantage,
quality, virtue; ~y towa-
rzyskie social accomplish-
ments
zalew ['zalɛf] *m* flood, inun-
dation; (zatoka) bay; (jezioro) (artificial) lake
zal|ewać [za'lɛvatɕ] *imperf*,
~ać ['zalatɕ] *perf* I *vt* pour
over; (o powodzi) flood II
vr *przen.* ~ewać, ~ać się
łzami to be in a flood of
tears
zależ|eć [za'lɛʒetɕ] *vi* depend
(od kogoś, czegoś on sb,
sth); nie ~y mi na tym I am
not keen on it; ~y mi na
tym I am particular about
it; co ci na tym ~v? what
does it matter to you?; to
~y it depends
zależnie [za'lɛʒnɛ] *adv* according to; ~ od tego jak ...
depending on how ...
zależny [za'lɛʒni] *adj* dependent (od czegoś on sth)
zalicz|ać [za'ɕiʧatɕ] *imperf*,
~yć [za'ɕiʧitɕ] *perf* *vt* reckon, number, rank (do ...
among ...); (szeregować)
classify, class (do ...
among ...); (wliczać) in-
clude; rank (do ... among ...)
zaliczenie [zaɕi'ʧɛɲɛ] *n* inclu-
sion; za ~m cash on delivery ⟨down⟩
zaliczk|a [za'ɕiʧka] *f* advance,
earnest; dać komuś ~ę to
advance sb money
zaliczyć *zob.* zaliczać
zaludnieni|e [zalud'ɲɛɲɛ] *n*
population; gęstość ~a density of population
zalutować [zalu'tɔvatɕ] *vt*
solder
załadow|ać [zaŭa'dɔvatɕ] *perf*,
~ywać [zaŭadɔ'vivatɕ] *imperf* *vt* load
załamać się [za'ŭamatɕ ɕɛ] *vr*
1. (zawalić się) break

down, collapse, fall in 2.
(*ulec depresji*) give way to
despair; collapse; lose heart;
go to pieces
załatać [za'ůatatç] *vt* patch
załatwi|ać [za'ůatfatç] *imperf,*
~ć [za'ůatfitç] *perf* **I** *vt*
arrange, settle; ~ać, ~ć
klienta to serve a client;
~ać, ~ć sprawunki to shop;
~ać, ~ć sprawy to handle
matters; to transact business **II** *vr* ~ać, ~ć się to
ease nature
załącz|ać [za'ůɔ̃tʃatç] *imperf,*
~yć [za'ůɔ̃tʃitç] *perf vt*
enclose (do czegoś with sth):
(*dołączać*) annex (do czegoś
to sth)
załącznik [za'ůɔ̃tʃnik] *m* enclosure; (*dodatek*) annex
załączyć zob. **załączać**
załoga [za'ůɔga] *f* (*pracownicy*) staff, personnel; (*statku*) crew; (*wojskowa*) garrison
założeni|e [zaůɔ'ʒɛɲɛ] *n* foun-
dation, establishment; (*gazu
itp.*) installation; *przen.* wv-
chodzić z ~a to assume ⟨to
take it for granted⟩ (that)
założyciel [zaůɔ'ʒitɕɛl] *m*
founder
założyć zob. **zakładać**
zamach ['zamax] *m* attempt
(na życie on sb's life); ~
stanu coup d'état; *przen.*
za jednym ~em at one
blow ⟨stroke⟩
zamarz|ać [za'marzatç] *imperf.*
~nąć [za'marznɔ̃tç] *perf vi*
freeze (up)
zama|wiać [za'mavatç] *imperf.*
~ówić [za'muvitç] *perf vt*
(*coś*) order: (*bilety, miejsca
w samolocie*) book, reserve,
make reservations
zamazać [za'mazatç] *vt* blur,
dim
zamążpójście [zamɔ̃ʃ'pujɕtɕɛ]
n marriage
zamek ['zamɛk] *m* 1. (*budowla*) castle 2. (*u drzwi*) lock ‖

~ błyskawiczny zip-fastener, zipper
zameldować [zamɛl'dɔvatç] **I**
vt report; announce, register **II** *vr* ~ się report
oneself; (*w hotelu*) check
in, register
zamężna [za'mɛ̃ʒna] *adj* married
zamglenie [za'mglɛɲɛ] *n* mist,
haze; (*miejsce zamglone*)
blur, dimness
zamiana [za'mana] *f* (ex)-
change (na coś for sth)
zamiar ['zamar] *m* intention,
purpose, aim, design; mieć
~ to intend, to mean
zamiast ['zamast] *praep* instead of
zami|atać [za'matatç] *imperf,*
~eść ['zamɛɕtç] *perf vt*
sweep
zamieć ['zamɛtç] *f* snow-storm,
blizzard
zamiejscow|y [zamɛj'stsɔvi]
adj strange; rozmowa ~
trunk-call; long-distance
call
zamieni|ać [za'mɛɲatç] *imperf.*
~ć [za'mɛɲitç] *perf* **I** *vt*
(ex)change (coś na coś sth
for sth); chcę ~ć z tobą kilka słów I want to have a
word with you **II** *vr* ~ać,
~ć się change
zamienn|y [za'mɛɲni] *adj* ex-
changeable; części ~e spare
parts; handel ~y barter
zamierz|ać [za'mɛʒatç] *imperf,*
~yć [za'mɛʒitç] *perf* **I** *vt*
~ać intend, mean, be going
to ... **II** *vr* ~ać, ~yć się na
kogoś to raise one's hand
to hit ⟨to aim at⟩ sb
zamieszanie [zamɛ'ʃaɲɛ] *n*
confusion, commotion, fuss;
robić ~ to (make a) fuss
zamie|szczać [za'mɛʃtʃatç] *im-
perf.* ~ścić [za'mɛɕtɕitç] *perf
vt* place, put; (*w gazecie*)
insert
zamieszkać zob. **zamieszkiwać**
zamieszki [za'mɛʃki] *pl* riot,
disorders, trouble, unrest

zamieszk|iwać [zamɛʃ'kivatɕ] *imperf*, ~ać [za'mɛʃkatɕ] *perf* I *vt* inhabit II *vi* live

zamieścić *zob.* zamieszczać

zamieść *zob.* zamiatać

zamiłowanie [zamiuɔ'vaɲɛ] *n* liking, fancy, love (do czegoś for ⟨of⟩ sth)

zamknąć *zob.* zamykać

zamknięty [zam'kɲɛti] *adj* closed, locked, shut

zamordować [zamɔr'dɔvatɕ] *vt* murder; ~ skrytobójczo to assassinate

zamorski [za'mɔrski] *adj* oversea(s)

zamożny [za'mɔʒni] *adj* wealthy, well-to-do, well--off; ~ człowiek a man of means

zamówić *zob.* zamawiać

zamówienie [zamu'vɛɲɛ] *n* order; ubranie na ~ suit made to measure

zamsz [zamʃ] *m* chamois, suède

zam|ykać [za'mikatɕ] *imperf*, ~knąć ['zamknɔtɕ] *perf* I *vt* shut, close; (*na klucz*) lock II *vr* ~ykać, ~knąć się shut, close; *przen.* ~ykać, ~knąć się w sobie to retire ⟨to shrink⟩ into oneself

zamyślić się [za'miɕʎitɕ ɕɛ] *vr* fall to thinking, be lost in thought, become thoughtful

zanadto [za'nattɔ] *adv* too; aż ~ more than enough

zaniechać [za'ɲɛxatɕ] *vt* give up, drop ⟨abandon⟩ (czegoś sth); desist (czegoś from sth)

zanieczy|szczać [zaɲɛ'tʃiʃtʃatɕ] *imperf*, ~ścić [zaɲɛ'tʃiɕtɕitɕ] *perf* *vt* dirty, soil; (*wodę*) contaminate; pollute

zaniedbać *zob.* zaniedbywać

zaniedbanie [zaɲɛd'baɲɛ] *n* negligence, neglect

zaniedb|ywać [zaɲɛd'bivatɕ] *imperf*, ~ać [za'ɲɛdbatɕ] *perf* I *vt* neglect; (*okazję*) miss; ~ywać ~ać obowiąz-

ki to neglect one's duties II *vr* ~ywać, ~ać się neglect oneself, be negligent

zaniepokojenie [zaɲɛpɔkɔ'jɛɲɛ] *n* anxiety, alarm

zanieść *zob.* zanosić

zanik ['zaɲik] *n* loss, decay; ~ mięśni atrophy of muscles; ~ pamięci loss of memory

zanik|ać [za'ɲikatɕ] *imperf*, ~nąć [za'ɲiknɔtɕ] *perf* *vt* disappear, decline, vanish, *rad.* fade

zanim ['zaɲim] *conj* before; by the time

zanocować [zanɔ'tsɔvatɕ] *vi* spend the night; stay overnight; put up (w hotelu at a hotel, u znajomych with friends)

zan|osić [za'nɔɕitɕ] *imperf*, ~ieść ['zaɲɛɕtɕ] *perf* I *vt* carry; *przen.* ~osić prośbę to address a request II *vr* ~osić, ~ieść się od płaczu to cry bitterly; ~osić się od śmiechu to bubble with laughter; ~osi się na burzę a storm is brewing; ~osi się na deszcz it's going to rain; it looks like rain

zanotować [zanɔ'tɔvatɕ] *vt* note, take down, record, make a note (coś of sth)

zanurz|ać [za'nuʒatɕ] *imperf*, ~yć [za'nuʒitɕ] *perf*, *vt* (*także vr* ~ać, ~yć się) plunge

zaoczn|y [za'otʃni] *adj*: studia ~e extramural studies; wyrok ~y judgement by default

zaopat|rywać [zaɔpa'trivatɕ] *imperf*, ~rzyć [zaɔ'patʃitɕ] *perf* I *vt* provide (kogoś for sb); supply, furnish (w coś with sth) II *vr* ~rywać, ~rzyć się w coś to provide oneself with sth

zaopatrzenie [zaɔpa'tʃɛɲɛ] *n* supply, delivery; *wojsk.* munitions; (*wyposażenie*) equipment

zaopatrzyć *zob.* zaopatrywać
zaostrz|ać [za'ɔstʃatɕ] *imperf*,
~yć [za'ɔstʃitɕ] *perf* I *vt*
sharpen; *przen.* (*sytuacje*)
aggravate II *vr* ~ać, ~yć
się sharpen, worsen

zapach ['zapax] *m* smell,
scent, odour

zapadać [za'padatɕ] I *vi* sink;
(*o kurtynie*) fall; (*o nocy*)
set in; (*o wyroku*) be pro-
nounced, pass; ~ na zdro-
wiu to fall ill II *vr* ~ się
sink, fall in, collapse

zapakować [zapa'kɔvatɕ] *vt*
pack up

zapal|ać [za'palatɕ] *imperf*,
~ić [za'paɦitɕ] *perf* I *vt*
light; (*podpalać*) set fire
(coś to sth); set on fire:
elektr. switch on; ~ać. ~ić
w piecu to light the fire in
the stove; ~ać, ~ić zapałkę
to strike a match; ~ać, ~ić
motor (silnik) to start an
engine II *vr* ~ać, ~ić się
take (catch) fire; *przen.*
become enthusiastic (do czegoś over sth)

zapalenie [zapa'lɛnɛ] *n* inflamm-
mation; (*światła*) lighting;
med. ~ mózgu encephal-
itis; ~ płuc pneumonia; ~
ślepej kiszki appendicitis;
~ zatok frontal sinusitis

zapalić *zob.* zapalać

zapalniczka [zapal'nitʃka] *f*
(cigarette-)lighter

zapalnik [za'palnik] *m* fuse;
elektr. discharger

zapał ['zapaŭ] *m* enthusiasm,
zeal, eagerness; bez ~u
half-hearted; pełen ~u
mettlesome, keen

zapał|ka [za'paŭka] *f* match;
pudełko ~ek box of
matches; szwedzka ~ka
safety match

zapamiętać [zapa'm̃ɛ̃tatɕ] *vt*
remember; retain (keep) in
one's memory (mind); (*tekst
itp.*) memorize

zapanować [zapa'nɔvatɕ] *vi*
prevail; (*nastać*) set in; ~

nad kimś to dominate sb;
~ nad sobą to master one-
self

zaparcie [za'partɕɛ] *n med.*
constipation

zaparkować [zapar'kɔvatɕ] *vt*
park (samochód a car)

zaparz|ać [za'paʒatɕ] *imperf*,
~yć [za'paʒitɕ] *perf vt* (*herbatę itp.*) infuse

zapas ['zapas] *m* store, reserve; (*do szminki. długopisu*) refill; mieć w ~ie to
have in stock (store); robić ~y to stock (up)

zapasow|y [zapa'sɔvi] *adj*
spare, reserve; (*drzwi, wyjście itp.*) emergency; części
~e spare parts; koło ~e
spare wheel

zapasy [za'pasi] *pl* 1. supplies
2. *sport.* contest, wrestling
match

zapaść ['zapaɕtɕ] *f med.*
collapse

zapaśnik [za'paɕnik] *m* wrestler

zapatr|ywać się [zapa'trivatɕ
ɕɛ̃] *vr* be of the opinion;
jak się na to ~ujesz? how
does it strike you?; what
do you think of it?

zapchać się ['zapxatɕ ɕɛ̃] *vr*
(*zatkać się*) get blocked
(stocked, choked)

zapełni|ać [za'pɛŭɲatɕ] *imperf*,
~ć [za'pɛŭɲitɕ] *perf* I *vt* fill
up II *vr* ~ać, ~ć się fill,
be full of

zapewne [za'pɛvnɛ] *adv* surely,
certainly

zapewni|ać [za'pɛvɲatɕ] *im-
perf*, ~ć [za'pɛvɲitɕ] *perf
vt* assure (o czymś of sth);
(*sobie coś*) secure, ensure

zapiąć *zob.* zapinać

zapięcie [za'p̃ɛ̃tɕɛ] *n* clasp,
buckle

zapi|nać [za'binatɕ] *imperf*,
~ać ['zapɔ̃tɕ] *perf vt* buckle,
clasp; (*na guziki*) button
(up)

zapinka [za'binka] *f* clasp,
hasp; buckle

zapis|ać [za'pisatç] *perf,* **~ywać** [zapi'sivatç] **I** *vt* write ⟨take⟩ down, record, enter; (*lek*) prescribe; (*testamentem*) bequeath **II** *vr* **~ać, ~ywać się** enroll, put one's name down (**na coś** for sth); **~ać się na uniwersytet** to enter a university

zaplombować [zaplɔm'bɔvatç] *vt* stop (**ząb** a tooth); fill (**dziurę w zębie** a cavity); (*zamknąć nakładając plombę*) seal, affix a lead

zapłacić [za'pŭatçitç] *vt* pay

zapłon ['zapŭɔn] *m* ignition

zapobie|c [za'pɔbɛts] *perf,* **~gać** [zapɔ'bɛgatç] *imperf vt* prevent ⟨avert⟩ (**czemuś** sth)

zapobiegawczy [zapɔbɛ'gaftʃi] *adj* preventive, prophylactic

zapom|inać [zapɔ'minatç] *imperf,* **~nieć** [za'pɔmɲɛtç] *perf* **I** *vt* forget **II** *vr* **~inać się** forget oneself

zapora [za'pɔra] *f* bar, barrier; **~ wodna** water dam

zapotrzebowanie [zapɔtʃɛbɔ'vaɲɛ] *n* demand

zapowi|adać [zapɔ'vadatç] *imperf,* **~edzieć** [zapɔ'vɛdzɛtç] *perf* **I** *vt* announce, proclaim **II** *vr* **~adać się** promise

zapowiedź [za'pɔvɛtç] *f* announcement; (*małżeństwa*) banns

zapozna|ć [za'pɔznatç] *perf,* **~wać** [zapɔ'znavatç] *imperf* **I** *vt* acquaint (**z czymś** with sth); **~ć, ~wać kogoś z kimś** to introduce one person to another **II** *vr* **~ć, ~wać się** get acquainted; **~ć się ze sprawą** to go into the matter

zapr|aszać [za'praʃatç] *imperf,* **~osić** [za'prɔçitç] *perf vt* invite; ask

zaprawa [za'prava] *f*: **~ mu-** rarska mortar; **~ sportowa** training

zaproponować [zaprɔpɔ'nɔvatç] *vt* propose

zaprosić *zob.* **zapraszać**

zaproszenie [zaprɔ'ʃɛɲɛ] *n* invitation

zaprowadzić [zaprɔ'vadzitç] *vt* lead, conduct; **~ nową modę** to start a new fashion; **~ porządek** to establish order; **~ zwyczaj** to introduce a custom

zaprószyć [za'pruʃitç] *vt* cover with dust; **~ ogień** to start a fire

zaprzecz|ać [za'pʃɛtʃatç] *imperf,* **~yć** [za'pʃɛtʃitç] *perf vt vi* deny, contradict (**czemuś** sth)

zaprzesta|ć [za'pʃɛstatç] *perf,* **~wać** [zapʃɛ'stavatç] *imperf vt* stop, cease, drop, discontinue

zaprzyjaźnić się [zapʃi'jaʑnitç çɛ] *vr* make friends (**z kimś** with sb)

zapu|szczać [za'puʃtʃatç] *imperf,* **~ścić** [za'puçtçitç] *perf vt*; **~szczać, ~ścić krople do oczu** to put drops in sb's eyes; **~szczać, ~ścić włosy** ⟨**brodę**⟩ to let one's hair ⟨beard⟩ grow; **~ścić silnik** to start the engine

zapyt|ać [za'pitatç] *perf,* **~ywać** [zapi'tivatç] *imperf* **I** *vt* ask, question **II** *vr* **~ać, ~ywać się o kogoś** to ask ⟨inquire⟩ about sb

zar|abiać [za'rabatç] *imperf,* **~obić** [za'rɔbitç] *perf vt* earn, gain; **~abiać na życie** to earn one's living

zaradny [za'radni] *adj* resourceful, ingenious

zaraz ['zaras] *adv* at once, right away, directly

zarazek [za'razɛk] *m* germ, microbe

zarazem [za'razɛm] *adv* at the same time, as well

zara|zić [za'razitç] *perf,* **~żać** [za'raʒatç] *imperf* **I** *vt* in-

fect II *vr* ~zić, ~łać się be infected, catch an infection; contract a disease

zardzewiały [zardze'vaŭi] *adj* rusty

zarejestrować [zarɛjɛs'trɔvatɕ] I *vt* record II *vr* ~ się register

zarezerwować [zarɛzɛr'vɔvatɕ] *vt* reserve; make reservations (miejsca w teatrze for seats in the theatre); ~ sobie to book

zarezerwowany [zarɛzɛrvɔ'vani] *adj* reserved, booked, taken

zaręcz|ać [za'rɛ̃tʃatɕ] *imperf*, ~yć [za'rɛ̃tʃitɕ] *perf* I *vi* (za kogoś) affirm; guarantee II *vr* ~ać, ~yć się be engaged (to be married)

zaręczyny [zarɛ̃'tʃini] *pl* betrothal, engagement

zarobek [za'rɔbɛk] *m* gain, earnings

zarobić zob. zarabiać

zarost ['zarɔst] *m* hair, beard; bez ~u beardless, shaven

zarozumiały [zarɔzu'maŭi] *adj* conceited, presumptuous

zarówno [za'ruvnɔ] *conj* as well as; ~ ..., jak both ... and

zaryzykować [zariži'kɔvatɕ] *vt* venture; run a risk (coś of sth)

zarząd ['zaʒɔ̃t] *m* administration, management, direction; ~ główny board, council; ~ miejski municipal government

zarządz|ać [za'ʒɔ̃dzatɕ] *imperf*, ~ić [za'ʒɔ̃dʑitɕ] *perf vt* administer, manage (czymś sth); (polecać) order, dispose

zarządzenie [zaʒɔ̃'dzɛɲɛ] *n* order, disposition

zarządzić zob. zarządzać

zarzuc|ać [za'ʒutsatɕ] *imperf*, ~ić [za'ʒutɕitɕ] *perf* I *vt* 1. (kotwicę, sieć) cast, throw; ~ać, ~ić płaszcz na ramiona to throw a coat over

one's shoulders; ~ać, ~ić coś komuś to reproach sb with sth 2. (porzucać) give up II *vi* (o pojazdach) skid, lurch

zarzut ['zaʒut] *m* objection, charge, imputation; pod ~em morderstwa on a charge of murder; ponad wszelkie ~y above reproach; bez ~u fair and above-board

zasad|a [za'sada] *f* principle; (podstawa) foundation, basis; z ~y as a rule

zasadniczy [zasad'ɲitʃi] *adj* essential, fundamental, cardinal

zasięg ['zaɕɛ̃k] *m* range, scope, reach; poza ~iem out of range; w ~u within reach; w ~u głosu within earshot

zasięg|ać [za'ɕɛ̃gatɕ] *imperf*, ~nąć [za'ɕɛ̃gnɔ̃tɕ] *perf vt* (czyjejś rady) consult (sb), seek advice (from sb); ~nąć informacji to inquire; ~nąć porady lekarskiej ⟨prawnej itp.⟩ to take medical ⟨legal etc.⟩ advice

zasilacz [za'ɕilatʃ] *m* techn. feeder; elektr. feeder cable

zasiłek [za'ɕiŭɛk] *m* subsidy, grant-in-aid; ~ dla bezrobotnych unemployment benefit; pobierać ~ to be on relief; pot. to be on the dole; przejść na ~ to go on the dole

zaskoczenie [zaskɔ'tʃɛɲɛ] *n* 1. (niespodzianka) surprise 2. techn. snap (of a lock)

zaskoczyć [za'skɔtʃitɕ] *vt* surprise, startle; (o zatrzasku) slip ⟨click⟩ into place

zasłabnąć [za'sŭabnɔ̃tɕ] *vi* weaken, grow faint; (omdleć) faint (away), swoon

zasł|aniać [za'sŭaɲatɕ] *imperf*, ~onić [za'sŭɔɲitɕ] *perf* I *vi* cover, veil, cloak; ~aniać, ~onić przed czymś to shelter ⟨screen⟩ from sth II *vr*

~aniać, ~onić się cover oneself ⟨one's face⟩
zasłon|a [za'sŭɔna] f cover, veil, screen; (w oknie) blind, curtain; zasunąć ~ę to draw the curtain
zasłonić zob. zasłaniać
zasługa [za'sŭuga] f merit, credit
zasłu|giwać [zasŭu'givatɕ] imperf, ~żyć [za'sŭuʒitɕ] perf vi deserve, merit (na coś sth)
zasmuc|ać [za'smutsatɕ] imperf, ~ić [za'smutɕitɕ] perf vt (także vr ~ać, ~ić się) sadden, grieve
zasnąć ['zasnɔ̃tɕ] vi fall asleep
zas|ób ['zasup] m 1. stock, store; ~ób słów vocabulary 2. pl ~oby resources
zaspa ['zaspa] f ·(śnieżna) snowdrift; (piasku) dune
zaspać ['zaspatɕ] vi oversleep
zaspany [za'spani] adj sleepy
zaspok|ajać [zaspɔ'kajatɕ] imperf, ~oić [zaspɔ'kɔitɕ] perf vt satisfy, gratify; (pragnienie) quench; (apetyt) appease; (zapotrzebowanie) meet; (żądania, roszczenia) settle
zastać zob. zastawać
zastan|awiać [zasta'navatɕ] imperf, ~owić [zasta'nɔvitɕ] perf I vt make think, puzzle II vr ~awiać, ~owić się reflect (nad czymś upon sth); deliberate; wonder; puzzle (nad czymś about ⟨over⟩ sth)
zastaw ['zastaf] m 1. (zabezpieczenie) security; deposit; pożyczyć pod ~ to lend on security 2. (przedmiot zastawiony) pawn; dać coś w ~ to pawn sth
zasta|wać [za'stavatɕ] imperf, ~ć ['zastatɕ] perf vt find
zastąpić zob. zastępować
zastępca [za'stɛptsa] m substitute, proxy, deputy; ~ dowódcy second-in-command; ~ profesora assistant-pro-

43 Słownik

fessor; ~ przewodniczacego vice-president
zast|ępować [zastɛ'pɔvatɕ] imperf, ~ąpić [za'stɔ̃pitɕ] perf vt replace (kogoś sb); deputize (kogoś for sb); stand for || ~ępować, ~ąpić drogę to bar the way
zastosować [zastɔ'sɔvatɕ] I vt apply, adapt, use II vr ~ się comply (do czegoś with sth), conform (do czegoś to sth)
zastój ['zastuj] m stagnation; handl. recession, slump
zastrzał ['zastʃaŭ] m med. felon
zastrze|c ['zastʃɛts] perf, ~gać [za'stʃɛgatɕ] imperf vt reserve (dla siebie for oneself); ~c, ~gać sobie coś to stipulate for sth; ~c, ~gać sobie prawo autorskie to copyright
zastrzeżenie [zastʃɛ'ʒɛɲɛ] n reservation; objection, restriction; bez ~ń without reserve
zastrzyk ['zastʃik] m injection; ~ domięśniowy ⟨podskórny, dożylny⟩ intramuscular ⟨hypodermic, intravenous⟩ injection
zasunąć zob. zasuwać
zasuwa [za'suva] f bolt, bar
zasu|wać [za'suvatɕ] imperf, ~nąć [za'sunɔ̃tɕ] perf vt push, shove; ~wać, ~nąć firanki to draw the curtains
zasypać [za'sipatɕ] vt (zapełnić) fill up (a ditch); przen. ~ kogoś zaproszeniami to shower invitations on sb
zasypka [za'sipka] f med. dusting powder
zaszczepić [za'ʃtɕɛpitɕ] vt med. inoculate, vaccinate
zaszczyt ['zaʃtʃit] m honour; przynosić komuś ~ to do credit ⟨be an honour⟩ to sb; (w liście) mam ~ donieść panu ... I beg to inform you ...
zaszczytny [zaʃ'tʃitni] adj honourable

zaszkodzić [za'ʃkɔdʑitɕ] *vt* injure ⟨harm⟩ (komuś sb); do harm (komuś to sb)

zaszy|ć ['zaʃitɕ] *perf,* ~wać [za'ʃivatɕ] *imperf* I *vt* sew up II *vr* ~ć, ~wać się *przen.* *(schować się)* hide oneself

zaś [zaɕ] *conj* but, whereas

zaśpiewać [za'ɕpɛvatɕ] *vt* sing, start singing

zaświadcz|ać [za'ɕfiattʃatɕ] *imperf,* ~yć [za'ɕfiattʃitɕ] *perf vt* certify, testify, attest; ~a się, że ... this is to certify that ...

zaświadczenie [zaɕfiat'tʃɛɲɛ] *n* certificate, attestation

zaświadczyć *zob.* zaświadczać

zatamować [zata'mɔvatɕ] *vt* stop, block up, obstruct; *(krew)* stanch, staunch

zatańczyć [za'tajntʃitɕ] *vt vi* dance

zatarg ['zatark] *m* conflict; popaść w ~ to get into conflict

zatelefonować [zatɛlɛfɔ'nɔvatɕ] *vt* telephone, *pot.* phone, ring up

zatelegrafować [zatɛlɛgra'fɔvatɕ] *vt* cable, wire

zatemperować [zatɛmpɛ'rɔvatɕ] *vt* point; sharpen (a pencil)

zatłoczony [zatłŏɔ'tʃɔɲi] *adj* crowded; bardzo ~ overcrowded

zatoka [za'tɔka] *f* bay, creek, gulf

zatonąć [za'tɔnɔ̃tɕ] *vi* sink

zatopić [za'tɔpitɕ] *vt* sink, drown

zator ['zatɔr] *m* *(uliczny)* traffic jam; ~ z lodu ice jam

zatrucie [za'trutɕɛ] *n* poisoning; ~ krwi blood-poisoning

zatruć ['zatrutɕ] I *vt* poison (sb, food, water etc.) II *vr* ~ się *med.* get poisoned

zatrudni|ać [za'trudɲatɕ] *imperf,* ~ć [za'trudɲitɕ] *perf vt* employ, keep busy

zatrudnienie [zatrud'ɲɛɲɛ] *n* employment, occupation, *pot.* job

zatrzask ['zatʃask] *m* 1. *(u drzwi)* safety-lock; latch; klucz od ~u latchkey 2. *(u sukni itp.)* press button ⟨stud⟩

zatrzas|kiwać [zatʃas'kivatɕ] *imperf,* ~nąć [za'tʃasnɔ̃tɕ] *perf vt (drzwi)* bang, slam; *(pokrywę)* snap, shut

zatrzeć się ['zatʃɛtɕ ɕɛ] *vr (o silniku)* seize

zatrzym|ać [za'tʃimatɕ] *perf,* ~ywać [zatʃi'mivatɕ] *imperf* I *vt* stop; *(jako więźnia)* detain, arrest; *(u siebie)* retain, keep II *vr* ~ać, ~ywać się *(stanąć)* stop; *(pozostać)* remain, stay

zatwierdz|ać [za'tʃfɛrdzatɕ] *imperf,* ~ić [za'tʃfɛrdʑitɕ] *perf vt* confirm, ratify, approve (coś of sth)

zaufać [za'ufatɕ] *vi* confide (komuś in sb); rely (komuś on sb); trust (komuś sb)

zaufani|e [zau'faɲɛ] *n* confidence, trust; mąż ~a shop-steward; mieć ~e do kogoś to confide in sb; w ~u in confidence; in secret; z całym ~em in all confidence

zaufany [zau'faɲi] *adj* reliable, trusted

zaułek [za'uułɛk] *m* backstreet; *przen.* ślepy ~ blind alley

zauważ|ać [zau'vaʒatɕ] *imperf,* ~yć [zau'vaʒitɕ] *perf vt* 1. observe, notice 2. *perf (powiedzieć)* suggest; *(zrobić uwagę)* remark

zawadz|ać [za'vadzatɕ] *imperf,* ~ić [za'vadʑitɕ] *perf vi (przeszkadzać)* hinder, stand in sb's way; ~ać komuś to make a nuisance of oneself; ~ić o coś to stumble upon sth

zawalić się [za'vaɕitɕ ɕɛ] *vr* break down, fall in, collapse

zawał ['zavaῦ] *m* *med.* infarct,

infarction; ~ serca cardiac infarction

zawartość [za'vartɔçtɕ] f contents, capacity

zawczasu [za'ftʃasu] adv in good time

zawdzięczać [za'vdʑɛ̃tʃatɕ] vt owe (komuś, czemuś to sb, sth)

zawia|ć ['zaṿatɕ] vi (powiać) blow, start blowing; ~ło mnie I've caught a chill

zawiad|amiać· [zaṿa'damatɕ] imperf, ~omić [zaṿa'dɔmitɕ] perf vt inform, let know; (oficjalnie) advise, notify (o czymś of sth)

zawiadomienie [zaṿadɔ'mɛɲɛ] n information, advice; (o ślubie itp.) announcement

zawiadowca [zaṿa'dɔftsa] m manager; ~ stacji station--master

zawias ['zaṿas] m hinge; na ~ach hinged; zawiesić na ~ach to hinge; zdjąć z ~ów to unhinge

zawiąz|ać [za'ṿɔ̃zatɕ] perf, ~ywać [zaṿɔ̃'zivatɕ] imperf vt tie, bind (up); (spółkę, firmę) establish, form

zawieja [za'ṿɛja] f turmoil; (śnieżna) snow-storm, blizzard

zaw|ierać [za'ṿeratɕ] imperf, ~rzeć ['zavʒɛtɕ] perf vt (mieścić) contain, comprise, include, cover || ~ierać, ~rzeć małżeństwo to contract marriage; ~ierać, ~rzeć pokój to conclude ⟨make⟩ peace; ~ierać, ~rzeć traktat to conclude a treaty

zawie|sić [za'ṿeçitɕ] perf, ~szać [za'ṿɛʃatɕ] imperf vt hang (up); (odroczyć) suspend; (wypłatę) stop

zawieść zob. zawodzić

zawieźć zob. zawozić

zawi|jać [za'ṿijatɕ] imperf, ~nąć [za'ṿinɔ̃tɕ] perf I vt fold up; (rękawy) roll ⟨tuck⟩ up; (w papier) wrap (up) II

vi ~jać, ~nąć do portu to enter a harbour III vr ~jać, ~nąć się w kołdrę to roll oneself up in a blanket

zawiły [za'ṿiṷi] adj intricate, complicated

zawinąć zob. zawijać

zawinić [za'ṿiɲitɕ] vi to be guilty (of)

zawiść ['zaṿiçtɕ] f envy, jealousy

zawodnik [za'vɔdɲik] m competitor

zawodowy [zavɔ'dɔṿi] adj professional; (o chorobie) occupational; związek ~ trade union

zawody [za'vɔdɨ] pl competition, contest, games; ~ żużlowe cinder-track race

zaw|odzić [za'vɔdʑitɕ] imperf, ~ieść ['zaṿeçtɕ] perf I vt 1. disappoint, deceive, frustrate; ~odzić, ~ieść kogoś to let sb down 2. (nie udać się) fail 3. imperf (lamentować) lament II vr ~ieść się be disappointed

zawołać [za'vɔṷatɕ] vt call; ~ taksówkę to hail a taxi

zaw|ozić [za'vɔʑitɕ] imperf, ~ieźć ['zaṿeçtɕ] perf vt carry, convey, transport

zawód ['zavut] m 1. profession 2. (rozczarowanie) disappointment, disillusion, deception; zrobić ~ komuś to disappoint sb

zawór ['zavur] m valve

zawr|acać [za'vratsatɕ] imperf, ~ócić [za'vrutɕitɕ] perf vt vi turn ⟨go⟩ back; przen. ~acać, ~ócić komuś głowę to bother sb; to turn sb's head

zawrót ['zavrut] m (głowy) vertigo, dizziness, giddiness

zawsze ['zafʃɛ] adv always, ever; na ~ for ever; raz na ~ once and for all; ~ odtąd ever after

zawzięty [za'vzɛ̃tɨ] adj (uparty) persistent; (nieprzejed-

nany) bitter; ~ na coś keen
on sth
zazdrosny [za'zdrɔsni] *adj*
jealous, envious (o kogoś,
coś of sb, sth)
zazdrościć [za'zdrɔɕtɕitɕ] *vt*
envy (komuś sb), grudge
(komuś czegoś sb sth)
zaziębi|ać się [za'ʑɛ̃batɕ ɕɛ̃]
imperf, ~ć się [za'ʑɛ̃bitɕ ɕɛ̃]
perf vr catch (a) cold
zaziębienie [zaʑɛ̃'bɛɲɛ] *n* cold,
chill
zaznaczyć [za'znatʃitɕ] I *vt*
(*zrobić znak*) mark, make a
note (coś of sth); (*podkreślać*) stress II *vi* (*wykazać*)
point out, state
zaznaj|amiać [zazna'jamatɕ]
imperf, ~omić [zazna'jɔ-
mitɕ] *perf* I *vt* aquaint (z
kimś, czymś with sb, sth)
II *vr* ~amiać, ~omić się
become ⟨get⟩ acquainted (z
kimś with sb)
zazwyczaj [za'zvitʃaj] *adv*
usually; jak ~ as usual
zażalenie [zaʒa'lɛɲɛ] *n* complaint; wnieść ~ to lodge
a complaint
zażarty [za'ʒarti] *adj* fierce,
bitter, furious
zaży|ć ['zaʑitɕ] *perf*, ~wać
[za'ʑivatɕ] *imperf vt* (*lekarstwo*) take; (*szczęścia itp.*)
enjoy, experience
zażyły [za'ʑiłi] *adj* intimate,
familiar
ząb [zɔ̃p] *m* tooth; ~ mądro-
ści wisdom tooth; ~ mleczny milk-tooth; ~ trzonowy
molar; sztuczny ~ false
tooth; denture; boli mnie ~
I have a toothache
zbadać ['zbadatɕ] *vt* (*kraj,
teren itp.*) explore; (*sprawę,
zbrodnię*) investigate; ~ pacjenta to examine a patient
zbędny ['zbɛ̃dni] *adj* superfluous
zbić [zbitɕ] I *vt* 1. (*sprawić
lanie*) beat (up); *przen.* ~
argument to refute an ar-

gument 2. (*stłuc*) break II
vr ~ się break
zbiec *zob.* zbiegać
zbieg [zbɛk] *m* fugitive, runaway, deserter ‖ ~ oko-
liczności coincidence; szczęśliwy ~ okoliczności happy
coincidence, stroke of luck
zbie|gać ['zbɛgatɕ] *imperf*, ~c
[zbɛts] *perf* I *vi* run away
⟨down⟩; (*uciekać*) run away
II *vr* ~gać, ~c się (o li-
niach) converge; (o wypadkach) coincide; (kurczyć się)
shrink; (gromadzić się)
crowd
zbiegowisko [zbɛgɔ'viskɔ] *n*
crowd
zbieracz ['zbɛratʃ] *m* collector
zbierać ['zbɛratɕ] *imperf*, zebrać]'zebratɕ[*perf* I *vt*
gather, collect; (owoce) pick
up; (zboże) harvest; ~ ze
stołu to clear the table II
vr ~ się gather, meet, come
together; *przen.* zbiera się
na deszcz it is going to
rain; ~ się w sobie to pull
oneself together
zbiornik ['zbɔrɲik] *m* reser-
voir, basin, tank; ~ paliwa
fuel tank
zbiór [zbur] *m* collection; ~
praw code; ~ zboża crop,
harvest
zbiórk|a ['zburka] *f* 1. (zebra-
nie się) rally, assembly;
miejsce ~i rallying point
2. (pieniężna) collection
zbliż|ać ['zbliʑatɕ] *imperf*,
~yć ['zbliʑitɕ] *perf* I *vt*
near, approach; ~ać, ~yć,
ludzi to bring people to-
gether II *vr* ~ać, ~yć się
approach (do kogoś sb);
~ać, ~yć się do końca to
draw to an end ⟨a close⟩
zbliżenie [zbliʑ'ʒɛɲɛ] *n fot.*
close-up
zbłądzić ['zbłŭdʑitɕ] *vi* go
astray, lose one's way;
przen. err, sin
zbocze ['zbɔtʃɛ] *n* slope
zboże ['zbɔʒɛ] *n* corn, grain

zbrodnia ['zbrɔdɲa] *f* crime
zbrodniarz ['zbrɔdɲaʃ] *m* criminal
zbrodniczy [zbrɔd'ɲitʃi] *adj* criminal
zbroić ['zbrɔitɕ] I *vt* 1. arm 2. (*spsocić*) ⁓ coś to do some mischief II *vr* ⁓ się arm
zbroja ['zbrɔja] *f* armour
zbroje|nia [zbrɔ'jɛɲa] *pl* armaments; wyścig ⁓ń armaments race
zbrzydnąć ['zbʒɨdnɔ̃tɕ] *vi* become ugly, lose one's looks
zbudować [zbu'dɔvatɕ] *vt* build, construct
zbudzić ['zbudʑitɕ] I *vt* wake (up), rouse II *vr* ⁓ się wake (up)
zburzyć ['zbuʒɨtɕ] *vt* destroy, demolish; (*budynek*) pull down
zbyt [zbɨt] *adv* too; ⁓ duży too big; ⁓ gorliwy over-zealous
zbyt [zbɨt] *m* sale; rynek ⁓u outlet, market
zbyteczny [zbɨ'tɛtʃnɨ] *adj* superfluous, excessive, useless; zupełnie ⁓ quite unnecessary
zbytek ['zbɨtɛk] *m* (*luksus*) luxury; (*nadmiar*) excess
zda|ć [zdatɕ] *perf*, **zdawać** ['zdavatɕ] *imperf* I *vt* render, turn ⟨give⟩ over ‖ ⁓ć egzamin to pass an examination; ⁓wać egzamin to sit for an examination; ⁓ć, ⁓wać sprawę z czegoś to give an account of sth; ⁓wać sobie sprawę z czegoś to realize sth II *vr* ⁓ć, ⁓wać się 1. rely (na kogoś, coś on sb, sth) 2. ⁓wać się (*wydawać się*) seem, appear z dala [z'dala], z daleka [z da'lɛka] *adv* from afar
zdanie ['zdaɲɛ] *n* 1. opinion, view; powiedzieć swoje ⁓ to speak one's mind; zmienić ⁓ to change one's mind; moim ⁓m in my opinion

2. *gram.* sentence, clause
zdarz|ać się ['zdaʒatɕ ɕɛ̃] *imperf*, **⁓yć się** ['zdaʒɨtɕ ɕɛ̃] *perf vr* happen, occur, come to pass
zdarzenie [zda'ʒɛɲɛ] *n* event, happening, incident
zdawać *zob.* zdać
zdążyć ['zdɔ̃ʒɨtɕ] *vi* come in time; nie ⁓ na pociąg to miss the train
zdecydować [zdɛtsɨ'dɔvatɕ] I *vt* decide II *vr* ⁓ się decide, make up one's mind, resolve (na coś upon sth)
zdejmować [zdɛj'mɔvatɕ] *imperf*, **zdjąć** [zdjɔ̃tɕ] *perf vt* 1. take off, remove 2. (*fotografować*) take a picture (coś of sth) ‖ zdjął go strach he was seized with fear
zdeponować [zdɛpɔ'nɔvatɕ] *vt* deposit
zderzak ['zdɛʒak] *m* buffer; *mot.* fender
zderzenie [zdɛ'ʒɛɲɛ] *n* collision, crash, smash; *pot.* clash
zderzyć się ['zdɛʒɨtɕ ɕɛ̃] *vr* knock (z kimś, czymś against sb, sth); collide, smash (z czymś into sth)
zdezynfekować [zdɛzɨnfɛ'kɔvatɕ] *vt* disinfect; *med.* sterilize
zdjąć *zob.* zdejmować
zdjęcie ['zdjɛ̃tɕɛ] *n* (*fotografia*) picture, photograph; zrobić ⁓ to take a photograph; zrobić ⁓ migawkowe to take a snapshot; robić ⁓ rentgenowskie to X-ray
zdobić ['zdɔbitɕ] *vt* decorate, adorn
zdobycz ['zdɔbɨtʃ] *f* conquest; booty; spoil(s); ⁓e nauki conquests of science
zdoby|ć ['zdɔbitɕ] *perf*, **⁓wać** [zdɔ'bivatɕ] *imperf* I *vt* conquer, capture, gain; (*wiedzę*) acquire; ⁓ć nagrodę to win a prize II *vr* ⁓ć,

~wać się na coś to bring
oneself ⟨manage⟩ to do sth;
~ć, ~wać się na uśmiech
to force a smile
zdolność ['zdɔlnɔçtç] f ability,
capacity, talent
zdolny ['zdɔlnɪ] adj capable
(do czegoś of sth), clever,
gifted, able
zdołać ['zdɔu̯atç] vt manage
⟨be able⟩ (coś zrobić to do
sth), contrive; nie ~ zrobić
czegoś to fail to do sth
zdrada ['zdrada] f treason,
treachery; ~ małżeńska
conjugal infidelity
zdradz|ać ['zdradzatç] imperf,
~ić ['zdradʑitç] perf I vt
betray; (męża, żonę) be
faithless (kogoś to sb); deceive (kogoś sb) II vr ~ać,
~ić się betray oneself, give
away a secret
zdrajca ['zdrajtsa] m traitor
zdrętwieć ['zdrɛtfɛtç] vi stiffen, become torpid, be
numbed
zdrojowy [zdrɔ'jɔvɪ] adj of
a health-resort; dom ~ hy-
dropathic establishment
zdrowi|e ['zdrɔvɛ] n health;
służba ~a health service;
pić czyjeś ~e to drink sb's
health; to propose a toast;
na ~e! (po kichnięciu) God
bless you!; za twoje ~e!
here's to you!
zdrowy ['zdrɔvɪ] adj healthy,
sound; (o klimacie) whole-
some; (psychicznie) sane;
bądź zdrów! good bye!;
farewell!
zdrzemnąć się ['zdʒɛmnɔ̃tç çɛ]
or have a nap
zdumienie [zdu'm̃ɛɲɛ] n aston-
ishment, amazement; wpra-
wić w ~ to amaze; to
astound
zdumiewający [zdum̃ɛva'jɔ̃tsɪ]
adj startling, stupendous,
amazing
zdumiony [zdu'm̃ɔnɪ] adj a-
mazed, astonished (czymś
at sth)

zdyskwalifikować [zdɪskfaɲi-
fi'kɔvatç] vt disqualify
zdystansować [zdɪstan'sɔvatç]
vt outdistance
zdziwić ['zdʑiv̇itç] I vi astonish II vr ~ się be aston-
ished (czymś at sth)
ze zob. z
zebra ['zɛbra] f 1. zebra 2.
(na jezdni) zebra crossing
zebrać zob. zbierać
zebranie [zɛ'braɲɛ] n meeting,
assembly; ~ towarzyskie
party
zechci|eć ['zɛxtçɛtç] vi be will-
ing, choose; be pleased (to
do); czy nie ~ałbyś powtórzyć tego? wouldn't you
like to repeat it?; would
you mind repeating it?
zegar ['zɛgar] m (ścienny)
clock; (słoneczny) sundial;
(licznik) meter; ~ parkingowy parking meter
zegar|ek [zɛ'garɛk] m watch;
~ek na rękę wrist watch;
~ek kieszonkowy pocket
watch; na moim ~ku by
my watch; ~ek późni się
⟨spieszy się⟩ the watch is
slow ⟨fast⟩
zegarmistrz [zɛ'garm̃istˌʃ] m
watch-maker
zejść zob. schodzić
zelować [zɛ'lɔvatç] vt sole
zelówka [zɛ'lufka] f sole
zemdleć ['zɛmdlɛtç] vi faint,
swoon
zemsta ['zɛmsta] f revenge,
vengeance
zemścić się ['zɛmçtçitç çɛ] vr
take revenge, revenge (oneself) (na kimś za coś on sb
for sth)
zepchnąć ['zɛpxnɔ̃tç] vt push,
shove, thrust (w dół down,
na bok aside)
zepsuć ['zɛpsutç] I vt spoil;
przen. corrupt, deprave; ~
sobie żołądek to upset one's
stomach II vr ~ się go
⟨turn⟩ bad, spoil; przen. be
corrupted ⟨depraved⟩
zero ['zɛrɔ] n zero, nought

zerwać *zob.* zrywać

zerwanie [zɛr'vaɲɛ] *n* rupture, breach

zespół ['zɛspuŭ] *m* team, set, group; (*artystyczny*) ensemble; *teatr.* troupe

zestaw ['zɛstaf] *m* set, outfit; gear; *techn.* aggregate; ~ narzędzi tool kit

zestawi|ać [zɛ'stavatɕ] *imperf*, ~ć [zɛ'stavitɕ] *perf vt* (*w całość*) put together, combine; (*porównywać*) compare

zestawïenie [zɛsta'vɛɲɛ] *n* (*porównanie*) comparison; (*złożenie w całość*) combination; (*rachunkowe*) balance sheet

zeszłoroczny [zɛʃŭɔ'rɔtʃnɨ] *adj* last year's

zeszły ['zɛʃŭɨ] *adj* past, last; w ~m roku last year

zeszyt ['zɛʃɨt] *m* exercise-book

zetknąć ['zɛtknɔtɕ] I *vt* put together, contact; join; ~ ze sobą ludzi to throw people together II *vr* ~ się come into contact, get in touch (z kimś with sb)

zetrzeć ['zɛtʃɛtɕ] *vt* (*tablicę*) wipe; ~ kurz to dust; ~ na miazgę to crush

zewnątrz ['zɛvnɔtʃ] *adv praep* outside; (*o kierunku*) outwards; odwrócić na ~ to turn inside out

zewnętrzn|y [zɛ'vnɛtʃnɨ] *adj* exterior, external, outdoor; (*świat*) outer, outward; *med.* do użytku ~ego for external use

zewsząd ['zɛfʃɔt] *adv* from everywhere, from ⟨on⟩ all sides; on every side

zez [zɛz] *m* squint

zezw|alać [zɛ'zvalatɕ] *imperf*, ~olić [zɛ'zvɔɕitɕ] *perf vt* allow, permit (na coś sth)

zezwolenie [zɛzvɔ'lɛɲɛ] *n* permission, consent; (*na sprzedaż alkoholu itp.*) licence

zgad|nąć ['zgadnɔtɕ] *perf*,

~ywać [zga'dɨvatɕ] *imperf vt* guess

zgadzać się ['zgadzatɕ ɕɛ] *imperf*, zgodzić się ['zgɔdʑitɕ ɕɛ] *perf vr* consent, agree (na coś to sth); nie ~ się to disagree

zgaga ['zgaga] *f med.* heartburn

zgasić ['zgaɕitɕ] *vt* put out, extinguish; ~ światło to switch off (the electric light); ~ silnik to shut off the engine

zgasnąć ['zgasnɔtɕ] *vi* be ⟨go⟩ out; (*umrzeć*) die

zgi|ąć [zgɔtɕ] *perf*, ~nać ['zɡinatɕ] *imperf* I *vt* bend, bow, fold II *vr* ~ąć, ~nać się bend, bow, stoop

zginąć ['zɡinɔtɕ] *vi* be lost, disappear; (*umrzeć*) be killed, die

zgł|aszać ['zgŭaʃatɕ] *imperf*, ~osić ['zgŭɔɕitɕ] *perf* I *vt* announce, declare; report; ~aszać, ~osić pretensję do czegoś to lay claim to sth; ~aszać, ~osić wniosek to present a motion II *vr* ~aszać, ~osić się report, present oneself; ~aszać, ~osić się do kogoś to call on ⸳sb; ~aszać, ~osić się na ochotnika to volunteer; ~aszać, ~osić się po coś to apply for sth; to come and fetch sth

zgłodni|eć ['zgŭɔdɲɛtɕ] *vi* grow hungry; ~ałem I am hungry

zgłoszenie [zgŭɔ'ʃɛɲɛ] *n* application, declaration, presentation

zgnieść [zgɲɛɕtɕ] *vt* crush, squash; (*zmiąć*) crumple; (*papierosa*) grind; (*bunt*) suppress

zgniły ['zgɲiŭɨ] *adj* rotten, putrid; foul; *przen.* (*moralnie*) depraved

zgo|da ['zgɔda] *f* consent (na coś to sth); (*zgodność*) harmony, concord; wyrazić

~dę to assent (to); w ~dzie
z czymś in accordance ⟨in
agreement⟩ with sth; za
czyjąś ~dą with the con-
sent of sb; ~da! all right!;
agreed!
zgodzić się *zob.* zgadzać się
zgolić ['zgɔʃitɕ] *vt* shave off
(one's beard)
zgon [zgɔn] *m* decease; świadectwo ~u death certifi-
cate
z góry ['zguri] *adv* beforehand, in advance, in anticipation
zgrabny ['zgrabni] *adj* (*zręczny*) skilful, adroit, deft;
(*dobrze zbudowany*) well-
-shaped, smart
zgromadzenie [zgrɔma'dzɛɲɛ] *n*
assembly, gathering, meeting
z grubsza ['zgrupʃa] *adv*
rougly, in the rough
zgrzać się ['zgʒatɕ ɕɛ] *vr* get
hot
zgub|a ['zguba] *f* 1. (*przed-
miot*) loss, lost thing 2.
(*strata*) loss, ruin; skazany
na ~ę doomed
zgubić ['zgubitɕ] I *vt* lose;
przen. ruin II *vr* ~ się lose
oneself, get lost, go astray,
lose one's way
ziarno ['ʑarnɔ] *n* grain, corn;
(*kawy*) bean
zidentyfikować [zidɛntifi'kɔ-
vatɕ] *vt* identify
zielony [ʑɛ'lɔni] *adj* green
ziemia ['ʑɛɲa] *f* earth, land,
ground; (*gleba*) soil; (*kula
ziemska*) globe; ~ ojczysta
native land
ziemniak ['ʑɛmɲak] *m* potato
ziemski ['ʑɛmsʲki] *adj* earthly,
terrestrial;   właściciel   ~
landowner
ziew|ać ['ʑɛvatɕ] *imperf*, ~nąć
['ʑɛvnɔ̃tɕ] *perf vi* yawn
zięć [ʑɛ̃tɕ] *m* son-in-law
zim|a ['ʑima] *f* winter; ~ą,
w ~ie in winter; w środ-
ku ~y in the dead of win-
ter

zimno ['ʑimnɔ] *adv* cold; jest
~ it is cold
zimny ['ʑimni] *adj* cold, frigid
zimować [ʑi'mɔvatɕ] *vi* pass
the winter; (*o zwierzętach*)
hibernate
zioła ['ʑɔũa] *pl* herbs
ziomkostwo   [ʑɔm'kɔstfɔ]   *n*
homeland association
zjawi|ać się ['zja6atɕ ɕɛ] *im-
perf*, ~ć się ['zja6itɕ ɕɛ]
perf vr appear, turn up
zjazd [zjast] *m* (*z góry*)
descent; (*delegatów*) congress, meeting; (*koleżeński*)
reunion; (*zlot*) rally
zjechać *zob.* zjeżdżać
zjednoczenie [zjɛdnɔ'tʃɛɲɛ] *n*
union; unification
zjednoczyć [zjɛd'nɔtʃitɕ] *vt*
(*także vr* ~ się) unify;
unite
zjeść [zjɛɕtɕ] *vt* eat (up); ~
obiad ⟨śniadanie, kolację⟩
to have dinner ⟨breakfast,
supper⟩
zje|żdżać ['zjɛʒdʒatɕ] *imperf*,
~chać ['zjɛxatɕ] *perf* I *vi*
go down, descend; ~żdżać,
~chać z drogi to make way;
to go ⟨get⟩ out of the way
II *vr* ~żdżać, ~chać się
come together, meet, assemble
zlec|ać ['zlɛtsatɕ] *imperf*, ~ić
['zlɛtɕitɕ] *perf vt* charge
⟨commission⟩ (komuś coś
sb with sth)
zlecenie [zlɛ'tsɛɲɛ] *n* commission, order; (*wiadomość*)
message
zlecić *zob.* zlecać
zlepi|ć ['zlɛpitɕ] *vt* stick ⟨glue,
gum⟩ together; ~one włosy
clotted hair
zlew [zlɛf] *m* sink
zlot [zlɔt] *m* rally; (*harcerski*)
jamboree
złagodzić [zũa'gɔdʑitɕ] *vt* (*ból*)
soothe, alleviate; (*gniew*)
mitigate; ~ karę to mit-
igate a punishment
złamać ['zũamatɕ] I *vt* break,

crack; (z *trzaskiem*) snap
II *vr* ~ się break
złamanie [zŭa'maɲɛ] *n* break;
med. fracture
złapać ['zŭapatɕ] I *vt* take,
catch (hold); (*okazję*)
snatch; ~ mocno to grip;
to clutch; ~ za coś to grab
at sth; *pot.* ~ gumę to get
a puncture II *vr* ~ się
catch (za coś at sth)
złączyć ['zŭõt͡ʃitɕ] I *vt* join,
connect; (*zjednoczyć*) unite
II *vr* ~ się join (z kimś
with sb), unite
zło [zŭɔ], **złe** [zŭɛ] *n* evil;
brać za złe to take amiss;
nie ma w tym nic złego
there is no harm in it; wybrać mniejsze zło to choose
the lesser of two evils
złoczyńca [zŭɔ't͡ʃiɲtsa] *m* evil-
-doer, malefactor
złodziej ['zŭɔdʑɛj] *m* thief; ~
kieszonkowy pickpocket
złom [zŭɔm] *m* scrap-iron
złościć ['zŭɔɕt͡ɕitɕ] I *vt* irritate,
make angry, vex, annoy II
vr ~ się be angry (na kogoś with sb); be irritated
(na coś at sth)
złoś|ć [zŭɔɕtɕ] *f* anger, spite,
irritation; czuć ~ć do ko-
goś to be angry with sb;
wpaść w ~ć to lose one's
temper; zrobić komuś na
~ć to spite sb; ze ~ci out
of spite; ze ~cią angrily
złośliwy [zŭɔɕ'ɫivi] *adj* malicious, spiteful; *med.* nowotwór ~ malignant tu-
mour
złoto ['zŭɔtɔ] *n* gold
złotówka [zŭɔ'tufka] *f* zloty
złoty [¹ ['zŭɔti] *adj* gold;
golden
złoty [² ['zŭɔti] *m* (*moneta*)
zloty
złoże ['zŭɔʒɛ] *n* deposit, layer,
bed
złożony [zŭɔ'ʒɔni] *adj* (o ar-
kuszu itp.) folded; (*skomplikowany*) complicated,

complex, compound; *przen.*
~ chorobą bedridden
złożyć ['zŭɔʒitɕ] *vt* (*kartkę,
kopertę*) fold; (*pieniądze*)
deposit; ~ egzamin to pass
an examination; ~ oświad-
czenie to make a state-
ment; ~ podanie to file
⟨submit⟩ an application; ~
podziękowanie to give ⟨ren-
der⟩ thanks; ~ przysięgę
to take an oath; ~ rezy-
gnację to resign one's post;
~ wizytę to pay a visit;
~ zażalenie to lodge a complaint
złudzenie [zŭu'dzɛɲɛ] *n* illusion
zły [zŭi] *adj* (*niedobry*) evil,
ill, bad, wicked; (*rozgnie-
wany*) angry (na kogoś
with sb)
zmagać się ['zmagatɕ ɕɛ] *vr*
struggle; *sport.* wrestle
zmarły ['zmarŭi] I *adj* deceased, dead; ~ prezydent
the deceased president II
m the deceased
zmarnować [zmar'nɔvatɕ] I *vt*
waste, trifle away; ~ okazję to miss ⟨lose⟩ an op-
portunity; ~ życie to make
a mess of one's life II *vr*
~ się wáste; (o *człowieku*)
go to the dogs; fall into
degradation
zmarszczk|a ['zmarʃt͡ʃka] *f*
wrinkle, pucker; (*na ubraniu*) crease; *pl* ~i (w *kącie
oka*) crow's-foot
zmarszczyć ['zmarʃt͡ʃitɕ] I *vt*
wrinkle; (*czoło*) frown;
(*brwi*) knit one's brows;
frown (na coś at ⟨on⟩ sth);
(*materiał*) gather, pucker,
crease II *vr* ~ się wrinkle;
(o *materiale*) crease
zmartwić ['zmartfitɕ] I *vt*
worry, grieve, afflict II *vr*
~ się worry, be grieved
(czymś at sth)
zmartwienie [zmart'fɛɲɛ] *n*
worry, grief, trouble
zmarznąć ['zmarznõtɕ] *vi* be

frozen, freeze; *(o człowieku)* be cold
zmęczenie [zmɛ̃'tʃɛɲɛ] *n* weariness, tiredness, fatigue
zmęczony [zmɛ̃'tʃɔnɨ] *adj* tired, weary; śmiertelnie ~ dead-tired
zmęczyć ['zmɛ̃tʃitɕ] I *vt* tire, fatigue II *vr* ~ się be tired, tire
zmian|a ['zṁana] *f* change, alteration; *(w pracy robotników)* shift; *sport.* relay; ~a na lepsze change for the better; na ~ę in turn, by turns, in shifts
zmiąć się ['zṁɔ̃tɕ ɕɛ] crumple, crease
zmieni|ać ['zṁeɲatɕ] *imperf*, ~ć ['zṁeɲitɕ] *perf* I *vt* change, alter; *(wartę)* relieve; ~ć mieszkanie to move; ~ć pieniądze to change money II *vr* ~ać, ~ć się change, vary, alter
zmienny ['zṁennɨ] *adj* variable, changeable; *elekr.* prąd ~ alternating current
zmierza|ć ['zṁeʒatɕ] *vi* aim, drive (do czegoś at sth); tend (w stronę czegoś towards sth); ~ć do celu to pursue an aim; to follow a purpose; do czego ~sz? what are you up to ⟨driving at⟩?
zmierzch [zṁɛʃx] *m* dusk, twilight; o ~u at nightfall
zmierzyć ['zṁeʒitɕ] *vt* measure; ~ gorączkę to take (sb's) temperature
zmieszać ['zṁeʃatɕ] I *vt* mix up; *(speszyć)* perplex, disconcert II *vr* ~ się get ⟨become⟩ confused ⟨mixed up⟩
zmieścić ['zṁeɕtɕitɕ] I *vt* contain, manage to place, find room (enough) II *vr* ~ się get in, enter
zmięty ['zṁɛ̃tɨ] *adj* crumpled, mussed
zmizernieć [zṁi'zerɲetɕ] *vi* grow thin

zmniejsz|ać ['zmɲejʃatɕ] *imperf*, ~yć ['zmɲejʃitɕ] *perf* *vt* *(także* vr ~ać, ~yć się) lessen, diminish, decrease, reduce
zmoczyć ['zmɔtʃitɕ] *vt* moisten, soak, wet
zmoknąć ['zmɔknɔ̃tɕ] *vi* get wet, soak
zmowa ['zmɔva] *f* conspiracy, plot
zmrok [zmrɔk] *m* dusk, twilight
zmruży|ć ['zmruʒitɕ] *vt* ~ć oczy to blink; nie ~łem oka I didn't sleep a wink
zmu|sić ['zmuɕitɕ] *perf*, ~szać ['zmuʃatɕ] *imperf* I *vt* force, compel II *vr* ~sić, ~szać się force oneself (to sth, to do sth)
zmyć *zob.* zmywać
zmylić ['zmɨʎitɕ] *vt* mislead; ~ drogę to go astray
zmysł [zmɨsu] *m* sense; być przy zdrowych ~ach to be sane; postradać ~y to go mad; to lose one's mind
zmysłowy [zmɨ'suɔvɨ] *adj* sensual
zmyśl|ać ['zmɨɕlatɕ] *imperf*, ~ić ['zmɨɕʎitɕ] *perf* *vt* invent, make up (a story), lie
zmywacz ['zmɨvatʃ] *m* *(do farb, lakieru)* (paint, polish) remover
zmy|wać ['zmɨvatɕ] *imperf*, ~ć [zmɨtɕ] *perf* *vt* wash out; *(naczynia)* wash up
znaczek ['znatʃek] *m* sign, mark; *(pocztowy)* stamp; *(odznaka)* badge
znaczeni|e [zna'tʃɛɲɛ] *n* 1. meaning, sense; w całym tego słowa ~u in the full sense of the word 2. *(ważność)* importance, weight; być bez ~a to be of no consequence; mieć ~e to matter; to carry weight
znacznie ['znatʃɲe] *adv* considerably; ~ lepiej far better

znaczyć ['znatʃitɕ] I vt (robić znaki) mark II vi mean, signify

znać [znatɕ] I vt know; ~ z widzenia to know by sight; dać komuś ~ to let sb know II vr ~ się z kimś to be acquainted with sb; to know sb; ~ się na czymś to know sth; to be competent at sth; znamy się dobrze we know each other very well .

znajdować [znaj'dɔvatɕ] I vt find II vr ~ się be, be found; (o miejscowości) be situated

znajomość [zna'jɔmɔɕtɕ] f acquaintance; zawrzeć ~ to make acquaintance

znajomy [zna'jɔmi] I adj known II m acquaintance

znak [znak] m sign, mark, token; zły ~ ill omen; ~ drogowy road ⟨traffic⟩ sign; ~ fabryczny trade mark; ~ firmowy brand; ~ orientacyjny (w terenie) landmark; ~ ostrzegawczy caution sign; ~ przestankowy punctuation mark; ~ zapytania question mark; ~i szczególne (osoby) outstanding features; wojsk. ~ rozpoznawczy identification disc; przen. stać pod ~iem zapytania to be doubtful; na ~ czegoś in token of sth

znakomity [znakɔ'miti] adj excellent, remarkable; (doskonały) exquisite, delicious; (o człowieku) distinguished, illustrious

znalazca [zna'lastsa] m finder

znaleźć ['znalɛ̨ɕtɕ] I vt find; (odkryć) discover II vr ~ się be found; find oneself; umieć się ~ to know how to behave

znamienny [zna'mjɛnni] adj characteristic (dla kogoś, czegoś of sb, sth); distinctive, significant

znamię ['znamjɛ̃] n birth-mark; mole

znany ['znani] adj known, noted (z czegoś for sth); familiar (komuś to sb); (sławny) celebrated; dobrze ~ well-known

znawc|a ['znaftsa] m. expert (czegoś in sth), connoisseur (czegoś of ⟨in⟩ sth); nie być ~ą czegoś to be no judge of sth

znęcać się ['znɛ̃tsatɕ ɕɛ̃] vr torment, harass (nad kimś sb)

zniechęc|ać [znɛ'xɛ̃tsatɕ] imperf, ~ić [znɛ'xɛ̃tɕitɕ] perf I vt discourage II vr ~ać się be discouraged

znieczulenie [znɛtʃu'lɛnɛ] n insensibility; anaesthesia

zniekształc|ać [znɛ'kʃtaŭtsatɕ] imperf, ~ić [znɛ'kʃtaŭtɕitɕ] perf vt disfigure, deform

znienacka [znɛ'natska] adv all off a sudden, unexpectedly, unawares

znieść zob. znosić

zniewaga [znɛ'vaga] f insult, affront, injury

znieważ|ać [znɛ'vaʒatɕ] imperf, ~yć [znɛ'vaʒitɕ] perf vt insult, affront

znik|ać ['znikatɕ] imperf, ~nąć ['zniknɔ̃tɕ] perf vi vanish, disappear

znikomy [zni'kɔmi] adj insignificant, imperceptible

zniszczenie [zniʃ'tʃɛnɛ] n destruction, ruin

zniszczyć ['zniʃtʃitɕ] vt destroy, ruin, annihilate

zniż|ać ['zniʒatɕ] imperf, ~yć ['zniʒitɕ] perf I vt (cenę itp.) lower, reduce II vr ~ać, ~yć się sink, descend, stoop

zniżk|a ['zniʃka] f (cen) reduction, reduced price; bilet ze ~ą 50% half-fare ⟨half-price⟩ ticket; bilet bez ~i full-fare ticket; korzystać z 50% ~i na kolei to travel half-fare

znosić ['znɔçitɕ] *imperf*, znieść [zɲɛçtɕ] *perf* I *vt* 1. (*z góry*) carry down 2. (*gromadzić*) gather, collect; ~ jaja to lay eggs 3. (*ścierpieć*) stand, bear, endure, tolerate; nie znosić to hate; to dislike 4. (*usuwać*) abolish; (*anulować*) annul, cancel II *vr* znosić się 1. (*o ubraniu*) wear out 2. (*o ludziach nawzajem*) tolerate each other; nie znosić się to hate each other

znowu ['znɔvu], znów '[znuf] *adv* again, anew

znudzić ['znudʑitɕ] I *vt* bore, tire II *vr* ~ się be ⟨become⟩ bored, be fed up (czymś with sth)

znużyć ['znuʒitɕ] I *vt* fatigue, weary II *vr* ~ się grow weary, become tired

zobaczyć [zɔ'batʃitɕ] I *vt* see, catch sight (coś of sth) II *vr* ~ się meet (z kimś sb)

zobowiązać *zob.* zobowiązywać

zobowiązanie [zɔbɔvɔ̃'zaɲɛ] *n* obligation, pledge, commitment; podjąć ~ to enter into an obligation; to pledge oneself

zobowiąz|ywać [zɔbɔvɔ̃'zivatɕ] *imperf*, ~ać [zɔbɔ'vɔ̃zatɕ] *perf* I *vt* oblige, bind II *vr* ~ywać, ~ać się pledge ⟨bind, commit⟩ oneself

zoologiczny [zɔɔlɔ'gitʃni] *adj* zoological; ogród ~ zoological gardens; zoo

zorganizować [zɔrgaɲi'zɔvatɕ] *vt* (*także vr* ~ się) organize

zorientować [zɔrjɛn'tɔvatɕ] I *vt* orientate II *vr* ~ się get one's bearings (w czymś in sth); see clearly; become familiar (w czymś with sth); realize (w czymś sth)

zorza ['zɔʒa] *f* dawn, aurora; ~ wieczorna evening glow

z osobna [zɔ'sɔbna] *adv* separately

zosta|ć ['zɔstatɕ] *perf*, ~wać [zɔ'stavatɕ] *imperf vi* 1. remain, stay; ~ć, ~wać w tyle to stay ⟨lag⟩ behind; ~ć na noc to stay for the night; ~ć na obiedzie ⟨kolacji⟩ to stay to dinner ⟨supper⟩; ~ć w domu to stay at home 2. (*stać się*) become (aktorem itp. an actor etc.)

zostawi|ać [zɔ'stavatɕ] *imperf*, ~ć [zɔ'stavitɕ] *perf vt* leave; ~ać, ~ć przy sobie to keep (sth) to oneself

zranić się ['zraɲitɕ ɕɛ̃] *vr* injure ⟨hurt, wound⟩ oneself

zrastać się ['zrastatɕ ɕɛ̃] *vr* (*o kościach*) knit; (*o ranach*) heal up

zraz [zras] *m* fillet; ~ bity pounded fillet; ~ siekany chopped cutlet

zrażać ['zraʒatɕ] I *vi* discourage II *vr* ~ się be discouraged, become prejudiced (do kogoś against sb)

zrealizować [zrɛaɲi'zɔvatɕ] *vt* realize; (*czek*) cash

zredukować [zrɛdu'kɔvatɕ] *vt* mot. ~ bieg to gear down

zresztą ['zrɛʃtɔ̃] *adv* besides, after all, moreover, though

zrewanżować się ⟨zrɛvan'ʒɔvatɕ ɕɛ̃] *vr* repay, reciprocate, return

zrezygnować [zrɛzɨ'gnɔvatɕ] *vi* resign, give up, renounce (z czegoś sth)

zręczny ['zrɛ̃tʃni] *adj* skilful, dexterous, clever

zrobi|ć ['zrɔbitɕ] I *vt* make, do; ~ć komuś grzeczność to render sb a service; ~ć komuś zawód to disappoint sb II *vr* ~ć się turn, become, go; ~ło się późno it got late

zrozpaczony [zrɔspa'tʃɔni] *adj* desperate

zrozumiał|y [zrɔzu'mau̯i] *adj* comprehensible, intelligible; (*jako wtrącone zdanie*) rzecz

~a needless to say; ~y sam przez się self-evident

zrozumi|eć [zrɔ'zumɛtɕ] *vt* understand, comprehend; ~eć sens to grasp the meaning; nie ~ałem I didn't catch ⟨*pot.* get⟩ you ⟨your meaning⟩

zryw [zrif] *m* spurt; dash; fit

zrywać ['zrivatɕ] *imperf*, zerwać ['zɛrvatɕ] *perf* I *vt* tear off; (*kwiaty, owoce*) pick, pluck; (*stosunki*) break off II *vr* ~ się start ⟨spring⟩ up; ~ się na równe nogi to spring to one's feet

zrze|c się ['zʒɛts ɕɛ̃] *perf*, ~kać się ['zʒɛkatɕ ɕɛ̃] *imperf* *vt* renounce, resign (czegoś sth)

zrzeszenie [zʒɛ'ʃɛɲɛ] *n* association, union

zrzuc|ać ['zʒutsatɕ] *imperf*, ~ić ['zʒutɕitɕ] *perf* *vt* throw down ⟨off⟩, drop; ~ać, ~ić ze schodów to throw downstairs; ~ać, ~ić winę na kogoś to cast the blame upon sb; ~ać, ~ić z siebie odpowiedzialność to shift off responsibility

zszyć [sʃitɕ] *vt* sew up, stitch; *med.* suture (a wound)

zupa ['zupa] *f* soup; ~ pomidorowa tomato soup; ~ cebulowa ⟨jarzynowa⟩ onion ⟨vegetable⟩ soup

zupełnie [zu'pɛu̯ɲɛ] *adv* entirely, completely, quite; ~ blisko quite near; ~ nic nothing at all; ~ obcy człowiek perfect stranger

zupełny [zu'pɛu̯ni] *adj* complete, entire; ~ nonsens perfect nonsense

zużycie [zu'ʒitɕɛ] *n* wear and tear; (*spożycie*) consumption

zuży|ć ['zuʒitɕ] *perf*, ~wać [zu'ʒivatɕ] *imperf* I *vt* consume, use, spend II *vr* ~ć, ~wać się be used; (o *ubraniu*) wear out

zwalcz|ać ['zvaltʃatɕ] *imperf*, ~yć ['zvaltʃitɕ] *perf* I *vt* combat, overpower, fight against; ~ać trudności to overcome difficulties II *vr* ~ać, ~yć się contend

zwalniać ['zvalɲatɕ] *imperf*, zwolnić ['zvɔlɲitɕ] *perf* I *vt* slow down, slacken, reduce speed; (*czynić wolnym*) (set) free (od czegoś from stn); release; (z *wojska, posady* itp.) dismiss; (od *podatku*) exempt (from taxation) II *vr* ~ się disengage; ~ się od obowiązku to excuse oneself from a duty

zwarcie ['zvartɕɛ] *n elektr.* short-circuit

zwariować [zvar'jɔvatɕ] *vi* go mad

zwarzyć się ['zvaʒitɕ ɕɛ̃] *vr* (o *mleku*) turn sour, curdle

zważać ['zvaʒatɕ] *vi* consider ⟨mind⟩ (na coś sth), take into consideration

zważyć ['zvaʒitɕ] I *vt* weigh II *vr* ~ się weigh oneself

związać *zob.* związywać

związ|ek ['zvɔ̃zɛk] *m* 1. (*stowarzyszenie*) union, association; ~ek zawodowy trade union 2. (*stosunek*) relation; ~ek małżeński marriage; słowa bez ~ku incoherent words; w ~ku z ... in connection with ...

związkowy [zvɔ̃s'kɔvi] *adj* association, union, federal

związ|ywać [zvɔ̃'zivatɕ] *imperf*, ~ać ['zvɔ̃zatɕ] *perf* *vt* bind, fasten, tie up; ~ywać, ~ać się z kimś to associate with sb

zwichnąć ['zvixnɔ̃tɕ] *vt med.* sprain, dislocate; *przen.* ~ komuś karierę to ruin sb's career

zwiedz|ać ['zvɛdzatɕ] *imperf*, ~ić ['zvɛdʑitɕ] *perf* *vt* visit, see

zwierzchnik ['zvɛʃxɲik] *m* superior, principal; *pot.* boss zwierzenie [zvɛ'ʒɛɲɛ] n con- fidence

zwierzę ['zvɛʒē] n animal; (dzikie) beast

zwierzyna [zvɛ'ʒɨna] f zbior. game; gruba ~ big game

zwieźć zob. zwozić

zwiędnąć ['zvēdnõtɕ] vi wither, fade

zwiększ|ać ['zvēkʃatɕ] imperf, ~yć ['zvēkʃitɕ] perf vt in- crease, add (to sth); (urok, urodę) enhance

zwięzły ['zvēzuɨ] adj concise, brief, terse

zwi|jać ['zvijatɕ] imperf, ~nąć ['zvinõtɕ] perf I vt roll; (włosy) curl; (żagle) furl; (obóz) break up; (interes) wind up II vr ~jać, ~nąć się curl (up); ~jać, ~nąć się z bólu to writhe with pain; pot. ~jaj się! look alive!, hurry up!

zwinny ['zvinnɨ] adj quick, nimble, agile

zwlekać ['zvlekatɕ] vt vi de- lay, linger

zwłaszcza ['zvuaʃtʃa] adv par- ticularly, especially, chiefly

zwłok|a ['zvuɔka] f delay; (odroczenie terminu) res- pite; bez ~i without delay; nie cierpiący ~i urgent; grać na ~ę to play for time

zwłoki ['zvuɔki] plt corpse

zwolennik [zvɔ'lenɲik] m fol- lower, adherent

z wolna ['zvɔlna] adv slowly, little by little

zwolnić zob. zwalniać

zwolnienie [zvɔl'ɲɛɲɛ] n (u- wolnienie) release; (od po- datku) exemption; (z pracy) dismissal; (tempa) slacken- ing; ~ lekarskie medical certificate; ~ od cła ex- emption from customs-du- ties

zwoł|ać ['zvɔuatɕ] perf, ~ywać [zvɔ'uɨvatɕ] imperf vt call together, convoke, convene

zwozić ['zvɔʑitɕ] imperf, zwieźć [zvɛɕtɕ] perf vt bring (together); carry; transport

zwr|acać ['zvratsatɕ], ~ócić ['zvrutɕitɕ] perf I vt give back, return, ᵥreimburse; ~acać, ~ócić uwagę na coś to pay attention to sth; ~acać, ~ócić komuś uwagę to admonish sb; ~acać, ~ócić na siebie uwagę to attract attention II vr ~acać, ~ócić się turn ⟨address oneself, apply⟩ (do kogoś po coś to sb for sth)

zwrot [zvrɔt] m return; (o- brót) turn; (wyrażenie) phrase

zwrotnik ['zvrɔtɲik] m tropic; ~ Koziorożca ⟨Raka⟩ tropic of Capricorn ⟨Cancer⟩

zwrotny ['zvrɔtnɨ] adj return- able; adres ~ return ⟨send- er's⟩ address; punkt ~ turning point; gram. zaimek ~ reflexive pronoun

zwrócić zob. zwracać

zwycięski [zvɨ'tɕēski] adj vic- torious

zwycięstwo [zvɨ'tɕēstfɔ] n victory; odnieść ~ to be victorious

zwycięż|ać [zvɨ'tɕēʒatɕ] imperf, ~yć [zvɨ'tɕēʒitɕ] perf vt vi win, conquer; prevail, be victorious

zwyczaj ['zvɨtʃaj] m custom, habit, usage; jest w ~u ... it is the custom ...; it is usual ...; mieć ~ coś robić to be in the habit of doing sth; on miał ~ ... he used to ...; wejść w ~ to become a habit; to grow into a habit

zwyczajny [zvɨ'tʃajnɨ] adj or- dinary, usual, common; pro- fesor ~ full professor

zwykle ['zvɨklɛ] adv com- monly, usually; jak ~ as usual

zwykły ['zvɨkuɨ] adj common, ordinary, usual; ~ człowiek common ⟨simple⟩ man

zwyżka ['zvɨʃka] f rise, boom;
～ cen price rise
zysk [zisk] m profit, gain
zysk|ać ['ziskatɕ] perf, ～iwać
[zis'kivatɕ] imperf vt profit
(na czymś ·by sth); gain;

(sławę) earn; ～ać, ～iwać na
czasie to gain time
zza [zza] praep from behind
⟨beyond⟩; ～ morza from
beyond the sea

Ź

źdźbło [ʐʥbuɔ] n stalk; (trawy) blade
źle [ʐlɛ] adv badly, ill, wrong;
czuć się ～ to feel unwell
źrebak ['ʐrɛbak] m foal
źrenica [ʐrɛ'ɲitsa] f pupil

źródło ['ʐrudŭɔ] n source,
spring; ～ lecznicze ⟨mine-
ralne⟩ medicinal ⟨mineral⟩
spring; ～ dochodów source
of income

Ż

żaba ['ʒaba] f frog
żaden ['ʒadɛn] pron none;
no; ～ z dwóch neither
żagiel ['ʒaɡɛl] m sail
żaglówka [ʒaɡ'lufka] f sailing-boat
żal [ʒal] m regret, grief;
mieć ～ do kogoś to have
a grudge against sb; to
bear sb a grudge; ～ mi
ciebie I am ⟨feel⟩ sorry for
you; I pity you
żalić się ['ʒaɕitɕ ɕɛ̃] vr complain (na coś of sth)
żaluzja [ʒa'luzja] f (okienna)
Venetian blind; (sklepowa)
shutter
żałob|a [ʒa'ŭɔba] f mourning;
ciężka ～a deep mourning;
chodzić w ～ie to wear
mourning
żałobn|y [ʒa'ŭɔbnɨ] adj mourn-
ful; marsz ～y funeral
march; msza ～a requiem;
notatka ～a obituary
żałować [ʒa'ŭɔvatɕ] vt regret,
repent (czegoś of sth); pity,
be ⟨feel⟩ sorry (kogoś, czegoś for sb, sth); nie ～ wy-
siłków to spare no efforts;

～ komuś czegoś to grudge
sb sth
żarówka [ʒa'rufka] f (electric)
bulb
żart [ʒart] m joke, jest; stroić ～y z kogoś to make fun
of sb; bez ～u in earnest;
dla ～u for the fun of it;
～em in jest
żartobliwy [ʒartɔ'bʃivɨ] adj
facetious, playful, jocose
żart|ować [ʒar'tɔvatɕ] vi joke
⟨jest⟩ (z kogoś, czegoś about
sb, sth); make fun (z kogoś,
czegoś of sb, sth); nie
～ować to be earnest ⟨quite
serious⟩; pot. ～ujesz you're
pulling my leg
żądać ['ʒɔ̃datɕ] vt demand,
require, claim
żądanie [ʒɔ̃'daɲɛ] n request,
demand; na ～ on request;
płatny na ～ payable on
demand; przystanek na ～
request stop
żądło ['ʒɔ̃dŭɔ] n (owada) sting;
(węża) fang
że [ʒɛ] I conj that II part
chodź-że! come along!; come
then!; do come!

żebrać ['ʒebratɕ] *vt* beg
żebrak ['ʒebrak] *m* beggar
żebro ['ʒebrɔ] *n* rib
żeby ['ʒebɨ] *conj* that, in order that 〈to〉; ~ nie lest
żeglarstwo [ʒeg'larstfɔ] *n* sailing, navigation
żeglarz ['ʒeglaʃ] *m* sailor, seafarer
żegluga [ʒeg'luga] *f* navigation, sailing; ~ morska sea navigation, maritime shipping; ~ przybrzeżna coastal navigation
żegna|ć ['ʒegnatɕ] I *vt* bid farewell; bid 〈say〉 good--bye; ~j! farewell! II *vr* ~ć się take leave (z kimś of sb); (przeżegnać się) cross oneself
żelazko [ʒe'laskɔ] *n* iron
żelazn|y [ʒe'laznɨ] *adj* iron; kolej ~a railway
żelazo [ʒe'lazɔ] *n* iron; ~ lane cast-iron
żelazobeton [ʒɛlazɔ'bɛtɔn] *m* reinforced concrete
żenić się ['ʒeɲitɕ ɕẽ] *vr* marry (z kimś sb)
żeński ['ʒeɲski] *adj* feminine, female
żeton ['ʒetɔn] *m* (pamiątkowy) badge; (używany zamiast pieniędzy) counter, fish
żłobek ['ʒu̯ɔbɛk] *m* (dla dzieci) crèche; day nursery
żmija ['ʒmija] *f* adder, viper
żmudny ['ʒmudɲi] *adj* arduous, toilsome
żniwo ['ʒɲivɔ] *n* harvest
żołądek [ʒɔ'u̯ɔdɛk] *m* stomach
żołądź ['ʒɔu̯ɔtɕ] *f* acorn
żołnierz ['ʒɔu̯ɲeʃ] *m* soldier
żona ['ʒɔna] *f* wife
żonaty [ʒɔ'natɨ] *adj* married
żółć [ʒuu̯tɕ] *f* bile, gall; *pot.* ~ mnie zalewa my blood boils
żółtaczka [ʒuu̯'tatʃka] *f med.* jaundice
żółtko ['ʒuu̯tkɔ] *n* yolk
żółty ['ʒuu̯tɨ] *adj* yellow

żółw [ʒuu̯f] *m* tortoise; (morski) turtle
żubr [ʒubr] *m* (European) bison
żuć [ʒutɕ] *vt* chew, munch
żur [ʒur] *m kulin.* (kind of) sour soup
żurawina [ʒura'vina] *f* cranberry
żurnal ['ʒurnal] *m* fashion journal 〈magazine〉
żużel ['ʒuʒɛl] *m* slag; *sport.* cinders
żwir [ʒvir] *m* gravel
życi|e ['ʒɨtɕe] *n* life; (utrzymanie) livelihood; tryb ~a way of life; (o ustawie) wejść w ~e to come into force; wprowadzić w ~e to implement; to put into operation; zarabiać na ~e to earn one's living; na całe ~e for life; za mego ~a in my lifetime
życiorys [ʒɨ'tɕɔrɨs] *m* biography, life-story
życzeni|e [ʒɨ'tʃɛɲe] *n* wish, desire; *pl* ~a congratulations; ~a urodzinowe birthday greetings; (w dniu urodzin) many happy returns (of your birthday); ~a noworoczne New Year's greetings; ~a świąteczne Christmas 〈Easter〉 greetings; na ~e at request; on demand
życzliwy [ʒɨtʃ'ɸivɨ] *adj* friendly, benevolent, well-wishing
życz|yć ['ʒɨtʃɨtɕ] *vt* wish; ~yć komuś dobrze 〈źle〉 to wish sb well 〈ill〉; ~yć sobie to desire; ~ę ci szczęścia I wish you good luck; ~yłbym sobie ... I should like ...
żyć [ʒɨtɕ] *vi* live; niech żyje! long live!
Żyd [ʒɨt] *m* Jew
żydowski [ʒɨ'dɔfski] *adj* Jewish
żylak ['ʒɨlak] *m* varicose vein, varix

żyletka [ʒiˈlɛtka] *f* safety razor blade

żyła [ˈʒiǔa] *f anat.* vein; *geol.* seam

żyłka [ˈʒiǔka] *f* (*nylonowa*) nylon thread ⟨string⟩

żyrafa [ʒiˈrafa] *f* giraffe

żyrandol [ʒiˈrandɔl] *m* chandelier

żyrant [ˈʒirant] *m handl.* endorser; guaranty

żytni [ˈʒitɲi] *adj:* **chleb** ~ rye bread

żyto [ˈʒitɔ] *n* rye

żywica [ʒiˈvitsa] *f* resin

żywić [ˈʒiviʨ] **I** *vt* feed, nourish; (*nadzieję, uczucie itp*). cherish, foster, entertain; (*złe myśli*) harbour; ~ **urazę do kogoś** to hold a grudge against sb **II** *vr* ~ **się** feed, live (**czymś** on sth)

żywioł [ˈʒivɔǔ] *m* element; *przen.* **być w swoim** ~**le** to be in one's element

żywiołow|y [ʒivɔˈǔɔvi] *adj* elemental, spontaneous; **klęska** ~**a** disaster

żywnościowy [ʒivnɔʨˈtʨɔvi] *adj* nutritive; **artykuł** ~ foodstuff

żywność [ˈʒivnɔʨʨ] *f* food, provisions, nourishment

żyw|y [ˈʒivi] *adj* living, alive; (*ożywiony*) lively, vivid, animated; **jak** ~**y** true to life, lifelike; *przen.* **to dotknęło go do** ~**ego** it stung him to the quick

żyzny [ˈʒizni] *adj* fertile

NAZWY GEOGRAFICZNE
GEOGRAPHICAL NAMES

Addis Abeba [adis-a'bɛba] *f* Addis Ababa

Adriatyk [a'drjatɨk] *m* Adriatic (Sea)

Afganistan [afga'ɲistan] *m* Afghanistan

Afryka ['afrɨka] *f* Africa

Alaska [a'laska] *f* Alaska

Albani|a [al'baɲja] *f* Albania; **Ludowa Republika ~i** People's Republic of Albania

Algier ['alɡɛr] *m* Algiers

Algieria [al'ɡɛrja] *f* Algeria

Alpy ['alpɨ] *pl* Alps

Amazonka [ama'zɔnka] *f* Amazon

Ameryka [a'mɛrɨka] *f* America; **~ Północna ⟨Południowa⟩** North ⟨South⟩ America

Amsterdam ['amstɛrdam] *m* Amsterdam

Andora [an'dɔra] *f* Andorra

Andy ['andɨ] *pl* Andes

Anglia ['anɡʎja] *f* England

Angola [an'ɡɔla] *f* Angola

Ankara [an'kara] *f* Ankara

Antarktyda [antar'ktɨda] *f* Antarctica, Antarctic Continent

Antarktyka [an'tarktɨka] *f* Antarctic

Antyle [an'tilɛ] *pl* Antilles

Apeniny [apɛ'ɲinɨ] *pl* Apennines

Arabia Saudyjska [a'rabja saŭ'dijska] *f* Saudi Arabia

Argentyna [arɡɛn'tɨna] *f* Argentina, the Argentine

Arktyka ['arktɨka] *f* Arctic

Ateny [a'tɛnɨ] *pl* Athens

Atlantyk [a'tlantɨk] *m* Atlantic (Ocean)

Australia [aŭ'straʎja] *f* Australia; **Związek Australijski** Commonwealth of Australia

Austria ['aŭstrja] *f* Austria

Azja ['azja] *f* Asia; **~ Mniejsza** Asia Minor

Bagdad ['bagdat] *m* Bag(h)dad

Bahama [ba'xama], **wyspy Bahama** *pl* the Bahama Islands, the Bahamas

Bałkany [baŭ'kanɨ] *pl* Balkans

Bałtyk ['baŭtɨk] *m* Baltic (Sea)

Bangladesz [bangla'dɛʃ] *m* Bangladesh

Bazylea ['bazɨ'lɛja] *f* Basel

Bejrut ['bɛjrut] *m* Beirut, Beyrouth

Belfast ['bɛlfast] *m* Belfast

Belgia ['bɛlgja] *f* Belgium

Belgrad ['bɛlgrat] *m* Belgrade

Berlin ['bɛrʎin] *m* Berlin; **~ Zachodni** West Berlin

Bermudy [bɛr'mudɨ] *pl* the Bermudas

Berno ['bɛrnɔ] n Bern(e)

Beskidy [bes'kidɨ] pl Beskid Mountains

Bieszczady [bɛʃ'tʃadɨ] pl Bieszczady Mountains

Birma ['bɨrma] f Burma

Birmingham ['bɨrmingam] n Birmingham

Bliski Wschód [bʃiiski 'fsxut] m Near East

Boliwia [bɔ'ʃiivja] f Bolivia

Bonn [bɔn] n Bonn

Boston ['bɔstɔn] m Boston

Botswana [bɔts'fana] f Botswana

Brasilia [bra'ziʃija] f Brasilia

Brazylia [bra'ziʃija] f Brasil

Bruksela [bruk'sela] f Brussels

Budapeszt [bu'dapeʃt] m Budapest

Buenos Aires ['bŭɛnɔs 'ajres] n Buenos Aires

Bukareszt [bu'kareʃt] m Bucarest

Bulgaria [buŭ'garja] f Bulgaria; Ludowa Republika ~i People's Republic of Bulgaria

Bydgoszcz ['bɨdgɔʃtʃ] f Bydgoszcz

Cambridge ['kɛmbridʒ] n Cambridge

Canberra [kan'bera] f Canberra

Cejlon ['tsejlɔn] m Ceylon

Chicago [tʃi'kagɔ, ʃi'kagɔ] n Chicago

Chile ['tʃile] n Chile

Chiny ['xinɨ] pl China; Chiń-

ska Republika Ludowa Chinese People's Republic

Cypr [tsipr] m Cyprus

Czad [tʃad] m Chad

Czechosłowacja [tʃexɔsŭɔ'vatsja] f Czechoslovakia; Czechosłowacka Republika Socjalistyczna Czechoslovak Socialist Republic

Częstochowa [tʃɛstɔ'xɔva] f Częstochowa

Daleki Wschód [da'leki 'fsxut] m Far East

Damaszek [da'maʃɛk] m Damascus

Dania ['daɲja] f Denmark

Dardanele [darda'nele] pl Dardanelles

Delhi ['deʃii] n Delhi

Djakarta [dʒa'karta] f Djakarta

Dublin ['dubʃiin] m Dublin

Dunaj ['dunaj] m Danube

Edynburg ['edinburk] m Edinburgh

Egipt ['egipt] m Egypt; Arabska Republika ~u Arab Republic of Egypt

Ekwador [ek'fadɔr] m Ecuador

Etiopia [e'tjɔpja] f Ethiopia

Europa [eŭ'rɔpa] f Europe

Filadelfia [fila'delfja] f Philadelphia

Filipiny ['filʃii'pinɨ] pl the Philippines

Finlandia [fin'landja] f Finland
Floryda [flɔ'rida] f Florida
Francja ['frantsja] f France
Frombork ['frɔmbɔrk] m Frombork

Gdańsk [gdaɲsk] m Gdansk
Gdynia ['gdiɲa] f Gdynia
Genewa [gɛ'nɛva] f Geneva
Ghana ['gana] f Ghana
Gibraltar [ǵi'braltar] m Gibraltar
Góry Świętokrzyskie [guri çɛ̃tɔ'kʃiskɛ̃] pl Świętokrzyskie Mountains
Grecja ['gretsja] f Greece
Grenlandia [grɛn'landja] f Greenland
Gwatemala [gvatɛ'mala] f Guatemala
Gwinea ['gvinɛa] f Guinea

Haga ['xaga] f the Hague
Haiti [xa'iti] n Haiti
Hamburg ['xamburk] m Hamburg
Hawana [xa'vana] f Havana
Hel [xɛl] m Hel Peninsula
Helsinki [xɛl'sinki] pl Helsinki
Himalaje [xima'lajɛ] pl the Himalayas
Hiszpania [xi'ʃpaɲja] f Spain
Holandia [xɔ'landja] f Holland
Honduras [xɔn'duras] m Honduras
Hongkong [xɔnk'kɔnk] m Hong Kong
Houston ['xjustɔn] n Houston

Indie ['indjɛ] pl India
Indonezja [indɔ'nɛzja] f Indonesia
Irak ['irak] m Iraq
Iran ['iran] m Iran
Irlandia [ir'landja] f Ireland; Republika Irlandzka Eire
Islandia [is'landja] f Iceland
Izrael [iz'raɛl] m Israel

Jamajka [ja'majka] f Jamaica
Japonia [ja'pɔɲja] f Japan
Jawa ['java] f Java
Jelenia Góra [jɛ'lɛɲa 'gura] f Jelenia Góra
Jemen ['jɛmɛn] m Yemen
Jerozolima [jɛrɔ'zɔʎima] f Jerusalem
Jersey ['dʒɛrsɛj] f Jersey
Jezioro Górne [jɛ'ʑɔrɔ 'gurnɛ] n Lake Superior
Jordania [jɔr'daɲja] f Jordan
Jugosławi|a [jugɔ'sŭavja] f Yugoslavia, Jugoslavia; Socjalistyczna Federacyjna Republika ~i Socialist Federative Republic of Yugoslavia

Kair [kair] m Cairo
Kalifornia [kaʎi'fɔrɲja] f California
Kalkuta [kal'kuta] f Calcutta
Kamerun [ka'mɛrun] m Cameroon
Kampucza [kam'puʧa] f Kampuchea
Kanada [ka'nada] f Canada
Kanał Kiloński ['kanaŭ ḱi'lɔɲski] m Kiel Canal

Kanał La Manche ['kanaŭ la-'mɐ̃ʃ] m English Channel

Kanał Panamski ['kanaŭ pa-'namski] m Panama Canal

Kanał Sueski [ˌkanaŭ su'eski] m Suez Canal

Karkonosze [karkɔ'nɔʃe] pl Karkonosze Mountains

Karpaty [kar'pati] pl Carpathians, Carpathian Mountains

Kaszuby [ka'ʃubi] pl Kaszuby region

Katowice [katɔ'vitse] pl Katowice

Kaukaz ['kaŭkas] m Caucasus

Kielce ['kɛltsɛ] pl Kielce

Kolorado [kɔlɔ'radɔ] n Colorado

Kolumbia [kɔ'lumbja] f Columbia; (państwo) Colombia

Kołobrzeg [kɔ'ŭɔbʒɛk] m Kołobrzeg

Kongo ['kɔngɔ] n Congo

Kopenhaga [kɔpen'xaga] f Copenhagen

Kordyllery [kɔrdi'ʃijeri] pl Cordilleras

Korea [kɔ'rea] f Korea; Koreańska Republika Ludowo-Demokratyczna People's Democratic Republic of Korea

Kornwalia [kɔrn'valja] f Cornwall

Kostaryka [kɔsta'rika] f Costa Rica

Koszalin [kɔ'ʃalin] m Koszalin

Kraków ['krakuf] m Cracow

Kreta ['kreta] f Crete

Krym [krim] m Crimea

Krynica [kri'ɲitsa] f Krynica

Kub|a ['kuba] f Cuba; Socjalistyczna Republika ~y Socialist Republic of Cuba

Kujawy [ku'javi] pl Kujawy region

Kuwejt ['kuvejt] m Kuwait

Laos ['laɔs] m Laos

Leeds [ɲits] n Leeds

Liban ['ɲiban] m Lebanon

Liberia [ɲil'berja] f Liberia

Libia ['ɲibja] f Libya

Liechtenstein ['ɲixtenʃtajn] m Liechtenstein

Liverpool ['ɲiverpul] m Liverpool

Lizbona [ɲiz'bɔna] f Lisbon

Londyn ['lɔndin] m London

Los Angeles [lɔs 'andʒeles] m Los Angeles

Lublin ['lubɲin] m Lublin

Luksemburg ['luksemburk] m Luxemburg

Łódź [ŭutɕ] f Lodz

Madryt ['madrit] m Madrid

Malezja [ma'lezja] f Malaysia

Malta ['malta] f Malta

Małopolska [maŭɔ'pɔlska] f Małopolska region

Manchester ['mentʃester] m Manchester

Maroko [ma'rɔkɔ] n Morocco

Mauretania [maŭre'tanja] f Mauretania

Mazowsze [ma'zɔfʃe] n Mazovia region

Mazury [ma'zurɨ] *pl* Masuria
Mediolan [mɛ'djɔlan] *m* Milan
Meksyk ['mɛksɨk] *m* Mexico
Melbourne ['mɛlbɛrn] *n* Melbourne
Men [mɛn] *m* Main
Miami [ma'jami] *n* Miami
Michigan ['miʧigɛn] *m* Michigan
Missisipi [misi'sipi] *m*, *f* Mississippi
Missouri [mi'suri] *m*, *f* Missouri
Monachium [mɔ'naxjum] *n* Munich
Monako [mɔ'nakɔ] *n* Monaco
Mongolia [mɔn'gɔʃja] *f* Mongolia; Mongolska Republika Ludowa Mongolian People's Republic
Montreal [mɔnt'rɛal] *m* Montreal
Morze Adriatyckie ['mɔʒɛ adrja'titskɛ] *n* Adriatic Sea
Morze Bałtyckie ['mɔʒɛ baŭ'titskɛ] *n* Baltic Sea
Morze Czarne ['mɔʒɛ 'ʧarnɛ] *n* Black Sea
Morze Czerwone ['mɔʒɛ ʧɛr'vɔnɛ] *n* Red Sea
Morze Kaspijskie ['mɔʒɛ kas'pijskɛ] *n* Caspian Sea
Morze Martwe ['mɔʒɛ 'martfɛ] *n* Dead Sea
Morze Północne ['mɔʒɛ puŭ'nɔtsnɛ] *n* North Sea
Morze Śródziemne ['mɔʒɛ ɕrud'ʑɛmnɛ] *n* Mediterranean Sea

Moskwa ['mɔskfa] *f* Moscow
Mozambik [mɔ'zambik] *m* Mozambique
Neapol [nɛ'apɔl] *m* Naples
Nepal ['nɛpal] *m* Nepal
Niagara [na'gara] *f* Niagara (Falls)
Niemiecka Republika Demokratyczna [nɛ'mɛtska rɛ'pubʃika dɛmɔkra'tiʧna] *f* German Democratic Republic
Niger ['nigɛr] *m* Niger
Nigeria [ɲi'gɛrja] *f* Nigeria
Nikaragua [ɲika'ragua] *f* Nicaragua
Nikozja [ɲi'kɔzja] *f* Nicosia
Nil [ɲil] *m* Nile
Norwegia [nɔr'vɛɡja] *f* Norway
Norymberga [nɔrɨm'bɛrga] *f* Nurnberg
Nowa Zelandia ['nɔva zɛ'landja] *f* New Zealand
Nowy Jork ['nɔvɨ 'jɔrk] *m* New York
Nysa ['nɨsa] *f* Nysa

Ocean Atlantycki ['ɔtsɛan atlan'titski] *m* Atlantic Ocean
Ocean Indyjski ['ɔtsɛan in'dijski] *m* Indian Ocean
Ocean Lodowaty Południowy ['ɔtsɛan lɔdɔ'vatɨ pɔŭu'dɲɔvɨ] *m* Antarctic Ocean
Ocean Lodowaty Północny ['ɔtsɛan lɔdɔ'vatɨ puŭ'nɔtsnɨ] *m* Arctic Ocean
Ocean Spokojny ⟨Wielki⟩

['ɔtsɛan spɔ'kɔjni ⟨'vɛlḳi⟩] *m* Pacific Ocean

Odra ['ɔdra] *f* Odra

Olsztyn ['ɔlʃtɨn] *m* Olsztyn

Opole [ɔ'pɔlɛ] *n* Opole

Oslo ['ɔslɔ] *n* Oslo

Oświęcim [ɔ'çfētçim] *m* Oswięcim, Auschwitz

Ottawa [ɔt'tava] *f* Ottawa

Pacyfik [pa'tsɨḟik] *m* Pacific (Ocean)

Pakistan [pa'ḳistan] *m* Pakistan

Palestyna [palɛ'stɨna] *f* Palestine

Panama [pa'nama] *f* Panama

Paragwaj [pa'ragvaj] *m* Paraguay

Paryż ['parɨʃ] *m* Paris

Pekin ['pɛḳin] *m* Peking

Peru ['pɛru] *n* Peru

Pieniny [ṗɛ'ɲinɨ] *pl* Pieniny Mountains

Pireneje [ṗirɛ'nɛjɛ] *pl* the Pyrenees

Polska ['pɔlska] *f* Poland; **Polska Rzeczpospolita Ludowa** Polish People's Republic; ∼ **Ludowa** People's Poland

Pomorze [pɔ'mɔʒɛ] *n* Pomerania

Portugalia [pɔrtu'gaʃija] *f* Portugal

Poznań ['pɔznaɲ] *m* Poznan

Półwysep Apeniński [puŭ'vɨsɛp apɛ'ɲiɲski] *m* Apennine Peninsula

Półwysep Bałkański [puŭ'vɨsɛp baŭ'kaɲsḳi] *m* Balcan Peninsula

Półwysep Iberyjski [puŭ'vɨsɛp ibɛ'rɨjsḳi] *m* Iberian Peninsula

Praga ['praga] *f* Prague

Puerto Rico ['pŭɛrtɔ 'rikɔ] *n* Puerto Rico

Quebec ['kŭibɛk, 'kɛbɛk] *n* Quebec

Rabat ['rabat] *m* Rabat

Ren [rɛn] *m* Rhine

Republika Federalna Niemiec [rɛ'pubʃika fɛdɛ'ralna 'ɲɛṁɛts] *f* Federal Republic of Germany

Republika Południowej Afryki [rɛ'pubʃika pɔŭu'dɲɔvɛj 'afriki] *f* Republic of South Africa

Reykjavik ['rɛjkjaⱱik] *m* Reykjavik

Rio de Janeiro [rjɔ dɛ ʒa'nɛjrɔ] *n* Rio de Janeiro

Rodezja [rɔ'dɛzja] *f* Rhodesia

Rumuni|a [ru'muɲja] *f* Romania; **Socjalistyczna Republika** ∼**i** Socialist Republic of Romania

Rzeka Św. Wawrzyńca ['ʒɛka çfɛ̃'tɛgɔ va'vʒiɲtsa] *f* St. Lawrence River

Rzeszów ['ʒɛʃuf] *m* Rzeszow

Rzym [ʒɨm] *m* Rome

Sahara [sa'xara] *f* Sahara

Salwador [sal'vadɔr] m Salvador
San Francisco [san fran'tsisko] n San Francisco
San Marino [san ma'rino] n San Marino
Sekwana [sɛk'fana] f Seine
Senegal [sɛ'negal] m Senegal
Singapur [singa'pur] m Singapore
Skandynawia [skandi'naṽja] f Scandinavia
Słowacja [sůɔ'vatsja] f Slovakia
Sofia ['sɔfja] f Sofia
Somalia [sɔ'maʃja] f Somalia
Sopot ['sɔpɔt] m Sopot
Sri Lanka [sri 'lanka] f Sri Lanka
Stany Zjednoczone (Ameryki) ['stani zjednɔ'tʃɔnɛ (a'meriki)] pl United States (of America)
Sudan ['sudan] m Sudan
Sudety [su'deti] pl Sudetes
Suez ['suɛz] m Suez
Sycylia [si'tsiʃja] f Sicily
Sydney ['sidnɛj] n Sydney
Syria ['sirja] f Syria
Szczawnica [ʃtʃav'nitsa] f Szczawnica
Szczecin ['ʃtʃetɕin] m Szczecin
Szkocja ['ʃkɔtsja] f Scotland
Sztokholm ['ʃtɔkhɔlm] m Stockholm
Szwajcaria [ʃʃajˈtsarja] f Switzerland
Szwecja ['ʃfɛtsja] f Sweden
Śląsk [ɕlɔ̃sk] m Silesia

Świnoujście [ɕʃinɔ'ujɕtɕe] n Świnoujscie

Tajlandia [taj'landja] f Thailand
Tamiza [ta'miza] f Thames
Tanzania [tan'zaɲja] f Tanzania
Tatry ['tatri] pl the Tatra Mountains, the Tatras
Teheran [te'xɛran] m Teheran
Tel Awiw [tɛl a'ṽiv] m Tel Aviv
Tirana [ti'rana] f Tirana
Tokio ['tɔkjɔ] n Tokyo
Toronto [tɔ'rɔntɔ] n Toronto
Toruń ['tɔruɲ] m Toruń
Tunezja [tu'nɛzja] f Tunisia
Turcja ['turtsja] f Turkey
Tybet ['tibɛt] m Tibet
Tyrol ['tirɔl] m Tirol

Uganda [u'ganda] f Uganda
Ułan Bator ['uůan 'batɔr] m Ulan Bator, Urga
Ural ['ural] m Ural Mountains
Urugwaj [u'rugvaj] m Uruguay
Uznam ['uznam] m Uznam

Walia ['vaʃja] f Wales
Warszawa [var'ʃava] f Warsaw
Waszyngton ['vaʃinktɔn] m Washington
Watykan [vn'tikan] m Vatican City ⟨State⟩, the Vatican
Wenecja [vɛ'nɛtsja] f Venice

Wenezuela [vɛnɛzu'ela] *f* Venezuela

Węgry ['vɛ̃grɨ] *pl* Hungary; Węgierska Republika Ludowa Hungarian People's Republic

Wiedeń ['vedɛɲ] *m* Vienna

Wieliczka [vɛ'ɕitʃka] *f* Wieliczka

Wielka Brytania ['velka bri-'taɲa] *f* Great Britain; Zjednoczone Królestwo Wielkiej Brytanii i Północnej Irlandii United Kingdom of Great Britain and Northern Ireland

Wielkopolska ['velko'polska] *f* Wielkopolska region

Wietnam ['vetnam] *m* Vietnam; Socjalistyczna Republika ～u Socialist Republic of Vietnam

Windsor ['ŭintsɔr] *m* Windsor

Wisła ['visŭa] *f* Vistula

Włochy ['vŭɔxɨ] *pl* Italy

Wołga ['vɔŭga] *f* Volga

Wrocław ['vrɔtsŭaf] *m* Wrocław

Wybrzeże Kości Słoniowej [vɨ'bʒeʒe 'kɔɕtɕi sŭɔ'ɲovej] *n* Ivory Coast

Wyspy Kanaryjskie ['vɨspɨ kana'rɨjskɛ] *pl* Canary Islands

Zair ['zair] *m* Zaire

Zakopane [zakɔ'panɛ] *n* Zakopane

Zambia ['zambja] *f*, Zambia

Zimbabwe [zim'babvɛ] *n* Zimbabwe

Zurych ['tsurɨx] *m* Zurich

Związek Socjalistycznych Republik Radzieckich ['zvɔ̃zɛk sɔtsjaɕii'stɨtʃnɨx re'pubɕik ra'dʑetsɕix] *m* Union of Soviet Socialist Republics; Związek Radziecki the Soviet Union

POWSZECHNIE STOSOWANE SKRÓTY POLSKIE
POLISH ABBREVIATIONS IN COMMON USE

a = ar are

a. = albo or (else)

adm. = admirał admiral

ADM [ade'em] = Administracja Domów Mieszkalnych Dwelling Houses Management

adr. tel. = adres telegraficzny telegraphic address

AK [a'ka] = Armia Krajowa Home Army

AL [a'el] = Armia Ludowa People's Army

al. = aleja, aleje alley(s)

am., amer. = amerykański American

ang. = angielski English

ark. = arkusz sheet (of paper)

ARL [aer'el] = Albańska Republika Ludowa Albanian People's Republic

art. = 1. artykuł article 2. artysta artist

atm. = atmosfera atmosphere

b. = 1. były ex 2. bardzo very

BCh [be'xa] = Bataliony Chłopskie Peasants' Battalions

B-cia = bracia brothers

bhp [bexa'pe] = bezpieczeństwo i higiena pracy safety and hygiene of work

bl. = blok block (of flats)

bm. = bieżącego miesiąca inst., instant

BOT [bot] = Biuro Obsługi Turystycznej Tourist Service Bureau

br. = bieżącego roku this year

bryt. = brytyjski British

BTMot [bete'mot] = Biuro Turystyki Motorowej Motor-Touring Bureau

BTS [bete'es] = Biuro Turystyki Sportowej Sport Touring Bureau

c.¹ = córka daughter

c.², ca = (circa) około approximately, about

°C = **stopień Celsjusza** degree centigrade

CAF [tsaf] = **Centralna Agencja Fotograficzna** Central Press Photo Agency

cd. = **ciąg dalszy** continued

cdn. = **ciąg dalszy nastąpi** to be continued

CEKOP ['tsɛkɔp] = **Centrala Eksportu Kompletnych Obiektów Przemysłowych** Complete Industrial Buildings Exportation Centre

Cepelia [tsɛ'pɛɟija] = **Centrala Przemysłu Ludowego i Artystycznego** Folk and Artistic Handicrafts Centre

CEZAS, Cezas ['tsɛzas] = **Centrala Zaopatrzenia Szkół** School Supplies Centre

cg = **centygram** centigram(me)

ChRL [xaɛr'ɛl] = **Chińska Republika Ludowa** Chinese People's Republic

CHZ [tsɛxa'zɛt] = **Centrala Handlu Zagranicznego** Commercial Centre for Foreign Trade

CIECH [tɕɛx] = **Centrala Importowo-Eksportowa Chemikaliów** Imports-Exports Commercial Centre for Chemicals

CK [tsɛ'ka] = **Centralny Komitet** Central Committee

cl = **centylitr** centilitre

cm = **centymetr** centimetre

CO, C.O., c.o. [tsɛ'ɔ] = **centralne ogrzewanie** central heating

COPIA, Copia ['kɔpja] = **Centrala Obsługi Przedsiębiorstw i Instytucji Artystycznych** Servicing Centre for Artistic Enterprises and Institutions

CPLiA = **Cepelia**

CPN [tsɛpɛ'ɛn] = **Centrala Produktów Naftowych** Petroleum Commercial Centre

CSRS [tsɛɛsɛr'ɛs] = **Czechosłowacka Republika Socjalistyczna** Czechoslovak Socialist Republic

CWF [tsɛvu'ɛf] = **Centrala Wynajmu Filmów** Film Distribution Office

cz. = **część** part; episode

czyt. = **czytaj** read

dag = **dekagram** decagram(me)

dam = **dekametr** decametre

dca, d-ca = **dowódca** commander

dcg = **dg**

dcl – **dl**
dcm – **dm**
dcn. – **cdn.**
dg. = decygram decigram(me)
dkg – **dag**
dkm – **dam**
dl – decylitr decilitre
dł. – długość length
dł. geogr. – długość.geograficzna longitude
dm – decymetr decimetre
dn. – dnia this ... day
doc. – docent assistant professor
DOKP [dɛɔka'pɛ] = Dyrekcja Okręgowa Kolei Państwowych District Management of the State Railways
dol. – dolar dollar
dot. – dotyczy refers to
dr – doktor doctor
dr hab. – doktor habilitowany specialized doctor's degree
dr med. – doktor medycyny doctor of medicine
DRN [dɛɛr'ɛn] – Dzielnicowa Rada Narodowa People's District Council
ds., d/s – do spraw for (affairs etc.)
DTV [dɛtɛ'fau] = Dziennik Telewizyjny TV News
Dw. – Dworzec station
dypl. – 1. dyplomatyczny diplomatic 2. dyplomowany diplomaed, certified
dyr. = 1. dyrekcja management 2. dyrektor manager
DzU (PRL) – Dziennik Ustaw (PRL) Government Gazette

egz. – egzemplasz(e) copy, copies
EKD [ɛka'dɛ] – Elektryczna Kolej Dojazdowa Suburban Electric Railways
EKG [ɛka'gɛ] – elektrokardiogram electrocardiogram
ew. – ewentualnie or, otherwise
EWG [ɛvu'gɛ] – Europejska Wspólnota Gospodarcza European Common Market

°F – stopień Fahrenheita Fahrenheit degree
FAO ['faɔ] – Organizacja do Spraw Wyżywienia i Rolnictwa Food and Agriculture Organization

f-ka, F-ka = fabryka factory
fot. ~ fotografował photographed by
FP [ef'pɛ] = Film Polski Polish Cinematography
FSM [ɛfɛs'ɛm] = Fabryka Samochodów Małolitrażowych Low-
-capacity Motor-car Factory
FSO [ɛfɛs'ɔ] = Fabryka Samochodów Osobowych (Warsaw)
Motor-car Factory
f. szt. = funt szterling pound sterling
FWP [ɛfvu'pɛ] = Fundusz Wczasów Pracowniczych Labourers'
Holiday Fund

G., g. = góra, góry mountain(s)
g = gram gram(me)
g. = godzina hour, ... o'clock
gat. = gatunek quality
gen. = generał general
GL [ge'el] = Gwardia Ludowa People's Guard
gł. = 1. główny chief, main 2. głębokość depth
godz. = g.
GOPR [gɔpr] = Górskie Ochotnicze Pogotowie Ratunkowe
Volunteer Mountain Rescue Service
gr = grosz grosz
GRN [geer'en] = Gminna Rada Narodowa People's Community
Council
GS [ge'es] = Gminna Spółdzielnia Rural Co-operative
GUC [guts] = Główny Urząd Cel Central Tariffs Bureau
GUM [gum] = 1. Główny Urząd Miar Central Measure Bureau
2. Główny Urząd Morski Central Marine Bureau
GUS [gus] = Główny Urząd Statystyczny Central Bureau for
Statistics

ha = hektar hectare
h.c. = honoris causa
hg = hektogram hectogramme
hl = hektolitr hectolitre
hm = hektometr hectometre
hon. = honorowy honorary
hr. = hrabia count

i in. = i inni, i inne and others

ilustr. = 1. ilustracja illustration, figure. 2. ilustrował illustrated by

im. = imienia named after; memorial to

IM(i)GW = Instytut Meteorologii i Gospodarki Wodnej Meteorological and Hydrological Institute

in. = inaczej otherwise

i nn. = i następne and following (pages, lines etc.)

inż. = inżynier engineer

it [i'te] = informacja turystyczna tourist information

itd. [pot. its'de] = i tak dalej and so on ⟨forth⟩

itp. [pot. its'pe] = i tym podobne and the like

J., j. = jezioro lake

JE = Jego ⟨Jej⟩ Ekscelencja His ⟨Her⟩ Excellency

Jez., jez. = jezioro lake

jęz. = język language

jw. = jak wyżej as above

k. = koło near

kadm. = kontradmirał rear-admiral

kard. = kardynał cardinal

KC [ka'tse] = Komitet Centralny (PZPR) Central Committee

KD [ka'de] = Komitet Dzielnicowy (PZPR) District Committee

KERM [kerm] = Komitet Ekonomiczny Rady Ministrów Economic Committee of the Cabinet

kg = kilogram kilogram(me)

KG [ka'ge] = Komenda Główna Chief Headquarters

kl. = klasa class

km = kilometr kilometre

KM [1] = koń mechaniczny horse power

KM [2] [ka'em] = Komitet Miejski (PZPR) City ⟨Town⟩ Committee

kmdr = komandor commodore

kmdt = komendant commander

k.o. [ka'ɔ] = kulturalno-oświatowy culture and education (activity, worker etc.)

kol. = kolega, koleżanka colleague

kpr. = kapral corporal

kpt. = kapitan captain

KPZR [kapezet'er] — **Komunistyczna Partia Związku Radzieckiego** Communist Party of the Soviet Union

KRLD, KRL-D [kaerel'de] — **Koreańska Republika Ludowo-Demokratyczna** Democratic People's Republic of Korea

KRN [kaer'en] — **Krajowa Rada Narodowa** National People's Council

ks. — 1. **ksiądz** the Reverend 2. — **książę** duke, prince

KS [ka'es] — **Klub Sportowy** Sports Club

KUL [kul] — **Katolicki Uniwersytet Lubelski** the Catholic University in Lublin

kw. — **kwadratowy** square

kW — **kilowat** kilowatt

KW [ka'vu] — 1. **Komitet Wojewódzki (PZPR)** Province Committee 2. **Komenda Wojewódzka** Province Headquarters

kWh — **kilowatogodzina** kilowatt-hour

L [el] — **nauka jazdy** learner (of driving)
l — **litr** litre

l. — **liczba** number

l. at. — **liczba atomowa** atomic number

lek. — **lekarz** physician

LOK [lok] — **Liga Obrony Kraju** National Defence League

LOP [lop] = **Liga Ochrony Przyrody** Nature Preservation League

l.p. — **liczba porządkowa** ordinal number

LRB [eler'be] — **Ludowa Republika Bułgarii** People's Republic of Bulgaria

M [em] = **metro** underground
m — **metr** metre

m. — 1. **miasto** town 2. **mieszkanie** flat, *am.* apartment

mar. — **marynarz** seaman, sailor

marsz. — **marszałek** marshal

m.b. — **metr bieżący** running metre

MDK [emde'ka] — **Młodzieżowy ⟨Miejski⟩ Dom Kultury** Youth ⟨Town⟩ Social and Recreation Club

MDM [emde'em] — **Marszałkowska Dzielnica Mieszkaniowa** Marszałkowska Residence District

MFSM [emefes'em] — **Międzynarodowa Federacja Schronisk Młodzieżowych** International Youth Hostels Federation

mg — **miligram** milligram(me)

mgr — **magister** Master (of Arts, Sciences)

mies. = **miesiąc** month

m.in. = **między innymi** among others ⟨other things⟩

min = **minuta** minute

min. = **minister** minister

Min. = **Ministerstwo** Ministry

mjr = **major** major

MKiS [emka i'es] = **Ministerstwo Kultury i Sztuki** Ministry of Culture and Arts

MKOl [em'kɔl] = **Międzynarodowy Komitet Olimpijski** International Olympic Committee

ml = **mililitr** millilitre

mld = **miliard** milliard, *am.* billion

mln = **milion** million

ml. = **młodszy** younger

mm = **milimetr** millimetre

MO [em'ɔ] = **Milicja Obywatelska** Civic Militia

MON [mɔn] = **Ministerstwo Obrony Narodowej** Ministry of National Defence

MPO [empε'ɔ] = **Miejskie Przedsiębiorstwo Oczyszczania** Municipal Cleaning Service

MPT [empε'te] = **Miejskie Przedsiębiorstwo Taksówkowe** Municipal Taxi Service

MRL [emεr'εl] = **Mongolska Republika Ludowa** Mongolian People's Republic

MRN [emεr'εn] = **Miejska Rada Narodowa** People's Town Council

MRW [emεr'vu] = **Ministerstwo Rynku Wewnętrznego** Ministry of Home Market

m. st. = **miasto stołeczne** metropolitan city

MSW [emes'vu] = **Ministerstwo Spraw Wewnętrznych** Ministry of Home Affairs

MTK [emte'ka] = **Międzynarodowe Targi Książki** International Book Fair

MTP [emte'pe] = **Międzynarodowe Targi Poznańskie** Poznań International Fair

MWGzZ [emvugezet'zet] = **Ministerstwo Współpracy Gospodarczej z Zagranicą** Ministry for Economic Co-operation with Abroad

m.woj. = **miasto wojewódzkie** capital of the province

MZK [emzet'ka] = **Miejskie Zakłady Komunikacyjne** Municipal Transport Services

NATO ['natɔ] — Organizacja Paktu Północnego Atlantyku North Atlantic Treaty Organization

NBP [ɛnbɛ'pɛ] — Narodowy Bank Polski National Bank of Poland

n.e. — naszej ⟨nowej⟩ ery Anno Domini

NIK [ɲik] — Najwyższa Izba Kontroli Chief Board of Supervision

N.N. [ɛn'ɛn] — (nomen nescio) nazwisko nieznane name unknown

NOT [nɔt] — Naczelna Organizacja Techniczna Chief Technical Organization

np. — na przykład for instance, for example

n.p.m. — nad poziomem morza above sea level

nr — numer number

NRD [ɛnɛr'dɛ] — Niemiecka Republika Demokratyczna German Democratic Republic

o. — ojciec father

ob. — obywatel, obywatelka citizen

obj. — objętość (cubic) capacity

OHP [ɔxá'pɛ] — Ochotnicze Hufce Pracy Voluntary Labour Corps

OJA ['ɔja] — Organizacja Jedności Afrykańskiej Organization of African Unity

ok. — około about, approximately

ONZ [ɔɛn'zɛt] — Organizacja Narodów Zjednoczonych United Nations Organization

oo. — ojcowie fathers

OPA [ɔ'pa] — Organizacja Państw Amerykańskich Organization of American States

OPZZ [ɔpɛzɛt'zɛt] = Ogólnopolskie Porozumienie Związków Zawodowych All-Poland Alliance of the Trade Unions

ORMO ['ɔrmɔ] — Ochotnicza Rezerwa Milicji Obywatelskiej Voluntary Reserve of the Civic Militia

ORP [ɔɛr'pɛ] — Okręt Rzeczypospolitej Polskiej Polish Navy Ship

os. — 1. osoba person 2. osada, osiedle settlement

OSP [ɔɛs'pɛ] — Ochotnicza Straż Pożarna Voluntary Fire Brigade

p. = 1. pan Mr 2. pani Mrs, Ms 3. panna Miss, Ms 4. patrz see 5. piętro floor

Pafawag [pafa'vag] = **Państwowa Fabryka Wagonów** State Railway-Carriage Factory

PAGART, Pagart ['pagart] = **Polska Agencja Artystyczna** Polish Artists' Agency

PAN [pan] = **Polska Akademia Nauk** Polish Academy of Sciences

PAP [pap] = **Polska Agencja Prasowa** Polish Press Agency

PCK [pεtsε'ka] = **Polski Czerwony Krzyż** Polish Red Cross

PCW [pεtsε'vu] = **polichlorek winylu** (*tworzywo, płytki*) polyvinyl chloride (*plastic, plates*)

pd. = płd.

PDT [pεdε'tε] = **Powszechny Dom Towarowy** Universal Department Store

PEWEX ['pεvεks] = **Przedsiębiorstwo Eksportu Wewnętrznego** Internal (Home) Export Company

pg = **przez grzeczność** by favour of

PGR [pεgε'εr] = **Państwowe Gospodarstwo Rolne** State Farm

PISM [pism] = **Polski Instytut Spraw Międzynarodowych** Polish Institute of International Affairs

PIW [piv] = **Państwowy Instytut Wydawniczy** State Publishing Institute

PKF [pεka'εf] = **Polska Kronika Filmowa** Polish Newsreel

PKiN [pεka-i'εn] = **Pałac Kultury i Nauki** Palace of Culture and Science

PKO[1] [pεka'ɔ] = **Powszechna Kasa Oszczędności** National Savings Bank

PKO[2], **Pekao** [pεka'ɔ] = **Polska Kasa Opieki** Polish Guardian Bank

PKOl [pεka'ɔl] = **Polski Komitet Olimpijski** Polish Olympic Committee

PKP [pεka'pε] = **Polskie Koleje Państwowe** Polish State Railways

PKS, Pekaes [pεka'εs] = **Polska Komunikacja Samochodowa** Polish Coach Service

pkt = **punkt** point; item

PKWN [pεkavu'εn] = **Polski Komitet Wyzwolenia Narodowego** Polish Committee of National Liberation

pl. = **plac** square, place, circus

PLL „LOT" [pεlεl'lɔt] = **Polskie Linie Lotnicze „LOT"** Polish Airlines "LOT"

PLO [pɛɛl'ɔ] = **Polskie Linie Oceaniczne** Polish Ocean Lines

płd. = 1. **południe** south 2. **południowy** south, southern

płk = **pułkownik** colonel

płn. = 1. **północ** north 2. **północny** north, northern

pn. = **płn.**

p.n.e. = **przed naszą ⟨nową⟩ erą** before Christ

p.o. [pɛ'ɔ] = **pełniący obowiązki** acting (manager etc.)

pol. = **polski** Polish

POM [pɔm] = **Państwowy Ośrodek Maszynowy** State Agriculture Machine Service

POP [pɛɔ'pɛ, pɔp] = **Podstawowa Organizacja Partyjna (PZPR)** Basal Party Organization

por. = 1. **porównaj** compare 2. **porucznik** lieutenant

pos. = **poseł, posłanka** deputy; member of Seym (Polish Parliament)

pow. = **powierzchnia** area

poz. = **pozycja** item

pp. = **państwo** Mr and Mrs

pplk = **podpułkownik** lieutenant colonel

p.p.m. = **poniżej poziomu morza** under sea level

ppor. = **podporucznik** second lieutenant

prez. = 1. **prezydent** president 2. **prezes** chairman 3. **prezydium** presidium

PRiTV [pɛɛr-i-tɛ'fau] = **Polskie Radio i Telewizja** Polish Radio and Television

PRL [pɛɛr'ɛl] = **Polska Rzeczpospolita Ludowa** Polish People's Republic

PRM [pɛɛr'ɛm] = **Prezydium Rady Ministrów** Presidium of the Cabinet

proc. = **procent** per cent

prof. = **profesor** professor

PRON [prɔn] = **Patriotyczny Ruch Odrodzenia Narodowego** Patriotic Movement for National Rebirth

PS [pɛ'ɛs] = (**postscriptum**) **dopisek** postscript

PSS [pɛɛs'ɛs] = **Powszechna Spółdzielnia Spożywców** General Consumers' Co-operative

pt. = **pod tytułem** entitled

p-ta = **poczta** post office

PTTK [pɛtɛtɛ'ka] = **Polskie Towarzystwo Turystyczno-Krajoznawcze** Polish Tourists' and Countrylovers' Society

PWN [pevu'en] — Państwowe Wydawnictwo Naukowe State Scientific Publishers

PZMot [pezet'mɔt], PZM [pezet'em] — Polski Związek Motorowy Polish Motor Association

PZPR [pezetpe'er] — Polska Zjednoczona Partia Robotnicza Polish United Workers' Party

PZU [pezet'u] — Państwowy Zakład Ubezpieczeń National Insurance Company

PŻM [peʒet'em] — Polska Żegluga Morska Polish Sailing Company

q — kwintal quintal

r. — 1. rok year 2. rodzaj gender
rb. — roku bieżącego (of) this year
red. = redaktor a. editor b. journalist
red. nacz. — redaktor naczelny editor-in-chief
reż. — reżyser director
RFN [eref'en] — Republika Federalna Niemiec Federal Republic of Germany
rozdz. — rozdział chapter
RPA [erpe'a] — Republika Południowej Afryki Republic of South Africa
RSW „PRASA" [eres'vu] — Robotnicza Spółdzielnia Wydawnicza „Prasa" Workers' Publishing Co-operative "The Press"
r. szk. — rok szkolny school year
r. ub. — roku ubiegłego last year
RWPG [ervupe'ge] — Rada Wzajemnej Pomocy Gospodarczej Council of Mutual Economic Assistance
ryc. — rycina illustration
rys. — rysunek illustration, drawing, figure

s. — 1. strona, stronica page 2. siostra sister 3. syn son
SA, S.A. — Spółka akcyjna Company
SD [es'de] — Stronnictwo Demokratyczne Democratic Party
SD PRL [es'de peer'el] = Stowarzyszenie Dziennikarzy Polskiej Rzeczypospolitej Ludowej Journalists' Association of the Polish People's Republic

SEATO [sɛ'atɔ] = Organizacja Paktu Południowo-Wschodniej Azji South-East Asia Treaty Organization

sek. = sekunda second

sekr. = sekretarz secretary

SFRJ [esefer'jɔt] = Socjalistyczna Federacyjna Republika Jugosławii Socialist Federative Republic of Yugoslavia

sierż. = sierżant sergeant

ska, s-ka = spółka company

SPATiF ['spatif] = Stowarzyszenie Polskich Artystów Teatru i Filmu Association of Polish Theatre and Film Artists

SRR [eser'er] = Socjalistyczna Republika Rumunii Socialist Republic of Romania

SRW [eser'vu] = Socjalistyczna Republika Wietnamu Socialist Republic of Vietnam

ss. = siostry sisters

st. = 1. stacja station 2. starszy senior

str. = s. 1.

St.RN = Stołeczna Rada Narodowa People's Metropolitan Council

szer. = 1. szeregowy private 2. szerokość breadth

szer. geogr. = szerokość geograficzna latitude

sześc. = sześcienny cubic

SFMD [eçefem'de] = Światowa Federacja Młodzieży Demokratycznej World Federation of Democratic Youth

SFZZ [eçefzet'zet] = Światowa Federacja Związków Zawodowych World Federation of Trade Unions

śp. = świętej pamięci the late

św. = święty saint

t = tona ton

t. = tom volume

tab. = tabela table

tabl. = tablica chart

techn. = 1. technik technician 2. techniczny technic(al)

tel. = telefon telephone

tj. = to jest that is

TKKF [tekaka'ef] = Towarzystwo Krzewienia Kultury Fizycznej Society for the Propagation of Physical Culture tlx = teleks telex

TOS [tɔs] = Techniczna Obsługa Samochodów Automobile Service (Station)

tow. = 1. towarzysz comrade 2. towarzystwo association, society

TPD [tepɛ'de] = Towarzystwo Przyjaciół Dzieci Children Friends' Society

TPPR [tepepɛ'er] = Towarzystwo Przyjaźni Polsko-Radzieckiej Society for Polish-Soviet Friendship

TŚM [tɛɛç'ɛm] = Towarzystwo Świadomego Macierzyństwa Society for Birth-Control

TWP [tevu'pɛ] = Towarzystwo Wiedzy Powszechnej Popular Knowledge Society

tys. = tysiąc thousand

tzn. = to znaczy that means

tzw. = tak zwany so called

UJ [u'jɔt] = Uniwersytet Jagielloński (w Krakowie) Jagiellonian University (in Cracow)

UKF [uka'ɛf] = fale ultrakrótkie ultra-short waves

ul. = ulica Street

UNESCO [ju'nɛskɔ] = Organizacja Narodów Zjednoczonych do Spraw Oświaty, Nauki i Kultury United Nations Educational, Scientific and Cultural Organization

URM [uɛr'ɛm] = Urząd Rady Ministrów Cabinet Central Office

USA [uɛs'a] = Stany Zjednoczone Ameryki the United States (of America)

USC [uɛs'tsɛ] = Urząd Stanu Cywilnego Registry Office

UW [u'vu] = Uniwersytet Warszawski Warsaw University

v. = (vide) zobacz see

w. = wiek century

wg = według according to

wicemin. = wiceminister vice-minister

WKD [vuka'dɛ] = Warszawskie Koleje Dojazdowe Warsaw Suburban Railways

WKR [vuka'ɛr] = Wojskowa Komenda Rejonowa Regional Military Headquarters

WNT |vuen'te] = Wydawnictwa Naukowo-Techniczne Scientific Technical Publishers

woj. = województwo province

WOP [vɔp] = Wojsko Ochrony Pogranicza Frontier Guards

WP [vu'pe] 1. = Wojsko Polskie Polish Army 2. = Wiedza Powszechna Popular Science (Publishers)

WRL |vuer'el] = Węgierska Republika Ludowa Hungarian People's Republic

WRN |vuer'en| = Wojewódzka Rada Narodowa People's Provincial Council

wsch. = 1. wschód east 2. wschodni east, eastern

WSW [vues'vu] = Wojskowa Służba Wewnętrzna Army Security Service

ww. = wyżej wymieniony mentioned above

wym. = wymawiaj pronounce

wys. = wysokość height

wz, w/z = w zastępstwie acting per proxy

x. = ks. 1., 2.

z. = zobacz see

zach. = 1. zachód west 2. zachodni west, western

ZAIKS, Zaiks ['zaiks] = Związek Autorów i Kompozytorów Scenicznych Association of Authors and Composers; (now) Authors' Association „Zaiks"

zał. = 1. załącznik annex, enclosure 2. załączony enclosed 3. założył, założony established

ZBoWiD ['zbɔvid] = Związek Bojowników o Wolność i Demokrację Union of Fighters for Freedom and Democracy

ZG [zet'ge] = Zarząd Główny Headquarters

ZHP [zetxa'pe] = Związek Harcerstwa Polskiego Polish Scouts' Association

ZLP [zetel'pe] = Związek Literatów Polskich Polish Writers' Association

zł = złoty zloty

zł dew. = złoty dewizowy exchange ⟨hard⟩ zloty

z o.o. = (spółka) z ograniczoną odpowiedzialnością Ll., limited liability (company)

ZOZ [zɔz] = Zakład Opieki Zdrowotnej Health Care Institution

ZSL [zetes'el] ▬ **Zjednoczone** Stronnictwo Ludowe United Peasants' Party

ZSMP [zetesem'pe] = **Związek** Socjalistycznej **Młodzieży Polskiej** Polish Socialist Youth Union

ZSP [zetes'pe] ▬ **Zrzeszenie** Studentów Polskich Polish Students' Association

ZSRR [zeteser'er] ▬ **Związek** Socjalistycznych Republik **Radzieckich** Union of Soviet Socialist Republics

ZURT [zurt], **ZURIT** ['zurit] ▬ **Zakład Usług Radiotechnicznych i Telewizyjnych** Technical Radio and Television Servicing

ZUS [zus] ▬ **Zakład Ubezpieczeń Społecznych** Social Insurance Institution